지방자치론

[제4판]

김 병 준 저

法 文 社

제4판을 내면서

2020년 말, 지방자치법이 전부개정되었다. 2022년 1월 시행의 이 개정 법률은 여러 가지 면에서 새로운 내용을 담고 있다. 기관구성의 형태를 다양화할 수 있는 길이 열렸고, 특별 지방자치단체를 설립할 수 있는 법적 기반이 마련되었다. 또 주민자치와 지방의회의 자율권을 강화하는 내용도 들어 있고, 대도시와 지방소멸이 우려되는 지역에 대한 특례관련 조항도 들어 있다. 오랜만의 개정다운 개정이다.

물론 기대는 아직 이르다. 따로 법률이 제정되어야 하는 부분이 있는가 하면, 대통령령 등 다른 법령의 규정을 따라야 하는 부분이 대부분이다. 그 내용이 어떻게 구성되느냐에 따라 개정의 의미는 달라질 수 있다. 또 상징적 의미만을 지닌 부분이 있는가 하면, 다른 법률에 있는 것을 그대로 옮겨온 것도 있다. 지켜볼 일이 많다는 뜻이다.

어쨌든 전부개정이 되어 이 책 또한 그 내용을 모두 반영해야 했다. 조문의 번호도 거의 다 바뀌었으니, 크든 작든 책의 반 이상에 손을 대야 했다. 손을 대는 김에 이런저런 변화를 반영하였고, 그러다 보니 전면개정될 수밖에 없었다. 쉬운 작업은 아니었지만 기쁜 마음으로 했다. 이 정도의 개정조차도 정말 오랜만의 일이었기 때문이다.

독자들에게 늘 감사하다. 지방자치관련 기본서를 낸 것이 1994년이었다. 30년 가까운 세월 동안 개정과 수정을 계속하다가 내용의 80%가 바뀐 새로운 책을 내었고, 다시 새 책이라 할 정도의 수정과 개정을 거듭하고 있다. 저자로서는 이보다 더 큰 복이 없다. 다시 한번 고개 숙여 감사드린다. 아울러 변함없이 도와주고 지원해 주고 있는 법문사 임직원 여러분께도 큰 감사의 말씀을 드린다.

2021년 12월

김 병 준

[블로그 운영 안내]

본서와 관련하여 블로그가 운영되고 있습니다. 이 블로그를 통해 주요 통계와 법제의 변화, 오탈자 정보 등을 볼 수 있습니다.
블로그 주소: http://blog.naver.com/bjkim36 → '지방자치론(교과서)'

제2수정판을 내면서

　법이 바뀌고 제도가 바뀌니 책도 그러한 변화를 반영할 수밖에 없다. 그래서 개정, 수정, 재개정, 재수정........ 계속 그 내용을 바꾸어 나간다.

　마음은 늘 무겁다. 있어야 할 변화가 있어 이를 반영하는 수정과 개정이라면 신이 날 것이다. 열 번이고 백 번이고 고쳐나갈 것이고, 아예 절판을 한 뒤 새 책을 쓰기도 할 것이다.

　그러나 그런 것이 아니다. 세제개혁과 같이 의미 있는 변화가 있기도 하지만 대부분은 그 의미가 그리 크지 않는, 그러나 독자들이 놓치거나 혼동해서는 안 되는 변화들이다. 이를테면 지방자치 문제와 지방행정을 관장하는 정부부처의 이름만 지난 7~8년 사이 세 번이나 바뀌었다. 행정자치부에서 행정안전부로, 또 안전행정부와 행정자치부로…… 짜증나는 일이다.

　어디 이것뿐이겠나. 정부가 바뀔 때마다 지방정부에게 주는 지원금의 이름을 바꾸기도 하고, 관련 기관들을 붙였다 뗐다 하기도 한다. 독자와 저자 모두 국가에 배상이라도 청구해야 할 판이다. 무슨 큰 의미가 있다고 이런 일을 하는지 이해할 수 없다.

　그러나 어쩌겠나. 독자와 저자는 이 점에 있어 철저히 '을'이다. 일단 따라갈 수밖에 없다. 그래서 또 고쳤고, 고치는 김에 매년 바뀌는 통계수치들을 바꾸어 넣었다. 독자들께서 이해해 주시기 바란다.

　그러면서 다시 한 번 독자들에게 무한한 감사의 마음을 가진다. 책이 잘 팔리지 않는다 한다. 그래서 많은 책들이 초판을 찍은 후 작은 수정조차 해 보지 못한 채 사라지곤 한다. 초판조차 다 소화를 해 내지 못하기 때문이다.

　이런 상황에 거의 매학기, 또는 매년 이렇게 고쳐나갈 수 있다는 것은 더 없는 행운이다. 독자들에게 다시 한 번 고개 숙여 감사드린다. 또 이런 작업을 도와주고 지원해 주신 법문사 임직원 여러분들께도 큰 감사의 마음을 전한다.

2015년 7월

김　병　준

머 리 말

5년의 공백

1994년 여름, 『한국지방자치론』을 출간했다. 책이 서점에 배포된 후 잠을 설쳤다. 2쇄를 한번 찍어 볼 수나 있을까? 믿고 책을 만들어준 출판사에 손해나 끼치지 않을까? 걱정이 꼬리를 물었다. 그러다 3주쯤이 지난 어느 날, 출판사로부터 전화를 받았다. 1쇄가 다 나갔으니 2쇄를 찍어야겠다는 전화였다. 가슴을 누르던 큰 돌덩이 하나를 덜어내는 기분이었다.

곧 이어 3쇄를 찍고, 그 다음 학기에 4쇄와 5쇄를 찍었다. 시간이 흐르면서 개정판에, 재개정판도 내게 되었다. 그러나 2003년, 모든 것이 중단되었다. 정부 일을 시작하면서 책을 돌볼 시간이 없었다. 세상이 변하는 것을 가장 잘 볼 수 있는 자리에 있으면서도 또 실제로 법과 제도를 바꾸는 일을 하면서도, 막상 스스로 쓴 책에는 글자 한 자 바꾸지를 못했다. 책은 2003년에 멈추어 있었고, 선후배와 동료들에게는 더 이상 교재로 채택하지 말라고 당부했다.

회귀본능일까? 공직을 그만 둘 때가 되면서 다시 지방자치관련 자료를 정리하기 시작했다. 사실 쓰고 싶은 책이 또 있기에 지방자치 문제는 『한국지방자치론』을 적당히 개정하는 선에서 그쳤으면 했다. 일부를 보완하고 자료만 업데이트 하면 여전히 학생들에게 도움이 되는 책이 될 것이라 생각하기도 했다. 그러나 시간이 갈수록 마음 한 쪽에 접어 둔 보다 폭넓은 시각에서의 새 책에 대한 구상이 더 크게 자라났다.

책의 흐름

결국 새 이름의 책을 썼다. 『한국지방자치론』과의 가장 큰 차이는 비교론적 시각이다. 『한국지방자치론』이 우리나라의 지방자치 문제에 집중한 반면 이 책은 그 시야를 영국과 미국을 비롯한 다른 여러 나라의 문제와 함께 보고 있다. 그러나 그 과정에서도 되도록 우리나라의 문제를 중심에 두고자 했다. 또 하나의 차이는 지방자치가 근본적으로 권력현상이며, 행정적 문제만이 아니라 정치경제적 · 정치사회적 문제이기도 하다는 사실을 보다 분명히 하고 있다는 점이다. 읽어가면서 느낄 수 있으리라 생각한다.

논의를 전개함에 있어서는 『한국지방자치론』에서와 마찬가지로 지방자치에 관한 두 가지 견해를 전제로 하고 있다. 지방자치가 반드시 긍정적으로만 작용하지 않을 수 있다는 견해가 그 하나이며, 그럼에도 불구하고 우리는 지방자치가 뿌리내릴 수 있도록 해야 하며, 그것이 긍정적으로 작용할 수 있도록 노력해야 한다는 것이 또 하나의 견해이다. 지방자치와 그 속에 내재된 분권과 자율의 질서 그 자체를 부정되어서는 안되는 가치로 보는 입장이다.

부정되어서는 안되는 가치로서의 지방자치의 본질은 무엇인지? 또 그 역사는 어떠한지? 또 지방자치가 긍정적으로 작동하기 위해서는 어떠한 조건이 충족되어야 하며, 우리나라와 다른 나라는 이 부분에 있어 어떠한 상황에 있는지? 이 책은 이러한 물음과 그에 대한 답을 정리하고 있다.

내용에 있어서는 지방자치의 본질과 역사(제1편, 제2편)에 이어 지방자치의 핵심요소들을 하나하나 정리하고 있다. 제3편은 구역과 계층의 문제, 제4편은 지역사회 권력구조와 지방정치 및 선거의 문제, 제5편은 자치권과 지방재정을 포함한 자치권능의 문제, 제6편은 지방의회와 집행기관을 포함하는 지방정부의 조직 및 운영에 관한 문제, 그리고 제7편은 정부간관계와 주민참여를 정리하고 있다.

혼란과 중복을 피하기 위해 『한국지방자치론』은 더 이상 발행하지 않는다. 그래서 지방자치의 양면성 등 일반화된 이론분야와 우리나라 지방자치의 역사 등 이 책에서도 반드시 소개되어야 할 부분은 이 책으로 옮겨왔다.* 『한국지방자치론』의 30개 장(章) 중 7개 장(章) 정도가 그러하다. 일부는 그대로, 또 다른 일부는 내용이 크게 보강되었다. 자치경영 부분 등 나름대로 중요한 의미를 지니지만 이 책으로 옮겨오지 못한 부분은 『한국지방자치론』 2003년판을 참고해 주기 바란다.

감사의 말씀

책을 쓰는 동안 편하고 행복했다. 때로는 책과 크게 관계없는 주제에 오래 머물기도 했다. 영국 지방자치를 쓰다가 접한 중세 유럽의 도시 이야기들이 그 한 예이다. 그냥 편하고 좋아 읽고 또 읽었다. 그러면서 차라도 한 잔 할 때면 많은 고마운 분들이 생각났다. 정부를 경험하게 해 주고 또 같이 정부를 운영했던 분들, 뜻을 같이 했던 분들, 그리고 종교지도자들과 은사, 선배, 친구, 동료, 제자들…… 한 분 한 분 거명은 않겠지만 이분들의 믿음

---

* 제1편 제2장 「지방자치의 양면성과 발전방향」, 제2편 제4장 「우리나라 지방자치의 전개」, 제3편 제4장 「우리나라 지방정부 계층 및 구역개편 논의」, 제6편 제2장 「지방의회의 조직과 운영」, 제6편 제3장 「자치단체장과 행정조직」, 제6편 제4장 「지방정부의 공공서비스 공급」, 제7편 제4장 「프로슈밍과 시민공동생산」 등이다. 일부는 그대로 옮겨왔고, 일부는 내용이 크게 보완되었다. 제4편 제4장 「우리나라 지방선거의 전개」는 『한국지방자치론』의 내용을 완전히 새로 작성·보완하였다. 그 외 자치권과 사무배분, 지방재정과 주민참여 등에 관한 일반이론 등 교과서에 반드시 소개되고 설명되어야 하는 부분은 부분적으로 『한국지방자치론』의 내용을 발췌해 왔다.

과 신뢰가 없었다면 지난 몇 년의 힘든 시간들을 버텨내지 못했을 것이다. 편한 마음으로 이 책을 쓰지 못했을 것임은 물론이다. 특히 가까운 곳으로부터의 신뢰와 믿음, 그리고 보살핌과 지원은 더 없이 소중한 자산이자 힘이었다. 이 기회를 빌려 아내와 두 딸, 그리고 (사)공공경영연구원의 이진 사무처장에게 특별히 고마운 마음을 전한다.

　　법문사에는 늘 감사한 마음을 가지고 있다. 이 역시 신뢰와 믿음의 문제이다. 1994년, 원고가 있다고 했더니 곧 바로 계약서를 든 직원을 보내 주던 그 때를 잊지 않는다. 배효선 사장님을 비롯한 임직원 여러분들께 깊은 감사의 말씀을 드린다. 특히 책을 실질적으로 만들어 주신 이재필 이사와 실무와 영업을 담당해 주신 고영훈 과장과 이선욱 과장께 다시 한번 큰 감사의 말씀을 전한다.

2009년 2월 10일

김　병　준

차 례

제1편 지방자치의 의미와 발전방향

제 2 편 지방자치의 전개: 영국, 미국, 한국

제1장 영국 지방자치의 전개 (41~62)

제 2 장 미국의 연방제와 정부간관계의 변화 (63~88)

제 6 편　지방정부의 조직과 운영

사잇글 차례

제 **1** 편 지방자치의 의미와 발전방향

제**1**장

지방자치의 의의와 형태

1 지방자치의 개념

'자치'란 말 그대로 '스스로 다스린다'는 뜻이다. 즉 다스림의 주체와 객체가 따로 있지 않다는 말이다. 같은 맥락에서, 지방자치라 함은 기본적으로 특정 지역으로서의 지방이, 또는 그 지방에 사는 사람들이 '스스로 다스림'을 말한다.

언뜻 보아 별 어려움 없이 설명할 수 있고, 또 이해될 수 있는 현상이다. 그러나 이를 보다 공식적인 언어로 정의하는데 있어서는 적지 않은 어려움이 따른다. '스스로'의 의미는 무엇이고, '다스림'의 의미는 무엇인지? 또 '스스로 다스림'에 있어 한계는 없는지? 있다면 어디까지인지? 조금씩 깊이 들어갈수록 정확히 정의하기가 점점 어려워진다. 지방자치의 역사와 배경, 그리고 그 내용이 나라마다 다르기 때문에 더욱 그러하다.

이러한 어려움 속에서도 여러 기관과 단체, 그리고 학자들이 지방자치에 대한 나름대로의 개념을 제시해 왔다. 가장 먼저 눈에 띠는 것이 **유럽지방**

■ 유럽평의회(Council of Europe)는 1949년 유럽 내 국가들의 인권신장과 민주주의 발전을 기할 목적으로 창설된 기구이다. 유럽통합을 위해 기능하는 가장 오래된 기구 중의 하나로 2008년 현재 47개국이 가입하고 있다. 1993년 창설된 유럽연합(European Union)과는 다른 별도의 기구이며, 그 일부도 아니다. 두 기구는 상호보완적이며 상호협력적이다. 특히 인권문제와 문화부문 등에서 그러하다.

자치헌장(European Charter of Local Self-Government)상의 개념이다. 이 헌장은 1985년 **유럽평의회**(Council of Europe, CoE)가 지방자치의 중요성과 기본정신을 천명하기 위해 제정한 것으로,[1] 제3조 1항을 통하여 지방자치를 아래와 같이 정의하고 있다.

지방자치는 지방정부가 주민의 이익을 위해 공공사무의 상당 부분을 법률의 범위 안에서 자기책임 아래 처리할 수 있는 권리와 능력을 가지는 것을 의미한다(Local self-government denotes the right and the ability of local authorities, within the limits of the law, to regulate and manage a substantial share of public affairs under their own responsibility and in the interests of the local population).

이어 이 헌장은 제3조 2항을 통해 지방정부의 자치권은 민주적 절차에 의해 구성된 주민의 대표기구나 그에 책임을 지는 집행기구, 그리고 주민의 직접참여에 의해 행사되어야 함을 규정하고 있다.

(지방정부의) 이러한 권리는 비밀, 직접, 평등, 보통선거에 의해 자유롭게 선출된 인사들로 구성되는 의회 등의 대표기구나, 그에 책임을 지는 집행기구에 의해 행사되어야 한다. 의회 등 주민의 대표기구가 이러한 권한을 행사한다고 하여 주민투표 등 법에 허용된 주민의 직접참여가 위축되어서는 아니 된다(This right shall be exercised by councils or assemblies composed of members freely elected by secret ballot on the basis of direct, equal, universal suffrage, and which may possess executive organs responsible to them. This provision shall in no way affect recourse to assemblies of citizens, referendums or any other form of direct citizen participation where it is permitted by statute).

유럽지방자치헌장의 이러한 규정은 크게 세 가지 내용을 담고 있다고 할 수 있다. 첫째, 자치권능에 관한 문제로 지방자치는 자치사무와 자치권 그리고 자치능력을 바탕으로 성립됨을 지적하고 있다. 둘째, 자치권 행사의 주체에 관한 문제로 지방자치는 주민의 자유의지에 의해 성립된 자치정

---

1) 이 헌장은 유럽평의회 소속의 지방정부의회(Congress of Local and Regional Authorities)에 의해 만들어진 것으로 1985년 제정된 이래 유럽평의회 회원국 대부분의 비준(ratification)을 받았다. 이들 국가들의 지방자치에 대한 기본입장이 되고 있는 셈이다. 2012년 현재 총회원국 수는 47개국이며 이 중 45개국이 비준을 하였다. 유럽평의회의 조약국 홈페이지<http://conventions.coe.int> 참조.

부에 의해, 또는 주민의 직접참여에 의해 운영되는 현상임을 명확히 하고 있다. 그리고 셋째, 국가와의 관계에 관한 문제로 지방자치는 국가체계를 떠나 존재할 수 없음을 지적하고 있다. 즉 자치권 행사가 국가에 의해 일정한 지리적 경계와 권한의 한계가 지워진 지방정부, 그리고 그 주민에 의해 이루어짐을 규정하고 있다.

전 세계 지방정부 연합체였던 **IULA, 즉 국제지방정부연합**(International Union of Local Authorities) 또한 1993 채택한 **세계지방자치선언**(IULA World Wide Declaration of Local Self-Government)을 통해 유럽지방자치헌장과 같은 맥락에서 지방자치를 정의한 바 있다. 즉 선언문 제2조 1항은 지방자치를 '지방정부가 주민의 이익을 위해 공공사무를 자기책임 아래 처리하는 권리와 의무를 가지는 것'이라 규정했으며,[2] 자치권의 행사는 민주적 절차에 의해 구성된 주민의 대표기구나 주민의 직접적인 참여에 의해 이루어져야 함을 강조했었다.[3] IULA는 2004년 국제자매교류도시연맹(Federation of United Cities-United Towns and Organization, FMCU-UTO)와 통합되어 세계지방정부연합(United Cities and Local Governments, UCLG)으로 새로이 발족하였다. IULA의 세계지방자치선언과 그 속에 포함된 지방자치의 개념은 당연히 그대로 승계되고 있다.

이 외에 많은 국내외 기관과 학자들이 나름대로의 시각에서 지방자치의 개념을 소개해 왔다.[4] 때로 재정능력을 포함한 자치권능의 문제가 상대적으로 강조된 개념이 소개되기도 하고, 또 때로는 주민참여 등 주민의 역할

■ IULA는 1913년 지방정부의 권리를 보호·확장시키기 위해 결성된 글로벌 차원의 지방정부협력기구였다. 2004년 FMCU-UTO와 통합되어 세계지방정부연합(UCLG)이 될 때까지 세계 전역에 걸쳐 100개 이상의 국가의 지방정부와 그 관련 기구들이 회원으로 가입해 있었다.

---

2) 영어 원문은 아래와 같다. 'Local self-government denotes the right and the duty of local authorities to regulate and manage public affairs under their own responsibility and in the interests of the local population.' IULA 선언문 제2조 1항.

3) 원문은 아래와 같다. 'This right shall be exercised by individuals and representative bodies freely elected on a periodical basis by equal, universal suffrage, and their chief executives shall be so elected or shall be appointed with the participation of the elected body.' IULA 선언문 제2조 2항. *Ibid.*

4) 몇 가지 예를 들면 '지방자치는 일정한 지리적 경계 내의 주민이 그들의 대표로 구성된 지방정부를 통하여 지역적 성격을 지닌 문제를 자율적으로 처리하는 통치양식이다.' 김병준, 『한국지방자치론』(서울: 법문사, 2000), p.2; '지방자치란 한 국가 내의 일정한 지역에서 이루어지는 정치행정을 그 지역사회 주민들의 자율의사에 따라 처리하도록 하는 것이다.' 최봉기, 『지방자치론』(서울: 법문사, 2006), p.3; '지방자치란 일정한 지역을 기초로 하는 단체가 그 지역 내의 사무를 자주재원을 가지고 당해 지방주민의 의사와 책임 하에 자주적으로 처리하는 과정이다.' 정세욱, 『지방자치학』(서울: 법문사, 2000), p.5.

이 보다 더 강조한 개념이 나타나기도 한다. 그러나 대부분의 경우 앞서 소개한 개념과 큰 차이를 보이지 않는다. 즉 자치권능의 문제, 자치권 행사의 주체에 관한 문제, 그리고 국가와의 관계에 관한 문제 등을 주요 항목으로 담고 있으며, 그 내용 또한 유사한 경향을 보이고 있다. 따라서 이 자리에서 이들을 모두 소개하고 하나하나 그 차이를 밝히는 일은 하지 않기로 한다.

② 지방자치의 목적

1) 본질적 기능과 가치를 중심으로 하는 설명

(1) 기능론

지방자치를 실시하는 목적은 무엇이고, 그 이유는 무엇인가? 가장 간단하고 보편적인 답은 '민주화를 촉진시키기 위해서,' 또는 '행정효율을 높이기 위해서' 등이다. 이 외에도 '권력집중에 따른 정치적 불안을 완화하기 위해서'라거나 '지역간 경쟁을 통한 국가경쟁력 강화를 위해서'라고 대답하기도 하고, 심지어는 남북통일이나 여권신장(女權伸張)까지 거론하기도 한다.

이와 같이 지방자치 실시의 목적과 이유를 현 상황의 개선에서 찾는 경향을 우리는 '**기능론**'이라 부를 수 있다. 실시하지 않고는 상황개선이 어렵기 때문에, 또 실시하는 쪽이 실시하지 않는 쪽보다 유리하기 때문에 실시한다는 설명이다. 이 경우 지방자치는 상황개선을 위한 수단으로서의 의미를 지닌다.

기능론은 현실적 목표를 분명히 한다는 점에서 강한 설득력을 가질 수 있다. 상황개선에 대한 국민적 기대와 요구가 강할 때는 더욱 그러하다. 그러나 상황개선에 대한 기대와 요구가 강하지 않을 때나, 중앙집권체제가 상황개선에 더 큰 도움이 될 수 있다는 논리가 강하게 제시될 때는 그 힘을 잃을 수가 있다. 이에 대한 자세한 설명은 제1편 제2장 「지방자치의 양면성과 발전방향」에서 하기로 한다.

(2) 규범론

규범론은 지방자치 실시의 목적을 지방자치 그 자체에 두는 입장이다. 국가권력은 본래 국민의 것으로 이를 국민 가까이 가져다주는 것보다 더 중요한 것은 없다는 설명이다. 이 경우 지방자치는 상황개선을 위한 수단이 아니라 그 자체가 목적가치가 된다. '좋은 정부도 자치정부만 못하다(Good government is no substitute for self-government)'라고 한 인도의 지도자 간디(Mahatma Gandhi)의 말은 이러한 입장을 가장 잘 나타내고 있다.

규범론은 기본적으로 위민(爲民)의 철학을 경계한다. 중요한 것은 국민을 위하는 것이 아니라 국민이 스스로 통치하게 하는 것이라 믿는다. 민주주의의 기본이 바로 그러하다고 믿기 때문이고, 권력의 속성상 민주와 자치가 없는 곳에서 위민이나 '좋은 정부'가 오래갈 수 없다고 보기 때문이다.

규범론은 지방자치 그 자체를 목적가치로 인식하고 있기 때문에 중앙집권체제나 권위주의 체제가 지닌 기능적 요소나 지방자치가 지닌 역기능적 요소에도 쉽게 흔들리지 않는다. 이러한 점이 장점이라면 장점일 수 있다. 그러나 '민주화'와 '행정효율성 제고' 등 상황개선과 관련된 목표지향성이 약하기 때문에 자칫 막연한 명분론으로 흐를 수 있다는 약점이 있다.

2) 이해관계 중심의 설명

다른 많은 제도나 정책과 마찬가지로 지방자치 역시 밖으로 내세우는 목적과 그 이면의 실질적 목적이 다를 수 있다. 1952년 이승만 정부가 지방자치를 실시한 것은 지방자치가 지닌 고유의 가치를 존중해서도 아니었고, 지방자치가 지니는 기능적 요소를 고려한 것도 아니었다. 실시의 목적은 오히려 지방의회 구성을 통해 지지세력을 결집하고, 이들을 통해 장기집권의 기반을 강화하는데 있었다.

그 이후의 여러 권위주의 정권이 지방자치를 실시하지 않은 이유 또한 지방자치가 지니는 고유의 가치나 기능적 요소를 인정하지 못해서만은 아니었다. 권력의 분산에 따른 저항세력의 성장을 우려했기 때문이었고, 그에 따른 정권의 상실을 두려워했기 때문이었다. 반대로 민주화 세력은 바로 이러한 점에서 지방자치 실시를 더욱 강하게 주장했다.

이러한 현상은 우리나라에서만 일어나는 일이 아니다. 영국과 미국 등 지방자치가 먼저 발달한 나라도 마찬가지이다. 영국에 있어 도시지역 자치정부의 발달은 상당부분 국왕을 비롯한 당시의 지배세력으로부터 자신들의 이익을 지키려는 상공인들의 노력에 의해 이루어졌고, **남북전쟁**(civil war) 이전의 미국 남부지역 주(州)들의 분권화 추진은 다분히 노예제도를 지키기 위한 노력의 하나였다. 제2편에서 보다 자세히 설명하겠지만 이들 국가에서는 중앙정부(국왕)와 지방정부 사이에 조세권을 포함한 자치권을 사고 파는 일도 있었다. 자치권의 확대가 앞서 설명한 기능론과 규범론이 담고 있는 내용과는 아무런 관계없이 이해관계의 맥락에서 이루어지는 경우가 많다는 뜻이다.

실제로 지방자치를 연구하는 적지 않은 사람들이 지방자치를 이러한 이해관계의 맥락에서 살펴보고 있다. 이러한 시도는 당연히 기능론과 규범론 뒤에 숨어 있는 이해관계를 파악하는데 도움이 됨은 물론, 지방자치의 정치경제적 환경을 이해하는 데에도 도움이 된다. 그러나 이러한 해석에 지나치게 집착할 경우 음모론으로 흐르거나 지방자치가 지니는 기본적인 기능과 가치를 간과할 수 있음에 주의할 필요가 있다.

지방자치를 실시하는 목적 내지는 배경과 관련하여 크게 두 가지, 작게는 세 가지의 설명을 소개하였는데 이들 설명은 상호배타적이라기보다는 상호보완적이다. 시대 상황이나 정치경제적 환경에 따라 어느 한 쪽이 앞서는가 하면, 다른 경우에는 또 다른 쪽이 앞서기도 한다. 최근에는 기능론적 설명이 앞서는 가운데 다른 쪽의 설명이 이를 보완해 주고 있는 경향이 있기도 하다. 지방자치 그 자체를 목적가치로 보기보다는 정치 민주화와 행정 효율화 등을 실현하기 위한 수단으로 보는 시각이 강하다는 뜻이다.

제2절 지방자치의 구성요소: 필수 요소

① 구 역

국가의 활동이 영토·영해·영공의 틀 안에서 이루어지듯 지방정부의 활동 또한 자치권이 미치는 일정한 지리적 영역으로서의 **구역**의 틀 안에서 이루어진다. 영토가 없는 국가가 없듯 경계가 지워진 일정한 지역으로서의 구역이 없는 지방정부는 존재하지 않는다.

구역은 기본적으로 상호배타적(mutually exclusive)이다. 동급 지방정부간에는 그 지리적 영역이 서로 겹쳐지지 않는다는 뜻이다. 그러나 서로 간의 합의에 의해 특정 기능과 관련된 업무를 상대의 구역에서 행하기도 하고, 공동의 관할구역을 설정하기도 한다. 미국의 특별지방정부(special district) 중 2개 이상의 지방정부가 공동으로 설립하는 상·하수도구(water/sewage district)나 소방구(fire district) 같은 경우는 이러한 '공동관할구역'의 좋은 예이다.[5]

② 주 민

주민은 일정한 지역에 거주하는 사람으로 지방자치의 가장 핵심적인 요소가 된다. 자치권의 궁극적 주체이자 객체이고, 지방자치가 필요로 하는 물적·인적·지적 자원의 원천이다. 주민이 없다는 것은 자치의 주체도 객체도 없다는 뜻이 되므로 지방자치 그 자체가 성립되지 않는다.

통상 주민이라 함은 일정 지역에 주소를 둔 사람을 지칭한다. 그러나 지방자치의 실질적 운영과 관련하여서는 좀더 넓은 의미를 가진다. 즉 기업과 학교 등 지역에 위치하고 있는 다양한 기관과 단체, 그리고 그 구성원을 포함하는 경우가 많다. 더 나아가서는 지방정부의 의사결정이나 공공서비스의 생산과 소비에 영향을 미칠 수 있는 모든 집단과 개인을 포함하기도 한다.

기업을 포함한 기관과 단체가 지방정부를 운영하는데 있어 자연인 이상의 영향을 미치게 되면서, 또 주소지와 다른 지역에서 거주하고 활동하며 그 지역사회에 영향을 미치는 사람들이 늘어나면서 주민의 개념을 이와 같이 폭넓게 해석하는 경향이 더욱 강화되고 있다.

---

5) 제3편 제1장 1절 참조.

③ 지방자치단체와 지방정부

　　지방자치는 자치가 이루어지는 지역단위의 공적 결정기구, 즉 지역 단위의 정부를 필요로 한다. 그러지 않고는 공적 권위를 갖는 집합적 결정을 내릴 수가 없기 때문이다. 자치권을 부여하는 국가 또한 자치권을 부여받을 주체로서의 지역단위의 정부를 필요로 한다. 주민 개개인에게 직접 자치권을 부여하고, 또 이를 행사하게 할 수는 없기 때문이다.

　　이러한 지역단위의 정부를 우리는 지방자치단체 또는 지방정부라 부른다. 두 개념 사이에는 분명한 차이가 존재한다. 지방정부를 지방자치단체의 하위 개념이나 도구 개념으로 볼 수도 있고, 동격으로 보되 지방자치단체는 일종의 법적 지위를 가진 기구 그 자체를 의미하는 개념으로, 지방정부는 그러한 기구의 활동을 나타내는 실체적이고 동태적인 개념으로 이해할 수도 있다.[6] 그러나 실제에 있어 이러한 구분은 별 의미가 없다. 학자와 실무자들 사이에 두 개념이 혼용되고 있기 때문이다.[7]

　　지방자치단체 또는 지방정부는 일반적으로 법인격, 즉 법률상의 권리와 의무의 주체로서의 격을 갖는다. 그리고 이를 바탕으로 자치권을 포함한 제 권리를 행사하고, 법률상의 의무를 행한다.

④ 자 치 권

　　주민과 지방정부는 국가가 부여하고 용인하는 **자치권**의 범위 내에서 자치를 한다. 자치권은 때로 국가에 의해 주어지는 것이 아니라 주민이나 주민이 구성한 자치조직에 의해 '쟁취'된다. 앞서도 잠시 언급하였지만 봉건시대나 절대주의 시대에는 영주나 국왕에게 돈을 주고 사오는 경우도 있

---

6) 임승빈, 『지방자치론』(서울: 법문사, 2006), p.40 참조.
7) 위의 책, 같은 쪽 참조. 이러한 맥락에서 이 책에서도 '지방정부'를 기본으로 사용하되 지방자치단체도 혼용하기로 한다. '지방정부'로 통일하여 사용하고 싶지만 우리나라의 법률이 모두 '지방자치단체'로 규정하고 있어 그렇게 하기는 어렵다. 우리나라와 일본 등 '지방자치단체' 또는 '지방공공단체'라 표현하는 국가의 법률을 소개하고 다룰 때는 '지방자치단체'를, 그 외에는 '지방정부'를 쓰기로 한다.

었다.

그러나 그 어떤 경우든 자치권은 국가가 부여하거나 용인하는 형식으로 주어지며, 지방자치는 그 범위 내에서 이루어진다. 자치권의 범위에 대한 해석이 달라, 또 자치권을 쟁취하기 위한 의도적인 노력의 일환으로 지방 정부가 자치권의 범위를 벗어난 행위를 하는 경우가 없지는 않다. 그러나 이것은 어디까지나 일시적 일탈이다. 자치권의 범위를 상시적으로 벗어나는 지방자치는 지방자치로서의 의미를 상실한다.

자치권은 통상 지방정부 차원의 법률인 조례를 제정할 수 있는 권한으로서의 자치입법권, 처리권한이나 책임이 주어진 사무를 자율적으로 처리하고 이에 필요한 인적 자원을 충원·관리할 수 있는 자치행정권, 자율적으로 정한 규칙과 규범에 대한 위반행위를 심판하고 제재를 가할 수 있는 자치사법권, 권한을 행사하고 업무를 처리하기 위한 조직을 만들고 운영할 수 있는 자치조직권, 그리고 필요한 물적 자원을 자율적으로 동원·관리·사용할 수 있는 권한으로서의 자치재정권 등을 포함한다.

이러한 권한이 모두 완벽하게 주어져야 지방자치를 하는 것은 아니다. 권한이 폭넓게 주어지면 그만큼 폭넓은 지방자치를 하게 되고, 그렇지 못하면 그만큼 소극적인 지방자치를 운영하게 된다. 그러나 제아무리 소극적인 지방자치라 하여도 일정수준의 자치권은 반드시 주어져야 한다. 자치권 없이는 지방자치 그 자체가 성립될 수 없기 때문이다.[8]

---

8) 학자에 따라서는 위에서 설명한 요소 외에 **자치사무**와 **자주재정** 그리고 **주민참여** 등을 지방자치의 주요 요소로 설명한다. 이 자리에서 이를 개별 항목으로 설명하지 않는 것은 다음과 같은 이유에서이다. 첫째, 중복설명을 피하고자 하는 뜻에서이다. '자치사무'는 자치권이 구체화 된 것으로 별도의 설명이 필요하지 않다고 보았다. 자주재정과 주민참여 또한 '자치권'과 '주민'에서 어느 정도 설명될 수 있다고 보았다. 둘째, 지방자치를 운영함에 있어 '필수불가결한 요소'와 '있으면 더 좋은 요소'를 구별하고자 했다. '자주재정'은 대단히 중요한 요소이지만 그것이 낮다고 하여 지방자치가 성립될 수 없는 것은 아니다. 중앙정부의 재정지원 방식에 따라 낮은 자주재정으로도 적절한 수준의 지방자치를 유지할 수 있다. 영국은 그 대표적인 예이다. '주민참여' 또한 대단히 중요한 요소임에 틀림이 없다. 적절한 수준의 참여를 확보하지 않고는 좋은 지방자치를 구현할 수 없다. 그러나 그렇다고 하여 지방자치를 아예 운영하지 못하는 것은 아니다. 한마디로 '자주재정'과 '주민참여'는 좋은 지방자치를 운영하기 위한 과제이지 지방자치의 선결조건 또는 필수불가결한 요소는 아니다. 이 책에서는 이러한 점에 차별을 두고자 했다.

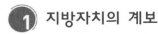

제 3 절 지방자치의 계보와 그 차이

① 지방자치의 계보

1) 지방정부가 이중적 지위를 가지는 형태: 단체자치 국가

역사적으로 볼 때 지방자치는 크게 두 가지 방식에 의해 실시되었다. 먼저 그 하나는 우리나라와 같이 중앙정부가 지역단위의 종합 지방행정기관을 설치한 후, 이에 자치정부로서의 법인격과 일정한 사무에 대한 자치권을 부여하는 방식이다.[9] 흔히 말하는 '**단체자치**'의 한 양식인데, 이 경우 지방정부는 두 개의 지위, 즉 중앙정부의 지역단위 종합 지방행정기관이라는 본래의 지위와 중앙정부가 새로 부여한 자치정부라는 이중적 지위를 갖는다. 처리하는 사무도 크게 두 가지가 된다. 자치권을 가지고 처리하는 자치사무와 중앙정부의 지휘감독 아래 처리하는 국가사무가 그것이다. 자치사무는 자치정부의 자격으로, 국가사무는 중앙정부의 지역단위 종합행정기관의 자격으로 처리한다.

이와 같이 지방정부가 이중적 지위를 가지는 형태는 주로 중앙집권적 경향이 강했거나 중앙정부의 지역단위 종합행정기관이 잘 정비되어 있는 국가에서 나타난다. 우리나라와 일본, 그리고 독일과 프랑스 등이 이에 속한다.[10]

이러한 형태의 지방정부가 들어서는 이유는 크게 두 가지이다. 먼저 그 하나는 용이성이다. 중앙집권체제가 자리잡고 있던 국가의 경우, 지방자치를 실시한다고 하여 기존의 지역단위 종합 지방행정기관을 모두 없애고 새로운 자치정부를 만드는 것은 매우 어렵다. 법체계와 행정관행 그리고 정치와 행정에 대한 기본관념 등 모든 것이 바뀌어야 하기 때문이다. 따라서

---

9) 그 반대로 지방정부를 설치한 후 이에 중앙정부의 지역단위 종합 지방행정기관의 지위를 부여하는 방식이 될 수도 있다.

10) 배준구, 『프랑스의 지방분권』(부산: 도서출판 금정, 2004), pp.52-56, p.75 참조; 정세욱, 『지방자치학』, 앞의 책, pp.16-20; 만프레드 지멕, "독일 지방자치제도의 역사와 현실," 조창현 편, 『지방자치와 교회의 역할』(한양대학교 지방자치연구소, 1993), pp.9-18 참조.

이들 국가는 자치정부를 새로 만들기보다는 기존의 지역단위 종합행정기관에 자치정부의 격을 더 하는 방안을 선택하게 된다. 훨씬 더 실현가능한 방안이 되기 때문이다.

또 하나의 이유는 지방자치에 대한 소극적인 태도이다. 중앙집권체제를 오래 경험한 국가에서는 통상 지방자치를 행정적 분권 정도로 이해하는 경향이 있다. 또 지방자치에 대한 부정적 인식과 우려가 강하게 존재하기도 한다. 이러한 인식과 우려는 자연히 새로이 지방정부를 만드는 방식보다는 기존의 지역단위 지방행정기관에 자치정부로서의 격을 부여하는 방식을 선호하게 만든다(사잇글 1-1).

2) 지방정부가 단일 지위를 가지는 형태: 주민자치 국가

지방자치를 실시하는 다른 하나의 방식은 중앙정부의 지방행정체계가 자리잡지 않은 상태에서 지역주민들이 스스로 자치기구를 결성하여 자치를 행하는 방식이다. 이 경우 지방정부는 자치정부라는 단일 지위를 가지며, 사무 또한 원칙적으로 자치사무만을 처리하게 된다. 중앙정부의 사무를 처리하기도 하지만 이는 어디까지나 지방정부의 자발적 동의에 의해서이거나 중앙정부와의 계약관계를 통하여 이루어진다. 처리여부 자체가 지방정부의 자치권에 속하게 되고, 이를 처리함에 있어서도 중앙정부의 지방행정기관이 아닌 자치정부로서의 지위를 그대로 지니게 된다. 자치사무와 거의 같은 의미를 지니게 된다는 뜻이다.

흔히 '주민자치'라 불리는 이러한 형태는 중앙정부의 통치력이 강하지 못했던 국가에서, 또 중앙정부의 지방행정체계가 제대로 갖추어지지 않은 환경 속에서 발달하였다. 영국이 그 대표적인 경우가 되겠는데, 영국에서는 일찍이 중앙정부(국왕)의 지방행정조직이 잘 갖추어지지 않은 상태에서 교회조직을 중심으로 한 소지역(parish) 단위의 자치가 행해졌다. 또 도시가 발달하면서 도시지역에서도 상공인들을 중심으로 한 도시자치가 행해졌다.[11]

절대주의 시대 등을 통해 강력한 중앙집권 체제, 즉 중앙정부가 지역단위 종합 지방행정기관을 설치하고 이를 바탕으로 모든 지역사회를 획일적으로 다스려가는 체제를 확립할 수 있었던 독일이나 프랑스와 달리 영국은

---

11) 이 책 제2편 1장, '영국 지방자치의 전개' 참조.

줄곧 이러한 분권적 체제를 유지했다. 중앙정부의 힘이 비교적 강했던 시기에 있어서도 그 힘이 지방정부의 기능을 완전히 중지시키거나 이를 중앙정부의 지역단위 종합 지방행정기관으로 전환시킬 수 있을 정도로 강하지 못했기 때문이었다. 그 결과 지역사회와 주민 주도로 지방정부를 결성하여 자치를 행하는 주민자치의 전통이 잘 보존될 수 있었다.

미국 역시 주민자치 전통이 강한 나라이다. 지역에 따라 다소 다르기는 했지만 **뉴잉글랜드**(New England)를 비롯한 많은 지역에서는 식민지 시대부터 영국식 전통과 관행에 따라 지방자치가 이루어졌다. 식민지 정부는 지역단위 종합 지방행정기관을 활성화시키지 않았고, 그러한 상태에서 지역주민은 스스로 자치기구를 결성하여 자치를 행했다. 식민지 정부는 이러한 자치를 용인했고, 그 일부에 대해서는 영국에서와 같이 일종의 특허장이라 할 수 있는 헌장(charter)을 발부하여 그 법적 정당성을 확실히 했다.[12]

이러한 주민자치의 전통은 독립 이후 더욱 강화되었고, 오늘에 이르기까지 미국 지방자치의 흔들릴 수 없는 원칙과 규범이 되고 있다.

■ New England는 미국 동북부의 Maine, Massachusetts, New Hampshire, Connecticut, Rhode Islands, Vermont 주(州)를 포함하는 지역을 말한다.

② 차이의 의미

앞서 설명한 두 형태는 시간이 흐르면서 그 독특한 구조와 성격이 다소 완화되는 경향이 있다. 먼저 지방정부가 자치정부와 지역단위 종합 지방행정기관으로서의 이중적 지위를 지니는 형태의 경우, 후자의 성격이 점차 옅어지는 경향이 있다. 민주화가 심화되고 주민의 자치욕구가 강하게 표출되면서 지방정부가 자치정부로서의 성격을 더 강하게 지니게 되었기 때문이다. 중앙정부 사무를 처리함에 있어 중앙정부의 통제가 약화되는 대신 주민이나 지방의회의 통제가 강화된다거나, 지방정부 수장에 대한 주민소환이 이루어지는 것 등은 그 좋은 예이다. 지방정부를 중앙정부의 일선 지방행정기관으로 보는 시각에서는, 또 지방정부의 수장을 이러한 지방행정기관의 장으로 보는 시각에서는 쉽게 허용될 수 없는 일이었다.

아울러 지방정부가 자치정부라는 단일지위를 지니는 형태에도 일부 변화가 감지된다. 즉 지방정부가 중앙정부의 종합 지방행정기관으로서의 성

---

12) 이 책 제2편 3장, '미국 지방정부와 지방자치의 역사' 참조.

격을 더해가는 경향이 있다. 인권문제와 환경문제, 그리고 복지문제 등 국가단위에서의 통일과 형평을 이룰 필요가 있는 일들이 많아졌기 때문이다. 1960년대 이후 미국의 연방정부가 인권문제 등과 관련하여 지방정부에 대해 갖가지 의무사무(mandate)를 부과하고 있고, 지방정부들이 어쩔 수 없이 이러한 사무들을 처리하고 있는 것은 그 좋은 예이다.[13]

그러나 이와 같이 그 독특한 성격이 다소 완화되고 있음에도 불구하고 두 형태는 여전히 기본적으로 서로 다른 골격을 유지하고 있고, 이로 인해 여러 가지 점에서 차이를 드러내고 있다. 사무배분의 방식, 재정지원의 방식, 통제의 방식 등이 다를 수 있고, 집행기관과 의결기관의 관계와 지방정부와 주민의 관계 등에 있어서도 차이가 나타날 수 있다. 심지어 자치권에 대한 기본 철학과 논리적 근거에 있어서도 차이가 난다. 이 점, 우리나라와 다른 여러 나라의 지방자치를 이해함에 있어, 또 새로운 제도를 기획하고 도입함에 있어 근본적으로 생각해 두어야 할 중요한 요소 중의 하나이다. 책의 머리에 이를 소개하는 이유도 여기에 있다. 자세한 설명은 차차 해 나가기로 한다.

사잇글 1-1: 단체자치와 주민자치 유감

흔히 지방자치의 형태를 구분함에 있어 단체자치와 주민자치로 양분하여 소개한다. 그리고 **주민자치**를 '지역주민이 그 대표자로 구성된 자치정부를 통해 지역의 공공사무를 처리하는 형태'로, 또 **단체자치**를 '국가로부터 상대적으로 독립된 법인격을 부여받은 자치체가 지방의 행정사무를 처리하는 것'으로 설명을 한다. 이어 이러한 형태의 차이점과 특성, 그리고 이 두 개념이 상호배타적이 아니며, 최근에 와서는 서로 수렴되고 보완되고 있다는 설명을 한다.

이러한 구분과 개념에 대해 이의를 제기할 생각은 없다. 본문에서 설명한 바와 같이 지방자치는 이 두 가지 형태로 나누어 설명될 수 있다. 또 실제 그 차이는 매우 근본적인 것으로 각국의 지방자치제도를 이해하고, 향후의 발전방향을 가늠하는데 있어 중요한 요소가 된다.

그러나 이러한 구분이나 설명과 관련하여 몇 가지 주의할 점이 있다. 우선 이를 설명함에 있어 논리적 타당성이 떨어지거나 그 내용이 모호한 경우가 많다. 예컨대 여러 문헌을 통해 단체자치는 '법률적 의미의 자치'이고 주민자치는 '정치적 의미의 자치'라는 설명을 접할 수 있는데 이러한 설명은 그 뜻이 모호하다. '법률'과 '정치'를 어떻게 해석하느냐에 따라 달라지기는 하겠지만 기본적으로 두 형태의 지방자치 모두 법률적인 면과 정치적인 면을 함께 지니고 있다. 프랑스와 독일 등 단체자치적 전통이 강한 국가에 있어서도 자치권의 범위와 중앙-지

---

13) 이 책 제2편 3장 5절, '최근의 경향과 과제' 참조.

방 관계 등과 관련하여 정치적 이해관계가 부딪치는 일이 일상적으로 발생해 왔고, 주민자치 전통이 강한 영국이나 미국 등에 있어서도 자치권의 범위나 주민의 권리와 의무 등이 모두 법률에 의해 규정되어 왔다. 어떻게 주민자치는 '정치적 의미'이고, 단체자치는 '법률적 의미'인지 이해하기 어렵다.

사실과 다른 설명들도 눈에 띤다. 예컨대 단체자치 형태에서는 국가가 자치권을 부여하는 반면 주민자치에 있어서는 자치권 부여의 주체가 주민이라는 설명을 접하기도 한다. 또 혹자는 이를 자치권에 대한 고유권설과 전래권설로 바로 연결시켜 설명하기도 한다. 그러나 이 또한 무리가 있는 설명이다. 주민자치의 전통이 강한 영국과 미국에 있어서도 자치권은 국가가 부여하는 형식을 취한다. 헌장(charter)을 통한 자치권의 부여는 그 대표적인 예이다. 특히 미국의 경우 지방정부의 자치권은 주(州)가 명시적으로 부여한 권한이나 그에 함축된 권한을 벗어날 수 없다는 '**딜론의 원칙**(Dillon's rule)'이 1865년 이래 오늘에 이르기까지 40개나 되는 주(州)에서 지방자치의 기본원칙이 되어 있다.

이 외에도 적지 않은 부분에 혼란이 있다. 주민자치의 경우에는 지방정부가 법인격을 지니지 않는 것처럼 설명하는 경우도 있고, 주민자치는 직접민주정치이고 단체자치는 간접민주정치라 설명하는 경우가 있기도 하다. 그러나 실상은 그렇지가 않다. 주민자치의 국가에서도 지방정부는 대체로 국가 또는 중앙정부가 부여하거나 인정하는 법인격(incorporated, corporation)을 지닌다. 어제 오늘의 일이 아니라 수백년의 전통을 가진 일이다. 그리고 간접민주정치와 직접민주정치는 국민과 주민이 정치적 권리를 행사하는 양식이다. 당연히 지방자치의 형태와 직접적인 상관관계가 없다. 주민자치의 전통이 강한 국가에서 주민의 직접참여가 보다 활발하게 일어나는 것은 사실이다. 그러나 이러한 국가들이라 하여 간접민주주의, 즉 지방선거로 구성되는 지방정부나 지방의회가 없는 것은 아니다.

본문에서는 이러한 혼란을 피하기 위해 지방자치를 단체자치와 주민자치의 핵심적 내용의 하나인 지방정부의 지위에 관한 부분을 중심으로 구분하여 설명하였다. 이 점 이해해 주었으면 한다.

제 2 장

지방자치의 양면성과 발전방향

대부분의 정치·사회제도가 그러하듯이 지방자치도 그 자체를 두고 선(善)이다 악(惡)이다 할 수 없다. 또 긍정적이다 부정적이다 할 수 없다. 제도 그 자체로서는 양면을 다 지니고 있으며, 어떠한 환경 아래 어떻게 운영하느냐에 따라 다양한 모습이 나타난다. 이번 장(章)에서는 지방자치가 지닌 이러한 양면성을 정치·행정에 있어 가장 중요한 가치라 할 수 있는 '민주성'과 '효율성'의 관점에서 살펴보기로 한다.[1] 아울러 이를 기반으로 지방자치가 어떠한 방향으로 발전해 나가야 하는지도 짚어보기로 한다.

---

[1] 형평성, 생산성, 또는 효과성 등의 다른 중요한 가치들을 중심으로 살펴볼 수도 있다. 그러나 보다 효율적인 논의를 위해 이들 가치에 관한 문제는 민주성과 효율성이라는 큰 틀 속에 포함시켜 본다.

제1절 지방자치와 민주성

1 관계긍정설 또는 불가분설

토크빌(Alexis de Tocqueville)에서부터 펜터-브릭(Keith Panter-Brick)을 거쳐 오늘의 젊은 분권론자들에 이르기까지 수많은 사람들이 지방자치와 민주주의의 긍정적인 관계를 역설해 왔다. 때로는 ① 왕권이나 독재적인 중앙권력을 견제할 수 있는 대안으로 주장되기도 했고, ② 주권자인 시민들에게 보다 많은 참여의 기회를 마련해 준다는 점이 강조되기도 했다. 또 그런가 하면 ③ 민주주의를 지속 발전시키는 데 있어 없어서는 안 될 민주시민 양성소 내지는 교육의 장이 된다는 점이 지적되기도 했다.

이러한 주장들은 지방자치와 민주주의의 긍정적 관계를 역설한다는 점에서, 또 더 나아가 이 서로 떼어놓을 수 없는 관계에 있음을 주장한다 하여 흔히 '관계긍정설' 또는 '불가분설(不可分說)'로 불린다. 이 자리에서는 이 문제에 관한 가장 고전적이고, 또 대표적인 논객(論客)이라 할 수 있는 토크빌을 중심으로 그 내용을 살펴보기로 한다.

1) 중앙집권에 따른 자유권 상실의 방지

■ 토크빌의 저서 『미국의 민주주의(*Democracy in A-merica*)』는 미국 정치와 관련된 가장 중요한 고전이다. 토크빌은 1831년 9개월간의 미국기행을 통해서 이 책을 썼고, 1835년과 1840년. 각각 제1권과 제2권을 내어 놓았다. 미국 방문시 그의 나이 25세, 출판 당시 그의 나이 29세였다. 프랑스어로 발간된 그의 책 원제는 *De la démocratie en Amérique* (*On the Democracy in A-merica*)였다.

잘 알려진 바와 같이 **토크빌**은 19세기 전반을 살다간 프랑스의 정치가이며 지식인이다. 프랑스혁명 뒤의 격동기와 산업혁명기를 살다간 그는 젊은 시절부터 '평등'이 중요한 정치사회적 가치로 등장하고, 이를 바탕으로 대중적 참여가 확대되는 것을 어쩔 수 없는 역사적 흐름으로 인식했다. 그러나 다른 한편, 이러한 흐름을 인정하면서도 평등에 대한 지나친 강조가 자칫 중앙집권으로 이어지고, 이것이 다시 또 다른 중요한 가치인 '자유'를 위협할 수 있음을 염려했다. 평등의식을 바탕으로 하는 대중적 민주사회는 기본적으로 자유를 이야기하게 되어 있지만(democratic communities have a natural taste for freedom),[2] 그 대중성으로 인해 평등에 대한 집착이 점점 더

---

2) Alexis de Tocqueville, *Democracy in America*, Vol. 2, Phillips Bradley, ed. (New York: Knopf, 1945), p.97.

강해질 수밖에 없고, 그렇게 되면 평등의 가치를 확보한다는 명분으로 권력집중 현상이 정당화되고, 그것은 다시 그러한 권력에 의한 '자유'의 억압으로 이어지게 된다고 본 것이다.[3] 다음은 그의 책, 『미국의 민주주의(*Democracy in America*)』의 한 부분이다.

> 사람들은 자유로운 상태 속에서의 평등을 추구할 것이나, 그것이 불가능한 경우에는 노예상태 속에서의 평등이라도 추구하게 될 것이다(they call for equality in freedom, and if they cannot obtain that, they call for equality in slavery).[4]

이와 같이 '평등'의 가치에 기초한 대중적 민주주의가 결국 권력집중현상을 초래하고, 이를 통해 다시 사회구성원의 자유를 위협할 수 있다는 우려 속에 토크빌은 그러한 폐단을 막을 수 있는 방안들을 깊이 생각했다. 그리고 그러한 방안의 하나로 중앙정부 내지는 국가와 개인 사이에 존재할 공적 권위를 가진 중간적 기구 내지는 기관(intermediate authorities)의 중요성을 인식하게 되었다.[5] 이들 중간적 기구 내지는 기관은 사회구성원들의 참여를 보장해 주는 한편, 나름대로의 자율성을 지니면서 집권화된 권력에 의해 행해질 수 있는 독단을 제어해 줄 수 있다고 보았기 때문이다.

이러한 생각을 가진 토크빌에 있어 당시의 미국은 특별한 의미를 지닐 수밖에 없었다. 과도한 권력집중과 의회의 대중적 편향성에 의한 자유권 침해를 막을 수 있는 위헌심사제(judicial review)와 같은 장치가 운영되고 있을 뿐만 아니라, 그가 말하는 중간적 기구 내지는 기관으로서 **'마을회의(town meetings)'**와 같은 자치정부, 변호사회와 같은 전문인 단체, 그리고 다양한 자발적 조직 등이 잘 발달해 있었기 때문이었다. 토크빌은 이들 중간적 기구 내지는 기관의 존재가 미국을 평등과 자유가 같이 가능한 나라로 만들고 있다고 이해했고, 특히 이와 관련하여 지방마다 존재하는 기초적인 자치정부의 존재와 그 기능에 대해 깊은 인상을 받았다. 적절한 중간적 기구 내지는 기관이 존재하지 않는 상태에서, 평등에 대한 집착이 쉽게 중앙집권체제로 연결되고, 그 결과 또 다른 중요한 정치사회적 가치인 자

---

3) J. R. Land Pennock, *Democratic Political Theory* (Princeton, New Jersey: Princeton Univ. Press, 1979), pp.53-57.

4) 위의 책, pp.65-66.

5) Robert A. Nisbet, "Alexis de Tocqueville," in *International Encyclopedia of the Social Sciences*, Vol. 16 (New York: Macmillan and Free Press, 1968), pp.90-92.

유가 억압되는 현상이 일어나는 그의 조국 프랑스와는 매우 다른 모습이었던 것이다.

2) 민주시민 교육 및 양성

미국적 장점 중에서도 마을회의(town meeting)와 같은 기초 지방정부의 정치교육적 기능은 토크빌에 있어 특별히 인상적이었던 모양이다. 그래서 그는 다시 『미국에서의 민주주의』에 지방자치, 민주주의, 자유의 관계에 대한 불멸의 명언을 남기게 된다.

> 자유에 대해 읍회(마을회의)가 지니는 의미는 학문과 관련하여 초등학교가 지니는 의미와 같다. 읍회는 자유를 시민의 손이 닿을 수 있는 곳에 가져다 줄 뿐 아니라, 그 자유를 어떻게 누리고 어떻게 활용할 수 있는지를 가르쳐 준다(Town meetings are to liberty what primary schools are to science: they bring it within the people's reach, they teach men how to use and how to enjoy it).[6]

토크빌의 이러한 견해는 다원론적인 시각, 즉 권력은 되도록 분산시켜 어느 한 세력에 의해 장악되지 않게 하는 것이 좋다는 생각과 지방자치의 정치교육적 효과를 강조한 것이라 하겠는데, 이러한 견해는 토크빌과 같은 시대의 영국 사상가인 밀(John Stuart Mill)이나 후대의 대 정치학자인 브라이스(James Bryce)와 펜터-브릭(Keith Panter-Brick) 등과 같은 인물들에 의해서 반복적으로 강조되어 왔다.[7] "지방자치는 민주주의를 위해 더 이상 좋을 수 없는 학교이며 민주주의의 성공을 보장받을 수 있는 가장 확실한 보증이다(the best school of democracy, and the best guarantee for its success, is the practice of local self government)"라고 한 브라이스의 말도 같은 맥락에서 이해될 수 있다.[8]

■ John Stuart Mill은 토크빌과 동시대의 학자이자 사상가로 Democracy in America에 대한 서평을 쓰는 등 토크빌에 대해 큰 관심을 가졌다. 두 사람은 곧 친구이자 학문적 동료가 되었고, 개인의 자유와 민주주의에 대한 공통된 관심을 바탕으로 이러한 관계를 오랫동안 유지했다.

---

6) Alexis de Tocqueville, 앞의 책, Vol. 2, p.61.

7) Mill의 논의는 그의 『대의정치론(*Representative Government*)』의 지방정부(Local Government)편을 참조하고, Panter-Brick의 논의는 Georges Langrod의 "Local Government and Democracy"에 대한 반론인 "Local Government and Democracy: A Rejoinder"를 참조할 것. 뒤의 두 논문은 *Public Administration*의 1953년 봄호 (Vol. 31, No. 1)와 겨울호(Vol. 31, No. 4)에 실린 것인데, 국내에서는 한국행정학회 편, *Selected Readings in Public Administration* (서울: 다산출판사, 1985)에 실려 있다. 그리고 Bryce의 논의는 그의 명저 *Modern Democracies* (New York: Macmillan Co., 1921) 참조.

3) 폭넓은 참여기회의 보장

앞서 소개한 토크빌 등의 주장이 아니더라도 지방자치는 본질적으로 민주주의와 긍정적인 관계를 가질 수밖에 없다는 생각을 할 수 있다. *Democracy*, 즉 민주주의라는 말 그 자체가 원래 민중을 의미하는 '*demos*'와 지배를 의미하는 '*kratos*'의 합성으로 국민 혹은 민중에 의한 지배를 뜻한다. 따라서 말 그대로 하자면 정치기구(polity)를 구성하고 있는 구성원들에게 올바른 참여기회를 보장하지 않고는 민주주의 자체가 불가능하다는 이야기가 된다. 그리고 이러한 맥락에서 지방자치는 민주주의의 중요한 기초이자 필수불가결한 요소가 된다. 지방자치를 하지 않고는 폭넓은 참여기회를 보장할 수 없기 때문이다.

최근 정보통신이 발달하면서 지방자치와 참여기회 확대의 관계가 다소 엷어진 것은 사실이다. 인터넷을 통한 참여기회 등이 확대되면서 중앙집권체제라 하더라도 폭넓은 참여를 보장할 수 있게 되었기 때문이다. 그러나 그럼에도 불구하고 중앙집권체제에서의 참여는 지방분권과 지방자치가 활성화된 체제에서의 참여와 비교할 때 여전히 제한적이다. 다른 무엇보다도 참여할 수 있는 결정의 범위와 내용 자체가 상대적으로 좁다. 중앙집권체제 아래에서는 지역사회에 중요한 영향을 미치는 일까지 중앙정부가 표준화된 틀 안에서 일률적으로 정하는 경향이 있기 때문이다.

중앙집권체제 아래에서는 참여의 효과 또한 상대적으로 약화되는 경향이 있다. 참여는 참여 그 자체로서 의미를 지니기도 하겠지만, 정부의 결정에 얼마나 큰 영향을 미치느냐가 매우 중요한데, 이 점에 있어 지방자치가 활성화된 체제와 그렇지 못한 체제 사이에는 큰 차이가 나게 된다. 주민에 의해 선출되는 시장(市長)과 중앙정부에 의해 임명되는 시장(市長) 중 누가 지역주민의 목소리에 더 귀를 기울일 것인가를 생각하면 쉽게 이해할 수 있다.

---

8) James Bryce, *Modern Democracies*, Vol. 1 (New York: Macmillan, 1921), p.131.

② 관계부정설

이와 같이 많은 학자들이 지방자치와 민주주의가 긍정적 관계 내지는 불가분의 관계에 있음을 주장해 온 반면, 또 다른 많은 학자들은 이 둘의 관계가 반드시 그렇지 않음을 역설해 왔다. 이들은 지방자치가 참여와 시민교육의 기회를 확대하는 등 많은 민주적 요소를 담고 있겠지만, 실제 나타나는 현상은 전혀 다를 수 있다고 주장한다.

1) 낮은 참여

먼저 참여문제만 하더라도 참여기회를 확대하는 것과 실질적으로 참여가 이루어지는 것은 별개의 문제가 될 수 있다. 참여기회의 보장이 곧 참여를 의미하는 것은 아니기 때문이다. 대부분의 국가에 있어 지방선거의 투표율은 중앙선거의 투표율에 비해 낮은 경향을 보인다. 더 가까운 정부일수록 오히려 덜 참여하는 경향을 보이고 있고,[9] 지방정부 역시 참여를 제대로 유도해내지 못하고 있다. 특히 미국과 같은 나라의 경우 저소득·저교육 계층의 낮은 투표율은 심각한 문제가 되고 있다. 지방정부의 성격 자체를 중상층(中上層) 편향으로 만들 수 있기 때문인데, 이 경우 지방자치는 전통적 의미에서의 민주주의와는 상당한 거리를 두게 된다.[10]

9) Kriston Capps "In the U.S., Almost No One Votes in Local Elections," Citylab by Bloomberh, Nov. 1, 2016. accessed June 5, 2020. https://www.citylab.com/equity/2016/11/in-the-us-almost-no-one-votes-in-local-elections/505766/; Callie Crossley, "Why Is Voter Turnout In Local Elections So Low?" WGHB News, Sep. 16, 2019. accessed June 5, 2020. https://www.wgbh.org/news/commentary/2019/09/16/why-is-voter-turnout-in-local-elections-so-low. 2018.

10) "Poverty Myth: Poor People Choose Not To Vote," ATD Fourth World USA, Oct. 22, https://4thworldmovement.org/poverty-myth-poor-people-choose-not-to-vote/; Thaddeus J. Tecza, "The Obligation to Allow Party Participation in Municipal Elections: A Debt Too Long Unpaid," Herbert M. Levine, The Politics of State and Local Government Debated (Englewood Cliffs, New Jersey: Prentice Hall, Inc., 1985), pp.178-182 참조.

2) 소수전제(少數專制)의 가능성

위에서 언급한 내용과 같은 맥락이 되기도 하겠는데 분권을 기초로 한 지방자치는 지역사회에서 **소수의 전제**(minority tyranny)를 불러올 우려가 있다. 지방자치의 고향이라 불리는 영국만 하더라도 지방분권과 지방자치의 기원은 앵글로색슨 시대(Anglo-Saxon period, 6세기~11세기 중엽)까지 거슬러 올라가지만 실질적인 민주적 자치가 실현된 것은 불과 백여 년 전의 일이다. 지방분권과 지방자치가 이루어지고 있었지만 지방정부는 영주를 비롯한 지역사회 소수엘리트의 손에 장악되어 있었다.

오늘날에 있어서도 지역주민의 참여를 보장하고 있는 지방정부가 실질적으로는 소수의 지역 엘리트에 의해서 장악되어 있는 경우를 얼마든지 볼 수 있다. 미국 지역사회의 엘리트 지배구조를 밝힌 워너(William Warner)나 헌터(Floyd Hunter) 등의 고전적 연구나,[11] 무의사결정(無意思決定, non-decision making)의 관점에서 메릴랜드주의 발티모어시(Baltimore, Maryland)를 연구한 바크라흐(Peter Bachrach)와 바라츠(Morton Baratz)의 연구,[12] 그리고 같은 관점에서 인디아나주 게리시(Gary, Indiana)에서 미국제철(U.S. Steel)이 행사한 정책적 영향력을 분석한 크렌슨(Mathew Crenson)의 연구 등[13] 수많은 연구들이 참여기회 확대가 실질적 의미의 민주주의를 보장하지 않는다는 것을 반복적으로 증명해 왔다.

이러한 비민주적 구조는 때로 국가론적 관점에 서 있는 일부 이론가들로 하여금 지방자치를 자본주의적 생산양식과 국가전체에서의 엘리트 지배구조를 확립하기 위한 하나의 수단에 불과한 것으로 인식하게 만들기도 한다. 까스텔(Manuel Castells)이나 콕번(Cynthia Cockburn) 같은 학자들이 이에 속한다고 하겠는데, 콕번과 같은 이는 '자본주의 사회에서의 국가는 자본주의적 생산양식을 유지할 수 있는 조건을 유지·관리하는 것을 그 기능으로 하고 있으며 지방정부는 이러한 전체 메커니즘의 일부일 뿐'이라

■ 무의사결정은 지배집단의 가치나 이익을 해칠 수 있는 정책문제와 관련하여 이러한 문제가 의제(議題) 자체가 되지 못하도록 만들어 버리는 정치사회적 구조나 행위를 말한다. 이를 통해 지배집단은 의사결정의 범위를 자신들에게 안전한 수준으로 한정시키게 된다.

---

11) William Lloyd Warner, et al., *Democracy in Jonesville* (New York: Harper, 1949); Floyd Hunter, *Community Power Structure* (Chapel Hill, North Carolina: Univ. of North Carolina Press, 1953).

12) Peter Bachrach and Morton S. Baratz, *Power and Poverty: Theory and Practice* (London: Oxford Univ. Press, 1970). 무의사결정에 대해서는 이 책 제4편 1장 2절 '권력구조에 대한 시각' 참조.

13) Mathew Creson, *Unpolitics of Air Pollution* (Baltimore, Maryland: The Johns Hopkins Univ. Press, 1971).

주장한다.14) 지방정부와 중앙정부를 이원적으로 해석하여 후자에 대한 전자의 통제기능을 강조한 토크빌 등의 시각과는 판이하게 다른 것이다.

3) 다수전제(多數專制)의 가능성

소수 엘리트에 의한 지배와는 정반대되는 현상이지만 지방자치가 **다수의 전제**(majority tyranny)를 가능케 할 수도 있다. 지역사회가 거의 동일한 이해관계를 가지는 사람들로 구성된 경우 이들 다수 집단이 소수의 기본권을 무시하면서까지 자신들의 이익을 추구할 수 있기 때문이다.

실제로 미국이 오늘과 같은 연방제보다 훨씬 분권적 체제인 국가연합(confederation)을 구성하고 있을 때, 여러 주에서 다수가 소수의 기본권을 유린하는 '다수의 전제'가 발생했다. 메사추세츠(Massachusetts) 에서는 지주들의 폭압에 봉기한 다수인 영세농민들이 소수인 지주들의 재산권을 유린한 일이 있었고(shays' rebellion), 펜실베이니아(Pennsylvania)에서는 다수인 신교도(protestant)들이 퀘이커(quaker) 교도들의 선거권을 박탈한 일도 있었다.

이러한 현상과 관련하여 당시의 논객이었으며 훗날 미국의 제4대 대통령을 지낸 **메디슨**(James Madison)이 보다 집권적 체체인 연방제로 통치의 권역(sphere)을 넓혀 다수의 전제를 막자고 한 것은 너무도 유명한 이야기이다.15) 메디슨은 통치의 권역이 넓어질수록, 다시 말해 정치의 권역이 지역단위가 아니라 보다 전국적인 차원으로 넓어질수록 어느 특정 집단이 다수를 형성하기가 힘들어질 뿐 아니라 여러 다른 집단이 출현하여 상호견제를 행함으로써 특정집단이 과도한 힘을 행사하는 것을 막을 수 있다고 보았다.

4) 배타주의와 분리주의의 학습

지방자치가 지닌 민주시민 교육의 기능에 대해서도 상당한 비판이 제기될 수 있다. 지방자치에 대한 강한 비판론을 제기한 무렝(Leo Moulin)과 **랑그로드**(Georges Langrod)와 같은 학자가 대표적인데, 이들은 오히려 중앙집권적인 체제가 더욱 좋은 민주시민 교육의 장이 될 수 있다고 주장한다.

---

14) Cynthia Cockburn, *Local State* (London: Plato, 1977), pp.2-4.

15) Alexander Hamilton, James Madison, and John Jay, *The Federalist Papers* (Chicago, IL: The New American Library of World Literature, Inc., 1968), pp. 77-83.

지방자치가 참여의 기회를 늘리기는 하나 실제 참여할 수 있는 기회는 여전히 제한될 수밖에 없고, 설령 참여를 통해 무엇을 배운다 해도 그것은 어차피 지방적 차원의 경험인 바, 전국적 차원의 정치운영에 별 도움이 되지 않는다고 지적한다. 이들은 오히려 지방자치를 통해서 지역적 이익을 지나치게 중시하는 배타주의와 분리주의를 배울 수 있다고 주장하기도 한다.[16] 일면 지나친 주장이라 할 수 있겠으나 이들의 주장이 적지 않은 학자와 실무자들에 의해서 여전히 지지되고 있다는 사실에 주목할 필요가 있다.

제 2 절 | 지방자치와 효율성

① 관계긍정설

지방분권과 지방자치가 정치행정체제 전반의 효율성을 높일 것이란 주장 또한 민주성과 관련된 논의만큼이나 강하게 제기되어 왔다. 대체로 일곱 가지 정도로 정리할 수 있을 것 같은데 이를 하나씩 정리해 보기로 한다.

첫째, 지방분권과 지방자치의 강화는 정부로 하여금 지역사회의 문제나 행정수요에 보다 민감하게 반응하게 한다.

비교적 쉽게 이해할 수 있는 부분이다. 시장(市長)과 군수가 중앙정부에 의해서 임명되고, 행정문제 하나하나가 중앙정부의 지침에 의해 처리되는 경우 지방정부는 그 눈과 귀를 중앙정부 쪽으로 크게 열어 둘 수밖에 없다. 그러나 시장과 군수가 주민에 의해 선출이 되고 지방정부가 그 행정문제를 자율적으로 처리할 권리를 갖는 경우 상황은 크게 달라진다. 지방정부는 그 눈과 귀를 지역사회와 지역주민 쪽으로 더 크게 열 수밖에 없고, 지역주민의 요구나 지역차원의 행정문제에 대해 더 큰 관심을 가질 수밖에

---

16) Langrod의 논의는 Georges Langrod, 앞의 책 참조. 요약된 논의를 위해서는 Dilys M. Hill, *Democratic Theory and Local Government* (Edinburgh, Great Britain: George Allen and Unwin Ltd., 1974), pp.24-25 참조. 그리고 Moulin의 논의는 Leo Moulin의 논문, "Local Self-Government as a Basis for Democracy: A Futher Comment," *Public Administration*, Vol. 32 (Dec., 1954) 참조.

없게 된다.[17] **밀**(John Stuart Mill)과 같은 이는 지방정부의 의원과 공무원이 질이 다소 떨어진다 해도 바로 이러한 지역사회 위주의 행정 때문에 결과적으로 더 좋은 행정이 이루어지게 된다고 주장하기도 하였다.

둘째, 지방자치의 강화는 지역적 성격을 띤 정책문제와 행정문제를 보다 신속하게 처리하게 한다.[18]

모든 행정사무를 대통령이나 장관의 결재를 얻어 처리하는 경우 지역적 성격을 띤 시·군의 문제는 시·도지사의 결재와 중앙정부 담당자들의 복잡한 심의 및 결재과정을 거치게 되고, 결정된 사항은 다시 같은 과정을 되돌아 시·군에 전달되어 처리된다. 시의적절한 처리를 못하게 되는 것은 물론이고 인적·물적 자원의 낭비하게 된다. 지방자치는 이러한 절차상의 난맥을 풀어 지방정부로 하여금 지역적 성격을 띤 사무를 보다 신속히 처리하게 할 수 있다.

셋째, 거의 같은 맥락의 주장인데, 지방자치는 지방정부나 중앙정부로 하여금 정책문제나 행정문제에 대해 보다 정확히 대응할 수 있도록 한다.

털락(Gorden Tullock)과 **다운스**(Anthony Downs)와 같은 조직이론가들의 주장처럼 대부분의 조직에서 그 구성원들은 윗사람의 인정을 받아 승진을 하거나 좋은 자리로 옮겨가고 싶어 한다.[19] 그러다 보니 윗사람에게 정책문제나 행정문제에 관한 정보를 전달함에 있어 자신의 입장을 난처하게 할 수 있는 부분이나 윗사람의 의지에 반하는 정보는 되도록 전달하지 않는 경향을 띠게 된다. 그 결과 정보는 일정 부분 왜곡될 수밖에 없고, 때때로 이러한 왜곡된 정보에 기초하여 정책이 결정되곤 한다. 지역에서 일어난 중요한 민원을 축소·조작하여 보고하는 일 등이 이에 해당한다.

이러한 **정보왜곡** 현상은 조직이 수직적이고 권위적으로 운영될수록 더욱 심하게 나타난다. 윗사람이 무서워 보일수록, 또 심리적 거리가 멀면 멀수록 정확한 정보를 제대로 전달하기가 어려워진다는 뜻인데, 중앙정부와 지방정부간의 관계도 마찬가지이다. 그 관계가 수직적이고 권위적일수록 정보왜곡의 가능성과 잘못된 정보에 의한 잘못된 결정의 가능성이 커지게

---

17) John Stuart Mill, 앞의 책, <지방정부론> 편 참조.

18) Warren Bennis, *Changing Organizations: Essays on the Development and Evolution of Human Organization* (New York: McGraw Hill, 1966), pp.16-20.

19) Gordon Tullock, *The Politics of Bureaucracy* (Washington, D.C.: Public Affairs Press, 1965), pp.160-181; Vincent Ostrom, *Intellectual Crisis in American Public Administration* (Alabama: The Univ. of Alabama Press, 1974), pp.58-64.

된다. 바로 이러한 맥락에서 지방분권과 지방자치는 중요한 의미를 지니게 된다. 중앙정부와 지방정부간의 수직적이고 권위적인 관계를 완화시킬 수 있기 때문이다.

넷째, 지방자치는 지역 차원에서의 종합계획이나 종합행정을 가능하게 한다.[20]

지역차원의 행정사무 하나하나가 중앙정부 지시에 의해서 이루어지는 경우를 생각해 보자. 예컨대 건설관련 부서는 일일이 중앙정부 건설관련 부처의 지시를 받고, 산업관련 부서가 일일이 중앙정부 산업관련 부처의 지시를 받는 경우를 생각해 보자. 건설관련부서는 중앙정부 건설관련 부처의 말단조직이 되고, 산업관련 부서는 산업관련 부처의 말단조직이 된다. 그 결과 지역차원의 행정조직은 **대나무 울타리**(bamboo fence) 또는 널빤지를 세로로 연결한 담장인 **피켓 펜스**(picket fence)와 같은 모양을 보이게 된다. 즉 각 부서와 중앙정부 관련부처를 연결하는 수직적 라인은 강한 반면, 부서간의 협력이나 조정을 의미하는 수평적 라인은 약한 모양을 나타내게 된다. 그 결과 부서간의 협력과 조정이 어려워지면서 지역행정 전체가 **할거행정**(割據行政, sectionalism), 즉 각 부서가 따로 노는 현상에 빠지게 된다.

지방자치의 활성화는 이러한 현상을 완화하는데 큰 도움이 된다. 지방정부의 자치권 강화는 곧 할거행정의 원인이 되는 수직적 라인을 약화시키는 반면 수평적 라인은 강화하게 되기 때문이다. 자연히 지역차원의 종합계획이나 종합행정의 가능성도 커지게 된다.

다섯째, 지방자치는 지방정부의 운영과 지역문제의 해결에 지역주민의 생산적 관여를 이끌어 낼 수 있다. 생산적 관여는 크게 두 가지로 나눌 수 있겠는데, 우선 그 하나는 참여를 통해 행정에 대한 시민의 감시를 강화할 수 있고, 또 이를 통해 행정의 능율성과 대응성(responsiveness)을 높일 수 있다는 점이다. 그리고 또 다른 하나는 지역주민의 **시민공동생산**(citizen co-production) 활동 또는 **생산소비**(prosuming) 활동을 강화할 수 있다는 점이다.

참여를 통한 감시의 강화, 즉 **민중통제**(popular control)의 문제는 길게 설명할 필요가 없다. 지역주민이 직접·간접으로 참여하고 또 지켜보는 행정이 그렇지 않은 경우보다 주민의 이해관계에 보다 충실하고 효율적일 것이

■ 시민공동생산은 시민이 공공재의 소비자로 머물지 않고 정부 등 공공부문과 함께 공공재를 같이 생산하는 것을 말한다. 자원봉사활동을 그 대표적인 예이다. 생산소비 역시 소비자가 단순한 소비자로 머물지 않고

---

20) 안병만, 『한국정부론』 (서울: 다산출판사, 2020), p.243.

생산과정에 참여함으로써 생산에 기여하는 현상을 말한다. 두 개념 모두 생산자와 소비자의 경계가 허물어지는 가운데, 소비자의 생산적 활동이 민간부문과 공공부문 모두에 있어 중요한 의미를 지니게 됨을 강조한다 (제7편 제4장 참고).

라는 가정은 쉽게 이해된다. 지켜보는 눈이 있으니 그 운영에 더 세심할 수밖에 없고, 요구사항에도 그만큼 더 민감하게 반응하게 된다.

시민공동생산과 생산소비는 시민 또는 지역주민을 공공서비스의 단순한 소비자로 보는 시각에서 벗어나 공공기관들과 같이 공공서비스를 생산하기도 한다는 사실을 인식한 데서 나온 개념이다.[21] 주로 지역주민에 의한 공공서비스의 자발적 생산활동을 의미하는데, 도로에서 휴지를 줍는 행위나 골목길을 밝히기 위해 집의 외등을 켜는 행위, 또 자율방범대를 조직하는 행위들이 다 이에 속한다. 재정압박이 점차 커지는 상황에 있어 재정확대를 수반하지 않으면서 지역사회가 필요로 하는 공공서비스를 확보할 수 있게 한다 하여 큰 관심을 끌고 있다.

시민공동생산이나 과 관련하여 가장 중요한 문제는 어떻게 하면 이러한 시민 또는 지역주민의 공동생산 활동을 활성화시킬 수 있느냐 인데, 이와 관련하여 많은 학자들이 참여기회의 증대가 가장 효율적인 방안의 하나가 된다고 믿고 있다. 지역사회의 정치·행정에 대해 참여의 기회가 주어지고, **정치·행정적 효능감**(efficacy) 즉 지역주민 스스로 지역사회 문제를 해결함에 있어 영향력을 행사할 수 있다는 생각이 클수록 보다 적극적인 공동생산 활동을 펼치게 된다는 것이다. 많은 경우 지방자치의 활성화는 이러한 참여기회 증대는 물론 정치·행정적 효능감 고양에도 긍정적인 영향을 미친다.

여섯째, 지방자치는 다양한 정치·행정적 실험을 가능하게 한다.

지방자치가 제대로 실시되는 경우 각 지방정부는 주어진 자치권을 바탕으로 독자적 판단에 의해 여러 가지 다양한 정책을 시도해 볼 수 있다.[22] 이러한 시도는 곧 지방정치와 지방행정 발전을 위한 실험의 의미를 지니게 되며, 한 지방정부에서 성공한 실험은 곧 다른 지방정부의 벤치마크(benchmark)가 되어 개혁과 혁신을 가속화시킨다. 1991년 지방의회가 부활하자마자 청주시의회가 제정한 행정정보공개조례가 빠른 속도로 전국으로 퍼져나간 경우나, 미국 캘리포니아주의 페어필드시(Fairfield, California)시가

---

21) 이에 대해서는, 김병준, 『높이 나는 연(鳶)』(서울: 한울, 2007). pp.62-69; Alvin Toffler, *Revolutionary Wealth* (Alvin Toffler and Heidi Toffler, 2006), 김중웅 역, 『부의 미래』(서울: 청림출판, 2006), 제6부 참조.

22) Chen Cheng and Christopher Li, "Laboratories of Democracy: Policy Experimentation under Decentralization," *American Economic Journal: Microeconomics* (Vol. 11, No. 3, 2019), pp.125-126.

1978년 **프로포지션**(Proposition) 13으로 시작된 재정위기를 극복하기 위해 시작한 **지출통제예산제도**(Expenditure Control Budgeting, ECB)가[23] 미국 지방정부를 넘어 미국의 주정부와 연방정부, 더 나아가서는 세계 여러 나라의 예산제도개혁에까지 영향을 미치고 있는 것은 그 좋은 예이다.[24]

끝으로 일곱째, 지방자치는 지방정부간의 경쟁을 유발함으로써 정치·행정체제 전반의 효율성을 높이기도 한다. 이 문제와 관련하여서는 공공선택이론가들(public choice theorists)의 논의와 오오마에 겐이찌(大前研一)를 중심으로 일본에서 거론되고 있는 **도주제**(道州制)논의를 눈여겨 볼 필요가 있다고 하겠다. 특히 **티보**(C. M. Tiebout)의 **발로 하는 투표**(voting with feet) 가설은 한번쯤 잘 새겨 두는 것이 좋다.

먼저 티보의 가설은 모든 행위자는 항상 생활환경과 업무환경이 유리한 지역으로 이동하는 경향을 지니고 있다고 본다. 즉 납세자와 기업은 되도록 좋은 곳을 찾아가는 경향이 있고 지방정부들은 되도록 이들을 붙들어 두거나 유치하기 위해 노력하게 된다는 것이다. 그리고 이러한 상황은 자연히 지방정부간의 경쟁을 유발하게 되고, 이는 다시 지방정부의 정책과 경영을 한 수준 높이게 된다는 논리이다.[25]

티보의 가설이 현실 세계에서 예외 없이 일어나는 일인가에 대해서는 의문이 있다. 직장, 문화시설, 지역에 대한 감정적 정서, 지가(地價), 입지조건 등 이주와 관련하여 개인이나 기업 입장에서 생각하지 않으면 안 되는 조건, 즉 지방정부외적 조건들이 적지 않기 때문이다. 아울러 이동 자체에

■ Proposition 13: 1978년 미국 California 주(州)의 주민들이 급등하는 재산세를 주민발의를 통해 재산가격의 1% 이상을 넘지 못하도록 제어한 사건. 이 일로 주(州)와 지방정부는 긴축재정을 하지 않으면 안 되게 되었는데, 이로 인해 California 지방정부들은 적은 예산으로도 주민만족도를 높일 수 있는 다양한 시도를 하지 않으면 안 되게 되었다.

---

23) Office of City Manager, "City of Fairfield, City Manager's Transmittal to Mayor and City Council," June 25, 2003, p.A-6. **지출통제예산제도**(ECB)는 재정수입의 규모를 먼저 고려한 후 이에 맞는 지출을 계획한다는 점과, 예산의 이용(移用)과 전용(轉用)을 용이하게 함으로써 각 부처 혹은 부서의 운영상의 자율권을 을 넓혀주고, 이를 통해 예산의 수요대응성을 높혀준다는 점 등이 장점으로 지적된다. 쉽게 말해 적은 돈이라도 적게 줄 수밖에 없는 이유에 대해 서로 이해를 하고(지출통제), 그 대신 지출항목 하나하나를 일일이 정해주고 다 못쓰면 다시 환수하기보다는 스스로 알아서 쓸 수 있는 '뭉칫돈'으로 주는 것이 더 효율적이라는 생각에서 출발한 제도이다. 보도블록 예산이 남았다고 멀쩡한 보도블록을 갈아치우고, 출장비 남았다고 필요 없이 출장 가는 일은 없어지게 된다는 뜻이다.

24) 일명 'Top-Down 예산제도'로 부르는 참여정부의 '총액배분예산제도'도 이러한 경향과 무관하지 않다. 이에 대해서는 정책기획위원회, 「재정운영시스템 혁신: 한국의 재정, 어제 오늘 그리고 내일」, 참여정부 정책보고서 3-14 (2008), pp.47-74.

25) Charles Tiebout, "A Pure Theory of Local Expenditures," *Journal of Political Economy*, Vol. 64 (October, 1956), pp.416-424.

따르는 직접비용 또한 만만치 않을 수 있다.

그러나 그럼에도 불구하고 지방정부간의 경쟁이 지방정부 운영의 효율화를 가져올 수 있고, 지방자치가 활성화되고 자치권이 강해질수록 이러한 경쟁은 더 치열해질 것이란 논리는 쉽게 부정할 수 없다. 민간부문에서와 마찬가지로 공공부문에서도 경쟁은 경쟁력을 강화할 수 있는 가장 좋은 수단의 하나로 인정되고 있다.

일본을 **도주제**로 전환할 것을 주장하는 오오마에 등의 급진적 견해 역시 분권화를 통하여 지방정부간의 경쟁을 유도할 것을 강조하고 있다. 특히 최근의 도주제 논의는 일본을 연방제에 가까운 수준에까지 가져가야한다고 주장하고 있다. 국세의 개념을 없애고 조세징수권을 모두 지금의 도·도·부·현(都·道·府·縣)보다 훨씬 큰 규모의 지방정부(道州)로 이양할 것과 지방정부에 통상외교 권한까지 줄 것을 주장하기도 한다. 오오마에는 이러한 획기적인 분권화와 이를 통한 지방정부간의 경쟁을 강화하는 일이야말로 지방정부의 경쟁력을 높이고, 더 나아가서는 일본정부 전체의 경쟁력을 강화하는 방법이라 이야기하고 있다. 급변하는 환경 속에서 일본을 살아남게 할 수 있는 길이라 주장하기도 한다.[26]

② 관계부정설

앞서 소개한 바와 같이 많은 학자와 실무가들이 지방자치가 정치·행정체제의 생산적이고 효율적인 운영에 기여하고 있음을 주장하고 있다. 그러나 또 다른 한편에서는 이 둘의 관계가 반드시 긍정적이지 않거나, 오히려 비효율을 초래한다고 주장하는 사람들도 적지 않다. 높이는 것이 아니라 오히려 비효율을 초래할 것이란 주장도 만만치 않다.

대표적인 논객이 되겠지만 앞서 지방자치와 민주주의의 관계에서 부정적 견해를 지닌 학자로 소개한 바 있는 랑그로드 교수는 지방자치는 정치·행정체제의 운영에 있어서도 큰 도움이 되지 않는다고 주장한다. 지방

---

26) 오오마에 겐이찌가 주도하는 **평성유신회**(平成維新會)의 개혁방향에 대한 요약은, 염재호, "행정개혁의 논리와 전망: 불연속적 진화의 모색," 『일본평론』(봄·여름, 1994), pp.100-106 및 김장권, "지방자치의 새 방향: 분권화를 위한 개혁," 위의 잡지, pp.71-89 참조.

자치가 강화된 체제아래에서는 전체의 이익보다는 부분의(parochial) 이익을 앞세우게 됨으로써 불필요한 마찰과 갈등을 야기된다는 것이 그의 주장이다.[27] 또 잘 알려진 조직이론가인 에치오니(Amitai Etzioni)도 분권화되고 참여지향적인 조직(decentralized participatory system)은 사회정의나 경제발전과 같은 전국적 차원의 문제를 간과하게 하는 경향이 있다고 경고한다.[28]

이들의 주장이 아니라 하더라도 실제로 우리 주변에서는 전국차원의 공공이익이 지방정부의 자치권 확대에 의해 위협받는 경우를 적지 않게 볼 수 있다. **외부효과**(externality effect), 특히 부정적 외부효과(negative externality)가 큰 환경이나 빈민구제와 같은 공공재나 공공서비스에 대한 처리권이 지방정부로 이양되면서 나타나는 지방정부간 갈등의 증가 등은 그 대표적인 예이다. 이 문제는 제3편 2장 '사무배분' 부분에서 다시 살펴보기로 한다.

조직구조와 정책혁신의 측면에서 조직의 효율성을 분석한 또 다른 윌슨(James Wilson)도 혁신제안율(the rate of proposal of innovations)은 조직의 다양성에 정비례하는 반면, 혁신채택률(the rate of adoption of innovations)은 조직의 다양성에 반비례한다는 고전적 연구결과를 제시한 바 있다.[29] 여기서 말하는 다양성을 권력의 분산 내지는 분권화로 이해해 보면, 분권화된 체제는 많은 제안을 내놓기는 하지만 채택되는 것이 별로 없는 반면, 집권화된 체제는 제안되는 것은 별로 없지만 채택되는 것이 많다는 결론에 이르게 된다. 분권적 체제와 지방자치가 불러올 수 있는 문제점을 적절히 지적한 것이라 할 수 있다.

채택률이 높을 뿐만 아니라 채택된 결정을 집행함에 있어서도 집권적 체제가 분권과 자치가 활성화된 체제보다 효율적일 수 있다. 일사불란한 집행체계를 유지하여 집행과정에서 일어날 수 있는 마찰과 분쟁, 그리고 그에 따른 손실을 최소화 할 수 있기 때문이다. 국가 지도자 중심의 강력한 중앙집권체제 아래 경제발전이란 소기의 목적을 달성한 우리의 경험이 그 한 예가 될 수 있다. 제4공화국 시절(유신체제), 매사추세츠(Massachusetts)

■ 외부효과는 다른 사람에게 의도하지 않은 이익이나 손해를 가져다주면서도 이에 대한 대가를 받거나 비용을 지불하지 않는 상태를 말한다. 예컨대 어느 지방정부가 넓은 도로를 건설하게 되면 그 도로로 연결되는 이웃 지방정부는 의도하지 않은 이익을 얻게 되고(긍정적 외부효과), 쓰레기소각장을 운영하게 되면 이웃 지방정부는 의도하지 않은 환경공해 피해를 보게 된다(부정적 외부효과).

---

27) Georges Langrod, 앞의 책, 같은 쪽.

28) Amitai Etzioni, "The Fallacy of Decentralization," *The Nation* (August 25, 1969), pp.145-147; 개발도상국에서의 분권화가 가지는 문제와 관련하여서는 Remy Prud'homme, "The Danger of Decentralization," *The World Bank Research Observer*, Vol. 10, No. 2 Aug. 1995), pp.201-220 참조.

29) 안병영, "집권 분권의 문제: 이데올로기적 조직이론적 접근," 『정경문화』 (1980년 4월), p.205.

대학 교수로 있던 존스(Leroy Jones) 등은 '한국은 정책의 결정보다는 집행을 더 잘하는 나라'로 규정하고, 이러한 집행력이 우리 경제발전의 배경이었다고 주장한 적이 있는데, 이 역시 강력한 집권체제의 긍정적 측면을 이야기한 것으로 이해된다.[30]

이들 학자들의 체계적인 논리가 아니라 하더라도 우리 주변에는 분권적이며 자치적인 체제가 집권적인 체제에 비해 비효율적일 수 있음을 보여주는 사례가 적지 않다. 중앙공무원에 비해 그 정책적 기획능력이 떨어지는 지방공무원, 변화를 수반하는 국가사업에 대한 지방정부의 비협조와 저항, 늘어나기만 하는 지역이기주의, 지방정부간의 불필요한 경쟁과 마찰, 그리고 그로 인한 시간적·물질적 낭비 등 많은 부정적 요소들을 쉽게 발견할 수 있다. 바로 이러한 점 때문에 지방자치를 지지하는 학자와 실무자들까지 이러한 문제들을 어떻게 해결 또는 완화하는가를 큰 과제로 삼고 있다.[31]

제3절 양면성의 구조와 지방자치의 발전방향

① 양면성의 구조

앞 장(章)에서 지적한 바와 같이 지방분권과 지방자치는 그 자체로 민주성이나 효율성을 보장하지 않는다. 자치권의 성격과 내용, 지역사회의 정치사회적 구조, 그리고 지방정부의 행정적·재정적 능력 등이 어우러져 다양한 결과를 낳을 수 있다. 다음의 [그림 1-1]은 지방분권 및 지방자치와 이에 영향을 미치는 이러한 요소들의 관계를 나타내고 있다.

---

30) Leroy P. James and IL Sakong, *Government, Business, and Entrepreneurship in Economic Development: The Korean Case* (Cambridge, Massachusetts: Harvard Univ. Press, 1980), p.79.

31) 지방자치의 필요성을 높이 외쳤던 19세기 영국의 개혁주의자들 조차도 효율성의 문제에 있어서는 큰 자신이 없었던 것으로 보인다. 밀(J. S. Mill) 등이 지방공직자들의 비교적 낮은 지적능력 등을 지적하며 어떻게 하면 지방자치가 효율적인 행정으로 연결되겠는가를 고심한 흔적이 있다. John Stuart Mill, 앞의 책, 앞의 쪽.

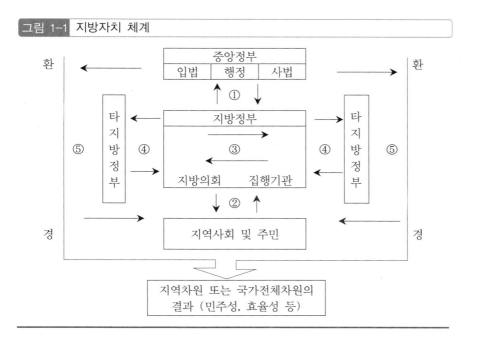

그림 1-1   지방자치 체계

되풀이되는 이야기이지만 [그림 1-1]은 권한을 지방으로 이양하고 지방
에서 정치·행정의 장을 연다는 것 자체가 어떠한 결과를 자동적으로 가져
오는 것이 아니라 그러한 변화는 여러 관련 요소들과의 상호작용을 통해 때
로는 긍정적인, 또 때로는 부정적인 결과를 낳을 수 있음을 나타내고 있다.

우선 그림에서 ①로 표시되어 있는 영역이 되겠는데 중앙정부 자체의
정치경제적 성격 및 정책능력, 그리고 중앙정부와 지방정부간의 정치적 및
행·재정적 관계에 의해 지방자치의 결과는 크게 달라질 수 있다. 예컨대
중앙정부가 국민으로부터 정통성을 인정받고 있는 경우와 그렇지 못한 경
우 지방자치는 그 모습에서 결과에 이르기까지 모든 것이 달라질 수 있다.
또 정치경제적으로 진보적 성격을 띠느냐, 보수적 성격을 띠느냐 하는 것
도 문제가 될 수 있다. 미국에서 루스벨트(Roosevelt) 대통령에 의한 일련의
사회복지정책이 도시지역의 **머쉰 폴리틱스**(machine politics) 문제 완화에
기여했다거나, 영국에서 대처(Thatcher) 수상의 보수적인 재정정책에 의해
진보적 성격의 도시지역 지방정부들이 큰 타격을 입은 것은 그 좋은 예가
된다.[32]

■ Machine politics: 정당은
그 구성원과 지지자들에게
특권과 특혜를 배분하고, 그
구성원과 지지자들은 정당
과 그 '보스'에게 맹목적인

---

[32] Machine politics에 대해서는 제2편 제3장 3절을 참조하고 영국에서의 대처 수상
　　정부와 지방정부의 갈등은 제2편 제1장 '영국 지방자치의 전개'를 참조.

충성을 하는 정치관행. 20세기 초 미국의 지방정치를 부패와 부정, 그리고 비능률로 몰고 간 중요한 요인이었다.

　중앙정부와 지방정부간의 정치적 관계와 행·재정적 관계는 더욱 중요한 의미를 지닌다. 지방정부에 대한 중앙정부 통제의 범위와 방법, 지방정부가 단층으로 되어 있느냐 아니면 2개 이상의 층을 이루고 있느냐의 문제, 이들 정부간의 기능배분 및 재정지원의 내용과 방법, 정당의 중앙조직과 지방조직간의 관계 등이 중요한 변수가 된다. 직접적이고 강압적인 통제를 하느냐, 아니면 재정지원 등을 통한 간접적인 통제를 하느냐에 따라 지방자치는 그 모습을 달리 할 수밖에 없고, **외부효과**(externality effects)가 큰 기능을 이양했느냐 그렇지 않은 기능을 이양했느냐에 따라서도 상당히 다른 결과가 나타난다. 또 지방정부의 계층구조가 어떻게 되어 있는가도 작지 않은 문제가 될 수 있다.

　②로 표시된 부분은 지역사회 및 주민의 특성 등이 지방자치의 모습과 결과에 영향을 미칠 수 있음을 나타내고 있다. 먼저 지역사회의 특성과 관련하여 지방정부가 관할하여야 할 지역사회의 크기, 즉 자치구역 또는 행정구역의 문제와 행정수요상의 특성 등이 중요한 변수가 될 수 있다. 아울러 지역사회의 정치·경제·사회·문화적 성격과 권력구조 또한 큰 영향을 미친다. 예컨대 울산이나 포항과 같이 단일 기업이 지역사회에서 주도적인 위치를 점하고 있을 뿐만 아니라 전체 인구에 대한 노동자의 비율이 비교적 높은 **기업시**(企業市, company city, company town)에서의 지방자치와 그렇지 않은 여타 지역의 지방자치는 다소 다른 모습을 보일 수 있다.[33]

　얼마나 참여지향적인 정치문화가 성숙되어 있느냐, 또 지역사회에서의 권력이 얼마나 다원화 또는 집중화 되어 있으며, 사회적 통합성(social integrity)은 어느 정도냐 하는 등의 문제도 중요한 변수가 된다. 씨족 중심의 전통적인 농경문화가 지배하는 지역에서의 지방자치가 새로 생긴 도시지역에서의 그것과 같은 모습일 수는 없다.

　주민과 지방정부의 관계에 있어서도 주민이 어떠한 방식으로 지방정부를 구성하고 선출된 공직자들에게 대하여 어떠한 권리를 유보하고 있느냐 하는 것 등이 중요한 문제가 될 수 있다. 예컨대 지방선거의 내용과 방식, 주민발안이나 주민소환 같은 직접참여제도의 운영여부 등에 따라 지방자치는 전혀 다른 결과를 낳을 수 있다.

---

33) Matevž Straus and Razvan Zamfira, "Company Towns Are Back!" *Scenario Magazine*, Oct. 4, 2017. accessed June 10, 2020. https://www.4cities.eu/company-towns-are-back/.

이와 함께 ③으로 표시된 지방정부 자체의 성격과 능력 및 내부 각 부분 간의 관계 역시 지방자치의 모습과 결과에 큰 영향을 미칠 수 있다. 어떻게 보면 지방자치와 관련하여 중앙정부와의 관계와 더불어 가장 주목할 부분이다. 지방공무원의 정책결정 및 사무처리 능력, 행정조직의 효율성, 지방정부 자체의 재정력, 의회와 집행기관간의 권력관계, 의회 내부의 권력관계, 의회 및 의원의 정책능력, 의원에 대한 대우와 신분보장 등 지방자치 실시 이후 우리 사회에서 논의되고 있는 많은 문제들이 이 영역에 속한다고 할 수 있다. 이 책도 상당부분 바로 이러한 문제들에 할애되고 있다.

다른 지방정부와의 관계(④) 역시 지방자치의 결과를 규정짓는 중요 변수가 된다. 지역이기주의와 지방정부간의 갈등과 마찰, 그리고 이를 완화 내지는 해소할 수 있는 제도의 존재여부 등이 중요한 문제로 부각되고 있는 것도 바로 이 때문이다. 실제로 광역행정협의회나 특별지방정부 등과 같은 지방정부간 대화·조정기구 및 공동처리기구 등이 잘 발달되어 있는 경우와 그렇지 않은 경우, 지방자치는 운영상 적지 않은 차이를 보이게 된다.

끝으로, 지방자치의 결과를 규정짓는 또 한 무리의 변수로 우리는 ⑤로 표시된 환경요인을 들 수 있다. 환경이란 흔히 '체계의 밖에 있는 모든 요소'를 의미하는 바, 넓은 의미를 지닌다. 지방자치와 관련하여 보다 직접적인 것만 해도 국내외의 정치경제환경과 안보상황, 정보 및 과학기술의 발달, 대중교육의 확대, 환경문제에 관한 재인식 등 사회문화 의식의 전환 등 많은 중요한 요소들을 들 수 있다. 이들 요소들은 비록 직접적인 변수는 아니라 하더라도 여러 통로를 통해 지방자치의 모습과 결과에 영향을 미치게 된다. 예컨대 국가안보가 불안한 상황에서는 지방정부에 폭넓은 자치권을 주기가 힘든 반면, 지방정부간의 경쟁이 중요시되는 세계화 추세는 분권과 자치의 중요성을 부각시킨다.

이와 같이 지방자치, 즉 '일정한 지리적 경계내의 주민이 그들의 대표로 구성된 지방정부를 통하여 지역적 성격을 지닌 문제를 자율적으로 처리하는 통치양식'은 수없이 많은 변수들과 어우러지면서 그 결과를 나타내게 된다. 우리나라의 경우 과도한 중앙집권의 폐해가 여러 분야에 걸쳐 명백히 나타났던 바, 지방자치의 활성화는 분명 이점이 많을 것이라 추정할 수 있다. 그러나 그렇다고 하여 어떻게 하든 하기만 하면 잘 될 것이란 보장이 있는 것은 아니다.

그동안 적지 않은 분권론자들이 지방자치의 실시 또는 강화로 얻을 수 있는 이점들을 열거해 왔다. 그러나 이들이 열거한 것 하나하나를 살펴보면 개인적 편견이나 기대에 지나지 않는 경우가 많다. 지역사회의 정치경제적 성격에 대한 아무런 판단 없이 민주주의를 심화시킬 것이라 주장되는가 하면, 특정사무나 기능이 지닌 외부효과에 대한 적절한 분석 없이 효율화가 논해지기도 한다.

보장이 없기에 지방자치의 활성화를 바라는 사람들이 해야 할 일은 확실해진다. 그것은 첫째, 막연한 기대를 버리는 것이다. 그저 잘 될 것이란 막연한 기대는 작은 부정적 요인에도 흔들릴 뿐만 아니라 건실한 지방자치의 육성을 위한 노력을 게을리 하게 한다.

그리고 둘째, 위에서 예시한 변수를 포함한 여러 주요 변수들 중 우리가 통제할 수 있는 변수들을 구별하여 이러한 변수들이 지방자치의 결과에 어떠한 영향을 미치는가에 대한 조사와 연구를 계속해 나가야 한다. 세계화와 정보화와 같이 우리의 힘이 크게 미치지 못하는 외적 환경변수들이야 어쩔 수 없는 일이라 할 수 있다. 그러나 사무의 배분, 지방선거의 방식, 지방의원에 대한 처우 등 우리가 통제할 수 있는 변수들에 대해서는 충분한 조사와 연구를 하고, 이를 바탕으로 지방자치를 제대로 정착시키고 발전시킬 수 있는 방안을 모색해 나가야 한다.

② 지방자치의 발전방향: 지방자치를 위한 사중주(四重奏)

지방자치의 활성화와 그 발전을 논의함에 있어 이 책은 크게 네 가지의 기본방향을 설정하고 있다. 지방자치가 긍정적인 결과를 얻기 위해 갖추고 있어야 할 기본적인 조건이라고도 할 수 있는 것들인데, 이를 요약하면 다음과 같다.

첫째, 자치사무를 늘리고 자치재정을 확대하는 등 지방정부로 하여금 되도록 큰 자치권능을 행사하게 해야 한다. 국가의 공적 권한과 사무를 배분함에 있어 중앙정부보다 지방정부를 우선 고려할 필요가 있다. **보충성의 원칙**(subsidiary principle) 또는 지방정부 우선의 원칙이라고도 할 수 있겠는

■ 보충성의 원칙은 공적 성격을 띠는 일은 되도록 시민 또는 지역주민의 공동체

데, 그 이유는 앞 장(章)에서 규범론적 분권론으로 설명을 하였다.

둘째, 지방정부는 적절한 자치권능에 이어 지역 내 특정 이해관계세력으로부터의 자율성(autonomy) 또한 적절한 수준으로 확보할 수 있어야 한다. 예컨대 울산 시청이 현대·기아차 그룹의 지나친 영향력 아래 놓인다거나, 상공업지역의 지방의회가 지역상공회의소의 축소판이 되어서는 안 된다. 지방정부가 소수건 다수건, 어떤 특정 이해관계 세력에 의해 지나치게 영향 받는 것을 경계할 필요가 있다는 뜻이다.[34]

셋째, 지방정부는 적절한 수준의 경영능력 또한 갖추어야 한다. 주어진 권한과 자율성을 바탕으로 지역주민에 대한 서비스를 극대화 할 수 있는 능력이 필요하다는 뜻이다. 경영능력은 지금껏 강조되어 오던 단순한 관리능력과는 다른 것으로, 새로운 사업을 보다 진취적으로 입안·수행하는 사고(思考)와 그를 뒷받침할 수 있는 생산적 행·재정 체계를 포함한다.

끝으로 지방정부는 적절한 시민참여 및 통제기제를 확보하고 있어야 하며, 이를 바탕으로 높은 자기책임성(自己責任性)과 자정능력(自靜能力)을 지니고 있어야 한다. 다른 모든 권력기구와 마찬가지로 지방정부 역시 적절히 통제되지 않으면 안 된다. 권력은 그 속성상 이를 행사하는 주체로 하여금 자의적(恣意的)으로 행사하게 유도하는 경향이 있기 때문이다. 따라서 반드시 통제가 필요한데, 이러한 통제는 우선적으로 중앙정부가 아닌 지역주민 또는 시민에 의해서, 또 지방정부 내부의 상호견제체제나 지방정부간 경쟁체제에 의해서 이루어져야 한다. 스스로 책임지고 스스로 정화(淨化)할 수 있도록 하는 것이 중요하다는 뜻이다.

자기책임성과 자정능력 제고와 관련하여서는 집행기관과 지방의회의 적절한 견제와 균형, 그리고 시민사회의 생산적 참여와 통제가 매우 중요하다. 특히 시민사회의 참여는 시민의 참정권을 보장한다는 의미 외에, 시민사회가 지닌 생산적 자원을 활용한다는 점에서도 대단히 중요한 의미를 지닌다.

에 의해서, 또 이들 시민 또는 지역주민에게 가장 가까운 정부에 의해 처리되어야 한다는 원칙이다. 제5편 제2장 '사무배분' 부분 참조.

---

34) 이 자율성 문제는 대단히 중요한 문제임에도 불구하고 우리나라의 경우 한동안 학계의 적절한 주목을 받지 못했다. 그러나 앞으로 그 중요성이 점차 부각될 것으로 판단된다. 이 문제에 대한 이해를 위해서는 Hardy Green, *The Company Town: The Industrial Edens and Satanic Mills That Shaped the American Economy* (Basic Books, 2012); Edward Keating, *Comparative Urban Politics: Power and City in the United States, Canada, Britain and France* (Brookfield, Vermont: Edward Elgar Publishing Co., 1991)의 Ch.1과 Ch.2 참조.

위와 같은 네 가지의 기본방향, 즉 자치권능의 확대와 지역사회 특정 이해관계 세력으로부터의 자율성의 확보, 그리고 경영능력의 신장과 시민참여 및 통제기제의 확립은 이 책 속에서 일관되게 강조되고 있다. 이 네 가지 방향이 분명히 옳은 것인지에 대해서는 누구도 확언할 수 없다. 더 많은 토론과 검증을 필요로 하는 일종의 가설이라 할 수도 있다. 그럼에도 불구하고 이 네 가지 방향을 미리 정리해 두는 것은, 그렇게 하는 것이 독자들에게 도움이 되리라는 생각에서이다. 목차를 통해서도 알 수 있겠지만 이 책의 상당부분이 이러한 방향을 따라가고 있다.

제 **2** 편 지방자치의 전개: 영국, 미국, 한국

제 1 장

영국 지방자치의 전개

　다른 정치·사회적 제도와 마찬가지로 지방자치 역시 다양한 요인들에 의해 영향을 받는다. 산업화와 정보화 등 어느 나라 없이 겪고 있는 일반적 요인들에 의해 영향을 받는가 하면, 경제수준과 정치문화, 전쟁이나 혁명과 같은 역사적 경험, 사회통합의 정도와 산업구조 등 그 나라의 독특한 상황과 경험에 의해서도 큰 영향을 받는다.

　자연히 각 나라는 그 나름대로의 고유한 지방자치의 역사를 갖는다. 유럽지역 국가와 아시아지역 국가가 다른 것은 물론, 같은 유럽지역이라 하더라도 서유럽 국가와 동유럽 국가가 다르다. 또 같은 서유럽 국가라 하더라도 영국과 프랑스가 다르고, 스위스와 독일이 다르다. 쉽게 일반화할 수도 없고, 또 일반화해서도 안 되며, 그 역사를 살펴봄에 있어서는 나라마다의 고유한 역사와 특성을 잘 짚어 보아야 한다는 뜻이다.

　아래에서는 이러한 점을 염두에 두면서 영국과 미국의 지방자치 역사를 살펴보기로 한다. 영국과 미국은 지방자치가 가장 먼저, 그리고 가장 잘 발달한 나라들이라는 점에서 지방분권과 지방자치의 세계사적 흐름과 그 의미를 짚어보는데 도움이 될 것으로 판단된다. 아울러 이들 국가에서의 역사와 함께 우리나라의 지방자치 역사를 함께 정리해 보기로 한다. 이 책에서 이루어지는 논의의 중심이 다분히 우리나라의 지방자치로 귀결될 수밖에 없는 바, 그 역사적 흐름을 미리 읽어둘 필요가 있기 때문이다.

제1절 19세기 이전의 지방자치: 소수의 자치

영국은 말 그대로 지방자치의 고향이다. 법적·제도적 기반이 마련되고 이를 바탕으로 제 모습을 갖춘 지방자치가 이루어지게 된 것은 19세기 때의 일이다. 그러나 지역주민 스스로 자치기구를 만들어 지역문제를 다루어 온 지방자치의 전통은 그 훨씬 이전으로 돌아간다. 곧 이어 설명이 되겠지만 리버풀(Liverpool)과 같은 도시는 13세기 초에 이미 국왕으로부터 자치정부로서 특허장 형태의 **헌장**(charter, letters patent)을 받았으며, **런던광역정부**(Greater London Authority) 안에 위치한 **런던시**(City of London)는 11세기 후반에 정복왕 윌리엄(William the Conqueror)으로부터 헌장을 받아 그 나름대로 자치를 행한 것으로 되어있다.[1] 또 기초 정주공간인 **패리쉬**(parish)의 주민들이 자치기구를 형성하여 지역사회의 일을 자치적으로 처리한 것은 그 보다 훨씬 전의 일로 앵글로색슨 시대(Anglo-Saxon period, 6세기~11세기 중엽)까지 거슬러 올라간다.

■ 이 책에서는 1965에서 설치되어 1986 대처(Thatcher) 수상 정부에 의해 해체된 런던지역의 광역지방정부인 Greater London Council (GLC)은 '**런던광역시**'로, 2000년 노동당 정부 아래 다시 들어서게 된 Greater London Authority(GLA)는 '**런던광역정부**'로, 그리고 그 안의 City of London은 '**런던시**'로 부르고 있다.

① 농촌지역에서의 지방자치

1) 패리쉬 자치: 영국 지방자치의 원류

(1) 패리쉬 자치의 운영

패리쉬는 영국 지방행정에 있어 가장 기초적인 단위의 행정구역이자 자

---

1) 노르만(Norman) 시대를 연 정복왕 윌리엄(William the Conqueror)은 1067년, 런던시(City of London)에 부여한 헌장(charter)을 통해 '참회왕 에드워드(Edward the Confessor, 1042-1062 재위) 시대부터 누려온 특권을 그대로 인정할 것'을 약속하였다. 이는 앵글로색슨 왕가인 참회왕 에드워드 시기에 이미 자치정부로서의 특권을 부여했다는 뜻이 된다. 런던시는 자치정부로서의 격을 가장 빨리 획득한 도시로 알려지고 있다. The City of London 홈페이지, 'the City's government.' accessed June 10, 2020. https://www.cityoflondon.gov.uk/things-to-do/history-and-heritage/city-timeline.

치정부이다. 잉글랜드(England) 지역의 경우 지금은 주로 농촌지역이나 소도시에서 운영되고 있다.[2] 런던지역에서는 1965년에 모두 폐지되었으며, 그 외 대도시 지역에서도 1972년 지방정부법(Local Government Act of 1972)에 의한 구역개편이 있은 이후 그 수가 줄어왔다. 웨일즈(Wales)와 스코틀랜드(Scotland) 지역에서도 1970년대 초·중반에 **커뮤니티**(community)가 설치되면서 패리쉬는 공식적으로 폐지되었다. 이들 지역에서는 명목상의 구역으로만 남아 있다.[3]

최근 다소 다른 흐름이 있기는 하다. 1997년 이후 영국정부가 다시 주민의 의사에 따라 패리쉬를 설치할 수 있도록 하고 있고, 지역 교통과 범죄예방과 관련된 기능을 추가로 수행할 수 있도록 했다. 그 결과 일부지역에서 패리쉬가 부활하거나 그 기능을 강화하는 모습이 보이기도 한다.[4] 하지만 이러한 변화가 새로운 흐름을 이루는 것은 아니다. 패리쉬는 여전히 영국 지방자치에 있어, 특히 도시지역에 있어 크지 않은 부분을 차지하고 있다.

그러나 최근의 이러한 모습과 달리 패리쉬는 중세이후 영국의 정치·행정에 있어, 또 종교행정에 있어 오랫동안 중요한 위치를 점했다. **지역교회**(parish church)를 운영하고 주민의 신앙심과 도덕심을 고취시키는 일을 했으며, 도덕적·종교적 일탈에 대해 제재를 가하기도 했다. 절대주의 체제 아래에서는 국왕의 통치기반을 강화하고 그 종교정책을 실행하는 일을 했다. 또 여러 법률에 의거하여 도로를 유지·보수하고(Highways Act 1555),[5]

---

2) 잉글랜드 지역의 경우 약 1만 개의 패리쉬가 있으며, 인구규모가 100명도 되지 않는 경우 있는가 하면 10만 명 가까이 되는 경우도 있다. 크기에 따라 다소 다른 기능이 부여되기도 한다. Office for National Statistics, 'Parishes and Communities,' archived Jan. 12, 2016. accessed June 20, 2020. https://webarchive.nationalarchives.gov.uk/20160112001128/http://www.ons.gov.uk/ons/guide-method/geography/beginner-s-guide/administrative/england/parishes-and-communities/index.html.

3) 웨일즈(Wales)와 스코틀랜드(Scotland) 모두 패리쉬를 폐지하고 커뮤니티(communities)를 설치하였다. 이 커뮤니티는 그 위상과 기능면에 있어 과거의 패리쉬와 다르다. 특히 스코틀랜드의 커뮤니티는 그 법적 지위와 기능이 매우 약하다. 이에 관해서는 "What is a Community Council?" Community Councils, accessed June 23, 2020. http://www.communitycouncils.scot/what-is-a-community-council.html.

4) 하나의 예로 디본(Devon) 카운티의 Brixham(2007)은 주민투표와 국무장관(Secretary of State)의 승인을 받아 새로이 패리쉬가 되었다. Brixham Parish Council 안내문(brochure). 2007년.

빈민을 구제하는 일(Poor Law 1601) 등 중요한 행정기능을 수행하기도 했다. 지방세(rate)를 거두고 공역(公役)을 부과하는 권한을 가지고 있기도 했으며, 이에 응하지 않은 사람들에게 벌칙을 가할 수도 있었다. 한마디로 지역사회와 주민들의 일상생활과 관련된 많은 일을 했다. 도시지역 보다는 농촌지역에서 더욱 그러했다.

19세기 중반 이후, 1894년 지방자치법(Local Government Act of 1894) 이후 패리쉬는 주민의 의해 선출된 의원으로 구성된 패리쉬의회(parish councils)에 의해 운영되고 있다. 그러나 그 이전에는 '**베스트리**(vestry)' 즉 **교구위원회**(敎區委員會)라 불리는 조직에 의해 운영이 되었다. 어휘 그 자체에서 느끼는 것처럼 베스트리는 종교적 성격이 강했다. 정치와 종교가 분리되지 않은 상태에서 지역교회, 즉 패리쉬 교회의 성직자(minister)가 수장을 맡았으며, 재산이 있는 지역 내 유력인사들(worthies)이 교구위원(敎區委員)을 맡았다. 그리고 이들에 의해 임명 혹은 선출된 교구 실행위원(churchwardens)과 보조요원(sidemen)들이 이들을 도와 실무를 담당하였다. 교구위원회의 수장을 맡는 지역교회의 성직자는 대개 상급 교회조직의 주교, 혹은 대주교에 의해 임명되었다. 그러나 지역사회의 유력인사가 임명권 또는 추천권(advowson)을 무형의 자산으로 인정받아 있는 경우가 적지 않았는데, 이 경우 임명은 실질적으로 이들에 의해 이루어졌다.[6]

이 외에도 패리쉬에는 도로보수와 빈민구제 등 법률에 의해 권한과 책임이 부여된 사업을 수행하기 위해 도로검사관(surveyors of highways)이나 구빈요원(overseers of the poor) 등의 집행관을 두었는데, 이들 역시 교구위원회에서 임명하거나 지역주민이 같이 참석하는 회의에서 선출하였다.

(2) 패리쉬 자치의 한계

위에서 설명한 여러 가지 관행들을 고려할 때 영국에서는 상당한 수준의 패리쉬 자치가 이루어졌음을 짐작할 수 있다. 지역사회 유력인사들의 교구위원회 참여와 이러한 교구위원회에 의한 집행관 등의 임명 또는 선출

---

5) Highways Act 1555는 7년 기한의 한시법이었다. 이후 다시 1562년에 20년 기한의 제2차 Highways Act가 만들어진다.

6) Jeffrey R. Hankins, "Local Government and Society in Early Modern England: Hertfordshire and Essex C., 1590-1630," Ph.D. Dissertation, Louisiana State University, Dec. 2003, p.334.

등이 상당한 수준의 자치를 의미하고 있다. 물론 베스트리, 즉 교구위원회의 수장이 상급 교회조직 등에 의해 임명되었다는 점에 한계가 있기는 하다. 하지만 당시가 중세라는 점을 생각하면 다시 그 평가가 달라진다.

그러나 패리쉬 자치는 몇 가지 점에서 분명한 한계를 지니고 있었다. 첫째, 근원적으로 봉건성이 강한 교회권력을 바탕으로 성립하고 있었다. 그리고 자치권의 수준도 국왕, 교회, 그리고 귀족과 지주를 포함한 지역의 지배엘리트라는 3자간의 권력적 균형을 반영하고 있었다. 지역사회의 일반주민은 그러한 권력적 균형에 참여하거나 영향을 미칠 수가 없었다. 봉건적 틀을 벗어나지 못했다는 뜻이 되겠는데, 이 점에 있어 뒤에 설명할 도시단위의 자치와 큰 차이가 있다.

둘째, 강한 왕권의 절대주의 체제가 들어서 있는 동안 패리쉬 자치는 국왕의 정책적 의지를 실현하는 수단으로서의 성격이 강했다. 패리쉬가 담당했던 구빈행정(救貧行政) 기능은 1601년 **구빈법**(Poor Law)에 따른 것으로 **엘리자베스 1세**(Elizabeth Ⅰ) 정부의 의지를 실현하는 것이었고, 도로관리 기능의 수행은 1555년 도로관리법(Highways Act)에 의한 것으로 이 역시 국왕의 의지를 실현하기 위한 것이었다. 이들 업무와 관련하여 중앙정부는 패리쉬가 해야 할 일의 내용을 엄격히, 또 상세히 규정하였다. 예컨대 1555년 도로관리법의 경우 도로검사관(surveyors)을 선출하는 방법과 시기, 주민들에게 부여하는 공역(公役)의 양과 내용, 부역을 하지 못할 경우의 대체수단, 하루의 작업시간, 벌칙 등을 상세히 규정하고 있었다. 구빈법의 경우도 크게 다르지 않았다. 패리쉬가 할 일을 상세히 규정하고 있었을 뿐만 아니라 중앙정부가 임명한 치안판사(justice of the peace)로 하여금 이를 감독하게 하였다. 주민들이 자치적으로 결정할 영역이 넓지 않았다는 뜻이다.

역설적인 이야기가 되겠지만 패리쉬는 이와 같이 중앙정부의 정책적 의지를 실현하는 가운데 그 기능적 기반을 단단히 할 수 있었다. 지방세를 거두고 집행하는 일 등을 법적 기반 위에서, 또 왕권을 바탕으로 수행할 수 있게 되었기 때문이었다. 그러나 도시화가 진행되고, 시민사회가 성장하면서 그 양상이 달라지기 시작했다. 교회를 중심으로 한 지역구분이 어려울 수밖에 없는 도시에서는 패리쉬 자치가 성립하기 힘들게 되었고, 정치의식이 높아지면서 봉건적 성격이 강한 교구위원회에 대해서도 의문이 제기되기 시작했다. 이러한 변화는 결국 도시지역에서의 패리쉬의 쇠퇴로

■ 1601년의 구빈법은 농민들로부터 농사지을 토지를 잃게 했던 엔클로저(enclosure)법과 물가앙등으로 빈민이 급속히 늘어가는 반면, 전통적으로 이들을 돌보던 수도원 등이 기능을 하지 못하게 된 상황 속에서 제정되었다. 빈민을 구제하기 위한 국가차원의 조치였고, 패리쉬는 그 행정적 수단이었다.

연결되었으며, 19세기 후반에 와서는 베스트리로부터 행정기능을 떼 내어 이를 주민을 대표하는 사람들이 행사하는 사례가 늘어나게 되었다. 정교분리(政敎分離), 즉 정치와 종교의 분리가 일어났던 셈인데, 1894년의 지방자치법은 이를 공식화하였다.

2) 카운티(county) 자치

카운티는 영국의 광역지방행정 단위이다. 원래 '**샤이어**(shire)'라 불렸으나 11세기 **노르만**(Norman) **왕조** 이후 노르만족의 편의에 따라 카운티로 부른 것이 오늘에 이르고 있다. 광역지방행정 단위인 만큼 그 아래에 기초지방정부를 두게 되는데 잉글랜드 지역의 경우 디스트릭트(district) 정부나 도시형 디스트릭트 정부인 **바러**(borough)를 두고 있다. 북아일랜드(Northern Ireland)에서는 카운티가 있기는 하나 구역으로서의 명목상 의미만 지닐 뿐 정부나 행정기구를 두지 않고 있다.

역사적으로 볼 때 앞서 설명한 패리쉬나 뒤에 설명할 바러 등과 달리 카운티는 19세기 말에 이르기까지 대체로 소극적인 기능을 수행해 왔다. 특히 절대주의 체제가 갖추어져 있었던 15세기에서 17세기에 이르는 동안은 중앙정부의 강한 통제를 받았다. 지역사회 운영에 있어 적극적인 역할을 하지 못했을 뿐만 아니라 지방자치와는 별 관계가 없는 모습을 보이기도 했다. 뒤에 다시 설명이 되겠지만 자치행정 기구가 일찍부터 갖추어져 있었던 패리쉬나 바러 등과 달리 카운티는 1889년에 가서야 자치행정을 위한 의회(county council)를 설치할 수 있었다.

특히 절대주의 체제 아래에서의 카운티 행정을 살펴보면 중앙정부의 통제가 강하게 작용했음을 쉽게 짐작할 수 있다. 우선, 당시 국왕은 군사문제와 징병문제 등을 처리하기 위해 카운티마다 **총독**(lord lieutenant)을 임명하였다. 총독은 대개 그 지역 내 귀족 중에서 임명되었는데, 군사문제와 징병문제의 범위가 넓었던 만큼 지역사회의 일에 폭넓게 관여할 수 있었다.[7] 총독은 지역 내 유력인사를 부총독(deputy lieutenant)으로 임명하여 실무를 담당하게 하였는데, 국왕과 중앙정부는 때로 부총독의 임명과정에도 실질적 영향력을 행사하였다. 총독에게 일임하는 것만은 아니었다는 뜻이다. 특히 총독이 지역 외 인사인 경우에는 더욱 그러했다.

■ 샤이어(shire)는 넓은 지역 또는 주(州)라는 뜻을 가지고 있으며, 요크셔(Yorkshire) 햄프셔(Hampshire), 뉴햄프셔(New Hampshire) 등에서 보는 것처럼 지금도 영국과 미국의 지명에 쓰이고 있다.

---

7) Hankins, 위의 Dissertation, pp.171-172.

국왕은 또한 지역의 지주와 귀족 중에서 일군의 **치안판사**(justice of the peace)를 위촉하여 카운티 행정을 담당하게 하였다.[8] 치안판사는 1889년에 카운티 의회가 생기기 전까지 카운티 행정의 중심을 이루었다. 특히 튜더 (Tudor) 왕조 시기(1485~1603)에는 국왕과 중앙정부의 정책적 의지를 실현 하고 국왕의 통치기반을 다지는데 있어 핵심적 기능을 수행하였다.

이들은 주민들의 잘못된 행동을 계도하고 가벼운 범죄를 재판하는 일에 서부터 국왕이 명한 일의 진행상황을 감독하는 일에 이르기까지 비교적 넓 은 영역의 직무를 수행했다.[9] 임금을 정하고 식량의 수급을 조절하는 일, 다리와 도로와 같은 시설물 건설을 감독하고 빈민을 보살피는 일, 그리고 세금을 정하는 일 등도 이들의 직무였다.

치안판사직은 무보수직이었다. 그러나 귀족과 지주들의 입장에서는 지역 사회에서의 정치적 영향력과 지위를 결정짓는 중요한 자리였다. 자연히 이 들 귀족이나 지주는 치안판사에 위촉되기 위해, 또 그 직을 유지하기 위해 국왕과 중앙정부에 충성을 해야 했다. 국왕은 또 이들을 매년 재위촉 함으 로써 그 통치기반을 다져 나갔다. 그 결과, 치안판사들은 업무처리에 있어 높은 자율성을 누렸음에도 불구하고 대체적으로 지역의 이익을 대표하기 보다는 국왕의 의지를 실현하는데 주력했다. 국왕이나 중앙정부에 반하는 입장을 취하는 경우도 있기는 했다.[10] 그러나 그것은 지극히 예외적인 일 이었다. 오히려 위촉과정에 영향을 미치는 총독과 부총독, 왕실인사 등과 친분을 유지하는데 더 큰 힘을 기울였다. 자치행정이 들어설 자리가 별로 없었다는 뜻이다.

---

8) 치안판사에는 형식적 지위를 갖는 'ex-officio 치안판사'와 지역 내에 거주하며 실 질적 권한을 행사하는 'resident 치안판사'가 있었다. 'ex-officio'보다는 'resident' 가 두 배 이상 많았다. 치안판사의 임명은 실무적으로 왕명출납자이자 최고위 국정관리자인 Lord Chancellor에 의해 이루어졌다. 튜더왕조(Tudor) 이전에는 카 운티 당 20명 미만 정도가 임명되었으나 튜더왕조 때에 와서는 카운티 당 3~ 40명이 임명된 것으로 알려져 있다.

9) Richard W. Kaeuper, *War, Justice and Public Order: England and France in the Later Middle Ages* (Oxford: Clarendon Press, 1988), p.119.

10) 소위 선박세(ship money) 사건이 그 좋은 예이다. 선박세 사건은 찰스 1세(Charles Ⅰ)가 전시방어를 위한 선박을 건조한다는 명분으로 세금을 거두려하자 의회가 이에 반발을 한 사건이다. 지역의 치안판사들도 의회와 함께 왕의 조치에 반대 하고 나섰다. 그만큼 일반 국민의 불만과 비판이 높았기 때문이었다. 이 사건은 청교도 혁명의 주요 원인이 되었다. Hankins, 앞의 Dissertation, p.24.

② 도시지역에서의 지방자치

영국 지방자치와 관련하여서는 11세기 전후에 성장하기 시작한 도시단위의 자치, 즉 바러나 큰 타운 단위의 자치에 주목할 필요가 있다. 앞서 잠시 언급한 바와 같이 패리쉬 자치가 봉건적 틀이 유지된 상태에서 이루어졌던 것임에 비해, 도시단위의 자치는 신분이 자유로운 도시민들이 봉건적 틀을 해체해가며 이루어 낸 것이라는 점에서 큰 의미를 지닌다.[11]

다른 유럽 국가들과 마찬가지로 영국 도시의 성장도 상공업의 발달과 궤를 같이 한다. 런던(London), 요크(York), 윈체스터(Winchester) 등의 특정 지역을 중심으로 상공업이 발달하면서 도시가 커지기 시작했다. 도시는 농촌과 달리 주로 신분이 자유로운 상공인들과 자유민들로 구성되었는데, 이들 역시 도시가 성장하는 초기단계에서는 국왕과 영주의 지배를 받았다. 국왕과 영주는 행정권과 사법권을 행사하였으며, 공역(公役)을 부과하고 결혼을 허가하는 등 도시생활 전반에 개입하였다. 상품을 제조하고 판매하는 일에서부터 재산을 획득하고 처분하는 일에 이르기까지 모든 경제활동을 규제하였으며, 도급형태의 세금을 받고 특정 상공인이나 상공인 집단에 상품의 제조와 유통에 대한 허가권이나 독점권을 부여하기도 했다.[12]

도시민들도 처음에는 국왕과 영주의 이러한 권한행사를 그대로 받아들였다. 어떻게 할 힘도 없었지만 이들로부터 사들인 허가권과 독점권으로 이익을 보기도 했기 때문이었다. 그러나 시간이 가면서 이것이 자신들에게는 물론, 도시의 발전이나 상공업의 발달에도 도움이 되지 않는다는 것을 알게 되었다. 차츰 과도한 규제와 세금에 대한 불만이 쌓여갔고, 정치경제

---

11) 이러한 점에서 중세유럽의 도시에 더 큰 관심을 둘 필요가 있다. 일찍 상업이 발달했던 이탈리아의 베네치아(venice)와 같은 경우는 7세기 말에 이미 비잔티움(Byzantium)의 황제로부터 자치권을 부여받아 독립된 도시국가로까지 발전했다. 자세히 살펴보는 경우 지방자치와 관련된 많은 의미 있는 내용들을 발견할 수 있을 것으로 보인다.

12) 한 예로 영국 국왕은 1163, 요크(York)의 직조공단체에게 매년 10파운드를 받기로 하고 길드를 형성할 권리와, 염색가공한 천을 제조할 수 있는 독점권을 다른 지역의 직조공들과 공유할 수 있도록 하였다. 특권이 도급형태의 세수(稅收, farm 혹은 farming)와 교환된 것이다. Stephen Alsford, 'History of Medieval York,' *Medieval English Town.* created Dec. 28, 1999. accessed June 20, 2020. http://the-orb.arlima.net/encyclop/culture/towns/york3.html.

적 역량이 축적되면서 이러한 불만은 바로 자치권 확보를 위한 노력으로 연결되었다.

도시민들의 자치권 확보 노력은 여러 가지 형태로 나타났다. 농민이나 농노와 달리 재정적 능력을 보유하고 있었던 만큼 국왕과 영주로부터 특정 영역에 대한 더 큰 자치권을 사들이기도 했고, 정치적 역량을 결집하여 국왕과 영주의 환심을 사거나 정치적으로 압박하기도 했다.

도시민들의 이러한 노력은 상당부분 성공적이었다. 그 결과 도시정부는 국왕으로부터 특허장 형태의 **헌장**(charter, letters patent)을 받아 자치정부로서의 지위를 누리게 되었으며, 도시의 관리나 경제활동과 관련된 자치권을 하나하나 확보해 나갈 수 있었다. 11세기 후반에 **런던시**(City of London)가 이러한 헌장을 부여받았고, 13세기에 리버풀(liverpool)을 비롯한 일부 도시가 헌장을 부여받았다. 이어 14세기에 다시 일부 도시가 헌장을 부여받았다. 15세기와 16세기에는 줄잡아 수십 개의 도시가 헌장을 부여받았고 18세말과 19세기 초에 이르러서는 2백 개에 이르는 도시가 헌장을 부여받은 도시가 되었다.[13] 도시민들은 이렇게 인정받은 권한을 자치적으로 구성한 의회(council, court) 등을 통하여 행사하였다.[14]

도시지역 자치의 이러한 모습은 15세기 이후의 절대주의 체제 아래에서도 큰 변화 없이 유지되었다. 국왕은 봉건영주들을 제압하고 전쟁을 치루기 위해, 또 상비군 등 자신의 권력기반을 유지하기 위해 도시민들의 정치적·재정적 지원을 받아야 했고, 도시민들은 이러한 상황을 적절히 활용하며 도시의 자치권을 유지·확대해 나갔다. 그 결과 중앙정부가 임명한 총독(lord lieutenant)과 치안판사(the justice of the peace)가 큰 역할을 하던 카운티, 특히 농촌지역 카운티와 달리 도시는 도시민들이 자치적으로 구성한 자치정부에 의해 관리되었다. 도시 자치정부(council, court)는 시장(mayor), 집행관(bailiffs), 의원(aldermen) 등으로 구성되었는데, 이들 대부분은 일정한 재산과 지위를 가진 선거권자들에 의해 직·간접으로 선출되었다. 이들 중 일부는 치안판사를 겸하면서 중앙정부와 자치정부를 연결하고 국왕의

■ 영국에서의 'City'는 오랫동안 단순히 도시 또는 시(市)의 의미가 아니었다. 'City'는 대성당이 있거나 특정지역에서의 중심의 의미를 지니거나, 아니면 국왕이나 국가와 관련하여 특별한 의미를 지니는 도시에 대해 국왕이 특별히 헌장을 통해 부여하는 일종의 지위였다. City of London은 이러한 City의 대표적인 예이다.

---

13) 이는 1835년 도시정부개혁법(Municipal Corporations Act 1835)의 대상이 되었던 헌장부여 도시의 수가 178개가 되었고, 런던시(City of London)을 포함해 대상이 되지 않은 헌정부여 도시가 100개 정도 되었다는 사실로 짐작해 볼 수 있다.

14) 예컨대 런던의 경우 11세기 초부터 시의원(Aldermen)으로 구성된 시의회(Court of Husting)가 시의 행정기능과 사법기능을 담당하였다. 앞의 The City of London 홈페이지 자료.

의지를 지역에 실현시키는 역할을 하기도 했다.[15]

요약컨대 19세기 이전, 도시지역에서는 비교적 높은 수준의 자치가 이루어졌다. 그러나 이 시기의 도시지역 자치 역시 패리쉬 자치와 마찬가지로 그 나름대로의 한계를 지니고 있었다. 무엇보다도 선거권과 피선거권이 제한되어 있었다는 사실은 도시지역의 자치가 소수에 의한 과두정치(寡頭政治)가 될 수 있음을 예고하고 있었다.

제 2 절   19세기 이후의 지방자치

 지방자치의 심화: 과두정치에서 민주정치로

1) 과두정치의 문제

앞서도 이야기하였지만 19세기 이전의 영국 지방자치는 그 한계가 뚜렷한 것이었다. 무엇보다도 참여의 범위에 있어 본질적 한계를 지니고 있었는데, 이는 비교적 높은 수준의 지방자치가 이루어지고 있었던 도시지역도 마찬가지였다. 선거권과 피선거권이 일정한 지위와 재산을 가진 소수에 제한되어 있었으며, 이로 인해 지역사회 대부분의 구성원은 지방자치의 장으로부터 멀어져 있었다. 자치권이 주어졌다 하더라도 그 자치권은 소수에 의해 행사될 수밖에 없는 상황이었다.[16]

실제로 중세와 근세의 영국 지역사회는 도시와 농촌 할 것 없이 지역엘리트 집단이 정치권력과 행정권을 독점하고 있었다. 비교적 높은 수준의 자치가 이루어지고 있었던 도시지역도 예외가 아니었다. 선거권과 피선거권이 제한된 가운데 큰 상공인을 비롯한 소수의 지역엘리트 집단이 집행관(bailiffs), 의원(aldermen), 시장(mayor) 등의 공직을 맡고 있었으며, 맡고 있

---

15) David Sacks, *Trade, Society, and Politics in Bristol 1500-1640*, Vol. Ⅰ (New York: Garland Publishing, Inc., 1985), p.49.

16) 당시 도시지역 지방선거에 있어 유권자의 수가 얼마였는지 정확하게 알 길은 없다. 그러나 1832년 선거법 개정이 있을 당시 국회의원 선거에 있어 선거권을 가진 사람의 수가 영국 전체에 모두 435,000명으로 성인남자 7인 중 1명 정도였으니 그 이전의 상황을 미루어 짐작할 만하다.

는 공직의 임기가 끝나면 바로 다른 공직에 다시 선출되는 '회전문(re-volving door)' 선출의 경향도 있었다.[17] 이들을 보좌하는 행정직 직원들 또한 마찬가지였다. 지역의 엘리트 내지는 준엘리트 집단에서 충원되었다. 유력 상공인을 중심으로 한 일종의 '**상업적 과두체제**(commercial oligarchy),' 즉 소수가 권력을 독점하는 체제가 형성되어 있었다.

과두체제의 결과는 명확했다. 도시정부 지도자들의 도덕적 해이가 만연했고, 이로 인해 도시 관리에 많은 문제점들이 드러났다. 인구가 급속히 증가하고 주거환경이 나빠지고 있었음에도 불구하고 이에 대한 적절한 관심조차 기울이지 않는 경우가 많았다. 예산을 남용하고 유용하는 일도 적지 않게 일어났으며, 부정부패가 만연하기도 했다. 보건과 위생환경도 좋지 않은 상황이었는데, 1831년에는 도시지역에서 발생한 콜레라가 다른 도시로 퍼지면서 전국을 위협하기도 했다.

2) 과두정치의 개혁: 도시정부개혁법과 선거권 확대

이러한 상황 속에서 도시지역을 중심으로 참정권에 대한 요구가 지속적으로 일어났다. 특히 19세기를 전후한 시점에 이르러 이러한 요구는 더 이상 제어하기 힘든 수준에 이르렀다. 노동자들이 조직화된 움직임을 보이기 시작했고, 선거권과 피선거권을 부여받지 못한 새로운 유산계층 인구가 늘어나면서 엘리트 집단내의 균열도 커지고 있었다.

결국 1835년 휘그당(Whig) 정부는 도시정부를 개혁하기 위해 광범위한 조사를 실시하고 이를 바탕으로 도시정부를 개혁하기 위한 법안을 내어 놓았다. 그리고 도시정부를 장악하고 있던 토리당(Tory) 세력과, 이 토리당이 다수를 이루는 상원(House of Lords)의 반대를 넘어 이를 통과시켰다. 이 법이 바로 근대적 지방자치의 뿌리가 되는 **도시정부개혁법**(Municipal Corporations Act of 1835)이다.

도시정부개혁법의 내용 중 가장 눈에 띄는 것은 역시 참정권의 확대였다. 거주기간이 3년 이상이 되고 지방세(rate)를 납부하는 모든 남성에게 지방정부 구성을 위한 선거권을 부여하였다. 그리고 지방의회 의원의 임기를 3년으로 하되, 매년 3분의 1을 선출하도록 하였으며, 이들 의원이 1년 임기의 시장과 6년 임기의 간선의원들(aldermen)을 선출하게 하였다.

---

17) Hankins, 앞의 Dissertation, p.276.

이러한 변화는 그 뒤 가장 기초적인 지방정부인 패리쉬에서도 일어났다. 1894년, 영국정부는 패리쉬를 운영하던 교구위원회(vestry)를 폐지하는 대신 패리쉬 의회(parish council) 또는 타운 의회(town council)를 설치하게 하였다. 봉건적 지배구조를 반영한 교구위원회와 달리 새로이 구성된 패리쉬 의회와 타운 의회의 의원은 대부분 주민에 의해 직접 선출되도록 하였다.

패리쉬 의회 설치에 앞서 카운티에도 중요한 변화가 생겼다. 1889년, 광역행정 수요가 증가하면서 그 기능이 강화되어 오던 카운티에 의회(county council)를 두게 한 것이었다. 카운티 의원은 대부분 주민에 의해 직접 선출되도록 하였으며, 이들로 하여금 전통적으로 치안판사 등이 수행해 오던 기능을 수행하게 하였다.

19세기 이후 일어난 이러한 변화를 통해 영국의 지방자치는 소수에 의한 자치를 다수에 의한 자치로 전환시킬 수 있는 기초를 마련한다. 실제로 이러한 변화를 통해 과두체제는 점차 민주적인 체제로 전환된다. 그리고 이러한 변화는 20세기에 와서까지 계속된 참정권과 **선거권 확대**에 의해서 더욱 완성된 형태를 띠게 된다. 잘 알려진 바와 같이 영국은 1832년 선거권자를 50% 정도 늘리는 개혁을 단행했고, 그 이후에도 여러 차례 참정권 확대를 위한 개혁을 계속했다. 1867년에 선거권자를 두 배로 늘리는 개혁을 하고, 17년 뒤인 1884년에는 이를 또 다시 세 배 늘리는 개혁을 단행했다. 이어 1918년에는 21세 이상의 모든 남성과 30세 이상의 기혼여성에게 선거권을 부여하였고, 1928년에 는 여성도 남성과 같이 21세가 되면 모두 선거권을 가질 수 있게 하였다. 그리고 1969년에는 투표연령을 18세로 낮추었다. 모두 민주적 지방자치의 뿌리를 다져준 개혁이었다.

② 지방정부의 정비와 기능강화

1) 지방정부의 정비

19세기에 들어설 무렵 영국의 지방행정은 대체로 카운티, 바러(borough)와 **헌드레드**(hundred), 패리쉬 등을 단위로 운영되었다. 대체로 카운티 아래 바러와 헌드레드가 있고, 그 아래 패리쉬가 있는 형태였다. 하지만 하위

■ 헌드레드(hundred)는 카운티와 패리쉬 사이에 놓인 중간계층의 지방행정 단위

의 행정단위가 모여 상위의 행정단위를 이루는 식의 잘 짜여진 구조는 아니었다. 예컨대 헌드레드는 그 구역이 카운티의 경계를 넘는 경우가 많았고, 패리쉬의 구역 또한 헌드레드와 카운티를 넘는 경우가 많았다.

행정단위의 명칭이나 크기, 그리고 기능도 일률적이지 않았다. 이를테면 스코틀랜드 도시에는 바러와 발음이 같은 'burgh'가 설치되어 있었고, 북잉글랜드 지역에는 패리쉬 안에 여러 개의 타운십(township)이 운영되고 있었다. 또 바러라고 하여 다 같은 기능을 수행하는 것이 아니었다. 헌장(charter)을 부여받은 바러(city)가 있는가 하면 그렇지 못한 바러도 있었고, 헌장을 부여받은 바러라 해도 헌장의 내용에 따라 그 기능이 다를 수 있었다. 전체적으로 잘 정리되지 않은 복잡한 구조였다.

오늘날이라 하여 간명하게 잘 정리되어 있는 것은 아니다. 같은 내용의 지방정부라 하더라도 지역에 따라 다른 이름과 다른 형태로 존재하는 경우가 많다. 수행하는 기능 또한 일률적이지 않다. 각 지역의 역사와 특수한 사정 등이 반영되어 있기 때문이다. 그러나 과거와 비교해 볼 때 영국의 지방정부는 훨씬 더 정비되고 체계화 된 형태를 유지하고 있다. 도시정부의 기능과 위상을 재조정한 1835년의 도시정부개혁법(Municipal Corporations Act 1835) 이래 일련의 개편 작업과 개혁 작업을 해 온 결과이다.[18]

영국을 구성하고 있는 잉글랜드, 스코틀랜드, 웨일즈, 북아일랜드 중 먼저 잉글랜드의 경우를 보면 우선 9개의 광역지역(region)으로 나누어져 있다. 이 광역지역은 한때 지역개발 계획의 수립 등 일정한 행정기능을 담당

였다. 원래는 '100가구가 생활을 영위할 수 있을 정도의 토지 내지는 농지'라는 뜻을 가지고 있었다. 앵글로색슨 시대에 주로 재판 등 사법적 기능과 군사행정 기능 등을 수행하기 위해 설치되었으나 18세기부터 기능이 쇠퇴하기 시작하여 19세기 후반에는 그 기능이 거의 없어졌다.

---

18) 예컨대 잉글랜드 지역의 경우 1844년에는 카운티의 경계를 재조정하는 작업이 있었으며, 1889년에는 규모가 큰 도시를 카운티로부터 독립시켜 카운티의 기능까지 수행하게 하는 카운티 바러(county borough) 제도가 도입되었다. 또 1894년에는 카운티 아래의 'urban district'와 'rural district'가 정비되었다. 20세기에 들어와서도 여러 차례의 변화가 있었다. 1965년에는 런던광역시(Greater London Council)가 설치되었고, 1972년에는 카운티 바러가 폐지되는 대신 대도시 광역정부인 메트로폴리탄 카운티정부(metropolitan county council)를 설치하고 그 아래 기초지방정부, 즉 디스트릭트(district)를 두어 영국 지방정부 체계를 2계층(two-tier)으로 일반화하였다. 그러나 1986년에는 이 메트로폴리탄 카운티 정부를 다시 폐지하였고, 런던광역시도 이와 함께 폐지하였다. 이러한 폐지가 여러 가지 문제를 유발하자 1992년에 다시 과거의 카운티 바러를 연상케 하는 통합형 정부(unitary authority)를 두게 되며, 2000년에는 런던광역정부(Greater London Authority, GLA)로 런던의 광역정부를 부활시켰다. 자세한 논의는 Steve Leach, John Stewart, and George Jones, *Centralisation, Devolution and the Future of Local Government in England* (Routledge, 2018)의 Ch.2 'How the Past can inform the Present: Five Stages in the Development of Local Government.' 참조.

하였으나, 현재는 지역을 구분하고 비교하기 위한 명목상의 지역으로 남아 있을 뿐 지방정부는 아니다. 주민에 의해 선출된 의회나 그 의회에 의해 구성된 행정기구가 없다는 뜻이다.

각 광역지역 안에는 1~2개 계층의 지방정부가 존재한다. 즉 광역지방정부 아래 기초지방정부를 두고 있는 경우가 있는가 하면, 광역지방정부와 기초지방정부를 통합해 단일 계층의 지방정부를 두고 있는 경우도 있다. 이들 지방정부 아래 소극적인 기능을 수행하는 패리쉬를 또 다른 계층의 지방정부로 보는 경우에는, 패리쉬가 설치되어 있느냐 여부에 따라 1~3개 계층의 지방정부가 존재한다고 할 수도 있다.

우선 광역지방정부로서의 카운티 레벨인데, 2020년 현재 6개의 메트로폴리탄 카운티(metropolitan county)와 28개의 비-메트로폴리탄 카운티(non-metropolitan county), 그리고 55개의 통합형정부(unitary authority)와 런던광역정부(Greater London Authority) 등이 있다.

이들 중 메트로폴리탄 카운티는 1986년 지방정부로서의 격을 상실한 이래 단순한 구역으로만 존재하고 있는데, 그 안에 지방정부로서의 바러와 디스트릭트(district)를 두고 있다. 그리고 그 아래 다시 패리쉬를 두고 있는 경우가 있다.

비-메트로폴리탄 카운티는 메트로폴리탄 카운티와 달리 광역지방정부의 격을 지니고 있다. 바러와 디스트릭트(district)를 기초지방정부로 두고 있으며, 그 아래에 다시 패리쉬를 두고 있다.

통합형정부는 말 그대로 광역지방정부와 기초지방정부의 기능을 함께 수행하는 바, 별도의 기초지방정부 없이 패리쉬만을 그 아래에 두고 있다. 그리고 런던광역정부는 높은 수준의 자치권을 행사하는 32개의 바러와 런던시(City of London)를 기초지방정부로 두고 있다. 1965년 이래 패리쉬는 두지 않는 것으로 해 왔으나 2007년 이후에는 지역주민들이 원하면 일정한 절차를 거쳐 설치할 수 있도록 하고 있다.

스코틀랜드(Scotland) 지역은 2020년 현재 32개의 통합형정부(unitary authorities)가 존재하며, 그 아래에 커뮤니티(community)를 두고 있다.[19] 커뮤

---

19) 스코틀랜드는 19세기 말에서 1975년에 이르기까지 대체로 광역 지방정부인 카운티와 다양한 형태의 기초 지방정부(parish, burgh 등)로 이루어지는 2계층제(two-tier system)를 운영하고 있었다. 예외적으로 광역 지방정부 기능과 기초 지방정부의 기능을 같이 수행하는 4개의 카운티 시티(city of county)가 운영되

니티는 매우 소극적인 기능을 수행하는데 주로 지역사회 발전과 계획에 대한 자문을 하는 기능을 가지고 있다. 웨일즈(Wales) 지역은 22개의 통합형 정부로 나누어져 있고, 스코틀랜드와 같이 그 아래에 커뮤니티를 두고 있다. 웨일즈의 커뮤니티는 편의시설의 관리 등 소극적이기는 하지만 나름대로 지역사회에 필요한 집행기능을 수행하고 있다.

북아일랜드(Northern Ireland)는 1970년대 초부터 26개 디스트릭트(district)를 단일계층으로 운영해 왔으나 2012년 이를 11개로 통합하였다.[20] 이 단일 계층의 디스트릭트 정부는 잉글랜드 등 영국을 구성하고 있는 다른 하위 국가에 비해 소극적인 기능을 수행하고 있다. 하나의 예로 다른 하위 국가의 경우 지방정부가 교육기능이나 도로를 설치하고 관리하는 기능 등을 수행하나 북아일랜드에서는 그렇지가 않다. 인구가 170만 정도밖에 되지 않는 지역이라 북아일랜드 중앙정부가 직접 적극적인 기능을 수행해도 좋은 상황에 있기 때문이다.

2) 지방정부의 기능강화

산업화와 도시화가 진행되면서 도시지역을 중심으로 지역사회의 행정수요에 큰 변화가 생겼다. 주택, 교통, 환경, 복지, 교육, 위생, 보건, 상·하수도, 치안 등 다양한 영역에 걸쳐 과거에 경험하지 못했던 문제들이 등장하기 시작했다. 문제의 양과 질 또한 과거와는 전혀 달랐다. 시간이 갈수록 더 많이 발생하는 대량화 경향을 보였으며, 교통이나 상·하수도 문제와 같이 작은 단위의 개별 지방정부로는 해결할 수 없는 광역문제들이 발생하기 시작했다. 여기에 정치사회적 환경도 바뀌었다. 문제를 제대로 해결하라는 시민사회의 목소리도 점점 더 커졌다. 한마디로 지역단위에서의 문제해결 능력을 높이지 않으면 안 되는 상황이 전개된 것이다.

이러한 변화와 관련하여 영국은 한동안 일반 지방정부를 재정비·강화

고 있었다. 이것이 1975년에는 광역 지방정부인 지역정부(regional council)와 기초 지방정부인 디스트릭트 정부(district council)로 이루어지는 2계층제로 다시 정비되고, 1990년대 메이저(John Major) 수상 체제 아래에서 단일계층의 통합형 정부(unitary authority)체제로 개편되었다. 통합형정부 아래 커뮤니티를 두고 있으나 이를 완전한 형태의 지방정부로 보기는 어렵다.

20) Local Government (Boundaries) Order (Northern Ireland) 2012, Draft Statutory Rules of Northern Island. legislation.gov.uk June 21, 2012. accessed June 29, 2020. http://www.legislation.gov.uk/nidsr/2012/9780337987786.

하기보다는 중앙정부가 새로운 행정수요를 감당하고 나서거나 특별지방행정기구를 설치하는 방안을 채택했다.[21] 먼저 중앙정부가 직접 대응에 나선 예로 1829년, 런던지역에 메트로폴리탄 경찰청(Metropolitan Police)을 설치한 것을 들 수 있다. 그 이전에는 패리쉬 단위의 경찰대가 치안기능을 맡고 있었는데, 도시가 커지면서 그 기능을 제대로 수행할 수 없게 되었다. 범죄가 도시 전체를 단위로 해서 발생하는데 비해 패리쉬 단위의 경찰대는 패리쉬 범위를 넘을 수가 없게 되어 있었기 때문이었다. 이에 영국정부는 중앙정부 내무장관(Home Secretary)이 관장하는 메트로폴리탄 경찰청을 설치하여 이를 처리하게 하였다. 패리쉬 단위에서 수행해 오던 기능을 중앙정부가 설치한 광역행정기구로 넘긴 것이다.

특별지방행정기구의 설치는 19세기 내내 이어졌다. 1845년에는 메트로폴리탄 건축물관리청(Metropolitan Buildings Office)을 설치하여 도시전체 차원에서(런던) 건축물을 규제하도록 하였으며, 1848년에는 콜레라 발생을 막기 위해 메트로폴리탄 하수위원회(Metropolitan Commission of Sewers)를 만들어 하수와 위생문제를 도시 전체 차원에서 처리하게 하였다.[22] 또 같은 해에 보건위원회(Board of Health)와 지역보건위원회(Local Boards of Health)를 만들어 전염병 예방업무를 담당하게 하였다. 패리쉬 단위에서 이루어지던 구빈업무도 **구빈구**(Poor Law Unions)라는 보다 광역화된 구역을 단위로 처리하게 하였고, 이를 위해 여러 패리쉬가 참여하는 구빈위원회(Board of Guardian)를 만들었다. 이 외에도 1870년에는 초등교육을 관장하기 위한 교육위원회(School Board)를 설치하고 1875년에는 위생청(Sanitary Authority)을 설치하는 등 많은 특별지방행정기구들을 설치하였다.

이들 특별지방행정기구들은 대부분 지방세를 납부하는 지역주민들에 의해 직접 선출되거나 패리쉬의 교구위원회(vestry)가 임명한 인사들에 의해 운영되었다. 따라서 그 나름대로 자치적 운영의 틀은 마련되어 있었다고 하겠다. 그러나 많은 수의 특별지방행정기구들이 개별적으로 작동하는 가운데 많은 혼란이 생겼다. 수입과 지출이 제각기 관리되면서 도시재정에 혼란이 초래되었고, 지역차원의 종합행정이 불가능해 진 가운데 이들 기구

21) Local Government Finance Statistics England No.15, Annex A., Office of the Deputy Prime Minister, 2004. 12. 7.
22) 이 두 개의 위원회는 1855년 메트로폴리탄 사업청(Metropolitan Board of Works)로 통합되었다.

들 간의 기능상 마찰과 중복이 문제가 되었다.

19세기 말엽 영국은 이러한 문제와 관련하여 특별지방행정기구가 아닌 일반 지방정부의 기능을 강화하기 시작했다.[23] 1889년 광역단위 행정기구 인 카운티에 의회를 설치하여 자치정부로서의 틀을 갖추게 하였고, 런던과 같은 대도시도 **런던카운티**(County of London)로 개편하여 새로운 행정수요 를 종합적으로 처리할 수 있는 틀을 갖추게 하였다. 또 **카운티 바러**(county borough) 제도를 도입하여 일부 대도시 지역 바러가 카운티로부터 독립하 여 독자적인 도시관리 기능을 수행할 수 있도록 조정하였다. 1900년에는 런던 카운티 내의 바러를 **메트로폴리탄 바러**(metropolitan borough)로 개편 하여 패리쉬의 기능 일부를 흡수하게 하였다.

이러한 개편과 정비가 이루어지면서 특별지방행정기구의 기능은 상당부 분 정리가 되었다. 예컨대 1902년 교육위원회의 기능이 많은 논란 끝에 카 운티와 카운티 바러로 이양되었다. 또 1930년에는 구빈구가 담당했던 구빈 기능도 카운티와 카운티 바러로 넘어갔다.[24] 그러나 이 이후에도 여전히 많은 특별지방행정기구가 독자적인 기능을 수행했다. 하지만 광역행정이 파편화 되던 현상은 크게 완화되었다.

광역행정 체제가 정비되면서 지방정부의 기능이 크게 신장되었다. 전차 를 비롯한 교통시설을 운영하고 전화와 가스를 공급하는 지방정부가 늘어 갔고, 일자리와 이민 상담 업무 등 지역주민의 경제생활과 직결된 일이 지 방정부의 업무가 되었다. 또 제1차 세계대전(1914~1918)이 끝난 이후에는 주택공급 기능이 지방정부의 중요한 업무가 되었고, 경제공황기를 거치면 서 복지기능 또한 지방정부의 핵심 업무가 되었다.

그러나 제2차 세계대전(1939~1945)이 끝나고 복지국가 정책이 시행되면 서 지방정부의 기능은 또 한 번 크게 달라졌다. 복지와 공공서비스 분야 등에 있어 중앙정부의 역할이 강화되면서 이와 관련된 지방정부의 기능이 축소되었다. 예컨대 1947년 가스와 전기를 비롯한 공공서비스가 국유화되 면서 지방정부는 이 부분에 더 이상 크게 관여할 수가 없게 되었다. 복지

■ 1889년 설립된 County of London은 London County Council(LCC)로도 불린다. 1965년에 주변지역과 합쳐 져 **런던광역시**(Greater London Council, GLC)가 되었다.

---

23) Office of the Deputy Prime Minister, 앞의 문서. Annex A.
24) 이는 1929년의 지방정부법(Local Government Act 1929)에 의해 이루어졌다. 이 법 은 구빈기능과 함께 특별지방행정기구인 메트로폴리탄 보호시설위원회(Metro-politan Asylum Board)가 수행하던 보호시설의 설치 및 운영 기능을 런던 카운 티(County of London)로 넘겼으며, 도로관리에 있어서도 카운티 정부의 기능을 대폭 확장하였다.

부분에 있어서도 전국단위의 기준이 강화되었고, 이로 인해 지방정부의 독자적 기획기능이 줄어들 수밖에 없었다. 일종의 중앙집권화 현상이 있었던 것이다. 그러나 그럼에도 불구하고 지방정부의 중요성은 크게 줄지 않았다. 교육과 지역개발 등과 관련하여 새로운 기능이 부가되기도 했으며, 복지문제에 있어서도 여전히 중요한 집행기능을 수행하였다.

지방정부의 기능과 관련하여 가장 극적인 조치는 대처(Margaret Thatcher) 수상 아래에서(1979~1990) 이루어졌다. 대처의 보수당 정부는 출범초기부터 지방정부 개혁을 서둘렀다. 지방정부의 비효율과 방만함, 그리고 재정지출을 동반하는 진보적 정책기조를 고치지 않고서는 영국의 경쟁력을 회복할 수 없다는 생각에서였다. 대처수상 정부는 출범과 동시에 바로 지방재정관련 법률들을 개정하여 지방정부의 기능조정을 강하게 주문했다. 재정지출과 지방세 부과의 상한을 정하는가 하면(rate-capping), 지방정부가 재량권을 가지고 쓸 수 있는 교부세(general grants)를 대폭 줄였다. 중앙정부의 방침을 따라오지 않는 지방정부에 대해서는 교부세와 보조금을 삭감하거나 지급자체를 중지하는 엄중한 조치를 취하기도 했다.

교통시설관리 기능과 주택기능 등 지방정부가 수행해 오던 서비스공급 기능의 축소를 주문하기도 했다. 런던지역의 경우 중앙정부 교통장관(Secretary of State for Transport)이 관장하는 런던지역교통공단(London Regional Transport)을 만들어 런던광역시(Greater London Council)가 수행해 오던 교통시설관리 기능을 이관시키기도 했다.

1986년 대처수상 정부는 급기야 1965년 런던카운티와 그 주변지역을 합쳐 만든 **런던광역시**(Greater London Council, GLC)를 해체하고 메트로폴리탄 카운티 정부도 함께 해체하는 개혁을 단행하였다. 많은 논란과 반대가 따랐으나 대처수상 정부는 이를 끝까지 관철하였다. 그 결과 이들 광역 지방정부가 수행하던 많은 기능이 중앙정부와 기초지방정부인 바러로 넘어갔다. 또 바러 등이 연합하여 구성하는 특별지방행정기구로도 상당수 넘어갔다.

이후 런던을 비롯한 대도시는 광역지방정부가 없는 상태로 관리되었다. 그러나 노동당 정부가 들어서 있던 2000년, 또 다시 많은 논란 끝에 런던광역시는 **런던광역정부**(Greater London Authority, GLA)로 부활되었다. 런던광역시가 폐지되기 전까지 시장을 지냈던 리빙스톤(Kenneth Livingstone)이 이번에는 주민직선의 첫 시장으로 당선되기도 했다. 영국의 지방자치와 지방행정 역시 순조롭게 발전하는 것이 아니라는 것을 보여준 사례였다.

대처수상 정부 이후에도 지방정부 개혁은 중요한 정책의제가 되어 왔다. 지방정부의 생산성과 경쟁력을 높이기 위한 경영화와 민영화 등이 중요한 현안이 되어 왔으며, 그 과정에서 중앙정부와 지방정부, 그리고 지방정부와 민간부문 간의 새로운 기능적 관계가 모색되기도 했다. 심지어 지방정부의 구성형태에 있어서도 큰 변화가 일어나고 있다. 시장을 비롯한 지방정부의 수장을 직접선거로 선출하는 지방정부가 생겨나고 있으며, 미국의 시정관리관 제도를 도입하는 경우도 생겨나고 있다.[25] 모든 것이 변화되는 사회에 있어 영국의 지방정부라 하여 이러한 변화로부터 자유로울 수는 없는 것이다.

3) 지방자치의 정치경제학

지방자치는 상당부분 정치경제적, 사회문화적 환경의 산물이다. 농경시대와 산업시대의 지방자치가 다를 수밖에 없고, 왕권이 중시되던 시대와 민권이 중시되는 시대의 자치가 다를 수밖에 없다. 영국의 지방자치 또한 이러한 환경의 산물로, 긴 역사 속에서 다양한 모습으로 발전해 왔다.

이러한 변화와 관련하여 특별히 지적해 둘 문제가 있다. 영국 지방자치의 발전이 합리적인 틀 속에서 순조롭게 진행되었던 것만은 아니라는 사실이다. 오히려 다양한 주체들의 정치경제적 위상과 권력관계가 큰 영향을 미쳤으며, 이들 간의 밀고 밀린 싸움의 결과가 오늘의 모습으로 나타나기도 한다.

이 점을 특별히 지적해 두는 것은 영국 지방자치와 관련하여 이 부분에 대한 이해가 부족한 경우를 많이 보기 때문이다. 사실, 중세의 패리쉬 자치

---

25) 노동당 정부는 1998년 지방정부가 위원회 체제로 운영되는 것에 대해 문제를 제기함과 동시에 3가지 대안을 내어 놓았다. 주민직선의 시장과 내각이 함께 하는 유형(a directly elected mayor with a cabinet), 내각이 지도자를 중심으로 운영되는 형(a cabinet with a leader), 그리고 주민직선의 시장과 시정관리관이 함께하는 형(a directly elected mayor and council manager)이 그것이다. 그러나 이러한 대안 제시는 말 그대로 대안일 뿐 채택의 여부와 새로운 지방정부 구조의 구체적 내용에 대해서는 지방정부 스스로 일정한 절차를 거쳐 정하도록 하고 있다. 이에 대한 자세한 설명은, 김병준 외, 「최근 외국의 지방의회 운영사례: 영국과 일본을 중심으로」, 한국지방행정연구원 연구보고서 98-15(1998), pp. 119-127 참조.

만 해도 일면, 국가와 지역사회를 위해 합리적으로 고안된 것이라기보다는 국왕과 교회, 그리고 지역사회 엘리트집단 3자간의 권력적 균형이 반영된 것이라 볼 수 있다. 즉 어느 누구도 절대적인 힘을 행사할 수 없는 상태에서 봉건적 권력을 서로 적절히 나누고 있는 모습이었다는 뜻이다.

중세 도시지역에서의 지방자치도 그렇다. 상공인을 포함한 도시 자유민들의 힘이 축적되지 않았더라면 이루어질 수 없는 일이었다. 또 19세기 이후 활기를 띤 지방정부의 민주화도 마찬가지였다. 노동세력을 비롯하여 시민사회의 힘이 커졌기 때문에 가능했던 일이었다. 시민사회의 힘이 커지지 않았더라면 도시정부를 장악하고 있었던 과두세력은 그 권력을 쉽게 내어놓지 않았을 것이다.

최근의 역사 또한 이러한 논리로부터 자유롭지 않다. 대처의 보수당 정부는 1985년 런던광역시를 폐지하였고, 2000년의 노동당 정부는 이를 부활시켰다. 15년 만에 폐지하였던 이유가 갑자기 사라진 것도 아니었고, 부활시킬 이유가 갑자기 생겨난 것도 아니었다. 보수당 정부는 런던광역시의 진보적인 정책이 싫었고, 진보세력이 다수를 차지하는 인구구성으로 볼 때 행정권을 장악할 가능성도 없었기 때문에 이를 폐지했다. 그리고 노동당 정부는 그 반대 이유로 이를 다시 부활시켰다.

밀고 밀리는 싸움은 때로 과격한 형태로 나타나기도 했다. 1921년, 런던의 **포플라 바러**(Borough of Poplar)의 시장과 시의원들은 지방세의 공평성을 두고 중앙정부와 마찰을 빚다가 6주간 옥고를 치렀다(사잇글 2-1). 1984년 지방세 상한문제를 두고 대처수상 정부와 리버풀(Liverpool)과 람베스(Lambeth) 사이에 벌어진 충돌 또한 많은 사람들의 주목을 끌었다. 이 일로 중앙정부와 최일선에서 부딪쳤던 람베스의 지도자는 10년간 공직진출이 금지되었으며, 리버풀의 지도자는 노동당으로부터 출당초치를 당했다. 20년이 지난 오늘에 있어서도 이 일은 여전히 다각도에서 조명되고 있다.[26] 이 모두 영국 지방자치의 역사가 순조롭거나 아름다운 것만이 아니라는 사실을 말해주는 사례들이다.

---

26) 이 사건으로 람베스(Lambeth)의 의회지도자 테드 나잇(Ted Knight)과 동료 지방의원들은 10만 파운드의 벌금을 포함하여 도합 18만 파운드의 배상을 해야 했으며 향후 10년간 공직취임이 금지되었다. 리버풀(Liverpool)의 지도자였던 드렉 하튼(Derek Hatton) 역시 노동당으로부터 출당 당했다. 이와 관련하여서는 "Lambeth NALGO anti cuts bulletin," Radical Lambath. June 2, 2020. accessed June 12, 2020. https://radical-lambeth.org/tag/ted-knight/ 참조.

사잇글 2-1: 포플라 바러의 지방세 반란

1921년, 런던의 동북쪽 끝에 있는 포플라 바러(Borough of Poplar)는 큰 문제를 안게 되었다. 인구 16만 명에 경제인구의 대부분이 철도나 부두, 그리고 영세한 제조업체에 종사하는 상태에 전후 불황이 닥친 것이다. 외국과의 교역이 줄어들면서 부두 노동자와 철도 노동자가 일자리를 잃기 시작했고, 영세 제조업체들도 어려움을 겪기 시작했다. 실업자와 함께 빈민이 함께 늘어갔다.

빈민법에 의해 바러 정부가 이들에 대한 구제의 책임을 지고 있었지만 지방세로 확보하는 재정으로는 어찌할 길이 없었다. 런던 서쪽의 부자 바러들은 세원이 많은데 비해 보호해야 할 빈민은 얼마 되지 않았다. 그러나 포플라 바러는 이들에 비해 3분의 1 정도 되는 세원(4백만 파운드)으로 많게는 십여 배 많은 8만5천명을 보호하고 지원해야 했다.

여기에 바러 정부는 런던 카운티정부(London County Council)과 런던경찰청(Metropolitan Police Authority), 런던 보호요양원(Metropolitan Asylum Board), 그리고 런던상수도청(Water Board) 등을 운영하기 위한 재정을 분담하게 되어 있었다. 자체 문제를 해결하기도 어려운 판에 런던 카운티 전체를 운영하기 위한 재정까지 걱정을 해야 하는 판이었다.

포플라 바러는 중앙정부의 지원과 런던 카운티정부의 이해를 기대했다. 그러나 이들의 태도는 냉담했다. 중앙정부는 일자리를 만들기 위한 국고보조사업을 내려주면서 '군복무 경력자'를 우선 고용할 것을 지시했다. 전쟁당시 군에 징집되지 않았던 철도노동자 출신의 실업자가 많은 포플라로서는 기가 막힌 일이었다. 런던 카운티정부를 비롯한 기관들도 돈을 내라는 독촉밖에 없었다.

대부분이 노동자출신이었던 포플라 바러의회의 의원들은 결국 이들과 싸우기로 결정을 했다. 런던 카운티정부 등에 내기 위한 지방세 부분을 거두지 않기로 한 것이다. 지방세는 경감되었다. 일부 더 거두어진 부분은 빈민구제를 위한 자체재정으로 활용했다. 그러자 런던 카운티 정부와 보호요양원은 이 문제를 법원(High Court)으로 가져가 법원으로 하여금 포플라 바러에 대해 납입명령서를 발부하게 했다. 그러나 포플라의 지도자들은 법원의 이러한 명령도 거부했고, 법원은 포플라 의회의 의원들을 '법원모독'으로 소환하기에 이르렀다. 포플라에서는 이를 규탄하는 시위가 매일같이 열렸다.

1921년 9월 1일. 포플라 바러의 의원들은 이 일을 처음부터 주도하다시피 했던 전 시장 랜즈버리(George Lansbury)를 비롯한 수천 명의 지지자들과 함께 법원을 향해 행진을 했다. 악대가 앞장을 섰고 의원 스스로들 '우리는 법원을 향해, 그리고 감옥을 향해 간다'고 했다.

결국 30명의 의원이 투옥되었다. 그 중 5명은 여성이었고, 또 그 중의 한명은 임신 중이었다. 이 일이 일어나자 런던 전체가 들끓었다. 비슷한 문제에 봉착해 있던 인근 바러들이 들고 일어났고, 노동자 조직과 빈민들이 지지를 선언하고 나섰다. 일부 부수언론들까지 당시의 빈민법과 재정부담 제도에 문제가 있음을 지적하고 나섰다. 당황한 중앙정부와 런던카운티 정부, 그리고 법원을 우선 임신 중인 의원을 먼저 풀어줬다. 그리고 중앙정부는 빈민법 중 형평에 맞지 않는 부분을 개선하겠다고 약속을 했다. 그러나 소요는 좀처럼 가라앉지 않았다. 의원들은 여론의 지지를 받으면서 감옥 안에서도 회의를 했고 포플라 바러를 운영했다.

결국 10월 12일, 6주간의 옥고를 치른 의원들은 전원 석방되었다. 열렬한 환영을 받으며 그들의 바러로 돌아갔다. 정부와 런던 시민은 무엇이 잘못되었는지를 알게 되었고 정부는 잘못된 제도의 개선을 약속했다. 실제로 잘사는 지역과 그렇지 못한 지역의 재정부담을 균형화 시키기 위한 법률개정(the London Authorities Act 1921)이 이루어지기도 했고, 빈민법의 문제를 고치기 위한 정부차원의 노력이 시작되기도 했다. 영국 지방자치의 발전이 순조롭지만 않았음을 보여주는 한 사례이다. 포플라 바러는 1965년의 구역개편으로 다른 지역과 합쳐져 타워햄릿 바러(Borough of Tower Hamlets)가 되었다.[27]

---

27) 'A Different Sort of Labour Council,' Workers' Liberty Homepage 자료 No. 66 (2001. 1. 7), accessed June 10, 2020. http://www.workersliberty.org/node/3156; 'Wont Raise Taxes, Council Arrested: Poplar Borough Balks at London County Rates to Care for the Unemployed. Jobless Demand Upkeep 10,000 March on Woolwich and Barricade Councilors on Refusal to Grant Relief Asked,' *New York Times*, Sep. 2, 1921 등 참조.

제2장

미국의 연방제와 정부간관계의 변화

　미국은 권력과 권한의 횡적(橫的) 분산과 종적(縱的) 분권이 잘 이루어진 나라이다. 횡(橫)으로는 입법 행정 사법의 3권 분립이 잘 이루어져 있고, 종(縱)으로는 연방과 주(州) 그리고 지방정부간의 분권이 잘 이루어져 있다. 특정인이나 특정세력이 권력과 권한을 독점하는 것이 불가능하게 되어 있는 반면, 권력과 권한을 나누어 행사하는 다양한 주체들 간의 협력이 제대로 이루어지지 않는 경우 국가운영에 많은 어려움이 나타날 수 있게 되어 있다.

　지방자치와 관련하여서는 주로 종적 구도가 관심의 대상이 되겠는데, 이번 장(章)과 다음 장(章)에서는 연방제(federalism)를 포함한 정부간관계(intergovernmental relations, IGR)의 변화와 지방자치의 중심축이라 할 수 있는 지방정부의 성격 및 기능변화를 살펴보기로 한다.

　지방자치와 관련하여 연방제의 역사를 살펴보는 것은 일면 사리에 맞지 않는다. 형식상 주(州)가 국가의 의미를 지니고 있고, 지방자치라 하면 연방과 주(州)의 관계가 아닌 주(州)와 지방정부(county, municipality, special district 등)의 관계를 의미하기 때문이다. 그러나 이러한 형식논리를 따라갈 이유는 없다. 미국은 사실상 하나의 국가이고, 우리가 알고 싶은 것은 그 국가에 있어서의 권력과 권한의 종적 분할체계이다. '지방자치'라 하여 우리의 관심을 주(州)와 지방정부의 관계에 국한시킬 필요가 없다. 뒤에 다시 설명되겠지만 오늘과 같이 연방과 주(州), 그리고 지방정부간의 기능적 관계가 강화되어 있는 상황에서는 더욱 그러하다.

제1절 연방제로의 발전

① 국가연합(Confederation) 체제: 연방제 이전의 미국

1776년 7월 4일, 독립전쟁을 치르고 있던 미 대륙의 식민지 지도자들은 필라델피아(Philadelphia)에서 대륙회의(Continental Congress)를 열고 독립을 선언했다(Declaration of Independence). 독립선언과 함께 이들은 13개의 주(州)를 설립하고, 대륙회의를 중심으로 전쟁 등 필요한 일을 상호 협의할 것을 결의했다.

그러나 얼마가지 않아 주간(州間)의 협력이 보다 강화될 필요가 있다는 주장이 제기되었고, 이러한 주장이 설득력을 얻으면서 바로 **국가연합**(confederation) 구성이 준비되었다. 그리고 1781년, 국가연합 형태의 미합중국(United States of America)이 출범하였다.

■ Confederation은 동맹, 연합, 연맹 등 여러 가지로 번역이 된다. 미국의 경우 '식민지 동맹'으로도 번역된다. 그 내용 또한 다양하여 일반화하여 설명하기가 힘이 든다. 그러나 일반적으로 그 구성주체가 그 주권을 양도하지 않은 상태에서 가입과 탈퇴가 자발적이며, 주요 결정이 이들 구성주체들의 동의 또는 비준 등에 의해 성립된다는 점 등에서 Federation과 구별된다.

국가연합이 준비될 당시 정치지도자들의 가장 큰 관심은 전쟁에서 이겨 영국 등 유럽 국가들로부터 독립된 국가를 세우는데 있었다. 또 유럽에 대응할 수 있는 신대륙 경제공동체를 만들고, 이를 통해 경제적 번영을 이루는 것이었다. 당연히 이들의 관심은 어떻게 하면 주간(州間)의 협력이 잘 이루어지고, 또 주(州)의 힘이 잘 모여지게 되겠는가에 주어졌다.

그러나 그 가운데서도 이들은 권력의 독점과 전제(tyranny, 專制)에 대한 경계를 늦추지 않았다. 유럽 여러 나라에서 일어난 정치적 폐해, 즉 권력이 국왕이나 특정세력에 의해 독점되는 일이 일어나서는 안 된다는 생각에서였다. 자연히 이들은 무정부(anarchy) 상태가 아닌, 그러면서도 전제(tyranny)가 절대로 일어날 수 없는 체제를 만들고자 했고, 이러한 생각이 결국 이들의 합의를 주간(州間)의 느슨한 결속체인 국가연합 체제로 이끌었다.

국가연합은 그 권한과 기능이 매우 제한적이었다. 전쟁을 선포하고 조약을 맺고, 또 군(軍)을 조직하고 운영할 수 있는 권한 등을 가지고 있기는 했다. 그러나 조세권을 가지지 못함으로써 이를 운영하는데 필요한 재정을 자체적으로 확보할 수 없었다. 조세권은 주(州)의 몫이었고, 국가연합은 재정에 관한한 주(州)의 기여를 기대하는 수밖에 없었다. 경제활동과 상행위를 규제하는 권한 등 중요한 정책영역에서의 권한도 대부분 주(州)의 권한이었다.

또 독립된 행정부와 행정수반도 없었다. 입법권·행정권·사법권을 모두 국가연합 의회(Congress of Confederation)에서 행사하도록 되어 있었으며, 이 의회는 주(州)가 한명씩 파견하는 대표로 구성되어 있었다. 전제(專制)를 방지하는 데에는 도움이 되겠으나, 주(州)를 뛰어넘는 상위정부로서의 독자적 기능은 제대로 수행할 수 없는 체제였다.[1]

② 연방제의 성립: 제헌의회∼연방헌법의 채택

독립전쟁이 끝나면서 주간(州間)의 긴밀한 협력을 필요로 하거나, 주(州) 단위를 뛰어 넘어 해결하지 않으면 안 되는 문제들이 대거 발생하기 시작했다. 전쟁 후유증으로 경제는 침체 국면을 벗어나지 못하고 있었고, 각 주(州)가 안고 있는 전쟁부채도 만만치 않았다. 주간(州間)의 관세분쟁도 늘어나고 있었으며, 서부지역으로의 인구이동 역시 사회질서 유지와 국토관리에 있어 새로운 문제를 발생시키고 있었다. 여기에 과도한 세금과 소작료 등에 불만을 품은 소농(小農)과 저소득층의 봉기가 일어날 가능성도 커지고 있었다. 실제로 1786년 매사추세츠(Massachusetts)에서 일어난 '**셰이스의 난**(Shays' Rebellion)'은 미국 사회 전체에 큰 충격을 주고 있었다.[2]

---

1) Laurence J. O'Toole Jr., 'American Intergovernmental Relations: An Overview,' O'Toole Jr., ed. *American Intergovernmental Relations*, 4th Edition (Washington, D.C.: CQ Press, 2007), pp.4-5.

2) 독립전쟁 후 미국의 소농들(small farmers)은 경제적 궁핍에 시달렸다. 적지 않은 빚을 지고 있는 데다 전쟁부채를 해결하기 위한 과다한 세금에 시달려야 했다. 농지를 헐값에 매각하거나 강제 매각 당해야 했고, 빚을 갚지 못하는 경우 채권자들에 의해 체벌을 당하는 고통을 겪기도 했다. 1786년, 이러한 상황 아래 서부 메사추세츠 지역에서 1천명 정도의 농민들이 독립전쟁 참가경력이 있는 셰이즈(Daniel Shays)를 중심으로 반란을 일으켰다. 이들은 자신들의 재산(담보물)에 대한 매각을 결정한 지방법원을 습격하여 파괴하고, 급기야는 주(州) 대

이러한 문제는 곧 국가연합 체제에 대한 회의(懷疑)로 이어졌다. 자연스럽게 보다 강한 중앙정부가 필요하다는 주장이 대두되었고, 이를 위해 국가연합 체제를 연방 체제로 전환해야 한다는 주장이 설득력을 얻어갔다. 조세권도 없고, 주간(州間)의 협력을 주도적으로 이끌어 나갈 행정수반도 없는 체제로서는 앞서 언급한 복잡한 문제들을 풀어나갈 수 없다는 생각에서였다. 특히 '세이스의 난'은 많은 지도자들로 하여금 자칫하면 국가전체의 기본질서가 무너질 수 있다는 생각을 하게 만들었다.

결국 1787년 필라델피아(Philadelphia)에서 보다 강한 중앙정부를 만들기 위한 제헌의회(Constitutional Convention)가 열렸다. 그리고 연방제와 3권분립, 그리고 양원제를 골자로 하는 헌법안이 만들어져 주(州)의 비준을 받게 되었다. 새 헌법은 국가연합 체제에서와 달리 연방에 조세권을 부여하였으며, 소위 '**통상조항**(通商條項, commerce clause)'을 통하여 주(州)경계를 넘는 교역활동(commerce)에 대한 규제권을 부여하였다('*to regulate commerce… among the several states*'). 주(州)의 고유권한을 인정한 가운데 연방법률(federal laws)의 우월성(supremacy)을 인정하는 조항도 포함되었던 것이다.

헌법안이 만들어지는 과정에서, 또 주(州)의 비준을 받는 과정에서 극심한 반대가 있었다. 제퍼슨(Thomas Jefferson)을 비롯한 적지 않은 지도자들이 남부지역과 농촌지역의 지지를 기반으로 '연방공화당(Federal Republicans)'이라는 반대전선을 형성하여 주(州)의 비준을 반대했다. 강한 중앙정부는 자칫 전제(專制)를 불러올 가능성이 있다는 이유에서였다. 반면 해밀턴(Alexander Hamilton)을 중심으로 한 연방제 세력은 도시세력과 상공인 세력을 기반으로 그 나름대로 새 헌법의 정당성을 주장해 나갔다.

이 과정에서 해밀턴이 메디슨(James Madison)과 제이(John Jay)와 함께 '퍼블리우스(*Publius*)'란 필명으로 쓴 85편의 '**연방주의자 논설**(*Federalist Papers*)'은 공론을 이끌어 가는데 중요한 역할을 했다.[3] 특히 연방제가 **소수의 전제**(minority tyranny)는 물론 **다수의 전제**(majority tyranny)까지도 막을 수 있는 장치임을 역설한 메디슨의 글, '*Federalist Paper No. 10*'은 '세

　　법원을 점거하고 연방의 무기고를 습격하기에 이른다. 1787년 민병대의 공격으로 평정은 되었지만 이 사건은 새로운 헌법을 논의하고 있는 지도자들에게 큰 영향을 미쳤다. 즉 주(州) 차원을 뛰어넘는 강력한 중앙정부의 필요성을 더욱 강하게 느끼게 된 것이다.

3) 반(反)연방주의자들도 '브루투스(Brutus)'와 '카토(Cato)'란 필명으로 연방제가 가져올 폐해를 지적하는 논설들을 발표했다.

이스의 난'으로 무질서와 무정부의 가능성을 걱정하는 많은 인사들에게 큰 영향을 주었다.[4]

1789년 마침내 주(州)의 비준을 거쳐 연방헌법이 확정되었다. 강한 중앙정부를 주장한 연방주의자들의 승리였다. 그러나 이것으로 모든 것이 정리된 것은 아니었다. 우선 헌법 자체가 정치적 타협의 산물이었던 만큼 보는 시각에 따라 본질적으로 다른 해석을 할 수 있는 여지를 남겨놓고 있었다. 예컨대, 연방헌법은 **수정조항 제10조**(10th Amendment)를 통해 '헌법에 의해 연방에 위임되지 않았거나, 주(州)가 수행해서는 안 되는 것으로 되어 있는 권한을 제외한 모든 권한은 각 주(州)와 국민의 권한'이라 하여 주(州)의 권한을 폭넓게 인정했다. 그러나 제1조 8절 18항(Article 1, Section 8, Clause 18)에서는 연방의회로 하여금 연방이 헌법에 의해 주어진 권한을 행사하는데 있어 '**필요하고 적절한**'(necessary and proper)' 법률을 제정할 수 있도록 하였다. '필요하고 적절한'을 어떻게 해석하느냐에 따라 분쟁이 발생할 수 있는 소지를 남기고 있었다.

실제로 연방헌법이 확정된 이후에도 연방과 주(州)의 권한을 둘러 싼 논쟁이 계속되며, 이러한 논쟁은 급기야 남북전쟁(Civil War)으로까지 이어지게 된다. 연방헌법의 확정은 향후 있을 긴 논쟁의 시작에 불과했다.

■ *Federalist Papers*는 1787년 10월부터 다음 해 8월까지 뉴욕에서 발행되던 신문들을 통해 발표되었다. 이 문건은 오늘에 있어서까지 미국의 헌법정신을 이해하는데 있어 가장 중요한 자료가 되고 있다. 저자들이 사용한 *Publius*란 필명은 기원전 509년 Brutus와 함께 로마에 공화정을 세운 Publius Valerius Publicola의 이름이다. 저자들의 정신을 일부 엿볼 수 있는 부분이다.

제 2 절 연방제의 확립과 이원적 연방제로의 발전

① 연방제의 확립: 연방헌법 채택 이후~남북전쟁

1) 초기권한 논쟁: '열거된 권한'의 의미와 '무효화 이론'

연방과 주(州)의 권한을 둘러싼 논쟁은 연방헌법의 확정과 더불어 바로 시작되었다. 1790년 첫 연방의회 회의에서 연방주의자이자 당시의 재무장관(Secretary of the Treasury)이었던 해밀턴이 중앙은행의 설립을 추진하자

---

4) Alexander Hamilton, James Madison, and John Jay, *The Federalist Papers* (Chicago, IL: The New American Library of World Literature, Inc., 1968), pp. 77-83 참조.

당시 국무장관(Secretary of the State)이었던 제퍼슨을 비롯한 반연방주의자들이 이를 반대하고 나섰다.

반대론자들은 연방은 헌법에 명시적으로 **열거된 권한**(enumerated power)만을 행사할 수 있다고 주장했다. 그리고 헌법에 그러한 권한이 명시되어 있지 않으니 중앙은행의 설립은 위헌이라 해석했다. 이에 대해 해밀턴은, 헌법은 연방의 기능을 함축적으로 표현하고 있으므로 그 함축적 의미를 읽어야 한다고 주장했다. 즉 헌법은 연방에 조세를 부과·징수하고 자금을 차입·상환할 수 있는 권한을 부여하고 있는 바, 중앙은행은 바로 이러한 기능을 효과적으로 수행하기 위한 수단인 만큼 그 설립에 대한 권한 또한 같이 부여된 것으로 보아야 한다는 주장이었다.[5]

1791년, 격렬한 논쟁 끝에 승리는 해밀턴과 그를 지원한 연방주의자들에게 돌아갔다. 의회가 20년 기한의 중앙은행 설립을 결정했고, 대통령인 워싱턴(George Washington)도 복잡한 법리와 정치적 이해관계를 놓고 고민을 하다가 이에 서명을 하였다. 이 결정으로 미국은 헌법상 규정된 연방의 권한을 '열거된 사항' 이상으로 확대해석할 수 있는 길을 열게 되었다.

1798년 또 하나의 중요한 논쟁이 있었다. 당시 존 아담스(John Adams) 대통령 행정부는 프랑스와 선전포고 없는 해전(undeclared war)을 치르고 있었다. 아담스 대통령은 연방주의자였고, 반연방주의자들을 포함한 반대세력은 이 전쟁을 강하게 비판하고 있었다. 비판을 잠재울 생각으로 아담스 행정부는 '외국인 적에 관한 법률(Alien Enemies Act)'과 '국적취득법(Naturalization Act)' 등 4개의 **외국인과 보안에 관한 법률들**(Alien and Sedition Acts)'을 제정했다. 정부와 정부 관리들에 대한 악의적인 보도를 금지하는 내용과, 미국과 전쟁 중에 있는 나라를 모국으로 둔 사람들을 미국으로부터 추방할 수 있는 권리를 대통령에 부여하는 내용의 법률들이었다.

연방주의자들이 의회의 다수를 이루고 있는 상황에서 법률들은 쉽게 의회를 통과했다. 그러나 법이 통과된 다음에도 야당인 민주공화당(Democratic Republicans)은 제퍼슨을 중심으로 강력한 반대전선을 펼쳤다. 켄터키(Kentucky)와 버지니아(Virginia) 주(州)는 이들 법률의 무효(nullification)를 결의하고 나서기도 했다.

---

5) 'Alexander Hamilton,' Encyclopedia Britannica On Line, accessed June 20, 2020. https://www.britannica.com/biography/Alexander-Hamilton-United-States-statesman.

언론보도에 대한 규제가 핵심쟁점이 되었는데, 이들 반대세력은 이것이 언론의 자유를 보장하고 있는 헌법의 **수정조항 제1조**에 위배된다고 주장했다. 또 수정조항 제10조, 즉 '헌법에 의해 연방에 위임되지 않았거나, 주 (州)가 수행해서는 안 되는 것으로 되어 있는 권한을 제외한 모든 권한은 각 주(州)와 국민의 권한'이라 한 규정에도 위배된다고 주장했다.

수정헌법 제10조에 관한 논쟁은 연방의 권한에 관한 또 한 번의 본질적인 논쟁이 되었다. 반연방주의자들은 연방의 주체는 주(州)이며, 이들 주 (州)는 스스로 '위헌(unconstitutional)'이라고 판단되는 연방 법률에 대해서는 자기 경계 내에서 받아들이지 않을 수 있다고 주장했다. 소위 **무효화 이론** (nullification doctrine)'이었다. 아울러 이들은 주(州)는 궁극적으로 연방을 탈퇴할 수도 있다는 주장을 하기도 했다. 논쟁의 향방에 따라 연방제가 큰 위험에 빠질 수 있는 상황이었다.

이 논쟁은 결국 1800년 대통령 선거의 주요쟁점이 되었다. 결과는 반대에 앞장섰던 제퍼슨의 승리였다. 대통령이 된 제퍼슨은 곧 바로 주요 언론인들을 비롯해 이들 법률에 의해 처벌된 인사들을 사면시켰다. 논쟁의 대상이 되었던 법률이 아담스 대통령의 임기와 비슷하게 종료되는 한시법이었던 관계로 이후 이와 관련된 더 이상의 큰 논쟁은 없었다.[6] 그러나 만일 이것이 더 큰 논쟁으로 발전했거나 위헌여부에 대한 사법적 판단이 내려지는 상태에 까지 갔더라면 그 결과에 따라 연방제는 치명적 상처를 입을 수 있었다.

2) 권한논쟁과 사법부

1800년 대통령 선거 이후에도 연방제를 둘러싼 논쟁은 계속되었다. 한 가지 흥미로운 일은 1803년 **'마버리 대 메디슨**(*Marbury v. Madison*)' 사건 이후 연방대법원(Supreme Court)이 위헌심사(judicial review)를 하게 됨에 따라 사법부가 연방과 주(州)의 관계에 적극적으로 관여하게 되었다는 사실이다.[7] 여러 사건들이 있었지만 이 중 1819년에 있었던 **'맥컬로치 대 메릴**

---

6) 4개의 법률 중 국적취득법(Naturalization Act)만 한시법이 아니었다.

7) *Marbury v. Madison* 사건은 대법원의 위헌심사를 관례화 한 사건으로 아담스 대통령 임기 마지막에 치안판사로 임명되었으나 채 임명장을 받지 못한 마버리가 새로 출범한 제퍼슨 정부의 국무장관인 메디슨을 상대로 제기한 재판이었다. 마버리는 법원법에 의거 대법원이 메디슨에게 직무집행명령(*writ of mandamus*)

랜드(*McCulloch v. Maryland*)' 사건은 특히 주목을 끌었다.

맥컬로치 대 메릴랜드 사건은 1816년 설립된 제2 중앙은행(Second Bank of the United States) 메릴랜드 지사의 회계책임자인 맥컬로치가 이 은행을 폐쇄시킬 목적으로 과도한 세금을 부과하는 메릴랜드 주(州)를 상대로 낸 소송이었다. 이 소송에서 마셜(John Mashall) 대법원장이 이끄는 연방대법원은 연방의 손을 들어 주었다.

연방에 유리한 결정을 내리면서 대법원장은 연방과 주(州)의 관계에 관해 세 가지를 분명히 정리했다. 하나는 연방이 주(州)에 의해 만들어진 것이 아니라 미국 국민에 의해 만들어 졌다는 것이었고, 또 다른 하나는 헌법에 규정되어 있는 바와 같이 연방의 법률이 주(州)의 법률보다 우월적 지위(supremacy)를 갖는다는 것이었다. 그리고 또 하나, 연방은 헌법에 규정된 바와 같이 그 기능을 수행하기 위해 '**필요하고 적절한**(necessary and proper)' 조치를 취할 수 있고, 이에는 헌법에 명시된 내용뿐만 아니라 함축된(implied) 내용까지 포함한다는 것이었다. 1791년, 최초의 중앙은행을 설립할 때 제기되었던 해밀턴의 주장을 다시 한 번 정당화한 셈이었다.

3) 격화되는 논쟁과 남북전쟁

그러나 이 이후에도 연방의 권한을 제약하고자하는 반연방주의자들의 노력은 계속되었다. 대표적인 예가 되겠지만, 1828년 연방의회가 외국산 공산품에 대한 관세를 강화하는 법률을 통과시키자 당시의 부통령이었던 칼훈(John Calhoun)은 익명으로 '**남(南) 캐롤라이나 성명서**(South Carolina Exposition and Protest)'를 작성하여 사우드 캐럴라이나 주의회에 배포했다. 여기서 칼훈은 이 법률이 위헌임을 주장함과 동시에,[8] 주(州)가 이를 무효화시킬 수 있다는 '**무효화 이론**'을 다시 제기했다. 그는 이 이론을 근거로

■ Calhoun은 '철의 사나이(cast-iron man)'이란 별명이 붙을 정도의 소신파 정치인이었다. Jackson 대통령이 관세에 관한 법을 계속 지지하는 입장을 취하자

을 발하여 줄 것을 요청했고, 이에 대법원은 법원법의 집무집행명령관련 조항을 위헌이라 결정했다. 흥미로운 것은 당시의 대법원장은 바로 아담스 대통령 정부의 국무장관으로 마버리에게 임명장을 전달할 책임을 지고 있었던 마셜(John Marshall)이었다는 점이다. 마셜의 지혜가 화제였던 사건으로 미국역사에 있어 중요한 의미를 지닌다. 5 U.S. 137; 1 Cranch 137; 2 L. Ed. 60; 1803 U.S. LEXIS 352.

8) 외국산 공산품에 대한 관세가 부가되면 영국 등 유럽 국가들도 미국산 면을 포함한 농산물에 대한 관세를 강화할 가능성이 높았다. 아울러 국내 공산품의 가격이 올라감에 따라 남부 농업지역에서는 공산품을 보다 비싸게 구입할 수밖에 없게 되어 있었다.

미국에 있어 최고의 권한은 주(州)에 있으며, 주(州)는 연방이 제정한 법률이 위헌이라 판단될 때 이를 정지시킬 수 있는 권한이 있다고 했다. 그리고 정지된 법률의 최종 위헌성 여부도 연방의 일부인 연방대법원이 판단할 수 없으며, 오로지 3분의 2 이상의 주(州)가 합헌이라 할 때 효력을 발생할 수 있다고 했다. 그는 또 모든 주(州)는 연방을 탈퇴할 권리를 지니며, 이러한 절차를 거친 후에도 이 법률에 동의하지 못하는 주(州)는 연방에 남아 있을 것인가를 스스로 결정해야 한다고도 했다.

칼훈의 이러한 주장은 남(南) 캐롤라이나를 비롯한 남부지역 전체를 자극하였으며, 연방의회 안팎에서도 큰 논쟁을 불러 일으켰다. 실제로 남(南) 캐롤라이나는 몇 해가 지난 1832년, 위의 관세관련 법률을 무효화시키는 조치를 단행했다. 그리고 이에 대해 연방은 남(南) 캐롤라이나의 찰스턴(Charleston) 항에 해군을 파견하여 압박을 가했다. 다행히 중재안이 나오고, 또 합의를 통해 해결이 되었지만 연방제를 둘러싼 논쟁은 점점 더 위험수위에 접근하고 있었다.

1861년, 연방과 주(州)의 권한을 둘러싼 이러한 논쟁은 결국 남북전쟁(Civil War)으로 연결되고 말았다. 노예제도와 관련하여 북부지역으로부터 오는 압력을 걱정하고 있던 남부지역 11개 주(州)는 노예해방을 공약한 링컨(Abraham Lincoln)이 북부지역의 지지를 얻어 대통령에 당선되자 더 큰 위협을 느끼게 되었다. 급기야 이들은 '**미국 국가연합**(Confederate States of America)'이라는 별도의 연합을 결성하고 연방으로부터의 분리를 선언했다. 많은 논쟁과 갈등 속에서 어렵게 유지되어 오던 연방제가 결국은 파국을 맞고 만 것이다.

그러나 역설적으로 남북전쟁은 오히려 연방제를 제대로 확립시키는 계기가 되었다. 전쟁을 수행하는 과정에서 연방은 중앙정부로서의 확고한 지위를 다졌으며, **주(州) 권리 우선론**(states' right doctrine)과 '무효화 이론' 등을 주장해 오던 남부지역은 패배 후 더 이상 목소리를 높일 수 없게 되었다. 남북전쟁은 남부 농업세력에 대한 북부 산업세력의 승리이기도 했지만, 일면 반연방주의 세력에 대한 연방주의 세력의 승리이기도 했다. 전쟁을 치르면서 연방은 주(州)가 만든 것이 아니라 미국 국민이 만든 것이며, 깨뜨릴 수도 없고 탈퇴할 수도 없는 하나의 전체라는 관념이 확고해졌다.

1832년 미국 역사상 처음으로 부통령직을 사직하였다. 노예제도를 '필요 악'이 아니 '선'이라고 주장할 정도로 남부지역의 이익을 강하게 대변했다.

② 연방권한의 확대: 남북전쟁 이후~경제공황 이전

1) 산업화와 연방권한의 확대

남북전쟁 이후에도 연방의 권한을 확대해석하는 것을 경계하고 주(州)의 권한을 재확인하는 노력들이 있었다. 남부지역에서는 연방의 권한이 확대되는 데 대한 경계가 여전했고, 연방대법원도 일부 사건에 대한 재판을 통해 연방의 권한을 지나치게 확대해석해서는 안 된다는 입장을 보이기도 했다.[9]

그러나 그럼에도 불구하고 연방의 권한은 확대일로를 걷게 된다. 연방제가 보다 확고하게 자리 잡았기 때문이기도 했지만 당시의 사회경제적 변화가 큰 배경이 되었다. 무엇보다도 먼저 산업화가 진전됨에 따라 사회·경제공간이 넓어졌다는 점이다. 상공업이 발달하고 교통수단이 발달하면서 주(州)의 경계를 넘는 상행위와 경제활동이 늘어나게 되었고, 이는 자연스럽게 보다 큰 경제공간을 관장할 수 있는 연방의 역할을 중시하게 만들었다.

가장 먼저 변화가 일어난 것은 철도부문이었다. 당시 철도는 민간부문에 의해 운영되고 있었는데, 여러 모로 이용자들의 불만이 높았다. 요금은 특히 큰 문제였다. 다른 교통수단이 제대로 존재하지 않는 독점지역에서는 과도한 요금을 징수하고, 경쟁이 존재하는 지역에서는 화주(貨主)들에게 리

---

9) 연방대법원의 경우 1873년 '도살장 재판(*The Butchers' Benevolent Association of New Orleans v. the Crescent City Live-Stock Landing and Slaughter-House Company*)'과 '브래드웰 재판(*Bradwell v. Illinois*)'을 통해 미국 헌법 수정조항 제14조에 규정된 '특권과 면책권(privilege and immunities)'를 확대해석하지 않도록 했다. '도살장 재판'은 루이지아나(Louisiana) 주(州)가 뉴 올리언스(New Orleans)시 지역의 특정 회사에 도살과 관련된 독점권을 부여하자 지역의 도살업자들이 이를 수정조항 제14조의 '특권과 면책권'에 반한다며 제기한 재판이었다. 이 재판에서 연방대법원은 주(州)의 이러한 권한이 '특권과 면책권'을 위반하지 않는다는 판결을 함으로써 주(州)의 손을 들어 주었다. '브래드웰 재판'은 일리노이(Illinois) 주(州) 변호사협회가 여성이라는 이유로 변호사 자격을 부여하지 않자 당사자인 브래드웰(Myra Bradwell)이 이를 '특권과 면책권' 위반이라 하여 제기한 소송이었다. 이 재판에서도 연방대법원은 '특권과 면책권' 조항은 기본적으로 해방된 노예들의 기본권을 보장해 주기 위한 것으로 전문직업을 위한 자격부여 문제에 까지 확대하여 적용할 수 없다는 결론을 내렸다. 이에 대해서는 주(州)가 궁극적인 권한을 가지고 있음을 확인해 준 것이었다.

베이트(rebate)를 주는 등의 불공정 행위를 일삼았다. 불공정 행위를 통해 경쟁자를 제압하고 나면 다시 요금을 올려 이용자들의 부담을 높이기도 했다.

이에 대해 일리노이(Illinois)를 비롯한 일부 주(州)가 제동을 걸고 나섰다. 요금(rate)에 대해 직접적인 규제를 하기도 했다. 그러나 주(州) 단위의 이러한 조치가 제대로 작동할 리 없었다. 주(州)의 경계를 넘는 부분에 대해서는 시비가 일어날 수밖에 없었기 때문이었다. 여기에 연방대법원은 1866년 와바쉬(Wabash)와 태평양 철도회사(Pacific Railway Co.)가 일리노이(Illinois) 주(州)를 상대로 낸 소송(*Wabash, St. Louis, & Pacific Railway Co. v. Illinois*)에서 주(州)의 이러한 규제를 위헌으로 판결했다. '주간(州間)에 일어나는 경제활동(commerce)에 대해서는 연방이 배타적 권한을 가진다'는 내용이었다.

이듬해인 1887년 연방은 이 판결을 근거로 미국역사에 있어 연방차원의 첫 규제기구인 **주간(州間)교역위원회**(Interstate Commerce Commission, ICC)를 설립하고, 철도사업에 대한 규제를 시작했다. 그리고 3년 뒤인 1890년에는 독점방지를 위한 **셔먼 독점방지법**(Sherman Antitrust Act)을 제정했고, 1906년에는 식품과 의약품의 안전성을 확보하기 위한 식품의약품법(Food and Drug Act)을 제정하였다. 모두 기업활동과 경제활동에 대한 연방의 권한을 확대·강화하는 내용이었다. 향후 경제와 산업에 있어 연방이 어떠한 역할을 할 것인지를 짐작케 해주는 움직임들이었는데, 연방대법원도 연방의 권한, 특히 주간(州間)교역행위에 대한 규제권을 명시하고 있는 **통상조항**(commerce clause)'에 대한 폭넓은 해석을 통해 연방의 이러한 움직임을 정당화 해 주었다.[10]

■ 리베이트는 표시가격이나 공시가격을 지불한 구매자에게 일정 금액을 돌려주는 행위를 말한다. 19세기 미국의 경우 철도회사들의 이를 남용함으로써 큰 문제가 되었다. 부정과 부패의 바탕이 될 뿐만 아니라 돌려준 금액만큼 결국 이러한 관행의 적용을 받지 않은 구매자 내지는 소비자의 부담이 늘어났기 때문이다.

---

10) 예컨대 연방대법원은 1905년 포장육 회사인 스위프트(Swift)가 미국 정부를 상대로 제기한 '*Swift & Co. v. United State*' 소송에서 어느 특정 주(州)의 경계 내에서 생산·판매·소비되는 물품일지라도 생산에서 소비에 이르는 전 과정에서 주(州)의 경계를 넘게 되어 있으면 연방이 이를 규제할 수 있다고 결정함으로써 연방이 상품과 서비스의 생산과 소비에 폭넓게 관여할 수 있는 길을 열었다. 'commerce' 조항을 확대해석한 결정이자, 상행위와 경제활동의 과정을 단절적으로 보기보다는 일종의 '흐름(stream of commerce)'으로 보아 내린 결정인데, 후일 대공황(the Great Depression)을 극복하는 과정에서 연방이 제 역할을 할 수 있도록 하는 중요한 근거가 되었다.

2) 진보주의 운동과 연방권한의 확대

19세기 말과 20세기 초에 일어난 **진보주의 운동**(progressive movement)도 연방의 권한을 강화하는데 중요한 역할을 했다. 앞서도 설명하였지만 19세기 말에 들면서 미국은 많은 새로운 문제들을 경험하기 시작했다. 독점현상과 그에 따른 폐해가 나타나기 시작했고, 국민의 생명과 건강을 위협할 수 있는 새로운 소비제품들이 대거 생산·유통되기 시작했다. 소득격차도 커지고 있었고[11] 산업화에 따른 환경파괴도 점점 더 심각한 양상을 띠고 있었다. 그런가하면 뉴욕(New York)과 시카고(Chicago)를 비롯한 대도시에서는 특혜와 부조리를 매개로 하여 성립된 1인 '보스' 체제의 정당이 지방정치와 지방행정을 부패와 부정으로 물들이고 있었다.[12]

진보주의 운동은 이러한 문제에 대한 일종의 총체적 반격이었다. 중산층이 그 핵심이었으며, 개혁적 성향의 언론인과 지식인 그리고 정치인들이 앞장을 섰다. 이들은 선거권의 확대에서부터 지방정부의 개혁에 이르기까지 다양한 요구를 쏟아 내었다. 독점으로 인한 폐해의 방지와 국민의 생명과 안전을 지키는 것도 그 중요한 부분의 하나였다.

진보적 요구의 많은 부분이 연방의 권한강화로 이어졌다. 앞서 언급한 1890년의 셔먼 독점방지법이나 1906년의 식품의약품법도 이 같은 맥락에서 이루어졌으며, 그 외의 많은 법률들이 같은 맥락에서 제정·정비되었다. 몇 가지 예가 되겠지만, 1906년의 **육류검사법**(Meat Inspection Act)은 연방에 육류가공업체에 대한 검사권을 부여하였으며, 1914년의 **연방교역법**(Federal Trade Act)은 연방으로 하여금 연방교역위원회를 만들어 시장에서의 독점이나 불공정 행위 등을 조사할 수 있도록 했다. 하나하나 중요한 내용을 담고 있기도 했지만, 연방의 권한을 지속적으로 확대할 수 있는 논리적 기초와 전례를 마련했다는 점에서 더욱 중요한 의미를 지니는 법률들이었다.

---

11) 19세기 후반 들어 심화되기 시작한 소득격차는 1929년에 와서는 상위 1%가 국부의 40%를 점하는 상황에 이르렀다. 소득격차를 나타내는 지니계수(Gini Index)도 1910년에서 1910년대와 1920년대에는 0.6을 오르내렸으며 1920년대 말에 이르러서는 한때 0.7을 상회하기도 했다. Jeffrey M. Stonecash, "income gap," *Political Science and Politics* (July 2006), p.462 참조.

12) 소위 '머쉰 폴리틱스(machine politics)' 문제인데, 이 점은 다음 장(章)에서 다시 설명하기로 한다.

3) 소득세 제도의 도입과 연방권한의 확대

연방은 남북전쟁 당시를 비롯해 여러 차례 소득세를 제한적으로 거두었다. 그러나 그 때마다 심한 조세저항에 부딪쳐 제대로 운영을 하지 못했다. 1895년 이후에는 위헌성을 피하기 어렵다는 이유로 그나마 제한적으로 운영되는 것을 중단하기에 이르렀다. 그러나 진보주의 운동과 함께 연방의 역할이 강조되면서 이에 대한 논의가 다시 일어났다. 재정안정화가 이루어지지 않은 상태에서의 역할강화는 있을 수 없기 때문이었다. 결국 **소득세 제도** 도입을 위한 헌법 개정이 논의되고, 1913년에 이르러 연방은 **수정조항 제16조**(16th Amendment)를 통해 소득세를 부과할 수 있는 권한을 부여받는다.

소득세는 세원의 신장성이 크고 투명성이 높으며, 조세기술상 거두기가 용이하다는 특징을 지니고 있다. 시장경제가 발달할수록 그 비중이 커질 수밖에 없는 세목이기도 하다. 따라서 소득세를 연방이 과세할 수 있는 세목으로 했다는 것은 미국 연방제의 역사를 바꾸는 획기적인 일이 되었다. 연방은 토지매각과 관세 등에 의지해 오던 과거와 비교가 되지 않는 수준의 재정적 안정성을 갖추게 되었고, 이를 기반으로 그 역할을 크게 강화할 수 있게 되었기 때문이다.

■ 수정조항 16조에 의해 처음 소득세가 부과될 때의 소득세 세율은 3천불 이상의 소득을 올린 사람에 대해 1%를 부과하는 정도였다. 이것이 경제공황기에는 그 최고세율이 60%를 넘게 되고 제2차 세계대전 시기에는 90% 이상(2십만불 이상에 대해)에 이르게 된다. 1970년대에 와서야 70%대로 내려오고, 그 이후 50%, 40%, 심지어 1988년 이후에는 30% 이하로 내려오게 된다.

③ 연방제 확립기와 연방 권한 확대기의 특징: 이원적 연방제

앞서 설명한 기간, 즉 연방헌법이 통과된 이후 20세기 초반에 이르기까지의 기간을 흔히 **이원적 연방제**(dual federalism)의 시기로 부른다. '이원적'이라 함은 연방과 주(州)라는 두 단위의 정부가 별도의 영역에서 별도의 권한을 행사해 나갔다는 뜻이다. 즉 같은 일을 나누어 하거나, 기능적으로나 재정적으로 서로 의존하는 일이 없었다는 말이다. 그로진(Morton Grodzin)의 비유를 빌리자면 '**무지개 떡**(layer cake),' 즉 색이 다른 떡이 여러 개의 분리된 층을 이루는 형상이었다.

이 기간 동안에는 연방과 주(州) 사이의 권한과 기능을 둘러싼 논쟁도 이들 두 정부의 권한이 어디까지인가를 가리는 것이 중심이 되었다. 즉 연방의 권한과 관련하여 헌법이 규정하고 있는 '필요하고 적절한(necessary and proper)'이라 한 부분을 어떻게 해석할 것인가? 주(州)가 연방의 법률을 무효화시킬 수 있는 것인가? 철도요금에 대한 규제는 어느 정부의 권한인가? 등이었다. 특정 사업을 둘러 싼 기능적 협력관계나 재정적 의존관계 등에 대해서는 큰 논쟁이 없었다. 서로 떨어져 기능하고 있었기 때문이었다.

곧 이어 설명을 하겠지만 20세기에 들면서 이러한 이원적 연방제는 그 모습을 감추기 시작했다. 연방과 주(州)는 이원적으로 존재하는 것이 아니라 기능적으로, 또 재정적으로 상호 의존하는 관계로 발전한다. 다시 그로드진의 비유를 빌리자면 여러 색의 떡이 층을 이루지 않은 채 섞여 있는 '**대리석 떡**(marble cake)'에 가까운 형태가 된다. 아래에서는 그 새로운 모습을 보기로 한다.

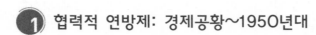

제 3 절   연방의 역할강화와 불균형 관계

① 협력적 연방제: 경제공황~1950년대

1920년, 미국 연방제에 있어 또 하나의 큰 변화가 있었다. 1902년까지 5~7개에 그치고 있던 연방 **보조금사업**(grants-in-aid)이 11개로 확대된 것이다.[13] 수가 늘어난 것도 중요하지만, 보조금사업에 대한 연방의 적극적 의지가 가시화되었다는 점에서, 또 소득세 제도의 도입으로 연방의 재정이 강화된 이후 일어난 일이라는 점에서 더 큰 의미를 갖는 변화였다. 즉 의지에 있어서나 재정의 안정성이라는 점에서 향후 지속적으로 확대될 소지가 있었다는 뜻이다.

보조금사업은 연방이 특정 사업과 관련하여 주(州)와 지방정부에 재정을

---

13) 보조금 사업은 국가연합체제 아래인 1785년 학교부지 확보를 위해 연방 토지를 제공하는 것으로 시작되었다. 그 역사가 연방제의 역사보다 오래 되었다고 할 수 있다. 그러나 1920년에 이르기까지는 일회성 사업의 형태로, 또 간헐적으로 시행되어 왔다. 자세한 역사는, Ben Canada, "Federal Grants to State and Local Governments: A Brief History," A Report for Congress (Washington, D.C.: Congressional Research Service, The Library of Congress), Feb. 19, 2003 참조.

지원해 주는 제도였다. 서로 분리되어 기능하던 연방과 주(州)를 사업(projects)과 돈으로 연결시키는 제도로 확대 도입되는 경우 이원적 연방제는 그 근간이 흔들리게 되어 있었다. 지원을 하는 연방이 지원을 받는 주(州)에 대해 우월적 지위를 누릴 수 있게 되는 바, 연방과 주(州)의 힘의 균형이 더욱 무너지게 되어 있기도 했다.

당연히 반대가 따랐다. 주(州)의 정책과 행정에 연방이 개입할 수 있게 한다는 점을 들어 위헌론이 제기되었고, 연방우위의 불균형적인 관계가 연방제 자체를 위기로 몰아넣을 것이라는 주장도 따랐다. 그러나 이러한 반대는 오래가지 않았다. 위헌논쟁은 1923년 연방대법원이 이를 합헌으로 인정함에 따라 종식되었고,[14] 불균형적 관계에 관한 주장 역시 연방의 적극적 역할을 필요로 하는 당시의 시대적 상황에 밀려 힘을 잃고 말았다.

이후 보조금 제도는 주(州)와 지방정부에 대한 연방의 중요한 수단으로 자리 잡게 되었으며, 미국의 연방제가 '**협력적 연방제**(Cooperative Federalism)' 또는 그 이후의 '**창조적 연방제**(Creative Federalism)'로 나아가게 하는 데 있어 가장 중요한 기반이 되었다.

보조금사업에 이어 경제공황도 연방의 역할강화에 큰 영향을 미쳤다. 1932년 들어선 루스벨트(Franklin Roosevelt) 행정부는 경제공황이 시장에서의 독점과 빈부격차 등에 의해 초래되었다고 보고, 연방이 이에 대해 적극적으로 개입해야 한다는 생각을 했다. 그리고 이러한 생각을 기초로 '뉴딜(New Deal)'이란 이름 아래 반 독점정책과 가격정책을 포함한 경제정책들과, 복지정책과 노동정책을 포함한 사회정책들을 내어 놓았다. 과거에는 정부, 특히 연방이 개입한다는 생각조차 하기 힘든 정책들이었다.

이 역시 강한 반대에 부딪쳤다. 일부 중요한 정책에 대해 연방대법원이 위헌판결을 내렸는가 하면, 의회 내의 분위기도 우호적이지 않았다. 정부 밖에서도 후일 '**올드 라이트**(Old Right)'라 불리는 집단을 비롯한 보수세력들이 조직적인 반대운동을 폈다.[15] 그러나 당시의 심각한 경제상황은 루스

---

14) 연방대법원은 1923년 *Massachusetts v. Mellon* 사건과 *Frothingham v. Mellon* 사건을 통해 보조금 사업에 대한 주(州)의 참여가 강제된 것이 아니라 자발적 결정에 의해 이루어진다는 점을 들어 합헌을 결정하였다. Laurence O'Toole Jr., 앞의 글, pp.9-11 참조.

15) '올드 라이트'는 일단의 정치인, 언론인, 학자 등으로 이루어졌는데, 이들은 자유시장경제 논리를 앞세워 뉴딜을 끝까지 반대했다. 후일 군출신의 반공주의자인 베리 골드워트(Barry Goldwater)가 중심이 된 보수주의 집단인 '**뉴 라이트**(New

벨트 행정부에 힘을 실어 주었고, 그 결과 이들 정책의 대부분이 실행에 옮겨질 수 있었다.[16] 경제와 산업, 그리고 노동과 복지 등에 있어 연방이 폭넓게 개입하게 된 것이다.[17]

그러나 이 시기에 있어 한 가지 유의할 점이 있다. 연방의 역할확대가 그 이전과는 다른 모습으로 전개되었다는 사실이다. 크게 두 가지를 지적할 수 있는데, 우선 연방의 역할확대가 주(州)의 역할을 축소시키지 않았다는 사실에 주목할 필요가 있다. 당시 이루어진 연방의 역할확대는 상당부분 연방만이 아닌, 공공부문의 전체의 역할 확대라는 차원에서 이루어졌다. 즉 시장실패에 대한 정부 또는 공공부문의 개입이 확대되면서 일어난 일이었다. 이 과정에서 주(州) 또한 공공부문의 주요 주체로 연방과 함께 그 역할을 키울 수 있었다.

둘째, 연방의 권한 및 역할 확대는 주(州)와의 협력적 관계가 강화되는 속에서 이루어졌다는 점이다. 즉 연방이 정책을 마련하면 주(州)와 지방정부가 이를 집행하고, 연방은 보조금 등의 형태로 필요한 재원을 지원하는 경우가 많았다. 연방이 다소 우월적 입장을 유지하게는 되지만 연방 역시 주(州)의 협력이 없이는 그 정책적 의지를 실현하기 힘든 체제였다. 이름 그대로 '협력적 연방제'인데, 앞서 설명한 바와 같이 보조금이 이러한 협력체제의 중요한 고리역할을 했다.

이러한 협력적 연방제는 루스벨트 행정부를 거쳐 아이젠하워(Dwight Eisenhower) 행정부 시대에도 그대로 이어졌다. 반대가 없었던 것은 아니었다. 연방의 권한이 계속 강화되어 가는데 대한 우려가 적지 않았다. 아이젠하워 대통령만 해도 협력적 연방제하에서 이루어지고 있는 연방과 주(州)

■ Eisenhower 시대의 정부 간관계위원회는 1953년에서 1955년까지 활동한 기구로 1959년 설립되어 1996년 까지 활동한 정부간관계자 문위원회(Advisory Committee on Intergovernmental

---

Right)'와 구분하기 위해 흔히 '올드 라이트'라 부른다. 이에 대해서는 Amy Elizabeth Ansell, *New Right, New Racism: Race and Reaction in the United States and Britain* (Macmillan Press Ltd., 1998), pp.74-81 참조.

16) 루스벨트 대통령은 연방의 권한 및 역할 확대가 수반될 수밖에 없는 개혁정책들을 추진하기 위해 국민들의 일반적 지지와 자신의 정치력을 발휘했다. 한 예로 연방대법원이 이러한 정책에 대해 줄곧 부정적인 입장을 보이자 대법관의 수를 9명에서 15명으로 늘이는 개헌을 제안하기도 하였다. 루스벨트 대통령의 이러한 강한 입장이 결국은 대법원의 태도를 바꾸는데 결정적인 역할을 하기도 했다.

17) 연방의 역할이 커지면서 연방행정부의 인력과 예산도 크게 늘어났다. 1929년에 53만명 정도이던 공무원은 1940년에 이르러 그 두 배인 100만이 되었다. 예산 또한 1930년에 30억 달러 정도이던 것이 1934년에는 65억 달러, 그리고 1939년에는 76억 달러가 되었다.

의 관계에 문제가 있다고 보았다. 그래서 **정부간관계위원회**(Commission on Intergovernmental Relations)를 설립하여 연방의 역할을 줄이고 연방과 주(州)의 관계를 보다 균형적으로 만들기 위한 방안을 모색하기도 했다.

Relations, ACIR)와 다르다. 이 점 주의할 필요가 있다.

또 다소 다른 맥락이긴 하지만, 1954년 연방대법원이 흑백분리(segregation) 학교를 위헌으로 결정하자 이를 반대하는 남부 여러 주(州)가 남북전쟁 이전의 반연방주의자들이 던졌던 질문과 비판을 다시 가져 나오기도 했다. 알칸사스(Arkansas) 주(州)는 대법원의 결정을 막기 위해 방위군까지 동원하는 극단적인 모습을 보이기도 했다.[18]

그러나 이러한 노력은 대부분 별 성과 없이 끝이 났다.[19] 경제공황과 제2차 세계대전의 경험, 인권문제와 환경문제 등을 포함한 진보적 가치에 대한 사회적 합의, 그리고 연방과 주간(州間)의 재정능력 차이 등이 연방의 역할 강화를 일종의 대세로 만들고 있었다. 특히 재정능력에 있어 연방과 주(州)의 차이는 쉽게 넘을 수 없는 벽이 되었다. 1950년대 전후 연방의 총 수입은 주(州)와 지방정부 전체의 수입을 모두 합한 액수의 3배에 달했다. 이후 그 차이가 다소 줄어들기는 했지만 21세기 초입의 오늘에 이르기까지 2배 정도를 유지하고 있다.[20] 힘의 균형을 유지하기가 힘든 상황이었다고 하겠다.

---

18) 1954년 연방대법원은 '**브라운 대 토페카 교육위원회**(*Brown v. Board of Education of Topeka*)' 사건을 통해 흑백분리 학교를 위헌으로 결정했다. 이에 알칸사스(Arkansas) 주(州)를 포함한 남부의 여러 주(州)가 '학교문제는 주(州)의 고유권한에 속한다'는 이유로 불복을 선언했고, 방위군을 동원하면서 까지 대법원의 결정이 집행되는 것을 막고자 했다. 이에 아이젠하워 행정부는 대법원 결정의 집행을 위해 알칸사스에 군(軍)을 파견하는 등의 강경조치를 취하기도 했다. Ben Keppel, *Brown v. Board and the Transformation of American Culture* (LSU Press, 2016); James T. Patterson, *Brown v. Board of Education: A Civil Rights Milestone and Its Troubled Legacy* (Oxford University Press, 2001).

19) 연방과 주간(州間)의 불균형적 관계의 핵심인 보조금만 해도 아이젠하워 대통령 임기동안 계속 늘어나 임기 마지막 해인 1960년에는 132개가 되었다. 보조금 예산도 24억불에서 68억불로 늘어났다. Advisory Commission on Intergovernmental Relations(ACIR), *The Federal Role in the Federal System: The Dynamics of Growth*, In Brief (Washington, D.C.: ACIR, Dec. 1980), pp.2-3.

20) Curl Tubbesing and Vic Miller, 'Our Fractured Fiscal System,' Kevin B. Smith, ed., *State and Local Government: 2007-2008 Edition* (Washington, D.C.: CQ Press, 2008), p.13.

② 창조적 연방제(Creative Federalism): 존슨 행정부

1) 사업별 보조금의 확대

1960년대 들면서, 특히 존슨(Lyndon Johnson) 행정부 이후 연방의 권한과 역할은 다시 한 번 강화되었다. 존슨 행정부는 '**위대한 사회**(Great Society)' 계획 아래 빈곤과 인권, 도시와 농촌개발, 범죄 등을 향한 대규모 사업들을 내어 놓았다. 그리고 이 사업들을 주(州)와 지방정부의 협조를 얻어 집행하고자 했다. 보조금 사업이 대거 늘어날 수밖에 없었는데, 임기 말인 1967년에는 그 수가 무려 400개 가까이 되었다. 그 대부분이 주(州)와 지방정부의 자율성을 제약하는 **사업별 보조금**(categorical grants)이었다.[21]

보조금을 주는 방식에도 큰 변화가 생겼다. 우선, 지방정부나 시민사회 단체에 직접 지원하는 방식이 크게 강화되었다. 때로 주(州)는 그 과정에서 아무런 역할을 하지 못했다. 지방정부나 시민사회 단체 입장에서는 주(州)보다 연방의회나 연방행정부의 입장을 더 살펴야하는 상황이 되었다.

둘째, 사업별 보조금을 대거 늘림으로써 보조금의 사용용도와 사용방식 등에 대한 제한을 강화하였다. 사업별 보조금을 받기 위해서는 개별 사업의 구체적인 부분에 있어서까지 연방의 정책의지를 충실히 따라야 했다. 이 사업에 관한한 주(州)와 지방정부는 연방의 일선기관에 가까운 역할을 하게 된 셈이었다.

그리고 셋째, 보조금을 받기 위해 주(州)나 지방정부가 부담해야 하는 **분담금**(matching fund)도 늘어났다. 분담금을 마련하기 위해 주(州)나 지방정부는 스스로 기획한 사업을 줄여야 했다. 결과적으로 연방이 주(州)와 지방정부의 정책우선순위 결정에 영향을 미치게 된 것이다.

2) 의무사무의 확대: 규제적 연방제

보조금 사업의 확대와 함께 주(州)와 지방정부에 새로운 **의무사무**를 부과하는 일도 많아졌다. 예컨대 아동복지에 관한 최소기준을 정한 후 주(州)

---

21) 지원금액도 존슨 대통령 재임기간 동안 101억불(1964년)에서 186억불(1968년)로 거의 두 배 증가하였다. 자세한 내용은 Ben Canada, 앞의 보고서 참조.

와 지방정부로 하여금 이를 지킬 것을 요구하는 것 등인데, 인권문제와 환경문제 등을 중심으로 그 수가 늘어갔다. 연방으로서는 재정 투입을 최소화하면서 주(州)와 지방정부를 원하는 방향으로 움직이게 할 수 있는 좋은 수단이었다.

주(州)와 지방정부로서는 연방의 이러한 조치가 불편할 수밖에 없었다. 그러나 연방 법률의 우월성이 인정되는 상황에서, 또 연방의 재정지원을 받아야 하는 입장에서 달리 이를 받아들이지 않을 수 없었다. 일부 학자는 이를 '**규제적 연방제**(regulatory federalism)' 혹은 '**강압적 연방제**(coercive federalism)'라 부르기도 하는데,[22] 주(州)와 지방정부는 연방이 정한 규제와 의무 그리고 기준 등을 지키고 따라가는데 있어 많은 재정적·행정적 비용을 부담해야 했다.[23]

한마디로 강한 중앙집권화의 바람이었다. 더 이상 연방제가 아니라는 주장이 나오기도 했고, 연방제가 아닌 '**정부간관계**(intergovernmental relations, IGR)'라는 차원에서 연방과 주(州) 그리고 지방정부의 관계를 보아야 한다는 주장이 설득을 얻어갔다. 연방이 주(州)와 지방정부를 일선기관에 가까운 형태로 활용하는 상태를 두고, 또 연방이 주(州)를 건너뛰어 지방정부나 지역사회와 직접 재정적·기능적 관계를 가지는 상태를 두고 '연방제'를 이야기할 수 있는가에 대한 의문이었다. 연방제라고 한다면 그야말로 새로운 형태의 '창조적 연방제'였다.

---

22) Chung-Lae Cho and Dell S. Wright, "The Devolution Revolution in Intergovernmental Relations in the 1990s: Changes in Cooperative and Coercive State-National Relations as Perceived by State Administrators," *Journal of Public Administration Research and Theory (On-line Journal)*, Oct. 1, 2004, pp.1-2.

23) 이에 대한 자세한 논의는 Advisory Commission on Intergovernmental Relations (ACIR), *Regulatory Federalism: Policy, Process, Impact and Reform*. In Brief (Washington D.C.: ACIR, Jun. 1984), pp.7-15 참조.

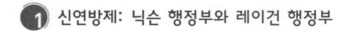

제**4**절 균형화를 위한 노력과 그 이후

① 신연방제: 닉슨 행정부와 레이건 행정부

1) 닉슨 행정부

1969년 들어선 닉슨(Richard Nixon) 행정부는 '**신연방제**(New Federalism)'라는 이름 아래 존슨 행정부에서 이루어진 일에 대해 일부 수정을 가했다. 특히 보조금사업에 문제가 있다고 보고 이를 개혁하는 데 큰 힘을 쏟았다. 주(州)와 지방정부의 재량권과 자율성을 제약하고 있는 **사업별 보조금**을 통합하여 **목적별 보조금**(block grants)로 전환하고자 했으며, 1972년에는 **일반교부금**(general revenue sharing, GRS) 제도를 마련하기도 했다. 목적별 보조금은 구체적인 사업 하나하나에 대해 보조금을 주는 사업별 보조금과 달리 어느 특정 정책분야에 대해 '덩어리'째 지원을 하는 제도로 연방의 간섭과 관여를 크게 줄일 수 있는 제도였다. 또 일반교부금은 목적별 보조금이 한 단계 더 나아간 형태로 연방이가 '끈(string),' 즉 간섭과 통제 없이 지원하는 자금이었다.

그러나 닉슨 행정부의 이러한 노력은 연방과 주(州)의 관계를 크게 변화시키지 못했다. 일반 교부금 제도를 만드는 등 부분적인 성과가 있었지만 그 외의 부분에 있어서는 소극적인 모습을 벗어나지 못했다. 의회의 반대를 뚫지 못한데다, 두 번째 임기에 들어와서는 워터게이트(Watergate) 사건으로 추진동력 자체를 상실했기 때문이었다.

뿐만 아니라 닉슨 행정부 자체의 의지에도 문제가 있었다. 그 스스로 연방의 권한과 역할강화에 대한 유혹을 벗어나지 못하고 있었다. 실제로 연방의 역할을 오히려 강화하는 정책을 적지 않게 내어놓기도 했는데, 가족복지 문제에 연방이 개입하도록 한 '가족지원사업(Family Assistance Plan, FAP)'은 그 좋은 예에 속한다. 전통적으로 가족복지 문제는 주(州)의 업무영역에 속했던 사업이었다.[24]

---

24) Timothy Conlan, *From New Federalism to Devolution: Twenty Five Years of*

2) 레이건 행정부

신연방제(New Federalism)의 이름 아래 연방의 권한을 보다 적극적으로 재조정하고자 한 것은 오히려 레이건(Ronald Reagan) 행정부였다. 레이건 행정부는 연방정부와 지방정부를 포함한 공공부문 전체의 역할과 기능을 줄여야 한다는 생각을 했고, 그 중에서도 특히 연방의 권한과 역할이 크게 줄어야 한다고 보았다.

자연히 출범과 동시에 주(州)와 지방정부에 대한 연방의 재정지원을 줄이기 시작했다. 닉슨 행정부의 핵심정책이었던 **일반교부금** 제도를 없애 버렸으며, **사업별 보조금**을 통합하여 목적별 보조금으로 전환하는 일을 적극적으로 추진하였다. 그 결과 139개의 사업별 보조금이 9개의 목적별 보조금으로 통합되었으며, 이를 통해 주(州)와 지방정부의 재량권과 자율권을 신장시켰다. 지원하는 예산의 규모도 25% 가까이 삭감하였다. 주(州)와 지방정부에 대한 지원 예산이 줄어든 것은 경제공황 이후 처음 있는 일이었다.[25]

크게 성공하지는 못했지만 앞서 설명한 '규제적 연방제,' 즉 의무사무가 늘어나는 것을 막기 위한 노력도 기울여졌다. 또 재정지원의 절차와 기준을 단순화하기도 했다. 연방에 의해 부과된 의무를 수행하고, 기준을 준수하는 것이 특정 사업에 대한 재정지원의 조건이 되지 않도록 하기 위해서였다.

아울러 연방과 주(州)의 기능을 재조정하는 계획을 세우기도 했다. 소비세(excise tax) 재원의 일부를 주(州)로 이양하는 것을 전제로, 또 저소득층에 대한 의료지원(Medicaid)을 전적으로 연방이 맡는 것을 전제로, 아동복지와 저소득층에 대한 식량보조(food stamp) 등의 복지업무를 주(州)로 넘기고자 했다. 연방과 주(州) 사이의 권한과 책임, 그리고 그 재정적 기반을 재조정하고자 한 것이다.

이 기능 재조정 계획은 의회와 이해관계 세력의 반대로 추진되지 못했다. 만일 시행되었더라면 연방은 복지업무 대부분에 있어 손을 떼게 되어 있었다. 연방제의 모습을 경제공황 이전의 상태로 다시 돌려놓을 수도 있

■ Reagan은 미국 보수주의의 상징적 인물로 주(州)의 권리를 강화해야 한다는 확신을 가지고 있었고, 연방정부의 지출과 재정적 역할을 줄여야 하며 기업우선의 정책을 펴야한다는 생각을 가지고 있었다. 이러한 생각을 담은 그의 1982년 'Sate of Union Address'는 정치와 정책에 대한 입장을 떠나 한 번쯤 관심을 가져도 좋을 연설이다. 보수집단이 그를 높이 평가하는 반면, 진보집단은 그의 이러한 보수적 특성이 2008년의 미국 경제의 침체와 금융위기로까지 이어지게 되었다고 주장하기도 한다.

Intergovernmental Reform (Washington, D.C.: Brookings Institution Press, 1998), pp.77-78.

25) 위의 책, p.142.

는 과감한 내용의 분권화 개혁이었다.[26] 과감한 내용을 담고 있었던 만큼 실천에 옮기기도 그만큼 더 어려웠다.

② 1990년대 이후의 동향

1989년 레이건 행정부의 임기가 종료된 이후, 연방의 권한과 역할을 축소 조정하고자 하는 작업은 탄력을 잃었다. 문제의식도 있고, 일련의 정책적 시도들이 있기는 하였으나 레이건 행정부와 같은 적극성을 지니지는 않았다.

우선 행정부의 경우, 레이건 행정부에 이어 들어선 부시(George W. Bush) 행정부는 연방의 권한과 역할에 관한 특별한 정책들이나 조치들을 내어 놓지 못했다. 사업별 보조금 몇 개를 목적별 보조금으로 통합 하는 수준이었다.

그리고 그 뒤의 클린턴(Bill Clinton) 행정부도 이 문제를 정책적 우선순위에 올려놓지 않았다. 행정의 합리성과 경쟁력을 높이기 위한 노력의 하나로 주(州)정부와 지방정부 그리고 민간부문에 대한 연방정부의 불합리한 규제에 관심을 두는 정도였다.

2001년 출범한 또 다른 부시(George W. H. Bush) 행정부 역시 이 문제를 국가적 의제로 다루지 않았다. 이 기간 동안 연방제나 정부간관계 문제는 대 이라크(Iraq) 전쟁 등 외교안보 문제와 서브프라임(sub-prime) 사태와 같은 경제문제에 밀려 큰 사회적 관심을 얻지도 못했다.

2009년 출범한 오바마(Barack Obama) 행정부는 그 앞의 부시 행정부와 달리 의료 사회복지 교육 그리고 동성애 문제를 포함한 인권문제 등 주(州)정부의 협조 없이는 효과적으로 처리할 수 없는 문제에 큰 관심을 두었다. 자연히 주(州)정부와의 협력적 관계를 중시하였고, 오바마대통령은 취임과 동시에 이러한 협력적 관계의 정립을 강조하고 나섰다.[27] 그러나 연방정부가 이러한 문제들에 대해 적극성을 띠면 띨수록, 또 그 결과 더

---

26) Laurence J. O'Toole Jr., 앞의 글, pp.22-23.
27) Daniel C. Vock, "How Obama Changed the Relationship Between Washington, the States and the Cities," *Governing* (June, 2016). accessed June 12, 2020. https://www.governing.com/topics/politics/gov-obama-federalism.html.

많은 보조금을 투입하면 할수록 불편을 느끼는 주(州)정부도 늘어갔다. 보조금에 따라 붙는 '끈(string),' 즉 연방정부의 주(州)정부에 대한 통제와 규제 때문이었다.

오바마 행정부에서 나타난 연방과 주(州) 간의 불편 또는 긴장은 트럼프(Donald Trump) 행정부가 들어선 이후에도 계속되었다. 불법이민자 처리문제나 환경규제 문제 그리고 코로나 19에 따른 규제문제 등을 둘러싸고 벌어진 트럼프 행정부와 주(州)정부의 대립은 그 좋은 예이다.[28] 주(州)정부의 권한을 키우는 것이 아니라 오히려 연방정부의 규제 및 감독의 강화가 시도되었고, 이러한 시도가 다시 연방정부와 주(州)정부 사이의 긴장을 유발하곤 했다.

연방의회의 경우 주(州)정부 권한강화를 위한 적극적인 모습이 보이기도 했다. 1995년 공화당 주도로 '**예산지원 없는 의무사무의 개혁을 위한 법률**(Unfunded Mandate Reform Act, UMRA)'를 통과시킨 것은 그 좋은 예이다. 이는 앞서 설명한 '규제적 연방제'에 대한 개혁조치로 연방제 역사에 있어 또 하나의 중요한 의미를 지니는 일이었다.[29] 존슨 행정부 이후 연방은 과다지출로 인한 재정적 어려움 속에서 이러한 의무사무를 계속 늘려왔고, 이를 통해 주(州)와 지방정부, 그리고 민간부문에 재정적 부담을 전가해 왔다. 주(州)와 지방정부의 불만이 높을 수밖에 없었는데, UMRA의 통과는 이에 대한 연방의회의 응답이었다.[30]

---

28) 불법이민 문제에 있어서는 트럼프 행정부는 불법이민을 일체 허용하지 않는 입장을 취하고 있는 반면 캘리포니아 주(州)정부 등은 이들을 보호하는 입장을 취하고 있으며, 환경규제에 있어서는 트럼프 행정부가 '파리 기후협정(Paris Climate Agreement)을 존중하지 않는 입장임에 반해 많은 주정부들은 이를 준수하는 입장을 취하고 있다. 또 코로나 문제에 있어서도 트럼프 행정부는 영업규제를 되도록 빨리 풀기를 원하고 있으나 뉴욕주 등은 이를 반대하고 있다. Richard Omoniyi-Shoyoola, 'On Federalism in the Trump Era,' *The Gate* (Aug. 27, 2017). accessed June 25, 2020. http://uchicagogate.com/articles/2017/8/27/on-federalism-in-the-trump-era/.

29) 이 법은 주(州)와 지방정부에 5천만불 이상의 부담을 지울 수 있다고 판단되는 경우, 그리고 민간부문에 1억불 이상의 부담을 지울 가능성이 있다고 판단되는 경우, **의회예산처**(Congressional Budget Office)로 하여금 이에 대한 보고서를 작성하게 하고, 하원과 상원의 해당 위원회로 하여금 이에 상응하는 지원금을 어떻게 확보할 것인가를 설명하도록 하는 내용 등을 담고 있다. 일종의 규제 영향분석이라 할 수 있다. Stacy Anderson and Russell Constantine, *Unfunded Mandates*, Harvard Law School Federal Budget Policy Seminar Briefing Paper No. 7 (May 3, 2005), pp.7-8 참조.

그러나 문제는 이 법도 의무사무의 수를 크게 줄이지 못했다는 점이다. 아동교육에 있어 주(州)와 지방정부에 재정의 일부를 부담케 한 2000년의 '**아동보호법**(No Child Left Behind)'과 같이 이 법이 통과된 뒤로도 주(州)와 지방정부의 재정이 소요될 수밖에 없는 의무사무들을 계속 만들어 내었다.

주(州)의 권한강화나 권리회복에 있어서는 사법부인 연방대법원이 행정부와 의회에 비해 보다 적극적이었다고 할 수 있다. 예컨대 1992년 **뉴욕 대 미합중국**(New York v. United States) 사건에서는 연방이 주(州)에 저준위 방사능 폐기물 처리장 설치를 강제할 권리가 없다는 이유로 1985년의 '**저준위 방사선 폐기물 정책 개정법률**(Low Level Radioactive Waste Policy Amendments Act)'에 대해 위헌결정을 내렸다. 1998년의 '**세미놀족(族) 대 플로리다**(*Seminole Tribe of Florida v. Florida*)' 사건에서는 인디언 보호를 위해 주(州)로 하여금 인디언 구역 내에 도박장 설치를 도와주도록 한 연방 법률(Indian Gaming Regulatory Act of 1988)을 위헌으로 결정하였다.

또 1995년의 **미합중국 대 로페스**(United States v. Lopez) 사건에서도 **학교 내에서의 총기소유를 금지한 연방 법률**(Gun Free School Zones Act of 1990)을 연방이 이를 규제할 권한이 없다는 이유로 위헌으로 결정하였다. 이 결정은 많은 연방규제가 근거하고 있는 헌법의 주(州)간 교역활동 규제조항, 즉 '**통상조항**(commerce clause)'을 좁게 해석하였다는 점에서 큰 논란이 되었다.

사실 한동안 연방은 이 조항을 확대해석하는 경향이 있었다. 연방의 학교 내 총기규제를 예로 들면, 학교 내에서 총기를 소유하는 행위는 지역치안을 불안하게 하고 학생들의 학업성적을 떨어뜨릴 수 있고, 이는 다시 주간(州間)의 교역활동이나 다른 주(州)의 산업·경제 인력수급에 나쁜 영향을 미칠 수 있는 바, 그래서 연방이 개입할 수 있다는 논리였다. 폭넓은 해석이라 할 수 있는데, 로페스 사건에 대한 대법원의 결정은 '통상조항'을 이렇게 넓게 해석하는 경향에 제동을 건 것이었다.

그러나 대법원 역시 연방의 권한과 역할을 인정하고, 또 강화하는 결정들을 동시에 내어 놓았다. 2005년 있었던 **곤잘레스 대 라이크**(*Gonzales v.*

---

30) 미국 공화당은 1994년 연방의회선거에서 '**미국과의 계약**(Contract with America)'라는 이름 아래 반드시 실천할 100개의 정책과제를 내어 놓았다. 의무사무에 대한 규제완화는 그 중 하나였고, 선거 후 40년 만에 의회에서의 다수를 차지한 공화당은 공약실천 차원에서 이 법을 주도적으로 통과시켰다.

Raich) 사건은 그 대표적인 예이다. 당시 캘리포니아(California)를 비롯한 여러 주(州)는 의료목적의 마리화나(marijuana, cannabis) 사용을 제한적으로 허용하고 있었고, 피고인 **라이크와 몬손**(Monson)은 이에 의거하여 치료목적의 마리화나를 재배·사용하고 있었다. 그러나 연방은 이를 연방 법률인 위해물질 관리법(Controlled Substance Act)으로 단속하였고, 이로 인해 연방과 주(州)의 법적 권한을 둘러싼 분쟁이 생기게 되었다.

결과는 연방의 승리였다. 대법원은, 비록 특정 주(州)에서 생산되어 그 주(州) 내에서만 사용된다 하더라도 다른 주(州)의 마리화나 시장에 영향을 줄 수 있으므로 연방의 마리화나 사용규제는 정당하다는 결론을 내렸다. 로페스 사건에서와 달리 헌법의 주(州)간 경제활동 규제조항, 즉 '**통상조항**(commerce clause)'을 다시 한 번 넓게 해석한 것이다. 이로써 연방과 주간(州間)의 관계에 관한 대법원의 입장은 다시 쉽게 짐작할 수 없게 되었다. 1990년 이후의 연방과 주(州)의 관계에 관한 일반적 경향을 대변하는 모습이기도 하다.

③ 연방제와 정부간관계의 큰 흐름

제헌의회에서부터 21세기인 오늘에 이르기까지 미국에서는 주(州)의 역할과 권한을 유지·강화하고자 하는 노력이 끊임없이 진행되었다. 건국공신인 제퍼슨에서부터 칼훈을 거쳐 레이건에 이르기까지의 수많은 지도자들이 이를 위해 노력하였고, 심지어 이로 인해 남북전쟁이라는 내전까지 치르기도 하였다. 이유와 배경도 다양했다. 권력집중에 의한 전제(專制)를 막기 위해서라 하기도 했고, 지역의 산업과 이익을 보호하기 위해서라 하기도 했다. 또 때로는 보다 합리적인 국가운영 체계를 구축한다는 목적을 지니기도 했다.

그러나 이러한 노력에도 불구하고 미국의 연방제 역사는 연방의 권한과 역할이 지속적으로 강화되는 역사였다. 제헌의회에서는 연방주의자들의 의견이 받아들여졌고, 남북전쟁도 연방주의자들의 승리였다. 경제공황은 연방의 권한과 역할을 키우는 결정적 계기가 되었고, 20세기 전후와 1960년대에 나타난 진보운동과 제2차 세계대전 또한 연방의 권한과 역할강화에 큰 힘을 보탰다.

특히 경제공황 이후에는 연방 중심의 국가운영 체계가 확고히 자리 잡았고, 그 이후 이러한 체제는 거의 흔들리지 않는 모습을 보여 왔다. '협력적 연방제' 또는 '창조적 연방제'라는 이름 아래 연방이 주(州)와 지방정부의 정책과정에 깊숙이 침투했고, '규제적 연방제'라 부를 정도로 연방이 설정한 기준과 의무가 주(州)와 지방정부의 자치권을 제약해 왔다. 연방제라는 말 앞에 적절한 수식어를 붙이지 않으면 설명이 잘 되지 않는 상황이 되어 온 것이다. 아예 '정부간관계'라는 말이 연방제라는 말을 대체하는 경향도 있어 왔다.

최근에도 연방의 권한과 역할이 강화되는 경향에 제동을 가하는 노력이 있었다. 아이젠하워 행정부와 닉슨 행정부의 노력이 있었고, 레이건 행정부의 과감한 조치들이 있었다. 그러나 이들의 성공은 매우 제한적이었다. 주(州)와 지방정부의 연방에 대한 재정적 의존은 여전히 커졌고, 규제적 연방제의 모습도 큰 변화가 없었다. 가장 과감한 조치를 실행에 옮겼던 레이건 행정부 역시 이 점에 있어 예외가 되지 못했다.

흔히 닉슨과 레이건 행정부 시대를 '지방분권' 또는 '신지방분권'의 시기로 이해한다. 그러나 실제로 일어난 분권화의 정도로 보았을 때 이러한 이름이 적합한지 의문이다. 분권화를 시도한 것은 사실이나 그 결과는 그러한 명칭을 부여받을 만큼 크지 못했다. 연방의 권한과 역할이 커지는 경향에 잠시 제동이 걸렸을 뿐 지속적인 변화를 이끌어 내지는 못했다.

향후 어떻게 될 것인가? 예측이 쉽지 않다. '이원적 연방제'와 같은 고전적 형태로 돌아가지 않을 것은 확실하다. 지금까지의 경향, 즉 정부간관계라는 말이 더욱 어울리는 형태로 나아가게 될 것이란 예상이 있기도 하다. 그러나 확신을 가지고 이야기할 수는 없다. 세계화나 연방의 재정적자 등과 같이 주(州)와 지방정부의 권한과 역할 강화를 요구하는 환경이 조성되고 있는 반면, 전쟁과 경제적 어려움 등을 통해서 형성된 국가주의적 관념 또한 만만치가 않다. 게다가 연방의 권한과 역할 하나하나에, 심지어는 연방이 지원하는 보조금 하나하나에도 이해관계가 붙어 있고 정치사회적 영향력이 큰 고객집단(clients)이 존재하고 있다. 어느 쪽으로든 급격한 변화가 쉽지 않다는 뜻이다.

제3장

미국 지방정부와 지방자치의 역사

제1절 식민지 시대의 지방자치와 지방정부

1 타운 자치정부의 발달

식민지 시대의 미국을 일반화하여 설명하기는 어렵다. 지역사회의 구성에서부터 정부운영의 형태에 이르기까지 식민지에 따라 다양한 모습을 보였기 때문이다. 식민정부의 성격만 하더라도 북(北) 캐롤라이나(North Carolina)와 같이 국왕이 직접 지배하는 형식의 '직할 식민지(Crown Colony)'가 있었는가 하면, 버지니아(Virginia)와 같이 특정 투자회사나 투기 자본이 국왕으로부터 특허장 형태의 **헌장**(charter)을 부여받아 지배권을 행사하는 '특별허가 식민지(Chartered Colony)'도 있었다. 펜실베니아(Pennsylvania)와 같은 경우는 소위 '대지주 식민지(Proprietary Colony)'로 **윌리엄 펜**(William Penn) 개인에게 식민지 지배권이 부여되기도 했다(사잇글 2-2).

지역공동체의 형성과 그 운영도 다양한 모습을 보였다. 북동부의 **뉴잉글랜드**(New England) 지역에서는[1] 자유농민을 주축으로 한 청교도(puritan)들

---

1) New England는 일반적으로 Connecticut, Massachusetts, Rhode Island, Vermont,

■ 조합교회(congregational church)는 개별 교회 또는 신도회의 독립성과 자치권에 바탕을 두고 있다. 중앙집권적 구조 속에서 운영되던 유럽의 전통교회들과는 이 점에 있어 큰 차이를 보였다.

이 조합교회주의 교회(congregational church)를 설립하고, 이를 중심으로 지역사회를 자율적으로 운영하는 모습을 보였다. 반면, 버지니아(Virginia) 남쪽 지역에서는 방대한 토지와 노예노동을 바탕으로 한 대규모 농장들이 들어섰으며 이들 농장의 소유자들이 식민지 정치의 중심을 이루었다. 주민중심의 자율적 지역공동체가 자랄 수 있는 환경이 아니었다는 뜻이다.

이와 같은 다양성 속에 지방정치와 지방행정 또한 서로 다른 모습을 보였다. 버지니아를 비롯한 남부지역은 식민정부 그 자체가 중심이 되거나 식민지의 하위 행정체제인 **카운티**(county)가 그 중심이 된 반면, 뉴잉글랜드 지역은 지역주민의 기초 생활공동체인 **타운**(township)이 중심이 되었다. 또 펜실베니아를 비롯한 중동부 지역에서는 이 두 형태가 뒤섞인 형태, 예컨대 카운티 아래 타운이 병존하며 적절히 기능하는 현상이 나타나기도 했다.[2]

지방자치는 자연히 뉴잉글랜드 지역의 타운으로부터 발달하기 시작했다. 이 지역 주민들은 자율적으로 '타운(town)'을 형성했다. 그리고 주민총회라 할 수 있는 **타운미팅**(town meeting)과 주민의 대표기구인 **행정위원회**(Board of Selectmen)를 통해 도로를 놓고 기초교육을 위한 학교를 설립·운영하고, 또 이에 필요한 재정을 확보하는 일 등을 처리했다.[3] 행정위원회의 위원(selectman)은 대개 1년 임기로 일정 수준 이상의 재산을 가진 남자 주민들에 의해 선출되었으며, 이들 중 선임으로 선출된 제1 행정위원(the first selectman)이 행정위원회와 타운을 대표했다.

이들 타운은 대부분 주민들에 의해 만들어진 그대로의 순수한 비법정(非法定) 자치체(proto-town, unincorporated town)로 운영이 되었다. 그러나 일부는 식민정부의 총독(governor)이나 식민지에 대한 지배권을 가진 대지주(proprietor)로부터 국왕 명의의 **헌장**(charter)을 받아 법인격을 갖춘 법정 지방정부(chartered town, incorporated town)가 되기도 하였다.[4]

New Hampshire, Maine 등의 북동부 6개 주(州) 지역을 말한다.

2) "History of County Government," a document created by National Association of Counties, loaded 2012. accessed June 10, 2020. http://www.nvnaco.org/wp-content/uploads/History-and-Overview-of-County-Government-n-the-U.S.-NACo.pdf.

3) 'Colonial Period,' Freetown Historic Districts Database, Freetown, Massachusettes (2008. 7. 31), http://www.assonetriver.com/preservation/dist_period.asp?P=COL. accessed June 10, 2020.

4) 'Chartered town'은 1630년대 이후부터 나타나기 시작한다. 예) Massachusetts 주

사잇글 2-2: 윌리엄 펜(William Penn)과 펜실베니아(Pennsylvania)

William Penn은 해군 제독의 아들로 태어나 옥스퍼드(Oxford)를 졸업한 귀족이자 엘리트였다. 그러나 스스로 퀘이커(Quaker) 교도가 되고 종교의 자유와 정의의 문제에 관심을 가지면서 드라마틱한 인생을 살게 된다. 가톨릭과 프로테스탄트 모두에 대해 신랄한 비판을 서슴지 않았고, 이로 인해 여러 차례 옥고와 재판을 치르기도 했다.

아버지가 사망하자 William Penn은 막대한 유산을 물려받게 도고, 그는 이 유산으로 아메리카 신대륙에 종교의 자유가 보장되는 가운데 퀘이커 교도를 포함한 모든 사람들이 양심에 따라 자유롭게 살아갈 수 있는 땅을 확보하겠다는 생각을 하게 된다. 이러한 생각에 당시의 국왕인 찰스 2세(Charles Ⅱ)가 화답을 했다. 뉴욕(New York)과 뉴저지(New Jersey)의 남쪽과 메릴랜드(Maryland)의 북쪽에 위치한 엄청난 면적의 토지에 대한 소유권과 지배권을 William Penn에게 부여한 것이다. 국왕이 William Penn의 아버지에게 진 빚(1만6천 파운드)을 무효화하는 등의 조건이었다.

1682년 William Penn은 그의 땅 Pennsylvania에 도착했다. 그리고 그와 정부의 권력을 제어하는 내용의 헌법을 만들었다. 헌법에는 자유의 정신이 숨 쉬는 땅, 신 앞에 누구나 평등한 땅, 그래서 남녀가 차별되지 않고 종교와 인종으로 차별받지 않는 땅, 국가권력이 시민을 지배하지 않는 땅을 만들고자한 그의 노력과 정신이 반영되었다. 실제로 평화주의자인 그는 다른 정치세력들이 인디언을 제압해 나갈 때도 그는 비무장으로 인디언을 찾아가 평화적 협상을 통해 토지를 구입하곤 하였다.

■ William Penn은 그의 땅의 이름을 '나무의 숲'이라는 뜻의 'Sylvania'로 지으려 했다. 그러나 국왕인 Charles Ⅱ는 여기에 William Penn의 아버지를 기리는 뜻에서 Penn을 덧붙여 Pennsylvania로 부르게 했다.

2년 뒤인 1684년 William Penn은 다시 영국으로 돌아갔다. 여기서 그는 또 여러 가지 분쟁과 정치적 사건에 휘말렸다. 그리고 15년이 지난 1699년 다시 Pennsylvania에 돌아왔으나 2년 뒤 다시 영국으로 돌아갔다. 그리고는 병고와 재정적 문제에 시달렸다. Pennsylvania 경영에 든 비용과 여러 차례 당한 사기와 횡령, 그리고 아들이 진 빚이 큰 부담이 되었다. 급기야 Pennsylvania를 국왕에게 다시 팔고자 시도하기도 했다.

1718년 William Penn은 재정적 어려움을 겪는 중에 죽음을 맞았다. 그가 죽은 이후에도 자유와 평등에 관한 그의 정신은 많은 사람들에게 깊은 인상을 남겼다. 벤자민 프랭클린(Benjamin Franklin)과 토마스 페인(Thomas Paine)과 같은 건국의 지도자들에 의해 흠모되었고, 미국 헌법정신의 기초를 이루기도 했다. 자유와 평등에 관한 그의 정신은 또 필라델피아(Philadelphia)를 세상의 모든 것과 모든 사람이 함께 할 수 있는 자유와 다양성의 도시로 만들기도 했다. 그는 지금도 미국인이 아닌 '위대한 미국인'으로 추앙받고 있다.[5]

(州)의 Mablehead 타운은 1639년, Rhode Island 주(州)의 New Shoreham 타운은 1672년, 각각 'chartered town'으로 법인격(incorporated)을 갖추었다. 각 타운의 홈페이지 참조.

5) Jim Powell, "William Penn, America's First Great Champion for Liberty and

② 도시 자치정부의 발달과 내부구성

1) 도시 자치정부의 발달

뉴잉글랜드 지역과 함께 중부 지역에서도 지방자치가 이루어졌다. 먼저, 일부지역에서 카운티 자치가 이루어졌다. 펜실베니아 식민지와 뉴욕 식민지 지역이 이에 해당되었는데, 이들 지역에서는 식민정부가 그 하위 행정단위인 카운티 정부의 구성을 주민들에게 맡겼다. 즉 카운티 정부의 운영주체인 '커미셔너들(commissioners)'을 주민들로 하여금 선출하게 하였다. 투표권이 제한된 상태이기는 했지만 지방정부의 민주적 구성이라는 점에서 적지 않은 의미를 지니는 일이었다.

더욱 중요한 현상은 도시지역에서 일어났다. 영국의 도시들이 국왕으로부터 헌장을 받아 자치를 행했듯이 미국의 일부 도시들 또한 이러한 헌장을 통해 자치정부를 수립했다. 뉴욕이 1686년, 필라델피아가 1691년에 각각 헌장(charter)을 받았고, 이어 작은 도시들이 그 뒤를 따랐다. 독립이 될 때까지 20개 가까운 도시가 헌장을 받았다.

이 시기에 발행된 헌장은 단순히 자치권을 지닌 자치정부의 수립만을 규정하는 것이 아니었다. 영국에서의 경우와 같이 토지나 교역에 관한 특권까지 부여하는 경우가 많았으며, 때로는 특정 상품에 대한 독점권까지 부여하기도 했다. 예컨대 뉴욕의 경우 모피교역에 대한 부분적 독점권과 페리(ferry) 서비스에 대한 독점권을 부여 하였으며, 맨하탄(Manhattan) 지역에 부두와 선창을 설치·운영할 수 있는 권한도 부여했다. 이러한 특권을 부여하는 대가로 식민정부나 식민지에 대한 지배권을 가진 대지주(proprietor)는 헌장을 요청하는 도시로부터 돈을 받기도 했다.[6]

헌장을 통해 법적 정당성과 법인격을 확보한 도시정부는 부여받은 권한의 범위 내에서 자치를 행했다. 시 소유의 토지와 기초교육시설을 관리하

Peace," The Religious Society of Friends(Quaker Homepage). accessed June 30, 2020. http://www.quaker.org/wmpenn.html 등 참조.

6) Hendrik Hartog, *Public Property and Private Power: The Corporation of the City of New York in American Law, 1730-1870* (Chapel Hill: University of North Carolina Press, 1983), pp.11-20.

고 축제를 운영하는 일, 시장(市場)을 관리하는 일, 빵이나 고기 같은 생활
필수품의 가격과 질을 통제하는 일, 그리고 치안을 유지하는 일 등이 이들
이 보편적으로 하는 일이었다. 지방세 제도가 완전하게 자리 잡지 못하고
있는 상황이라 이에 필요한 재정은 상당부분 앞서 예시한 특권의 행사나
축제 또는 장터(fair) 등의 운영을 통해 확보하였다.

2) 도시 지방정부의 내부구성

도시정부는 의회와 의원 중심으로 운영이 되었다. 시장(市長, mayor)이
있었으나 회의를 주재하고 도시정부를 대표하는 등의 의례적인 기능을 수
행했다. 의원은 '**카운슬러**(councilor)'나 '**앨더맨**(alderman)' 등으로 불렸다.[7]
오늘에 와서는 기능상 큰 차이가 나지 않지만 당시에는 호칭에 따라 그 기
능이 상당히 다르기도 했다. 예컨대 앨더맨은 통상 간단한 민·형사사건을
처리하는 등의 사법적 기능까지 수행하는 자리로 통했다. 그래서 하나의
시의회에 카운슬러와 앨더맨이 같이 있는 경우가 많았다.[8]

이들 의원은 대부분 투표권을 가진 주민들에 의해 선출되었다.[9] 필라델
피아와 같이 의원직을 종신직으로 운영하여 주민의 피선거권과 선거권을
제약하는 경우가 없지는 않았다.[10] 그러나 대부분의 도시정부에 있어 의원
은 주민에 의해 선출되었다. 재산정도와 납세 실적 등을 기준으로 투표권
을 제한하고 있기는 했지만 기본적으로 자치정부로서의 성격을 지니고 있
었다고 말 할 수 있다.

시의원과 달리 시장(市長)은 임명의 형태를 취하는 경우가 많았다. 뉴욕
시가 대표적인 경우가 되겠는데 시장은 총독이 식민정부 의회의 자문을 거

---

7) Charles R. Adrian, "Forms of Local Government in American History," Roger L.
Kemp, ed., *Forms of Local Government: A Handbook on City, County and Re-
gional Options* (Jefferson, North Carolina: McFarland & Company, Inc., Publishers,
2007), p.52.

8) "alderman." *Encyclopedia Britannica*. 2008. Encyclopedia Britannica Online. ac-
cessed June 13, 2020. http://www.britannica.com/EBchecked/topic/13580/alderman.

9) 일부 식민지 지역의 경우 재산과 납세실적, 그리고 자유민으로서의 신분에 더해
종교를 투표권 부여의 기준으로 삼기도 했다. 예컨대 메릴랜드(Maryland)의 경
우 카톨릭 신자(Catholics)와 유태인(Jewish)에게는 투표권을 부여하지 않았다.
'History of Baltimore City Council,' Baltimore City Council Homepage. accessed
June 20, 2020. http://www.baltimorecitycouncil.com/history.htm

10) Charles R. Adrian, 앞의 글, p.53.

처 임명하였다. 대부분의 경우 경제적으로 부유한 상인들이 1년 임기로 임명되었다. 필라델피아(Philadelphia)의 경우는 다소 예외적이었다. 초기에는 다른 도시정부와 같이 펜실베니아의 지배권을 가진 윌리엄 펜이 임명했다. 그러나 1703년부터는 의회에서 의원들 중 1인을 선출하는 방식을 취했다.

사잇글 2-3: 시장이 싫은 사람들

1704년 필라델피아 시의원(alderman)이었던 존스(Griffith Jones)씨는 동료의원들로부터 시장을 해 보라는 권유를 받았다. 끝까지 고사를 했으나 본인의 의사와 관계없이 시의회는 그를 시장으로 선출했다. 그러나 그는 이를 끝까지 수용하지 않았고, 결국 시장을 하지 않는 '죄(?)'로 20파운드의 벌금을 물었다.

2년 뒤인 1706년에 똑같은 일이 벌어졌다. 이번에는 스토리(Thomas Story)라는 이름의 시의원. 시의회가 그를 시장으로 선출히자 '시장을 하느니 차라리 벌금을 내겠다'며 20파운드의 벌금을 냈다.

그 뒤로도 이런 일은 계속되었다. 1717년과 1722년에는 이 사람 저 사람 모두 시장을 하지 않겠다고 고사를 하는 바람에 시의회가 일대 혼란에 빠졌고, 1745년에는 억지로 당선시킨 테일러(Abraham Taylor)라는 시의원이 30파운드의 벌금을 내고 '고사'를 했다. 할 수 없이 시의회는 다시 터너(Joseph Turner)라는 시의원을 강제로(?) 당선시켰는데, 그 역시 차라리 벌금을 내겠다며 30파운드의 벌금을 내고 말았다.

혹시 급여라도 주면 나아질까 하여 1747년에는 그동안 무보수였던 시장의 급여를 연봉 100파운드로 정했다. 그리고는 모리스(Anthony Morris)라는 시의원을 본인 의사와 관계없이 당선시켰다. 그러나 모리스 시의원은 당선 사실을 통보받지 않기 위해 몰래 인근 지역으로 몸을 피했고, 결국 일정기간 내에 통보와 승낙이 이루어지지 않아 선거 자체가 무효가 되어 버렸다. 시의회는 할 수 없이 시장을 그만두는 꿈에 부풀어 있던 현직 시장을 다시 당선시켜 연임시킬 수밖에 없었다.

다른 세상의 다른 환경에서 이루어진 일이니 좋고 나쁘고를 이야기할 일은 아니다. 우리와 관련해서 의미부여를 하는 것도 위험하다. 그러나 무슨 자리든 무조건 차지하고 보자는 사람들이 많아서 그런지 300년 전의 남의 나라 이야기가 참으로 재미있게 느껴진다.[11]

---

11) "List of Mayors of Philadelphia," *Wikipedia*. Free Encyclopedia. accessed June 12, 2020. https://en.wikipedia.org/wiki/List_of_mayors_of_Philadelphia.

제 2 절 독립이후 남북전쟁까지의 지방정부와 지방자치: 민주성의 강화

1 지방정부 수의 증가와 헌장 제정방식의 변화

1) 지방정부 수의 증가

식민지 시대 말기에 있어 식민정부는 헌장 부여를 꺼려하는 경향을 보였다. 1740년대 이후에는 독립투쟁을 강화할 수 있다고 보고 헌장 부여 자체를 중단하기도 했었다. 그 결과 인구가 증가하고 인구밀집 지역이 늘어나고 있었음에도 불구하고 법인격을 지닌 법정 지방정부의 수는 크게 늘어나지 않았다.

그러나 독립이 되면서 상황은 달라졌다. 헌장부여권을 가지게 된 각 주(州)의 의회는 이 문제에 있어 관대한 입장을 취했고, 그 결과 지방정부의 수가 크게 늘게 되었다. 미시시피(Mississippi) 주(州)를 예로 들면 인구밀집 지역이 많지 않음에도 불구하고 1803년에서 1848년 사이에 모두 105개의 헌장을 발부했다.[12] 뉴저지(New Jersey) 주(州)도 1789년 한 해에 104개의 법인격을 지닌 지방정부(town governments)를 동시에 출범시켰다.[13] 대부분의 주(州)에서 이와 유사한 일이 일어났는데 이러한 경향은 20세기 초반까지 계속되었다.

2) 헌장 제정방식의 변화

헌장이 많이 발부되고, 새로운 지방정부가 많이 출범하면서 헌장 발부방식과 관련하여 문제가 제기되었다. 그 때까지 헌장은 '**특별헌장**(special charter)' 방식으로 발부되었다. 이는 주(州)의회가 개별 지방정부마다 그에 맞는 특별한 내용을 담아 제정·부여하는 방식으로, 굳이 이야기하자면 일

---

12) "The History of County Government," National Association of Counties Homepage. 앞의 글.

13) Albert J. Wolfe, A History of Municipal Government in New Jersey Since 1798, A paper reported to Bureau of Municipal Information, New Jersey League of Municipalities, 2008, p.1.

종의 '맞춤' 방식이었다.

이 방식은 지방정부를 수립하고자 하는 지역사회 하나하나의 특성을 반영해 줄 수 있다는 장점이 있었다. 그러나 문제는 헌장을 제정하는 과정에서 주(州)의회를 주도하는 정치세력이나 이들에게 영향력을 행사할 수 있는 특정 이해관계 세력이 영향을 미칠 수 있다는 점이었다. 실제로 특정 상공인 세력이 주(州)의 유력 정치세력과 결탁하여 헌장의 내용을 자신들에게 유리한 방향으로 이끄는 일이 적지 않게 일어나기도 했다.

결국 1850년대에 들면서 많은 주(州)가 특별헌장 방식을 그만 두거나 주(州) 헌법으로 금지하게 되었다.[14] 그리고 그 대신 등장한 것이 **일반헌장**(general charter) 방식, 즉 모든 지방정부에 같은 내용의 헌장을 부여하는 것이었다. 그러나 이에 대한 비판과 반발도 적지 않았다. 인구규모와 도시화 정도 등 각 지방정부의 고유한 특성을 반영할 수 없는 단점 때문이었다. 적지 않은 지방정부들이 지역사회의 특성을 적절히 반영해 줄 것을 강력히 요청하고 나섰다.

이어 헌장을 인구규모별로 나누어 제정하는 **분류헌장**(classified charter)방식이 도입되기도 했다. 최소한 인구규모 정도는 반영해 주어야 한다는 뜻에서였다. 그러나 이 또한 문제가 없지 않았다. 인구규모를 어떻게 분류하느냐에 따라 특별 헌장 제도 아래 나타났던 문제, 즉 특정 이해관계 세력이 헌장 내용을 자신들의 뜻대로 끌고 갈 수 있게 되기 때문이었다. 예컨대 10만 이상의 도시가 하나뿐인 주(州)에서 '10만 이상'을 하나의 범주로 분류하게 되면, 그 도시는 사실상의 특별헌장을 받게 되는 것이었다.

이러한 논란을 겪으며 1875년 **홈-룰**, 즉 **자치헌장**(home-rule charter) 제도가 도입되었다. 미주리(Missouri) 주(州)가 처음이었다. 자치 헌장 제도는 지역사회에서 만든 헌장 안을 주민들이 주민투표 등을 통해 결정하는 제도였다. 주(州)의회가 가진 제정권을 사실상 지역주민이 가져오는 것으로 당시로서는 파격적인 일이었다. 미주리에 이어 캘리포니아(California)와 미네소타(Minnesota) 등이 바로 이 제도를 채택했고, 그 뒤 대부분의 주(州)가 그 뒤를 따랐다. 그 결과, 이 방식은 오늘의 미국에 있어 40개 이상의 주(州)에서 전면적으로, 또는 부분적으로 채택하고 있는 가장 보편적인 헌장

---

14) 주(州) 헌법으로 이를 금지한 것은 오하이오(Ohio) 주(州)와 인디아나(Indiana) 주(州)가 제일 먼저였다. 1851년의 일이었다. David Goldfield, ed. *Encyclopedia of American Urban History* (Sage Publication, 2007), p.760.

제정방식이 되어 있다.

자치헌장제도가 빠르고 넓게 확산된 데에는 19세기 후반 만연했던 도시 정부의 부패와 비효율, 그리고 이를 겨냥한 중산층 주도의 도시개혁 운동이 큰 역할을 했다. 이 부분은 곧 이어 다시 설명하기로 한다.

② 투표권의 확대와 지방정치과정의 변화

식민지 시대에 있어 투표권은 매우 제한적으로 주어졌다. 기본적으로 백인 성인 남성으로 일정한 토지를 소유하고 일정한 납세실적을 가진 사람들에게 주어졌다. 유색인종과 여성에게는 투표권이 주어지지 않았으며, 메릴랜드(Maryland)를 비롯한 일부 식민지 지역에서는 한 때 가톨릭(catholic) 신자와 유태인(jewish)에게도 투표권을 부여하지 않았다.

이러한 상황은 식민지 시대가 끝나면서 조금씩 달라졌다. 투표권 확대에 대한 강한 요구가 계속되는 가운데 투표권 부여의 기준이 점차 완화되어 갔다.

여성의 경우 가장 긴 시간이 걸렸다. 독립 이후 일부 주(州)가 투표권을 부여한 사례가 있었으니 곧 취소가 되었고, 그 후 강한 요구가 있었음에도 불구하고 19세기 말에 이르기까지 별 변화가 없었다.[15] 1890년대 가서야 와이오밍(Wyoming)을 비롯한 10여개의 주(州)가 여성의 투표권을 인정하게 되었다.

그러나 재산과 지적능력, 그리고 종교와 인종 등의 장벽은 19세기가 끝나기 전에 미국 전역에서 거의 대부분 사라졌다. 가장 먼저 개된 것은 재산과 종교에 따른 차별이었다. 1791 버몬트(Vermont)가 처음으로 백인 성인 남성 모두에게 투표권을 부여하는 개혁을 했고, 그 다음해인 1792년 뉴햄프셔(New Hampshire)가 그 뒤를 따랐다. 나머지 주(州)들도 속도가 빠르진 않았지만 서서히 그 뒤를 따랐다. 1830년대에 가서는 거의 대부분의 주(州)가 투표권과 관련하여 종교와 재산을 문제 삼는 일이 없어졌다.

---

15) New Jersey, New Hampshire, Massachusetts 등은 독립이후 만들어진 주(州) 헌법을 통해 여성에게 투표권을 부여하였다. 그러나 주의회(州議會) 안팎의 강한 반발에 부딪쳐 곧 그 권한을 취소하게 되었다. 1807년에는 여성의 투표권을 인정하는 주(州)가 완전히 사라졌다.

인종문제에 있어서도 큰 변화가 있었다. 독립이후 바로 델라웨어(Dela-ware)와 메릴랜드(Maryland) 등을 비롯한 여러 주(州)가 자유인 신분의 흑인에게 투표권을 부여했다. 그 결과 볼티모어(Baltimore)와 같은 특정 지역에는 1700년대 말에 이미 흑인 투표자 수가 백인 투표자 수를 상회하는 일이 일어나기도 했다.[16] 그러나 흑인에 대한 투표권 부여는 여전히 제한적 의미만을 지니고 있었다. 다수의 흑인이 노예로 묶여 있는 상황이었기 때문이다.

흑인 투표권 확대의 결정적 계기는 역시 **남북전쟁**과 노예해방이었다. 남북전쟁 이후인 1868년, 연방은 연방헌법 **수정조항 제14조**(14th Amendment)를 통해 노예신분을 벗어난 흑인에게 미국 국민으로서의 모든 권리를 부여했다. 그 모든 권리 속에 투표권이 포함되어 있었음은 물론이다. 또, 2년 뒤인 1870년 연방은 다시 **수정조항 제15조**(15th Amendment)를 통해 주(州)나 지방정부가 흑인의 투표권을 부정할 수 없도록 규정했다. 수정조항 제14조에도 불구하고 남부의 여러 주(州)가 흑인에 투표권을 부여하지 않고 있었기 때문이었다.

투표권의 확대는 지방자치와 지방정부에 큰 영향을 미쳤다. 지방정치과정이 보다 민주화되게 되었고, 정당이 발달하는 계기가 만들어지기도 했다. 그러나 이러한 현상이 좋을 결과만을 가져온 것은 아니었다. 참여의 확대와 민주성의 강화라는 긍정적 결과와 함께 적지 않은 부작용을 불러오기도 했다. 이 점은 도시개혁운동과 함께 잠시 뒤 설명하기로 한다.

③ 지방정부 구성방식의 변화

독립이 된 이후에도 일부 주요 도시정부에서는 주지사(governor)가 시장을 임명하는 관행이 계속되었다. 뉴욕의 경우 1821년에 이르기까지 시장을 주지사(governor)가 임명했다. 디트로이트(Detroit)와 뉴올리언스(New Orleans) 등도 19세기를 넘어서까지 주지사가 임명하는 체제를 유지했다.[17] 선출직

---

16) John Hancock, *Essays on the Elective Franchise; or, Who Has the Right to Vote?* (Philadelphia: Merrihew & Son, 1865), pp.22-23.
17) Charles R. Adrian, 앞의 글, p.53.

의원으로 구성된 의회와 주지사가 임명한 시장이 공존하는 상황이 계속된 것이다.

그러나 이러한 상황은 오래가지 않았다. 1820년을 전후하여 임명제는 자취를 감추게 된다. 대신 **간접선출제**, 즉 의회에서 시장을 선출하는 방식이 주류를 이루게 된다.

그러다가 1822년 또 하나의 큰 변화가 생겼다. 세인트 루이스(St. Louis)와 보스턴(Boston)이 주민이 직접 시장(市長)을 선출하는 직선제를 채택한 것이다. 디트로이트(1824), 발티모어(1833), 뉴욕(1834) 등을 비롯한 적지 않은 도시들이 곧 그 뒤를 따랐다. 그 결과, 불과 20여년 뒤인 1840년대 후반에 이르러서는 규모가 큰 대부분의 도시가 시장을 직선으로 선출하는 모습을 보였다.[18]

직선제가 빠르게 확산된 데에는 1820년대에서 1840년대에 이르는 동안 사회적 공감을 얻고 있었던 잭슨(Andrew Jackson)의 직접민주주의 철학(Jacksonian idea of democracy)의 영향이 컸다. 미국의 제7대 대통령(1829~1837)이기도 했던 잭슨과 그의 지지자들은 권력은 되도록 국민 가까이 있어야 하며, 또 국민에 의해 직접 행사되어야 한다고 믿었다. 그리고 이러한 믿음을 바탕으로 투표권 확대를 주장하는 한편, 되도록 많은 공직을 주민이 직접 선출하도록 해야 한다고 주장했다.[19]

이들의 주장이 관철됨에 따라 많은 지방정부에 있어 시장(市長)은 물론, 치안책임자(marshal, constable), 세무관(tax collector), 검찰관(city attorney), 회계감사관(comptroller) 등의 공직이 주민직선의 대상이 되었고, 이러한 관행은 오늘에 있어서까지 상당부분 그대로 이어지고 있다.

직선제 시장이 나타난 이후에도 한동안 시장은 의회로부터 분리되지 않고 있었다. 간선제 시장은 물론 직선제 시장도 의회에 출석하여 회의를 주재하고, 표결에도 참여하는 경우가 적지 않았다. 직선으로 그 위상이 강화된 일부 시장은 의회 내의 상임위원회 구성과 위원 배정을 주도하고, 중요한 위원회의 위원장을 맡아 정책방향을 이끌어가기도 했다.[20]

---

18) Charles R. Adrian, 위의 글, p.53.

19) John R. Vile, *The Jacksonian and Antebellum Eras: Documents Decoded: Documents Decoded* (ABC-CLIO, 2007), pp.x-xiii/ 'Learn About Jacksonian Era,' *Digital History*. accessed Aug. 30. 2021. http://www.digitalhistory.uh.edu/teachers/modules/jacksonian/index.cfm.

20) 기관분리를 명확하게 하는 우리의 상식으로는 잘 이해가 되지 않는 경우이지만

1850년대에 와서 디트로이트 등 직선제를 실시하는 일부 큰 도시를 중심으로 시장을 의회로부터 분리하기 시작했다. 즉 시장이 의회의 일반적 의사일정에 참석하여 발언하고 표결하는 것을 금지하거나 그 운영에 관여하는 것을 제한하기 시작한 것이다.[21] 이들 지방정부의 경우 시장은 집행기관의 기관장(chief executive)으로서의 모습을 보다 뚜렷하게 갖추게 되었다. 산업화와 도시화가 진행되면서 도시를 중심으로 지방행정수요가 급팽창하고 있던 당시의 상황과 무관하지 않는 일이었다.

제 3 절 20세기 전후의 지방자치와 지방정부: 효율성의 강화

❶ 도시화와 도시정부의 비효율

독립 당시 미국은 인구 대부분이 농촌지역에 거주하고 있었다. 1776년을 기준으로 할 때 가장 큰 도시였던 필라델피아의 인구가 약 4만 명 정도였고, 두 번째로 큰 뉴욕이 약 2만5천명 정도였다. 그리고 보스턴이 1만 5천명, 찰스턴이 1만 2천명 정도였다.[22] 미국 전체 인구 2백5십만 명의 95% 이상이 농촌지역에 거주하고 있었다.

그러나 19세기 들어 산업화가 일어나면서 상황은 달라졌다. 도시화가 빠르게 진행되었고, 남북전쟁이 끝난 이후에는 그 속도가 더욱 빨라졌다. **남북전쟁** 직후인 1870년에 1천만 정도에 불과했던 도시전체 인구는 1920년에 5천4백만이 되었다. 50년 만에 5.4배가 증가한 셈이었다. 가장 빠른 변화를 보였던 시카고(Chicago)의 경우, 1870년에 30만 정도였던 인구가 1890에는

미국에 있어서는 오늘에 이르기까지 많은 지방정부가 이와 유사한 체제를 운영하고 있다. 사실, 연방정부의 경우에도 부통령이 상원의장을 맡고 있고, 가부동수인 경우에는 표결에까지 참여할 수 있게 되어 있다. 이를 생각하면 크게 이상할 것도 없는 현상이다.

21) Charles R. Adrian, 위의 글, p.53.
22) Lawrence Yun, "Largest Cities In The United States In 1776, And In 2076," National Association of Realtors. uploaded July 3, 2012. accessed June 5, 2020. https://www.nar.realtor/blogs/economists-outlook/largest-cities-in-the-united-states-in-1776-and-in-2076.

100만을 넘어서기도 했다. 20년 만에 무려 3배 이상이 증가한 셈이었다.

새로 늘어난 인구는 대부분이 이민자였다. 도시에 따라서는 전체 인구의 4분의 3이 미국 밖에서 태어난 사람들이기도 했다. 나머지 인구 역시 산업화와 남북전쟁 등을 거치면서 농촌을 떠날 수밖에 없었던 사람들이 큰 부분을 차지했다. 대부분 경제적 능력을 갖추지 못한 사람들이었고, 안정된 직장과 소득이 없는 사람들이었다.

이들이 몰려들면서 도시는 바로 달라졌다. 주택문제와 실업문제, 보건과 위생의 문제, 상·하수도와 도로 문제, 치안문제 등 도시정부가 풀어야 할 문제가 끝없이 쌓여갔다. 반면, 도심에 거주하던 중산층 인구는 때마침 불어 온 자동차 혁명의 바람을 타고 도시 외곽지역으로 옮겨갔고, 그 자리는 자립능력이 없는 이입인구들로 채워졌다. 19세기 초의 비교적 안락한 모습은 찾아보기가 힘들게 되었다.

당시의 지방정부, 특히 도시지역의 지방정부는 이러한 문제를 풀 수 있는 능력을 갖추지 못하고 있었다. 행정책임자인 시장은 물론 전문성을 필요로 하는 많은 고위직이 선거로 채워지고 있었다. 앞서 설명한 바 있는 잭슨의 민주주의 철학에 기초한 공직선거제도의 영향이었다. 뿐만 아니라 공무원의 인사제도 또한 **엽관제**(spoils system)에 기초하고 있었다. 전문성보다는 선거에 있어서의 기여도 등이 채용의 기준이 되었고, 정부가 교체되면 으레 자리를 내어놓는 상황이었다. 풀어야 할 문제는 점점 더 높은 전문성을 요구하고 있는데 반해 행정체계는 여전히 농경시대의 그것에 머물고 있었다.

지방정치 또한 비합리성을 더해갔다. 투표권이 확산되고, 투표권을 가진 사람들이 몰려들면서 정당 활동이 강화되었다. 정당은 표를 얻기 위해 생활능력이 없는 이민자들에게 일자리와 각종의 생활편의를 제공했고, 이들 이민자들은 이러한 정당과 그 지도자에게 맹목적인 충성을 했다. 또 정당은 이들을 관리하기 위한 자금이 필요했고, 그 자금을 마련하는 과정에서 여러 형태의 부정과 부패를 저질렀다. 공공서비스 판매 독점권(utility franchise)과 개발권 등의 특혜가 불법 정치자금과 교환되는 등 도시 차원의 정경유착이 만연했다.[23] 그리고 이러한 부패와 부조리의 정점에는 시장(市長)

■ 엽관제는 선거에서 승리한 정당이나 그 지도자가 선거에 대한 기여도 등을 감안하여 공직임명을 하는 제도이다. 연방정부의 경우 1883년의 연방공무원법(Pendleton Act)이 만들어지면서 점차 줄어들게 되었으나 지방정부의 경우는 20세기에 들어와서까지 기승을 부렸다.

---

23) 'Municipal Reform in Typical American Cities,' *New York Times*, August 16, 1903, Sunday, p.7 참조.

을 비롯한 지역 정당의 '보스(boss)'가 있곤 했다. 소위 '**머쉰 폴리틱스** (machine politics),' 즉 정치조직이 정책적 방향이나 이념이 아닌 특혜와 이권을 중심으로 일사분란하게 움직이는 현상이 기승을 부렸다.

② 비판과 냉소, 그리고 개혁운동

1) 비판과 냉소: 딜론의 원칙(Dillon's Rule)

정치는 부패하고 행정은 효율적이지 못했다. 정경유착을 통해 특정 이해관계 세력이 이익을 얻어가는 동안 대다수의 경제주체들은 피해를 보아야 했다. 도시생활 환경은 계속 나빠지고 지방정부와 지방정치, 그리고 정당은 신뢰를 잃어갔다. 국민의 상당수가 지방정치와 지방정부의 문제를 미국이 안고 있는 많은 문제의 근원으로 해석하게 되었다.

지방정부의 권한을 소극적으로 해석한 '**딜론의 원칙**(Dillon's Rule)'은 이러한 환경 속에서 나왔다. 아이오와(Iowa) 주(州) 대법관이었던 존 딜론(John Dillon)은 1865년 'Clark v. City of Des Moines'의 소송에서 지방정부에 대한 궁극적인 권한은 주(州)의회에 있으며, 지방정부는 주(州)의회가 명시적으로 부여한 권한과 이 권한을 수행하기 위해 필요한 최소한의 부수적 권한만을 수행할 수 있다고 판결했다.[24] 그는 또 주(州)의회가 지방정부의 창조자이며, 그런 만큼 지방정부를 세울 수도 있고 없앨 수도 있음을 분명히 했다.

딜론은 지방정부에 대해 부정적인 생각을 가지고 있었다. 편견이 있다고 할 정도의 깊은 불신이었다. 그러나 그의 판결은 이러한 개인적 입장만을 반영한 것이 아니었다. 당시 널리 퍼져있던 지방정치와 지방정부에 대한 비판과 냉소를 대표하는 것이었다. 자연히 그의 판결은 당대 최고의 이론가라는 그의 권위가 함께 실려 '딜론의 원칙'이라는 이름으로 다른 주(州)로 퍼져나갔다. 그리고 오늘에 이르기까지 주(州)와 지방정부의 법적 관계를 규정하는 중요한 원칙이 되고 있다.[25]

---

24) Diane Lang, Dillon's Rule……and the Birth of Home Rule, *The Municipal Reporter* (Dec., 1991).

25) 이와 관련된 논쟁은 Kenneth F. Payne, The Entrepreneurial Powers of Local

2) 도시개혁운동

19세기 말에 이르러 지방정부가 안고 있는 이러한 문제에 대해 보다 적극적인 개혁의 움직임이 나타났다. 비판과 냉소를 넘어 이를 바로잡고 시정하기 위한 집합적인 노력이었는데, 19세기 말에서 20세기 초에 이르는 동안 전개된 **도시개혁운동**(municipal reform, 또는 urban reform movement)이 그것이다.

도시개혁운동은 당시 미국에서 일어났던 **진보주의 운동**(progressive movement)의 일환이자 그 핵심이었다.[26] 중산층에 의해 주도되었으며 전문성을 지닌 지식인과 경제인, 그리고 개혁적 성향의 언론인 등이 중요한 역할을 했다. '먹크레이커(muckraker)'라 불렸던 폭로성 기사 전문의 언론인과 작가들이 도시 지방정부의 부패 등을 지속적으로 그려 내며 일반 시민을 개혁운동의 장으로 끌어내었고, 개혁적 성향의 경제인들이나 변호사들은 각종의 지역 시민단체를 만들어 개혁운동을 조직화했다.[27] 1894년에는 이들 개혁운동가들을 중심으로 일종의 전국 연대조직인 **전국도시개혁연맹**(National Municipal League)이 만들어지기도 했다.[28]

도시개혁운동은 기본적으로 지방정부의 능률성과 생산성을 높이기 위한 운동이었다. 부패와 부조리 그리고 비능률을 일소하기 위한 집합적 노력이기도 했다. 부패와 부조리를 고발하는 것에서부터 부패한 지방정치인을 낙선시키는 일에 이르기까지 다양한 활동이 펼쳐졌다. 실제로 이러한 활동의 결과 1890년 이후 부패한 시장과 시의원들이 낙선하고, 지방정부가 보다 유능하고 양심적인 인물로 채워지는 변화가 일어났다.[29]

Government: Dillon's Rule Revisited, a Ph.D. Dissertation, Univ. of Massachusetts, Amherst, 2003 참조.

26) 19세기 말에서 20세기 초까지 진행된 **진보주의 운동**은 정경유착, 환경파괴, 부패 등 산업화와 도시화가 초래한 문제들에 대한 시민사회의 전면적 개혁운동이었다. 1890년대의 경기침체와 이에 따른 실업자의 증가 등도 운동의 중요한 배경 또는 동력이 되었다. 지식인과 전문가 집단을 포함한 중산층이 주도하였으며 개혁적 성향의 정치인들과 언론인 등도 적극적인 역할을 하였다. 도시는 정경유착과 부패 등 당시 지적되던 문제들의 집합지였던 바, 도시정부의 개혁은 자연히 이러한 진보운동의 핵심적 내용이 되었다.

27) 이들 활동의 구체적인 예는 시카고의 개혁을 주도한 경제인 George E. Cole과 변호사 Hoyt King의 활동은 소개한, 앞의 *New York Times*, August 16, 1903, Sunday 기사 참조.

28) 이 조직은 오늘날에 있어서도 **전국도시연맹**(National Civic league)이란 이름으로 지방정부 발전에 중요한 역할을 담당하고 있다.

중요한 제도개혁이 이루어지기도 했다. 첫째, 지방정부 구성형태에 변화가 일어났다. 능률성과 생산성을 올리기 위해서였다. 능률성과 생산성 대신 민주성이 강조되고, 잭슨의 직접민주주의 철학이 주목을 끌던 남북전쟁 이전과는 크게 다른 모습이었다.

아무튼 다양한 모델이 시도되었다. 일부 지방정부는 보다 강한 리더십이 필요하다는 이유에서 시장(市長)의 정치적 위상과 행정적 권한을 강화시킬 수 있는 모델을 시도했고, 또 다른 일부는 주민들로부터 선출된 의원 또는 집행위원, 즉 커미셔너(commissioner)들이 행정권을 나누어 행사하는 **위원회 형태**(commission plan)를 실행에 옮기기도 했다.

그러나 가장 강력한 대안으로 등장한 것은 **시정관리관제도**(city manager, 또는 council manager plan), 즉 의회가 행정전문가를 채용하여 행정을 이끌어가게 하는 제도였다. 의회가 지니는 '민주성'과 시정관리관이 지니는 '전문성'을 조화시킬 수 있는 제도였기 때문이었다. 이 제도는 1911년 처음 시도된 이후 중소규모 도시를 중심으로 빠른 속도로 퍼져나갔다. 오늘날에 있어서는 가장 광범위하게 채용되고 있는 지방정부 형태의 하나가 되고 있다.[30]

둘째, 지방정치와 관련하여서도 중대한 변화가 생겼다. 먼저 지방의원 선거와 관련하여 **중·대선거구제**가 대안으로 떠올랐다. 비교적 좁은 지역을 선거구로 하는 **소선거구제**는 조직선거를 가능하게 하기 때문에 이에 강한 부패 정치인의 당선가능성이 높다는 이유에서였다. 많은 지방정부가 중·대선거구제로 전환하거나 소선거구제와 중·대선거구제를 같이 운영하는 방식으로 전환하였고, 이러한 노력은 실제로 부패정치인을 의회로부터 몰아내는데 적지 않은 기여를 했다. 이러한 중·대선거구제의 운영은 또한 앞서 설명한 시정관리관 제도와 함께 지방의회 의원의 수를 줄이는 데에도 큰 영향을 미쳤다.

정당 역시 개혁운동의 바람을 피할 수 없었다. '**머쉰 폴리틱스**'의 폐해를

29) 예컨대 뉴욕은 1894년, 볼티모어는 1895년, 시카고는 1897년에 부패로 지탄받던 지방정부가 무너졌다. "National Municipal League." *Encyclopedia Britannica Online*. accessed June 30, 2020. http://www.britannica.com/EBchecked/topic/405077/National-Municipal-League.

30) 2018년 행해진 **ICMA**(International City/County Managers' Association)의 조사에 의하면 미국 지방정부의 48.2%가 시정관리관 형태의 지방정부를 운영하고 있다. ICMA, *The Municipal Yearbook, 2018*.

경험한 개혁운동가들은 정당을 부패와 비능률의 가장 중요한 원인으로 보았다. 자연히 이들은 지방정치와 지방정부 운영에 있어 정당의 개입을 막아야 한다는 생각을 하게 되었다. 결국 중·소규모 도시를 중심으로 많은 지방정부들이 지방선거에 있어 정당의 개입을 금지 또는 제한하게 되었다.

그리고 셋째, 헌장 제정방식에도 변화의 바람이 불었다. 당시 헌장제정은 주(州)가 주도하고 있었다. 좀 더 구체적으로 이야기하자면 주(州)의회의 권한이었다. '**딜론의 원칙**'이후 주(州)와 주(州)의회의 이러한 권한은 더욱 확고해 졌다. 그러나 많은 지방정부 관계자들과 개혁운동가들은 이 점을 받아들일 수 없었다. 주(州)의회 또한 이미 부패한 모습을 보이고 있는데다, 주(州)의 이러한 권한행사는 기본적으로 지역공동체의 자율적 의사결정권을 제한하게 된다는 이유에서였다.

이들은 오히려 '**홈-룰**' 방식, 즉 지역주민들이 주(州)의 헌법을 위반하지 않는 범위 내에서 스스로 헌장 안을 만들고, 이를 주민투표 등의 민주적 절차를 통해 확정하는 방식을 지지했다. 주(州)에게는 헌법이나 법률을 통하여 지방정부의 자치권의 범위를 넓게 정의해 주도록 요구하기도 했다.

'홈-룰'은 주(州)가 가진 권한을 주민들에게 돌려주는 방식이었고, '딜론의 원칙'을 위반하지 않으면서도 그 원칙이 초래할 수 있는 제약을 피하는 방식이기도 했다. 자연히 개혁운동의 바람을 타고 빠르게 확산되었다. 미주리 주(州)가 이를 처음 채택한 후 여러 주(州)가 바로 그 뒤를 따랐다. 오늘날에 와서는 40개 안팎의 주(州)가 전면적 혹은 부분적으로 '홈-룰'을 주(州)의 헌법이나 법률로 보장하고 있다(제5편 제1장 사잇글 5-1 참조).

도시개혁운동은 제1차 세계대전 전후의 일시적 경기호황을 거치면서 그 동력이 약화되었다. 많은 부분에 있어 개혁적인 조치가 이루어진 결과이기도 했다. 그러나 그 영향은 경제공황과 뉴딜(New Deal) 이후에도 계속되었다. **시정관리관 제도**를 도입하고 지방선거에 있어 정당을 배제하는 지방정부가 지속적으로 늘어갔고, '홈-룰' 역시 가장 보편적인 헌장 제정방식으로 자리 잡아 갔다. 효율성과 생산성의 가치 또한 시간이 갈수록 더욱 중요한 의미를 지니게 되었다. 도시개혁운동의 배경이 되었던 산업화와 도시화와 같은 사회변화가 뉴딜 이후에도 그대로 지속되었기 때문이었다.

① 교외화(suburbanization)와 정책의제의 지리적 분화

위에서 설명한 것처럼 뉴딜 이후 존슨(Lyndon B. Johnson) 행정부에 이르는 기간 동안에도 **도시개혁운동**의 영향은 그대로 지속되었다. 그리고 그러한 가운데 또 다른 변화가 있었다. 도시화가 심화되는 한편 백인 중산층 인구가 대거 교외로 빠져나가는 **교외화**(suburbanization) 현상이 있었고, 인권과 사회적 형평(social equity)에 대한 인식도 강화되었다. 또 제2차 세계대전 이후 경기호황이 따르면서 소비심리가 확대되고 공공서비스에 대한 기대가 커지기도 했다.

이러한 변화에 따라 지방정치와 지방정부의 모습 또한 적지 않은 변화를 보였다. 먼저 교외화가 진전되면서 지방정부의 정책의제가 지리적으로 분화되는 현상이 일어났다. 제2차 세계대전 이후 자동차 문화가 발달하고 도심과 교외를 잇는 도로교통 체계가 발달하면서, 또 주택관련 장기대출제도(mortgage)가 발달하면서 교외화가 빠르게 일어났다.[31] 1958년 있었던 **흑백학교분리**(school segregation)에 대한 대법원의 위헌판결은 이러한 이동을 더욱 가속화시켰다. 자녀를 흑인이 많은 지역의 학교에 보내기 싫은 백인 학부모들이 주로 백인이 거주하는 교외지역으로 대거 이동했기 때문이었다. 소위 '**화이트 플라이트**(white flight)' 현상이었다.

이러한 교외화는 '**초콜릿 도심과 바닐라 교외**(chocolate cities and vanilla suburbs)'라 부를 정도의 흑백 주거분리 현상을 낳았다. 그리고 이러한 주거분리는 하나의 도시권 내지는 대도시권 안에 정책의제를 크게 달리하는 지방정부를 같이 존재하게 했다.[32] 교외지역으로 옮겨간 백인 중산층은 환

---

31) 도심인구 중 흑인이 차지하는 비율을 보면 1950년에는 42%였던 것이 1970년에는 58%가 되었다. 백인이 빠져 나간 규모와 속도가 어떠했는지를 짐작할 수 있게 한다.

32) Leah Platt Boustan, "Was Postwar Suburbanization 'White Flight'?: Evidence from the Black Migration" (Dec. 15, 2004), p.1. accessed June 5, 2020. https://www.nber.org/papers/w13543.

경, 가족, 학교에 대한 지역사회의 권리, 작은 정부 등을 강조하는 보수적 흐름을 만들었으며, 이들 지역의 지방정치와 지방정부 또한 이들의 경향과 요구를 반영하게 되었다. 반면 저소득층의 유색인종이 중심을 이루게 된 도심지역의 지방정부는 재정적 어려움 속에서 사회복지 문제와 외국 이민자들에 대한 언어교육 등 지역사회 통합을 위한 많은 과제를 안아야 했다.

서로 다른 의제를 가진 지방정부의 존재는 도시권 또는 대도시권 차원의 협력과 사회통합을 어렵게 하는 한 원인이 되었다. 저소득층의 이입을 막기 위한 교외지역 지방정부의 배타적인 토지이용 정책이나 흑백학교 통합을 위해 학생들을 버스로 이동시키는 '**버싱**(busing)' 문제, 그리고 혐오시설의 설치 등을 두고 지방정부간에 갈등이 일어나는 일도 더욱 빈번해졌다.

> ■ 흑인지역과 백인지역이 분리되어 있는 상황에서 학생들이 근린학교(neighborhood school), 즉 집에서 가까운 학교를 가게 되면 실질적인 학교통합이 일어나지 않는다. 흑인지역 학교에는 흑인이, 또 백인지역 학교에는 백인이 주로 다니게 되기 때문이다. 버싱(busing)은 흑·백을 섞어 놓기 위해 버스로 이들 학생들을 강제로 이동시키는 행위를 말한다.

② 지방정부 기능의 확대와 정부간관계의 변화

1) 지방정부 기능의 확대

지방정부 기능의 확대도 주목할 부분의 하나다. 기능확대에는 먼저 경제공황과 뉴딜 그 자체가 큰 영향을 미쳤다. 시장실패에 대한 대안으로 공공부문의 역할이 강조되는 상황에서 지방정부 또한 공공부문의 한 축으로 그 기능과 역할을 키웠다. 사회복지와 보건위생 그리고 노동 등의 사회정책 분야의 기능이 특히 강화되었다. **경제공황** 직전인 1928년 국민총생산의 0.2%에 불과했던 주(州)와 지방정부의 복지재정(welfare)은 1940년에는 1.9%로 늘어났다. 보건재정(health care) 또한 0.4%에서 0.8%로 늘어났다.[33] 사회정책 분야의 기능확대를 잘 보여주는 부분이다.

제2차 세계대전 이후의 도시화와 경기호황도 지방정부, 특히 도시지역 지방정부의 기능확대에 큰 영향을 미쳤다. 1940년에서 1970년 사이에 도심 인구는 50% 정도 늘어났고, 교외지역의 인구는 무려 4배나 늘어났다.[34] 지

---

33) "US Federal, State, Local Government Spending," USGOVERRNMENTSPENDING. COM. accessed June 12, 2020. http://www.usgovernmentspending.com/year1902_ 0.html#usgs302. 1928년의 국민총생산은 974억불, 그리고 1940년의 국민총생산은 1014억불이었다.

34) 자세한 설명을 위해서는 Leah Platt Boustan, Devin Bunten, Owen Hearey, "Urbanization in the United States, 1800-2000," a working paper. National Bureau

방정부는 이러한 도시화가 초래하는 행정수요를 감당해야 했으며, 그 과정에서 그 기능과 역할을 키우게 되었다.

때마침 불어 온 전후의 경제호황 또한 적지 않은 영향을 미쳤다. 생활수준이 높아진 시민들은 보다 다양한 영역에 있어 보다 질 높은 서비스를 요구하게 되었고, 지방정부는 이러한 요구에 답해야 했다.

이어 1963년 존슨(Lyndon B. Johnson) 행정부가 들어서고 '**빈곤에 대한 전쟁**(War on Poverty)'과 '**위대한 사회**(Great Society)' 계획 등의 대규모 사회정책들이 추진되면서 지방정부의 기능은 더욱 커졌다. 존슨 행정부는 **연방 보조금**(federal grants), 특히 **사업별 보조금**(categorical grants)을 통해 사회복지, 재개발, 범죄예방 등의 영역에 있어 지방정부의 적극적인 역할을 유도했고 지방정부는 이를 따랐다. 이렇게 확대된 기능은 닉슨 행정부와 레이건 행정부에 의해 보조금이 중단되거나 줄어든 이후에도 그대로 유지되었다.

2) 정부간관계의 변화

존슨 행정부의 보조금 정책은 지방정부의 기능을 확대시켰을 뿐만 아니라 연방정부와 지방정부의 관계를 바꾸어 놓기도 했다. 지원되는 보조금의 규모가 커지면서 연방과 지방정부의 관계가 점차 수직적 관계가 되어갔기 때문이다. 지방정부는 연방이 보조금 지원의 조건으로 요구하는 **분담금**(matching fund)을 마련하기 위해 스스로의 정책적 우선순위를 조정해야 했다. 또 연방이 설정하는 각종의 기준과 규칙 그리고 규제를 따라야 했다. 때로는 지방정부에 대해 근원적 권한을 가지고 있는 주(州)와의 관계보다 연방과의 관계를 더욱 중시해야 하기도 했다.

③ 정책문제의 성격변화와 지방정부의 구조변화: 리더십과 전문성의 강조

뉴딜 이후 지방정부가 처리해야 할 정책문제와 행정문제는 더욱 어렵고

복잡한 양상을 띠게 되었다. 신념과 이해관계가 복잡하게 얽혀 있거나 높은 전문성을 요구하는 문제들이 점점 더 많아졌다. 자연히 정치·행정적 리더십과 전문성이 한층 더 강조되는 양상을 보였다.

먼저, 규모가 큰 대도시 지역 지방정부를 중심으로 시장(市長)이 보다 강한 권한을 행사할 수 있는 **강시장-의회제**(strong mayor-council plan)를 채택하는 경우가 많아졌다. 또 이러한 강시장-의회제 위에 다시 행정적 전문성을 지닌 수석행정관을 두어 시장(市長)을 보좌하게 하는 **수석행정관-강시장-의회제**(strong mayor-council with chief administrative officer)를 채택하는 지방정부도 많아졌다. 강시장-의회제는 대도시 경영에 필요한 리더십을 확보하기 위해서였고, 그 아래 수석행정관을 두는 것은 시장(市長)이 정치활동에 몰입하는 경우 발생할 수 있는 지방정부 자체의 전문성 저하를 막기 위해서였다.

중소규모 도시들도 전문성을 중시하는 가운데 전문성 확보가 용이한 시정관리관 제도로 전환하는 경우가 많았다. 아울러 시정관리관의 역할을 보다 적극적으로 규정하기도 했다. 즉 경제공황 이전에는 의회의 결정을 단순 집행하는 경우가 많았지만, 뉴딜 이후에는 정책을 기획하고 제안하는 등 보다 적극적인 역할을 수행토록 하는 경우가 많아졌다.[35] 정책문제가 어려워지고 복잡해지면서 일어난 현상이었다.

같은 맥락에서 정치활동이나 정당활동만을 해 온 소위 '정치꾼(pols)'의 수와 역할이 줄어들었다. 그 대신 전문성을 지닌 인사들이 지방정부로 진출하고, 지도자로 성장하는 일이 많아졌다. 지방선거에 있어 정당의 참여를 금지하는 지방정부가 늘어서이기도 했지만, 이 역시 점점 복잡해지고 어려워지고 있는 정책문제와 행정문제가 상당한 영향을 미친 결과였다.

④ 횡적 협력체계의 강화: 특별지방정부의 증가

또 다른 형태의 지방정부인 **특별지방정부**가 크게 늘어난 것도 이 시기에 일어난 중요한 일의 하나다. 특별지방정부는 상·하수도나 교통 그리고 보건위생 등의 특별한 기능을 수행하게 할 목적으로 주(州)나 지방정부가,

---

35) Charles R. Adrian, 위의 글, p.55.

또는 복수의 지방정부가 합의를 통해 설치하는 또 다른 형태의 지방정부이다. 1950년대 이후 빠르게 늘어났고, 오늘에 와서는 그 수가 **학교구**(school district)를 제외하고도 3만8천여 개에 이르고 있다. 역시 3만8천여 개에 이르는 카운티(county)와 시(municipality) 그리고 타운(township)과 같은 보통 지방정부의 수와 거의 같은 숫자이다.[36]

특별지방정부의 증가는 크게 두 가지로 설명된다. 먼저 그 하나는 **광역행정**의 필요성이다. 도시화가 심화되면서 하나의 도시와 그 주변에 적게는 수십 개에서부터 많게는 수백 개의 카운티와 시(市) 그리고 타운 등이 산재하는 현상이 일어났다. 그 결과 정책문제나 행정문제가 일어나는 지리적 영역과 이에 대응하는 결정의 단위가 어긋나는 일이 많아졌다. 즉 교통과 상·하수도 문제 등 풀어야 할 문제는 도시지역과 그 주변지역 전체를 단위로 일어나는데 비해, 이에 대한 결정을 내려야 할 지방정부는 수십 개 또는 수백 개로 쪼개져 있는 경우가 많아진 것이다.

이러한 상황은 자연스럽게 광역행정 또는 지방정부간 협력체계의 강화로 이어졌는데, 그 한 형태로 **특별지방정부**(special district)가 부각되었다.[37] 주(州)에 의해서 설치되거나 지방정부간의 합의에 의해 설치되는 경우 지리적 유연성(geographical flexibility), 즉 단일 지방정부의 행정구역을 넘어 광역적으로 기능할 수 있는 장점을 가지고 있었기 때문이었다.

특별지방정부가 증가하게 된 또 다른 이유는 효율성과 생산성 문제였다. 특별지방정부는 일반 지방정부를 구속하고 있는 관료적 틀이나 재정운영의 틀에서 벗어나 기능할 수 있는 장점이 있었다. 즉 인사와 조직의 운영, 재정의 확보와 지출 등에 있어 탄력성을 확보할 수 있었고, 그만큼 지역사회의 행정수요나 주민의 요구에도 탄력적으로 대응할 수 있었다. 오늘날에 와서는 불필요하게 많이 설치되고 또 남용되고 있다는 비판을 받기도 하지만 1950년대 이후 한동안 이러한 장점이 크게 부각되었다.

---

36) "Local Governments and Public School Systems by Type and State: 2017." 출처: U.S Census Bureau, *2017 Census of Governments*. released 2019.
37) Donald F. Stetzer, "Specail District," *Encyclopedia of Chicago*. accessed June 10, 2020. http://www.encyclopedia.chicagohistory.org/pages/1181.html.

최근의 경향과 과제

1 최근의 경향

1) 분권화를 위한 노력과 그 결과

1969년 닉슨(Richard Nixon) 행정부가 출범한 이후 연방은 분권화를 위한 노력을 기울였다. 특히 1981년 출범한 레이건(Ronald Reagan) 행정부는 닉슨이 주창한 '**신연방주의**(New Federalism)'의 이름아래 연방의 권한과 책임을 축소하고 지방정부의 권한과 자율성을 높이기 위한 노력을 기울였다. 지방정부의 자율성을 해치고 있는 사업별 보조금을 과감히 통·폐합하고 주(州)와 지방정부에 대한 규제를 완화하는 등의 내용이었다.

앞 장(章)에서 이미 설명하였지만 클린턴(Bill Clinton) 행정부 시절에도 분권화를 위한 노력이 있었다. 1995년에는 공화당 주도로 '**예산지원 없는 의무사무의 개혁을 위한 법률**(Unfunded Mandate Reform Act, UMRA)'이 통과되었다. 연방이 지방정부에 재정지원도 없이 지방정부의 권한을 제약하고 각종의 의무를 부과하던 행위에 제동을 건 것이었다.

클린턴 대통령도 **국가성과점검단**(National Performance Review, NPR)을 통해 분권의 중요성을 강조했다. 지방정부에 대한 연방의 관여를 줄이기 위한 여러 가지 조치들을 내어 놓기도 했다. 그러나 이러한 노력이 얼마나 성공적이었는지는 의문이다. 지방정부의 연방에 대한 재정적 의존은 큰 변화가 없고, 연방의 정책적 의지와 규제를 따라야하는 상황에도 큰 변화가 없다. UMRA, 즉 앞서 소개한 의무사무 개혁을 위한 법률에도 불구하고 연방이 부과하는 의무사항도 여전히 줄지 않고 있다.

■ 국가성과점검단(NPR)은 클린턴 행정부가 정부기구와 그 운영을 효율화하기 위해 만든 사업단(task force)으로 부통령인 Al Gore가 실질적 책임을 맡아 운영을 했다. '일 잘하고 비용 적게 드는 정부(government that works better and costs less)'를 만드는 것이 목표였다.

2) 주민 권리의식 신장과 직접민주정치의 강화

1960년대 이후의 인권운동과 차별시정 운동을 거치면서, 또 **도심재개발**(urban renewal)이나 **학교통합**(school desegregation) 등 자신들의 이해관계와 직결된 정책과 그로 인한 대립을 경험하면서 주민들의 권리의식이 크게 신장되어 왔다. 그리고 이러한 권리의식을 바탕으로 보건복지와 환경 그리고 법질서 유지 등에 대해 강한 요구를 하고 있다.

문제는 이에 대한 지방정치와 지방정부의 대응능력인데, 많은 경우 주민의 기대나 요구수준에 미치지 못하고 있다. 행·재정적 자원이 부족하기도 하지만 '환경보존과 개발' '작은 정부와 많은 서비스' 등 양립하기 힘든 요구들도 적지 않기 때문이다.

자신들의 요구나 기대에 대해 적절한 답을 얻지 못한 주민들은 이를 직접 관철시키는 방법을 채택해 왔다. 시위와 같은 집단행동을 하거나 시민단체를 통해 자신들의 신념과 이해관계를 나타내는 일이 많아졌으며, **주민발의**(initiative)와 **주민투표**(referendum)를 통해 요구를 관철시키는 경우도 많아졌다.

늘어나는 재산세에 대한 집단적 반발이었던 1978년의 '**프로포지션**(Proposition) **13**'은 이러한 경향의 대표적인 예였다. 재산세가 계속 늘어나자 캘리포니아 주민들은 주민발의로 이에 제동을 걸었고, 투표자 전체의 65%라는 높은 찬성률로 이를 확정지었다. 이러한 주민발의 방식은 오늘의 미국에 있어 직접민주주의의 중요한 수단으로 활용되고 있다.

다소 다른 성격의 일이 되겠지만 1960년대 말 이후 빈번히 일어나고 있는 도시지역의 크고 작은 폭동이나 **님비**(NYMBY, Not In My Back Yard), 즉 **지역이기주의** 현상도 같은 맥락에서 이해될 수 있다. 권리의식 신장과 무관하지 않다는 뜻이다.

3) 생산성과 효율성 제고를 위한 노력

지방정부의 합리적 운영에 대한 요구가 커지면서 지방정부의 효율성과 생산성을 높이기 위한 노력이 이루어져 왔다. 1970년대 이래 크게 두 번의 계기가 있었는데 그 하나는 앞서 설명한 '프로포지션 13'이었다. '프로포지션 13'으로 재정적으로 심각한 타격을 입게 된 캘리포니아 주정부와 지방정부들은 줄어든 예산으로 그 기능과 서비스 수준을 유지할 수 있는 방안을 모색하게 되었다. 페어필드(Fairfield) 시(市)의 '**지출통제예산**(expenditure control budget)' 등 성공적 사례가 연이어 보고되면서 하나의 큰 바람이 일어났다.

이러한 바람은 1990년대에 들어 다시 한 번 강화되었다. 클린턴 행정부

의 '정부재창조(Reinventing Governments)'와 영국 등 유럽 여러 나라에서 일
어나고 있는 혁신작업과 궤를 같이 하는 움직임이었다. **'신경영화**(新經營化,
New Managerialism)'라는 이름 아래 행정소비자로서의 주민을 만족시킬 수
있는 방안들이 모색되었고, 이를 위한 크고 작은 혁신들이 소개되었다. **시**
민만족도 조사와 **서비스 표준화**(service standard) 등이 이루어졌고, BSC
(balanced score sheet) 등 공직사회 내의 경쟁과 효율성을 제고할 수 있는
제도들이 고안되었다. **민영화**(privatization)와 이를 통한 지방정부 조직의
축소, 즉 **다운사이징**(downsizing)도 이러한 흐름의 중요한 부분을 이루었
다.[38]

2000년대에 들어선 이후에도 이러한 움직임은 계속되고 있다. 민간부문
과의 차이점보다는 공통점이 부각되는 가운데 시장(市場)에서 통용되는 경
영논리가 지방정부를 이끌고 있다. 경쟁논리와 '작은 정부'의 논리가 강조
되고 있고 '소비자,' '서비스 품질,' '벤치마킹(benchmarking)' 등 일반 경영에
서 사용되는 언어들이 널리 사용되고 있다. 공공부문의 특성을 강조하거나
공공부문의 적극적인 역할을 강조하는 논리는 힘을 잃고 있다.

② 미국 지방자치와 지방정부의 과제

세계화, 지식정보사회의 진입, 도시화의 심화와 대규모 광역도시권의 성
장, 지방정치에 대한 불만과 냉소의 증대 등 미국 지방정치와 지방정부를
둘러싼 환경은 만만치가 않다. 지방정치와 지방정부가 이러한 상황을 어떻
게 헤쳐 나갈지는 두고 볼 일이다. 그러나 여러 가지의 정황으로 보아 쉽
지만은 않을 것으로 보인다.

우선, 지방정치에 대한 불신과 냉소가 문제이다. 지방선거의 투표율은

---

38) 미국 지방정부 서비스의 민영화 비율은 1992년에 22%였으나 1997년에는 27%가
되었다. 5%의 차이를 어떻게 볼 것이냐에 대해서는 논란이 있을 수 있다. 큰 차
이로 해석할 수도 있고 그렇지 않을 수도 있다. 그러나 꾸준히 증가되어 온 것
은 분명한 사실이다. Warner, Mildred and Hefetz, Amir, "Privatization and the
Market Structuring Role of Local Government," Cornell University Department
of City and Regional Planning Working Paper #197, December 2000; Presented
at Economic Policy Institute's Conference on Privatization, January 11, 2000,
Washington, D.C., pp.1, 12.

오래전부터 30%를 크게 넘지 못하고 있다. 지방정부가 올바른 지도력이나 통합능력을 행사하기에는 부족한 참여율이다.

횡적인 협력체계도 크게 개선되지 않고 있다. 특별지방정부와 학교구를 합쳐 도합 10만개 이상이 되는 지방정부가 존재하고 있다. 광역행정을 위한 많은 노력이 기울여지고 있음에도 불구하고 지방정부간의 협력문제는 여전히 큰 숙제로 남아있다. 세계화가 심화되는 가운데 국가간의 경쟁보다 도시간 또는 지역간의 경쟁이 그 의미를 더해가는 시점이라 더욱 문제가 된다.

상급 정부와의 종적인 관계도 그러하다. 연방에 대한 재정적 의존과 이로 인한 지방정부의 자율권 약화는 지방자치는 물론 연방제 자체를 위협하고 있다. 이는 지역공동체의 자율성을 강조하는 미국적 가치와 맞지 않을 뿐만 아니라, 분권화와 이를 통한 지방정부의 자율성 강화를 강조하는 지식정보사회나 세계화 시대의 현실과도 맞지 않는다.

그나마 다행스러운 것은 아직 지방정부에 대한 주민의 신뢰가 다른 단위의 정부에 비해 뒤처지지 않는다는 점이다. 2018년 행해진 한 조사는 미국 국민의 지방정부에 대한 신뢰가 70% 안팎을 유지하고 있는 것으로 보고하고 있다. 또 일반적으로 주(州)정부나 연방정부보다 지방정부에 대한 신뢰가 높은 것으로 알려지고 있다.[39] 노력하기에 따라 위에서 제기한 문제들을 풀어갈 수 있는 바탕은 마련되어 있다는 뜻이다.

---

39) 이 조사는 미국인들의 지방정부에 대한 신뢰가 1970년대부터 2018년에 이르기까지 큰 변화 없이 70% 안팎을 유지하고 있는 것으로 보고하고 있다. Justin McCarthy, "Americans Still More Trusting of Local Than State Government," Gallup report, up-loaded Oct. 8, 2018. accessed July 15, 2020. https://news.gallup.com/poll/243563/americans-trusting-local-state-government.aspx.

제4장

우리나라 지방자치의 전개

건국이전의 지방자치

① ## 조선시대의 지방행정과 지방자치

1) 조선시대의 지방행정제도

(1) 갑오경장(甲午更張) 이전의 지방행정제도

조선은 중앙집권적 국가였다. 중앙에는 왕을 정점으로 양반세력이 국가권력을 장악하고 있었고, 각 지방 또한 국가의 대리인이라 할 수 있는 **외관**(外官)이 지방관으로 배치되어 강력한 통치기제를 확립하고 있었다. 고려시대까지만 해도 각 지방의 지역사회를 실질적으로 지배하던 지방의 토지귀족과 토호세력은 전국을 단위로 한 이러한 지배체계가 정비됨에 따라 그 영향력을 잃어갔다. 토지귀족은 국가권력을 받아들임으로써 지역사회에서의 일반 백성에 대한 우월적 지위를 보장받았고, 토호세력은 중앙정권에 흡수되어 사족(士族)이 되거나 지방의 **아전**(衙前)으로 지방행정조직에 흡수되는 양상을 보였다.

■ 지방관청에 근무하는 아전은 외아전(外衙前)으로 중

양관청에 근무하는 경아전(京衙前)과 구별되었다. 이방·호방 등의 6방 관속이 이에 속하며, 순찰을 돌며 경비를 서는 나장(羅將)과 창고지기인 전수(典守) 등 다른 여러 직종도 이에 포함된다. 신분은 중인이었고 녹봉은 없었다.

■ 6조: 이조(吏曹), 호조(戶曹), 예조(禮曹), 병조(兵曹), 형조(刑曹), 공조(工曹)

지방행정제도는 태종 13년에 정비되었는데 1894년 **갑오개혁**(甲午改革)에 의한 대규모의 개편이 있기까지 기본적으로 8도(道)아래 부(府), 대도호부(大都護府), 목(牧), 도호부(都護府), 군(郡), 현(縣)을 두는 체제였다. 8도제가 처음 성립된 태종 13년에는 8도 1유도부(留都府) 6부 5대도호부 20목 74도호부 73군 154현이 있었다.[1] 이러한 체제는 5백년 가까이 큰 변화 없이 그대로 이어져 갑오개혁이 있을 당시에는 5부 3대도호부 17목 57도호부 79군 148현을 이루고 있었다.[2]

이들 지방행정기관들은 사무를 처리함에 있어 6조(六曹)를 중심으로 한 중앙행정기관의 지시를 받았다. 하지만 중앙행정기관의 완전한 하부기관은 아니었다. 중앙행정기관과 같이 왕에 직속되어 있었으며, 중앙행정기관과 의견을 달리하거나 쟁의가 있을 때는 왕의 재결을 바로 품의(稟議)할 수 있도록 되어 있었다.[3]

지방행정기관의 장(長)으로는 도에 **관찰사**(觀察使), 부에 부윤(府尹), 대도호부에 대도호부사(大都護府使), 목에 목사(牧使), 도호부에 도호부사(都護府使), 군에 군수(郡守), 그리고 현에 현감(縣監)을 두었다. 도의 관찰사는 도의 행정·군사·사법에 관한 전반적인 사항을 다스리고 관내의 지방관을 지휘·감독하는 일을 하였다. 처음에는 순력(巡歷)이라 하여 일정한 사무소를 두지 않고 각 군·현을 순례하면서 지방행정을 감시하였으나 이후 고정된 근무처를 가지게 되었다. 관찰사 밑에는 도사(都事), 판관(判官), 교수(敎授), 중군(中軍), 심악(審樂), 훈도(訓導) 등의 관원을 두어 관찰사를 보좌하게 하였다.[4]

수령(首領)으로 통칭되는 그 외의 지방행정기관장들 역시 행정업무와 함께 일정한 수준의 군사·사법업무를 같이 담당하였다. 수령의 행정사무는 이(吏)·호(戶)·예(禮)·병(兵)·형(刑)·공(工)의 **육방**(六房)을 두어 처리하였고, 이 육방에는 지방출신으로 충원되는 육방(六房) 이속(吏屬)의 **향리**(鄕吏)를 두었다. 향리는 세습직으로 녹봉(祿俸), 즉 일정한 급여가 없었으며 갈수록 천직화(賤職化)되는 경향이 있었다. 그러나 이러한 지위격하에도

---

1) 안택, 『이조인사행정론』(서울: 대경출판사, 1991), p.132.
2) 경도(京都)인 한성부(漢城府)와 옛 수도(首都)인 개성부(開城府), 화성(華城)인 수원부(水源府), 강도(江都)인 강화부(江華府), 남성(南城)인 광주부(廣州府)를 다스리는 관청은 지방관아, 즉 지방행정기관이 아닌 중앙행정기관으로 취급되었다.
3) 한국지방행정연구원, 『지방자치·행정 50년사』(1999), p.7.
4) 위의 책, p.9.

불구하고 수령의 잦은 교체와 수령이 행정실무와 지방사정에 어두운 것을 틈타 지방행정을 실질적으로 장악하는 경우가 많았으며, 부정과 비리의 온상이 되기도 했다.[5]

수령 아래에는 말단 행정기관으로 면(面)이 있었고, 그 아래에는 다시 자연부락 단위의 동·리(洞·里)와 **오가통**(五家統)이 있었다. 오가통은 행정조직이라기보다는 상부상조를 주요 목적으로 하는 자치조직의 성격을 띠었으나 범법자 색출 등 기존의 통치기제를 심화시키는 수단으로 활용되기도 하였다. 또 수령의 자문기관으로 **향청**(鄕廳)을 두기도 했는데, 이 부분은 지방자치의 전개에 있어 중요한 의미를 지니므로 별도로 설명하기로 한다.

중앙정부는 이와 같이 지방관을 파견하여 지방을 장악함으로써 중앙집권적 통치체제를 강화해 나가는 한편, 스스로 파견한 지방관에 대해서도 관리와 감독을 철저히 했다. 권력남용 등의 부조리를 막고, 지방세력과 연합하여 독자세력으로 발전하는 것을 막기 위한 조치였다.

먼저, 임기를 제한하여 지방토호나 지방영주로 변질되는 것을 막고자 하였는데 관찰사와 그의 가장 중요한 보좌관인 도사(都事)의 임기는 360일로 제한되었다. 그리고 국경지방의 수령의 임기는 900일이었으며, 일반수령의 임기는 1,800일이었다.[6] 그러나 실제에 있어서는 여러 가지 이유로 그 임기를 다 채우지 못하는 경우가 많았다.

또 본적지로 발령을 내지 않는 **본적회피제**(本籍回避制)와 **암행어사**(暗行御史) 제도 등을 시행하였는데, 이 또한 지방관이 지방의 토착세력과 연합하여 지방의 영주나 토호로 변질되는 것을 막기 위해서였다.[7]

(2) 갑오경장(甲午更張) 이후의 지방행정제도

고종 31년인 1894년 갑오경장이 단행된 후 일련의 개혁조치가 발동되었다. 그리고 그 일환으로 지방제도도 큰 변화를 겪게 되었다. 지방제도의 개편은 갑오경장 다음 해인 1895년 단행되었는데, 8도와 부·목·군·현을 폐지하고 그 대신 23개의 부(府)와 336개의 군(郡)을 두는 것과, 새로운 **향**

---

5) 위의 책, p.11.
6) 經國大典 卷之一 吏典 外官職 및 卷之四 兵典 外官職, 안택, 앞의 책, p.139에서 재인용.
7) 김병준, 「조선조 정치체제의 분석」, 한국외국어대학 석사학위논문(1977. 2), pp. 23-45 참조.

회(鄕會)제도와 면(面)과 리(里)에서의 자치를 실시하는 것을 주 내용으로 하였다.

　개화파에 의해 주도된 이 개혁은 크게 두 가지 목적을 가지고 있었다. 하나는 지방행정의 일대 쇄신을 통해 생활고에 허덕이는 농민과 일반 백성을 구제하는 것이었다. 그리고 또 하나는 보수 양반세력을 중심으로 한 기존 지배집단의 권력기반을 약화시키는 것이었다. 즉 도를 폐지하고 관찰사 등의 직책을 없애게 되면 이를 중심으로 형성되어 있는 기존 지배집단의 권력연합을 약화시킬 수 있다는 생각이 그 아래 깔려 있었다.[8]

　향회의 설치와 면·리 단위에서의 자치도 마찬가지였다. 일반 백성의 권력적 기반을 강화시키자는 의도와 함께 양반 계급과 기존 지배세력의 정치적 입지를 약화시키자는 뜻을 함께 지니고 있었다.

　개화파의 이러한 개혁은 당연히 양반세력을 중심으로 한 기존 지배집단의 반발에 부딪치며 어려움을 겪게 되었다. 일본세력과 협력하고, 그 힘을 빌려 농민군을 진압하면서 개혁세력 스스로 정당성을 잃어가기도 했다. 결국 1896년 을미의병운동을 기화로 개화파 정권은 무너지고 **갑오개혁**은 실패하고 말았다.

　갑오개혁이 실패하면서 지방행정제도도 구체제와 유사한 형태로 환원되었다. 1896년 8월, 23부가 폐지되고 그 대신 과거의 8도 체제를 일부 변형시킨 13도제가 다시 들어섰다. 그리고 이 13도 아래 7부 1목 331군을 두는 체제가 갖추어졌다.

2) 조선시대의 지방자치

　중앙집권제 국가였음에도 불구하고 조선은 일정 수준 지방민에 의한 자치를 허용하고 있었다. 국가가 그 대리인인 지방관을 파견하여 지방을 다스리는 데에는 그 나름대로 한계가 있을 수밖에 없었기 때문이다. 어떠한 내용의 자치가 어느 정도로 시행되고 있었는지 먼저 향청부터 살펴보기로 한다.

■ 을미의병운동은 을미사변, 즉 일본인 폭도들에 의한 민비학살사건을 계기로 일어난 구한말 최초의 의병운동이다. 친일내각 타도와 일본세력 축출을 목표로 했다.

8) 이에 대해서는 구로역사연구소, 『우리나라 지방자치제의 역사』 (서울: 거름, 1990), pp.31-32 참조.

(1) 향 청

향청(鄕廳)은 고려시대부터 내려오던 **유향소**(留鄕所)가 15세기 후반에 와서 공식적인 지방행정기구로 제도화된 것이었다. 기본적으로 지방의 풍속을 교정하고 수령에 대해 자문을 하는 역할을 수행했다.[9] 지역의 덕망 있는 양반들을 선임하여 구성하였는데 그 수장을 **좌수**(座首)라 하였으며, 좌수 아래에는 그 보좌역으로 3인 내지 5인의 **별감**(別監)을 두었다(부 3인, 군 4인, 현 3인 등).[10]

수령은 조세나 용역의 분배 등 백성들의 이해관계가 되는 사안들에 대해 향청의 자문을 얻었다. 수령이 자문을 요청하면 좌수는 전 현직 별감과 지역 유림에서 추천한 유생 등을 소집하여 자문이 요청된 사안을 심의했다. 향청은 또 지방행정의 실무자인 향리를 감독하는 기능을 수행 했으며, 말단 지방행정조직인 면의 면장 등을 추천하는 기능도 수행하기도 했다.

향청은 당시로서는 상당한 의미를 지니는 자치기구였다. 보기에 따라 오늘의 지방의회와 비슷한 역할을 했다고도 할 수 있다. 그러나 현대적 의미의 자치기구와는 여러 가지 점에서 구별된다. 우선 일종의 자문기구로 의결권이 없었음은 물론, 향청을 구성하는 좌수나 별감이 양반출신으로 지역사회의 특정 계층만을 대표했다. 특히 대표성이라는 관점에서 볼 때 향청은 자치기구라기보다는 오히려 양반계층이 주도하는 지배기구에 가까웠다고 할 수 있다.

향청은 또한 국가와 지방 양반들 간의 묵시적 합의에 의해서 만들어진 일종의 연합 지배기구로서의 성격을 지니고 있었다. 실제로 국가의 대리인인 수령은 단독으로 지역사회를 완전히 장악할 만한 조직력과 행정력이 없었다. 일반 백성들의 충성심을 확보하는 것도 쉬운 일이 아니었고, 지방행정의 실무자인 향리를 통제하기도 쉽지 않았기 때문이다. 따라서 지역사회의 주요 지배세력인 양반들의 협조가 필요했다. 다른 한편, 지방의 양반들

---

9) 고려시대의 유향소는 지방의 세력가들이 풍교(風敎)의 목적을 수행하기 위해서 만든 일종의 임의조직이었다. 이러한 유향소는 조선시대 초기에도 그대로 계승되어 풍교의 교정과 관련하여 수령을 자문하는 역할을 수행하였다. 때로는 수령과 대립하는 경우가 있어 1467년 이시애(李施愛)의 난(亂) 이후 한때 폐지하였다가 1489년 지방행정기관의 한 부분인 향청으로 되살아났다. 한국지방행정연구원, 앞의 책, p.39.

10) 이들의 임기는 원칙적으로 2년이었다. 손봉숙, 『한국지방자치연구』(서울: 삼영사, 1991), p.62.

입장에서는 지역사회에서의 자신들의 우월적 지위를 계속 유지하기 위해 국가권력의 지원이 필요했다. 말하자면 국가권력과 지방의 지배세력 간의 이해관계가 맞아 떨어진 기구였다. 향청의 이러한 특성은 향청이 수령과 연합하거나, 수령의 힘에 기생하면서 민폐를 자아내는 일이 많았다는 사실에서 보다 확실해진다.[11]

향청은 상공업의 발달과 함께 지방 양반들의 세력이 퇴조하는 조선 후기에 이르러 그 영향력이 크게 떨어졌다. 계급구조가 불안정해지면서 새로이 양반의 지위나 지역 유지(有志)의 지위를 획득한 재력가가 향청의 구성원이 되기도 했다. 영향력이 떨어지면서 향청은 더욱 지방민의 대표기구라기보다는 수령의 권력행사를 정당화 해주고 그 대가로 일정한 정치·사회적 특권을 나누어 갖는 모습을 보이게 되었다.

(2) 향 약

향약(鄕約)은 일종의 도덕적 규약이었다. 주로 양반 유림들 사이에서 자발적으로 맺어진 규약으로 덕업상권(德業相勸), 과실상규(過失相規), 예속상교(禮俗相交), 환난상휼(患難相恤), 즉 좋은 일은 서로 권하고 나쁜 일은 서로 못하게 하며, 서로 예의를 지키고 어려울 때 서로 돕는다는 것을 주 내용으로 하였다. 조선에서는 1556년 이퇴계(李退溪)가 예안(禮安)에서 처음 실시한 이후 전국 각지로 퍼져 나갔다.

서로가 지키기로 한 규약이었던 만큼 이를 잘 지키게 하고, 또 지키지 않으면 그에 상응하는 벌을 주는 체제가 갖추어져 있었고, 또 이를 시행하기 위한 관리요원(역원, 役員)을 두는 등 일종의 자치조직과 같은 형태를 갖추기도 했다. 처음에는 향교(鄕校)를 중심으로 운영되었으나 점차 향청이 중심조직이 되었다.[12]

향청은 그 영향력이 약화되는 조선후기에 와서 향약운동에 더 큰 비중을 두는 경향이 있었다. 문란해진 풍교를 교정하는 한편 양반위주의 유교적 사회질서를 강조하는 향약을 권장함으로써 불안해진 지방양반의 지위를 다시 올려 세우고자 한 것이다. 향약과 함께 동계(洞契) 등 전통적 도덕관과 질서관을 강조하는 소규모 자치규약 운동을 장려한 것도 같은 맥락에

---

11) 한국지방행정연구원, 앞의 책, p.39.
12) 위의 책, p.40.

서 이해될 수 있는 부분이었다.

향약은 규약을 맺은 사람들에게 일종의 자치법규와 같은 역할을 했다는 점에서, 또 이를 시행하기 위해 관리요원을 두는 등 일종의 조직체계를 갖추고 있었다는 점에서 지방자치적 요소를 찾아 볼 수가 있다. 그러나 향약의 내용이 국가와 지방행정기관의 전반적인 통치행위에 참여하거나 영향을 주고자 한 것이라기보다는 지방민들 스스로 윤리와 도덕을 교정하기 위한 것이었다는 점에서 자발적 도덕운동의 성격을 더 강하게 읽을 수 있다.

(3) 민회와 집강소

조선 후기에 들어 국가와 지방의 일반 백성들 간에는 상당한 긴장관계가 성립되었다. 위민사상(爲民思想)에 입각한 유교적 통치이념과 그에 입각한 행정적 질서가 흔들리면서 중앙정부의 관리(官吏)와 국가의 대리인인 수령들의 착취가 점점 심해졌기 때문이었다.

착취가 심해지고 생활이 어려워지자 농민들을 중심으로 한 일반 백성들은 **민회**(民會), 즉 일반백성들의 모임을 만들어 이에 대응해 나가기 시작했다. 민회를 통해 농민들의 의사를 모으기도 했고, 수령을 비롯한 관계 기관과 관리들에게 대책을 요구하기도 했다. 또 요구가 들어지지 않는 경우에는 봉기를 결정하고 이를 실행에 옮기기도 했다. 봉기로 행정권을 장악하게 되면 이를 관리하는 행정기구를 만들기도 했다.[13] 1862년 경상도 진주를 비롯하여 경상도, 전라도, 충청도에서 일어났던 민란의 경우 이러한 민회를 통해 봉기가 결정되고, 봉기 후에는 좌수와 이방 등의 관리를 선출하여 행정권을 담당하게 하였다. 일반 백성들 스스로 민회를 통해 자치행정기구를 만드는 등 자치행정을 실시해 나간 것이다.

1894년 **갑오농민혁명**에서의 민회는 더욱 발전된 형태의 자치행정조직을 만들었다. 전라도 일대를 장악한 농민군은 53개의 군·현에 **집강소**(執綱所)를 두고 **집강**(執綱)으로 하여금 행정권을 행사하게 하였다. 집강소에는 집강 이외에 문서작성, 치안, 행정 등을 맡아보는 서기, 집사 등의 직책을 두었는데 이들은 대부분 농민군 지도부에 의해서 임명되었다. 군사조직으로서의 성격이 강했던 집강소는 일차적으로 농민군 지도부에 책임을 지도록되어 있었다. 그러나 때로는 민회 성격의 대규모 농민집회 등에서 직접 책

---

13) 구로역사연구소, 앞의 책, pp.16-25 참조.

임을 묻기도 하였다.[14]

이러한 민회는 농민들을 중심으로 한 일반 백성들의 자발적인 조직이었다는 점에서, 또 비록 일시적이기는 하지만 행정기구를 설치하여 행정권을 행사하게 했다는 점에서 지방자치의 요소를 지니고 있다. 학계 일부에서는 이를 조선시대 지방자치의 중요한 부분으로 다루고 있기도 하다.[15] 그러나 민회를 조선시대 지방자치의 한 부분으로 이해할 수 있느냐는 여전히 의문이다. 지방자치란 국가체계의 틀 속에서 이루어지는 것으로 국가가 인정하지 않는 형태의 자율적 지배행위를 지방자치라 할 수 없기 때문이다. 당시의 정치·행정적 상황을 고려할 때 민회와 이를 통한 봉기와 혁명은 일면 당연한 일로 그 정당성을 인정할 수 있다. 그러나 이를 지방자치의 한 형태로 이해할 것이냐는 또 다른 문제이다.

(4) 향 회

앞서 이야기한 바와 같이 1895년 개화파 정권은 지방행정제도를 23부 336군으로 개편함과 동시에 **향회**(鄕會)제도와 면·리 단위에서의 자치를 실시하기로 하였다. 우리 역사상 처음으로 현대적 의미에 근접한 지방자치가 준비되었던 것이다.

먼저 향회에는 대회(大會)인 군회(郡會)와 중회(中會)인 면회(面會) 및 소회(小會)인 이회(里會)가 있었다. 이회에는 한 집에서 한 사람씩 참여하도록 되어 있었으며, 리의 행정을 책임지고 있는 **존위**(尊位)도 함께 참여하는 것으로 되어 있었다. 면회는 면의 행정책임자인 **집강**(執綱)과 각 리의 존위, 그리고 각 리에서 선출된 2명의 주민대표로 구성되게 되어 있었다. 그리고 군회는 군수와 각 면의 집강, 그리고 각 면에서 선출된 2명의 주민대표로 구성되게 되어 있었다. 과거의 향청과 달리 참석자에 대한 신분차별이 없었으며, 구성방법에 있어서도 민의를 존중하는 상향식 방법을 택했다.

향회는 기본적으로 해당 지역에서 자치적으로 처리할 수 있는 일을 심의하는 일과 함께 군수로부터 위임받은 일을 처리하도록 되어 있었다. 보다 구체적으로는 교육, 호적 및 지적, 위생, 사창(社倉), 법령 정비, 도로 교량 등의 공동작업, 각 면·리별로 세금을 배분하는 일 등이었다. 이중 납

---

14) 앞의 책, p.25.
15) 대표적인 예로서 앞의 책을 들 수 있다.

세에 관한 사항은 징세과정에서의 공정성을 확보하는 데 도움이 된다는 점에서 당시 어려움을 겪고 있는 농민들에게는 특히 중요한 의미를 지니고 있었다.

한마디로 오늘날의 지방의회와 같은 성격을 지니고 있었다고 하겠으나 그 기능에 있어서는 뚜렷한 한계를 지니고 있었다. 우선 의결기구가 아닌 심의기구로서의 성격을 지니고 있었고 군수·집강·존위의 행정행위를 제대로 구속할 수가 없게 되어 있었다. 즉 군수·집강·존위는 향회의 결정을 반드시 받아들일 의무가 없었다. 또 군수·존위·집강이 향회에 직접 참여하는 관계로 다른 참석자의 의견이 제대로 개진되기가 힘든 구조이기도 했다.

면·리 단위의 자치도 주목을 끄는 부분이다. 면의 집강과 리의 존위를 1년 임기로 선출하게 했는데, 일종의 주민소환제도 같은 것을 두어 집강과 존위가 그 임무를 위배할 때는 선출할 때와 동일한 방법으로 회의를 열어 다시 선출할 수 있도록 하였다.[16]

개화파에 의해 주도된 이러한 개혁은 신분적 제한을 전제로 하지 않았다는 점에서, 또 국가에 의해 인정된 자치라는 점에서 앞서의 향청제도나 민회와 근본적으로 달랐다. 나름대로의 한계가 있기도 했고, 보수세력을 제어하자는 개화파의 정치적 의도가 일부 담겨져 있기도 했으나 현대적 의미의 지방자치에 근접한 내용을 상당부분 담고 있었다. 그러나 갑오경장의 실패와 함께 이러한 개혁은 제대로 실행에 옮겨지지 못하였다.

② 일제 점령기의 지방행정과 지방자치

1) 일제 점령기의 지방행정제도

1905년의 을사보호조약으로 조선의 행정권을 장악한 일본의 통감부는 곧 행정구역 개편을 추진하였다. 도(道)와 군(郡)의 수를 파격적으로 줄인다는 계획이었다. 표면적으로는 행정구역 수를 줄여 경비를 절감한다는 이유를 표방하고 있었으나 그 이면에는 지방관과 향리의 수를 대폭 줄여 일

---

16) 한국지방행정연구원, 앞의 책, p.13.

본의 지배구조를 보다 용이하게 하자는 뜻이 담겨져 있었다. 자연히 지방으로부터 강력한 반대가 제기되었다. 그리고 그 반대는 반일운동으로 번질 조짐을 보이기도 했다. 결국 통감부는 이를 포기했다. 그러나 그 대신, 지방에 있어서의 경찰력을 장악하고, 징세기관인 **재무서**(財務署)를 별도로 설치하여 군수의 징세권을 빼앗고, 재무서 안에 자문기구로 '지방위원회'를 두어 향회를 대신하게 하는 등 지방행정 내부의 개편을 통해 식민통치의 기반을 강화했다.

　1910년 한일병탄이 있은 직후에도 한동안 이러한 체제가 그대로 유지되었다. 민심을 고려하여 지방행정제도 개편을 일시 미루었던 것이다. 그러나 1914년 결국 대규모의 개편을 단행하게 되는데, 그 핵심은 부·군·면의 통합을 통한 전체 지방행정기관 수의 축소였다. 이 개편으로 한일병탄 당시 13도 12부 317군 4,322면이었던 지방행정기관은 13도 12부 220군 2,521면이 되었다. 부(府)는 수가 늘어나지는 않았지만 인근 지역을 흡수함으로써 그 규모가 커졌고, 군(郡)과 면은 각각 97개와 1,801개가 줄어들었다.

　그 후 1917년에는 **면제**(面制)가 실시되었다. 일제 점령기 지방행정에 있어서의 큰 변화라고 할 수 있는 면(面)의 기능강화가 이루어진 것이다. 조선시대에 있어서의 지방행정은 군·현을 중심으로 이루어졌다. 면이 있기는 하였으나 일종의 행정구역에 불과한 것으로 실질적인 행정기능을 수행하지는 않았다. 그러나 일제는 을사보호조약으로 통감부를 설치한 이래 지속적으로 면의 기능을 강화했다. 통감부 시절에는 징세권을 행사하는 재무서의 하부조직으로 운영하면서 그 기능을 강화했고, 한일합병 이후 재무서의 사무가 부·군에 인계된 다음에도 면장의 지위를 지속적으로 격상시키는 한편 면의 재산을 계속 늘려 나갔다. 그러다가 이러한 면제(面制)를 실시하게 된 것인데, 이로 인해 면은 일정한 범위 내에서 공공사무를 처리할 수 있는 지위를 부여받게 되었다. 면을 농촌지역 지방행정의 실질적인 중심이자 식민통치의 기본단위로 만든 것이다.

　면의 기능 강화로 군(郡)은 그 실질적 기능이 약화된 채 단순한 지방행정구역으로서의 지위만 유지하게 되었다. 지방행정 계층에 있어서는 도시지역의 부(府)와 같은 단위에 있었으나 그 기능적 지위는 크게 약화될 수밖에 없었다.

　면의 기능강화는 일제 식민정부의 입장에서 여러 가지 효과가 있었다.

면을 지방정치와 지방행정의 중심에 둠으로써 군(郡)을 중심으로 한 전통적 지배세력의 권력기반을 크게 약화시킬 수 있었다. 반대로 면 단위에서의 영향력을 행사하고 있었던 지역 유지를 면장과 면서기 등의 친일세력으로 흡수함으로써 식민통치의 기반을 강화할 수 있었다.[17] 또 통치의 기본단위를 군에서 면으로 한 단계 낮춤으로써 식민통치의 깊이를 더 할 수 있게 되기도 했다.

면제가 실시되면서 면은 **지정면**과 그 외의 **일반면**으로 나누어졌다. 지정면은 상공업이 발달하고 인구가 비교적 많은 도시형태의 면이었는데 그 수가 많지는 않았다. 면제가 실시되던 당시에 20여 개 정도였다. 지정면은 다른 일반 면에 비해 특별한 지위를 부여받았다. 곧이어 설명이 되겠지만 면협의회를 구성함에 있어서도 일반면의 협의회 회원은 군수에 의해 임명된 반면 지정면의 협의회 회원은 선거에 의해 선출되었다. 지정면은 1931년 읍면제(邑面制)가 실시되면서 읍으로 전환되었다.

2) 일제 점령기의 지방자치

일제는 통감부 시절부터 마치 지방자치를 실시하는 것처럼 이야기했다. 1907년 징세권을 행사하는 재무서(財務署)를 설치하면서 그 자문기구로 지방위원회를 두었는데, 이를 마치 지방자치의 일부인 것처럼 이야기 한 것이 그 한 예이다. 그러나 이는 어떠한 기준으로도 지방자치로 이해될 수 없는 일이었다. 지방위원은 실질적으로 군수의 협력을 얻어 통감부가 임명하는 것으로 민주적 절차에 의한 기구구성을 전제로 하는 지방자치와는 아무 관련이 없었다. 1913년에 재한일본인(在韓日本人)의 교육을 담당하는 **학교조합**을 설립하고 이에 의결기구인 조합회를 두었지만 이 또한 조선인들과는 관련이 없는 기구였다.

1919년의 기미독립운동으로 상징되는 바와 같이 1920년대를 전후하여 일제의 식민통치는 강력한 저항에 부딪쳤다. 일부 지역에 있어서는 면장 등이 정상적인 행정기능을 수행할 수 없는 상태에까지 몰렸다. 이러한 상황아래 일제는 일종의 유화책으로 도(道)와 부(府) 및 면(面) 그리고 학교행정을 담당하는 기관인 **학교비**(學校費)에 자문기구를 두게 되었다. 즉 도에는 평의회를 두고 그 의원을 선거로 선출하게 하였고, 부(府)에도 협의회를

---

17) 구로역사연구소, 앞의 책, pp.52-57.

두고 그 회원을 선거에 의해 선출하게 하였다. 면에도 협의회를 두었는데, 지정면의 협의회원은 선출직으로 규정한 반면, 일반면의 협의회원은 군수가 임명하는 방식을 취했다. 또 학교비에도 학교평의회를 두었다.

이러한 제도는 도(道)와 부(府) 그리고 지정면(面)에 있어 선거를 인정했다는 점에서 그 나름대로 적지 않은 의미를 지닐 수도 있다. 그러나 그 내용을 보면 기만적인 요소가 많은 것으로 이 역시 지방자치와는 무관한 일이었다. 우선 평의회와 협의회가 일종의 자문기구로 지방행정을 구속할 권한을 가지지 못했다. 그리고 선거가 있는 경우에도 선거권과 피선거권을 지방세 납부액을 기준으로 엄격히 제한하였다.[18] 이러한 제한은 어느 나라없이 보통선거가 제대로 자리 잡지 못하고 있던 시대였다는 점에서 다소이해가 될 수 있는 부분이기도 하다. 그러나 문제는 이러한 제한으로 인해조선인 중에서 선거권과 피선거권을 지닌 사람은 극소수에 불과했다는 사실이고, 이들 중에는 친일적 경향이나 개량주의적 입장을 지닌 사람들이많았다는 사실이다.

1920년대 말까지 운영되던 평의회와 협의회 제도는 1930년대에 들어 일본의 지방자치제도를 모방한 관치적 지방자치제가 도입되면서 크게 변화되었다. 임명제로 운영되던 일반면의 협의회 회원이 선출직으로 전환되었고, 읍과 부의 협의회는 의결권을 지닌 **읍회**와 **부회**로 개편되었다. 그리고도에도 의결권을 행사하는 **도회**(道會)를 설치하였다. 일종의 지방의회 구조로서, 그 나름대로 모양을 갖추고 있는 것이었다고 할 수 있다.

그러나 이 또한 여러 가지 점에서 그 한계가 분명했다. 우선 선거권과피선거권이 여전히 지방세 납부액을 기준으로 제약되고 있었다. 이로 인해전체 인구의 소수만이 선거에 참여할 수 있었다. 자연히 선거에 출마하는사람들 중에 친일적 성향이 있거나 권력과의 유착을 통해 개인적 이익을추구하고, 지위향상을 도모하고자 하는 사람들이 많았다. 또 도회의원의경우에는 정수의 3분의 1을 도시사가 임명하도록 되어 있었는데, 이를 통해 친일파와 조선에 거주하는 일본인이 대거 도회에 진입하였다.

조선인의 입장에 있어서는 자치가 있었다면 오히려 면민대회와 촌민대회 등 민회형태의 모임이나 농민조합과 같은 단체들이었다. 공인된 공권력을 행사하지 못한다는 점에서 지방자치의 한 형태로 볼 수는 없지만 그 속

---

18) 구로역사연구소, 앞의 책, p.62.

에는 식민지 정부가 주도하는 자치와는 다른 자치정신이 살아 있었다.[19]

③ 미군정기(美軍政期)의 지방행정과 지방자치

일본의 패망으로 식민통치가 끝이 나자 전국각지와 작업장에서는 즉각 다양한 형태의 자치조직이 생겨났다. 여러 지역에서 '**인민위원회**'와 같은 자치조직이 생겨나는가 하면 작업장에서도 '노동자위원회'와 '자주관리위원회'와 같은 자치조직이 생겨났다.[20]

전국단위에서는 여운형을 중심으로 **건국준비위원회**(건준)가 만들어져 활동을 개시했다. 건국준비위원회는 지역단위의 조직을 설립하면서, 또 각 지역에서 자치적으로 만들어져 있던 인민위원회 등과 연계되면서 전국적인 자치조직망을 만들어 가기도 했다.

각 지역의 자치조직들은 급하게 만들어진 탓에 대표성과 조직역량에 문제를 안고 있는 경우가 많았다. 내부적인 혼란을 겪는 경우도 많았다. 그러나 일제 점령기에 민중운동의 경험이 있는 지역이나 사회주의 운동의 경험이 있는 사람들이 이끄는 지역에서는 상당한 수준의 조직역량을 보이기도 했다. 즉 지역 주민이 참가하는 선거를 통해 그 지도자와 행정책임자를 선출하고 집행부서를 만들었다. 그리고 이러한 조직을 통해 치안문제와 재정문제를 처리하고 일본인의 재산을 접수하는 일 등을 하기도 했다.

그러나 이러한 상황은 해방 후 20여 일이 지난 1945년 9월 8일 미군이 서울로 들어오면서 크게 바뀌었다. 미군은 곧 바로 **군정청**(軍政廳)을 설치하고, 이 군정청이 남한 내의 유일한 합법정부임을 선언했다. 인민위원회를 비롯한 자치조직의 통치행위와 관리행위를 인정하지 않을 것임을 분명히 한 것이다. 군정청의 이러한 입장은 필연적으로 인민위원회 등과 마찰을 빚을 수밖에 없었고, 제주도의 경우 이러한 마찰이 4·3항쟁으로 연결되기도 했다.

우리 국민에 의한 자치행위를 인정하지 않았던 군정청은 그 나름대로의 입장에서 국가관리 체계를 정리해 나갔다. 지방행정조직과 관련하여서는

■ 독립운동가 여운형은 해방직전 조선총독부 총독으로부터 해방 후의 치안을 맡아 줄 것을 제안 받는다. 이를 기화로 여운형은 건국준비위원회을 만들고, 이를 바탕으로 다시 조선인민공화국을 만들었으나 미군정의 인정을 받지 못해 실패하고 만다. 1947년 서울 혜화동 로타리에서 극우파 단체 회원에 의해 암살되었다. 좌익운동 경력으로 독립운동 공적을 인정받지 못하다가 2005년 건국훈장 대통령장을 추서받았다.

---

19) 이에 대한 사례를 위해서는 구로역사연구소, 앞의 책, pp.67-72.
20) 위의 책, pp.75-78.

먼저 일제 점령기의 행정체계를 그대로 인정하여 유지시켰다. 또 지방행정조직을 관리할 관리자를 임명해 나갔는데, 도지사는 민정장관(民政長官)의 추천으로 군정청장이 임명하고, 그 소속 관료는 도지사가 임명하게 하였다. 또 1946년 3월에는 군정법령 제60호를 통해 해방 이후 이미 해체된 상태에 있던 도회, 부회, 읍회, 면협의회, 학교평의회를 공식적으로 해산하고, 도지사와 부윤, 그리고 읍·면장이 집행기관겸 의결기관으로 군정청의 명령을 받아 모든 사무를 처리하는 것으로 정리하였다. 서울시를 경성부로부터 독립시켜 특별시의 지위를 부여하는 등 지방행정조직을 일부 개편하기도 하였다.

군정이 시작된 그 다음해인 1946년만 해도 군정청은 **서울특별시 헌장**을 제정하는 등 지방자치에 대해 긍정적인 입장을 보였다. 서울시 헌장은 미국식 헌장(charter) 제도를 본 딴 것으로 의결기관인 15인의 참사회를 민선으로 구성하고 시(市)의 주요관리 일부도 민선으로 선출하는 내용을 담고 있는 등 완전한 지방자치의 실시를 목표로 하고 있었다.[21] 또 이어 '남조선입법의원'을 설치하여 지방자치조직법안을 만들고, 이 법안의 실행법인 군정법령 126호를 통해 지방의 주요 관리와 지방의원을 주민직선으로 선출할 것을 규정하기도 했다.

그러나 그 이후 지방자치에 대한 군정청의 의지는 약화되었으며 서울특별시 헌장과 지방선거 모두 실시되지 않았다. 한반도 문제를 동서냉전(東西冷戰)의 틀 속에서만 이해하고 있던 군정청으로서는 당장 선거를 실시했을 경우의 사회주의자들의 제도권 진입 등을 우려했던 것으로 보인다. 결과적으로 지방자치의 실시를 바라던 많은 국민들이 실망을 하게 되었고, 이러한 실망은 지방관리의 임명과정에서 과거의 친일세력이 대거 기용됨으로써 더욱 심화되었다.

---

21) 서울시사편찬위원회, 『서울약사』 (1963), p.290.

제 **2** 절 건국이후의 지방자치

① 제1·2공화국에서의 지방자치

1) 지방자치법의 제정과 제1차 지방선거

(1) 지방자치법 제정

1948년에 제정·공포된 제1공화국 헌법은 지방자치에 관한 하나의 장(章)을 두어 지방자치의 실시를 규정했다. 일반국민의 강한 정치참여 욕구를 흡수함과 동시에 보다 완성된 민주주의 체제를 확립한다는 취지에서였다.

헌법규정에 입각하여 제헌국회(制憲國會, 이하 국회)는 개원이 되자마자 지방자치법 제정에 나섰다. 지방단위에 있어서의 참여기제와 행정체계를 정비하는 것이 무엇보다도 시급한 과제였기 때문이었다. 그러나 법 제정은 예상처럼 빠르게 진행되지 않았다. 건국초기인데다가 다양한 이해관계가 걸려 복잡한 과정을 거쳐야 했다. 특히 법률의 시행시기를 둘러싼 국회와 행정부간의 힘겨루기로 수개월을 끌어야 했다. 되도록 빠른 시일 내에 실시되어야 한다는 국회의 입장과 시행시기를 대통령이 대통령령으로 정할 수 있게 해야 한다는 행정부의 입장이 부딪쳤기 때문이었다. 결국 국회는 국회의 입장을 반영한 법률을 통과시켰고 정부는 1946년 7월 4일 이를 공포하여 8월 15일부터 시행에 들어가게 되었다.

당시 제정된 지방자치법은 다음과 같은 내용을 담고 있었다.

- 지방자치단체의 종류로 도와 서울특별시를 두도록 규정하고 있었으며, 도 아래에 시·읍·면을 두도록 하였다.
- 지방자치단체의 기관구성에 있어서는 집행기관과 의결기관이 분리되는 시장 의회형(mayor-council) 구조의 **기관대립형** 내지는 **기관분리형**을 규정했다.
- 도지사와 서울특별시장은 국가공무원으로 하되 대통령이 임명하고, 시·읍·면장은 지방공무원으로 하며 지방의회에 의해 간접 선출되도

록 하였다.
- 지방의원은 4년 임기의 명예직으로 선거에 의해 직접 선출되게 하였다.
- 지방의회에 의해 선출된 시장(시·읍·면장)은 당해 지방의회에 의해 불신임될 수 있게 되어 있었으며(불신임 의결권 부여), 이에 대해 이들 지방자치단체장은 지방의회를 해산할 수 있는 권한(의회해산권)이 있었다.
- 시·읍·면장과 함께 시·읍·면에 두는 리(里)와 동(洞)의 이장(里長)과 동장(洞長)도 주민이 선출하도록 하였다.

이러한 내용과 함께 한 가지 흥미로운 것은 선출직인 시·읍·면장에 대해 중앙정부와 상급 지방정부의 징계권을 부여하고 있었다는 점이다. 즉 총리와 도지사는 시·읍·면장이 부적당하다고 인정될 때 그 지방의회에 신임투표를 요구할 수 있도록 하였다. 신임투표에 있어 당해 자치단체장이 재적의원 3분의 2 이상의 찬성을 얻지 못하면 해직되게 되어 있었다.

(2) 제1차 지방선거

지방자치법이 제정된 다음에도 이승만정부는 치안상태가 불안하다는 이유로 지방선거를 실시하지 않았다. 지방자치를 실시하기 위한 준비 또한 하지 않았다. 제대로 된 지방자치를 실시하기 위해서는 국가와 지방정부간의 사무배분 문제와 지방정부의 재정력 문제, 그리고 지역사회에서의 올바른 참여기제 확립 등에 관심을 기울여야 했다. 일제 점령기 시절의 행정체계와 관행을 그대로 유지한 상태에서는 올바른 지방자치가 실시될 수 없었기 때문이었다. 그러나 이승만정부는 이러한 문제에 대해서는 큰 관심을 보이지 않았다.

이승만정부는 오히려 공포된 지 얼마 되지 않아 지방자치법에 법리적 모순이 있다며 지방자치법 개정안을 제출하였다. 지방의회 선거가 이루어지지 않을 경우에 지방의회의 기능을 누가 대신할 것이냐를 정리한다는 것이었다.

개정안은 서울시의회와 도의회 기능은 내무부장관이, 그리고 시·읍·면의회의 기능은 도지사가 대신 하는 것으로 되어 있었다. 또 시장은 대통령이, 읍·면장은 도지사가 임명하는 내용도 담고 있었다. 이 개정안은 자유당 의원의 주도아래 1949년 12월 15일 국회를 통과하였다.

지방의회가 구성되지 않을 경우의 대책까지 확정한 이승만정부는 법률

개정 이후 지방선거 실시에 있어 더욱 소극적인 입장을 보였다. 선거는 뚜렷한 이유 없이 무작정 연기되다가 결국 한국동란(1950년 6월 25일)을 맞게 되었다. 더 이상 지방자치와 지방선거가 논의될 수 있는 분위기가 아니었다. 그러나 전쟁 중에 상황은 오히려 정반대로 전개되었다. 1952년, 전쟁으로 피난지인 부산에 임시수도를 두고 있는 상황에 이승만정부는 지방선거 실시를 선언하고 나섰다.

이승만정부가 전쟁 중에 지방선거 실시를 선언하고 나선 데에는 그만한 정치적인 이유가 있었다. 국회에 의해 간선으로 초대 대통령이 된 이승만은 당시 제2대 대통령 선거를 앞두고 있었다. 그러나 집권이후 줄곧 국회와 대립관계에 있던 이승만은 간선제가 큰 부담이었다. 국회와의 관계로 볼 때 재집권이 불가능한 상황이었기 때문이다.

결국 이승만과 그 주변세력은 직선제 개헌을 먼저 추진하게 되는데, 이 역시 의결권을 지닌 국회가 반대하는 상황이라 쉽지가 않았다. 실제로 1952년 1월 정·부통령직선제와 양원제 실시를 골자로 하는 개헌안을 국회에 제출했으나 야당의원들의 반대로 부결되기도 했다.

국회를 통한 개헌이 어려워지자 집권세력은 원외세력을 동원하여 국회에 압력을 행사하기 시작했다. 한청(韓靑)과 국민회 등의 친정부단체 회원들과 자유당 당원들을 동원하여 연일 개헌안 부결반대 데모를 하게 했고 국회의원 소환까지 주장하게 했다. 그리고 이러한 압력을 배가하는 방법의 하나로 지방선거를 생각하게 되었다. 주민에 의해 선출된 지방의회가 개헌을 주장하게 되면 집권세력으로서는 큰 힘이 되는 일이었다.

아무튼 1952년 4월 25일, 건국 이후 최초의 지방선거인 시·읍·면의원 선거가 실시되었다. 그리고 15일 뒤인 5월 10일 도의원 선거가 실시되었다. 전쟁 중의 선거라 그 결과는 이미 예견되어 있었다. 여권의 압도적인 승리로 자유당, 한청, 국민회, 노총(勞總) 등 여권조직이 전체 의석의 60%를 차지했다.

선거후 각 지방의회는 예견된 바와 같이 국회해산을 요구하는 결의문을 국회로 보내는 등 국회에 압력을 가했다. 6월 13일에는 전국의 지방의원 2천여 명이 모여 연 사흘간 국회의사당과 대통령임시관저 앞에서 국회해산을 촉구하는 관제데모를 벌이기도 했다.[22] 동시에 집권세력은 경남지역과

---

22) 손봉숙, 앞의 책, p.32.

전북지역의 잔여 공비(共匪)를 소탕한다는 명분으로 계엄령을 선포하고, 일부 국회의원과 공산당과의 관련의혹을 제기하는 등 야당의원에 대한 정치적 압력을 강화시켜 나갔다. 결국 7월 4일, 국회는 정부측 개헌안과 국회측 개헌안을 발췌·종합한 '발췌개헌안'을 통과시켰다. 경찰의 삼엄한 경계 속에 역사상 유래 없는 기립투표가 행해진 결과였다. 우리 지방자치의 한 부끄러운 부분이 그 안에 있었다.

2) 직선 자치단체장 체제로의 전환과 제2차 지방선거

집권세력에 의해 중앙정치적 목적에서 실시된 지방자치는 실시과정에서 많은 문제를 노정했다. 지방의회의 불신임결의권과 자치단체장의 의회해산권이 지나치게 남용되는가 하면, 지방의회는 비능률적인 운영으로 지방자치의 기본정신을 살리지 못하고 있었다. 또 지방의회의 불신임결의를 두려워하는 일부 자치단체장은 지방의원의 이권과 청탁에 매여 집행기관장으로서의 기능을 제대로 수행하지 못하는 경우도 있었다.

이러한 상황을 들어 1955년 말 이승만정부는 지방의회의 자치단체장 불신임권 삭제, 시·읍·면장의 직선제로의 전환을 골자로 하는 지방자치법 개정을 제안하고 나섰다. 제도상 문제가 있는 것도 확실했지만 이승만정부의 이러한 제안에는 그 나름대로의 정치적 계산도 없지 않았다. 즉 1952년의 정·부통령 선거에서 원하는 이상의 결과를 얻었던 집권세력으로서는 자치단체장 직선이 친 이승만 인사의 당선과 정치기반 강화에 더욱 유리하다고 본 것이다.

개정안이 제시되자 적지 않은 비판이 따랐다. 특히 그 권한이 크게 약화되게 되어 있는 지방의회는 강력히 반발했다.[23] 그러나 1956년 2월 10일 국회는 자치단체장의 직선과 지방의회의 **자치단체장 불신임권** 삭제, 지방의원의 임기 축소(4년을 3년으로), 지방의회 회기일수 제한 등의 내용을 담은 개정안을 통과시켰다.

개정안이 통과된 후 이승만정부는 다시 큰 고민에 빠졌다. 개정안이 통과된 지 3개월 뒤 실시된 대통령선거는 자치단체장 직선이 결코 유리하지 않다는 사실을 말해 주고 있었기 때문이었다. 대통령선거에서 이승만은 강력한 야당 후보였던 신익희가 선거 열흘 전 사망한 상황에서도 55.6%의

---

23) 이에 대한 자세한 설명을 위해서는 손봉숙, 앞의 책, p.75 참조.

지지밖에 얻지를 못했다.[24] 1952년의 72%에 비해 20% 가까이 떨어진 수치
였다. 뿐만 아니라 부통령 후보였던 이기붕은 야당 후보인 장면에게 근소
한 차이로 패하고 말았다. 여권으로서는 걱정을 하지 않을 수 없는 상황이
었다. 특히 여촌야도(與村野都)현상, 즉 도시지역에 있어서의 낮은 지지율은
이승만정부로 하여금 선거에 대한 자신을 잃게 하기에 충분했다.

선거에 자신을 잃은 이승만정부는 다시 지방자치법 개정안을 내어 국회
를 통과시켰다. 개정안의 골자는 선거가 실시되는 8월까지 임기가 만료되
지 않은 지방의원과 시·읍·면장은 오는 선거에서 제외한다는 것이었다.
자치단체장의 60%를 유임시키는 조치였다.

선거결과는 여권의 승리였다. 자치단체장 선거의 경우 당선자 580명 중
자유당이 50.3%를 차지했고, 무소속이 46%를 차지했다. 야당인 민주당 당
선자는 모두 10명으로 전체의 1.7%밖에 되지 않았다. 후보등록 방해와 후
보사퇴 압력, 선거운동 과정에서의 관권개입, 투·개표 부정 등 온갖 부정
이 다 저질러진 결과였다.

3) 임명제로의 전환

이승만정부는 제2차 지방선거에서 좋은 결과를 만들어 내기는 했으나
지방정치 및 지방행정에 있어 여전히 마음을 놓을 수 없었다. 제2차 지방
선거의 대상이 되지 않았던 자치단체장의 임기가 계속 도래하고 있었기 때
문이었다. 정치상황 또한 승리를 장담할 수 없는 형편이었다. 특히 도시지
역은 더욱 그러했다. 실제로 1958년 5월의 민의원선거에서 자유당은 이기
기는 했지만 서울을 비롯한 대도시에서 참패했으며, 이후 10월 있었던 대
구시장 선거에서도 민주당에 참패했다.

이에 자유당은 다시 자치단체장을 **임명제**로 전환하는 것을 골자로 하는
지방자치법 개정을 서두르게 된다. 표면적 이유는 첫째, 자치단체장이 반
드시 인물본위로 당선되지 않으며; 둘째, 직원에 대한 인사가 공정하지 못
한 경우가 많고; 셋째, 상급행정기관의 지도·감독을 경시하며; 넷째, 인기

---

24) 신익희(申翼熙) 후보가 사망함에 따라 어느 정도의 득표력을 지닌 야당 후보로
는 사실상 진보당의 조봉암(曺奉岩) 후보만이 남게 되었다. 그러나 진보적 성격
의 후보였던 만큼 대중적 지지를 얻기가 쉽지 않았으며, 후보가 사망한 민주당
측도 조후보를 지지할 수 없음을 밝혔다. 조봉암 후보의 득표율은 19.5%였다.
중앙선거관리위원회, 『대한민국선거사』, 제1집 (1973), pp.477-480.

위주의 정책으로 공정성을 잃는 경우가 많고; 다섯째, 과도한 선거경비로 행정적 낭비가 심하고, 자치단체장 후보들을 둘러싸고 주민들 간의 마찰이 일어나고 있으며; 그리고 여섯째, 시·읍·면에서 처리하는 사무가 대부분 위임사무이며 경비 또한 국고에서 지원되는 형편이라는 것이었다.[25]

그러나 그 실질적 이유는 선거에 대한 자신감 상실이었다. 지방자치법 개정안은 1958년 12월 신(新)국가보안법과 함께 국회를 날치기 통과했다. 3백 명의 무술경위가 국회에 투입되어 보안법 반대투쟁을 하고 있던 야당 의원들을 강제연금 시키고 있는 상태에서 이루어진 일이었다. 야당이 이에 격렬히 항의하고, 사회 각계각층에서 신국가보안법과 함께 개정 지방자치법을 무효화할 것을 촉구하고 나섰다. 하지만 독재에 익숙해진 이승만정부에게는 아무 소용이 없었다.

■ 신국가보안법은 간첩과 이적행위의 범위를 보다 넓게 규정하는 등 국가보안법의 적용대상을 크게 확대하는 내용이었다. 누구든 쉽게 간첩이나 이적행위로 처벌될 수 있게 하는 법이었다. 명분은 간첩들이 워낙 교묘한 방법으로 활동을 하기 때문에 어쩔 수가 없다는 것이었다.

4) 제2공화국의 직선제 환원

4·19혁명 이후 개정된 헌법은 지방자치의 실시에 큰 무게를 두었다. 특히 주목할 부분은 자치단체장의 선임과 관련하여 최소요건을 명시했다는 사실이다. 즉 헌법 제97조 제2항은 자치단체장의 선임방법은 법률로 정하되 적어도 시·읍·면장은 주민이 직접 선출해야 한다고 규정했다. 이승만 정부의 불합리한 행위들에 대한 반작용이었다.

헌법이 개정된 이후 7·29 총선거로 새로이 구성된 국회는 1958년 개악된 지방자치법을 다시 개정하기 위한 작업에 들어갔다. 시·읍·면장을 선출하는 문제는 이미 헌법규정이 되어 있는 바, 별다른 논란이 있을 수 없었다. 지방의원 선출에 대해서도 큰 이론(異論)이 존재하지 않았다. 그러나 도지사와 서울특별시장의 선출과 관련하여서는 국회 내에 상당한 수준의 이견이 존재했다. 4·19정신을 살리고 완전한 지방자치의 실현을 위해 모두 직선으로 선출해야 된다는 주장이 있었는가 하면, 빠른 경제성장에 필요한 통합적 관리체제 마련을 위해 최소한 도지사는 임명직으로 해야 한다는 의견이 맞섰다.

논란 끝에 결국 서울특별시장, 도지사, 시·읍·면장과 지방의원 모두를 주민이 직접 선출하는 제도로 귀결이 되었다. 심지어는 동장과 이장까지 주민이 직접 선출하도록 하였다. 이로써 건국 이래 처음으로 모든 지방정

---

25) 손봉숙, 앞의 책, p.52.

부의 집행기관과 의결기관이 선거에 의해 구성되는 체제가 되었다.

개정된 지방자치법에 의거하여 1960년 12월 12일 서울특별시의원 선거와 도의원 선거가 있었다. 그리고 일주일 뒤인 12월 19일에 시·읍·면장 선거가 있었고, 이어 12월 29일에 서울특별시장 선거와 도지사 선거가 있었다. 선거 결과, 집권당인 민주당이 우세할 것이라는 일반적 예상을 깨고 무소속이 대거 당선되었다. 시·읍·면장 선거와 시·읍·면의원 선거에서는 무소속이 각각 71.5%와 81.2%를 점했다. 민주당이 뿌리를 깊이 내리지 못한 탓도 있겠지만 지역기반이 강한 구 자유당 출신들이 무소속으로 출마하여 당선된 것도 그 한 원인이 되었다.

그러나 이 모든 것은 6개월 뒤에 일어난 5·16 군사 쿠데타와 함께 끝이 나고 말았다. 쿠데타 지휘부는 쿠데타 당일 **군사혁명위원회 포고 제4호**를 통해 전국의 지방의회를 해산시켰다. 그리고 6월 6일 **국가재건비상조치법**을 통해(제20조) 서울특별시장과 도지사 및 인구 15만 이상 시(市)의 시장은 국가재건최고회의의 승인을 얻어 내각이 임명하고, 그 외의 다른 자치단체장은 도지사가 임명하는 체제로 전환시켰다. 지방자치의 전면적 중단이었다.

② 제3공화국 이후의 지방자치

1) 강력한 중앙집권체제로의 회귀

지방의회를 해산하고 자치단체장을 임명체제로 전환한 쿠데타 지도부는 1961년 9월 **지방자치에관한임시조치법**을 통해 지방자치 체계 일부를 개편하는 한편 지방자치의 중단을 다시 한 번 공식화했다.

크게 두 가지 내용을 담고 있었는데 그 하나는 지방자치 체계의 개편과 관련된 내용으로 그동안 지방정부의 지위를 지니고 있었던 읍·면을 일반 지방행정기관으로 전환하고 그 대신 일반 지방행정기관이었던 군(郡)을 지방정부로 전환하는 내용이었다. 선출직이었던 읍·면장은 군수가 임명하도록 하였다. 이른바 **군자치**(郡自治) 체계를 규정한 것이다.

또 하나는 지방자치를 실질적으로 중단하는 내용으로 지방의회의 의결을 요하는 사항은 도와 서울특별시에 있어서는 내무부장관의 승인을 얻어, 시와 군에 있어서는 도지사의 승인을 얻어 시행하도록 하였다. 자치단체장을 임명하게 한데 이어 상급 자치단체장이 지방의회의 기능을 대신하게 한 것이다. 지방자치의 완전한 중단 내지는 해체였다.

군(郡)을 지방정부로 규정하는 데서 볼 수 있듯이 쿠데타 지도부는 지방자치제도나 지방정부의 존재를 부정하지는 못했다. 지방자치가 지닌 민주적 가치와 지역주민의 참여욕구를 무시할 수가 없었기 때문이다. 지방자치제도 자체를 부정하기보다는 정치·사회적 상황을 들어 이를 일시 중단한다는 입장을 취하는 것이 이들로서는 훨씬 유리한 선택이었다.

한 가지 흥미로운 것은 당시 쿠데타 지도부의 이러한 태도는 박정희정부를 넘어 그 이후의 정부에서도 그대로 나타났으며, 심지어 2000년 현재에도 일부 정치지도자나 중앙행정관료 등을 통해 표현되고 있다는 사실이다. 즉 지방자치를 부정하지는 않으면서도 상황논리를 들어 실질적으로 이를 반대하고 저지하는 모습을 보여 왔다.[26]

아무튼 쿠데타 지도부의 이러한 입장은 제3공화국 헌법에 그대로 반영되었다. 헌법에 지방자치에 관한 절(節)을 두어 지방자치제도를 인정했지만, 부칙에 '이 헌법에 의한 최초의 지방의회의 구성시기에 관하여는 법률로 정한다'라고 규정함으로써 별도의 법률이 제정되지 않고서는 지방자치를 실시할 수 없게 하였다. 제3공화국 내내 이러한 법률이 만들어지지 않았음은 물론이다.

박정희정부는 오히려 강력한 개발논리와 함께 대통령을 중심으로 한 중앙집권체제를 강화하는데 역점을 두었다. 경제개발5개년계획 등으로 계획경제의 틀을 확립하고 중앙정부와 지방정부의 전 관료조직을 동원해 이러한 계획을 추진하였다. 부국강병의 논리로 민주주의의 논리를 밀어내고, 경제성장을 통해 쿠데타를 통한 집권과 집권 이후의 권위주의를 정당화하고자 했다.

박정희정부의 권위주의는 1972년의 10월 유신과 함께 제4공화국이 들어서면서 더욱 강화되었다. 대통령 직선이 폐지되고, 국회의원의 3분의 1이 유신정우회(유정회) 의원이란 이름으로 지명되는 체제가 출범하였다. 지방자치 역시 들어설 자리가 없었다. 새로이 만들어진 '**유신헌법**'은 그 부칙에

---

26) 김병준, 『김병준 교수의 지방자치 살리기』(서울: 한울, 2002), pp.169-222 참조.

'**지방의회는 조국통일이 될 때까지 구성하지 아니한다**'라고 규정하고 있었
다. 실시가능성 자체가 부정된 것은 물론이려니와 논의를 하는 것 자체가
터부시되었다.

　그러나 박정희정부가 이러한 권위적인 모습을 보이면 보일수록 지방자
치 실시에 대한 국민적 요구와 기대는 더 커졌다. 비록 드러내 놓고 논의
하지는 못하지만 권위주의 정권에 대한 대안적 장치의 하나가 될 수 있다
는 점에서 그 가치가 더욱 높아져 갔다. 특히 제4공화국 이후 권력형 부
정·부패와 인권탄압 등 권위주의 정부의 폐단이 심화되면서 이러한 현상
은 더욱 강하게 나타났다.

　박정희정부가 무너진 후 들어선 제5공화국의 전두환 정부 역시 거의 같
은 과정을 밟았다. 지방자치를 원천적으로 부정하기보다는 상황논리를 들
어 지방자치를 '연기' 했다. 즉 헌법에 지방자치에 관한 규정을 두면서도,
그 부칙에 지방의회를 '지방자치단체의 재정자립도를 감안하여 순차적으로
구성하되, 그 구성 시기는 법률로 정한다'라고 규정했다. 실시할 의사가 없
음을 분명히 한 것이었다.

　자본주의 화폐경제체제에 있어서는 법인세와 소득세 등 징세에 용이한
세목을 점유하고 있는 중앙정부가 재정확보에 있어 유리한 위치를 점한다.
재산과세 등 신장성(伸張性)이 적은 세목을 중심으로 하는 지방정부는 상대
적으로 불리한 입장에 설 수밖에 없다. 이러한 점에서 중앙정부에 대한 지
방정부의 재정적 의존은 일면 자연스러운 일이 되고, 낮은 재정자립도 또
한 그리 특이한 일이 되지 않는다. 미국과 영국 등 다른 많은 국가에서 나
타나는 현상으로 한국이라는 특정 국가의 특이한 문제가 아니라는 것이다.

　그럼에도 불구하고 재정자립도를 지방자치 실시의 기준으로 삼아 이를
헌법 부칙에까지 규정하였다는 것은 이해될 수 없는 일이었다. 지방자치를
실시하지 않기로 결정한 후 그 명분을 찾기 위해 노력했다고 보는 것이 더
타당한 해석이 된다.

　이렇게 볼 때 전두환 정부 아래에서 행해진 각종의 지방자치관련 준비
작업들은 그 의미를 잃는다. 1985년 **지방자치제실시연구회**를 구성하여 각
국의 지방자치제도를 연구하게 하고, 지방자치 실시에 대비한 지방자치법
개정작업을 하는 등 여러 가지 일을 하였으나 그 진의가 과연 지방자치 실
시에 있었는가는 의문으로 남는다. 다만 한 가지, 지방자치와 관련하여 조

금이라도 긍정적인 부분이 있었다면 정부의 이러한 태도로 제3공화국 출범 이후 처음으로 지방자치에 관한 논의가 어느 정도 활성화될 수 있었다는 점이다.

2) 지방자치법의 전면개정과 지방자치의 부활

대통령 직선제를 규정한 제6공화국 헌법을 통해 들어선 노태우 정부는 전국적으로 일어나고 있는 민주화의 열기를 수용하지 않을 수 없었다. 집권 후 곧 지방자치실시를 전제로 한 지방자치법 전문개정안을 국회에 제출하였고, 제출된 법률안은 1988년 3월 국회를 통과하여 그 다음 달인 4월에 공포되었다.

2008년 현재 운영되고 있는 지방자치법의 기본 틀이 된 이 개정 법률은 서울특별시와 직할시 및 도를 광역지방정부로, 그리고 시와 군 그리고 특별시와 직할시 내의 구(區)를 기초지방정부로 규정했다. 지방정부의 기관구성에 있어서는 자치단체장과 지방의회 모두 선거에 의해 구성되는 **기관대립형**(기관분리형)을 채택했고, 사무배분과 관련하여서는 **예시적 포괄주의 방식**을 채택했다. 이외 지방의원의 임기를 4년으로 하는 등의 내용이 포함되었는데, 이 부분은 이후 자세히 다루어질 내용이므로 이 자리에서는 설명을 하지 않기로 한다.

이 전문 개정된 지방자치법은 법 시행일로부터 1년 이내(1989년 4월 30일)에 시·군·자치구의원 선거를, 그리고 시·군·자치구의원 의회가 구성된 날로부터 2년 이내에 시·도의원 선거를 실시하도록 규정했다. 그러나 여러 가지 정치적 우여곡절 끝에 1991년 3월 26일에 가서야 시·군·자치구의원 선거를 실시하게 되었다. 그리고 약 3개월 뒤인 6월 20일 시·도의원 선거를 실시했다. 5·16 군사쿠데타에 의해 지방자치가 중단된 지 30년만의 일이었다.

자치단체장 선거는 1989년 12월 개정된 지방자치법에 의해 1991년 6월 30일 실시하게 되어 있었다. 그러나 1990년 12월의 제9차 지방자치법 개정을 통해 이를 1992년 6월 30일 실시하는 것으로 연기하였다. 하지만 이 역시 정부·여당의 미온적인 태도와 복잡한 정치일정 등으로 수차례 연기된 후 1995년 6월 27일 지방의원 선거와 함께 치러지게 되었다. 우리 역사상 처음 있는 동시선거였다.

3) 1991년 이후의 전개와 자치와 분권을 위한 개혁

(1) 지방자치에 대한 비판과 냉소

민선체제가 출범하면서 지방자치는 일단 그 형식에 있어 제대로 된 모습을 갖추었다. 그러나 그 내용은 그러하지 못했다. 우선 잘못된 정당구조와 선거문화로 인해 지방정부의 정부구성 자체가 올바른 방향으로 이루어지지 못했다. 자영상공인 출신의 지방의원이 지방의회의 다수를 이루면서 지방의회 자체가 심각한 편향성을 드러내게 되었고, 자치단체장 또한 잘못된 정당구조와 정치문화 아래 주민의 기대와 어긋나는 인물들이 당선되는 경우가 많았다.

지방의회의 무능과 부조리, 자치단체장의 부정과 부패 등이 연이어 문제가 되었고, 급기야는 지방자치를 너무 일찍 시작하였다는 지적과 함께 지방자치 무용론이 등장하기도 했다. 선거 또한 '정권 심판' 등 중앙정치권의 표피적 이슈가 지방의제를 압도하는 상황 속에서 '지방선거'로서의 정체성을 확보하지 못하고 있다. 50% 안팎에 머물고 있는 투표율에서 보는 것처럼 폭넓은 참여를 확보하지 못한 가운데, 또 오랜 병폐인 지역주의가 만연한 가운데, 하나의 정당이 자치단체장과 지방의회 의원직을 모두 장악하는 독점현상이 일어나고 있다.

(2) 지방자치와 분권을 위한 개혁

강한 비판과 냉소 속에서도 지방자치의 기반을 강화하기 위한 노력이 기울어졌다. 지방자치로 인해 발생하는 많은 문제가 지방자치 그 자체의 문제라기보다는 중앙집권 체제 아래 구성된 잘못된 제도와 관행, 그리고 지방정부의 자기통제 능력의 부족에서 온다는 생각에서였다. 또 세계화와 지식정보화가 심화되고 있는 상황에 있어 중앙집권체제는 더 이상 생산적으로 기능하기 어렵다는 판단에서였다.

이러한 노력은 크게 세 가지로 정리할 수 있겠는데, 그 첫째는 지방정부의 구성을 합리화하는 노력이었고, 둘째는 지방정부의 권한을 강화시키기 위한 분권화 노력, 그리고 셋째는 투명화와 주민참여 및 통제 등을 통한 **자기책임성**(自己責任性) 강화 노력이었다.

① 지방정부의 재편과 구성의 변화

먼저 도시지역과 농촌지역을 분리하여 별도의 자치구역, 즉 시·군을 구성해 오던 방식을 탈피해 **도·농통합**의 지방정부를 만드는 노력이 진행되었다. 1992년 경기도 고양군 전체를 도·농 분리 없이 고양시로 개편했으며, 이후 1994년에서 1997년에 이르는 동안 4차례에 걸쳐 농촌지역 지방정부와 도시지역 지방정부를 통합하는 작업이 이루어졌다. 그 결과 1991년 260개에 이르던 기초 지방정부의 수는 1997년 말에 232개가 되었으며, 이후 일부 지방정부가 신설되거나(계룡시, 증평군) 통합 또는 폐지되어(제주시, 서귀포시, 남제주군, 북제주군, 마산시, 진해시, 연기군, 청원군) 2020년 현재 226개에 이르고 있다. 광역지방정부와 관련하여서는 1997년에 울산시가 울산광역시로 개편되었으며, 2006년 제주도가 **특별자치도**가 되면서 시·군 자치제가 폐지되고 도(道) 전체가 단일 광역지방정부로 전환되었다(사잇글 2-4). 그리고 2012년에는 세종특별자치시가 신설되었다.

지방의원 선거제도와 지방의회의 구조에도 일부 변화가 있었다. 대도시를 중심으로 지방의회 의원의 수를 줄이는 작업이 진행되었다. 그 결과 1991년에 5,169명(기초의원 4303명, 광역의원 866명)이었던 지방의원의 수는 2018년에 3,750명(광역의원 737명, 비례대표 광역의원 87명, 지역구 기초의원 2,541명, 비례대표 기초의원 385명)이 되었다. 선거방식 또한 기초의원의 경우 1991년부터 2002년까지 정당이 배제되는 구도였으나 2006년 선거부터 정당공천제도로 바뀌었다. 지역에 따른 특정정당의 지방의회 독점현상을 방지하기 위해 비례대표 제도가 도입되는 변화가 있기도 했다(광역지방의회 1995년, 기초지방의회 2006년).

사잇글 2-4: 제주도를 특별한 곳으로: 제주특별자치도

'제주도에 과감한 분권과 규제완화를 실시하자.' '아예 우리 땅이라고 생각하지 않을 만큼 자유로운 지역으로 만들자.' '1국가 2체제가 될 수도 있고 영어를 공용어로 쓰는 지역이 될 수도 있겠지만, 이것이 결국은 우리사회 전체의 경쟁력을 강화하는 계기와 환경을 마련할 것이다.'

이러한 생각들로 제주특별자치도 프로젝트가 시작되었다. 이 프로젝트는 곧 참여정부의 로드-맵 과제가 되고 또 국정과제, 즉 정부가 가장 우선하여 추진할 과제가 되었다. 목표는 네가지였다. 분권화와 규제완화는 기본적인 목표가 되었고, 이를 통해 관광·의료·교육 등의 서비스산업을 육성하고, 또 다시 이를 통해 다시 제주도를 지역균형발전의 한 축으로 만든다는 목표가 부가되었다.

2005년 7월 총리실에 추진기획단이 만들어졌다. 그리고 2006년 2월 제주도를 특별자치도로 만들기 위한 법률이 국회를 통과하였다. 당연히 우여곡절이 많았다. 기능과 권한 이양에 소극적인 중앙부처를 독려해야 했고, 교육과 의료시장의 변화와 개방을 반대하는 인사들과 부딪쳐야 했다. 제주도는 또 그 나름대로 큰 시련을 겪었다. 스스로 주민투표를 통해 시·군 자치를 폐지하고 제주도를 단일 광역지방정부로 만드는 일을 성사시켰는데, 이 과정에서 지역사회가 분열되는 고통을 겪었다.

우여곡절 끝에 2006년 2월 제주도를 특별자치도로 만들기 위한 법률이 마련되었고, 같은 해 7월 시·군단위의 지방정부가 없는 단일 광역지방정부의 제주특별자치도가 출범하였다. 다른 광역지방정부와 달리 중앙정부의 일선기관인 특별지방행정기관의 업무가 대부분 제주특별자치도로 이관되었고, 자치경찰 등 다른 광역지방정부에 주어지지 않은 권한이 주어지기도 했다.

그러나 제주특별자치도는 여전히 갈 길이 멀다. 여전히 분권과 규제완화에 있어 의도된 목표와 크게 떨어져 있기 때문이다. 기능 하나하나, 권한 하나하나에 이해관계가 걸려있는 만큼 기본적인 틀을 갖추긴 하였으나 실제 법령 하나하나를 고쳐나가는 작업이 쉽지 않은 것이다. 우리 모두 '1국가 2체제면 어떠냐'는 식의 과감한 발상을 해볼 수는 없을까?[27]

② 분권화

지방정부의 권한과 재정적 역량을 강화시키는 노력도 이루어졌다. 이 부분에 있어서는 김대중 대통령의 '국민의 정부'와 노무현 대통령의 '참여정부'의 역할이 컸다. 국민의 정부는 1999년 대통령 직속 **지방이양추진위원회**를 설치하여 분권화 작업을 가속화했다. 또 참여정부는 2003년 이와 별도로 대통령 자문 **정부혁신지방분권위원회**를 구성하여 분권화 종합대책인 **'지방분권 로드맵**(road-map)'을 내어놓았다.[28] 2004년에는 이를 추진하기 위한 법적 기반으로서의 **지방분권특별법**을 제정하기도 했다.

그 결과 이 기간 동안 적지 않은 변화가 있었다. 참여정부 마지막 해인 2007년 말 내국세의 13.27%에 불과하던 지방교부세가 19.24%로 늘어나는 등 지방재정 기반이 대폭 강화되었다. 또 주민투표제와 주민소환제를 정착시키는 등 참여기반이 대폭 강화되었으며, 제주도를 특별자치도로 개편해 자치경찰권을 행사하게 하는 등 지방자치단체에 대한 권한과 사무의 이양

■ 로드맵(road map)은 특정 사안과 관련된, 또 집행과정에서 영향을 미칠 수 있는 여러 주체들과 함께 작성하거나 이들의 입장과 의견을 크게 반영한다는 점에서 정부가 일방적으로 작성하는 계획과 다르다.

27) 정책기획위원회, 「제주특별자치도: 지방분권과 시장경제의 새로운 실험」, 참여정부 정책보고서 3-16 (2008) 참조.

28) 자세한 내용을 위해서는 정부혁신지방분권위원회, 「참여정부의 혁신과 분권」 (2007), pp.118-200 참조.

도 비교적 활발하게 이루어졌다.[29]

이후 들어선 이명박정부도 지방이양추진위원회와 정부혁신지방분권위원회를 통합한 **지방분권촉진위원회**를 통하여 이러한 작업을 계속했으며, 2013년 출범한 박근혜정부 역시 이를 **지방자치발전위원회**로 개편하여 이러한 작업을 해 나갔다. 그러나 지방분권과 지방자치 발전에 대한 정부의 의지는 크게 약화되었고, 그 결과 눈에 띄는 성과를 내지는 못하였다.

2017년 출범한 문재인정부는 지방자치와 지방분권 문제에 있어 참여정부의 정신을 잇는다는 입장을 표방하고 있다. 출범 다음 해에는 이명박정부의 지방자치발전위원회를 **자치분권위원회**로 개편한 후, 일본이 1995년 제정한 **지방분권일괄법**을 본딴 **지방이양일괄법**을 제정하기도 했다. 또 2020년 말에는 지방자치법 전면개정을 통해 지방정부와 지역주민의 기관구성 권한과(제3편 제1장 제2절 참조) 지방의회의 입법권 등을 강화하는 조치를 하기도 했다.

그러나 이 정부 역시 지방분권과 지방자치에 대한 의지는 '국민의 정부'나 '참여정부'에 비해 크게 떨어지는 것으로 나타나고 있다. 우선 사무와 권한 이양의 실질적 성과가 낮기 때문이며, 2020년의 지방자치법 개정도 중요한 내용은 별도의 법이 제정되어야 시행될 수 있거나,[30] 지방정부가 가진 기존의 권한을 다시 한 번 확인하는 수준에 그치고 있기 때문이다.[31] 다만 기관구성 형태를 다양하게 할 수 있는 가능성을 열었다는 점에서, 또 특별지방정부 설립의 법적 근거를 마련했다는 점 등에서 분권화와 관련된 나름의 의의를 갖는다고 할 수 있다.

---

29) 주로 단위 사무위주의 지방이양 작업을 한 지방이양추진위원회도 참여정부 기간 동안 1,481건의 사무를 지방이양 대상으로 확정했고, 이 중 1,189건을 이양 완료하였다. 지방이양추진위원회 내부자료.

30) 일례로 제4조에 지방자치단체의 기관구성을 다양하게 할 수 있다고 했으나, '따로 법률이 정하는 바에 따라'라고 되어 있다. 제4조(지방자치단체의 기관구성 형태의 특례) ① 지방자치단체의 의회(이하 "지방의회"라 한다)와 집행기관에 관한 이 법의 규정에도 불구하고 **따로 법률로 정하는 바에 따라** 지방자치단체의 장의 선임방법을 포함한 지방자치단체의 기관구성 형태를 달리 할 수 있다.

31) 일례로 제28조의 지방의회 조례제정권 확대 부분을 보면, 법령에서 조례로 정하도록 위임한 사항에 대해 법령의 하위법령에서 위임내용과 범위를 제한하거나 직접 규정하지 못하게 했는데, 이는 현행법체계상 당연한 것을 다시 한 번 정리한 수준을 넘지 않는다.

③ 투명성 강화와 참여확대: 자기책임성의 제고

투명성 강화, 주민참여와 주민통제 강화 등을 통한 지방정부의 지기책임성 강화, 즉 중앙정부의 통제가 아닌 지방정부 스스로의 통제 메커니즘에 의해 책임을 다할 수 있도록 하는 노력도 있었다. 지방의회가 구성된 직후인 1992년 청주시가 **정보공개제도조례**를 만든 이후 유사한 노력이 전국 지방정부로 확산되었다. 그리고 1999년에는 일정 수 이상의 주민이 지방정부의 업무와 관련하여 상급 지방정부(시·군·자치구의 경우)나 관계 중앙부처의 장관에게(시·도의 경우)감사를 청구할 수 있는 **주민감사청구제도**가 도입되었다. 모두 지방정부의 투명성을 높이는 한편 주민에 의한 통제를 강화하기 위한 노력들이었다.

보다 직접적인 통제와 참여확대를 위한 노력으로 1998년 **주민발의** 제도라 할 수 있는 **주민조례 제·개정 청구제도**가 도입되었다. 2004년에는 지방자치법에만 규정된 채 시행을 위한 법률이 제정되지 않아 실시에 옮겨지지 못하고 있는 **주민투표** 제도가 시행되게 되었다. 그리고 2006년에는 주민이 주민감사청구의 결과를 근거로 지방정부를 상대로 소송을 제기할 수 있는 **주민소송** 제도와, 주민이 선출직 공직자를 해임할 수 있는 **주민소환** 제도를 도입하였다.[32] 또 2020년의 지방자치법 '전부개정'에서는 상징적 조항이기는 하지만, 지방자치법 제1조에 이 법의 목적 중 하나가 주민의 지방자치행정 참여에 관한 것을 규정하는 것이라는 점을 밝혀, 지방자치에 있어 주민참여의 중요성을 강조하였다.[33] 이어 주민의 참정권을 강화할 목적으로 자치단체장에게만 제출할 수 있도록 되어 있는 조례제정안과 개정 및 폐지안을 지방의회에도 제출하게 하였으며, 주민감사를 청구하기 위한 서명인 수의 상한을 낮추고, 청구권 기준 연령도 18세로 낮추어 공직선거

---

32) 2006년 7월 1일 제주특별자치도가 출범하면서 제주도에 시범실시되었고, 다른 지역은 이후 국회입법과정을 거쳐 2007년 1월 1일부터 실시되었다.

33) 2020년 전부개정 후의 지방자치법 제1조: 제1조(목적) 이 법은 지방자치단체의 종류와 조직 및 운영, **주민의 지방자치행정 참여에 관한 사항과** 국가와 지방자치단체 사이의 기본적인 관계를 정함으로써 지방자치행정을 민주적이고 능률적으로 수행하고, 지방을 균형 있게 발전시키며, 대한민국을 민주적으로 발전시키려는 것을 목적으로 한다. 전부개정 이전의 지방자치법 제1조: 제1조(목적) 이 법은 지방자치단체의 종류와 조직 및 운영에 관한 사항을 정하고, 국가와 지방자치단체 사이의 기본적인 관계를 정함으로써 지방자치행정을 민주적이고 능률적으로 수행하고, 지방을 균형있게 발전시키며, 대한민국을 민주적으로 발전시키려는 것을 목적으로 한다.

법과 균형을 맞추는 등의 개정을 하였다.

이러한 노력이 이루어지는 과정에 적지 않은 논란이 있었다. 각 정당과 정부, 지방정부와 지방의회, 그리고 시민단체와 학계 간의 긴 논쟁과 다툼이 있기도 했다. '**법정 4단체**'로 불리는 전국시·도지사협의회와 전국시장·군수·구청장협의회, 그리고 전국시·도의회의장협의회와 전국시·군·구의회의장협의회는 분권화 촉진을 위한 지속적인 움직임을 보였다. 경제정의실천연합과 YMCA 등의 시민단체 등은 분권화 촉진을 위해 중앙행정부와 국회를 압박하는 한편, 지방정부에 대한 감시와 통제를 강화하는 이중의 역할을 했다.

이에 반해 일부 중앙정부 관료와 국회의원 등을 포함한 중앙집권 지향세력은 그들 나름대로 분권화의 흐름에 제동을 걸기 위해 노력했다. 교육자치와 경찰자치 문제, 지방선거에 있어 정당참여의 문제 등 지방자치와 분권과 관련된 중요한 사안마다 서로의 입장이 부딪쳤다. 오늘의 제도와 관행은 상당부분 이러한 논란과 논쟁의 결과이다.

제 3 절 맺는 말

조선시대에서부터 일제 점령기와 미군정기를 거쳐 오늘에 이르기까지 우리사회에서는 지방자치에 대한 강한 의지가 표현되어 왔다. 특히 중앙정부의 권력이 반민주적 성격을 띠고, 또 자의적으로 행사되는 경우에는 더욱 그러했다. 자치구도의 확립을 통한 참여보장을 요구하기도 하고, 이러한 요구가 받아들여지지 않는 경우에는 저항적 성격의 자치기구를 스스로 만들기도 했다. 고려말기와 조선조초기의 유향소와 조선말기의 민회, 그리고 일제 점령기의 농민조합운동이나 제3공화국 이래 전개되어 온 민주화운동 등이 모두 그러한 맥락에서 이해될 수 있다.

지방자치에 대한 지역사회와 국민의 요구에 대해 중앙집권지향 세력은 때로 수용적 자세를 취하기도 했다. 그러나 많은 경우 이를 억압하거나, 아니면 기만적 형태의 수용을 통해 참여욕구를 약화시켜 왔다. 그 결과 우리의 지방자치는 올바른 모습을 드러나지 못하고 굴절되고 왜곡된 형태로 나타나곤 했다. 사무와 재정이 제대로 배분되지 않은 상태의 이름뿐인 지방 자치가 되는가 하면, 잘못된 선거제도와 운영으로 정치적 냉소의 골을 더 깊게 만들기도 했다. 긴 논란 끝에 자치의 영역이 조금 넓어지면 그 공간 은 곧 양반, 친일파, 친여 관제세력, 또는 중상층 이상의 보수적 자영상공 인 등의 장(場)이 되곤 했다.

21세기를 넘는 시점에 있어 지방자치는 과거 어느 때보다 중요한 의미 를 갖는다. 세계화와 함께 국가체제가 약화되어 가는 상황에 있어 지방자 치는 민주성과 행정적 효율의 관점을 넘어 사회전반의 경쟁력을 강화하기 위한 전략적 가치까지 지니게 되었다. 어떻게 하면 넓게 퍼져있는 지방자 치에 대한, 그리고 자치단체장과 지방의회에 대한 강한 냉소와 비판의 벽 을 넘어설 수 있을까? 또 어떻게 하면 중앙집권지향 세력의 반대와 방해를 이겨낼 수 있을까? 그리하여 우리의 지방자치를 바로 세울 수 있을까? 지 방자치와 분권의 역사가 오늘을 사는 우리에게 묻는 질문이자 과제이다.

제**3**편

자치조직: 지방정부(지방자치단체)의 형태, 계층, 구역

제 **1** 장

지방정부의 종류와 형태

제**1**절 **지방정부의 의미와 종류**

1 지방정부의 의미

　지방정부란 국가로부터 자치권을 부여받아 국가 내의 일정한 지리적 범위, 즉 일정 지역을 관할구역으로 공적 권한을 행사하는 공공단체 또는 기구를 의미한다.[1]

---

1) 제1편 제1장에서도 설명을 하였지만 지방자치단체는 다소 법률적이고 정태적인 뉘앙스를 가지고 있는 반면, 지방정부는 정치사회학적 개념으로 다소 동적인 느낌이 강하다. 그러나 그 차이가 어떠하건 간에 대다수의 학자와 실무자들 사이에서는 두 개념이 혼용되고 있다. 미국의 경우를 이야기할 때는 '지방정부'를 사용하고, 우리나라와 일본 등을 이야기할 때는 '지방자치단체'를 사용하는 경향이 있기도 하다. 사전적 의미에 있어서도 두 개념은 큰 차이가 없다. 예컨대 일반 국민들 사이에 그 이용도가 매우 높은 '다음(Daum)'과 '네이버(Naver)'의 국어사전은 지방정부를 '지방자치단체를 중앙정부에 상대하여 부르는 말'로 정의하고 있다. 결국 선택의 문제라 할 수 있는데, 이 책에서는 우리나라의 법령을 소개하는 경우 등 특별한 경우가 아니고서는 '지방정부'를 사용하기로 한다. 미국 등 지방자치단체라는 말을 거의 사용하고 있지 않은 국가들을 소개하는 경우가 많기 때문이다. 참고로 이 책의 저자 또한 1994년 처음 출판된 『한국지방

이것은 첫째, 국가 내의 일정 지역을 그 관할구역으로 하는 '지역단체 또는 지역기구'로서의 성격을 지니고 있다. 이 점에 있어 전국을 관할구역으로 하는 중앙정부와 다르다.

둘째, 계약을 맺고 재산을 소유하는 등 법률적 권리와 의무의 주체가 되는 법인 또는 그에 준하는 격을 지니고 있다. 이 점에 있어 법인격이 없고, 그 자체로서 이러한 권리와 의무의 법적 주체가 될 수 없는 중앙정부의 지역단위 하부행정기관(예: 지방 국세청, 지방 환경청 등)과 구별된다.

그리고 셋째, 지방정부는 관할지역 내의 주민과 단체 그리고 재산에 대해 강제력을 행사할 수 있는 통치기구로서의 성격을 지니고 있다. 즉 규제를 하고 세금을 거두어들이며, 때로는 경찰기능과 사법기능까지 행하기도 한다. 이 점에 있어 지방정부는 기업이나 학교 등과 같은 사적(私的) 기구와 구별된다.

지방자치에 있어 지방정부의 존재는 필수적이다. 어떠한 경우에도 지방정부가 없는 지방자치는 성립되지 않는다. 지방정부 없이는 자치권 자체를 부여받을 수도, 행사할 수도 없기 때문이다. 우리나라도 헌법 제117조 1항을 통해 지방정부의 존재를 인정함과 동시에 그 권한의 기본적 범위를 설정하고 있다.[2]

2 지방정부의 종류

1) 보통지방정부

(1) 보통지방정부의 의미

지방정부는 그 존립취지와 대상사무의 범위에 따라 보통지방정부(보통지방자치단체, general-purpose local government)와 특별지방정부(특별지방자치단체, special-purpose local government, special district)로 나누어진다.

자치론』(서울: 법문사)에서는 지방정부가 아닌 지방자치단체라는 개념을 사용했다. 우리나라의 지방자치를 주로 설명하는 책에서는 지방자치단체라는 개념이 독자들에게 보다 편하게 느껴질 것이란 생각에서였다.

2) 헌법 제117조 1항: '지방정부는 주민의 복리에 관한 사무를 처리하고 재산을 관리하며, 법령의 범위 안에서 자치에 관한 규정을 제정할 수 있다.'

보통지방정부는 그 존립목적이나 수행하는 기능이 포괄적인 지방정부를 의미한다. 즉, 교통·환경·주택·복지 등 지역주민의 생활과 관련된 사무 전반에 대해 종합적인 기능을 수행하는 지방정부이다. 우리나라의 경우 서울특별시나 경기도 등과 같은 시·도와, 경기도 수원시와 강원도 홍천군 그리고 대구시 달서구 등과 같은 시·군·자치구들이 이에 해당된다.

제1편 제1장에서 설명한 바 있지만 보통지방정부는 자치정부의 지위만을 지니는 경우도 있고, 이에 더해 중앙정부의 지역단위 종합행정기관으로서의 지위를 같이 지니는 경우도 있다. 영국과 미국 등 **주민자치**의 전통이 강한 국가들이 앞의 경우이고, 독일과 프랑스 그리고 우리나라와 일본 등 **단체자치**의 경향이 강한 국가들이 뒤의 경우에 속한다.

일반적으로 지방정부라 하면 이 보통지방정부를 의미한다. 이 책 전체와 이 장(章)에 있어서도 특별한 설명이 없는 한 지방정부는 곧 보통지방정부를 의미한다.

(2) 보통지방정부의 종류: 광역지방정부와 기초지방정부

보통지방정부는 그 창조주인 중앙정부와 상하관계에 놓이게 된다. 그리고 이러한 관계는 **단층제**(single tier system) 또는 **중층제**(multi-tier system)로 나타난다. 단층제라 함은 중앙정부 아래 지방정부가 한 층만 존재하는 경우를 말한다. 중층제라 함은 지방정부가 두 개 또는 그 이상의 층을 이루는 경우를 말하는데, 보통 두 개 층을 이루어지지만 나라에 따라서는 세 개 또는 그 이상의 층을 이루는 경우도 있다.[3]

중층제가 운영되는 경우 계층상 제일 아래에 있는 지방정부를 **기초지방정부**(기초자치단체, municipality, municipal government, commune, lower tier local government, 등)로 부른다. 그리고 그 위, 즉 중앙정부와 기초지방정부 사이에 위치하는 지방정부를 **광역지방정부**(광역자치단체, regional government, provincial government, upper tier local government, 등)라 부른다. 우리나라에

---

3) 대표적인 예로는 1955년 이전의 유고슬라비아(Yugoslavia)체제를 들 수 있다. 당시 유고슬라비아는 도(provinces) 아래에 구(districts), 그 아래에 코뮌(communes), 다시 그 아래에 인민위원회(people's committees)로 연결되는 4층제를 운영했다. 이 제도는 1955년에서 1966년 사이 코뮌 단일체제로 전환되었다. B. C. Smith, *Decentralization: The Territorial Dimension of the State* (London: George Allen and Unwin, 1985), p.126.

서는 기초지방자치단체 또는 기초자치단체, 그리고 광역지방자치단체 또는 광역자치단체가 일반적인 용어로 사용된다.

2) 특별지방정부

(1) 의 미

특별지방정부(특별지방자치단체)는 말 그대로 수행하는 기능이나 사무가 특별한 지방정부(a separate local government that delivers public services to a particular area)를 말한다.[4] 광범위한 영역에 걸쳐 종합적인 기능을 수행하는 보통지방정부와 달리 상·하수도, 하천관리, 소방, 도서관, 공원, 주택, 방역 등의 특정한 기능을 수행한다.[5] 통상 복수의 지방정부에 의해 설립이 되나, 때로는 중앙정부와 상급 지방정부, 그리고 단수의 지방정부에 의해서도 설립된다. 또 더 나아가서는 주민과 지역사회 안팎의 이해관계자들이 그 설립을 주도하기도 한다.

특별지방정부의 운영은 이사회(board)나 운영위원회 형태의 결정기구 등을 통해서 이루어진다. 주로 선거를 통해 구성되는 보통지방정부의 운영진과 달리 특별지방정부의 운영진은 다양한 방식에 의해 선임된다. 지방정부와 중앙정부 등 특별지방정부를 설립한 설립주체에 의해 임명되기도 하고, 주민에 의해 직접 선출되기도 한다. 운영책임자 또한 다양한 방식에 의해 선임된다. 이사회 내부에서 호선되기도 하고 설립주체에 의해 임명되기도 한다. 드물게는 주민에 의해 직접 선출되기도 하며,[6] 이사회 혹은 운영위원회가 외부 전문가를 영입하여 임명하기도 한다. 보통지방정부와 달리 매우 다양한 방식에 의해 운영주체가 결정된다는 뜻이다.

---

4) Kimia Mizany & April Manatt, *What's so special about special districts?*, A report to the Senate Local Government Committee, the State of California, Feb. 2002, pp.2-4.

5) 특별지방정부의 기능, 특히 미국의 special district의 기능을 보기 위해서는, US Census Bureau, "From Municipalities to Special Districts, Official Count of Every Type of Local Government in 2017 Census of Governments," Oct. 29, 2019. accessed June 25, 2020, https://www.census.gov/library/stories/2019/10/are-there-special-districts-in-your-hometown.html.

6) John Kincaid, Overview of Local Governments, Roger L. Camp, ed., *Forms of Local Government* (Jefferson, North Carolina: McFarland & Company, Inc., Publishers, 2007), pp.4-5.

(2) 특 성

특별지방정부는 여러 가지 점에서 보통지방정부와 같은 특성을 지니는데, 우선 법인격을 지니는 점이 그러하다. 보통지방정부와 같이 법인격을 지님으로써 자치권을 부여받을 수 있는 법적 주체가 되며, 재산을 소유하고 소송의 당사자가 될 수 있다. 둘째, 기업이나 시민단체와 같은 사적 단체나 기구들과 달리 정부기관으로서의 지위를 갖는다. 일정한 공적 권한을 행사할 수도 있다는 뜻이다. 그리고 셋째, 일정한 수준의 자치권을 지닌다. 일정한 제약이 따르기는 하지만 조직을 만들어 운영하는 권한, 스스로 생산하여 판매하는 서비스의 가격을 책정할 수 있는 권한, 예산을 편성하여 집행하는 권한 등을 가진다.

그러나 다른 한편으로 다음과 같은 점에서 보통지방정부와 구별된다. 첫째, 보통지방정부가 지방자치에 있어 필수적 존재임에 비해 특별지방정부는 일종의 부가적이고 보조적인 의미를 지니는 존재이다. 즉 지방자치의 운영과 사무 처리의 합리성과 효율성을 높이기 위해 고안된 제도이지 지방자치를 실시하기 위해 반드시 존재해야만 하는 기구는 아니다. 실제로 미국과 일본 등의 국가에서는 그 활용도가 매우 높으나 우리나라에서는 그 필요성이 제기되고 있었음에도 불구하고 지방정부로서의 법적 지위와 권한을 가지는 특별지방정부는 설립되지 않고 있었다.[7] 2020년 말의 지방자치법 개정(2022년 1월 시행)으로 비로소 이러한 지위와 권한을 가지는 특별지방정부의 설립이 가능해졌는데 이 부분은 곧이어 설명하기로 한다.

둘째, 통치기구로서의 성격을 지니고 있는 보통지방정부와 달리 특별지방정부는 주로 서비스기관으로서의 성격을 지닌다. 통치기구가 아닌 만큼 통상 경찰권이 없으며, 특별한 경우가 아니면 조세권도 부여되지 않는다.[8] 당연히 운영에 필요한 재정도 조세수입보다는 이용료와 수수료, 그리고 설립주체들로부터 오는 지원금 등을 통해 확보한다.[9] 조세수입이 재정의 일

---

[7] 개정 이전의 지방자치법에 규정된 지방자치단체조합을 특별지방자치단체로 해석하는 경우가 없지는 않다. 그러나 이를 특별지방자치단체로 보는 것은 무리가 있다. 자치단체라 할 수 있는 권한과 위상을 보장받기 위해서는 법률적 보장이 있어야 하는데 이와 관련된 아무런 규정이 없었기 때문이다.

[8] 과세권을 지닌 특별지방정부의 예는 MRSC, State of Washington, "Special Purpose District Revenue Sources," last modified Oct. 24, 2019. accessed June 25, 2020. http://www.mrsc.org/subjects/governance/spd/SPD-Revenues.aspx#Regular (2008).

부분을 차지할 수도 있지만, 이 경우도 직접 조세권을 행사해서 확보하기보다는 조세권을 가진 보통지방정부를 통해 확보하는 것이 상례이다.

그리고 셋째, 관할구역은 보통지방정부의 구역과 관계없이 결정된다. 즉 수행하는 기능의 특성과 설립 주체의 의사에 따라 특정 지방정부의 일부 지역이 될 수도 있고, 여러 지방정부의 행정구역을 포괄하는 구역이 될 수도 있다.

(3) 형 태

특별지방정부는 수행하는 사무와 기능의 범위와 폭에 따라 단일목적 특별지방정부(single-purpose special district)와 복수목적 특별지방정부(multi-purpose special district)로 나누어진다. **단일목적형**은 소방이면 소방, 구급업무면 구급업무 하나만을 수행하는 경우를 말하고, **복수목적형**은 이러한 사무를 두 가지 이상 같이 수행하는 경우를 말한다.[10]

특별지방정부는 또 업무의 내용과 성격에 따라 **기업형**(enterprise)과 **비기업형**(non-enterprise)으로 나눌 수 있다. 기업형은 가스와 전기 등 재화와 서비스를 개별 판매하는 형태의 특별지방정부를 말하고, 비기업형은 소방과 보건위생 등 전체 지역사회와 주민들을 위한 서비스를 개별 판매가 아닌 형태로 제공하는 특별지방정부를 말한다.

아울러 특별지방정부는 그 설립주체들과의 관계를 기준으로 **독립형**(independent)과 **종속형**(dependent)으로 구별된다. 독립형은 설립주체들로부터 비교적 자유로운 상태에서 스스로 그 운영을 책임져 나가는 형태이고, 종속형은 설립주체의 강한 통제와 지도·감독 아래 그 운영을 해 나가는 형태이다. 극단적으로는 그 수장을 주민이 직접 선출함으로써 높은 운영상의 독립성을 확보하는 경우가 있는가 하면, 설립주체의 주요인사가 운영책임을 맡아 설립주체의 보조기관으로 전락시키는 예도 있다.

---

9) 미국의 경우 2002년 현재 특별지방정부의 수입의 25.4%가 연방정부와 보통지방정부의 지원금이며, 24.7%가 제공하고 있는 서비스의 판매수입이다. 그 외 이자수입과 재산매각 수입, 수수료 등이 38%이다. 조세수입은 전체 수입의 11.9%에 불과하다. The US Census Bureau, *Government Census 2002, Vol. 1, No. 1: Government Organization* (Dec. 2002)의 Table 5: Special Purpose Local Governments by State: 1952 to 2002 참조.

10) 특별지방정부의 형태와 관련하여서는 Kimia Mizany & April Manatt, 앞의 보고서 참조.

이외에도 설립주체가 단수냐 복수냐에 따라 단일주체 특별지방정부와 복수주체 특별지방정부로 나눌 수 있다. **단일주체형**은 중앙정부나 단일의 보통지방정부에 의해 설립되는 형태를 말하고, **복수주체형**은 둘 이상의 주체에 의해 설립되는 형태를 말한다. 복수주체의 경우 공동출자·공동경영의 조합의 성격을 지니는 경우가 많고, 단일주체의 경우에는 설립주체의 영향이 강한 가운데 설립주체와의 긴밀한 기능적 관계가 강조되는 경향이 있다.

(4) 설립배경: 장점과 단점

특별지방정부를 설립하는 이유는 여러 가지 이다. 첫째, 광역행정 문제를 합리적으로 해결하기 위한 수단이 되기 때문이다. 지방정부가 해결해야 할 문제 중에는 인근지역의 지방정부와 공동으로 처리하지 않으면 안 되는 문제들이 많다. 홍수문제와 상·하수도 문제 등은 그 대표적인 예가 된다. 바로 이러한 문제들을 처리하는데 있어 특별지방정부는 중요한 수단이 된다.

둘째, 특별지방정부는 사무처리에 있어 경제성과 효율성을 높이는데 기여할 수 있다. 지방정부가 수행하는 행정기능이나 사무는 그 나름대로의 경제적 규모(economic size)를 지니고 있다. 어떤 사무는 인구가 100만 정도일 때 경제성이 가장 높은 반면, 어떤 사무는 인구가 10만일 때 경제성이 가장 높다. 그러나 지방정부의 규모는 고정되어 있는 바, 이러한 경제규모를 따라 늘였다 줄였다 할 수 없다. 그러나 특별지방정부를 활용하면 이 문제를 크게 완화할 수 있다. 특별지방정부의 구역은 설립 주체의 의지에 따라 규모를 달리할 수 있기 때문이다.

셋째, 사무처리 및 관리상의 탄력성을 확보할 수 있다는 점도 특별지방정부 설립의 중요한 이유가 된다. 특별지방정부는 운영상의 자율적 권한을 바탕으로 보통지방정부의 관료조직으로서는 확보하기 힘든 전문인력을 효과적으로 충원할 수 있으며, 조직관리에 있어서도 보다 높은 탄력성을 지닐 수 있다. 또 보통지방정부에 적용되는 기채 한도액을 피할 수 있는 등 재정운영에 있어서도 보다 탄력적일 수 있다. 실제로 공무원 수의 제한이나 예산의 제한 등 지방정부 운영상의 여러 가지 제약을 피하기 위해 특별지방정부를 수립하는 예가 적지 않다.[11]

그러나 이러한 설명에 반해 우려와 비판을 제기하는 사람들도 많다. 설립주체 및 운영주체간의 마찰로 기능이 원활하게 수행되지 못하는 일이 많은가 하면, 경영주체가 명확하지 않아 방만한 경영이 이루어지는 사례 또한 적지 않다. 보통지방정부의 집행기관장이나 의결기관과 달리 주민의 직접적인 통제에서 벗어나 있는 것도 문제가 될 수 있고,[12] 임원과 직원의 인사가 정치적인 목적에 의해 이루어질 수 있다는 우려도 있다.

(5) 활용 추세

특별지방정부는 미국 일본 영국 등을 비롯한 많은 나라에서 적극적으로 활용되어 왔다.[13] 2017년 미국 통계청(US Census Bureau)의 센서스 조사에 의하면 미국 내 특별지방정부의 수는 그 해 현재 학교구(school district)를 제외하고도 38,542개에 달하고 있다. 1952년 1만2천여 개와 1982년의 2만8천여 개에 비해 크게 늘어난 숫자이며, 38,779개에 달하는 보통지방정부와 맞먹는 숫자이다(사잇글 3-1).[14]

일본의 경우 특별지방정부는 재산구(財産區), 지방개발사업단, **사무조합** 등의 형태로 존재하고 있는데 **일부사무조합**이 그 가장 대표적인 형태이다. 일부사무조합은 지방정부들이 환경·위생업무와 방재업무, 그리고 후생·복지 업무 등을 공동으로 처리하기 위해 만들어진 것으로 그 수가 최고점에 달했던 1974년에는 3천여 개가 존재했다.

이후 일부사무조합은 그 수가 줄어 2017년 현재 1,320개를 기록하고 있다.[15] 그러나 이는 하나의 사무만을 수행하던 단일사무조합이 여러 개의

■ 일본 지방자치법은 동경도 안에 있는 23개의 특별구도 재산구, 지방개발사업단, 사무조합 등과 함께 특별지방공공단체로 분류하고 있다.

---

11) 이에 대한 논쟁은 Barbara Coyle McCabe, Special-District Formation Among the States, *State and Local Government Review*, Vol. 32, No. 2 (Spring 2000), pp.121-131 참조.

12) 위의 논문, pp.130-131.

13) 특별지방정부는 다양한 내용을 담고 있는 만큼 명칭 또한 다양한 형태로 나타난다. 미국의 경우 특별지방정부(special district)로 통칭되며, 기능과 성격에 따라 'Board', 'Public Authority', 'Authority', 'District' 등의 명칭을 지니고 있다. 영국의 경우에는 'Joint Board', 'Joint Committee', 또는 '*Ad hoc* Authority' 등의 형태로 나타난다. 정세욱, 『지방자치학』 (서울: 법문사, 2000), pp.443, 449 참조. 일본은 조합, 구(區-예: 財産區), 단(団-예: 地方開發事業團) 등의 이름을 지니고 있다.

14) The U.S. Census Bureau, *2017 Census of Governments*(2019).

15) 일본 總務省, "一部事務組合等の設置目的別団体数の推移," 總務省 Homepage. 2020년 6월 20일. https://www.soumu.go.jp/menu_seisaku/hakusyo/chihou/30data/2018

업무를 함께 수행하는 복합사무조합으로 통합되면서 그 수가 줄었을 뿐 특별지방정부로서의 사무조합에 대한 관심은 매우 높다. 1995년부터는 다양한 내용의 사무를 같이 처리할 수 있는 **광역연합** 제도를 도입하여 운영하고 있기도 하다.[16] 1998년에 14개에 불과했던 광역연합의 수는 2002년에는 72개로 늘어났고, 2004년에는 다시 82개로 늘어났다. 2020년 현재에는 90개에 이르고 있다.[17]

영국도 오랜 특별지방정부의 역사를 가지고 있다. 1835년 만들어져 1930년 공식 폐지될 때까지 구빈활동과 위생업무(sanitary) 추진의 축이 되었던 **구빈조합**(Poor Law unions)과, 1862년 만들어져 1894년 폐지되었던 도로구(highway districts)는 그 대표적인 예이다. 이후에도 위생구(sanitary districts)를 비롯한 다양한 내용의 특별지방정부들이 운영되어 왔다. 특히 광역행정의 필요성이 높은 대도시 메트로폴리탄 지역에 잘 발달되어 있다.

프랑스에서도 **시·읍·면 조합**(les syndicates de communes)이나 **도시공동체**(la communauté urbain) 형태로 특별지방정부가 활용되고 있으며, 독일 또한 여러 기능을 복합적으로 수행할 수 있는 시·읍·면 연합이 운영되는 등 유사한 경향을 보이고 있다.[18]

우리나라도 2020년 말 지방자치법 개정을 통해 특별지방자치단체의 설립에 관한 부분을 하나의 장(章)으로 신설하여 규정하고 있다(제12장, 제199조~제201조, 2022년 1월 13일 시행). 즉 2개 이상의 지방정부가 공동으로 특정한 목적을 위하여 광역적으로 사무를 처리할 필요가 있을 때에는 행정안전부장관의 승인을 받아 특별지방자치단체를 설치할 수 있도록 하고 있다.[19]

---

data/30czs01－01.html#s004.

16) 광역연합은 사무조합의 일종으로 광역행정문제에 보다 유연하고 효율적으로 대응하게 하기 위해 1995년 7월부터 시행되고 있는 제도이다. 도·도·부·현, 시·정·촌 그리고 특별구가 총무대신이나 상급 지방정부 수장의 허가를 얻어 설립되며, 특정사무를 공동처리하는 일부사무조합에 비해 복합적이고 다각적인 사무를 처리할 수 있게 되어 있다. 또 중앙정부나 도·도·부·현으로부터 직접 권한과 사무를 이양·위임받을 수도 있다. 일본 總務省, "廣域聯合", 總務省 Homepage. 2020년 6월 20일. https://www.soumu.go.jp/kouiki/kouiki1.html

17) 일본 총무성, 『広域連合一覧』, 令和2年(2020) 4月1日 現在.

18) 정세욱, 『지방자치학』, 앞의 책, pp.444-447.

19) 지방자치법 제199조(설치) ① 2개 이상의 지방자치단체가 공동으로 특정한 목적을 위하여 광역적으로 사무를 처리할 필요가 있을 때에는 특별지방자치단체를 설치할 수 있다. 이 경우 특별지방자치단체를 구성하는 지방자치단체(이하 "구

그러나 이러한 법 개정 이전에도 특별지방정부의 필요성을 인정하여 오래 전부터 법률에 그 설립의 근거를 마련해 왔다. 즉 개정법률 이전의 지방자치법 제2조 제3항에 '지방자치단체 외에 특정한 목적을 수행하기 위하여 필요한 경우에는 별도의 특별지방자치단체를 설치할 수 있다'라고 규정하고 있었고, 이어 제159조도 특별지방정부의 한 형태라 할 수 있는 '**지방자치단체조합**'의 설립을 규정하고 있었다.[20] 그리고 실제로 이러한 법률조항에 근거하여 남원군과 함양군 등 지리산 인근 7개 시·군이 설립한 지리산권관광개발조합과 부산광역시와 경상남도가 설립한 부산·진해경제자유구역청 등 10개 가까운 조합이 설립되어 운영되고 있다(제7편 제2장 참조). 또 서울특별시와 인천광역시, 그리고 경기도가 수도권 쓰레기 매립문제와 교통문제를 공동으로 처리하기 위해 수도권매립지운영관리조합과 수도권교통본부를 조합 형태로 설립·운영하다가 각각 수도권매립지관리공사와 대도시권 광역교통위원회 등의 성격이 다른 기구 또는 기관으로 전환한 사례도 있다.

그러나 이들 조합을 완전한 특별지방정부 또는 특별지방자치단체로 보기는 어려웠다. 자치단체로 보기에는 운영상의 자율성이 낮을 뿐만 아니라, 지방자치법이 규정하고 있는 대통령령도 만들어져 있지 않았기 때문이었다.[21] 그러나 이러한 조합이 만들어져 운영되고 있다는 사실 자체가 특별지방자치단체와 같은 기구의 필요성을 인정하고 있는 것이었는데, 2020년의 지방자치법 개정은 이러한 현실을 반영한 것이라 할 수 있다.

성 지방자치단체"라 한다)는 상호 협의에 따른 규약을 정하여 구성 지방자치단체의 지방의회 의결을 거쳐 행정안전부장관의 승인을 받아야 한다(2022. 1. 13. 시행).

20) 지방자치법 제159조 제1항: 2개 이상의 지방자치단체가 하나 또는 둘 이상의 사무를 공동으로 처리할 필요가 있을 때에는 규약을 정하여 당해 지방의회의 의결을 거쳐 시·도는 행정안전부장관의, 시·군 및 자치구는 시·도지사의 승인을 얻어 지방자치단체조합을 설립할 수 있다. 다만, 조합의 구성원인 시·군 및 자치구가 2개 이상의 시·도에 걸치는 조합은 행정안전부장관의 승인을 얻어야 한다.

21) 2020년 말 개정 전의 지방자치법 제2조: ③ 제1항의 지방자치단체 외에 특정한 목적을 수행하기 위하여 필요하면 따로 특별지방자치단체를 설치할 수 있다. ④ 특별지방자치단체의 설치·운영에 관하여 필요한 사항은 **대통령령으로 정한다.**

사잇글 3-1: 뉴욕·뉴저지 항만청이 생긴 이유

19세기 내내 New York항과 허드슨(the Hudson)강 관리 및 운영문제는 New York 주(州)와 New Jersey 주(州) 양쪽 모두에 큰 골칫거리였다. 항구와 강 한가운데 주 경계가 그어져 걸핏하면 마찰과 분쟁이 일어나곤 했다. 한 때 양쪽 주(州)의 경찰이 강 한가운데서 총격전을 벌이기도 했다.

1921년, 두 주(州)는 이러한 갈등을 종식시키기 위해 한 가지 묘안을 실천에 옮겼다. 양쪽 주(州)가 공동으로 항만청(Port Authority)을 설치하고, 이로 하여금 항구와 강을 운영·관리하게 하는 것이었다. 말하자면 특별지방정부를 만든 것으로 주(州) 사이에 있는 일로서는 미국 처음이었다.

오늘도 뉴욕·뉴저지 항만청(The Port Authority of New York and New Jersey)은 '자유의 여신상'을 중심으로 25마일 반경 안의 약 1,500 평방마일의 '항구 구역(Port District)'를 관리하고 있다. 세계 최대의 공항중 하나인 케네디 국제공항(J.F.K International Airport)을 비롯하여, 링컨 터널(Lincoln Tunnel), 조지 워싱턴 다리(George Washington Bridge), 뉴어크 국제공항(Newark International Airport) 등이 모두 이 항만청의 재산이다. 2019년 현재 공항이용료와 통행료 등으로 거두어들이는 수입만도 55억 달러에 달하며, 이를 양쪽 주(州)에 고루 투자하고 있다.[22]

최고의사결정기구로서 이사회(the Board of Commissioners)를 두고 있으며, 이 이사회에서 대표이사(executive director)를 임명해서 일상적인 업무를 지휘하게 한다. 이사는 양쪽 주(州)의 주지사가 주의회의 동의를 얻어 각각 6명씩 임명한다. 한 가지 흥미로운 것은 주지사가 각기 임명한 이사들의 결정을 취소할 수 있는 권한을 지니고 있다는 것이다.

제 2 절 지방정부(지방자치단체)의 형태: 기관구성

① 일반적 형태

1) 기관통합형

(1) 주요 내용

지방정부는 그 기능을 수행하기 위한 내부기관을 구성하게 되는데, 이에는 크게 세 가지 형태가 있다. 기관통합형(機關統合型)과 기관분리형, 그리

■ 기관분리형은 기관대립형으로도 불린다.

---

22) Port Authority of New York and New Jersey, *2019 Annual Report*, p.89.

고 절충형이 그것이다.

먼저 기관통합형은 주민의 의해 선출된 대표기구가 의결기능과 집행기능을 함께 수행하는 형태이다. 지방정부 또는 집행기관의 수장을 별도로 선출하지 않은 채 의회(council)가 의결기능과 집행기능을 함께 담당한다. 크게 두 가지 형태가 있는데, 지방의원들 중 일부가 내각 또는 집행위원회를 구성하여 집행기능을 담당하는 내각제형과 지방의원 모두가 집행기능을 나누어 담당하는 위원회형이 그것이다.

① 내각제형

먼저 내각제형은 영국이 대표적이다. 영국은 1980년대 후반 들어 여러 형태의 정부구성을 권고하고 있다. 그러나 그 이전의 지방정부들은 기본적으로 내각제형의 구조를 이루고 있었으며, 그 영향으로 기관구성의 형태가 다양해진 오늘날에 있어서도 여전히 주도적인 형태로 운영되고 있다. 내각은 통상 다수당 소속의 지방의원들로 구성이 되며, 그 지도자가 이끌어 간다.

유럽의 다른 국가들도 영국과 같은 지방의회 중심의 체제를 유지·운영하며 그 안에 내각 또는 그와 유사한 **집행위원회**(executive committee) 등을 두어 집행기능을 담당하게 해 왔다. 민의를 잘 반영할 수 있는 의회중심의 구도를 유지하면서도 집행권이 지나치게 분산됨으로써 오는 혼란을 막고자 하는 의도에서이다.

내각이나 집행위원회를 운영하는 체제는 지방의회 내에 별도의 집행기구를 두는 제도인 만큼 지방의회 자체는 대체로 지방의원의 수가 많은 대의회 구조를 이룬다. 영국의 경우 50명 안팎으로 구성되는 지방의회를 많이 볼 수 있고, 집행위원회를 운영하는 국가의 대표적 경우인 스웨덴의 경우 지방의원의 수는 적게는 30명에서 많게는 100명 안팎이 된다.[23)]

② 위원회형

미국은 위원회형의 전통이 깊다. 뉴잉글랜드 지역의 전형적 지방정부 형태였던 타운미팅(town meeting)의 경우 투표권을 가진 주민 모두가 참여하여 집행위원(selectman)을 선출하고, 이들로 하여금 집행위원회(board of

---

23) 2020년 현재, 인구 90만 명으로 스웨덴에서 그 규모가 가장 큰 스톡홀름시(City of Stockholm)의 시의회의 의원정수는 101명이다. Stockholms Stad, "City of Stockholm-Political Organization," accessed July 25, 2020. https://international. stockholm.se/governance/organisation/.

selectmen)를 구성하여 지역의 사무를 처리하게 했다. 집행위원회라는 단일 기구, 즉 기관통합의 자치가 이루어진 것이다.

타운미팅이 예산안의 심의와 의결 등 의결기관의 역할을 한다는 점에서 이를 기관통합형 지방정부로 볼 수 없다는 주장도 가능하다. 그러나 타운 미팅은 1년에 한 번 정도 열릴 뿐 지방정부의 운영은 거의 집행위원회에 의해 이루어졌다. 사실상의 기관통합형 정부였던 셈이다. 뉴잉글랜드 지역 에서는 지금도 이러한 타운미팅과 집행위원회의 전통이 상당부분 그대로 남아있다.[24]

1901년 미국 텍사스(Texas)의 갤베스톤(City of Galveston)에서 시작되어 한 동안 크게 번성했던 **위원회형**(commission plan) 지방정부도 기관통합형 정부의 대표적인 예이다. 이 위원회형은 주민에 의해 직접 선출된 3명 내 지 7명의 위원들(commissioners)이 위원회(board, commission)를 구성하여 의 결기능과 집행기능을 함께 수행하는 방식이다. 의결기능은 집합적으로 수 행하고, 집행기능은 개별 위원이 각 정책분야를 하나씩 맡아 수행한다. 시 장(市長)이 있기도 하지만 집행기관장(長)은 아니다. 시장은 위원들에 의해 선출되며 주로 지방정부를 대표하는 의례적인 기능을 담당한다.[25]

(2) 장점과 단점

기관통합형은 의결기관과 집행기관이 하나이기 때문에 다음과 같은 장 점이 있다.

첫째, 양 기관이 분리되어 있는 경우 일어날 수 있는 기관 간의 마찰과 이 러한 마찰이 초래할 수 있는 행정적 낭비나 지연을 줄일 수 있다. 이 점은 사 회경제적 위기가 닥쳤을 때나 신속한 결정이 필요할 때 더 큰 의미를 지닌

---

24) 타운정부도 여러 가지 형태가 있을 수 있다. 모든 주민이 참여할 수 있는 회의 를 열어 그 자리에서 모든 것을 결정하는 방식이 있을 수 있는가 하면, 주민들 이 일종의 집행위원들을 선출해 이들로 하여금 집행위원회를 구성해서 타운의 일을 처리하게 하는 방식이 있을 수 있다. 또 이 집행위원회로 하여금 행정전 문가를 행정책임자로 임명하는 방식도 있을 수 있다. 이에 대해서는 New Hampshire의 사례를 다룬 아래의 문건 참조. "Forms of Town Government," accessed June 24, 2020. https://www.nh.gov/osi/resource-library/municipal/documents/ forms-of-town-government.pdf.

25) Julianne Duvall, 'Contemporary Choices for Citizens,' Roger L. Kemp, ed. *Forms of Local Government* (Jefferson, North Carolina: McFarland & Company, Inc., Publishers, 2007), pp.66-67.

다.[26] 다만 내각제형의 경우 정당간의 이견과 대립이 심해 신속한 결정이 어려워질 수 있다. 그러나 다수당이 내각을 장악하는 만큼 기관분리형에 비해서는 비교적 빠른 결정이 이루어질 수 있다.

둘째, 주민에 의해 선출된 위원들이 직접 행정을 담당하기 때문에 행정에 주민의 의사를 보다 정확히 반영할 수 있다. 위원들이 서로 다른 정치사회적 배경을 가졌을 경우에는 더욱 그러하다.

셋째, 위원들의 의사를 모아 정책을 결정하고 집행하므로 정책과정 전반에 걸쳐 신중을 기할 수 있다.

그러나 반면, 단일 기관에 의해 모든 것이 이루어지기 때문에 다음과 같은 단점이 있다.

첫째, 견제와 균형의 원리가 적용되지 않아 권력이 남용될 소지가 있다. 위원 상호간의 견제를 기대할 수 있겠으나 실제에 있어서는 위원 상호간에 서로의 업무영역에 대한 묵시적 상호불가침이 이루어질 수도 있다. 다만 내각제형에 있어서는 정당간의 견제가 이루어지는 관계로 이러한 점이 최소화될 수 있다.

둘째, 선거에 의해서 선출되는 위원이 행정적으로도 유능한 인물이라는 보장이 없다. 행정능력이 부족한 인물이 위원으로 당선되는 경우 행정운영에 있어 많은 문제가 초래될 수 있다.

셋째, 선거에 의해서 당선된 위원들인 만큼 행정의 총괄 조정이 어려울 수 있다. 각자 나름대로의 정치적 기반을 가지고 있기 때문이다.[27]

(3) 활용 추세

기관통합형 정부는 인구규모가 작은 지방정부나 농촌지역 지방정부, 소규모의 특별지방정부 등 정치사회적 환경이나 행정수요가 비교적 단순한 경우에 많이 활용되어 왔다. 정치사회적 환경이 복잡하고, 행정적 전문성을 크게 요구하는 문제가 대량으로 발생하는 경우에는 장점보다는 단점이

---

26) 미국에 있어 위원회형의 확산은 이를 첫 도입한 텍사스주의 갤베스톤시(Galveston, Taxas)가 심각한 허리케인 피해를 당한 후 이 형태의 지방정부를 통해 도시재건에 성공함으로써 이루어졌다. 즉 위기대처에 유리하고 행정능률도 높다는 평가가 이루어진 결과였다.

27) 이에 대한 토론은 Jay Goodman, *The Dynamics of Urban Government and Politics* (N. Y.: Macmillan Publishing Co. Ltd., 1980), pp.118-150; Marcus D. Pohlmann, *Governing the Postindustrial City* (N. Y.: Longman, 1992), pp.212-231 참조.

더 많이 나타날 수 있기 때문이다.

　자연히 기관통합형은 그 위세가 계속 떨어지는 모습을 보여 왔다. 행정환경과 행정문제가 기관통합형이 잘 기능하기 힘든 방향으로 변해왔기 때문이다. 미국의 위원회형과 영국의 지방정부들이 그 좋은 예인데, 지방정부 운영에 있어 정치적 리더십이나 행정적 전문성에 대한 요구가 커지면서 이들은 이미 다른 형태의 지방정부로 전환되었거나 전환이 시도되고 있다.

　미국의 위원회형은 1901년 갤베스톤시(City of Galveston, Taxas)에서 첫 선을 보인 이후 한 때 그 수가 급격히 늘어나 1917년에는 그 수가 500개까지 늘어났다.[28] 당시 대부분의 도시지역 지방정부들은 집행기관과 의결기관이 분리되는 기관분리형 체제 아래 집행기관장을 주민이 직접 선출하는 제도를 운영하고 있었다. 지방의회 또한 의원의 수가 상대적으로 많은 대의회제도를 유지하고 있었다. 1820년대 이후 미국 정치에 큰 영향을 준 잭슨(Andrew Jackson) 대통령의 참여민주주의 철학, 즉 '되도록 많은 공직이 국민에 의해 직접 선출되는 것이 좋다'는 생각의 연장선상에서 일어난 일이었다.

　그러나 이러한 기관분리형 체제는 그 나름대로 많은 문제점을 드러냈다. 무엇보다도 의결기관과 집행기관 간의 잦은 마찰이 큰 문제가 되었다. 결국 이를 시정하기 위한 여러 가지 대안이 모색되었는데, 위원회형은 이러한 대안의 하나였다. 주민으로부터 선출되는 소수의 대표가 단일의 정부기관을 구성하여 운영하게 되면 불필요한 갈등과 마찰이 줄어들 것이라 판단한 것이다. 첫 선을 보이자마자 그 수가 급격히 늘어난 것도 바로 이러한 이유에서였다.

　하지만 위원회형 역시 얼마가지 않아 적지 않은 문제점을 드러내기 시작했다. 산업화와 도시화가 심화되면서 지방정부가 처리해야 할 행정문제가 구조적으로 복잡해졌을 뿐만 아니라, 보다 전문적이고 신속한 대응체계를 요구하게 되었기 때문이었다. 전문성 확보와 총괄조정 체계의 확립이 어려운 위원회형으로서는 쉽게 넘어설 수 없는 한계였다. 복잡한 구조의 행정문제가 많이 발생하는 대도시지역은 더욱 그러했다. 결국 20세기 초반을 지나면서 위원회형은 그 수가 크게 감소하기 시작했으며(표 3-1), 최근

---

28) Galveston 이전에 Louisiana 주(州)의 New Orleans 시와 Alabama 주(州)의 Mobile 시가 1870년과 1981년에 각각 위원회형을 운영한 적이 있었다. 그러나 이는 곧바로 중단되었다. Julianne Duvall, 앞의 논문, p.66.

표 3-1	미국 지방정부의 형태별 분포		
형 태	2018년	2000년	1984년
시정관리관(council-manager)	1,938(48.2)	3,302(48.3)	2,290(37.4)
시장-의회(mayor-council)	1,536(38.2)	2,988(43.7)	3,686(55.8)
위원회(commission)	128(3.2)	143(2.1)	176(2.7)
타운미팅(town meeting) 및 유사제도	418(10.4)	399(5.9)	451(6.8)
계	4,020(100)	6,832(100.0)	6,603(100.0)

주: 2000년까지는 인구 2,500명 이상의 도시를 대상. 2018년의 경우는 2,500명 이하도 포함한 12,761개의 지방정부가 대상
(응답 지방정부 4,115개, 응답률 32.2%)
출처: ICMA, *The Municipal Yearbook*, 1984, 2000, 2018.

에 이르러서도 이러한 추세는 계속되고 있다. 위원회형을 채택했던 대부분의 지방정부들이 곧 이어 설명할 시정관리관형(city-manager plan)이나 시장-의회형(mayor-council plan) 등으로 전환했다.[29] 이를 처음 채택했던 갤베스톤 마저 1964년 이를 시정관리관형으로 전환하고 말았다.

기관통합형 지방정부를 운영해 온 가장 대표적인 국가 중의 하나인 영국에서도 최근 변화가 일어나고 있다. 대부분의 지방정부가 기관통합형의 의회가 지닌 비전문성과 총괄조정상의 어려움을 보완하기 위해 **수석행정관**(chief executive officer)제도를 도입하고 있다. 과거에는 의회 또는 그 내부의 위원회가 행정상의 크고 작은 문제를 직접 처리하였지만 이제는 수석행정관이 그 상당부분을 처리하고 있다. 순수한 기관통합형 제도에 큰 변화가 생기고 있는 것이다.

영국은 또 1980년대 후반부터 선출직시장-내각제(directly elected mayor with a cabinet)와 간선직-시장 내각제(cabinet with a leader) 등의 대안체제 도입을 시도하고 있다. 여러 각도에서 기관통합형 제도에 대한 본질적인 개혁이 논의되고 있는 셈이다.[30] 이 중에서도 특히 선출직시장 체제의 도

---

29) Charles R. Adrian, "Forms of Local Government in American History," Roger L. Kemp, ed. *Forms of Local Government* (Jefferson, North Carolina: McFarland & Company, Inc., Publishers, 2007), p.56.

30) 1985년 영국의회의 **위디콤 위원회**(Widdicomb Committee)는 행정의 효율과 책임을 제고하기 위하여 모든 지방정부로 하여금 수석행정관제로의 전환을 강제할 것과 수석행정관의 정치·행정적 권한을 강화할 것을 제안하였다. 이 제안이 채택되지는 않았지만 새로운 형태의 정부운영을 강조하였다는 데 그 이의가 있다. 또 1997년 들어섰던 노동당 정부는 선출직시장 내각제(Directly Elected Mayor with a Cabinet), 간선직시장 내각제(Cabinet with a Leader), 선출직시장

입은 그 의미가 크다. 기관분리형 체제로의 전환이나 기관분리형 체제의 특성을 상당부분 받아들이는 것을 의미하기 때문이다. 2000년 부활된 런던 광역정부(Greater London Authority, GLA)는 출범하면서부터 이미 선출직 시장체제의 기관분리형을 운영하고 있다.

　이러한 전체적인 경향에도 불구하고 행정기능이 비교적 단순한 지방정부에 있어 기관통합형은 여전히 유력한 대안으로 존재한다. 미국에 있어서도 적지 않은 소규모의 타운과 카운티, 또 작은 규모의 특별지방정부 등이 이러한 기관통합형 체제를 유지하고 있다.

2) 기관분리형

(1) 주요 내용

① 집행기관장의 선임

기관분리형은 의결기관과 집행기관이 서로 떨어져 기능하며 상호견제와 균형을 이루는 형태를 말한다. 굳이 이야기를 한다면 대통령 중심제와 같은 형태라 할 수 있다.

　기관분리형에 있어 의결기관과 집행기관은 일반적으로 주민의 직접선거에 의해서 선출된다. 현행 우리나라와 일본의 지방정부와 미국의 **시장-의회형**(mayor-council plan) 지방정부 등이 이에 속한다.

　그러나 집행기관장이 중앙정부에 의해 임명되는 경우도 있다. 1995년 민선체제가 출범하기 이전의 우리나라도 지방의회 의원만 주민에 의해 직접 선출 되었고 집행기관장은 중앙정부에 의해서 임명되었다. 미국도 도시지역을 중심으로 기관분리형 정부를 크게 활용해 왔는데, 식민지 시대에는 집행기관장이 식민정부에 의해 임명되는 경우가 많았다. 이러한 관행은 독립이후에도 그대로 이어져 지역에 따라서는 19세기 초까지 주지사(governor)가 집행기관장을 임명하였다.

　프랑스의 중간단위 지방정부인 데파르트망(département)도 1982년 개편 전까지 기관분리형을 유지했으며 그 수장이자 집행기관장인 프레페(préfet),

---

관리관제(Directly Elected Mayor & Council Manager) 등의 대안을 적극 검토할 것을 지방정부에 강력히 권고했다. 김병준·김순은·소순창, 「최근 외국의 지방자치 운영사례: 일·영 비교연구」(1998), 지방행정연구원 보고서, 제2편 영국편 참조.

즉 도지사는 중앙정부에 의해 임명되었다. 지금도 프레페는 중앙정부에 의해 임명되고 있으나 지방정부의 수장이나 집행기관장의 지위가 아닌 중앙정부의 지역단위 종합지방행정기관의 지위만을 지니고 있다. 지방정부의 수장은 데파르트망 의회의 의장이 맡고 있다.[31]

집행기관장이 지방의회에 의해 간접 선출되는 경우도 있다. 미국도 앞서 설명한 바와 같이 지역에 따라 19세기 초까지 임명제가 이루어졌는데, 이러한 임명제가 사라지면서 차차 간접선출 제도가 자리 잡아 갔다.[32] 그리고 이러한 제도는 직선제도가 확산되기 시작한 1820년대에 이르기까지 집행기관장 선출제도의 주류를 이루었다. 오늘에 있어서도 집행기관장의 권한을 약하게 규정하고 있는 지방정부 일부에서는 이러한 간접선출 제도가 운영되고 있다.

② 의결기관과 집행기관장 관계의 유형: 강시장-의회형과 약시장-의회형

기관분리형은 양 기관이 지닌 상대적 지위와 힘의 정도에 따라 **강시장-의회형**(strong mayor-council plan)과 **약시장-의회형**(weak mayor-council plan), 그리고 **강시장-의회-수석행정관형**(strong mayor-council plan with chief administrative officer) 등으로 나누어진다.[33] 강시장-의회형은 집행기관장이 지방의회보다 강한 권한을 행사하는 형태이고, 약시장-의회형은 그와 반대로 지방의회가 상대적으로 강한 권한을 행사하는 형태이다. 그리고 강시장-의회-수석행정관형은 시장을 보좌하는 행정전문인을 수석행정관으로 두는 형태인데, 주로 시장의 정치적 기능이 강한 대도시 지역에서 행정의 안정성과 전문성을 높이기 위한 목적으로 채택되고 있다.[34]

---

31) 1982년 개편 전의 데파르트망은 자치정부로서의 성격과 중앙정부 지역단위 종합지방행정기관의 지위를 동시에 지니고 있었다. 1982년의 개편은 이를 분리시키는 작업이었다. 이후 자치정부 부분은 지방의회 의장이 그 수장을 맡고 중앙정부의 지역단위 종합지방행정기관장의 지위는 프리페가 맡은 형태로 전환되었다. 배준구, 『프랑스의 지방분권』(부산: 도서출판 금정), p.63.

32) Andrew L. Romanet, Jr., "Governance in Mayor-Council Cities," The School of Government, University of North Carolina-Chapel Hill, *County and Municipal Government in North Carolina* (2007), Article No. 6, p.1.

33) 각 유형에 대한 자세한 설명과 이해를 돕기 위한 그림 등을 위해서는 Lawrence F. Keller, "Municipal Forms of Government: An Overview with Commentary," a paper presented to the Cleveland Heights Charter Review Commission (December 2017) 참조.

34) Ann O'M. Bowman and Richard C. Kearney, *State and Local Government*, 10th ed. (Cengage Learning, 2016), pp.285-309.

강시장-의회형에 있어 집행기관장은 일반적으로 집행기관의 간부와 직원에 대한 폭넓은 인사권을 가지며, 예산을 편성하고 집행하는데 있어서도 비교적 강한 권한을 행사한다. 지방의회의 의결에 대한 거부권(veto power)을 가지기도 한다. 약시장-의회제 체제 아래에서는 재무관, 감사관 등이 주민에 의해 직접 선출되는 경우가 많으나 강시장-의회형에서는 이러한 선출직이 비교적 적다. 집행기관장이 강한 지도력과 조정력을 발휘할 수 있게 하기 위해서이다.[35]

이에 비해 약시장-의회형에서의 집행기관장은 인사와 예산 등에 있어 제한된 권한을 행사한다. 즉 집행기관의 간부와 직원의 인사에 있어 지방의회의 동의를 받아야 하고 예산편성에 있어서도 그 역할이 제한된다. 아예 지방의회가 이러한 권한을 직접 행사하기도 한다. 집행기관 내에 집행기관장 이외의 다양한 선출직이 존재하고, 이들 선출직과 각종의 다양한 위원회(board) 등이 집행기능을 공유하는 경향도 있다. 집행기관장은 지방의회 의결에 대한 거부권이 없으며, 임기 또한 강시장-의회형에 비해 짧은 경향이 있다. 또 의결기관과 집행기관의 경계가 강시장-의회형에 비해 다소 불분명한 경향도 많다. 집행기관장이 지방의회의 의장을 겸하는 경우가 있는가 하면, 지방의회 의원들이 다양한 방법으로 집행기관의 업무처리 과정에 깊숙이 개입하기도 한다.[36]

(2) 장점과 단점

기관분리형 그 자체를 두고 장점과 단점을 이야기하기는 힘이 든다. 강시장-의회제와 약시장-의회제 등 여러 형태가 있는데다, 이러한 형태 내에서도 두 기관의 관계가 구체적으로 어떻게 정립되느냐에 따라 장점과 단점이 달라질 수 있기 때문이다. 그러나 보편적으로 몇 가지 지적할 수 있는 부분이 있다고 하겠는데, 강시장-의회제를 염두에 두면서 몇 가지 장·단점을 짚어보면 아래와 같다.[37] 먼저 장점이다.

　　첫째, 의결기관과 집행기관이 상호견제와 균형을 이루면서 권력남용을 방

---

35) 위의 글 참조.
36) 김웅기, 『미국의 지방자치』 (서울: 대영문화사, 2001), p.463.
37) Municipal Research and Services Center of Washington, Association of Washington Cities, *Council-member's Handbook*, MRSC Report No. 48 (2000), pp.3-28 참조.

지할 수 있다. 아울러 이러한 견제와 균형 속에 다양한 정책 아이디어들이 생산·교환될 수 있다.

둘째, 임기가 정해진 집행기관장에게 행정권이 통합적으로 주어짐으로써 부처할거주의(部處割據主義, sectionalism)를 막고 행정에 대해 책임을 보다 명확하게 물을 수 있다.

셋째, 행정권이 통합적으로 행사됨으로써 행정의 안정성을 확보할 수 있다. 정치사회적 환경이 안정적이지 않은 경우 이러한 특성은 큰 도움이 된다.

이에 비해 단점으로서는 아래와 같은 점이 지적될 수 있다.

첫째, 집행기관과 지방의회가 마찰과 대립을 빚을 가능성이 있으며 그에 따라 행정상의 불안정과 비효율이 초래될 수 있다. 집행기관 내에 다양한 선출직이 존재하거나 정치적 갈등이 심한 집단들이 의결기관과 집행기관을 따로따로 점거하는 경우 이는 더욱 큰 문제가 된다.[38]

둘째, 집행기관장이 행정적 문제보다는 선거 등의 정치적 문제에 더 큰 신경을 쓸 수 있고, 그에 따라 행정상의 불합리와 비효율이 나타날 수 있다. 수석행정관이 있는 경우 문제가 덜어지긴 하겠으나 이러한 문제를 근본적으로 방지하기는 어렵다.

그리고 셋째, 주로 강시장-의회제의 경우에 해당하겠지만 행정이 집행기관장에 의해 주도되므로 행정과정에 다양한 주민의사가 다양하게 반영되지 못할 수 있다

(3) 활용 추세

기관분리형은 많은 나라에 있어 전통적인 기관구성의 형태로 활용되어 왔다. 앞서 설명한 바와 같이 오랜 기관통합형의 역사를 지닌 영국과 같은 나라도 부분적으로 이러한 기관분리형의 채택을 고민하고 있다. 런던광역정부(Greater London Authority, GLA)은 이미 기관분리형 체제를 정비하고 집행기관장인 시장(Mayor)과 의결기관인 시의회(London Assembly) 의원을 주민이 직접 선출하도록 하고 있다. 우리나라와 일본과 같은 경우에는 집행기관장 기능이 강한 강시장-의회형의 기관분리형이 유일한 기관구성 형태로 인정되고 있다. 선택의 여지를 두고 있지 않다는 말이다.

미국에 있어서도 기관분리형은 도시지역을 중심으로 크게 활용되어 왔다. 독립이후 연방정부가 대통령 중심제를 확립하고, 주(州)정부 또한 그와

---

38) Andrew L. Romanet, Jr., 앞의 글 참조.

유사한 형태로 운영되면서 이러한 경향은 더욱 강화되었다. 실제로 1901년 위원회형이 나타나기 전까지 기관분리형의 하나인 약시장-의회형은 미국의 어느 도시지역에서나 볼 수 있는 기관구성 형태였다.

1901년 이후 기관통합형의 위원회형이 하나의 대안이 되면서 미국 지방정부의 기관구성에 다소간 변화가 일었다. 그러나 위원회형은 얼마가지 않아 그 추세가 꺾였다. 그 대신 또 다른 기관분리형으로 집행기관장의 리더십을 강조하는 강시장-의회형이 빠르게 확산되었다. 당시 도시개혁운동이 문제로 제기하고 있던 부정과 부패, 그리고 행정능률의 저하 등이 권력의 분산에 따른 리더십 결여와 불명확한 책임소재에서 온다고 보았기 때문이다. 개혁운동의 본산이라 할 수 있는 **전국도시개혁연맹**(National Municipal League), 즉 지금의 전국도시연맹(National Civic League)도 1889년 지방정부 개혁을 위해 제정한 '**제1차 모델 헌장**(the First Model Charter)'에서 강시장-의회형을 가장 바람직한 지방정부 형태로 제안했다.[39]

이후 1920년대 이후, 곧 이어 설명할 시정관리관(city-manager plan)형이 크게 확산되면서 강시장-의회형과 약시장-의회형을 포함한 기관분리형은 이 시정관리관형과 일종의 경쟁 구도를 형성하게 되었고, 앞의 <표 3-1>에서 보는 바와 같이 오늘에 있어서까지 이러한 경향은 계속되고 있다.

일반화하여 말하기는 힘들지만 대체로 인구규모가 큰 대도시들이 기관분리형, 특히 그 중에서도 강시장-의회형이나 강시장-의회-수석행정관형을 채택하는 경향이 강하며, 중소도시들이 약시장-의회형과 시정관리관형을 택하는 경향이 있다. 참고로 미국 30대 도시정부를 보면 시장-의회제를 채택하고 있는 경우가 21개로 70%, 시정관리관제도를 채택하고 있는 경우가 9개로 30%가 된다.[40] 인구가 가장 많은 뉴욕(New York), 로스앤젤레스(Los Angeles), 시카고(Chicago), 휴스턴(Houston), 필라델피아(Philadelphia) 등 5대 도시는 예외 없이 시장-의회형, 그것도 강시장-의회형 또는 강시장-의회-수석행정관형을 채택하고 있다.

■ National Municipal League는 도시개혁운동이 진행되면서 보다 체계적인 개혁운동을 전개하기 위해 시민사회 지도자들과 전문가, 그리고 정치인과 언론인 등이 중심이 되어 1894년 Philadelphia에서 창립하였다. 지금은 National Civic League로 이름이 바뀌었다.

---

39) 1915년 발표된 제2차 모델 헌장에서는 강시장-의회형에 대한 주장을 철회하였다. Tod Donovan, Christopher Mooney, and Daniel Smith, *State and Local Politics: Institutions and Reform* (Wadsworth Cengage Leaning: 2009), p.369.

40) "Forms of Municipal Government," National League of Cities Homepage. accessed June 25, 2020. https://www.nlc.org/forms-of-municipal-government.

3) 절충형: 시장관리관형

위의 두 유형 외에 소위 절충형라 부를 수 있는 형이 있다. 절충의 형태와 내용이 다양할 수 있으니 그 특징 또한 일반화하여 이야기하기 어렵다. 이 자리에서는 대표적인 형태로서 미국을 중심으로 빠르게 확산되어 온 시정관리관형을 소개함으로써 그 이해를 돕기로 한다.

(1) 시정관리관형의 내용과 장·단점

시정관리관형(city-manager plan)은 지방의회가 그 책임 아래 전문행정인을 행정책임자로 임명하여 행정을 처리하게 하는 형태이다. 앞서의 기관통합형 중 의회-집행위원회형과 의회-내각형이 소수의 의원으로 구성되는 집행위원회와 내각을 두는 것에 비해 이 시정관리관형은 이러한 집행위원회나 내각 대신 전문행정인을 행정책임자로 임명하여 행정을 처리하게 하는 형태이다. 일반 기업에 있어 이사회나 주주총회가 전문경영인을 영입하여 경영을 맡기는 것과 유사한 내용이라 할 수 있다.

시정관리관은 전문행정인 또는 경영인의 지위에서 행정을 총괄한다. 지방의회에 의해 간접적으로 선출되는 시장이 있으나 이들은 주로 집행기관장이나 행정책임자가 아닌 지방정부의 수장으로서 의례적인 기능만을 수행한다. 집행과 행정은 어디까지나 시정관리관의 업무가 되며, 시정관리관은 그 결과에 대해 주민이 아닌 지방의회에 그 일차적 책임을 지게 된다.

시정관리관제도는 몇 가지 점에서 큰 장점을 지니고 있다.

> 첫째, 의회중심 체제를 유지하면서도 행정의 전문성을 살릴 수 있다는 장점을 가지고 있다.
> 둘째, 행정에 있어 책임소재를 분명히 함으로써 책임행정을 구현할 수 있다.
> 셋째, 임명과 계약에 있어 실적과 결과가 중시됨에 따라 행정혁신과 이를 통한 생산성 향상이 가속화될 수 있다는 이점을 가지고 있다.

이러한 장점으로 인해 앞서 설명한 바와 같이 오랫동안 기관통합형 체제를 운영해 왔던 영국에서도 1990년대 이후 이와 같은, 또는 이와 유사한 제도의 도입이 검토되어 왔다.[41] 그러나 이러한 정점과 함께 아래와 같은

---

41) 김병준·김순은·소순창, 「지방의회제도 비교연구: 영·일 지방의회 비교」, 한국지방행정연구원 연구보고서 (1999), 제2편 참조.

단점도 가지고 있다.

첫째, 지방의회의 권한이 강하거나 지방의회 내에 정치적 갈등이 심한 경우 정치적 기반이 약한 시정관리관이 제대로 기능하지 못할 수 있다.

둘째, 경영성과와 실적이 지나치게 강조되다 보면 행정이 단기적이고 가시적인 성과에 집착할 수 있다. 이 경우 장기적이고 눈에 잘 보이지 않는 지역사회 이익이 훼손될 수 있다.

셋째, 또 정치와 행정의 분리를 주장하나 실제에 있어서는 시정관리관이 지방의원들 간의 세력다툼에 연계되거나, 의례적 지위를 지닌 시장과 마찰을 빚는 등의 일이 일어날 수 있다. 이 경우 시장관리관형은 효율성이 크게 떨어질 수 있다.

(2) 활용 추세

시정관리관형은 20세기 초 있었던 **도시개혁운동**(urban reform movement)의 일환으로 도입되었다. 앞서 설명한 바와 같이 당시의 개혁주의자들은 여러 형태의 지방정부를 제안했다. 개혁운동의 초기인 19세기 말과 20세기 초에는 지방정부 운영에 있어 지도력을 강화하고 책임의 소재를 분명히 한다는 점에서 강시장-의회제를 제안했고, 곧 이어 지방행정에 있어 통합성을 높일 수 있는 위원회형을 제안하기도 했다. 그리고 또 다른 한편에서 이러한 시정관리관형을 제안했다. 행정을 전문인에 맡김으로써 정치와 행정을 적절히 분리시키고, 이러한 분리를 통해 정치적 이해관계가 행정과정에 파고드는 것을 막아보자는 의도가 담겨져 있었다. 한마디로 지방정부를 기업과 같이 운영해 보자는 뜻이었다.

곧 여러 가지 한계를 드러낸 위원회형과 달리 시정관리관형은 강시장-의회형과 함께 줄곧 확산의 길을 걸어왔다. 인구 2천5백 명 이상의 지방정부의 경우 1920년에는 144개였던 시정관리관형 지방정부가 1933년에는 369개로 늘어났다. 이어 10여년 뒤인 제2차 세계대전 직후에는 1천 개 이상으로 늘어났고, 1965년에는 다시 1천6백 개 이상이 되었다. 그리고 <표 3-1>에서 보는 것처럼 2000년 이후 2018년에 이르기까지 미국 지방정부의 48% 이상이 이 형태의 지방정부를 운영하고 있다.

이렇게 빠르게 확산된 데에는 몇 가지 이유가 있다. 하나는 지방행정의 문제가 점점 복잡해지고 어려워져 적절한 전문성과 행정적 통합성을 지니지 않고는 쉽게 풀 수 없게 되었기 때문이다. 그리고 둘째, 이러한 전문성과 통합성을 확보함에 있어 시정관리관형은 기존의 위원회형이나 시장-의회형, 특히 약시장-의회형 구조를 크게 흔들지 않고도 채택할 수 있는 대안이었다는 점이다. 그리고 셋째, 실제 운영에 있어 시정관리관형 지방정부가 행정혁신과 생산성 향상에 비교적 높은 결과를 보여 왔기 때문이다.[42] 아울러 이 제도에 대한 확신을 가지고 끊임없이 이를 확대재생산 해내기 위해 행정혁신을 위한 정보를 제공하고 교육과 훈련을 제공하는 조직이 존재하고 있다는 점도 이러한 확산의 한 배경이 된다. 국제시정관리연합(International City/County Management Association, ICMA)은 그 대표적인 예이다.

시정관리관형은 21세기에 들어와서도 그 수가 계속 늘고 있다. 1889년 '제1차 모델 특허장'에서 강시장-의회제를 가장 바람직한 지방정부 형태로 제안했던 **전국도시개혁연맹**(NML)도 1916년 있었던 '**제2차 모델 헌장**'에서는 시정관리관형에도 큰 무게를 싣기 시작하였으며, 이후 2003년의 '제8차 모델 헌장'에 이르기까지 이에 대해 높은 선호를 보이고 있다.[43]

시정관리관형은 미국을 넘어 다른 여러 나라의 지방정부 개혁에도 영향을 미치고 있다. 특히 영국과 같이 지방의회 중심의 기관통합형 지방정부를 운영해 온 나라에 있어 의미 있는 대안이 되고 있다. 지방의회의 역할을 줄이지 않으면서도 행정의 생산성을 높일 수 있는 장점이 있기 때문이다.

■ ICMA는 시정관리관 제도가 다른 형태의 지방보다 좋다(the council-manager form of government as the preferred form)는 확신을 조직의 'core belief,' 즉 가장 근본적인 믿음의 하나로 공표하고 있다. ICMA는 1914년 창설되었으며, 행정개혁과 혁신의 중요한 축을 이루고 있다.

② 우리나라 지방정부의 기관구성: 중앙통제형 강시장-의회제

우리나라 지방정부의 기관구성은 크게 세 가지 특징을 가지고 있었다. 첫째, 획일적이다. 앞서 살펴본 바와 같이 미국과 같은 나라는 지방정부 기관구성에 있어 다양한 모습을 보이고 있다. 크게 세 가지 정도로 나누어 설명을 했지만, 그 구체적인 내용을 살펴보면 여러 수 십 가지의 다양한 형태를 볼 수 있다.[44] 비교적 일률적인 형태를 유지해 왔던 영국 또한 최

---

42) Betsy D. Sherman, *The Benefits of the Council-Manager Plan*, Roger L. Camp, ed., pp.236-244.

43) National Civic League, *Model City Charter, 8th Edition: Defining Good Government in a New Millennium* (Denver, Colorado: NCL, 2004) 참조.

44) 보다 자세한 예를 보기 위해서는 김웅기, 앞의 책, pp. 424-431, 462-472 참조.

근 다양한 모습을 보이기 시작하였으며, 중앙집권적 전통이 강한 프랑스나 독일에 있어서도 지방정부 단위에 따라 다소 다른 모습을 보이는 등 기관구성에 있어 획일성을 벗어나는 모습을 보이고 있다.

그러나 우리나라에 있어 기관구성은 지역사회와 지방정부의 특성, 지방정부의 법적 지위 등과 관계없이 획일적이다. 인구가 1천만이 넘는 세계적 대도시인 서울특별시에서부터 인구 1만 명이 채 되지 않는 경상북도 울릉군에 이르기까지 기관구성의 형태는 똑 같다.

둘째, 기본적으로 기관분리형을 취하고 있다. 즉 의결기관인 지방의회의 의원과 집행기관장인 지방자치단체장이 각각 주민으로부터 직접 선출되고 있다. 그러나 이 점에 있어 한 가지 지적해 둘 것이 있다. 기관분리가 미국 등 다른 나라에 비해 비교적 엄격한 편이라는 점이다. 미국의 경우 기관분리형을 택하고 있음에도 불구하고 집행기관장이 지방의회의 의사를 진행하거나 지방의회의 상임위원회 등에 출석하여 발언하는 등 그 기능적 관계가 밀접한 예가 많다. 특히 약시장-의회형의 경우에는 더욱 그러하다. 집행기관장이 지방의회 상임위원회의 구성에 관여하기도 하고 지방의원이 집행기관의 여러 행정위원회를 맡아 운영하기도 한다.

그러나 우리나라에 있어서는 공무원에 대한 인사권 행사 등 집행기관 운영에 대한 지방의회의 관여는 엄격히 제한되어 있다. 아울러 지방의회 운영에 대한 집행기관장의 관여도 제한적이다. 최근에 와서 지방의원이 집행기관의 행정위원회 등에 참여하는 사례가 늘어나는 등 일부 변화가 있기는 하지만 이러한 분리는 여전히 엄격한 편에 속한다.[45]

셋째, **중앙통제형 강시장-의회제**의 구도를 취하고 있다. 우선 의결기관과 집행기관장의 관계에 있어 힘의 불균형이 심하다. 집행기관장은 지방정부 예산의 편성과 집행, 소속공무원에 대한 인사 등에 있어 강한 권한을 행사하며 지방의회 의결에 대한 거부권을 가지고 있다. 이를 통해 지방정부 운영에 있어 결정적 역할을 하는 지방행정 조직과 지방정부 운영에 필요한 지식과 정보를 장악하고 있기도 하다. 지방의회 역시 조례제정권과 예산에 대한 심의·의결권, 그리고 감사권과 조사권 등을 가지고 있다. 그러나 이러한 권한은 여러 가지 점에서 지방정부를 주도적으로 이끌어나갈

---

45) 서울시 도시계획위원회에 서울시의회 의원이 위원으로 참여하고 있는 것은 그 대표적인 예이다. 서울시 도시계획조례 제57조 3항.

수 있는 수준이 되지 못한다.

이러한 상황은 집행기관장이 자치정부 집행기관장으로서의 지위와 함께 중앙정부의 지역단위 종합 지방행정기관장의 지위를 동시에 지닌다는 점에서 더욱 심화된다. 중앙정부의 위임사무가 많은 상황에서 집행기관장의 정치적 영향력과 행정권은 위임사무의 범위만큼 커지게 된다. 이에 비해 의결기관인 지방의회는 기본적으로 자치정부의 의결기관으로서의 지위만을 지닌다. 집행기관장이 중앙정부의 지역단위 종합 지방행정기관장의 자격으로 처리하는 위임사무에 대해서는 그 관여가 제한되어 있다.

의결기관과 집행기관장의 관계가 불균형적인 상황에서 집행기관과 집행기관장은 오히려 중앙정부로부터 강한 영향을 받는다. 각종의 법제와 행정적 규제에 의해 제약을 받는 것은 물론 중앙정부 사무를 처리하는데 있어서도 비교적 구체적이고 강한 통제를 받는다. 재정적 여건이나 지역사회의 정치사회적 환경 등에 따라 이러한 상황은 더욱 심각한 양상을 띠기도 한다.

이렇게 볼 때 우리나라의 기관구성은 단순한 강시장-의회제가 아닌 **중앙통제형 강시장-의회제**라 할 수 있다. 즉 힘의 관계에 있어 의결기관인 지방의회에 비해 우월적 입장에 있는 집행기관 내지 집행기관장이 중앙정부의 강한 영향과 통제 아래 놓여 있는 구도이다. 이 점에 있어 미국과 같은 나라의 강시장-의회제와 분명한 차이가 있다.

이러한 세 가지 특징적 모습은 기본적으로 세 가지 원인에서 출발한다. 하나는 중앙정부와 지방정부의 권한이 불균형적인 상태라는 점, 또 하나는 중앙정부가 그 사무의 상당부분을 지방자치단체장에게 위임, 즉 '기관위임'하여 처리하고 있다는 점이다. 자치단체장의 권한이 지방의회의 권한보다 강할 수밖에 없다는 뜻이다.

그리고 또 하나, 지역주민과 지방정부의 선택권이 제한되어 있었다는 사실이다. 중앙정부는 지방자치법을 통해 오로지 하나의 형태, 즉 강시장-의회제만을 운영할 수 있도록 되어 있었다. 다행히 2020년 말 개정된 지방자치법은(2022년 1월 시행) 이와 관련하여 작지 않은 변화를 담고 있다. 지방정부의 선택권, 즉 주민투표를 거쳐 기관구성의 형태를 바꿀 수 있도록 규정하고 있는 것이다.[46] 기관통합형을 운영하며 자치단체장을 지방의회가

---

46) 지방자치법 제4조(지방자치단체의 기관구성 형태의 특례) ① 지방자치단체의 의회(이하 "지방의회"라 한다)와 집행기관에 관한 이 법의 규정에도 불구하고 따로 법률로 정하는 바에 따라 지방자치단체의 장의 선임방법을 포함한 지방자치

간접 선출할 수도 있고, 시정관리관과 같은 전문행정가에게 집행기능을 맡길 수도 있다는 뜻이다.[47]

하지만 그 가능성은 여전히 의문이다. 별도의 법률에 따라 이를 추진할 수 있게 되어 있는데 그 법률이 전제 어떤 내용으로 제정될지는 알 수 없기 때문이다. 지방행정이 근거하고 있는 모든 개별 법률이 시장-의회제의 기관분리형을 전제로 제정되어 있다는 사실 또한 큰 제약요인이다. 일부 소규모 지방정부에 특례를 두어 실시하게 될 수는 있으나, 이러한 선택권을 전국적인 규모로 부여하기에는 수많은 법률의 체계를 완전히 다 바꾸어야 하는 등의 어려움이 있는데다, 그에 따른 이해관계가 매우 복잡하기 때문이다.

단체의 기관구성 형태를 달리 할 수 있다. ② 제1항에 따라 지방의회와 집행기관의 구성을 달리하려는 경우에는 「주민투표법」에 따른 주민투표를 거쳐야 한다(2022년 1월 시행).

47) 이에 대해서는 김지수·박재희, 「지방자치단체 기관구성 다양화 모델설계 및 법제화방안 연구」, 지방행정연구원 정책연구 2020-01; 하혜영, "지방자치단체의 기관구성 다양화 논의와 향후 과제," 『이슈와 논점』 (국회입법조사처) 1844호 (2021. 6. 2.) 참조.

제2장

지방정부의 계층

① 지방정부 계층의 의미

　지방정부는 본질적으로 중앙정부와 계층적 상하관계에 놓인다. 그리고 계층은 하나일 수도 있고, 둘 이상일 수도 있다. 계층이 하나만 존재하는 형태를 **단층제**(single-tier system)라 부르고, 둘 또는 그 이상의 계층이 존재하는 형태를 **중층제**(two-tier system, multi-tier system)라 부른다. 중층제는 통상 둘 내지 세 개의 계층을 이루나 나라에 따라서는 네 개 이상의 다층(multi-tier)을 이루기도 한다.[1]

　지방정부의 계층은 기업이나 정부 내에 존재하는 일반적인 계층(hierarchy)과 다른 특징을 가진다. 일반 조직에 있어서의 계층은 조직 전체의 목표를 달성하기 위한 효과적인 수단으로서의 의미를 지니고 있다. 즉 조직이 크고 일이 복잡한 경우 한 사람의 지도자 또는 지도부가 모든 조직구성원을 통솔하는 일이 불가능하기 때문에 이를 해결하기 위한 한 방법으로

---

1) 제3편 1장의 주(註) 3 참조.

계층을 두게 된다. 계층을 두면 분업화에 따른 장점을 취할 수도 있고, 전문화가 가능해지기도 하고, 인간이 지닐 수밖에 없는 제한된 '**통솔의 범위**(span of control)' 문제를 극복할 수도 있다.

이와 같이 계층이 조직목표 달성의 수단으로서의 의미를 지니는 경우 계층은 조직전체의 통합성과 구심력에 철저히 종속된다. 분권을 아무리 강조하고 책임과 권한의 분산을 아무리 강조한다 해도, 하급조직이 상급조직의 목표에 이반되는 목표를 설정하거나 하급조직이 상급조직과 대립관계에 놓이는 일은 발생하지 않는다. 또 설령 그러한 일이 발생한다고 해도 곧 바로 교정되고 시정될 수 있는 메커니즘이 작동된다.

지방정부 계층도 큰 틀에서는 이러한 속성을 지니고 있다. 국가로부터 자치권을 부여받는 만큼 기초지방정부가 국가체제를 벗어 난 목표를 설정할 수도 없고, 중앙정부와 적대적 관계를 형성할 수도 없다. 상급지방정부와의 관계에 있어서도 지휘·감독관계가 법률로 규정되기도 하고 정치적으로 관례화되기도 한다.

그러나 일반조직에 있어서의 계층과 달리 지방정부는 중앙정부나 상급지방정부의 정책의지와 목표를 실현하기 위한 하부기관이 아니며, 그 수단은 더욱 아니다. 독자적으로 자기 목표를 설정할 수 있는 자치권을 지니고 있으며, 지역사회와 지역주민이라는 독자적 정치기반을 지니고 있다. 자연히 중앙정부나 상급지방정부와 대립하고 반목할 수 있으며, 경우에 따라서는 심한 갈등을 빚을 수도 있다.

지방정부에 자치권을 부여하는 것은 일면 이러한 대립과 갈등이 일어날 수 있음을 전제로 한다. 그리고 이러한 대립과 갈등이 때로 국가 발전에 도움이 될 수 있다는 인식을 전제로 한다. 대립과 갈등이 해소되는 과정에서 국가발전을 가로막고 있는 잘못된 제도와 관행이 고쳐질 수도 있으며, 중앙정부와 지방정부간의 건설적 경쟁구도가 자리 잡을 수 있기 때문이다. 지방정부의 계층을 일반조직의 계층과 혼동하여 계층 간에 일어나는 대립과 갈등을 있어서는 안 되는 일로 판단할 필요는 없다.

■ 통솔의 범위는 군(軍) 행정에서 유래된 말로 효과적으로 직접 통제할 수 하급자 또는 하급조직의 수를 의미한다.

② 단층제와 중층제의 장·단점

1) 단층제의 장·단점

(1) 장 점

단층제와 다층제의 장·단점을 일률적으로 이야기하기는 어렵다. 그 나라가 처해 있는 정치·경제·사회·문화적인 상황에 따라 그 효과가 다를 수 있고, 자치권의 정도와 범위, 지방정부의 규모 등에 따라서도 그 결과가 다르게 나타날 수 있다. 특히 처리하는 사무의 내용이나 중앙정부의 지도·감독 범위에 따라 그 결과가 현격하게 달라질 수 있다.

그럼에도 불구하고 일반적인 차원에서 장·단점을 몇 가지 정리할 수 있다. 먼저 단층제의 장점을 정리해 보면, 첫째 중층제가 초래할 수 있는 이중행정 및 이중감독과 그로 인한 행정지연과 낭비를 줄일 수 있다. 중층제 아래에서는 중앙정부와 상급지방정부가 기초지방정부에 대해 이중으로 감독에 나설 수 있고, 이렇게 되면 기초지방정부는 행정적 부담을 안게 됨은 물론 지휘·감독상의 혼란을 겪게 된다. 기초지방정부와 중앙정부가 상호 의사를 전달함에 있어서도 한 과정(상급지방정부)을 더 거치게 됨으로써 시간적 지체현상이 나타날 수 있고 의사와 정보가 왜곡되는 일이 발생하기도 한다.

둘째, 행정책임을 보다 명확하게 할 수 있다. 지방정부가 두 개 이상의 층을 이루게 되면 상급지방정부와 기초지방정부 사이에 권한과 기능이 중첩될 수 있다. 그리고 이는 다시 책임의 소재를 불명확하게 만든다. 단층제는 중간계층을 두지 않음으로써 이러한 문제를 원천적으로 방지할 수 있다.

셋째, 같은 맥락에서 행정력의 낭비와 불필요한 대립과 마찰을 방지할 수 있다. 중층제 아래에서는 권한과 기능의 중첩으로 같은 기능이 이중으로 수행될 수 있으며, 이 과정에서 상급지방정부와 기초지방정부 사이에 불필요한 대립과 마찰이 있을 수 있다. 단층제는 중첩현상 그 자체를 막음으로써 이러한 문제가 방지된다.

(2) 단 점

그러나 단점 또한 만만치 않다. 첫째, 중앙정부의 권한과 역할을 유지·강화시키는 배경이 될 수 있다. 단층제 아래에서는 기초지방정부의 능력을 초과하는 대규모 사업과 광역사업을 중앙정부가 처리하는 경향이 있다. 이를 효과적으로 처리할 수 있는 상급지방정부가 존재하지 않기 때문이다.

둘째, 기초지방정부 간 분쟁이 발생했을 때 이를 조정하는데 보다 많은 어려움을 겪을 수 있다. 중층제 아래에서의 상급지방정부는 기초지방정부 간 분쟁을 조정하는데 큰 역할을 할 수 있다. 중앙정부에 비해 지역사회에 대한 친밀도가 높은데다 지역사정에도 보다 밝기 때문이다. 상급지방정부가 없는 단층제 아래에서는 상급지방정부의 이러한 역할을 기대할 수 없다.

셋째, 기초지방정부와 중앙정부간의 의사전달이 원활하지 못할 가능성이 있다. 상급지방정부가 존재하게 되면 이들 상급지방정부가 기초지방정부의 의사를 잘 모아 중앙정부에 집합적으로 전달할 수가 있다. 기초지방정부의 규모가 작고 수가 많은 경우 상급지방정부의 이러한 역할은 더욱 중요한 의미를 지닌다. 그러나 단층제 아래에서는 이러한 일이 불가능하다. 기초지방정부 수장 등이 참여하는 협의회 등이 그 역할을 대신할 수도 있다. 그러나 이러한 협의회의 기능은 구속력이 낮고 단절적이라는 점 등에서 상급지방정부가 할 수 있는 역할과 큰 차이를 나타내게 된다.

2) 중층제의 장·단점

(1) 장 점

중층제는 중간에 광역을 단위로 하는 지방정부를 더 둠으로써 첫째, 기초지방정부가 수행하기 힘든 대규모 사업과 광역적 사무를 '지방자치의 틀' 속에서 수행할 수 있도록 한다는 장점이 있다. 앞서 설명한 바와 같이 상급지방정부가 존재하지 않는 상태에서는 이러한 사업의 상당부분을 중앙정부가 처리하게 된다.

둘째, 같은 맥락에서 중앙정부가 필요이상으로 비대해지는 것을 막을 수 있다. 광역사무를 처리할 지방정부가 존재하지 않는 경우 중앙정부는 지방분권에 대해 더욱 보수적인 입장을 취하게 된다. 기초지방정부의 규모가 작고 수가 많은 경우는 더욱 그러하다.

셋째, 기초지방정부에 대해 보다 철저한 감독을 행할 수 있다는 점도 장점이 될 수 있다. 지역사정에 밝은 상급지방정부가 일차적 감독기관이 될 수 있기 때문이다. 지방의회와 지역 시민사회의 통제능력이 떨어지는 경우 상급지방정부의 감독기능은 더 큰 의미를 지닐 수 있다.

넷째, 기초지방정부 간의 협력과 중앙정부와 기초지방정부 간의 의사전달이 보다 원활하게 이루어질 수 있다. 상급지방정부가 기초지방정부 간의 관계에 있어 효과적인 조정자의 역할을, 그리고 중앙정부와 기초지방정부 간의 관계에 있어서는 효과적인 의사전달자의 역할을 할 수 있기 때문이다.

(2) 단   점

여러 가지 단점 또한 있을 수 있는데 첫째, 상급지방정부와 기초지방정부 간의 행정기능이 중첩되는 일이 발생할 가능성이 크고, 이로 인해 불필요한 낭비와 지연이 있을 수 있다. 권한과 책임 또한 불명확해질 가능성이 크고, 그렇게 되면 행정책임을 확보하기도 힘들어진다.

둘째, 기초지방정부에 대한 불필요한 감독과 규제가 행해질 가능성이 커진다. 기초지방정부에 대해 중앙정부와 상급지방정부에 의한 이중감독과 이중규제가 행해질 가능성이 있다. 상급지방정부가 독자적 사무나 기능을 제대로 가지지 못하는 경우 이러한 문제는 더욱 심각해진다.

셋째, 중앙정부와 기초지방정부 간의 의사소통과 물적 자원의 흐름에 있어 지연현상이 나타날 수 있다. 곧 바로 전달될 수 있는 사안들이 한 층의 지방정부를 더 거치게 되면서 시간상의 손실이 초래되기도 하고 행·재정적 낭비가 초래되기도 한다. 그 처리에 있어 지방의회의 의결을 필요로 하는 등 상급지방정부 내의 처리과정이 복잡한 경우 이는 더 큰 문제가 된다.

넷째, 중앙정부와 기초지방정부가 생산하는 정보가 상급지방정부에 의해 가공되어 전달되기도 하는데, 이 과정에서 여러 형태의 의도되거나 의도되지 않은 왜곡이 있을 수 있다. 계층적 관계가 엄격할수록 이러한 문제는 더욱 심각하게 나타난다. 기초지방정부가 상급지방정부의 이러한 왜곡에 대해 제대로 문제제기를 할 수 없기 때문이다.

제2절 여러 나라의 지방정부 계층

① 미국의 지방정부 계층

1) 일반 현황

미국의 지방정부는 주(州)에 따라 다소 차이가 있지만 기본적으로 두 개의 층을 이루고 있다(그림 3-1). 먼저 상급지방정부는 대부분의 주(州)에 있어 '**카운티**(county)'로 불린다. 알래스카(Alaska) 주(州)에서는 '카운티' 대신 '**바러**(Borough)'라 부르고 있고, 루이지에나(Louisiana) 주(州)에서는 '**패리쉬**(Parish)'라 부르고 있다. 모두 영국에서 전래된 이름들이다. 2017년 현재 이러한 상급지방정부는 50개 주(州)에 걸쳐 3,031개 존재하고 있다.[2]

기초지방정부에는 크게 **타운십**(township)과 **뮤니시팔리티**(municipality) 두 가지가 있다. 타운십은 원래 상급지방정부인 카운티를 구성하는 지리적 영역의 하나를 의미한다. 우리나라에서 면(面)의 지리적 영역을 모두 합치면 군(郡)의 지리적 영역이 되듯 타운십의 지리적 영역을 모두 합치면 카운티의 지리적 영역이 된다. 그리고 이러한 영역을 관장하는 정부가 있을 때 이를 타운십 정부(township government)로 부른다. 모든 타운십에 타운십 정부가 있는 것은 아니다. 타운십 단위의 정부가 없는 상태에서 단순한 지리적 경계로서의 의미만 지니는 경우도 많다.

타운십 제도는 주로 뉴잉글랜드 지역을 중심으로 한 북동부 지역과 북중부 일대에서 많이 운영되고 있다. 그 외의 지역, 특히 남부지역에서는 노우스 캐롤라이나(North Carolina)와 같은 일부 주(州)를 제외하고는 그 예를 찾기가 어렵다. 한 가지 주의할 점은 뉴잉글랜드 지역을 포함한 일부 지역에서는 이러한 타운십을 뮤니시팔리티의 한 형태인 '타운(town)'으로 부르고 있다는 사실이다. 이와 같이 지역에 따라 두 개념이 혼용되고 있어 많은 혼란이 생기기도 한다.

이에 비해 뮤니시팔리티는 인구가 집중된 일정지역을 관장하는 기초지

■ Borough는 영국 등의 유럽국가로부터 전래된 개념으로 원래 성곽을 가진 도시라는 의미를 가지고 있었다. 그리고 Parish 역시 영국으로부터 전래된 개념으로 '교구(敎區)'라고도 번역되며, 원래는 하나의 교회가 관장하거나 영향력을 미치는 지역을 의미했다.

---

2) US Census Bureau, *2017 Census of Government* (2019).

방정부를 말한다. 즉 카운티나 타운십 내의 어느 특정 지역이 일정 수준 성장하게 되면 그 스스로 자치권을 행사하기 위한 자치정부를 가지게 되는 데 이것이 바로 뮤니시팔리티이다. 뮤니시팔리티는 대체로 하나의 카운티 에 속한다. 그러나 경우에 따라서는 여러 개의 카운티에 걸쳐질 수도 있고, 드문 경우이긴 하지만 여러 개의 카운티를 포함할 수도 있다.

뮤니시팔리티는 인구규모나 밀도, 그리고 그 지역의 역사와 관행에 따라 **시티**(city), **타운**(town), **빌리지**(village) 등으로 불린다. 지역에 따라서는 타운을 타운십(township)으로 부르기도 하는데, 이때의 타운십은 원래의 의미가 아닌 뮤니시팔리티로서의 타운을 의미한다. 2017년 현재 타운십과 뮤니시팔리티를 합친 미국 내 전체 기초지방정부의 수는 뮤니시팔리티 19,495개, 타운과 타운십 16,253개로 도합 35,728개에 이른다.[3]

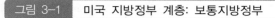
그림 3-1 미국 지방정부 계층: 보통지방정부

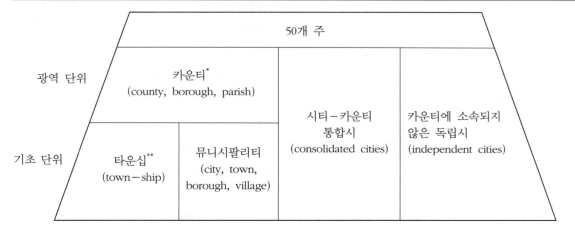

* Alaska는 borough, Alabama는 parish 등.
** Town의 이름을 가진 경우도 있음.

2) 특 징

미국의 지방정부 계층을 이해함에 있어 반드시 기억해야 할 부분이 있다. 첫째, 카운티에 소속되지 않은 도시정부(independent city)들이 있다는 점이다. 버지니아(Virginia)의 모든 도시정부들이 그러하고 매릴랜드주(Maryland)

---

3) 위의 자료.

의 발티모아(Baltimore)와 미주리주(Missouri)의 세인트루이스(St. Louis) 등이 그러하다. 뉴욕(New York) 시와 같은 대도시는 오히려 그 안에 다섯 개의 카운티를 포함하고 있기도 하다.[4] 이들 지역에서는 당연히 단층제가 이루어지게 된다.

둘째, 상급지방정부인 카운티와 기초지방정부인 시티가 결합하여 **통합시**(consolidated city-county)를 이루기도 한다. 즉 상급지방정부의 기능과 기초지방정부의 기능을 함께 수행하는 정부가 되는 경우이다. 콜로라도(Colorado) 주(州)의 덴버(Denver)와 캘리포니아(California) 주(州)의 샌프란시스코(San Francisco)가 그 예이다. 이들 지역 역시 단층제가 이루어지게 된다.[5]

그리고 셋째, 형식상 두 개의 층을 이루고 있지만 실제 운영에 있어서는 단층제에 가까운 형태가 많다는 점이다. 우선 상급지방정부가 기초지방정부에 대한 지휘·감독기관으로 존재하는 것이 아니라 기초지방정부가 수행하는 기능 외의 광역기능을 수행하거나, 기초지방정부의 **관할에 속하지 않는 지역**(unincorporated area)을 관할하는 정부로 존재하는 경우가 많다. 상·하관계가 아닌 상호보완적 관계를 이룬다는 뜻이다. 일부 지역에서는 카운티가 아예 기능을 하지 않는 경우도 있다. 본래 의미의 타운십이 자리 잡고 있는 뉴잉글랜드(New England) 지역이 그 대표적인 예이다. 메사츄세츠(Massachusetts) 주(州)와 로드아일랜드(Rhode Island) 주(州) 등에서는 지리적 경계의 의미만 지니고 있으며, 코네티커트(Connecticut) 주(州) 등에서는 사법적 기능만 수행하고 있다.[6]

■ City of New York은 다섯 개의 구(borough), 즉 The Bronx, Brooklyn, Manhattan, Queens, Staten Island로 이루어져 있다. 이들 다섯 개의 구가 형식상 다섯 개의 카운티와 병존하고 있다. 카운티 이름은 Brooklyn은 King's County, Manhattan은 New York County, Staten Island는 Richmond County이고, 나머지 둘의 이름은 같다.

---

4) New York County, Bronx County, Queens County, Kings County, Richmond County가 포함되어 있다.
5) 통합의 예를 보기 우해서는 National League of Cities, "Cities 101-Consolidations, Dec. 14, 2016. accessed June 25, 2020. https://www.nlc.org/resource/cities-101-consolidations." 아울러 통합 카운티의 기능에 대한 자세한 설명을 위해서는 The Citizens Advisory Committee On the Efficiency and Effectiveness of City-County Government, *Government for Growth: Forging a Bright Future-, Built on Unity, Efficiency. Effectiveness, Equity and Equality-, For the People of Allegheny County and the City of Pittsburgh* (April, 2008), pp.1-13.
6) Tanis J. Salant, Overview of County Governments, Roger L. Kemp, 앞의 책, pp.95-100.

② 영국의 지방정부 계층

1) 잉글랜드 지역

영국은 지방정부 계층에 있어 단층제와 중층제가 혼재하고 있다. 먼저 가장 중요한 지역이라 할 수 있는 잉글랜드(England)를 보면, 2020년 현재 기본적으로 9개의 광역지역(region) 아래 6개의 **메트로폴리탄 카운티**(metro-politan county)와 56개의 **통합형 지방정부**(unitary authority), 그리고 27개의 **비메트로폴리탄 카운티**(non-metropolitan county)가 운영되고 있다.[7] 이에 더해 2000년 새로이 설립된 **런던광역정부**(Greater London Authority, GLA)가 있는데, 런던광역정부는 9개 광역지역의 하나이자 대도시 지방정부라는 이중의 지위를 지니고 있다. 이 점에 있어 지방정부의 지위를 가지고 않는 8개의 다른 광역지역과 구별된다.

이 중 메트로폴리탄 카운티는 런던광역정부 이외의 6개 대도시 지역에 존재하며 그 아래에 **메트로폴리탄 디스트릭트**(metropolitan district)라 불리는 기초지방정부를 두고 있다. 따라서 외견상 2층 구도를 이루는 것처럼 보인다(그림 3-2). 그러나 실제에 있어 메트로폴리탄 디스트릭트만이 지방정부로 기능하는 단층의 구조를 이루고 있다. 1986년 런던광역시(Greaterer London Council, GLC)를 비롯한 대도시 정부를 해체하는 과정에서 메트로폴리탄 카운티가 지방정부로서의 기능을 상실했기 때문이다. 이후 메트로폴리탄 카운티는 지역을 구분하기 위한 명칭으로만 남아있다.

비메트로폴리탄 카운티는 중층제로 운영되고 있다. 즉 카운티 아래 여러 개의 **비메트로폴리탄 디스트릭트**(non-metropolitan district)가 기초지방정부로 운영되는 2층의 구조를 이루고 있다. 그러나 1996년 이래 비메트로폴리탄 카운티에서도 이러한 2층의 구조를 통합하여 단층화하는 작업이 진행되어 왔다. 주로 상급지방정부인 비메트로폴리탄 카운티를 없애는 대신 디스트릭트의 기능을 확대하는 방향으로 진행되어 왔는데, 2009년에도 여러 개의 비메트로폴리탄 카운티가 폐지되었다.[8]

---

7) "Metropolitan and non-metropolitan counties of England," Pop-Culture Wiki. accessed June 25, 2020. https://pop-culture.fandom.com/wiki/Metropolitan_and_non-metropolitan_counties_of_England.

통합형 지방정부(unitary authority)는 단층형의 지방정부로 바로 이러한 개편작업의 결과로 탄생했다. 1996년 이후 그 수가 늘어나고 있는데, 특히 중규모 도시지역에서 그 호응도가 높다. 통합형 지방정부로의 단층화가 일어나지 않는 지역은 여전히 상급지방정부인 비메트로폴리탄 카운티 아래 기초지방정부인 비메트로폴리탄 디스트릭트가 놓이는 2개 층의 중층제가 운영되고 있다.

수도로서의 특별한 의미와 지위를 갖는 런던광역정부는 그 안에 32개의 **바러**(Borough)와 하나의 시티(city), 즉 **런던시**(City of London)를 두고 있다. 2개 층의 중층제가 자리 잡고 있는 셈이다.

여기서 한 가지 특기할 사항이 있다. 다름 아닌 **패리쉬**(parish)의 존재이다. 패리쉬는 영국 지방자치의 뿌리라 할 수 있을 만큼 그 역사가 깊으며, 오늘에 있어서도 자치기구로서의 기능을 하고 있다. 2020년 현재 농촌지역을 중심으로 약 9천개 가까이가 운영되고 있으며, 농촌지역처럼 많지는 않지만 도시지역에서도 그 모습을 볼 수 있다. 1960년대 후반에 패리쉬 제도를 폐지했던 런던광역정부도 2007년부터는 다시 그 설립을 허용하고 있다.

그림 3-2 영국 지방정부 계층: 보통지방정부

	9개 광역지역(region)				
광역지역 단위	8개 광역지역*			런던 광역정부 (Greater London Authority)**	
광역 단위	메트로폴리탄 카운티 (metropolitan county)***	비메트로폴리탄 카운티 (non metro-politan county)	통합시 (unitary authority)		
기초 단위	메트로폴리탄 디스트릭 (metropolitan district)	비메트로 디스트릭 (non-metro district)		바러 (borough)	런던시 (City of London)
패리쉬 단위	패리쉬(parish)	패리쉬(parish)	패리쉬(parish)	패리쉬(parish)	

* 8개 광역지역은 지방정부 아님.
** Greater London Authority는 광역지역 겸 지방정부.
*** Metropolitan county는 지방정부 설치되지 않음.

---

8) Cheshire, Cornwall, Count Durham, Wiltshire, Shropshire 등의 카운티가 폐지되고, 그 대신 통합형 지방정부(unitary authority)가 들어섰다.

패리쉬를 가장 기초적인 지방정부로 이해하는 경우 패리쉬가 운영되는 지역의 지방정부 계층은 하나씩 더 늘어나게 된다. 단층제는 2개 층의 중층제가 되고, 2개 층의 중층제는 3개 층의 중층제가 된다. 패리쉬가 잘 운영되지 않는 대도시 지역 등은 별도의 설명이 필요하지 않다. 하지만 패리쉬가 많이 운영되는 농촌지역의 지방정부 계층을 이해함에 있어서는 이 점을 염두에 둘 필요가 있다.

2) 웨일즈, 스코틀랜드, 북아일랜드 지역

웨일즈(Wales)와 스코틀랜드(Scotland), 그리고 북아일랜드(Northern Island) 지역은 모두 단층제를 운영하고 있다. 이들 지역 모두 한 때는 중층제를 운영했다. 웨일즈는 1996년까지 7개의 카운티 아래 기초지방정부, 즉 디스트릭트(district) 37개를 운영했다. 스코틀랜드 역시 이때까지 9개 지역정부(region) 아래 53개의 디스트릭트(district)를 운영했다. 그러나 1994년 마련된 개편안에 의해 1996년부터 웨일즈는 22개의 통합형 지방정부(unitary authority)로 단층화 했으며, 스코틀랜드 역시 32개의 단층 지방정부로 개편했다. 북아일랜드 역시 전통적으로 2개 층의 지방정부를 운영하였으나 1973년 개편을 통해 26개의 디스트릭트로 단층화시켰고, 2015년에는 이를 다시 11개의 디스트릭트로 통합했다.[9]

한 가지 염두에 둘 것은 웨일즈와 스코틀랜드에서 운영되고 있는 커뮤니티(community)의 존재이다. 커뮤니티는 잉글랜드의 패리쉬에 해당한다고 하겠는데, 두 지역에 있어 그 기능은 다소 다르다. 스코틀랜드의 커뮤니티가 지역주민의 의견을 모아 지방정부에 전달하는 정도의 소극적인 역할을 수행하는데 비해 웨일즈의 커뮤니티는 주민회관을 비롯한 공동시설을 관리하는 등 잉글랜드의 패리쉬에 준하는 기능을 수행한다.

잉글랜드의 패리쉬와 마찬가지로 이들 커뮤니티를 또 다른 형태의 지방정부로 보게 되면 웨일즈와 스코틀랜드도 2개 층의 지방정부, 즉 단층제가 아닌 중층제를 운영하는 것이 된다. 그러나 커뮤니티 역시 잉글랜드의 페리쉬와 마찬가지로 완전한 지방정부로 보지 않는 것이 일반적 경향이다. 북아일랜드에는 잉글랜드의 패리쉬에 해당하는 자치기구가 없다. 따라서

9) "Government and Society-Northern Island," Encyclopedia Britannica, accessed June 10, 2020. https://www.britannica.com/place/Northern-Ireland/Government-and-society.

이러한 해석상의 문제가 없다.

③ 독일의 지방정부 계층

1) 일반 현황: 13개 주(州)

독일은 16개의 주(州, Länder)로 이루어진 연방국가 이다. 지방정부 계층은 주(州)에 따라 다소 다른 모습을 보이는데, 크게 두 개의 범주로 나누어 살펴볼 수 있다. 연방을 구성하는 준(準) 국가로서의 주(州)이자 지방정부이기도 한 대도시 3개, 즉 베를린(Berlin), 함부르크(Hamburg), 브레멘(Bremen)이 그 하나이고, 나머지 13개 주(州)가 또 다른 하나이다.

먼저 베를린 함부르크 브레멘을 제외한 나머지 13개 주(州)의 경우 단층제와 중층제가 혼용되고 있다. 농촌지역에는 대체로 기초지방정부인 **게마인데**(gemeinde)'가 있고, 그 위에 상급지방정부인 **크라이스**(kreise)'가 운영되는 2층의 중층제가 자리 잡고 있다. 2020년 현재 1만1천 개가 넘는 게마인데와 약 3백 개에 가까운 '크라이스'가 설치·운영되고 있다. 주(州)에 따라서는 '크라이스'와 '게마인데' 사이에 '엠트(Ämt)'로 통칭되는 지역사무소를 두기도 하는데, 이는 '크라이스'의 사무소일 뿐 지방정부는 아니다.

농촌지역과 달리 도시지역은 단층제가 주로 운용되고 있다. 즉 크라이스에 속하지 않는 시(市, Kreisfreie Städte)가 주(州)정부 아래 단층을 이루고 있다. 영국의 통합형 지방정부(unitary authority)와 같은 형태라 하겠는데, 일부 주(州)에서는 이를 '도시형 크라이스(stadtkreise)'라 부르기도 한다. 단층의 구조인 만큼 그 자체가 상급지방정부이자 기초지방정부인데, 2020년 현재 그 수는 100여 개에 달한다.

규모가 큰 일부 주(州)는 이러한 단층의 도시정부나 농촌지역의 크라이스 사이에 **광역행정청**(regierungsbezirke)을 운영하기도 한다. 그러나 이 역시 주(州)의 사무소일 뿐 지방정부는 아니다.[10]

---

10) Baden-Württemberg, Bavaria, Hesse, North Rhine-Westphalia, Saxony 등의 주(州)가 이러한 광역행정청을 운영하고 있다.

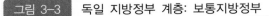

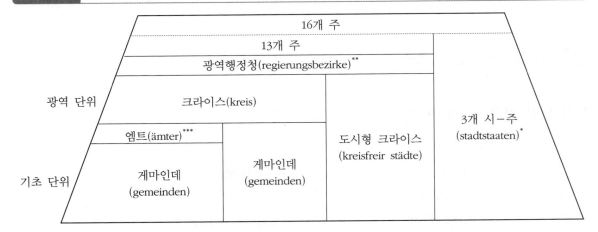

그림 3-3   독일 지방정부 계층: 보통지방정부

* 주(州)이자 지방정부임. 내부에 구(bezirke) 등을 두고 있음.
** 일부 큰 주(州)에 존재하며 지방정부 아님.
*** 일부 Rural district(kreise)가 설치. 지방정부 아님.

2) 대도시 3개 주: 베를린, 함부르크, 브레멘

대도시인 베를린, 함부르크, 브레멘은 주(州)이면서 지방정부이다. 주(州) 아래 지방정부를 두지 않은 채 그 자체가 지방정부의 기능을 한다는 뜻이다. 말 그대로 city-state, 즉 시-주(市-州, city-state)이다. 자연히 그 자체가 유일한 지방정부인 단층제의 형태를 취한다. 그 아래에 구(區)라 할 수 있는 **베지르케**(bezirke)를 두고 있지만,[11] 법률적으로 볼 때 이는 자치권을 가진 지방정부라기보다는 주(州)의 하위 행정기구이다.[12] 그 수장도 베지르케 의회에 의해 선출되기는 하지만 임명은 주(州) 의회가 하도록 되어 있다.

그러나 실제 운영에 있어서는 중층제의 모습을 보이고 있다. 베지르케에 주민에 의해 선출된 의원들(bezirksamtsleiter)로 구성되는 의회가 운영되고 있는데다, 제한된 범위이기는 하지만 자치적으로 행사할 수 있는 기능과 권한을 가지고 있기 때문이다. 수장(bezirksbürgermeister)도 사실상 베지르

---

11) Bremen은 지리적으로 서로 떨어진 두 개의 도시(Bremen, Bremerhaven)로 이루어져 있으며, 이들 두 개의 도시를 도시형 크라이스(Stadtkreise)처럼 운영하고 있다. 그리고 그 아래 베제르케를 두고 있다.

12) Britt-Marie LÖVGREN, "Local and regional democracy in Germany," a paper reported to The Congress of Local and Regional Authorities, 22nd Session CG(22)7, Mar. 14, 2012, p.13.

케의회 의원들의 선출행위로 결정되며, 그 뒤에 행사되는 주(州)의회의 임명권은 다분히 형식적이다. 베지르케의 지방정부로서의 성격이 만만치 않다는 뜻이다.

④ 프랑스의 지방정부 계층

1) 일반 현황

프랑스 지방자치의 기본단위는 '**코뮌**(commune)'으로 불리는 시·읍·면이다. 코뮌은 자연발생적으로 형성된 지역공동체를 중심으로 하는 조직으로 그 역사는 로마시대로 거슬러 올라갈 만큼 깊다. 2020년 현재 프랑스 전역에 걸쳐 3만 7천 개가 넘는 코뮌이 있다. 통합을 통해 그 수를 줄이려는 노력이 진행되고 있지만 그 속도는 매우 느린 편이다.[13]

그 수로도 짐작을 하겠지만 코뮌은 대체로 그 규모가 작다. 파리(Paris), 리용(Lyon), 마르세이유(Marseille) 같이 인구가 수백만 명을 넘는 도시형 코뮌이 있기도 하지만 80% 이상이 인구 1천명 이하의 작은 규모를 유지하고 있다.[14] 심지어는 인구가 수십 명밖에 되지 않은 산촌형 코뮌도 있다.

코뮌 위에 중간지방정부인 '**데파르뜨망**(département),' 즉 도(道)가 있다. 2020년 현재 모두 101개가 존재하고 있는데, 이 중 넷은 국외에 있다(Guadeloupe, Martinique, French Guiana, Réunion). 데파르뜨망 역시 1789년 대혁명 의회가 도입한 제도로 그 역사가 매우 깊다. 그러나 1982년 지방분권법이 시행되기 전까지 지방정부로서의 지위와 함께 중앙정부의 지역단위 일선종합행정기관의 지위를 가지고 있었다. 지방의회(conseil général)가 구성되어 있기는 하였으나 중앙정부에 의해 임명된 지사(préfet)가 강한 행정권과 함께 그 운영의 중심을 이루었다.

그러나 지방분권법이 시행된 1982년 이후 이러한 모습은 크게 변했다. 임명제 지사는 중앙정부의 지방행정기관장으로서의 지위만을 가지게 되었으며, 지방정부로서의 데파르트망의 운영은 전적으로 데파르트망 의회와

---

13) "Communes of France," Wikipedia. accessed June 30, 2020. https://en.wikipedia.org/wiki/Communes_of_France#Number_of_communes.

14) *Ibid*.

이 의회에서 선출되는 데파르트망 의회의 의장(president)이 맡게 되었다. 제대로 된 지방정부로 새로이 자리매김하게 된 것이다.

1982년의 지방분권법은 또 하나의 큰 변화를 가져왔다. 1955년 설립되어 광역단위의 지역개발계획을 주로 다루어오던 '**레지옹**(région),' 즉 광역행정 기관이 자치체로서의 법인격을 부여받음으로써 광역지방정부가 되었다. 이로써 프랑스의 지방정부 계층구조는 코뮌에서 데파르뜨망으로 이어지는 2층 구조에서 코뮌에서 데파르뜨망을 거쳐 레지옹으로 이어지는 3층 구조가 되었다. 2020년 현재 레지옹은 18개이며, 이 중 5개는 국외에 존재한다.[15] 데파르뜨망과 마찬가지로 레지옹 의회(conseil régional)도 주민에 의해 6년의 임기로 선출되며, 그 의장(president)은 레지옹 의회 의원들에 의해 간접 선출된다.

이들 세 계층의 지방정부 외에 프랑스는 군(郡) 또는 구(區)의 의미를 갖는 **아롱디스망**(arrondissement)과 선거구로서의 의미가 큰 **캉통**(Canton)을 두고 있다. 이를 모두 종합하면 코뮌-캉통-아롱디스망-데파르뜨망-레지옹으로 연결되는 계층조직이 된다. 그러나 아롱디스망과 캉통은 지방정부가 아니다. 아롱디스망은 행정계층으로서의 지위를 지니고 있는데, 그 수는

그림 3-4 프랑스 지방정부 계층: 보통지방정부

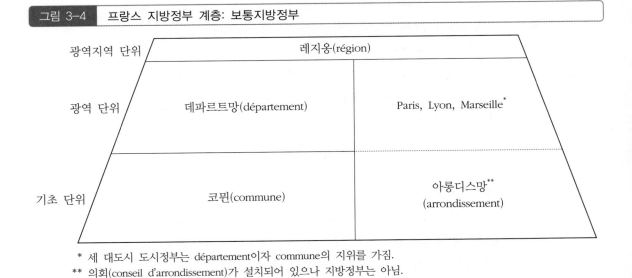

* 세 대도시 도시정부는 département이자 commune의 지위를 가짐.
** 의회(conseil d'arrondissement)가 설치되어 있으나 지방정부는 아님.

---

15) 해외에 있는 4개의 데파르뜨망, 즉 Guadeloupe, Martinique, French Guiana, Réunion이 그대로 레지옹의 지위를 함께 지닌다.

국외에 존재하는 12개를 포함해 3백3십 개 정도 된다. 그 장(長)은 국가공무원으로 임명되며, 지방의회도 구성되지 않는다. 캉통은 데파르뜨망 의회 의원을 선출하기 위한 선거구로서의 의미가 크다. 하나의 캉통에서 1인의 데파르뜨망 의원이 선출된다. 선거구로서의 의미가 큰 만큼 인구규모를 비슷하게 유지하고 있는데. 2020년 현재 그 수는 약 2천 개가 조금 넘는다.[16]

2) 대도시 특례

프랑스 계층제도에 있어 다소 특이한 부분은 대도시에 대한 특례이다. 수도 파리(Paris)는 데파르트망과 코뮌의 지위를 함께 지니고 있다. 중간지방정부와 기초지방정부의 지위를 동시에 지니고 있는 만큼 파리에 있어서의 지방정부 계층은 형식상 3층이 아닌 2층의 구조가 된다. 그러나 보기에 따라 파리 역시 3층의 구조로 운영되고 있다고 할 수 있다. 파리 내에 두는 아롱디스망이 지방정부의 지위를 인정받고 있지는 않지만 실제에 있어서는 지방정부의 역할을 하고 있기 때문이다.[17] 다른 지역의 아롱디스망과 달리 파리의 아롱디스망은 주민이 선출하는 의원들로 구성되는 지방의회를 운영하고 있으며, 그 장(長)도 지방의회에 의해 간접 선출되고 있다.

파리와 함께 리용과 마르세이유도 이러한 특별한 지위를 부여받고 있다. 즉 데파르뜨망이자 코뮌인 이중 지위를 지니고 있으며, 그 아래에 민선체제로 운영되는 아롱디스망을 두고 있다. 광역지방정부인 레지옹을 합쳐 2층으로 볼 수도 있고, 3층으로 볼 수도 있는 구도를 이루고 있는 셈이다.

---

16) Roger Brunet, "New Cantons in France: Name Games," in L'Espace géographique Volume 44, Issue 1 (2015), pp.73-74.

17) 다음은 파리, 리용, 마르세이유의 아롱디스망에 대한 배준구 교수의 설명이다: 프랑스의 3대 도시의 구(아롱디스망)가 지방정부인 것으로 착각하거나 때로는 지방정부인지 아닌지를 분명히 구분하지 못하는 경우도 있다. 그러나 구는 지방정부는 아니며, 이는 1982년 12월 28일의 헌법위원회가 '시(코뮌)의 일체성에 침해를 가하지 않는 단순한 행정구역'이라고 밝힘으로써 분명해졌다. 배준구, 『프랑스의 지방분권』(부산: 도서출판 금정, 2004), pp.100-105.

5 일본의 지방정부 계층

1) 일반현황

일본은 기본적으로 2층 구조의 중층제를 운영하고 있다. 먼저 상급지방정부로 **도·도·부·현**(都·道·府·縣)을 두고 있다. 도(都)는 **도쿄도**(東京都)를 의미하며, 또 다른 도(道)는 **홋카이도**(北海道)를 의미한다. 부(府)는 **오사카부**(大阪府)와 **교토부**(京都府) 두 개가 있으며, 현(縣)은 모두 43개가 있다. 도합 47개의 도·도·부·현이 존재한다. 이들 도·도·부·현에는 주민이 선출한 의원으로 구성되는 지방의회가 있으며, 집행기관의 장(長)으로 역시 주민에 의해 선출되는 지사(知事)가 있다.

도·도·부·현 아래에는 기초지방정부인 **시·정·촌**(市·町·村)이 있다. 일본 지방자치법상 이들은 권한과 기능에 있어 큰 차이가 없다. 다만 인구규모에 따라 큰 것은 시(市), 작은 것은 촌(村)으로 분류된다. 모든 도·도·부·현에 시·정·촌이 있는데, 1999년 개편이 이루어지기 전에는 일본 전역에 약 3천 2백 개가 존재했으나 개편이후 매년 그 수가 줄어 2020년 현재 1,724개가 존재한다.[18] 지역이 넓고 인구규모가 큰 홋카이도(560만) 지역에는 그 수가 185개에 이르는 반면, 도야마현(富山縣, 85만)이나 후쿠이현(福井縣, 110만) 같은 곳에는 그 수가 각각 15개와 17개에 불과하다.

기초지방정부 중 규모가 큰 일부 시(市)에 대해서는 **정령지정시**(政令指定市, 이하 지정시)의 지위를 부여하고,[19] 상급지방정부가 수행하는 기능과 권한 일부를 수행할 수 있도록 하고 있다.[20] 아울러 그 아래에 구(區)를 설치할 수 있도록 하고 있다. 그러나 지정시의 구(區)는 지방정부가 아닌 행정

---

18) 북방영토 6촌은 제외한 숫자임. 2004년 4월까지 129개 감소, 이후 2005년 4월까지 706개 감소, 2006년 4월까지 574개 감소. "市区町村数を調べる," e-stat 政府統計 綜合窓口 (2020. 6. 26). accessed 2020. 6. 20. https://www.e-stat.go.jp/municipalities/number-of-municipalities.

19) 일본 지방자치법은 인구 50만명 이상이면 정령지정시가 될 수 있도록 규정하고 있다. 그러나 실제에 있어서는 70만명 이상이 되어야 지정을 받는다. 2020년 현재 오사카시와 교토시를 비롯해 20개의 지정시가 있다.

20) 자세한 설명은 소순창, "일본의 대도시 특례와 광역행정제도에 관한 연구," 『아태연구』, 제14권 제2호(2007. 11. 30), pp. 60-66 참조.

그림 3-5 일본 지방정부 계층: 보통지방정부

	도·도·부·현			
광역 단위	도(동경도)	도(홋카이도)	부·현	
기초 단위	시·정·촌·특별구	시·정·촌	정령지정시 구*	시·정·촌

* 정령지정시의 구는 행정구로 지방정부 아님.

기관, 즉 **행정구**(行政區)이다. 지방의회가 설치되지 않으며 그 장(長)도 지정시의 시장에 의해 임명된다. 따라서 지정시 지역에 있어서도 지방정부의 계층은 상급지방정부인 도(道)·부(府)·현(縣) 아래 지정시가 놓이는 2층의 구도가 된다.

2) 대도시 특례: 도쿄도

일본 역시 대도시에 대해서는 특별한 지위와 권한을 부여하고 있다. 수도인 동경도에는 37개의 시·정·촌과 함께 도심지역에는 23개의 **특별구**를 두고 있다. 특별구는 오랫동안 지방정부로서의 지위를 인정받지 못하고 있었다. 그 권한과 기능 또한 제한되어 있었다. 대도시인 도쿄 도시행정의 일체성을 확보시켜 주기 위해서였다. 자연히 이들 특별구 지역에 있어서의 지방정부는 단일 계층을 이루었다. 즉 도쿄도가 유일한 지방정부로 존재했다.

1974년 이후부터는 특별구의 수장인 구장(區長)을 다시 주민직선에 의해 선출되게 하는 등 특별구의 위상을 높이는 조치들이 있어 왔다. 그러나 특별구는 여전히 완전한 지방정부로서의 지위는 부여받지 못하고 있었다. 실제 그 모습이 어떠하건 간에 형식에 있어서는 단층제 구도를 유지하고 있었던 셈이다.

그러던 중 1998년 5월, 도쿄 특별구를 지방정부(지방공공단체)로 인정하는 내용을 담은 지방자치법 개정이 이루어졌고,[21] 2000년 4월에 이르러 이들 특별구는 지방정부로서의 새로운 위상을 갖추게 되었다. 명실 공히 2층 구도의 중층제가 이루어지게 된 것이다. 그러나 대도시 행정의 통합성을 유지하기 위해 특별구의 권한과 기능은 일반 시(市)에 비해 제한되어 있다. 예컨대 광역사무의 성격을 지닌 상·하도수와 소방기능 등은 여전히 특별구가 아닌 도쿄도의 업무가 되어 있다.

제 3 절 | 우리나라 지방정부 계층

① 역사적 전개

우리나라 지방정부의 계층은 몇 차례의 변화를 겪었다. 건국초기부터 1961년의 **지방자치에관한임시조치법**이 공포되기 전까지는 서울은 단층구조로 기초지방정부를 두지 않고 있었다. 그러나 그 외의 도(道)는 도시지역에는 시(市)를, 그리고 농촌지역에는 **읍**(邑)·**면**(面)을 기초지방정부로 두고 있었다. 농촌지역인 읍·면지역에는 도와 읍·면 사이에 종합지방행정기관의 성격을 갖는 군(郡)이 있어 행정계층으로는 3층의 구조를 지니고 있기도 했다. 그러나 군은 지방정부가 아닌 국가와 도의 하위 행정기관이었다. 따라서 이들 읍·면지역에서도 지방정부의 계층구조는 도에서 읍·면으로 이어지는 2층 구조의 중층제를 이루고 있었다.

이러한 구조는 1961년 9월, 5·16 군사정부에 의해 지방자치에관한임시조치법이 제정·공포되면서 일부 변화가 생겼다. 농촌지역 기초지방정부였던 읍·면이 지방정부로서의 지위를 상실하게 된 반면, 군이 새로이 지방정부로서의 지위를 획득하게 된 것이다. 이른바 **군자치**(郡自治)가 실시된 것인데, 이로써 농촌지역의 지방정부 계층은 도에서 군으로 이어지게 새로운 내용의 2층 구도가 되었다. 자치정부로서의 지위를 상실한 읍·면은 군의 하급행정기관으로 전환되었다.

---

21) 일본 지방자치법 제281조 2항.

이러한 체제는 1988년까지 큰 변화 없이 유지되었다. 1963년 부산시가 경상남도로부터 분리되어 부산직할시가 되고, 1981년 대구시가 경상북도로부터 분리되어 대구직할시가 되는 등 대도시 지역에 있어 일부 변화가 있기는 했다. 하지만 서울특별시와 부산·대구직할시와 같은 대도시 지역은 단층제, 그리고 도 지역은 2층의 중층제를 이루는 기본구도는 그대로 유지되었다.

그러다가 1988년 4월, **구자치**(區自治)가 실시되면서 지방정부 계층구도에 큰 변화가 일어났다. 서울특별시와 직할시 내의 하급 종합행정기관인 구를 지방정부로 인정하게 된 것인데, 이로써 이들 대도시 지역에서도 특별시·직할시-자치구의 2층 구도가 자리 잡게 되었다. 그러나 지방의회도 구성되지 않고, 구청장 역시 특별시장과 직할시장에 의해 임명되는 체제에서 일어났던 변화였던 만큼 당시로서는 실질적 변화를 느끼기 힘들었다.

이러한 2층제 구도는 2006년 7월 제주특별자치도가 출범하기까지 큰 변화 없이 그대로 유지되었다. 1994년 이래 도시성이 높은 지방정부와 농촌성이 높은 지방정부를 하나의 지방정부로 통합하는 **도·농통합**(시·군통합) 작업이 진행되었고, 1995년에는 광역지방정부(광역자치단체)인 **직할시**를 '**광역시**'로 개편하는 작업이 있기도 했다. 그리고 그 결과 농촌형 지방정부인 군 일부가 광역시 체제로 편입되는 일도 있었다. 그러나 2층의 중층제라는 지방정부 계층구조에는 큰 변화가 없었다.

제주특별자치도의 출범은 계층제도와 관련하여서도 큰 의미가 있었다. 출범과 함께 광역지방정부인 제주도와 기초지방정부인 시·군으로 되어있던 2개 층의 중층제는 제주특별자치도만이 유일한 지방정부로 존재하는 단층제로 전환되었다.[22] 지방정부로서의 지위를 지녔던 4개의 시·군(제주시 서귀포시 북제주군 남제주군)은 2개의 종합행정기관, 즉 **행정시**(제주시, 서귀포시)로 전환되었다. 이들 행정시에는 지방의회가 구성되지 않으며, 시장 또한 제주특별도지사에 의해 임명된다.

제주특별자치도의 이러한 단층제화는 2012년 7월 참여정부의 중앙행정기관 지방이전 정책에 의해 행정중심 복합도시로 출범한 **세종특별자치시**에도 그대로 적용되었다. 즉 세종특별자치시 역시 광역지방정부의 지위를

---

22) 제주특별자치도와 관련하여서는 정부혁신지방분권위원회, 『참여정부의 지방분권』(2007), pp. 98-140.

표 3-2	우리나라 지방정부 계층구조의 변화

시 대	실 시 년 도	계층수	지방행정계층구조				비 고
			1계층	2계층	3계층	4계층	
통 일 신 라	685 (신문왕)	2	9주 5소경	117군	293현	–	–
고 려 시 대	1009 (현종)	4	경기 5도 2계	4경 4도호부 8목	15부 129군 335현 29진	속 군 속 현	대략적인 행정구역 완비
조 선 시 대	1413	2	한성부 개성부 8 도	2부 4대도호부 20목 44도호부 82군 175현	面·坊·社	동·리	고려 5도양계의 변천
	1895	2	23부	329군	面·坊·社	〃	근대적이고 중앙집권적인 개편
	1896	2	한성부 13도	7부 1목 329군	4,338 面·坊·社	〃	인위적인 확정에 대한 전면개편 단행
일 제 시 대	1914	3	13도	12부 218군 2도	2518면 ※지정면 (1917)	〃	행정구역 규모와 명칭 체계화
정 부 수립후	1949 (제1·2 공화국)	3	1특별시 9도	19시 139군,구	75읍 1,448면	〃	도·특별시 – 시군 – 읍면제 확립
	1961~ 1987	3	1특별시 4직할시 9도	56시 138군 38구	189읍 1,265면	〃	직할시 및 군 자치제 도입
	1995	3~4	1특별시 5광역시 9도	67시 98군 65자치구	(23구)	193읍 1,241면 2,324동	민선자치 본격 출범
	2020현재	[그림 3-6] 우리나라 지방정부의 계층 참조					

출처: 국회 지방행정체제개편 특별위원회, 지방행정체제 개편 특별위원회 활동결과 보고서, 2006. 2, p.82.
주: 맨 아랫줄의 <2020년 현재>는 별도 추가.

가지되 기초지방정부를 두지 않는 행태로 운영되고 있다.

② 현　황

2020년 현재 우리나라는 중앙정부 아래 17개의 광역지방정부(광역자치단체)를 두고 있다. 특별시 하나(서울)와 특별자치시 하나(세종)에 광역시 여섯(부산, 대구, 인천, 대전, 광주, 울산), 그리고 특별자치도 하나(제주)에 도가 여덟 개(경기 강원 충청남·북 경상남·북 전라남·북)이다. 기본적으로 19세기 말 구한말에 확립되었던 13도 체제의 전통이 이어진 형태이다.

그리고 이들 광역지방정부 아래 226개의 기초지방정부(기초자치단체)가 설치되어 있다(75시 82군 69자치구). 서울특별시 아래에는 25개의 자치구가 설치되어 있으며, 여섯 개의 광역시 아래에는 5개의 군과 44개의 자치구가 있다. 또 8도 아래에는 75개의 시와 77개의 군이 설치되어 있다(그림 3-6). 그러나 앞서 설명한 바와 같이 세종특별자치시와 제주특별자치도에는 기초지방정부가 없다.[23]

기초지방정부인 시·군·자치구 아래에는 읍(邑)·면(面)·동(洞)이 설치되어 있다. 그리고 인구 50만 이상의 시는 읍·면·동 위에 지방정부가 아닌 구(區), 즉 **행정구**(일반구)를 둘 수 있도록 되어 있다. 이들 읍·면·동과 구는 모두 기초지방정부의 행정기관이거나 행정구역으로서 지방정부가 아니다. 주민의 대표기구인 지방의회가 설치되어 있지 않으며, 그 장(長) 또한 기초지방정부의 수장에 의해 임명된다.

도시형 말단 행정구역 또는 행정기관인 동은 2020년 현재 전국에 걸쳐 2천 1백 개 가까이 설치되어 있다. 농촌형 행정구역 또는 행정기관이라 할 수 있는 면은 1,180개 정도, 농촌지역 중에서도 어느 정도의 도시성을 띠거나 군청소재지로서의 중요성을 지닌 지역 등에 설치되는 읍은 230개 정도가 설치되어 있다.[24]

이와 같이 우리나라는 하나 또는 두 개의 지방정부 계층에, 하나 또는 두 개의 행정계층이 놓이는 구도로 되어 있다. 서울특별시는 기초지방정부

---

23) 행정안전부, 『2021 행정안전통계연보』(2020), p.172.
24) 위의 책, 같은 쪽.

인 자치구와 함께 2개 층의 지방정부 계층을 이루면서 그 아래에 동(洞)을 단층 행정계층으로 두고 있다. 세종특별자치시는 하위 지방정부를 두지 않는 단층 구조 아래 읍·면·동 1개 층의 행정계층을 두고 있고, 6개의 광역시는 자치구·군을 기초지방정부로 두는 2층 구조 아래 읍·면·동 1개 층의 행정계층을 두고 있다. 제주특별자치도는 하위 지방정부 없는 단층 구조 아래 행정시 1계층, 그리고 그 아래 다시 읍·면·동 1계층, 합쳐서 2개 층의 행정계층을 운영하고 있다. 그리고 8개의 도(道)는 시·군을 기초자치단체로 두는 2층 구조 아래 행정구 1계층을 행정계층으로 두고 그 아래 다시 읍·면·동 1계층을 두는 체제를 운영하거나, 아니면 읍·면·동 1계층만을 행정계층을 두는 체제를 운영하고 있다. 단층 지방정부 아래 단층 행정계층이 놓이는 구도에서부터(세종특별자치시), 2개 층의 지방정부 아래 2개 층의 행정계층이 운영되는 구도까지 다양한 형태가 운영되고 있는 셈이다.

그림 3-6 우리나라 지방정부 계층

	특별시(1)	광역시(6)		도(8)		특별자치시(1)	특별자치도(1)
광역 단위							
기초 단위	자치구(25)	자치구(44)	군(5)	시(75)	군(77)		행정시 2개*
행정기관 단위	동(424)	동(681)	읍(15) 면(31)	행정구(32)* 읍(92) 면(470) 동(953)	읍(113) 면(669)	읍(1) 면(9) 동(9)	읍(7) 면(5) 동(31)

* 지방정부(지방자치단체) 아님.

③ 특징과 문제점

우리나라 지방정부의 계층구도는 여러 가지 점에서 적지 않은 비판을

받아 왔다. 첫째, 기능중복에 대한 지적이 많다. 광역지방정부와 기초지방
정부가 기능적으로 상호 독립적이면 실제로 사무를 처리하는데 있어 계층
은 큰 의미를 지니지 않는다. 각 계층의 지방정부가 각각 주어진 사무를
독립적으로 처리하게 되기 때문이다. 불필요한 지휘·감독이나 이로 인한
마찰, 그리고 같은 일을 하게 됨으로써 초래되는 행정적 낭비 등이 발생할
소지도 그만큼 줄게 된다. 미국에 있어 카운티와 뮤니시팔리티의 일반적
관계가 그 대표적인 예이다. 서로 다른 기능을 수행하고, 심지어는 서로 다
른 구역을 관장함으로써 실제로는 계층의 의미를 지니지 않는 경우가 많다.

  그러나 우리나라는 계층 간의 기능적 독립성이 낮은 편이다. 같은 내용
의 사무를 두고 그 규모가 크면 광역지방정부가, 그 규모가 작으면 기초지
방정부가 수행하는 식의 사무배분이 되어 있기도 하고, 같은 일을 놓고 기
초지방정부가 수행하는 과정에 광역지방정부가 불필요한 지휘·감독을 하
기도 한다. 모두 마찰과 갈등, 낭비 등의 원인이 되는 일이다.

  둘째, 계층관계가 지나치게 엄격하다는 지적이 있다. 미국은 물론 프랑
스와 같은 나라에 있어서도 상급지방정부라 하여 하급지방정부를 지도·
감독하는 일은 많지 않다.[25] 그러나 우리나라에서는 광역지방정부가 기초
지방정부를 지휘·감독하거나 통제하는 체제가 사라지지 않고 있다. 중앙
집권 체제 아래 마련된 **'계층적 지휘·감독체계,'** 즉 중앙정부가 광역지방
정부를 지휘·감독하고, 광역지방정부가 기초지방정부를 지휘·감독함으
로써 국가전체의 일체성을 확보하던 때의 관행이 완전히 사라지지 않고 있
다. 일례로 지방자치법 제184조는 시·도지사에게 시·군 및 자치구 사무
에 관하여 조언 또는 권고하거나 지도할 수 있는 권한을 부여하고 있다.
또 제188조는 시·군 및 자치구의 명령이나 처분이 법령에 위반되거나 현
저히 부당하여 공익을 해치는 경우 시정을 요구할 수 있게 하고 있으며,
이를 일정 기간 내에 행하지 않으면 이를 취소하거나 정지할 수 있게 하고
있다. 아울러 시장·군수·구청장이 국가사무나 시·도 위임사무를 제대
로 처리하고 있지 않으면, 그 이행을 명령하고 종국에는 대집행까지 행할
수 있는 권한도 가지고 있다. 이에 대해서는 제5편 1장 2절과 제6편 3장 3
절을 참고해 주기 바란다. 아무튼 이러한 시·도와 시·군 및 자치구간의
이러한 관계는 지방정부 계층간에 불필요한 마찰을 야기시킬 뿐만 아니라

---

25) 국회 지방행정체제개편 특별위원회, 앞의 보고서, p.84.

지방자치의 기능을 저하시키고 왜곡시키는 중요한 원인이 된다.

셋째, 전반적으로 획일적이며 지역사회의 정치 · 경제적 상황이나 행정수요에 탄력적이지 못하다는 비판이 있다. 제주특별자치도와 세종특별자치시를 제외하고는 모든 지역에 2층의 중층제가 자리 잡고 있는데, 이렇게 획일적이어도 좋으냐에 대한 문제제기이다. 하나의 예가 되겠지만 다른 나라의 경우 대도시에 있어서는 행정적 일체성을 강조하는 경향이 있다. 즉 도시가 하나의 행정체계에 의해 관리될 수 있도록 계층을 단순화하는 경향이 있다. 독일은 연방을 구성하는 준(準) 국가인 주(州)와 지방정부가 하나가 되는 시-주(市-州, city-state)를 두고 있고, 프랑스의 3대 도시들도 광역지방정부의 지위와 기초지방정부의 지위를 함께 지닌다. 미국에서도 카운티에 소속되지 않는 시가 있는가 하면, 카운티와 시가 합병하는 사례도 늘고 있다. 그러나 우리나라에서는 특별시와 광역시 모두에 또 하나의 계층을 일률적으로 두고 있다. 도와 시 · 군이 2층의 구도를 이루고 있으니 특별시와 광역시 또한 2층의 구도를 이루는 것이 마땅하다는 식이다. 옳고 그름을 떠나 이러한 획일성이 과연 합리적이냐는 질문이 나올 수 있다.

넷째, 계층의 수가 많다는 비판이 있다. 그러나 이 부분은 좀 더 새겨들을 필요가 있다. 우리나라 지방정부 계층은 2개 층의 중층제로 되어 있다. 제주특별자치도는 단층 체제이다. 다른 나라에 비해 층이 많지 않다. 행정계층 또한 한 개 내지는 두 개의 층을 이루고 있다. 이를 합쳐도 대부분 3층, 많아도 4층을 이룬다. 다른 나라에 비해 결코 많지 않다.

층이 많다는 비판이 있는 이유는 불필요한 계층이 있어서이기도 하지만 앞서 설명한 바와 같이 그 운영에 있어 비합리적인 부분이 많기 때문이다. 계층 간의 권한배분과 사무배분이 잘못되어 있고, 계층관계가 지나치게 엄격하고, 게다가 정치경제적 상황이나 지역사회의 특수성과 관계없이 획일적인 구도가 이루어져 있기 때문에 나오는 비판이다. 계층의 수에 관한 비판을 그야말로 수에 관한 비판으로만 받아들여서는 합리적인 방안을 찾을 수가 없다.

제3장

지방정부의 구역

제1절 구역의 의미와 설정기준

① 구역의 의미

일반적으로 **구역**이라 함은 특정한 목적을 위해 나누어 놓은 일정한 지리적 영역을 의미한다. 지방정부의 구역 또한 여기서 크게 벗어나지 않는다. 기본적으로는 지방정부의 자치권과 통치권이 미치는 지리적 영역을 의미한다.

지리적 경계로서의 구역의 의미는 매우 중요하다. 지방정부간 관계나 지방정부와 주민간의 관계에 있어 권리와 의무의 주체를 분명히 해주기 때문이다. 특정 지방정부에 대해 누가 선거권을 갖는지, 누가 세금을 내고 누가 그 경비를 부담해야 하는지 등을 분명히 해 준다. 또 지방정부간의 관계에 있어서도 권리와 책임, 그리고 의무의 범위가 어디까지인지를 보다 명확히 할 수 있다.

그러나 지방자치 논의에 있어 지방정부의 구역은 지리적 영역이나 경계 이상의 의미를 내포한다. 지리적 영역 그 자체보다는 그 안에 내재되어 있는 인구규모와 산업경제적 특성 등이 더 큰 의미를 지닌다. 구역개편 논의가 있을 때마다 지리적 면적과 같은 '넓이'가 아니라 적정 인구규모나 산업경제적 특성과 같은 '크기'와 '속성'이 논의의 중심이 이유도 여기에 있다. 지리적 영역과 경계는 권리와 의무관계를 분명히 하기 위해 확정한 선으로, 적절한 '크기'와 '속성'이 결정된 뒤에 나타나는 결과이지 그 자체로서 중요한 의미를 지니는 것은 아니라는 뜻이다.

② 구역설정의 기준

1) 일반적 기준

지방정부의 구역은 어느 정도 넓어야 하고, 또 커야 할까? '이상적인 넓이와 크기'는 존재하는 것인가? 아니면 구역을 설정 또는 재설정함에 있어 최소한 어떠한 가치와 변수들을 우선적으로 고려하여야 하는가?

지방자치와 지방행정을 연구하는 사람들이 끊임없이 물어 온 질문들이다. 그러나 유감스럽게도 이러한 질문에 대한 정확한 답은 없다. 크면 클수록 좋다거나 작으면 작을수록 좋다는 식의 일반적인 답은 성립되지 않는다. 지역사회의 성격, 자치권의 범위와 처리하는 사무의 성격, 지방정부를 통해 지역사회가 추구하는 가치, 국가적 차원에서의 계층구조의 형태와 특성, 교통수단의 발달, 세계화와 같은 국제환경의 변화, 인터넷과 같은 정보통신체계의 발달 등 많은 변수가 영향을 미칠 수 있기 때문이다.

그럼에도 불구하고 일부 학자들을 중심으로 구역의 설정과 재설정에 있어 고려해야 할 기본적인 가치와 변수들을 정리하는 작업이 있어왔고, 우리는 이를 구역설정의 기준이란 이름 아래 소개하고 있다. 대단히 추상적인 설명들이지만 일반적으로 많이 인용되고 있는데다 구역문제를 이해하는데 있어 도움이 될 수 있어 소개하기로 한다.

먼저 **훼슬러**(James Fesler)는 구역을 조정함에 있어 고려해야 할 기준으로 첫째, 자연·지리적 조건 및 교통·통신의 발달 수준; 둘째, 행정의 능률성을 고양할 수 있는 지의 여부; 셋째, 필요한 재원을 자주적으로 조달할 수 있는 능력을 가지는지의 여부; 그리고 넷째, 주민의 참여와 주민통제를 활

■ Fesler는 미국의 연방제나 지방정부 연구와 관련하여 빼 놓을 수 없는 학자이다. Millspaugh 역시 이란에 재정문제를 자문하는 등의 국제적인 경험까지 갖춘 잘 알려진 학자이다. 그러나

성화시킬 수 있는 지의 여부 등을 들었다.[1] 쉽게 말해 자연조건 및 교통과 통신의 발달을 고려하되, 자주적 재원을 가지고 주어진 행정기능을 가장 능률적으로 수행할 수 있는 동시에 주민의 참여를 고양할 수 있는 규모여야 한다는 것이다. 너무 작아 필요한 재원을 조달할 수 없거나 주어진 행정기능을 경제적으로 처리할 수 없어서도 안 되고, 그렇다고 해서 그 규모가 너무 커 주민의 참여가 어려워지는 것도 곤란하다는 이야기이다.

밀스포우(Arthur Millspaugh)도 거의 유사한 기준을 제시했다.[2] 즉 첫째, 경제적·평화적 공동체로서의 성격을 유지할 수 있는지의 여부; 둘째, 행정의 경제성과 능률성을 고양할 수 있는지의 여부; 셋째, 자주적 재원조달 능력이 있으며; 넷째, 주민이 쉽게 접근할 수 있는 규모인지를 물어야 한다고 했다.

이들 이외에도 리프만(Victor Lipman)이나 일본학자 일부가 소개되기도 하는데, 이들도 대부분 교통·통신의 발달 정도와 경제 및 생활공동체와 일치하는지 여부 등을 따져봐야 한다고 지적하고 있다. 아울러 행정의 능률성과 재원조달 능력을 높일 수 있는 동시에 주민참여를 활성화시킬 수 있는 규모이어야 함을 강조하고 있다.

2) 일반적 기준의 문제점

구역설정과 관련된 이러한 일반적 기준들은 자치구역 및 행정구역 문제를 이해하는 데 있어 적지 않은 도움이 되어 왔다. 그러나 그 내재적인 한계와 문제점 또한 적지 않다. 가장 중요한 문제로 첫째, 지나치게 일반적이라는 점을 지적할 수 있다. 기준 하나 하나가 제각기 중요한 내용을 담고 있으나 그 내용이 너무 일반적이라 실제로 구역을 설정함에 있어서는 큰 도움이 되지 못한다. 예컨대 행정적 효율성과 능률성이란 원칙 혹은 기준을 두고도 서울의 자치구를 네 개나 다섯 개로 통합해야 한다는 주장이 있을 수 있는가 하면 그대로 두어야 한다는 주장도 가능하다.

둘째, 일부 적용하기가 쉽지 않은 기준도 있다. 자주적 재원동원 능력 부분은 그 좋은 예이다. 화폐경제를 기반으로 하는 자본주의 사회에 있어

Fesler는 주로 1950년대, 그리고 Millspaugh는 1930년대에 주로 활동했던 학자들이다.

---

1) James, W. Fesler, *Area and Administration* (Alabama: Univ. of Alabama Press, 1964), pp.49-153.

2) Arthur C. Millspaugh, *Local Democracy and Crime Control* (Washington, D.C.: Brookings Inc., 1936), pp.78-79.

지방정부가 그 운영에 필요한 재원을 충분히 확보하기란 쉽지 않다. 소득세와 법인세를 비롯하여 조세저항 없이 쉽게 거두어들일 수 있고 신장성이 큰 세목을 전국단위의 세정을 운영할 수 있는 중앙정부가 차지하고 있기 때문이다. 지방정부는 신장성이 낮은 부동산관련 세와 주민세 등을 주요 세원으로 하게 되는데, 이 정도로는 시대가 요구하는 적극적인 역할을 수행하기가 힘들게 된다.

자주적 재원동원 능력을 기준으로 삼는 것은, 일면 시장경제 활동을 근거로 한 조세수입의 비율이 지금보다 낮고 지방정부의 기능이 소극적으로 정의되는 상태에서 가능한 일이다. 오늘과 같이 시장경제의 규모가 확대되고, 지방정부의 기능강화가 요청되는 시점에 있어서는 자주적 재원조달 능력보다는 중앙정부가 거두어들인 재원을 지방정부에 합리적으로 배분할 수 있는 체계를 확립하고 있느냐가 지방정부 운영과 관련하여 더 중요한 변수가 된다.

셋째, 같은 맥락에서의 지적이라 하겠는데 시대적 변화를 바르게 반영하지 못하고 있다. 하나의 예로 세계화와 정보화가 진행되면서 국가가 점진적으로 해체되는 양상을 보이고 있고, 이러한 상황 속에서 지방자치의 의미와 지방정부의 역할이 새로이 정립되고 있다. 지방자치 그 자체가 단순히 민주주의를 고양하고 행정능률을 높이는 수단으로서가 아니라 국가경쟁력을 강화할 수 있는 수단으로까지 인식되고 있다. 일부 대도시는 국가의 하위체계로서의 의미를 넘어 세계경제의 거점이 되어가고 있기도 하다. 아울러 정보화가 심화되면서 '공동체'와 '접근용이성' 등의 의미가 크게 달라지고 있고, 인터넷을 이용한 경제활동과 사회활동이 증가하면서 생활공동체의 의미도 달라지고 있다.

앞서 제시된 기준들은 이러한 변화를 제대로 담지 못하고 있다. 세계화 시대의 정신을 반영하기보다는 국가체제가 공고한 시대의 정신을 반영하고 있으며, 지식정보사회의 흐름을 반영하고 있기 보다는 산업사회의 사회경제적 환경과 정신을 반영하고 있다.

그러나 이러한 문제점은 밀스포우나 리프만과 같은 학자들의 잘못이 아니다. 이들은 1930년대와 1960년대 등 그들이 활동하던 시대의 일반적 기준을 제시했을 뿐이다. 문제는 적절한 수준의 논의를 전개하지 못했던 이 시대의 사람들에게 있다. 사회변화와 우리사회의 현실, 그리고 새로운 시대의 국가경영 비전을 담는 새롭고도 구체적인 기준이 논의될 필요가 있다.

③ 구역과 계층, 그리고 기능배분

구역설정의 문제는 지방정부의 계층과 기능배분 문제와 밀접한 관련이 있다. 구역설정에 있어 고려해야 할 가치와 기준이 무엇이냐에 관계없이 이 세 가지 사안은 동시에 고려되지 않으면 안 된다.

먼저 구역의 문제는 계층을 떠나 생각할 수 없다.[3] 프랑스와 같이 기초지방정부인 코뮌이 3만 7천 개에 달하는 상태에서 단층제를 운영할 수는 없다. 중앙정부가 이들 모든 코뮌과 직접 소통하는 것이 거의 불가능하기 때문이다. 일본과 같이 기초지방정부가 1천 7백 개 이상이 되는 경우도 마찬가지이다. '**통솔의 범위**'에 관한 문제로 중간 계층을 두지 않고는 서로 소통하기가 쉽지 않은 상황이 발생한다.

반대로 기초지방정부의 구역이 커 소수의 기초지방정부를 두고 있는 경우에는 2개 층 이상의 중층제가 불필요하게 된다. 계층이 다른 지방정부들의 기능이 서로 중복되거나 불필요한 통과절차가 만들어지면서 행정상 비효율과 함께 계층 간 갈등이 일어날 소지가 커지게 된다. 우리나라에 있어서도 계층을 줄이는 문제는 언제나 지방정부의 수를 줄이는 문제와 함께 논의되고 있다. 구역과 계층의 문제가 떨어져 있지 않음을 보여주는 예이다.

구역문제는 또한 기능배분이나 사무배분과도 밀접한 관련이 있다. 우선 기능과 사무는 대체로 그 나름대로의 **적정규모 또는 경제적 규모**를 가지고 있다. 즉 인구나 지역의 크기가 일정규모에 이를 때 가장 경제적일 수 있다. 그보다 작아도 1인당 서비스 비용이 올라가고, 그보다 커도 비용이 올라갈 수 있다. 쓰레기를 수거하고 도서관을 운영하는 데서부터 소방서와 학교를 운영하고 지하철을 건설하는 일에 이르기까지 많은 기능과 사무가 그러하다. 자연히, 구역의 크기를 보고 어떠한 기능과 사무를 배분할 것인지를 이야기하게 되고, 어떠한 기능과 사무를 배분할 것인지를 염두에 두고 구역의 크기를 논하게 된다.

또 기능과 사무 중에는 지방정부의 자율이나 지방정부간의 경쟁에 맡기

---

3) 최창호, 『지방행정구역론』(서울: 법문사, 1981), p.16.

는 것이 좋은 것이 있다. 지방정부 차원의 행정혁신이나 지역 기업들에 대한 행정서비스 등이 그 예이다. 반면 일정 규모가 되지 않으면 수행할 수 없는 기능과 사무도 있다. 글로벌 기업을 유치하고 대규모 지역개발 사업을 벌이는 일 등이 이에 해당한다.

따라서 구역문제는 지방정부가 어떠한 기능을 수행해야 하느냐에 대한 판단과 분리될 수 없다. 중앙정부의 기능은 어디까지로 하고, 지방정부의 기능은 어디까지로 할 것인지? 광역지방정부의 기능과 기초지방정부의 역할을 어떻게 정립하며 그 관계를 어떻게 설정할 것인지? 그리고 단일 또는 복수의 기능이나 사무를 처리하는 특별지방정부를 어떻게 활용할 것인지 등에 대한 판단이 선행되거나 같이 이루어지지 않으면 안 된다. 오래전 영국 지방정부의 구역문제에 대해 검토를 한 **영국지방정부경계위원회**(Local Government Boundary Commission)가 '구역문제를 기능문제와 분리하여 논하는 것은 말이 안 되는 일(nonsense)'이라 지적한 것도 바로 이러한 이유에서이다.[4]

제 2 절 우리나라 지방정부의 구역

① 현 황

앞서 소개한 바와 같이 우리나라는 광역지방정부로 1특별시, 1특별자치시, 6광역시, 1특별자치도, 8도를 두고 있다. 또 그 아래 226개의 기초지방정부가 설치되어 있다(75시 82군 69자치구). 이 중 특별시와 광역시, 그리고 그 아래 설치되어 있는 자치구는 도시성이 높은 지역을 근거로 하는 만큼 인구와 산업의 밀집도가 매우 높다. 서울특별시의 경우 전 국토면적 100,412㎢의 0.6%인 605㎢에 우리나라 전체 인구의 5분의 1에 가까운 1천만 명 가량이 살고 있다. 세종특별자치시는 465㎢에 인구는 35만여 명, 부산광역시는 770㎢에 인구는 340만 명, 대구는 884㎢에 242만 명, 인천이

---

4) Report of the Local Government Boundary Commission for the Year 1947. 1947-1948, p.xiii. 정세욱, 『지방행정학』(서울: 법문사, 1990), p.745 재인용.

1,065㎢에 294만 명, 광주가 501㎢에 145만 명, 대전이 540㎢에 146만 명, 그리고 울산시가 1,062㎢에 인구가 114만 명이다(표 3-3).

제주특별자치도는 1,850㎢의 면적에 인구가 67만여 명 정도이다. 나머지 9개의 도 중 인구에 있어서는 경기도가 1,343만 명 가까이로 가장 크다. 이어 경상남도가 334만 명이고 경상북도가 264만 명 정도이다. 규모가 작은 강원도와 충청북도는 각각 150만 명 남짓 된다. 면적에 있어서는 경상북도가 19,034㎢로 가장 크고, 그 다음으로는 강원도가 16,830㎢, 전라남도가 12,348㎢이다. 충청북도는 7,407㎢로 8개의 도 중 가장 작다.

기초지방정부인 시는 인구규모에 있어 경기도 수원시와 같이 120만 명 가까이 되는 경우가 있는가 하면 강원도 태백시와 같이 4만 명을 조금 넘는 경우도 있다. 편차가 매우 심한 편이다. 군 역시 경북 울릉군과 같이 인구가 1만 명이 안 되는 곳이 있는가 하면 대구광역시 달성군과 같이 26만

표 3-3	광역지방정부의 면적과 인구	
시·도	면적(㎢)	인구
서울특별시	605	9,668,465
부산광역시	770	3,391,946
대구광역시	884	2,418,346
인천광역시	1,065	2,942,828
광주광역시	501	1,450,062
대전광역시	540	1,463,882
울산광역시	1,062	1,136,017
경기도	10,195	13,427,014
강원도	16,830	1,542,840
충청북도	7,407	1,600,837
충청남도	8,246	2,121,029
전라북도	8,070	1,804,104
전라남도	12,348	1,851,549
경상북도	19,034	2,639,422
경상남도	10,541	3,340,216
세종특별자치시	465	355,831
제주특별자치도	1,850	674,635

출처: 행정안전부, 『2021 행정안전통계연보』, 그림-⑧.

명에 이르는 곳도 있다. 서울특별시와 6개의 광역시에 있는 자치구도 크고 작은 것이 있다. 인구규모가 가장 큰 서울특별시 송파구의 인구가 67만 명에 이르고 있는 반면 부산광역시의 중구 인구는 4만 명이 조금 넘는다.

② 우리나라 지방정부 구역의 문제점

이러한 우리나라의 지방정부 구역은 여러 가지 문제점을 지니고 있다. 몇 가지 중요한 점을 정리하면 아래와 같다.[5]

1) 사회·경제적 변화와의 괴리

가장 근본적인 문제 중의 하나는 급속히 진행되었던 사회경제적 변화가 제대로 반영되지 않고 있다는 점이다. 우리 사회는 그동안 여러 가지 면에서 많은 변화를 경험해 왔다. 산업화와 도시화로 인구의 도시집중이 가속화되었고, 교통과 통신의 발달로 거리와 공간 개념도 크게 달라졌다. 그러나 지방행정 구역은 조선조 말과 일제 초기에 갖추어진 골격이 근본적인 변화 없이 그대로 유지되고 있다.[6]

도시성이 높아진 읍·면을 시(市)로 전환시킨다거나, 대규모 시를 광역시로 전환하여 도(道)로부터 분리시키는 일이 없었던 것은 아니다. 그러나 이러한 변화 역시 빠르게 진행된 도시화와 그로 인한 인구 및 산업구조의 변화 등을 제대로 따라가는 수준이 아니었다. 그러다보니 적지 않은 문제들이 발생하게 되었다. 하나의 예가 되겠지만 생활권(生活圈)이 행정권(行政圈)과 일치하지 않는 경우가 많아졌다. 수도권 일대나 지방의 일부 도시주

---

5) 박종관, "지방행정체제 개편의 추진 현황과 향후 과제,"『입법과 정책』, 제4권 제1호(2012), pp.29-60; 행정구역 개편을 중심으로국회 지방행정체제개편 특별 위원회,「지방행정체제 개편 특별위원회 활동결과 보고서」, 2006. 2.; 조석주, "지 방행정체제 및 자치구 개편 동향과 정책 제언," KRILA Focus (한국지방행정연 구원), 제46호(2012. 4) 등 참조.

6) 전국을 13도로 개편한 것은 갑오경장 이후인 1896년(고종 33년)이고, 부·군· 면(府·郡·面)을 폐합하여 현재와 같은 군제(郡制)의 골격을 갖춘 것은 1914년 3월이다. 이에 대해서는 서태윤,『한국정부조직론』(서울: 박영사, 1985), pp.378- 386 참조. 아울러 지방행정조직의 변천은 주정연, "지방자치제에 따른 지방행정 조직 개편방안에 관한 연구: 경상남도를 중심으로," 한국행정학회『1993년도 하 계학술대회 논문집』(1993), p.102 참조.

변 지역에서 보듯이 하나의 생활권에 여러 개의 지방정부가 존재하게 되는
데, 이러한 구도는 생활권 중심의 종합행정을 어렵게 하고 있다.

광역사무의 처리에 있어 비효율이 발생하기도 한다. 환경이나 도로관련
업무 등 도시화와 산업화로 단일 지방정부의 구역을 넘어 영향을 미치는
문제들이 많이 발생하고 있는데, 기존의 구역체제로는 이를 효과적으로 감
당하기 어렵기 때문이다. 여러 개의 지방정부 구역이 하나의 도시권을 이
루는 수도권 지역 등은 그 좋은 예이다.

2) 지방정부간의 불균형과 보정체계의 미비

재정력 격차 등 지방정부간의 불균형이 상당히 심각하다. 서울특별시의
경우 인구가 우리나라 전체 인구의 5분의 1 가까이 되고, 1인당 지역내총
생산도 2019년 말 현재 4천 5백만 원을 넘는다. 1,343만 명의 최대 인구를
가진 경기도 역시 1인당 지역총생산이 3천 6백만 원이 넘는다. 이에 비해
인구가 적은 대구광역시는 1인당 지역총생산이 2천 4백만 원이 채 안 된
다. 광주광역시 또한 마찬가지, 2천 8백만 원이 채 되지 않는다. 지역과 지
방정부 간의 재정적 역량이 크게 다를 수 있음을 짐작할 수 있다.[7]

기초지방정부 역시 경기도 일원의 수원시나 부천시처럼 인구규모와 재
정규모가 큰 경우가 있는가 하면 경북 울릉군이나 강원도 양구군같이 그
규모가 매우 작은 지방정부도 있다. 수도권 중심의 발전이 낳은 문제점인
데, 이러한 현상은 시간이 갈수록 더욱 심화되는 양상을 보이고 있다.

그러나 이러한 불균형 문제는 불균형 그 자체의 문제라기보다는 이를
완화시킬 수 있는 체계가 제대로 확립되어 있지 않다는데 더 큰 문제가 있
다. 어느 나라 없이 지방정부의 규모는 획일적이지 않다. 미국의 경우 뉴욕
시(City of New York)와 같이 인구가 8백만 명이 넘는 거대도시가 있는가
하면, 플로리다 주(州)에 있는 레이크 부에나 비스타(City of Lake Buena
Vista) 시(市)와 법인격을 지니고 있음에도 불구하고 인구가 몇 십 명 정도
밖에 되지 않는 지방정부가 적지 않다.[8] 앞서 언급한 바와 같이 프랑스에

---

7) KOSIS 국가통계포탈, 2021. 9. 30. https://kosis.kr/statHtml/statHtml.do?orgId=
   101&tblId=DT_1C86&conn_path=I2.
8) 미국의 경우 1만 9천 개가 넘는 법인격을 지닌 지방정부(municipality) 중 76%
   가 인구 5천 명 이하인 것으로 나타나고 있고, 이 중 42%가 인구 5백 명 이하인
   것으로 나타나고 있다. Amel Toukabri and Lauren Medina, "America, a Nation

도 인구가 수십 명에 불과한 산촌형 코뮌이 있는가 하면 파리 리용 마르세
이유 같이 인구규모가 수십만 명에서 수백만 명에 이르는 코뮌도 있다. 불
균형은 일면 있을 수밖에 없는 문제이며 어느 나라도 이를 피하지 못하고
있다는 뜻이다.

문제는 오히려 보정체계이다. 즉 규모에 맞는 기능 및 사무배분이 이루
어지고, 적절한 재정조정제도가 갖춰져 있으면 불균형에서 오는 문제는 상
당부분 완화될 수 있다. 그러나 우리나라는 불균형이 심한데다 이러한 보
정체계가 잘 갖추어져 있지 않다. 사무배분에 있어 대도시 특례가 있고 지
방교부세 등의 **재정조정제도**가 운영되고 있지만 불균형의 정도에 비해서
는 미흡하다는 지적이 있다.

3) 새로운 시대적 요구와의 괴리

세계화를 통해 국가의 역할이 축소되면서 지방과 지역, 또 그 정책 및
행정주체로서의 지방정부의 역할이 강조되고 있다. 지방과 지역, 그리고
지방정부가 지역과 국가를 거쳐 세계로 연결되는 구도에서 벗어나 세계체
제로 바로 연결되는 구도로 바뀌고 있기 때문이다.[9]

그러나 우리나라의 지방정부의 구역이 이러한 상황에 잘 적응할 수 있
게 설정되어 있는지는 의문이다. 특히 세계화 시대가 요구하는 산업경제기
능의 강화와 관련하여서는 더욱 그러하다. 기초지방정부는 대부분 산업경
제 기능을 수행하기에는 그 규모가 작은 편이다. 그리고 광역지방정부는
상당부분 이러한 기능과 관계없이 자연·지리적 조건과 역사적 전통, 그리
고 정치적 합리성 등을 바탕으로 그 구역이 설정되어 있다. 근본적으로 지
역사회의 산업·경제적 역동성을 살리고, 세계 공간에서의 역할을 확대하
는 문제와는 무관하게 짜여졌다.

---

of Small Towns: Latest City and Town Population Estimates of the Decade
Show Three-Fourths of the Nation's Incorporated Places Have Fewer Than
5,000 People," May 21, 2020. accessed June 27, 2020. https://www.census.gov/
library/stories/2020/05/america-a-nation-of-small-towns.html.

9) 김순은, "글로벌 도시의 관점에서 본 자치행정체제의 개편방안,"『부산발전포럼』
(2009), 5-6월호, pp.34-38 참조.

제4장

우리나라 지방정부 계층 및 구역개편 논의: 1990년대 이후

제1절 개편논의의 전개

지방정부의 계층 및 구역과 관련하여 우리사회에서는 크고 작은 개편논의가 있어왔다. 논의의 주체도 다양하여 때로는 시민단체와 언론 등의 민간부분이 주도하기도 하고,[1] 또 때로는 국회와 행정부가 먼저 문제를 제기하기도 했다.[2]

이들 개편논의는 서울시분할론에서부터 광역시 폐지와 도 폐지, 그리고 대도시 자치구 폐지와 동서 횡단의 도제(道制)의 확립 등 여러 가지 내용을 담아 왔다. 아래에서는 1990년대 이후 주요관심사가 되었던 사안들을 일부 정리해 보기로 한다. 계층과 구역이 함께 논의된 경우가 대부분이므로 계

---

1) 1995년 3월 경제정의실천시민연합이 지방선거를 실시하기 전에 지방행정구역의 일부개편을 주장한 것은 그 좋은 예이다. 이와 관련하여서는 김병준, "공익적 시민단체의 정책적 영향력에 관한 연구," 『한국지방자치학회보』, 제10권 제2호 (1998. 10), pp.113-128 참조.

2) 2005~2006년 국회가 지방행정체제개편 특별위원회를 만들어 개편안을 마련하고 이를 추진하고자 한 것이나 2008년 국회의원 일부가 다시 행정구역 개편문제를 제기하고 나선 것은 그 대표적인 예이다. 국회 지방행정체제 개편 특별위원회, 앞의 보고서; 허태열, "지방행정체제개편의 득과 실," 중앙일보 신국토포럼 발제문, 2008. 9. 23. 중앙일보 편집국 대회의실 참조.

층논의와 구역논의를 굳이 분리하지 않고 같이 소개하기로 한다.

① 서울시분할론: 서울시해체론

서울시분할론은 1989년 건설부 산하 국토개발연구원이 「수도권정비기본계획」을 통해 서울시 3분론을 제시하면서 우리사회의 큰 관심사가 되었다. 국토개발연구원안은 종로구와 중구를 서울특별시로 하고 그 외 지역은 한강을 경계로 하여 강남시와 강북시로 한다는 내용이었다.[3] 3분론이 제시된 이후 서울시분할론은 2분론, 5 내지 6분론 등의 다양한 내용으로 나타났으며, 심지어는 20개 이상의 작은 도시로 분할하자는 주장이 제기되기도 했다.[4] 분할론의 기본적 주장은 아래와 같다.

- 서울시가 지나치게 커 도시행정 기능을 효율적으로 수행할 수 없게 되었다. 서울시를 해체함으로써 도시행정의 **경제적 규모**(economic size)를 살려야 한다.
- 서울시가 지나치게 커 서울시 행정에 대한 주민의 참여 또한 제한적으로 이루어지고 있다. 서울시를 해체하고 서울시가 수행하고 있는 기능과 사무를 보다 작은 분할된 지방정부에 부여함으로써 서울시 행정에 대한 주민의 접근성을 높여야 한다.
- 분할을 통해 서울시의 도시구조를 다핵화(多核化)해야 하며, 이를 기초로 분할된 소도시간의 경쟁을 유도해야 한다.[5]
- 영국과 같은 나라도 '행정효율'을 위해 **런던광역시**(Greater London Council)를 해체한 적이 있었는데, 우리나라라고 하여 굳이 서울시 체제를 그대로 유지할 필요가 없다(사잇글 3-2).

그러나 이러한 주장에 대한 반대 또한 만만치 않았다. 그 핵심 내용을 정리하면 아래와 같다.

---

3) 요약된 논의를 위해서는 중앙일보 1994. 2. 6. "서울분할론" 제하의 전면기사 참조.
4) 20개 이상의 작은 도시로의 분할론은 조일홍, "수도권 자치구역개편에 관한 연구: 서울시 분할론의 유용성과 한계,"『한국행정학보』, 25권 제4호(1991), pp.353-375.
5) "서울시 분할론 부상," 연합뉴스, 2005. 9. 12. 접속, 2021. 10. 1. https://www.hani.co.kr/arti/PRINT/63754.html.

• 서울시가 큰 것은 틀림없으나 구역을 분할한다고 하여 대도시로서의 서울 그 자체가 작아지는 것은 아니다. '작은 것이 아름답다'라고 하지만 구역을 분할해도 대도시로서의 서울은 그대로 남는다.

• 도시의 적정규모는 기능과 사무에 따라 달라지는 것으로 분할이 꼭 적정규모를 만들지는 않는다. 지하철이나 상·하수도, 그리고 광역도로망 구축과 같은 도시의 기본적인 문제는 작게 분할된 지방정부보다는 광역을 관할하는 지방정부가 오히려 더 경제적으로 처리할 수 있다.[6]

• 서울시분할은 서울시민의 정서에 맞지 않을 뿐만 아니라 강북지역 등 일부 지역의 지가를 떨어뜨릴 가능성이 있는 등 시민의 이해관계에도 어긋난다.

• 서울시분할론은 서울시가 수행하는 광역기능의 상당부분을 중앙정부가 흡수하여 서울의 자치기능을 약화시키겠다는 중앙집권적 사고에서 나왔다. 또 민선 서울시장이 지닐 수 있는 정치적 상징성에 대한 중앙정치권의 우려에서 나온 것이기도 하다. 런던광역시(Greater London Council)의 해체도 런던이 가졌던 정치적 영향력과 진보성에 대한 대처(Thatcher) 정부의 정치적 선택이었다. '도시행정기능의 원활한 수행'이라는 명목상의 논리를 그대로 받아들여서는 안 된다.

서울시분할론은 30여년 만의 첫 지방자치단체장 선거를 앞둔 1994년, 우리사회의 가장 중요한 현안의 하나가 되기도 했다. 그러나 1995년의 지방선거로 서울시장을 선출한 이후 더 이상 큰 쟁점으로 부각되지 않고 있다.

---

6) 이러한 반론에 대해 분할을 찬성하는 쪽은 서울시를 분할한 후 이들 광역사무는 광역을 관할하는 **특별지방정부**(특별지방자치단체)를 설립하여 처리하게 하면 된다는 반론을 제기하기도 했다. 하지만 이러한 반론 역시 특별지방정부 성립의 중요한 요건이 되는 재정적 독립성을 확보하기 어렵다는 점에서 강한 비판을 받았다. 지하철과 상·하수도를 예로 들면 이용료와 사용료 등을 인상하지 않고는 이들 기능을 수행하는 특별지방정부의 재정적 독립을 보장할 수 없고, 그렇게 되면 손실부분의 보전을 두고 분할된 작은 지방정부들 간에 갈등이 이어질 수 있다는 것이 분할반대론자들의 주장이었다. 이용료와 사용료의 인상은 여러 가지 이유에서 쉽게 이루어질 수 없는 사안이었다. 그렇다고 하여 이들 특별지방정부에 조세권을 부여하기도 쉽지 않은 상황이었다.

사잇글 3-2: 사라진 런던, 그리고 그 부활

영국 **런던광역시**(Great London Council, GLC)의 발족과 폐지는 지방정부 구역의 문제가 정치적 이해관계와 얼마나 밀접하게 관련되어 있으며, 국가 사회 전반에 걸쳐 얼마나 큰 영향을 미칠 수 있는가를 보여주는 좋은 예이다.

런던광역시는 1963년 구(舊) 런던 시역에 있는 12개 자치구와 외곽의 20개 바러(borough), 그리고 특별자치체의 성격을 지닌 **런던시**(City of London)를 합쳐서 발족되었다. 도시 전체에 영향을 미치는 광역사무를 보다 원활히 처리해야 한다는 이유가 있긴 했으나 그 이면에는 사회주의 세력을 약화시키겠다는 발상도 없지 않았다. 즉 사회주의자들에 의해 장악되고 있는 구 런던 지역을 보수 중산층이 많은 외곽지역과 통합시킴으로써 사회주의자들이 도시정부를 장악하는 일을 막고자 한 것이다.

그러나 70년대 말부터 이 통합된 런던광역시에조차 이상이 생기기 시작했다. 런던광역시 구역 내에 사회주의를 지지하는 인구가 점점 늘어나 이제는 이 런던광역시 조차 사회주의자들에 의해 장악될 소지를 보이기 시작한 것이다. 1981년 선거에서는 실제로 노동당이 92개 의석 중 48석을 차지하여 런던광역시는 사회주의적 성향이 강한 의회로 전환되어 버렸다.

이 이후 런던광역시는 신좌파 트로츠키스트(trotskyist)인 리빙스턴(Ken Livingstone)의 지도 아래 갖가지 진보적 사회주의 정책들을 내어 놓았다. 공영버스와 지하철 운임을 인하하고 그 재원을 부유한 주민이 많은 런던 남부 지역의 지방세로 부담케 하는가 하면, 대처 수상 아래의 중앙정부의 보수적 경제정책과 재정정책에 대해 강한 비판을 쏟아 놓았다.

■ Kenneth Livingstone은 영국의 대표적인 좌파 정치인이다. 1981년 런런광역시(GLC)의 지도자가 되었을 때 그의 나이는 36세였다. 1986년 대처수상에 의해 GLC가 해체되면서 물러나야 했지만 2000년 런던광역정부(GLA)가 부활하자 무소속으로 출마하여 런던시장에 직선으로 당선되었다. 2004년에 무소속에서 다시 노동당에 복당해 재선에 성공했다. 하지만 2008년과 2012년 선거에서 2020년 현재의 영국 총리인 존슨(Boris Johnson)에게 연패했다.

런던광역시의 이러한 경향이 대처정부로서는 반가울 수가 없었다. 드디어 대처수상은 행정의 효율화란 이름 아래 런던광역시 해체를 단행하게 된다. 엄청난 정치적 소요와 갈등이 일어났으나 결국 1986년 런던광역시는 폐지되고, 런던은 중앙정부와 기초지방정부(borough, City of London)가 바로 연결되는 단층제가 되었다.

그러나 1997년 노동당이 집권한 이후 런던광역시 부활시키는 작업이 추진되었고 그 결과 2000년 5월 민선시장 체제의 **런던광역정부**(Greater London Authority)로 탈바꿈하여 재출범하게 되었다. 런던광역정부가 출범하던 날 런던광역시의 마지막 시장이었던 리빙스턴은 런던광역정부의 초대 민선시장으로 다시 복귀했다.[7]

---

7) 이에 대한 자세한 논의는 Simon Duncan and Mark Goodwin, *The Local State and Uneven Development* (Cambridge, Great Britain: Polity Press, 1988), Ch. 3, Ch. 6 참조.

② **도(道)폐지론**

도폐지론은 일부 학자들과 국회의원, 그리고 일부 기초자치단체장과 기초지방정부 소속의 공무원 등을 중심으로 제기되어 왔는데 그 기본적인 내용은 아래와 같다.[8]

- 도는 중앙정부와 기초지방정부인 시·군을 연결하는 통로로서 시·군에 대한 지휘·감독기관으로서의 성격을 강하게 지니고 있다. 자기 기능을 많이 가지고 있다기보다는 통과기관과 지휘·감독기관으로서의 성격을 지니고 있다. 정보화가 촉진되기 전이나 강력한 중앙집권 체제가 필요할 때는 그 나름대로 의미가 있겠으나 오늘과 같은 사회에서는 긍정적 기능을 찾기 힘이 든다. 공연히 시·군에 대해 불필요한 간섭이나 하고, 중앙정부와 기초지방정부 간의 의사소통을 지연시키거나 방해하기도 한다.
- 지방자치 실시 이후 지휘·감독기관으로서의 성격이 약해지고, 독자적인 기능을 강화하는 방향으로의 개선이 이루어지고는 있다. 그러나 그렇다 하더라도 기초지방정부와의 기능중복 문제 발생하는 경우도 많고, 중앙정부의 기능을 지방정부에 배분함에 있어서도 계층간 배분에 있어 복잡한 문제가 발생한다.
- 도의 존재는 지역감정의 뿌리가 되기도 한다. 지역감정이 도를 단위로 하여 재생산 되고 있으며, 정치적 갈등 또한 이를 기반으로 하고 있다.

그러나 도폐지론은 제기될 때마다 강력한 비판에 직면했다. 비판의 내용은 아래와 같다.

- 도폐지론은 정치적 의도가 담긴 주장이다. 1995년 봄, 정부·여당 인사들에 의해 주도된 도폐지론은 그 좋은 예이다. 당시의 도폐지론은 30여년 만에 처음 있게 되는 지방자치단체장 선거를 불과 몇 달 앞둔 시점에서, 그것도 여당에 대한 지지도가 대단히 낮은 상황에서 제기되었다. 도폐지가 결정되면 폐지작업이 이루어지는 몇 년 동안 지방자치단체장 선거를 연기할 수 있고, 여당은 집권기간 내에 지방자치단체장 선거를 치르지 않아도 되는 상황이었다.[9]

---

8) 신환철, "지방행정체제 개편: 도폐지론의 과제와 대안모색," 『한국지방자치학회보』, 제23권 제1호 (2009), pp.89-111 참조.
9) 이에 대한 자세한 설명을 위해서는 김병준, 앞의 논문 참조.

꼭 이와 같지는 않다하더라도 도폐지론은 지방정부 출신 정치지도자의 등장을 막기 위해서, 또 기초자치단체장과 국회의원들의 정치적 위상을 키우기 위해서 제기되는 경우가 많다.

• 도가 독자적 기능이 많지 않은 이유는 도의 위상에 맞는 기능을 부여하지 않았기 때문이지, 원천적으로 기능을 수행할 필요가 없어 그렇게 된 것은 아니다. 지역간의 경쟁이 강화되고 있는 세계화 시대에 있어 도는 오히려 산업경제기능 등을 보다 적극적으로 수행할 수 있는 방향으로 개편되어야 한다. 그리하여 도가 광역지방정부로서의 위상에 걸 맞는 기능을 수행할 수 있게 해야 한다. 약화시켜야 할 것은 국가 또는 중앙정부의 기능이지 도의 역할과 기능이 아니다.

• 도가 지역감정을 초래한다는 주장은 성립될 수 없다. 지역감정은 지역간 불균형 성장과 연고중심의 인사관행 등으로 발생하는 것으로 도의 존재와는 무관하다. 구역개편을 통해 지역감정 문제를 해결하고자 하는 생각 자체가 비합리적이다.

도폐지론은 기초지방정부 통폐합과 깊은 관련이 있다. 도를 폐지하는 대신 기초지방정부의 수를 줄여 대형화 하고 이들 기초지방정부로 하여금 중앙정부와 직접 소통하게 한다는 생각이 들어있기 때문이다. 이로 인해 이러한 주장은 감축지향의 행정조직 개편(down sizing)과 연계되어 그 지지를 확보하고 있다. 1995년 대두되었다가 그 해 지방선거 이후 수면 아래 잠복했으며, 2005년 국회가 지방행정체제개편 특별위원회를 통해 이 문제를 다시 제기함으로써 재차 수면 위로 떠오른 적이 있다.

이명박정부가 들어선 이후에도 일부 국회의원들이 이 문제를 집중적으로 제기하고, 행정부가 이를 긍정적으로 받아들임으로써 주요 정책의제의 위치를 점하게 되었다.[10] 또 이러한 맥락에서 2010년 마산, 창원, 진주가 통합되기도 했다. 그러나 도폐지는 여전히 어려운 과제가 되고 있다.

③ 광역시폐지론

광역시 문제 또한 적지 않은 논란의 대상이 되어 왔다. 도 지역의 일반

---

10) '대운하 빠지고 행정구역 개편 포함, 정부 100대 국정과제,' 한겨레신문, 2008. 10. 7.

시·군과 같이 기초지방정부로 전환시키자는 주장이 있는가 하면, 일본의 **정령지정시**(政令指定市)와 같이 도 아래 두되 일반 시와 다소 다른 지위를 부여하자는 주장도 있다.[11] 이러한 **광역시폐지론**은 주로 도지사와 도의원, 그리고 도 소속의 공무원 등을 중심으로 제기되어 왔는데 그 주요 내용은 아래와 같다.[12]

- 광역시의 존재는 도 단위의 종합적인 광역행정 수행에 방해가 된다. 광역시가 독자적인 행정권을 행사하기 때문이며, 이로 인해 광역행정 수행에 필요한 협조가 원활히 이루어지지 못하게 되기 때문이다.
- 광역시는 광역차원의 합리적인 자원배분을 방해하며, 이로 인해 대도시와 농촌지역간의 불균형이 야기된다. 상대적으로 세원이 풍부한 광역시가 독자적인 지방재정권을 행사함으로써 이들 지역에 재원이 집중되기 때문이다.

반면 광역시의 존립을 옹호하는 쪽은 광역시가 일반시로 전환되면 대도시 행정에 많은 문제가 나타나게 된다고 주장한다.

- 광역시가 폐지되면 광역시 자체가 지닌 대도시적 특성이 무시될 수밖에 없고, 이는 다시 대도시의 경쟁력 약화로 이어진다.
- 대도시가 적절히 발전하지 못하게 되면 성장거점으로서의 역할을 할 수 없고, 그렇게 되면 주변지역에 미치는 긍정적 효과 또한 떨어질 수밖에 없다. 폐지되어야 할 대상은 광역시가 아니라 오히려 도이다.

광역시폐지론은 1995년의 지방선거로 당선된 일부 도지사들이 당선 후 정식으로 문제를 제기하고 나섬으로써 한때 큰 쟁점이 되었다.[13] 그러나

---

11) 일본에서는 전후 오사카(大阪), 교토(京都) 등과 같은 도쿄(東京) 이외의 대도시의 법률적 위상을 두고 적지 않은 논란이 있었다. 먼저 1947년 오사카를 비롯한 5개의 대도시가 특별시로 지정되었다. 그러나 이러한 특별시 제도는 곧 이들 5대 도시가 속한 부·현의 강력한 반대로 1956년 사라지게 되었다. 그 대신 정령(政令)으로 지정한 인구 50만 이상의 대도시에 부와 현의 사무와 권한 일부를 이관할 수 있게 했는데, 이것이 오늘날까지 이어져 오고 있는 **정령지정시**제도이다. 지정을 위한 기준 인구는 그대로 50만 명으로 되어 있으나 실제로는 70만이 넘는 도시를 지정하고 있다. 2020년 현재 모두 20개의 정령지정시가 지정되어 있다. 그러나 이들 도시와 이들을 둘러싸고 있는 부·현간의 갈등은 완전히 사라지지 않고 있다. 東葛広域行政連絡協議会, 「政令指定都市問題研究会 最終報告」, 平成18・19年度調査研究, pp.45-57 참조.
12) 육동일, "지방행정체제 개편의 쟁점과 향후과제," 전국시도지사협의회 및 한국지방신문협회 주최 제16차 지방분권 정책포럼 주제발표 논문, 2008. 12. 3, 한국프레스센터 참조.

광역시가 강하게 반발하고 나섬으로써 논의는 더 이상 진척되지 못했다. 특히 1998년 울산시가 광역시로 전환되어 광역시 체제가 더욱 공고해진 뒤에는 더 이상 큰 현안이 되지 못하고 있다. 그러나 언제든 다시 쟁점화 될 가능성을 안고 있다. 폐지론을 주장하는 쪽의 기세가 여전히 만만치 않은 상태에 있기 때문이다.

4 자치구폐지론

특별시와 광역시에 존재하는 자치구를 폐지해야 한다는 주장도 빈번히 제기되어 왔다. **자치구폐지론**의 주요 내용은 아래와 같다.

- 대도시의 자치구는 '대도시 지역 지방정부도 다른 지역과 같이 2층이 되어야한다'는 잘못된 형평의 논리에서 출발했다. 잘못된 논리가 앞선 가운데 구역설정의 중요한 기준이 되는 생활권이나 경제권 문제가 제대로 고려되지 않았다. 당연히 구역이 생활권과 경제권과 일치하지 않고 있다.
- 자치구는 인위적인 구역에 불과하기 때문에 주민의 관심과 참여 또한 높을 수가 없다. 자신을 자치구의 구민으로 인식하기보다는 서울특별시와 부산광역시 등 대도시 자체의 시민으로 인식하는 경향이 있다. 주민의 관심과 참여를 확보하기 힘이 들며, 그 결과 자치구의 의사결정과정이나 집행과정이 자치구 운영에 이해관계를 가진 소수에 의해 주도되는 등 왜곡될 가능성이 크다.
- 자치구는 인구 50만 이상의 시에 설치되는 행정구, 즉 지방정부가 아닌 특별시와 광역시의 지역단위 종합행정기관으로 전환하거나 일반 지방정부에 비해 제한적인 자치권을 행사하는 **준지방정부**로 전환해야 한다. 구의회를 폐지하거나, 구의회를 두되 구청장을 특별시장과 광역시장이 임명하게 하는 방안도 검토할 필요가 있다.
- 많은 국가에서 대도시 지방정부는 그 일체성을 존중해야 한다는 차원에서 하위 지방정부를 두지 않고 있다. 대도시 행정의 일체성을 살리기 위해서인데 우리도 그 이유와 배경에 대해 잘 이해할 필요가 있다.

그러나 이에 대한 반론도 만만치 않다. 주로 자치구 쪽에서 나오는 반론이 되겠는데 그 주요 내용을 소개하면 아래와 같다.

---

13) 조선일보, 1996년 7월 2일; 조선일보, 1999년 1월 4일, '시·도지사에게 듣는다: 허경만 지사' 참조.

- 특별시와 광역시의 자치구는 이미 준지방정부로서의 성격을 지니고 있다. 생활권이나 경제권과 일치하지 않는 관계로 이미 지방자치법과 그 외의 법률에 의해 제한된 기능만을 수행하고 있다. 더 이상 지위를 격하할 일도, 기능을 줄일 일은 없다. 오히려 지나친 제한으로 인해 자치체로서의 의미를 충분히 살리지 못하고 있는 것이 문제이다.

- 자치구간의 선의의 경쟁은 대도시 행정의 생산성과 효율성을 증대시킨다. 민선 구청장이 선출된 이후 주민에 대한 행정서비스 수준이 크게 높아졌음은 그 좋은 증거이다.

- 구역과 계층을 설정함에 있어서는 접근의 문제, 즉 주민이 지방정부가 하는 일에 얼마나 쉽게 접근할 수 있는가도 중요한 기준이 된다. 특별시와 광역시와 같은 대도시의 경우 자치구가 없으면 주민의 접근이 어려울 수 있고, 이러한 어려움은 지방정부 운영에 있어 여러 가지 문제를 유발할 수 있다.

- 대도시 지방정부가 하위 지방정부를 두지 않고 있는 것은 사실이다. 그러나 영국과 일본 등 하급 지방정부를 운영하고 있는 사례들을 잘 살펴 볼 필요가 있다. 특히 일본의 경우 1952년 동경도 내의 **특별구**의 자치권을 폐지하였다가 23년이 지난 1974년에 다시 부활시켰다. 그리고 1998년에는 완전한 지방정부로서의 지위를 부여하였다.[14] 나름대로의 이유가 있음을 이해해야 한다.[15]

자치구의 폐지 또는 개편 문제 또한 제기하는 것 자체가 큰 정치사회적 파장을 불러오곤 했다. 1996년 12월 송파구와 구청공무원에 대한 인사권을 놓고 갈등을 겪고 있던 서울시가 구청장 임명제를 주장하다 큰 정치적 어려움을 겪었던 것은 그 좋은 예이다.[16] 그러나 그럼에도 불구하고 이 문제는 언제든지 다시 쟁점화 될 가능성을 안고 있다. 특히 서울특별시를 제외

---

14) 일본 지방자치법 제281조 2항.

15) 1947년 제정된 일본의 지방자치법은 동경의 23개 특별구에 시(市)에 준하는 지위를 부여하였다. 그러나 1952년에 이르러 '대도시행정의 일체성 확보'라는 이유로 특별구를 동경도의 내부기관으로 규정함과 동시에 구장(구청장) 직선제를 폐지하였다. 그러나 그 후의 자치권 확대운동에 의해 1975년 구장 직선제가 다시 부활 되었다. 하지만 생활권을 바탕으로 한 자치체가 아니라는 이유로 일반시와 같은 법적 지위를 누리지는 못했다. 그러다가 1998년 지방자치법 개정으로 완전한 지방정부로서의 지위를 지니게 되었다. 송창석 편역, 『자치단체장의 자질과 수완』(서울: 도서출판 대륙), p.338 참조.

16) '서울시 구청장을 서울시장이 임명하는 체제로 환원해 줄 것을 정부에 건의할 것'이라는 최수병 당시 정무부시장의 발언이 도화선이 되어 서울시와 자치구청 간에 큰 논쟁이 벌어졌다. 논쟁은 닷새 뒤 조순 당시 서울시장이 직선제 유지 의사를 밝힘으로써 일단락되었다. 그러나 며칠간 정치권과 시민사회에 큰 파장을 불러 일으켰다. 조선일보, 1996년 12월 7일, 11일, 25일 참조.

한 대도시 지방정부, 즉 광역시의 자치구폐지 문제는 지방자치제도와 관련하여 여전히 잠복하고 있는 주요 의제의 하나이다.

⑤ 도농통합형 기초지방정부 개편론: 시·군통합

도시와 농촌을 통합하는 형태의 **도·농통합** 또는 **시·군통합** 개편안 역시 큰 관심을 끌어온 사안이다. 논의의 초점은 아래와 같이 크게 세 가지로 요약된다.

•도시형 지방정부와 농촌형 지방정부간의 재정력 격차가 심한 상황에 있어 이들을 통합하는 도·농통합의 구역개편은 이러한 격차와 그에 따른 문제를 완화하는데 도움이 된다. 지역 내 균형발전의 틀을 마련할 수 있음은 물론이다.[17]

•토지에 관한 한 비교적 여유가 있는 농촌지역을 도시지역과 묶음으로써 토지의 종합적 이용도를 높일 수 있다.[18] 토지 이외에도 도시지역과 농촌지역이 상호보완적인 요소를 통합적으로 활용할 수 있다. 또 이를 통해 지역전체의 발전을 위한 시너지를 모을 수 있다.

•동일 생활권 내에 있는 시와 군을 통합함으로써 생활권과 행정권을 일치시킬 수 있다. 기존의 도·농분리형 구역설정은 주민들의 실제 생활권을 무시함으로써 사람과 재화의 자연적인 흐름을 왜곡시킬 뿐만 아니라 지방정부간의 불필요한 마찰을 야기하기도 한다.[19]

도농통합의 필요성에 대한 이러한 논의는 1992년 경기도 고양군이 **도·농통합시** 체제로 전환되는데 큰 영향을 주었다. 읍을 중심으로 한 도시지역만을 빼 내어 시로 전환시킨 것이 아니라 도시와 농촌지역을 합친 고양군 전체를 시로 전환시킨 것이었는데, 우리나라에서는 처음 있는 일이었다.

도·농 통합시에 대해 좋은 평가가 내려지면서 도·농통합은 큰 탄력을 받게 되었다. 그리고 곧 실질적인 개편작업이 이루어지기 시작했다. 1994

---

17) 이에 대해서는 이 논의를 제기한 것으로 알려진 최양부의 논리 참조. 최양부, "도·농 분리방식에서 도·농 통합방식으로," 『지방자치』, 통권 제58호 (1993. 7) 참조.
18) 국회 정치관계법심의특별위원회, 앞의 자료 참조.
19) 최양부, 앞의 글 참조.

년 제1차로 47개의 시와 43개의 군을 통합권유대상지역으로 선정되었고, 곧 이어 주민의견조사를 거쳐 33개의 시와 32개의 군이 33개의 통합시로 개편되었다. 춘천시, 공주시, 포항시, 군산시, 순천시, 창원시 등이었다. 이어 1995년 5월, 또 한 차례의 개편을 통해 평택시와 김해시 등 5개의 통합시가 탄생했다. 그리고 1997년에는 '**3여통합**'이라 불리는 여수시·군과 여천시의 통합이 이루어졌다. 청주시와 청원군 또한 2012년 주민투표를 통해 통합을 확정지운 후 2014년 실질적 통합을 이루었다.

시·군통합은 도 폐지론 등 계층축소 문제와 밀접한 관련이 있다. 계층축소는 기초지방정부의 통합을 전제로 하게 되는데, 그 방향은 자연스럽게 도시형 지방정부와 농촌형 지방정부를 통합하는 방향으로 흐르게 되어 있기 때문이다. 또 이러한 계층축소가 아니라 하더라도 시·군통합은 우리사회에 있어 지속적인 이슈가 되고 있다. 도시성이 높아진 군(郡)들이 지속적으로 도·농 통합시로의 전환을 시도하고 있기 때문이다.

제 2 절 ┃ 개편의 어려움과 대안: 기능조정과 특별지방정부

계층 및 구역의 개편은 대단히 어려운 문제이다. 사회변화와 국가운영의 기본방향에 대한 서로 다른 철학과 비전이 존재하고 있고, 선출직 지방공무원의 신분상실, 공무원 수의 감소, 관리·감독 주체의 변화에 따른 이해득실, 지방정치의 구도변화 등 여러 복잡한 이해관계가 얽혀 있기 때문이다. 여기에 지역의 역사와 지역사회의 정서 등도 중요한 변수로 작용한다. 개편을 위한 원칙과 기준을 정하는 데에서부터 대립과 갈등이 빚어질 수도 있다.

계층과 구역의 개편은 우리에게만 어려운 문제가 아니다. 영국의 경우 보수당 정부에 의해서 1986년 해체되었던 런던광역시(Greater London Council, GLC)가 14년 뒤인 2000년 노동당 정부에 의해서 런던광역정부(Greater London Authority, GLA)로 부활하였다. 이 나라에 있어서도 이러한 개편작업이 얼마나 어렵고 복잡한 문제인가를 보여주는 좋은 예이다. 또 일본만 하더라도 도·도·부·현과 시·정·촌으로 이루어진 현행의 구조를 놓고 수 십 년간 토론을 계속해 오고 있으며, 정령지정시 제도를 둘러싸고 일어나고 있는 부·현과 정령지정시 사이의 갈등으로 적지 않은 어려움을 겪고 있다.

계층과 구역을 개편하는 문제가 쉽지 않은 만큼 적지 않은 나라들이 오히려 지방정부의 기능을 재조정하는 방법으로 문제를 완화시키고 있다. 즉 계층과 구역이 다소 불합리하다 하더라도 이를 개편하기보다는 기초지방정부의 기능을 중앙정부와 상급지방정부가 흡수하기도 하고, 또 그 반대로 중앙정부와 상급지방정부의 기능을 기초지방정부에 이양하면서 문제를 완화시켜 나가고 있다.

아울러 많은 나라에서 **특별지방정부**가 폭넓게 활용되고 있음에도 주목할 필요가 있다. 앞서 살펴 본 바와 같이 미국과 같은 나라에서는 3만6천 개에 달하는 지방정부가 존재한다. 하나의 메트로폴리탄 지역에 수십 개, 또는 수백 개의 지방정부가 존재하기도 한다. 합리성과는 거리가 먼 모습이다. 그럼에도 불구하고 미국의 지방정부는 지역사회의 문제를 해결하는데 있어 그 생산성이 높은 편이다. 특별지방정부를 적절히 활용하고 있기 때문이다. 일본만 하더라도 지방정부간의 협력기제인 **사무조합**이나 **광역연합** 제도를 적극적으로 활용하고 있다. 분권화가 가속화되고 지방정부의 역할과 권한이 강화될수록 그 활용도는 더욱 높아지고 있다.

우리나라 지방정부의 계층과 구역에 문제가 있다는 사실을 부정하는 사람은 많지 않다. 문제가 있다는 사실에 대해서는 폭넓은 합의가 존재한다. 그러나 개편의 방향과 기준 등에 있어서는 쉽게 합의를 도출할 수 없을 정도로 다양한 견해와 이해관계가 존재한다. 합의하기가 쉽지 않다는 뜻이다. 따라서 개편논의를 계속해 나가는 것도 중요하지만, 기능의 재조정이나 특별지방정부의 활용을 통해 기존 체계가 지닌 문제를 최소화하는 일도 중요한 의미를 지닌다. 이에 대한 폭넓은 논의가 있어야 할 것으로 보인다.

제 3 절 **구역개편의 원칙: 보론**[20]

1 산업경제기능 수행을 위한 대규모성의 확보: 산업경제권과의 일치

흔히 지방정부의 구역이 작아야 한다고 주장한다. 그래야 지방정부에 대한 주민의 접근성을 높일 수 있다고 한다. 적지 않은 연구자들이 지방정부의 규모가 크면 클수록 주민참여와 주민통제가 어렵다는 점을 지적하고 있다. 또 이러한 맥락에서 우리나라 기초지방정부, 특히 농촌형 지방정부인 군의 규모가 지나치게 크다고 지적하기도 한다.

그러나 교통과 정보통신이 발달하면서 접근성의 문제는 그 중요성이 작아지고 있다. 특히 정보통신을 이용한 참여 메커니즘의 발달과 그 이용자의 증가는 물리적 거리의 개념을 하루가 다르게 약화시키고 있다. 이러한 시대에 있어 접근성의 문제를 물리적 거리의 문제로만 판단하고, 또 이러한 판단을 근거로 지방정부의 구역을 작게 설정하는 것은 문제이다. 구역이 작으면 권한과 기능도 그만큼 소극적으로 배분할 수밖에 없기 때문이다.

오늘과 같이 분권화가 강조되고 지역간 경쟁이 강조되는 시대에 있어서는 지방정부가 보다 적극적인 기능을 수행하게 하는 것이 매우 중요하다. 그리고 이러한 적극적인 기능수행을 위해서는 지방정부의 구역을 어느 정도 크게 설정할 필요가 있다. 특히 단순한 '생활자치'의 개념을 넘어 산업경제기능을 적극적으로 수행하는 것이 매우 중요하다. 생활권뿐만 아니라 산업경제권과도 일치할 정도의 구역이 되어야 한다는 뜻이다.

읍·면과 같은 소지역 단위의 자치나 골목 단위의 자치가 불필요하다는 뜻은 아니다. 자치는 이러한 소지역이나 골목에서부터 시작되게 하는 것이 옳다. 그러나 그렇다고 하여 읍·면이나 골목단위의 공동체를 굳이 지방정부로까지 설정할 이유는 없다. 지방정부로 하지 않고도 공동체의 정신과

---

20) <보론>의 내용은 저자의 주관적 판단과 입장을 반영하고 있음에 주의. 김병준, "지방행정조직의 개편방향: 자치구역 문제를 중심으로," 『입법조사연구』, 제249호 (1998. 2), pp.30-50으로부터 발췌 및 보완.

활동이 살아나게 할 수 있는 방법은 얼마든지 있다. 오늘의 시대에 있어 더욱 중요한 점은 지방정부로 하여금 보다 적극적인 역할을 수행할 수 있도록 하는 것이고 그러기 위해서는 구역을 보다 크게 설정할 필요가 있다는 점이다.

② 획일적인 계층논리로부터의 탈피

우리나라는 제주특별도를 제외하고는 광역지방정부와 기초지방정부가 2층을 이루는 중층제를 획일적으로 채택하고 있다. 획일적인 제도를 채택하게 된 데는 선거권 행사의 형평성의 보장 등 그 나름의 이유가 있을 수 있다. 그러나 이러한 획일성은 형식성을 지나치게 강조한 것으로 지방정부의 경쟁력 강화나 행정의 합리화 등과는 무관하다. 예를 들어 그 아래 하위의 지방정부 계층을 두지 않고 있던 울산시가 광역시가 되었다고 해서 자치구라는 지방정부 계층을 두었는데, 이것이 과연 합리적인 일인가에 대해 생각해 볼 필요가 있다.

올바른 구역개편을 위해서는 이러한 획일적인 논리를 벗어나야 한다. 2층이 되었건, 아니면 1층이 되었건 모든 지역과 모든 지방정부를 획일적으로 재단하겠다는 자세로는 합리적인 개편을 할 수 없다. 그나마 제주특별자치가 2006년 7월 이후 이러한 획일성에 있어 예외가 되고 있다. 그 결과를 지켜볼 일이며, 이를 계기로 계층과 구역의 획일성에 대해 보다 깊은 고민을 해 나갈 필요가 있다.

③ 실현가능성과 정치적 논리의 존중

아무리 좋은 내용의 개편안이라도 실현가능성이 없으면 소용이 없다. 따라서 국민이 이해할 수 없는 내용을 담고 있거나 이해관계 세력의 정치적인 입장차이가 첨예하게 대립하는 내용이 되어서는 곤란하다. 무엇보다도 국민이 수용할 수 있는 내용이 되어야 하고, 개편과정 또한 주민투표와 같은 민주적 절차에 의해 점진적으로 추진되어야 한다. 말하자면 모두에게 이익이 되는 '윈-윈 게임(win-win game)'의 개편이 되도록 노력해야 하며, 유도는 하되 강제는 하지 않는 개편이 이루어져야 한다. 앞서 소개한 서울시분할론과 도 폐지론 등은 때로 국민이 당황할 정도로 갑작스럽게 제기되어 실패를 한 경우들이다. 특히 1995년 지방선거 전의 **서울시분할론**은 강북지역 주민의 불안을 전혀 고려하지 않은 채 제기된 안이었다.

때로 구역개편의 문제는 제로섬(zero sum) 게임으로 이해된다. 즉 얻는 사람이 있으면 그만큼 잃는 사람이 있는 게임으로 여겨진다. 그러나 구역개편의 문제는 반드시 그렇지는 않다. 또 그렇게 되어서도 안 된다. 개편의 내용에 따라 얼마든지 모두가 얻는 윈-윈 게임이 될 수 있다. 예컨대 구역개편으로 지역사회 전체의 산업적 경쟁력이 높아진다면 지역주민 모두가 승리자가 될 수 있다.

4 주민이 주도하는 개편의 추진

개편이 원활하게 이루어지기 위해서는 지방자치단체장이나 지방의원 그리고 국회의원이 아닌 주민이 주도하는 개편이 이루어지도록 해야 한다. 이들 정치적 이해관계자들이 앞장을 서거나 지나치게 개입하는 경우 실제로 이들의 정치적 이해관계가 반영이 되거나, 아니면 그럴 것이라는 정치적 오해를 불러일으키기가 쉽다.

개편은 되도록 주민이 주도하는 형태로 이루어져야 하며, 정부와 정치권은 이 같은 일이 잘 일어날 수 있는 제도적 환경을 만들어 주어야 한다. 구역개편을 위한 주민발의가 상시적으로 일어날 수 있는 제도적 환경을 만들거나, 구역개편이 일어날 경우 보다 큰 자치권과 재정능력을 가질 수 있도록 해 주는 것 등이 이에 포함될 수 있다. 개편이 확정되는 과정에 있어서도 주민의 참여는 필수적이다. 주민투표가 있어야 하며 그 영향이 전국에 미치는 사안에 대해서는 국민투표도 있어야 한다.

기능배분과 재정문제와의 연계

 계층과 구역개편의 문제는 기능 또는 사무의 배분이나 재정배분과 분리된 채 논의될 수 없다. 지방정부의 통·폐합을 통해 적정한 규모의 구역이 확보되면 산업경제기능을 포함하여 마땅히 그에 상응하는 기능과 사무가 주어져야 하며, 이러한 사무를 필요한 재정적 기반 또한 강화되어야 한다. 이 문제는 개편작업을 모두가 다 만족할 수 있는 '윈-윈 게임(win-win game)'으로 만드는 것과 관련하여서도 중요한 의미를 지닌다.

 기능 및 사무배분과 관련하여서는 특별지방정부의 문제도 깊이 고려되어야 한다. 특별지방정부를 활용할 것인지, 한다면 어느 정도 활용할 것인지에 대한 고려가 있어야 한다. 이 문제는 앞서 이미 설명이 되었다.

제 **4** 편   지방정치: 지역사회 권력구조와 지방선거

제**1**장

지역사회 권력구조

제**1**절 ## 지방자치와 권력구조

1 ### 권력구조 문제의 의의

　지방자치와 지방분권을 통해 지방정부로 내려간 권력과 권한은 궁극적으로 누구에 의해, 또 누구를 위해서 행사될까?

　많은 사람들이 지역주민과 지역주민이 선출한 공직자들에 의해 공정하게 행사되기를 원한다. 또 특정인이나 소수가 아닌 지역사회와 지역주민 전체의 이익을 위해 행사되기를 원한다. 또 그렇게 되도록 디자인이 되어 있다고 믿기도 하고, 지방자치 자체가 이를 보장하기 위해 있는 것이라 생각하기도 한다. 지방정부를 운영하는 선출직 공직자만 해도 비밀, 보통, 직접, 평등의 원칙에 입각한 선거에 의해서 선출되며, 일정한 기간을 지나면 이러한 선거에 의해 다시 심판을 받는다. 일상적인 행정과정에 있어서도 지역주민의 참여와 감시가 끊임없이 일어나며, 지역주민의 이해와 신념에 어긋나는 일이 있으면 집단민원과 시위 등 갖가지 형태의 집단행동이 일어나기도 한다. 지방정부가 지역주민과 지역사회 전체의 이익을 벗어난 일을 하거나, 특정인이나 소수를 위해 권력과 권한을 행사하는 일이 잘 일어날 것 같지 않다.

그러나 실제에 있어서는 그렇지가 않다. 지방정부가 지역사회 전체가 아닌 소수의 이해관계자에 의해 장악되어 소수를 위해 일하는 경우가 적지 않다. 민주적 통제의 기제가 효율적으로 작동하지 않는 예도 많으며, 심지어는 지역주민이 지방정부와 지역사회에 어떠한 일이 일어나고 있는지에 대해 무감각한 경우도 있다. 지방선거를 통해 지역상공인들이 지방의회를 장악하다시피 하고 있고, 지방자치단체장이 중앙정치권과 특정 이해관계 세력에 쉽게 노출될 수밖에 없도록 되어 있는 우리나라의 형편도 이와 무관하지 않다.

그렇다면 과연 누구에 의해, 또 누구를 위해 행사되는 것일까? 정치경제와 지역사회와 관련하여 가장 오랫동안 물어 온 질문의 하나이다. 우리나라만 해도 이에 대한 관심은 수백 년을 거슬러 올라간다. 조선시대만 해도 강력한 중앙집권체제가 자리 잡고 있었음에도 불구하고 지역토호의 지나친 영향력은 조정과 백성 모두의 고민이었고, 서원을 중심으로 한 지방귀족들의 지역사회에 대한 영향력은 정치적 논란과 분쟁의 원인이 되었다. 미국과 같은 나라에서도 이에 대한 관심은 미국의 역사만큼이나 길다. 예컨대 **메디슨**(James Madison)과 같은 정치인은 18세기 말에 이미 미국 각 지역에서 일어나고 있는 다수의 전제(majority tyranny), 즉 다수가 소수의 기본권을 유린하는 현상을 우려했다. 그리고 이를 해결하기 위해 미국이 지금과 같은 연방체제로 갈 것을 주장했다.[1]

미국을 중심으로 한 이야기가 되겠지만 이러한 관심은 1950년대 들면서 더욱 커졌다. 그리고 더 체계화되었다. 민주주의에 대한 관심이 커지면서, 민주주의가 과연 의도된 바와 같이 이루어지고 있느냐에 대한 의문과 함께, 이를 실증적으로 분석하는 작업이 이루어진 것이다. **헌터**(Floyd Hunter)와 **달**(Robert Dahl)과 같은 학자들이 앞장을 섰고, 이어 많은 학자와 연구자들이 '**지역사회 권력구조**(community power structure) 연구'라는 이름 아래 그 뒤를 이었다.

1980년대에 들면서 지역사회 권력구조에 대한 실증적 연구는 다소 주춤거렸다.[2] 지역주민의 직접참여 메커니즘이 강화되는 등 민주성을 확보할

---

1) James Madison, "Federalist Paper No. 10," 이 책 제2편 제2장 참조.

수 있는 길이 보다 넓게 열리고 있는데다, 지방정부의 경쟁력 강화나 행정 혁신 등 보다 실용적인 문제가 더 큰 관심을 얻기 시작했기 때문이었다.

　지역사회를 국가체제나 세계체제 등 보다 큰 정치경제체제에 종속될 수밖에 없는 영역으로 보는 시각의 확산도 이에 대한 관심을 줄이는데 한 몫 하였다. 지역사회의 권력구조를 이해하려면 지역사회 그 자체에 관심을 가지기 보다는 이를 사실상 결정짓는 국가단위나 세계단위의 정치경제체제나 자본주의 자체의 모순에 더 큰 관심을 가져야 한다고 본 것이다. 국가단위의 정치경제적 권력구조와 그 모순에 집중한 진보이론들이나 국가자율성(state autonomy) 연구, 그리고 지역사회와 지방정부를 국가단위의 자본주의체제의 한 부분일 뿐 독자적 운동성이 클 수가 없는 존재로 이해하는 지방국가론(local state theory) 등이 그 예이다. 1980년대 이후 한 때 강세를 띠었던 이러한 시각과 연구들이 지역사회 권력구조 그 자체에 대한 관심을 다소 앗아갔다고 할 수 있다.[3]

　그러나 이러한 움직임에도 불구하고 지역사회 권력구조 문제는 지방자치와 지방정부를 이해하는데 있어 여전히 가장 중요한 부분의 하나가 되어왔다. 또 그렇게 되는 것이 마땅하다. 특히 우리나라와 같이 지방자치의 역사가 짧고, 분권과 자치를 위한 개혁이 지속적으로 일어나야 하는 경우에는 더욱 그러하다. 지방정부와 지역사회에 주어진 권력과 권한이 누구에 의해, 또 누구를 위해 행사되느냐에 대한 이해 없이 분권과 자치의 문제를 논할 수 없기 때문이다.

■ 국가자율성은 국가가 부르주아와 특정 계층 또는 계급이나 여타 사회세력으로부터의 영향력으로부터 벗어나 스스로의 정책의지를 관철하는 능력의 정도를 말한다. 우리나라에서도 1980년대 한 때 이에 대한 논의가 붐을 일으켰다.

2) 이에 대해서는 Rikki Abzug, "Community Elites and Power Structure," in Ram A. Cnaan and Carl Milofsky, eds. *Handbook of Community Movements and Local Organizations* (Springer, 2007), pp.89-101 참조.
3) 국가자율성 연구와 제도론의 영향에 대해서는 G. William Domhoff, "Power Structure Research and the Hope for Democracy," (April 2005), Who Rules America net. accessed Sep. 15, 2021. http://observatory－elites.org/wp-content/uploads/2012/06/Power-Structure-Research-.pdf. 지방국가론과 관련하여서는 Cynthia Cockburn, The Local State: Management of Cities and People (London Plato Press, 1980), 특히 pp.41-66 참조.

② 권력구조에 영향을 미치는 요인

지역사회의 권력구조는 지방정부의 운영을 둘러 싼 지역사회 내 여러 집단과 개인의 상호영향력 내지는 힘의 관계를 말한다. 영향력과 힘의 관계에 관한 문제인 만큼 지역사회의 권력구조는 그야말로 다양한 요인에 의해 영향을 받는다. 영향력과 힘 그 자체가 수많은 내·외 요인들과의 역동적인 관계를 통해 형성되기 때문이다. 일반적 이해를 위해 일부 중요한 요인들을 몇 가지 범주로 묶어 소개하면 아래와 같다.

1) 법과 제도

지역사회의 권력구조는 법과 제도에 의해 많은 영향을 받는다. 하나의 예가 되겠지만 도시지역 지방정부에 있어 지방의원을 무보수직으로 하게 되면 재정적 형편이 좋은 자영상공인들이 지방의회를 장악하는 경향이 생긴다. 다른 수입이 없거나 일반 직장을 가진 사람은 출마를 하겠다는 생각조차 할 수 없기 때문이다. 자치단체장 또한 마찬가지이다. 선거공영제를 실시하느냐 여부와 후원금을 모을 수 있느냐의 여부가 중요한 영향을 미친다. 공영제도 아니고 후원금도 모을 수 없다면 후보자들은 지역사회의 상공인들로부터의 부정적인 재정후원을 받을 수밖에 없고, 이는 다시 이들 상공인들의 영향력을 강화시켜주는 계기가 된다.

정당공천제 실시 여부와 공천제도 역시 지역사회의 권력구조에 중요한 영향을 미친다. 특히 우리나라와 같이 지역주의가 강한 상황에서는 중앙정당과 중앙정치인의 지역사회 내 영향력을 강화시키는 결정적인 배경이 된다.

주민발의와 주민투표, 그리고 주민소환과 주민소송과 같은 직접참여제도가 얼마나 잘 정비되고, 또 잘 운영되고 있는가도 중요한 변수가 된다. 제도가 운영되고 있다 하더라도 그 발의와 성립의 요건이 얼마나 까다로우냐에 지역주민이나 지역 시민단체 등의 영향력이 달라질 수 있다.

이 외에도 중앙정부로부터 부여받은 지방정부 자치권의 정도와 내용, 지방정부의 기관구성 형태, 집행기관장과 지방의회의 관계, 정보공개제도의 운영, 지방정부의 구역과 계층 등이 지역사회의 권력구조 형성에 큰 영향을 미친다. 심지어는 합리적인 복지제도가 운영되고 있느냐의 여부 등도 영향을 미칠 수 있다. 복지제도가 잘 정비되어 있지 않은 경우 복지수요자는 교회나 사찰을 비롯한 종교기관이나 자선단체 등에 의존할 수밖에 없는 바, 이들 기관의 정치사회적 영향력이 커질 수 있기 때문이다. 한마디로 일일이 열거할 수 없을 정도의 다양한 제도들이 영향을 미친다.

2) 산업구조

지역사회의 산업구조 역시 권력구조에 큰 영향을 미친다. 예컨대 농업이 중심을 이루는 지역과 제조업이 중심을 이루는 지역, 그리고 대학 등을 중심으로 지식산업이 발달한 지역에서는 상당히 다른 내용의 권력구조가 성립될 수 있다. 농업지역에서는 정치엘리트와 행정엘리트의 역할이 두드러질 수 있는 반면, 제조업이 발달한 곳에서는 이들의 역할이 상대적으로 덜 두드러질 가능성이 있다. 농민에 비해 기업인이나 노동자들의 조직력과 정보력이 강하기 때문이다. 또 대학 등 지식산업이 발달한 지역에서는 지식인들의 역할과 이들과 연계된 기업이나 시민단체 등의 역할이 두드러질 수 있다.[4]

같은 제조업 지역이라 하더라도 주도적인 기업의 존재유무가 중요한 변수가 되기도 한다. 하나의 기업이 지역경제를 주도하는 **기업시**(company city, company town)의 경우 그 기업의 영향력이 매우 클 수 있다.[5] 미국철강(US Steel)의 지역사회와 지방정부에 대한 영향력을 분석한 크렌슨(Crenson)의 연구와 델라웨어주(Delaware)에 있어서의 다국적 기업 듀퐁(Du Pont)의 영향력을 분석한 보이어(William Boyer)의 연구 등은 이러한 문제를 잘 설명해 주고 있다. 특히 크렌슨의 연구는 거대기업이 단순한 정치경제적 영향력이 아니라 지역주민의 의식과 정책적 선호를 조종(manipulate)할

---

4) Robert Dahl은 그의 명저 *Who Governs America?*를 통해 Yale 대학이 있는 뉴해븐(New Heaven, Connecticut) 지역에서 Yale 대학의 영향력이 그다지 크지 않다고 설명한 바 있다. 그러나 Dahl의 연구자료를 재검토한 William Domhoff는 Dahl의 Yale 대학과 그 구성원의 영향력이 매우 컸던 것으로 분석하고 있다. G. William Domhoff, "Who Really Ruled Dahl's New Heaven?" Who Rules America.net. Sep. 2005. accessed June 26, 2020, http://sociology.ucsc.edu/who-rulesamerica/power/new_haven.html.

5) Linda Carlson, *Company Towns of the Pacific Northwest* (Unirersity of Washington Press, 2014), pp.3-13 참조.

수 있을 정도의 강력한 힘을 가졌다는 사실을 보여준다.[6]

산업의 성격과 같은 요인도 중요한 영향을 미칠 수 있다. 자본집약적 산업이 중심이 되어 있는 곳에서는 자본을 가지고 운영하는 쪽이 힘을 행사하는 반면, 노동집약적 산업이 중심이 되어 있는 곳에서는 노동조합과 그지도자들이 중요한 역할을 할 수 있다. 20세기 초반, 미국과 영국을 비롯한 서구 산업도시에서 진보적 성격이 명확한 지방정부들이 대거 들어섰던것도 이와 무관하지 않다. 오늘날 우리나라에 있어서도 노동자의 수가 많은 울산이나 창원 등지에서는 노동세력을 중심으로 하는 진보정당이 상당한 강세를 유지하고 있다.

3) 정치 · 사회문화

가부장적이고 권위적인 정치문화가 존재하는 지역과 그렇지 않은 지역은 지역사회 권력구조에 있어 상당한 차이를 보이게 된다. 이러한 문화가존재하는 지역에 있어서는− 다른 모든 조건들이 같다면, 지역주민의 적극적인 참여가 제한되며 지역사회의 원로 그룹과 정치 · 행정 엘리트들이 지역사회를 주도하게 된다. 반면 참여지향적인 정치문화가 자리 잡고 있는지역에 있어서는 이들 엘리트가 아닌 일반 지역주민과 이들을 대표하는 인사들이 보다 적극적인 역할을 하게 된다.

지역사회가 얼마나 폐쇄적인 경향을 띠는가도 매우 중요하다. 소위 클럽(club)이나 계(契)와 같은 친교모임이 폐쇄적으로 운영되는 곳에서는 외부로부터 오는 인사나 기업들이 영향력을 발휘하기가 쉽지 않다. 학연과 지연을 통해 이들 모임과 직 · 간접으로 연계될 수 있는 지역출신 인사들이지역사회를 주도하는 경향이 있을 수 있는 반면, 지도자로서의 자질과 전문성을 갖추었다고 하더라고 이러한 연계로부터 벗어나게 되면 큰 영향력을 발휘할 수 없는 상황에 이를 수 있다. 인종과 여성 등에 대한 차별도이러한 모임을 통해 강화되거나 유지될 수 있다.

---

6) Matthew Crenson, *The Un-Politics of Air Pollution: A Study of Non-Decision-making in the Cities* (Washington, D.C.: Johns Hopkins Univ. Press, 1972); William Boyer, *Governing Delaware: Policy Problems in the First State* (Newark, DE: University of Delaware Press, 2000).

4) 정치·경제적 환경 및 기타

지역사회 권력구도는 앞서 설명한 요인 이외의 다른 많은 요인들에 의해 영향을 받는다. 지역경제가 어려워지면 기업인의 목소리가 커지고, 권위주의적 정부가 들어서거나 공안정국이 형성되면 검찰조직이나 경찰조직 등 지역단위의 권력기관들이 강한 영향력을 행사하기도 한다. 중앙정부 권력지형의 변하가 지역사회 주도세력을 바꾸어 놓기도 한다.

정보화와 세계화와 같은 환경변화도 지역사회 권력구도에 큰 영향을 미친다. 인터넷을 통해 신념과 이해관계를 공유하는 집단이 수시로 만들어지며, 이렇게 만들어진 집단이 지방정부와 기존의 기득권 세력에 강한 영향을 미치기도 한다. 또 세계화로 촉발된 지역간 경쟁구도는 기업우위의 정치사회적 환경을 만들어 나가기도 한다.

끝으로 이러한 여러 가지 요소 내지는 변수들과 관련하여 두 가지를 지적해 둘 필요가 있다. 하나는 앞서도 언급하였지만 지역사회 권력구조의 문제는 힘과 영향력의 문제로 많은 변수에 영향을 받을 수밖에 없다는 점이다. 이 자리에서 언급된 내용은 그 일부에 지나지 않는다. 그리고 둘째, 많은 연구자들이 지역사회 권력구조가 이와 같이 다양한 변수들에 의해 영향 받는다고 인정하면서도 큰 틀에 있어서는 일정 유형을 유지하는 것으로 보고 있다는 사실이다. 즉 시간과 공간을 초월하여 대체로 엘리트 지배체제가 확립되어 있다고 보거나, 아니면 개발이익 관계자들이나 지역주민 일반이 주도하는 체제가 자리 잡고 있다고 일반화 하고 있다. 이 부분은 바로 아래에서 자세히 설명하기로 한다.

제 2 절 권력구조에 대한 시각

1 엘리트론

엘리트론(elite theory)은 기본적으로 사회가 소수의 엘리트 집단에 의해 주도되고 있다고 보는 이론이다. 모스카(Gaetano Mosca)와 파레토(Vilfredo

■ C. Wright Mills는 미국이 엘리트 사회이며 대중은 힘 없는 피치자일 뿐이라는 점을 강조한 학자이다. Socio-logical Imagination과 Power Elites와 같은 큰 저서를 지식인들이 이러한 현실을 시정하기 위해 역할을 해야 함을 강조하기도 했다. 1962년 40대 후반의 나이로 아깝게 세상을 떠났다.

■ Flyod Hunter는 사회사업분야 일을 하다 조금 늦게 North Carolina 대학의 박사학위과정에 입학했다. 그러나 1951년에 쓴 박사학위 논문 그 자체가 Community Power Structure라는 책으로 출판되면서 학계 데뷔와 함께 지역사회 권력구조 연구의 최고의 권위자이자 선구자가 되었다.

Pareto) 같은 고전적 정치사회학자에서부터 20세기 중반의 **밀즈**(C. Wright Mills)와 **헌터**(Floyd Hunter)를 거쳐 오늘날의 진보적 학자군에 이르기까지 많은 학자와 이론가들이 이를 다듬어 왔다.

학자들에 따라 다소 다른 내용을 담고 있기는 하지만 기본적인 사항에 있어서는 큰 차이가 없다고 하겠는데, 이를 정리하면 다음과 같다.[7]

- 사회는 정치경제적 힘과 사회적 영향력 가진 소수로서의 엘리트 계층과 그렇지 못한 다수의 일반 대중 계층으로 나누어진다. 자연히 엘리트 계층은 지배계층이 되고, 그렇지 못한 다수는 피지배 계층이 된다. 민주적 선거제도가 운영된다고 하나 이 또한 일반 대중을 올바른 주권자의 위치에 올려놓지 못한다. 선거 또한 엘리트 지배체제에 흡수되어 있고, 일반 대중은 이에 수동적으로 반응할 수밖에 없기 때문이다.

- 엘리트 계층과 일반 대중 계층 사이에는 사회관계, 인간관계, 학력, 재산, 전문성 등으로 쌓여진 높은 벽이 있고, 일반 대중 계층은 이 벽을 쉽게 넘지 못한다. 즉 일반 대중이나 그의 후손들이 엘리트 계층에 진입하기는 쉽지 않다.

- 일반 대중은 정치적으로 무감각(apathetic)하여 사회가 계층화 되어 있다는 사실을 잘 모르고 있거나 안다고 하여도 이를 수용하는 경향이 있다. 불만을 가진 일부 세력이 있을 수 있으나 이 또한 정치적 역량이나 조직 역량이 부족하여 엘리트가 만들어 놓은 통제와 조정의 메커니즘을 통과하지 못한다.

- 엘리트 계층 내에 분열과 다툼이 있을 수 있다. 그러나 이러한 분열과 다툼은 엘리트 계층 전체의 이익을 해치지 않는 범위 내에서 마무리 된다. 이 역시 나름대로의 조정 메커니즘을 가지고 있기 때문이다. 엘리트 계층은 이러한 조정 메커니즘을 유지함은 물론, 엘리트의 이익을 보호하기 위한 이념, 제도, 문화를 끊임없이 만들어 나가며, 사회화 과정을 통해 이를 대중에게 전파한다.

이러한 엘리트론은 1950년대에 들어 헌터의 연구를 통해 지역사회 권력구조 문제와 접목되었다. 애틀랜타(Atlanta, Georgia)의 권력구조를 연구한 헌터는 후일 '평판연구(reputation method)'라 불리게 된 연구방법, 즉 지역사회의 주요 인사들에게 지역사회에 영향력이 큰 사람이 누구인가를 묻는

7) 안병만, 『한국정부론』 (서울: 다산출판사, 2008); *Thomas Dye, Understanding Public Policy*, 12th Ed. (Englewood Cliffs, N.J.: Prentice Hall, Inc., 2007), pp. 25-35; William Domhoff, "C. Wright Mills, Power Structure Research, and the Failures of Mainstream Political Science," *New Political Science* 29 (2007), pp. 97-114 등 참조.

방식으로 인터뷰 대상자를 정한 후, 이들에게 다시 가장 영향력 있는 사람이 누구며, 이들과는 어떠한 관계에 있는지, 그리고 가장 중요한 지역사회 현안이 무엇이라고 생각하는지 등을 묻는 방식으로 지역사회의 권력구조를 조사하였다.[8]

이 조사를 통해 헌터는 애틀랜타 지역이 엘리트 집단, 특히 코카콜라의 고위임원을 포함한 지역사업가들에 의해 주도되고 있음을 밝혀냈다. 이들은 각종의 사교모임과 클럽 등을 중심으로 상호 유기적인 관계를 가지고 있으며, 이러한 관계를 기반으로 지역개발 사업과 같은 공동의 관심사를 지방정부의 정책의제로 반영하는 등 지방정부의 정책과정을 사실상 주도하고 있음을 확인한 것이다. 특정 인사를 정점으로 하는 획일적이고 분명한 권력의 피라미드가 존재하는 것도 아니고, 특정 인사나 특정 엘리트 집단이 모든 현안을 주도하지는 않지만 애틀랜타는 분명 이들의 손에 의해 움직여지고 있다는 것이 헌터의 결론이었다.

헌터의 결론은 이후 많은 후속연구들에 의해 재확인 되었다. 특히 뒤에 설명할 다원론과의 논쟁이 가열되면서 많은 연구자들이 헌터의 결론을 재확인하는 작업에 뛰어 들었다. 그리고 헌터와는 또 다른 방법과 논리로 헌터의 결론을 지지하는 연구결과를 내 놓았다.

'**무의사 결정**(non-decision making)'으로 잘 알려진 바크라흐와 바라츠(Peter Bachrach, Morton Baratz)는 그 좋은 예이다. 이들은 볼티모어(Baltimore, Maryland)에 대한 연구를 통해 지역사회와 지방정부는 엘리트 집단에 의해서 주도되며, 이들 엘리트 집단은 의제를 설정하고 이에 대한 결정을 내리는데 있어 주도적인 역할을 할 뿐 아니라, '**편견의 동원**(mobilization of bias)'을[9] 통해 특정 문제가 지역사회의 현안이나 정책의제가 되지 못하도록(non-decision making) 하기도 한다는 결론을 내렸다.[10] 눈에 보이는 힘

8) Floyd Hunter, *Community Power Structure: A Study of Decision Makers* (Chapel Hill, N.C.: University of North Carolina Press, 1953).

9) 'Mobilization of bias'는 E. E. Shattsschneider에 의해 정리된 개념으로 '사회가 특정인이나 특정집단 그리고 특정의 시각이나 신념에 유리하도록 작동하게 하는 가치와 신념의 체계와 제도적 장치 등의 총합 (a set of predominant values, beliefs, rituals, and institutional procedures operates to the benefit of certain persons, groups and perspectives at the expense of others)을 의미한다. E. E. Shattsscheneider, *Semi-Sovereign People* (New York: Holt, Rinehart, Winston, Inc., 1960), p.71.

10) Peter Bachrach and Morton Baratz, *Power and Poverty: Theory and Practice*

(overt power)과 함께 지역주민의 생각과 인식까지 바꾸어 놓을 수 있는 눈에 보이지 않은 힘(covert power)까지 지니고 있다는 이야기였다. 앞서 잠시 언급한 크렌슨과 같은 학자도 게리(Gary, Indiana)의 지방정부와 지역사회에 대한 연구를 통해 미국철강(US Steel)의 강력한 영향력 아래 당연히 지역사회의 현안이 되어야 할 문제들이 현안이나 의제가 되지 못하는 '무의사 결정'이 일어나고 있음을 확인하였다.[11]

엘리트론은 헌터의 연구 이래 지역사회 권력구조 연구에 있어 중요한 위치를 점하고 있다. 지역사회와 지방정부를 이해함에 있어 설명력이 매우 높은 이론으로 평가되기고 한다. 특히 진보적 시각을 지닌 연구자들 사이에서는 더욱 그러하다. 일부 연구자들은 세계화에 의해 사회 모든 부문에 있어 경쟁구도가 강화되면서, 또 지식경제 사회에 있어 엘리트 계층과 일반 대중 사이의 **정보의 비대칭성**(information asymmetry)이 심화되면서 엘리트 이론의 설명력이 더 높아질 것으로 믿고 있다.

그러나 엘리트론은 지역사회에서 일어나고 있는 일반 지역주민의 역할을 지나치게 낮게 평가하고 있다는 결점이 있다. 지역주민은 자신들의 신념과 이해가 침해될 때에는 강한 이의를 제기하고 있으며, 최근에는 환경문제와 인권문제 등 보다 보편적인 가치와 관련하여서도 상당한 관심을 표명하고 있다. 특히 시민단체와 인터넷이 발달하면서 참여와 정보획득에 필요한 비용을 대폭 줄여주는 현상도 일어나고 있으며 주민발의와 주민투표 등 참여기제도 확대되고 있다. 그 결과 일반 지역주민이 엘리트 집단의 이해관계와 문화에 반대되는 행동을 하는 것을 어렵지 않게 발견할 수도 있다. 이러한 부분을 어떻게 설명하느냐가 엘리트 이론의 과제가 된다.

■ 정보의 비대칭성은 거래 행위를 함에 있어 어느 한 쪽이 다른 쪽에 비해 거래의 내용에 대해 보다 많은 지식과 정보를 가지고 있는 경우를 말한다. 이러한 정보의 비대칭성은 불균형적인 권력관계를 만들어 내는 중요한 원인이 될 수 있다.

❷ 성장기구론

성장기구론은 지역사회의 정치와 경제를 토지의 가치를 높이고자 하는

(New York: Oxford Univ. Press, 1970).

11) Bachrach and Morton Baratz와 Crenson에 대한 비판적 해설을 위해서는 Geoffrey Debnam, 'Nondecisions and Power: The Two Faces of Bachrach and Baratz,' *The American Political Science Review*, Vol. 69, No. 3 (Sep., 1975), pp.889-899 참조.

토지자산가(landlords)와 개발관계자(developer)들이 주도한다는 이론이다. 토지문제와 개발문제 그리고 이와 연계된 도시의 공간확장 문제 등에 초점을 맞추고 있기는 하지만 지역의 일부 엘리트 집단이 지방정부와 지역사회를 주도한다고 보는 점에서 전통적 엘리트론과 그 맥을 같이 한다. 1970년대 중반 **몰로치**(Harvey Molotch)에 의해 제기되었으며, 이후 돔호프(William Domhoff)를 비롯한 많은 연구자들에 의해 확산되어 왔다.[12] 이들의 견해를 중심으로 그 기본적인 내용을 정리해 보면 다음과 같다.[13]

- 지방정치는 중앙정치와 다른 배경과 동인에 의해 움직인다. 중앙정치는 다양한 정치경제적 이해관계에 의해 움직여지지만 지방정치는 주로 토지의 가치와 개발을 중심으로 이루어진다.

- 지방정치의 이러한 특성은 곧 지방정치를 토지자산가와 개발사업자 등 토지관련 기업인(place entrepreneur)을 중심으로 한 **성장연합**(growth coalition)과 이를 반대하는 반성장연합의 싸움으로 귀결되게 한다. 성장연합은 토지자산가와 개발업자, 그리고 이들과 함께 토지개발에 따른 이익을 나눌 수 있는 언론 기업인 자영업자 금융기관 등으로 이루어진다. 언론도 광고와 독자를 확보한다는 차원에서 성장연합의 중요한 구성원이 된다. 반면 **반(反)성장연합**은 일반 지역주민(neighborhood)과 환경운동 집단 등으로 이루어진다.

- 성장연합은 토지 또는 부동산의 **교환가치**(exchange value), 즉 시장가격이나 임대수익의 증대를 위해 지역 또는 도시의 성장을 꾀하게 되며, 이 과정에서 기업을 유치하고 인구를 늘리는 작업을 한다. 그리고 이 과정에서 지역

---

12) Harvey Molotch, "The city as a growth machine: Toward a Political Economy of Place," *American Journal of Sociology*, 82 (1976). pp.309-330; William Domhoff, *Who Really Rules? New Haven and Community Power Re-examined* (New Brunswick:: Transaction Books. 1978) 및 *Who Rules America Now: A View for the Eighties* (Englewood Cliffs, N.J.: Prentice-Hall, 1983); K. R. Cox and A. Mair, "Locality and Community in the Politics of Local Economic Development," *Annals of the Association of American Geographers*, 78 (1988), pp.307-325 등 참조.

13) William Domhoff, "Power at the Local Level: Growth Coalition Theory," Who Rules America.net. April 2005. accessed June 27, 2020. http://sociology.ucsc.edu/whorulesamerica/power/local.html; Besty Donald, "From Growth Machine to Ideas Machine: the New Politics of Local Economic Development in the High-Skilled City," in Diane-Gabrielle Tremblay and Rémy Tremblay, *La Compétitivité Urbaine dans le Contexte de la Nouvelle Economie* (Québec: Presses de L'université du Québec). pp.269-284; 유재원, '지방자치와 권력구조,' 박종민 편, 『한국의 지방정치와 도시권력구조』 (서울: 나남출판사, 2000), pp.26-27 등 참조.

주민들에게 이러한 성장이 모두에게 이익이 된다는 점을 설파하며, 이를 통해 이들을 성장연합으로 끌어들인다. 반면 반성장연합은 토지 또는 부동산의 **사용가치**(use value), 즉 일상적 사용으로부터 오는 편익을 중시한다. 주거지역의 삶의 질이나 환경 등을 더욱 중요하게 여긴다는 뜻이다.

- 성장연합과 반성장연합의 대립에서는 대체로 성장연합이 우위를 점하게 된다. 유럽과 같이 공공주택이 많은 유럽에서는 상황이 다를 수 있다. 그러나 미국과 같이 공공주택이 거의 없는 상황에서는 성장연합과 그 핵심세력이 더욱 강한 힘을 발휘한다. 많은 지역주민이 자기소유의 주택가격이 올라가기를 원하면서 스스로 성장연합의 일부가 되어 버리기 때문이다. 장기주택대출 등으로 인해 부동산 가격의 등락이 개인의 경제적 손익으로 바로 이어지는 상황에서는 더욱 그러하다. 미국과 같은 나라에서 반성장연합의 노력이 쉽게 좌절되는 이유도 여기에 있다.

- 성장연합과 그 중심에 서 있는 핵심세력들은 대기업과 대학과 같은 성장촉진 기관들을 유치하기 위해 노력하며, 이 과정에서 이들의 요구와 기대를 반영하는 지방정부 정책을 마련하기 위해 힘쓴다. 지방정부의 공직자들은 이들 핵심세력의 일원 또는 대리인으로서 성장촉진 기관을 유치하고 머물게 하는데 전력을 기울인다.

- 기업과 대학 등 성장촉진 기관들은 이러한 환경을 최대한 활용하여 자신들의 이익을 도모한다. 때로는 다른 지역으로의 이동가능성을 암시하며 지방정부와 성장연합의 핵심세력을 압박하기도 한다. 이 과정에서 지방세 감면과 환경규제 완화 등 지역주민 전체의 이익에 반하는 일이 적지 않게 발생한다.

이와 같이 성장기구론은 토지와 부동산의 교환가치를 높이기를 원하는 토지관련 기업인의 존재와 이들을 중심으로 하는 성장연합의 존재와 역할을 중시하고, 이들이 지역과 도시의 성장을 위해 노력하는 활동을 중시한다. 그 중에서도 특히 지역사회의 다양한 세력을 성장연합으로 끌어들이기 위한 노력에 중요한 의미를 부여한다. 아울러 지역으로 들어올 수도 있고 나갈 수도 있는, 말하자면 이동의 가능성을 가진 성장촉진 기관들에 대한 정책적 배려에 큰 관심을 가진다. 한편으로는 성장연합을 키워나가는 동시에 반성장연합의 성장을 저지하고, 또 다른 한편으로는 기업을 위한 성장촉진 기관들을 유치하고 유지하기 위해 온갖 정책적 배려를 해 나가는 토지관련 기업인 중심의 지역사회를 그리고 있다.

성장기구론은 짧은 역사임에도 불구하고 지역사회 권력구조 연구의 중요한 이론이 되어 있다. 현상과 일치하는 부분이 많고, 그로 인해 설명력이 높은 것으로 평가되기 때문이다. 그러나 성장기구론은 토지자산가와 개발관계자들의 역할을 지나치게 해석하고 있다는 점과 성장을 지나치게 개발위주로 파악하고 있다는 점 등에 한계가 있다.

먼저, 토지자산가와 개발관계자들의 영향력은 지역사회에 따라 달라질 수 있다. 외부 투자자들이 많을 경우에는 응집력 자체에도 문제가 생길 수 있다. 기업과 자본의 이동을 중시하는 만큼 이들의 의지와 전체 경제·산업 환경, 그리고 지역사회의 산업적 입지와 지역사회가 제공할 수 있는 인센티브의 정도 등에 의해서도 큰 영향을 받게 된다. 이러한 요소들을 고려하는 경우 지역사회의 권력구조는 성장기구론이 설명하는 것보다 복잡한 양상을 띠게 된다.

성장을 지나치게 개발위주로 파악하고 있는 점도 문제가 된다. 흔치는 않지만 지역에 따라 사용가치와 교환가치는 서로 대립되지 않을 수 있다. 자연환경이 좋은 고급 주거지역에서는 사용가치를 높이는 것이 곧 교환가치를 높이는 행위가 된다. 이미 개발이 잘 이루어진 지역에서도 이러한 현상이 나타날 수 있다. 이 경우 성장연합과 반성장연합의 이분법적 구도는 잘 일어나지 않는다.

③ 다원론(pluralism)

1) 전통적 다원론

전통적 다원론은 지방정부와 지역사회에 대한 영향력이 지역사회 전체에 비교적 고르게 분포되어 있다고 본다. 자연히 엘리트가 아닌 일반 대중도 지방정부의 정책과정이나 지역사회에 나름대로 영향력을 행사하고 있다고 본다. 뉴해븐(New Heaven, Connecticut) 지역사회에 대한 연구로 잘 알려진 **달**(Robert Dahl)과 그의 제자인 **폴스비**(Nelson Polsby)를 비롯해 많은 연구자들이 이 같은 주장을 펴 왔는데, 그 내용을 요약하면 다음과 같다.[14]

■ Robert Dahl은 Mills나 Hunter와 동시대를 살아간 학자이다. 언제나 이들의 반대편에 서서 논쟁을 했다.

---

14) Robert A. Dahl, *Who governs? Democracy and power in an American City* (New Haven, CT: Yale University Press, 1961); Nelson Polsby, *Community Power and Political Theory*, 2nd ed. (New Haven, CT: Yale University Press, 1981) 등 참조.

미국은 민주주의 국가이며, 최소한 어느 누구나 집단도 마음대로 할 수 없는 다원체제에 다두정치(polyarchy) 체제라고 주장했다. 이들의 논쟁은 정치학과 사회학의 발전에 지대한 공헌을 했다.

- 지역사회에 엘리트 집단이 존재하는 것은 사실이다. 또 이들이 일반 지역주민에 비해 지방정부와 지역사회에 큰 영향력을 미치는 것도 사실이다. 그러나 이러한 영향력의 불평등은 누적적으로(cumulatively) 존재하지 않는다. 즉 힘이나 영향력이 어느 한 집단에 계속 쌓이는 것이 아니라 여러 집단에 분산된 형태로 존재한다. **분산된 불평등**(dispersed inequality)이라 하겠는데, 엘리트 집단이 하나로 뭉쳐져 있는 것이 아니라 서로들 다른 이해관계와 관심을 가지고 흩어져 있기 때문이다.

- 따라서 엘리트 집단 전체가 일사분란하게 움직이면서 지역사회를 이끌어 가는 일은 없으며, 어느 특정 집단이 모든 일에 있어 주도적인 역할을 하는 일도 없다. 다양한 집단이 각기 이해관계와 관심을 둔 특정 영역에 있어 주도적인 역할을 하는 구도이다. 즉 **영향력의 특화**(specialization of influence)라 할 수 있는 현상이 일어난다.[15] 또 이들 엘리트 집단간에도 서로의 이해관계가 다를 수 있으며, 이로 인해 경쟁과 대립 및 갈등이 일어난다.

- 일반 지역주민은 엘리트 집단에 비해 영향력과 힘이 약하다. 정치적 관심도 떨어진다. 그러나 그렇다고 하여 정치적으로 무감각하고 무능력한 존재는 아니다. 지방정부나 엘리트 집단이 자신의 신념과 이해관계에 반하는 행위를 하는 경우 정치적 행동을 개시할 수 있는 **잠재자원**(slack resource)을 지니고 있으며, 또 실제 이러한 자원을 활용하여 정치적 영향력을 행사하기도 한다.[16] 시민단체 등 지역사회 내에 존재하는 여러 집단들이 지역주민들의 이러한 활동의 바탕이 될 수도 있다.

- 지방정부를 운영하는 선출직 공직자들과 공무원들도 엘리트 집단의 수단이 아니다. 엘리트 집단과 떨어져 결정을 내릴 수 있는 힘과 영향력을 가지고 있다. 특히 선출직 공직자는 선거를 의식하여 일반 지역주민의 의사에 귀를 기울일 수밖에 없으며, 엘리트 집단과 일반 지역주민이 대립하는 경우에는 수적 우세를 지닌 지역주민의 의사를 따르게 된다. 정책과정이 지역주민들에게도 공개되어 있다는 뜻인데, 엘리트 집단 역시 이러한 공개성을 잘 이해하고 있는 만큼 지역주민이 정치의 일선으로 나오지 않게끔 자신들의 이해관계가 지역주민 일반의 신념과 이해관계에 반하지 않도록 스스로를 통제한다.

- 결국 지역사회는 엘리트 집단과 일반 지역주민 사이에 적절한 힘의 균형이 이루어지는 상태에서 운영된다. 엘리트 집단이 일반 지역주민의 신념과

---

15) 유재원, 앞의 글, p.19.

16) Dahl은 사회가 정치적을 활동적이며 자신의 자원을 정치적 목적을 달성하기 위해 사용하는 **호모 폴리티쿠스**(*homo politicus*)와 정치적으로 무관심한 상태에서 자신이 가진 한정된 자원을 자기 개인의 목적을 위해 사용하는 **호모 시비쿠스** (*homo civicus*)로 나누어 설명하였다. 지역주민은 평소 호모 시비쿠스와 같은 존재로 있으나, 자신들의 신념과 이익이 침해당하고 있다고 판단될 때는 호모 폴리티쿠스가 된다고 하였다. 앞의 글 또는 Dahl의 *Who Governs?* Ch. 19 참조.

이해관계를 무시하고 지방정부와 지역사회를 끌고 가는 일은 없으며, 특정인이나 특정집단이 그렇게 하는 일은 더욱 없다. 지방정부의 정책 또한 내용상 공정성을 유지하게 된다.

위의 내용에서 보듯 다원론은 앞서 소개한 엘리트론과는 여러 면에서 대립되는 내용을 담고 있다. 엘리트의 존재와 그 영향력에 대해 인정하면서도 실질적 영향력과 관련하여서는 다른 해석을 하고 있으며, 특히 개발사업가와 같은 특정집단이 지방정부와 지역사회를 주도한다는 견해와는 완전히 대립되는 입장을 보이고 있다. 또 정책과정과 일반 지역주민의 정치적 영향력에 대해서도 크게 다른 입장을 지니고 있다. 엘리트론과 달리 다원론은 지방정부의 정책과정이 지역사회의 모든 구성원들에게 열려 있는 것으로 보고, 이 과정에서 지역주민이 상당한 영향력을 행사하는 것으로 이해한다. 정책과정에 대한 이해가 다른 만큼 이 과정을 거쳐 만들어진 정책의 내용에 대해서도 서로 다른 견해를 가진다. 엘리트론이 엘리트 집단의 신념과 이해관계가 크게 반영된 것으로 보는 반면 다원론은 공정성이 높은 것으로 본다.

다원론은 미국 민주주의를 설명하는 전형적인 보수이론으로 자리 잡아 왔다. 지역사회에서 일어나는 주민운동 등 지역주민의 역할까지 중시한다는 점에서 폭넓은 지지를 받아 오기도 했다. 그러나 기업이나 비즈니스 커뮤니티가 지니는 영향력을 제대로 파악하지 못하고 있다는 비판이 있다. 특히 이들이 행사하는 '**숨겨진 권력** 내지는 **영향력**(covert power),' 즉 지역사회의 문화와 지역주민의 의식을 통제하고 이를 통해 자신들에게 불리한 의제가 지역사회의 현안이 되는 것을 막는 힘 등에 대한 고려가 없었다는 점에서 강한 비판을 받아왔다. 이러한 비판은 신다원론을 등장시키는 계기가 되었다.

2) 신다원론(neo-pluralism)

다원론에 대한 비판이 이는 가운데 일부 다원론자들이 다원론과 엘리트론을 수렴하는 형태의 설명을 하기 시작했다. 다원론이 주장하는 정책과정의 공개성과 지역주민의 영향력에 대한 믿음을 견지하면서 특정 엘리트 집단이 지방정부와 지역사회를 주도할 수 있음을 인정하는 내용이었다. **린드브롬**(Charles Lindblom)과 피터슨(P. Peterson) 등의 연구자들이 이에 속한다.[17] 연구자들에 따라 내용을 달리하는 부분이 많아 정리하기가 쉽지 않으나 주요 내용만을 추려보면 다음과 같다.

- 지방정부와 지역사회에 대한 영향력은 누적적으로 쌓일 수 있다. 즉 특정집단이 다른 집단에 비해 강한 영향력을 행사할 수 있다.

- 따라서 정책과정이 지역사회의 모든 구성원들에게 공정하게 개방되어 있다고 믿는 것도 잘못이다. 영향력이 상대적으로 강한 집단은 정책과정에 있어 특별한 권력적 지위를 누릴 수 있다. 말하자면 일종의 불공정한 개방이 이루어지고 있다.

- 많은 지역에 있어 기업(corporate)이 바로 이러한 특별한 지위를 누린다. 이들 기업은 자신들이 지닌 특별한 영향력과 지위를 이용하여 지방정부와 지역사회를 주도해 가기도 한다. 특히 토지와 부동산 자산가를 포함한 개발과 관련된 기업의 영향력이 큰 경향이 있다. 지방정치는 기본적으로 지역개발의 문제와 이를 통한 성장의 문제와 깊이 관련이 되어 있기 때문이다.

- 그러나 이러한 현상은 기업이나 지역개발 관계자들이 지역사회를 지배하고 통제하기에 충분한 힘을 가져서 일어나는 것은 아니다. 지방정부의 정책과정이 이들에게만 열려 있기에 일어나는 일도 아니다. 이러한 현상은 오히려 자본주의 사회의 내재적 속성에 의해 초래된다. 즉 지역주민을 비롯한 대부분의 지역사회 구성원들은 지역간 경쟁에서 이기기 위해, 또 이를 위한 재정적 기반을 마련하기 위해 기업과 개발관계자들에게 특별한 영향력과 지위를 허용하고 있다. 지방정부 또한 바로 이러한 이유에서 이들의 영향력을 인정하고 받아들이고 있다.

- 이렇게 볼 때 기업과 개발관계자들의 우월적 지위는 지역주민과 지방정부의 합리적 선택이라 할 수 있다. 지역을 옮겨 다닐 수 있는 기업의 이동성, 되도록 많은 일자리와 토지자산의 가격 상승을 원하는 지역주민의 경제적 욕구, 보다 많은 세수(稅收)를 통해 지방정부 운영을 위한 재정을 확보하고 싶은 지방정부의 입장 등이 반영된 결과이다.

- 일반 지역주민은 여전히 나름대로의 정치적 자원과 영향력을 가지고 있으며, 지방정부의 정책과정 또한 완전히 공정하지는 않지만 지역주민들에게 열려 있다. 지방정부와 엘리트 집단이 자신들의 신념과 이해관계를 벗어날 때

---

17) Robert Dahl and Charles Lindblom, *Politics, Economics, and Welfare: Planning and Politico-Economic Systems Resolved into Basic Social Processes* (Chicago, IL: University of Chicago Press, 1976); P. Peterson, *City Limits* (Chicago: University of Chicago Press, 1981); William Domhoff, "Shortcomings of Rival Urban Theories," Who Rules America.net. Oct. 2005. accessed June 27, 2020. http://sociology.ucsc.edu/whorulesamerica/power/rival_urban_theories.html; 유재원, 앞의 글 등 참조.

는 당연히 스스로 가지고 있는 정치적 자원과 영향력을 행사한다.

많은 부분 다원론에 대한 비판을 수용하는 것 같지만 엘리트론과는 본질적으로 다른 내용을 주장하고 있다. 무엇보다도 정치과정의 개방성이나 지역주민의 잠재적 역량에 대한 믿음이 여전하다. 이를테면 엘리트론은 엘리트집단이 우월적 지위를 지니게 되는 이유나 배경을 그들이 가진 영향력과 이러한 영향력을 바탕으로 한 엘리트 집단의 의도적 노력 때문으로 본다. 그러나 신다원론은 이를 자본주의 구조 아래 이루어지는 지역주민과 지방정부의 합리적 선택으로 보는 경향이 강하다. 즉 엘리트 집단의 우월적 지위가 지나치다고 생각되면 일반 대중은 이를 바로잡는 방향으로의 선택을 할 수도 있다고 생각한다는 뜻이다.

④ 계급이론: 마르크스주의

마르크스주의로 대표되는 **계급이론**은 기본적으로 자본주의 사회가 자본주의 자체가 가진 운동원리에 의해 작동되고 있다고 본다. 지방정부와 지역사회 또한 이러한 운동원리에 구속되어 있으며, 그 결과 지역사회와 지방정부 역시 자본세력에 의해 지배되고 있다고 이해한다. **하비**(David Harvey)와 콕번(Cynthia Cockburn) 등에 의해 대표되고 있는데 그 내용을 살펴보면 다음과 같다.

- 사회는 기본적으로 자본가 계급과 노동자 계급으로 나누어진다. 자본주의 사회는 자본이 중심을 이루는 사회로 이러한 자본을 가진 자본가 계급이 사회전체를 지배한다. 정부 또한 자본가 계급의 수단 내지는 도구로서의 의미를 지니고 있으며 자본가들의 이익을 확장하는 데 주력한다.
- 지역사회도 자본주의 체제 내에 속해 있다. 따라서 자본가들의 영향력이나 자본주의의 내재적 운동 원리를 벗어날 수 없다. 지방정부 또한 자본가들의 이익을 증대시키기 위한 지방단위의 국가, 즉 **지방국가**(local state) 로서의 의미를 지닌다.[18] 당연히 독자적인 운동성을 지니지 못하며, 자치권이 있다고 하나 큰 틀에서 볼 때 별 의미가 없다.
- 지방정부가 하는 일은 대부분 자본가들의 이익을 증대시키고 자본주의

---

18) Cynthia Cockburn, *The Local State* (London: Pluto Press, 1977).

생산양식을 유지하기 위한 것이다. 사회간접자본을 확대하고 지역단위의 복
지사업을 추진하고 학교를 운영하는 일 등이 모두 그러하다. 도시를 확장하고
정비하는 일도 같은 의미를 갖는다.[19] 모두 생산기반을 마련하는 일이며, 생
산에 필요한 **노동력을 재생산**(reproduction of labor)하고 자본축적을 돕기 위
한 일이다.[20]

　　▪ 노동자를 포함한 피지배자들은 이 과정에서 피해를 입고 있으며, 이러
한 피해에 대해 다양한 형태로 이의를 제기하고 있다. 유럽 등지에서 일어나
고 있는 도시재개발과 주택문제 등과 관련된 집단행동이 그 좋은 예이다. 건
설업자들이나 정부에 의해 단순한 주거문제 등으로 축소되고 있으나 그 바닥
에는 자본과 노동의 근본적 대립이 자리 잡고 있다.[21] 노동자를 포함한 이들
피지배 계급은 모순을 간파할 능력과, 모순이 심화될 때 일어설 수 있는 정치
적 잠재력을 가지고 있다.

이러한 논리의 일부는 최근 몇 십 년 동안 다소 수정되는 양상을 보였
다. 마르크스주의 내부에서부터 문제제기가 있었기 때문이었다. 일례로 자
본가들이 하나의 세력으로 일사분란하게 움직이는지에 대한 의문이 제기
되었고, 지방정부와 지역사회의 독자성을 전혀 인정하지 않아도 좋은지에
대한 문제제기도 있었다. 또 지역사회에서 일어나는 정치현상을 모두 자본
과 노동의 대립 또는 **계급투쟁** 문제로 환원(reduction)시켜 이해해도 좋은
지에 대한 의문이 제기되기도 했다.

자연히 다소 수정된 입장이 소개되기도 했다. 먼저 자본가 집단의 응집
력과 지방정부의 독자성에 대한 설명이 따랐다. 공장지역 주택임대업자가
자신의 집에 세를 들고 있는 노동자가 보다 많은 임금을 받기를 원하듯이,
자본가들도 현안에 따라 노동자와 연대를 할 수 있다는 설명이 설득력을
얻어 갔다. 자연히 자본가 사이에도 이해가 대립될 수 있다는 설명도 따랐
다. 또 국가와 지방정부가 자본가에 완전히 예속된 것이 아니라 제한된 범
위이기는 하지만 자율적인 의사결정을 하며, 때로는 피지배계급의 경제적

---

19) Charles Jaret, "Recent Neo-Marxist Urban Analysis," *Annual Reviews of Socio-logy*, 9 (1983), p.499.

20) David Harvey는 이를 기업적 도시정치(,entrepreneurial urban politics)로 불렀다. Harvey, "From Managerialism to Entrepreneurialism: The Transformation in Urban Governance in Late Capitalism," in: *Geografiska Annaler*, 1 (1989), pp.3-18.

21) David Harvey, "Labor, Capital and Class Struggle around the Built Environment in Advanced Capitalist Countries." *Politics and Society*, 6 (1976), pp.268. William Domhoff, "Shortcomings of Rival Urban Theories"로부터 재인용.

이익을 도모해 준다는 인식도 퍼져나갔다. 1970년대 이후 전개되었던 **플란차스**(N. Poulantzas) 등의 구조주의적 입장이 그 대표적인 예이다.[22]

지역사회에 일어나는 정치현상을 모두 자본과 노동의 문제로 환원할 것인가에 대한 답도 있었다. 예컨대 후기 마르크스주의자(post-marxist)로 분류되는 **까스텔**(Manuel Castells)은 도시지역에서 일어나는 **도시사회운동**(urban social movement)에 대한 연구를 통해 이러한 운동들이 자본과 노동의 대립 또는 계급투쟁이란 개념만으로 설명될 수 없음을 확인하였다.[23] 그라스고우(Glasgow)의 **주택임대료 파업**(rent strike)과 같이 계급적 성격을 띠는 것도 있지만 동성애 운동과 같이 계급투쟁 논리로는 설명될 수 없는 현상도 있다는 것이었다.

이러한 새로운 설명들에도 불구하고 마르크스주의는 여전히 자본가 지배에 대해 입장을 분명히 하고 있다. 즉 지역사회와 지방정부는 자본주의의 큰 틀을 벗어날 수가 없으며, 지방정부의 자율성 또한 본질적으로 제한적일 수밖에 없다고 믿고 있다. 국가와 지방정부의 자율성과 유연성을 크게 인정하는 연구자들도 예외가 아니다. 이들 또한 국가와 지방정부의 피지배계급에 대한 배려도 궁극적으로는 자본주의 생산양식을 유지하기 위해 필요한 노동력 재생산과 자본주의에 대한 지지확보를 위한 행위로 이해한다.

마르크스주의 연구자들은 여전히 노동자를 비롯한 피지배계급의 정치적 역량을 믿고 있다. 그리고 이러한 역량을 바탕으로 이들 피지배계급이 정

■ Glasgow의 Rent Strike는 1915년 일어났다. 물가가 오르는 중에 집세까지 오르자 세든 노동자들이 들고 일어나 집세 납입 거부 운동을 벌린 사건이다. 많은 여성들이 앞장서 참여하기도 했다. 노동자들이 연대하여 일으킨 투쟁으로 계급적 성격이 강했다.

---

22) 구조주의적 입장은 Poulantzas에 의해 대표되는 논리로 '국가는 권력집단에 정치적 이익을 확보해 주는 한편, 피지배계급의 경제적 이익을 도모하는 유연성을 가지고 있다'고 본다. 반면 밀리반드(Ralph Milliband)로 대표되는 도구주의는 '국가는 자기분열적 요소를 지니지 않는 커다란 덩어리로서 지배계급의 명령에만 의하지 않고 지배계급을 대신하여 행동한다는 의미에서 **국가자율성**을 내포한다'고 본다. 안병만, 앞의 책, 제2장 9절.

23) Castells은 도시사회운동을 '집합적 소비 조합운동(collective consumption trade unionism)' '지역사회 운동(community movement)' '시민운동(citizen movement)'로 나누어 살펴보았다. 집합적 소비 조합운동은 주택, 교육, 보건 등에 대한 지방정부의 지출을 확보하기 위한 운동이며, 지역사회 운동은 동성애 등 지역문화의 다양성을 보장받기 위한 운동이다. 그리고 시민운동은 지역사회와 지방정부의 자율성을 높이기 위한 운동이다. 이 모두를 계급투쟁의 논리로 설명할 수 없다는 것이 까스텔의 주장이다. Manuel Castells, *The City and the Grassroots* (Berkeley, CA: Univ. of California Press, 1983). 이에 대한 설명을 위해서는 Ida Susser, *The Castells Reader on Cities and Social Theory* (MA: Wiley-Blackwell, 2002), pp.6-7.

치사회 전반에 걸친 큰 변화를 일으킬 수 있다고 생각하고 있다. 도시의 모든 문제를 계급투쟁의 문제로 환원하는 것을 비판한 까스텔도 도시 사회 운동과 이를 일으키는 사람들이 사회변화와 혁신의 원천임을 언급하고 있다.[24]

계급이론은 다양한 시작에서 많은 비판을 받고 있다. 계급이 존재하느냐의 유무에서부터 지방정부와 지역사회의 자율적 선택권을 지나치게 낮게 평가한다는 비판도 받고 있다. 까스텔과 같이 계급투쟁 이외의 다른 변수들을 고려하는 연구자가 있기도 하지만 여전히 모든 문제를 자본과 노동의 대립 내지는 계급투쟁의 문제로 환원시키고 있는 것도 문제로 지적된다. 지역사회와 지방정부의 작동 메커니즘이 그렇게 단순화시킬 수 있을 정도로 간단하지 않기 때문이다. 아울러 지역주민의 정치적 역량에 대해서도 과도하게 평가한다는 비판도 있을 수 있다. 실제로 도시 사회운동만 해도 그 빈도와 강도가 덜해지는 경향이 있다.[25]

⑤ 레짐이론

레짐이론(regime theory)은 비교적 최근에 소개된 이론이다. 1989년 정치학자 스톤(Clarence Stone)의 애틀랜타(Atlanta, Georgia) 지역사회 및 지방정부 연구로 소개된 이래 지방정치 연구에 있어 중요한 위치를 차지해 왔다.[26] 지역사회 문제를 자체의 능력만으로 해결하기 힘든 지방정부가 기업을 비롯한 민간부문의 주요 주체들과 일종의 연합을 형성하여 지역사회를 이끌어 간다는 내용을 담고 있다. 아래에 그 주요 내용을 소개한다.

- 지역사회를 제대로 이끌어가고, 또 관리하기 위해서는 그에 상응하는 능력과 자원을 필요로 한다. 그러나 오늘날에 있어 지방정부는 그러한 능력과 자원을 향유하고 있지 못하다. 사회적 분업체계에 의해 공공부문과 민간부문의 역할이 나누어져 있고, 그에 따라 영향력과 자원도 분산되어 있기 때문이다. 지방정부는 제한된 영향력과 자원을 가지고 있다.
- 지방정부는 이 문제를 해결하기 위해 민간부문의 자원과 영향력을 끌어

---

24) Manuel Castells, 앞의 책, pp.294-295.
25) William Domhoff, "Shortcomings of Rival Urban Theories," 앞의 글.
26) Clarence Stone, *Regime Politics* (Lawrence: Univ. of Kansas Press, 1989).

들이게 된다. 그 대상은 기업이 될 수도 있고, 시민단체나 지식인 집단이 될 수도 있다. 그러나 많은 경우 인적·물적·지적 자원과 기획능력 등을 가진 기업 등의 비즈니스 커뮤니티가 그 대상이 된다.

- 두 부문의 협력은 연합(coalition)의 형태로 이루어진다. 그리고 이 연합은 비공식적이고, 때로 그 참여자가 바뀌기도 한다. 그러나 그러한 가운데서도 비교적 안정적으로 유지되는 경향이 있다. 장기간에 걸쳐 안정적으로 유지된다는 점에서 이를 레짐(regime)이라 부를 수 있다.[27] 레짐은 지방정부의 정권이 교체되어도 그대로 존속할 수 있다.[28]

- 레짐을 형성함으로써 지방정부와 레짐 참가자들은 지역사회를 이끌어갈 힘 또는 권력을 가진다. 또 이를 행사한다. 그러나 이들이 가지는 힘이나 레짐 자체가 가지는 힘은 '**누구를 통치하기 위한 힘**(power over)'이 아니라 지역사회와 지역주민을 위한 '**일을 하기 위한 힘**(power to)'이다.

- 레짐 참여자들이 가치와 신념체계까지 공유하는 것은 아니다. 구체적 정책사안에 대해서도 매번 분명한 합의가 이루어지는 것도 아니다. 그러나 큰 틀에서의 합의가 존재하며, 레짐의 역사가 오래될수록 정책적 방향이 분명해지기도 한다. 정책합의가 이루어지는데 있어서는 상호 동원 가능한 자원과 상호 부여하는 인센티브 등이 중요한 역할을 한다.

- 레짐은 의도적 노력에 의해 만들어진다. 따라서 모든 지역사회와 도시에 이러한 레짐이 존재하는 것은 아니다.

스톤은 레짐의 형태와 관련하여 크게 네 가지를 제시한다. 첫째, **관리형 레짐**(maintenance regime 혹은 caretaker regime)으로 일상적인 업무관리를 주로 하며 세금도 많이 거두지 않는 형이다. 둘째, **개발형 레짐**(development regime)으로 토지이용과 지역개발을 중시하는 성장추구형이다. 셋째, **중산층 진보 레짐**(middle class progressive regime)으로 주택문제와 환경문제, 지역 내 편의시설과 문화정책 등에 큰 관심을 두는 형이다. 그리고 넷째, **저소득 기회확장 레짐**(low class opportunity expansion regime)으로 저소득층에 대한 직업훈련이나 고용 등에 중점을 두는 레짐이다.

스톤은 이러한 네 가지 유형 중 중산층 진보 레짐과 저소득 기회보장 레

---

27) Stone은 레짐을 다음과 같이 정의하고 있다: 정부가 공적 결정을 내리고 이를 집행하도록 하는데 필요한 민관협력을 가능하게 하는 비공식적 장치(Informal arrangements by which public bodies and private interests function together in order to be able to make and carry out governing decisions). Stone, 앞의 책, p.6.

28) Stone은 애틀랜타의 지방정부와 비즈니스 커뮤니티 간에 맺어진 레짐이 1946년부터 자신의 연구가 진행되고 있던 1988년까지 계속되고 있다고 했다. 위의 책.

짐은 미국과 같은 사회에서 사실상 성립되기 어렵다고 본다.[29] 여러 가지 여건상 레짐에 기업을 포함한 비즈니스 커뮤니티가 참여하는 것이 매우 중요한데, 이 두 가지 유형은 비즈니스 커뮤니티의 참여를 확보하기 힘든 정책을 추진해야 하기 때문이다. 비즈니스 커뮤니티가 참여하지 않는 경우 지방정부는 그 정책목표를 달성할 수 있는 자원조차 획득하게 힘들어진다.

관리형 레짐 또한 사회변화가 심하고, 이에 대한 적응을 해 나가야 하는 상황에 있어 발견하기가 쉽지 않은 형태이다. 결국 개발형 레짐이 주도적인 형태로 남게 되는데, 이 점에 있어 레짐이론은 성장기구론의 주장에 근접하게 된다. 즉 미국의 지역사회와 지방정부 운영에 있어 개발과 관련하여 이익을 얻을 수 있는 엘리트 집단이 상당한 영향력을 미친다는 주장에 가까이 가게 되는 것이다. 다만 성장기구론이 토지자산가와 개발관계자들이 스스로 적극적인 역할을 통해 지역사회와 지방정부에 영향을 미치는 것으로 설명하는 반면, 레짐이론은 기업과 비즈니스 커뮤니티가 일정한 정치경제 환경 아래 자연스럽게 지니게 되는 **구조적 역량**(systemic power)으로 인해 지역사회의 중심에 서게 된다고 설명한다. 아울러 성장기구론이 토지자산가와 개발관계자들의 일방적 우위를 설명하는데 반해, 레짐이론은 지방정부와 비즈니스 커뮤니티 쌍방의 의도적 연합을 설명한다.

레짐이론은 다른 이론과 달리 그 내용을 비워두고 있는 이론이다. 즉 어떠한 세력이나 집단이 지역사회와 지방정부를 주도한다고 설명하는 것이 아니라 여러 형태의 지배연합 내지는 레짐이 존재할 수 있음을 설명하고 있다. 이러한 점에서 레짐이론은 이론이라고 하기보다는 오히려 설명의 틀 내지는 연구모델이라고 할 수 있다. 어떻게 보아야 하는가를 설명할 뿐, 그 내용은 비워두고 있다. 사실, 바로 이 점 때문에 레짐이론은 많은 연구자들의 관심을 끌고 있다. 여러 지역사회의 레짐을 비교하거나, 세계화와 지식정보화와 같은 사회변화가 레짐에 어떠한 변화를 주는가를 연구하는 틀이 될 수 있기 때문이다.[30] 설명의 틀 내지는 연구모델로서의 가능성이자 이론으로서의 한계이다.

---

29) Clarence Stone, "Urban Regimes and the Capacity to Govern: A Political Economy Approach," *Journal of Urban Affairs*, 15 (1993), p.20.

30) Karen Mossberger and Gerry Stoker, "The Evolution of Urban Regime Theory: The Challenge of Conceptualization," *Urban Affairs Review*, Vol. 36, No. 6 (July 2001), p.810.

제 **3** 절 우리나라 지역사회의 권력구조

1 연구동향

앞서 살펴본 바와 같이 미국을 비롯한 서구사회에서는 지역사회 권력구조 연구가 활발하게 진행되었다. 1980년대 이후 주춤하는 모습을 보이고 있기는 하나 여전히 정치학과 사회학 그리고 정치경제학에 있어 중요한 주제가 되고 있다. 지역사회를 '축소된 국가'로 보아 지역사회 연구를 통해 국가 전체의 권력구조를 파악하고자 하는 노력도 끊임없이 이어지고 있다.

그러나 우리나라에서는 지역사회 권력구조 연구가 큰 관심을 끌지 못했다. 특히 지방자치가 다시 실시되기 전에는 더욱 그러했다. 권위주의적 중앙집권 체제 아래 지역사회와 지방정부가 독자적 권한이나 권력을 행사할 수 없는 상황에 있었기 때문이었다. 권력이 없으니 권력구조 연구 또한 큰 의미를 지닐 수 없었던 것이다.

1991년에 지방의회가 출범하고 1995년에 민선 자치단체장이 선출되면서 상황은 다소 변화되었다. 지방정부가 독자적 결정권을 가지기 시작했기 때문이다. 지역사회 권력구조에 대한 일반 이론들이 소개되기 시작했고,[31] 일부 연구자들은 지방의원이나 자치단체장들의 출신배경을 알아보는 초보적인 조사와 연구를 진행하기도 했다. 그리고 이러한 조사를 바탕으로 '풀뿌리 보수주의'라는 자조적인 결론이 나오기도 했다.

그러나 지역사회 권력구조에 대한 연구는 여전히 부족한 수준에 머물러

---

31) 강명구, "지방자치와 도시정치: 행위자 중심적 해석을 위한 시론적 연구,"『한국 행정학회보』, 제31권 제3호(1997), pp.109-128; 민경희·강희경·배영목·최영출, "청주 지역사회의 권력구조에 관한 연구,"『한국사회학』, 제30권 제1호, pp. 187-223; 강희경, "지역사회 권력자의 연줄망 구조와 특성," 성경륭 외,『지방자치와 지역발전』(서울: 민음사, 1997); Byong-Joon Kim, "Nonpartsnaship and System Bias in Local Politics: Implication of Election System on Policy Agenda," Chang-Hyun Cho, ed. *Peoples's Participation and Local Autonomy* (Seoul: Center for Local Autonomy, Hanyang Univ., 1990); 김승연, "지역 권력구조가 기초 지방정부의 사회복지비지출에 미치는 영향,"『사회복지정책』, 제40권 2호 (2013); 박기관, "지역사회권력구조와 지방정치의 역동성: 원주시 시청사 건립을 둘러싼 행위자들의 영향을 중심으로,"『지방정부연구』, 제8권 1호 (2004) 등 참조.

있다. 권력구조에 대한 관심은 대체로 국가차원의 연구나 중앙정부에 대한 연구에 집중되어 있다. 지역사회와 관련하여서는 그 중요성에 상응할 정도의 연구가 이루어지지 않고 있다. 실증적인 연구에 있어서는 더욱 그러하다.

연구가 부족한 데에는 여러 가지 이유가 있다. 지방정부의 자치권이 여전히 제약되어 있으며, 이로 인해 지방정부 차원의 역동성이 강하지 않은 것이 그 한 원인이 될 수 있다. 또 지방자치 연구가 행정학자들에 의해 주도되는 가운데 정치학자와 사회학자의 참여가 부족한 것도 원인이 될 수 있고, 연구 자체가 많은 실증적 조사를 필요로 하는 경우가 많은 만큼 연구에 많은 어려움이 따른다는 것도 중요한 원인이 될 수 있다.

다행히 2000년대에 들어 이에 대한 관심이 조금씩 커져 왔다. 지역사회 전체의 권력구조에 대한 이론들이 정리되어 소개되고 있고,[32] 실증적 연구도 이루어지고 있다.[33] 특히 특정 정책이슈를 중심으로 한 지역사회 내 다양한 집단 간의 상호작용에 대한 사례연구들이 적지 않게 이루어지고 있다. 방사선폐기물처리장 유치문제를 둘러싸고 벌어진 지역사회 분쟁 등 주로 우리사회에 큰 파장을 일으켰던 사건들을 중심으로 연구들이다.[34]

향후 이러한 관심은 계속 커질 것으로 판단된다. 분권화가 가속되면서 지역사회와 지방정부의 독자적 결정권이 커질 것이기 때문이다. 조금씩 복잡해지고 있는 중앙정치권과 지방정치권의 관계, 그 역할과 영향력을 키워가고 있는 지역 시민단체, 좀 더 다양해지고 있는 지역주민의 참여 메커니즘 등도 이러한 관심증대에 일조를 할 것으로 보인다. 지역사회 권력구조에 대한 이해 없이, 또 지방정부의 권력과 권한을 누가 어떻게 행사하느냐에 대한 이해 없이 분권과 자치를 논할 수 없다는 이러한 관심의 증대는 매우 바람직한 일이 된다.

---

32) 박대식 편, 『지역사회 권력구조 문헌이해』 (서울: 도서출판 오름, 2006); 조용덕, "지역사회 정치권력에 대한 이론적 논의," 『한국미래행정학회보』, 제2권 제1호 (2013) 등 참조.

33) 박종민 편, 『한국의 지방정치와 도시권력구조』, 앞의 책. 이 책에 게재되어 있는 청주시, 진주시, 부천시, 평택시, 성남시 사례를 참고할 것. 아울러 이우권, "지역사회 권력구조에 대한 실증연구 분석과 전망," 『정치정보연구』, 제10권 제1호 (2007. 6) 참조.

34) 대표적인 예로 소순창 외, 「방사성 폐기물 처리장 부지선정사업」(2006), 중앙공무원교육원 연구보고서.

② 우리나라 지역사회의 권력구조

1) 지방정부와 지역사회 여러 세력의 관계

우리나라의 지역사회는 누가 지배하는가? 권력구조에 대한 구체적인 내용을 비워두고 있는 레짐이론을 제외한 나머지 이론들은 각기 이에 대한 답을 제공하고 있다. 엘리트론은 엘리트 집단이, 성장기구론은 토지자산가와 개발관계자들을 중심으로 한 성장연합이, 또 계급론은 자본가 계급이 지역사회와 지방정부를 주도하는 것으로 이해한다. 그리고 다원론은 지역주민을 포함한 다양한 집단이 나름대로의 영향력을 고루 행사하는 것으로 판단하며, 신다원론은 토지자산가와 개발관계자 등의 특정 엘리트 집단의 주도를 인정하면서도 이들의 주도가 지역간 경쟁이 강조되는 사회경제적 구도에 의해서, 주민동의 아래 이루어지는 것으로 해석한다.

이 중 어떠한 이론이 우리나라 지역사회 권력구조를 설명하고 있을까? 연구가 많이 축적되어 있지 않은 만큼 쉽게 대답할 수는 없다. 그러나 우리나라에 있어 이들 이론들이 설명하고 있는 주요 행위자들이 어떠한 상황에 놓여있는가를 살펴보면 대체적인 윤곽은 잡을 수 있을 것으로 보인다.

(1) 토지자산가 및 개발관계자

계급론과 성장기구론, 그리고 신다원론 등 여러 이론이 지역사회의 토지자산가와 개발관계자의 영향력을 중시하고 있다. 성장기구론과 일부 신다원론 입장의 연구자들은 지방정치를 본질적으로 토지의 가치와 그 이용을 둘러싸고 일어나는 여러 이해집단의 상호작용으로 이해하기도 한다. 레짐이론의 '개발형 레짐' 역시 지역사회와 지방정부가 이들에 의해 주도되는 것으로 해석하고 있다.

그러나 우리나라에서의 토지자산가와 개발관계자들의 입지는 다른 나라에서의 경우와 다를 수 있다. 토지에 대한 강한 규제가 이루어지고 있을 뿐만 아니라 이러한 규제의 틀은 상당부분이 이들 지역인사들이 쉽게 접근하기 힘든 중앙정부에 의해 이루어지고 있다. 말하자면 지역단위의 연합정도로는 쉽게 영향을 미칠 수 없게 되어 있으며, 이로 인해 지역단위의 조직적인 활동이 별 의미를 지니지 못하는 구도로 되어 있다.

조직적인 활동이 큰 의미를 지니지 못하는 상황에서 지역사회의 토지자산가와 개발관계자들은 오히려 개별적 이익을 확보하는데 열중한다. 당해 지역에 근거를 두지 않고 있는 외부 투자자들은 더욱 그러하다. 개발계획과 관련된 정보를 입수하여 해당지역의 토지를 매입하거나 인·허가 등 지방정부 차원의 결정이 이루어지는 사안에 대해서는 지방정부 관계자들과의 관계를 통해 개별적 이익을 극대화하기 위해 힘쓴다. 이러한 행동은 자연히 개별적이며 단절적이다. 조직적이거나 지속적인 형태로 이루어지지 않는다. 그것도 이들에 대해 지방정부가 우월적 지위를 유지하는 가운데서 이루어진다. 지방정부가 각종의 인·허가권과 개발과 관련된 정보 등 강력한 권한과 정보자원을 보유하고 있기 때문이다. 2021년 대통령선거 과정에서 일어난 성남시 대장동 개발사건과 관련된 시비는 지방정부가 가진 이러한 권한과 개발업자들의 개별적이고 단절적인 이익추구행위가 원인이 된 경우의 한 예라 할 수 있다.

(2) 기업과 지역상공인

기업과 지역상공인의 역할과 영향력 역시 여러 이론들에 있어 핵심적인 내용을 차지한다. 지역사회의 엘리트 집단과 성장연합의 핵심으로서, 자본가계급의 중추로서 지역사회와 지방정부에 결정적 영향을 미친다는 것이다.

매우 타당한 설명이다. 실제로 기업과 지역상공인은 일자리를 만들어 지역사회와 지역주민의 복리수준을 높이고 지방세를 납부함으로써 지역사회를 위한 재정확충에도 기여한다. 활발한 기업활동은 지역사회 내의 토지와 건물의 교환가치를 높이기도 한다. 따라서 지역주민은 좋은 기업들이 지역사회에 위치하기를 원하고 이들 기업이 활발하게 활동하게 되기를 바란다. 그리고 이러한 기대는 곧 이들 기업과 상공인들의 지역사회와 지방정부에 대 영향력이 된다.

그러나 그럼에도 불구하고 우리나라 지역사회에 있어 기업과 지역 상공인의 영향력은 미국과 같은 나라만큼 강하지 않다.[35] 지역에 따라, 그리고 기업의 규모에 따라 그 양상을 달리 하겠지만 일반적으로 볼 때 그렇게 강

---

35) 박대식 편, 앞의 책, p.33 참조; 박종민, "한국의 지방정치와 권력구조," 박종민 편, 앞의 책, p.356.

하지 않다. 각종의 정부규제와 지키기 힘든 법과 제도가 이들의 입지를 좁히고 있으며, 크게 나아지고 있기는 하지만 기업과 업체들의 낮은 회계투명성 역시 이들의 힘을 약화시키는 요인이 되고 있다. 쉽게 말해 기업은 중앙정부와 지방정부, 특히 중앙정부의 권력기관이 문제를 삼고자하면 언제라도 문제가 될 수 있는 소지를 안고 있다. 그 스스로 지방정부를 포함한 공적 권력 앞에 위축될 수밖에 없다.

지역 상공회의소 등 이들의 입장을 대변하는 조직들이 있기도 하지만 이 또한 지역사회의 의제를 주도할만한 영향력을 행사하지 못한다. 경제정책과 산업정책이 중앙정부의 주도로 이루어지고 있는 관계로 지역단위 조직에 대한 **효능감**(efficacy), 즉 무엇을 할 수 있다는 느낌도 약한 편이다. 따라서 지역사회의 기업과 지역 상공인들은 이러한 집합적 조직을 통해 공동의 이익을 도모하기 보다는 자치단체장을 비롯한 지방정부 관계자 등과의 개별적인 접촉을 통하여 스스로의 이익을 확보하는 노력을 전개하게 된다.[36]

흔히 기업과 업체들이 지니는 이동성, 즉 다른 지역으로 옮겨갈 수 있다는 사실이 이들의 영향력을 키운다고 이야기한다. 그러나 이러한 이동성 역시 우리나라에서는 그 의미가 미국과 같은 나라에서 만큼 크지 않다. 규모가 큰 경우 이동에 따른 비용이 만만치 않은데다 적합한 입지를 찾기가 쉽지 않으며, 규모가 작은 경우에도 생산과 판매의 네트워크를 새로 구축해야 하는 등의 어려움이 따르기 때문이다. 또 지방정부의 자치권이 강하지 않은 상황아래 지방정부에 따른 차별적 배려도 크지 않다. 지방정부가 규제를 마음대로 철폐해 줄 수도 없고, 지방세를 마음대로 면제해 줄 수도 없다는 뜻이다. 자연히 이동은 쉽지 않은 선택이 되고, 이동성 그 자체가 지닌 의미도 줄어든다.

(3) 지역 사회단체: 친목단체 및 봉사단체

지역사회에 있어 친목단체와 각종의 자원봉사단체와 같은 지역 사회단체는 중요한 의미를 갖는다. 달(Dahl)도 지역사회의 권력구조를 연구함에 있어 지역사회에 존재하는 '**클럽**(club)'을 매우 중시했다. 지역유지들의 집합체로서의 의미를 지니고 있기 때문이다.

---

36) 박종민, 위의 글, p.356 참조.

미국에서의 클럽과 같은 의미는 아니지만 우리 지역사회에도 많은 모임과 단체가 존재한다. 각 급 학교의 동창회, 해병전우회, 그리고 자율방범대와 의용소방대, 종친회 등이 그 좋은 예이다. 이들 모임과 단체는 지역사회의 중요한 구성요소이다. 지역사회 주요 현안에 대한 여론을 조성하고 자치단체장을 포함한 지역사회 지도자에 대한 정서적 평가를 확산시키기도한다. 경우에 따라서는 지방선거 과정에서도 적극적인 역할을 한다.

자치단체장을 비롯한 지역사회 지도자들은 정치적 기반을 강화하기 위해 이들 모임이나 단체와의 네트워킹에 관심을 둔다. 이들 지도자들의 관심이 크고 경쟁적일수록 이러한 모임과 단체의 영향력도 커진다.

그러나 이들 모임과 단체의 영향력은 뚜렷한 한계를 지니고 있다. 헌터에 의해 조사된 애틀랜타(Atlanta, Georgia) 지역 엘리트들의 비공식적 모임이나 달(Dahl)의 뉴해븐(New Heaven, Connecticut) 연구에 나오는 '클럽'과 달리 우리나라에서의 이러한 모임과 단체는 의제설정을 주도하기보다는,[37] 설정된 의제나 지역사회 정치지도자에 대한 정서적 평가를 확산시키는 역할을 주로 한다. 또 결정된 사안을 집행하는데 필요한 인적·물적 자원을 동원하는 일 등을 하기도 한다. 이끌어가는 가는 것이 아니라 누군가 이끌면 이에 대해 반응 또는 호응(react)하는 형태의 조직이다.

대개의 경우 정책적 정향이나 방향성도 약하다. 따라서 자치단체장을 비롯한 지역사회 지도자들과의 네트워킹도 정책적 정향을 중심으로 이루어지는 것이 아니라 학연이나 지연, 혹은 인간적 관계를 중심으로 해서 이루어진다. 주고받기 식의 작은 이권(pork barrel)이 네트워킹의 바탕이 되는 경우도 있다. 그리고 이 과정에서 일부 모임과 조직은 일시적으로 특정 정치세력이나 지역사회 지도자의 외곽조직이 되어 버리기도 한다.[38]

(4) 일반 지역주민과 시민단체

엘리트론이나 성장기구론 그리고 신다원론 등은 일반 지역주민의 영향력에 대해 회의적이다. 지방 정치과정이나 의사결정과정에 있어 주도적인 역할을 하지 못한다고 보기 때문이다. 실제로 일반 지역주민은 조직력과

---

37) 간략한 설명을 위해서는 William Domhoff, "Atlanta: Floyd Hunter Was Right," Who Rules America.net. Oct. 2005. accessed June 27, 2020. http://sociology. ucsc.edu/whorulesamerica/power/atlanta.html.

38) 박종민, 앞의 글, pp.358-359 참조.

정보력, 자원동원력 등에 있어 기업을 포함한 시장 세력이나 엘리트 집단에 뒤처지는 경향이 있다. 우리나라의 경우도 이에 크게 다르지 않다.

우선, 개인적인 차원에서 지역주민은 지역사회와 지방정부에 대해 큰 관심이 없다. 달(Dahl)의 개념으로 이야기하자면 '**호모 시비쿠스**(*homo civicus*),' 즉 정치에 무관심한 상태에서 개인적 목표를 달성하는 일에 더 많은 관심을 두는 경향이 있다. 때로 대규모의 집단행동을 일으키기도 하지만 대체로 본인의 이해관계가 침해되지 않는 한 지역사회와 지방정부 운영에 큰 관심을 가지지 않는다. 낮은 지방선거 투표율이 이를 말하고 있다.

관심을 가지고 참여를 한다고 해도 그 내용은 대체로 소극적이다. 지방선거나 주민투표에 참여하고, 민원을 제기하는 수준이다. 지역사회에 큰 영향을 미치거나 지방정부의 정책방향을 결정할 정도의 영향력 있는 행동을 기대하기는 어렵다. 최근 들어 인터넷 환경이 좋아지면서 지방정부 정책에 대한 토론이 일어나는 등 다소 나아진 부분이 있기는 하다. 그러나 전체적인 관심은 여전히 낮은 편이다.

이들 지역주민과 지방정부 사이에 존재하는 시민·사회단체는 비교적 강한 영향력을 지닌다. **부안 방사선폐기물처리장** 반대 사례나 하남시 **주민소환운동**에서 보는 것처럼 지방정부의 결정이나 지역사회 정치지도자에게 결정적 영향을 미치기도 한다. 누군가 주도를 하면 이에 단순히 반응하는 조직이 아니라 스스로 지역사회와 지방정부를 이끌어갈 수도 있는 조직이다. 정책적 정향도 비교적 뚜렷하며, 의제를 발굴하고 대안을 제시할 수 있는 능력을 가지고 있기도 하다. 지방정부와 공동의 사업을 운영하고, 지속적인 **협치**(governance)의 메커니즘을 만들어 운영하기도 한다.[39]

그러나 이러한 시민·사회단체 역시 대부분의 경우 뚜렷한 한계를 지니고 있다. 일반적으로 회원확보에 어려움을 겪고 있고 활동에 필요한 재정을 확보하는데도 많은 어려움을 겪고 있다. 대학이 있는 도시지역 일부를 제외하고는 정책 작업을 해 줄 수 있는 전문 자원봉사 인력도 구하기 어렵다. 결국 외부지원 없이는 운영 자체가 쉽지 않은 경우가 많은데, 이러한 외부지원은 그 내용에 따라 자칫 단체의 정체성을 떨어뜨릴 수 있다. 결국 이들 시민·사회단체는 역량이 미치는 범위 내에서의 단일 이슈 내지는

---

39) 로컬 거버넌스 구축과 관련된 연구는 권해수·최영출, "로컬 거버넌스 이론의 실천적 제도화를 위한 검토," 『NGO연구』, 제4권 제2호 (2006), pp.1-22 참조.

특정사안을 고발하는 정도의 활동에 치중하게 된다. 지역사회와 지방정부 활동 전반에 대해 효과적인 영향력을 행사하기가 어렵다는 뜻이다.

(5) 지방정부와 자치단체장

앞서 설명한 여러 행위자들과 달리 지방정부는 지역사회에 큰 영향을 미칠 수 있는 정치·행정 자원을 가지고 있다. 인·허가권을 비롯한 각종의 공적 권한과 행정인력을 지니고 있으며, 지역에 따라 큰 차이가 나겠지만 상당한 수준의 재정적 자원을 가지고 있기도 하다. 특히 그 지도자인 자치단체장은 이러한 권한을 바탕으로 지역사회 내의 친목단체와 봉사단체, 그리고 기업과 상공인 집단 등과 폭넓은 네트워크를 구축하는 경향이 있으며, 이를 기반으로 지방정치와 지역경제의 중심에 선다. 지방의회의 권한과 역할이 다소 제한되어 있는 상황이라 더욱 그러하다.

그러나 지방정부와 자치단체장의 이러한 영향력은 독립된 것이 아니다. 다른 무엇보다도 중앙정부와의 관계는 매우 중요하다. 자치정부라는 지위 외에 중앙정부의 일선 지방행정기관으로서의 지위도 함께 가지고 있는 지방정부는 정책을 결정하고 집행하는데 있어 중앙정부의 입장을 끊임없이 살펴야 한다. 중앙정부가 정해놓은 법적·제도적 틀 속에서 그 직무를 수행해야 하며, 중앙정부의 협조와 지원을 얻기 위해 중앙정부의 입장을 따르고 존중해야 한다.

특히 그 수장인 자치단체장에 있어 중앙정치권의 동의와 지지(endorsement)는 결정적 영향을 미친다. 연임을 위해서는 중앙정치권으로부터 공천을 받아야 하며 이를 위해 소속정당의 당해지역 국회의원이나 지역협의회장(지구당 위원장)의 협조를 얻어 내어야 한다. 중앙정치권과의 관계가 불편해지면 연임의 가능성이 옅어지면서 곧 그 지위가 불안해진다. 각종의 친목단체와 봉사단체 등 지역사회 네트워크와의 관계도 불안해 질 수 있다. 이러한 관계의 바탕에 소속정당의 국회의원이나 중앙정당 지역협의회장 등의 동의가 깔려 있는 경우가 많기 때문이다.

그럼에도 불구하고 지방정부와 그 지도자로서의 자치단체장은 지역사회에 있어 가장 강한 큰 영향력을 행사한다. 일부 자치단체장은 지방정치의 장(場)에서 국회의원이나 중앙정당 지역협의회장 등과 공개적 경쟁을 하기도 한다. 국회의원이나 상급 지방정부의 수장으로 변신할 수 있다는 가능성을 열어 둠으로써 지지기반을 더욱 다지기도 한다. 오히려 이들의 지지를 확보하지 못해 국회의원을 비롯한 중앙정치인이 곤란을 겪는 경우도 나타나고 있다. 지역사회에서의 지위가 그만큼 강한 경우가 적지 않다는 뜻이다.

2) 지역사회 권력구조의 정향

향후 많은 연구가 진행된 다음 보다 분명히 이야기할 수 있는 사안이기는 하지만, 지역사회의 중요한 세력집단에 대한 위의 설명은 우리나라에 있어서는 앞서 소개한 이론들이 잘 맞지 않는다. 토지자산가와 개발관계자들이 주도하고 있다고 보기도 힘들고, 기업이나 지역 상공인들이 주도적인 영향력을 행사한다고 보기도 힘이 든다. 그렇다고 하여 다원론의 주장처럼 권력이 지역주민 전체를 위해 공정하게 행사되는 것처럼 보이지도 않는다. 계급론은 그 내용이 너무 추상적이라 적용해 보는 것 자체가 힘들다. 또 권력구조의 내용을 사실상 비워두고 있는 레짐이론에 대해서도 과연 레짐이 존재하느냐에 대한 의문이 제기된다. 레짐이라고 하기에는 지방정부 정책과정이 충분히 개방적이지 못하고, 지방정부와 자치단체장의 영향력이 너무 크기 때문이다.

그럼에도 불구하고 지역사회 권력구조에 대한 기존 이론은 우리나라 지방자치 및 지역사회 권력구조와 관련하여 많은 시사점을 주고 있다. 특히 성장기구론과 신다원론, 그리고 까스텔의 '집합적 소비' 관련 이론과 레짐이론의 '개발형 레짐' 등이 제기하고 있는 개발과 개발관련 이해관계 집단의 문제는 의미하는 바가 크다. 우리나라에서도 이를 레짐으로 부르고 말고를 떠나 개발의 문제는 지방정부의 중심의제가 되고 있기 때문이다. 개발문제를 도외시 하는 지방정부와 자치단체장은 곧 바로 그 정치적 기반을 상실할 정도의 환경이 조성되어 있다. 보기에 따라서는 지역사회를 넘어 국가 전체 차원에서 거대한 '개발형 레짐'이 형성되어 있고, 지방정부와 자치단체장도 이러한 레짐에서 벗어날 수 없게 되어 있는 형상이다.

비교적 강한 중앙정부의 권한 아래 지방정부와 그 수장인 자치단체장이 중앙정부와 중앙정치권의 입장을 살펴가며 지역사회를 주도적으로 이끌어 가는 구도. 그리고 강한 지역간 경쟁의 논리 속에 그 정책적 정향과 방향이 개발위주로 흐르고 있는 구도. 이러한 구도를 어떻게 부를 수 있을까?

또 얼마나 일반적일까? 그리고 이러한 구도는 분권과 자치가 활성화되면 다시 어떠한 방향으로 흐르게 되며, 그것은 다시 지역사회와 국민의 삶에 어떠한 의미를 지니게 될까? 지역사회 권력구조 연구가 물어가야 할 질문들이다.

지역사회의 권력구조 문제는 지방자치를 이해함에 있어, 또 그 발전을 도모함에 있어 가장 기본적인 문제의 하나이다. 누가, 또 어떠한 집단이 어떠한 상호관계 속에 지역사회와 지방정부를 이끌며, 또 정책적 정향과 방향은 무엇인지, 그리고 이러한 구조를 어떻게 해석하고 이해해야 되는지에 대한 논의 없이는 분권과 자치의 방향을 논하기 힘이 든다. 개발의 문제만 해도 그것이 어떠한 권력구조 아래 성립되고 있는 것인지, 분권과 자치는 이와 관련하여 어떠한 의미를 지니는지, 그리고 궁극적으로 이것이 누구를 위한 것인지 등에 대한 의문이 제기될 필요가 있다. 지역사회 권력구조 연구는 이러한 의문을 포함하여 지방자치 발전과 관련된 많은 의미 있는 질문을 던지고, 또 그에 대한 답을 찾는데 있어 중요한 역할을 한다.

지방선거의 기능과 유형

제 2 장

제 1 절 │ 지방선거의 기능과 대상

1 지방선거의 기능

선거는 특정 조직이나 공동체에 있어 일정한 자격을 갖춘 구성원들이 특정 직무와 직책을 담당할 인사를 선출하는 집합적 행위 또는 절차이다. 쉽게 말해 조직과 공동체를 위해, 또 그 구성원을 위해 책임과 권한을 가지고 일을 할 사람을 뽑는 일이다. 같은 맥락에서, 지방선거라 함은 선거권을 가진 지역주민이 지역사회와 지역주민을 위해 지방정부를 구성하고 운영할 사람들을 선출하는 집합적 행위나, 그러한 행위가 일어나는 절차를 말한다.

지방자치와 관련하여 지방선거는 중요한 의미를 지닌다. 얼마나 중요한가를 짚어보는 차원에서 몇 가지 큰 기능을 정리해 보면 다음과 같다.

- **정통성 부여기능**: 민주국가에 있어, 또 지방자치를 운영함에 그 중심주체인 지방정부가 정통성, 즉 그 권력과 권한에 대한 지역주민의 인정

(recognition)과 동의(agreement)를 확보하는 것은 무엇보다 중요하다. 지방선거는 지방정부에 이러한 정통성을 부여해 주는 절차이다.

- **책임확보기능**: 선거는 지방정부를 운영하는 선출직 공직자와 이들을 추천하고 지지한 정치적 결사체와 단체의 책임을 확보하는 가장 중요한 수단이다.[1] 지역주민은 선거를 통해 지난 이들의 업적을 평가하며, 이러한 평가를 통하여 지방정부 운영에 대한 책임을 확보한다.

- **정책개발기능**: 지방선거는 후보나 정치적 결사체간의 정책경쟁을 불러온다.[2] 선거를 통해 지방정부의 기존 정책에 대한 평가가 이루어지고, 또 지역사회의 새로운 미래비전과 이를 실현하기 위한 정책이 제시된다. 이를 통해 후보와 정치적 결사체는 물론, 지역사회 지도자와 지역주민들의 정책담론 수준도 높아진다.

- **이익표출 및 통합기능**: 지방선거를 통해 지역사회 내에 존재하는 여러 이해관계와 신념이 분명히 드러날 수 있으며, 그에 따른 갈등과 대립의 구도도 보다 분명해 질 수 있다. 지방선거는 지역사회 지도자와 지역주민들로 하여금 이러한 이해관계와 그 대립에 대한 이해를 높이고, 그 해결과 완화의 필요성을 인식하게 한다. 정책적 대립이 있는 사안에 대해서는 민주적 절차를 통해 승자와 패자를 분명히 함으로써 분쟁과 분열이 더 이상 지속되는 것을 막을 수 있다.

- **교육 및 훈련기능**: 지방선거는 지역사회 지도자들과 지역주민이 민주주의를 경험하고 익히는 계기가 된다. 정치지도자들은 지역주민의 힘 다시 한 번 느끼게 되고, 절차적 합리성이 얼마나 중요한지 등을 느끼게 된다. 지역주민은 지역사회와 지방정치, 그리고 지방정부 지도자와 지역주민의 바람직한 상(象)과 역할이 무엇이며, 이를 위해 무엇이 이루어져야 하는지 등에 대한 인식을 높인다.

- **정치적 충원기능**: 지방선거를 통해 지역사회 지도자가 길러지고, 또 이를 통해 국가적 지도자가 길러진다. 민주적 절차를 통해 길러진 지도자는 민주주의와 지역사회에 대한 이해와 신념에 있어 관료조직이나 전문조직만을 거쳐 온 지도자와는 또 다른 모습을 보이게 된다. 지역사회 발전은 물론 국가 전체의 발전을 위한 또 다른 균형을 이루는데 중요한 역할을 하게 된다.

지방선거가 이와 같이 중요한 기능을 수행한다는 것은 다른 한편으로, 지방선거가 잘못 치러지게 되면 지역사회와 지방정부, 더 나아가서는 지방자치와 우리사회 전반에 적지 않은 문제가 발생할 수 있음을 의미한다. 예

---

1) "election." *Encyclopædia Britannica Online.* accessed Sep. 25, 2021. https://www.britannica.com/topic/election-political-science.
2) 위의 항목.

컨대 잘못된 지도자나 정치적 결사체에게 정당성을 부여하는 도구로 전락하거나 책임확보 기능을 다 하지 못하게 되면 지방정부의 효율적 운영이나 지방정부와 지역주민의 바람직한 관계는 기대할 수 없게 된다. 지방선거가 있을 때마다 지역사회가 더욱 분열되는 모습을 보인다면 이 또한 큰 문제가 아닐 수 없다. 아울러 바람직하고 유능한 인사들이 지방선거에 등을 돌리는 가운데 바람직하지 못한 인사들이 지방정치를 통해 지역사회와 국가의 지도자로 성장한다면 이야말로 지역사회는 물론 국가에 큰 위해가 될 수 있다. 지방선거 제도와 문화, 그리고 그 기능과 역할을 생각함에 있어서는 항상 이러한 점을 염두에 둘 필요가 있다.

② 지방선거의 대상: 선출직의 범위

1) 지방의원과 집행기관장

지방자치는 지역주민이 지방정부를 자율적으로 구성하는 데서부터 시작한다. 특정한 목적을 수행하기 위해 설립되는 **특별지방정부**나 미국의 **학교구**(school district)와 같은 교육자치기구는 그 내용이나 지역사정에 따라 그 운영주체를 임명하기도 하고 선출하기도 한다. 그러나 통상 지방정부라 할 때 지칭되는 보통지방정부는 반드시 주민에 의해 직접 선출(직선)된 대표나, 이들 대표들에 의해 간접 선출(간선)된 인사들로 구성된다.

지방정부(보통지방정부)에 있어 선출직의 범위는 지방정부의 형태와 지역사정 등에 의해 달라진다. 그러나 대체로 의결기관인 지방의회의 의원과 집행기관의 수장이 이 범위에 포함된다. 먼저 지방의회 의원은 대부분의 국가에 있어 주민이 직접 선출한다. 그리고 그 대표인 지방의회 의장은 대부분 지방의원들에 의해 간접 선출된다. 흔치는 않으나 주민에 의해 직접 선출되는 예도 있다.[3]

특별한 경우가 아니고서는 반드시 주민에 의해 직접 선출되는 지방의원

---

3) 미국 Delaware주의 Wilmington 시가 그 대표적인 예이다. "Wilmington 시의회는 의장을 시 전체를 선거구로 하는 대선거구를 통해 주민이 직접 선출한다. Department of Elections: New Castle County Office, "Candidates for 2020 Elections," State of Delaware Homepage, May 12, 2020. accessed June 28, 2020, https://electionsncc.delaware.gov/candidates/2020/2020_filed.shtml.

과 달리 집행기관장의 선임은 다양한 형태로 이루어진다. 지방정부의 형태 등 여러 가지 사정에 따라 주민에 의해 직접 선출되기도 하고, 지방의회에 의해 임명되거나 간접 선출되거나 임명되기도 한다.[4] 미국과 같은 나라의 경우 이러한 예를 모두 찾아 볼 수 있다.[5] 우리나라도 주민직선의 역사와 지방의회에 의한 간선의 역사를 함께 가지고 있다.[6]

미국의 **위원회형**(commission plan)과 같이 의결기관과 집행기관이 통합되어 있는 경우에는 집행기관장의 개념 자체가 없다. 위원회를 구성하는 의원 또는 위원(commissioner) 모두가 주민에 의해 직접 선출되며, 의례적 기능을 수행하는 지방정부의 수장이 이들 위원들에 의해 간접 선출된다.

2) 지방의원과 집행기관장 이외의 선출직: 다선출직 체제

국가에 따라, 또는 지방정부에 따라 선출직의 범위가 집행기관장이나 지방의원의 범위를 넘는 경우가 있다. 미국이 그 예가 되겠는데, 많은 수의 지방정부들이 집행기관장과 지방의원 외의 여러 공직을 선출직으로 운영하고 있다. 하나의 지방정부 내에서, 또는 하나의 집행기관 내에서 재정운영을 담당하는 재정관(treasurer), 지역치안을 담당하는 보안관(sheriff), 지역주민의 재산과 권리에 관한 기록 등 지방정부의 모든 기록을 관리하는 기록관(recorder), 지역차원의 범죄행위를 기소하는 지방검사(prosecuting attorney), 총괄적 지원업무를 포함하여 다양한 기능을 수행하는 서기 또는 총무담당관(clerk) 등을 선출직으로 운영하고 있다. 심지어 유언을 검증하고 유산배분 문제를 판결하는 유산문제전담 판사(surrogate judge)에 이르기까지 다양한 공직이 주민에 의해 직접 선출되고 있다. 권한이 집행기관장이나 지방의회에 집중되지 않고 이들 다양한 선출직에 분산되어 있는 **다선출직**(多選出職) 체제가 운영되고 있는 것이다.

다선출직 체제는 미국의 제7대 대통령(1829~1837)을 지낸 잭슨(Andrew Jackson)을 중심으로 해서 일어났던 직접민주주의 운동의 산물이다. 잭슨과

■ Sheriff는 *shire reeve*에서 온 말이다. *shire*는 지역으로서의 카운티. 그리고 *reeve*는 평화라는 의미를 가지고 있다. 즉 카운티의 평화를 지키는 사람이라는 뜻이 된다. 실제로 sheriff는 주로 카운티에 종사한다. 최근 주(州)가 카운티에 일선 경찰서를 두는 경향이 커지면서 그 역할이 줄어들고 있다.

---

4) 미국에서도 일부 지방정부의 경우 20세기 초에 이르기까지 그 수장을 중앙정부라 할 수 있는 주(州)정부가 임명하였다.

5) 시정관리관형(city-manager plan) 아래의 시장관리관은 지방의회에서 임명하는 집행기관장이의 대표적인 예이다.

6) 1952년에서 1956년까지 지방의회에 의한 간선제도가 운영되었다. 그리고 그 이후에는 주민직선제도 운영되었다. 1958년 12월 임명제를 골자로 하는 지방자치법 개정이 있었으나 시행되지 못하고 1960년 4·19 혁명을 맞았다.

그의 지지자들은 민주주의가 발전하기 위해서는 엘리트 주도의 구도를 탈피하는 것이 매우 중요하다고 보았고, 그러기 위해서는 투표권 확대와 함께 되도록 많은 공직을 주민이 직접 선출하도록 해야 한다고 주장했다. 권력을 국민이 통제할 수 없는 범위 내에 두어야 한다는 취지에서였다.[7] 실제로 이들의 주장이 설득력을 얻어가면서 선거권 확대와 함께 선출직 공직의 수가 크게 늘어나게 되었다.

그러나 이러한 다선출직 체제는 산업혁명과 도시화와 심화되면서 적지 않은 문제를 야기하게 되었다. 지방정부의 중요한 직책들이 모두 선거를 통해 충원되는 체제로서는 점점 더 복잡해지고 있는 행정문제를 풀기 위한 지도력과 전문성을 확보하기 힘들어졌기 때문이었다.

자연히 지방정부의 일체성과 지도력, 그리고 전문성을 강화하기 위한 개혁운동이 일어나게 되었다.[8] 그리고 이 과정에서 선출직의 수도 다소 줄어들게 되었다. 그러나 오늘에 이르기까지 많은 지방정부들이 그 나름대로의 결점을 보완해가며 다선출직 체제를 그대로 유지·운영하고 있다. 민주주의를 확장하고 권력의 남용을 막을 수 있는 수단이 되기도 하기 때문이다.

제2절 지방선거의 원칙과 유형

① 지방선거의 원칙

중앙선거와 마찬가지로 지방선거도 보통선거, 평등선거, 직접선거, 비밀선거의 원칙에 의해 치러진다. **보통선거**(universal vote)는 일정한 연령에 달하게 되면 신분이나 재산 또는 학력이나 성별 등의 다른 요소를 고려하지

---

7) "Learn About Jacksonian Era," *Digital History*, copy right 2019, accessed June 15, 2020. http://www.digitalhistory.uh.edu/teachers/modules/jacksonian/index.cfm.
8) 이러한 개혁운동이 지방정부의 일원성을 확보하기 위한 위원회형(commission plan) 지방정부의 확산으로, 또 정치·행정적 리더십을 강화하기 위한 강시장-의회제형(strong-mayor plan)의 확산으로 이어지고, 전문성을 강화하기 위한 시정관리관형(city-manager plan)이 대거 채택되는 계기가 되었음은 제3편 제1장에서 설명하였다. 이 부분과 함께 제2편 제3장의 미국 지방자치제도의 발전 부분도 참고할 필요가 있다.

않고 선거권을 부여하는 제도이다. 이러한 요소들을 고려하여 선거권을 제한하는 제한선거에 대립되는 개념이다.

평등선거(equal vote)는 신분이나 재산 도는 학력이나 성별 등의 요소에 의해 더 많거나 혹은 더 적은 투표권을 부여하지 않는 제도이다. 통상 모든 유권자에게 1인 1표를 부여하는 것을 기본으로 한다.

직접선거(direct vote)는 두 가지 의미로 해석된다. 하나는 유권자는 대리인이 아닌 본인이 직접 투표해야하며, 다른 유권자를 대리해서도 안 된다는 의미이다. 즉 대리선거에 대한 반대 개념으로서의 직접선거이다. 또 하나는 공직 후보자를 중간선거인을 거치지 않고 유권자가 직접 투표하여 결정해야 한다는 직접선출(직선)의 의미를 가지고 있다.[9] 이 경우 통일주체국민회의가 당선자를 결정했던 우리나라 제4공화국과 대통령선거인단을 통해 대통령을 선출했던 제5공화국의 대통령선거는 이러한 직접선거 원칙을 위배한 것이 된다. 전혀 다른 내용의 선거가 되겠지만 **선거인단**(electoral college)에 의해 선출되는 미국의 대통령 선거 또한 같은 문제를 안게 된다. 그러나 최근에는 선거결과가 개별 유권자에 의사에 의해 정해지게 되면 이를 직접선거로 넓게 해석하는 경향도 있다. 직접선거를 대리선거에 대한 반대 개념 이상으로 받아들이게 된 데 따른 문제이다.

비밀선거(secret vote)는 유권자의 투표행위의 내용이 공개되어서는 안 된다는 원칙이다. 일어섬으로 의사를 표시하는 기립(起立), 손을 들어 자신의 의사를 알리는 거수(擧手), 자신의 이름을 적는 기명(記名), 선호하는 후보자의 이름을 말로서 밝히는 호명(呼名) 등의 공개투표에 반대되는 개념이다.

이 외에 중요한 선거원칙으로 **자유선거**(free vote)의 원칙이 거론되기도 한다. 이는 선거권 행사여부와 선호 후보의 결정이 유권자의 자유의지에 의해 이루어져야 한다는 원칙이다. 그러나 이 부분은 여러 국가에서 채택하고 의무투표(compulsory voting) 제도와 상충하는 것으로 지방선거에 있어

---

9) 우리나라의 헌법재판소도 직접선거의 의미를 이와 같이 해석하고 있다: '직접선거의 원칙은 선거결과가 선거권자의 투표에 의하여 직접 결정될 것을 요구하는 원칙이다. 국회의원선거와 관련하여 보면, 국회의원의 선출이나 정당의 의석획득이 중간선거인이나 정당 등에 의하여 이루어지지 않고 선거권자의 의사에 따라 직접 이루어져야 함을 의미한다.' 헌법재판소, '공직선거및선거부정방지법 제146조 제2항 위헌확인, 공직선거및선거부정방지법 제56조 등 위헌확인, 공직선거및선거부정방지법 제189조 위헌확인,' 헌재 2001.7.19, 2000헌마91, 판례집 제13권 2집, p.95.

반드시 지켜지는, 또 반드시 지켜야할 원칙으로 정리하기가 힘이 든다. 이 부분은 앞의 다른 원칙과 함께 곧 좀 더 자세히 설명하기로 한다.

② 지방선거의 유형

1) 직접선거와 간접선거

지방선거는 그 내용에 따라 다양한 형태로 나누어질 수 있다. 먼저 유권자의 의사의 직접반영 여부를 기준으로 **직접선거**(direct vote/election, 혹은 direct popular vote/election)와 **간접선거**(indirect vote/election)로 나누어진다. 직접선거는 지역주민이 직접 선출하는 방식이고, 간접선거는 앞서 설명한 바와 같이 중간선거인을 거쳐 선출하는 방식이다. 간접선거에는 당해 선거만을 위해 유권자들에 의해 선출되는 선거인단을 통해 이루어지는 형태가 있는가 하면, 지방의회가 집행기관의 수장을 선출하는 경우와 같이 특정한 기능을 수행하는 상설기구 또는 기관이 주민을 대신하여 선출을 행하는 형태가 있다. 앞의 형태를 특별히 구분하기 위해 **민선형 간접선거**(indirect popular voting)라는 개념이 쓰이기도 한다.[10] 미국 대통령 선거가 그 대표적인 예인데, 지방선거에서는 잘 활용되지 않는다.

직접선거는 지역주민의 의사가 직접 반영될 수 있다는 장점과 지방정부의 대표성을 높일 수 있다는 장점이 있는 반면, 선거가 지나치게 대중적으로 흘러 대상 공직에 합당한 인사를 선출하지 못할 가능성이 있다는 단점이 있다. 간접선거는 그 반대로 선거과정을 보다 차분하게 이끄는 한편 대상 공직에 합당한 인사를 선출할 가능성이 높다는 장점이 있다. 그러나 선출과정에서 지역주민의 의사가 왜곡될 수 있고 그로 인해 지방정부의 정당성과 대표성이 저하될 수 있다는 단점이 있다.

2) 본선거, 재선거, 보궐선거, 증원선거

지방선거는 중앙선거와 마찬가지로 선거가 치러지는 법률적 근거에 따

---

10) Indirect popular election에 관해서는 "Indirect Popuglar Voting," Laws, modified Dec. 22, 2019, accessed June 28, 2020. https://constitution.laws.com/article-2/indirect-popular-voting.

라 본선거와 재선거, 그리고 보궐선거 등으로 나누어진다. **본선거**는 지방 정부의 선출직 공직자의 임기가 만료되었을 때, 혹은 지방의회의 해산 등으로 그 기능을 종료할 사유가 발생하였을 때 해당 공직을 다시 맡고 기관을 다시 구성할 인사를 선출하는 선거이다. 통상 지방선거라 함은 이 본선거를 의미한다.

재선거는 말 그대로 다시 치르는 선거이다. 다시 치른다는 것은 후보자가 없어 선거를 하지 못했거나 아니면 후보자가 부족하여 당선인 정수를 다 채우지 못했을 때 치러진다. 선거 자체에 결함이 있어 무효화되거나 당선인이 임기가 개시되기 전에 사망하거나 사퇴해 버리는 경우에도 재선거를 실시한다. 또 선거부정의 사유 등으로 당선인의 당선이 무효화 되었을 경우에도 재선거를 치른다.

보궐선거(by-election 혹은 bye-election/영국, special election/미국)는 본 선거 사이 기간에 선거를 다시 치른다는 점에서 재선거와 같지만, 그 사유가 적법하게 당선된 공직자가 사망과 사퇴, 주민소환(recall) 등의 사유로 결원이 생겼을 때 치르는 선거라는 점에서 재선거와 다르다. 국가와 지방정부에 따라 이를 인정하는 경우도 있고, 인정하지 않고 공석으로 두거나 다른 대안으로 처리하는 경우도 있다. 우리나라는 재선거와 보궐선거 그리고 지방정부의 폐치·분합 등으로 지방의원의 수를 늘려야 하는 경우 치르는 **증원선거**까지 제도화하고 있다.[11]

■ 폐치는 없애거나 다시 세우는 것을 의미하고, 분합은 나누어 분리시키거나 합치는 것을 말한다.

3) 개별선거와 동시선거

선거는 또한 여러 개의 선거가 동시에 치러지는 **동시선거**와 하나하나의 선거가 별도로 치러지는 **개별선거**로 나누어진다. 미국과 영국을 비롯하여 선거를 많이 치르는 국가와 지방정부는 동시선거가 일종의 관행으로 되어 있다. 자주 선거를 치르기 힘이 들기 때문이다.

동시선거는 여러 개의 선거를 한꺼번에 치름으로써 선거에 따르는 사회적 비용을 줄일 수 있다는 이점이 있다. 또 여러 개의 선거가 동시 진행되면서 지역주민의 관심과 참여율을 높일 수 있어 지방정부의 정통성과 대표성을 높이는데도 기여를 한다.

그러나 여러 개의 선거가 동시에 진행되면서 관리상의 혼란이 발생하는

---

11) 최봉기, 『지방자치론』 (서울: 법문사, 2006), p.617.

등 적지 않은 문제가 나타날 수 있다. 다른 무엇보다도 지역주민의 관심이 큰 하나의 선거가 다른 선거에 영향을 주면서 개별 선거의 독자적 기능과 정체성이 훼손될 수 있다는데 큰 문제가 있다. 예컨대 집행기관장 선거가 지방의원선거에 영향을 주어 지지도가 높은 집행기관장 후보가 소속된 정당의 지방의원 후보들의 당선을 이끄는 일이 발생할 수 있다. 특히 지방선거가 대통령 선거 등 관심이 큰 중앙선거와 같이 치러지는 때에는 지방선거는 그 독자성에 심각한 문제가 발생하게 된다. 소위 '남의 옷자락에 얹혀, 혹은 후광을 입어' 당선된다는 뜻의 **후광효과**(coattail effect)의 문제인데 선거를 연구하는 연구자들 사이에서는 큰 관심을 가진 주제의 하나이다.[12]

우리나라는 1995년부터 광역지방정부와 기초지방정부의 자치단체장 선거와 지방의원선거를 동시에 실시하고 있으며, 재선거와 보궐선거는 대통령 선거와 국회의원선거와 동시에 실시하고 있다. 우리나라 역시 후광효과의 문제가 적지 않게 발생하고 있다.

■ 후광효과는 유권자가 분리투표(split ticket voting), 즉 시장은 A당 후보를 찍고 지방의원을 B당 후보를 찍는 식으로 투표를 하지 않고, 좋아하는 정당이나 좋아하는 후보가 소속된 정당을 보고 정당중심의 일관된 투표, 즉 straight ticket voting을 하기 때문에 생긴다.

4) 기 타

위에 소개한 기준 이외의 요소들을 근거로 지방선거를 또 다른 형태로 나누기도 한다. 예컨대 지방의회 의원 의석 모두를 선거하느냐 아니면 정해진 일부만을 번갈아가며 선거하느냐를 기준으로 **전원선거**와 **부분선거**로 나눌 수도 있다. 부분선거는 지방의회가 보다 안정적이고 연속적으로 수행할 수 있게 하기 위해 지방의원의 임기가 서로 엇갈리도록(staggering) 해 놓은 경우에 실시된다. 그러나 이는 선거형태의 문제라기보다는 지방의회의 구성과 지방의원의 임기에 관한 문제이다.

---

12) Coattail effects의 효과에 관한 간단한 토론을 위해서는 2008년 미국 대통령선거에서의 제기되었던 Obama 후보의 지방선거에 대한 효과를 기술한 Robert Mentzer, "Democrats, Republicans Debate 'Coattail' Effect on Local Elections Ef Obama Wins," *Wausau Daily Herald*, October 30, 2008 참조.

제3장

지방선거제도

선거권과 피선거권

1 선거권(투표권)

1) 종교 · 인종 · 성별 · 재산 · 지적능력: 보통선거와 평등선거

21세기에 들어선 시점에 있어 종교 인종 성별(gender) 재산 지적능력 등
에 따라 선거권, 즉 선거에 참여하여 투표를 할 수 있는 권리를 부여하는
국가는 거의 없다. 법원의 판결에 의해 참정권이 박탈되거나 정지된 경우
나, 법률적 행위를 할 수 있는 능력이 없다고 판정된 사람이 아니고서는
대부분 선거권을 부여받는다. 잘못된 정치문화와 제도적 환경 등으로 인해
사실상의 차별이 이루어지거나 묵인되는 예가 없지는 않다. 최소한 제도적
으로는 이러한 요소들에 의해 선거권을 제한받지 않은 보통선거 제도가 보
장되어 있다. 아울러 1인 1표를 기본으로 하는 평등선거도 이루어지고 있다.

이러한 **보통선거**와 평등선거의 역사는 그리 길지 않다. 건국초기부터 민
주주의 제도를 운영해 온 미국도 인종과 성별은 물론 천주교인(catholic)과

침례교도(baptist)의 선거권을 인정하지 않았던 종교차별의 역사를 지니고 있다.[1] 1850년에 와서야 재산과 납세실적에 따른 차별을 철폐했으며, 남북전쟁이 끝난 이후인 1870년에 가서야 흑인들의 선거권을 인정하였다. 여성의 선거권은 1920년에 와서야 인정되었으며 인디언(Indian)의 선거권은 그보다 늦은 1925년에 인정되었다.[2]

그 이후로도 지적능력 등에 따른 차별은 계속되었다. 1855년 코네티컷주(Connecticut)가 처음 도입한 후 선거과정에서 흑인을 배제하는 도구로 활용되었던 **문자해독능력 테스트**(literacy test)는 1965년에 가서야 연방 대법원의 위헌판결에 따라 철폐되었다. 그러나 이는 연방정부의 연방단위 선거에 관한 결정이었을 뿐, 앨라배마(Alabama)를 비롯한 남부 일부 주(州)는 주정부 선거와 지방선거에 있어 문자해독능력을 계속 선거권 부여의 기준으로 삼았다. 1975년 연방 대법원이 또 한 번의 판결로 이를 금지한 이후에야 이러한 관행이 없어졌다.[3]

영국 역시 오랫동안 재산과 납세실적 등을 선거권의 조건으로 삼아왔다. 1867년에 와서야 도시지역의 30세 이상의 남성들에게 이러한 조건과 관계없이 선거권을 부여하게 되었고, 1884년에 와서 농촌지역의 대부분의 남성들에게도 선거권을 부여하였다. 1918년에 투표연령을 21세로 낮추면서 30세 이상의 여성에게 처음으로 선거권이 주어졌다. 여성이 남성과 같은 나이에 선거권을 가지게 된 것은 1928년의 일이었다. 선거권 확대에 긴 시간이 필요했음을 알 수 있다.

우리나라는 1948년 건국과 함께 중앙선거와 지방선거 모두에 있어 보통선거와 평등선거를 실시하고 있다. 즉 일정한 연령에 도달하게 되면 재산정도와 납세실적, 성별과 교육정도 등에 관계없이 전 국민에게 1인 1표의 투표권을 부여하고 있다.

---

1) 이 책 제2편 제3장 참조.
2) 자세한 설명은 Alexander Keyssar, *The Right to Vote: The Contested History of Democracy in the United States* (New York: Basic Books, 2001), Ch.7 참조.
3) Oregon v. Mitchell. 1970년에 있었던 이 재판을 통해 연방 대법원은 주(州)가 주정부 선거와 지방선거에 참여하는 투표자의 연령을 규정할 수 있는 권한이 있다는 사실과, 주정부 선거와 지방선거에 있어 문자해독능력이나 그와 유사한 제도를 통해 선거권을 제한해서는 안 된다는 점을 분명히 하였다. 문자해독능력 부분에 있어 법원은 5년간 잠정 중단 후, 5년 뒤인 1975년에 확정·폐기하도록 하였다. Supreme Court of the United States, 400 US 112 Oregon v. Mitchell, On Bill of Complaint, No. 43, Dec. 21, 1970.

2) 투표연령

미국과 영국을 비롯한 많은 국가들이 **최소 투표연령**을 18세로 하고 있다. 1960년대까지만 해도 20세로 하고 있던 국가들이 1970년대에 들면서 대거 18세로 낮추었다. 결정적 영향을 미친 것은 1969년 영국의 선거법(Representation of the People Act) 개정이었다. 영국은 1918년에 21세 이상의 남성에게 투표권을 부여하는 제도를 확정하였다. 같은 해 처음으로 30세 이상의 여성에게도 투표권을 부여하였다. 여성의 투표연령은 그로부터 10년 후인 1928년에 가서 남성과 같아졌다. 그러다가 1969년 선거법 개정을 통하여 최소 투표연령을 성별과 관계없이 18세로 낮추었다.[4]

영국의 최소 투표연령 인하는 많은 국가에 영향을 미쳤다. 미국을 비롯한 많은 국가들이 이미 이 문제를 고심하고 있던 중이었다. 곧 바로 독일이 따랐고, 월남전에의 최소 징병연령을 18세로 하고 있던 미국이 또 그 뒤를 따랐다. 이어 호주, 프랑스, 덴마크, 스위스 등이 차례로 동참했다. 그 결과 1970년대와 1980년대를 거치면서 유럽과 북미 대부분의 국가가 최소 투표연령을 18세로 하게 되었다.

21세기를 넘어서면서 최소 투표연령을 17세 또는 16세로 낮추어야 한다는 주장도 만만치 않게 등장하고 있다. 젊은이들이 과거의 같은 나이의 젊은이들에 비해 정신적으로나 지적으로 훨씬 성숙되어 있고, 교육문제를 포함한 많은 사회문제와 정책문제에 대해 직접적인 이해관계를 가지고 있다는 이유에서이다. 일찍부터 정치적 관심을 가지게 되면 정치사회에 대한 관심이 높아지고, 이로 인해 투표율도 높이지게 된다는 주장도 있다.[5]

그러나 반대도 만만치 않다. 16세는 여전히 미숙하며(lack of maturity), 사회생활에 대한 경험부족으로 사회적 책임의식이 약할 수 있으며(not enough life experience), 정치에 대해 큰 흥미를 느끼지 못하거나(lack of interest) 무지(ignorance)할 수 있다는 주장이 제기된다.[6] 투표율이 올라갈 것이라 하

---

4) 영국의 투표연령 인하에는 대학생에 대한 투표권 부여문제가 기폭제가 되었다. 즉 캠브리지(Cambridge)의 Churchill College 학생들은 투표권 확장운동의 일환으로 투표권 문제를 최고법원으로까지 끌고 갔고, 이 재판에 승소함으로써 1969년 선거법(Representation of People Act) 개정의 길을 열었다.

5) National Youth Rights Association(NYRA), "Top Ten Reasons to Lower the Voting Age," accessed June 28, 2020. http://www.youthrights.org/vote10.php.

6) 호주 Victoria주의 Victorian Electoral Commission은 일반적으로 투표연령 인하를 반대하는 이유가 이 네 가지라고 정리하고 있다. Victorian Electoral Commis-

지만 이 또한 알 수 없는 일이다. 영국 중앙선거위원회(the Electoral Commission)도 투표연령 인하를 반대하는 보고서를 내면서 반대의 이유를 16세 젊은이에게 나타날 수 있는 미숙함과 투표율이 높아질 것이란 주장의 근거 부족 등을 들고 있다.[7]

그러나 오스트리아를 비롯한 일부 국가가 이미 16세를 최소 투표연령으로 하여 치르고 있다. 국가로서는 오스트리아(Austria)가 대표적인데, 이 나라는 2007년 유럽연합 국가로서는 처음으로 투표연령을 16세로 낮추었다.[8] 일부 국가의 주(州)정부들도 자신들의 선거에 있어서의 선거연령을 16세로 낮추었는데, 독일의 로우어 색소니(Lower Saxony) 주(州)와 브레멘(Bremen) 주(州)는 그 대표적인 예이다.[9]

미국에서도 인하의 바람이 불고 있다. 캘리포니아(California), 매사추세츠(Massachusetts), 알래스카(Alaska)를 비롯한 여러 주(州)에서 최소 투표연령 인하를 위한 방안들이 논의되고 있다. 아직은 성공을 거두지 못하고 있지만 그 가능성이 아주 낮은 것은 아니다. 실제로 매사추세츠(Massachusetts)의 케임브리지(Cambridge) 등을 포함한 일부 지방정부에서는 최소 투표연령 인하가 이루어져 16세 이상의 주민 모두에게 투표권이 부여되고 있다.[10]

우리나라는 2005년 8월 공직선거법이 개정되기 전까지는 모든 공직선거에 있어서의 최소 투표연령을 20세로 하고 있었다. 이것이 2005년의 법 개정으로 19세가 되었고, 2020년 1월 다시 공직선거법 개정을 통해 18세로 조정되었다.[11]

---

sion, *Lowering the Voting Age* (2007), 보고서, pp.3-7.

7) The Electoral Commission, United Kingdom, "Voting Age Should Stay at 18 Says the Electoral Commission," 2004. 4. 19. 보도자료(News Release).

8) Julian Aichholzer and Sylvia Kritzinger, "What Happens When the Voting Age is Lowered to 16? A Decade of Evidence from Austria," Democratic Audit UK, Feb. 26, 2020. accessed June 30, 2020, https://www.democraticaudit.com/2020/02/26/what-happens-when-the-voting-age-is-lowered-to-16-a-decade-of-evidence-from-austria/.

9) Jacqueline Briggs, Young People and Political Participation (Macmillan, 2006), p.37.

10) Meghan Sorensen, "City Council supports lowering voting age for Cambridge's local elections to 16," Boston Globe, last updated Feb. 4, 2020. accessed June 28, 2020. https://www.bostonglobe.com/2020/02/04/metro/city-council-supports-lowering-voting-age-cambridges-local-elections-16/.

11) 공직선거법 제15조 2항 1호.

3) 국적: 외국인 거주자의 선거권

지역사회에 거주하는 외국인에게 선거권을 부여하는 문제는 지방선거와 관련된 중요한 이슈의 하나이다. 적지 않은 국가와 지방정부들이 이 문제로 고심을 하고 있으며, 때로는 찬반양론이 격렬하게 일어나기도 한다. 특히 세계화가 심화되는 가운데 국경을 넘어 생활하는 사람들이 많아지면서 이 문제는 더욱 중요한 문제가 되고 있다.

외국인 거주자(non-citizen resident)에게 선거권을 주어야 한다는 주장은 국가와 지역에 따라 그 내용이 조금씩 다르다. 나름대로의 역사적 배경과 사정이 있기 때문이다. 그러나 대체로 다음과 같은 내용을 담고 있다.

첫째, 외국인 거주자는 그 지역의 주민으로서 생산과 소비를 하고 세금을 내며 살아간다. 이 점에 있어 당해 국가의 국적을 가진 일반 지역주민과 차이가 없다. 지역의 경제·산업과 지역주민의 생활환경 등을 주로 관장하는 지방정부로서는 이들을 굳이 다른 국적을 가진 사람들로 구분할 이유가 없다.

둘째, 선거권이 없으면 외국인 거주자들은 자신들의 주거생활과 관련된 사안에 대해 영향을 미칠 수 없다. 자녀를 가진 부모로서 학교행정에 자신들의 입장을 반영할 수가 없고, 지역 치안 등 자신의 안전과 관련된 문제에도 영향을 줄 수 없다. 이러한 상태에서 이들은 자칫 차별 대우를 받을 수 있으며, 이로 인해 사회통합에 문제가 생길 수 있다. 최소한 자신의 일상적인 생활에 영향을 미치는 정부의 정치과정과 정책과정에 참여하게 하는 것이 당연하다.[12] '대표 없는 과세는 없다(no tax without representation)' 말이 이에도 적용된다.

셋째, 외국인 거주자에 선거권을 부여하는 일은 민주주의나 지역사회의 발전에 도움이 된다. 민주주의는 지역주민들이 잘 통합된 공동체를 이룰 때 발전할 수 있으며, 지역사회 발전 또한 그 구성원 모두가 내재된 잠재력을 최대한 발휘할 수 있을 때 잘 이루어질 수 있다. 이들은 선거권 행사를 통해 더욱 바람직한 지역주민과 민주시민이 된다.[13]

넷째, 외국인 거주자들과 이해관계를 함께 하는 지역주민의 권리향상에 도움이 된다. 외국인 거주자들의 이해관계는 지역사회의 소수집단이나 저소득층 등과 동일하거나 유사할 수가 있다. 이 경우 외국인 거주자에 대한 선거권 부여는 이들 소수집단과 저소득층의 권리를 향상시키는데 큰 도움이 된다.[14]

---

12) Catherine Tactaquin, 'Voting Rights for Immigrants,' *Poverty & Race*, Vol. 13, No. 6 (Nov./Dec., 2004), pp.3-5.

13) Daniel Munro, Integration Through Participation: Non-Citizen Resident Voting Rights in an Era of Globalization, Journal of International Migration and Integration, Vol. 9, No. 9 (2008), pp.63-80.

그러나 이를 반대하는 쪽은 위와 같은 주장이 근거를 결여하고 있다고 주장한다.[15] 실증적 조사를 찬성론자들의 견해와 다른 결과를 얻을 수 있다는 주장이다. 즉 선거권 부여로 민주시민이나 바람직한 지역주민이 되는 것은 아니며, 지역사회 통합에도 크게 기여하지 않는다고 한다. 오히려 국가적 상황이나 지역사회 사정을 잘 모르는 상태에서 투표를 함으로써 지방정부의 의사결정을 왜곡시킬 가능성도 있다고 지적한다. 선거권을 부여한 뒤에도 투표율이 일반 지역주민에 비해 낮다는 사실도 문제로 지적된다.[16]

이러한 찬반 논의가 일어나는 가운데 지방선거에 외국인 거주자의 참여를 허용하는 국가와 지방정부가 계속 늘어가고 있다. 아일랜드(Ireland)는 1963부터 등록된(registered) 외국인 거주자의 참여를 허용하고 있으며, 스웨덴(Sweden)과 덴마크(Denmark)는 1975년과 1981년부터 이를 허용하고 있다. 영국도 영연방 국가의 국민들과 아일랜드 국민들에게 선거권을 부여하고 있다. 또 오스트리아(Austria)가 2002년부터 비엔나 지방선거에 외국인 거주자의 참여를 허용하고, 룩셈부르크(Luxemburg)가 2003년부터 외국인 거주자에 지방선거 선거권을 부여하는 등 최근 들어 이러한 국가들은 계속 증가하고 있다.[17] 이들 대부분의 국가는 통상 3년 혹은 5년의 최소 주거연한을 두는 등 선거권 부여에 일정한 자격요건을 규정하고 있다.

유럽연합(European Union, EU)은 한발 더 나아가 2000년 12월 제정된 '**유럽연합 기본권 헌장**(Charter of Fundamental Rights of the European Union)'을 통해 EU 회권국의 국민은 자신이 거주하고 있는 다른 회원국의 지방선거에 투표하고 입후보할 수 있는 권리가 있다고 규정하고 있다. 선거권과 함께 피선거권까지 부여할 것을 규정하고 있는 것이다.[18] 한 국가의 국민이

---

14) Forrest Hill, 'Granting Immigrants the Right to Vote,' *California Chronicle*, May 18, 2006.

15) 강력한 반대 주장은 Stanley Renshon, "Allowing Non-Citizens to Vote in the United States? Why Not," Center for Immigration Studies, Washington D.C.: 2008. accessed June 28, 2020. http://www.cis.org/NoncitizenVoting.

16) 위의 보고서에서 Stanley Renshon는 1991년 부터 외국인 거주자에게 선거권을 부여하고 있는 Maryland의 Takoma Park 시의 사례분석을 통해 외국인 거주자들의 투표율이 2%에서 25%로 사이에 머물고 있으며, 이는 일반 지역주민의 1/2 수준임을 보여주고 있다. 위의 보고서 참조.

17) Rod Hague, Martin Harrrop, John McCormick, *Comparative Government and Politics*, 11th ed. (Red Globe Press, 2019), p.256.

18) 헌장 제40조(Article 40): 'Every citizen of the Union has the right to vote and to stand as a candidate at municipal elections in the Member State in which

아니라 '**유럽 시민**(European Citizenship)'의 개념을 발전시키고 있다고 하겠는데, 이러한 규정에 따라 위에 EU의 회원국들은 다른 회원국 국민들의 선거권과 피선거권을 보장하고 있거나 보장하기 위한 작업을 하고 있다.

외국인의 지방선거 참여와 관련하여 큰 관심을 끌고 있는 나라가 미국인데, 미국에서는 이 문제가 주(州)의 권한으로 되어있다. 연방헌법에는 이를 금지하는 조항도 의무조항도 없이 주(州)가 유권자의 범위를 정할 수 있음을 규정하고 있다. 주(州)의 권한 아래 미국은 독립이후 1920년대 까지 22개의 주(州)가 외국인 거주자에게 지방선거 참여를 허용했다. 지방선거에 있어 국적요건이 없었던 것이다. 그러나 제1차 세계대전이 진행되고 외국인에 대한 심리적 경계와 혐오(xenophobia)가 심해지면서 외국인 거주자의 선거권을 거두어들였다.[19] 2020년 현재에는 메릴랜드주의 **타코마 파크**(Takoma Park)와 캘리포니아주의 샌프란시스코(San Francisco)를 비롯한 10여 개의 지방정부만이 지방선거에 있어서의 외국인 투표권을 인정하고 있는 가운데, 캘리포니아를 비롯한 여러 주(州)에서 논쟁이 계속되고 있다.[20]

우리나라는 2006년부터 영주권을 취득한 날로부터 3년이 지난 외국인 거주자에게 지방선거에 참여할 수 있는 선거권을 부여하고 있다. 아시아 국가로서는 처음 있는 일이다. 이 문제와 관련하여 우리 국민의 관심이 큰 일본은 2020년 현재 결론을 내리지 못하고 있다.[21]

4) 그 외의 기준: 심신상실과 범법행위

연령과 국적 이외에 다른 요인도 선거권 부여의 기준이 된다. 심신상실과 범법행위는 그 대표적인 예이다. 법원의 판결에 의해 심신상실 상태에 있다고 판정되는 금치산자는 통상 선거권이 제한된다. 또 국가에 따라 그 정도가 다르기는 하지만 범법행위를 저지르고 유죄판결을 받은 후 그 형이

---

he or she resides under the same conditions as nationals of that State.'
19) Daniel Munro, 앞의 글, p.65.
20) 2020년 현재 12개의 지방정부가 외국인 투표권을 인정하고 있는데, 이 중 11개 지방정부가 메릴랜드 소재이다. "Laws permitting non-citizens to vote in the United States," BALLOTPEDIA. accessed June 28, 2020. https://ballotpedia.org/Laws_permitting_non-citizens_to_vote_in_the_United_States.
21) 1991년 일본 최고재판소는 일본 헌법 제93조 제2항에서 규정한 '주민'이 '일본의 국민'이라고 해석하여 외국인에게 지방참정권을 인정하지 않는 일본 공직선거법 등을 합헌으로 인정했다. 국회 입법조사처, 『이슈와 논점』, 제1824호(2021. 4. 26).

다 끝나지 않은 사람들에 대한 제한도 일반적이다. 드물긴 하지만 미국의 켄터키주(Kentucky)와 같은 경우는 최근까지 형이 종료된 이후에도 계속 선거권을 제한해 있다.

이 중 **범법자**(felony)에 대한 제한에 대해서는 적지 않은 논란이 일고 있다. 정치적 기본권의 박탈이라는 점에 있어서나 사회복귀를 위한 교정에도 도움이 되지 않는다는 지적이 있기 때문이다. 미국의 경우 약 5백만 명 이상이 이로 인해 선거권을 제한받고 있고, 이 중 흑인 1백 5십만 명이나 된다는 점에서 특히 큰 문제가 되고 있다. 최근 여러 주(州)에서 그 제한을 완화하고 있는 움직임을 보이고 있는 것도 이러한 이유에서 이다.[22]

우리나라 역시 금치산자의 선거권을 제한하고 있으며, 금고이상의 형을 선고받고 수감 중에 있거나 수감되어 있지 않다 하더라도 형의 집행이 종료되지 않은 사람의 선거권을 제한하고 있다. 아울러 선거비용 등과 관련하여 정치자금법을 위반하였거나 선출직 공직(대통령 국회의원 자치단체장 지방의원)에 있으면서 뇌물을 수수하거나 알선수재의 죄를 지은 사람들의 선거권도 강하게 제한하고 있다.[23]

■ 금치산자는 심신 상실로 자기 재산의 관리·처분을 하지 못하도록 선고를 받은 사람이며. 금고형은 교도소에 수감된다는 점에서 징역형과 같으나 노동을 하지 않는다는 점에서 징역형과 다른 형벌이다.

② 피선거권

선거권과 마찬가지로 **피선거권** 또한 많은 나라에서 오랫동안 종교 인종 성별 재산 지적능력을 기준으로 제한되었다. 민주주의의 전형을 보여주고 있는 미국과 영국의 경우가 이를 설명하고 있다. 그러나 선거권의 확대와 함께 피선거권도 확대되어 왔고, 21세기를 넘어선 오늘날에 있어서는 이러한 요소들을 기준으로 피선거권을 제한하는 예는 찾아보기 힘이 든다.

물론 선거제도와 관행, 그리고 선거문화 등에 의해 이들 요인은 실질적으로 큰 영향을 미친다. 여성후보나 저학력의 후보가 당선되기 힘든 정치문화가 형성되어 있을 수도 있고 인종과 종교에 따른 차별이 행해질 수도 있다. 후보자가 부담해야 할 기탁금이나 선거비용은 재정적 능력이 떨어지

---

22) Human Right Watch(HRW), *Losing the Vote: the Impact of Felony Disenfran-chisement Laws in the United States*, HRW 내부 보고서(1998), pp.1-8.
23) 공직선거법 제18조.

는 사람들을 지방정치의 장으로부터 배제하게 된다. 그러나 최소한 제도적으로는 이들 요소들을 기준으로 피선거권을 제한하지 않는다.

제도상 명시적인 제한은 주로 연령과 거주기간, 그리고 법위반 전력과 국적 등을 기준으로 이루어진다. 대부분의 국가에서 선거권에 비해 보다 엄격하게 규정되고 있다. 즉 피선거권을 부여하는 최소 연령이 최소 투표 연령보다 다소 높으며 일정한 거주기간을 요구하기도 한다.

국적에 있어서도 피선거권은 선거권에 비해 보다 제한적으로 부여된다. 최근에 이르기까지 외국인에 지방선거 피선거권을 부여하는 경우는 매우 드물었다. 영국이 영연방 국가의 국민들과 아일랜드 국민에게 거주와 관계 없이 피선거권을 부여하는 정도였다. 그러나 유럽연합의 기초를 다진 **마스트리히트 조약**(Maastricht Treaty)이 체결되고 앞서 설명한 '유럽연합 기본권 헌장'이 만들어지고 난 후 상황은 달라지고 있다. 자국에 거주하고 있는 다른 회원국 국민들에게 지방선거 피선거권을 부여하는 EU 국가들이 늘어나고 있다. 이탈리아와 같은 국가는 거주요건도 없이 EU 회원국 국민들에게 지방선거 피선거권을 부여하고 있다.[24]

우리나라는 국민에 한해 지방선거 피선거권을 부여하고 있다. 지방선거 피선거권을 부여받기 위한 최소 연령은 선거일 현재 기준으로 25세이며, 거주요건으로 60일 이상 당해 지방정부의 관할구역 안에 주민등록이 되어 있어야 한다.[25]

이러한 요건을 갖추었다 하더라도 선거일 현재 금치산 선고를 받고 있으면 선거에 입후보할 수 없다. 아울러 선거권에 대한 제한과 마찬가지로 선거비용과 관련하여 정치자금법을 위반하였거나 대통령·국회의원·지방 자치단체장·지방의원 등 선출직 공직을 지내면서 뇌물을 받거나 알선수 재의 죄를 지은 후 일정 기간이 지나지 않은 사람 등에게는 피선거권을 부여하지 않고 있다.[26]

---

24) Epaminondas Marias, 'The Right to Vote and Stand for Election to the European Parliament,' A paper submitted to the European Institute for Public Administration(EIPA), Fed. 1999, p.1.
25) 공직선거법 제16조 3항.
26) 공직선거법 제19조.

제 2 절 투표제도

1 비밀 · 직접선거

지역에 따라 다소 차이가 있기는 하겠으나 19세기 중반에 이르기까지 미국에서의 선거는 공개적으로 이루어졌다. 투표자들이 투표소에 나가 큰소리로 지지하는 후보를 밝히면 선거관리원이 이를 기록하는 제도였다. 영국 역시 1876년 **비밀투표** 제도를 포함한 선거법 개혁이 있기 전까지는 투표자가 투표소에 나가 공개적으로 지지후보를 밝히는 제도를 운영했다. 이러한 제도는 당연히 당시의 기득권층에 유리하게 작용했다. 1867년의 선거법 개혁으로 겨우 선거권을 획득한 도시민들도 자신들을 고용하고 있는 기업가 등 기득권 계층을 눈치를 살펴야 했다.

오늘의 민주국가에 있어 공직선거와 관련하여 이러한 공개투표는 더 이상 이루어지지 않는다. 모든 국가가 비밀선거를 보장하고 있다. 아울러 유권자가 직접 투표를 하거나, 아니면 유권자에 의해 직접 선출된 대표자를 통해 투표를 하는 직접선거 제도가 자리 잡고 있다. 우편투표 등 관리가 쉽지 않은 부분이 있기는 하지만 이러한 부분에 있어서까지 유권자가 자신의 선호를 아무런 제약 없이 표현할 수 있는 장치들을 마련하고 있다.

2 의무투표

1) 역사와 개황

의무투표는 자유선거 또는 **자유투표** 원칙과 배치되는 제도로 선거권을 가진 국민 또는 지역주민에게 투표를 의무화하는 제도이다. 투표를 하지 않았을 경우에는 벌금 등의 벌칙을 받게 되는데, 대부분의 경우 이러한 벌칙은 명목적이거나 매우 가벼운 형태로 이루어진다.[27]

---

27) 호주를 예로 들면 투표 불참자는 설명요구를 받게 되는데 고의적 불참이나 무

의무투표 제도는 1892년 벨기에(Belgium)에 의해 처음 도입되었다. 이어 아르헨티나(Argentina)가 1914년 같은 제도를 채택했고, 그 다음 해인 1915년 이 제도와 관련하여 가장 잘 알려진 국가인 호주(Australia)가 퀸즐랜드주(Queensland)에서 이 제도를 시행하였다. 호주는 10년 뒤인 1924년 이 제도를 전국적으로 확산했다. 2020년 현재 이들 국가 외에도 룩셈부르크(Luxemburg), 그리스(Greece), 우루과이(Uruguay), 브라질(Brazil) 등 적지 않은 국가에서 이 제도를 활용하고 있다. 영국처럼 이 제도의 도입이 논의되고 있는 국가가 있는가 하면,[28] 네덜란드(Netherlands)와 스위스(Switzerland)와 같이 이 제도를 폐지하거나 폐지해 나가고 있는 국가도 있다.[29]

의무투표 제도는 최근 투표율 저하라는 세계적인 추세와 맞물려 새로운 관심을 얻고 있다. 낮은 투표율이 민주주의 자체를 위협할 정도로 심각한 상황에서 이러한 제도의 도입을 심각하게 고려해야 한다는 주장이 강하게 제기되고 있기 때문이다. 특히 중앙선거보다 더 낮은 투표율을 보이고 있는 지방선거와 관련하여 더욱 강한 주장이 제기되고 있다.

2) 찬반논의

다른 주요 선거제도와 마찬가지로 이에 대한 찬반 논쟁은 간단하지가 않다. 양쪽 모두 나름대로의 탄탄한 논리를 지니고 있기 때문이다. 먼저 이를 찬성하는 쪽의 논리를 소개하면 다음과 같다.

관심('I was busy ……' 'I forgot …… 등)이 확인되는 경우에만 작은 벌금을 부과한다. 대부분의 불참자가 사실상 벌칙을 면제받고 있다. 그러나 이러한 불참을 설명해야 하는 것 자체가 일종의 불명예나 벌칙이 되고 있다. 국가에 따른 벌칙의 강도를 보기위해서는 "Compulsory Voting," IDEA. accessed June 28, 2020. https:// www.idea.int/data-tools/data/voter-turnout/compulsory-voting.

28) 영국에서는 이 제도의 활용문제를 놓고 의회차원에서의 검토가 있는 등 활발한 논의가 일어나고 있다. 의회차원의 논의를 보기 위해서는 Isobel White, and Ross Young, *Compulsory Voting*, a report to the Parliament, UK (Standard Note: SN/PC/954, Oct. 2007). 특히 pp.7-18.

29) Netherlands는 1970년 이 제도를 폐지하였다. 그리고 Switzerland는 1971년 주민투표를 통해 폐지를 반대한 Schauffhausen Canton을 제외한 전 지역에서 이 제도를 폐지하였다. The Electoral Commission(United Kingdom), *Compulsory Voting Around the World*, A research report (2006). p.20. Anthoula Malkopoulou, The History of Compulsory Voting in Europe: Democracy's Duty? (Routledge, 2015) 참조. 특히 Ch.1.

- 투표율이 저하되면서 민주주의가 심각한 위기를 맞고 있다. 투표율을 제고하여 선거로 구성되는 정부의 대표성과 정당성을 높여야 하며 이를 위해서는 의무투표 제도의 도입이 절실하다. 특히 최근 세계적인 추세가 되고 있는 젊은 층의 투표율 저하는 민주주의가 어떠한 상황에 처하게 될 지를 짐작하게 한다. 지금의 젊은 세대가 나이가 들면서 더 적극적으로 투표하게 될 것이란 보장이 없기 때문이다.

- 의무투표 제도는 투표율 제고에 결정적인 역할을 한다. 이를 시행하고 있는 국가의 투표율이 80~90%에 이른다는 사실이 이를 증명한다. 시행하지 않는 국가에 비해 월등히 높은 수준이다. 꼭 큰 벌칙을 가하지 않더라도 투표가 국민의 의무라는 사실을 알게 하는 정도의 명목상의 벌칙만으로도 큰 효과를 볼 수 있다.

- 의무투표 제도는 시민교육에도 큰 효과가 있다. 즉 투표가 의무화되면 후보자와 정치에 대한 더 큰 관심을 가질 수 있고, 이것은 다시 정치적 냉소를 극복하는데 도움이 된다.

- 의무투표 제도는 또한 조직선거와 상대방에 대한 비난으로 일관하는 **부정적 선거운동**((negative campaign)을 막는데 큰 기여를 할 수 있다. 다수가 투표에 참여하게 되면 사적인 정치조직은 그 힘을 잃게 된다. 아울러 정치에 대한 불신과 상대후보에 대한 불신을 조장함으로써 부동층과 상대후보의 지지자를 투표를 하지 않는 쪽으로 유도하는 선거운동은 하지 않게 된다. 그만큼 정책선거가 이루어질 가능성도 커지게 된다.

이에 대해 의무투표 제도를 반대하는 쪽은 다음과 같은 주장을 한다.

- 민주주의 국가에 있어 투표는 국민과 지역주민의 권리이지 의무가 아니다. 투표를 하지 않는 것 또한 정치 일반이나 후보에 대한 국민과 지역주민의 정당하고 의미 있는 의사표시로서 보아야 한다.

- 투표에 참여하는 것과 바르게 투표하는 것은 다르다. 벌칙을 피하기 위해 투표를 하기는 하지만 상위 기호의 후보에 생각 없이 투표하는 등의 행위가 있을 수 있다. 이것은 투표를 하지 않는 것보다 못한 결과를 불러온다.

- 정당과 후보가 부동표를 흡수하기 위해 정책적 입장을 숨기거나 논쟁을 피하는 일이 발생할 수 있다. 즉 부동층을 향해 중간적 입장을 취하는 현상이 나타날 수 있다. 부동층이나 지지정당이 없는 유권자들이 점점 더 늘어가는 상황에 이 또한 문제가 될 수 있다.

- 투표율은 다른 형태의 정치개혁으로 이루어져야 한다. 투표율의 저하는 잘못된 정치구도와 잘못된 정당정치, 그리고 잘못된 정치제도 등으로 나타날 수 있다. 투표율은 이들 잘못된 부분들에 대한 국민과 지역주민의 반응으로

이해해야 한다. 의무투표로 투표율을 높이게 되면 이러한 잘못된 부분에 대한 사회적 반성과 개혁을 위한 노력이 반감될 수 있다.

의무투표 제도는 이러한 논리적 대립과 함께 첨예한 정치적 이해관계의 대립을 불러 온다. 젊은 세대와 저소득 계층이 투표를 잘 하지 않는 현상이 있기 때문이다. 이들이 의무적으로 투표를 하게 되었을 때의 결과를 염두에 두고 진보진영과 보수진영 간에, 또 조직력이 강한 정당이나 후보와 그렇지 않은 정당이나 후보 간에 첨예한 대립이 일어날 수 있다.

우리나라에서도 한때 낮은 지방선거 투표율, 특히 젊은 세대의 낮은 투표율과 관련하여 일부 시민단체와 학계 일부에서 의무투표 제도의 도입을 언급한 적이 있다. 그러나 젊은 세대의 투표율이 상승하면서 이에 관한 논의는 활성화되지 않고 있다. 그러나 투표율이 지나치게 낮아지는 현상이 생기게 되면 이 문제가 다시 제기될 수 있다. 아울러 특정 정당의 지지자들이 높은 투표율을 보이며 결집하는 양상 등이 나타나게 되면, 이 또한 이 문제에 관한 논의를 불러오게 만들 수 있다. 지지자들의 결집 강도가 낮은 쪽에서 이 제도의 도입을 요구하고 나올 수 있다는 뜻이다. 그러나 정치적 이해관계가 크게 갈리는 만큼 도입 자체가 쉽지는 않을 것으로 보인다.

제 3 절 선거구제도

① 지방선거와 선거구

1) 지방선거 선거구의 종류

지방선거 역시 중앙선거와 마찬가지로 선거구를 단위로 이루어진다. 선거구는 일반적으로 대선거구제와 중선거구제 그리고 **소선거구**제로 구분된다. 대선거구제는 한 선거구에서 2명 이상을 선출하는 제도이고 소선거구제는 1명을 선출하는 제도이다. 대선거구제를 다시 나누어 2명 내지 5명을 선출하는 제도를 **중선거구**제라 하고 그 이상을 선출하는 제도를 대선거구제라 하기도 한다.

 그러나 지방선거의 선거구제를 이를 따라 구분하기는 힘이 든다. 중앙선거에서는 볼 수 없는 단위, 즉 지방정부의 구역 전체를 하나의 단위로 하는 경우가 있기 때문이다. 따라서 굳이 부르자면 1인의 당선인을 내는 선거구를 소선거구(ward), 2인 이상의 당선인을 내는 선거구를 중선거구, 그리고 당선인의 수와 관계없이 지방정부 구역 전체를 단위로 하는 선거구를 **대선거구**(district at large)로 부를 수 있다.

 우리나라의 경우 선거구 획정과 선거구당 당선인의 수를 정하는 문제에 대한 권한은 기본적으로 중앙정부와 중앙정치권이 행사하고 있다. 지방정치권이나 지역사회는 이에 대해 크게 관여할 수 없다. 따라서 이 문제가 지역사회나 지역정치권에서 큰 문제가 되는 일이 없다. 그러나 이 문제가 지방정부와 지방정치권의 권한으로 되어 있거나 또 이들이 크게 관여할 수 있는 국가나 지역에 있어 이 문제는 가장 뜨거운 쟁점 중의 하나가 된다. 그 내용에 따라 정치적 이해관계와 지방정부의 구성이 크게 달라질 수 있기 때문이다.

2) 선거구 논쟁: 대선거구와 소선거구

 중·대선거구와 소선거구를 주장하는 양쪽 모두 나름대로의 논리와 사실관계를 바탕으로 강한 주장을 하게 되는데, 편의상 대선거구제와 소선거구제 논쟁을 소개하기로 한다. 먼저 대선거구제를 찬성하는 쪽의 주장이다.

- 대선거구제는 지방정부 전체를 선거구로 하는 만큼 소선거구제가 불러올 수 있는 소지역주의 내지는 소지역 이기주의를 막을 수 있다. 자원배분에 있어서도 소지역 중심의 '나누어 먹기'가 덜해질 수 있고, 그만큼 지역사회 전체를 위한 합리적 선택이 가능해 진다.
- 소선거구제는 조직을 바탕으로 한 지역 정치인이 당선될 가능성이 높은 반면 대선거구 아래에서는 정책지향성이 높은 유능한 인사가 당선될 가능성이 더 높다. 선거구가 큰 관계로 조직선거나 인간관계를 바탕으로 한 선거가 어렵고 특혜를 약속하는 식의 정치적 거래(logrolling)을 하기도 힘들어지기 때문이다.
- 여러 명이 당선될 수 있으므로 소선거구에 비해 선거운동이 덜 치열할 수 있다. 아울러 소선거구제 아래에서는 당선되기 힘든 정치 신인이 당선될 가능성이 높고, 이를 기화로 지방정치에 새로운 바람을 일어나거나 새로운 정

치집단이 형성될 가능성을 높인다.

• 여성과 소수정당 출신 인사 등 소선거구제 아래에서는 당선되기 힘든 인사들이 당선될 수 있다. 이는 지방정부의 대표성을 높이는데 기여하게 된다.

• 최고 득표자 1명만이 당선되는 소선거구제 아래에서는 사표(死票)가 많이 발생하며 이로 인해 선거의 기능과 지방정부의 대표성이 떨어질 수 있다. 정당명부식 비례대표제 등을 운영하여 이를 보완할 수 있겠지만 이는 지방선거에 정당참여를 허용하지 않는 경우에는 불가능하다.

이에 대해 소선거구를 선호하는 쪽의 주장은 아래와 같다.

• 대선거구 아래에서는 흑인과 같은 소수집단이 당선될 가능성이 매우 낮다.[30] 그러나 소선거구제 아래에서는 이들 소수집단이 집단 거주하는 지역에서라도 소수집단의 대표를 당선시킬 수 있다. 그 결과 지방정부의 대표성과 지역사회 통합역량이 높아질 수 있다.

• 소선거구제는 당해 선거구 출신 정치인들로 하여금 지역사회에 더 큰 관심을 갖게 한다. 지역구의 지지가 가장 중요한 정치적 기반이 되기 때문이다. 이들의 이러한 관심은 지방정부의 지역사회에 대한 대응성(responsiveness)을 높이는데 기여하게 된다.

• 소선거구제 아래에서는 후보자와 유권자의 접촉이 보다 빈번하여 유권자가 보다 쉽게 후보자 식별을 할 수 있다. 당선 후에도 이러한 접촉은 계속되게 되는데, 이는 지역주민들의 정치적 소외(political alienation)를 방지하고, 지역사회와 지방정부에 대한 관심과 생산적 기여를 이끌어내는데 중요한 역할을 하게 된다.

이러한 주장은 당연히 정치적 이해관계와 신념의 문제와 연계되어 있다. 미국의 경우 이 문제는 19세기 말과 20세기 초, 즉 도시개혁운동의 시기에 있어 가장 큰 사회적 이슈 중의 하나였다. 중산층 주도의 진보주의 운동의 성격을 띠고 있던 도시개혁운동은 지방정치에 정당이 참여하는 문제와 지방정부의 낮은 전문성 문제와 함께 당시 운영되고 있던 소선거구제를 집중적으로 공격했다. 비교적 좁은 지역을 선거구로 하는 소선거구제로 인해 조직선거가 일어나고 있고, 이것이 다시 부패한 정치인과 부패하고 무능한 지방정부를 만들고 있다는 이유에서였다.

---

30) 대선거구가 가진 문제점에 대한 자세한 설명을 위해서는 Todd Donovan with Heather Smith, *Proportional Prepresentation in Local Elections: A Review*, A report submitted to the Washington Institute for Pulblic Policy, Dec. 1994. 특히 pp.8-11 참조.

그 결과 많은 지방정부가 대선거구제로 전환하거나 소선거구제와 대선거구제를 같이 운영하는 방식으로 전환하였다. 또 실제, 이러한 전환으로 부패정치인이 줄어들기도 했다. 그러나 다른 한편으로는 이 소선거구제에 대해 오늘에 이르기까지 지방정부로부터 흑인을 비롯한 소수 인종을 배제하고 지방정부를 중상층 위주로 운영하게 만드는 수단이라는 비판이 강하게 제기되고 있다.

그러나 이러한 가운데 대선거구제에 대한 주장도 여전히 강하게 제기되고 있다. 무엇보다도 지방선거의 기능을 살리고 투표율을 높이기 위해서 사표를 줄이고 지방정부의 대표성을 높일 수 있는 방안을 강구해야 하며, 이를 위해서는 대선거구제가 전제 되어야 한다는 주장이 강하다.[31]

② 선거구의 운영

1) 각국의 선거구제

선거구제는 국가와 지방정부에 따라 다르게 운영된다. 미국이나 영국과 같이 그 운영에 있어 지방정부의 자율성이 큰 국가가 있는가 하면 우리나라와 같이 중앙정부가 결정권을 쥐고 있는 국가도 있다.

먼저 제도운영의 자율성이 가장 높은 미국을 보면 소선거구제와 대선거구제가 모두 운영되고 있다. 아울러 지방의원의 일부를 소선거구에서 선출하고 나머지 일부를 대선거구에서 선출하는 혼합제 방식도 활발하게 운영되고 있다.[32]

그러나 기본적으로는 대선거구제를 많이 채택해 왔다. 인구가 5천 명이 안 되는 지방정부가 전체 지방정부의 75% 이상이 되는 등 작은 규모의 지방정부가 많기 때문이다. 일례로 캘리포니아주를 보면 2020년 현재 480여 개의 지방정부의 80% 정도가 대선거구제를 운영하고 있다. 그러나 한 가지 주목할 점이 있다. 최근 들어 소선거구제나 혼합제 방식으로 전환하고

---

31) 앞의 Victoria Election Commission의 보고서와 Scotland's Public Service Union (UNISON) 보고서, 그리고 Todd Donovan and Heather Smith의 보고서 등 참조.
32) 일례로 Washington주의 Seattle 시(市)의 경우, 2013년부터 전체 9명의 시의원 중 7명을 소선거구에서, 2명을 대선거구에서 선출하고 있다.

있는 지방정부의 수가 크게 늘고 있다는 점이다. 캘리포니아의 경우도 불과 20년 전만 해도 95% 이상의 지방정부가 대선거구제를 운영하고 있었다. 변화의 속도가 빠름을 알 수 있다.[33]

인구규모가 큰 지방정부의 경우는 다소 다른 경향을 보인다. 인구 2만5천명 이상의 지방정부를 조사한 **전국도시정부연합**(National League of Cities)의 자료를 보면 인구 20만 명이 넘은 도시의 경우 소선거구제를 운영하는 경우가 45%, 대선거구 제도와 혼용하는 경우가 38% 정도 되는 것으로 나타나고 있다. 인구규모가 작은 지방정부와 분명한 차이를 보여 왔다고 하겠다.[34]

영국은 미국과 달리 대부분의 지방정부가 소선거구제를 운영하거나 소선거구제를 중선거구제와 혼용하고 있다. 기초지방정부인 디스트릭트(district)과 광역지방정부인 카운티(county), 그리고 통합형 지방정부(unitary authority) 대부분이 그러하다. 가장 상위에 위치한 9개의 광역지역(region) 중 8개는 의회(assembly) 의원을 선거로 구성하지 않고 기초지방정부와 민간기구로부터 추천된 인사들로 구성된다. 따라서 선거구와는 관계가 없다. 다만 광역지역과 지방정부로서의 지위를 함께 지니고 있는 런던광역정부(Greater London Authority)는 선거로 구성되는데 대선거구와 소선거구를 혼용하는 체제로 운영된다. 즉 의원 25명 중 11명은 시장(mayor)과 함께 런던광역정부 전체 구역을 선거구로 하는 대선거구에서, 그리고 나머지 14명은 전체 구역을 14개로 나눈 소선거구(constituency)에서 각 1명씩 선출된다.[35]

일본은 광역지방정부, 즉 도·도·부·현(都·道·府·縣)은 중선거구제 혹은 대선거구제를 운영하고 있다. 그리고 오사카나 교토와 같이 기초지방정부인 시·정·촌(市·町·村) 중 인구규모가 큰 정령지정도시는 그 하부 행정 단위인 구(區)를 선거구로 설정하여 복수의 후보를 당선시키는 중선

33) Mary Plummer, "The Massive Election Change In California You've Likely Never Heard Of," LAist: News, Food, Atrs and Events. Jan. 2, 2018. accessed June 28, 2020, https://laist.com/2019/01/02/the_massive_election_change_in_california_youve_likely_never_heard_of.php.

34) National League of Cities, 내부자료. 2008. 7. 11.

35) 'Assembly,' Great London Authority(GLA), accessed June 28, 2020. https://www.london.gov.uk/about-us/governance-and-spending/good-governance/electing-mayor-and-assembly.

거구제를 운영하고 있다. 나머지 시·정·촌은 통상 대선거구제를 채택하고 있다. 하지만 필요에 따라서 조례로 선거구를 따로 정할 수 있게 되어 있다. 지방정부의 결정에 따라 소선거구제와 중선거구제를 채택할 수 있는 여지가 있다는 뜻이다.

2) 우리나라 지방선거의 선거구제

우리나라에 있어 선거구제의 문제는 지방의회의 문제이다. 자치단체장은 당연히 지방정부의 구역 전체를 선거구로 하여 **비교다수득표제**, 즉 여러 후보 중 가장 많은 표를 얻은 사람이 당선된다.

광역지방의회 의원, 즉 광역의원선거구는 지역구의원선거와 비례대표의원선거로 나누어진다. 지역구의원선거는 1선거구에서 1명의 당선자를 내는 소선거구이다. 선거구는 기본적으로 기초지방정부(시·군·자치구)를 둘로 분할한 것으로 한다. 그러나 하나의 기초지방정부 구역 안에 국회의원선거구가 둘 있는 경우에는 국회의원선거구를 둘로 분할하여 광역의원선거구로 한다.[36] 예컨대 서울 성북구는 하나의 지방자치단체이지만 국회의원선거구가 갑 지역과 을 지역으로 나누어져 있는 만큼, 서울시 의원도 각 지역 당 2명씩, 모두 합해 4명을 선출한다는 뜻이다.

그러나 기초지방정부가 폐지된 제주특별자치도에는 국회의원이 3인 뿐임에도 불구하고 특별법에 따라 전체 도의원 정수를 43인 이내로 하고, 도의회의원선거구획정위원회가 정하는 바에 따라 도(道)의 조례로 정하게 되어 있다. 세종특별자치시 역시 기초지방정부가 없는 경우라 국회의원 정수가 2인임에도 불구하고 특별법에 의거, 지역구 시의원 정수를 16인으로 하고 있다.[37]

지역구 광역의원과 달리 비례대표 광역의원은 광역지방정부, 즉 시·도의 구역 전체를 하나의 선거구로 한다. 정수는 각 광역지방의회 지역구의원 정수의 100분의 10이다. 그러나 제주특별자치도는 특례를 두어 비례대표의원 정수를 지역구 의원수의 1000분의 20 이상으로 하도록 하고 있다.

---

36) 1991년 선거와 1995년 선거에서는 국회의원 선거구당 3개의 지역구 광역의원 선거구를 두었다. 광역의원의 수가 과하다는 시민사회의 비판이 일자 1998년 선거부터 국회의원선거구당 2개의 지역구 광역의원 선거구를 두는 제도로 바꾸었다.

37) 제주특별자치도 설치 및 국제자유도시 조성을 위한 특별법 제36조; 세종특별자치시 설치 등에 관한 특별법 19조.

비례대표의원의 선출방식은 정당명부식이다. 즉 정당이 비례대료 후보의 명부를 적성하여 미리 공개하면, 유권자가 이를 보고 각 정당에 투표를 하고, 각 정당이 받은 표의 수를 계산하여 그에 상응하는 수의 당선자를 결정하는 방식이다.[38]

기초의원선거도 지역구 선거와 비례대표 선거로 나누어진다. 먼저 지역구 선거는 2인에서 4인까지를 선출하는 중선거구제를 운영하고 있다.[39] 전체 기초의원의 정수는 공직선거법에 의해 광역자치단체인 시·도별로 정해져 있으며(총 2,927명), 각 기초자치단체, 즉 시·군·자치구별 선거구는 이를 고려하여 시·도에 설치되는 자치구·시·군의원선거구획정위원회가 정하게 되어 있다. 당선자 결정방식은 자치단체장이나 지역구 광역의원과 마찬가지로 표를 많이 얻은 후보 순서대로 당선되는 비교다수특표제이다.

기초의원선거구는 1991년 30년 만에 지방의회 선거가 재개된 이후 몇 번의 변화를 거쳤다. 1991년과 1995년의 선거는 한 선거구에서 1인의 당선자를 내는 소선거구제와, 한 선거구에서 2인 이상의 당선자를 내는 중선거구제가 혼용되었다. 읍·면·동을 선거구로 하되 인구가 2만 이하일 때는 1인, 2만 이상일 때는 2인 이상의 당선자를 내도록 했기 때문이다.

그러다가 1998년 선거부터는 읍·면·동을 선거구로 하되 인구규모와 관계없이 1인만 선출하게 됨으로써 기초의원의 선거구는 모두 소선거구가 되었다. 기초의원의 수가 너무 많다는 시민사회의 지적에 따라 기초의원의 정수를 축소하는 과정에서 일어난 일이었다. 실제, 이러한 개정으로 기초의원 정수가 약 25%정도 줄어들게 되었다.

이 제도는 2005년 8월, 2006년에 있을 지방선거를 앞두고 다시 변화되었다. 우선 선거구 획정의 기준을 행정구역, 즉 읍·면·동으로 하던 것을 '인구·행정구역·지세·교통, 그 밖의 조건'을 고려하여 시·도의 자치구·시·군의원선거구획정위원회가 공직선거법이 정하는 시·도별 정원

---

38) 1998년 지방선거까지 비례대표제도는 정당별 득표비례구속명부제 방식이 운영되었다. 유권자는 정당에 대한 별도의 투표를 하지 않고 후보자에게만 투표를 하였다. 투표 후 각 정당소속의 후보자들이 얻은 표를 정당이 얻은 표로 간주하는 방식이었다. 그러나 2001년 7월 이러한 방식은 헌법재판소에 의해 '직접선거 원칙'을 규정한 헌법에 위배되는 것으로 결정되었다. 후보자에 대한 투표는 유권자가 정당이나 정당이 작성해 둔 명부에 직접 투표한 것이 아니기 때문에 직접선거라 할 수 없다는 취지였다. 이에 따라 2002년 지방선거부터는 유권자가 후보자와 정당에 대해 각각 투표하는 정당명부식 비례대표제가 운영되게 되었다.
39) 공직선거법 제26조 제2항.

범위 내에서 정하는 내용으로 바꾸었다. 그리고 앞서 설명한 바와 같이 각 지역구마다 2인에서 4인까지를 선출하는 중선거구제를 확립했다. 선거구의 수를 줄이고 규모는 키우면서 각 선거구별 당선자 정수를 늘린 것이다.

비례대표 지방의원선거는 비례대표 광역의원과 마찬가지로 기초지방정부 구역 전체를 하나의 선거구로 해서 실시된다. 정수는 광역의회와 마찬가지로 지역구의원 정수의 10분의 1이다. 이 역시 정당명부식 방식으로 당선자가 결정된다. 즉 정당이 비례대표 후보의 명부를 작성하면, 유권자가 이를 보고 각 정당에 투표하고, 각 정당이 얻은 득표수에 따라 당선자를 결정하는 방식이다.

제 4 절 ｜ 정당참여와 정당배제

1 정당의 기능과 정당참여

정당은 정권획득을 목적으로 정치적 신념이나 이해관계를 같이하는 사람들이 모여 만든 집합체이자 단체이다. 이 정당은 정권획득을 위해 노력하는 과정에서 여러 가지 기능을 수행한다. 사회 내에 흩어져 있는 이익을 결집하고, 이를 근거로 정책을 다듬어 국가의 공식적 의사결정 체계에 전달하는 기능을 수행한다. 즉 이익결집 기능과 정책형성 기능, 그리고 전달(communication)기능을 수행한다. 또 상대 정당과의 경쟁을 통해, 또 집행기관에 대한 견제를 통해 의결기관이나 집행기관의 건전성과 경쟁력을 유지시켜주기고 한다. 아울러 정치인을 양성하는 충원기능과 사회 내에서 일어나는 각종의 갈등을 중재하는 통합기능을 수행하기도 한다.[40]

바로 이러한 기능들을 고려하여 많은 국가에서 정당의 지방선거 참여를 허용한다. 영국은 지방선거에 있어 정당의 참여는 당연한 것으로 받아들이고 있다. 독일이나 프랑스 또한 주(州)에 따라 정당의 역할이 다소 차이가 있기는 하지만 정당참여는 당연한 것으로 받아 들여 진다.[41] 농촌지역이나

---

40) Pippa Noris, Building Political Parities: Reforming Legal Regulations and Internal Rules, A Report for International IDEA: Revised Draft (May 2003), pp.3-8.

규모가 작은 지역에서는 그 역할이 작기는 하지만 참여 자체를 금지하지는 않는다. 일본 역시 정당이 역할을 하지 못하거나 참여하지 않는 경우가 많지만 이를 금지하지는 않는다.

그러나 다른 한편으로 일부 국가에서 이 문제는 오랫동안 큰 쟁점이 되어 왔다. 미국의 경우 20세기를 전후하여 지방정치와 지방선거로부터 정당을 배제하기 대규모 운동이 있었으며, 그 결과 많은 지방정부에 있어 정당의 지방정치 참여가 금지되었다. 이후 정당참여를 허용하는 지방정부의 수는 점점 더 줄어왔는데, 이러한 현상은 규모가 작은 지방정부일수록 더 뚜렷하게 나타나고 있다.

인구규모가 큰 지방정부일수록 정당참여를 허용하는 경우가 많은데, 그렇다 해도 2020년 현재 미국의 30대 지방정부 중 뉴욕(New York)을 9개만이 정당참여를 허용하고 있다.[42] 정당참여의 전통이 강한 시카고도 1999년부터는 정당배제 선거를 실시하고 있다.[43] 정당배제의 경향이 그만큼 강하다는 뜻이다.

❷ 정당배제와 정당참여의 논리

1) 정당배제의 논리

지방정치와 지방선거에 있어 정당의 참여를 반대하는 쪽은 지방정부는 중앙정부와 달리 정치적 판단을 필요로 하는 내용이 많지 않다는 주장과

---

41) 이에 대해서는 Lars Holtkamp, "Local Politics: Concordant Versus Competitive Democracy-Extent, Causes, and Problems of Party Influence," German Journal of Urban Studies, Vol. 45, No. 2 (2006) 참조.

42) 30대 대도시 지방정부의 정당참여와 정당배제의 2020년 현황은 아래와 같다. 정당참여 허용 도시: New York, Houston, Philadelphia, Indianapolis, Charlotte, Baltimore, Washington, Louisville / 정당배제 도시: Los Angeles, Chicago, Phoenix, San Diego, Dallas, San Antonio, Detroit, San Jose, San Francisco, Jacksonville, Austin, Columbus, Fort Worth, Memphis, Boston, El Paso, Milwaukee, Denver, Seattle, Nashville, Las Vegas, Portland.

43) 이와 관련된 정치적 함의에 대해서는 Edward Mccleland, "Why Chicago Has Nonpartisan Mayoral Elections," Magazine *Chicago*, up-loaded Jan. 28, 2019. accessed June 28, http://www.chicagomag.com/city—life/January-2019/Why-Chicago-Has-a-Nonpartisan-Mayoral-Election-Runoff/.

함께, 정당의 참여는 지방선거의 기능을 떨어뜨리게 된다는 주장을 한다. 몇 가지 정리해 보면 아래와 같다.

- 지방정부가 하는 일은 본질적으로 이러한 이념이나 정책적 정향과 관계된 일들은 아니다. 민영화 문제 등 어느 정도 이념적 성향이 영향을 미칠 수 있는 문제가 없는 것은 아니지만 대부분은 지역개발 문제나 관리상의 문제 등 실용성을 중심으로 처리될 수 있는 일이다. 쉽게 말해 '쓰레기 치우고 다리 놓고 하는 일인데, 여기에 무슨 공화당 방식이 따로 있고 민주당 방식이 따로 있느냐'는 이야기이다.44) 실용성을 따져 해결할 이러한 문제에 공연히 정당이 개입하게 되면 불필요한 정쟁과 부조리만 일어나게 된다.

- 정당의 참여는 지방정치를 중앙정치의 연장으로 만들면서 지방선거의 독자적 의미를 위협할 수 있다. 유권자들이 중앙정당이나 그 지도자에 대한 평가의 기회로 삼을 수 있기 때문이다. 특히 중앙선거와 지방선거가 동시에 치르지는 경우 후광효과(coattail effects) 문제 등으로 인해 지방선거의 독자성은 더욱 떨어지게 된다.

- 정당이 참여하게 되면 인물중심의 투표보다는 정당중심의 투표가 이루어짐으로써 정당이 배제될 때에 비해 질이 낮은 인사가 당선될 가능성이 높다. 조직논리상 정당은 행정능력이나 정책적 역량보다 당에 대한 충성심과 공헌을 우선 고려할 수가 있기 때문이다.45)

- 정당참여는 선거과정상 정당간의 경쟁을 부추기게 된다. 이러한 문제는 20세기 전후 미국 지방정부를 부패와 무능으로 몰고 갔던 '머신 폴리틱스(machine politics)'의 폐해가 잘 보여 준다. 정당조직의 구성원들이 정당과 그 지도자, 즉 '보스Boss'에게 맹목적인 충성을 했고, 정당과 그 지도자는 이들을 보호하고 특혜를 베풀었고, 이 과정에서 부정과 부패가 만연했다. 이것이 결국 시정관리관 제도(city-manager plan)의 도입과 정당배제를 주요 내용으로 하는 도시개혁운동(urban reform movement)을 불렀음은 잘 알려진 사실이다.46)

2) 정당참여의 논리

정당참여를 주장하는 쪽은 정당배제 주장에 대해 강한 비판을 가해왔다. 이들은 정당배제론자들의 현실정치에 대한 이해부족을 지적하는 한편 정

---

44) 1934년에서 1945년까지 New York 시의 시장을 지낸 Fiorello LaGuardia가 해서 유명해진 말이다. "City Democrats Fell Asleep in Clubhouse," by Joyce Purnick, *New York Times*, Nov. 7, 2005.

45) 김병준, 『한국지방자치론』 (서울: 법문사, 2000), p.263.

46) 제2편 제3장 참조.

당배제에 내포되어 있는 이념적 정향까지 문제 삼는다. 그 중요한 내용을 이들의 주장 그대로 정리하면 아래와 같다.

- 정당배제론자들의 주장과 달리 지방정부가 하는 일에도 각 정당의 정치적 노선이나 이념적 성향에 의해 다르게 결정될 수 있는 사안들이 적지 않다. 자치권의 범위가 넓은 대도시 지방정부의 경우는 더욱 그러하다. 어떠한 가치를 지향하는 정당이냐에 따라 도시정책의 내용은 물론 도시의 모습까지 달라질 수 있다.

- 정당이 배제되면 정부운영에 대한 지속적인 책임을 묻기가 쉽지 않다. 정당이 배제되면 지방정부 운영에 대한 책임은 정부를 운영하고 있는 개인에게 물을 수밖에 없는데, 이에는 여러 가지 한계가 따르게 된다.

- 정당이 갈등과 대립 또는 정쟁의 원인인지에 대해서는 다시 생각해 볼 필요가 있다. 이 문제는 정당이 참여하지 않는 교회와 사찰 등을 비롯한 종교조직과 대학을 비롯한 교육조직, 또 교육감 선거 등을 생각해 보면 쉽게 이해될 수 있다. 모두 정당이 참여하지 않는 조직이지만 그 내부 운영이나 선거에 있어서는 정당이 참여하는 것 이상으로 갈등과 다툼이 치열하다.[47] 정쟁과 대립, 그리고 갈등은 더 본질적인 것으로부터 온다.

- 정당이 없으면 후보를 알기 위해 더 많은 노력을 해야 한다. 즉 더 높은 **정보비용**(information cost)을 지불해야 하는데, 이 과정에서 저소득·저교육 계층의 관심과 참여가 줄어들게 된다. 결국 선거결과 구성되는 지방정부는 중상층 중심의 **체제편향**(system bias)을 보이게 되고, 그 결과 저소득·저교육 계층을 위한 많은 정책 사안들에 대한 무의사결정이 이루어지게 된다. 정쟁을 줄이는 것이 아니라 정쟁의 성격과 참여자, 그리고 그 결과를 바꾸어 놓는 것이다.[48]

- 정당의 참여는 또한 투표율을 높이는데 기여를 하며, 결과적으로 지방정부의 정당성과 대표성을 높이는데 기여를 하게 된다. 정당참여와 지방선거의 관계를 연구해 온 적지 않은 연구들이 정당참여가 투표율 제고에 긍정적 영향을 미친다는 사실을 밝혀왔다.[49]

- 형식상 정당을 배제해도 실제로 그러한 배제가 이루어질 수 있는가에

47) Byong-Joon Kim, "Nonpartsnaship and System Bias in Local Politics: Implication of Election System on Policy Agenda," Chang-Hyun Cho, ed. Peoples's Participation and Local Autonomy (Seoul: Center for Local Autonomy, Hanyang Univ., 1990) 참조.
48) William Schultze, Urban Politics: *A Political Economy Approach* (Englewood Cliffs, New Jersey: Prentice Hall, Inc., 1985), p.164.
49) Howard D. Neighbor, "The Case Against Nonpartisanship: A Challenge from the Courts," *National Civic Review*, Vol. 66, No.9 (Jan. 2007), p.449.

대해서는 큰 의문이 다. 우리나라만 해도 1991년과 1995년, 그리고 1998년과 2002년의 기초지방의회 의원선거를 정당배제로 치렀다. 이 선거에서 각 정당은 '내천(內薦),' 즉 정당 내부의 비공식적인 추천행위 등 여러 가지 형태로 기초지방의회 의원선거에 관여를 했다.

③ 우리나라에서의 정당참여·정당배제

1) 제도의 변화

제1공화국과 제2공화국의 지방선거에서는 정당은 당연히 참여하는 것으로 인식되었고, 따라서 문제조차 되지 않았다. 그러나 1980년대 후반부터 이 사안은 우리사회의 작지 않은 문제가 되었다. 학계와 정치권 일부에서 최소한 기초자치단체장 선거와 기초지방의회 의원선거에 있어서는 정당의 참여를 금지해야 한다는 주장이 지속적으로 제기되었기 때문이었다.

이러한 주장은 지방의회 선거가 1991년으로 확정되면서 그 강도를 더해 갔다. 일반시민이 정당배제를 선호하는 가운데[50] 1990년 2월에는 지방자치를 연구하는 학자들의 모임인 한국지방자치학회까지 정당참여를 반대하고 나섰다. 이유는 여러 가지였다. 우리나라 정당의 하향식 구조와 정당정치의 미성숙 등을 감안할 때 정당의 지방선거 관여는 곧 공천부조리, 중앙정쟁(中央政爭)의 지방침투, 지방의 중앙예속, 지역주의로 인한 지역감정의 심화, 지역발전의 소홀 등의 문제를 초래하게 된다는 것 등이었다.[51] 이어 1990년 8월에는 당시 여당인 민자당(민주자유당)도 이미 정당배제 쪽으로 기울어있던 입장을 공식적으로 천명하고 나섰다.[52]

---

50) 1991년에 행해졌던 한 설문조사는 51.6%의 응답자가 정당참여가 필요없다고 대답하였다. 정당참여가 있어야 한다는 응답자는 17.9%에 불과했다. 안병만, 『한국이 선거와 한국인의 선거행태』 (서울: 인간사랑, 2005), pp.97-98. 또 1987년 정부주최 지방자치관련 공청회에서도 참석자의 66%가 정당배제를 선호한 것으로 나타났다. 노융희, "지방의회제도," 『지방자치』 (1989. 8), pp.254-255. 이후 이러한 추세는 큰 변화 없이 1991년까지 지속되었다.

51) 한국지방자치학회, 「지방선거법 개정방향에 관한 건의문」, 1990. 2. 24.

52) 민자당은 1990년 8월의 민자당 뉴스레터인 「정책과 대화」를 통해 지방자치제 실시에 대한 정책방향을 정리하면서, 정당참여가 '권위주의적이고 특정지도자 중심인 우리의 정당정치 현실로 인한 지방의 자율성 신장 저해'와 그로 인한 '지방자치제 실시목적 자체의 왜곡' '지방정치의 중앙정치에의 예속화' '정쟁(政爭)

격론 끝에 1991년 기초지방의회의원선거는 정당이 참여할 수 없는 정당 배제 선거로 치러졌다. 그러나 그 뒤 약 3개월 뒤에 있었던 광역의원선거는 정당이 공천권을 행사하는 정당참여 선거가 치러졌다. 그리고 1995년 광역자치단체장선거와 기초자치단체장선거, 그리고 광역의원선거와 기초의원선거가 동시에 실시된 선거에서는 기초의원선거만 정당을 배제하고 나머지 세 선거는 정당이 공천권을 행사하는 정당참여 선거가 치러졌다. 1998년 지방선거와 2002년 지방선거, 그리고 2005년 지방선거도 같은 방식으로 실시되었다.

이러한 체제에 대해 강한 비판과 반발이 있었다. 최소한 기초자치단체장 선거에 있어서라도 정당참여를 금지해야 한다는 의견이었다. 천국시장군수구청장협의회와 지방자치를 연구하는 학자들이 특히 강한 의견을 제시했다, 그러나 2006년 지방선거를 앞둔 2005년, 국회는 오히려 그 동안 정당참여를 금지하고 있던 기초지방의회의원선거에까지 정당참여를 허용하는 방향으로 공직선거법을 개정하였다. 그 결과 2006년부터는 광역자치단체장과 기초자치단체장 그리고 광역의원선거와 기초의원선거 모두가 정당이 참여하는 형태로 치러지고 있다.

2) 논의의 방향

2005년의 공직선거법 개정을 통해 정당참여 문제는 모든 지방선거에 정당의 참여를 허용하는 쪽으로 일단 결론이 내려졌다. 그러나 이와 관련된 논의가 매듭된 것으로 보이지는 않는다. 전국시장군수구청장협의회와 일부 학계 인사를 중심으로 정당을 배제해야 한다는 주장이 여전히 강하고,[53] 일반 국민과 지역주민들의 정당에 대한 부정적 인식도 큰 변화가 없다.[54] 언제든 다시 논의와 재논의의 대상이 될 수 있음을 의미한다.

으로 인한 지방행정의 혼란과 마비' '지역사회의 분열과 반목 심화' 등을 불러올 수 있음을 지적하였다. 민주자유당, 「정책과 대화」 (뉴스레터), 1990. 8.

53) 동아일보, 위의 자료 및 기사: '기초단체장들은 이런 현실을 지방자치제도의 가장 큰 문제로 꼽았다. 정당별로도 차이가 없었다. 한나라당 소속 단체장의 77.5%, 통합민주당의 76.7%, 자유선진당의 100%, 무소속의 85%가 정당공천제를 빨리 폐지해야 한다고 입을 모았다.' 2008년 4월 2일.

54) 2005년 코리아리서치가 행한 설문조사 결과 정당공천이 폐지되어야 한다고 응답한 일반국민 응답자는 848명 중 59.4%가 되었다. 정당공천을 찬성한 응답자는 40.6%였다. 전국시장·군수·구청장협의회, 정당공천배제 관련 보도자료 참고자료. 2005. 3. 28.

논의의 핵심은 여전히 기초자치단체장과 기초의회 의원선거이다. 광역자치단체장과 광역의회 의원선거와 관련하여서는 보다 폭넓은 합의가 존재하는 것으로 확인된다. 특히 광역자치단체장, 즉 서울특별시장·광역시장·도시자·제주특별도지사 선거와 관련하여서는 그동안에도 별다른 이의가 제기되지 않았다. 즉 정당참여가 당연한 것으로 받아들여지고 있다.

결국 향후의 논의는 기초자치단체장과 기초의회 의원선거를 중심으로 이루어지겠는데, 그 기본적인 방향은 크게 네 가지이다. 2005년의 공직선거법이 규정하고 있었던 바와 같이 정당참여를 허용하는 방식과 그와 반대로 정당참여를 금지하는 정당배제 방식, 그리고 정당참여는 허용하지 않되 후보자 스스로 소속정당을 밝힐 수 있도록 하는 정당표방제,[55] 또 지역사회의 독자적 정치력 또는 정치세력이 살아날 때까지 정당참여를 금지하는 유보론 등이다.[56] 논의의 강도가 어떠할 지, 또 그 방향이 어떠할 지는 다른 무엇보다도 지방자치와 지방선거와 관련하여 정당이 얼마나 정당으로서의 기능을 하느냐에 달려있다.

제 5 절 선거운동과 선거관리

① 선거운동

1) 선거운동의 의의와 기능

선거운동은 선거가 제 기능을 하는데 있어 매우 중요한 역할을 한다. 무엇보다도 후보자와 지방정부의 활동, 그리고 지역사회 상황에 대한 정보가 선거운동을 통해 지역주민에게 전달된다는 점이 중요하다. 선거운동의 상당부분이 바로 이러한 정보를 '쉽고 재미있게' 전달하는 활동이다. 선거운

---

55) 정당표방제에 대해서는 이기우, "지방선거,정당표방제가 해법이다," 서울신문 '발언대,' 2005년 9월 7일; 이기우, "중앙-지방간 상생협력을 위해 무엇을 어떻게 할 것인가?" 한국헌법학회 및 한국공공자치연구원 주관 세미나 발제문, 2005년 9월 7일, 헌법재판소 대강당. 참조.

56) 유보론에 대해서는 김병준, 『김병준교수의 지방자치 살리기』 (서울: 도서출판 한울, 2002), pp.121-131.

동을 통해 전달된 정보를 바탕으로 지역주민은 지역사회와 지방정부가 해온 일을 돌아보고, 또 앞으로 해 나가야 할 일을 계획하게 된다. 그 결과 지역사회 전체의 정책적 담론 내지는 정책 논의의 수준을 한층 높아진다.

선거운동의 부수적인 효과 내지는 기능도 만만치 않다. 깨끗하고 활발한 선거운동은 지역주민들에게 스스로 지역사회의 주인임을 깨닫게 하는 계기를 만들면서 민주주의 기반을 다지고, 선거운동을 통해 만들어지는 다양한 행사들은 지역사회 전체에 생산적이고 능동적인 분위기를 형성시키기도 한다.

그러나 선거운동이 과하거나 비합리적으로 이루어지게 되면 많은 문제가 생긴다. 잘못된 정보가 전달되어 지역사회와 지역주민을 잘못된 방향으로 이끌기도 하고, 이로 인해 불필요한 마찰과 갈등이 생기기도 한다. 지역사회와 지방정부에 필요한 정책역량이나 행정능력 등과 관계없이 조직이나 재정적 능력이 큰 인사를 당선시키는 원인을 제공하기도 한다. 또 이권이나 특혜에 대한 기대를 매개로 한 잘못된 정치적 네트워크가 만들어지기도 하고 이렇게 만들어진 네트워크가 향후 지방정부의 운영에 큰 부담을 주기도 한다.

따라서 대부분의 국가와 지방정부는 선거운동과 관련하여 비교적 엄격한 규정을 정하고 있다. 정보전달 기능 등 선거가 가진 고유의 기능을 살리면서 그 부작용을 최소화하기 위해서이다. 선거운동이 가능한 시기(campaign period)를 중앙정부의 법률이나 지방정부의 조례로 정하고 있으며, 선거운동의 방법과 선거비용의 한계 등에 대해서도 분명한 규정들을 정하고 있다. 선거운동의 투명성 공정성 합리성 등을 확보하기 위해서이다

2) 선거운동에 대한 규제

선거운동은 다양한 방식으로 이루어진다. 신문과 방송 등의 미디어를 통한 홍보, 다양한 형태의 연설, 거리홍보와 가두방송, 현수막의 설치와 홍보물의 발송 등이 있을 수 있으며, 최근에는 인터넷과 휴대폰을 비롯한 통신기기를 활용한 선거운동이 강화되고 있다.

이러한 선거운동의 범위와 방법을 규정하는 방식은 크게 두 가지로 나눌 수 있다. 하나는 일명 포지티브(positive) 방식 또는 포괄제한 방식으로 불리는 **선별허용**(選別許容) **방식**이다. 이 방식은 선거운동 기간 동안 이루

어질 수 있는 선거운동의 방식과 내용을 미리 정해 놓고 이 범위 내에서의 활동만 허용한다. 또 하나의 방식은 일명 네거티브(negative) 방식 때는 개별제한 방식으로 불리는 **선별금지**(選別禁止) **방식**이다. 이 방식은 선별허용과 반대로 허용하지 않은 선거운동 활동을 정한 후, 그 외의 모든 활동을 허용하는 방식이다.

어느 국가와 지방정부 없이 이 두 가지 방식 중 하나만을 활용하는 경우는 드물다. 한 가지 방식을 주로 활용하며, 또 다른 방식을 일부 가미하는 형태를 취하거나 두 가지 방식을 함께 적절히 활용하기도 한다.

우리나라는 1995년 지방선거 전까지는 포괄제한이란 이름으로 선별허용 방식을 운영했다. 허용되는 선거운동의 범위도 좁았다. 합동연설회와 선거 공보물을 통한 홍보 등이 고작이었다. 후보자의 개별적 활동은 엄격히 제한되었고, 후보자와 유권자의 접촉 또한 최대한 억제되었다.

이러한 제한은 1995년 통합선거법으로 불렸던 **공직선거및선거부정방지법**이 제정되면서 크게 바뀌었다. 지나치게 엄격한 제한으로 후보자와 공약에 대한 정보가 유권자에 잘 전달되지 않는 등의 부작용이 심하다는 지적 때문이었다. 새 선거법은 '돈은 묶고 말과 발은 푼다'는 원칙아래 후보자의 가두 개인연설회와 대담 등을 허용하는 등 후보자와 유권자의 접촉범위를 크게 늘렸다. 선거운동을 규제하는 방식 또한 '개별제한'이란 이름 아래 선별제한 방식으로 바꾸었다. 미국과 영국, 그리고 일본 등 다른 국가의 예를 따른 것이었다.[57]

선거운동에 대한 이러한 제한방식은 2005년 통합선거법을 개정하여 다시 만들어진 **공직선거법**에도 그대로 이어지고 있다. 공직선거법은 여러 가지 활동을 금지하고 있는데, 몇 가지 중요한 예를 들면 다음과 같다.

- 공무원, 교사, 종교인 등의 지위를 이용한 선거운동(제85조)
- 지방정부의 교양강좌 등 공무원 등이 선거에 영향을 미치는 행위(제85조)
- 향우회, 종친회, 동창회, 국가와 지방정부의 보조를 받는 단체 등의 선거운동 금지(제87조)
- 녹음기 등을 사용한 선거운동 금지(제103조)
- 호별방문 제한(제107조)

[57] 참고로 일본에서 금지되고 있는 선거운동을 예로 들면 다음과 같다. 휴게소의 설치, 호별방문, 서명운동, 인기투표의 공표, 여론조사 결과의 공표, 음식물 제공(차와 과자 제외) 등.

- 선거일전 6일전부터의 여론조사 결과공표 금지(제108조)
- 서신, 전보, 등 전기통신 기기에 의한 선거운동 금지(제109조)
- 영화, 저술, 연예, 연극, 사진 등을 활용한 선거운동 금지(제92조)
- 축의금, 조의금, 주례행위, 다과 제공 등을 포함한 기부행위 금지(제112조, 제113조)

이러한 금지 사항과 함께 확성기와 자동차를 사용한 선거운동과 정책토론회의 운영, 그리고 행렬을 짓는 행위 등에 대해 까다로운 제한을 하고 있다. 심지어는 명함을 돌릴 수 있는 사람의 범위와 현수막의 수, 어깨띠를 맬 수 있는 사람의 수 등에 대해서도 엄격한 제한을 가하고 있다. 그리고 이러한 금지사항과 제한을 위반하는 경우에는 사법부의 판결을 통해 당선 무효를 비롯한 벌칙이 내려지게 된다. 선별제한 또는 개별제한 방식이라 하여 선거운동의 폭이 무제한 넓어지는 것이 아님을 의미한다.

② 선거관리: 선거비용과 선거공영제

선거에 있어 가장 중요한 요소 중의 하나가 선거비용이다. 선거비용이 많이 드는 경우 이 비용을 감당하지 못하는 사람은 선거로부터 배제되게 되어 선거의 공정성이 떨어지게 된다. 반면 선거비용을 지나치게 억제하는 경우 선거관련 활동을 위축시키게 됨으로써 후보자와 유권자간의 정보전달이 원활히 이루어지지 못하는 문제가 발생한다.

따라서 모든 국가와 지방정부는 선거의 기능과 공정성을 살리기 위해 지방선거 자금과 관련하여 여러 형태의 규제를 하고 있다. 선거비용의 상한선을 정하는 방식으로 지출규모를 통제하는가 하면, 개인과 단체가 기부할 수 있는 한계를 정하는 방식 등으로 수입통로 통제하기도 한다. 자금운영의 투명성을 확보하기 위한 노력은 기본이 된다. 수입과 지출을 지속적으로 공표하게 하는가 하면 결산에 대해서도 엄격한 감사를 실시한다.[58] 실

---

58) *Money in Politics Handbook: A Guide to Increasing Transparency in Emerging Democracies* (Washington, D.C.: US Agency for International Development, 2003)는 선거비용 규제의 내용으로 수입원(收入源) 통제(bans on funding from certain sources), 수입상한(收入上限) 통제(limits on contribution amounts), 지출항목 통제(expenditure bans), 지출상한 통제(expenditure limits), 공적지원금 규

제 운영에 있어서는 다소 미흡한 상황이 발생하기도 하겠지만 일단 제도상
으로는 이러한 규제와 통제를 엄격히 규정한다. 한 가지 흥미로운 점은 미
국에 있어서는 1976년 있었던 대법원 판결에 의해 지출상한이 위헌으로 결
정되어 이에 대한 규제를 할 수 없다는 점이다. **버클리 대 발레오**(Buckley
v. Valeo) 재판에서 미국 연방대법원은 선거비용 문제를 언론의 자유(free
speech)와 연계하여 선거비용에 상한을 두는 것은 미국 헌법이 보장하고
있는 정치적 표현의 자유를 침해하는 것으로 위헌이라 판결하였다.[59]

　우리나라는 중앙선거와 지방선거 모두 지출규제와 수입통로 규제, 그리
고 회계를 비롯한 관리과정상의 규제를 모두 하고 있다. 지출에 있어서는
선거비용 한도를 정해 엄격히 규정하고 있다. 선거비용의 범위 등에 있어
서도 매우 구체적인 내용까지 법률로 정하고 있다.[60]

　선거비용의 수입통로와 관련하여서는 후보자나 예비후보자 모두 후원금
을 거둘 수 있게 되어 있는 대통령 선거나 국회의원선거와 달리 지방선거
에서는 자치단체장 후보, 즉 광역자치단체장과 기초자치단체장 후보만 **후
원회**를 결성하여 일정 한도 내에서 후원금을 거둘 수 있도록 하고 있다.[61]
자치단체장 예비후보나 지방의회의원 후보는 후원회를 두거나 후원금을
모을 수 없다는 뜻이다. 그러나 2018년 헌법재판소는 이 조항을 위헌으로
판결했고, 이를 근거로 국회는 2020년 12월 지방자치단체장과 지방의원에
입후보하고자 하는 사람도 예비후보 단계에서부터 후원금을 거둘 수 있도
록 하는 정치자금법 개정안을 통과시켰다. 다만 예비후보 단계에서는 공식
선거비용의 50%를 점지 못하도록 했다.

　후원금 모집과 함께 정당 소속의 지방자치단체장 후보와 지방의원 후보
는 정당으로부터의 지원을 받을 수 있다. 즉 정당은 국고보조금과 함께 정

　모를 통한 통제(public funding/subsidies), 선거기간 조정을 통한 통제(campaign
　time limits), 회계 및 결산검사 및 공표(full and public disclosure)를 들고 있다.
　pp.3-18.

59) 이 사건은 미국 상원의원을 지낸 James Buckley 등이 선거비용과 후원금의 상
　한을 규정하고 있던 1971년 제정된 연방선거운동법(Federal Election Campaign
　Act)에 대해 소송을 제기한 사건이다. 이 사건에서 연방대법원이 후원자들의 후
　원금에 상한을 정하는 것은 합헌으로, 선거비용에 대해 상한을 정하는 것은 위
　헌으로 결정하였다. 미국 선거사에 있어 중요한 의미를 지니는 결정이었다. U.S.
　Supreme Court, Per Curium, BUCKLEY v. VALEO, 424 U.S. 1 (1976).

60) 공직선거법 제121조.

61) 정치자금법 제6조-제21조.

당차원의 후원금을 거둘 수 있도록 되어 있고, 이를 통해 당 소속의 후보자를 지원할 수 있게 되어있다. 무소속 후보는 정당 소속이 아니므로 이러한 지원도 받을 수가 없다.

선거비용관리의 투명성을 확보하기 규제도 엄격하다. 정치자금법 제7장 등을 통해 회계관리 책임자의 지정과 역할, 회계처리의 대상, 회계관련 서류의 보관과 열람 등에 대한 자세한 내용을 규정하고 있다.

선거비용과 관련하여 중요한 주제의 하나가 **선거공영제** 문제이다. 선거공영제라 함은 선거의 공정성과 공평성을 기하기 위해 선거벽보의 작성에서부터 연설회의 개최 등에 이르기까지의 선거관련 활동에 필요한 비용의 일부나 전부를 국가나 지방정부가 부담해주는 제도이다. 재정력이 약한 인사들도 선거에 입후보할 수 있는 기회를 가질 수 있게 함으로써 선거의 공평성을 높일 수 있는 기능을 한다. 또 선거비용을 지나치게 제한하기만 하면 불법자금이 이입될 수 있다는 우려와,62) 지방정부를 구성하기 위한 선거인만큼 그 비용의 일부나 전부를 국가나 지방정부가 부담하는 것이 마땅하다는 생각이 배경을 이루고 있기도 하다.

선거공영제는 정도의 차이는 있겠지만 대부분의 국가에서 채용하고 있고, 또 지방선거에서도 적용되고 있다. 프랑스와 독일 등 유럽계 국가들이 보다 적극적으로 활용하고 있다. 민간후원금이 전통이 되고 있는 미국은 이 부분에서도 아직은 소극적이다. 그러나 1990년 이후 이미 지방정부 공직선거 후보자에 지방정부 자금을 지원하고 있는 로스앤젤레스(Los Angeles)와 뉴욕(City of New York), 오스틴(Austin) 등의 뒤를 잇는 지방정부의 수가 최근 들어 크게 늘어나고 있는 추세이다(사잇글 4-1).63)

우리나라는 선거공영제의 개념을 폭넓게 받아들이고 있다. 선거비용을 엄격하게 통제하는 한편, 일정한 수준의 득표를 한 후보와 정당에 대해서는 전부 또는 일부의 법정 선거비용을 보전해주고 있다. 즉 유효투표수의 15% 이상을 득표한 후보에게는 당락과 관계없이 법정선거비용 한도 내에서 선거비용의 전부를 지방정부가 보전해 주고 있으며, 10% 이상 15% 미

---

62) Michael Pinto-Duschinsky, "Financing Politics: A Global View," *Journal of Democracy*, Vol. 13, No. 4 (2002), p.69.

63) 미국 일부 지방정부(15개 지방정부)의 선거공영제 운영상황(지원방식과 지원액수) 등에 대해서는 Steven M. Levin & Tiffany S. Mok, *Local Pulblic Financing Charter 2007*, A report for Center for Governmental Studies (Nov. 2007), pp. 2-5.

만의 득표를 한 후보에게는 50%를 보전해 주고 있다. 비례대표 후보를 정당에 대해서도 당선자에 한해 선거비용을 보전해 주고 있다.[64) 비교적 높은 수준의 선거공영제가 이루어지고 있는 셈이다. 선거의 기능을 살리기 위한 장치라 하겠는데, 다른 한편에서는 잦은 선거로 지방정부의 부담과 지역주민의 조세부담이 증가한다는 문제가 지적되고 있기도 하다.

사잇글 4-1: Clean Money, Clean Election

1990년대 중반 이후 미국에서는 일부 주(州)를 중심으로 Clean Election 운동이 일어나고 있다. Maine 주와 Arizona 주 등이 그 중심에 있는데, 운동이 핵심은 민간후원금을 받지 않겠다고 약속하고, 일정 수 이상의 5달러 소액헌금을 모금할 수 있을 만큼의 정치적 지지기반이 있음을 보여주는 후보에게 일정액의 선거자금을 정부가 지원하는 것이다.[65) Buckley v. Valeo 재판에 대한 연방대법원의 결정으로 선거비용에 대한 제한이 불가능해진 상황에서 나온 운동이다. 정부지원금에 일정한 상한이 있지만 후보자가 자신에 의지에 의해 지원을 받을 것인지를 선택을 할 수 있으므로 위헌이 아니다.

Maine 주와 Arizona 주는 이미 이 운동을 주의 법률로 정해 시행하고 있으며, 주(州)의 많은 정치인들이 이러한 지원을 선택하고 있다. Obama 전 미국 대통령의 강력한 지지자이자 미국 주지사 협회 회장을 지낸 바 있는 Janet Napolitano도 Clean Election 자금의 지원을 받아 2006년 Alabama 주지사 재선에 성공하였다.

Clean Election 운동은 주정부 차원을 넘어 지방정부로 연계되고 있다. 아직은 Oregon 주의 Portland 시 등 몇 개의 지방정부에서만 시행되고 있으나 조금씩 그 관심이 커지고 있다. 그러나 정치에 대한 강한 냉소로 인해 정치인에게 지역주민의 세금이 지원된다는 사실 자체를 받아들이기 힘든 사람들이 많아 운동의 확산이 쉽지만은 않다. 실제로 여러 주에서 이를 위한 법을 만들고자 시도하였으나 주의회에서, 아니면 주민투표에 의해 부결된 사례가 많다.

후보자들을 후원금으로부터 해방시키고, 선거를 국민이나 지역주민이 주는 깨끗한 돈으로 치르게 한다는 뜻에서 Clean Money 운동이라 하기도 한다. 15% 이상만 득표하면 법정 선거비용을 거의 모두를 정부가 보전해 주는 우리의 지방선거는 어떻게 된 것일까? 이렇게까지 하고 있는데도 선거가 여전히 'clean' 하지 못한 이유는 어디에 있는 것일까?

---

64) 공직선거법 제122의2조.

65) 이에 관한 국내 논문은 김준석, "미국 청렴선거법(Clean Election Act)의 제도적 분석: 메인, 애리조나의 사례를 중심으로," 『현대정치연구』, 제3권 제1호 (2010), pp.185-229 참조.

제4장

우리나라 지방선거의 전개

제1절 지방선거의 실시와 결과

1 개 괄

1945년 건국 이래 2020년 현재에 이르기까지 우리나라는 크게 11 차례의 지방선거를 치렀다. 지방의원선거와 지방자치단체장 선거가 별도로 실시되고, 광역지방정부 선거와 기초지방정부 선거가 따로 치러진 경우가 있어 선거건수로는 모두 17건이 된다.

첫 지방선거는 1952년 4월과 5월에 있었으며, 두 번째 선거는 1956년 8월, 그리고 세 번째 선거는 1960년 12월에 있었다. 제1공화국에서 두 차례, 제2공화국에서 한 차례 선거를 치른 셈이다(표 4-1). 그러나 1960년 선거가 있은 후 지방선거는 중단되었다. 5·16 군사정변 이후 지방자치 자체가 중단되었기 때문이다.

지방선거는 그로부터 30년이 지난 1991년(노태우정부)에 가서야 복원되었다. 그것도 일단은 지방자치단체장은 임명체제로 그대로 둔 채 지방의원만을 선출하는 반쪽의 선거였다. 지방자치단체장선거는 곧 이어 실시한다

공화국	차수	선거일	선출대상	정수
제1공화국	1차: 제1대 지방의원선거	52. 4. 25	시·읍·면의원	17,544
		53. 5. 10	도의원	306
	2차: 제2대 지방의원/ 단체장선거	56. 8. 8	시·읍·면의원	16,961
			시·읍·면장	1,491
		56. 8. 13	시·도의원	437
제2공화국	3차: 제3대 지방의원/ 단체장선거	60. 12. 12	시·도의원	487
		60. 12. 19	시·읍·면의원	16,909
		60. 12. 26	시·읍·면장	1,468
		60. 12. 29	서울시장·도지사	10
제6공화국	4차: 제4대 지방의원선거	91. 6. 26	시·군·자치구의원	4,304
		91.6.20	시·도의원	866
	5차: 제1회 전국동시지방선거	95. 6. 27	시·군·자치구의원	4,541
			시장·군수·구청장	230
			시·도의원	875(97)*
			시·도지사	15
	6차: 제2회 전국동시지방선거	98. 6. 4	시·군·자치구의원	3,490
			시장·군수·구청장	232
			시·도의원	616(74)
			시·도지사	16
	7차: 제3회 전국동시지방선거	02. 5. 30	시·군·자치구의원	3,485
			시장·군수·구청장	232
			시·도의원	609(73)
			시·도지사	16
	8차: 제4회 전국동시지방선거	06. 6.03	시·군·자치구의원	2,513(375)
			시장·군수·구청장	230
			시·도의원	655(78)
			시·도지사	16
	9차: 제5회 전국동시지방선거	10. 6. 2	시·군·자치구의원	2,512(376)
			시장·군수·구청장	230
			시·도의원	680(81)
			시·도지사	16
			교육감	16
			교육위원	82
	10차: 제6회 전국동시지방선거	14. 6. 4	시·군·자치구의원	2,519(379)
			시장·군수·구청장	226
			시·도의원	705(84)
			시·도지사	17
			교육감	17
			교육의원**	5
	11차: 제7회 전국동시지방선거	18. 6. 13	시·군·자치구의원	2,541(386)
			시장·군수·구청장	226
			시·도의원	737(87)
			시·도지사	17
			교육감	17
			교육의원**	5

표 4-1 지방선거 실시연표: 1952~2018

*( ): 비례대표의석 정수(별도).
**제10차와 제11차 지방선거에서의 교육의원선거는 제주특별자치도에서만 실시.
출처: 중앙선거관리위원회 자료를 재정리.

는 여·야합의가 있기도 이를 지방자치법 부칙에 명기하기도 했지만 지켜지지 않았다. 그 뒤로도 몇 차례 정치적 약속을 했으나 지켜지지 않다가 결국은 1991년 선출된 지방의원들의 임기가 끝나는 1995년(김영삼정부)에 가서야 지방의원선거와 함께 실시되었다. 우리 역사상 처음으로 광역자치단체장선거와 광역의원선거 그리고 기초자치단체장선거와 기초의원선거가 **전국동시지방선거**라는 이름으로 치러지게 되었다.

2 제1공화국과 제2공화국에서의 지방선거

1) 1952년 지방선거: 제1대 지방의원선거

(1) 선거를 둘러싼 상황

지방자치 실시를 위한 지방자치법은 1949년 7월 제정·공포되었다. 그러나 지방자치법이 제정되고 난 이후에도 지방선거는 바로 실시되지 않았다. 이승만 정부는 이를 계속 연기했고, 그러는 중에 1950년 한국동란이 발발하면서 지방선거는 논의 자체가 불가능한 상황이 되어버렸다.

그러나 그로부터 약 2년 뒤인 1952년 4월, 이승만 정부는 지방선거를 공고하고 나섰다. 전쟁 중인 상황이었다. 서울은 물론 경기도와 강원도 지역이 수복되지 못한 상태에 있었으며, 피난지인 부산에 수도를 두고 있던 때였다. 여러모로 선거를 치를 수 있는 형편이 아니었다. 그러나 선거는 강행되었다. 당시 대통령이던 이승만은 국회와의 관계악화로 국회를 통한 간접선거로는 재집권이 불가능하게 되자 국민이 대통령을 직접 선출하는 직선제 개헌을 추진하게 되었는데, 이 과정에서 지방선거는 직선제 개헌에 필요한 지지세력을 동원하기 위한 수단의 하나로 지방선거를 이용하려 했기 때문이다.[1] 즉 지방의회와 지방의원을 동원하여 직선제 개헌을 반대하는 국회에 압력을 가하자는 생각을 가졌던 것이다.[2]

---

1) 제2편 제4장 참조.
2) 자세한 설명은 손봉숙, 한국지방자치연구 (서울: 삼영사, 1985), p.22.

(2) 선거의 결과

기초의원인 시·읍·면의원선거는 4월 25일 한강 이북지역 및 지리산 주변 8개 면을 제외한 17시, 72읍, 1,308면에서 치러졌다. 중선거구제 **다점자**(多點者) **우선방식**에 의해 378명의 시의원과 1,114명의 읍의원, 그리고 16,052명의 면의원이 선출되었다. 그리고 15일 뒤인 5월 10일에는 306명의 도의원을 선출하는 선거가 있었다.

■ 다점자 우선방식은 표를 많이 얻는 후보부터 순서대로 당선되는 방식

선거결과는 예상대로 여권의 압승이었다. 시·읍·면의원선거는 당선자의 25.3%가 여당인 자유당 소속이었으며 31.3%가 자유당 기간단체 소속이었다. 당시 제1야당인 민국당은 총의석의 0.2%밖에 얻지를 못했다. 도의원선거는 더 심한 여권편향을 보여 자유당이 전체의석의 48%인 147석을 차지하였고, 한청(韓靑)·노총(勞總)·국민당 등 친여 세력이 20% 정도를 차지하였다. 제1야당인 민국당은 4명의 당선자밖에 내지 못하였다.

자유당 소속 당선자들은 곧바로 국회 앞으로 몰려들었다. 직선제 개헌 관철을 위한 시위를 벌이고 국회의원 소환운동을 전개하는 등 이승만 정부의 의도를 충실히 받들었다. 지방선거와 지방자치가 중앙정치 목적에 의해 유린될 수 있음을 보여준 사례였다.

2) 1956년 지방선거: 제2대 지방의원·자치단체장 선거

(1) 선거를 둘러싼 상황

제2대 지방선거는 1956년 8월에 있었다. 선거가 있기 6개월 전인 1956년 2월 시·읍·면장을 직선으로 선출할 것을 주요 내용으로 하는 지방자치법 개정이 있었다.[3] 간선 과정에서의 부정과 부패, 그리고 시·읍·면의회의 시·읍·면장에 대한 잦은 불신임결의 등 간선제에 따른 부작용을 막는다는 취지에서였다. 그러나 그 이면에는 직선제가 여권 후보에 더 유리할 수 있다는 이승만정부의 계산이 반영되어 있기도 했다.[4]

그러나 지방선거 실시를 3개월 앞 둔 시점에 실시된 대통령 선거의 결과는 이승만 정부의 이러한 자신감을 크게 떨어뜨렸다. 강력한 야당 후보였

---

3) 서울특별시장과 도지사는 여전히 대통령이 임명하게 하였다. 그러나 시·읍·면장은 시·읍·면의 선거권자가 선출하게 하였다. 지방자치법(1956년 2월 13일 개정법률) 제98조.
4) 제2편 제4장 참조.

던 신익희 후보가 선거전 갑자기 사망하여 군소 후보와만 경쟁을 했음에도 불구하고 이승만은 55.6%의 지지밖에 얻지를 못했다. 또 부통령선거에서는 여당 후보(이기붕)가 야당 후보(장면)에게 패하는 일이 발생했다. 자신을 잃은 이승만 정부는 지방자치법에 다시 손을 대었다. 법률로 정해져 있는 선거일에 모든 자치단체장과 지방의원을 다시 선출하게 되어있던 것을 고쳐 잔여 임기가 남아 있는 자치단체장과 지방의원은 선거의 대상이 되지 않도록 하는 내용이었다. 이 개정안은 다시 자유당의 주도아래 국회를 통과하였다.[5] 또 하나의 파행이었는데, 이러한 조치로 자치단체장의 60% 정도가 선거와 관계없이 유임되었다.

(2) 선거의 결과

선거는 1956년 8월 8일 치러졌다. 전쟁이 끝난 후였으니 당연히 전국을 대상으로 한 선거였다. 선거결과는 여권의 승리였다. 자치단체장의 경우 당선자 580명 중 자유당이 50.3%를 차지했고, 무소속이 46%를 차지했다. 야당인 민주당 당선자는 모두 10명으로 전체의 1.7%밖에 되지 않았다. 시·읍·면의원선거도 마찬가지였다. 여권출신 후보들이 도시 지역 일부를 제외한 거의 모든 지방의회를 석권했다. 이러한 현상은 농촌지역으로 갈수록 심하게 나타났다. 후보등록 방해와 후보사퇴 압력, 선거운동 과정에서의 관권개입, 투·개표 부정 등 온갖 부정이 다 저질러진 결과였다(사잇글 4-2).

시·읍·면장과 시·읍·면의원선거가 있고 난 닷새 후인 8월 13일, 다시 서울특별시의원과 도의원선거가 있었다. 결과는 다시 여당인 자유당의 승리였다. 자유당은 총 의석 437석의 57%에 해당하는 249석을 장악하였다. 그러나 도시지역에서는 오히려 야당이 선전을 하는 **여촌야도**(與村野都)의 현상이 나타났다. 도시성(都市性)이 약한 충청북도와 강원도의 경우 자유당이 거의 모든 의석을 휩쓴 반면, 서울·부산·대구 등의 대도시지역에서는 오히려 야당이 압승을 거두었다. 특히 서울특별시의원선거에서 자유당은 총 47석 중 단 한 석밖에 차지하지 못한 반면, 야당인 민주당은 40석이나 차지하였다. 매우 강한 여촌야도 현상이었는데, 이에 불안을 느낀 이승만 정부는 이번에는 자치단체장을 아예 임명직으로 전환하는 방안을 모색하

---

5) 지방자치법(1956년 7월 8일 개정법률), 부칙 제6조.

게 된다.

사잇글 4-2: 어느 지방의원의 증언

······ 우선, 시의원선거 때의 한 예를, 아니 필자가 당한 일 몇 가지를 이야기하고자 한다. 선거폭력이 가장 극심했던 것은 입후보의 등록에서부터 억제하는 것이었다. 온갖 책략을 동원해서 여당인사가 아니면 등록을 시키지 않는다는 방침아래 '서류가 미비 되었다', '선거위원이 부재중이다' 하면서 다음에 오라는 식으로 입후보등록을 지연시키다가 마감시간이 1분만 넘으면 무효라며 등록을 방해했다. 또 온갖 술수를 다 동원했지만 여의치 않을 경우에는 괴한을 시켜서 서류를 탈취하는 등 야당성향을 띤 후보는 원천적으로 등록을 봉쇄했다.

그러다가 그도 저도 안 되어 등록을 마치게 되면 그 후보는 자연히 집권당 측의 횡포에 대한 시민의 반감으로 선거에서 유리한 입장에 서게 되므로 당선 가능성이 있는 사람에게는 경찰의 정보형사가 접근하여 자유당 입당 공작을 벌였으며 갖은 방법으로 회유 또는 위협하는 일이 자행되었다.······6)

3) 1960년 지방선거: 제3대 지방의원·자치단체장 선거

(1) 선거를 둘러싼 상황

4·19 혁명 이후 들어선 민주당정부는 이승만 정부에 의해 임명제로 바뀌었던 자치단체장을 다시 주민직선 체제로 전환하는 등 지방자치의 정신을 살리는데 큰 비중을 두었다. 특히 헌법에 최소한 기초자치단체장인 시·읍·면장만큼은 주민에 의해 직접 선출되도록 규정함으로써 기초자치단체장선거만은 특정 정치세력에 의해 파행으로 흐르는 일이 없도록 하였다. 또 헌법으로 규정한 것은 아니지만 기초의원과 광역의원을 선출하여 지방의회를 구성하도록 하여야 한다는 데 대해서도 폭넓은 이해가 있었다.

그러나 시·읍·면장선거나 지방의원선거와 달리 제1공화국 기간 내내 임명제로 되어 있던 도지사와 서울특별시장의 선출직으로의 전환문제는 국회 내에서 적지 않은 논란을 겪었다. 4·19 정신을 살리고 완전한 지방자치의 실현을 위해 주민직선으로 해야 된다는 주장이 있었는가 하면, 빠른 경제성장에 필요한 통합적인 관리체제 마련을 위해 이들 만큼은 임명직으로 해야 한다는 의견도 있었다. 논란 끝에 결국 서울특별시장을 비롯한

6) 유기봉, "50년대 지방자치를 되돌아본다.-실제 운영은 어떠했던가," 『월간 지방자치』, 1990년 1월호, p.58.

자치단체장과 지방의원 모두를 주민이 직접 선출하는 제도로 귀결이 되었다. 심지어는 동장과 이장까지 주민이 직접 선출하도록 하였다.

(2) 선거의 결과

서울특별시의원과 도의원 을 선출하는 광역의원선거는 1960년 12월 12일 실시되었다. 그리고 시·읍·면의원선거는 일주일 뒤인 12월 19일에 실시되었다. 선거는 민주당 신파와 구파간의 대결이었는데 투표율은 제1공화국에 비해 크게 떨어졌다. 제1대(1952년)와 제2대(1956년) 지방선거에서는 대부분 투표율이 80% 이상을 기록했던데 비해 1960년의 제3대 지방선거에서는 시·도의원선거가 61.4%, 시의원선거가 62.6%, 읍의원선거가 54.3%에 그쳤다. 면의원선거만이 83.7%로 제1대와 2대의 투표율에 근접했다.

선거결과, 도시지역에서는 민주당 신파와 구파가 경쟁한 양상을, 그리고 농촌지역에서는 무소속으로 출마한 구(舊)자유당 소속의 후보자들이 선전하는 양상을 보였다. 전반적으로 무소속의 선전이 뚜렷하게 목격되었는데, 기초의원인 시·읍·면의원선거의 경우 총 의석 16,851석의 81.2%인 13,688석을 무소속이 차지하였다. 제1당인 민주당은 총 의석의 16.5%인 2,781석을 얻는 데 그쳤고, 신민당도 1.9%인 325석을 얻는 데 그쳤다. 광역의원선거에는 정당의 역할이 그나마 살아나 전체 487석 중 민주당이 40.0%인 195석을 차지했다. 그러나 여기서도 무소속은 여전히 강세를 보여 전체의석의 44.4%인 216석을 차지하였다.

③ 제6공화국 이후의 지방선거

1) 1991년 지방선거: 기초의회 및 광역의회 의원선거

(1) 기초의원선거

① 선거를 둘러싼 상황

1991년 3월 26일, 노태우 정부 아래에서 30여 년 만의 첫 지방선거인 기초의원선거가 실시되었다. 대단히 어수선한 분위기 속에서였다. 1990년 5월 이후 노태우 당시 대통령이 이끄는 민정당과 김영삼 김종필 두 야당 지도자가 이끄는 통일민주당과 신민주공화당이 소위 '3당합당(3黨合黨)'을 통해 민자당이란 거대 여당을 형성하고 있었고, 제1야당인 평민당은 이 '3당합당'을 '정치야합'으로 규정하며 이에 대한 투쟁을 선언하고 있었다.

이러한 상황에 선거를 2개월 정도 남겨 둔 시점에서 '수서파동'이 일어났다. '수서파동'은 주택건설회사인 한보주택이 부정한 방법으로 주택건축이 불가능한 자연녹지에 건축을 할 수 있는 허가를 받아낸 사건으로 정(政)·경(經)·관(官)의 고질적인 유착을 보여준 사건이었다. 이 사건으로 정치와 정치인에 대한 국민의 신뢰는 다시 한 번 크게 떨어지고 있었으며, 정치적 냉소는 더욱 깊어져 가고 있었다.

② 선거의 결과

30여 년만의 선거였던 만큼 자칫 선거가 과열되지 않을까 하는 우려가 있었다. 그러나 막상 후보등록을 마친 뒤의 집계결과는 예상 밖이었다. 일부 중소도시와 농촌지역에서 8:1 등의 높은 경쟁률을 보이기도 했으나 전체 경쟁률은 2.36:1로 비교적 낮은 편이었다. 정치에 대한 냉소와 선거의 혼탁가능성에 대한 우려 등이 작용한 탓이었다. 정당들이 '내천'을 통해 출마희망자를 정리한 것도 그 한 원인이 되었다.[7]

전국 평균 55%의 투표율을 보인 가운데 결과는 여당인 민자당의 압승이었다. 정당추천이 허용되지 않아 후보자의 정당배경을 정확히 파악하기는 힘이 들지만 당선자의 49.8%가 여당인 민자당 관련 후보인 것으로 알려졌다. 제1야당인 평민당 관련 당선자는 전체의 18.2%, 그리고 제2야당인 민주당 관련 당선자는 0.8%에 불과한 것으로 알려졌다.[8]

여당의 압승은 사실상 후보등록이 마감되었을 당시 예견되었다. 제1야당인 평민당을 포함한 야권은 지역성(地域性)과 선거자금, 그리고 준비미비 등으로 후보등록에 있어 이미 절대적인 열세를 보였다. 제1야당인 평민당만 해도 비교적 강한 지지기반을 지닌 서울지역에서 조차 전체 후보자의 28%, 의원정수의 52.6%밖에 등록시키지 못했다. 한 명도 빠짐없이 모두 당

---

7) 각 정당들은 내부적 갈등과 지지기반 분산을 막기 위해 '정당배제'라는 지방의 원선거법 취지와 관계없이 실질적으로 공천에 가까운 조정행위를 하였다. 이러한 조정행위가 경쟁률을 낮추었음은 두말할 필요가 없다. 실제로 대구지역의 1.6대 1이라는 낮은 경쟁률도 결국 민자당 내지는 여권에 의한 사전조정의 결과라는 분석이 있었다. 조선일보, 1991. 3. 14.

8) 민자당 집계에 의한 것임.

선되어야 겨우 과반수에 달할 수 있는 상황이었다. 강원, 충청, 영남, 제주 지역 등에서는 적게는 전체 후보자의 0.3%(대구, 경북), 많아야 2.6%(대전) 와 2.9%(충남)정도였다. 출발부터 여권의 압승은 예견되고 있었다.

(2) 광역의원선거

① 선거를 둘러싼 상황

기초의원선거가 있고 난 후에도 정치권은 여전히 어수선한 분위기였다. 여당은 내각제 개헌문제를 둘러싼 계파간의 갈등 등 '3당합당'의 후유증을 그대로 안고 있었고,[9] 야당은 야당대로 선거참패에 대한 책임문제와 야권 통합을 둘러싸고 분열의 조짐을 보이기도 했다. 그러다가 명지대생 강경대 군이 시위도중 경찰의 과잉진압으로 사망하는 사건이 터지면서 정국은 다시 한 번 큰 소용돌이 속으로 빠져들었다.

이러한 상황 속에 선거가 공고되었고, 공고와 함께 정국은 곧 선거국면 으로 전환되었다. 정부·여당으로서는 위기국면을 탈출할 수 있고, 또 계 파간의 암투를 어느 정도 정리할 수 계기가 되는 선거였다. 즉 선거결과가 얼마나 긍정적이냐에 따라, 또 어느 계파가 얼마나 당선되느냐에 따라 당 내 세력구도가 정리될 수도 있었다. 야권 또한 선거에 대한 기대가 적지 않았다. '3당합당'에 대한 국민적 심판과 노태우 정부에 대한 중간평가의 의미를 지닐 수 있기 때문이었다.

흥미로운 것은 선거는 분명 광역의원을 뽑기 위한 지방선거였지만 그 의미는 오히려 중앙정치적인 것이었다. 광역의회의 권능이 무엇이고 실제 당선자들이 하게 될 일이 무엇인가 하는 등의 문제는 제대로 거론되지도 않았다. 이에 대해서는 언론도 일반국민도 정당도 모두 뒷전이었다. 관심 은 선거결과가 가져올 중앙정치적 파장에 더 크게 모아지고 있었다.

② 선거의 결과

58.9%의 투표율을 보인 선거의 결과는 민자당의 완전한 승리와 야당의 완전한 패배였다. 민자당은 전체의석 866석 가운데 65.1%인 504석을 차지 했다. 치열한 접전이 예상되었던 서울과 경인지역에서도 압도적인 승리를 거두었다. 서울의 경우 전체 132석의 83.4%인 110석을, 인천에서는 전체

---

9) 민정계가 내각제를 추진하고자 한 반면 김영삼계는 이를 반대하고 있었다.

27석의 74.1%인 20석을, 그리고 경기에서는 117석 중 94석을 차지하였다. 부산출신 정치인들이 지도부를 이루고 있었던 민주당의 선전이 기대되었던 부산에서도 마찬가지였다. 전체 51석 중 50석을 차지하였다.

반면 기초의원선거 이후 제1야당인 평민당과 군소야당인 신민주연합이 합당하여 새로이 출범한 신민당은 제1야당이었음에도 불구하고 전체 866석의 19%인 165석을 얻는 데 그쳤고, 그것도 137석은 김대중 총재의 정치적 기반이었던 호남지역에서 얻은 것이었다. 서울을 비롯한 그 외의 지역에서 얻은 의석은 모두 합쳐 28석에 지나지 않았다. '호남당'으로의 고착화 현상이 더욱 심화된 것으로 나타났다.

다른 야당이라 하여 나을 것이 없었다. 민주당은 모두 469명을 공천하였으나 21명만이 당선되었다. 0.5%에도 못 미치는 숫자였다. 또 43명의 후보를 내었던 민중당은 강원도 정선에서 1명을 당선시키는데 그쳤고, 3명의 후보를 낸 공명당은 한 명도 당선시키지 못하였다. 이러한 야당의 부진에 비해 오히려 무소속의 진출은 두드러졌다. 모두 115석으로 전체 의석의 14%를 차지하였다. 제주도에서는 무소속이 9석으로 전체 의석의 50% 이상을 차지하기도 하였다.

2) 1995년 지방선거: 제1회 전국동시지방선거

(1) 선거를 둘러싼 상황

제1차 전국동시지방선거는 1995년 6월 27일 김영삼 정부 아래에서 치러졌다. 김영삼 정부는 국민대다수의 절대적인 지지를 받았던 출범초기와 달리 그 지지기반이 심각한 수준으로 약화되고 있었다. 여권 일부에서는 지방선거, 특히 35년 만에 실시되는 자치단체장 선출이 정부·여당의 통치기반을 크게 약화시킬 수 있다는 우려를 제기하기도 했다. 자연히 자치단체장선거를 연기해야 한다는 주장도 나오고 있었다.

한편 1991년 광역의원선거 이후 민주당으로 통합된 야권은 여당의 선거 연기 의도를 경계하는 한편 지방선거를 김영삼 정부에 대한 평가 및 지방 행정권 장악의 교두보로 활용한다는 입장을 보이고 있었다. 또 선거를 통해 1992년 대통령선거에서 낙선한 이후 정계은퇴를 선언하고 영국으로 떠났다가, 1993년 다시 귀국하여 사실상의 정치활동을 재개하고 있던 김대중 전 총재의 정계복귀 명분을 찾는다는 생각도 가지고 있었다.

상황이 이러하다보니 선거는 시작부터 지방선거로서의 정체성을 상실하고 있었다. 선거에 임하는 각 정당이나 후보, 언론, 그리고 유권자들까지도 지방선거를 중앙정치의 연장선상에서 해석·이해하고 있었다. 1991년의 광역의원선거에 이어 다시 한 번 '중앙선거'로서의 지방선거가 치러졌다.

(2) 선거의 결과

지방의원선거법에 의해 실시되었던 1991년의 지방선거와 달리 1995년의 선거는 1994년 3월 새로이 제정된 **공직선거및선거부정방지법**에 의해 실시되었다. 이 법은 대통령 선거에서부터 지방의원선거에 이르기까지의 모든 선거에 관한 법률을 하나로 묶은 통합선거법의 의미를 지닌 것이었다(이하 통합선거법). 모든 지방선거를 동시에 치르게 규정하고 있었으며, 광역의회선거에 있어 **비례대표제** 도입을 규정하고 있었다. 정당공천과 관련하여서는 예전과 같이 기초의원선거에서만 이를 금지하였다.[10]

선거운동 방식에 관해서도 큰 변화가 있었다. '돈은 묶고 말과 발은 푼다'라는 취지아래 종래의 선거관련 법률에 비해 선거비용을 보다 엄격하게 제한하는 반면 선거운동에 있어서의 제한은 대폭 완화하였다. 특히 선거운동방식에 있어서는 법에 규정된 이외의 방식으로는 선거운동을 하지 못하게 하는 **포괄적 제한방식**에서, 법에 의해 금지·제한되지 않은 운동은 모두 허용하는 **개별적 제한방식**으로 전환함으로써 합법적 선거운동의 범위를 대폭 확대하였다.

선거는 비난과 모함 등으로 얼룩졌다. 표면상 선거비용이 적게 들어가는 것으로 보고되기는 하였으나, 실제로는 법의 취지를 무색하게 할 만큼 많은 비용이 소요되는 선거였다.[11] 투표율은 68.4%로 1991년의 55%에 비해 높은 것으로 나타났다. 결과는 여당, 즉 민자당의 참패였다. 정치적 상징성이 큰 광역자치단체장선거. 즉 서울특별시장·광역시장·도지사 선거에서 여당인 민자당은 부산, 인천, 경기, 경북, 경남에서만 승리하였다. 민주당은 서울, 광주, 전북, 전남에서, 그리고 자민련은 대전, 강원, 충북, 충남에서 각각 승리하였다. 3당 모두 정치적 기반이 약한 대구지역과 제주지역에서

---

10) 통합선거법 제정 당시에는 모든 지방선거에 정당공천을 허용하였으나 선거가 실시되기 전인 1995년 초 이를 다시 개정하여 기초의원선거에서는 정당공천을 금지시켰다. 본편 제3장 중 '우리나라에서의 정당참여·정당배제 논의' 부분 참조.
11) 정세욱, 『지방행정학』 (서울: 법문사, 2000), p.121.

구분	광역단체장*	광역의원(지역구)	기초단체장	기초의원
민자당	5	282	70	정당공천 배제
민주당	4	355	84	
자민련	4	85	23	
무소속	2	153	58	
계	15	875	230	4,541

표 4-2 1995년 지방선거 결과: 자치단체장/지방의원 당선자 정당별 분포

* 광역단체장 당선 지역: 민자당-부산 인천 경기 경북 경남/민주당-서울 광주 전북 전남/자민련-대전 강원 충북 충남/무소속-대구 제주.
출처: 중앙선거관리위원회 자료를 재정리.

는 무소속 후보가 선전하였다(표 4-2).

광역의원선거 역시 마찬가지였다. 1991년 선거와 달리 야당인 민주당과 자민련이 많은 지역에서 우세를 보였다. 여당인 민자당이 과반수이상을 확보한 지역은 15개 시·도 중 부산, 강원, 경북, 경남 4지역에 불과했다. 민주당은 서울, 인천, 광주, 경기, 전북, 전남에서 제1당이 되었으며, 자민련은 대전, 충남에서 제1당이 되었다.

기초자치단체장선거에서도 야당인 민주당이 압승을 거두었다. 156개의 시·군·자치구에 후보를 낸 민주당은 모두 84명의 당선자를 내었다. 여당인 민자당은 209명의 후보를 내고도 70명밖에 당선시키지 못했다. 경북과 경남지역을 중심으로 무소속의 활약도 두드러져 무소속 당선자도 53명에 이르렀다.

기초의원선거는 정당추천이 금지되고 있었던 바 각 정당이 얼마나 많은 '내천'을 통해 얼마나 많은 당선자를 내었는지 정확히 알 수가 없었다. 1991년 선거와 달리 각 정당 또한 내천에 의한 당선자의 수를 밝히지 않았다. 그러나 1995년 선거는 지방선거에 있어서의 정당추천 또는 **정당배제** 문제와 관련하여 한 가지 간과할 수 없는 문제를 드러내었다. 다름 아닌 기초의원 입후보자의 기호문제였다. 기초의원은 정당추천이 아닌 관계로 추첨에 의해 기호가 주어지게 되나 많은 유권자가 정당의 기호와 혼동하여 기표를 하는 모순이 발생한 것이다. 후보에 대한 정보가 부족할 수밖에 없는 대도시 지역은 더욱 그러한 양상을 보였다(사잇글 4-3).

사잇글 4-3: 지방의원 제비뽑기

......

...... (잘못된) 선거제도 이야기를 하자면 끝이 없다...... 그 중에서도 1995년 지방선거에 있어서의 기초지방의원 후보 기호문제는 당연 압권이다...... 1995년은 네 개의 지방선거, 즉 광역단체장선거와 기초단체장선거, 그리고 광역의원선거와 기초의원선거가 같은 날 치러졌다. 광역단체장선거와 기초단체장선거, 그리고 광역의원선거는 정당공천을 허용하고 있었으므로 정당순위에 따라 기호를 받았다. 민자당 1번, 민주당 2번...... 그런 순서였다. 그러나 정당공천 이 금지되어 있는 기초의원 후보는 추첨을 통해...... 기호가 정해졌다.

그러나 문제는 유권자였다...... 많은 사람들이 기초의원 후보의 기호도 당연히 정당순서에 따라 되어 있는 것으로 착각했고, 그래서 자기가 선호하는 정당기호에 찍었다. 심지어 이를 잘 알고 있는 유권자조차도 앞서 찍은 번호를 연속 찍어버리는 경우가 많았다...... 어차피 기초 의원 후보는 누가 누군지도 모르는 판이었다.

결국 기가 막힌 결과가 나왔다. 민자당과 민주당이 치열한 경쟁을 벌인 서울과 경기 지역 등에서는 1번과 2번이 대거 당선되고, 민자당이 강한 영남지역에서는 1번이, 민주당이 강한 호남지역에서는 2번이 대거 당선되었다...... 그야말로 기호만 잘 뽑으면 저절로 지방의원이 되는, 제비뽑기로 의원을 선출하는 셈이 되어 버렸다. 아무리 미개한 나라라 해도 이런 선거는 없다...... 이런 선거제도 하에서 우리는 선거를 한다...... 그리고도 지방의회가 잘못되면 '지방 자치를 너무 일찍 시작했다'는 등 또 한 번 '바보'같은 소리를 한다.[12]

3) 1998년 지방선거: 제2회 전국동시지방선거

(1) 선거를 둘러싼 상황

1998년의 지방선거는 'IMF 위기'로 불리는 경제위기 속에서 치러졌다. 국가신용도의 추락과 실업률의 증가 등으로 많은 국민이 고통을 안고 있는 상황이었다. 어려움이 많았던 때인 만큼 일반 유권자들은 선거 자체에 큰 관심을 두지 않는 모습이었다. 대통령 선거가 있은 지 불과 반년 정도 밖 에 되지 않는다는 점에서도 더욱 그러했다. 선거가 공고되고 출마를 희망 하는 인사들이 언론에 보도되고 하는 와중에서도 국민은 대체적으로 냉담

---

12) 김병준, 『김병준 교수의 지방자치 살리기』(서울: 도서출판 한울, 2002), pp.73-75. 이러한 문제가 생기자 1998년 선거에서는 기초의원 후보에 한해 숫자 대신 '가' '나' '다' 등을 기호로 주었다. 유독 기초의원 후보에게만 이런 기호가 나가니 웬만한 관심으로는 후보의 기호를 기억하기가 쉽지 않았다. 또 여전히 생각 없이 앞 번호, 즉 '가' 혹은 '나' 등에 찍어 버리는 경향도 강했다. 여전히 기호만 잘 뽑으면 지방의원이 될 가능성이 큰 현상이 일어난 것이다. 이러한 혼동은 2005 년 공직선거법 개정으로 기초의원에도 정당공천이 허용될 때까지 계속되었다.

한 태도를 보였다.

여·야당 또한 1997년의 대통령 선거가 만들어 낸 건국 이후 최초의 정권교체라는 상황에 제대로 적응하지 못하고 있었다. 특히 야당인 한나라당은 대통령 선거 패배에 따른 인책론과 재정적 어려움, 또 그에 따른 일부 조직기반의 와해 등 많은 어려움을 겪고 있었다.

새로이 여당이 된 새정치국민회의(국민회의)는 여당으로서의 지위를 향유하게 된 만큼 한나라당에 비해 월등히 좋은 상황이었다. 그러나 한나라당에 비해 국회내 의석수가 적은 관계로 공동여당인 자유민주연합(자민련)과 지속적인 공조를 유지해야 하는 어려움을 겪고 있었다. 개혁을 표방하고 있는 정당으로서 보수적 이념을 표방하고 있는 또 다른 정당과 공조가 쉬운 일만은 아니었다.

(2) 선거의 결과

선거는 비교적 조용하게 치러졌다. 금품살포와 상호비방과 같은 부정적인 모습이 줄어든 것으로 나타났으며, 공정성과 공명성도 종래의 선거에 비해 비교적 높았던 것으로 알려졌다. 그러나 투표율은 매우 저조하여 52.7%에 그쳤다. 정치적 냉소와 무관심이 그만큼 큰 탓이었다. 특히 서울, 부산, 대구, 인천, 광주, 대전 등의 대도시 투표율은 45%에 머물렀다.[13]

선거결과는 여당인 국민회의의 우세와 함께 각 정당의 지역적 연고가 철저히 반영되는 형태로 나타났다. 아래의 <표 4-3>에서 보는 바와 같이 국민회의는 서울, 광주, 경기, 전남, 전북, 제주 등의 6개 시·도에서 시·도지사는 물론 기초자치단체장 자리와 광역의회 의석을 거의 석권하다시피 했다. 또 공동여당인 자민련은 대전, 충남, 충북에서, 야당인 한나라당은 대구, 부산, 울산, 경북, 경남 등의 영남권에서 압도적인 우위를 나타냈다. 우리나라 정치의 고질적인 병폐인 지역주의를 다시 한 번 확인시켜 준 선거였다.

---

13) 시·도지사 선거 및 시·군·자치구 단체장선거는 52.7%, 그리고 시·도의원선거는 52.3%였다. 이는 1960년 12월에 실시된 시·도지사 선거의 투표율 38.8%를 제외하고는 전국 규모의 선거로서 제일 낮은 수치였다.

| 표 4-3 | 1998년 지방선거 결과: 자치단체장/지방의원 당선자 정당별 분포 |

구분	광역단체장*	광역의원(지역구)	기초단체장	기초의원
한나라당	6	224	74	
국민회의	6	271	84	정당공천 배제
자민련	4	82	29	
기타 정당			1	
무소속		39	44	
계	16	616	232	3,490

* 광역단체장 당선 지역: 한나라당-부산 대구 울산 강원 경북 경남/국민회의-서울 경기 광주 전북 전남 제주/자민련-인천 대전 충북 충남.

출처: 중앙선거관리위원회 자료를 재정리.

4) 2002년 지방선거: 제3회 전국동시지방선거

(1) 선거를 둘러싼 상황

2002년 6월 13일 실시된 지방선거는 집권말기에 들어선 김대중 정부에 대한 비판이 높아진 상태에서 치러졌다. '진승현 게이트'와 '최규선 게이트' 등 집권세력 내부의 부정과 부패가 드러나고 있었고, 급기야 대통령 아들들이 이러한 비리에 직·간접으로 연루된 사실이 드러나면서 김대중 정부에 대한 실망과 비판이 극에 달하고 있었다. 여당인 민주당과 제1야당인 한나라당은 역사상 처음 있었던 **'국민참여 경선'**을 통해 대통령선거 후보를 확정하고 있었고, 6월 13일의 지방선거를 대선의 전초전으로 여길 정도로 당력을 집중하고 있었다.

그러나 일반 국민들의 분위기는 달랐다. 오히려 월드컵의 열기가 전국을 감싸고 있었다. 강호 영국팀과 프랑스팀과의 평가전을 통해 한국축구의 성장을 목격한 시민들은 월드컵 16강 진출에 대한 강한 기대를 지니고 있었고, 이러한 기대는 선거 직전에 열린 대 폴란드전과 대 미국전을 각각 승리와 무승부로 장식하면서 다시 한 번 높아졌다. 백만 명을 넘는 '길거리 응원단'이 등장하는 등 열기가 고조되는 사이에 지방선거에 대한 관심은 그 어느 때보다 낮은 상태에 있었다.

■ 국민참여 경선은 대통령 후보를 선출함에 있어 당원뿐만 아니라 일반 국민이 사전 신청에 의해 참여하여 투표할 수 있도록 한 제도였다. 이 제도로 대중적 지지가 높았던 노무현 후보가 당내 기반이 강했던 이인제 후보를 누르고 당선될 수 있었다.

(2) 선거의 결과

후보등록 마감결과 시·도지사는 16명 정원에 55명이 입후보하여 3.4대 1의 경쟁률을 보였고, 시장·군수·구청장은 232명 정원에 750명이 입후보하여 약 3.2대 1의 경쟁률을 보였다. 그리고 광역의원인 시·도의원은 609명 정원에 1,531명이 입후보하여 2.5대 1, 기초의원인 시·군·자치구의원은 3,485명 정원에 8,373명이 입후보하여 약 2.4대 1의 경쟁률을 보였다.

선거는 비교적 조용한 가운데 치러졌다. 통계상 선거사범이 1998년 지방선거에 비해 7~8배 늘어난 것으로 나타나기는 했고, 주요 언론은 이를 '불법과 타락이 극에 달한 것'으로 보도하기도 했다. 그러나 이러한 수적 증가는 감시시스템의 강화와 사이버 선거 이러한 선거사범의 수적 증가는 감시시스템의 강화와 사이버 선거운동에 관한 법령이 채 정비되지 않아 나타난 것으로 선거 자체가 크게 과열·혼탁 향상을 보인 것은 아니었다.

투표율은 48.9%로 전국단위의 선거로서는 역대 어느 선거보다 낮았다. 유권자들의 관심은 심각할 정도로 낮았다. 선거 이슈 역시 처음부터 끝까지 대통령 아들 등 측근들의 비리에 맞추어져 있었다. 또 한 번의 '지방 없는 지방선거'가 치러진 셈이었고 그 속에서 여당의 후보들은 자신들의 정책적 역량이나 지역사회에 대한 공헌여부와 관계없이 유권자의 심판을 받아야 했다.

결과는 여당의 참패였다(표 4-4). 제1야당인 한나라당은 16개의 광역자

표 4-4 2002년 지방선거 결과: 자치단체장/ 지방의원 당선자 정당별 분포

구분	광역단체장**	광역의원	기초단체장	기초의원
한나라당	11	431(36)*	140	
새천년민주당	4	121(22)	44	
자민련	1	29(4)	16	정당공천 배제
민주노동당		2(9)	2	
기타 정당		(2)		
무소속			30	
계	16	609(73)	232	3,485

* ( )는 비례대표
** 광역단체장 당선 지역: 한나라당-서울 부산 대구 인천 대전 울산 강원 경기 충북 경북 경남/새천년민주당-광주 전북 전남 제주/자민련-충남.
출처: 중앙선거관리위원회 자료를 재정리.

치단체장 자리 중 서울특별시장과 경기도지사를 비롯해 모두 11개의 자리를 차지하였으며, 기초자치단체장선거에서도 총 232개 기초자치단체중 140 군데에서 승리를 거두었다. 지역구 광역의원도 총 609석 가운데 431석을 차지했다. 반면 여당인 민주당은 호남지역에서만 압도적 우위를 보였을 뿐 서울을 비롯한 모든 지역에서 부진을 면치 못했다.

5) 2006년 지방선거: 제4회 전국동시지방선거

(1) 선거를 둘러싼 상황

2006년 5월 30일 실시된 지방선거는 참여정부(노무현 정부)에 대한 국민적 지지가 매우 낮은 상태에서 치러졌다. 경제는 연평균 4.5% 정도 성장하고 있었고 수출도 연 평균 19%의 성장률을 보이고 있었다. 경상수지 흑자도 연평균 180억 달러 가까이를 기록한 결과 외환보유고도 2천억 달러를 넘어 세계 5위의 외환보유국으로 진입하고 있었다.[14) 2005년도 들어서는 S&P(Standard and Poors) 등의 국제 신용평가기관들도 국가신용등급을 모두 상향조정하였다.[15)

그러나 사회전반의 왜곡된 배분구조와 소비구조는 성장의 과실을 중상층 이상으로만 몰리게 했다. 해외소비가 연간 20% 이상씩 늘어나는데 비해 국내 소비의 증가율은 제로에 가까웠다. 결국 영세자영업자를 비롯한 서민들은 경제적 어려움을 감내해야 했고, 이러한 어려움은 곧 정부에 대한 강한 비판으로 이어졌다. 정부는 이러한 양극화 구조를 완화하기 위한 '동반성장' 정책을 강화해 나갔지만, 이는 다시 보수적 시각을 가진 일부 언론과 인사들에 의해 '좌파정책'이라는 공격을 받아야 했다.

아울러 성장에 따라 유동성 자금이 넘쳐나면서 부동산 투기가 극성을 부렸다. 미국과 유럽 등지에서의 중산층의 붕괴와 이에 따른 소비시장의 축소 가능성은 세계 전체 기업들의 투자를 위축시켰고, 국내 기업들 또한 이 대열에 합류했다. 자연히 투자가 되지 않은 유동성 자금이 넘치면서 금융업과 이를 기반으로 하는 투기가 붐을 일으켰다.[16) 우리나라 또한 예외

---

14) 국정홍보처, 참여정부 국정운영백서 3: 경제 (국정홍보처, 2007), pp.43-46.
15) 2005년 S&P는 A⁻에서 A로, 피치사는 A에서 A⁺로 조정했다.
16) 과잉유동성과 저금리로 인한 주택가격의 상승은 1990년대 말부터 전 세계적인 문제가 되었다. 미국, 영국, 네델란드, 스웨덴, 인도 등 나라를 가리지 않고 주택가격의 상승이 이어졌다. 이러한 상승은 실물경기가 위축되고 투자가 활성화

가 아니었다. 서울 강남과 분당 일대를 중심으로 부동산 투기가 극성을 부렸다. 정부는 하루가 다르게 오르는 집값과 전쟁을 하고 있었으며, 언론과 일반시민들은 집값을 제대로 잡지 못하는 정부에 대해 강한 비판을 쏟아놓고 있었다.

정치적으로도 정부는 매우 어려운 상황이었다. 국회에서는 여당인 열린우리당이 다수의석을 확보하고 있기는 했다. 그러나 이는 국민의 안정적 지지에 기반을 둔 것이 아니라 2004년 대통령탄핵을 시도했던 한나라당에 대한 반감이 반영된 것이었다. 국민은 여전히 정부와 여당에 대해 강한 비판적 시각을 가지고 있었다. 특히 집권 첫 해 있었던 상당수 여당의원들의 민주당 탈당과 열린우리당 창당은 집권의 기반이었던 호남지역의 민심을 돌아서게 하는데 결정적인 역할을 했다.

(2) 선거의 결과

선거가 있기 훨씬 전부터 선거의 결과는 상당부분 예측되었다.[17] 실제로 여당에서는 후보를 찾기가 어려웠다. 광역자치단체장 후보의 경우에는 장관 등 정부를 운영하던 인사들이 '낙선을 각오하고' 대거 뛰어들기도 했다. 기초자치단체장 후보 역시 마찬가지였다. 역량 있는 인사를 찾아 출마를 권유하기가 쉽지 않았다.

반면, 제1야당인 한나라당은 호남지역을 제외한 전 지역에서 공천경쟁이 치열했다. 높은 강선가능성 아래 예비후부들이 몰려들었기 때문이었다. 그외 민주당은 광주광역시와 전라남도 지역을 중심으로 한 호남지역에, 국민중심당은 대전광역시와 충청남도 지역에 희망을 걸고 있었고, 민노당은 노동자들이 많은 일부 기초지방자치단체 지역과 지방의원 선거에서의 비례대표제에 다소 희망을 거는 정도였다.

이러는 와중에 선거운동을 하던 한나라당의 박근혜 대표에 대한 테러사건은 선거의 방향을 결정짓는 계기가 되었다. 테러사건 이후 경합지역인 대전광역시 지역 등에서 한나라당 지지표의 결집현상이 두드러졌으며, 나머지 지역에서도 한나라당의 더욱 우세한 입장을 유지하게 되었다.

51.6%의 투표율을 보인 선거결과, 한나라당의 압승이었다(표 4-5). 한나

되지 않은 상태에서 일어나고 있었다는데 더 큰 문제가 있었다. 대통령자문 정책기획위원회, 『부동산시장 안정 및 주거복지』, 보고서 (2008), pp.26-27 참조.

17) "어차피 질 선거였는데⋯⋯ 노무현의 속내는?" 오마이뉴스, 2006. 6. 7.

표 4-5	2006년 지방선거 결과: 자치단체장/ 지방의원 당선자 정당별 분포			
구분	광역단체장**	광역의원	기초단체장	기초의원
열린우리당	1	33(19)*	19	543(87)
한나라당	12	519(38)	155	1,401(220)
민주당	2	71(9)	20	233(43)
민주노동당		5(10)		52(14)
국민중심당		13(2)	7	56(11)
무소속	1	14	29	228
계		655(78)	130	2,513(375)

* ( ): 비례대표 당선자
** 광역단체장 당선 지역: 열린우리당-전북/ 한나라당-서울 부산 대구 인천 대전 울산 경기 강원 충북 충남 경북 경남/민주당-광주 전남/무소속-제주
출처: 중앙선거관리위원회 자료를 재정리.

라당은 16개의 광역자치단체 중 12곳에서 승리를 했으며, 230개의 기초자치단체 중 155곳에서 승리를 했다. 광역의원에 있어서도 지역구 의석 총 659석 중에 519석을 점했고, 기초의원도 총 지역구 2,513석 중에서 1,401석을 점했다. 그야말로 헌정사상 유래 없는 압승이었다.

이에 비해 여당인 열린우리당은 광역자치단체장 1명(전라북도), 기초자치단체장 19명, 지역구 광역의원 33명, 지역구 기초의원 543명을 내는데 그쳤다. 오히려 호남지역 지지기반을 지닌 민주당은 광주광역시와 전라남도에서 광역자치단체장을 내면서 다시 지역정당으로 살아나는 모습을 보였고, 국민중심당도 대전광역시와 충청남도에서 강세를 보였다. 민노당은 비례대표제의 덕을 다소 본 것으로 나타났으나 그 세력은 여전히 강하지 않았다.

6) 2010년 지방선거: 제5회 전국동시지방선거

(1) 선거를 둘러싼 상황

2010년 6월 2일 실시된 지방선거 역시 역대 지방선거와 마찬가지로 중앙정치적 의미가 강한 선거로 치러졌다. 고 노무현 대통령의 1주기가 다가오는 가운데 '세종시 수정안' 처리문제와 '4대강 사업' 문제, 그리고 한명숙 전국무총리 등 참여정부 출신 인사들에 대한 정치탄압(검찰수사) 문제와

'천안함' 사건 등이 연일 뜨거운 쟁점이 되고 있었기 때문이다. 지방선거가 '지방'의 의미로 치러질 수 있는 상황이 아니었다.

그나마 처음으로 전국동시지방선거에 포함되게 된 시·도 교육감 선거와 교육의원선거는 다소 다른 모습을 보여 주었다. '무상급식' 문제라는 지방적 쟁점이 선거의 핵심쟁점이 되고 있었다. 보수성향의 후보들은 무상급식을 반대하는 반면 진보성향의 후보들은 무상급식을 반드시 실시하겠다는 공약을 내 걸고 있었다.

이러한 상황에 여권과 야권의 사정은 복잡했다. 여당인 한나라당은 세종시 수정안 문제를 놓고 이를 찬성하는 '친이계(친이명박계)'와 이를 반대하는 '친박계(친박근혜계)'가 내분을 겪고 있었다. 야권도 마찬가지였다. 제1야당인 민주당은 호남지역당의 성격을 벗어나지 못한 상태에 있었고, 신생정당 국민참여당은 후보를 제대로 낼 수 있을 만큼의 기반을 갖추지 못하고 있었다. 노동세력을 대변하는 민주노동당과 진보신당 역시 단일정당으로 통합되지 못한 상태에서 노동자가 많은 일부 특정 지역을 제외하고는 그 지지도가 매우 낮은 상태에 있었다. 또 충청권에 기반을 둔 자유선진당 역시 지역당 성격을 벗어나지 못하고 있었다.

선거를 몇 달 앞둔 시점에서는 야권의 승리를 점치는 사람들이 많았다. 이명박 정부에 대한 비판이 높았기 때문이었다. 그러나 선거가 다가오면서 상황이 다소 달라졌다. 민주당을 비롯한 야권이 국민적 지지를 확보하지 못하고 있는 상황에 천안함 사태에 따른 보수층의 결집이 진행되고 있었기 때문이었다.

(2) 선거의 결과

후보등록 마감 결과, 시·도지사는 16명 전원에 55명이 입후보하여 3.4 대 1의 경쟁률을 보였고, 시장·군수·구청장은 228명 정원에 749명이 입후보 하여 3.3 대 1의 경쟁률을 보였다. 또 광역의회인 시·도의원은 680명 정원에 1,764명이 입후보하여 2.6 대 1의 경쟁률을, 기초의회인 시·군·자치구의회 의원은 정원 2,512명에 5,822명이 입후보하여 평균 2.3 대 1의 경쟁률을 보였다. 처음으로 동시지방선거로 치르지는 시·도교육감 선거는 정원 16명에 74명이 입후보하여 4.6 대 1의 경쟁률이었고, 시·도 교육의원선거는 82명 정원에 269명이 입후보하여 3.3 대 1의 경쟁률을 기록했다.

투표율은 54.5%로 이전 지방선거에 비해 높은 편이었다. 20대와 30대의 젊은 세대가 보다 적극적으로 참여한 결과였다. 젊은 세대의 이러한 태도 변화는 고 노무현대통령 서거에 따른 충격과 트위트 등을 통한 참여 독려, 그리고 인터넷 댓글에 대한 처벌강화 등 이명박 정부에 의해 행해진 일종의 '생소한' 통제 등에 의한 것으로 분석되었다.

선거결과는 한나라당은 시·도지사 선거에 있어 서울특별시 경기도 경상북도 부산광역시 대구광역시 울산광역시 등 여섯 곳에서만 당선되었다(표 4-6). 민주당은 강원도 충청북도 충청남도 전라남도 전라북도 인천광역시 광주광역시에서 당선되었으며 자유선진당은 대전광역시 한 곳에서 당선되었다. 경상남도와 제주시는 야권성향의 무소속 후보가 당선되었다. 여당인 한나라당의 참패였다. 특히 강원도와 경상남도 등 전통적 강세지역에서 민주당 후보와 야권 성향의 무소속 후보가 당선된 것과 부산광역시에서 민주당 후보에게 고전한 것은 큰 충격이었다.

시장·군수·구청장 선거도 마찬가지였다. 총 228개의 선거구에서 여당인 한나라당은 72명, 민주당은 82명, 민주노동당은 3명, 자유선진당은 1명을 당선시켰다. 이 역시 한나라당의 패배였다. 특히 상징성이 큰 서울특별시에서 한나라당은 25개의 구청장 중 4명만을 당선시킬 수 있었다. 경기도에서도 31명의 시장·군수 중 10명밖에 당선시키지 못했다. 시·도의회 의원선거도 같은 양상이었다. 총 680개의 의석 중 한나라당은 252석만을 차지했다. 나머지는 야당(민주당은 328석을, 자유선진당은 38석, 민주노동당 18석 등)과 무소속(36석)의 몫이었다. 시·군·자치구의회 의원선거에 있어서는 한나라당이 그나마 선전을 했다. 한나라당은 전체 2,512석 중 1.087석을 얻었다. 민주당은 871석, 자유선진당이 95석, 민주노동당은 90석을 얻었다.

시·도 교육감과 교육의원선거는 정당이 공천을 할 수 없는 선거인만큼 그 결과를 정리하기 힘이 든다. 그러나 전반적으로 이 또한 여권의 패배였다. 상징성이 큰 서울특별시와 경기도 등에서 무상급식을 찬성하는 진보성향의 후보들이 당선되었기 때문이었다.

그러나 이 모든 것을 두고도 선거결과를 야당의 승리라고만 규정지을 수는 없었다. 두 가지 이유에서 그러했다. 첫째, 각 정당별 득표율에 있어서나 당선자 수에 있어 여권과 야권이 상당히 균형적인 모습을 보였다는 점이다. 실제로 당선자 수에 있어 여당인 한나라당과 제1야당인 민주당 사

구분	광역단체장**	광역의원	기초단체장	기초의원	교육감	교육의원
한나라당	6	252(36)*	82	1,087(160)	정당공천 배제	정당공천 배제
민주당	7	328(32)	92	871(154)		
자유선진당	2	38(3)	13	95(22)		
민주노동당		18(6)	3	90(25)		
기타 정당		8(4)	2	64(15)		
무소속	2	36	36	305		
계	17	680(81)	228	2,512(376)	16	82

표 4-6 　 2010년 지방선거 결과: 당선자의 정당별 분포

* ( ): 비례대표 당선자
** 광역단체장 당선 지역: 한나라당-서울 부산 대구 울산 경기 경북/민주당-인천 광주 강원 충남 충북 전북 전남/자유선
진당-대전/무소속-경남 제주.
출처: 중앙선거관리위원회 자료를 재정리.

이에 큰 차이가 없었으며, 정당별 득표율에 있어서는 오히려 한나라당이
제1야당인 민주당에 비해 앞서는 모습을 보여주었다.

그 결과 많은 지역에 있어 하나의 정당이 집행기관인 자치단체장과 의
결기관인 지방의회를 모두 장악하는 현상이 완화되었다. 예컨대 서울특별
시는 한나라당 시장에 민주당의원이 주도하는 시의회를 가지게 되었다. 그
리고 충청남도는 민주당 도지사에 한나라당과 자유선진당 의원들이 주도
하는 도의회를, 또 경상남도는 야권 성향의 무소속 도지사에 한나라당 의
원들이 절대 다수를 이루는 도의회를 운영하게 되었다. 지역주의가 팽배한
우리나라 지방자치사에 있어 보기 드문 현상이었다.

둘째, 중간선거는 여권이 불리한 상황에서 선거를 치를 수밖에 없다는
점도 선거결과를 '야권의 승리'로 해석하기 힘들게 했다. 실제로 정부·여
당에 대한 기대와 실망이 쉽게 나타나는 우리나라 정치문화 속에서 여권이
중간선거에서 승리하기 어렵다는 점, 그리고 한나라당의 핵심 인물인 박근
혜 의원이 적극적인 득표활동을 하지 않은 상태에서 선거가 치러진 점 등
을 감안하면 오히려 야권의 성적이 부진했다는 결론을 내릴 수도 있었다.

7) 2014년 지방선거: 제6회 전국동시지방선거

(1) 선거를 둘러싼 상황

지방선거가 있기 50일 전인 2014년 4월 16일, 인천을 출발해 제주도로 가던 세월호가 진도인근 해상에서 침몰하는 세월호 참사가 일어났다. 수학여행을 가던 안산 단원고등학교 학생들을 비롯해 승객 476명 중 295명이 목숨을 잃었다.

곧 바로 나라 전체가 큰 혼란에 빠졌다. 국민들은 슬픔 속에서 할 말을 잊었다. 그러다 곧 국가 기구와 정치지도자들의 부패와 무능에 분노하기 시작했다. 선주와 감독기관의 유착 등 사고의 구체적인 원인이 하나하나 드러나자 분노를 넘어 절망하기도 했다. 정부를 비판하는 집회가 수 없이 열리는가 하면 언론의 질타 또한 매일같이 이어졌다.

취임 이후 줄곧 50%이상을 유지하던 대통령의 지지도가 급락하기 시작했다. 대통령 스스로 전·현직 관료집단을 향해 '관피아'라 부르며 개혁을 다짐하기도 했고, 책임을 다 하지 못한 해양경찰을 해체하고 행정자치부(당시는 행정안전부)의 기능을 대폭 축소하는 등의 조치를 발표하기도 했다. 기관장 등 책임 있는 개인이 아닌 조직 전체에 대해 책임을 묻는 매우 이례적인 조치였다.

그러나 한번 돌아선 국민들은 좀처럼 돌아올 것 같지 않았다. 대통령과 정부에 대한 불신이 갈수록 높아졌다. 여당 또한 마찬가지였다. 야당에 비해 한 때 두 배 가까이 높았던 지지도 격차가 점점 줄어들고 있었다.

반면 야당은 정부와 여당에 대한 집중적인 공격을 했다. 국민안전을 책임지지 못하는 무능한 정권으로 규정하는 한편, 세월호 참사 유족들과 시민사회단체들과의 관계를 강화하는 등 사태를 해결하고 지지도를 높이는 데 총력을 기울였다.

그 결과 지방선거의 분위기가 바뀌기 시작했다. 연초까지만 해도 여당이 압승할 것이라는 관측이 우세했다. 대통령 지지도가 높은데다 야당이 수권정당으로서의 모습을 보여주지 못한데 대한 반응이었다. 그러나 세월호 참사 이후 정부와 여당에 대한 지지도는 내려가고 야당은 그 반사이익을 얻을 수 있는 환경에 놓이게 되었다. 일부 전문가와 언론은 여당이 참패할 것이라는 전망을 내어 놓기도 했다.

(2) 선거의 결과

세월호 참사에 따른 혼란이 계속되는 가운데 일부에서는 지방선거 연기가 거론되기도 했다. 그러나 2015년 6월 4일 제6회 전국동시지방선거가 예정대로 실시되었다. 전국 선거로서는 처음으로 2013년 재·보궐선거에서 적용되기 시작한 **사전투표제도**가 적용되었다.[18]

선출대상 직위는 모두 여섯이었다. 광역자치단체장과 기초자치단체장, 광역의원과 기초의원, 그리고 교육감과 교육의원이었다. 다만 교육의원은 제주특별자치도에서만 선출하게 되어 있었다. '지방교육 자치에 관한 법률'에 의해 교육의원은 2014년 별도로 선출하지 않기로 되어 있었으나, 제주특별자치도는 이 법에 우선하는 '제주특별자치도 설치 및 국제자유도시 조성을 위한 특별법'에 의거 교육의원의 별도로 선출하는 제도를 유지하고 있기 때문이다.

아무튼 17명의 시·도지사를 선출하는 광역자치단체장선거에는 모두 57명이 입후보하여 3.35 : 1의 경쟁을 보였고, 226명의 시장 군수 자치구청장을 선출하는 기초자치단체장선거는 694명이 출마하여 3.97 : 1의 경쟁을 보였다. 지역구 정원 705명에 1719명이 입후보한 광역의원선거는 2.44 : 1, 2,519명 정원에 5,377명이 입후보한 기초의원선거는 2.13 : 1이었다. 또 교육감선거는 71명이 입후보하여 4.12 : 1, 제주도 교육의원선거는 5명 정원에 10명이 입후보하여 2 : 1의 경쟁을 보였다.

투표율은 56.8%, 그 중 11.49%가 선거일 5일전부터 이틀 동안(5월 30~31일) 실시한 사전투표율이었다. 예전의 부재자 투표가 2~3% 정도의 투표율을 보인 것에 비하면 대단히 높은 투표율이었다고 할 수 있다.

선거결과는 예상과 달리 여당의 선전으로 나타났다(표 4-7). 중간선거에서는 야당이 유리한 입장에 서는 경우가 많다는 점을 생각할 때, 또 세월호 참사에 따른 정부·여당에 대한 민심이반을 생각할 때 오히려 야당의 참패라 할 수 있는 결과였다. 야당이 수권정당으로서의 모습을 보이지 못한데 대한 결과였다.

---

18) 사전투표란 선거 당일 투표가 어려운 선거인이 선거일 전 정해진 날짜에 전국 어느 사전투표소에서나 미리 투표를 할 수 있게 하는 제도로, 일본과 미국 일부 주에서 실시해 적지 않은 효과를 본 제도이다. 우리나라는 2013년 1월부터 이 제도를 시행하고 있는데 2013년 재·보궐선거에서 처음으로 적용되었다. 하지만 전국 선거로서는 제6회 전국동시지방선거가 처음이었다.

표 4-7	2014년 지방선거 결과: 당선자의 정당별 분포					
구분	광역단체장**	광역의원	기초단체장	기초의원	교육감	교육의원 (제주)
새누리당	8	375(41)*	117	1,206(207)	정당공천 배제	정당공천 배제
새정치민주	9	309(40)	80	989(168)		
통합진보당		(3)		31(3)		
정의당				10(1)		
기타 정당		1				
무소속		20	29	277		
계	17	705(84)	226	2,519(379)	17	5

* ( ): 비례대표 당선자
** 광역단체장 당선 지역: 한나라당-서울 부산 대구 울산 경기 경북/민주당-인천 광주 강원 충남 충북 전북 전남/자유선
　진당-대전/무소속-경남 제주.
출처: 중앙선거관리위원회 자료를 재정리.

8) 2018년 지방선거: 제7회 전국동시지방선거

(1) 선거를 둘러싼 상황

2016년 하반기에 터져 나온 '최순실 국정농단' 사건은 매주 토요일 백만 명 이상이 참여하는 '촛불집회'로 이어졌고, 결국은 헌정사상 초유의 대통령탄핵으로 귀결되었다. 아무런 공적 권한도 없는, 그리고 능력도 검증받지 않은 자연인 한 사람이 대통령과 가깝다는 이유만으로 국정 곳곳에 깊이 개입하고, 민간기업과 대학에 영향력을 행사하여 사적 이익을 추구했다는 사실이, 또 이를 대통령이 조장하거나 방관했다는 사실을 국민들은 용납하지 않았다. 대통령과 당시의 여당인 새누리당은 국민 대다수의 공적이 되었다.

당연한 결과이지만 탄핵 이후 실시된 대통령선거에서 새누리당은 참패를 했다. 급하게 당명까지 자유한국당으로 바꾸었지만 아무 소용이 없었다. 국민들은 탄핵이 되어 투옥이 된 전 대통령과 그가 소속되었던 정당을 용서하지 않았다.

이러한 분위기는 2018년 지방선거가 다가오는 시점에서도 큰 변화가 없었다. 제1야당인 자유한국당은 높은 비호감도에다 당 대표의 거친 언어와 근거 없는 자신감, 그리고 당 소속 의원들의 무기력한 모습까지 겹쳐 지지도는 낮아질 대로 낮아져 있었다.

다른 야당들도 크게 다르지 않았다. 탄핵과정에서 탄핵을 찬성하며 새누리당을 탈당한 의원들 일부가 만든 바른정당도, 또 20대 총선에서 제3당 바람을 일으켰던 국민의 당도 크게 부각되지 못하고 있었다. 이 두 당은 지방선거를 3개월 여 앞둔 시점에 통합을 이루어내었지만, 이 또한 상황을 크게 바꾸지 못했다. 정치신뢰가 크게 떨어진 상황에서 정치적 이해관계를 앞세운 탈당과 합당 등이 국민들에게 신선하게 다가올 수가 없었다. 진보정당인 정의당 역시 여당인 민주당의 강한 기세에 눌려 있는 형국이었다.

모든 면에 있어 정국은 여당인 더불어민주당이 주도하고 있었다. 더불어민주당이라 하여 악재가 없는 것은 아니었다. 선거를 3개월 앞두고 터진 더불어민주당 소속 안희정 충남지사의 성희롱사건은 큰 사회적 파장을 일으켰고, 이어 터진 '드루킹' 댓글 조작사건도 어떻게 전개되느냐에 따라 작지 않은 파란을 일으킬 수 있는 사건이었다. 그러나 그럼에도 불구하고 여론은 쉽게 돌아서지 않았다. 야당, 특히 제1야당에 대한 비호감이 워낙 강했기 때문이었다.

(2) 선거의 결과

후보등록 결과 17명을 선출하는 광역자치단체장선거에는 71명이 입후보하여 4.2 : 1의 경쟁률을 보였다. 또 737명을 선출하는 광역의원선거에는 1,889명이 입후보하여 평균 2.6 : 1의 경쟁률을 보였다. 그리고 226명의 시장·군수·구청장을 선출하는 기초자치단체장선거는 756명이 입후보하여 경쟁률이 3.3 : 1이 되었고, 2,541석의 기초지방의회의원선거 5,331이 입후보하여 2.1 : 1이 되었다.

선거과정에서 제1야당의 지도부는 나름 자신감을 보이기도 했었다. 그러나 이를 믿는 언론이나 국민은 없었다. 오히려 지방선거의 핵심이라 할 수 있는 서울시장후보를 찾지 못해 고전하는 모습을 보이기도 했다. 특별한 이변이 없는 한 더불어민주당의 승리가 분명해 보였다.

선거결과는 민주당의 유례없는 압승이었다. 야당, 특히 제1야당인 자유한국당의 참패는 말 그대로 충격적인 수준이었다. 광역자치단체장선거에서 대구광역시와 경상북도 두 군데에서만 이겼고, 기초자치단체장선거에서도 대구광역시와 경상북도를 중심으로 53개 시·군·자치구에서만 이겼다. 서울특별시의 경우 서울시장 자리는 물론 25개 자치구청장 자리 중 24개를 더불어민주당에 내어주었다.

광역의원선거의 결과는 더 심했다. 전체 지역구의석 737석 중 더불어민주당이 605석을 차지한 반면, 자유한국당은 113석밖에 확보하지 못했다. 서울특별시의 경우 전체 지역구의석 100석 중 더불어민주당이 97석, 자유한국당은 단 3석을 확보했다. 경기도의 경우, 전체 지역구의석 129석 중, 더불어민주당이 128석을 차지한 반면, 자유한국당은 단 1석을 차지했다.

기초의원선거의 경우 이러한 현상이 덜했다. 각 선거구 당 2명 이상의 지방의원을 선출하도록 되어 있고, 이로 인해 주요 정당들이 의석을 분점하기 쉽기 때문이다. 그러나 여기서도 전체 지역구의석 2,541석 중, 더불어민주당이 1,400석(55.1%)을 차지한 반면, 자유한국당은 876석(34.5%)을 얻는데 그쳤다.

나머지 야당들도 부진하기는 마찬가지였다. 아래의 <표 4-8>에서 보는 바와 같이 바른미래당은 자치단체장은 한 자리도 확보하지 못한 채, 지역구선거의 경우 광역의원 1명, 기초의원 19명만을 당선시켰다. 정의당도 자치단체장 한 명 없이, 지역구선거에서 광역의원 1명과 기초의원 17명만 당선시켰다.

표 4-8	2018 지방선거 결과: 당선자의 정당별 분포				
구분	광역단체장	광역의원	기초단체장	기초의원	교육감
더불어민주당	14	605(47)*	151	1,400(238)	17
자유한국당	2(대구, 경북)	113(24)	53	876(133)	정당공천 배제
바른미래당		1(4)		19(2)	
민주평화당		1(2)	5	46(3)	
정의당		1(10)		17(9)	
민중당				11	
무소속	1(제주)	16	17	172	
계	17	737(87)	226	2,541(385)	

* ( ): 비례대표 당선자
출처: 중앙선거관리위원회 자료를 재정리.

제2절 우리나라 지방선거의 특징과 한계

1 특징과 한계

1) 중앙정치와의 관계: 예속성

우리나라의 지방선거는 지방선거로서의 독자성이나 정체성(identity)을 확보하지 못하고 있다. 먼저 독자성의 문제인데, 1952년에 첫 실시될 때부터 지방선거는 지방선거가 아닌 중앙정치의 한 부분으로서의 의미를 지니고 있다. 1991년의 광역의원선거는 '3당합당'에 대한 국민적 평가의 의미가 강하였고, 1995년의 제1회 전국동시지방선거는 김영삼 정부에 대한 중간평가의 의미와 야당 지도자인 김대중 아태재단 이사장의 정계복귀에 대한 심판의 의미가 부여되었다. 또 2002년의 제3회 전국동시지방선거는 '국민의 정부'에서 터져 나온 각종 '게이트'와 '대통령 측근 비리가 선거과정을 주도했고, 2006년의 제4회 전국동시지방선거 역시 '참여정부'에 대한 중간평가의 의미가 강했다.

그리고 둘째, 선거과정에서의 중앙정치권의 개입도 심각한 문제이다. 1952년의 첫 지방선거 이래 2018년의 제7회 전국동시지방선거에 이르기까지 중앙정치권은 지방선거에 출마하는 후보의 공천과 선거운동에 깊숙이 개입해 왔다. 일부지역에서는 후보 추천을 위한 경선이 이루어지기도 한다. 그러나 그것도 형식적인 경우가 많다. 대부분의 경우 중앙당의 지도자에 의해 지명되거나 아니면 당해지역 국회의원이나 당협위원장(지구당위원장) 등에 의해서 지명되거나 사실상 지명되다시피 하는 경우가 적지 않다.

지방선거가 중앙정치와 완전히 격리된 채 독자적으로 존재할 수는 없다. 또 격리된 상태로 있는 것이 좋기만 한 일은 아니다. 지방선거는 민의(民意)를 반영하는 기제로서 지방정치 기능뿐만 아니라 중앙정치 기능을 수행할 수도 있기 때문이다. 그러나 우리의 경우는 그 정도가 지나친 데 문제가 있다. 지방선거로서의 기능이 거의 살아나지 못하고 있는 상태이다.

지방선거가 지나치게 **중앙정치에 예속**되는 데에는 여러 가지 이유가 있다. 비민주적인 정당구조와 지방선거에의 정당참여, 중앙집권적인 정치문화, 지방정치와 행정에 대한 시민사회의 낮은 관심, 중앙정부 주도의 국정운영 및 중앙과 지방간의 불균형적인 사무배분 등이 그 배경이 될 수 있다. 어느 것 하나 쉽게 해결될 수 있는 사안은 아니다.

2) 투표율: 낮은 관심과 참여

(1) 투표율 추이

1952년 4월 시·읍·면의원을 선출한 첫 지방선거의 투표율은 91%이었다. 이어 5월 10일의 도의원선거에서도 투표율은 81%이었다. 매우 높은 투표율이었다. 이러한 경향은 1956년 지방선거에서도 그대로 유지되었다. 즉 1956년 8월의 시·읍·면의원선거와 시·읍·면장 선거의 투표율은 각각 79.5%와 86.6%이었으며, 이어 같은 달 실시된 제2대 시·도의원선거의 투표율은 86.0%이었다.

그러나 이러한 높은 투표율은 제2공화국 이후 낮아지기 시작했다. 즉 제2공화국 들어 실시되었던 제3대 시·도의원선거의 투표율은 67.4%에 그쳤다. 특히 도시지역은 낮고 농촌지역은 비교적 높은 **도저촌고**(都低村高) 현상으로 인해 서울특별시의원선거의 경우는 투표율이 46.2%에 그쳤다. 이어 일주일 뒤에 실시된 시·읍·면의원선거는 투표율이 다시 상승하여 78.9%를 기록했다. 도저촌고의 현상을 반영한 것이다. 다시 일주일 뒤에 실시된 시·읍·면장 선거에서의 투표율은 75.4%로 나타났다. 그러나 여기서도 도시지역인 시(市)의 시장 선거의 투표율은 54.6%에 불과했다. 또 이로부터 3일 뒤에 실시된 시·도지사 선거는 더욱 낮은 투표율을 보여 주었다. 전국 평균 투표율은 54.6%이었으며 서울특별시장 선거의 투표율은 38.8%이었다.

1990년대에 와서 투표율 문제는 더욱 심각한 양상을 나타내었다. 도저촌고의 현상으로 도시지역에 있어서의 투표율은 더욱 그러했다. 1991년 3월의 기초의원선거의 평균 투표율은 55.0%, 서울은 42.3%에 머물렀다. 부산, 대구, 인천, 광주, 대전 등의 대도시도 모두 50%를 넘지 못했으며, 특히 인천은 42.6%를 기록했다. 이어 3개월 뒤에 실시된 광역의원선거에서도 거의 같은 현상이 나타났다. 정당추천이 허용된 선거로 기초의원선거보다 더 큰 관심이 있을 수 있는 상황이었지만 전국 평균 투표율은 58.9%에 그쳤다.

서울을 비롯한 대도시 지역은 52~55%를 오르내렸다. 도저촌고의 현상이 여전히 존재하고 있음을 보여주었다.

1995년 6월 실시된 제1회 전국동시지방선거에서는 투표율이 다소 상승하는 모습을 보였다. 전국 평균이 68.4%이었고, 서울을 비롯한 대도시 지역도 모두 60% 이상을 기록했다. 그러나 1998년 6월의 제2회 전국동시지방선거와 2002년 6월의 제3회 전국동시지방선거에서는 전국 평균 투표율이 다시 52.7%와 48.9%로 낮아졌다. 특히 20대와 30대의 투표율이 매우 낮은 것으로 나타났는데, 50대 이상이 70% 가까운 투표율을 보인 반면 20대와 30대는 40% 이하의 투표율을 보였다. 2006년의 제4회 전국동시지방선거와 2010 제5회 전국동시지방선거의 투표율도 각각 51.6%와 45.9%에 머물렀으며, 여기서도 20대와 30대의 투표율은 매우 낮은 것으로 나타났다. 특히 20대 후반의 투표율은 29.6%로 60대 후반의 70.9%와 큰 차이를 보였다.

다행히 2014년 6월의 제6회 전국동시지방선거와 2018년 6월의 제7회 전국동시지방선거에서의 투표율은 각각 56.8%와 60.2%로 조금 상승한 것으로 나타난다. 다른 요인들도 영향을 미쳤겠지만 두 가지 요인이 크게 작용한 것으로 보인다. 하나는 2013년 도입된 사전투표제도이고, 또 다른 하나는 국민들을 분노를 자극하는 중앙정치권의 진영논리이다. 바로 이러한 점에서 여러 가지 우려가 나올 수 있다. 국민들의 분노를 자극하는 진영논리가 약화되는 경우 투표율이 다시 떨어질 가능성이 있기 때문이다. 사전투표제도 마찬가지이다. 2020년 제21대 총선이후 사전투표 조작설이 강하게 부각되었는데, 이러한 시비가 계속 일어나게 되면 사전투표제도 자체에 대한 변화가 있을 수도 있기 때문이다.

(2) 비교론적 시각에서 본 투표율

지방선거에서의 이러한 투표율은 다른 민주주의 국가에 비해 결코 낮은 수준이 아니다. 미국의 경우 지방선거 투표율이 40%를 넘는 경우를 보기 힘이 든다. 극단적인 경우가 되겠지만 2001년 있었던 달라스(Dallas, Texas)의 시장선거의 투표은 5%에 지나지 않았고, 정치적 관심과 역동성이 가장 강한 지역 중의 하나인 샌프란시스코(San Francisco, California)의 검찰총장(Attorney) 선거의 투표율도 13%에 지나지 않았다.[19] 영국도 마찬가지이다. 지방선거에 있어서의 투표율은 1990년대 이후 급격히 떨어지고 있다. 평균 40%정도를 유지해 왔으며, 1998년 지방선거 때에는 28.8%까지 낮아지기도 했다.[20]

　그러나 어떠한 경우에 있어서도 우리나라에서의 투표율을 정상적인 것으로 해석하는 것은 곤란하다. 크게 두 가지 점에서 그러한데, 먼저 그 하나는 앞서 소개된 미국과 영국 등의 국가 역시 낮은 투표율로 심각한 고민을 하고 있다는 점이다. 이들 국가 역시 이를 정상적인 현상으로 보고 있지 않다는 뜻이다. 민주주의 체제는 시민의 관심과 참여를 존립기반으로 한다. 낮은 투표율은 곧 민주주의 체제 자체의 정당성을 위협할 수 있으며, 정치과정을 왜곡하고 권력과 자원의 정상적 흐름을 방해하며 여러 가지 정치・경제・사회적 모순을 만들어 낼 수 있다. 이들 국가들이 심각한 고민과 함께 투표율을 높이기 위한 각종의 방안을 연구하고 있는 것도 바로 이러한 이유에서이다.[21]

　그리고 둘째, 적지 않은 국가들이 투표율을 비교적 높게 유지되거나, **의무투표제도**(compulsory vote) 등의 실시를 통해 투표율을 높게 유지하고 있다는 점이다. 예컨대 덴마크와 같은 국가는 의무투표제도 없이 80%대 안팎의 투표율을 유지하고 있고,[22] 이탈리아 역시 의무투표제도를 철폐한 이후에도 80%이상의 투표율을 유지하고 있다. 그리고 본편의 제2장에서 논의한 바와 같이 호주 등의 국가들은 의무투표 제도를 통해 80% 이상의 투표율을 확보하고 있다.

(3) 낮은 투표율의 원인

　투표율이 낮은 원인으로는 여러 요인이 지적되고 있다. 첫째, **정치적 냉소**가 가장 중요한 요인으로 지적된다. 우리사회에는 민주화의 진전 등 비

19) Steven Hill, *Fixing Elections: the Failure of America's Winner Take All Politics* (Routledge, 2002), p.vii.

20) Office of Deputy Prime Minister, *Turnout at Local Elections: Influences on Levels of Voter Registration and Voting*, A Report Commissioned by the Office. May 2002, pp.1-5.

21) 이에 관한 토론을 위해서는 Zoltan Hajnal and Paul Lewis, "Municipal Institutions and Voter Turnout in Local Elections," *Urban Affairs Quarterly*, Vol. 35, No. 5 (2003), pp.644-667.

22) Peter Munk Christiansen, Jorgen Elklit, and Peter Nedergaard, *The Oxford Handbook of Danish Politics* (Oxford University Press, 2020), p.82.

교적 빠른 정치발전이 이루어지고 있음에도 불구하고 정당과 후보, 그리고 정치제도 등 정치 전반에 대한 높은 불신과 냉소가 존재한다. 특히 지방의회와 지방의원, 그리고 지방자치단체장에 불신과 냉소는 매우 높은 편이다. 이러한 불신과 냉소는 좋은 인물의 출마를 막는 변수가 되기도 한다.

둘째, **정치적 무관심**이다. 특히 도시지역 20~30대의 지방정치 및 지방정부에 대한 무관심은 심각한 수준으로 나타나고 있다. 지방정부의 역할과 기능이나 후보자에 대한 관심을 기울이는 유권자를 찾아보기 힘들 정도이다. 이러한 현상은 자치단체장에 비해 기능과 상징성이 떨어지는 지방의원선거의 경우 더욱 심각한 양상을 띤다.

셋째, 후보자에 대한 **정보의 부족**이다. 지방정치는 중앙정치와 달라 언론의 관심을 크게 끌지 못할 뿐만 아니라 시민사회에서 자연발생적으로 이루어지는 정치적 대화에서도 중요한 주제가 되지 못한다. 선거기간 중에도 서울특별시장 등 정치적 상징성이 큰 선거만 집중적으로 보도되고 분석되는 경향이 있다. 유권자 입장에서 지방정치와 후보자에 대한 정보를 얻기가 매우 힘들고, 정보가 부족한 만큼 관심과 참여욕구가 떨어지게 된다. 선거공보물 등을 통해 정보를 얻기도 하지만 이 역시 올바른 판단을 할 수 있을 정도가 되지 못한다.

그리고 넷째, **투표효능감**, 즉 자신의 투표가 선거결과와 지방정부 운영, 더 나아가서는 사회전체의 변화에 미치는 영향력에 대한 문제이다. 정확하게 말하기는 힘들지만 지방선거와 지방정부 운영과 관련한 유권자의 투표효력감은 그다지 높지 않은 것으로 알려지고 있다. 지방정부의 기능과 지방선거의 기능을 가볍게 생각하는 경향이 있으며, 강한 지역주의 정치구도로 인해 일부 지역에 있어서는 특정 정당의 공천이 곧 당선을 의미한다고 믿기 때문이다.

3) 대표성과 자율성 문제: 당선자의 사회경제적 배경

(1) 지방의원 당선자

① 학 력

1950년대 지방선거의 당선자들은 학력에 있어 비교적 낮은 경향을 보였다. 선거를 거듭할수록 다소 높아지는 경향이 나타났지만 1960년의 제3대 시·읍·면의원선거에 있어서도 대학 졸업자는 전체 의원의 3%를 넘지 못했다. 학력이 비교적 높은 경향을 보여준 시의원선거에서도 전체 당선자 420명 중 51명(12.1%)만이 대학졸업자였다. 면의원선거에 있어서는 당선자 15,376명 중 13,817명(89.8%)이 중졸 이하의 학력이었다. 광역의원인 시·도의원의 경우는 다소 차이가 있어 제3대의 경우 전체 의원 487명 중 19.9%인 97명이 대학졸업자였다. 그러나 중졸 이하가 전체의 46.2%(225명)를 차지하는 등 학력에 있어서는 여전히 저학력의 문제를 보여주었다. 당시 사회의 낮은 학력 경향을 반영하고 있었던 셈이다.

그러나 이러한 저학력 경향은 1991년 이후 선거에 와서 크게 달라졌다. 1991년 3월 실시된 기초의원선거에서는 대학졸업 이상의 당선자가 전체 당선자 4,304명 중 40% 가까이 되었다. 중졸 이하의 학력소지자는 19.4%에 불과했다. 또 이어 치러진 광역의원선거에서도 대졸 이상이 599명으로 전체 당선자 866명의 69.2%를 차지했다. 여기서도 중졸 이하는 40명으로 4.5%에 불과했다. 지방선거가 없었던 30년간의 사회발전 효과를 반영한 결과였다.

이러한 경향은 그 이후의 지방선거에서도 그대로 나타났다. 기초의원과 광역의원 할 것 없이 당선자 거의 대부분이 고졸 이상의 학력을 소지하는 고학력의 경향을 보여주었다. 2018년 지방선거의 기초의원 당선자의 경우 전체 지역구 당선인 2,541명의 85% 이상이 전문대와 4년제 대학교육 이상을 경험한 인사들이었다. 광역의원의 경우는 전체 지역구 당선자 737명의 95% 정도가 그러했다.

② 직업 및 경제적 배경

지방의정을 이해함에 있어 지방의원 당선자의 직업과 경제적 지위는 중요한 의미를 지닌다. 지방의원의 의정활동에 영향을 미치는 가장 직접적인 변수가 될 수 있기 때문이다. 그러나 이 점에 있어 우리의 지방의회는 적지 않은 문제를 안고 있다. 1950대 선거에서부터 1998년의 선거에 이르기까지 자영업자들과 경제력이 있는 인사들이 **과다대표**(over-represented)되어 왔기 때문이다.

우선 직업 분포를 보면 1950년대 지방선거의 경우 도시지역에서는 농업종사자와 상공업자들이, 그리고 농촌지역에서는 비교적 큰 규모의 농업을 영위하는 농업종사자들이 많이 당선된 것으로 나타난다. 면의원의 경우 세 번의 선거 모두에 있어 농업종사자가 전체 당선자의 90% 안팎을 차지했다. 도시성을 지닌 읍의원과 시의원의 경우는 농업과 상업에 종사하는 사람들이 대거 당선되었다. 읍의원은 세 선거 모두 농업 종사자가 53~55%, 상업 종사자가 17~25% 정도였다. 또 시의원은 농업이 27~34%, 상업이 20~28% 정도였다. 시의회에서는 공업 종사자도 11~14%가 되었다.[23]

광역의원인 시·도의원선거에서도 거의 같은 경향이 관찰되었다. 1952년 선거의 경우 농업종사자가 전체 당선자 306명의 51.0%인 156명이 되었으며 상공업 종사자가 20.3%로 62명이 되었다. 1956년 선거에서도 농업종사자는 214명으로 전체 당선자 437명의 49.0%를 차지하였으며, 상공업 종사자도 125명으로 28.6%를 차지했다. 이러한 경향은 제2공화국 들어 실시된 1960년 선거로 그대로 이어져, 전체 당선자 487명의 46.8%에 달하는 228명이 농업종사자였으며 12.4%에 해당하는 60명이 상공업 종사자였다. 특히 장유업(醬油業), 양조업, 조선업, 정미소업 등을 경영하는 사람들과 농업을 영위하고 있는 면장출신의 인사들, 수리조합장 등이 많이 출마하여 당선된 것으로 나타난다.[24] 1956년부터 실시되었던 서울특별시의원선거에는 다른 지역에 비해 대도시의 특성이 두드러졌다. 동장과 소방대장 등의 공직출신자들과 운수업, 토건업, 철공업 등을 영위하는 상공인이 많이 출마하여 당선되었다.[25]

이와 같이 자영업자들이 지방의회에 과다대표 되는 현상은 1991년 이후의 지방의회에서도 그대로 나타난다. 1991년의 기초의원선거 당선자 분포를 보면 총 4,304명의 당선자 중 농업종사자가 28.0%, 상업종사자가 26.9%, 건설업이 8.2%, 공·광업 5.0% 등 자영 농상공업자가 압도적 다수를 차지하고 있다. 광역의원의 경우도 상업 18.0%, 농업 15.5%, 건설업 9.2%, 공업 6.6%, 운수업 2.8% 등 자영농상공업자가 압도적 다수를 점하고 있다.

지방선거를 거듭할수록 지방의원의 직업분포를 알기 힘들어진다. 재선이상 의원들이 많아지고 있는데, 이들이 스스로의 직업을 '지방의원' '정치인' 등으로 분류하고 있기 때문이다. 그러나 여전히 자영업자나 중소상공인들

---

23) 자세한 내용은 중앙선거관리위원회, 『대한민국선거사』(1973), pp.792-803; 김병준, 『한국지방자치론』(서울: 법문사, 2002), pp.229-231 참조.

24) 나주군, 『나주군지』(1980), p.24; 창원시, 『창원시사』(1988), p.297; 문경군, 『문경군지』(1965), p.180; 춘천시·춘성군, 『춘주지』(1965), p.180 참조.

25) 특히 서울시의원의 경우 동장출신들이 대거 출마한 것으로 나타난다. 1956년 선거의 경우 당시 서울시에는 모두 245개의 동(洞)이 있었는데 이 중 28.8%에 해당하는 69개의 동장이 시의원 출마를 위해 사표를 낸 것으로 나타난다. 이들 동장출신들은 실제 전체의석의 32%에 해당하는 15석을 차지하였다. 서울신문, 1956년 7월 6일.

이 다수를 이룰 것으로 짐작이 된다. 다른 직업을 가진 사람들이 지방정치
나 지방의정에 관심을 가지고 참여하기가 쉽지 않기 때문이다.

　광역의원 당선자는 기초의원 당선자에 비해 국회의원 보좌관·비서관
출신 등 정치인으로 분류된 인사들이 많을 것으로 보인다. 그러나 전반적
으로 자영업자와 중소상공업자들이 강세를 유지하고 있을 것으로 보인다.
1995년 지방선거의 경우 전체 당선자 875명 중 직업분류가 모호하거나 직
업적 배경을 알기 힘든 '기타' 194명과 '정치인' 167명을 뺀 514명 중 440명
가까이가 자영업자이거나 상공업자였다.[26]

　이 이후 이러한 경향은 다소 변화가 있었을 것이라 생각된다. 지방의원
에 대한 처우가 개선되고, 국회의원 등 중앙정치로 진출하는 경우가 늘어
나면서 국회의원 비서관이나 보좌관 등이 광역의원으로 진출하는 경우가
적지 않게 있었기 때문이다. 그러나 전체적으로 볼 때 자영업자와 상공업
자의 숫자는 여전히 많을 것으로 짐작된다.[27]

　이와 같이 지방의원 당선자 중 자영업자의 비율이 높다는 것은 지방의
회 자체의 대표성과 관련하여 적지 않은 문제가 있다. 지역주민의 대표기
구가 지나치게 자영업자 중심으로 구성됨으로써 지방정치과정이나 지방정
책과정에 있어 **자영업자 중심의 편향**이 있을 수 있음을 뜻하기 때문이다.
또 이들이 지방정부의 행정과 무관하지 않은 사업에 종사할 수 있다는 점
도 우려가 되는 부분이다. 집행기관과의 유착 내지는 편의가 거래될 가능
성이 있기 때문이다. 즉 지방의회와 지방정부가 지역사회의 특정 이해관계
세력의 영향으로부터 떨어져 **자율성**을 행사할 수 있느냐의 '자율성의 문제'
와, 지방정부가 집행기관과 의결기관의 적절한 상호견제를 통해 '**자기책임
성**'을 확보할 수 있느냐의 문제와 관련하여 많은 의문을 제기하게 만든
다.[28]

---

26) 중앙선거관리위원회 자료. http://info.nec.go.kr/.
27) 현재의 중앙선거관리위원회 자료로는 광역의원의 직업적 배경 및 그 분포를 파
　　악하기 힘들다. '지방의원' '정치인' 그리고 '기타' 등 직업적 배경을 파악하기 구
　　분으로 분류되어 있기 때문이다. 2018년 선거의 경우 전체 광역의원 당선자 737
　　명 중, '정치인'이 287명, '지방의원'이 127명, 그리고 '기타'가 198명으로 되어 있
　　다. 전체의 당선자의 83%에 해당하는 숫자이다.
28) 자율성과 자기책임성의 문제는 이 책 제1편 제2장 참조.

③ 성 별

대표성과 관련한 또 다른 문제로 여성당선자의 비율이 매우 낮다는 점을 지적할 수 있다. 1991년 기초의원선거의 경우 여성당선자는 39명으로 전체 당선자 4,304명의 0.9%에 머물렀으며, 이어 실시된 광역의원선거에 있어서도 전체 당선자 866명의 0.9%에 해당하는 8명만이 당선되었다. 1995년 제1회 전국동시지방선거에서는 광역의원선거에 한해서이기는 하지만 **비례대표제**가 도입되고 각 정당이 비례대표 의석의 상당부분을 여성에게 할당함에 따라 여성의원의 수가 크게 늘어났다. 광역의회의 경우 지역구 여성당선자가 전체 지역구 당선자 875명의 1.48%인 13명인데 반해 비례대표 여성당선자는 비례대표 당선자 97명의 44.3%인 43명에 이르렀다. 이로써 여성 광역의원은 모두 56명으로 전체 당선자 972명의 5.8%가 되었다. 1991년에 비해 크게 늘어난 숫자였다. 1995년 선거에 있어서는 기초의원 당선자도 72명의 나와 전체 당선자 4,541명의 1.6%를 차지했다. 1991년에 비해 다소 그 비율이 올라간 셈이었다.

1995년의 성적을 비교적 만족스럽게 생각한 여성계는 제2회 전국동시지방선거가 있던 1998년을 '여성정치 도약의 해'로 정하는 등 선거에 적극적인 대응을 해 나갔다.[29] 그러나 결과는 1995년에 비해 큰 차이가 없었다. 기초의원선거에서는 모두 56명이 당선되어 전체당선자 3,490명의 1.6%를 차지했다. 그리고 광역의원선거에서는 지역구에 14명이 당선되어 전체 지역구 당선자 616명의 2.2%를 점하였으며, 비례대표에는 전체 비례대표 당선자 74명의 32.4%에 해당하는 27명이 당선되었다. 전체 광역의원에 대한 여성 광역의원의 비율은 1995년과 거의 같은 5.9%였다.

2002년 이후의 지방선거에서는 다소 다른 양상이 나타났다. 우선 지역구 선거에서 약간의 변화가 있었다. 여성의원의 숫자가 점점 많아지기 시작했다는 뜻이다. 2002년의 경우 여성은 기초의원선거에서 77명, 광역의원선거에서 14명이 당선되었다. 그리고 2006년에는 기초의원선거에서 110명, 광역의원선거에서 32명이 당선되었다. 이렇게 조금씩 늘어나기 시작한 여성의원은 2018년 지방선거에서는 기초의원 526명(20.7%), 광역의원 98명(13.3%)이 되었다.

---

29) 여성정치네트워크, 「21세기 여성 지도자 교육」 중 '한국여성의 정치참여' 부분 참조. 2000년 3월 한국여성유권자연맹 제공.

비례대표 당선자에는 훨씬 더 큰 변화가 있었다. 2002년 3월 지방선거를 불과 2개월 남짓 남겨놓은 시점에서 국회는 정당법을 개정하여 국회의원 선거와 지방의원선거에 있어 비례대표 당선자 중 여성이 50% 이상이 되게 하였다.[30] 이러한 법률적 규정과 함께 각 정당이 경쟁적으로 여성우대 정책을 표방함으로써 여성후보가 대거 비례대표 후보로 추천되었고, 그 결과 2002년에는 49명의 여성 비례대표 광역의원 당선자가 나왔다. 전체 비례대표 의석 73석의 67%였다.

이러한 경향은 2006년 이후에도 그대로 이어졌다. 각 정당이 여성을 비례대표 후보로 적극 추천했고, 그 결과 여성이 전체 비례대표 의석의 상당부분을 차지해 오고 있다. 광역의원선거의 경우 2006년 선거에서는 78석 중 57석(73.1%), 2010년 선거에는 81석 중 58석(71.6%), 2014년 선거에서는 84석 중 55석(65.5%), 2018년 지방선거에서는 87석 중 62석(71.3%)을 여성이 차지했다.

기초의원선거의 경우 2006년에 와서야 비례대표제도가 도입되었는데, 도입 이래 줄곧 의석의 대부분을 여성이 차지하고 있다. 2006년 선거에서는 375석 중 327석(86.7%), 2010년 선거에서는 376석 중 352석(93.6%), 2014년 선거에서는 378석 중 363석(95.8%), 그리고 2018년 선거에는 385석 중 374석(97.1%)를 차지했다. 다분히 여성의 지방의회 진출을 돕기 위한 제도라 할 수 있다.

그러나 지방의회는 여전히 강한 남성 편향을 지니고 있다. 이 때문에 여성단체를 비롯하여 우리사회 일각에서는 남성 위주의 의제형성과 정책토론이 일어날 가능성을 우려하고 있다. 청소, 환경, 복지, 모자보건 등 지방정부의 기능 중 상당부분이 여성과 관계된다는 점에서 더욱 그러하다.

(2) 자치단체장 당선자

자치단체장 당선자는 자영농상공업자들이 주류를 이루는 지방의원 당선자들과 달리 직업 정치인이나 관료출신들이 주류를 이루어 왔다. 지방행정

---

30) 정당법(2002년 3월 7일 개정법률) 제31조 제5항: 정당은 비례대표선거구 시·도 의회의원선거 후보자중 100분의 50 이상을 여성으로 추천하되, 비례대표선거구 시·도의회의원선거후보자명부 순위에 따라 2인마다 여성 1인이 포함되도록 하여야 한다. 이 이전의 법률(2000년 2월 16일 개정법률)은 여성 할당을 3분의 1로 규정하고 있었다.

조직을 관리하며 주민에게 직접 행정서비스를 제공해야 하는 만큼 높은 차원의 정치적 지도력과 관리능력 등이 필요하다고 느꼈기 때문인 것으로 풀이된다.

우선 광역자치단체장 당선자의 경우는 거의 모두가 정치인 아니면 공무원 출신임을 볼 수 있다. 2018년 지방선거의 경우 광역자치단체장 당선자 17명 중 정치인 출신이 8명, 공무원 출신이 4명이었다. 2014년에는 당선자 전원이 이 두 범주에 속했고(정치인 13명, 공무원 4명), 2010년에는 당선자 16명 중 14명이 이 두 범주에 속했다(정치인 6명, 공무원 8명).[31]

기초자치단체장의 경우는 관료출신이 더 많은 비중을 차지한다. 그러나 정치인의 비중도 만만치 않다. 2018년 선거에서는 226명의 당선자 중 정치인으로 분류된 당선자가 108명, 공무원출신으로 분류된 당선자가 54명이었다. 2014년도 마찬가지, 226명 중 정치인이 81명, 공무원출신이 91명이었다. 흔히 기업 CEO 출신의 영입을 많이 거론하지만 실제에 있어서는 정치인과 관료출신들이 주류를 이루고 있음을 알 수 있다.

여성 당선자는 광역자치단체장의 경우 2018년 선거에 이르기까지 단 한 명도 배출되지 않았다. 기초자치단체장으로는 1995년 선거에서 1명, 2002년 선거에서 2명, 2006년 선거에서 3명, 2010년 선거에서 6명, 2014년 선거에서 9명, 그리고 2018년 선거에서 8명이 당선되었다.[32]

② 과 제

우리나라에 있어 선거는 선거로서의 기능을 다 하지 못하고 있다. 지방선거는 더욱 그러하다. 다양한 이해관계와 신념을 표출시키는 장(場)이 되지 못하고 있으며, 이러한 신념과 이해관계를 잘 집약하여 정치사회를 통합시키는 기능도 수행하지 못하고 있다. 올바른 대표자를 선출하거나 이들을 통제하는 기제로서의 역할 역시 제대로 수행하지 못하고 있음은 물론, 새로운 정책의 제시나 정책적 경쟁을 통한 국가와 지역사회 경쟁력 강화에도 큰 도움이 되지 못하고 있다.

---

31) 중앙선거관리위원회 자료. http://info.nec.go.kr/.
32) 중앙선거관리위원회 자료. http://info.nec.go.kr/.

지방선거의 문제는 더욱 심각하다. 1952년 첫 지방선거가 실시된 이후 2006년에 이르기까지 모두 여덟 차례의 지방선거가 있었다. 그러나 지방선거다운 지방선거는 제대로 경험하지 못했다. 지방선거는 중앙정치의 한 부분으로 존재해 왔으며, 유권자 또한 지방선거로서의 독자성을 인정하지 않는 경향이 강했다. 무관심과 냉소 또한 시간이 갈수록 심화되는 경향을 보이고 있다.

올바른 지방자치를 운영하기 위해서는 지방선거가 제대로 기능하고 있어야 한다. 자치단체장과 지방의원을 올바로 선출하지 않고, 또 이들의 활동에 대한 적절한 통제가 이루어지지 않는 상태에서 지방자치가 바르게 운영될 수 없기 때문이다. 그러나 문제는 선거의 기능을 어떻게 살리느냐 하는 것이다. 지역주의의 타파, 정당개혁, 의무투표제도의 도입, 등 수많은 과제들이 토론될 수 있다. 그러나 문제는 쉽게 합의할 수 있고, 또 실행 가능한 대안을 찾기가 쉽지 않다는 점이다.

지방선거가 지닌 이러한 문제는 우리나라만의 문제가 아니다. 우리의 경우 그 심각성이 더하다는 것일 뿐 미국과 영국을 비롯한 세계의 거의 모든 나라에서 문제가 되고 있다. 정치적 냉소와 무관심이 심화되는가 하면, 투표율이 하락하고 있다. 특히 투표율의 하락, 그 중에서도 젊은 세대의 투표율 하락은 은 1990년대 이후 전 세계적인 문제가 되고 있다. 일각에서는 이를 두고 이대로는 민주주의 자체가 존속되기 힘이 들 것이란 부정적인 예측도 나오고 있다.

여러 나라에서 이러한 문제를 해결하기 위한 대안을 모색하고 있다. 대안의 방향은 크게 두 가지이다. 하나는 선거의 기능을 살리기 위한 실질적 방책을 마련하는 것이다. 투표제도의 개선에서부터 정당개혁, 심지어는 국민정치 교육의 강화에 이르기까지의 다양한 대안들이 논의되고 있다.

또 하나의 방향은 선거를 매개로 하는 대의민주주의 자체에 대한 대안을 모색하는 것이다. 즉 인터넷 등을 통한 **직접민주주의** 방식의 강화를 위한 각종의 방안들이 논의되고 있다. 일각에서는 변화의 속도가 빠른 지식정보사회에서는 선거제도와 대의민주주의 제도 자체에 모순이 생기게 된다는 지적을 한다. 실제로 농경사회나 초기 산업사회에서는 향후 4년 내지 5년 동안 일어날 일을 어느 정도 예측하면서 선거를 통해 대표를 선출하고, 또 이들이 그 일을 잘 처리하기를 기대한다. 하지만 변화가 빠른 지식정보사회에서는 이러한 예측을 할 수 없고, 따라서 무엇을 어떻게 할 것인지에 대한 합의가 불확실한 상태에서 대표를 선출하고 권한을 위임한다. 위임의 내용이 불확실한 만큼 위임을 받은 대표와 위임을 한 지역주민 사이에는 쉽게 이견이 생길 수 있고, 이러한 이견은 곧 바로 정치적 냉소를 심화시키면서 선거와 정치의 기능을 저하시킨다. 나아가서는 민주주의 전체를 위기에 빠뜨리기도 한다.

변화의 시대에는 변화에 대한 수시 합의를 이룰 수 있는 새로운 민주적 질서가 필요하다는 뜻이고, 선거가 지닌 문제에 대한 대안의 모색에는 당연히 이러한 부분도 포함이 되어야 한다는 뜻이다. 최근 제기되고 있는 **숙의민주주의**(deliberative democracy)와 같은 개념도 이러한 맥락에서 이해될 수 있는데, 이 부분은 이 책의 뒷부분, 즉 시민참여 부분에서 자세히 다루기로 한다.

■ 숙의민주주의는 대의민주주의를 보완하기 위해 활발한 공론의 형성과 그러한 공론이 장에 적극 참여할 것을 강조한다. 적극적인 담론의 장을 열고, 또 참여함으로써 변화가 심한 지식정보사회에서의 선거와 의회, 그리고 이러한 제도를 기초로 한 '대리인 체제'의 구조적 모순을 보완하고자 하는 취지이다. 하버마스의 비판이론 등에 기초하고 있다.

제 5 편 지방정부의 자치권과 재정

제 1 장

지방정부의 자치권

제1절 자치권의 근원과 이에 대한 보장과 제한

1 자치권의 내용

지방정부는 '자치정부'로서 일정한 범위의 자치권, 즉 지역사회와 지역 주민과 관련된 일을 스스로 결정하고 처리할 수 있는 권한을 가진다. 자치권은 자치의 범위와 내용, 그리고 형식과 성격 등을 규정짓는 결정적 요소로 이를 제대로 가지지 않은 지방정부는 자치정부로서의 의미를 지니지 못한다.

자치권의 내용은 국가에 따라, 또 지역사회의 성격이나 중앙정부와의 역사적 관계 등에 따라 달라진다. 그 내용과 범위에 있어 매우 큰 차이를 보인다고 할 수 있다. 그러나 기본적으로 자치권이라 할 때는 자치입법권, 자치행정권, 자치조직권, 자치재정권, 자치사법권 등이 포함될 수 있다. 국가에 따라 이 모든 권한이 다 보장될 수도 있고, 지극히 작은 일부분만이 보장될 수도 있다.

1) 자치입법권

민주주의 국가에 있어 정부는 국민 또는 국민의 대표에 의해 만들어진 법, 즉 공적 권위와 강제력을 지닌 규칙 내지는 규정에 의해 운영된다. 지방정부 또한 이러한 규칙과 규정을 만들어 운영할 수 있는 권한을 가지는데, 이를 **자치입법권**(legislative power)이라 한다. 이러한 자치입법권을 근거로 지방정부는 지방정부 차원의 법률이라 할 수 있는 **조례**(ordinance, by-law)를 제정하며, 이 조례와 지방정부의 사무를 집행하는데 필요한 규칙 등을 제정한다.

지방정부의 자치입법권은 중앙정부의 법률체계 내에서 행사된다는 점에서 국가 또는 중앙정부의 입법권과 다르며, 공적 권위와 강제력을 지닐 수 있다는 점에서 일반 사법인(私法人)의 규칙제정 행위와 다르다. 지방정부 활동의 근거와 규범이 될 뿐만 아니라 지역사회와 지역주민의 생활과 이해관계에 큰 영향을 미치는 만큼 그 행사에 있어서는 법적 정당성과 절차적 정당성이 매우 강조된다.

■ 사법인은 공법인에 대한 대립되는 개념이다. 회사 또는 기업이 그 대표적인 예이다. 기업 외에 비영리 사단법인과 비영리 재단법인 등도 포함된다.

2) 자치행정권

자치행정권(administrative power)은 지방정부가 자기 권한에 속한 사무를 스스로 처리할 수 있는 권한, 즉 중앙정부를 비롯한 외부 기관의 간섭 없이 처리할 수 있는 권한을 말한다. 주로 인·허가권의 행사와 통상적인 관리행정, 그리고 지역사회와 지역주민에 필요한 행정적 서비스를 제공할 수 있는 서비스 기능, 또 지역사회의 질서를 유지하고 지역주민의 권리와 재산을 보호하기 위한 권력행정 내지는 권력작용 등을 의미한다. 아울러 이러한 사무들을 처리하는데 필요한 인력을 자율적으로 충원하여 운용하는 권한인 자치인사권(personnel power)과 도시계획을 포함한 지역의 토지이용에 관한 계획을 자율적으로 할 수 있는 자치계획권(planning power)[1] 등을 포함한다.

넓게는 곧 이어 설명할 자치조직권(organizational power)과 자치재정권(fi-

---

1) Dieter Haschke, "Local Government Administration Germany," Sigrid Born, ed., *Local Government Constitution* (Bonn: Inter Nations, 1997). pp.2-3. German Law Archive, Oxford University. accessed June 30, 2020. https://www.iuscomp.org/gla/literature/localgov.htm#ToC5.

nancial power)까지 포함하기도 한다. 그러나 통상 이 두 권한은 별도로 분류하는 경향이 있다.

3) 자치조직권

자치조직권(organizational power)은 지방정부를 운영하는데 필요한 조직을 지방정부 스스로 설치하여 운영하거나 폐지할 수 있는 권한을 의미한다. 통상적인 관리행정조직은 물론 지방공기업을 포함한 각종의 경영조직, 그리고 다른 지방정부와의 협력을 위한 **특별지방정부**의 설치 문제 등도 이러한 권한의 대상이 될 수 있다. 우리나라에서는 인력을 줄이고 늘리는 문제를 포함한 정원관리도, 결국 조직의 축소 내지는 확대와 관련되어 있다는 차원에서 이러한 조직권의 일부로 보는 경향이 있다.[2]

자치조직권을 넓게 해석하는 경우, 지방정부 의결기관과 집행기관의 구성을 포함한 지방정부의 기관구성 문제까지도 이에 포함시킬 수 있다. 실제로 미국과 같은 나라에서는 **딜론의 원칙**(Dillon's rule) 틀 속에서도 상당히 많은 주(州)가 **자치헌장제**(home-rule charter system)를 통해 지방정부의 기관구성에 관한 권한, 즉 지방정부 형태에 관한 결정권을 사실상 지방정부에 부여하고 있다.[3]

4) 자치재정권

자치재정권(financial power)은 지방정부를 운영하는데 필요한 재원을 확보할 수 있는 권한과 이를 자율적으로 관리·운용하는 권한을 의미한다. 재정을 확보하는데 있어서는 당연히 재정권력으로서의 조세권(tax power), 즉 국가 또는 중앙정부가 정한 일정한 범위 내에서 세금을 거둘 수 있는 권한이 포함된다. 아울러 이용료와 수수료 등을 결정하여 부담시킬 수 있는 권한과 경영수입을 확보하기 위해 경영활동을 할 수 있는 권한 등도 포함된다. 또 이러한 여러 가지 수단과 통로를 통해 확보된 재정을 자율적으로 운영할 수 있는 권한도 중요한 부분을 이룬다.

지방정부의 활동이 재정으로만 이루어지는 것은 아니다. 인·허가 업무와 규제 업무 등 재정지출을 수반하지 않는 활동도 지방정부 활동의 상당

---

2) 임승빈, 『지방자치론』(서울: 법문사, 2006), p.90 참조.
3) 이 부분에 대한 보다 자세한 설명을 위해서는 이 책 제2편 제3장 참조.

부분을 이룬다. 그러나 지방자치가 발전할수록 재정을 수반하는 지역주민의 생활을 지원하는 서비스기능과 지역개발 기능 등이 커진다는 점에서 자치재정권은 매우 중요한 의미를 지닌다.

5) 자치사법권

자치사법권(judicial power)은 지방정부가 만들어 운영하는 자치법규를 위반했을 때 지방정부가 독자적인 재판기구를 통해 자율적으로 이에 대한 판결을 내릴 수 있는 권리를 의미한다. 즉 조례 등을 위반했을 때 지방정부의 사법부(judicial branch)가 이에 대한 재판을 하고, 이를 통해 금고나 벌금 등의 형을 선고할 수 있는 권한이다. 다른 자치권과 달리 대부분의 국가에서는 인정되지 않거나, 인정되는 경우에도 비교적 소극적으로 인정되는 권한이다.

자치사법권이 인정되는 대표적인 국가로는 미국을 들 수 있다. 미국에서는 연방법원과 주법원과 함께 지방정부 단위의 법원, 즉 **뮤니시팔 코트**(municipal court) 또는 시티 코트(city court)가 운영된다. 조례 등 자치법규를 위반한 사안을 다루는 법원인 만큼 주로 교통법규의 위반이나 주차위반 그리고 주거침입과 풍기문란 등의 가벼운 사안이 주류를 이룬다.[4] 간단한 형사사건이나 일정 금액 이하의 금액이 걸려 있는 간단한 민사사건을 재판하기도 하는데, 형사사건인 경우 많은 주(州)가 3개월 또는 6개월 미만의 징역에 처할 수 있는 권한을 부여하고 있다.[5] 판사는 지방정부의 의결기관 등에 의해 임명되거나 아니면 독자적인 선거에 의해 선출된다.

---

[4] 대부분의 경우 주차를 포함한 교통관련 사건들이 주류를 이룬다. 예컨대 텍사스주(State of Texas)의 경우 2029년 한 해 전체 뮤니시팔 코트가 다루는 사건이 약 5백만 건이 되는데, 이 중 72%가 교통관련 사건들이었다. Office of Court Administration, the State of Texas, Annual Statistical Report: For the Texas Judiciary (2020), pp.48-49.

[5] 드물게는 Whasington주(州)와 같이 1년 이내(364일까지)의 징역에 처할 수 있게 한 주(州)도 있다. "RCW 3.50.440," Washington State Legislature, accessed June 30, 2020. https://app.leg.wa.gov/rcw/default.aspx?cite=3.50&full=true.

② 자치권의 근원

1) 고유권설

자치권이 어디로부터 오는 것이냐에 대해서는 크게 두 가지 설이 있다. 고유권설(固有權說)이 그 하나이고, 전래권설(傳來權說)이 또 다른 하나이다. 먼저, **고유권설**(固有權說)은 고유설(固有說)로 불리기도 하는데, 지방정부가 행사하는 자치권이 국가나 국왕 등으로부터 주어지는 것이 아니라 지방정부 그 자체가 원래부터 가지고 있는 권리로 보는 견해이다. 개인의 기본권을 중시하는 자연법사상과 공동체의 중요성을 강조하는 공동체이론 등에 기초한 것으로, 인간이 자연스럽게 구성하는 공동체나 소규모 지역정부가 국가에 우선한다고 보는 입장이다. 개인의 기본권과 같이 국가의 관여가 제한되는 **지방권**(inherent right of local government)을 인정하는 견해라 하겠으며, 지방권(地方權)의 독자성 또는 독립성을 강조한다고 하여 **독립설**로 불리기도 한다.[6]

이와 같이 고유권설은 개인의 기본권과 공동체 사상에 기본을 둔 이론인 만큼 국가나 국왕중심의 사상이나 정치적 흐름을 반대하는 사상가와 정치가들에 의해 크게 주장되었다. 17세기 후반의 계몽주의 철학자인 존 로크(John Locke)의 민주주의 철학이나 19세기 전후의 미국 정치가이자 미국의 제3대 대통령을 지낸 토마스 제퍼슨(Thomas Jefferson)의 직접민주주의 철학에 녹아 있으며, 다음 장(章)에 설명할 **보충성의 원칙**(subsidiary principle)으로 유명한 교황 **레오 13세**(Leo XIII)의 1891년 회칙(回勅, encyclical letter) 등에서도 그 정신을 읽을 수 있다(사잇글 5-4).[7]

이러한 사상적 흐름은 프랑스 혁명이후 군주권과 절대권력에 대한 견제의 필요성이 제기되면서 더욱 강해졌다. 그리고 1831년 벨기에 헌법 등을

■ Thomas Jefferson은 공화정에 큰 애착을 가졌으며 분권주의자이자 계몽주의 정치가였다. 연방의 권한이 강화되는 것을 철저히 반대하였으며, 분권적 질서를 토대로 한 직접민주주의를 강조했다.

---

6) 김병준, 『한국지방자치론』 (서울: 법문사, 2003), p.118; 黑沼 稔, 『現代日本 地方自治』 (東京: 多賀出版株式會社, 1996), p.11 참조.

7) 회칙의 제목은 *Rerum Novarum* (새로운 현상에 대하여, 'Of New Things')이었으며, 1891년 5월 모든 가톨릭 주교들에게 전달되었다. 기본적인 내용은 도시 노동자들의 궁핍한 생활에 대한 이해를 촉구하고 자본과 노동이 자율적인 교섭과 협의를 할 수 있도록 해야 하며, 이 과정에서 국가보다는 이해당사자와 교회를 비롯한 공동체가 더욱 적극적인 역할을 해야 한다는 것이었다.

통해 실정법으로 제도화되었으며. 1919년의 바이마르 헌법 등 여러 국가의 헌법에 반영되기도 했다.[8]

절대권력에 대한 우려와 개인과 공동체의 존엄에 대한 생각에 기본을 둔 이론인 만큼 중앙정부 자체가 민주화되어 가면서, 또 개인과 공동체의 존엄이 인정되어가면서 고유권설은 그 중요성이 다소 약해져 왔다. 오늘날에 와서는 지방정부의 존재와 자치권을 인정해야 하는 이유도 이러한 규범적 입장에서 보다는 기능적론적인 입장, 즉 지방화와 분권화가 가져오는 국가경쟁력 강화나 효율성 제고 등을 중심으로 설명되는 경향이 있다. 그럼에도 불구하고 이러한 고유권설은 적극적인 분권화와 지방화를 위한 사상적·철학적 기초로서 중요한 의미를 지니고 있다. 특히 1985년 **유럽평의회**(Council of Europe, CoE)가 **유럽지방자치헌장**(European Charter of Local Self-Government)을 통해 보충성의 원칙을 천명하고, 그 회원국들이 이를 존중하는 법체계를 정비해 감으로써 다시 한 번 주목을 받고 있다. 이 부분은 다시 설명하기로 한다.

2) 전래권설: 순수탁설과 준독립설

전래권설(傳來權說)은 지방정부가 행사하는 자치권을 국가로부터 전래, 또는 위탁된 것으로 보는 견해이다. 주로 독일의 공법학자들에 의해서 주장되어 왔으며, 고유권설과 달리 지방정부 고유의 '지방권'을 인정하지 않는다. 즉 지방정부의 자치권은 국가라는 통합기제 안에서만 존재하는 것으로, 국가가 부여하기 전에는 행사될 수 없는 것으로 보는 견해이다. 즉 지방정부 그 자체를 국가의 창조물로서 국가가 법인격을 부여하기 전에는 존재할 수 없는 것으로 본다.

전래권설은 다시 **순수탁설**(純受託說)과 **준독립설**(準獨立說)로 나누어진다. 먼저 순수탁설은 지방자치의 본질을 지방정부가 국가로부터 위탁된 정치적 지배권을 행사하면서 국가이익을 위한 국가사무를 자치적으로 처리하는 것으로 이해한다. 이에 비해 준독립설은 지방정부가 국가의 창조물이기

---

8) Weimar 헌법은 지방정부의 존재와 권리를 'dignified existence,' 즉 그 누구도 부정할 수 없는, 그 자체로서의 존엄성을 지닌 존재로 인정하였다. Dan Moorehouse, "Forming the Weimar Republic," Schoolhistory.org.uk. accessed June 30, 2020. https://schoolshistory.org.uk/topics/european-history/weimar-nazi-germany/the-weimar-constitution/.

는 하지만 일정한 자치권을 지닌 법인이자 권리의 주체임에 주목한다. 따라서 지방자치의 본질을 지방정부가 자기 지역의 이익을 위해 국가로부터 주어진 정치적 지배권을 바탕으로 지역의 공공사무를 자치적으로 처리해 나가는 것으로 이해한다.

　고유권설과 마찬가지로 전래권설 또한 나름대로 강한 지지를 받아 왔다. 특히 행정법학자들과 중앙정부 관료를 비롯한 행정실무가들 사이에 강한 지지기반이 형성되어 있다.[9] 또 국가와 지방정부간의 법률적 관계를 설정하는 문제 등에 있어 중요한 이론적·철학적 기반을 제공하고 있다(사잇글 5-1). 그러나 앞서 언급한 바와 같이 자치권에 관한 논의가 기능론적인 입장에서 전개되고 있는 최근의 경향 속에 이러한 규범적 논의는 그 의미가 다소 약화되고 있다.

사잇글 5-1: 딜론의 원칙(Dillon's rule) v. 쿨리 독트린(Cooley doctrine)

　1868년 미국 아이오와(Iowa) 주(州)의 대법원장이었던 딜론(John Dillon)은 Clinton 시(市)가 한 철도회사(Cedar Rapids and Missouri River Railroad)를 상대로 제기한 소송에서 주(州)와 지방정부관계에 있어 역사에 남을 의견을 제시한다. '지방정부는 주(州)로부터 명시적으로 위임받은 권한과 그에 필연적으로 함축되어 있는 권한만을 행사할 수 있다'는 내용이었다. 지방정부가 가진 고유의 자치권은 없다는 뜻으로 평소 지방정부에 비판적 입장을 견지해 왔던 그 다운 결정이었다.

　3년 뒤인 1871년 미시간(Michigan) 주(州)의 대법관이었던 쿨리(Thomas Cooley)는 디트로이트(Detroit) 시(市)와 미시간 주(州) 사이에 벌어진 한 소송(*People v. Herbert*)에서 딜론의 견해와 완전히 반대되는, 또 하나의 역사에 남을 견해를 내어 놓는다. '지방정부의 자치권은 절대적인 것이며 주(州)는 이를 앗아갈 수 없다'라는 소위 **쿨리 독트린**(Cooley doctrine)이었다.[10]

　같은 시대에 제기된 정반대의 견해에 대해 세상은 어떠한 반응을 보였을까? 시간이 지나면서 세상은 점점 딜론의 손을 들어 주었다. 딜론이 지방정부 문제에 있어 당대 최고의 권위자라는 점도 있었겠지만 지방정부의 부패가 점점 더 심해지고 있었기 때문이었다. 딜론의 견해는 **딜론의 원칙**(Dillon's rule)이라는 이름으로 대부분의 주(州)에서 채택이 되었고, 주(州)는 이를 바탕으로 그 권한을 강화시킬 수 있었다.

　그러나 또 이 무슨 아이러니인가? 주(州)의 권한이 강해지면 질수록 주(州) 또한 더욱 부패해졌다. 게다가 산업화와 도시화가 심화되면서 지방정부의 역할이 커지지 않으면 안 되는 상

9) 黑沼 稔, 앞의 책, p.12.
10) Alexey Szydlowski, "Cooley Doctrine and Dillon's Rule: Modern Problems of U.S. Election Law," *Jurisprudence* (Moscow Region State University, 2018) 참조.

황이 벌어지기도 했다. 결국 20세기에 들면서, 많은 도시개혁운동가들은 '딜론의 원칙'을 건드리지 않으면서 지방정부의 권한을 강화시킬 수 있는 방법으로 **자치헌장**(home-rule) 제도를 찾았다. 즉 주(州)가 헌법이나 법률로 지방정부의 권한을 폭 넓게 인정해 주는 한편, 지방정부는 이러한 법적 보장위에 스스로 헌장을 만들어 폭넓은 영역의 사무를 자치적으로 처리하는 관행을 만들어 갔다. 그리고 이러한 자치헌장 제도를 바탕으로 쿨리의 독트린에 가까울 정도의 권한을 누리는 지방정부가 늘어갔다. 딜론과 쿨리, 둘 다 죽었다고 할까? 아니면, 둘 다 살았다고 할까? 또 아니면, 형식은 '딜론'에 실질은 '쿨리'라 할까?

③ 자치권에 대한 보장과 제한

1) 보 장

지방정부의 자치권과 그에 관한 기본정신을 가장 광범위하게 정의하고 있는 공식규범은 **유럽평의회**(Council of Europe, CoE)가 1985년 제정한 **유럽지방자치헌장**(European Charter of Local Self-Government)이다. 2008년 현재 47개국에 달하는 회원국의 거의 대부분이 비준을 한 이 헌장은[11] 모든 회원국들이 가능한 한 헌법을 통해 지방자치를 보장할 것(제2조)과 지방정부가 되도록 큰 권한을 가지고 일을 할 수 있도록 할 것을 규정하고 있다(제4조). 특히 제4조 '지방자치의 범위(scope of local self-government)'에서는 지방정부는 법률이 정하는 범위 안에서 기능을 하되 기능배분에 있어서는 되도록 '시민에게 가장 가까운 정부를 먼저 고려해야 한다'는 **보충성의 원칙**(subsidiary principle, principle of subsidiary)을 천명하고 있다.[12]

---

11) 2020년 현재 47개 회원국 모두가 비준을 했다. Council of Europe, The Charter of Local Self-Government. a leaflet (2015).

12) Article 4-Scope of local self-government: ⋯⋯ 2. Local authorities shall, within the limits of the law, have full discretion to exercise their initiative with regard to any matter which is not excluded from their competence nor assigned to any other authority. 3. **Public responsibilities shall generally be exercised, in preference, by those authorities which are closest to the citizen.** Allocation of responsibility to another authority should weigh up the extent and nature of the task and requirements of efficiency and economy. 4. Powers given to local authorities shall normally be full and exclusive. They may not be undermined or limited by another, central or regional, authority except as provided for by the law⋯⋯

유럽지방자치헌장의 이러한 정신은 **세계지방정부연합**(United Cities and Local Government) 등 여러 지방자치관련 국제기구들의 기본적이 합의 내지는 규범이 되고 있으며, 유럽 여러 국가의 헌법에도 반영되어 있다. 예컨대 1982년부터 지방분권을 확대하고 있는 프랑스는 헌법 제1조를 통해 프랑스가 분권국가임을 선언하고 있으며,[13] 헌법 제72조를 통해 '지방정부 (territorial units)는 그 단위에서 가장 잘 수행할 수 있는 모든 사무에 대한 결정권을 가질 수 있다'고 규정함으로써 보충성을 원칙을 헌법에 그대로 반영하고 있다.[14] 오스트리아와 벨기에 등의 다른 많은 국가들도 마찬가지이다. 이와 유사한 규정들을 두고 있으며, 이러한 헌법적 규정에 의거한 지방자치관련 법률을 통해 지방정부의 권리를 보장하고 있다.[15]

이들 유럽 국가뿐만 아니라 아시아 국가와 중남미 국가들을 포함한 대부분의 국가에서도 정도와 내용의 차이가 있기는 하지만 지방정부의 존재와 그 기본적인 권한을 헌법에 반영하고 있거나 법률로 그 기본적인 권한을 보장하고 있다. 옆 나라 일본의 경우도 헌법 제92조와 제93조를 통해 지방정부(지방공공단체)의 존재와 지방의회의 설치, 지방자치단체장과 지방의원의 주민직선 등을 규정하고 있으며, 제94조를 통해 법률의 범위 내에서 자치입법권을 행사할 수 있도록 보장하고 있다.[16] 그리고 이러한 헌법

■ United Cities and Local Government(UCLG)는 2004년 국제지방정부연합(International Union of Local Authorities, IULA)과 (UTO, United Towns Organization, 공식 불어명칭 FMCU – Fédération Mondiale des Cités Unies) 및 세계대도시연합 (Metropolis)과 통합하여 출범하였다. 유럽지방자치헌장의 정신은 IULA의 기본정신이기도 했다.

■ 일본은 지방자치단체를 지방공공단체로 부른다.

---

13) 프랑스 헌법 제1조: France shall be an indivisible, secular, democratic and social Republic. It shall ensure the equality of all citizens before the law, without distinction of origin, race or religion. It shall respect all beliefs. It shall be **organised on a decentralized basis.**

14) 프랑스 헌법 제72조: Territorial units may take decisions in all matters that are within powers that can best be exercised at their level.

15) 오스트리아 헌법 제116조는 모든 주(州)가 지방의회를 가진 지방정부로 이루어짐을 규정함으로써 지방정부의 존재를 헌법으로 보장하고 있으며, 제118조를 통해 지방정부가 지닌 권리와 사무를 예시하고 있다. 벨기에 역시 헌법 제1조를 통해 지방정부의 존재를 확인하고 있으며, 제41조 등을 통해 지역적 성격이 큰 사안은 기초 지방정부(communal council)나 그 위의 광역단위 지방정부(provincial council)가 처리한다고 규정하고 있다. 지방정부 자치권에 대한 유럽 국가들의 헌법적 보장이나 법률적 규정과 관련하여서는 UN-HABITAT Seville, National Legal Frameworks for Local Government International Action, A report submitted to the Best Practice Center for City-to-City-Operation (Jan. 2007) 참조.

16) 일본 헌법 제92조: 地方公共団体の組織及び運営に関する事項は、地方自治の本旨に基いて、法律でこれを定める。제93조: 1. 地方公共団体には、法律の定めるところにより、その議事機関として議会を設置する。 2. 地方公共団体の長、その議会の議員及び法律の定めるその他の吏員は、その地方公共団体の住民が、直接こ

규정에 의거하여 지방자치법을 제정·운영하고 있다.

미국과 캐나다, 그리고 영국과 같이 지방자치와 관련한 헌법적 규정이 없는 국가들도 있다. 그러나 이들 국가들 역시 지방자치를 보장하고 지방정부의 기본적인 권리를 보장하는 나름대로의 체계를 갖추고 있다. 미국과 캐나다의 경우는 지방자치를 헌법에 규정하고 있는 상당수 유럽 연방국가와 달리 지방자치의 문제를 완전히 주(州)의 문제로 돌리고 있다. 따라서 지방자치에 대한 보장은 주(州) 헌법에 의해 규정되고 있다. 영국은 성문헌법 자체가 존재하지 않으므로 특별한 규정이 있을 수 없다. 그러나 특허장 형태로 국가 또는 국왕에 의해 지방정부에 부여된 헌장(charter)을 통해, 또 지방자치법(Local Government Act)을 통해 그 권리를 규정하고 있다.

2) 제한: 중앙정부와의 관계

지방자치를 국가의 틀 안에서 이루어진다. 따라서 지방정부의 자치권 또한 당연히 국가체계를 넘지 않는 범위 내에서 보장된다. 보충성의 원칙을 천명하고 있는 유럽지방자치헌장만 하더라도 제3조를 통하여 지방정부의 자치권한과 능력 행사가 국가의 법률체계 속에서 이루어지는(within the limits of the law) 것임을 분명히 하고 있다.

자치권을 비교적 강하게 보장하고 있는 국가들도 마찬가지이다. 예외 없이 지방정부는 국가에 의해, 또 연방체제인 경우에는 국가 또는 주(州)에 의해 만들어지거나 인정되며, 자치권과 자치사무의 내용 또한 법률의 범위 안에서 행사됨을 규정하고 있다. 가능성 여부를 떠나 형식적으로는 국가나 주(州)의 법률로 언제든지 자치권을 제약할 수 있는 구조로 되어 있다.

미국과 같은 경우에는, 실질적으로는 그러하지 않지만 형식적으로는 더욱 엄격한 모습을 하고 있다. 전체 50개 주(州) 중에서 40개 정도의 주(州)가 '딜론의 원칙(Dillon's rule),' 즉 지방정부는 주(州)가 명시적으로 부여한 권한과 그러한 권한에 필연적으로 함축되어 있는 권한만을 행사할 수 있다는 원칙을 따르고 있기 때문이다. 유럽지방자치헌장이 규정하고 있는 것과 같이 '법률의 범위 안에서'라 할 때는 '법률에 위반하지 않는 범위 내에서' 등으로 넓게 해석할 수 있지만 '딜론의 원칙'이 적용되는 경우 지방정부는

れを選挙する。第94条: 地方公共団体は、その財産を管理し、事務を処理し、及び行政を執行する権能を有し、法律の範囲内で条例を制定することができる。

오로지 주(州)에 의해 명시적으로 주어진 권한 이외는 행사할 수가 없게 된다. 형식상 지방정부의 자치권에 대한 매우 강한 제약이라고 할 수 있다.

물론 오늘날에 있어 '딜론의 원칙'은 그 효력이 크게 떨어져 있다. 많은 주(州)에서 주(州)의 헌법이나 지방자치관련 법률을 통해 지방정부의 권한을 폭넓게 인정하고 있기 때문이다. 특히 **자치헌장**(home-rule) 제도를 택하고 있는 주(州)들은 지방정부가 주(州)의 법률을 위반하지 않는 한 어떠한 정책행위나 행정행위도 할 수 있도록 보장을 하고 있는 경우가 많다. '딜론의 원칙'을 어기지 않으면서 자치권을 넓히는 방법을 택해 온 것이다.[17] 그러나 미국에 있어 딜론의 원칙은 여전히 살아있는 원칙이다. 앞서 설명한 바와 같이 많은 주(州)와 이들 주(州)의 법원이 이 원칙을 채택하고 있고 연방대법원 역시 이 원칙을 존중하고 있기 때문이며,[18] 이에 따라 주(州)의 의지에 의해 지방정부의 권한이 언제든지 제약될 수 있는 근거가 되고 있다.

제 2 절   우리나라에 있어서의 자치권

① 자치권에 대한 보장

우리나라에 있어 지방정부의 자치권은 헌법으로부터 보장된다. 헌법 제117조는 '지방자치단체'의 존재를 확인함과 동시에 그 기본적인 권한, 즉 '주민의 복리에 관한 사무를 처리하고 재산을 관리하며, 법령의 범위 안에서 자치에 관한 규정을 제정할 수 있는' 권한을 규정하고 있다.[19] 이어 118조를 통해 지방의회의 존재를 규정하는 동시에 그 권한에 관한 사항은 법률사항으로 넘기고 있다.

헌법의 이러한 규정에 의거하여 지방자치법 등 지방자치와 관련된 여러

---

17) 이에 대한 보다 자세한 설명을 위해서는 제2편 제3장 참조.

18) Jesse J. Richardson, Jr. and Meghan Zimmerman Gough, *Is Home Rule The Answer? Clarifying The Influence Of Dillon's Rule On Growth Management*, A report of Brookings Institution (Jan. 2003). Executive Summary 부분.

19) 헌법 제117조 제1항: 지방자치단체는 주민의 복리에 관한 사무를 처리하고 재산을 관리하며, 법령의 범위안에서 자치에 관한 규정을 제정할 수 있다. 제2항: 지방자치단체의 종류는 법률로 정한다.

법률이 지방정부의 자치권을 규정하고 있는데, 지방자치법을 중심으로 그 대강을 정리해 보면 아래와 같다.[20]

1) 자치입법권

지방정부의 **자치입법권**은 헌법에서부터 보장되어 있다. 즉 앞서 설명한 바와 같이 헌법 제117조 제1항은 '지방자치단체는 법령의 범위 안에서 자치에 관한 규정을 제정할 수 있다'고 규정하고 있다. 지방자치법 또한 이러한 헌법정신에 입각하여 제28조에서 '지방자치단체는 법령의 범위에서 그 사무에 관하여 조례를 제정할 수 있다'라고 규정하고 있으며, 이어 제29조에 있어서도 '지방자치단체의 장은 법령 또는 조례의 범위에서 그 권한에 속하는 사무에 관하여 규칙을 제정할 수 있다'고 규정하고 있다. 또 같은 법 제47조에서는 조례의 제정 및 개폐가 지방의회의 의결사항임을 규정함으로써 지방정부의 자치입법권을 다시 한 번 확인시켜주고 있다.

2) 자치행정권

자치행정권 역시 헌법적으로 보장받고 있다. 헌법 제117조 1항의 '주민의 복리에 관한 사무를 처리할 수 있는 권리'가 바로 그것이다. 이러한 헌법 규정에 의거하여 지방자치법(2022년 1월 시행 지방자치법, 이하 동일)도 제13조 1항을 통해 '지방자치단체는 관할 구역의 자치사무와 법령에 따라 지방자치단체에 속하는 사무를 처리한다'고 규정하고 있으며, 제2항에서는 그 사무를 예시하고 있다. 또 114조에서는 '지방자치단체의 장은 지방자치단체를 대표하고, 그 사무를 총괄한다'고 명시하고 있다. 자치사무에 대한 지방정부와 그 집행기관장의 행정권을 분명히 하는 부분들이다.

아울러 지방자치단체장은 법률이 정하는 바에 따라 부단체장과 읍·면·동장 등 하부행정기관의 기관장을 포함한 공무원을 제청·임명할 수 있는 권한을 가진다. 먼저 지방자치법 제123조와 그 시행령(제73조)은 광역자치단체장에게 부단체장에 대한 임명권과 제청권을 부여하고 있다. 즉 정무직 지방공무원(서울특별시)이나 별정직 지방공무원(서울특별시 이외의 광역

---

20) 헌법 제118조 제1항: 지방자치단체에 의회를 둔다. 제2항: 지방의회의 조직·권한·의원선거와 지방자치단체의 장의 선임방법 기타 지방자치단체의 조직과 운영에 관한 사항은 법률로 정한다.

자치단체)으로 보하는 정무부시장·정무부지사에 대해서는 임명권을, 정무직 국가공무원(서울특별시)이나 '고위공무원단에 속하는' 일반직 국가공무원(서울특별시 이외의 광역자치단체)으로 보하는 행정부시장과 행정부지사에 대해서는 임명권자인 대통령에게 바로(서울특별시), 또는 행정안전부장관을 거쳐 제청할 수 있는 권한을 부여하고 있다. 그리고 이러한 제청권의 실효성을 보장하기 위해 지방자치법 제123조 3항은 '제청된 자에게 법적 결격사유가 없으면 30일 이내에 그 임명절차를 마쳐야 한다'고 규정하고 있다.

아울러 지방자치법 제132조는 기초자치단체장인 시장·군수·자치구청장에게 부단체장인 부시장·부군수·부구청장을 임명할 수 있도록 하고 있으며, 시장으로 하여금 자치구가 아닌 구(행정구)의 구청장과 읍·면·동장을 임명할 수 있는 권한을 부여하고 있다.

3) 자치조직권

2020년 말 개정된 지방자치법(2022년 1월 시행)은 지방정부로 하여금 기관구성에 있어 선택권을 행사할 수 있게 하고 있다. 즉 집행기관과 지방의회가 분리시켜 상호 견제와 균형을 이루는 기관분리형 체제를 운영할 것인지, 아니면 미국의 위원회형처럼 이 두 기구가 통합되어 있는 기관통합형 체제를 운영할 것인지를 등을 주민투표를 통해 결정할 수 있도록 하고 있다. '법률이 정하는 바와 따라' 등의 조건이 붙어 있는데다, 중앙정부와 지방정부의 복잡한 기능적 관계 등을 감안할 때 쉽게, 또 폭넓게 시행될 수 있는 상황은 아니지만, 상징적으로나마 작지 않은 의미를 지니는 자치조직권이라 할 수 있다.

지방자치법은 또한 제5조 제3항에서 지방자치단체는 그 자체를 폐지하거나 설치하거나 나누거나 합치는 권한과, 그 명칭이나 구역을 변경할 수 있는 권한이 있음을 규정하고 있다. 물론 지방의회의 의견을 듣거나 주민투표에 붙여야 한다는 조건이 붙어있기는 하다. 이어 제7조도 행정안전부장관의 승인을 받아 자치구가 아닌 구, 즉 행정구와 읍·면·동과 같은 하부행정기관을 '폐지하거나 설치하거나 나누거나 합치는 권한이 있음을 규정하고 있다.

아울러 제126조에서 128조에 걸쳐 직속기관과 사업소, 그리고 출장소를 '대통령령이 정하는 범위에서' 지방자치단체의 조례'로 설치할 수 있게 하고 있으며, 제129조는 합의제 행정기관도 법령이나 그 지방자치단체의 조례로 정하는 바에 따라 설치할 수 있도록 하고 있다. 또 제176조는 **지방자치단체조합**을 상급자치단체장의 승인이나 행정안전부장관의 승인을 얻어 설치할 수 있게 하고 있으며, 제199조는 2개 이상의 지방자치단체가 당해 지방의회와 의결과 행정안전부장관의 승인을 얻어 **특별지방자치단체**를 설치할 수 있도록 하고 있다. 지방의회에 대해서도 조례로 위원회를 설치할 수 있도록 하는 등 내부조직을 자율적으로 설치·운영할 수 있는 권한을 부여하고 있다(법 제64조).

곧 이어 설명을 하겠지만 이러한 자치조직권에는 '행정안전부 장관의 승인'이나 '대통령령이 정하는 범위에서,' 또는 '따로 정하는 법률에 따라' 등의 쉽게 넘어갈 수 없는 조건들이 붙어 있기는 하다. 하지만 이러한 조직권의 일부 또는 전부가 지방정부의 권한임을 분명히 밝히고 있다.

4) 자치재정권

자치재정권 역시 그 범위와 한계가 어떠하든 간에 일단 여러 형태와 내용으로 주어져 있다. 지방자치법 제152조는 지방정부가 '법률로 정하는 바에 따라' 지방세를 부과·징수할 수 있음을 규정하고 있다. 이 외에도 사용료(같은 법 제153조), 수수료(제154조), 분담금(제155조) 등을 징수할 수 있음을 규정하고 있고, 제139조는 지방정부와 지방자치단체조합이 '따로 법률이 정하는 바에 따라' 지방채를 발행할 수 있음을 규정하고 있다.

또한 같은 법 제142조는 예산의 편성과 집행이 지방정부의 권한임을 명시하고 있고, 제159조와 제160조는 재산을 보유하고 기금을 설치하여 운영하는 일 등도 지방정부의 자치재정권에 속함을 규정하고 있다. 지방정부의 경영사업과 관련이 큰 지방공기업을 설치하여 운영하는 권한 역시 마찬가지이다. 같은 법 제163조는 지방정부가 '주민의 복지증진과 사업의 효율적 수행을 위하여' 법률이 정하는 바에 따라 지방공기업을 설치·운영할 수 있음을 규정하고 있다.

이러한 자치재정권 또한 행정안전부장관의 승인을 포함한 중앙정부의 승인이나 '대통령령'이나 '별도의 법률이 정하는 바에 따라' 등의 쉽지 넘어갈 수 없는 조건들이 붙어 있기는 하다. 하지만 기본적으로 이 역시 일부 또는 전부가 지방정부의 권한임을 인정하고 있다.

❷ 자치권에 대한 제약

위에서 살펴본 바와 같이 우리나라도 다른 나라와 같이 지방정부의 존재와 기본적인 권리가 헌법과 지방자치관련 법률들에 보장되고 있다. 자치사법권을 제외한 나머지 부분에 있어서는 어떠한 내용이건 나름대로의 근거를 마련하고 있다.

그러나 문제는 여기서 끝나지 않는다. 자치권을 부여받았다는 사실 보다는 얼마나 강한, 그리고 어떠한 내용의 자치권을 부여받았나 하는 것이 보다 더 중요한 문제가 되기 때문이다. 자치권이라 하여 다 같은 모습을 하는 것이 아니며, 부수적인 조건과 제약들에 의해 그 실제 모습이 얼마든지 달라질 수 있다. 권한 행사의 대상이 되는 사무의 내용과 범위가 무엇이냐에 따라 전혀 다른 내용의 자치권이 될 수도 있다.

결론을 미리 말하자면 우리나라 지방정부의 자치권은 지방자치에 있어 앞서가는 나라들에 비해 매우 약한 상태에 있다. 보충성의 원칙 등 지방자치에 대한 강한 의지를 천명하고 있는 국가들과 달리 헌법규정부터 지방정부의 권한을 '법률'이 아닌 '법령'의 범위 내로 묶는 등 지방정부의 자치권을 강하게 제한할 수 있는 요소를 담고 있기 때문이다. 아래에서는 어떠한 법률적 제약이 있는지 살펴본다.

1) 자치입법권에 대한 제약

앞서 설명한 바와 같이 우리나라의 지방정부는 조례와 규칙을 제정할 수 있는 자치입법권을 헌법으로부터 보장받고 있다. 그러나 이러한 헌법적 보장은 여러 가지의 실질적 제약에 의해 그 의미가 약해진다. 몇 가지 중요한 제약요인을 짚어 보기로 한다.

(1) 조례와 규칙 제정 범위의 제한

지방정부의 자치입법권은 우선 자치사무의 범위가 좁다는 사실에 의해서 크게 제한받는다. 자치권의 대상이 되는 대상사무가 적으니 입법의 영역 또한 좁아질 수밖에 없다. 이 부분은 다음 장(章)의 「사무배분」에서 다시 다루기로 한다.

자치사무의 범위가 좁다는 사실 외에 지방정부의 **자치입법권**은 몇 가지 법률적 제약에 의해서 다시 제한된다. 가장 중요한 부분의 하나로 지방자치법 제28조와 제29조를 들 수 있다. 이들 조항은 지방자치단체의 조례와 규칙이 법률뿐만 아니라 행정부에 의한 행정입법인 령(令)의 범위도 넘지 못하게 하고 있다. 이러한 제한은 결국 행정부의 의사에 의해 자치입법권이 축소될 수 있는 길을 열어 두게 된다(사잇글 5-2).

실제로 행정부에 의해 제정된 령(令)들은 사무의 처리와 관련하여 각종의 상한선과 하한선을 설정하고, 처리의 절차를 규정하는 등 갖가지 제한을 통해 자치입법권의 범위를 축소시키고 있다. 제한이 구체적이면 구체적일수록 자치입법권의 범위는 더욱 축소된다.

한 가지 예로서 지방자치법 제40조는 지방의원에게 의정비심의위원회가 결정하는 바에 따라 의정활동비와 여비, 그리고 월정수당을 지급할 수 있도록 하고 있다. 그러나 실제로 의정비심의위원회가 이를 마음대로 정할 수 있는 것은 아니다. 제40조 제3항은 이를 그 액수를 정함에 있어 대통령령이 정한 기준을 고려할 것을 규정하고 있고, 지방자치법 시행령은 이를 받아 그 구체적인 내용을 하나하나 별도로 규정하고 있다. 예를 들면 시·도의원과 시·군·자치구의원 모두 여비를 지급함에 있어 식대는 공무원 여비규정을 준용하게 되어 있는데, 이 규정은 하루 2만5천원을 넘지 못하도록 되어 있다.[21] 조례를 정할 수 있는 권한을 주되 그 실질적 내용은 중앙정부가 정하는 형태로 되어 있는 것이다.

:::: **사잇글 5-2: 법령의 범위 내에서의 의미**

1991년 11월 청주시의회는 **행정정보공개조례**를 제정했다. 주민의 알권리를 보장하고 행정의 투명성을 높인다는 취지에서였다. 시민사회는 당연히 매우 바람직한 일로 받아들였고, 이에 자극을 받은 다른 지방의회도 곧 이를 따를 태세였다.

그런데 바로 이상한 일이 일어났다. 집행기관장인 청주시장이 이에 대한 재의를 요구했다. 말하자면 **거부권**을 행사한 것이다. 이유는 지방의회는 '법령의 범위 내에서' 조례를 제정할 수 있으며, 이때의 '법령의 범위 내에서'의 의미는 '법령의 위임이 있는 경우에'라는 뜻인데, 이를 위반했다는 것이었다. 즉 정보공개에 관한 법률이 먼저 존재하고, 이 법이나 그 시행령 등에

---

21) 지방자치법시행령, 제33조 1항 및 공무원 여비규정 <별표 2>.

지방정부도 정보공개조례를 만들 수 있다고 규정을 해야 그러한 조례를 만들 수 있는데, 그렇지 않은 상황에서 만든 것이니 무효라는 주장이었다.

당연히 큰 논란이 벌어졌다. 시장의 말대로라면 지방정부와 지방의회의 입법권은 그야말로 더욱 좁아지고 지방자치는 더욱 말뿐인 지방자치가 되기 때문이었다. 시민사회의 지지를 업고 청주시의회는 시장의 거부권에 대해 다시 재의결로 맞섰다. 이에 청주시장은 지방자치법에 따라 이를 대법원에 제소했다.

결국 1992년 6월 대법원의 판결이 있게 되었는데, 결론은 '합법'이었다. 지방자치법에 규정하고 있는 바와 같이 '주민의 권리나 의무를 제한하는 사항일 경우'에는 법률의 위임의 있어야 하나 정보공개는 그러한 사안이 아니므로 법률의 개별적 위임을 반드시 필요로 하지 않는다고 판결한 것이다.

이 이후 '법령의 범위 내에서'는 그나마 조금 넓게 해석하는 것이 일반화되었다. 지금의 시점에 있어서는 논쟁 같지도 않은 논쟁 같지만 당시로서는 매우 뜨거운 논쟁 중의 하나였다. 우리의 지방자치가 오늘만큼 오기에도 쉽지 않은 일이 많았다는 이야기이다.

(2) 법률유보 등에 의한 제한

지방자치법은 제28조에서 '주민의 권리제한 또는 의무부과에 관한 사항이나 벌칙을 정할 때에는 법률의 위임이 있어야 한다'고 규정하고 있다. **법률유보**, 즉 특정 행정활동이 행하여지기 위하여서는 반드시 법률의 근거가 있어야 한다는 원칙이 표현된 것으로 지역주민의 기본권을 보호하기 위한 규정이라 할 수 있다.[22] 그러나 지방정부의 입장에서 볼 때, 이러한 규정은 지방정부의 자치입법권의 효력을 떨어뜨리는 중요한 원인이 된다. 조례만으로는 지역주민에게 의무를 부과하는 새로운 세목의 신설이나 세율의 인상이 불가능하고, 조례를 위반하는 일에 대해서도 '권리제한'의 내용을 담는 형벌을 가할 수 없기 때문이다.

1994년 3월 이전의 지방자치법은 위와 같은 규정에 이어 제20조 '벌칙의 위임'에서 '시·도는 당해 자치단체의 조례로써 3월 이하의 징역 또는 금고, 10만 원 이하의 벌금, 구류, 과료 또는 50만 원 이하의 과태료의 벌칙을 정할 수 있다'고 규정하고 있었다. 광역지방정부에 한해서이기는 하였

---

22) 법률유보란 원래 법률에 근거하지 않고서는 행정권을 발동하지 못하도록 한 것을 의미하였다. 일반적으로는 입법사항, 즉 국회를 통과하는 법률에 의해서만 규정될 수 있는 사항에 대해서는 국가내의 어떠한 기관도 법률의 위임이 없이는 부수 규정을 만들 수 없도록 하는 것을 말한다. 이기우, "부담적 조례와 법률유보에 관한 비판적 검토," 『헌법학연구』, Vol. 13, No. 3 (2007), pp.341-345 참조.

지만, 또 '권리제한'에 관한 부분에 한해서 이기는 하였지만 지방의회에 벌칙을 제정할 수 있는 권한을 포괄적으로 위임하고 있었던 것이다.

그러나 1991년 지방의회가 출범하고 조례를 제정해 나가면서 곧 이에 대해 문제가 제기되었다. 문제는 이러한 '벌칙 포괄위임'의 합헌성을 인정하는 쪽과 부정하는 쪽 모두에서 제기되었다. 먼저 합헌성을 부정하는 쪽은 이러한 벌칙의 포괄위임이 헌법이 내포하고 있는 **'죄형법정주의'** 정신과 '법률유보 원칙'에 어긋난다고 주장했다. 즉 법률에 의한 벌칙의 위임은 위법사안 하나하나에 대해 개별 법률을 통해 개별적으로 위임이 되어야 하는 것이지, 이와 같이 포괄적으로 위임될 수 없다는 주장이었다. 이와 같은 포괄위임은 결국 시·도의회의 벌칙제정권을 인정하는 것이므로 위헌이라는 것이었다.

반면 합헌성을 주장하는 쪽은 조례도 지방정부 차원의 법률이므로 죄형법정주의와 법률유보의 원칙에 어긋나지 않는다고 주장했다.[23] 이러한 원칙 자체가 본래 군주의 자의적 권한행사를 시민의 대표기구인 의회가 제한해야 한다는 취지에서 나온 것으로, 이를 근거로 지역주민의 대표기구인 지방의회의 권한을 제약해서는 안 된다는 취지였다. 이들은 오히려 이러한 권한의 위임이 시·도의회, 즉 광역지방의회에만 이루어진 것과 그 위임의 정도가 약하다는 것을 문제 삼았다. 이러한 체제로는 기초지방정부는 조례의 실효성을 확보하기가 힘들기 때문이었다. 시민사회에서도 벌칙이 따르지 않는 조례를 누가 얼마나 지켜 나가겠는가에 대한 의문이 강했다. 실제로 당시 부천시 담배자판기설치금지조례 등이 벌칙조항을 두지 못해 조례가 마련되었음에도 불구하고 판매업자들이 자판기를 철거하지 않는 등의 부작용으로 작지 않은 사회적 물의가 일어나고 있었다(사잇글 5-3).

사잇글 5-3: 사라지지 않는 담배자판기

1992년 부천 YMCA 등을 비롯한 시민단체들과 부천시의회는 **담배자판기설치금지조례**를 만들기로 했다. 중·고등학생들이 학교 앞에 있는 자판기를 통해 담배를 사서 피우는데 이를 막아보자는 취지였다. 지방자치라고 하는 것이 바로 이런 일 하라고 하는 것 아니냐는 생각에

---

23) 이에 관한 논의는 정세욱, "지방자치법 개정의 바람직한 방향," 수도권 지역 지방의회의원 세미나 발제논문 (1993. 9. 9. 대한상공회의소 국제회의실); 구병삭, 『지방자치법』 (서울: 법문사, 1991), pp.165-166 참조.

있었다.

그런데 웬걸, 조례를 제정할 수가 없었다. 지방정부의 조례는 '법령의 범위 안에서' 제정되어야 하는데 당시의 재무부령인 담배사업법시행규칙이 자판기를 통해서 담배를 판매할 수 있도록 하고 있었기 때문이었다. '세상에 무슨 이런 놈의 법이 있고, 이런 일도 못하게 해 놓은 것이 무슨 지방자치냐' 싶었지만 그래도 법이 그렇다니 어쩔 수가 없었다.

그러나 이들은 여기서 멈추지 않았다. 이번에는 재무부령을 바꾸기 위한 운동을 했다. 길가에서 시민들 서명을 받고, 의사협회와 변호사협회를 쫓아다니고, 데모도 하고…… 그야말로 온 힘을 다했다. 그리고 그 엄청난 노력 끝에 드디어 재무부가 담배사업법시행규칙을 바꾸어 주었다. 자판기를 통해서 연초를 판매할 수 있으나 지방정부의 조례로 이를 제한할 수 있다는 내용이었다.

재무부령이 개정되자 바로 부천시 의회는 담배자판기설치금지조례를 통과시켰다. 공공장소에 자판기를 설치할 수 없으며, 설치된 자판기는 30일 이내에 철거되어야 한다는 내용이었다. 시민단체 회원들과 지방의원들이 얼싸안고 기쁨의 눈물을 나누었다. 주요 언론들도 사설과 기사로 이를 기뻐하고 치하했다. '부천시의회 장하다' '부천시의회를 보라'…… 당시 일부 언론의 사설 제목이었다.

어!…… 그런데 조례가 통과되고 난 뒤에도 자판기가 싹 사라지질 않았다. 이유는 조례에 벌칙조항을 둘 수 없었기 때문이었다. 새로 설치하거나 철거하지 않으면 어떻게 한다는 규정이 있어야 하는데, 벌칙제정권이 없으니 이를 어찌할 수가 없었던 것이다.

환호는 실망으로 바뀌고 기쁨은 곧 슬픔이 되었다. 그리고 이 사건은 곧 벌칙제정권에 관한 논쟁으로 연계되었다. 시민단체들이 앞장서 국회의원 등과 치고받고, 또 다시 수없이 싸우고 논쟁하고…… 그 결과 1994년 3월 겨우 '과태료 천만원 이하'를 부과할 수 있는 권리를 얻었다. 죽었던 조례가 그나마 다시 숨을 쉬게 되는 순간이었다.[24]

1993년 말 국회 내에 정치관계법 특별위원회가 만들어지면서 논쟁은 더욱 가열되었다. 특위가 다른 정치관계법을 개정하는 과정에서 여·야합의로 이 포괄위임을 위헌으로 인정하여 시·도에 한해 부여하고 있는 제한된 벌칙제정권마저 삭제하는 안을 내어 놓았기 때문이었다. 시민단체 등이 이에 강력한 항의를 제기하고 나섰고, 학계 일부에서도 큰 우려를 표명하고 나섰다. 결국 국회는 1994년 3월 지방자치법 개정을 통해 광역의회에 한해 부여하던 벌칙제정권을 삭제하는 대신 광역의회와 기초의회 모두 '천만 원 이하의 과태료'를 부과할 수 있는 권한을 규정하는 것으로 이 사안을 종결지었다.[25] 이로써 지방의회는 자치입법권의 실효성을 확보할 수 있

---

24) 보다 자세한 내용은 김병준, 『김병준교수의 지방자치살리기』(서울: 한울, 2002), pp.239-243.

25) 1994년 개정 지방자치법 제27조 1항. 2020년 개정 지방자치법(2022년 1월 시행)

는 작은 근거를 마련하게 되었다. 그러나 이 부분은 '천만 원 이하의 과태료'를 무겁게 여기지 않는 사람들이 적지 않을 수 있다는 점에서, 또 '벌칙'에 비해 그 효력이 크게 떨어진다는 점에서 여전히 자치입법권을 제약하는 하나의 요인으로 지적되고 있다.

(3) 국가의 지도·감독

위에서 지적한 사안들 외에 자치입법권은 국가의 강한 지도·감독에 의해 다시 제한받는다. 지방자치법 제192조 제1항은 '지방의회의 의결이 법령에 위반되거나 공익을 현저히 해친다고 판단되면 시·도에 대하여는 주무부장관이, 시·군 및 자치구에 대하여는 시·도지사가 재의를 요구하게 할 수 있고, **재의요구**를 받은 지방자치단체의 장은 의결사항을 이송 받은 날부터 20일 이내에 지방의회에 이유를 붙여 재의를 요구하여야 한다'고 규정하고 있다. 재의가 요구된 안건의 재의결은 '재적의원 과반수의 출석과 출석의원 3분의 2 이상의 찬성'이라는 높은 의결정족수를 요구하게 되는 바, 통과가 그만큼 어려워지게 된다. 지방의회 의결에 대한 국가의 이러한 개입은 위법성뿐만 아니라 공익성까지 묻는다는 점에서, 또 위법성을 법원이 아닌 중앙정부 '주무부장관'이 판단한다는 점에서 자치입법권을 크게 제약하는 요소로 지적된다.

2) 자치행정권에 대한 제약

자치행정권 역시 자치입법권과 마찬가지로 자치사무의 범위에 의해 상당히 제약되게 된다. 자치적으로 처리할 사무가 적으니 행정권 자체가 클 수가 없다. 뿐만 아니라 자치입법권과 마찬가지로 사무처리의 기준과 절차 등을 구체적으로 규정하여 자치권 행사의 영역을 줄여 놓고 있는 여러 법령들, 예컨대 지방자치법이나 지방공무원법, 그리고 국민기초생활보장법과 같은 개별 법률들과 그 시행령 등에 의해서 다시 제약된다. 이 부분은 자치입법권에 대한 제약과 그 맥을 거의 같이 하므로 자세한 설명은 생략한다. 아래에서는 오히려 국가의 강한 지도·감독에 의해 자치행정권이 제약되는 현상을 살펴보기로 한다.

먼저 지방자치법 제184조 제1항을 보면 '중앙행정기관의 장 또는 시·도

제34조.

지사는 지방자치단체의 사무에 관하여 조언 또는 권고하거나 지도할 수 있으며, 이를 위하여 필요하면 지방자치단체에 자료의 제출을 요구할 수 있다'라고 규정하고 있다. 이때의 '지방자치단체의 사무'에는 당연히 지방정부 스스로 결정권과 처리권을 가진 자치사무가 포함된다. 자칫 자치행정권을 제약할 수 있는 부분이다. 특히 재정력이 약해 중앙정부의 지원에 의존해야 하는 지방정부의 경우 더욱 그러하다.

이어 같은 법 제188조는 '지방자치단체의 사무에 관한 그 장의 명령이나 처분이 법령에 위반되거나 현저히 부당하여 공익을 해친다고 인정되면 시·도에 대하여는 주무부장관이, 시·군 및 자치구에 대하여는 시·도지사가 기간을 정하여 서면으로 시정할 것을 명하고, 그 기간에 이행하지 아니하면 이를 취소하거나 정지할 수 있다'고 규정하고 있다.

그나마 '자치사무에 관한 명령이나 처분에 대하여는 법령에 위반하는 것에 한한다'라고는 규정되어 있기는 하지만 여러 가지 점에서 강력한 감독권 행사로 이해된다. 위임사무에 대해서이기는 하지만 공익성을 물어 취소·정지할 수 있게 하는 부분이 그러하고, 법령을 위반했는지의 여부를 가리는 주체가 법원이 아닌 상급자치단체장이나 중앙정부의 주무부장관이라는 점에서도 그러하다. 물론 피감독 지방정부가 취소·정지에 대한 판단을 받아들이지 못하는 경우 '15일 이내'에 대법원에 소(訴)를 제기할 수 있게 되어 있기는 하다. 그러나 이 또한 순서가 잘못되었다는 지적이 있다. 취소·정치 처분을 받은 지방정부가 소를 제기하는 것이 아니라 이들 지방정부의 처분에 이의가 있는 상급자치단체장이나 중앙정부의 주무부장관이 소를 제기하여 위법여부에 대한 대법원의 판단을 구하는 것이 지방자치의 정신에 더 맞지 않느냐는 지적이다.

이 외에도 자치행정권의 중요한 부분을 이루는 지방공무원 인사에 관한 사항이나 행정관리에 관한 적지 않은 사항 등이 중앙정부에 의해 제한되고 있다. 지방공무원의 인사와 관련해서는 중앙정부가 아예 지방공무원법을 만들어 매우 구체적인 사항까지 세세히 규정하고 있다. 지방정부의 권한을 보장해주기 위한 취지가 아니라 이를 제한하고 제약하기 위한 일임은 물론이다. 지역주민과 지방의회에 의한 통제가 완전하지 못하기 때문이라 할 수 있겠지만 라고는 하지만 분권과 자율을 통해, 그리고 시행착오와 지방정부간의 경쟁을 통해 지방정부와 지역사회의 **자기책임성**을 키워나간다는 지방자치의 근본정신과는 차이가 있다.

3) 자치조직권에 대한 제약

앞서 말한 바와 같이 우리나라 지방정부는 나름대로의 자치조직권을 부여받고 있다. 2020년에는 지방자치법 개정을 통하여 기관구성의 문제에 관한 권한까지 부여하였다. 그러나 이 자치조직권 또한 자치입법권이나 자치행정권과 마찬가지로 법률적 제약에 의해 크게 제한된다. 내부 행정구역의 개편이나 기관구성, 그리고 지방의원의 수와 같은 중요한 사안은 거의 모두가 지방자치법 등에 의해 국가 또는 중앙정부의 소관업무나 승인사항이 되어 있고, 그 외의 많은 사안들이 '따로 법률이 정하는 바'나 '대통령령이 정하는 바'에 따르게 되어 있거나 '행정안전부 장관의 승인'을 필요로 하게 되어 있다.

우선 기관구성에 관한 권한부터 그렇다. '따로 법률이 정하는 바에 따라'라고 했지만 언제 그 법률이 제정될지, 또 어떤 내용이 그 안에 담기게 될지는 모르는 상황이다. 다른 부분도 마찬가지이다. 중요한 권한 대부분은 '대통령령이 정하는 기준에 따라' 등의 조건이 붙어 있다. 이를테면 지방정부의 행정사무를 분장(分掌)하기 위해 필요한 행정기구를 두는 것도 '대통령령'이 정하는 기준에 따르도록 되어 있다(지방자치법 제125조). 소방기관과 교육훈련기관과 같은 직속기관, 사업소, 그리고 출장소 등의 소속 행정기관의 설치도 마찬가지이다. 모두 '조례로 정한다'라고 되어 있으나 그 이전에 '대통령령의 정하는 바에 따라' 등의 조건이 전제되어 있다(같은 법 제126, 127, 128, 129조). 공무원 정원문제도 똑 같다. 수 자체를 제한하던 관행에서 인건비 총액을 규제하는 방향으로 개선이 되고 있지만 여전히 중앙정부의 규제가 매우 강하다.

그러나 자치조직권에 있어서는 1990년대 이후 적지 않은 변화가 있었다. 30년 만에 처음으로 지방의회가 구성되었던 1990년대 초만 하더라도 지방정부는 자체 행정기구인 실·국의 수는 물론 일부 기구에 대해서는 명칭조차 마음대로 바꿀 수 없었고, 기초의회의 경우 2006년 4월의 지방자치법 개정이 있을 때까지 위원회를 '대통령령에 따라' 설치하게 하였다. 그에 비하면 적지 않은 진전이 있었던 셈이다.

4) 자치재정권에 대한 제약

자치재정권이라 하면 일반적으로 독립적 행정주체로서 필요한 재정력을 획득할 수 있는 권리능력을 의미하는 재정권력 작용과, 수입과 지출을 관리하며 예산을 편성하고 집행하는 등의 행위를 의미하는 재정관리 작용이 포함된다. 쉽게 말해 필요한 돈을 거두어들일 수 있는 권한과 그것을 관리 운용하는 권한을 포함한다고 할 수 있다.

먼저 돈을 거두어들이는 재정권력 작용의 측면에서 볼 때, 우리나라 지방정부의 자치재정권은 자치라는 말이 어울리지 않을 정도로 약하다. 우선 '조세법률주의'의 원칙에 따라 **법정외세**(法定外稅), 즉 법률이 정하는 세목(稅目) 이외에 지방정부가 스스로 정하는 세목이 인정되지 않는다. 세목은 당연히 법률, 즉 지방세법에 의해 정해지며, 세율 또한 마찬가지로 이 법에 의해 정해진다.

1992년 신설되었다가 2010년까지 운용되었던 **지역개발세**의 경우는 부과주체인 도(道)의 자치권을 인정했었다. 즉 부과할 지역과 부과징수에 관하여 필요한 사항을 도(道)의 조례로 정하게 했다. 그러나 이 마저도 2011년부터 공동시설세와 통합되어 지역자원시설세가 되면서 이러한 자율성이 사라지고 말았다. 결국 모든 경우에 있어 세목과 세율뿐만 아니라 과세표준(課稅標準)과 납세의무자, 징수의 방법과 절차 등 거의 모든 것이 법률에 의하여 하나하나 구체적으로 정해지고 있다고 하겠다.[26] 일부 세목에 대해 일정 정도의 세율을 증감할 수 있는 권한, 즉 탄력세율을 적용할 수 있는 정도가 한계이다.

또 지방채의 발행에 있어서도 그 한도는 대통령령으로 정하게 되어 있으며, 외채를 들여오는 경우에는 그 한도 내에서라 하더라도 행정안전부장관의 승인을 얻도록 하고 있다(지방재정법 제11조). 재정확보와 지방채가 투입되는 사업을 운영함에 있어 중앙정부의 의지가 크게 반영될 수밖에 없는 구조가 되어 있다는 뜻이다.

거두어들인 돈을 관리 운용하는 재정관리 작용도 그렇다. 예산의 과목

■ 과세표준은 세법에 근거하여 정해지는 과세대상의 수량 또는 금액이다. 예컨대 재산세 과세표준이라 함은 과세대상이 되는 재산의 가격에 일정 비율(예 50%)을 곱해서 과세표준이 정해진다. 세액은 이 과세표준에 세율을 곱해서 결정된다.

---

26) 1992년 신설된 도세의 목적세인 지역개발세는 과세지역의 선정 그리고 부과징수방법의 결정 등 과세권의 행사를 지방정부의 결정에 위임하고 있었다(지방세법 제258조). 지방정부의 자율성을 조금이나마 인정한 것이다. 그러나 이 역시 과세대상과 세율 등 중요한 사항이 지방세법과 그 시행령에 의해 정해지게 되어 있었다.

(科目) 설정과 구분이 지방재정법과 그 시행령 등에 의해 세밀히 규정되어 있다. 또 지방재정법 제38조는 행정안전부장관에게 국가 및 지방재정의 운용 여건, 지방재정제도의 개요 등 지방정부의 재정운용에 필요한 정보로 구성된 연도별 **지방자치단체 재정운용 업무편람**을 작성할 수 있는 권한과, 행정안전부령으로 **지방자치단체 예산편성기준**을 작성할 의무를 부여하고 있다. 이어 이 법의 시행령 제42조는 '지방자치단체의 예산은 법령에 다른 규정이 없는 한 지방자치단체예산편성기준 및 과목구분에 의해 작성되어야 한다'고 규정하고 있다. 결국 중앙정부의 의지가 지방예산 편성의 기준이 되도록 되어 있다.

그러나 자치재정권 또한 1991년 지방의회가 새로 출범한 이래 적지 않은 변화가 일어나고 있다. 재정권력 작용, 즉 돈을 거두어들이는 부분에 있어서는 큰 변화가 없으나 재정관리 작용, 즉 거두어들인 돈을 운영하는 부분에 있어서는 1990년에 비해 그 자율성이 상당히 신장되었다. 1990년대 초만 해도 지방정부는 내무부(현 행정안전부)가 작성한 '**예산편성지침**'에 의해 예산을 편성해야 했으며, 이 지침의 내용은 현재의 지방자치단체 예산편성기준과 비교가 되지 않을 정도로 매우 구체적이었다. 뿐만 아니라 국고보조금의 운영 등에 있어서도 지방정부의 의지와 관계없이 지방정부의 분담금, 즉 지방비가 투입되어야 하는 보조금 사업이 강요되는 등 법률외적인 압박이 작용하기도 했다.[27] 지방자치가 발전하면서 이러한 무리한 부분이나 불합리한 제약과 제한이 조금씩 줄어들고 있다.

5) 추세와 과제

우리사회에 있어 지방정부의 자치권은 점차 강화되는 양상을 보이고 있다. 아직 약한 모습을 보이고 있지만 시간이 가면서 그 내용이 하나씩 달라지고 있다. 자치입법권과 자치행정권, 그리고 자치조직권과 자치재정권 모두 다 그러하다.

향후 이러한 추세는 계속될 것으로 판단된다. 세계화와 지식정보화라는 큰 틀 속에서 분권과 자치가 중요한 가치로 자리 잡아가고 있기도 하지만 이제 우리사회에 있어 분권세력의 힘이 어느 정도 결집되고 있다는 점도

---

27) 이에 대한 자세한 설명을 위해서는 김병준, 『한국지방자치론』(서울: 법문사, 2003), pp.130-131.

중요한 요인이 된다. 지방자치단체장과 지방의원, 그리고 지역사회의 시민단체와 지역주민, 지역언론 등이 이 문제와 관련하여 과거보다 훨씬 큰 영향력을 행사하고 있다.

　그러나 자치권의 강화는 아직 우리사회의 근본적인 담론이나 논제가 되고 있지 못하다. 자치권이 강화되기 위해서는 지방정부의 책임성을 중앙정부의 통제와 규제로 확보할 것인가, 아니면 지역주민의 통제를 강화하고 지방의회를 의회답게 만드는 제도개혁을 통해서 확보할 것인가에 대한 근본적인 논의가 있어야 한다. 심지어는 죄형법정주의와 조세법률주의, 법률유보와 같은 헌법적 사항에 대해서도 그 기본정신이 무엇인지에 대한 근본적인 의심과 문제제기가 있어야 한다. 이러한 노력이 없는 것은 아니지만 아직은 그 수준이나 강도가 기대에 미치지 못하고 있다.

제2장

사무배분의 의의와 방식 및 원칙

① 의 의

앞 장(章)에서 우리는 자치권 문제를 살펴보았는데, 이 자치권 문제는 자치권이 행사될 수 있는 사무 또는 기능의 범위와 내용, 또 그러한 사무를 처리할 수 있는 행·재정적 능력의 문제와 함께 이해하지 않으면 안 된다. 아무리 큰 자치입법권과 자치행정권 등이 주어졌다 하더라도 그러한 자치권을 행사할 수 있는 사무의 범위가 좁거나, 또 이를 받쳐줄 행·재정적 능력이 부족하면 자치권이 큰 의미를 가질 수 없기 때문이다.

사실, 자치권의 실체나 지방정부의 실질적 권능은 자치권 행사의 대상이 되는 사무 또는 기능의 범위와 내용, 지방정부의 행·재정적 능력, 그리고 앞 장(章)에서 설명한 법률적 차원에서의 자치권이 어우러져 만들어내는 3차원적 구조의 산물이라 할 수 있다. 이러한 점에서 사무배분 혹은 기능배분, 즉 중앙정부와 지방정부 사이에, 또 상급지방정부와 하급 지방정부 사이에 이루어지는 일과 책임과 권한의 배분은 자치권의 실질적 내용을 이루는 부분으로서의 중요한 의미를 지닌다. 이번 장(章)에서는 '사무배분'이란 이름으로 이러한 배분의 의미와 방식, 그리고 배분에 적용되는 원칙의 문제를 알아본다.

② 배분의 정치경제적 의미

사무배분에는 많은 요소가 영향을 미친다. 크게는 국가가 기초로 하고 있는 기본적인 정치·경제 이념에서부터 지방정부의 작게는 지방정부 공무원의 행정적 능력에 이르기까지 많은 요소가 영향을 미친다. 세계경제의 흐름이나 기술의 발전, 국가의 경제발전 수준, 그리고 배분대상 기능이나 사무의 정치경제적 성격 등과도 큰 관련이 있음은 말할 필요도 없다.

따라서 사무배분의 문제는 상대적인 것으로 '절대로 옳은 것'이나 '절대로 그른 것'은 존재하지 않는다. 그 국가가 처해 있는 상황이나 추구하는 가치에 따라 옳고 그름이 달라질 수 있기 때문이다. 합리와 비합리의 문제도 마찬가지이다. 따지기가 쉽지 않다. 무엇을 기준으로 보느냐에 따라 같은 내용의 배분이 합리적인 것이 되었다가, 또 비합리적인 것이 될 수도 있다. 예컨대 인구 수십만 밖에 되지 않은 개발도상 국가에서 초등교육 기능을 국가나 중앙정부가 수행한다고 하여 잘못된 것이라 할 수 없으며, 미국과 같이 큰 국가에서 학교구(school district)와 같은 특별지방정부를 만들어 수행하게 한다고 하여 잘못된 것이라 할 수 없다.

사무배분 구조에 대해 어떠한 판단을 해서도 안 된다는 말은 물론 아니다. 선악의 문제도 아니고 합리와 비합리를 따지기도 힘이 든다는 것은 오히려 이 문제가 그만큼 가치와 판단의 문제라는 뜻이다. 또 올바른 이해를 위해서는 높은 수준의 복합적 사고와 주의가 필요하다는 뜻이다. 다른 국가와의 단순비교를 통해 옳고 그름의 결론을 도출해 낸다거나, 단순한 지방행정적 지식이나 과거의 경험만으로 새로운 배분구조를 제안하는 것도 곤란하다는 의미이기도 하다.

가치와 판단의 문제인 만큼 이 문제는 또한 그만큼 이해관계의 문제가 되고, 또 정치적인 문제가 된다. 경제적 합리성만을 따져서 사무가 배분되는 것이 아니라 이해관계자들의 힘의 관계나 사회전체의 정치경제 구조에 의해 배분되기도 한다. 때로는 집권적 경향을 지닌 **구심지향의 세력**(centripetal force)과 분권과 자율을 지향하는 **원심지향의 세력**(centrifugal force) 간의 힘의 균형이 곧 중앙정부와 지방정부 사이의 사무와 권한의 배분구조로 나타나기도 한다.[1]

자연히 배분과 재배분의 과정은 복잡하다. 중요한 사무 하나가 지방정부로 이양된다는 사실은 그 사무와 관련된 권력과 권한의 이동을 의미하고, 그 사무를 둘러싼 이해관계 세력 간에 벌어지는 정치의 장(場)이 이동하는 것을 의미하기 때문이다. 장(場)의 이동은 그 사무를 둘러싸고 벌어지는 참여자간의 상호작용 패턴과 힘의 관계는 물론 참여자까지 바꾸어 놓는다. 자연히 이해관련 집단간의 논쟁과 다툼이 있을 수밖에 없고, 배분과 재배분은 그 결과를 반영하게 된다.[2] 예를 들어 우리나라에 있어 교통경찰 기능 내지는 사무가 지방정부로 넘어가지 못하고 있는 것은 그것이 꼭 경제적이고 생산적이어서가 아니라 현행구조로 유지하고 싶어 하는 집단의 힘과 논리적 방어역량이 지방이양을 추진하는 집단의 힘이나 문제제기 능력보다 강하기 때문이다.

물론 모든 사무가 다 그러한 것은 아니다. 사무의 중요성에 따라, 또 그 내용에 따라 쉽게 합의가 되거나 배분과정에 있어 역동성을 볼 수 없는 경우가 많다. 그러나 교육과 경찰 그리고 도시계획과 토지이용 등 그 의미가 큰 사무일수록 배분과 재배분의 과정은 그만큼 더 복잡해진다.[3]

---

1) 안병만, 『한국정부론』 (서울: 다산출판사, 1993), p.299. 특히 Fred Riggs의 이론 부분 참조.
2) 김병준, 『김병준 교수의 지방자치 살리기』 (서울: 한울), pp.213-222.
3) 보다 자세한 내용은 양영철, "참여정부의 자치경찰 창설과 운영방안," 『한국사회와 행정연구』, 제15권 제4호 (2005), pp.345-372; 이기우, "교육자치제도의 개선방향과 시민사회의 대응," 2007년 1월 29일 시민사회 포럼 주최 포럼 발제문 등 참조.

제 2 절 사무배분의 방식

1 일반적 방식

앞서 설명한 바와 같이 사무배분과 재배분의 과정은 역동적이다. 제2편의 미국과 영국의 지방자치 역사에서 본 것처럼 지방정부나 지방의 시민세력이 국왕이나 총독으로부터 일정한 금액을 주고 사오는 경우도 있고, 지방세력의 강력한 요구에 중앙정부나 중앙세력이 굴복함으로써 사무처리의 주체가 지방정부로 바뀌기도 한다. 또 그렇지 않으면, 최근의 여러 국가에서 나타나는 것처럼 세계화와 지식정보화라는 큰 사회적 변화 속에서 국가경쟁력 강화의 한 방편으로 중앙의 일부 정치세력이 이를 주도하는 형태로 이루어질 수도 있다.

그러나 실제 그 과정이 어떠하건 간에 사무배분은 일단 그 형식에 있어서는 국가가 그 영토의 일정 지역을 관할하고 있는 지방정부에 일정 사무에 대한 처리권을 부여하는 형식으로 이루어진다. 국가 또는 중앙정부가 배분의 주체가 되는 것이 일반적이라는 뜻이다. 자연히, 배분의 방식 역시 국가 또는 중앙정부 중심의 개념으로 정리된다.

1) 개별적 배분방식

(1) 경 향

개별적 배분방식은 중앙정부나 중앙정부의 의회가 지방정부가 수행할 수 있는 사무를 하나하나 개별적으로 지정해주는 방식이다. 지방자치와 지방정부의 기능에 관한 일반 법률의 형태로 이루어지기도 하지만 개별 지방정부를 위한 특별법의 형태로 이루어지는 경우가 많다.

영국은 개별적 배분방식이 적용되어 온 대표적인 국가의 하나이다. 19세기 초에 이르기까지 일종의 특허장이라 할 수 있는 헌장(charter)을 통해 개별 지방정부에 지방정부로서의 지위와 특정 사무에 관한 권한을 부여해 왔다. 일종의 **특별법**(private law)에 의한 개별적 사무배분 방식이었다.

1832년 **도시정부개혁법**(Municipal Corporations Act)과 1835년의 도시정부
개혁법(Municipal Corporations Act of 1835), 그리고 1888년의 지방자치법(Local
Government Act) 등 지방정부의 지위와 운영에 관한 일반 법률들이 만들어
지고 개정되면서 헌장과 같은 특별법 형태를 통해 개별 지방정부 단위로
사무를 배분하는 경향은 줄어들게 되었다. 이들 일반 법률들을 통해 모든
지방정부에 적용되는 규정들이 만들어져 갔기 때문이었다. 특별법은 특정
지방정부에 이들 일반 법률이 규정하는 이상의 권한이나 사무를 부여할 필
요가 있을 때 제정하게 되었다.

그러나 사무배분의 기본 방식은 여전히 개별 사무와 권한 하나하나를
지정하는 개별적 배분방식을 취했다. 특별법은 물론 지방자치법 등의 일반
법률도 지방정부의 사무와 권한, 그리고 그 범위를 하나하나 규정하는 형
태를 취했다. 그리고 지방정부는 '**월권금지의 원칙**(ultra vires doctrine)'에 의
해 이렇게 명시적으로 주어진 권한과 사무 이외에는 수행할 수 없도록 하
고, 이를 넘는 행위는 월권(ultra vires)으로 보고 엄격한 제한을 가했다.[4]

■ 라틴어 'ultra vires'는 영
어로 'beyond the power,'
즉 '월권'의 의미를 가지고
있다. 반대는 'intra vires'로
'within the power,' 즉 '권
한의 범위 내'의 의미를 가
진다.

그러나 최근 들어 영국의 이러한 사무배분 방식은 큰 변화를 보이고 있
다. 2000년에 새로 만들어진 지방자치법(Local Government Act of 2000)은
'지방정부는 지역의 경제적 복리(economic wellbeing), 사회적 복리(social
wellbeing), 그리고 환경 복리(environmental wellbeing)를 증진(promotion) 또
는 개선(improvement)시키기 위한 모든 행위를 할 수 있는 권리를 가진다'
고 규정하고 있다.[5] 같은 법률의 뒤 부분이나 다른 법률에 의해 여전히 많
은 제한이 따르고는 있지만 지방정부의 권한과 사무를 보다 포괄적으로 규
정하려는 움직임을 보이고 있다. 뒤에 설명할 포괄적 배분방식에 보다 가
까이 가고 있는 모습이기도 하다.

개별적 배분방식은 미국과 같은 나라에서도 중요한 기능을 해왔다. 의미
를 지녔다. 19세기 말 20세기 초의 도시개혁운동이 일어나기 전, 여러 주

---

4) 이와 관련한 유명한 사건으로는 'Hazell v. Hammersmith and Fulham London
Borough Council'과 이에 대한 상원(House of Lords)의 결정 참조. House of
Lords (1992) 2 AC 1.

5) Local Government Act of 2000, Section 2 (1): "Every local authority are to
have power to do anything which they consider is likely to achieve any one
or more of the following objects: (a) the promotion or improvement of the
economic wellbeing of their area, (b) the promotion or improvement of the
social wellbeing of their area, and (c) the promotion or improvement of the
environmental wellbeing of their area

(州)에서 **특별헌장**(special charter) 방식을 통해 지방정부에 자치권과 사무를 배분한 경우가 많았다. 특별헌장은 주(州) 또는 주(州)의회가 개별 지방정부 마다 일종의 맞춤형의 헌장을 제정해 주는 방식으로 그 자체가 특별법의 형태를 지녔다. 특별헌장 아래에서는 개별 지방정부에 특정한 권한이나 사무가 개별적 방식으로 배분되는 경우가 많았고, 이 방식은 이로 인해 개혁운동가들의 강한 비판을 받기도 했다. 주(州)의회 내 일부 정치세력의 이해관계가 반영되는 경우가 많았기 때문이었다.

도시개혁운동이 심화되면서 특별헌장은 그 활용도가 줄어들었다. 주(州)에 따라서는 이를 금지하는 입법을 하기도 했다. 그대신 하나의 헌장을 만들어 모든 지방정부에 적용시키는 **일반헌장제**(general charter), 지방정부의 인구규모와 도시화 정도 등을 고려하여 여러 개의 헌장을 만들어 적용하는 **분류헌장제**(classified charter), 여러 개의 헌장을 만들어 지방정부가 이 중 하나를 선택하게 하는 **선택헌장제**(optional charter) 등이 활용되었다. 그리고 20세기에 초에 들어서는 주(州)가 지방정부의 자치권과 사무의 범위를 넓게 규정하는 입법을 한 위에, 지방정부 스스로 주(州)의 법률적 범위 내에서 헌장을 제정하여 운영하는 **자치헌장제**(home-rule) 방식이 많이 활용되게 되었다. 전체 50개 주(州) 가운데 최소한 40개 이상이 자치헌장을 모든 지방정부 또는 일부 지방정부에 허용하고 있다.[6]

헌장제도가 변화와 사무배분의 방식 사이에 직접적인 관련은 없다. 둘은 별개의 변수로 여러 형태의 조합을 이룰 수 있다. 여기에 **딜론의 원칙**, 즉 지방정부는 주(州)가 명시적으로 부여한 권한과 그러한 권한에 필연적으로 함축되어 있는 권한만을 행사할 수 있다는 원칙을 얼마나 강하게 적용하고 해석하느냐에 따라 또 다른 여러 형태의 조합이 만들어질 수 있다. 다만 전체적인 경향성에 있어서는 하나의 흐름이 관찰된다. 즉 특별헌장제도의 활용이 줄어들면서 개별적 배분방식의 경향도 줄어들게 되었고, 자치헌장제도가 확대되면서 지방정부의 자치권과 사무를 보다 포괄적으로 규정하는 경향이 강해져 왔다.

---

6) "Home Rule," Community Environmental Legal Defence Fund(CELDF), posted Aug. 25, 2015. accessed June 30, 2020, https://celdf.org/law-library/local-law-center/home-rule/.

(2) 장·단점

개별적 배분방식은, 첫째, 사무를 하나하나 개별적으로 지정해 주는 방식을 취하기 때문에 운영상의 유연성이 떨어지는 단점이 있을 수 있다. 둘째, 특히 개별 지방정부를 대상으로 하는 특별법의 형태를 이루는 경우 지방정부 마다 특별법을 제정해야 하기 때문에 이에 따른 업무상의 부담이 크다. 그리고 셋째, 이 경우 미국의 특별헌장제도 아래에서 발생한 문제처럼 중앙정부의 일부 정치세력의 이해관계가 지방정부와 자치권과 사무배분에 반영될 수 있다. 그리고 넷째, 법의 제·개정에 시간이 걸리게 되면 행정문제 처리에 있어 시의성을 놓칠 수 있는 등의 단점이 있다.

그러나 장점 또한 만만치 않다. 첫째, 사무의 내용이 구체적으로 명시되기 때문에 주어진 사무에 관한 한 중앙정부의 간섭을 최대한 배제할 수 있다는 장점이 있다. 중앙정부가 지방정부의 사무에 관여하고자 하는 의도가 큰 경우에는 더욱 그러하다. 최소한 주어진 사무에 대해서는 중앙정부가 침투해 들어오는 것을 막을 수 있기 때문이다. 둘째, 개별 지방정부를 상대로 한 특별법을 제정하여 배분하는 경우, 사무의 배분이 지방정부별로 이루어지기 때문에 각 지방정부의 특수성이 고려될 수 있다는 장점이 있다.

2) 포괄적 배분방식

포괄적 배분방식은 사무를 배분함에 있어서 사무 자체를 구체적으로 하나하나 명시함이 없이 지역적 성격을 띤 사무에 관한 처리권을 일괄적으로 부여하는 방식이다. 이 경우 지방정부는 법령이 금지한 사항이나 법령에 의해 중앙정부가 처리하도록 되어 있는 사항을 제외하고서는 그 어떤 사무라도 자치적으로 처리할 수 있는 권리를 가지게 된다. '지방자치단체는…… 사무를 처리한다'라고만 규정한 1988년 4월 이전의 우리나라 지방자치법 규정이 그 대표적인 예이다.[7] 이 경우 실질적인 사무배분은 각 업무영역별로 제정되는 개별 법령에 의해 이루어진다.

이 포괄적 배분방식은 우선 첫째, 배분방식이 간단하고 간편하다는 장점이 있다. 사무를 재배분하거나 새로운 사무를 부여할 때마다 헌장이나 지

---

7) 예컨대 1960년 개정의 지방자치법은 제3조 2항에서 "지방자치단체는 그 지방의 공공사무와 법령에 의하여 그 단체에 소속된 사무를 처리한다"고 규정하고 있었다.

방자치 관련 기본법을 계속 개정해 나가야 하는 개별적 배분방식과 달리 헌법이나 지방자치관련 기본법에 사무배분에 관한 일반적 규정을 두면 그 만이다. 그리고 둘째, 이 방식은 또한 그 운영에 있어 유연성을 기할 수 있 다는 장점도 있다. 사무 하나하나에 대한 권리의 주체를 헌장이나 지방자 치 관련 기본법에 명시하지 않음으로써 상황에 따라 그 주체를 달리 할 수 있는 길을 열어두고 있다.

이러한 이유로 적지 않은 국가에서 사무를 배분함에 있어 이 방식을 활 용하고 있다. 앞서 설명한 바와 같이 최근 영국의 지방자치법도 지방정부 의 사무를 '경제적 복리' '사회적 복리' '환경 복리'를 증진시키고 개선시키 는 일을 한다는 내용의 포괄적 규정을 두고 있다. 또 아일랜드(Ireland)의 경우도 지방자치법 제63조를 통해 '지방정부는 지역사회의 이익을 증진시 키는데 기여하거나 필요하다고 생각되는 업무를 처리한다'는 포괄적 규정 을 두고 있다.[8]

그러나 이러한 방식은 단점 또한 만만치 않다. 우선 첫째, 어느 사무가 국가사무이고 또 자치사무인지에 대한 명확한 구별이 없어 행정주체간에 혼동이 야기될 수 있다. 둘째, 실질적인 배분은 개별 법령을 통해서 이루어 지는 바, 전체적인 배분구조를 파악하기 위해서는 개별 법령 하나하나를 모두 살펴보아야 한다. 그리고 셋째, 이러한 개별 법령의 제정과 개정을 통 해 중앙정부가 지방정부의 자치사무 영역을 쉽게 침범할 수 있다. 즉 명백 히 자치사무에 해당하는 부분에 대해서도 개별 법령을 통해 중앙정부 사무 로 규정할 수 있는 것이다. 선이 분명하지 않으니 힘이 강한 쪽이 더 넓은 영역을 차지하게 되는 셈이다. 자치사무 영역을 보다 좁게 규정하는 것으 로 보이는 개별적 배분방식이 때로는 더 넓은 자치영역을 보장하게 되는 이유도 여기에 있다.

3) 혼합방식

혼합방식은 위의 두 방식이 조금씩 섞인 것을 의미한다. 어떻게 섞느냐 에 따라 매우 다양한 모습이 나타날 수 있어 그 특징을 한마디로 요약하기 어렵다. 어떤 면에 있어서는 둘 다일 수도 있고, 또 어떤 면에 있어서는 둘

---

8) Ireland의 Local Government Act of 2001, Article 63-1(d): The function of local authorities are to take such action as it considers necessary or desirable to promote the community interest in accordance with section 66.

다 아닐 수도 있는 다양한 형태가 있을 수 있다.

어찌되었든 이 방식의 대표적인 예는 예시적 포괄배분 방식, 즉 지방정부가 처리하는 사무의 영역을 포괄적으로 규정하되 그 일부를 예시해주는 방식이다. 포괄적인 규정을 둠으로써 사무배분의 유연성을 확보할 수 있는 한편, 일부 중요한 사무를 예시해 줌으로써 최소한 이들 사무에 있어서는 중앙정부가 쉽게 침투하지 못하게 벽을 쌓아두는 방식이다.

대표적인 예로 오스트리아(Austria)를 들 수 있겠는데, 이 나라는 지방정부의 사무를 아예 헌법에 예시하고 있다. 오스트리아 헌법 제118조 3항은 '지방정부(county)는 일정한 자치권능과 이러한 권능의 행사에 관한 책임을 보장 받는다'고 규정한 다음, '특히 다음의 사무와 관련하여서 그러하다'며 11개의 사무 또는 사무영역을 예시하고 있다.[9] 지방공무원에 대한 인사권, 지역의 안전과 치안에 관한 업무, 소방과 환경보호와 관련된 업무 등이다.[10]

다른 국가도 이와 유사한 방식을 택하는 경우가 많다. 헌법을 통해서는 아니지만 지방자치와 관련된 법률을 통해 지방정부의 기본적인 사무영역을 예시하고 있다. 예컨대 스페인(Spain)은 헌법에 국가사무와 광역정부(region)의 사무를 구분하고 있으며, 지방자치에 관한 기본법(Basic Law for Local Government, Ley de Bases del Regimen Local) 제25조를 통해 기초지방정부의 기능을 열거하고 있다. 도로관리와 교통관리, 공원관리, 소비자 보호, 문화유산 보존, 상수 및 하수 기능, 관광·문화와 체육, 학교의 운영과 관리 등이다.[11]

---

9) Austria 헌법 Article 118.3: A county is guaranteed official responsibility in its own sphere of competence particularly for performance of the following matters.

10) 1. appointment of the local authorities; settlement of the internal arrangements for performance of the Local Council functions; 2. appointment of the Local Council staff. 3. local public safety administration, local events control; 4. administration of Local Council traffic areas, local traffic police; 5. crops protection police; 6. local market police; 7. local sanitary police, especially in the field of emergency and first aid services as well as matters of deaths and interment. 8. public decency. 9. local building police excluding federally owned buildings which serve public purposes (Article 15 (5); local fire control; local environment planning. 10. public services for extra-judicial settlement of disputes; and 11. debtors' sale of goods.

11) The Basic Law for Local Government (Ley de Bases del Regimen Local) Article 25. 열거된 기능은 다음과 같다: Security in public places; Traffic and urban

　앞서 설명한 바와 같이 이러한 방식은 포괄적 배분방식이 지닌 간편성
과 유연성, 그리고 개별적 배분방식이 지닌 자치권의 보호라는 장점을 다
같이 살려보자는 뜻을 지니고 있다. 같은 맥락에서의 이야기기 되겠지만
포괄적 배분방식이 지닌 모호함과 개별적 배분방식이 지닌 경직성이라는
문제점을 완화시키기 위해 채택되는 방식이기도 하다. 그러나 예시는 어디
까지나 '예시'인 만큼 개별 법률 또는 법령들에 의해 제한될 수 있다는 한
계를 지니고 있다.

② 우리나라의 사무배분 방식

　우리나라에서의 사무배분 방식은 기본적으로 두 개의 큰 틀로 이루어진
다. 우선 일반적 틀로서는 **포괄적 예시주의**(또는 방식)를 채용하고 있다. 그
리고 또 하나, 광역지방정부와 기초지방정부간의 사무를 배분함에 있어서
는 **특례주의**, 즉 특정 부류의 지방정부의 특수성을 감안해주는 방식이 채
용되고 있다. 포괄적 예시주의가 주된 방식이며 특례주의는 일종의 보조적
인 성격을 지니고 있다. 앞서의 분류방식을 감안하여 사무배분 방식의 전
체 구조를 이야기하자면 포괄주의에 가까운 혼합형이라고 할 수 있다. 아
래에서 그 내용을 보기로 한다.

1) 포괄적 예시주의

　앞서도 설명하였지만 우리나라는 1988년 4월 이전까지 사무배분의 일반
적 방식으로 포괄적 배분방식을 택하고 있었다. 그러다가 1988년 4월 지방
자치법이 개정되면서 포괄적 예시주의라 부를 수 있는 제도를 채택하였다.
법률 규정으로 설명을 하자면 '지방자치단체는 관할구역의 자치사무와 법
령에 따라 지방자치단체에 속하는 사무를 처리한다'라는 포괄적 규정을 둠

---

roads; Civil protection and fire control; Urban planning, housing management
and promotion; Parks; Road pavement; Preservation of historical heritage; Fairs;
Markets; Consumer protection; Environment protection; Ppublic health: Primary
health; Cemeteries; Social services, Water management; Electricity supply; Waste
management, Water provision, Sewage; Public transportation; Tourism; Culture
and sport; School maintenance.

과 동시에 '지방자치단체의 사무를 예시하면 다음 각 호와 같다'라고 하여 그 아래에 6개 영역의 61개의 사무를 예시하고 있다.[12] 포괄적 배분방식을 그대로 유지하되 지방정부 사무로 볼 수 있는 사무를 기능 영역별로 분류하여 예시한 것이다.

이와 같이 예시된 사무를 광역지방정부와 기초지방정부에 배분하는데 있어서는 다소 다른 모습을 보인다. 무엇보다도 시·도, 즉 광역지방정부 사무의 기준이 제시되고 있는 것이 가장 큰 차이이다. 즉 지방자치법 제14조 1항은 시·도의 사무로 '행정처리 결과가 2개 이상의 시·군 및 자치구에 미치는 광역적 사무' 등의 기준을 제시하고 있다.[13]

그러나 이러한 기준에도 불구하고 광역지방정부와 기초지방정부 사이의 사무배분 역시 포괄적 예시의 틀을 그대로 유지하고 있다. 시·도의 사무를 가리기 위한 기준이 제시되고 있기는 하지만 기준 자체가 여전히 모호한데다 시·군 및 자치구, 즉 기초지방정부의 사무를 규정함에 있어서는 '시·도가 처리하는 것으로 되어 있는 사무를 제외한 사무'라 하여 여전히 포괄적으로 규정하고 있기 때문이다.[14]

포괄적 예시주의를 채택한 근본 취지는 포괄적 배분방식의 가장 큰 단점, 즉 지방사무 영역에 대한 중앙정부의 무분별한 침투와 그로 인해 지방사무가 중앙정부의 사무로 전환되는 것을 막자는데 있다. 지방사무와 자치권의 보호라는 측면에서 볼 때 포괄적 배분방식보다는 진일보한 것으로 이해될 수 있다. 그러나 실제 운영에 있어서는 제13조 2항의 단서조항, 즉 '다만, 법률에 이와 다른 규정이 있는 경우에는 그러하지 아니하다'라는 내용에 의해 예시주의의 정신이 살아나지 못하고 있다. 이에 대해서는 곧 다시 논의하기로 한다.

---

12) 지방자치법 제13조 제1항 및 제2항.

13) 지방자치법 제14조 제1항에 규정된 시·도 사무의 기준: 행정처리 결과가 2개 이상의 시·군 및 자치구에 미치는 광역적 사무, 시·도 단위로 동일한 기준에 따라 처리되어야 할 성질의 사무, 지역적 특성을 살리면서 시·도 단위로 통일성을 유지할 필요가 있는 사무, 국가와 시·군 및 자치구 사이의 연락·조정 등의 사무, 시·군 및 자치구가 독자적으로 처리하기 어려운 사무, 2개 이상의 시·군 및 자치구가 공동으로 설치하는 것이 적당하다고 인정되는 규모의 시설을 설치하고 관리하는 사무.

14) 지방자치법 제14조 제1항.

2) 특례주의

우리나라의 지방자치법은 위와 같이 사무배분에 있어 포괄적 예시주의를 취하는 한편, 광역지방정부와 기초지방정부 사이의 사무배분에 있어서는 특정 부류의 기초지방정부의 특수성을 감안하여 특례주의를 채택하고 있다. 특례는 크게 다음의 세 가지로 요약된다.

(1) 자치구에 대한 특례

현행 지방자치법 제2조 제2항은 '지방자치단체인 구는 특별시와 광역시의 관할구역 안의 구(區)만을 말하며, 자치구의 자치권의 범위는 법령으로 정하는 바에 의하여 시·군과 다르게 할 수 있다'라고 규정하여 자치구에 대한 특례를 인정하고 있다. 이러한 특례를 인정하는 이유는 자치구가 시·군과 달리 생활권(生活圈)을 단위로 성립된 것이 아니라 행정적 편의를 위해 인위적으로 구분해 놓은 행정구역일 뿐이기 때문이다. 즉 지역적 성격의 행정문제는 생활권을 중심으로 발생하는 경향이 있는데, 자치구의 경우 생활권 단위로 설정되어 있지 않은 만큼 시·군과 같은 수준의 처리권을 부여할 수 없는 것이다.

따라서 지방자치법은 자치구에 대한 특례를 통해 자치구의 사무를 일반 시·군에 비해 제한하고 있다. 지방자치법 시행령 <별표 2>는 14개 항목에 걸쳐 모두 40여개의 사무를 이러한 특례가 인정되는 사무로 열거하고 있다. 이러한 사무는 당연히 자치구의 상급지방정부인 특별시와 광역시가 수행하게 되겠는데, 참고로 그 항목을 적어보면 아래와 같다.

■ 규모가 큰 일반 시(市) 안에 있는 구(區)는 자치구. 즉 지방정부나 지방자치단체가 아니다. 자치구와 구별하여 행정구 또는 일반구로 부른다. 제3편 제2장 참조.

- 지방자치단체의 인사 및 교육 등에 관한 사무
- 지방재정에 관한 사무
- 매장(埋葬) 및 묘지 등에 관한 사무
- 청소·오물에 관한 사무
- 지방토목·주택건설 등에 관한 사무
- 도시계획에 관한 사무
- 도로의 개설과 유지·관리에 관한 사무
- 상수도 사업에 관한 사무
- 공공하수도에 관한 사무
- 공원 등 관광·휴양시설의 설치·관리에 관한 사무

- 지방궤도(地方軌道) 사업에 관한 사무
- 대중교통행정에 관한 사무
- 지역경제 육성에 관한 업무
- 교통신호기, 안전표시 등의 설치·관리에 관한 사무

(2) 대도시에 대한 특례

지방정부의 행정수요는 인구규모에 따라 달라질 수 있다. 따라서 어느 나라든지 자치권과 사무를 배분함에 있어 인구규모에 따른 차이를 반영하기 위해 노력하게 된다. 개별 지방정부를 대상으로 특별법이나 헌장(charter)을 제정하는 경우는 물론이고, 여러 지방정부 또는 전체 지방정부를 상대로 일반법(general law, general charter)을 제정하는 경우도 인구규모에 따른 특성만큼은 반영해 주기 위해 노력한다.

우리나라는 후자, 즉 일반법에 의한 경우에 해당되겠는데 인구 50만 이상의 도시에 대한 특례를 두어 인구규모에 따른 차이를 반영하고 있다. 즉 지방자치법 제14조 제1항은 '인구 50만 이상의 시에 대하여는 도가 처리하는 사무의 일부를 직접 처리하게 할 수 있다'고 규정하고 있다. 또 이에 이어 이 법의 시행령은 <별표 3>에서 실제 이러한 특례가 이루어질 수 있는 18개 항목의 40여개의 사무를 열거하고 있다. 참고로 그 항목을 적어보면 아래와 같다.

- 보건의료에 관한 사무/지방공기업에 관한 사무
- 주택건설에 관한 사무/토지구획정리 사업에 관한 사무
- 도시계획에 관한 사무/도시재개발사업에 관한 사무
- 환경보전에 관한 사무/건설기계관리에 관한 사무
- 자동차운송 사업에 관한 사무/지방공무원의 인사 및 정원에 관한 사무
- 지적에 관한 사무/열사용(熱使用) 기자재에 관한 사무
- 식품제조업(유가공품 제조업 및 식육제품업만 해당)에 관한 사무
- 묘지, 화장장 및 납골당의 운영관리에 관한 사무
- 사회복지 시설에 관한 사무/고압가스에 관한 사무
- 도시가스에 관한 사무/지방채 발행 승인

같은 맥락에서 지방자치법 제198조는 인구 50만 명을 넘는 대도시에 대해서는 행정, 재정 운영 및 국가의 지도·감독에 있어서도 '관계 법률로 정하는 바에 따라' 특례를 둘 수 있도록 하고 있다. 특히 인구가 100만 명 이

상인 대도시에 대해서는 '**특례시**'의 지위를 부여할 수 있으며, 추가의 특례도 둘 수 있는 것으로 규정하고 있다(2022년 1월 시행).[15] 특례시는 광역자치단체로서의 지위를 지니는 특별시와 광역시와 달리 광역자치단체인 도(道)에 속한 지방정부로서의 지위를 지닌 상태에서 일반 시(市)보다 강한 자치권을 누린다.

지방자치분권 및 지방행정체제개편에 관한 특별법(약칭: 지방분권법) 또한 이러한 특례규정을 두고 있다. 즉 동법 제40조는 대도시에 대한 사무특례와 관련하여 '특별시와 광역시가 아닌 인구 50만 이상 대도시 및 100만 이상 대도시의 행정·재정 운영 및 지도·감독에 대하여는 그 특성을 고려하여 관계 법률에서 정하는 바에 따라 특례를 둘 수 있다'고 규정하고 있다.

(3) 균형발전 문제 등을 고려한 특례

지방자치법 제198조는 또한 실질적인 행정수요와 국가균형발전 및 지방소멸위기 등을 고려하여 특정 지방정부에 '관계 법률로 정하는 바에 따라' 특례를 부여할 수 있는 것으로 규정하고 있다(2022년 1월 시행). 특례대상 지방정부는 대통령령으로 정하는 기준과 절차에 따라 행정안전부장관이 지정한다.

인구의 수도권집중 등으로 비수도권의 인구가 줄어들고, 산업과 경제가 침체되는 것을 막기 위해 특별한 권한을 부여할 수 있다는 뜻인데, 그 '특별함'의 내용과 정도에 따라 의미 있는 변화를 기대할 수도 있는 내용이다. 그동안 대규모 지방정부 위주로 특례가 부여되며 비수도권 지역의 침체를 부추긴다는 지적이 있어왔는데, 2020년 말의 이러한 내용의 지방자치법 개정은 이러한 지적을 반영한 것으로 해석된다.

---

15) 하예영, "지방자치단체 특례시 제도 도입 현황과 주요 쟁점," 『이슈와 논점』 (국회입법조사처), 제1731호 (2021. 7. 14.) 참조.

제3절 사무배분의 원칙

① 사무배분 원칙의 의의

원칙이라 함은 어떠한 일을 처리함에 있어 일반적으로 적용되는 '규칙'의 의미를 갖는다. 당연히 이 '규칙'에는 일의 처리에 대한 기본정신과 방향이 반영되어 있다. 사무배분의 원칙 또한 여기서 크게 벗어나지 않는다. 그래서 **사무배분의 원칙**이라 함은 '사무배분에 적용되는 일반적 규칙으로서 사무배분의 기본정신과 방향을 담고 있는 것'으로 이해할 수 있다.

사무배분에 있어 이러한 원칙의 정립은 대단히 중요하다. 사무배분의 기본정신과 방향에 대한 사회적 기본합의로서 잘못된 사무배분 체계를 교정해주고, 배분과 재배분의 과정 및 결과가 잘못되는 것을 막아주기 때문이다.

실제로 사무를 배분 또는 재배분하는 과정은 상당히 혼란스러울 수 있다. 사무 하나하나에 이해관계가 걸려 있는 경우가 많기 때문이다. 예컨대, 대규모 공사를 발주할 수 있는 권한을 중앙정부의 조달청이 행사하느냐, 아니면 지방정부가 직접 행사하느냐에 따라 수주를 할 수 있는 건설업체가 달라질 수 있다. 각종의 계획권이나 규제권 또한 마찬가지이다. 어느 단위의 정부가 행사하느냐에 따라 관계공무원의 권한이 달라지는 것은 물론, 기업을 포함한 민간부분에서도 얻고 잃는 쪽이 달라질 수 있다. 따라서 각 단위정부의 관계공무원과 기업 등 여러 이해관계 세력은 사무배분 과정에 큰 관심을 가질 수밖에 없으며, 나름대로 자신들에게 유리한 결과를 얻기 위해 노력하게 된다.

이러한 상황에 원칙이 제대로 정립되어 있지 않으면 사무배분은 여러 이해관계 세력의 세력균형에 의해 이루어지는 결과가 일어나게 난다. 기존의 배분구조를 유지하기를 원하는 집단에 의해 재배분이 시작조차 되지 못할 수도 있고, 각종 이해관계 세력간의 마찰로 추진과정이 순조롭지 못할 수도 있다. 사무배분을 통해 얻고자 하는 행정의 효율화와 민주화, 그리고 국가 경쟁력 강화 등의 가치와 실제로 일어나는 배분 또는 재배분의 결과가 유리될 수 있음은 물론이다. 대부분의 국가가 사무의 배분 또는 재배분에 앞서 그 원칙을 먼저 정리하는 이유가 여기에 있다.

② 자주 소개되는 원칙: '셔프의 원칙' 등

사무배분의 원칙을 정하는 문제가 매우 중요한 만큼 우리사회에서도 이에 대한 나름대로의 논의가 있었다. 일본 등 다른 나라에서 적용되었던 일반원칙들이 소개되기도 했고 지방자치법과 중앙행정권한의지방이양촉진등에관한법률 등에 몇 가지 중요한 원칙이 반영되기도 했다.

먼저 우리에게 자주 소개되고 있는 대표적인 원칙으로는 '**셔프**(Carl Shoup)**의 원칙**'과 일본의 **임시행정조사회**(임조)가 제시한 원칙을 들 수 있다. 셔프의 원칙은 셔프가 1949년 당시 연합국최고사령관에게 제출한 보고서에 나와 있는 원칙이다. 그 내용으로는 첫째, 행정책임 명료화의 원칙; 둘째, 능률의 원칙; 그리고 셋째, 지방정부 우선 및 시・정・촌(기초지방정부) 우선의 원칙이 들어 있다.[16]

그리고 임시행정조사회의 원칙은 1964년 이 조사회가 2년에 걸쳐 일본의 사무배분 실태를 조사한 뒤 제출한 「행정사무의 배분에 관한 개혁의견」에 제시된 것으로 여기에는 첫째, 현지성(現地性)의 원칙; 둘째, 종합성의 원칙; 그리고 셋째, 경제성의 원칙이 포함되어 있다. 현지성의 원칙은 셔프의 지방정부 및 시・정・촌 우선의 원칙과 같이 지역사회에 가깝고 주민의 통제가 용이한 단위의 정부에 사무를 우선적으로 배분해야 한다는 내용이고, 종합성의 원칙은 중앙정부의 특별지방행정기관보다는 지역단위에서 종합행정을 수행하는 지방정부에 우선 배분해야 한다는 원칙이다. 그리고 경제성의 원칙은 말 그대로 사무의 성격이나 지방정부의 행・재정적 능력 등을 감안하여 최소비용으로 최대의 성과를 얻을 수 있도록 배분되어야 함을 의미한다.[17]

이 외에도 1961년 일본의 전국시의회의장회 등에서 제시한 '민주성,' '능률성,' '종합성'의 원칙과, 1982년 임시행정조사회의 '행정개혁에 관한 제3

■ Carl Shoup는 조세법을 전공한 콜롬비아 대학 교수로. 1949년 연합군 총사령부의 초청을 받아 '조세사절단장'의 자격으로 일본으로 갔다. 여기서 그는 일본의 조세제도를 전면 개편하는 일을 했다. 셔프의 원칙은 지방세 제도 등을 개편하는 과정에서 나온 원칙이다.

---

16) 室正力 외 1인, 『現代地方自治入門』 (東京: 法律文化社, 1987), pp.112-140.
17) 정세욱, 『지방자치학』 (서울: 법문사, 2000), pp.205-206 참조.

차 답신'에서 제시된 '지역성,' '효율성,' '종합성'의 원칙 등이 소개되기도 한다. 그 내용에 있어서는 앞서 소개한 원칙들과 큰 차이가 없다.[18]

③ 새로운 흐름

1) 보충성의 원칙

보충성의 원칙은 앞 장(章)에서 설명한 바와 같이 '중층의 국가공동체 조직에서 하급단위에서 잘 처리할 수 있는 업무를 상급단위에서 직접 처리해서는 안 된다'는 원칙이다(사잇글 5-4).[19] 크게 두 가지 의미를 지닐 수 있는데, 우선 그 첫째는 소극적인 의미에서 기초공동체 또는 기초정부가 할 수 있는 일을 상급정부가 관여해서는 안 된다는 것을 의미한다. 즉 업무처리능력의 여부와 관계없이 개별적인 사회구성 단위의 활동을 파괴하거나 박탈해서는 안 된다는 입장이다. 그리고 두 번째 의미는 보다 적극적인 내용으로서, 상급정부 또는 상급공동체가 기초정부 또는 기초공동체가 일차적으로 활동할 수 있는 조건을 갖출 수 있도록 지원해 주어야 한다는 내용을 담고 있다. 예컨대 재정적인 여건 등을 조성해 줄 것을 의미한다.

이러한 보충성의 원칙은 그 내용에 있어 앞서 소개한 현지성의 원칙이나 기초지방정부 우선의 원칙과 유사해 보이기도 한다. 그러나 기초지방정부의 권리를 일종의 기본권으로 인정한다는 점에서 훨씬 더 강력한 입장을 담고 있다. 이 원칙에 의하면 모든 공공사무의 처리 권한은 법률에 특별한 규정이 없는 한 원칙적으로 기초지방정부에 속하게 된다. 오히려 국가사무로 분류하여 국가로 하여금 처리하게 하는 데 법령의 근거가 필요하며, 또 이를 위해 국가는 그 특별한 사유를 입증해야 한다.

앞 장(章)에서 설명한 바와 같이 보충성의 원칙은 1985년 **유럽평의회**(Council of Europe)의 **유럽지방자치헌장**(European Charter of Local Self-Government)에 반영되었고, 이후 프랑스, 독일, 영국을 비롯한 44개 회원국 중 41개국이 이 헌장에 서명을 하였다. 프랑스와 스페인 등의 국가가 이미 이

■ 유럽평의회는 1949년 조직된 기구로 1993년 마스트리히트 조약(Treat of Maastricht)에 의해 만들어진 유럽연합(European Union)과는 다르며, 그 일부도 아니다. 제1편 제1장 참조.

---

18) 김병준 외, 「중앙행정권한의 지방이양에 따른 자치입법적 대응방안」, 서울시의회 보고서 (1999), 제2장 제1절 참조.

19) 이기우, 『지방자치이론』 (서울: 학현사, 1996), pp.224-237.

러한 원칙을 헌법과 지방자치관련 기본법에 반영하고 있으며, 이를 사무배분의 중요한 원칙으로 삼고 있다.[20]

사잇글 5-4: 교황 레오 13세(Leo XIII)와 보충성의 원칙

1891년 5월 교황 **레오** 13세는 모든 카톨릭 주교들에게 회칙(回勅, encyclical letter)을 내렸다. 제목은 *Rerum Novarum*, 즉 '새로운 현상에 대하여(Of the New Things)'였다. 그는 이 회칙에서 도시 노동자들의 궁핍한 생활을 언급하고, 노사분규 등 날로 심화되어가는 자본과 노동의 대립에 대한 신앙인들의 이해와 관심을 촉구했다. ■ 회칙은 로마 교황이 전 세계의 주교들에게 보내는 공식 편지이다. 주로 가톨릭 교회 전체와 관계있는 문제에 대한 교황의 입장과 훈시 등이 언급된다.

아울러 교황은 이러한 문제가 국가의 개입에 의해서 해결되기 보다는 이해당사자와 교회를 비롯한 공동체의 적극적인 자세와 역할에 의해 해결되어야 한다고 말했다. 국가는 개인의 자유와 권리를 보호하기 위해 노력해야 하며, 개인과 이들 개인들로 이루어지는 사적인 집단이나 공동체의 능력을 벗어나는 일에만 관여해야 한다고 천명한 것이다. '보충성의 원칙,' 그것이었다.

그의 이러한 견해는 교회의 역할, 특히 교화적인(teaching) 역할을 강조한다는 점에서 교회 중심의 사고라 할 수도 있다. 그러나 개인과 공동체의 존엄과 중요성, 그리고 그 역할을 중시했다는 점에서 높은 평가를 받고 있다. 아울러 초기 자본주의 사회의 문제를 직시하고, 특히 노동조합의 결성과 이를 바탕으로 한 노사교섭을 중시했다는 점에서도 중요한 의미를 가진다.

보충성의 원칙의 기원은 분명 레오 13세의 회칙보다 오래 되었다. 혹자는 로마시대까지 거슬러 올라가 이야기하기도 한다. 그러나 많은 사람들이 통상 레오 13세의 이 회칙을 보충성의 원칙의 시작으로 인식한다. 그만큼 중요한 의미를 지니고 있으며, 또 잘 정리되어 있다는 뜻이다.

---

2) 효율성의 원칙: 외부효과 문제

보충성의 원칙을 받아들인다 해도 모든 사무를 기초지방정부에 맡길 수는 없다. 사무에 따라서는 보다 넓은 지역을 담당하는 광역지방정부나 전국을 단위로 하는 중앙정부가 일차적인 책임을 가지고 처리하는 것이 훨씬 더 효율적일 경우가 있기 때문이다. 전국을 단위로 한 전산망의 구축이나 대단위 사회간접자본의 조성 등과 같이 지방정부의 능력으로는 감당할 수

---

20) 이들 국가의 사무배분과 관련된 종합적인 정리를 위해서는 UN-HABITAT Seville, National Legal Frameworks for Local Government International Action, A report submitted to the Best Practice Center for City-to-City-Operation (Jan. 2007) 참조.

없는 일이거나, 아니면 대기오염 규제 등과 같이 지방정부의 이해관계가 국가의 이해관계와 일치하지 않아 지방정부에 그 처리를 맡기는 경우 자칫 국익을 해칠 수 있는 사무도 그러하다.

이러한 문제와 관련하여 사무 또는 기능이 가진 **외부효과**(externality) 문제는 매우 중요하다. 외부효과란 어떤 사회경제적 주체의 행위가 의도하지 않은 결과를 제3자에게 유발하는 현상을 말한다. 시(市) 경계 지역의 입지가 좋은 지역에 공원을 만들어 이웃 지방정부 주민들이 같이 즐길 수 있게 했다면 긍정적 외부효과(positive externality)를 발생시킨 경우가 되고, 상류 쪽의 지방정부가 공단을 설치하여 폐수를 방류하게 했다면 하류에 있는 지방정부나 그 지역주민들에게 손해를 입힌 부정적 외부효과(negative externality)를 발생시킨 경우가 된다.

이러한 외부효과의 문제를 잘못 고려하여 사무나 기능을 배분하게 되면 여러 가지 문제가 일어나게 된다. 예컨대 긍정적 외부효과가 발생하는 문제에 대해서는 지방정부 스스로 그 사무나 기능을 처리하지 않으려는 경향을 보일 수 있다. 투자한 만큼의 이익을 볼 수 없거나, 오히려 인근의 지방정부가 처리해주면 비용을 들이지 않고 그 혜택을 볼 수 있기 때문이다. 말하자면 '**무임승차**(free-riding),' 즉 비용을 들이지 않고 이익을 취하겠다는 기대를 가지게 된다. 앞서 예로 든 공원의 경우, 오히려 이웃 지방정부가 그 경계지역에 공원을 설치해 주기를 기대할 수 있다.

부정적 외부효과의 문제는 쉽게 지역간 갈등으로 이어진다. 앞의 예를 그대로 들면 폐수를 방류하게 한 지방정부에 대해 이웃 지방정부와 지역주민들이 강력한 항의를 할 수 있고, 이에 처리권을 가진 지방정부가 적절한 해답을 내 놓지 못하게 되면 곧 바로 지역간의 분쟁으로 연결된다.

따라서 [그림 5-1]에서 보는 것처럼 그 처리의 효과가 기초지방정부 내에만 미치는 기능 혹은 사무 A, 즉 외부효과가 없는 기능 혹은 사무는 기초지방정부가 처리하는 것이 좋다. 반면 그 효과가 기초지방정부를 넘어서 발생하는 B, C, D, 외부효과가 발생하는 보다 넓은 영역을 담당하는 광역지방정부나 중앙정부가 처리하는 것이 보다 효율적이다.

아니면 필요에 따라 외부효과를 **내부화**(internalize)시키는 조치가 반드시 따라야 한다. 예컨대 앞서 예로 든 공원의 경우 이웃 지방정부 주민에 대해 설치비용과 운영비용에 상응하는 입장료를 받게 되면 공원이 발생시키

그림 5-1	정책문제 또는 사무의 영향권과 처리기관

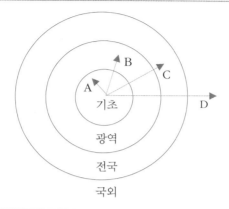

출처: Michael Veseth, *Public Finance* (Reston, Virginia: Reston Publishing Co., 1984), p.323의 그림 일부 수정.

는 긍정적 외부효과는 내부화된다. 또 폐수 방류의 경우에는 이를 방류하는 업체로부터 벌금을 받아 이를 하류의 지방정부와 지역주민들을 위한 일에 쓰게 되면 부정적 외부효과의 문제를 어느 정도 해결된다. 또 특별지방정부 등 특별한 기구를 설치하여 이를 해결할 수도 있다. 예컨대 공원의 경우 인근 지방정부들과 공원을 설치·운영하는 공원구(park district)를 만들어 공동으로 운영할 수도 있다.

중요한 것은 어떠한 경우에도 이러한 외부효과의 문제를 고려하지 않고 사무나 기능을 배분해서는 안 된다는 사실이다. 분권화되고 민주화된 체제 아래에서의 지방정부에 대한 사무의 배분은 강력한 중앙집권적 체제 아래에서의 지방행정기관에 대한 사무배분과 다르다. 강한 중앙집권체제 아래에서는 중앙정부의 통제력이 강하기 때문에 사무의 처리를 둘러싼 지방행정기관간의 갈등이 잘 일어나지 않는다. 그러나 분권적이고 민주적인 체제 아래에서는 잘못된 사무의 배분은 그대로 무임승차 행위나 갈등으로 이어진다. 그만큼 이 문제에 대한 관심과 주의가 필요하다는 뜻이다.

최근 지방분권이 강화되면서 지방정부의 통합이나 계층의 축소 등을 통해 지방정부의 구역이 커지는 경향이 있는데 이 또한 외부효과를 고려한 일로 해석될 수 있다. 구역이 작으면 외부효과가 큰 기능을 수행하기가 힘들고, 그만큼 의미가 큰 사무나 기능을 배분받기 힘들기 때문이다.

3) 포괄성의 원칙

포괄성의 원칙은 사무배분에 있어 동종의 업무나 상호 밀접히 연관된 업무는 같이 배분해 주어야 한다는 원칙이다. 즉 크게 보아 하나인 사무를 여러 계층의 정부가 관여하게 해서는 안 된다는 원칙이다. 예컨대 도로를 관리함에 있어 신호등 설치는 국가기관이 관장하고 횡단보도는 기초지방정부가 관장하게 하거나, 도로의 청소는 기초지방정부가하고 안전을 위한 가드레일의 설치 및 관리는 상급 지방정부가 담당하는 식의 배분을 해서는 안 된다는 뜻이다.

아울러 이 원칙은 지방정부가 배분받은 사무에 대해 배타적인(exclusive) 권한을 행사할 수 있도록 해야 한다는 내용도 담고 있다. 처리과정에서 일일이 중앙정부나 상급 지방정부가 쉽게 개입할 수 있게 하거나, 일일이 이들의 승인이나 동의를 받게 해서는 안 된다는 뜻이다.

유럽평의회의 **유럽지방자치헌장** 제4조 제4항은 이와 관련하여 '지방정부에 주어진 권한은 완전(full)하고 배타적(exclusive)이어야 하며, 법률에 의한 경우를 제외하고는 중앙정부나 상급 지방정부 등에 의해 제한되어서는 안 된다'고 규정하고 있다.[21] 포괄성의 원칙을 명확히 한 부분이라 하겠는데, 유럽 국가를 비롯한 많은 국가들이 이러한 정신을 존중하는 추세이다. 곧 이어 설명을 하겠지만 우리나라도 예외가 아니다. 최근 들어 이를 강조하는 경향이 강하게 나타나고 있다.

4) 충분재정의 원칙

사무와 기능배분은 이를 처리할 수 있는 행·재정적 능력과 함께해야 한다. 행·재정적 능력이 없는 상태에 사무만 배분해서는 바람직한 결과를 얻지 못한다. 이 점과 관련하여 **충분재정의 원칙**은 지방정부가 그 사무를 처리하는데 필요한 재원이나 재정적 능력을 가질 수 있도록 해 주어야 한다는 내용을 담고 있다. 앞서 설명한 보충성의 원칙에 일부 포함되어 있기도 하지만 그 중요성을 감안하여 별도의 원칙으로 천명하는 경우가 많다.

---

21) European Charter of Local Self-Government, Article 4-4: Powers given to local authorities shall normally be full and exclusive. They may not be undermined or limited by another, central or regional, authority except as provided for by the law.

유럽평의회의 유럽지방자치헌장은 제9조 제2항에서 '지방정부의 재정적 능력은 헌법이나 법률에 의해 주어진 지방정부의 책임과 같은 수준이 되어야 한다(Local authorities' financial resources shall be commensurate with the responsibilities provided for by the constitution and the law)'고 규정하고 있다.[22]

개별 국가들도 이러한 기준을 헌법 또는 지방자치관련 법률을 통해 천명하고 있는데, 프랑스는 그 대표적인 경우의 하나이다. 프랑스 헌법 제72조 제2항은 지방정부로의 권한이양은 반드시 이러한 권한을 행사하는데 필요한 재원의 이양과 같이 가야 한다고 규정하고 있다.[23] 이어 1982년의 **지방분권법**(Decentralization Law)도 국가사무의 지방이양은 반드시 재원의 이양과 함께 하여야 한다(any transfer of state competence to a local authority must be accompanied by a transfer of resources)고 규정하고 있다.[24]

충분재정의 원칙은 당연히 이러한 재원이양과 재정지원이 지방정부의 자율성을 해쳐서는 안 된다는 뜻을 내포하고 있다. 구체적인 목적을 지정하고, 그 운영과정에서 중앙정부의 승인이나 동의를 받게 하는, 이른바 재정적 통제(fiscal control)가 강화될 수 있음을 경계하는 것이다.[25]

---

22) European Charter of Local Self-Government, Clause 2 of Article 9.
23) 프랑스 헌법 제72-2: Whenever powers are transferred between central government and the territorial units, resources equivalent to those which were devoted to the exercise of those powers shall be transferred also. Wherever the effect of powers newly created or extended is to increase the expenditure to be borne by territorial units, resources determined by statute shall be allocated.
24) UN-HABITAT Seville, 앞의 보고서, p.23.
25) European Charter of Local Self-Government, Clause 7 of Article 9: As far as possible, grants to local authorities shall not be earmarked for the financing of specific projects. The provision of grants shall not remove the basic freedom of local authorities to exercise policy discretion within their own jurisdiction.

4 우리나라에서의 사무배분 원칙

1) 보충성의 원칙: 지방정부 우선의 원칙과 기초지방정부 우선의 원칙

(1) 지방정부 우선의 원칙

우리나라에서 명시적으로 채택되고 있는 사무배분의 원칙 중 가장 중요한 부분이 **지방정부 우선의 원칙**이다. 이 원칙은 1998년 12월 국회를 통과한 **중앙행정권한의지방이양촉진등에관한법률**(이하 **지방이양촉진법**)에 의해 천명되었다. 즉 이 법률 제4조 제1항은 국가와 지방정부간의 사무배분에 있어 지방정부에 우선 배분할 것을 규정하고 있었다.[26]

이 법률, 즉 지방이양촉진법이 제정되기 전에는 우리나라에 있어 국가와 지방정부간의 사무배분에 관한 뚜렷한 원칙이 천명되지 않았다. 국가와 지방정부의 사무배분에 관한 일반적 규정이라 할 수 있는 당시 지방자치법 제9조와 제11조가 모두였는데, 제9조는 지방자치단체 사무의 범위에 관한 것으로 사무배분원칙과는 별 관계가 없었고, 제11조 또한 국가가 배타적 권한을 행사하는 국가사무를 예시하는 조항으로서 사무배분의 원칙은 아니었다. 이러한 무원칙의 상황은 시민단체와 학계로부터 적지 않은 비판을 받았고, 이에 문제를 인지한 정부는 지방이양촉진법을 제정하면서 가장 중요한 내용의 하나로 이 원칙을 규정하게 되었다.

지방이양촉진법에 나타나 있는 이러한 규정은 다분히 상징적이었다. 특별한 구속력을 가지고 있지는 않았다는 뜻이다. 그러나 이러한 원칙의 천명이 건국 후 처음 있는 일이라는 점에서, 또 명시적이지는 않지만 유럽을 중심으로 큰 관심을 얻고 있는 **보충성의 원칙**을 일부 받아들이고자 했다는 점에서 큰 의의를 찾을 수 있었다.[27] 아울러 세계화 시대를 맞아 지방정부

---

26) 중앙행정권한의지방이양촉진등에관한법률 4조 제1항: 국가와 지방자치단체간에 사무를 배분함에 있어서는 지방자치법 제11조에 규정된 국가사무를 제외하고는 가능한 한 지방자치단체에 배분하여야 한다.

27) 학계 일부에서는 보충성의 원칙이 더욱 명확하고 적극적으로 규정되었어야 했다는 지적이 있기도 했다. 이기우, "중앙권한의지방이양촉진등에관한법률 시안의 내용과 과제," 한국지방행정연구원 주최 「중앙행정권한의지방이양촉진등에관

가 더 이상 중앙정부의 보조적인 기구가 아닌 국가운영의 중심축이 됨을 선언했다는 점에 있어서도 큰 의의가 있었다.[28] 아울러 세계화 시대를 맞아 지방정부가 더 이상 중앙정부의 보조적인 기구가 아닌 국가운영의 중심축이 됨을 선언했다는 점에 있어서도 큰 의의가 있었다.[29] 이 법률은 2004년 **지방분권촉진에 관한 특별법**(약칭 지방분권특별법)이 제정되면서 폐지가 되었다. 그러나 그 기본정신은 새 법률과 다시 이를 대체한 **지방자치분권 및 지방행정체제에 관한 특별법**과 **지방자치분권 및 지방행정체제에 관한 특별법**(약칭 지방분권법)에 담겨 있다.[30]

법률로 정한 것은 아니지만 2003년 참여정부 아래 구성된 대통령자문 **정부혁신지방분권위원회**는 지방분권화 작업을 하기 위한 '**지방분권추진 3대 원칙**'을 정했는데, 이 중 하나가 사무배분에 있어 중앙정부와 지방정부 간의 사무배분에 있어 지방정부가 우선해야 한다는 '**보충성의 원칙**'이었다. '**선분권 후보완**(先分權 後補完)**의 원칙**' 및 '**포괄성의 원칙**'과 정해졌는데,[31] 이 위원회는 그동안 존재해 왔던 위원회와 달리 대통령이 수시로 직접 회의를 주재하는 주요 국정과제위원회였다는 점에서 큰 의의가 있었다. 대통령이 직접 주재하는 회의에서 결정된 원칙이었던 만큼 법률에 규정된 것은 아니지만 보충성의 원칙이 좀 더 단단한 기반을 지니게 되는 계기가 되었다.

(2) 기초지방정부 우선의 원칙

기초지방정부 우선의 원칙은 지방정부 중에서도 광역지방정부보다는 기초지방정부를 우선해야 한다는 원칙이다. 이 역시 보충성의 원칙의 일부라 하겠는데, 지방자치와 관련된 다양한 법률에 일찍부터 반영되어 왔다. 이

■ 선분권 후보완 원칙은 지방정부가 권한을 제대로 행사할 수 있는 능력이 되지 않았다 하더라도, 또 분권에 따른 문제가 다소 발생할 수 있다 하더라고 일단 분권을 먼저 한 후 그 뒤에 보완을 해 나간다는 내용이다. 지방정부의 능력부족 등의 이유로 지방분권의 속도가 느려져서는 안 된다는 점을 강조한 원칙이다.

한법률」 제정 공청회, 1998년 5월, 세종문화회관 대회의실, p.36 참조.

28) 김병준 "중앙행정권한의지방이양촉진등에관한법률해설," 『자치행정』 (지방행정연구소), 99. 2.

29) 김병준 "중앙행정권한의지방이양촉진등에관한법률해설," 『자치행정』 (지방행정연구소), 99. 2.

30) 나열된 이 법률명들이 우리나라 지방자치 발전의 한 단면을 보여주고 있다. 실질적인 분권화 작업이나 지방자치 발전을 위한 일은 이루어지지 않으면서 정부가 들어설 때마다 뭔가 새로이 하는 듯한 모습을 보여주기 위해 법률을 고치거나 새로 만들었다. 2004년의 지방분권특별법은 노무현정부, 2008년의 지방분권촉진에 관한 특별법은 이명박정부, 2013년의 지방분권 및 지방행정체제개편에 관한 특별법은 박근혜정부, 그리고 지방자치분권 및 지방행정체제에 관한 특별법은 문재인정부에 의해 만들어졌다.

31) 대통령자문 정부혁신지방분권위원회 『정부혁신·지방분권 로드맵』, p.143.

를테면 1998년 제정된 약칭 지방이양촉진법, 즉 **중앙행정권한의지방이양촉진등에관한법률** 제3조 제5항은 '주민의 복리 및 생활편의와 직접 관련된 권한 내지 사무는 시·군·자치구에 우선적으로 배분할 것'을 규정하고 있었다. 또 이를 대체한 약칭 지방분권특별법, 즉 지방분권촉진에 관한 특별법 제6조는 '지역주민생활과 밀접한 관련이 있는 사무는 원칙적으로 시·군 및 자치구의 사무'로 배분하여야 한다고 규정했다. 또 2013년 이후의 지방자치분권 및 지방행정체제개편에 관한 특별법(약칭 지방분권법)에도 그대로 규정되어 있다.

지방자치의 기본법이라 할 수 있는 지방자치법에도 그대로 반영되어 있는데, 법 제11조 2항은 지방분권법의 내용을 그대로 옮겨 '국가는…… 사무를 배분하는 경우 지역주민생활과 밀접한 관련이 있는 사무는 원칙적으로 시·군 및 자치구의 사무로, 시·군 및 자치구가 처리하기 어려운 사무는 시·도의 사무로, 시·도가 처리하기 어려운 사무는 국가의 사무로 각각 배분하여야 한다'고 규정하고 있다.

2) 비경합 및 중복방지의 원칙

비경합의 원칙은 이 두 계층 간의 사무를 배분하는데 있어 되도록 권한과 책임이 겹치지 않게 해야 한다는 원칙이다. 이 원칙 또한 지방이양촉진법과 지방분권특별법 그리고 지방분권법 등 지방분권을 촉진하기 제정된 법률들에 빠짐없이 반영되어 왔다. 지방자치법 제11조에 천명되어 있다. 즉 그 제1항은 '국가는 지방자치단체가 사무를 종합적·자율적으로 수행할 수 있도록 국가와 지방자치단체 간 또는 지방자치단체 상호 간의 사무를 주민의 편익증진, 집행의 효과 등을 고려하여 서로 중복되지 아니하도록 배분하여야 한다'고 규정되어 있다.

3) 효율성의 원칙

효율성의 원칙은 법률에 명시적으로 천명되어 있지는 않다. 그러나 지방자치법과 분권 및 자치관련 법률들은 여러 부분에 걸쳐 국가와 지방정부간의 사무배분에 있어, 또 상·하급 지방정부간의 사무배분에 있어 효율성이 중시되어야 함을 지적하고 있다. 대표적인 예로 지방이양촉진법 제3조 제2항은 사무를 배분함에 있어 '지방자치단체의 여건 및 능력을 고려해야 함'

을 규정하고 있었으며, 같은 조 제5항은 '시·군·자치구가 처리하는 사무 중 시·군·자치구의 전문적·기술적 능력을 초월하는 사무와 업무의 성격상 시·도에서 처리함이 합리적인 사무는 시·도로 이양할 것'을 규정하고 있었다. 앞서 설명한 외부효과의 문제 등을 따져가며 이양해야 한다는 뜻이 담겨져 있었다고 하겠는데, 이러한 정신은 이 법률을 대체한 법률들에도 그대로 반영되어 있다.

또 지방자치법 제14조는 광역적 성격을 지닌 사무와 시·도 단위로 동일한 기준에 따라 처리되어야 할 사무, 그리고 시·군 및 자치구가 독자적으로 처리하기에 부적당한 사무 등은 광역지방정부에 배분하도록 규정하고 있다. 전반적으로 효율성을 중시한 기준들임을 느끼게 한다. 이 이외에 앞서 설명한 바와 같이 인구 50만 이상의 도시와 자치구에 대해 사무배분상 특례를 둔 것도 효율성을 고려한 조치로 해석될 수 있다.

4) 포괄성의 원칙

지방이양촉진법은 지방정부에 사무를 배분함에 있어 또 하나의 중요한 원칙으로 **'포괄성의 원칙'** 또는 **'포괄이전의 원칙'**을 강조하고 있었다. 명시적으로 '포괄성' 또는 '포괄이전'이란 용어는 사용하지 않고 있으나 제3조 제1항 제1호와 제5는 지방정부가 배분받은 사무는 되도록 지방정부가 자기책임 아래 독자적으로 처리할 수 있게 해야 함을 규정하고 있었으며, 이를 위해 이양되는 사무와 관련되는 일체의 사무를 가능한 한 동시에 이양할 것을 규정하고 있었다.[32] 사무를 작은 단위로 쪼개어 이양할 것이 아니라 중·대 단위로 이양해 사실상 하나의 사무에 대해 여러 단위의 정부가 권한과 책임을 나누어 가지는 일이 없도록 한다는 뜻이었다.

사실 그동안 우리나라는 사무배분에 있어 동종의 업무를 여러 계층의 정부가 관여하는 경향이 강했다. 서로 밀접히 관련된 사무들이 함께 이양되지 않고 매우 세분화된 단위사무 중심으로 이루어지는 경향이 있었다. 그 결과 행정과정이 복잡해진 것은 물론 사무의 처리에 관한 책임마저 불명확해지곤 하였다. 또 국가와 상급자치단체의 불필요한 간섭과 관여를 불

---

32) 그 내용은 다음과 같다. '지방자치법 제9조제2항 각호에 예시된 사무를 지방자치단체에서 가능한 한 독자적으로 처리하도록 할 것. 제5호: 지방자치단체가 이양 받은 사무를 자주적인 결정과 책임아래 처리할 수 있도록 이양되는 사무와 관련되는 일체의 사무를 가능한 한 동시에 이양할 것.'

러오기도 했었다. 포괄성의 원칙은 바로 이러한 관행을 시정하여, 행정과 정을 단순화하고 행정책임을 명확히 하자는 데 그 뜻을 두고 있었다.

이러한 포괄성의 원칙은 앞서 소개한 바와 같이 정부혁신지방분권위원 회의 지방분권추진 3대 원칙에 의해 다시 한 번 강조되었다. 3대 원칙의 하나가 '중·대단위 사무를 포괄이양한다'는 내용의 포괄성의 원칙이었다. 아울러 지방이양촉진법을 대체한 이후의 분권 및 자치관련 법률에도 그 기본적인 정신이 반영되어져 왔다. 지방자치법 또한 제11조 제3항에 '국가가 지방자치단체에 사무를 배분하거나 지방자치단체가 사무를 다른 지방자치 단체에 재배분할 때에는 사무를 배분받거나 재배분받는 지방자치단체가 그 사무를 자기의 책임하에 종합적으로 처리할 수 있도록 관련 사무를 포괄적으로 배분하여야 한다'고 규정하고 있다.

5) 충분재정의 원칙

충분재정의 원칙은 사무를 이양할 때는 이 사무를 처리할 수 있는 재정적 기반을 같이 강화해 주어야 한다는 원칙인데, 이 또한 지방이양촉진법이 제정되면서 법률적 규정으로 정리되기 시작했다. 지방이양촉진법 제5조는 '중앙행정기관의 장은 중앙행정권한의 지방이양을 함에 있어서 지방자치단체가 그 이양 받은 사무를 원활히 처리할 수 있도록 행정적·재정적 지원을 병행하여야 한다'고 규정하였다. 그리고 이 정신을 받아 2003년의 대통령자문 정부혁신지방분권위원회도 지방분권의 3대 원칙의 하나인 포괄성의 원칙에 이 내용을 같이 담았다. 실제로 이러한 원칙에 의해 참여정부 기간 동안 지방정부에 지원하는 제정의 규모가 대폭 늘어나기도 했다. 이 분은 곧 이어질 지방재정관련 장(章)에서 설명하기로 한다.

우리나라에서 채택되고 있는 사무배분의 원칙을 이렇게 다섯 가지로, 또 보충성의 원칙을 둘로 나누는 경우는 여섯 가지로 정리하였는데, 설명을 통해 본 것처럼 형식에 있어서는 글로벌 사회에서 일어나고 있는 새로운 흐름들을 담고 있다고 볼 수 있다. 1998년 국회를 통과한 지방이양촉진법과 2003년의 정부혁신지방분권위원회가 천명한 3대 원칙의 정신이 그대로 이어져오고 있는 것이다. 그러나 실제 배분에 있어 이러한 원칙이 얼마나 잘 지켜지고 있는가는 의문이다. 또 배분의 속도와 폭 또한 마찬가지이다. 얼마나 빠르고 넓은가에 대한 의문이 존재한다. 이 부분은 다음 장(章)에서 다시 설명하기로 한다.

제 **4** 절 ㅣ 사무배분 기구

① 사무배분의 주요 주체

사무배분 또는 재배분은 대부분 법령의 제·개정으로 이루어진다. 즉 행정사무와 그 처리주체 및 처리절차 등을 규정하고 있는 법령을 제·개정함으로써 처리주체가 바뀌게 된다. 따라서 사무배분의 궁극적 주체는 이러한 법령을 제·개정할 수 있는 권리를 지닌 국회와 행정부가 된다. 특히 법률안 대부분을 실질적으로 기초하는 등 법령 제·개정에 있어 중요한 역할을 수행하는 행정부 각 부처는 사무배분의 실질적 주체라 할 수 있다. 예컨대, 자치조직권 등 일반 행정사무의 배분과 관련하여서는 지방행정을 담당하는 부처가 중요한 역할을 할 수 있고, 복지사무의 배분과 관련하여서는 이를 담당하는 사회정책 부처가 중요한 역할을 수행할 수 있다.

그러나 경우에 따라서는 이들과 별도로, 또는 이들 조직 내에 사무의 배분과 재배분을 위한 특별한 기구를 두기도 한다.[33] 사무배분 속도를 조절하고, 배분과정상 일어나는 다양한 이해관계를 조정하는 등 전체 과정을 종합적으로 조율할 필요가 있기 때문이다. 특히 중앙행정부처 공무원들의 이해관계를 제어할 필요가 크거나 사무배분의 속도를 빠르게 할 필요가 있을 때에는 이러한 기구의 유용성은 더욱 커진다. 앞서 소개한 바와 같이 일본은 1995년부터 지방분권추진위원회와 지방분권개혁추진위원회 등을 순차적으로 두어가며 사무의 재배분을 추진해 왔고,[34] 프랑스는 1982년 분권화를 선언한 이래 행정비용평가위원회와 지방재정위원회 등을 두어 이러한 일을 추진해 왔다.[35]

---

33) 일본 등의 사무배분 기구에 관한 논의를 위해서는 최우용, "지방분권 추진기구에 관한 연구,"『동아법학』(동아대학교), 통권 제56호 (2012), pp.92-120 참조.
34) 이에 대해서는 최환용, "일본의 지방분권일괄법의 제정 경위와 추진 성과,"『지방자치법연구』, 제17권 4호 (2017), pp.313-338 참조.
35) 배준구,『프랑스의 지방분권』(부산: 도서출판 금정, 2004), p.49.

② 우리나라의 사무배분 기구와 사무이양 실적

1) 1999년 이전의 사무배분 기구: 기능이양합동심의위원회

우리나라는 1999년 6월에 이르기까지 행정안전부(당시는 총무처)에 **기능이양합동심의위원회**를 두어 이러한 통합·조정기능을 수행하게 했다. 이 위원회는 중앙정부 각 부처와 지방정부 등으로 하여금 지방이양 대상 사무를 발굴하게 한 후, 이들의 이해관계를 살펴 실제 이양을 추진하는 역할을 수행했다. 위원회가 이양대상 사무로 최종 확정하면 이를 국무위원회에서 의결하고, 이어 행정부 각 부처가 필요한 법령을 제·개정하는 작업을 하고, 법률개정의 경우 국회로 개정안을 제출하는 순서로 작업이 진행되었다.

그러나 기능이양합동심의위원회를 중심으로 한 이양작업은 여러 가지 점에서 한계를 드러내게 되었다. 우선 행정안전부 내에 있는 위원회로서, 동격인 다른 부처의 입장을 조정할만한 위치에 있지 못하였다. 위원회에서 최종 확정한 이양사무에 대해 각 부처가 필요한 법령 제·개정 작업을 미루는 경우도 적지 않았다. 또 과감한 이양이 이루어지지 못하자 지방정부가 이양사무를 발굴하는데 적극적으로 나서지 않은 경향도 생기게 되었다.[36]

2) 1999년 이후의 사무배분 기구: 법정 기구의 등장

이러한 문제에 대해 정부는 1998년 12월 중앙행정권한의지방이양촉진등에관한법률(약칭 **지방이양촉진법**)을 제정하고, 이 법률에 따라 1999년 7월 대통령 직속의 **지방이양추진위원회**를 설치하게 되었다. 지방분권과 사무이양과 관련된 첫 법정기구의 등장이었다. 한편으로는 경제정의실천연합을 비롯한 시민단체들의 요구를 반영하고,[37] 또 한편으로는 일본이 1995년 지방분권추진법을 한시법으로 제정하고 이 법에 의거하여 지방분권추진위원

---

36) 김병준 외, 「중앙행정권한의 지방이양에 따른 자치입법적 대응방안」, 서울시의회 제출 연구보고서, 1999.

37) 일부 시민단체들은 사무배분의 원칙을 새로이 정립하는 동시에 사무이양을 촉진시키기 위해 대통령 직속의 초당파적 위원회 구성을 강하게 요구해 왔었다. 경제정의실천시민연합, '지방자치의 올바른 정착을 위한 개혁과제' 제하의 성명서 (1995. 2. 13) 및 『우리사회 이렇게 바꾸자』(서울: 비봉출판사, 1992), p.304 참조.

회를 구성하여 운영하고 있음을 참고하며 추진한 일이었다.[38]

국무총리와 민간위원 1명을 공동위원장으로 하는 지방이양추진위원회는 행정안전부(당시 행정자치부) 장관을 비롯한 관계부처 장관과 지방정부 대표, 그리고 민간위원들을 포함하여 20명 이내로 구성되었으며, 사무배분에 관한 기본계획을 수립하고 이양대상 사무를 조사하고 결정하는 등의 일을 했다. 과거의 기능이양합동심의위원회에 비해 그 위상이나 기능, 그리고 권한이 크게 신장된 기구였다.

그러나 이러한 지방이양추진위원회에 대해서도 적지 않은 문제가 제기되었다. 무엇보다도 대단위 권한이나 사무를 이양하기 위한 법제도 개혁 등과 관련하여서는 큰 역할을 하지 못한 채, 작은 단위사무 위주의 이양작업을 하는 것이 큰 문제로 지적되었다.

3) 2003년 이후의 사무배분 기구: 법정 기구의 변화

이러한 문제제기는 2003년 참여정부가 출범하면서 지방분권특별법 제정과 이 법에 의거한 **정부혁신지방분권위원회**의 설치로 이어졌다. 대통령이 직접 회의를 주재하는 국정과제위원회였던 이 위원회 안에 지방분권분과위원회를 두고, 경찰자치와 지방정부의 재정력 강화와 같은 대단위 사무나 권한의 이양과 주민투표제와 주민소환제도를 실시하고 제주도를 특별자치도로 만드는 것과 같은 보다 근본적인 제도들을 개선·개혁하게 한 것이다. 이로써 한동안 지방분권 업무와 사무이양 작업은 지방이양추진위원회와 정부혁신지방분권위원회 두 기구에 의해 병렬적으로 추진되었다. 앞의 위원회는 예전과 같이 단위사무 위주의 작업을 해나가는 반면, 뒤의 위원회는 대규모 기능 내지는 사무의 이양이 수반되는 제도적 사안들을 주로 다루어 나갔다.

■ 참여정부에서는 주요한 국정과제와 관련하여 대통령이 주기적으로 직접 회의를 주재하는 국정과제위원회를 운영하였다. 정부혁신지방분권위원회와 국가균형발전위원회 등 10여개의 위원회가 국정과제위원회로 지정되었고, 이들 위원회의 위원은 대체로 관련 각 부처의 장관, 전문가, 시민단체 대표 등으로 구성되었다.

---

38) 일본의 **지방분권추진위원회**는 1995년 5월 16일 한시적으로 제정된 지방분권추진법에 의해 구성되었다. 2000년 7월까지 한시적으로 구성된 위원회는 일본 지방정부의 자치권을 제약하고 있는 기관위임사무의 폐지, 필치규제의 폐지, 보조금제도의 개선 등 중요한 사안을 조사·검토하여 제안해 왔다. 일본은 이 위원회의 권고를 바탕으로 1999년, 많은 법률을 동시에 개정하여 사무이양을 일괄적으로 도모한 '지방분권추진을도모하기위한관계법률의정비등에관한법률(약칭 **지방분권일괄법**)'을 제정하였다. 지방분권추진위원회의 설치 배경에 대한 설명을 위해서는 소순창, "일본의 「분권형 사회의 창조」를 위한 지방분권추진에 관한 논의," 1, 2, 3. 『지방행정』, 1997. 7·8·9월호 참조.

하지만 이 두 위원회는 2008년 이명박정부가 들어서면서 폐지되었다. 대신 그 해 6월, **지방분권촉진에 관한 특별법**을 제정하고 이 법률에 의거 대통령소속의 **지방분권촉진위원회**를 설치하였다. 두 기구를 통합했다고는 하지만 그 권한과 기능은 오히려 축소된 느낌이 있었다. 수시로 대통령이 직접 회의를 주재하는 등 큰 관심을 보였던 노무현정부의 정부혁신지방분권위원회에 비해 그 정치·행정적 위상이 낮아 보였기 때문이었다. 실제로 이명박정부는 지방분권촉진위원회와 함께 대통령소속으로 설치된 **지방행정체제개편위원회**에 더 큰 관심을 보이는 것으로 보였다. 즉 권한이나 사무의 지방이양보다도 지방자치와 지방행정의 틀을 바꾸는데 더 큰 관심을 두고 있는 것처럼 보였다는 뜻이다.

지방분권촉진위원회의 위원은 모두 10명으로 대통령 추천하는 2인과 국회의장 추천하는 2인, 지방자치법이 규정하고 있는 **지방 4단체**(시·도지사협의회, 시·도의장협의회, 전국시장·군수·구청장협의회, 전국시·군·자치구의장협의회)의 장이 추천하는 4인, 그리고 당연직 2인(기획재정부 장관, 행정안전부 장관)이었다.

2013년 들어선 박근혜정부는 지방분권촉진에 관한 특별법을 폐지하는 대신 **지방분권 및 지방행정체제개편에 관한 특별법**을 만들었고, 이 법에 의거하여 지방분권촉진위원회를 폐지하는 대신 **지방자치발전위원회**를 설치하였다. 위원은 모두 27명으로 기획재정부장관과 안전행정부장관 그리고 국무총리실 국무조정실장이 당연직으로 참여하였다. 그리고 대통령이 추천하는 인사 6명과 국회의장이 추천하는 인사 10명 그리고 지방 4단체의 장이 각각 2명씩 추천하는 의원 8명으로 구성되었다.

2017년 들어선 문재인 정부는 다시 지방분권 및 지방행정체제개편에 관한 특별법을 **지방자치분권 및 지방행정체제개편에 관한 특별법**으로 개정한 후 지방자치발전위원회를 폐지하는 대신 **자치분권위원회**를 만들었다. 위원 수는 지방자치발전위원회와 같이 27명으로 하고, 그 구성 또한 똑 같이 하였다.

4) 사무이양 실적

기능이양합동심의위원회에서 자치분권위원회에 이르기까지 매년 적게는 수십 건에서 많게는 수백 건의 사무가 지방으로 이양되어 왔다.[39] 이를테면 김대중정부 기간에는 모두 1,090건을 이양대상 사무로 발굴해서 이 중 22%인 240건을 이양확정 했고, 노무현정부 기간에는 971건이, 또 이명박정부 때는 516건이 지방정부로 이양되었다. 그리고 문재인정부는 지방이양일괄법 제정을 통해 약 349개의 중앙정부 사무를 지방정부로, 약 51개 사무를 광역자치단체에서 기초자치단체로 한꺼번에 이양시키는 것으로 확정하였다.[40]

그러나 주의할 점은 이양된 사무의 건수나 숫자로는 사무이양 또는 사무재배분의 정도와 의미를 파악하기 힘 든다는 점이다. 사무 하나하나 마다 그 규모와 중요도가 다르기 때문이다. 단적으로 크고 중요한 사무 하나는 그 의미가 작은 사무 수천 개보다 더 중요할 수가 있다.

결국 이양실적을 나타내는 숫자 보다는 전문적 경험과 식견을 가지고 전체의 흐름을 판단해 보는 것이 중요하다고 하겠는데, 이와 관련하여 대다수의 전문가들이 사무이양의 저조함을 지적하고 있다. 실제로 실적을 나타내는 숫자와 관계없이 지방정부의 행정권과 재정권은 중앙정부에 의해 크게 제한되고 있고, 오히려 지방정부와 지역사회의 자치권을 제약하는 새로운 법과 제도가 만들어지기도 한다.[41]

이러한 상황에서도 한 가지 주목할 일이 있다. 앞서 잠시 언급한 **지방이양일괄법**(정식명칭: 중앙행정권한 및 사무 등의 지방 일괄이양을 위한 물가안정에 관한 법률)이다.[42] 2020년 1월 제정된 이 법으로 400개의 사무가 중앙정부에서 지방정부로, 또 광역지방정부에서 기초지방정부로 이양되게 되었는

---

39) 행정자치부, 『2017 행정자치 통계연보』, p.195.

40) 지방이양일괄법의 공식명칭은 「중앙행정권 한 및 사무 등의 지방 일괄 이양을 위한 물가안정에 관한 법률 등 46개 법률 일부개정을 위한 법률」이다. 하나의 법률이 아니라 16개 부처가 관장하는 46개의 법률을 하나의 법률개정안으로 묶어 국회를 통과시켰다. 사실상 46개의 법률을 개정한 셈이다. 최진혁, "지방이양일괄법 제정에 부쳐," 자치분권위원회 홈페이지. 2020. 1. 17. 접속 2020. 7. 2. https://pcad.go.kr/section/board/bbs_list.html?PID=data.

41) 일례로 사회복지지출이 강화되면서 취약계층 등에 대한 재정지원이 강화되고 있는데, 이러한 재정지원은 많은 경우 지방정부의 일정한 분담을 요구하는 바, 지방정부는 자치적으로 쓸 수 있는 예산을 이에 써야 한다. 결국 지방정부는 중앙사무를 처리하기 위해 자치사무, 즉 스스로 결정하여 집행하는 사업 등을 줄여야 하는 상황이 된다. 광역시 자치구 등 적지 않은 지방정부들에 있어 이러한 문제는 심각한 상황이 되고 있다.

42) 하혜영, "지방이양일괄법의 주요 내용과 향후 과제," 국회 입법조사처, 『이슈와 논점』, 제1651호 (2020. 2) 참조.

데, 규모와 속도의 면에서 단위사무 하나하나를 넘기는 것보다 훨씬 효과
적이다. 이양에 필요한 행정부처 간의 협의와 법률 제·개정 작업만 해도
단위사무 하나하나를 위한 절차를 개별적으로 거치는 것보다 빠르고 간단
하다. 무엇보다 사무 하나하나를 별도로 처리하는 경우 그 사무와 관련된
이해관계 세력 간의 싸움이 치열해질 수 있는데, 많은 사무를 일괄적으로
처리하게 되면 이러한 과정이 비교적 단순해 질 수 있다는 장점이 있다.
많은 사무가 일괄적으로 처리되는 상황에서 적지 않은 이해관계자들이나
신념집단이 자신들의 이해관계나 신념을 반영할 창구나 기회를 잘 찾지 못
하는 경우가 있을 수 있고, 또 많은 사무가 일괄적으로 이양되는 분위기
속에 자신들의 이해관계를 양보하거나 포기하게 된다는 뜻이다.

이러한 일괄이양은 일본의 사무배분방식을 참고한 것이다. 일본내각은
1999년, **지방이양추진위원회**의 안을 토대로 475개의 법률을 일괄 개정하여
848개의 사무를 지방으로 일괄 이양하는 내용의 **지방분권일괄법안**(공식명
칭: 지방분권추진을도모하기위한관계법률의정비등에관한법률)을 만들어 일본국
회에 제출하였고, 일본국회는 2000년 이를 통과시켰다. 이후 2012년 지방
이양추진위원회 후신인 **지방분권개혁추진위원회** 안을 토대로 제2차 지방
분권일괄법이 만들어졌고, 2013년 2014년 2015년에는 제3차 제4차 제5차
의 지방분권일괄법이 제정되었다. 아울러 이러한 일괄이양에 맞추어 중앙
정부 세원의 지방이양과 지방교부세제도와 보조금제도의 개혁 등 지방정
부가 이양된 사무를 처리할 수 있을 수준의 재정적 역량을 가지도록 하는
지방재정 개혁이 이루어지고 있다.[43]

우리나라의 경우 이러한 일괄이양 방식은 노무현정부 때부터 논의되어
왔다. 이명박정부와 박근혜정부 때 역시 나름의 논의가 있었다.[44] 그러나
국회가 이를 능동적으로 받아주지 못한 이유 등으로 제대로 이루어지지 못
하다가 2020년에 와서야 성사가 되었다. 첫 시도인 만큼 한계도 있다. 이
양대상 사무가 파격적이지 못한데다 법률에 중앙사무로 규정되어 있으나
사실상 지방정부가 이미 자치적으로 수행하고 있는 사무가 많이 포함되어

---

43) 일본은 이를 소위 **'3위일체' 개혁**이라는 이름 아래 추진해 왔다. 이에 대해서는
이정만, "일본 삼위일체개혁의 추진과정과 성과," 『한국행정학보』, 제42권 1호 (2008.
3), pp.383-405 참조.

44) 연합뉴스, "지방일괄이양법 조속 제정해야…지방분권 핵심 과제," 2016. 11. 3. 접
속 2020. 7. 2. https://www.yna.co.kr/view/AKR20161103106800062?input=1179m.

있다. 또 이양되는 사무를 수행하기 위한 재정의 강화 등도 미처 따르지
못하고 있다. 그러나 새로운 접근방식이라는 점에서 주목할 만하다.

제3장

지방정부의 사무: 사무배분 구조

제1절 지방정부 사무의 구성: 위임사무와 자치사무

1 위임의 방식: 단체위임사무와 기관위임사무

1) 지방정부의 법적 지위와 위임사무

(1) 위임사무의 정의

중앙정부 사무의 처리주체는 당연히 중앙정부이다. 그러나 그 처리기관 까지 항상 중앙정부가 되는 것은 아니다. 중앙정부는 이들 사무를 직접 처 리하기도 하지만 상당부분을 지방정부에 위임하여 처리한다. 이러한 사무, 즉 중앙정부가 지방정부에 위임하여 처리하는 사무를 **위임사무**라 부른다.

위임사무의 양과 위임의 방식은 중앙정부와 지방정부가 어떠한 법적·제도적 관계에 놓여 있는가에 따라, 또 어떤 관계의 역사를 지녀왔느냐에 따라 큰 차이를 보인다. 우리나라와 같이 지방정부가 지방정부로서의 지위 뿐만 아니라 중앙정부의 지역단위 종합행정기관으로서의 지위를 함께 지 니고 있는 경우, 중앙정부는 상당한 사무를 지방정부를 통해 처리하게 된다. 지방정부가 곧 중앙정부의 지방행정기관이기도 하기 때문이다. 우리나라의 경우가 이에 해당됨은 제1편 제1장에서 이미 설명하였다.

그러나 미국이나 영국과 같은 국가에서와 같이 지방정가 지방정부로서의 지위만을 지니는 경우, 중앙정부는 그 사무를 되도록 그 스스로 처리하게 된다. 지역단위에서의 상시적 활동이 꼭 필요한 때는 지방정부에 위임하기 보다는 그 소속의 일선 지방행정기관을 두어 처리하는 경향을 보인다. 지방정부가 쉽게 통제할 수 없는 구도 속에 있기 때문이며, 위임사무의 양은 최소화 된다. 또 위임이 이루어진다 해도 이러한 위임은, 법률에 의해서 의무화되어 있지 않는 한, 일종의 계약관계에 의해서 이루어진다. 즉 지방정부의 동의를 전제로 한다는 뜻이다.

(2) 위임의 방식

중앙정부가 지방정부에 사무의 처리를 위임하는 방식은 크게 두 가지이다. 하나는 사무를 지방정부의 집행기관장에게 위임하여 처리하게 하는 방식이다. 이를 통상 **기관위임**이라 하며 이러한 사무를 **기관위임사무**라 부른다. 또 하나의 방식은 사무를 집행기관장이 아닌 지방정부 그 자체, 즉 지방의회까지를 포함한 법인격을 지닌 지방정부 그 자체에 위임하는 방식이다. 이를 **단체위임**이라 하며, 이러한 사무를 **단체위임사무**라 부른다.

미국과 같이 지방정부가 지방정부로서의 지위만을 지니는 경우, 따라서 지방정부의 집행기관장도 지방정부의 수장 또는 기관장으로서의 지위만을 누리는 경우, 위임이 있게 되면 이 위임은 대체로 지방정부 그 자체를 대상으로 이루어진다. 법·제도적으로나 정치적으로 집행기관장을 지방정부로부터 분리시켜 그에게만 사무를 위임하기가 쉽지 않기 때문이다. 굳이 이름을 붙이자면 단체위임이라 할 수 있겠지만 이들 국가에서는 이러한 개념 자체를 잘 사용하지 않는다.

그러나 우리나라와 같이 지방정부가 자치정부인 동시에 중앙정부의 지역단위 종합행정기관으로서의 지위도 가지고 있는 경우, 그래서 그 집행기관장도 중앙정부의 일선행정기관장의 지위를 함께 가지는 경우에는 법·제도적으로 집행기관장을 자치정부로부터 분리하여 활용할 수 있게 되어 있다. 즉 사무의 성격에 따라 집행기관장에게 위임하는 기관위임을 할 수도 있고, 지방의회까지를 포함하는 지방정부 그 자체에 위임하는 단체위임을 할 수도 있다.

2) 단체위임사무와 기관위임사무의 성격

(1) 기관위임사무

기관위임과 단체위임이 모두 이루어지는 우리나라와 같은 경우, 이 두 가지 위임 방식에 의해 이루어지는 사무, 즉 기관위임사무와 단체위임사무는 그 나름대로의 특성을 지닌다. 먼저 **기관위임사무**는 주로 지방적 이해관계 보다는 국가적 차원의 이해관계가 크게 걸려있는 사무들이 그 대상이 된다. 국가적 이해관계가 크게 걸려있는 만큼 그 처리에 따르는 경비는 중앙정부가 부담하는 것이 원칙이다. 그러나 그만큼 중앙정부의 통제 또한 강하게 작용하게 된다. 사무가 처리되는 전 과정에 걸쳐 합법성뿐만 아니라 합목적성이나 공익성까지 묻는 경향이 있다. 국가가 지정한 천연기념물의 보존이나 병역자원의 관리업무 등이 이에 해당한다.

사무의 위임이 집행기관장에게 행해지기 때문에 집행기관장이나 그 소속기관이 아니면 이에 대한 권한행사를 할 수 없다. 지방의회는 대체로 이러한 사무의 처리로부터 배제된다. 조례제정권을 행사할 수 없고 행정조사 등의 행위에 대해서도 제한을 받는다. 의견청취와 감사 등 일부 권한이 주어지기도 하지만 그 개입에는 분명한 한계가 주어진다.

기관위임사무의 이러한 성격은 지방정부 고유의 사무인 자치사무와 큰 대조를 이룬다. 자치사무는 당연히 지방적 이해관계가 큰 사무들이 주류를 이루게 되는데, 지방적 이해관계가 큰 만큼 처리에 따른 경비는 원칙적으로 지방정부가 부담하게 된다. 그 반면 중앙정부의 통제는 최소화된다. 중앙정부는 원칙적으로 지방정부가 법령을 위반했느냐 등을 묻는 합법성 통제를 주로 한다. 사업계획을 심사하고 승인하는 등의 사전(事前)통제는 하지 않는 것이 원칙이며, 일반적으로 사무가 처리되는 과정이나 사후에 위법한 행위가 발견되면 이를 고쳐 바로잡는 교정적(矯正的) 통제를 주로 한다.

(2) 단체위임사무

단체위임사무는 지방정부 그 자체에 위임을 하는 사무이다. 지방적 이해관계와 국가적 차원의 이해관계가 같이 걸린 사무들이 많다. 자연히 그 처리 비용도 원칙적으로 중앙정부와 지방정부가 같이 부담하게 된다. 보건소의 운영이나 시·군의 재해구호사업 등이 그 예가 된다.

단체위임사무는 기관위임사무에 비해 자치적 처리의 영역이 넓다. 일단 위임되고 난 다음에는 자치사무와 마찬가지로 취급되기도 한다. 집행기관장이 아닌 지방정부 그 자체에 위임이 된 만큼 지방의회 역시 그 처리과정에 관여할 수 있는 권한을 지닌다. 조례를 제정하고 조사권을 행사하는 등의 권한을 행사할 수 있다. 대신 중앙정부의 통제는 기관위임사무에 비해 훨씬 약한 형태가 된다. 자치사무와 같이 사후적이고 교정적인 형태를 띠는 경향이 있다. 그만큼 지방정부 차원의 자치적 영역이 넓어진다는 뜻이 된다.

3) 구분상의 문제점: 일본의 지방분권일괄법

앞서 설명한 바와 같이 위임사무가 단체위임사무냐 기관위임사무냐에 따라 자치권의 내용이 달라질 수 있고, 중앙정부와 지방정부 사이의 경비부담 주체가 달라질 수 있다. 조례제정권을 포함한 지방의회의 역할부터가 달라질 수 있음은 물론이다. 위임사무의 구분이 가지는 의미가 그만큼 크고, 또 그만큼 정확히 구별할 필요가 있다는 뜻이다.

그러나 이렇게 중요함에도 불구하고 실제로 이들 사무를 구분하기는 쉽지 않다. 사무의 성격을 기준으로 구분을 하기에는 너무 자의적이다. 같은 사무를 놓고도 '국가적 이해관계'가 큰 사무라 할 수도 있고, '지방적 이해관계'가 큰 사무라 할 수도 있다. 보는 사람에 따라 달라질 수 있고, 이해관계에 따라 다르게 주장할 수 있다는 뜻이다. 이를테면 같은 사무를 놓고도 중앙정부는 지방의회가 조례를 제정할 수 없는 기관위임사무라 주장하는 반면, 지방의회는 단체위임사무이거나 자치사무라 주장할 수도 있다.

위임할 당시의 중앙정부의 의지를 중심으로 파악하고, 그래서 그 의지가 드러나 있는 법령상의 규정을 기준으로 할 수도 있다. 그러나 대부분의 경우 이 또한 명확하지 않다. 우리나라를 예로 들면 대부분의 위임사무는 법령상 '시·도지사, 시장·군수가 ○○를 시행한다'는 식으로 되어 있다. 이때의 시·도지사나 시장·군수가 지방정부 집행기관장으로서의 지위를 말하는 것인지, 아니면 지방정부 전체의 대표로서의 지위를 말하는 것인지 분명치 않다. 또 분명할 수도 없는 것이 이러한 법령을 만들 때 당해 사무를 기관위임으로 하느냐, 아니면 단체위임으로 하느냐에 대한 중앙정부의 입장이나 이해당사자들의 입장을 분명히 조율하지 않았기 때문이다.[1]

이러한 불명확성은 지방분권이 강화되고 지방정부의 정치적 위상이 높아지는 상황에서 많은 문제를 낳는다. 지방정부의 정치적 위상이 커지면 커질수록, 또 지방의회의 위상이 높아지면 질수록 사무의 구분을 놓고 갈등과 마찰이 일어나게 되는 것이다.

이러한 문제와 관련하여 1999년 우리나라와 함께 단체위임과 기관위임의 제도를 활용해 온 일본이 취한 조치는 그 의미가 매우 크다. 일본은 1999년, 지방분권추진위원회의 중간보고와 제1차 권고에 따라 기관위임사무의 폐지를 골자로 하는 '지방분권추진을도모하기위한관계법률의정비등에관한법률(약칭, **지방분권일괄법**)'을 제정하였다. 그리고 이 법에 의거하여 지방정부가 수행하는 기관위임사무를 대거 자치사무로 전환하였다(그림 5-2). 기관위임사무 중에서 중앙정부의 관여가 절대적으로 필요하거나 지방의회를 거치게 되는 경우 필연적으로 부작용이 발생할 수밖에 없는 일부 사무는 **법정수탁사무**(法定受託事務)로 정리하여 중앙정부가 일정 수준 관여할 수 있도록 하였다.[2] 그러나 그 수는 과거의 기관위임사무에 비해 크게 줄어들었으며, 사무의 내용 또한 법률에 의해 구체적으로 명시되도록 하였다.

일본의 이러한 개혁조치는 지방분권을 촉진하는 데 일차적 목적을 둔 것이었다. 즉 자치사무의 폭을 늘리는 한편 중앙정부의 통제는 줄이고 지방정부의 '자기책임성'을 강화하기 위한 조치였다. 그러나 사무구분과 관련하여서도 중요한 의미를 지니게 되었다. 자치사무가 대폭 늘어나고 사무구분 체계가 훨씬 명료해지면서 사무구분과 관련된 어려움을 크게 덜게 되었기 때문이다.

■ 법정수탁사무는 행정처리의 효율성과 국민편의를 위해 지방정부가 처리하도록 법률과 정령 등으로 특별히 정한 사무를 말한다. 중앙선거의 관리, 여권교부 업무, 국가지정 통계관련 업무, 생활보호관련 업무 등이 이에 속한다.

---

1) 자세한 설명은 김병준, 『한국지방자치론』(서울: 법문사, 2003), pp.392-400 참조.
2) 일본 總務省 자료, "自治事務と法定受託事務," 접속 2020. 7. 2. https://www.soumu.go.jp/main_content/000046992.pdf. ― 宗教法人財務情報開示決定取消請求事件기관위임사무의 폐지는 더 이상 지방정부를 중앙정부의 하부기관으로 보지 않는다는 시각이 담겨 있다. 소순창, "일본의 「분권형 사회의 창조」를 위한 지방분권 추진에 관한 논의," 1, 2, 3. 『지방행정』, 1997. 7·8·9월호 참조.

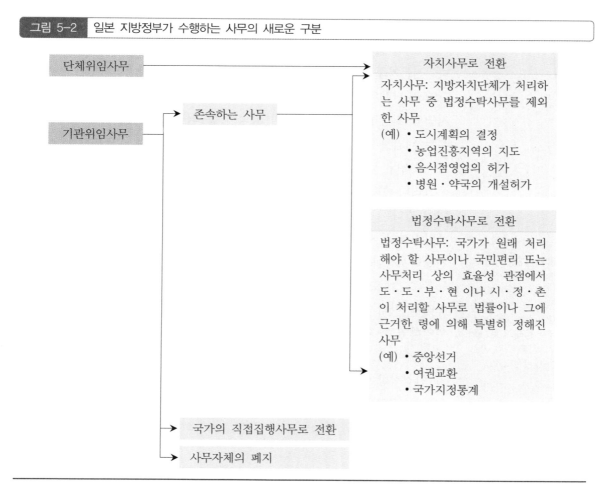

그림 5-2　일본 지방정부가 수행하는 사무의 새로운 구분

단체위임사무 → 자치사무로 전환

기관위임사무 → 존속하는 사무 →

자치사무로 전환

자치사무: 지방자치단체가 처리하는 사무 중 법정수탁사무를 제외한 사무
(예) • 도시계획의 결정
• 농업진흥지역의 지도
• 음식점영업의 허가
• 병원·약국의 개설허가

법정수탁사무로 전환

법정수탁사무: 국가가 원래 처리해야 할 사무이나 국민편리 또는 사무처리 상의 효율성 관점에서 도·도·부·현 이나 시·정·촌 이 처리할 사무로 법률이나 그에 근거한 령에 의해 특별히 정해진 사무
(예) • 중앙선거
• 여권교환
• 국가지정통계

→ **국가의 직접집행사무로 전환**

→ **사무자체의 폐지**

② 우리나라 지방정부 사무의 구성

우리나라 지방정부의 사무는 크게 위임사무와 자치사무로 구성된다. 그리고 위임사무는 다시 단체위임사무와 기관위임사무로 나누어진다. 그러나 앞서 설명한 바와 같이 구분은 여전히 명확하지 않은데, 이러한 불명확함은 단체위임사무와 기관위임사무 사이에서만 존재하지 않는다. 많은 경우 자치사무와 위임사무 사이에서도 존재한다. 어디까지가 자치사무이고 어디까지가 위임사무인지가 명확하지 않은 경우가 많다.

구분이 명확하지 않으니 이러한 사무들이 지방정부 사무 중 각각 어느 정도를 차지하고 있는지를 파악하기가 쉽지 않다. 이를 구분하여 파악하고

자 하는 시도들이 없었던 것은 아니나 그 결과의 정확성에 대해서는 쉽게 자신할 수 없는 내용들이 많았다. 그만큼 구분 자체가 쉽지 않았다는 것이다. 전문가들 사이에서는 자치사무가 50~60%, 기관위임사무가 30~40%, 그리고 단체위임이 10% 정도를 차지한다는 설명이 대종을 이룬다.3) 도시지역의 지방정부는 자치사무의 영역이 좀 더 넓은 반면, 농촌지역 지방정부는 위임사무의 비중이 상대적으로 더 커지는 것으로 설명되고 있기도 하다. 그러나 정확한 상황을 파악하기는 여전히 쉽지 않다.

그러나 한 가지 분명한 것은 여전히 위임사무, 특히 기관위임사무의 영역이 크다는 점이다. 그리고 이로 인해 지방의회와 집행기관장 사이에, 또 중앙정부와 지방정부 사이에 갈등이 발생하는 일이 적지 않다. 2007년 인천광역시장이 인천광역시 중구청장에게 환지허가권을 위임하여 발생한 갈등은 그 대표적인 예이다. 인천광역시장은 인천시의회가 제정한 사무위임 조례에 따라 영종도 운남지구의 토지에 대한 환지허가권을 중구청장에게 위임하였고, 이 권한을 위임받은 중구청장은 환지허가를 해 주었다. 이에 일부 주민이 인천지방법원에 소송을 제기했고, 법원은 환지허가권은 국가가 인천시장에게 위임한 국가사무이므로 인천시의 조례를 근거로 이를 재위임하는 것은 불법이라는 판결을 했다.4)

■ 환지허가는 개발 등의 이유로 종래의 토지를 정부가 활용해야 하는 경우 이 토지를 대신해 그에 상당하는 다른 토지를 주는 제도이다. 특정 이유로 종래의 토지에 상당하는 토지를 주기 곤란한 경우에는 금전으로도 보상한다.

제 2 절 지방정부의 사무

① 일반적 경향

지방정부가 수행하는 사무는 국가에 따라 상당한 차이가 난다. 분권화의 정도와 역사가 다르고 지방정부의 크기와 행·재정적 능력이 다르기 때문이다. 같은 국가 내에서도 광역지방정부와 기초지방정부가 다르고, 같은 기초지방정부라 하더라도 그 크기에 따라 사무와 기능, 그리고 권한의 배분구조가 다르다. 특별지방정부 등이 얼마나 잘 정비되어 있느냐의 문제

---

3) 자세한 내용은 김병준, 앞의 책, pp.156-161 참조.
4) '인천지법, 운남지구 환지계획인가 무효 판결,' 한겨레신문, 2007년 7월 13일.

등도 이러한 배분구조에 큰 영향을 미친다. 따라서 지방정부가 처리하는 사무를 한마디로 설명한다는 것은 불가능하다. 단순하게 비교하는 것 또한 어렵다. 인구규모와 지역의 크기 등에 따라 모두 그 특성을 가질 수밖에 없기 때문이다.

그러나 그럼에도 불구하고 '지방정부의 사무'로 일반화될 수 있는 사무 영역은 존재한다. 지방도로를 관리하는 일이나 지역사회 공공시설물의 관리, 그리고 쓰레기 수거와 지역주민의 기초적인 건강을 돌보는 문제 등은 그 좋은 예이다. 참고로 유럽 여러 몇 국가의 기초지방정부가 수행하는 업무를 정리해 보면 <표 5-1>과 같다. 이들 기초지방정부의 규모가 우리나라와 달리 매우 작은 경우가 많다는 점을 염두에 두면서 참고할 필요가 있다. 또 이들 국가에 있어서의 지방정부 사무는 대부분 지방정부의 자치권 행사 범위가 넓은 자치사무라는 사실도 기억할 필요가 있다.

표 5-1 유럽국가 기초지방정부의 주요사무

국가	교통인프라	기초건강	병원	상수공급	에너지	Gas	하수관리	쓰레기수거및재활용	사회서비스	상업허가	상행위규제	도시계획	주택	환경계획및관리	지역경제개발	관광	문화	농수산	산업및에너지정책
오스트리아	○	○							○	○	○		○	○				○	
벨기에	○	○	○	○	△	□	□	□	○	○	○	○	○	○	○	○	○	○	△
덴마크		○	○	○					○	○			○	○			○		
핀란드	○	○		○	○		○	○	○	○			○	○					
아일랜드	○						○	○	△			○		△					
이탈리아	○	○		○			○	○	○			○	○	○	○	○	○	○	
노르웨이	○	○		○			○	○	○			○	○	○	○	○	○	○	
세르비아	○			○			○	○	△	△		○	○	○	○	○	○		△
스페인		○		○		○	○	○	○			○		○	○	○	○	○	
영국	○	○							○	○	○	○	○	○	○	○	○		

○: 수행, △: 부분적으로 수행, □: 인근 지방정부와의 협력구도 속에 수행.

출처: UN-HABITAT Seville, *National Legal Frameworks for Local Government International Action*, A report submitted to the Best Practice Center for City-to-City-Operation (Jan. 2007), pp.67-68을 재구성.

② 우리나라 지방정부의 사무

1) 배분상의 제약

(1) 중앙정부와 지방정부간의 배분

앞 장(章)에서 설명하였듯이 지방자치법 제13조는 그 제1항에서 지방자치단체는 그 관할구역의 자치사무와 법령에 의하여 지방자치단체에 속하는 사무를 처리한다'라고 규정하고 있다. 이어 제2항에서는 '제1항의 규정에 의한 지방자치단체의 사무를 예시하면 다음과 같다'라고 한 후 일련의 사무를 지방정부 사무로 예시하고 있다. 예시된 사무는 '지방자치단체의 구역, 조직 및 행정관리 등에 관한 사무' 11개, '주민의 복리증진에 관항 사무' 10건, '농림·상공업 등 산업진흥에 관한 사무' 14개, '지역개발 및 주민의 생활환경시설의 설치·관리에 관한 사무' 17건, '교육·체육·문화·예술의 진흥에 관한 사무' 5건, '지역민방위 및 소방에 관한 사무' 2건, 국제교류협력 사무 2건 등 모두 여섯 분야의 61개이다.

'주민복지에 관한 사업' '중소기업의 육성' '지역개발 사업' '지방공기업의 설치 및 운영' '지방 토목 건설 사업의 시행'…… 등 지역사회의 발전과 지방정부의 운영과 관련하여 중요한 사무들이 대거 망라되어 있다. 그것도 '예시'라고 하였으니 이 이외에도 얼마든지 더 있을 수 있다는 뜻을 담고 있다. 언뜻 보아 자치권 행사의 대상이 되는 지방정부의 사무가 대단히 많을 수 있다는 생각을 하게 된다.

그러나 문제는 이 제13조 제2항의 뒷부분에 있는 '다만, 법률에 이와 다른 규정이 있는 경우에는 그러하지 아니하다'라는 **단서조항**이다. '법률'이라고 하였으니 지방자치법 이외의 다른 개별법들을 말하는 것인데, 그러한 개별법에 이들 사무의 처리 주체를 다르게 규정하고 있으면 지방자치법에서의 예시는 소용이 없다는 뜻이 된다.

결국 개별법의 내용이 중요한 의미를 지니게 되겠는데, 문제는 실제 수많은 개별법들이 이들 예시된 사무들의 처리주체를 다르게 규정하고 있다는 사실이다. 예컨대 예시된 지방정부의 사무 중에 '소속 공무원의 인사·후생복지 및 교육'이 들어 있다. 예시가 되어 있으니 자치사무로 판단하기 쉽고 자연히 지방의회의 관여도 당연한 것이라 생각하게 된다. 그러나 막상 개별법인 지방공무원법과 그 시행령은 시험에서 임용·승진·후생복지 등에 이르기까지 구체적이고도 상세하게 규정하고 있다. 지방의회가 개입할 틈이 없다고 하겠는데, 이는 곧 '소속 공무원의 인사·후생복지 및 교육'이 지방정부의 자치사무나 단체위임사무가 아님을 의미하게 된다.

지방공무원법은 한 예에 지나지 않는다. 예시된 많은 사무들의 처리주체가 관련 개별법에 있어서는 '예시'의 정신과 다르게 규정되어 있다. 결국 지방자치법상의 예시와는 관계없이 지방정부의 자치사무 영역은 좁아지게 된다.

(2) 광역지방정부와 기초지방정부간의 배분

'지방정부의 사무'로 배분된 사무는 다시 광역지방정부와 기초지방정부간에 다시 배분된다. 배분은 원칙상 지방자치법 제14조 제1항의 배분기준 등에 의해서 이루어지게 된다. 즉 광역지방정부에는 '행정처리 결과가 2개 이상의 시·군 및 자치구에 미치는 광역적 사무', '시·도 단위로 동일한 기준에 따라 처리되어야 할 성질의 사무', '지역적 특성을 살리면서 시·도 단위로 통일성을 유지할 필요가 있는 사무', '국가와 시·군 및 자치구 사이의 연락·조정 등의 사무', '시·군 및 자치구가 독자적으로 처리하기에 부적당한 사무', '2개 이상의 시·군 및 자치구가 공동으로 설치하는 것이 적당하다고 인정되는 규모의 시설을 설치하고 관리하는 사무' 등이 배분된다. 그리고 그 나머지 사무는 기초지방정부가 처리하는 것으로 배분된다. 특례에 의해 인구 50만 이상의 시는 사무의 폭이 다소 늘어날 수가 있고, 자치구의 사무는 다소 좁아질 수 있다. 그러나 어느 사무를 어느 지방정부에 배분하건, 위에서 설명한 제13조 제2항의 단서조항 등에 의해 자치사무의 폭은 지방자치법에 예시된 것보다는 좁아지게 된다.

그러나 앞서 설명한 바와 같이 실제 지방정부가 수행하는 사무는 이러한 자치사무나 단체위임사무에 한하지 않는다. 지방정부의 사무는 자치사무와 단체위임사무 이외에 상당량의 기관위임사무를 처리하기 때문이다. 배분상의 제약을 설명하는 이유는 지방정부 사무 모두가 지방정부가 자치권을 폭넓게 행사하는 자치사무가 아님을 설명하기 위해서이다. 아래에서는 이러한 사무의 구분과 관계없이 지방정부가 수행하는 사무의 내용을 개략적으로 살펴보기로 한다.

2) 우리나라 지방정부의 사무

(1) 시·도의 사무

지방정부가 처리하는 사무의 내용을 살펴보는 가장 좋은 방법은 지방정부의 예산과 행정조직을 보는 것이다. 예산과 행정조직에 관련 업무와 사무들이 모두 나타나 있기 때문이다. 이들을 통해 서울특별시의 사무들을 살펴보면 자기관리를 위한 일반행정 및 재정업무 외에 도로·교통, 여성, 문화, 도시철도의 건설 및 관리, 환경, 소방, 도시개발 및 정비, 식품안전, 공원조성 및 관리, 식품안전, 상·하수도, 문화·예술진흥, 국제협력, 등 서울시민의 생활과 관련된 사무를 종합적으로 처리한다.

광역시도 마찬가지이다. 인구규모가 다른 만큼 그 크기가 다소 다르겠지만 거의 같은 내용의 업무들을 처리한다. 도시의 특성에 따라 국제협력 관련 업무에 더 비중을 둔다거나, 아니면 지역산업의 육성에 더 큰 관심을 두는 등의 차이는 있다. 특별시와 광역시는 그 아래의 자치구가 도(道) 아래에 있는 시·군에 비해 제한된 사무와 기능을 수행하는 관계로 도(道)에 비해 보다 폭넓은 영역을 담당하게 된다.

도(道)의 경우도 일반행정과 재정업무 이외에 지방공단의 설치를 비롯한 지역경제관련 사무, 복지, 농·어촌 개발, 문화·예술, 지역개발, 지역안전 등의 업무를 처리한다. 도시성이 큰 경기도와 농촌지역이 큰 부분을 차지하는 강원도 등 지역의 특성에 따라 처리하는 사무의 비중이 다를 수 있다. 시·군이 특별시·광역시의 자치구보다 폭넓은 기능을 수행하고 있고, 특례에 의해 인구 50만 이상의 도시가 도(道)의 사무를 일부 처리하게 되어 있어 특별시·광역시에 비해 사무의 폭이 좁고, 때로는 그 기능 자체에 대한 의문이 제기되기도 한다. 도폐지론이 거론되는 이유도 여기에 있다.

제주특별자치도는 일반 도(道)와 다르다. 세종특별자치시 또한 마찬가지이다. 기초지방정부가 없는 만큼 광역지방정부의 기능과 기초지방정부의 기능을 함께 수행하고 있다. 특히 제주특별자치도는 특별자치도라는 특별한 지위에 따라 부여된 기능도 함께 수행하고 있다. 예컨대 자치경찰기능이 주어져 있으며, 환경 등의 업무와 관련하여서도 다른 지역에서는 특별지방행정기관이라 불리는 중앙정부의 일선지방행정기관이 담당하는 사무

를 이양 받아 수행하고 있다.[5]

(2) 시·군·자치구의 사무

시·군·자치구는 그 특성이 워낙 다양하여 일반화하여 설명할 수가 없다. 인구 50만 이상의 시(市)와 같이 인구규모에 따라 광역지방정부가 수행하는 사무의 일부까지 처리하는 권한을 가진 경우가 있는가 하면, 특별시·광역시의 자치구와 같이 일반 시·군보다 제한된 사무를 처리하는 경우도 있다.[6] 여기에 다시 인구 100만 명 이상의 시(市)와 지역소멸 등의 문제가 있는 낙후지역 기초지방정부에 대해서는 특례가 적용될 수 있다(지방자치법 제198조). 또 같은 자치구라 하여도 재정력 여건에 따라 자치사무의 폭을 넓혀 처리하는 경우가 있는 등 대단히 다양한 모습을 볼 수 있다.

그러나 기본적으로 시(市)는 환경보호, 건설, 도시계획, 사회복지, 교통행정, 청소, 보건·위생, 여성정책, 방재 및 안전관리 업무, 문화·예술·체육, 산업지원 등 지역주민의 생활과 직결된 사무와 지역개발관련 사무를 처리한다. 군(郡)은 지역복지, 문화·체육, 농정·산림, 환경·축산, 보건·위생, 방재관련 사무들을 중심적으로 처리한다. 그리고 자치구는 도시건설관리, 주민복지, 보건·위생, 주차관리, 문화·예술관련 사무 등을 주로 처리한다.

3) 지방사무 확대에 관한 논쟁: 자치경찰과 교육자치

지방정부의 권한 또는 사무와 관련하여 주목해야 할 쟁점이슈가 있다. **자치경찰**과 **교육자치**의 문제이다. 지방정부와 이를 전공하는 전문가, 그리고 많은 시민단체들이 이 두 사무 내지는 권한을 지방정부로 이양해야 함을 강력히 주장해 왔다. 그러나 또 다른 적지 않은 집단이 이를 강력히 반대해 옴으로써 지극히 낮은 수준의 자치가 이루어지고 있다.

---

5) 제주특별자치도 설치 및 국제자유도시 조성을 위한 특별법, 23조-27조. 이 법에 따라 제주특별자치도는 국토관리, 환경, 노동, 해양수산, 보훈, 중소기업 업무 등에서 다른 시·도의 경우 그 지역에 설치된 중앙정부의 일선행정기관(특별지방행정기관), 즉 지방국토관리청이나 지방환경청 등이 수행하는 사무의 상당부분을 이관 받아 처리하게 되었다. 이에 대해서는 양영철, "제주특별자치도 특별지방행정기관 통합의 성과와 과제,"『지방행정연구』, 제23권 제2호 (2009), pp.59-100.
6) 제5편 제2장 제2절의 '2. 우리나라의 사무배분 방식' 중 특례주의에 대한 설명 참조.

먼저 자치경찰의 문제는 지방정부가 지역치안을 담당하는 것이 마땅하다는 논리아래 주장되어 왔다. 특히 기초질서 확립이나 교통문제 등은 당연히 지역사회와 지방정부가 주도적으로 처리해야 할 사무라는 논리이다. 그러나 범죄의 광역화 등을 이유로 반대 또한 심해 제대로 된 자치경찰의 모습을 갖추지 못하고 있다.

자치경찰은 2006년 7월 1일 제주특별자치도 출범과 함께 시작되었다. 제주특별자치도에 한해 제주도지사 아래 자치경찰단을 두고, 교통관련 업무와 노약자 보호, 그리고 학교폭력 방지와 같은 주민생활 안전업무와 여행객 안전관리 등의 지역경비 업무를 자치적으로 처리하게 한 것이다.[7]

이후 2021년 7월, 경찰의 수사권 독립문제와 궤를 같이 하면서 자치경찰제가 전국적으로 시행되었다. 수사권의 상당부분을 독립적으로 행사하게 된 만큼, 기존 경찰권의 일정부분을 지방정부와 지역사회로 돌려 경찰 권력이 지나치게 확대되지 않도록 해야 한다는 지적이 있었던 것이다.

자치경찰의 핵심은 시·도 경찰위원회이다. 위원회는 시·도지사 소속으로 시·도 경찰청의 자치경찰업무를 지휘·감독한다(제주도의 경우는 자치경찰단의 업무 포함). 이 지휘·감독에는 자치경찰관련 업무를 수립하고 평가하고, 자치경찰관련 예산과 인사를 관장하는 일 등이 포함된다.

보기에 따라 대단한 권한이다. 그러나 문제는 이 모든 것이 '자치경찰 업무'와 관련된 권한이라는 점이다. 업무의 범위가 명확하지 않을 뿐만 아니라, 그 범위가 좁게 해석될 가능성이 크다는 뜻이다. 많아야 한 달에 한두 번 회의를 하는 회의체인데다, 7명의 위원 중 위원장과 상임위원을 제외한 5명의 위원이 비상근이라는 점에서도 더욱 그렇다. 사무국 또한 시·도 경찰청장이 임명하는 경찰 공무원으로 구성될 수밖에 없다. 막강한 경찰조직에 비해 그 힘이 떨어질 수밖에 없다는 뜻이다.

아울러 이 위원회의 지휘·감독을 받는 시·도 경찰청장은 경찰청장의 추천과 행정안전부장관의 제청으로 국무총리를 거쳐 대통령이 임명하게 되어 있다. 시·도 경찰위원회는 경찰청장과 '협의'할 권한만 가지게 되는

---

7) 제주특별자치도 설치 및 국제자유도시 조성을 위한 특별법 제108조는 자치경찰의 사무를 크게 '주민의 생활안전 활동에 관한 사무'와 '지역교통 활동에 관한 사무', 그리고 '공공시설 및 지역행사장 등의 지역경비에 관한 사무'와 「사법경찰관리의 직무를 행할 자와 그 직무범위에 관한 법률」에서 자치경찰공무원의 직무로 규정하고 있는 사법경찰관리의 직무'로 규정하고 있다.

데, 흥미로운 것은 경찰법 28조 2항은 이와 관련하여 '행정안전부 장관은 경찰청장이 시·도 경찰위원회와 협의한 사람 중에서 제청하도록 되어 있다'는 사실이다. '협의한 사람 중에서'의 뜻은 복수의 인사를 추천할 수 있다는 뜻이고, 이것은 다시 시·도 경찰위원회의 인사권을 사실상 무력화하고 있다는 의미이다.

지역사회를 대표하는 시·도지사 소속으로, 지역출신 인사들이 주도하게 되어 있는 시·도 경찰위원회가 경찰업무에 관여한다는 점에서 나름의 의미를 지닐 수 있다. 특히 시작단계에서는 그렇다. 하지만 여러 가지 점에서 자치경찰 다운 자치경찰이 될 수 없음을 알 수 있다. 1991년 설치된 중앙 경찰위원회가 20년 이상 그 역할이 미미하다는 점에서 더욱 그렇다. 위원회 형태의 회의체가 가지는 한계가 분명하다는 뜻이다.

교육자치의 문제 역시 찬·반이 분명한 쟁점사안이다. 반대집단은 교육을 지방정부의 사무로 이양하는 것은 헌법이 보장하고 있는 교육의 전문성과 자율성, 그리고 정치적 중립성을 훼손하는 일이라고 주장한다.[8] 즉 정치인인 자치단체장과 지방의회의 개입은 곧 지방교육을 정치적으로 훼손하게 된다는 주장이다.

이에 반해 찬성을 표명하는 교육감도 선거를 통해 선출하고 있는데 선거를 하면서 정치적 중립을 말하는 것 자체가 모순이라고 말한다. 정당이 후보를 내지 않는다고 하여, 정치가 아닌 것은 아니라는 지적이다. 정당 대신 교육관련 노동조합 등 성격이 다른 집단의 정치적 행위가 이루어질 수밖에 없다는 주장이다. 오히려 변별력 없는 후보들이 난립하고 또 당선됨으로써, 교육에 대한 정치적 책임을 확보하기 어려워질 뿐 아니라, 그 결과 교육행정의 질도 그만큼 떨어질 수밖에 없다고 주장한다.[9] 이들은 또 시·도지사의 높은 정치적 위상을 바탕으로 교육재정을 늘릴 수 있고, 중앙정부로부터 오는 불합리한 교육관련 규제를 막을 수 있을 것이란 기대도 편다.

---

8) 헌법 제31조 제4항: 교육의 자주성·전문성·정치적 중립성 및 대학의 자율성은 법률이 정하는 바에 의하여 보장 된다. 이에 대한 설명은 신현석, "교육자치와 일반자치의 관계 분석 및 미래 방향,"『교육행정학연구』, 제32권 제2호 (2014), p.32.

9) 이기우, "교육감 직선제의 문제점과 개선방안," 현장에서 본 교육감 직선제의 폐해 세미나 발표논문, 김학용 국회의원실 주최, 2015년 7월 16일 14시, 안성군민회관, pp.16-29.

양쪽 주장이 맞서는 가운데 우리나라는 그동안 일반 지방자치와 교육자치를 분리·운영해 왔다. 교육감은 1997년 12월 법 개정이전에는 시·도교육위원회에서 소위 '교황선출방식'에 의한 간접선출을 했고, 법 개정 이후에는 학교운영위원선거인단과 교원단체선거인으로 구성된 교육감선거인단에서 선출을 했다(사잇글 5-5). 그리고 2000년 1월 다시 법을 개정하여 관할지역내 학교운영위원 전원이 선출하게 하다가, 2006년 12월 법 개정을 통해 2007년부터는 주민직선으로 선출하고 있다. 주민직선으로의 전환은 향후 시·도지사 선거와 교육감 선거를 함께 치르게 함으로써 최소한 이들을 러닝-메이트(running-mate) 제도와 유사하게 묶을 수 있다는 기대와, 이로 통해 교육자치가 일반자치와 연결되는 고리가 만들어질 수도 생각이 반영된 제도이다. 하지만 실제 효과는 그렇지 못한 것으로 나타나고 있다.

중요한 문제는 이와 같이 교육감 선출방식이 쟁점이 되는 가운데, 교육행정은 여전히 중앙정부가 주도하고 있다는 사실이다. 시·도지사와 분리되어 선출된 교육감의 정치적 위상이 높을 수 없고, 그 결과 교육자치와 교육분권은 제대로 시작도 되지 못하고 있다.

사잇글 5-5: 교황(敎皇)선출방식과 '교황(校皇)'

교황선출방식이라 부르는 선거방식이 있다. 특정한 후보가 나서지 않은 가운데 선거권을 가진 모든 추기경이 서로 추천을 하듯 투표를 한 후 표가 많이 나온 사람들을 놓고 다시 투표를 해 나가면서 과반득표자 혹은 전원일치에 이를 때가지 투표를 해 나가는 방식이다.

1995년의 교육감 선출은 그렇게 행해졌다. 교육위원들이 선출하게 하였고 이들의 과반수 지지를 얻으면 교육감으로 당선되게 되어 있었다. 그러면 교육위원은 어떻게 선출되었는가? 이들은 시·군·자치구의회, 즉 기초지방의회에서 2명을 추천하면, 이들 중 한 명을 시·도의회, 즉 광역지방의회가 선출하게 되어 있었다. 정수는 특별시·광역시는 자치구의 수대로 하였고, 도(道)는 지방교육청의 수로 하였으며 최소 정원은 7인으로 하였다. 서울특별시의 경우 자치구가 25개 였으니 25명이었고, 제주도은 최소 정원인 7명이었다.

교육감은 흔히 학교를 지배하는 황제로서의 '校皇'으로 불린다. 시·도의 크기에 따라 초·중등 교육과 관련된 수조원의 예산을 집행하고 수만명 교원에 대한 인사권을 가지는 자리이다. 이런 교황(校皇)을 많아야 25명, 적게는 7명의 교육위원이 '교황선출방식'으로 선거를 한다? 많게는 자신을 포함한 13명의, 적게는 4명의 지지를 받으면 '황제'가 되는 상황이다. 어떤 일들이 벌어졌을까?

온갖 잡음이 세상을 시끄럽게 했다. 표를 매수하는 행위가 극성을 부렸고, 당선되면 돈을 주겠다는 '외상' 거래까지 이루어졌다. 교육행정의 가장 중요한 기구는 온갖 부정과 비리로 시달려야 했다. 도대체 누가 이러한 제도를 만들었을까? 교황선출방식은 교황이 될 만한 사람들이 모여 선거를 할 때나 가능한 이야기이다. 심지어 교황조차도 7명이나 25명으로 선출하게 한다면 문제가 생길 것이다. 누가 도대체 교육위원들을 추기경보다 더 높은 인격자들로 생각했을까? 이후 제도는 선거인단 선거를 거쳐 직선에까지 이르게 되었다. 선거권자의 범위를 넓혀 부정한 거래를 하지 못하게 한 것이다.

여기서, 미국 헌법의 기초자이자 제4대 미국 대통령을 지낸 제임스 메디슨(James Madison)의 한마디를 들어보자. '사람이 천사라면 정부는 필요 없다(If men were angel, no government is necessary).' 제도는 사람을 천사로 보고 디자인해서는 안 된다. 문제가 생기고 난 뒤에 '사람이 천사가 아니어서 그렇다'는 변명을 늘어놓아서는 더욱 안 된다.

제4장
지방정부의 재정수입 구조: 자주재원과 의존재원

지방정부의 재정능력은 지방자치의 운영과 관련하여 중요한 의미를 지닌다. 지방정부가 자치권을 행사할 수 있는 사무가 있다 하더라도 이를 처리하는 데 필요한 재정을 감당할 수 없으면 이러한 권리와 사무가 별 소용이 없기 때문이다. 본 장(章)에서는 지방정부의 이러한 재정능력 문제를 수입구조를 중심으로 살펴본다.

제1절 자주재원

지방정부의 재정수입은 크게 **자주재원**과 **의존재원**으로 나눌 수 있다. 자주재원은 말 그대로 '지방정부가 그 자체의 재원으로부터 자주적으로 거두어들이는 수입'을 말하고, 의존재원은 '중앙정부나 상급지방정부 등 외부로부터 받는 자금'을 의미한다. 자주재원은 크게 지방세 수입과 세외 수입으로 구성되고, 의존재원은 교부금과 국고보조금 등 중앙정부와 상급지방정부 등으로부터 받는 다양한 형태의 지원금으로 구성된다. 먼저 자주재원의 구조부터 알아보기로 한다.

① 지방세 수입

1) 지방세의 종류

지방세란 '지방정부가 그 운영과 사업수행에 필요한 경비를 충당할 목적으로 그 자체에 속한 세원을 대상으로 거두어들이는 세금'을 말한다. 경비충당이 목적이라는 점에서 위법한 행위에 대한 제재의 의미를 지니는 벌금이나 과태료 등과 다르다. 세금인 만큼 개별적 보상 없이 거두어들이고, 또 납부를 하지 않으면 강제로 납부하게 하는 강제성을 띠고 있다. 개별적 보상이 없다는 점에서 개별적 보상 내지는 서비스 제공을 전제로 하는 수수료나 이용료 등과도 다르고, 강제성이 있다는 점에서 일반 기부금과도 다른 성질을 가지고 있다.

■ 벌금과 과태료: 벌금은 형법에 근거하여 법원의 판결에 의해 내려지는 형벌의 일종이다. 그러나 과태료는 행정법규 등 형벌의 성질을 가지지 않는 법령 위반에 대해 행정관청이 내리는 금전적 징계로 '범죄' 기록으로는 남지 않는다.

(1) 법정세와 법정외세

지방세에는 여러 가지 형태가 있는데 먼저 국가의 법률에 의해 정해진 세목(稅目), 즉 과세대상 항목과 세율에 의해 부과되는 **법정세**(法定稅)와 이러한 법률적 규정과 관계없이 지방정부가 스스로 정한 세목에 대해 스스로 정한 세율을 부과하는 **법정외세**(法定外稅)가 있다.

조세법률주의, 즉 '모든 조세는 반드시 국민의 대표기관인 의회가 제정하는 법률에 의해서만 부과·징수할 수 있다는 원칙'을 엄격히 해석하고 따르는 국가의 경우 지방정부는 당연히 법정세만을 징수할 수 있다. 그러나 조세법률주의를 따르지 않거나, 아니면 조세법률주의가 말하는 '법률'의 의미에 지방의회에 의한 조례를 포함시켜 해석하는 국가의 경우에는 법정외세가 가능해 진다. 곧 이어 설명을 하겠지만 우리나라는 앞의 경우에 속하고, 미국의 많은 주(州)들이 뒤의 경우에 속한다. 우리와 유사한 법체계를 가지고 있는 일본도 법정외세를 인정하고 있으며, 2000년 **지방분권일괄법**에 의한 지방세법의 개정으로 과거에는 중앙정부의 허가를 받아 운영하게 되어 있던 것이 '사전협의와 동의'에 의해 운영할 수 있게 하고 있다.[1]

---

1) 자세한 내용은 최철호, "조세법률주의와 지방세조례주의에 관한 연구," 한국조세연구포럼 2007년 하계학술대회 발표논문 참조.

(2) 보통세와 목적세

지방세는 그 징수의 목적이 특별히 정해져 있는가에 따라 보통세와 목적세로 나누어진다. **보통세**는 일반세라고도 불리며 말 그대로 지방정부의 일반목적을 위해서, 즉 특별한 지출목적을 정하지 않고 거두어들이는 세금이다. 이에 비해 특별세라고도 불리는 목적세는 특별한 지출목적, 즉 사업을 정해놓고 거두어들이는 세금이다.

목적세는 주로 지역주민의 일부에게 이익이 돌아가는 사업이 지역사회 전체 또는 일부에 부담을 주거나 비용을 수반하는 행정수요를 발생시킬 때, 그 공공사업의 수혜자들에게 부과한다. 또 교육 등 지역사회 발전을 위한 특별한 행정수요를 감당하기 위한 안정된 재정이 필요할 때에도 활용된다.

세금은 특정한 목적을 정해놓지 않고 거두어들이는 것이 조세의 일반원칙이다. 따라서 목적세는 이러한 일반원칙에 어긋나는 것으로 대체로 제한된 범위내에서 활용된다. 목적세가 많아지게 되면 조세구도가 복잡해질 뿐만 아니라 재정운영의 탄력성을 떨어뜨리게 된다. 재정구조에 일종의 칸막이가 많아지는 할거(割據)현상이 생겨나기 때문이다.

(3) 자산과제, 소비과세, 소득과세

지방세는 과세대상에 따라 자산과세, 소비과세, 소득과세 등으로 나누어진다. 먼저 **자산과세**는 부동산과 자동차 등의 자산, 즉 경제적 가치가 있는 유형(有形)의 재산을 취득하거나 보유하고 있을 때 부과하는 조세이다. 부과근거 및 시점에 따라 보유과세와 거래과세로 다시 나누어진다. 보유과세는 보유하고 있는 자산에 대해 그 자산을 보유하고 있는 개인이나 법인에게 부과하는 조세이고, 거래과세는 이러한 자산을 거래하는 단계에서 부과하는 조세이다.

소비과세는 소비되는 재화나 용역에 부과되어 소비자가 직·간접으로 부담하는 세금이다. 입장세 등과 같이 소비자가 소비행위를 할 때 직접 부과되기도 하고, 국세인 부가가치세와 같이 생산과정이나 유통과정에 부과한 후 이를 최종적으로 소비자에게 전가하는 간접부과 방식이 쓰이기도 한다.

소득과세는 말 그대로 생산행위나 거래행위, 근로행위 등을 통해 소득이 발생했을 때 그 소득에 대해 부과하는 조세이다. 개인에 대해 부과하는 경우와 법인에 대해 부과하는 경우, 그리고 거래행위를 통해 발생한 소득에 대해 과세하는 경우와 근로행위를 통해 과세한 경우 등을 기준으로 다양한 형태로 나누어지기도 한다.

2) 지방세 및 세원확보의 원칙

지방세는 지방정부의 자치적 운영 또는 자치권의 보호라는 관점에서 매우 중요한 의미를 지닌다. 지방세 수입이 제대로 확보되지 않을 경우 세외수입이나 중앙정부 등으로부터 오는 의존재원에 기댈 수밖에 없는데, 이들은 모두 그 나름대로의 분명한 한계를 지니고 있기 때문이다.

우선 세외수입은 확보하기가 쉽지 않다. 지방정부는 기업과 같이 영업수익을 올리기도 어렵고, 수수료와 사용료 등도 필요경비를 보전하는 수준을 넘어 징수하기가 힘이 든다. 의존재원 또한 마찬가지이다. 운영방법에 따라 달라지기는 하지만, 지방정부의 입장에서는 안정성이 낮고 자치권에 대한 제약이 따르는 경우가 많다. 결국 안정적 지방세 수입 확보가 매우 중요하다는 뜻이 되겠는데, 이를 위해 지방세 세원확보와 세목설정에 있어서는 일반적으로 다음과 같은 원칙이 제시되고 있다.[2]

- **보편성의 원칙**: 지방세는 그 세원이 특정지역에 편재되어 있으면 안 된다. 세원의 편재는 결국 지방세 수입의 불균형을 낳고, 이는 다시 지역주민들이 향유하는 공공서비스의 불균형과 불평등을 초래하게 되기 때문이다. 물론 절대적인 균형화는 불가능하다. 지역간의 산업·경제적 특성과 수준에 있어 차이가 있을 수밖에 없기 때문이다. 그러나 그럼에도 불구하고 지방세는 지방정부간 수입이 되도록 균형화될 수 있도록 짜져야 하며, 세원의 발굴 또한 그러한 맥락에서 이루어져야 한다.
- **정착성의 원칙**: 지방세의 세원, 즉 과세대상은 되도록 공부(公簿)상의 이동이 적은 것이어야 한다. 이동이 잦은 것을 과세대상으로 하는 경우 과세기술상 문제가 있을 수 있으며, 과세대상을 유치하기 위한 지방정부 사이에 불필요한 경쟁이 초래될 수 있다. 토지는 이동이 적은 세원의 대표적인 예이다.
- **안정성의 원칙**: 지방세의 세원은 되도록 안정적인 수입을 보장될 수 있는 것이어야 한다. 경기변동에 지나치게 민감하게 변화되는 세원이 경우 지방정부는 안정된 수입을 확보할 수 없으며, 이로 인해 사업의 안정적 수행이나

---

2) 이와 관련하여서는 김대영·조기현, 「지방세체계 조정의 재정효과 분석」, 한국지방행정연구원 연구보고서 제325권 (1999), pp.11-13; 권형신·이상룡·이재성, 『한국의 지방재정』 (서울: 해남, 1998), pp.67-68 참조.

장기적인 계획이 어려워지게 된다.

▪ **충분성의 원칙**: 지방정부는 지방세를 통해 기초적인 행정수요를 감당할 수 있을 정도의 수입을 확보할 수 있어야 한다. 세원 또한 이러한 맥락에서 확보되어야 한다. 앞서 설명한 바와 같이 지방세 수입이 부족해 세외수입에 의존하게 되면 지방정부의 공익성을 떨어뜨릴 가능성이 있으며, 중앙정부의 재정지원에 의존하게 되면 운영상의 자율성이 떨어지게 된다.

▪ **신장성의 원칙**: 지방세 수입은 안정성·충분성과 함께 신장성도 있어야 한다. 행정수요 증가에 안정적으로 대응할 수 있을 만큼 탄력적으로 성장할 수 있어야 한다. 지방세 수입이 행정수요를 따르지 못하게 되면 지방정부는 운영상 많은 어려움을 겪게 된다.

▪ **응익성(應益性)의 원칙**: 지방세는 지방정부의 행위로 수혜를 받는 수혜자에게 부과·징수되어야 한다. 수혜를 받지 못하는 사람이나 재산에 대해 부과·징수하는 경우 조세기술상 어려움이 따를 뿐만 아니라 조세저항에도 부딪치게 된다. 조세행정의 기본이념인 공평성의 원칙에 위배됨은 물론이다.

▪ **부담분임성의 원칙**: 지방세는 되도록 많은 사람들에게 광범위하게 부과·징수되어야 한다. 지역주민 모두가 일반 행정서비스에 대한 수혜자이기 때문이기도 하겠지만, 되도록 많은 주민들에게 조세부담을 느끼게 함으로써 지방정부 운영에 대한 관심을 유발시킬 수 있기 때문이다.

▪ **자율성의 원칙**: 지방정부와 그 주민은 스스로 행정서비스의 수준과 재정적 부담을 결정할 수 있어야 한다. 지방세 운영에 있어 자율성 떨어지게 되면 주민들 스스로 원하는 수준의 행정서비스를 공급받지 못하게 된다.

이들 원칙을 동시에 만족시키는 세원을 찾기란 사실상 불가능하다. 또 이들 원칙들은 서로 부딪치거나 상호 모순되는 부분이 없지 않다. 예컨대 지역간 산업·경제적 격차가 심한 상태에서 보편성과 신장성 그리고 충분성과 안정성을 동시에 만족시킬 수 있는 세원을 찾을 수는 없다. 이 경우 이러한 원칙들은 오히려 상호 모순되는 내용을 담게 된다. 보편적인 세원은 충분성과 신장성을 상실하기 쉽고, 신장성이 큰 것은 안정성과 보편성을 상실하기 쉽다.

따라서 세원을 발굴하고 세목을 정하는 일에 있어서는 이들 원칙을 모두 만족시킬 수 있느냐가 아니라 이들 원칙에 얼마나 가까이 갈 수 있으며, 또 어떠한 원칙을 더 중요시하느냐가 문제가 된다. 완벽한 세원을 찾기란 사실상 불가능하고, 따라서 모든 지방정부를 동시에 만족시킬 수 있는 완벽한 지방세 제도를 구축하기도 어렵다. 뒤에 설명을 하겠지만 지방재정조정 제도를 두어 지방세로 확보하지 못한 지방재정의 충분성과 안정성 등을 보완해주는 이유가 여기에 있다.

3) 지방세의 주요 세원

(1) 자산: 자산관련 과제

자산관련 과세의 핵심은 재산세이다. **재산세**(property tax)는 보유과세로 토지와 건물, 그리고 주택 등 부동산을 보유하고 있는 개인이나 법인에 부과된다. 지방정부로서는 경기변동과 관계없이 세수를 안정적으로 확보할 수 있다는 장점이 있으며, 그 규모 또한 비교적 쉽게 예측할 수 있다. 반면 소득과 관계없이 부과되는 관계로 조세저항이 심할 수 있다는 단점이 있다. 또 과세대상에 대한 평가가 정확하지 않으면 형평성의 문제를 발생시키게 되는데, 가격변동이 심한 경우에는 이러한 문제를 피하기 힘들어진다는 점도 단점의 하나이다.

재산세는 우리나라를 비롯한 대부분의 국가에서 지방세 수입의 큰 부분을 차지하고 있다. 미국의 경우, 재산세는 지방정부 유형(카운티, 뮤니시팔리티, 타운십, 학교구, 특별지방정부)에 따라 지방세 수입의 50% 안팎에서부터(뮤니시팔리티) 95%까지를 차지해 왔다(학교구). 2017년 현재 재산세는 모든 지방정부 전체 수입, 즉 연방정부와 주(州)정부로부터 이전수입 등을 모두 포함한 금액(general revenue)의 30.4%, 지방세 수입과 세외(稅外) 수입을 포함한 자체 수입의 46.7%, 그리고 스스로 거두어들이는 지방세 수입의 72.1%를 차지하고 있다.[3]

이러한 현상은 미국에만 국한되지 않는다. 호주(Australia)의 경우 재산세는 지방세의 100%를 차지하고 있다. 영국도 1993년부터 지역주민들로부터 지탄을 받아오던 커뮤니티 세(community charge), 즉 '주민세' 또는 '인두세(人頭稅)'로 알려졌던 'poll tax'를 폐지하고 그 대신 재산세인 '카운슬 세(council tax)'를 지방세를 100% 이것으로만 거두어들이고 있다.[4] 캐나다(Canada)의 경우에도 재산세는 전체 지방정부 세수의 90% 이상을 차지하

■ Poll tax는 재산과 관계없이 모든 성인 주민들에게 세금을 부과하는 제도로 1988년 Thatcher 수상에 의해 도입되었다. 도입 당시부터

---

3) US Census Bureau, *State and Local Finances, 2017* (2018). <Table 1. State and Local Government Finances by Level of Government and by State: 2017>. US Census Bureau끝이 2와 7로 끝나는 연도에만 보고서를 발행한다.

4) Local Government Finance Act 1992에 의해 도입되었다.

강력한 비판을 받았고 1990
년 Thatcher 수상이 물러나
게 되는 중요한 원인이 되
었다.

고 있다.[5]

물론 국가에 따라서는 재산세를 비롯한 자산관련 과세의 비중이 낮은
경우도 없지 않다. 독일(Germany)의 경우에는 지방세 수입의 15% 미만이
되고 있으며, 덴마크(Denmark), 핀란드(Finland) 등도 10% 내외를 넘지 않는
다. 스웨덴(Sweden)과 같은 국가는 2019년 현재 불과 2% 남짓했다. 그러나
다른 대부분의 국가에 있어 자산관련 과세는 그 비중이 매우 높다.[6]

(2) 소득: 소득관련 과세

소득에 대해, 또는 소득에 근거하여 부과하는 소득관련 과세는 경기변화
에 대한 탄력성이 매우 높은 세원이다. 아울러 소득에 비례하는 경향이 큰
만큼 담세능력에 따른 형평성을 기할 수 있는 장점도 있다. 대부분의 국가
에서는 주로 국세로 운영하고 있으며, 전체 국세 수입에서 매우 높은 비중
을 차지하고 있다.

그러나 국가에 따라서는 **지방소득세**(local income tax) 제도 등을 바탕으
로 지방정부가 별도로 부과하는 경우가 있다. 대표적인 국가는 스웨덴이
다. 스웨덴은 지방정부가 별도의 세율을 정해 지방소득세를 거둘 수 있게
하고 있는데, 2019년 현재 지방세 수입의 거의 모두(97.4%)를 이 지방소득
세 수입이 차지하고 있다. 독일(79.4%), 덴마크(89.3%), 핀란드(92.1%), 노르
웨이(86.0%)도 마찬가지이다. 지방정부 지방세 수입의 대부분을 차지하고
있다.[7]

반면 영국과 아일랜드(Ireland) 등의 지방저부와 같이 소득관련 조세를
전혀 거두지 않는 국가도 있고, 우리나라와 미국과 같이 그 비중에 매우
작은 나라도 있다. 미국의 경우 주(州)에 따라 지방소득세를 허용하기도 하
고 허용하지 않기도 한다. 1960년대와 1970년대에 비해 그 비중이 커지는
경향이 있기는 하나 최근에도 개인소득세와 법인세를 합쳐 지방세 수입의
5~6% 정도를 차지하는 정도에 있다.[8]

5) OECD, *Revenue Statistics 2019* (2020), <Table 3-18. Main local government taxes as % of total tax revenues of local government, 2017>, p.77.
6) OECD, 위의 보고서, 위의 표.
7) OECD, 앞의 *Revenue Statistics 2019* 보고서의 같은 <표 3-18>.
8) 위의 OECD 보고서 <Table 3-18> 및 앞의 US Census Bureau의 *State and Local Finances, 2017* <Table 1>.

(3) 소비: 소비관련 과세

소비관련 과세 또한 국가에 따라 그 도입여부에서부터 세율에 이르기까지 다양한 모습을 보이고 있다. 경기에 따른 변동성이 강해 안정성이 떨어지는 반면 담세능력에 따른 형평성이 높다. 대부분의 국가에서 국세 또는 주(州)세로 운영되고 있으나 일부 국가에서는 지방세 수입의 중요한 부분을 차지한다. 담배와 술 등 사회적으로 권장하기 힘든 소비재나 수요를 억제할 필요가 있는 사치성 제품 등에 대해서는 비교적 높은 세율이 부가되는 반면, 기초적 생활을 하는 데 필요한 생활필수품이나 먹거리 등에는 과세를 하지 않거나 낮은 세율을 적용하는 경향이 있다.

경제협력개발기구(OECD) 가입국 중에는 2019년 현재 스페인(38.8%), 칠레(57.4%), 체코(42.8%), 헝가리(80.7%) 등의 국가에 있어 비교적 높은 비중을 차지하고 있다. 호주, 영국, 아일랜드, 덴마크, 핀란드 등의 경우는 지방세 수입에 있어 소비관련 부문이 차지하는 비중이 0이거나 0에 가깝다.

미국의 경우는 주(州)에 따라 매우 다양한 모습을 보이고 있다. 델라웨어(Delaware)와 매사추세츠(Massachusetts) 주(州)와 같이 지방정부의 소비관련 과세를 허용하지 않는 경우가 있는가 하면, 알라바마(Alabama)와 콜로라도(Colorado)와 같이 최고세율을 5% 가까이 인정해 주는 주(州)도 있다. 또 위스콘신(Wisconsin)이나 와이오밍(Wyoming)처럼 카운티(county)에만 과세를 허용하는 주(州)가 있는가 하면, 미네소타(Minnesota)와 같이 시(municipality)에만 허용하는 주(州)도 있고, 캘리포니아(California) 등과 같이 특별지방정부 등에도 허용하는 주(州)도 있다.[9] 그러나 주로 카운티와 시(municipality)에 허용하는 경향이 있다. 2019년 현재 이러한 소비관련 지방세 수입은 미국 지방정부 전체 지방세 수입의 약 22.2%를 차지하고 있다.[10]

(4) 기 타

자산, 소득, 소비 이외에도 지방정부는 다른 여러 가지 형태의 세원에 대해 과세를 한다. 우리나라의 등록면허세와 같이 일정의 허가권을 행사하

---

9) Federation of Tax Administration, "Comparison of State and Local Retail Sales Taxes (July 2016)." 내부자료. accessed July 3, 2020. https://www.taxadmin.org/ assets/docs/Research/Rates/wa_statelocal_sales_2016.pdf.

10) 위의 OECD 보고서 <Table 3-18>.

| 그림 5-3 | 주(州)정부와 지방정부의 세수입 구조: 경제협력개발기구(OECD) 국가 |

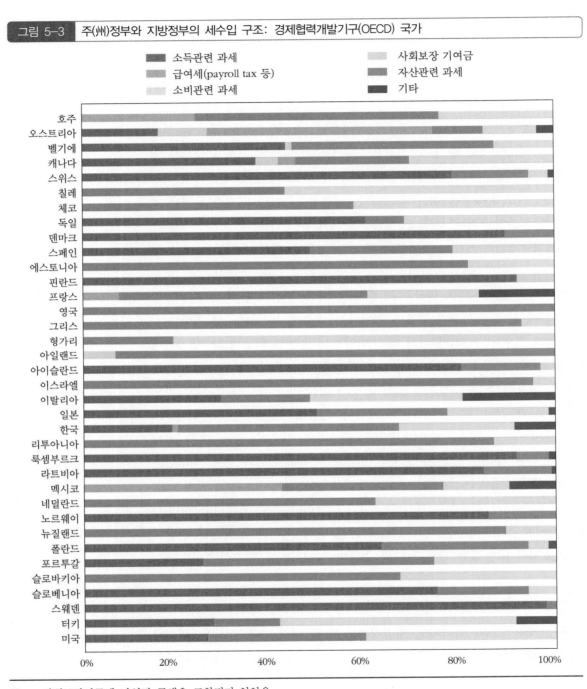

주: 1. 사회보장기금에 납입된 금액은 포함되지 않았음.
   2. 주(州)와 지방정부 세수입을 합친 것이므로 앞서 설명된 지방정부 세수입과는 차이가 있음.
출처: OECD, Revenue Statistics, 2019 (2020), p.34.

면서 조세를 부과하기도 하고, 소득과 관계없이 거래행위 자체에 대해 과
세를 하기도 한다. 또 천연자원이나 시설물의 이용 등에 대해서도 사용료
가 아닌 지방세를 거두기도 한다.

4) 지방세 구조의 국제비교

각 국가는 위와 같은 여러 가지 세원을 적절히 활용하며 지방세 구조를
짠다. 재산세를 비롯한 자산과제 중심의 구조를 형성하는 국가가 있는가
하면, 소비관련 과세와 소득관련 과세를 중심으로 지방세 제도를 편성하기
도 한다. [그림 5-3]은 각국의 지방세 구조를 비교한 것이다. 연방국가가
포함되어 있고, 이에 따라 이들 국가의 경우 주(州)와 지방정부의 세수입을
모두 합친 구도가 그려져 있어 지방정부만의 세수입을 다룬 위의 설명과
다소 상이한 부분이 있기는 하나 좋은 참고가 될 것으로 판단하여 소개한
다. 그림을 보면 대부분의 국가에 있어 중앙 및 연방정부 아래의 정부, 즉
주(州)정부와 지방정부의 세수입 구조가 소득과 소비, 그리고 토지를 비롯
한 자산을 중심으로 편성되어 있음을 쉽게 알 수 있게 한다.

② 세외 수입

1) 세외수입의 의미와 특성

세외수입(non-tax revenue)은 여러 가지 의미를 지닌다. 넓게는 지방채를
포함하여 자주재원 중 지방세 수입을 제외한 모든 수입을 의미할 수도 있
고, 좁게는 특별회계상의 영업수입과 수수료와 사용료 등 일반회계상의 경
상적 수입 등을 합친 것으로 이해될 수도 있다. 또 더욱 좁게는 수수료와
사용료 등 일반회계상의 경상적 수입만을 의미하기도 한다. 좁은 의미의
개념을 사용하는 것이 일반적이긴 하나 경우에 따라서는 다양한 내용의 넓
고 좁은 개념들이 사용될 수 있다. 여기서는 좁은 개념보다는 비교적 넓은
의미, 즉 지방채까지 포함하는 의미로 설명하기로 한다. 지방재정 수입의
내용을 살펴보는데 도움이 되기 때문이다.

세외수입은 '지방세 이외의 수입'이라는 뜻이다. 뜻 그 자체에서 느낄 수

있는 것처럼 포용성(inclusiveness)이 크고, 포용성이 큰 만큼 그 내용도 다양하다. 개념 자체를 넓은 의미로 이해하는 경우에는 더욱 그러하다. 이용료와 수수료 등 매년 일정하게 발생하는 수입이 있는가 하면, 재산매각 수입이나 지방채 수입과 같이 당해 연도에만 발생하는 임시적 수입도 있다. 회계의 종류에 있어서도 특별회계와 일반회계 모두에서 발생할 수 있고, 사용목적 또한 특정한 목적에 제한되어 있는 것이 있는가 하면 일반재원에 투입하여 일반 목적에 사용할 수 있는 것이 있을 수 있다. **다양성**이 중요한 특성 중 하나가 된다는 뜻이다.

다양성과 함께 '**불안정성**'도 중요한 특성의 하나다. 특별회계의 영업수입과 재산매각 수입, 기부금, 지방채 등의 변동성이 큰 임시적 수입을 많이 포함하고 있기 때문이다. 아울러 **수입 정도에 있어 지방정부간 차이**가 날 수 있다는 점 또한 중요한 특성 중의 하나이다. 지방정부의 경영능력이나 지역사회의 산업·경제적 특성에 따라 서로 다른 내용과 수준의 수입이 발생할 수 있기 때문이다. 지방정부가 세외수입의 확보에 큰 힘을 쏟는 경우 이러한 차이는 더욱 커질 수 있다. 관심을 가지고 노력하는 경우와 그렇지 않은 경우에 큰 차이가 날 수 있고, 또 이러한 노력의 성공여부에 따라서도 큰 차이가 날 수 있다.

2) 세외수입의 종류

(1) 경상수입과 임시수입

세외수입은 그 수입이 규칙적이고 반복적으로 들어오느냐의 여부에 따라 경상수입과 임시수입으로 나눌 수 있다. 경상수입은 매년 규칙적이고 반복적으로 들어오는 수입으로 사용료와 수수료, 그리고 재산 임대수입 등이 있다.

반면 임시수입은 지방정부의 특별한 정책행위 또는 재정관련 행위 등으로 인해 일시적으로 발생하는 수입이다. 지방정부가 소유하고 있던 재산을 매각함으로써 들어오는 수입이나 개인이나 단체로부터 거두어들이는 각종 부담금, 그리고 기부금과 지방채 수입 등이 이에 해당한다.

(2) 일반회계 수입과 특별회계 수입

지방정부의 회계는 크게 일반회계와 특별회계로 나눈다. 일반회계는 말 그대로 행정조직의 유지·운영이나 지역사회 복지사업 등 지방정부가 일 반적으로 감당해야 할 일을 하기 위해 필요한 재정의 수입과 지출을 관리 하기 위한 회계이다. 그리고 특별회계는 특정한 사업의 운영을 위해 특정 한 세입이나 수입을 별도로 관리할 필요가 있을 때 일반회계와 분리하여 운영하는 회계이다. 시립병원의 운영이나 지역출신 학생들에게 장학금을 주기 위해 장학기금의 운영 등은 그 대표적인 예이다.

세외수입 중에는 일반회계로 관리되는 세외수입이 있는가 하면, 특별회 계로 관리되는 세외수입이 있다. 민원서류를 발행하면서 징수되는 수수료 는 일반회계 세외수입의 한 예가 되고, 지방정부가 장학기금에 기부한 기 부금은 특별회계 수입의 한 예가 된다. 특별회계 세외수입은 특별회계가 운영되는 목적 이외의 사업에 사용하지 않는 것이 원칙이다. 예컨대 장학 기금에 기부한 기부금을 지방정부가 일반회계로 편입하여 공무원 인건비 등의 일반경비로 사용할 수 없다는 뜻이다.

3) 세외수입의 주요 내용

(1) 지방채

지방채는 지방정부가 국내외 정부나 민간 자본시장 등으로부터 빌려 오 는 차입금을 말한다. 지방채는 지방재정수입을 분류함에 있어 '세외수입'의 일부가 아닌 독자적인 수입 영역으로 구분되기도 한다. 차입금이라 하더라 도 1회계연도 안에서 이루어지는 일시차입금은 지방채 개념에 포함하지 않는 것이 보통이다. 통상 2회계연도 이상에 걸쳐 상환이 이루어지는 차입 금을 지방채라 한다.

지방채를 발생하는 가장 중요한 이유는 부족한 재정수입을 보전(補塡)하 거나 규모가 큰 사업에 필요한 경비를 충당하기 위해서이다. 즉 갑작스런 경기의 악화나 예측상의 잘못으로 재정수요와 재정수입간에 큰 차이가 나 는 경우, 또는 지방정부가 소요재정을 일시에 감당하기에 힘든 사업을 시 행하는 경우 지방채를 발행한다.

아울러 사업의 효과가 상당기간 후 발생하는 사업에 대해 세대간(世代間)

의 부담(상환)이나 전·출입에 따른 신·구 지역주민간의 부담을 공평하게 하기 위해서 빌려오기도 한다. 즉 사업을 시작하는 시점에서의 주민이 아닌 실제 사업효과가 발생하는 시점에서의 주민이 적정한 부담을 지도록 하기 위해 차입하기도 한다. 앞서 설명한 **재정보전**과 **재원조달**의 기능과 함께 **부담을 공평**하게 하는 기능도 지니고 있는 셈이다.

지방채는 다른 세외수입에 비해 중앙정부의 통제가 따르는 경우가 많다. 국가 전체 차원의 재정정책과 밀접하게 관련되어 있을 뿐만 아니라 자칫 방만하게 운영될 경우 지방정부의 재정적 안정성을 크게 해칠 수 있기 때문이다.[11] 좋은 예로 영국의 지방자치법(Local Government Act 2003)은 제1조를 통해 지방정부가 채무부담 행위를 할 수 있는 권리가 있음을 명시하면서도(power to borrow) 제2조와 제3조 그리고 제4조에서 여러 가지 조건들과 제한을 두고 있다. 즉 중앙정부(the Secretary of State)는 '국가경제를 위해(for national economic reason)' 개별 지방정부의 지방채 한도를 정할 수 있도록 하고 있다.[12] 우리나라의 지방재정법 역시 지방채의 한도를 대통령령으로 정하게 되어 있고, 그 한도 내에서 지방채를 발행할 때도 행정안전부 장관과의 협의를 거치게 하고 있다.[13]

(2) 사용료와 수수료

사용료(user charge)는 지방정부가 소유·관리하는 공공시설물 등의 자산을 이용하는데 대해 징수되는 공과금이다. 시민회관 사용료, 지하철 요금, 공원 입장료 등이 그 좋은 예이다. 또 **수수료**는 지방정부로부터 개별적인 서비스를 제공받은 사람이나 단체에 징수되는 공과금이다. 수고에 대한 대

---

11) The World Bank Group, "Intergovernmental Fiscal Relations," up-loaded 2001. accessed July 3, 2020. http://www1.worldbank.org/publicsector/decentralization/fiscal.htm.

12) 영국의 Local Government Act 2003 제4조 제1항에서 제3항: Imposition of borrowing limits (1) The Secretary of State may for national economic reasons by regulations set limits in relation to the borrowing of money by local authorities. (2) The Secretary of State may by direction set limits in relation to the borrowing of money by a particular local authority for the purpose of ensuring that the authority does not borrow more than it can afford. (3) Different limits may be set under subsection (1) or (2) in relation to different kinds of borrowing.

13) 지방재정법 제11조 2항.

가의 의미를 지니는 것으로 주민등록등본이나 인감증명서 등의 발급 수수료가 그 대표적인 예이다.

사용료와 수수료는 재정수입과 연관이 되어 있지만 그 목적이 재정수입에만 있지 않다. 오히려 재정부담의 공평성과 공정성에 더 큰 무게가 실리는 경우가 많다. **사용자 부담원칙**과 **수익자 부담원칙**, 즉 사용을 하고 수익을 얻은 사용자와 수혜자가 그 대상물이나 서비스의 설치 및 운영 그리고 관리에 관한 비용을 부담해야 한다는 원칙이 그것이다. 지역주민들로부터 거두어들인 조세수입으로 이를 감당하는 경우 그 대상물이나 서비스를 전혀 이용하지도 않고, 그로부터 어떠한 이익도 얻지 않는 사람까지 그 부담을 나누어져야 하는 공정성의 문제가 발생하기 때문이다(사잇글 5-6).

사용료와 수수료의 요금과 요율을 정하는 것도 작은 문제가 아니다. 지하철 요금이나 인감증명 발부 수수료와 같이 수요탄력성이 거의 없는 부분에 대해 '원가'만을 생각하여 과도한 사용료와 수수료를 책정하게 되면 저소득층의 부담을 증가시켜 분배구조를 악화시키게 되고, 수요탄력성이 큰 고급 시설이나 서비스에 대해 낮은 사용료와 수수료를 징수하게 되면 소득수준이 비교적 높은 사람들에게 유리한 결과를 가져오게 된다. 그렇다고 하여 또 너무 낮추어버리면 시설이나 서비스의 이용 등에 따른 부담이 이를 이용하지도 않는 지역주민 일반에게 돌아가게 됨은 물론, 당해 시설이나 서비스의 과도한 이용 내지는 과소비가 일어나게 된다.[14] 요금이나 요율을 정하는 일이 쉽지 않은 일이라는 뜻이다. 실제로 지방정부가 요율과 요금을 정함에 있어서는 이러한 문제뿐만 아니라 제공되는 시설이나 서비스의 생산원가와 부담에 대한 지방정부 차원의 판단과 정책방향, 그리고 중앙정부에 의한 제약과 제한 등의 복잡한 변수들이 영향을 미치게 된다.

사잇글 5-6: 지하철 요금과 수익자 부담원칙

언젠가 한번 서울시는 지하철의 누적적자를 어떻게 해결할 것인가에 대해 연구용역을 발주했다. 잘 알려진 민간 연구기관이 연구를 했고, 몇 달이 지나 그 결과를 제출했다. 제시된 방법은 두 가지. 하나는 지하철 복권을 발행하는 것이었고, 또 다른 하나는 요금을 올리는 것이었다. 곧 이를 둘러싸고 전문가들로 구성된 위원회에서 논쟁이 붙었다.

복권발행은 속된 말로 한 방에 나가 떨어졌다. 중앙정부가 쉽게 허용하지도 않겠지만, 허용

---

14) Ronald Fisher, 앞의 책, pp.174-175.

한다고 해도 해서는 안 된다는 의견이 절대다수였다. 사행심 조장은 차치하고서라도 자칫 지하철을 운영하는 주체들을 도덕적 해이로 몰고 갈 수 있다는 이유에서였다. 즉 쉽게 들어오는 돈이 있으면 경영혁신 노력을 게을리 하게 된다는 것이었다.

그러나 요금인상 문제는 다소 복잡했다. 용역을 수행한 연구자들은 '수익자 부담원칙'을 주장했다. 당연히 지하철을 이용하는 사람들이 그 운영비용을 부담해야 한다는 논리였다. 그러나 곧 반박성 질문이 이어졌다. '지하철로 수익을 얻는 사람이 누구지요? 지하철을 타는 사람들만 수익자입니까? 지하철은 지상교통을 지하로 끌어들이기 위해 건설되었고, 실제로 그렇게 작동되고 있습니다. 지하철이 없으면 자가용이나 택시를 타고 다니는 사람들이 지금보다 훨씬 많은 물적 비용과 시간적 비용을 지불해야 할 겁니다. 이 사람들도 지하철을 타는 사람들만큼이나 수익을 얻고 있다는 이야기입니다. 왜 이 사람들이 얻는 수익까지를 지하철을 이용하는 사람들이 부담해야 하지요?' '지하철은 필수적 공공재입니다. 이를 원가만 생각해서 그 부담을 이용자에게만 돌려도 괜찮습니까? 지방정부의 사용료와 수수료 등은 그렇게만 정하지는 않습니다.' …… 등.

찬성과 반대 의견이 나오고 논박은 계속되었다. 지하철을 타는 사람과 지상교통을 이용하는 사람들이 얻는 수익의 비율이 각각 얼마나 되는지에 대한 또 다른 용역이 필요하다는 이야기까지 나왔다. 몇 시간 뒤, 당분간 요금인상을 하지 않는 쪽으로 결론이 내려졌다. 요금 하나, 수수료 하나에도 그 나름대로의 이론과 계산이 간단하지 않다는 사실을 보여주는 장면이었다.

(3) 부담금

부담금은 지방정부의 특정 사업으로 특별한 이익을 얻게 되는 개인이나 단체에게 당해 사업에 필요한 비용의 일부를 부담시키기 위해 징수하는 공과금이다. 도시계획사업이나 도로건설 등으로 지가상승의 혜택을 얻게 되는 사람들로부터 징수하는 수익자 부담금은 그 대표적인 예이다.

부담금은 또한 지방정부로 하여금 특정한 사업을 하게 만든 원인을 제공한 개인이나 단체에 부과되기도 한다. **오염자 부담원칙**(polluter-pays principle, PPP)에 의해 공해배출업소에 부과되는 환경오염부담금이나 원인자 부담원칙에 따라 교통수요를 유발하는 건물이나 기관 등에 부과되는 교통유발부담금은 그 좋은 예가 된다. 이러한 부담금은 원인자가 발생시키는 행정수요나 특정사업에 대한 재정적 부담을 원인자에게 돌리는 효과와 함께 원인행위 그 자체를 억제시키는 효과를 지니기도 한다.

■ 오염자 부담원칙은 1972년 경제협력개발기구(OECD)가 채택한 원칙으로 환경오염물질을 배출한 자가 오염으로 인해 발생하는 피해와 복구비용을 모두 부담해야 한다는 내용이다.

(4) 경영수익과 독점권 및 특권의 마케팅

지방정부는 각종의 사업을 경영함으로써 수익을 발생시키기도 한다. 한 때 '**주식회사 고베**(神戶)'로 불렸던 일본 고베시의 개발 사업은 그 좋은 예이다. 인공섬 개발로 큰 수입을 올렸던 고베시는 백화점을 비롯한 각종의 수익사업을 펼쳐 큰 화제를 모았다. 최근 들어 지방정부의 이러한 사업은 크게 줄어들었지만 적지 않은 국가의 지방정부들이 여전히 여러 형태의 수익사업을 운영하고 있다. 독자적인 기업을 운영하기도 하고, 민간부문과 함께 합작기업을 운영하기도 한다. 제5편 제4장에서 설명할 일본의 제삼섹터 사업들은 그 좋은 예이다.

지방정부는 또한 지방정부가 지닌 공적 자원과 상징, 또는 독점적 권한(monopoly)을 판매·임대·허가함으로써 재정수입을 확보하기도 한다. 경영화 내지는 상업화, 혹은 '마케팅(marketing)'이라는 이름 아래 이루어지는 일들이다. 도로와 같은 공적 자원의 한 쪽 끝에 주차공간을 만들어 주차료를 징수하다거나, 자동차 번호를 부여하면서 차주가 원하는 번호나 기호 등을 선택할 수 있게 하고, 이러한 특혜에 대한 대가를 금전으로 지불하게 하는 등의 일이 여기에 속한다. 심지어 도로설치 및 관리권을 바탕으로 특정 도로에 기업의 이름을 붙여주고 이에 대해 금전적 대가를 받기도 하고, 공공시설 내의 자동판매기를 설치를 독점하게 한 후 이에 대한 금전적 대가를 받기도 한다. 일부 국가 일부 지역의 일이기는 하지만 학생들이 타는 통학버스(school bus)에 학생들을 대상으로 하는 광고를 하게하는 일까지 벌어지고 있다(사잇글 5-7).[15]

(5) 기 타

위와 같은 다양한 종류의 세외수입 외에도 다른 많은 형태의 세외수입이 존재한다. 지방정부가 소유한 재산을 임대 혹은 매각함으로써 발생하는 수입과 소유하고 있는 자금에 대한 이자수입, 각종의 과태료와 벌금, 전년도의 잉여금 중 현 회계연도로 넘어 온 이월금, 기부금 등은 그 일부이다.

최근 들어 많은 국가의 지방정부들이 재정적인 어려움을 겪고 있다. 고령화 사회로 발전하면서, 또 지역주민의 권리의식이 강화되면서 지방행정수요가 늘고 있음에 비해 지방세와 국고지원을 확보하기가 점점 더 어려워지고 있기 때문이다.[16] 이러한 환경 속에 지방정부는 세외수입의 확보에

---

15) CBS New York News, "School Buses Now Roll With Ads, Cash-Starved Schools Get Entrepreneurial," Dec. 28, 2005. accessed July 3, 2020. https://www.cbsnews.com/news/school-buses-now-roll-with-ads/.

점점 더 큰 관심을 보이는 경향이 있다. 미국과 같은 나라의 일부 지방정부는 민간부문과의 협력을 통해 아예 정부가 가진 자원과 권한을 상업화하는 기구를 만들어 운영하기도 한다.[17] 이러한 노력이 계속될수록 세외수입의 형태와 내용은 더욱 다양해질 것으로 보인다.

사잇글 5-7: 스쿨버스 광고: 'We Need the Money.'

2000년대 초 미국 Colorado 주(州)의 Colorado Springs 시(市)의 학교구(school district) 하나는 학교운영을 위해 세금을 올리려다 지역사회 지도자들로부터 쓴 소리를 들었다. '왜 세금만 자꾸 올리려 해요? 기업가 정신을 발휘해서 세금 말고 다른 걸로 비용을 마련하는 방안을 강구해 봐요.' 그래서 학교구가 선택한 방법은 스쿨버스에 광고를 하는 것이었다. 2005년의 경우 버스 외벽에 햄버거와 탄산음료 등을 크게 광고하는 대가로 받는 돈이 무려 65만 불. 학교구 입장에서는 적은 돈이 아니었다.

그러나 곧 소비자단체와 일부 학부모 단체가 들고 일어났다. 어떻게 이럴 수가 있느냐? 스쿨버스에 광고라니? 그것도 애들한테 좋지도 않은 식품을…… 이것은 동네 망신을 떠나 미국을 망신시키는 일이다. 아무리 상업화된다고 해도 이렇게까지 될 수 있느냐? 학생들을 팔아먹는 것과 뭐가 다르냐?…… 하지만 이에 대한 학교구 대변인의 말은 이러했다. 'We need the money.'[18]

스쿨버스 광고는 버스 외벽에 햄버거를 그려 놓는 것을 넘어 버스 내 방송으로까지 발전했었다. Massachusetts 주(州)에 소재한 한 광고회사(BusRadio)가 통학하는 학생들을 상대로 한 버스 내 방송이라는 기발한(?) 아이디어를 생각해 낸 것이다. 학생들은 학교를 오가며 광고가 섞인 방송을 듣고 그 대가로 학교구는 광고회사로부터 광고료를 받는 시스템이다. 이 회사의 한때 약 300개의 학교구와 계약을 하고 약 1만 대의 스쿨버스에 광고가 섞인 방송을 했다.

이를 저지하기 위한 '안티 단체'들이 홈페이지까지 열어가며 '투쟁'을 했다. 그러나 광고방송을 하고 있는 광고회사는 물론, 이를 허용하고 있는 학교구들도 좀처럼 입장을 바꾸지 않았다. 격렬한 논쟁 끝에 결국 확장세는 주춤했고 광고의 내용도 순화되었다. 화제가 되었던 광고회사(BusRadio)도 2009년, 문을 연지 5년 만에 문을 닫았다. 그러나 지금도 새롭게 광고를 시작

---

16) Office of New York State Comptroller, "2019 Financial Condition Report For Fiscal Year Ended," March 31, 2019. accessed July 3, 2020, https://www.osc.state.ny.us/reports/finance/2019-fcr/local-government 참조.

17) California 주(州)의 San Diego 시(市)는 그 대표적인 예이다. 이 시(市)는 'Corporate Partnership Program'을 통해 세외수입을 올릴 수 있는 항목들을 지속적으로 발굴하고 있다. 2020년 현재 Toyota와 Sharp를 비롯한 여러 개의 기업들이 참여하고 있다. City of San Diego, Corparate Partnership Homepage. accessed July, 3, 2020. https://www.sandiego.gov/corporatepartnership.

18) CBS News, "School Buses Now Roll With Ads," Dec. 28, 2005. accessed July 3, 2020. https://www.cbsnews.com/news/school-buses-now-roll-with-ads/.

하는 학교구들도 있고, 이를 사업으로 하는 광고회사도 있다.[19) '이럴 수가 있느냐?'는 비판에 대한 이들 학교구의 대답은 예나 지금이나 같다. 'We need the money.'

제 2 절 의존재원

① 의존재원과 재정조정

모든 지방정부가 자주재원만으로 자체 행정수요를 모두 감당할 수 있으면 자치권의 보호라는 측면에서 바람직한 일이 된다. 그러나 실제에 있어 이러한 일은 일어날 수도 없을 뿐만 아니라 상황에 따라서는 바람직하지도 않다. 의존재원에 의존하게 되는 이유가 있고, 또 의존재원 그 자체의 기능도 있기 때문이다. 의존재원의 내용을 살펴보기에 앞서 왜 그러한지를 잠시 살펴보기로 한다.

1) 의존재원의 성립배경: 재정과 사무의 불일치

지방정부가 지역의 행정수요를 모두 감당할 수 있을 만큼의 자주재원을 확보하기란 사실상 불가능하다. 다른 무엇보다도 자주재원의 핵심을 이루는 지방세가 국세만큼 빠르게 신장될 수 없기 때문이다. 지방세는 주로 국지적 성격이 강한 세원 대상으로 부과된다. 이를테면 부동산 등과 같이 쉽게 이동할 수 없는 자산이나 권리 등에 부과된다. 신장성이 크지 않을 뿐만 아니라 소득에 대한 탄력성이 적어 조세저항을 쉽게 유발할 수 있는 세원이다.

반면 중앙정부와 주(州)는 소득세와 소비세 중심의 조세체계를 운영하고 있다. 자본주의 화폐경제 사회에 있어 징세기술상 경제성장에 따른 신장성이 큰 세원들이다. 또 소득에 대한 탄력성이 크기 때문에 자산관련 과세에 비해 조세저항도 상대적으로 약한 세원들이다. 그만큼 보다 용이하게, 또

---

19) CBS News, "Should school districts allow ads on buses?" May 18, 2015. accessed July 3, 2020. https://www.cbsnews.com/news/should-school-districts-allow-ads-on-buses/.

보다 많이 거두어들일 수 있다는 뜻이다. 자연히 이들 계층이 다른 정부들 간에는 재정적 격차가 일어나게 된다. 즉 중앙정부와 주(州), 특히 소득세 중심의 중앙정부 재정은 갈수록 커지는 반면, 지방정부는 재정은 이를 따라가지 못하는 현상이 일어난다.

물론 중앙정부라고 하여 재정적 형편이 모두 좋은 것만은 아니다. 국가에 따라 다르겠지만 미국이나 일본과 같은 일부 국가의 중앙정부는 낮은 세율을 유지하는 관계로 매년 누적되는 재정적자로 큰 어려움을 겪고 있다. 그러나 이러한 상황에 있어서도 지방정부보다는 유리한 여건 속에 있다. 차입을 할 수 있는 권한이나 능력이 지방정부보다 크고, 소득세 등 재정확보에 크게 도움을 줄 수 있는 세원에 대해 세율을 인상할 수 있는 권한 등 지방정부가 가질 수 없는 세원과 그에 대한 권한을 가지고 있기 때문이다.

이와 같이 중앙정부와 지방정부에 비해 재정문제에 있어 유리한 입장에 있는 반면, 기능과 사무배분에 있어서는 오히려 그 반대현상이 일어나고 있다. 민주화와 지방화, 그리고 도시화와 고령화 등의 사회변화 속에 지방정부의 역할과 행정수요가 크게 늘어나고 있기 때문이다.

결국, 지방정부는 처리해야 할 사무의 영역과 기능이 커지는데 비해 재정수입은 그에 따르지 못하는 **'재정과 기능의 불일치 현상**(fiscal mismatch)**'** 를 겪게 된다. 또 재정력이나 재정관련 권한에 있어 보다 유리한 입장에 있는 중앙정부와 보다 불리한 입장에 있는 지방정부간에는 수직적 재정불균형 현상이 일어나게 된다. 국가경영의 합리화라는 측면에서 이러한 불일치 또는 불균형 현상은 당연히 교정되어야 하는데, 이를 위해 가장 먼저 고려해 볼 수 있는 방법이 중앙정부의 재정을 지방정부로 이전시키는 재정조정행위이다. 이러한 재정조정행위를 통해 지방으로 이전되는 재정이 지방정부의 입장에서는 곧 의존재원이 된다.

2) 의존재원의 기능

곧 이어 다시 살펴보겠지만 의존재원은 여러 가지 형태의 지원금으로 나타난다. 일반목적의 교부금이 있는가 하면 목적 하나하나를 지정하는 목적별 보조금도 있다. 아무튼 이러한 지원금, 즉 지방정부 입장에서의 의존재원은 그 나름대로의 기능을 지니고 있다. 앞서 설명한 것처럼 의존재원은 발생할 수 없을 뿐만 아니라, 다른 한편에서는 반드시 운영되어야 하는 이유를 지니고 있다.

(1) 지역간 혹은 지방정부간 불균형의 시정

지방정부가 자주재원만으로 운영되는 것이 반드시 바람직한 일만은 아니다. 어느 사회를 막론하고 상당수준의 지역간 불균형이 존재하기 때문이다. 특히 고도성장을 이룩해 온 국가일수록 성장거점 전략의 추진 등으로 인해 지역간 불균형이 심한 경우가 많다. 이러한 불균형을 무시한 채 국세의 지방세로의 전환 등을 통해 지방정부의 세원과 조세권을 강화해 주면 지방정부간에 심각한 부익부 빈익빈 현상이 나타나게 된다.

의존재원, 즉 중앙정부의 지원금은 이러한 부분에 있어 큰 역할을 한다. 재정이 영세한 지방정부에는 상대적으로 많은 지원을 하고, 재정이 양호한 지방정부에는 지원을 하지 않거나 적게 지원함으로써 지방정부간의 균형을 도모할 수 있기 때문이다. 국가에 따라서는 지방정부에 이전할 세원을 중앙정부가 관리하며, 그로부터 들어오는 재정수입을 균형화를 위한 재정으로 사용한다. 세원을 이전했을 경우 지방정부간의 불균형이 더욱 심각해질 수 있기 때문이다.

■ 성장거점 전략: 성장 가능성이 큰 지역을 집중적으로 개발한 후 그 효과가 주변지역으로 확산되기를 기대하는 지역개발 전략

(2) 국가차원의 통합성과 통일성 유지

의존재원의 존재는 국가차원의 통합성과 통일성을 유지하는데 있어 중요한 기능을 한다. 지방자치가 국가의 틀 내에서 이루어지는 만큼 지방정부에 대한 국가의 통제는 일정부분 불가피한 면이 있다. 특히 환경문제와 인권문제 등 국가간의 협약에 의해 일정한 기준을 마련하고 그 기준의 준수를 강조해야 할 경우는 더욱 그러하다.

그러나 지방정부와 지역사회에 대한 중앙정부의 통제는 점점 더 어려워지고 있다. 선진화된 국가일수록 더욱 그러하다. 지역주민의 권리의식과 자치의식이 성장하면서 중앙정부의 통제력이 크게 떨어지고 있기 때문이다. 특히 법률적이고 행정적인 관행에 입각한 권력적 통제는 더 이상 작동하기가 힘든 상황이 되고 있다. 이러한 상황에 있어 의존재원은 중앙정부가 지방정부의 행위를 유도·조정하며 국가차원의 통합성과 통일성을 유지하게 하는 중요한 수단이 될 수 있다.

(3) 지방재정의 안정성 유지

중앙정부의 지방정부에 대한 재정적 지원은 지방재정을 안정화 시키는 역할을 한다. 지방정부의 재정은 상대적으로 규모가 작고 행정수요에 대한 탄력성이 떨어지는 경우가 많아 때로 불안한 모습을 보인다. 홍수와 같은 재해가 발생한 경우 지방정부가 감당해야 할 자치사무 영역에서만도 대규모의 재정이 소요된다. 재정규모가 작은 지방정부로서는 감당하기 힘이 수준이 된다. 부동산 경기의 침체와 부동산 가격의 하락 등이 불러오는 재정수입의 감소 또한 마찬가지이다. 지방정부의 재정을 불안하게 만든다.

중앙정부의 지원은 지방재정에 초래될 수 있는 이러한 불안정성을 완화하는 역할을 한다. 여러 형태의 지원을 통해 지방재정의 취약성을 보완하고 빠른 시간 내에 지방재정을 안정화시킬 수 있다.

(4) 공공재에 대한 적극적 태도 유도

긍정적 **외부효과**(positive externality)가 큰 사업에 대해 지방정부는 소극적인 태도를 취하게 된다. 사업의 효과가 지방정부의 구역을 넘어 다른 지방정부와 그 지역의 지역주민들에게까지 이익이 파급(spillover)되기 때문이다. 지방정부로서는 이웃 지방정부와 그 주민들이 부담해애 할 몫까지 부담하게 된다는 생각을 하기 쉽고, 이에 따라 이 사업을 하지 않을 가능성이 높아진다. 이러한 현상은 자연히 국가 전체에 있어 필요한 공공재가 충분히 공급되지 않는 상황을 만들 수 있다.

이와 같이 외부효과가 큰 사업과 관련하여 중앙정부가 재정적 지원을 하게 되면 지방정부의 입장은 달라진다. 중앙정부의 지원이 이 사업에 필요한 비용을 감소시키는 효과를 가져 오기 때문이다. 지방정부는 보다 쉽게 사업에 착수하게 되고, 이로 인해 필요한 공공재의 생산은 늘어나게 된다.

② 의존재원의 종류

1) 의존재원의 분류기준과 종류

의존재원을 분류하는 기준은 크게 네 가지이다. 첫째 용도의 지정여부이다. 중앙정부는 지방정부에 대해 재정지원을 함에 있어 비도(費途), 즉 사용목적 내지는 용도를 지정할 수도 있고 하지 않을 수도 있다. 비도를 지정하지 않고 지원하는 지원금을 **일반목적 지원금**(general purpose grant, general grant) 혹은 **교부금**이라 부르고, 비도를 지정하여 지원하는 지원금을 **사업별 보조금**(categorical grant) 또는 보조금이라 한다.

둘째, 지원을 함에 있어 중앙정부의 자의성이 얼마나 크냐에 따라 분류할 수 있다. 법률이나 령(令)에 의해 지원대상과 지원형식, 그리고 지원금액 등이 미리 정해져 있어 지방정부가 수혜여부와 수혜금액 등을 중·장기적으로 미리 예상할 수 있도록 한 지원금을 **정형**(定型)**지원금**(formula grant)이라 부를 수 있고, 그렇지 않은 상태에서 지원대상의 선정에서부터 지원금액의 산정에 이르기까지 중앙정부의 의지가 강하게 반영되는 형태를 **비정형**(非定型)**지원금**(non-formula grant)이라 할 수 있다.

셋째, 지방정부의 분담금(matching fund)을 요구하느냐 여부에 따라 나눌수도 있다. 중앙정부는 지원사업의 성격에 따라 높은 비율의 분담금을 지원의 전제조건으로 할 수도 있고, 분담금을 일체 요구하지 않은 채 사업에 필요한 금액 전체 지원을 할 수도 있다. 앞의 지원금을 **분담금부**(分擔金附)**지원금**(matching grant)이라 할 수 있고, 뒤의 형태를 **비분담금부**(非分擔金附)**지원금**(non-matching grant) 혹은 **총액지원금**(lump sum grant)이라 부를 수있다.[20]

넷째, 지원금을 집행하는데 있어 중앙정부의 역할이 얼마나 크고 세밀한가에 따라 나누기도 한다. 일단 지원하고 나면 아무런 관여를 하지 않는 형태가 있고, 지원한 다음 각종의 행정적 통제가 따르거나 기술적 지원이나 관리상의 조언을 하는 경우도 있다.[21]

2) 의존재원의 내용

앞서 여러 기준에 의한 여러 형태의 중앙정부 지원금을 설명하였는데, 일반적으로는 첫 번째의 분류방법, 즉 비도 또는 사용목적을 얼마나 구체적으로 지정하느냐에 분류·정리하는 경향이 있다. 아래에서도 이 분류를

20) Ronald Fisher, 앞의 책, pp.174-175.
21) George F. Break, "The Economics of Intergovernmental Grants," Laurance J. O'Toole Jr. ed., American Intergovernmental Relations: Foundations, Perspectives, and Issues (Washington, D.C.: CQ Press, 2006), p.202.

따라 중앙정부 지원금의 성격과 특성을 살펴보기로 한다.

(1) 일반목적 지원금 또는 교부금

일반목적 지원금은 지방정부의 부족한 재원을 보전하고 지방정부간의 재정격차를 조정하기 위해 중앙정부가 지방정부에 비도(費途)를 지정함이 없이 교부하는 자금이다. 우리나라와 일본 호주 등의 많은 국가에 있어 재정조정제도, 즉 지방정부간의 재정을 보다 균형되게 하기 위한 제도의 중요한 부분을 이룬다. 미국도 1972년에서 1986년까지 일반세입교부금(General Revenue Sharing, GRS)이라는 이름 아래 운영된 적이 있다.

목적 그 자체가 지방정부간의 재정격차를 줄이고, 이를 통해 모든 지방정부가 그 지역주민에게 최소한의 행정 서비스를 고르게 제공할 수 있도록 하는데 있으므로 재정력이 좋은 지방정부는 지원 대상에서 제외되거나 지원이 된다고 해도 그 규모가 작다. 반면 재정력이 약한 지방정부는 보다 큰 규모의 지원을 받게 된다. 말하자면 재정력이 약한 지방정부의 수입을 보전해 주는 **수입보전기능**(income function)을 하는 지원금이다. 이 점에 있어 지방정부가 생산하는 공공재의 원가 내지는 가격조절 기능을 하는 사업별 보조금과 차이가 있다. 이 부분은 곧 다시 설명하기로 한다.

일반목적 지원금에 의한 지원은 통상 법령에 정해진 일정한 공식에 의해 이루어진다. 지원대상과 지원금액을 정하는데 있어 중앙정부의 자의적인 결정을 제한하기 위해서이다. 또 일단 지원이 이루어진 다음에는 원칙적으로 지방정부가 자주재원처럼 자율적으로 운영할 수 있게 해 주고 있다. 이 또한 중앙정부의 간섭에 의해 지방정부의 자치권이 훼손되거나 제약되는 것을 막기 위해서이다. 이러한 맥락에서 일반목적 지원금을 '끈이 달리지 않은 돈(money without string)'이라 부르기도 한다.

지원의 규모는 국가에 따라 다를 수 있다. 지방정부가 수행하는 사무의 종류와 크기가 다를 수 있고, 중앙정부의 재정적 역량이나 재정조정제도의 내용이 다를 수 있기 때문이다. 그러나 대체로 이러한 일반목적 지원금은 지방정부가 기초적인 행정수요를 감당할 수 있도록 하는 수준에서 지원된다. 그 이상 지원되는 경우 지방정부가 수입원 발굴 노력을 게을리 하거나 자체 경영혁신에 소극적인 태도를 보이는 등의 도덕적 해이에 빠질 수 있기 때문이다.

(2) 사업별 보조금

사업별 보조금은 특정한 사업을 장려 또는 독려하기 위해 지원되는 지원금이다. 주로 중앙정부 입장에서는 중요한 사업이나 지방정부가 스스로 나서지 않거나 꺼려하는 사업을 독려하기 위해 지원된다. 앞서 설명한 바와 같이 외부효과가 큰 사업은 그 대표적인 예이다. 외부효과가 크기 때문에 지방정부 입장으로서는 선뜻 나서기가 힘들지만 자금이 지원되면 지방정부의 부담이 줄어들어 한번 해볼 수 있는 사업이 된다. 지방정부 입장에서는 생산원가가 내려가게 되는데 이를 사업별 보조금이 가지는 **가격기능**(price function)이라고 한다.

사업별 보조금은 정형지원금 형태로 지원되기도 하고 비정형지원금 형태로 지원되기도 한다. 즉 법령에 지원대상과 지원금액 등이 공식화 되어 있어 이를 적용하여 자동적으로 지원하기도 하고 중앙정부의 정책적 의지에 따라 지원대상과 지원금액 등이 달라지는 형태로 지원되기도 한다. 아울러 분담금이 요구되기도 하고, 또 그렇지 않기도 하며, 집행과 운영과정에서 중앙정부가 크게 관여하는 경우가 있는가 하면 그렇지 않은 경우도 있다. 이러한 점에 있어 정형지원금 형태로 분담금에 대한 조건 없이 지원되고 집행과정에서 중앙정부가 관여하지 않는 것을 원칙으로 하는 일반목적 지원금과 차이가 있다.

분담금 부담의 조건이 붙는다거나 집행과정에서 중앙정부의 관여를 인정하는 조건들이 붙는 경우가 많다고 해서 '끈이 달린 돈(money with string)'이라 부르기도 한다.

(3) 포괄보조금

일반목적 지원금과 사업별 보조금 사이에 보다 넓은 사업영역의 보조금이 있을 수 있다. 예를 들면 구체적인 사업을 정해 지원하는 것이 아니라 지역개발사업, 혹은 교육 등의 보다 넓은 사업영역을 대상으로 지원할 수가 있다. 이러한 보조금을 포괄보조금(block grant)이라 한다.

포괄보조금 또한 여러 형태로 지원될 수 있다. 정형지원금의 형태로 지원될 수도 있고 비정형의 형태로 운영될 수도 있다. 중앙정부의 관여나 통제가 강할 수도 있고 그렇지 않을 수도 있다. 그러나 일반적으로 사업별 보조금에 비해서는 지방정부의 자율적 의지를 존중하는 방향으로 운영된다. 지방정부의 자율성을 지나치게 억제한다는 비판이 일어나면 이러한 포괄보조금이 다소 늘어나곤 하는데, 그 이유가 바로 여기에 있다. 미국의 경우 레이건 대통령 시기에 지방분권을 강화한다는 차원에서 139개의 사업별 보조금을 9개의 포괄보조금으로 통합한 바 있다.

③ 자주재원과 의존재원의 비율: 상급정부 지원금

　　자주재원과 의존재원의 비율은 국가에 따라, 또 지방정부에 따라 크게 다를 수 있다. 그리고 그 비율은 때로 일반적으로 알려진 것과 다르게 나타나기도 한다. 예컨대 재정자립도에 대한 잘못된 관념으로 인해 지방자치 선진국의 경우 자주재원의 비율이 매우 높은 것으로 알려져 있으나 이는 사실과 다르다. 자주재원의 비율, 즉 재정자립도는 지방정부의 재정력과 관계없이 중앙정부가 지원을 하지 않으면 그 비율이 올라가게 되어있다. 따라서 때로 재정자립도가 높다는 것은, 즉 자주재원의 비율이 높다는 것은 지방정부의 재정력이 커서 그러한 것이 아니라 중앙정부가 마땅히 해야 할 지원을 하지 않고 있는 상태를 의미하기도 한다.

　　이러한 맥락에서 아래의 자주재원과 의존재원의 비율은 재정력과는 관계없는 개념으로 이해할 필요가 있다. 오히려 중앙정부와 지방정부의 재정적 관계가 어떻게 형성되어 있는가를 살펴보는 지표가 될 뿐이다. 보다 중요한 것은 의존재원을 구성하고 있는 각종 지원금들의 성격에 관한 문제이다. 즉 어떠한 성격의 지원금이 어느 정도를 차지하고 있는지를 살펴보는

| 표 5-2 | 일부 국가 기초지방정부의 의존재원 비율: 상급정부 지원금 |

국가	전체수입에 대한 상급정부 지원금(의존재원) 비율
호주	17.2%
캐나다	38.8%
독일	35.1%
미국	40.1%
영국	75.0%

출처: Ronald Fisher, 앞의 책, p.224. 영국은 별도 추가.

것이 더 중요하다. 하지만 이 부분은 구체적이고 조심스러운 분석이 필요
한 작업으로 이 장(章)의 범위를 넘는다. <표 5-2>에서는 일부 국가 지방
정부의 수입 중에서 중앙정부의 지원금, 즉 의존재원이 차지하는 비율만을
소개하기로 한다. 표에서 보는 것처럼 자치선진국에 있어서도 지방정부는
상당한 정도의 의존재원을 운영하고 있음을 알 수 있다.

제5장

우리나라 지방정부의 재정구조: 수입구조

앞의 장(章)에서는 지방정부 일반의 재정구조를 수입부문을 중심으로 살펴보았다. 이번 장(章)에서는 우리나라의 지방재정 구조를 같은 맥락에서 살펴보기로 한다. 설명상의 중복을 피하기 위하여 앞에서 설명한 부분은 다시 설명하지 않기로 한다.

제1절 자주재원

1 지방세 수입

1) 지방세 세목

우리나라의 지방정부는 헌법에 규정된 '조세법률주의'에 의해 지방세를 지방세법이 정하는 바에 의하여 부과 징수하게 된다.[1] **법정외세**, 즉 법률

---

1) 헌법 제59조: 조세의 종목과 세율은 법률로 정한다. 우리나라와 유사한 법체계를 지니고 있는 일본은 헌법에 이러한 '조세법률주의'를 규정하지 않고 있다. 따라서 지방정부는 중앙정부의 협의를 통한 동의를 받아 법정외세를 운영할 수

이 정하는 이외의 조세는 허용되지 않는다. 법률체계는 2016년까지 지방세법 하나로 되어 있었으나 2011년부터는 이를 세분화한 법률들, 즉 지방세기본법, 지방세법, 지방세특례제한법에 의해 운영된다. 지방세 세목은 2010년까지 모두 16개였으나 2011년부터는 <표 5-3>과 같이 11개로 통폐합하여 운영하고 있다.

표 5-3	2010년의 지방세 세목 개편		
	개편전 세목	개편 내용	개편후 세목
보통세	취득세	등록세(취득관련분)와 함께 취득세로 통합	취득세 등록면허세 레저세 담배소비세 지방소비세 주민세 지방소득세 재산세 자동차세
	등록세 취득관련분	취득관련분은 취득세로, 취득무관분은 등록면허세로 통합	
	등록세 취득무관분		
	면허세	등록세(취득무관분)와 등록면허세로 통합	
	레저세		
	주민세		
	지방소득세		
	지방소비세		
	재산세	도시계획세와 재산세로 통합	
	자동차세	주행세와 자동차세로 통합	
	주행세	자동차세와 자동차세로 통합	
	담배소비세		
	도축세		
목적세	도시계획세		지역자원시설세 지방교육세
	공동시설세	지역개발세와 지역자원시설세로 통합	
	지역개발세		
	지방교육세		

11개의 세목 중 9개는 일반목적을 위해 거두어들이는 보통세 세목이고, 2개의 세목은 특별히 지정한 목적을 위해 거두어들이는 목적세 세목이다. 지방세법에 규정된 11개의 지방세 세목과 그 내용은 아래와 같다.

있다.

(1) 보통세 세목

• **취득세**: 부동산·차량·기계장비·입목·항공기·선박·광업권·어업권·골프회원권·승마회원권·콘도미니엄회원권 또는 종합체육시설이용회원권을 취득했을 때 부과된다. 골프회원권, 별장, 고급오락장, 고급선박 등 사치성 재산을 취득하였을 경우에는 중과세가 적용된다. 또 대도시에서 공장을 짓기 위해 과세물건을 취득하거나 인구과밀지역에 본사나 주된 사무소를 내기 위해 과세물건을 취득하는 경우에도 중과세가 적용된다.

• **등록면허세**: 재산권 등의 권리의 취득, 이전, 변경, 소멸을 공부(公簿)에 등기하거나 등록할 때 부과된다. 또 각종의 법령에 규정된 면허·허가·인가·등록·지정·검사·검열·심사 등 특정한 영업설비 또는 행위에 대한 권리의 설정, 금지의 해제 또는 신고의 수리 등과 같은 행정청의 행위가 있을 때 그 대상자에게 부과된다.

• **레저세**: 경륜(競輪), 즉 자전거경기 사업자와 경정(競艇), 즉 보트경기 사업자, 그리고 경마(競馬) 사업자에 대해 부과된다. 경륜과 경정에 있어서의 승자투표권(勝者投票權) 또는 경마에 있어서의 승마투표권(乘馬投票權) 발매 총액을 대상으로 부과된다.

• **주민세**: 주민이면 모두 같은 금액을 납부하게 되어 있는 균등분과 사업소의 연면적에 따라 다르게 납부하는 재산분으로 나누어진다. 균등분은 지방정부 내에 거주지를 두고 있는 개인과 일정규모 이상의 사업장(사무소, 사업소)을 두고 있는 법인에 부과된다. 개인에게는 소득이나 재산정도와 관계없이 똑 같은 액수가 부과되며, 그런 의미에서 일종의 인세(人稅)로서의 의미를 지닌다. 그러나 법인은 자본금 또는 출자금액의 규모에 따라 부과 액수가 다소 달라진다. 재산분은 면적을 기준으로 하며 오염배출업소에는 두 배의 세율이 적용된다.

• **재산세**: 토지, 건축물, 주택, 선박 및 항공기 등의 재산에 부과되는 세금이다. 보유함으로써 과세의 대상이 되는 보유과세이며, 취득세와 같이 골프장이나 고급오락장용 토지와 건축물 등에는 중과세가 적용된다. 국토의 계획 및 이용에 관한 법률 등에 의해 2011년 이전에 도시계획세의 부과 대상이 되던 토지 건물 주택 등에는 세율이 달리 적용된다.

• **자동차세**: 자동차와 자동차 주행에 대해 부과되는 세금이다. 자동차의 종류(승용/승합)와 용도(영업용/비영업용), 그리고 배기량과 크기(화물적재

차량) 등에 따라 세액이 달라진다. 주행부분은 휘발유, 경유 및 이와 유사한 대체유류 사용에 대해 국세인 교통·에너지·환경세를 납부할 의무가 있는 사람에게 추가로 부과된다.

• **지방소비세**: 국세인 부가가치세의 일부를 전환한 세금이다. 납부의무자는 부가가치세 납세자가 되며 국가에 부가가치세를 납부하면 국가가 납세액의 일정비율을 지방정부로 이전하는 형식을 취한다. 2010년 종합부동산세 축소개편에 따른 지방재정 손실을 보전할 목적 등으로 도입되었으며, 도입 당시는 부가가치 세액의 5%였으나 이후 11%(2014년)와 15%(2019년)로 상향되었다가 2020년부터는 21%가 되었다. 매우 빠른 신장세를 보이고 있는 셈이다.

• **지방소득세**: 오랫동안 중요한 소득세 세목이었던 주민세 소득할(所得割) 제도를 개편한 세목이다. 소득세와 법인세를 납세할 의무가 있는 개인과 법인에 부과된다. 소득분과 종업원분이 있으며, 소득분은 법인세와 소득세로 납부하여야 할 세액이 과세표준이 되며, 종업원분은 사업자가 지급한 급여총액이 과세표준이 된다. 지방소비세와 함께 개편되었다.

• **담배소비세**: 국내에서 제조된 담배와 외국에서 수입된 담배에 대해 부과되는 세금이다. 세금은 제조업자와 수입업자에게 부과되나 납부는 담배가 팔린 소매점이 있는 시·군에 납부된다. 특별시·광역시의 경우에는 자치구가 아닌 특별시·광역시에 납부된다. 1988년 도입된 이래 지방세의 중요한 부분을 이루고 있다.

(2) 목적세 세목

• **지역자원시설세**: 지하자원, 해저자원, 관광자원, 수자원, 특수지형 등 지역자원의 보호 및 개발과 지역의 특수한 재난예방 등의 안전관리사업 및 환경보호·개선사업을 위한 비용을 충당하기 위해서, 또 그 밖의 지역균형개발사업과 소방시설, 오물처리시설, 수리시설 등의 공공시설에 필요한 비용을 충당하기 위하여 부과하는 세금이다. 2011년 이전의 지역개발세와 공동시설세를 통합한 세목이다.

• **지방교육세**: 지방교육의 질적 향상에 필요한 지방교육재정의 확충에 소요되는 재원을 확보하기 위하여 부과된다. 등록세, 레저세, 주민세균등할, 재산세, 비영업용 승용자동차에 대한 자동차세, 담배소비세를 납부하는

사람들에게 추가로 과세된다.

(3) 지방세 세목의 배분과 세목별 수입현황

위와 같은 9개의 보통세 세목과 2개의 목적세 세목은 그 특성에 따라 광역지방정부인 시·도와 시·군 및 자치구에 배분된다. 그 배분현황과 세목별 수입현황을 보면 아래의 [그림 5-4]와 같다.

2) 우리나라 지방세 구조의 특징과 문제점

앞 장(章)에서 '지방세 세원확보의 원칙'과 관련하여 보편성, 정착성, 안정성, 충분성, 신장성, 응익성, 부담분익성, 자율성의 원칙 등을 살펴보았다. 이 모든 원칙을 만족시키는 세원을 찾기란 사실상 불가능하고, 원칙 간에도 상호 모순되고 부딪치는 부분이 있다는 점도 설명하였다. 그러나 그

그림 5-4　지방정부의 지방세 구조 및 세입

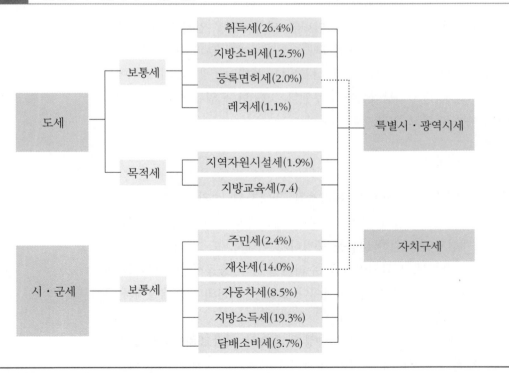

주: 지방세 총액: 2019년 결산기준/총 지방세 수입: 904,604억 원.
출처: 행정안전부 지방세 자료실, W©TAX. https://www.wetax.go.kr/ebook/2020/book.html.

럼에도 불구하고 지방세와 관한 일반적 원칙으로 강조되고 있는 바, 우리나라 지방세를 이들 기준으로 살펴보는 것도 의미 있는 일이 된다. 몇 가지 중요한 부분만을 살펴보기로 한다.

(1) 충분성과 관련된 문제

우리나라의 지방세는 첫째, 충분성과 관련하여 문제가 제기된다. 우선 세원 자체가 빈약하다. 세목 자체의 수는 적지 않으나 과세표준과 세율이 낮아 지방정부가 필요로 하는 재정을 확보하는데 한계를 지니고 있다. 그 결과 국가 전체에서 거두어들이는 조세에 있어 지방세가 차지하는 비율은 20%대 초반에 머물고 있다. 2019년 기준으로 국세 수입은 294조 원 정도로 국가 전체 세수의 76.4%를 차지한 반면, 지방세 수입은 91조 원 정도로 23.6%에 그쳤다. 그 한 해 전인 2018년 역시 지방세 수입 비중은 22.3% 정도로 비슷한 수준이었고, 그 보다 또 한 해 전인 2016년도 역시 23.3%로 거의 같은 수준이었다.[2]

이러한 비율은 지방세 수입이 국가 전체 조세수입의 10% 안팎에 머무는 영국이나 캐나다, 그리고 5%도 채 되지 않는 네덜란드와 같은 국가에 비해서는 높은 수준이라고 할 수 있다(표 5-4). 그러나 스웨덴과 일본과 같이 40% 가까이 되는 국가들에 비해서는 상당히 낮은 편이다. 그러다 보니 이를 높일 필요가 있다는 주장들이 설득력을 얻고 있다.[3] 또 지방소비세를 비롯한 중앙정부 세원의 지방이전 및 확대와 지방교부세와 같은 재정조정제도의 강화 등이 끊임없이 강조되고 있다.[4]

다만 한 가지, <표 5-4>에서 보는 것처럼 지방자치를 잘 하고 있는 국가의 지방정부도 지방세 수입이 충분하지 못해 보이는 경우가 많다는 점에서 주목할 필요가 있다. 지방세 수입이 충분하면 좋겠지만, 그렇지 않다고 하여 지방자치를 잘 하지 못할 이유가 없다는 뜻이다. 우리나라와 같이 지역

---

2) 국세청과 관세청의 당해 연도 「징수보고서」 및 행정안전부 당해 연도 「지방세통계연감」. e-나라지표, "국세·지방세 비중" 재인용. 2021. 9. 3. 접속. https://www.index.go.kr/potal/main/EachDtlPageDetail.do?idx_cd=1123.

3) 조선비즈, "정부, 국세-지방세 비율 2022년까지 7 : 3으로 전환 추진," 기사 업로드 2018. 10. 30. 접속 2020. 7. 4. https://biz.chosun.com/site/data/html_dir/2018/10/30/2018103002662.html.

4) 김필헌·김민정, 『국세 이양을 통한 지방세 확충방안 연구』, 지방행정연구원 (2017) 등 참조.

| 표 5-4 | 여러 국가의 국세/지방세 비율 비교(2017) | | |

단위: %

국가	중앙정부(1)	주(州)정부(2)	지방정부(3)
호주	80.6	16.0	3.4
캐나다	43.0	43.7	11.3
독일	47.9	38.1	14.0
미국	57.8	23.8	18.4
프랑스	72.0	-	28.0
일본	62.2	-	37.8
스웨덴	59.1	-	39.8
영국	92.6	-	7.4
네덜란드	95.3	-	4.7
한국	76.7	-	23.2

주: 국민연금과 건강보험 등 조세로 거두어들이지 않는 부분은 모두 제외.
출처: OECD, *Revenue Statistics 2019* (2019), pp.30-31의 <Table 1-3> 자료와 <1-4> 자료를 재정리.

간 불균형이 심하고, 이에 따라 지역간 세원의 불균형이 심한 국가에 있어
서는 세원의 지방이전 등을 통한 지방정부의 지방세 수입구조의 강화가 오
히려 빈익빈 부익부의 지역간 불균형을 심화시키면서 지방자치 발전을 해
칠 수도 있다는 점도 염두에 둘 필요가 있다. 지방교부세와 국고보조금 개
혁과 같은 재정조정제도의 개혁이 세원이전보다 더 중요할 수 있는 이유
도, 또 세원이전은 반드시 이러한 재정조정제도와 함께 가야하는 이유도
여기에 있다. 이 부분은 의존재원을 설명하는 부분에서 보다 자세히 설명
하기로 한다.

(2) 안정성과 관련된 문제

우리나라의 지방세는 오랫동안 **자산과세** 중심으로 짜여있었다. 2010년
지방세제 개편 전의 세목을 보면 자산과세 세목(취득세, 등록세, 공동시설세,
재산세, 자동차세, 도시계획세)의 수입금액이 전체 지방세 수입의 50%가까이
를 차지했다. 담배소비세, 도축세, 주행세, 레저세로 구성되는 소비과세는
15% 정도를 차지했고, 주민세 소득할과 농업소득세를 합친 소득과세는 전
체의 15%에도 미치지 못했다.

다행히 최근 부가가치세의 5%로 되어 있던 지방소비세가 21%로 확대되

면서, 또 지방소득세 수입이 늘어나면서 상황은 많이 나아졌다. 소비과세 부분과 소득과세 부분이 크게 늘어난 것이다. 그러나 여전히 취득세와 재산세 그리고 자동차세 등이 50%를 넘는 강세를 띠고 있다.

참고로 우리나라와 비슷한 지방세 구조를 가진 일본은 소득과세와 소비과세의 비중이 상당히 높다. 우선 기초정부인 시·정·촌을 보면 우리나라의 주민세라 할 수 있는 시정촌민세를 부과하고 있는데, 이 중 소득할(所得割), 즉 우리나라의 지방소득세에 해당하는 부분이 높다. 그 결과 2018년(평성 30년) 결산을 보면 시정촌민세가 시·정·촌 전체 지방세 세수의 47.0%(개인분 36.1%, 법인분 10.8%)가 된다. 토지와 주택에 부과되는 고정자산세(40.5%)와 도시계획세(5.8%) 등으로 구성되는 자산과세와 큰 차이가 없다. 그만큼 소득과세와 자산과세가 균형을 이루고 있다는 뜻이다. 참고로 우리나라의 경우는 일본의 균등할(均等割) 부분에 해당하는 주민세와 소득할(所得割)부분에 해당하는 지방소득세를 합쳐 전체 지방세 수입의 22% 정도가 된다.[5]

광역지방정부 또한 마찬가지이다. 시정촌민세와 같은 도부현민세를 부과하고 있는데, 그 규모가 전체 지방세 수입의 31.1%(개인분 26.2%, 법인분 4.6%, 이자할 0.3%)를 이룬다. 여기에 역시 소득을 반영하는 사업세도 24.3%(개인분 1.1%, 법인분 23.2%)에 달한다. 소득과세가 만만치 않음을 알 수 있다. 여기에 지방소비세(26.3%)와 경유인취세(輕油引取稅, 5.2%) 도도부현 담배세(0.8%) 등 소비관련 과세도 30%가 넘는다. 소비과세 역시 소득과세와 마찬가지로 만만치 않음을 보여주고 있다. 오히려 자산관련 과세는 자동차와 관련 과세가 1.1%, 부동산 취득세가 2.2% 정도이다. 취득세가 전체 지방세 수입의 28.2%로 도(道) 지방세 수입의 55%, 광역시 지방세 수입의 40%를 넘는 우리나라의 구도와 상당한 차이가 있음을 알 수 있다.[6]

세원의 편중이 무조건 나쁜 일이라 할 수는 없다. 국가에 따라 여러 다른 경우들이 있을 수 있다. 앞서도 설명하였지만 중앙정부의 재정적 지원에 크게 의존하고 있는 영국은 자산과세인 재산세가 지방세의 거의 모두를 점하고 있으며, 미국 지방정부들 또한 재산세를 중심으로 한 자산과세가 지방세 수입의 70% 정도를 차지하고 있다.

---

5) 일본 총무성(總務省), 令和2年版 地方財政白書 (2020), 제1편 3장, <지방재원의 상황(地方財源の狀況)>
6) 위의 백서(白書), 같은 편 같은 장.

그러나 우리나라에 있어 자산과세에의 지나친 의존은 여러 가지 문제를 지닌다. 우선 부동산 시장의 변화가 심하다는 점에 문제가 있다. 또 다른 많은 나라의 경우 재산세 등 재산의 가치에 근거한 보유과세가 중심을 이루는데 반해 취득세 등 거래과세 중심이라는 것도 문제가 된다. 부동산 거래가 위축되는 경우 지방세 수입이 크게 줄어들 수밖에 없는 구도이다.

실제로 이러한 구도는 여러 차례 문제를 야기했다. IMF 관리체제가 들어서 있던 1988년, 부동산 경기의 위축으로 취득세와 등록세 수입이 25% 정도 감소했던 적이 있었고, 2008년의 글로벌 금융위기 때도 유사한 경험을 했다. 안정성에 적지 않은 문제가 있음을 보여준 경우들이다. 재산세에 크게 의존하고 있는 미국 역시 2008년 금융위기로 부동산 시장이 침체되자 지방재정이 급격히 악화되는 문제를 겪었다. 부동산 등 자산관련 과세에 지나치게 의존하는 경우 지방재정의 안정성이 문제될 수 있음을 보여 준 예이다.

(3) 보편성과 관련된 문제

보편성에 있어서도 문제가 적지 않다. 수도권과 비수도권의 세원 불균형이 심하기 때문이다. 특히 지방세 수입의 중요한 변수가 되는 부동산 가치의 차이는 심각한 수준에 이르고 있다. 2021년 기준으로 서울시의 1m²의 평균 공시지가는 311만 원 정도인 반면, 전라남도는 1만1천 원 정도이다.[7] 무려 300배 가까이 차이가 나는 셈이고, 세 수입 또한 그만한 차이가 날 수밖에 없다.

경제력 집중현상도 심각하다. 표면상 1인당 지역총생산(GRDP)은 수도권과 비수도권이 큰 차이를 보이지 않는다. 2018년 기준으로 보았을 때 수도권과 비수도권의 차이가 거의 없다. 예컨대 울산광역시와 충청남도가 서울보다 높고, 충청북도와 전라남도가 서울과 비슷하다.[8] 그러나 이것은 표면상의 모습일 뿐 실질적인 부의 창출과 소비행위는 수도권을 중심으로 이루어진다. 국가 전체에서 일어나는 금융대출의 70% 이상이 수도권에서 일어

■ 지역총생산(Gross Regional Domestic Product)은 '지역내 총생산'이라고도 불리며, 한 지역에서 생산되는 최종생산물의 합계를 의미한다. 소득발생의 정도를 계산하는 개념이 아니므로 소득개념과는 다르다. 지방세와의 긍정적 관계를 설명하는 학자들도 있으나 꼭 그렇지는 않다.

---

7) 동아일보, "작년 평균 땅값, 전국 50만원-서울 300만원 넘었다," 2021. 8. 6. 접속 2021. 10. 1. https://www.donga.com/news/Economy/article/all/20210806/108408808/1
8) KOSIS(국가통계포탈), "시도별 1인당 지역내총생산, 지역총소득, 개인소득," 최종갱신 2020. 4. 20, 접속 2020. 7. 4. http://kosis.kr/statHtml/statHtml.do?orgId=101&tblId=DT_1C86&conn_path=I2.

나고 있다는 사실은 이를 잘 나타내고 있다.

수도권과 비수도권의 문제와 함께 도시와 농촌의 불균형도 심각하다. 부동산 가격의 차이는 물론 실질적인 소득도 큰 차이를 보이고 있다. 2019년 기준으로 농가소득비율, 즉 도시근로자 가구소득에 대한 농가소득의 비율은 65% 정도의 수준에 있다. 한동안 그 격차가 줄어왔으나 최근 들어 다시 그 격차가 커지고 있는 모양새이다.[9]

수도권과 비수도권의 이러한 차이는 바로 지방세수의 차이로 이어진다. 서울시의 1인당 지방세 부담이 2018년 결산기준으로 210만 정도인데 비해 가장 낮은 전라북도는 110만 원 정도에 그친다.[10] 거의 두 배의 차이가 날 정도로 불균형이 심하다.

(4) 자율성과 관련된 문제

자율성 부분에 있어서도 문제가 적지 않다. 엄격한 조세법률주의 원칙 아래 지방세의 세목설정은 물론, 과세표준의 산정, 감면범위, 징수방법 등이 모두 지방세법에 의해 정해지고 있다. **법정외세**(法定外稅), 즉 법률이 아닌 지방정부의 조례에 의해 정해지는 세목이 인정되지 않는다. 우리와 유사한 법체계를 운영하는 일본만 하더라도 지방세법을 통해 광역지방정부인 도·도·부·현과 기초지방정부인 시·정·촌이 법정외세를 둘 수 있다.[11] 실제로 거의 대부분의 도·도·부·현이 핵연료관련 세목이나 환경 폐기물관련 세목을 정해 운영하고 있으며, 법정외세를 활용하는 시·정·촌의 수도 점점 늘어가고 있다.[12] 그러나 우리나라는 헌법에서부터 이를 허용하고 있지 않다.

지방정부의 자주적인 처리영역이 전혀 없지는 않다. **표준세율** 제도를 운영하고 있는 바, 취득세, 주민세, 자동차세, 지역자원시설세 등에 있어서는

---

9) 연합뉴스, "도농 소득격차 심화…"농가소득, 도시근로자가구의 65% 수준," 업로드 2019. 6. 8. 접속 2020. 7. 4. https://www.yna.co.kr/view/AKR20190605165400002.

10) 행정안전부, 『2019 지방세 통계연감』 (2019), p.833.

11) 일본 지방세법 제259조, 제669조.

12) 도·도·부·현은 석유가격 조정세, 핵연료세, 핵연료 취급세, 산업폐기물세, 숙박세 등을 법정외세로 운영하고 있으며, 시·정·촌은 사리채취세(砂利採取稅), 별장세, 역사와 문화의 환경세 등을 법정외세로 운영하고 있다. 일본 총무성(총무성), "法定外稅について," 접속 2020. 7. 4. https://www.soumu.go.jp/main_content/000376315.pdf.

지방정부의 자주적인 결정영역을 부분적으로 열어놓고 있다. 표준세율만 정한 후 일정한 범위 내에서 가감할 수 있도록 하고 있는 것이다. 그러나 이와 같은 자율적 영역의 존재에도 불구하고 우리나라의 지방세 구조는 여전히 자주성 결여와 획일성의 문제를 안고 있다. 표준세율제도의 운영에 있어서도 지방정부의 자율적 결정영역이 대부분 '표준세율의 50/100 이내' 등으로 제한되어 있는 등 지방정부의 자율적 결정 영역이 비교적 좁게 규정되어 있기 때문이다.

한 가지 특기할 일은 1992년 지역개발세가 신설되었는데 이 세목은 세율의 조정뿐만 아니라 과세지역을 정하는 문제까지 지방정부가 자율적으로 정할 수 있도록 하였다.[13] 즉 법정세이면서도 그 운영에 있어서는 법정외세적인 성격을 지닐 수 있도록 했었다.[14] 그러나 이 지역개발세는 2010년 말, 공동시설세와 통합되어 지역자원시설세가 되었고, 그러면서 지방정부의 이러한 자율성도 삭제되었다.

(5) 기타: 신장성과 관련된 문제 등

위에서 살펴본 문제 외에도 여러 가지 문제가 있을 수 있다. 자산과세에 편중되어 있는 관계로 소비과세나 소득과세가 중심이 되어 있는 구조에 비해 **신장성**이 떨어질 수도 있다. 메트로폴리탄 지역이 확대되면서 일하는 곳과 거주하는 곳이 멀리 떨어지게 되는 현상이 일어나고, 이로 인해 **응익성**이 떨어지는 경향도 발생하고 있다. 즉 직장이 있는 서울에서 행정수요를 발생시키고 지방세는 거주지인 수원시나 성남시에 납부하는 일도 발생하고 있다.

지방세가 지니는 이러한 여러 가지 문제에도 불구하고 이를 개혁하고 개선하기는 쉽지 않다. 추구하는 가치, 또는 원칙들이 상호 충돌하는 일이 발생할 수 있기 때문이다. 예컨대 '충분성'과 '신장성'을 고려하여 국세 세목을 지방세 세목으로 전환하게 되면 지방정부간의 세원 편재로 인해 '보편성'의 문제를 야기하게 된다. 지방소득세와 지방소비세의 도입과 확대가

---

13) 지역개발세에 대한 논의는 임성일, "지역개발세의 지방재정파급효과와 개선방안," 한국지방행정연구원 workshop 논문 (1994. 1. 15) 참조.

14) 지역개발세는 법률에 의해 의무적으로 부과하게 되어 있는 의무세(義務稅)와 달리 부과여부가 지방정부의 의사에 따라 자율적으로 결정된다 하여 임의세(任意稅)로 분류되기도 한다. 위의 논문, p.15.

바로 그런 경우인데, 자칫하면 지역간 불균형을 심화시킬 수 있는 바, 그 운용에 주의를 기울여야 한다. 또 법정외세 제도의 도입은 조세법률주의를 천명하고 있는 헌법을 개정해야 하는 문제를 안고 있을 뿐만 아니라 지방정부가 이를 적극 활용할 만큼의 징세의지를 지니고 있느냐의 문제도 있다.

지방세의 문제는 오히려 지방세 밖의 수단으로 교정해 나갈 수도 있다. 예컨대 곧 이어 설명할 재정조정제도는 그 좋은 수단이 된다. 지방교부세의 일정수준까지의 확대와 지방정부 공동재원의 확대 등이 강조되는 것도 바로 이러한 이유에서이다.

2 세외수입

1) 세외수입의 주요 내용

우리나라 지방정부에 있어 세외수입은 자주재원의 중요한 부분을 이룬다. 2019년 결산, 일반회계 기준으로 자주재원의 약 13~15% 정도를 이룬다. <표 5-5>는 다양한 내용의 세외수입을 보여주고 있다. 표에서 보는 바와 같이 세외수입은 일반회계(48.6%)보다는 지방공기업을 포함한 특별회계(51.4%)에서 약간 더 발생하고 있다.

일반회계는 경상적 수입과 임시적 수입으로 나눌 수 있는데, 먼저 경상적 수입은 재산임대 수입과 사용료 및 수수료 수입, 그리고 이자수입 등으로 구성된다. 그리고 임시적 수입은 자산매각, 순세계 잉여금, 이월금, 예탁금으로 이루어진다. 특별회계는 공기업 특별회계와 기타 특별회계로 나눌 수 있다. 공기업 특별회계는 다시 사업수입과 사업외 수입으로 나눌 수 있는데, 사업수입은 상수도사업 수입과 지역개발기금 운용수익, 그리고 공영개발사업 수입 등으로 이루어지고, 사업외 수입은 자산매각 수입, 투자자산 수입 등으로 이루어진다. 그리고 기타 특별회계도 경상적 수입과 임시적 수입으로 나누어 볼 수 있는데, 경상적 수입에는 재산임대 수입, 사용료 수입, 사업수입, 이자수입 등이 있고, 임시적 수입에는 재산매각 수입과 전입금 및 예탁금 등이 있다.

| 표 5-5 | 우리나라 지방정부의 세외수입 |

단위: 십억 원

구분		주요 수입내용	수입금액
일반회계	경상적 수입	재산임대, 사용료, 징수교부금, 이자수입 등	6,159(20.6%)
	임시적 수입	재산매각, 순세계 잉여금, 이월금, 예탁금 등	8,410(28.0%)
	소계		14,569(48.6%)
특별회계	공기업 특별회계	사업수입: 상수도사업, 지역개발기금, 공영개발사업 등 사업외 수입: 자산매각, 투자자산 수입, 자본잉여금 등	10,364(34.5%)
	기타 특별회계	경상적 수입: 재산임대, 사용료, 사업수입, 이자수입 등 임시적 수입: 재산매각, 순세계 잉여금, 전입금, 예탁금 등	5,064(16.9%)
	소계		15,428(51.4%)
합계			29,997(100.0%)

주: 2019년 결산기준.
출처: 행정안전부, 『2021 행정안전 통계연보』, p.220.

2) 세외수입의 가능성과 한계

우리나라와 같이 지방정부의 **자주조세권**이 약한 경우 지방정부는 세외수입의 확대에 큰 관심을 가지게 된다. 지방세 수입을 안정적으로 확보하기가 쉽지 않기 때문이다. 직접 세외수입 확보에 나서기보다는 지역산업육성 등을 통해 세수기반을 확대하고 그를 통해 지방세 수입을 늘리는 일을 해 나갈 수도 있지만 이 역시 쉬운 일이 아니다. 단기간에 이루어질 수 없을 뿐만 아니라, 사회간접자본의 확충 등 지방정부가 감당할 수 없는 규모의 재정투자를 요구하는 경우가 많기 때문이다.

자연히 지방정부는 자주재원의 확충과 관련하여 세외수입 부분에 관심을 기울이게 된다. 각종의 경영화 사업을 도모하기도 하고, 이를 위해 지방공기업을 설립하기도 한다.[15] 이러한 노력은 바람직한 일이기도 하고, 또 때로는 큰 성공을 거두어 지방재정의 확충에 큰 도움을 주기도 한다. 그러나 지방정부의 이러한 노력에는 큰 위험이 따르기도 한다. 제3섹터 사업, 즉 민관합작기업을 만들어 세외수입을 확보하고자 했던 일본의 많은 지방

---

15) 2018년 12월 현재 우리나라에는 401개의 지방공기업(공사 및 공단 151개, 상·하수도를 비롯한 직영기업 250개)과 89개의 지방정부 출자기관이 있다. 2000년 265개의 지방공기업에 34개의 경영사업이 있던 것에 비해 크게 늘어난 수치이다. 행정자치부 공기업과 자료(2000년 3월) 및 행정안전부, 『2019 행정안전 통계연보』, pp.221-223.

정부들이 큰 어려움을 겪었다는 사실은 이와 관련하여 큰 의미를 지니고 있다.

아울러 세외수입 확보를 위한 지방정부의 과도한 노력은 때로 앞 장(章)의 <사잇글 5-7> '스쿨버스 광고'에서 보는 것처럼 지방정부의 공공성을 떨어뜨리기도 한다. 따라서 지방정부가 세외수입에 대해 관심과 노력을 기울이도록 하되, 그 관심과 노력이 지나치지 않도록 유도하는 것이 중요하다. 지방정부의 자주조세권을 강화한다거나 재정조정제도를 보다 합리적으로 재구조화 하는 일 등이 이를 위한 수단이 될 수 있겠는데, 이러한 점에서도 아래에 논의할 의존재원의 문제는 재정조정제도의 중심을 이룬다는 점에서 한층 더 중요한 의미를 지닌다.

제 2 절 의존재원

1 의존재원과 자치권

앞 장(章)에서 설명한 바와 같이 지방정부가 스스로 행정수요를 감당할 만한 충분한 재정력을 가지는 것은 바람직한 일이다. 중앙정부나 상급지방정부가 지원하는 의존재원에 의존하게 되면 자칫 자치권의 행사에 문제가 생길 수도 있기 때문이다.

그러나 의존재원은 그 나름대로 지방자치를 효율적으로 운영하기 위한 기능을 가지고 있다. 지방정부의 부족한 재원을 보전해 주는 기능만이 아니라 외부효과가 큰 공공사업에 대해 지방정부의 관심을 끌어들이는 기능을 하고, 지역간 불균형을 시정해 주는 기능도 한다. 국가차원의 통합성과 통일성을 유지하는데 한 몫을 하는 것은 물론이다.

따라서 의존재원은 그 자체가 문제가 아니라 어떠한 내용으로 어떻게 운영되느냐가 더 문제가 된다. 지원하는 방식에 따라 지방정부의 자치권이 크게 달라질 수 있고, 앞서 언급한 기능들이 제대로 작동할 수도 있고, 아니면 자치권을 제약하고 공평성과 공정성을 해치는 역기능적 현상만 나타날 수도 있다(사잇글 5-8).

사잇글 5-8: 돈 주는 방법과 자치권
- -

아버지가 아들에게 용돈을 준다고 생각해보자. 여러 가지 유형이 있을 수 있다. 먼저 '알아서 쓰라'며 그냥 주는 방식이 있을 수 있다. 그것도 매달 얼마씩 월정액을 정해서 정해진 날짜에 틀림없이 주는 방식이다. 여자 친구와 공연을 가건, 게임을 하건 아버지는 일체 간섭을 하지 않고, 나중에도 그 용도를 추궁하지 않는다.

또 하나의 방식은 대충의 용도를 정해서 주는 방식이다. 예컨대 '책을 사보라'고 줄 수도 있고, '운전면허를 따 두라'고 줄 수도 있다. 아들은 마음대로 쓸 수는 없지만 어떤 책을 사 볼 것인가와 어떻게 면허를 취득할 것인지에 대해서는 자율적인 결정을 할 수 있다. 아버지가 마치 현상금을 걸듯이 '책사고 운전면허 따는 비용은'은 언제든지, 또 얼마든지 준다는 식으로 미리 프로그램을 정해 놓을 수도 있다.

또 다른 방식이 있을 수 있다. 이번에는 아버지가 무슨 책을 사보며, 어떤 운전학원을 통해 면허를 취득할 것인지를 하나하나 정해주는 방식이다. 그리고 실제로 그렇게 하고 있는지, 또 사후에 제대로 책을 읽고 운전을 제대로 하는지 등을 하나하나 따져보는 방식이다. 아들의 자율적인 결정영역은 없어지게 된다. 여기에 돈을 주는 조건으로 아들이 총 비용의 30% 정도를 부담하게 하면 아들의 입장은 더욱 어려워진다. 스스로 세워 놓았던 '재정계획'을 수정하지 않으면 안 되기 때문이다.

의존재원과 자치권의 관계도 이와 같다. 돈을 주고받는 것 자체가 문제가 아니라 어떻게 주느냐가 더 문제가 된다. 그렇다고 하여 하나하나 용도를 정해주는 세 번째 방식이 나쁘다는 것은 아니다. 이 또한 일의 성질에 따라 달라질 수 있다. 예컨대 아들이 하기 싫어하는 일이지만 집안 전체를 위해 하게할 필요가 있을 때에는 그러한 방식으로도 일을 하게 하는 것이 모두에게 도움이 될 수 있다. 바로 의존재원이 지니는 통일성과 통합성 확보 효과이자 **외부효과**를 내부화(internalize)하는 문제이다.

---

② 의존재원의 종류

1) 국고보조금

(1) 국고보조금의 의의와 종류

국고보조금은 중앙정부가 특정사업의 수행과 관련하여 지방정부에 교부하는 자금이다. 좁은 의미로는 중앙정부가 특정 사업을 장려하기 위하여, 또 지방정부의 재정상 특별히 필요하다고 인정될 때 지방정부에 그 사업의 시행을 위해 제공하는 자금을 지칭한다. **장려적 보조금**과 **지방재정보전 보**

조금이 이에 해당한다.[16] 장려적 보조금은 국가의 통합성을 유지하는 기능과 지방정부로 하여금 외부효과의 문제를 넘어서게 하는 기능 등을 하고, 지방재정보전 보조금은 부족한 지방재정을 보전해 주는 기능과 재정균형화 등의 기능을 한다.

이에 비해 넓은 의미의 보조금은 이러한 장려적 보조금과 재정보전 보조금 위에 부담금과 교부금이 합쳐진 경우를 지칭한다. 부담금이라고 하는 것은 지방정부가 국가와 지방정부 모두에 이해관계가 있는 사무를 자율적 결정 보다는 법령에 의해 처리하게 될 때 그 사무의 원활한 처리를 위해 중앙정부가 부담하는 경비를 말하다. 또 교부금은 중앙정부가 스스로 처리해야 할 사무를 지방정부로 하여금 처리하게 할 때 이 사무의 처리를 위해 중앙정부가 지방정부에 교부하는 자금을 말한다.[17] 징병관련 업무나 중앙선거의 관리에 대한 경비지원 등이 그 예가 된다.

이와 같이 보조금을 좁게 또는 넓게 해석하기도, 여러 형태로 구분도 하지만 실제 운영에 있어서는 구분이 힘든 경우가 많다. 따라서 실제 운영에 있어서는 통합적으로 '보조금' 또는 '국고보조금'이란 통칭이 많이 사용된다.

(2) 국고보조금의 특성

우리나라의 **국고보조금**은 지방정부의 자치권 행사와 관련하여 몇 가지 특성을 가진다. 첫째, 특정사업 하나하나를 대상으로 교부되는 것이라 비도(費途), 즉 자금을 쓰는 용도가 정해져 있다. 앞 장(章)에서 설명한 **사업별 보조금**(categorical grant, specific grant)에 해당하는 부분이다. 지방정부가 마음대로 사용목적을 변경할 수 없을 뿐만 아니라 중앙정부는 자금이 제대로 집행되고 있는가를 감시·감독하는 등 사업추진의 전반적 상황을 통제하게 된다. 지방정부의 자율성이 제약되게 되는 것은 물론이다.

둘째, 많은 경우에 있어 국고보조금은 지방정부의 지방비부담을 요구한다. 말하자면 **분담금부 지원금**(matching grant)이 많다. 지방정부는 국고보조금을 받기 위해 스스로 자율적으로 쓸 수 있는 재원의 일부를 국고보

---

16) 지방재정법 제23조 1항은 '국가는 시책상 필요하다고 인정되는 때' 또는 '지방자치단체의 재정사정상 특히 필요하다고 인정되는 때'에는 예산의 범위 안에서 지방자치단체에 보조금을 교부할 수 있다고 규정하고 있다. 앞의 부분은 장려적 보조금, 뒷부분은 재정보전 보조금이라 할 수 있다.

17) 지방재정법 제21조.

조사업에 할당할 수밖에 없고, 이로 인해 스스로 결정했던 사업의 우선순위를 조정하지 않으면 안 되는 일도 발생한다. '**끈이 달린 돈**(money with string)'이라는 뜻이다.

(3) 국고보조금의 문제점

여러 차례 설명하였지만 국고보조금은 그 나름대로의 긍정적 기능이 있다. 중앙정부와 지방정부의 이해관계가 다르기 때문에, 또 지방적 이익이 꼭 국가적 이익을 보장하지 않으므로 국고보조금의 존재는 매우 중요하다. 특히 지방정부에 대한 중앙정부의 **권력적 통제**가 점차 어려워지는 상황에서는 국고보조금을 이용한 **재정적 통제**(fiscal control)가 국가 차원의 이익을 보호하는데 있어 핵심적 역할을 하게 된다. 산림보호 사업을 예로 들면 국가나 중앙정부의 입장에서는 대단히 중요한 사업이 될 수 있으나 개발논리가 앞서는 일부 개별 지방정부의 입장에서는 그다지 중요한 사업이 되지 못한다. 따라서 산림보호와 관련하여 비도가 확실하게 정해진 자금이 아니면 이들 지방정부의 관심과 노력을 이끌어 낼 수 없다.

그러나 그럼에도 불구하고 우리나라의 국고보조금은 오랫동안 적지 않은 문제를 안고 있는 것으로 지적되어 왔고, 이로 인해 국고보조금으로서의 순기능은 하지 못한 채 지방정부의 통제수단으로만 활용된다는 비판이 제기되어 왔다.

첫째, 사업이 지나치게 세분화되어 있으며, 집행과정에 있어서도 자금의 세부 용도를 지나치게 제약하는 경향이 있다. 1995년 민선 자치단체장 체제 출범이후 일부 개선이 이루어지기도 했지만 보조금 사업을 보다 통합적으로 운영할 필요가 있다는 지적은 여전하다.

둘째, 지방비 분담이 합리적으로 이루어지지 않는 경우가 많다. 보조율, 즉 전체 사업경비 중 중앙정부가 지원하는 금액 내지는 부분이 객관적인 기준에 입각해서 이루어지는 것이 아니라 행정편의나 관례를 따라 결정되는 사례가 적지 않다. 예컨대 산을 관리하기 위한 길을 내는 임도사업은 왜 70%이며, 산에 나무를 심는 일도 장기수(長期樹)는 왜 60%이어야 하고 큰 나무는 50%이어야 하는지를 설명하기 쉽지 않다.[18]

그리고 셋째, 보조율이 지나치게 평면적으로 적용되는 경향이 있다. 예

---

18) 보조금 관리에 관한 법률 시행령 <별표 1>.

컨대 산림사업의 경우 지방정부에 따라 산림이 주는 의미가 다를 수밖에 없는데 이러한 차이가 보조금이나 보조율 산정에 적절히 반영되지 않고 있다. 차이를 전혀 인정하지 않는 것은 아니다. 보조금 관리에 관한 법률 시행령에 나타나 있는 국고보조금 사업 중 일부에 대해서는 서울과 지방, 또는 수도권과 비수도권을 분리하여 그 지원율을 달리하고 있다. 또 차등보조율 제도를 두어 지방정부의 재정력 격차를 보조율 산정에 반영하고 있다.[19] 그러나 이러한 구분은 서울 혹은 수도권을 제외한 지역을 하나의 범주로 묶는다는 점에서, 또 차등보조율 제도는 재정력 격차 등 지방정부의 재정사정 만을 주로 인정한다는 점에서 한계가 있다.

(4) 개선노력

위와 같은 비판 속에 2004년에는 국고보조금 제도에 큰 변화가 있었다. 정부혁신지방분권위원회와 국가균형발전위원회가 중심이 되어, 세분할 경우 무려 533개에 달하는 보조금 사업에 대해 혁신을 추진했다. 모든 국고보조금 사업은 그 성격에 따라 세 범주, 즉 지방정부의 권한으로 넘겨주어야 할 지방이양 사업, 새로이 신설되는 **균형발전특별회계**로 이관해야 할 사업, 그리고 그대로 유지되어야 할 사업으로 분류되었다. 그 결과 163개 사업(1조 1천억원 상당)이 지방이양 사업으로, 126개 사업(3조 6천억원 상당)이 균형발전특별회계로 이관될 사업으로, 그리고 나머지 233개 사업(7조 9천억원 상당)이 그대로 유지될 사업으로 구분되었다.[20]

지방이양 대상으로 분류된 사업은 2005년 모두 지방으로 이양되었고, 이를 위해 중앙정부가 사용하던 예산은 '**분권교부세**' 제도를 신설하여 지방으로 이양하였다. 분권교부세의 재원은 처음에는 내국세의 0.83%(8천5백억원 상당)과 담배소비세 인상으로 늘어나는 지방세 일부(1천1백억원 상당)로 하였다가, 내국세 부분은 곧 0.94%(1조 2천5백억원 상당)로 올렸다.

균형발전특별회계로 이관이 결정된 사업 또한 모두 계획대로 이관되었다. 이관된 사업들은 중앙정부의 통제가 심한 **사업별 보조금**의 형태를 벗어나 지방정부가 사업의 선택단계에서부터 보다 큰 기획력과 자율성을 발휘할 수 있는 일종의 **포괄보조금**(block grant) 형태로 운영되게 되었다. 이

■ 정부혁신지방분권위원회와 국가균형발전위원회는 모두 참여정부(노무현 정부)의 국정과제위원회, 즉 국정핵심과제를 다루는 위원회로 대통령이 주기적으로 회의를 주재했다.

---

19) 보조금 관리에 관한 법률 제10조.
20) 정부혁신지방분권위원회, 『참여정부의 지방분권』 (2007), p.265.

균형발전특별회계는 광역경제권의 경쟁력 강화와 연계한다는 이유로 이명박정부가 들어선 이후인 2009년 **광역·지역발전특별회계**로 개칭되었다가 박근혜정부가 들어선 이후인 2014년 다시 **지역발전특별회계**로 개편되었다. 그러다가 문재인정부가 들어선 이후 다시 노무현정부 때의 명칭을 따라 **국가균형발전특별회계**로 개칭하였다. 그러나 그 운영방식에 있어서의 근본적인 변화는 없다.

이러한 여러 가지 노력에도 불구하고 아직도 많은 국고보조금 사업이 남아 있으며, 이 중 적지 않은 사업들이 앞서 제기된 문제들을 그대로 안고 있다. 국고보조금으로서의 순기능을 하기에는 아직도 부족한 점이 많다.

2) 지방교부세

지방교부세는 다른 나라의 일반목적 지원금 내지는 **일반목적 교부금**(general purpose grant)에 해당하는 지원금이다. 지방정부의 재원을 보전하고 지방정부간의 재정격차를 조정하기 위해 국가가 지방정부에 비도(費途), 사용 용도를 지정하지 않고 교부한다. 비도를 정하는 국고보조금과는 여러 가지 점에서 대조를 이룬다.

지방교부세의 기본적인 목적은 재정능력이 상대적으로 떨어지는 지방정부의 재정을 보전해 지방정부간의 재정격차를 줄이고, 이를 통해 모든 지역에 기초적인 행정서비스가 행해질 수 있도록 하는데 있다. 자연히 재정상태가 상대적으로 좋은 지방정부에는 부여되지 않거나 적게 부여되고, 재정이 어려운 지방정부에는 상대적으로 많은 자금이 부여된다.

목적 자체가 이러한 균형화와 최소한의 행정서비스를 보장하는데 있으므로 지방교부세에는 통상 부수적인 조건이 붙거나 분담금(matching fund)가 요구되지 않는다. '**끈이 달리지 않은 돈**(money without string)'이라는 뜻이다. 당연히 원칙적으로 비도를 지정하는 일도 없으며, 그 운영에 중앙정부가 개입하고 간섭하는 일도 없다. 일단 부여가 되고 나면 일반 자주재원과 같이 지방정부의 자율적 판단에 따라 활용된다.

우리나라에서 운영되고 있는 지방교부세는 크게 네 가지로 나눌 수 있다. 보통교부세와 특별교부세, 그리고 분권교부세와 부동산교부세가 그것이다.

(1) 보통교부세

보통교부세는 지방교부세의 핵심이다. 일반적으로 지방교부세 또는 교부세라 함은 이 보통교부세를 지칭하는 경우가 많다. 보통교부세는 법률에 정해진 바에 따라 재원이 확보되고 그 배분대상과 방법이 결정되는 **정형지원금**(formula grant)이다. 중앙정부의 정치적 의도나 정책적 의지는 철저히 배제된다. 일정한 공식에 의해 정형화되어 있기 때문에 지방정부 또한 그 지원규모를 비교적 용이하게 예측할 수 있다.

보통교부세의 재원규모는 1999년까지 내국세 총액의 13.27%를 10/11로 곱한 값으로 했다. 즉 지방교부세 전체를 내국세 총액의 13.27%로 한 다음 그 중 1/11을 곧 설명할 특별교부세로 하고, 그 나머지를 보통교부세로 활용하게 하였다. 그 후 2000년에 와서 지방분권의 일환으로 지방교부세를 15%로 올리게 되었고, 이로 인해 특별교부세도 이 15%의 10/11이 되었다.

이어 2004년, 당시 포괄적 보조금의 형태를 띠고 도로사업 등을 위해 사용되던 **지방양여금** 제도가 폐지되면서 그 재원의 일부(2조 7천억원 정도)가 지방교부세로 편입되어 지방교부세는 내국세 총액의 17.8%까지 늘어나게 되었다. 이후 2005년에 다시 0.5% 추가되어 내국세 총액의 18.3%까지 올라갔고, 2006년에 들어 다시 19.24%가 되어 2021년까지 그대로 유지되고 있다.

한 가지 특기할 사실은 2004년부터 지방교부세 재원의 배분 기준이 달라졌다는 사실이다. 앞서 설명한 바와 같이 2003년까지는 지방교부세 전체 재원의 1/11(9.9%)을 특별교부세로 하고 그 나머지를 보통교부세로 하였지만 2004년 이후에는 특별교부세로는 4%만을 할애하기로 하였다. 2014년에 이를 다시 3%로 하는 것으로 개정하였고, 이에 따라 나머지 97%를 보통교부세 재원으로 하게 되었다. 특별교부세의 배정에 중앙정부의 의지에 의해 배정되는 경우가 많다는 점을 생각할 때 이 또한 지방정부의 자율성을 크게 키우는 조치였다. 이 부분은 '특별교부세 부분'에서 다시 설명하기로 한다.

보통교부세의 배정방식에도 적지 않은 변화가 있었다. 지방교부세는 지방교부세법에 정해진 방식에 의거 그 배정이 결정된다. 간단하게 설명을 하면, 먼저 행정안전부(당시 행정자치부)가 중심이 되어 각 지방정부 단위로 그 지방정부가 꼭 수행해야 할 기능과 행정수요와 이에 소요되는 자금을 일정한 공식에 의해 계산해 낸다. 이를 '**기준재정수요**'라 한다. 이와 함께

'**기준재정수입**,' 즉 각 지방정부가 자체적으로 조달할 수 있는 자주재원을 산정한다. 이 역시 일정한 공식에 의해서 이루어진다. 그 다음 기준재정수요와 기준재정수입을 대비하여 부족분을 계산해 내고, 이 부족분에 대해 법률에 의해 확정되어 있는 보통교부세 재원을 일정한 공식에 의해 공평하게 배분한다.

이러한 배정방식에 있어 가장 핵심을 이루는 부분은 기준재정수요의 산정이다. 이 부분이 지방행정의 기본수요를 제대로 반영하지 못하면 보통교부세의 재정보전 효과는 떨어질 수밖에 없다. 극단적인 가정으로 기준재정수요를 산정하는데 있어 도로관리를 중요한 행정수요로 보아 도로의 길이를 중요한 배정기준으로 삼게 되면 그렇지 않아도 도로가 없어 오지가 되어 있는 농촌지역 지방정부는 보통교부세를 제대로 받을 수 없게 된다. 또 도로건설의 혜택을 입었던 도시지역은 보통교부세에 있어서도 더 많은 금액을 받게 된다.

2003년 이러한 기준재정수요 산정방식에도 큰 변화가 있었다. 노인과 아동인구 비율 등 저출산과 고령화와 관련된 항목 또는 세항들이 새로 들어 갔으며, 불건전 재정운영 단체에 대한 감액제가 새로 적용되게 되었다.[21]

(2) 특별교부세

특별교부세는 일반화시켜 생각하기에는 곤란한 재정수요나 예측하지 못했던 재정수요가 발생했을 때 이러한 수요가 발생한 지방정부에 대해 '특별히' 교부하는 지방교부세이다. 이를테면 홍수나 가뭄이 발생한 경우는 그 대표적인 예가 된다. 2003년까지는 전체 지방교부세의 11분의 1을 그 재원으로 하여, '특정현안,' '지역개발,' '재정보전,' '재해대책,' '시책사업' 등 다섯 분야에 교부되었다. 그러나 2004년 지방교부세 재원의 4%만을 쓰는 것으로 축소되면서 '재해대책'과 '지역현안'이라는 두 개의 영역에 교부되게 했다가 이후 다시 지방정부의 협력이 필요한 국가 시책사업에도 쓸 수 있게 했다. 2014년에 다시 지방교부세 재원의 3%만 쓰는 것으로 개정되었다.

특별교부세 재원이 줄어들게 된 데는 크게 두 가지 이유가 있다. 첫째는 국가의 경제규모가 커지면서 특별교부세의 재원도 지나치게 커졌다는 점

---

21) 2021년 현재 산정항목은 일반행정비, 문화환경비, 사회복지비, 지역경제비의 4개 분야의 16개 항목으로 되어 있다. 지방교부세법 시행령 <별표 1> <별표 2> 참조.

이다. 둘째는 커진 재원을 운영하는 과정에서 부작용이 많았다는 점이다. 특별교부세 그 자체는 예측하지 못한 지방행정 수요에 대응한다는 점에서 반드시 필요한 제도이다. 그러나 그 재원을 배분하는데 있어서는 중앙정부, 특히 이를 관리하는 행정안전부의 자의적인 판단이 크게 작용하고, 이로 인해 대통령을 비롯한 국가지도자와 국회의원들이 정치적 자원으로 활용하는 경향까지 생겨나게 되었다. 2004년과 2014년의 특별교부세의 축소와 그 축소분의 보통교부세로의 전환은 바로 이러한 맥락에서 이루어졌다 (사잇글 5-9).

사잇글 5-9: 청와대에서의 특별교부세 논쟁

2003년 어느 날, 대통령 주제의 정부혁신위원회 회의가 청와대에서 열렸다. 지방재정개혁을 논의하기 위해서였다. 논의가 특별교부세에 이르자 대통령이 입을 열었다. '특별교부세가 자의적으로 운영되는 부분이 많습니다. 이렇게 운영해서는 안 됩니다. 모두 보통교부세에 통합하여 지방정부가 알아서 쓰도록 합시다. 이런 돈이 있으면 대통령도 편해요. 이리 저리 인심도 쓸 수 있고…… 그러나 모두 넘깁시다.'

특별교부세 폐지를 반대해 왔던 행자부의 김두관 장관이 이야기했다. '이것 없으면 무엇으로 지방정부를 이끌어 가겠습니까? 행자부가 일 잘하고 저도 장관 노릇 잘 하게 좀 도와주시면 안 되겠습니까?' 한동안 의견이 오고갔다. 대통령의 입장은 변화의 조짐이 없었다. 이런 것 없이 잘 해야 한다는 것이었고, 특별한 행정수요가 발생하면 예비비 등의 정부예산으로 감당하면 된다는 이야기였다.

마침내 고건 총리가 나섰다. '대통령님 말씀대로 특별교부세에 문제가 많습니다. 그러나 재해복구와 긴급한 지역현안 해결을 위해서는 꼭 필요한 부분도 없지 않습니다.' '총리까지 그렇게 이야기 하시니……' 총리의 이야기에 대통령이 한발 물러섰다. 그래서 나온 지시가 '폐지하지는 않되 그 규모를 대폭 축소하고 나머지는 모두 보통교부세로 편입시켜 지방정부가 알아서 쓰게 하라'는 것이었다. 이후 특별교부세는 약 60%가 줄어들었다.

---

(3) 부동산교부세

부동산교부세는 2005년 종합부동산세가 신설되면서 만들어졌다. 서울의 강남지역 등 고가주택 등이 몰려있는 지역에서 거두어들인 재원을 재정력이 상대적으로 약한 지방정부에 배분하도록 하기 위해서였다.

종합부동산세는 고가의 주택이나 토지에 대해 과세되는 것으로 신설 당시부터 서울 강남지역 등의 아파트 소유자들을 비롯한 과세대상자와 일부

정치권의 반발이 이어졌다. 운영과정에서도 계속 논란이 따랐고, 2008년에는 헙법재판소가 세대별 합산, 즉 한 세대의 구성원 모두가 소유하는 부동산을 모두 합쳐 과세기준을 삼은 부분 등을 위헌으로 결정하면서 그 근간이 흔들리게 되었다.[22] 여기에 이명박정부의 과세대상 축소가 이어지면서 그 규모가 크게 축소되었다.[23] 2009년 3조 1천억 원까지 갔던 부동산교부세 재원은 2010년 1조 원 정도로 줄어들었다가 이후 부동산가격 상승과 함께 크게 늘어나 2020년에는 3조 3천억 원이 되었다. 중앙정부는 이를 지방정부의 재정여건과 사회복지 상황, 그리고 지역교육 상황 등을 고려하여 교부하고 있다.[24]

(4) 소방안전교부세

소방안전교부세는 담뱃값 대폭 인상결정과 함께 신설된 제도이다. 담뱃값이 2천원 인상되면서 담배에 부과되는 개별소비세 또한 대폭 늘어나게 되었는데, 이렇게 늘어난 부분의 상당부분을 지방정부에 교부하여 소방안전에 쓰게 하자는 취지의 제도이다. 2015년 1월부터 시행되고 있다.

담배에 부과되는 개별소비세의 20%를 재원으로 하고 있으며, 소방업무를 관장하게 되어 있는 광역자치단체와 인구 100만 이상의 대도시를 교부대상으로 하고 있다. 재정상황이 일정 수준 이하인 지방정부만을 교부대상으로 보통교부세와 달리 서울특별시와 같이 재정이 상대적으로 좋은 지방정부도 필요에 따라 교부받을 수 있다는 특징이 있다. 2020년 결산 기준 약 7천억 원 정도의 규모였다.

(5) 분권교부세: 2014년 12월 31일 폐지

분권교부세는 2004년 있었던 국고보조금제도 정비의 산물이었다. 모두 150개 가까운 보조금 사업이 지방이양 대상사업으로 결정되어 지방으로

---

22) 경제정의실천시민연합, "종합부동산 위헌소원에 대한 의견서," 2008. 11. 4. 참조.
23) 이명박정부는 6억 원 이상의 주택을 과세대상으로 하던 것을 9억 원 이상의 주택으로 변경하는 등 과세대상을 축소하기 위한 조치를 취하였다.
24) 제10조의3(부동산교부세의 교부기준 등) ① 법 제9조의3제2항에 따른 부동산교부세의 교부기준은 다음 각 호와 같다. 1. 특별자치시·시·군 및 자치구: 다음 각 목의 기준 및 비중에 따라 산정한 금액 가. 재정여건: 100분의 50, 나. 사회복지: 100분의 35, 다. 지역교육: 100분의 10, 라. 부동산 보유세 규모: 100분의 5. 2. 제주특별자치도: 부동산교부세 총액의 1천분의 18에 해당하는 금액.

이양되었는데, 분권교부세는 지방정부가 수행하게 될 이들 사업을 위해 마련된 재원이었다.

분권교부세를 별도로 운영하는 이유는 이들 이양된 사업 중에는 노인과 장애자들을 대상으로 하는 복지관련 사업들이 많이 포함되어 있었는데, 이를 일시에 지방정부로 넘기게 될 경우 지방정부가 이들 사업에 관심을 가지고 재정을 운영한다는 보장이 없었기 때문이었다. 따라서 이들 사업을 위한 재원을 행정자치부(현 행정안전부)가 5년간 한시적으로 별도관리하면서 이양이 제대로 마무리될 수 있도록 하게 한 것이었다.[25)]

분권교부세의 재원은 시행 첫해인 2005년에는 내국세의 0.83%와 담배소비세 인상으로 늘어나는 지방세 일부로 구성하였다. 그러다가 그 다음 해인 2006년 내국세 부분을 0.94%로 올렸다. 원래 한시적인 교부세로 2009년까지 운영하게 되어 있었다. 그러나 폐지시점이 다가오자 분권교부세로 운영되는 복지사업의 미래에 관한 우려가 커졌고 이에 정부는 2014년까지 그 시한을 연장하여 운영한 후 폐지하였다.

(6) 조정교부금

조정교부금은 광역자치단체인 특별시와 광역시가 징수하는 특별시·광역시세의 일부를 재원으로 하여 재정력이 취약한 산하 자치구에 대하여 부족한 재정력을 보충해 주는 제도이다. 중앙정부의 직접적인 지방교부세 교부대상에서 제외되는 대도시 자치구에 대해 특별시와 광역시 차원에서 재정조정을 하도록 하는 제도이다. 지방교부세와 유사한 방식으로 운영되며 재원은 매년 특별시와 광역시가 징수하는 취득세의 일정부분으로 이루어지는데 대부분의 경우 취득세의 50%로 되어 있다.

교부방식은 지방교부세와 같이 자치구별 기준수입액(基準收入額)과 기준수요액(基準需要額)을 대비하여 부족함이 있는 경우에 그 부족액을 기준으로 나누어주는 식이다. 지방교부세와 마찬가지로 일단 교부되고 나면 자치구는 이를 일반재원과 같이 자치권을 가지고 활용한다.

---

25) 정책기획위원회, 『참여정부의 재정분권』, 정책기획위위원회 보고서 3-19 (2008), pp.27-28.

3) 특별회계 보조금: 국가균형발전회계

2004년 균형발전특별회계가 신설되었다. 여러 부처에 흩어져 있는 균형발전관련 국고보조금 사업을 국가균형발전위원회를 중심으로 통합적으로 운영하며, 그 운영에 있어 지방정부의 자기결정권을 높인다는 취지에서였다. 출발 시 예산규모는 약 5조 원 정도였으며, 하위 계정으로 지역개발사업 계정과 지역혁신사업 계정을 두었는데, 이후 제주특별자치도 계정이 추가되었다.

기존 국고보조금 사업의 경우 지방정부는 각 중앙부처가 미리 선정한 사업에 대해 신청을 했다. 이 경우 지방정부는 일단 보조금을 확보하자는 입장에서 지역의 수요와 관계없는 사업을 신청하기도 했고, 그 과정에서 자체 예산을 분담금, 즉 '매칭 펀드(maching fund)'로 할애해야 하기도 했다. 재정운영에 있어 자율성이 크게 떨어질 수밖에 없었다.

그러나 균형발전특별회계에서는 많은 부분 포괄보조금 개념이 도입되었다. 중앙정부가 미리 시·도 단위로 팩키지(package) 예산을 배정한 후, 이 예산의 범위 내에서 지방정부가 각 중앙부처 사업을 선택하는 방식이었다. 중앙정부가 제시하는 사업 또한 지방정부의 자기결정권을 강화하기 위해 되도록 큰 틀로 묶어 포괄적으로 제시하도록 하였다.

문제가 없지는 않았다. 기존의 국고보조금과 같은 작은 단위 사업들이 쉽게 사라지지 않았으며 중앙 각 부처의 간섭도 크게 개선되지 않았다. 국가균형발전위원회라는 관리주체만 하나 더 늘어났다는 비판이 있기도 했다. 그러나 지방정부의 선택권과 자율성을 높인다는 점에서, 또 국고보조금 사업을 보다 통합적으로 운영한다는 점에서 일대 전환이 아닐 수 없었다. 목적과 취지가 분명하고 긍정적이었던 만큼 앞으로 들어서는 새 정부들도 이를 지속발전 시켜야 하는 부담을 안아야 했다.[26]

이 회계는 2009년 이명박정부가 들어서면서 광역·지역발전특별회계로 개편되었다. 광역경제권 경쟁력 강화계획과 연계시킨다는 뜻에서였다. 하위 계정도 지역개발 계정, 광역행정 계정, 그리고 제주특별자치도 계정으로 개편되었다. 그러나 그 운영상의 취지와 방향에는 큰 변화가 없었다. 즉 지방정부의 기획력과 자율성이 발휘될 수 있도록 한다는 것이었다. 실제로 포괄보조금 개념이 확대되었고, 이에 따라 작은 단위의 사업들이 큰 틀의 사

---

26) 정책기획위원회, 『참여정부의 재정분권』, 앞의 책, pp.266-267.

업으로 묶이기도 했다. 그러나 이 기간 또한 큰 변화가 일어나지는 않았다.

2013년 들어선 박근혜정부는 이를 다시 지역발전특별회계로 개편하였다. 하위계정 또한 생활기반 계정, 경제발전 계정, 제주특별자치도 계정으로 재구성하였다. 이명박정부의 광역경제권 계획과는 다른 내용의 균형발전을 추진하겠다는 뜻에서였다. 그러나 이 역시 운영상의 취지는 그대로였다. 즉 균형발전을 도모하는 것과 함께 재정분권을 강화해 지역사회와 지방정부의 자기결정권을 높인다는 취지를 가지고 있었다. 그러나 이 또한 2018년 문재인정부에 의해 다시 국가균형발전특별회계로 그 이름이 바뀌었다. 하위 계정도 지역자율 계정, 지역지원 계정, 제주특별자치도 계정 및 세종특별자치시 계정으로 변경하였다. 일을 더 잘 하기에 앞서 앞의 정부가 붙여 놓은 이름부터 지우는 관행이 계속되고 있다.

제 3 절 재정수입구조의 종합적 이해

① 재정자립도와 재정능력

1) 재정자립도: 의존재원의 비중

우리나라 지방정부의 **재정자립도**는 2020년 일반회계 당초예산 기준으로 45.2% 정도이다. 어떠한 자료를 활용하느냐에 따라 다소 달라지기도 하겠지만 지방재정과 관련한 다른 대부분의 통계도 50%가 안 되거나 겨우 되는 정도로 정리하고 있다. 보다 구체적으로는 서울특별시는 76.1%, 세종특별자치시를 포함한 7개의 광역시·특별자치시 평균은 45.5%, 제주특별자치를 포함한 9도(道)는 36.0%, 75개 시(市)는 평균 29.1%, 82개 군(郡)은 평균 12.5%, 69개 자치구는 23.8%이다.[27]

낮은 감이 든다고 하겠는데 <표 5-6>에서 보는 바와 같이 이러한 경향은 1980년대부터 지속적으로 이어져왔다. 그리고 최근 들어 지방교부세의 확대와 지방소득세와 같은 중앙정부 세원의 부분적 지방이전이 이루어지

---

27) 행정자치부, 『2007 행정자치 통계연보』, p.190.

| 표 5-6 | 지방정부 재정자립도 추이 |

단위: %

지방정부	1987년	2006년	2020년
서울특별시	97.5	94.3	76.1
광역시	84.0	65.0	45.5
도	32.7	36.1	36.0
시	57.8	39.4	29.1
군	25.9	16.1	12.5
자치구	–	40.5	23.8
계	57.5	54.0	45.2

출처: 1987~1992년은 『지방재정연감』, 1987/2006년은 행정자치부, 『2007 행정자치 통계연보』/2020년은 지방재정365 홈페이지. (일반회계 당초예산 기준). http://lofin.mois.go.kr/portal/main.do.

면서 더욱 낮아지는 경향을 보이고 있다. 즉 중앙정부의 지원이 커지는 만큼 의존재원이 커지고 있고, 그 결과 재정자립도는 오히려 낮아지고 있는 것이다.

여기에서 한 가지 주의할 점이 있다. 흔히 재정자립도를 재정능력과 동일한 의미로 사용하는 경우가 많다. 즉 재정자립도가 높으면 재정이 괜찮은 것으로 받아들이는 경우가 있는데, 이것은 꼭 그렇지가 않다. 재정자립도가 다음과 같은 공식, 즉 지방세수입과 세외수입을 합친 액수를 세입총액으로 나누고, 이에 100을 곱해서 산출된다는 사실을 알면 이 문제가 쉽게 이해될 수 있다.

$$\frac{지방세수입 + 세외수입(자주재원)}{세입총액(자주재원 + 의존재원)} \times 100 = 재정자립도(\%)$$

이 공식은 재정자립도가 전혀 재정능력을 의미하지 않음을 보여준다. 재정자립도는 재정능력에 따라 달라지는 것이 아니라 오히려 중앙정부의 지원이 많고 적음에 따라 달라진다. 중앙정부의 지원, 즉 의존재원이 전혀 없으면 자주재원이 아무리 작아도 재정자립도는 100%가 된다. 자주재원이 많고 적음과 관계없이 중앙정부의 지원이 많아지면 많을수록 재정자립도는 떨어지게 된다.

재정자립도는 중앙정부와 지방정부간의 재정적 연계, 즉 지원과 의존관계를 파악하는 데는 유용한 개념이 될 수 있다. 그러나 지방정부의 재정능력을 파악하는데 있어서는 유용한 개념이 되지 못한다. 이 점 유념할 필요가 있다.

2) 재정력 지수

행정수요나 재정수요에 대한 고려 없이 전체 재정규모에서 자주재원의 비율만을 생각하는 재정자립도와 달리 재정력 지수는 지방정부가 감당해야 할 행정수요와 이를 감당하는데 필요한 재정규모를 먼저 고려한다. 즉 꼭 해야 할 일이 무엇이며, 이를 감당할 수 있는 지방정부 자체의 재정적 역량이 어느 정도인지를 계산하는 것이다.

지방정부의 실질적 재정능력을 나타낸다는 점에서 매우 유용한 개념이라 할 수 있다. 그러나 문제는 지방정부가 감당해야 할 행정수요와 이를 감당하는데 필요한 재정규모를 어떻게 산정하느냐가 문제이다. 행정수요를 크게 잡으면 자주재원이 아무리 많아도 재정력 지수는 떨어질 수밖에 없다. 반면 이를 적제 잡으면 자주재원이 적어도 지수는 올라가게 된다. 같은 액수의 돈이라도 비싸고 좋은 물건을 사는 것을 기준으로 하면 돈이 적어 보이고, 싼 물건을 사는 것을 기준으로 하면 돈이 많아 보이는 것과 같은 이치이다.

행정수요의 기준을 정하는데 있어 여러 가지 방법을 사용할 수 있겠지만 우리나라에서는 지방교부세 배분을 위해 사용하는 기준재정수요와 기준재정수입 개념을 주로 활용한다. 지방교부세 부분에서 설명한 바와 같이 정부는 보통교부세를 배분하기 위해 지방정부가 감당해야 할 기본적인 행정수요와 이를 감당하는데 필요한 재정을 산정한다. 법률에 정해진 방법에 따라 산정을 하는데, 이것이 바로 기준재정수요이다. 이 기준재정수요에 지방정부가 스스로 거두어들이는 기본적인 수입, 즉 기준재정수입을 대비하여 그 차이에 대해 정해진 방식으로 지방교부세를 교부한다.

이 기준재정수요는 지방정부에 적용되는 일종의 표준화된 행정수요 및 재정수요가 된다. 또 지방정부의 자주재원, 즉 지방세 수입과 세외수입에 일정한 공식을 적용해서 산정되는 기준재정수입은 표준화 된 재정수입이 된다. 그 다음, 이 기준재정수입을 기준재정수요로 나주면 이것이 곧 자주재원으로 기본적인 행정수요를 감당할 수 있는 능력의 수준, 즉 재정력 지

표 5-7	재정력 지수: 기준재정수입/기준재정수요		
구분	기준재정수입(A)	기준재정수요(B)	재정력 지수(A/B)
계	776,782	1,276,975	0.61
특별시 · 광역시	325,582	368,094	0.88
도	177,828	243,899	0.73
시	224,094	429,072	0.52
군	49,278	235,911	0.21

출처: 행정안전부, 『2020 교부세산정 해설』, p.106 재정리.

수가 된다. 1.0 혹은 그 이상이 되면 자주재원으로 기본적인 행정수요를 감당할 수 있는 능력이 있다는 뜻이 되고, 1.0 이하가 되면 그렇지 못하다는 뜻이 된다.

참고로 2020년도 지방교부세 사정에 사용한 기준재정수요와 기준재정수입은 <표 5-7>과 같다. 표에서 보는 바와 같이 이렇게 산정하는 경우 지방정부 전체의 평균 재정력 지수는 기준재정수입 77조 6,782억 원을 기준재정수요 127조 6,975억 원으로 나눈 0.61이 된다. 우리나라 지방정부들이 자주재원으로 기본적인 행정수요조차 반 조금 넘는 정도밖에 감당하지 못하는 상황에 있음을 말해주고 있는 것이다.

표에 나타나 있지는 않지만 지방정부 중에는 기준재정수입이 기준재정수입을 초과하는 경우, 즉 재정력 지수가 1.0이 넘은 곳도 있다. 그러나 대부분의 경우가 1.0 이하에 있다. 특히 군(郡)의 경우는 지수가 0.21밖에 되지 않는다. 재정력 수준이 자체 수입으로는 기본적인 행정수요를 21%밖에 감당하지 못할 정도라는 뜻이다.

3) 재정자주도

중앙정부와 상급 지방정부 등이 지방정부에 지원하는 의존재원 중에서도 지방정부가 자주재원처럼 자유롭게 쓸 수 있는 것이 있다. 예컨대 지방교부세의 대부분을 차지하는 보통교부세는 자금을 확보하는 데에서부터 배분하는데 이르기까지 모든 것이 법률에 정해서 있다. 비도(費途), 즉 사용목적 또한 제한이 없다. 관리만 중앙정부가 할 뿐, 이를 교부받는 지방정부 입장에서는 자주재원과 크게 다를 바 없다.

지방정부가 자유롭게 쓸 수 있는 이런 재원은 마땅히 자주재원으로 봐야 한다는 것이 재정자주도 개념의 출발이다. 지방세 수입과 세외수입만을 자주재원으로 보는 재정자립도와 재정력 지수로는 지방정부의 재정능력을 정확히 평가할 수 없다는 뜻이다. 특히 재정자립도가 낮은 지방정부의 재정능력을 필요 이상으로 낮추어 볼 수 있다.

산출 공식은 간단하다. 일반적인 의미의 자주재원에 **제2의 자주재원**을 합친 것을 일반회계 총액으로 나누어 계산한다. 일반적인 의미의 자주재원이라 함은 지방세 수입과 세외수입을 말하고, 제2의 자주재원이라 함은 지방교부세와 재정보전금, 그리고 특별시 광역시가 그 아래의 자치구에 교부하는 지방교부세라 할 수 있는 조정교부금을 말한다.

자주재원에 제2의 자주재원이 더해지는 만큼 재정자립도 보다 높게 나타난다. 또 지방교부세와 조정교부금 등 제2의 자주재원이 재정적 불평등을 교정하는 효과가 있는 만큼 지방정부간의 격차도 줄어들게 된다. 실제로 2018년도의 우리나라 지방정부 전체의 재정자주도 평균은 결산기준으로 67.8%이다. 같은 해의 재정자립도 51.8%와 크게 차이가 난다. 그 차이만큼 제2의 자주재원이 들어가 있는 것이다. 특히 지방교부세를 상대적으로 많이 받는 군의 경우 이러한 효과는 클 수밖에 없다. 2019년 당초예산 기준으로 재정자립도가 11.6%인데 비해 재정자주도는 58.7%나 된다. 재정자립도와 재정자주도 개념의 차이를 확연히 느낄 수 있는 부분이다.

② 재정수입구조 종합

1) 국가재정과 지방재정

지방자치의 고향이라 할 수 있는 영국의 경우 지방정부 스스로 거두어들이는 조세수입, 즉 자주재원은 내국세 총책의 5~7%밖에 되지 않는다. 우리나라 지방정부가 거두어들이는 22%보다 훨씬 낮다. 미국도 마찬가지이다. 기초지방정부는 내국세 총액의 18% 정도를 거두어들인다. 이 역시 우리나라의 지방정부보다 낮은 비율이다.

이들 국가의 지방정부는 당연히 중앙정부의 지원을 받는다. 영국 지방정부의 경우 스스로 거두어들이는 자주재원의 몇 배에 해당하는 지원을 받고, 미국의 지방정부 또한 주(州)정부와 연방정부로부터 상당한 규모의 지원을 받는다. 그래서 자주재원의 규모는 작지만 실질적인 지출행위는 그 몇 배가 되는 상황에서 지방자치와 지방행정을 운영해 간다. 이를테면 영국 지방정부의 경우 내국세 총액의 5~7%만 자주재원으로 거두어들이지만 실제의 예산은 내국세 총액의 30% 이상이 된다. 우리나라 역시 내국세의 24~25% 정도를 자주재원으로 거두어들이지만 지출은 국가전체 지출의 35~37%에 달한다.

거의 모든 국가에 있어, 특히 지방자치의 선진국이라 할 수 있는 이들 국가에서 지방정부의 자주재원 비율이 낮다는 사실이 의미하는 바는 명확하다. 첫째, 지방정부가 충분한 재원을 마련하지 못하는 데에는 그만한 이유가 있다는 것이다. 무엇보다도 화폐경제가 발달하고 시장이 커지는 상황에 있어 한 지역을 담당하는 지방정부가 거둘 수 있는 조세는 한계가 뚜렷할 수밖에 없다. 경기탄력성과 수요탄력성이 큰 소득세나 법인세만 해도 전국을 관할하는 정부가 아니면 거두기가 힘이 든다. 지방정부는 기껏해야 그 세원의 일부만을 나누어 가질 뿐, 전적인 관할권을 행사할 수 없다. 글로벌화가 진행되고, 국가 간의 조세경쟁(tax competition)이 치열해지고 상황 아래 심지어 중앙정부 조차도 세율을 마음대로 결정할 수 없는 상황이다. 지방정부가 할 수 있는 일이 줄어들 수밖에 없다.

둘째, 이와 반대로 지방정부가 해야 할 일은 점점 더 많아지고 있다. 민권이 신장되고 참여의식이 고양되면서 주민을 상대로 한 서비스 등 지방정부가 아니면 하지 못하는 일이 많아지고 있기 때문이다. 결국 일은 점점 많아지는 반면 재정은 이를 따르지 못하는 일과 재정의 불일치 현상(mis-match)이 일어나게 되는데, 이에 따라 중앙정부 재원의 지방정부로의 이전을 포함한 재정조정 제도가 발달할 수밖에 없다.

그리고 셋째, 재정자립과 재정독립이 좋은 지방자치의 필수조건은 아니라는 점이다. 중앙정부가 재정을 지원하는 방식에 따라 오히려 더 좋은 자치를 할 수도 있다. 즉 '끈이 달리지 않은 돈'을 주느냐 '끈이 달린 돈'을 주느냐의 문제이다. 이러한 점에서 중앙정부 세원의 지방이전을 지방자치의 필수조건으로 말하는 것은 무리가 있다고 하겠다. 지방재정의 강화는 반드시 필요한 부분이지만, 올바른 재정조정제도의 확립은 더 중요하다고 할 수 있다.

아래에서는 이러한 점들을 유념하면서 우리나라에 있어서의 지방재정의 구조, 특히 앞서 논의한 자주재원과 의존재원의 규모가 어느 정도인지를 종합적으로 정리하고자 한다.

2) 재정수입구조

아래의 <표 5-8>은 우리나라 지방정부 유형별 재정수입구조를 종합적으로 보여주고 있다. 2020년 현재의 상황인데, 일반회계 세입총계임을 유의할 필요가 있다. 즉 일반회계만을 보여주는 만큼 특별회계는 제외되었다. 또 순계가 아닌 총계인 만큼 도와 시·군 사이와 특별시·광역시와 자치구 사이에 국고보조금과 조정교부금, 그리고 지방채에 있어 중복계상 되는 부분이 있다. 특히 국고보조금 부분에 있어 중복이 있을 수 있다. 그러나 큰 맥락에서 구조를 이해하는데 있어서는 문제될 것이 없다.

표에서 보듯 교부세와 보조금 그리고 조정교부금 등의 의존재원의 비중이 지방세 수입과 세외수입으로 이루어지는 자주재원 비중보다 크다. 자주재원은 주로 지방세 수입으로 이루어지고, 의존재원에 있어서는 '끈이 달린 돈'이라 할 수 있는 보조금의 비중이 큰 것을 볼 수 있다. 재정운영의 자율성이 그만큼 떨어질 수 있다는 뜻이다. 균형발전특별회계를 통해 포괄

| 표 5-8 | 지방재정의 구조: 일반회계 당초예산 총계(2020) |

단위: %

	지방세	세외수입	지방교부세	조정교부금	보조금	지방채	보전수입등
계	31.8	4.0	16.9	3.8	38.7	0.7	4.1
특별시	52.3	7.3	1.2	6.9	28.6		3.6
광역시	32.4	3.8	10.7	4.1	43.1	2.0	4.0
특별자치시	55.9	4.9	5.7		20.7	4.6	8.2
도	26.5	3.3	22.6	3.0	40.1	0.3	4.2
특별자치도	31.4	3.1	22.6	6.0	35.8	0.4	4.4
시	24.2	4.9	24.4	6.0	35.8		4.0
군	8.8	3.7	44.8	2.8	35.1		4.8
자치구	17.2	6.6	2.3	14.2	54.5		5.2

출처: 행정안전부, 『2020 교부세 산정 해설』, p.17.

적 보조금이 늘어나는 등의 변화가 있기는 했지만 보조금의 상당수가 여전히 지방정부에 대한 관여를 전제로 하고 있기 때문이다.

표는 또한 도시지역 지방정부와 농촌지역 지방정부의 재정수입 구조가 크게 다름을 보여준다. 우선 광역지방정부의 경우 서울특별시는 지방세와 세외수입 등 자주재원이 비율의 매우 높다. 이에 비해 농촌지역을 많이 포함하고 있는 도(道)는 국고보조금과 지방교부세에 크게 의존하고 있음을 볼 수 있다. 광역시 또한 국조보조금의 비율이 43.1%나 되는데, 이는 그 아래의 기초지방정부인 자치구로 갈 국고보조금이 광역시를 거쳐 감으로써 나타나는 현상으로 보인다.

기초지방정부의 경우 군(郡)의 상황이 먼저 눈에 들어온다. 지방세 수입이 9%도 안 되는 반면 지방교부세와 보조금이 무려 80% 가까이를 차지하고 있다. 자치구 또한 보조금이 54.5%나 된다. 보조금이 많은 만큼 분담금 (matching fund)도 많을 것이고, 그만큼 스스로 거둔 자기재원마저도 분담금에 할애해야 하는 상황임을 짐작하게 한다. 최근 중앙정부가 기획한 복지사업이 많아지고, 복지지출 또한 늘어나면서 생겨나는 일로 보인다.

실제로 자치구의 경우 복지예산 비중이 평균 50%를 넘는다.[28] 일부 자치구의 경우 60%를 넘는 경우도 있는데, 이러한 복지사업의 대부분이 자치구를 비롯한 지방정부 스스로 기획한 것이 아니라 중앙정부 사업이다. 지방정부 입장에서는 따를 수밖에 없는 사실상의 **의무사업** 내지는 **의무사무**라 할 수 있다. 결과적으로 중앙정부의 사업에 분담금을 부담하다 보면 스스로 쓸 수 있는 가용재원이 다 없어져 버리는 상황이 발생하기도 한다.

미국과 같은 국가의 경우 클린턴정부 시절에 공화당주도로 **예산지원 없는 의무사무의 개혁을 위한 법률**(Unfunded Mandate Reform Act, UMRA)을 통과시킨 바 있다. 지방정부가 따를 수밖에 없는 중앙정부 사업이 지방정부의 재정 자율성을 악화시키는 것을 막기 위한 조치로, 우리나라의 현실과 관련하여서도 의미하는 바가 크다(제2편 제3장 제5절 참조).[29] 중앙정부 입

---

28) 행정안전부, 『2018 지방재정연감』, "예산-자치구편"의 '37. 자치구 일반회계 세출예산 분석'.

29) UMRA 법률은 연방정부가 일정 수준 이상의 지방정부 지출을 수반하는 사업을 결정할 경우 지방정부의 의견을 들어야 하며, 연방정부는 반드시 지방정부의 지출을 보전해 줄 수 있는 방안을 사전에 계획해야 한다는 내용을 담고 있다. Bryan Shelly, *Money, Mandates, and Local Control in Americal Public Education* (Univ. of Michigan, 2016), pp.119-131. 참조/US General Service Adminis-

장에서는 바로 이러한 일 때문에 지방정부가 비교적 자율적으로 사용할 수 있는 지방교부세를 늘리고 중앙정부 세원을 지방으로 이전하는 등 지방재정 강화를 위해 노력하고 있다고 하겠지만, 의무사무의 성격이 큰 사무가 늘어나는 속도와 지방재정 강화의 속도가 맞지 않다는 것이 문제가 된다.

제 **6** 편 지방정부의 조직과 운영

제 1 장

지방의회의 권한과 기능

기관구성 형태와 지방의회의 권한과 기능

제3편 제3장에서 지방정부는 크게 세 가지 형태의 기관구성을 한다고 설명하였다. 의결기관과 집행기관이 통합된 기관통합형, 의결기관과 집행기관이 분리되어 있는 기관분리형, 그리고 이 두 형태를 혼합한 모양의 절충형이 그것이다. 지방의회의 권한과 기능은 당연히 이러한 기관구성 형태에 따라 달라진다. 기관통합형은 지방의회가 곧 지방정부 전체가 되는 것을 의미하는데 비해 기관분리형은 지방의회가 그 일부만을 이루게 되는 것을 의미하게 때문이다.

① 기관분리형 아래에서의 지방의회의 권한과 기능

1) 기본적인 권한

기관분리형 아래에서의 지방정부는 집행기관과 의결기관으로 나누어진다. 집행기관장이 이끄는 행정조직은 집행기관이 되고 지방의회는 의결기관이 된다. 기관분리형이라 하여 다 같은 내용이 아닌 만큼 집행기관과 의결기관의 권한을 일반화하기는 어렵다. 집행기관장이 주민에 의해 직접 선출되는 경우와 지방의회에 의해 간접 선출되는 경우만 해도 그 권한에 있어 상당한 차이가 있을 수 있기 때문이다. 또 **강시장-의회제**(strong mayor-council)의 형태를 지니느냐, 아니면 **약시장-의회제**(weak mayor-council)의 형태를 지니느냐에 따라서도 그 내용이 크게 달라질 수 있다. 그러나 대체적으로 볼 때 기관분리형 아래에서의 지방의회는 의결기관으로서 발의권과 의결권 그리고 조사권과 감사권 등의 중요한 권한을 부여받는다.

먼저 **발의권**은 의결의 대상이 되는 안건을 제출할 수 있는 권한이다. 지방의회와 그 소속의원은 일정한 규칙과 절차에 따라 지방의회 스스로 의결할 안건을 제출할 수 있다. 이 권한을 통해 지방의회와 지방의원은 지역주민을 대표하여 지역사회가 풀어야 할 문제를 찾아내고, 이러한 문제를 해결하기 위한 정책을 개발하거나 집행기관 및 중앙정부에 그 해결을 촉구하는 정책개발자(policy developer) 또는 정책제안자(policy initiator)의 역할을 수행한다. 특히 지역주민에게 대단히 중요한 의미를 지니는 사안이면서도 집행기관이나 중앙정부가 간과할 수 있는 사안 등에 대해 관심을 기울일 것이 기대되기도 한다.

의결권은 지방의회 권한의 핵심을 이루는 부분이다. 지방정부 차원의 법률이라 할 수 있는 조례를 제정할 수 있는 권한을 지니고 있으며, 지방정부의 예산을 심의·의결할 수 있는 권한을 가진다. 자치사무나 단체위임사무의 영역에 있어 집행기관은 지방의회의 의결이 없이는, 또 지방의회의 의결에 반해 이들 사무에 대한 행정행위를 할 수가 없다. 언제나 지방의회가 제정한 조례의 범위 내에서 움직여야 하며, 지방의회가 의결한 예산의 범위 내에서 지출행위를 해야 한다. 아울러 지방의회는 통상 이러한 의결권 행사를 위해 집행기관에 대해 관련정보의 제출을 요구할 수 있고 집행기관장 등 관계자의 출석을 요구할 수 있다.

감사·조사권 또한 중요한 권한이다. 감사란 지방의회가 법률과 조례 등에 의해 미리 정해진 시점에, 미리 정해진 기간 동안 집행기관의 활동 전반을 평가하고 검사하는 활동이라 할 수 있다. 이에 비해 조사는 집행기관이 관계하고 있는 특정 사안에 대해 지방의회가 원하는 시점에 원하는 기간 동안 검사활동을 펴는 것을 의미한다.[1] 대부분의 국가에서는 조사권만 부여되고 있으나 우리나라와 같이 이 두 가지 권한이 함께 부여되는 있는 경우도 있다.

이 밖에 집행기관의 장이 지방의회에 의해 간접 선출되는 경우에는 **집행기관장에 대한 선출권**이 부여된다. 또 이렇게 선출권이 부여되는 경우에는 간접 선출된 집행기관장에 대한 **불신임권**이 부여되는 예도 많다. 지방의회가 선출을 하는 만큼 불신임을 할 수 있는 권한도 함께 부여하는 것이다. 우리나라에서도 집행기관장이 지방의회에 의해 간접 선출되던 기간(1952.5~1956.2) 동안에는 지방의회에 이 불신임권이 주어졌었다.

지방의회의 이러한 권한에 대해 집행기관은 그 나름대로 다양한 내용의 권한을 갖는다. 국가에 따라 상당한 차이가 나겠지만 기본적으로 지방의회의 의결을 거친 예산을 집행하고, 지방의회가 제정한 조례의 범위 내에서 지역사회와 지역주민을 위한 사업을 집행하고 지역사회에 대해 인·허가를 하고 규제를 하고 의무를 부과하는 넓은 의미의 **집행권**을 행사한다. 또 지방의회에 대해서는 예산안을 편성하여 제출하고, 지방의회의 의결이 필요한 각종의 정책을 발의할 수 있는 **발의권**을 가진다. 국가나 지방정부에 따라서는 지방의회의 의결을 거부할 수 있는 **거부권**(power to veto)을 행사하기도 하며, 지방의회에 집행기관장에 대한 불신임권이 부여되는 경우 드물기는 하지만 이에 대한 대립개념으로 **지방의회 해산권**이 부여되기도 한다. 아울러 이러한 권한을 행사하기 위해 필요한 행정조직을 관리하고 그 소속 공무원에 대한 인사권을 행사할 수 있는 **조직관리권**이 부여된다.

2) 기본적인 기능

기관분리형 아래에서의 지방의회는 위에서 설명한 권한을 바탕으로 크게 세 가지 기능을 수행한다. 정책기능과 통제기능, 그리고 통합·조정기능이 그것이다. 먼저 **정책기능**은 지역주민에게 필요한 정책문제를 발굴하여 이를 정책으로 전환시키거나, 집행기관이 정한 정책적 우선순위를 교정하거나 이에 대해 정당성을 부여해 주는 활동을 말한다. 주요 정책과제를 위한 조례를 발의·제정하고, 예산을 심의·의결하는 행위 등이 이에 해당한다.

---

1) 감사권과 조사권의 비교는 행정안전부 국가기록원, "지방의회 행정사무 감사권 및 조사권한," 참조. 업로드 2006. 12. 1. 접속 2020. 7. 10. http://www.archives.go.kr/next/search/listSubjectDescription.do?id=000565&pageFlag=&sitePage=1-2-1.

통제기능은 말 그대로 집행기관의 활동이 일정한 방향과 궤도를 벗어나지 못하도록 감시하고 독려하는 일이다. 조사권과 감사권, 출석요구권, 거부권, 불신임권 등이 이를 위해 활용된다. 아울러 조례제정권이나 예산에 대한 심의·의결권도 이러한 기능을 수행하기 위한 중요한 수단이 된다. 조례를 통해 집행기관의 활동방향과 범위를 정해주기도 하고, 예산의 심의·의결을 통해 정책과 사업의 방향과 가용재원의 한계를 정해주기도 한다.

기관분리형 아래에서의 지방의회는 또한 **통합·조정기능**의 기능을 수행한다. 지방의회는 집합적으로, 또는 지방의원 개인별로 지역사회의 민원을 수집하여 이를 집행기관에 전달하는 **옴부즈만**(ombudsman)의 역할을 수행하기도 하고, 조례제정 등을 통하여 이러한 민원이 근원적으로 해결될 수 있는 제도적 틀을 만들기도 한다. 아울러 지역사회에서 일어나는 각종의 분쟁, 그 중에서도 집행기관과 지역주민 사이의 분쟁이나 이웃 집행기관과 인근 지방정부와의 분쟁, 중앙행정기관과 집행기관 등의 분쟁과 갈등 등에 있어 중재자로서의 역할을 수행하기도 한다. 모두 지역사회의 갈등을 예방하거나 조정하고 지역사회 전체의 통합성을 유지하기 위한 기능들이다.

■ Ombudsman은 정부나 의회에 의해 임명되어 시민사회에서 제기된 각종의 애로사항과 민원을 해결하기 위해 일하는 사람을 말한다.

② 기관통합형 아래에서의 지방의회의 권한과 기능

기관통합형에서의 지방의회는 그 자체가 곧 지방정부이다. 따라서 이 경우의 지방의회는 기본적으로 기관분리형 아래에서 지방의회가 행사하는 권한은 물론 집행기관이 행사하는 권한까지 행사한다. 즉 발의권, 의결권, 감사·조사권 등 지방의회가 행사하는 권한과 함께, 예산을 집행하고 지역사회와 지역주민을 위한 사업을 계획하고 집행하며, 지역사회와 지역주민이 행하는 각종의 행위에 대해 인·허가를 하고 의무를 부여하는 것을 포함하는 넓은 의미의 집행권을 행사한다. 또 행정조직을 관리하고 소속 공무원에 대해 인사를 행하는 조직관리권도 함께 행사한다.

이러한 권한을 바탕으로 기관통합형 아래에서의 지방의회는 기본적으로 네 가지 기능을 수행한다. 기관분리형 아래에서의 지방의회가 수행하는 세 가지 기능, 즉 정책기능과 통제기능, 그리고 통합·조정기능 위에 기관분리형 아래에서의 집행기관이 수행하는 **관리·집행기능**까지 수행한다. 관리·집행기능이라 함은 예산을 편성하고 집행하며, 행정조직을 관리하고 공무원에 대해 인사를 행하며, 지역사회와 지역주민을 위한 사업을 집행하고 규제를 가하고 의무를 부과하는 등 기관분리형 아래에서 집행기관이 행하는 일체의 관리 및 집행기능을 의미한다.

물론 이러한 여러 기능의 내용과 강도는 기관분리형에서의 그것과 크게 다를 수 있다. 하나의 에가 되겠지만 기관통합형에서의 통제기능은 곧 지방의회 스스로에 대한 통제이기 때문에 그 내용과 강도에 있어 보다 약한 경향을 띠게 된다. 특히 미국의 위원회형(commission plan)과 같이 지방의회를 구성하는 모든 구성원이 각기 한 분야의 행정을 맡아서 운영하는 체제에서는 더욱 그러하다. 지방의원 상호간에 '상호불가침'의 불문율이 작용할 가능성이 크기 때문이다. 위원회형의 중요한 문제 중의 하나로 '견제기능의 약화'를 지적하는 이유가 바로 이것이다.

물론 영국의 많은 지방의회와 같이 내각제형(cabinet system) 체제를 이루고 있는 경우에는 좀 더 강한 내부통제가 이루어질 수 있다. 정당 등을 기반으로 한 반대 내지는 견제 세력이 '야당'으로 존재하고 있기 때문이다. 그러나 이 또한 기관분리형 아래에서의 경우에 비해서는 상당히 다를 수 있다. 지방의회내의 여당이 보다 강하게 집행기관을 방어할 가능성이 큰데다 야당과의 연합으로 내각 또는 집행위원회를 구성하는 경우도 적지 않기 때문이다.

③ 절충형 아래에서의 지방의회의 권한과 기능: 시정관리관형

절충형, 특히 시정관리관제 아래에서 지방의회는 기관분리형 아래에서의 지방의회보다 강한 권한과 기능을 행사한다. 집행기관장인 **시정관리관**(city-manager/council manager)을 임명할 수 있는 권한을 지방의회가 가지고 있기 때문이다. 시정관리관은 집행기관의 장으로 어느 정도의 독자적인 집행권을 행사하지만 지방의회로부터 독립적으로 존재할 수 없으며, 주어진 권한 또한 본래적으로 주어진 것이 아니라 지방의회로부터 위임받는 형식을 취하는 경우가 많다.[2] 시정관리관은 또한 주민에게 직접 책임을 지는 것이

---

2) Kevin C. Duggan, "A Key Ingredient for Success: An Effective City Council/City

아니라 일차적으로 지방의회에 대해 책임을 진다. 따라서 지방의회의 상대적 위상은 기관분리형, 특히 강시장-의회형의 기관분리형 구도에 비해 상당히 강한 모습을 보인다.

시정관리관제 아래에서의 지방의회는 형식상 기관통합형 체제 아래에서의 지방의회가 가지는 권한을 모두 가진다. 즉 발의권과 의결권, 감사권과 조사권 등의 권한에 이어 예산을 편성하고 집행하며 행정조직을 관리하고 공무원에 대한 인사를 행하며, 각종의 규제를 행하고 의무를 부과하는 등의 넓은 의미의 집행권을 모두 가지고 있다. 그러나 이 중 관리·집행에 관한 부분은 상당부분 시정관리관에게 위임이 된다. 그리고 이러한 위임은 많은 경우 지방정부 차원의 헌법이라 할 수 있는 헌장(charter) 등에 의해 제도적으로 규정되어 있거나 관례에 의해 지방의회가 크게 관여하지 않는 영역이 된다.

이러한 구조 속에서 지방의회는 주로 정책기능과 통제기능, 그리고 통합·조정기능을 수행한다. 앞서 설명한 바와 같이 관리·집행기능은 주로 시장관리관에 '위임'한다. 지방의원의 한 사람으로 지방의회를 대표하는 시장(mayor)이 있으나 이 경우 시장은 집행기관장이 아닌 의례적 기능을 수행하는 지방정부의 대표와 **'선임 시민**(the first citizen)'으로서의 의미를 지닌다. 주로 지방의회와 시정관리관을 연결하는 전달자(communicator)로서의 역할과, 시정의 흐름을 시민들에게 설명하는 역할(educator, spokesman), 지방정부 여러 기관간에 일어날 수 있는 각종 갈등과 분쟁의 중재하는 역할(team leader) 등을 수행한다. 또 지역사회의 이미지를 고양시킬 수 있는 상징적 행사(ceremonial task)를 주관하는 일(presiding officer)을 한다. 보다 적극적으로는 외부기업을 유치하는 등 지역경제를 살리는 일에 앞장서기고 하고(promoter) 특정 정책을 주도적으로 이끌기도 한다(goal setter).[3] 그러나 관리·집행기능을 직접 수행하지는 않는다.

Manager Relationship," ICIMA. Jan. 2017. accessed July 5, 2020. https://www.ca-ilg.org/sites/main/files/file-attachments/a_key_ingredient_for_success__an_effective_city_council_city_manager_relationship.pdf.

3) James H. Svara, "Understanding the Mayor's Office in Council-Manager Cities," *Popular Government* (Univ. of North Carolina), Fall 1985, pp.2-3.

④ 종합: 기관구성과 지방의회의 권한과 기능

기관구성형태와 그에 따른 지방의회의 기본적인 권한과 기능을 정리하면 아래의 <표 6-1>과 같다. 표에서 보는 것처럼 기관통합형에서의 지방의회는 그 자체가 지방정부이므로 가장 폭넓은 권한을 행사하고, 또 가장 폭 넓은 기능을 수행한다. 반면 기관통합형 아래에서의 지방의회는 집행기관과 합쳐 지방정부를 형성하므로 권한 또한 집행기관과 나누어 행사한다. 절충형은 시정관리관형을 염두에 둔 내용으로 기관통합형과 같은 권한을 가지나 집행권과 조직관리권은 대부분 시정관리관에게 위임하는 형태를 취한다. 앞서 설명한 바와 같이 각 기관구성의 형태 안에서도 또 다시 세부형태가 있을 수 있고 이러한 세부형태에 따라 권한과 기능의 내용과 강약이 달라질 수 있다. 기관분리형 안에서 집행기관장이 지역주민에 의해 직접 선출되는 경우와 지방의회에 의해 간접 선출되는 경우가 다를 수 있으며, 기관통합형 안에서도 내각제형과 위원회형이 다를 수 있음을 이미 설명하였다.

표 6-1	기관구성형태와 지방의회의 권한과 기능	
기관구성 현채	기본적인 권한	기본적인 기능
기관분리형	발의권, 의결권, 조사권	정책기능, 통제기능, 통합·조정기능
기관통합형	발의권, 의결권, 조사권, 집행권, 조직관리권	정책기능, 통제기능, 통합·조정기능, 관리·집행기능
절충형 (시정관리관형)	발의권, 의결권, 조사권, 집행권(위임), 조직관리권(위임)	정책기능, 통제기능, 통합·조정기능, 관리·집행기능(위임)

제2절 우리나라 지방의회의 권한과 기능

지방자치법 제4조는 지방정부가 '법률로 정하는 바에 따라' 지방자치단체장의 선임방법을 포함한 기관구성의 형태를 달리할 수 있게 규정하고 있다(2022년 1월 시행).4) 그러나 지금까지 우리나라의 지방정부는 일률적으로 기관분리형의 구도를 취해 왔고, 또 취하고 있다. 즉 도시와 농촌, 그리고 인구규모의 크고 작음 등과 관계없이 일률적으로 의결기관과 집행기관을 분리시키고 있다. 그리고 두 기관, 즉 의결기관과 집행기관의 관계에 있어서는 집행기관이 의결기관보다 상대적으로 강한 권한을 행사하는 강시장-의회형, 그것도 중앙정부의 통제가 강하게 작용하는 중앙통제형 강시장-의회형의 구도를 이루고 있다.5) 발의권과 의결권 등 지방의회의 권한은 당연히 이러한 체제를 근간으로 하여 부여된다.

① 일반적 권한과 이에 대한 제약

1) 일반적 권한

(1) 발의권과 의결권

지방자치법 제76조 제1항은 '지방의회에서 의결할 의안은 지방자치단체의 장이나 조례로 정하는 수 이상의 지방의회 의원의 찬성으로 발의한다'라고 하여 지방의원과 지방의회의 발의권을 인정하고 있다. 지역주민의 의사를 의제화하여 지방정부의 정책과정에 반영하는 것이 지방의회의 큰 의무 중의 하나라 생각할 때 이러한 권리의 인정은 당연한 일이다.

아울러 지방자치법은 지방의회의 의결권을 규정하고 있다. 즉 제47조 제1항은 조례의 제정 및 개폐(改廢), 예산의 심의·확정, 결산의 승인, 법령에 규정된 것을 제외한 사용료·수수료·분담금·지방세 또는 가입금의 부과와 징수, 기금의 설치·운용, 대통령령으로 정하는 중요자산의 취득·처분, 대통령령으로 정하는 공공시설의 설치·처분, 법령과 조례에 규정된 것을 제외한 예산외 의무부담이나 권리의 포기, 청원의 수리와 처리, 외국 지방자치단체와의 교류협력에 관한 사항 등을 지방의회의 의결사항으로

---

4) 이에 대해서는 김지수·박재희, 『지방자치단체 기관구성 다양화 모델설계 및 법제화방안 연구』, 지방행정연구원 정책연구 2020-01; 하혜영, "지방자치단체의 기관구성 다양화 논의와 향후 과제," 『이슈와 논점』(국회입법조사처), 제1844호 (2021. 6. 2.) 참조.
5) 제3편 제1장 참조.

규정하고 있다.

이어 같은 조항 제일 끝에 '그 밖에 법령에 따라 그 권한에 속하는 사항' 또한 의결사항이 된다고 하고 있다. 지방자치법상에 나타난 것만으로도 지방정부를 폐지하거나 설치하거나 나누거나 합칠 때 또는 그 명칭이나 구역을 변경할 때 의견을 제시할 수 있는 권한과(제5조 제3항), 지방의원의 징계에 관한 권한(제92조), 예비비 지출 승인권(제144조) 등의 여러 가지 권한이 이러한 '그 밖에'에 속한다.

이와 같이 지방자치법 제47조 제1항에 의해 지방의회의 의결을 반드시 거쳐야 하는 사항들을 **필수적 의결사항**이라 하는데, 이러한 필수적 의결사항 이외에도 지방의회는 그 자체의 의사에 따라 지방의회의 의결을 거치게 할 **임의적 의결사항**을 따로 정할 수 있다. 제47조 제2항의 규정이 그것인데, 이 조항은 '제1항의 각 호의 사항 외에 조례가 정하는 바에 의하여 지방의회에서 의결되어야 할 사항을 따로 정할 수 있다'라고 적고 있다. 조례의 제정권이 지방의회에 있으니 그대로 해석을 하자면 지방의회가 마음먹기 따라서는 지방정부의 자치사무 중 법령상 금지된 것이거나 집행기관장의 업무로 규정된 것을 제외한 거의 모든 사무를 지방의회의 의결을 거쳐야 하는 의결사항으로 할 수 있다는 말이 된다. 보기에 따라 상당히 폭넓은 의결권이 주어진 것으로 볼 수도 있다. 그러나 실제에 있어 이러한 법률상의 권한은 또 다른 법률적 규정에 의해, 또는 법률 외적인 요인에 의해 크게 제약된다. 이 부분은 곧 이어서 설명하기로 한다.

(2) 감사 · 조사권

감사권은 다른 국가에서는 지방의회의 권한으로 잘 인정하지 않는 부분이다. 우리나라와 유사한 법체계를 운영하는 일본만 해도 지방의회에 대해 감사권을 별도로 부여하고 있지 않다.[6] 그러나 우리나라는 제1공화국에서부터 필요한 경우 집행기관의 서류를 감시할 수 있는 행정감시권(行政監視權)을 부여하고 있었다.[7] 1988년의 제7차 개정에서는 일시 이를 삭제하고

---

6) 정세욱, 『지방행정학』(서울: 법문사, 1993), p.529; 서우선, 『지방의회 운영방법론』(서울: 법문사, 1992), p.136.
7) 1988년 개정이 있기 전까지의 지방자치법 제20조는 '지방자치단체의 장과 보조기관의 출석답변을 요구할 수 있으며 필요한 서류를 감사할 수 있다'고만 규정하고 있었다.

행정사무조사권만 부여하였으나, 1989년 제8차 개정 때 감사권의 형태로 다시 살아나 이후 계속 이어지고 있다. 즉, 지방의회로 하여금 집행기관의 사무를 '감사' 하고, 또 필요한 경우 그 사무의 특정사안에 관한 조사를 할 수 있게끔 함으로써 감사권과 조사권을 함께 인정하고 있다.[8]

조사(調査)는 본회의의 의결로써 이루어지게 되는데 본회의 또는 위원회가 조사의 주체가 될 수 있다. 조사의 발의는 반드시 이유를 명시한 서면으로 이루어져야 하며 재적의원의 3분의 1이상의 찬성이 있어야 한다. 감사는 매년 1회 행하도록 하고 있다. 감사기간은 시·도는 14일 이내, 그리고 시·군 및 자치구는 9일 이내이다. 1994년 개정 이전의 법률은 시·군 및 자치구는 3일, 그리고 시·도는 5일이었다. 기간이 충분하지 않다는 비판이 제기되자 1994년의 지방자치법 개정을 통해 이를 각각 10일과 7일로 늘렸고, 2011년의 개정을 통해 14일과 9일로 늘렸다.

1994년 3월 개정 이전의 지방자치법은 지방의회의 감사권을 '자치단체의 사무,' 즉 자치사무와 단체위임사무에 대해서만 행사하는 것으로 제한하고 있었다. 국가 및 상급지방정부의 위임사무에 대해서는 감사권을 행사할 수 없도록 하고 있었으며, 이들 사무에 대해서는 국회 또는 상급지방정부의 의회가 감사를 하는 것으로 하고 있었다. 그러나 1994년의 지방자치법 개정을 통해 지방의회는 국회와 상급지방정부 의회가 직접 감사하기로 한 사무를 제외하고는 국가 또는 시·도 위임사무에 대해서도 당해 의회가 감사할 수 있도록 하였다. 감사대상 사무의 폭이 넓어진 것이다.[9] 그러나 조

---

8) 지방자치법 제49조.
9) 이러한 변화는 지방의회의 강력한 요구로 인한 것이었다. 지방의회는 기관위임사무에 대한 감사권을 확보하기 위해 이들 사무에 대한 국회감사를 제지하기 위해 국회의원의 시·도 감사장 출입을 봉쇄하는 등의 집단행동을 벌이기도 했다. 1994년 3월 개정 전후의 지방자치법 해당조항을 비교하면 아래와 같다. 개정 전 지방자치법 제36조: ① 지방의회는 당해 지방자치단체의 사무를 감사하거나 그 사무 중 특정사안에 관하여 지방의회의 의결로 조사할 수 있으며, 감사 또는 조사를 위하여 필요한 때에는 현지 확인을 하거나 서류의 제출과 지방자치단체의 장 또는 보조기관의 출석·증언이나 의견진술을 요구할 수 있다. ② 제1항의 조사를 하고자 할 때에는 재적의원 3분의 1 이상의 연서로 이유를 명시한 서면으로 발의를 하여야 한다. ③ 제1항이 감사 또는 조사를 위하여 필요한 절차, 기타 필요한 사항은 대통령령이 정하는 바에 따라 당해 지방자치단체의 조례로 정한다. 개정 후 지방자치법(1994. 3) 제36조: ① 지방의회는 매년 1회 당해 지방자치단체의 사무에 대하여 시·도에 있어서는 10일, 시·군 및 자치구에 있어서는 7일의 범위 내에서 감사를 실시하고, 지방자치단체의 사무 중 특정사안에 관하여 본회의 의결로 본회의 또는 위원회로 하여금 조사하게 할

사권에 대해서는 그 대상사무의 범위를 여전히 '지방자치단체의 사무'로 제한하고 있다.

1994년 이후의 지방자치법은 또한 이러한 감사와 조사를 위하여 지방의회에 현지 확인을 하거나 서류제출을 요구할 수 있는 권리와 집행기관장(자치단체장) 또는 관계공무원이나 그 사무에 관계되는 자를 출석하게 하여 증언하게 하거나 진술하게 할 권리를 부여하고 있다. 아울러 자치단체장을 비롯한 집행기관 구성원에게는 지방의회의 이러한 요구에 응해야 할 의무를 부과하고 있다. 그리고 증언과 출석을 확보하기 위해 지방의회로 하여금 거짓증언을 한 자를 고발할 수 있게 하고 있으며, 출석요구를 받은 자가 정당한 사유 없이 출석하지 아니하거나 증언 또는 진술을 거부하는 때는 500만 원 이하의 과태료를 부과할 수 있도록 하고 있다. 이 역시 서류제출 및 출석요구권만 부여한 채 처벌에 대해서는 아무런 규정도 없었던 1994년 3월 이전의 법률에 비해 지방의회의 권한을 한층 강화한 것이라 할 수 있다.[10] 2011년 지방자치법 개정에서는 이에 다시 서류제출을 요구받은 자가 정당한 사유 없이 정해진 기한까지 서류를 제출하지 않았을 때 같은 처벌을 할 수 있는 내용을 첨가하였다.[11]

■ 과태료는 벌칙이 아니기 때문에 법률에 의한 개별위임 없이 지방정부의 조례에 의해 부과할 수 있다. 죄형법정주의 원칙에 어긋나지 않는다는 뜻이다. 제3편 제1장 참조.

수 있다. ② 제1항의 조사를 발의하고자 할 때에는 이유를 명시한 서면으로 하여야 하며, 재적의원 3분의 1 이상의 연서가 있어야 한다. ③ 지방자치단체 및 그 장이 위임받아 처리하는 국가 사무와 시·도사무에 대하여 국회와 시·도의회가 직접 감사하기로 한 사무를 제외하고는 그 감사를 각각 당해 시·도의회와 시·군및 자치구의회가 행할 수 있다. 이 경우 국회와 시·도의회는 그 감사결과에 대하여 당해 지방의회에 필요한 자료를 요구할 수 있다. 이하 생략. 2007년 5월의 지방자치법 개정으로 그 이전의 제36조는 제41조로 이동하였다.

10) 2004년 3월 개정 지방자치법 제36조 4항: ④ 제1항의 감사 또는 조사와 제3항의 감사를 위하여 필요한 때에는 현지 확인을 하거나 서류제출을 요구할 수 있으며, 지방자치단체의 장 또는 관계공무원이나 그 사무에 관계되는 자를 출석하게 하여 증인으로서 선서한 후 증언하게 하거나 참고인으로서 의견의 진술을 요구할 수 있다. ⑤ 제4항의 규정에 의한 증언에서 허위증언을 한 자에 대하여는 고발할 수 있으며, 제4항의 출석요구를 받은 자가 정당한 이유 없이 출석하지 아니하거나 증언 또는 진술을 거부하는 때에는 500만 원 이하의 과태료를 부과할 수 있다. 위의 주(註)에서 설명한 것처럼 2007년 5월의 지방자치법 개정으로 이 조항은 제41조로 이동하였다.

11) 2011년 개정 지방자치법 제41조 5항(2007년 법 개정으로 제36조에서 제41조로 이동): ⑤ 제4항에 따른 증언에서 거짓증언을 한 자는 고발할 수 있으며, 제4항에 따라 **서류제출을 요구받은 자가 정당한 사유 없이 서류를 정하여진 기한까지 제출하지 아니한 경우**, 같은 항에 따라 출석요구를 받은 증인이 정당한 사유 없이 출석하지 아니하거나 선서 또는 증언을 거부한 경우에는 500만 원 이하의 과태료를 부과할 수 있다.

2) 권한에 대한 제약

(1) 발의권과 의결권에 대한 제약

지방의회의 발의권과 의결권에 대한 제약은 첫째, 지방정부의 사무중 지방의회가 궁극적인 권한을 행사하게 되는 사무의 폭이 좁다는 사실에 의해 제한된다. 지방정부가 처리하는 사무 중에서도 기관위임사무는 지방의회의 의결권 밖에 존재하는 등 지방의회가 발의권과 의결권을 행사할 수 있는 사무의 폭이 좁고, 그 결과 지방의회의 발의권과 의결권 또한 그만큼 좁아지게 된다.

지방의회의 권한에 대한 이러한 제약은 가끔 권한확대에 대한 욕구가 큰 지방의회와 이에 대해 입장을 달리하는 집행기관장 및 중앙정부간의 마찰로 이어진다. 실제로 제1공화국 시절 집행기관장인 자치단체장과 지방의회간에 발생하였던 상당수의 마찰이 지방의회가 그 권한을 넘어서는 의결을 함으로써 발생한 것이었다. 대구시의회의 경우 간선제(間選制) 기간 3년 10개월 동안 모두 20건의 마찰이 발생했었는데 시의회의 월권행위가 원인이 된 것이 8건이나 되었다.[12]

1991년 지방의회가 재구성된 이후에도 이러한 마찰이 상당수 관찰되고 있다. 청주시 정보공개조례를 둘러싼 청주시 의회와 내무부(현 행정안전부) 간의 마찰이 대법원의 판결에 의해 정리된 것을 비롯해, 의결권의 범위를 둘러싼 논쟁이 계속되어 왔다.[13] 제7기 지방의회가 활동한 4년 동안에만도 (2014. 7.~2018. 6.) 지방의회 의결에 대해 총 76건의 재의요구가 있었으며, 이 중 상당수가 지방의회 의결권의 범위 및 한계 일탈에 관한 것이었다.[14] 이 중 31건은 지방의회가 재의결을 하였는데, 이 중 13건을 당해 지방정부의 자치단체장, 상급 지방정부의 자치단체장, 그리고 주무부 장관, 즉 당해

---

12) 그 내용은 도세를 시세로 의결하자고 의결한 것이 1건, 지방의회가 관여할 수 없는 기관위임사무를 의결한 것이 2건, 시장의 권한에 속하는 구체적인 재산처분을 시의원으로 구성되는 위원회에서 처리하자고 한 것이 1건, 시립병원장이 도지사에게 제출한 건의에 대한 의결이 3건이었다. 김병국, "지방의회와 지방자치단체장 간의 관계정립에 관한 연구,"『지방행정연구원 연구보고서』, 제48권 (1989. 2), p.178.

13) 이에 관한 논쟁은 제5편 제1장 참조. 그리고 이러한 의결권관련 분쟁에 대해서는 이용우, "지방의회 증언·감정 조례안, 죄형법정주의원칙에 위배 안돼,"『지방자치』, 통권 제54호 (1993. 3), pp.66-68 등도 참조할 것.

14) 행정안전부,『지방의회백서: 2014~2018』 (2020), pp.149-152.

사안을 관장하는 중앙부처의 장관이 대법원에 제소하였다.[15]

둘째, 지방의회의 발의권과 의결권은 집행기관장의 **재의요구권**, 즉 거부권(power to veto)과 중앙정부 및 상급지방정부의 지도·감독권에 의해서 다시 제약받는다. 집행기관장의 재의요구권이 비교적 넓게 인정되어 있는 데다(제120조) 시·도의회의 의결에 대해서는 주무부 장관의, 그리고 시·군·자치구의회의 의결에 대해서는 시도·지사에게도 재의요구권을 부여하고 있다(제192조). 재의요구권은 '법령에 위반되는' 의결뿐만 아니라 '공익을 현저히 해치는' 경우까지를 그 대상으로 하고 있다. '공익'에 대한 판단이 주관적일 수밖에 없다는 점에서 지방의회의 권한을 크게 제약할 수 있는 부분이다.

셋째, 지방의회의 발의권과 의결권은 지방정부의 재정력에 의해서 다시 제약받는다. 재정력이 약한 상태에서 재정 부담을 수반하는 새로운 사업의 결정하기 어렵기 때문이다. 설령 지방의회가 이를 발의하여 의결한다 해도 집행기관장의 재의요구가 따르는 등 그 시행이 어렵게 된다.

그리고 넷째, 지방의회의 발의권과 입법권은 지방의회와 지방의원의 전문성 부족이나 정책적 보좌기구의 미비 등에 의해서도 제한을 받는다. 지방의회 전반에 대한 냉소와 잘못된 선거제도 등으로 인해 지방의원 충원과 정상 많은 문제가 존재하고 있다. 아울러 지방의회 전체의 정책기능을 높일 수 있는 정책보좌기능도 비교적 낮은 상태에 있다. 결과적으로 지방의회는 전문성과 정책적 역량에 있어 집행기관에 비해 크게 떨어지는 상태에 있고, 이로 인해 발의권과 의결권의 수행 또한 원만하게 행사될 수 없는 상황에 있다.

(2) 감사·조사권에 대한 제약

감사권과 조사권 또한 여러 가지 요인에 의해 많은 제약을 받는다. 강시장-의회제의 구조 속에 지방의회의 힘이 상대적으로 약하다는 점, 그리고 지방의회와 지방의원들이 전문성을 결여하고 있다는 점 등이 상당한 제약요인으로 작용하고 있다. 특히 조사권의 경우는 기관위임사무가 그 대상에서 제외되는 등 법률적 한계가 주어져 있다. 이를 하나씩 정리해 본다.

첫째, 대상사무에 대한 제한이다. 앞서 설명한 바와 같이 감사권의 경우

---

15) 위의 백서, p.151.

는 기관위임사무의 영역에까지 확대될 수 있도록 하는 법률 개정이 있었다. 그러나 조사권은 여전히 '지방자치단체의 사무'에 한하여 그 권한이 행사될 수 있게 되어 있다.

조사권과 관련하여 문제를 더욱 복잡하게 만드는 것은 사무의 구분이 명확하지 않다는 점이다. 집행기관이 수행하는 사무 중 어디까지가 자치사무와 단체위임사무이고 어디부터가 기관위임사무인지가 분명치 않은 경우가 많다. 이러한 구분상의 모호함은 집행기관이 상대적으로 우월적인 입장에 있는 강시장-의회제 구도 아래에서 지방의회의 조사권 자체를 위축시키는 결과를 낳는다. 사무구분에 있어 집행기관이 주도적인 역할을 할 가능성이 크기 때문이다.

둘째, 자치사무와 단체위임사무의 비중이 크지 않다는 점이다. 역시 감사권보다는 조사권에 더 크게 관련된 부분이라고 하겠는데, 제5편에서 이에 대한 설명이 있었으므로 이 부분에 대해서는 더 이상 설명하지 않기로 한다.

셋째, 집행기관장인 자치단체장과 지방의회의 힘의 불균형이다. 지방의회의 의결에 대한 거부권 행사, 기관위임사무에 대한 독자적 처리권 등 상대적으로 강한 권한을 행사하는 집행기관장에 의해 지방의회와 지방의원들이 회유 또는 압도될 가능성이 높다. 집행기관과 집행기관장은 다양한 형태의 정치·행정적 자원을 가지고 있고, 이러한 자원을 공식·비공식 관계를 통해 지방압도 또는 회유됨으로써 감사와 조사를 제대로 수행하지 못하는 경우도 적지 않다.

넷째, 우리나라 정당의 '지역정당'으로의 성격으로 인해 집행기관과 지방의회가 같은 정당에 의해 장악된 경우가 많다는 점도 문제가 된다. 정당중심의 조직논리에 의해 견제력이 제대로 발휘되지 못할 수가 있기 때문이다. 감사와 조사의 주체가 의원 개개인이 아니라 본회의 또는 위원회로 되어 있는 만큼 감사 및 조사 대상사무의 선정과 일정의 조정 그리고 자료제출 요구 여부 등이 집합적으로 이루어질 수밖에 없다는 점에서 더욱 그러하다.

그리고 다섯째, 조사·감사권 또한 발의권이나 의결권과 마찬가지로 지방의회와 지방의원들의 전문성의 부족 등에 의해 제약된다. 국회든 지방의회든 의회는 본래 전문가로 구성된다는 보장이 없는 기구이다. 선거에 의해 그 구성원이 결정되기 때문이며, 그 구성원이 되고자 하는 후보들 또한 정치적 과정에 의해 결정되기 때문이다. 따라서 의회가 제 기능을 하게 하기 위해서는 의원 개개인의 비전문성이 의회 전체의 비전문성으로 나타나지 않도록 전문적 보좌체계를 갖추어주는 것이 매우 중요하다. 그러나 우리나라의 지방의회는 이러한 체계가 잘 갖추어지지 않은 상태에서 지방의원 개개인의 비전문성과 낮은 정책역량이 지방의회 전체의 비전문성과 낮은 정책역량으로 그대로 연결되고 있다. 감사·조사권이 효율적으로 발휘되기 힘든 구도에 있다는 뜻이다.

② 기대되는 기능과 그 수행

기관분리형 구도 아래에서의 우리나라 지방의회는 기본적으로 정책기능과 통제기능, 그리고 통합·조정기능을 수행한다. 아래에서는 우리나라의 지방의회가 이러한 기능들을 얼마나 잘 수행해 왔는가를 살펴보기로 한다. 역사적 흐름을 보기 위해 1950년대의 지방의회의 활동과 2002년 이후의 활동을 함께 살펴보기로 한다. 1950년대는 자료의 부족으로 정책기능과 통제기능 부분만을 소개할 수밖에 없음을 미리 밝힌다.

1) 1950년대 지방의회의 활동: 비교를 위한 소개

(1) 정책기능의 수행

1950년대의 지방의정과 관련된 자료들을 보면 당시의 지방의회가 상당히 활발한 정책기능을 수행해 왔음을 알 수 있다. 기초지방의회인 대구시의회의 경우를 예로 들면, 1952년부터 1961년까지 9년에 이르는 지방자치 실시기간 동안 총 회의일수가 531일에 달하였고 처리안건도 도합 1,314건이나 되었다.[16] 지방의원들의 출석률은 정확히 알 길이 없으나 다른 자치단체의 경우를 참고한다면 이 또한 최소한 70%는 상회했으리라 추정된다. 대단한 활약이라 할 수 있다.[17]

---

16) 내무부 지방행정연구위원회, 「지방자치단체 제3차 표본조사 종합보고서」 (1967), p.32.
17) 참고로 전라북도의회의 출석률을 보면 제1대의 경우는 75.85%, 제2대는 77.07%,

그러나 이러한 외관만을 가지고 당시의 지방의회의 정책기능 내지는 활동을 평가하는 것은 위험하다. 활동이 있었다는 사실 자체보다는 오히려 그러한 활동의 범위와 내용이 무엇이냐가 더욱 중요하기 때문이다. 처리된 안건만 하더라도 그것이 누구에 의해서 제안된 것이었으며 또 어떠한 내용들이었는지, 또 시민생활에 어느 정도의 영향을 미쳤으며, 궁극적으로 누구를 위한 것이었는지 등에 대한 판단 없이 그 의미를 이야기 할 수는 없다.

실제로 이러한 문제들을 하나하나 따져보는 경우 우리는 앞서의 긍정적 평가와는 상당한 차이가 있는 결론에 이르게 된다. 먼저 제안의 주체, 즉 누가 제안했느냐의 문제부터가 그러하다. 다시 대구시의회 자료를 보면 처리된 안건이 모두 1,314건에 이르렀으나 그 중 시의회에서 제안한 것은 불과 22.2%로 모두 292건에 지나지 않았다. 나머지는 모두 시장(市長)과 주민이 제안한 것이었다. 그 중에서도 특히 시장이 제안한 것이 542건으로 전체의 41.2%를 차지했다. 시의회가 정책기능의 수행에 있어 집행기관에 비해 소극적이었음을 말해주고 있다.[18]

이러한 소극성을 전제로 해 놓고 볼 때 1,314건이라는 높은 처리건수도 오히려 문제가 된다. 총 회의일수가 531일이었으니 하루 평균 2.5건을 처리한 셈이 된다. 일면 의정의 효율적 운영을 말해주기도 하나 다른 한편으로는 스스로 제안한 것도 아닌 안건들을 세밀한 검토 없이 가볍게 처리했을 가능성을 시사하고 있다.

처리된 안건의 내용에 있어서는 지방의회 자체의 운영에 관한 문제에서부터 주민복지문제와 자치권확보에 관한 문제에 이르기까지 매우 다양한 문제가 다루어졌다. 주민복지에 관한 것이 상당부분을 차지했었는데 대구시의회의 경우를 다시 보면 모두 185건으로 전체의 34%에 이르고 있다.[19] 주민복지를 증진시키는 것이 지방자치의 중요한 목적 중 하나라는 점을 생각할 때 매우 긍정적으로 평가될 수 있는 부분이다. 그러나 이 역시 문제는 그러한 사안들이 시민생활과 관련하여 얼마나 큰 의미가 있는 것이냐 하는 점이다. 즉 버스 정류장 이동 등의 사소한 문제였느냐 아니면 지역사회 전체의 고용증대를 가져올 수 있는 공단 설치 등의 큰 문제였느냐 하는 것이다. 대답은 물론 앞쪽에 가깝다. 지방의회가 관여할 수 있는 자치사무

그리고 제3대는 80.55%였다. 위의 보고서, p.36.
18) 내무부 지방행정연구위원회, 『제2차 표본조사 종합보고서』 (1966), p.209.
19) 위의 보고서, pp.208-210.

와 단체위임사무의 폭이 좁은 데서 오는 당연한 결과였다.

지방의회의 정책적 권능에 대한 이러한 제한은 주민복지 문제뿐만 아니라 다른 정책영역에서도 마찬가지였다. 주민생활에 크게 영향을 미칠 수 있는 문제들은 대부분 지방정부의 자치권 밖에 있었으니 지방의회로서는 부수적인 사안들을 다룰 수밖에 없었다. 당시 제정된 조례가 대부분 지방의회 자체의 운영문제나 수수료 징수, 그리고 공공시설물의 관리에 관한 것이었다는 사실이 이를 대변해 주고 있다.

정책권능의 일부로 예산을 심의·확정하고 결산을 승인하는 권한도 부여받고 있었다. 그러나 이러한 권한의 행사 또한 크게 다를 바 없었다. 거의 모든 지방정부 재정의 대부분을 국고에 의존하고 있는 상황인데다 지방세의 세목과 세율을 마음대로 변경할 수 없는 상황이었으니 대폭적인 증감 등의 근본적인 수정은 처음부터 불가능했다. 작은 수정들만 있을 뿐이었는데, 그나마도 지방의회내의 다수세력과 자치단체장이 같이 집권당인 자유당 경우에는 집행기관의 안이 그대로 무수정 통과되는 경우가 많았다.[20]

다음은 지방의회에서 처리한 안건들이 궁극적으로 누구를 위한 것이었느냐 하는 문제이다. 이 문제는 사실상 정책기능뿐만 아니라 1950년대의 지방의회 그 자체를 평가하는 데 있어서도 결정적인 기준이 될 수도 있겠는데, 여러 가지 정황으로 보아 이 역시 긍정적인 평가를 하기는 어렵다. 당시 처리된 안건 하나하나를 놓고 그 실질적 효과를 분석해 볼 수는 없지만 당시 지방의회에 관여했던 여러 사람들의 진술이나 언론보도는 당시의 상황이 결코 긍정적이지 않았음을 확인해 주고 있다.[21]

사실 1950년대의 지방의회는 그 구성부터가 문제였다. 지방의회 자체가

---

20) 1951년에서 1960년 사이의 지방정부 자체수입이 전체수입에 대한 비율은 33.3%에서 60.0% 사이였다. 1951년의 60.0%가 가장 높았고, 해가 갈수록 떨어져 1958년 이후에는 40% 이하로 떨어졌고, 1960년에는 33.3%를 기록했다. 자료: 내무부, 『지방자치단체 예산개요』, 1962.

21) 2~3대 대전시의원을 지냈던 유기봉 씨는 과거의 지방자치를 "중앙당의 지령과 사리사욕에 눈이 먼 의원들의 이권운동으로 점철되어 있었다"는 한마디로 요약한다. '염불보다는 잿밥에 관심을 둔' 대부분의 의원들은 이권(利權)이 있는 곳이면 어디든 가리지 않고 뛰어들었고, 집행기관을 감시하기는커녕 때로는 집행기관을 앞질러 비리를 도모한 후 도리어 집행기관에 부정한 행위를 강요하기도 했다는 것이다. 공익(公益)보다는 사사로운 이익과 특혜가 앞설 수밖에 없었다고 한다. 대전시 공관(公館)과 인동 공원부지의 헐값 매각도, 중도 극장앞 하천 복개공사의 부정입찰도 모두 그렇게 해서 일어났었노라고 유씨는 회고한다. 유기봉, "실제운영은 어떠했던가," 『지방의회』, 통권 제17호 (1990. 2), pp.57-61 참조.

지역주민의 진정한 대표자로 구성되어 있지 않아 주민 전체의 의사와 이익
이 왜곡되거나 해쳐질 가능성이 내재되어 있었기 때문이다. 일반주민의 정
치적 정향에 비하여 여당적 성향을 가진 인사들과 상공인 등이 과다대표
되어 그 대표성부터 문제가 되는 상황이었다.

선거제도 자체의 결함으로 인해 이러한 문제가 초래된 것은 아니었다.
선거제도 그 자체는 직접·비밀·보통·평등 선거의 골격을 갖추고 있었
다. 문제는 관권과 금권의 개입이었다. 야당계 출마자에 대한 경범죄 남용,
입후보 등록서류 탈취, 서류미비와 선거위원 부재를 빙자한 등록접수 거
부, 야당후보자와 운동원에 대한 매수와 공갈·협박·폭행, 대리투표와 무
더기표, 투표함 바꿔치기에 정전(停電)소동까지 벌리면서 자행된 '올빼미
표' 등 선거 전과정이 타락과 부정의 연속이었다. 선거결과가 민의를 제대
로 반영할 수가 없었고,[22] 이렇게 구성된 지방의회 또한 문제가 없을 수
없었다.

(2) 통제기능의 수행

자치권이 약한데다 지방의회의 구성마저 이러했으니 통제기능이라 하여
제대로 수행될 리 없었다. 당시의 지방자치법은 지방의회에 집행기관에 대
한 통제권으로서 자치단체장과 보조기관에 출석 및 답변을 요구할 수 있는
권한과 필요한 서류에 대한 행정감사권 그리고 자치단체장에 대한 불신임
권을 부여하고 있었다. 그러나 앞서 언급한 정책기능과 마찬가지로 이러한
권한 또한 적절히 행사되지 못했다. 감사권의 경우 전라북도 의회를 예로
들면 1952년 제1대 의회로부터 1960년 제2대 의회가 끝날 때까지 총 12회
에 걸쳐 133일간 연인원 5,917명이 참가하여 감사를 실시하였는데 지적사
항은 모두 18건에 불과했다. 또 지적사항이 있었던 해는 지방자치 9년 중
3년뿐이며 나머지 6년은 단 한 건의 지적도 없는 것으로 되어 있다. 감사
가 아예 없었던 것이나 다름없었다.[23]

주로 면단위에서 많이 일어난 것이지만 오히려 불신임권은 필요이상으
로 빈번히 행사되었다. 전라북도의 경우를 보면 1953년 5월에서 1954년 1
월 사이에 3시(市), 6읍(邑), 169면(面) 중에서 59읍·면장이 불신임으로 경

---

22) 엄기문, "선거양상은 어떠했던가," 『지방자치』, 통권 제17호 (1990. 2), pp.49-50.
23) 내무부, 지방행정 연구위원회, 앞의 보고서, p.40.

질된 것으로 나타났다.[24] 전체의 3분의 1에 해당하는 정도이니 결코 작은 숫자가 아니다. 이러한 권한 행사 역시 당시의 관찰자들은 공익과 시민을 위해 일어난 것이라기보다는 운영미숙이나 당파적 갈등이 근본원인이었다고 말하고 있다.

2) 최근의 지방의회 활동: 제7기 지방의회(2014. 7.~2018. 6.)를 중심으로

(1) 정책기능의 수행

1950년대의 지방의회가 비교적 많은 수의 안건을 처리하였던 것처럼 1991년 새로이 출범한 지방의회 역시 많은 수의 안건을 처리해 왔다. 아래에서는 주로 제7기 지방의회(2014. 7.~2018. 6.)의 기록을 통해 이를 정리해 보기로 한다.

2014년 7월 출범한 제7기 지방의회의 의안처리실적을 보면, 17개 시·도의회가 21,459건으로 의회 당 평균 1,262건을 처리한 것으로 나타나고, 226개 시·군·자치구의회가 모두 105,315건으로 의회 당 평균 466건 처리한 것으로 나타난다. 시·도의회의 경우 의회 당 연 평균 회의일수가 100.1일로 되어 있으니 1 회의일마다 평균 3.1건을 처리한 셈이 된다. 또 시·군·자치구의회도 회의일수가 연 평균 69일이니 1 회의일마다 평균 1.7건 가까이 처리한 것으로 나타난다.[25] 만만치 않은 숫자임을 알 수 있다. 제안된 안건들의 60% 정도가(시·도의회 13,527건, 시·군·자치구의회 64,258건) 조례를 제·개정하는 안건들이었다는 점에서 더욱 그러하다.

제7기 지방의회만 이러한 것이 아니라 이 이전의 지방의회들도 안건처리 건수에 있어서는 비교적 높은 실적을 보여 왔다. 2012년 7월 구성된 제4기 지방의회의 경우도 시·도의회, 즉 시·도의회와 시·군·구의회, 즉 시·군·자치구의회 모두 1 회의일 평균 1건 이상을 처리하였다. 제5기 지방의회와 제6기 지방의회 모두 마찬가지이다. 시·도의회와 시·군·구의회 모두 1 회의일 당 1~1.5건의 안건을 처리한 것으로 되어 있다.

상당히 많은 안건을 처리해 왔다고 할 수 있겠는데 문제는 이러한 안건

24) 김병국, "지방의회와 지방자치단체장 간의 관계정립에 관한 연구," 『한국지방행정연구원 연구보고서』, 제48권 (1989. 2), pp.178-179.
25) 행정안전부, 『지방의회백서: 2014~2018』 (2020), p.116, p.123.

처리실적만을 두고 정책기능을 평가할 수 없다는 점이다. 무엇보다도 안건을 발의한 주체를 보면 시·도의회의 경우 조례안 13,527건 중 50%에 해당하는 6,740건(50.0%)가 자치단체장인 시·도지사와 교육감이 발의한 것으로 되어 있다. 시·군·자치구의회의 경우는 64,258건 중 50,458건, 즉 78.5%가 자치단체장이 발의한 것으로 되어 있다. 지방의회의 발의권 행사나 정책기능이 제대로 발휘되지 않고 있음을 말해주고 있다(표 6-2).

이러한 기록은 그나마 많이 나아진 것이라 할 수 있다. 제4기 지방의회의 경우 시·도의회와 시·군·자치구의회 모두 의원발의의 조례안은 전체의 10% 안팎에 머물렀다. 지방의회 안팎에서 많은 비판이 일었고, 그 결과 제5기부터 다소 달라지는 모습이 보이기 시작했다. 그러나 이 시기 역시 시·도의회의 경우 조례안의 60%를, 시·군·자치구의회의 경우는 조례안의 85% 이상을 당해 자치단체장과 교육감이 발의했었다.

발의된 안건에 대해서도 얼마나 심사숙고 하였으며 또 얼마나 큰 영향력을 행사했느냐 하는 것도 문제가 되겠는데, 지방의회는 이 부분에 있어서도 그다지 높은 평가를 받을 수 없다. 제출된 의안을 대부분 무수정 내지는 그에 가까운 정도의 수정만으로 통과시킨 것으로 나타난다. <표 6-2>에서 보는 것처럼 제7기 지방의회의 경우 시·도의회는 처리된 조례안 12,838건의 76.6%에 해당하는 9,828건을 아무런 수정 없이 통과시켰다. 또 시·군·자치구의회는 63,447건의 85.0%인 53,067건을 그렇게 처리했다. 안건이 제출되기 전에 집행기관과 협의가 있을 수 있다는 점을 감안하더라

표 6-2 지방의회의 조례안 처리내용: 제7기 지방의회(2014. 7.~2018. 6.)

구분	접수			처리			미처리			처리 내용				
	소계	단체장 발의	의원 발의	소계	단체장 발의	의원 발의	소계	단체장 발의	의원 발의	가결 원안	가결 수정	부결	폐안	철회
합계	77,785	56,224	21,561	76,285	55,747	20,538	1,500	477	1,023	63,795	10,407	860	708	515
광역의회	13,527	5,766 (974)	7,761	12,838	5,705 (964)	7,133	689	61 (10)	628	9,828	2,423	55	392	140
기초의회	64,258	50,458	13,800	63,447	50,042	13,405	811	416	395	53,967	7,984	805	316	373

주: ( )는 교육감 제출 건수.
출처: 행정안전부, 『지방의회백서: 2014~2018』(2020), p.123.

도 원안통과의 비율이 지나치게 높은 것으로 보인다. 지방의회의 심의·의결 과정이 느슨하거나 지방의회의 정책적 영향력이 그다지 크지 않음을 느낄 수 있는 부분이다.

(2) 통제기능의 수행

지방의회는 그동안 비교적 활발한 감사활동을 벌여온 것으로 나타나고 있다. 감사의 효과가 어떻게 나타나고 있느냐를 정확히 측정할 길은 없으나 일단 그 활동에 있어서는 적극성을 띠어 왔다. 제7기 지방의회 경우를 보면 2014년 7월에서 2018년 6월에 이르는 4년 임기동안 시·도의회는 총 5,560개의 기관에 대해, 시·군·자치구의회 또한 29,446개의 기관에 대해 감사를 실시하였다(표 6-3). 현장방문도 시·도의회의는 396건, 시·군·자치구의회는 2,847건 수행한 것으로 나타난다.

제7기 이전의 지방의회들도 마찬가지였다. 제4기 지방의회의 경우 시·도의회는 2,941개의 기관을 감사한 것으로 나타나고, 시·군·자치구의회도 17,570개 기관을 감사한 것으로 나타난다.[26] 그리고 이러한 감사를 통해 시·도의회는 18,839건의 시정조치를, 시·군·자치구의회는 75,455건의 시정조치를 요구한 것으로 기록되어 있다. 또 제5기 지방의회의 경우도 시·도의회와 시·군·자치구의회 모두 각각 3천 개가 넘는 기관과 2만 개 가까운 기관을 감사한 후 각각 2만8천 건과 9만3천 건에 이르는 시정조치를 요구한 것으로 되어 있다.[27]

결코 작은 수는 아니라 하겠다. 하지만 이러한 감사활동의 내용이 얼마나 내실 있는 것이었느냐에 대한 확신을 가지기는 힘이 든다. 지방의회 감사에 대한 언론의 보도나 학자들의 일반적인 평가는 그다지 높지 않은 것으로 나타난다.[28]

조사활동은 감사활동에 비해 그 숫자부터 크게 떨어진다. 제7기 지방의회의 경우 2014년 7월부터 2018년 6월까지 시·도의회는 18건의, 그리고 시·군·자치구의회는 4,185건의 조사를 행했다. 시·도의회의 경우는 17

---

26) 행정자치부, 『지방의회 백서: 2002. 7.~2006. 6.』, p.154.
27) 행정안전부, 『지방의회 백서: 2006. 7.~2010. 6.』, pp.256-258.
28) 김병국, "지방의회의 행정사무감사의 중요성과 실효성 확보," 『월간 자치발전』, 제10권 제10호 통권 제114호 (2004. 10), pp.16-22; "지방의회, 구태 젖은 '행정감사' 한심," 쿠키뉴스, 2008. 11. 19.

| 표 6-3 | 행정사무감사 실적: 제7기 지방의회(2016. 7.~2018. 6.) | | | | | | | |

구분	수감기관수							확인현장 (개소)
	계	본청	소속 행정기관	하부 행정기관	사무위탁 법인	교육 행정기관	공기업	
계	35,006	13,358	5,989	8,596	1,471	1,330	1,019	3,243
시·도	5,560	1,023	1,482	227	775	1,219	438	396
시·군·자치구	29,446	12,335	4,507	8,369	696	111	581	2,847

출처: 행정안전부, 『지방의회 백서: 2014. 7.~2018. 6.』, p.129.

개 의회가 4년 임기동안 평균 1건의 조사활동을 한 셈이고, 시·군·자치구의회는 226개 의회가 연 평균 4.6건 정도의 조사활동을 한 셈이다.[29]

이러한 경향은 제7기 지방의회 이전의 지방의회에서도 그대로 나타난다. 시·도의회는 4년 임기동안 한 두건 조사하는 정도이고, 시·군·자치구의회도 3~4건의 조사활동을 한 것으로 되어 있다. 우리 지방행정이 안고 있는 많은 문제들을 생각할 때, 또 수시로 발생하는 크고 작은 사건들을 생각할 때 잘 이해가 되지 않는 숫자이다. 제 역할을 다 하지 못하고 있다는 뜻이다.

(3) 통합·조정기능의 수행

민원과 청원의 처리는 지역사회의 통합과 관련하여 중요한 의미를 지닌다. 제대로 처리하지 않고 방치하는 경우 지방정부에 대한 불신이 커지게 됨은 물론, 다양한 형태의 갈등과 대립을 일으키면서 지역사회의 통합을 저해하게 된다.

우선 민원과 관련하여 대부분의 지방의회는 의회 내에 민원실이나 주민상담실을 운영하거나 민원을 담당하는 부서나 직원을 두고 있다. 그리고 이를 통해 적지 않은 민원을 처리해 왔다. 제7기 지방의회의 활동을 정리한 『지방의회 백서: 2014~2018』도 2014년 7월에서 2018년 6월에 이르는 기간 동안 시·도의회는 612명의 민원을 상담했고, 시·군·자치구의회는 5,012명의 민원을 상담한 것으로 정리하고 있다.

그러나 이것은 공식적으로 기록된 경우를 이야기할 뿐, 실제로 일어난

---

29) 행정안전부, 『지방의회 백서: 2014. 7.~2018. 6.』, p.129.

민원청취 및 민원상담은 이 숫자와 비교가 되지 않을 만큼 많을 수 있다. 지방의회 의원의 주요한 업무가 주민의 민원을 처리하는 것이고, 그래서 민원의 청취와 처리는 지방의원의 일상이 되고 있기 때문이다. 지방의회와 지방의원은 이러한 일을 피할 수도 없고 피해서도 안 되게 되어 있다.

청원의 처리도 지방의회의 중요한 기능 중의 하나인데 지방의회는 통상 임기기간 내에 적게는 한두 건에서 많게는 수십 건의 청원을 처리한다. 이를테면 제4기 지방의회의 경우 시·도의회는 4년 임기에 걸쳐 모두 244건의 청원을 접수해 이 중 191건을 처리하였다. 임기기간 동안 한 의회 당 평균 11건 정도를 처리한 셈이다. 또 시·군·자치구의회는 692건을 접수하여 이 중 632건을 처리했다. 한 의회 당 평균 2.8건을 처리한 셈이다.

청원의 처리는 이 이후의 지방의회 활동에서도 거의 유사하게 나타난다. 제7기 지방의회를 보면 2024년 7월부터 2018년 6월까지 시·도의회는 모두 313건을 접수해 273건을 처리했고, 시·군·자치구의회는 322건을 접수해 296건을 처리했다. 그러나 숫자 그 자체에서 청원과 관련된 지방의회의 활동은 비교적 소극적이라 할 수 있다. 지방의회에 대한 시민들의 기대와 관심이 낮다보니 시민들 스스로 청원 자체를 잘 접수하지 않는 것이다.

정책기능의 일부이기도 하겠지만 지방의회는 지역사회의 여론을 모으고, 공론을 형성하는 일에도 나름대로 역할을 해 왔다. 제7기 지방의회의 경우 시·도의회는 임기동안 106회의 공청회와 9,610회의 간담회를 개최했다. 또 시·군·자치구의회는 341회의 공청회와 5,382회의 간담회를 개최했다. 통합·조정과 관련하여 의미 있는 활동이라 할 수 있다. 이전의 지방의회도 마찬가지이다. 그 내용과 성과를 평가하기는 어렵지만 다양한 내용의 공청회와 간담회 등을 열었었다.

지방의회의 이러한 활동들, 즉 민원과 청원의 처리, 그리고 공청회와 간담회를 여는 등 지역사회를 통합시키고 지역 내 이해관계를 조정하는 일에 대한 평가는 그다지 높지 않다. 청원은 그 수가 많지 않고, 공청회와 간담회도 효과적이고 생산적으로 이루어지지 않는 것으로 된다. 제도적으로 접수되는 민원 또한 집행기관에 접수되는 민원과 중복되는 경우가 많아 그 실효성이 크게 떨어진다. 통계가 없어 정확한 내용을 소개하지는 못하지만 지역사회에서 일어나는 각종의 분쟁을 조정하는 기능 또한 그다지 높지 않은 것으로 알려지고 있다.

■ 청원은 국민이 법률이 정한 절차에 따라 손해의 구제, 법률·명령·규칙의 개정 및 개폐, 공무원의 파면 따위의 일을 국회나 관공서 또는 지방의회 따위에 청구하는 일을 말한다. '다음' 국어사전.

여러 가지 이유가 있겠으나 가장 중요한 사실은 지방의회와 지방의원의 사회적 위상이 높지 못하다는 점이다. 또 지방정치와 지방의회에 대한 냉소가 깊다는 점이다. 분쟁조정의 기능만 해도 어느 정도 중재자로서의 권위를 지니고 있어야 하는데 지방의회와 지방의원의 권위가 그 수준에 달하지 못하고 있다. 그나마 가장 잘 기능을 하는 영역이 있다면 통계에 잡히지는 않지만, 지역주민의 개별적 민원을 전달하고 해결해 주는 부분이다.

(4) 분권운동 기능의 수행

지방자치의 역사가 짧은 상황에 있어 지방의회가 감당해야 할 또 하나의 중요한 기능 내지는 역할이 있다. 다름 아닌 합리적 분권운동의 기능이다. 중앙집권적 권위주의 체제 아래 모든 제도와 문화, 그리고 관행이 지방자치와는 어긋나게 되어 있는 상황을 바로잡아서, 올바른 지방자치를 할 수 있는 제도적·문화적 환경을 만드는데 앞장 서야 한다는 말이다. 이제 막 지방자치를 시작하는 국가의 초기 지방의회 기능으로서 빼 놓을 수 없는 부분이라 하겠다.

그러나 이 부분과 관련하여서도 지방의회는 긍정적 평가를 받기 어렵다. 지방자치를 발전시키기 위해 다른 분야의 다양한 주체들과 힘을 합치는 문제에 있어서나, 아니면 각각의 지방의회와 한 사람 한 사람의 지방의원이 분권운동가로 바로 서는 일 문제 모두에 있어 크게 성공적이지 못했다.

■ 전국시·도의회의장협의회와 전국시·군·자치구의회의장협의회는 전국시·도지사협의회와 전국시장·군수·구청장협의회와 함께 법적 지위를 인정받은 '지방 4단체'를 이룬다.

먼저 전국적인 연합활동은 주로 시·도의회의장협의회와 시·군·자치구의회의장협의회 등을 중심으로 이루어져 왔다. 이들 조직을 중심으로 전국 단위의 지방의원 연수와 세미나 등을 개최하기도 하고, 지방자치제도의 미비점을 보완하기 위한 논리를 만들어 보급하는 등 나름 적지 않은 노력을 해 왔다. 그러나 이들의 이러한 활동은 지방의원을 유보수화 시키는 문제 등 지방의원 스스로의 이해관계와 얽힌 문제들을 먼저 부각시키는 경향이 있었다. 그 결과 오히려 국민적 관심과 지지를 얻기보다는 그렇지 않아도 강한 지방의회에 편견과 냉소를 심화시키는 결과를 초래하기도 했다.

개별 지방의회 단위에서는 때로 전국적 관심을 얻는 일이 있었다. 1990년 초 있었던 청주시의회의 정보공개조례 제정과 부천시의회의 담배자판기설치금지조례 제정은 왜 지방자치를 해야 하는지, 또 우리나라 지방자치의 문제가 어디에 있는지를 알리는데 큰 역할을 했다. 그러나 이러한 일들을 동력으로 삼아 지방자치와 지방분권 운동을 상시적인 전국운동으로 만들어 가는데 성공하지 못했다.

개별 지방의원들의 활동도 매우 뜻 깊은 기록을 남긴 경우가 많다. 지방의원의 상당수가 스스로 구성한 연구모임이나 시민단체와의 연대활동 등을 통해, 또 주어진 직무에 충실한 모습을 보이면서 지방자치의 필요성과 중앙집권적 제도의 모순을 지역주민이 자연스럽게 느끼도록 활동해 왔다. 특히 환경문제와 복지문제, 아동문제 등 지역주민의 생활과 직결된 영역에서의 이들의 조직적인 활동은 지역사회와 지역주민의 공감을 불러일으키는 예가 많았다. 그러나 이들의 활동 역시 지방자치와 지방의회에 대한 냉소를 걷어 낼 수준에 도달하지 못하고 있다. 잘못된 해외연수 등 때때로 언론을 통해 보도되는 지방의회와 지방의원들의 잘못된 모습들이 오히려 긍정적 역할을 하고 있는 이들 상당수 지방의원들의 노력까지 평가절하 시키고 있다.

③ 기능의 활성화

결국 지방의회는 그 기대된 기능을 다 하지 못하고 있는 것으로 결론 지워진다. 국민과 지역주민의 시선도 여전히 따갑다. 그러나 이러한 결론을 내림에 있어 한 가지 경계해야 할 일이 있다. 잘못의 원인을 지방의회와 지방의원의 문제로 귀착시켜서는 안 된다는 점이다.

지방의회가 기대된 기능을 제대로 수행하지 못하는 이유의 상당부분은 잘못된 권한의 배분과 잘못된 조직구조, 잘못된 선거제도, 그리고 잘못된 지원제도 등에 있다. 오히려 이러한 갖가지 어려움과 한계 속에서 제대로 된 지방자치의 발전을 위해 노력하는 지방의원들이 적지 않음에 주목해야 한다(사잇글 6-1). 오늘의 지방의회가 안고 있는 문제들을 단순히 지방의원들의 자질문제로 돌리고 만다면 이 역시 지방의회와 지방자치의 발전을 가로막는 일이 된다.

기능을 활성화시키기 위해서는 오히려 보다 과감한 분권화와 함께, 바람직한 인물들을 지방정치와 지방의회로 들어오게 하는 유인체계의 정비가 중요하다. 아울러 '중앙통제형 강시장-의회제'로 요약되는 중앙정부와 지방정부, 그리고 집행기관과 지방의회의 불균형적인 관계의 개선과 잘못된 선거제도와 선거문화의 개선 등이 따라주어야 한다. 지역사회에서 얼마나 많을 일을 잘 해 왔느냐와 관계없이 정당의 공천을 받고, 또 지방의원으로서의 활동과 업적과 관계없이 다음 선거에서의 당락이 결정된다면 그나마 주어진 역할과 기능을 하고 있는 상당수 지방의원들의 사기마저 저하시키는 결과를 낳게 된다. 이러한 제도적 문화적 환경과 관행에 대한 종합적인 관심이 필요하다.

사잇글 6-1: 지방자치의 새싹

아래는 "아줌마 의원들의 힘! 서울의 삶 바꾼다"라는 제목으로 한국일보 hankooki.com에 보도된 대학생 인턴 기자의 기사 일부이다. 아마추어리즘을 벗어나려고 노력하는 '아줌마 의원들'의 모습과 대학생 인턴 기자의 기사라는 조합이 흥미롭다.[30]

서울시에 여성 정치 파워가 거세다…… 만 45세 이하의 '젊은 아줌마' 시의원 5명과 구의원 15명이 모여 2006년 6월 결성한 '푸른 여성모임'이 그 주인공이다…… 이들이 처음 모인 것은 2006년 7월 제7대 의회 개회와 함께였다…… 처음에는 서툴기만 했다. 조례제정과 행정감사 등 의정활동 방법에 대한 기본교육에만 6개월이 흘러갔다. 제대로 된 시정(市政) 비판이나 조례 발의 등은 엄두도 못 냈다. 하지만 의정활동에 대한 기본 소양이 점차 쌓이면서 2007년부터는 서서히 여성의 감각과 체취가 묻어나는 조례를 잇따라 발의하는 성과를 내고 있다. 의원들은 한 달에 한번 모임을 갖지만 조례 발의 등을 위한 자료연구 등이 필요할 경우에는 수시로 만나 의견을 나눴다.

이 모임의 대표적 성과는 2007년 4월부터 1년간 현장조사와 세미나 등을 거쳐 내놓은 어린이놀이터 관련 사업과 조례다. 이들은 사업시작과 함께 각자 역할을 분담해 놀이터 사고와 모래 관리상태 등을 현장조사하고, 그 내용을 토대로 2007년 8월 산업자원부(현 지식경제부)에 안전기준 강화 필요성이 담긴 의견서를 제출했다. 이 의견은 받아들여졌고 놀이터 모래의 안전기준이 추가된 '어린이 놀이시설 안전관리법'이 제정돼 올해부터 시행 중이다. 서울시도 약 1,440억 원의 예산을 투입, 2010년까지 안전기준이 한층 강화된 '상상어린이공원' 300곳을 조성하기로 했다. 이 놀이터에는 울타리와 문이 설치되고 강가의 고급 모래가 깔리는 등 아동의 안전과 위생에 대한 전반적인 배려가 녹아있다……

이 기사에 따르면 이 '아줌마 의원 모임'은 이 외에도 '지적장애와 발달장애에 대한 정부와

---

30) 장재원, "아줌마 의원들의 힘! 서울의 삶 바꾼다," 한국일보 hankooki.com, 2008. 12. 19.

지방자치의 역할'을 주제로 조례 발의를 준비하는 등 다양한 형태의 활동을 준비하고 있다고 한다. 지방의회와 지방의원의 잘못된 부분에 대해서도 관심을 가져야 하겠지만 이러한 바람직한 활동에 대한 관심 또한 대단히 중요하다. 이러한 활동들이야 말로 우리나라 지방자치의 새 싹이기 때문이다.

제2장

지방의회의 조직과 운영

제1절 지방의회의 의원정수와 지방의원의 지위

① 지방의회의 의원정수

1) 대의회 제도와 소의회 제도

지방의회 의원의 적정 정수에 관한 연구가 없는 것은 아니다. 지방의원의 수가 지방재정 지출에 미치는 영향 등에 관한 연구가 있는가 하면, 대표기능을 수행하기에 효과적인 정수를 찾기 위한 노력도 없지 않다.[1] 그러나 어떠한 연구도 모든 국가에 적용될 수 있는 적정규모를 제시하지는 못하고 있다. 객관적 기준을 마련할 수 있는 사안이 아니기 때문이다.

지방의원의 정수는 지방자치와 지방의회의 기능에 대해 어떠한 철학을

---

[1] 예컨대 일부 연구는 지방의원의 수가 늘어날수록 지방정부의 재정지출 규모가 늘어난다는 연구결과를 내어 놓고 있다. Lynn MacDonald and Tim R. Sass, The Impacts of Council Size, Government Form and Election Method on Local Public Expenditures, a paper submitted to the Local Governance Program, Florida State Univ. (Nov. 2003) 참조.

공유하고 있느냐에 따라, 또 그 사회의 정치적 상황이나 자연지리적인 조건 등에 따라 다르게 운영된다. 예컨대 지방의회의 대표기능을 중시하여 다양한 이해관계와 신념이 반영될 수 있는 체제를 원한다면 다수주의(多數主義) 또는 **대의회제도**(大議會制度)를 선호할 수 있고, 빠른 결정 등 운영상의 효율을 중시하는 경우에는 그 수를 되도록 줄여 소수주의(少數主義) 또는 **소의회제도**(小議會制度)를 운영할 수도 있다. 또 지역사회가 비교적 동질적인 경우에는 그 수를 작게 할 수 있으며, 지방의원의 신분을 무보수 명예직으로 하는 경우에는 그 수를 다소 늘릴 수 있다.

이러한 여러 가지 변수 중 중요한 영향을 미치는 것 중의 하나가 기관구성의 형태이다. 기관분리형을 취하는 경우 지방의회의 의원정수는 비교적 커지는 경향이 있다. 우리나라와 일본 등의 도시형 지방정부들이 여기에 속한다. 일본 도쿄도(東京都)의회의 의원정수는 2020년 현재 127명이 되며, 교오토부(京都府)의회의 의원정수는 60명이 된다.[2] 미국의 시장-의회제 지방정부 역시 다른 형태의 지방정부와 비교하여 지방의원 정수를 비교적 크게 운영하는 경향이 있다. 예컨대 뉴욕시(City of New York)는 51명, 시카고시(City of Chicago)는 50명이다.

기관통합형의 국가에 있어서는 내각제(cabinet system)나 집행위원회형(executive committee system)을 취하는 경우와 위원회형(commission plan)을 취하는 경우는 확연한 차이를 보인다. 영국과 프랑스 등 내각제형 또는 집행위원회형을 취하는 국가들은 대체로 대의회를 운영하는 경향을 보인다. 영국은 잉글랜드, 스코틀랜드, 웨일즈, 북아일랜드 지역의 4백여 개의 지방정부에 지방의원의 수가 약 2만 명 정도에 이르고 있다. 의회 당 평균 50명에 가까운 숫자이다.[3]

유사한 형태를 운영하는 프랑스 역시 마찬가지이다. 인구가 작은 농촌형 코뮨(commune)의 경우는 10명 안팎의 의원정수를 가지고 있으나 인구가 1만 명 이상을 넘으면 의원정수가 대체로 30명 이상이 된다. 코뮨의 수가 3만5천 개 정도가 되다보니 전체 지방의원의 수가 5만 명에 육박하게 된다. 제일 큰 도시정부인 파리(Paris)의 경우는 무려 163명에 이르고, 그 다음의

---

2) 동경도(東京都) 및 경도부(京都府) Homepage 자료. 2020. 7. 5.

3) "Political Make-up of Local Councils in the United Kingdom," Wikipedia, last reviewed June. 30, 2020. accessed July 5, 2020. https://en.wikipedia.org/wiki/Political_make-up_of_local_councils_in_the_United_Kingdom.

대도시인 마르세이유(Marseille)도 101명이 된다.[4]

그러나 미국에서 운영되는 위원회형(commission plan)은 통상 5~7명이 정수가 된다. 지방의원 전원이 각 행정 분야를 나누어 운영하는 형태가 되기 때문이다. 작게는 의원정수를 3명으로 하는 경우도 있고 많게는 9명 이상이 되는 경우도 있다.

절충형이라 할 수 있는 시정관리관 체제 아래에서는 의원정수에 있어 비교적 다양한 모습을 보인다. 인구규모와 인구의 구성 등 지역사회의 정치사회적 환경과 역사 등에 따라 의원정수가 결정되기 때문이다. 그러나 대체로 10명 이하의 정수를 운영하는 경우가 많다.

2) 우리나라 지방의회의 의원정수

우리나라는 제1공화국 시절부터 2020년 현재에 이르기까지 대체로 의원정수가 비교적 큰 다수주의 또는 대의회제도를 운영해 왔다. 그러면서 농촌지역 등 인구규모가 작은 지역에서는 의원정수가 크지도 작지도 않은 중규모의 제도를 같이 운영해 왔다.

(1) 의원정수의 변화

① 1950년대 지방의회의 의원정수

먼저 1952년 구성된 지방의회의 경우 시의회의 의원정수는 20명에서 46명이었고, 읍의회는 15명에서 20명, 면의회는 10명에서 14명, 그리고 도의회는 20명에서 61명이었다. 이후 지방자치법을 개정하여 1956년 선거에서는 시의회는 15명에서 26명, 읍의회는 13명에서 15명, 면의회는 11명에서 12명, 그리고 도의회와 서울특별시의회는 15명에서 67명으로 했다. 그 규모를 다소 줄인 것이다. 그러나 다수주의 또는 대의회제도를 근간으로 하면서 농촌지역을 중심으로 부분적으로 10명 남짓한 중규모 의회를 운영하는 골격에는 큰 변화가 없었다.

---

4) 프랑스의 경우 Paris는 163명, Marseille는 101명, Lyon은 73명, 인구 30만 이상의 도시정부는 69명, 25만 이상 30만 미만은 65명, 20만에서 25만 미만의 도시정부는 61명 등으로 되어 있다. 인구 100명 이하인 commune은 의원정수가 7명까지 내려간다. "Municipal Council (France)," Wikizero, accessed July 5, 2020. https://www.wikizero.com/en/Municipal_council_(France).

② 1990년대 이후 광역지방의회의 의원정수

대의회제도를 근간으로 하며 부분적으로 중규모 의회제도를 운영하는 체제는 지방자치가 다시 실시된 1990년대 이후에도 그대로 이어졌다. 시·도의회는 대체로 대의회제도를, 그리고 시·군·구의회는 대의회제도와 중규모 의회제도를 같이 운영해 왔다.

먼저 시·도의회 의원정수를 보면, 1991년 지방선거 당시 지방의원정수를 규정하고 있던 지방의회의원선거법은 시·군 및 자치구당 3인씩을 선출하되 인구가 30만 이상을 초과하는 경우에는 매 20만마다 1인씩을 더 선출하는 것을 기본적인 틀로 규정하였다. 투표의 등가성을 높이기 위한 제한규정을 두기도 했는데, 시·군 및 자치구의 인구가 적어 7만 미만이 되는 경우에는 3인이 아닌 2인만을 선출하도록 하였다. 그리고 이렇게 해서 구성된 시·도의회가 직할시(현 광역시)의 경우는 최소 23인 이상, 도는 최소 17인 이상이 되도록 규정하였다. 15개 시·도의회의 전체 의원정원이 866명으로 시·도의회 당 평균 의원정수가 58명에 이르렀다(표 6-4). 의원정수를 비교적 크게 규정하고 있었다고 하겠는데, 서울특별시의회와 같은 경우는 132명이나 되었다.

1995년 선거에는 1994년 새로이 제정된 공직선거및선거부정방지법(통합선거법)이 적용되었는데, 이 법에 의해 시·도의회의 의원정수는 다시 10% 더 늘어나게 되었다. 지역구로 선출되는 광역의원 정수의 100분의 10만큼 **비례대표제** 의원을 선출하도록 하였기 때문이다. 비례대표제의 도입은 과도한 지역감정으로 인해 특정지역의 시·도의회가 특정정당에 의해 완전히 지배되는 현상을 완화하고, 여성의원의 비율을 높이기 위해 채택된 것이었다.

그러나 곧 의원정수에 대해 많은 비판이 제기되었다. 시·도의회 평균 의원정수가 65명에 달했으며, 서울시의회의 경우는 147명에 이르렀기 때문

표 6-4	시·도의회 의원정수의 변화							
시기	제1기 1991~1995	제2기 1995~1998	제3기 1998~2002	제4기 2002~2006	제5기 2006~2010	제6기 2010~2014	제7기 2014~2018	제8기 2018~2022
정원	866	872(97)	690(74)	682(73)	655(78)	680(81)	705(85)	737(87)

주: ( )는 비례대표 의원정수.

이었다. 의원정수에 대한 비판이 거세어지자 여·야당과 정부는 의원정수를 줄이는 작업을 진행하였다. 그 결과 제2차 동시지방선거를 2개월 앞둔 1998년 4월 공직선거및선거부정방지법의 개정을 통해 시·군 및 자치구마다(하나의 시·군 및 자치구가 2인 이상의 국회의원을 선출하는 경우는 국회의원선거구마다) 3인씩 선출하던 것을 2인씩 선출하도록 하였다. 그리고 지역구 의원의 최소정수도 17인에서 14인으로 축소 조정하였다. 그러나 비례대표를 최소한 3인 이상 보장함으로써 최소 의원정수가 제5대 지방의회(혹은 제2기 지방의회, 1995~1998)에서와 같이 17인은 될 수 있도록 하였다. 그 결과, 시·도의회 의원정수는 비례대표제 74명을 포함하여 690명이 되었다. 약 30% 정도 줄어든 셈이었다.

이어 제3기(혹은 제6대, 1988~2002) 지방의회에 와서 지역구 최소 의원정수를 16인으로 상향조정하는 변화가 있었으며, 이것은 다시 제6기(혹은 제9대, 2010~2014) 지방의회선거를 앞두고 19명으로 상향조정되었다(세종특별자치시는 13명으로 정했다가 2018년 선거를 앞두고 16명으로 상향조정). 그 결과 2020년 현재 광역의원 정수는 지역구 737명에 비례대표 87명을 합쳐 824명이 되어 있다. 경기도의회가 비례대표 13명을 포함하여 142명으로 가장 많고, 울산광역시와 대전광역시가 지역구 최소정원 19명에 비례대표 최소정원 3명을 포함하여 22명이다.[5] 그리고 세종특별자치시가 세종특별자치시 설치 등에 관한 특법률이 정하는 특례에 따라 배정된 지역구의원 16명에 비례대표의원 3명을 더해 18명으로 광역지방정부 중 가장 적다.[6]

③ 1990년대 이후 기초지방의회의 의원정수

1991년 지방선거 당시 적용된 지방의회의원선거법은 시·군·구의회 의원정수와 관련하여 읍·면·동(행정동)마다 1인씩을 선출하되, 인구가 2만을 넘을 때는 매 2만마다 1인씩을 더하도록 하고 있었다. 소선거구제를 기본으로 하면서도 인구가 많은 대도시의 동(洞)에서는 사실상의 중선거구제

■ 1995년 1월부터 공직선거및선거부정방지법이 발효되면서 지방의회의원선거법은 이 법으로 통합되었다. 이후 2005년 8월 공직선거및선거부전방지법은 공직선거법으로 이름이 바뀌었다.

---

5) 시·도별 비례대표 의원정수는 지역구의원 정수의 10분의 1로 하되 단수, 즉 소수점 이하는 1로 보게 했다. 그리고 이렇게 해서 산정된 수가 3인이 되지 않을 경우에는 3인으로 하도록 했다. 비례대표 최소정원을 3인으로 한다는 뜻이다. 그러나 세종특별자치시에는 이 최소정원 조항을 적용하지 않고 지역구의원 정수의 10분의 1이 되도록 했다. 공직선거법 제22조 제3항과 제4항 및 세종특별자치시 설치 등에 관한 특별법 제19조 제2항.

6) 중앙선거관리위원회, 『제7회 전국동시지방선거 선거구 및 의원정수』(2018. 3), p.3.

가 시행되는 구도였다. 그리고 의원정수의 최대 및 최소한계를 두고 있었는데 최대한계와 관련하여서는 인구 70만 이하인 경우에는 45인을, 70만이 넘는 경우에는 50인을 넘길 수 없도록 하였다. 그리고 읍·면·동의 수와 인구수가 매우 적은 경우를 위해 최소 7인의 의원을 선출하는 최소한계를 두고 있었다. 대의회제도를 근간으로 하면서도 농촌지역을 중심으로 중규모의회를 운영할 수 있도록 한 것이었다.

1991년에 적용되었던 정수제도는 새로이 제정된 공직선거및선거부정방지법이 적용된 1995년의 지방선거에도 그대로 이어졌다. 그러나 시·도의회와 마찬가지로 시·군·구의회의 의원정수에 대해서도 그 수가 너무 많다는 비판이 끊임없이 제기되었다. 특히 최대한계를 유지하고 있거나 그에 가까운 규모를 유지하고 있는 대도시지역 시·군·구의회의 의원정수에 대해서는 상당히 강한 비판이 제기되었다.

결국 1998년 지방선거를 앞두고 시·도의회 의원정수와 함께 시·군·구의회 의원정수도 함께 조정되었다. 조정의 주요내용은 읍·면·동(행정동)의 인구가 2만이 넘는 경우 매 2만마다 1인씩 추가로 선출하게 한 규정을 없애는 것이었다. 즉 인구규모와 관계없이 모든 읍·면·동에서 1인씩만 선출하도록 함으로써 의원정수를 대폭 줄였다. 아울러 인구가 5천 이하인 읍·면·동은 그 구역과 인접한 읍·면·동 선거구에 통합되도록 하였다(도서지역은 제외). 그러나 최소 정수 7인은 그대로 유지하였다. 이러한 개정으로 1998년 이후의 시·군·구의회 의원정수는 모두 3,490명이 되었다. 1991년의 4,304명에 비해서는 814명, 1995년의 4,541명에 비해서는 1,051명이 줄어든 숫자였다(표 6-5).

이러한 체제는 제4기(혹은 제7대, 2002~2006) 지방의회에도 그대로 이어졌다. 그러나 제5기(혹은 제8대, 2006~1010) 지방의회 구성을 위한 선거를 앞두고서는 몇 가지 중요한 변화가 생겼다. 첫째, 정당공천이 허용되었다.

표 6-5	기초지방의회 의원정수 변화						
시기	제1기 1991~1995	제2기 1995~1998	제3기 1998~2002	제4기 2002~2006	제5기 2006~2010	제6기 2010~2014	제7기 2014~2018	제8기 2018~2022
정원	4,304	4,541	3,490	3,485	2,513(375)	2,513(376)	2,519(379)	2,541(385)

주: ( )는 비례대표 의원정수.

둘째, 정당공천이 허용됨과 동시에 비례대표제도가 도입되었다. 비례대표 의원의 정수는 지역구의원 정수의 100분의 10으로 하되, 소수점 이하의 수는 1로 보도록 하였다. 셋째, 읍·면·동에서 1인씩 선출하는 것을 기본으로 하던 체제를 선거구마다 2인 이상 4인 이하를 선출하는 중선거구제로 전환하였다. 넷째, 지역구 선거구는 상급자치단체인 시·도에 선거구획정위원회를 두어 정하도록 하였다. 그리고 다섯째, 시·군·자치구의회의 시·도별 의원정수를 법률로 규정하고, 이 범위 내에서 시·도 선거구획정위원회가 선거구와 선거구별 의원정수를 정하도록 하였다.

이런 변화와 함께 규정된 시·군·자치구의원의 정수는 서울 423명, 부산 182명, 충북 132명 등으로, 15개 시·도를 모두 합쳐, 또 비례대표 의석을 모두 합쳐 2,927명이었다. 시·군·자치구의회 의원정수를 사실상 550명 이상 줄인 셈이었다. 이로 인해 제5기 지방의회 구성을 위한 2006년 지방선거에서는 지역구 2,513명, 비례대표 375명을 합쳐 2,888명이 당선되었다. 그리고 2010년에 다시 2,888명, 2014년에는 2,898명, 2018년에는 2,928명이 당선되었다.

(2) 정수책정상의 문제점

위와 같은 현행 지방의회 의원정수제도는 세 가지 특징을 가지고 있다. 하나는 대의회제도가 기본골격이 되고 있다는 점이고, 둘째는 시·군·자치구 및 읍·면·동 등의 행정구역을 정수책정의 주요 근거로 삼고 있다는 점이다. 그리고 셋째, 그러면서 인구수를 감안하고 있다는 점이다.

대의회제도로 지방의원의 수가 비교적 많은 것은 다양한 이해관계를 반영할 수 있다는 점에서 장점이 될 수 있다. 정수책정에 있어 행정구역을 활용하는 것은 가장 보편적인 방법으로서 간단하고 편리하다는 장점이 있다. 그리고 인구수를 감안하는 것 또한 표의 등가성을 확보한다는 점에서 당연히 해야 할 일이라 할 수 있다. 그러나 현행제도는 여전히 다음과 같은 문제점이 있는 것으로 지적되고 있다.

첫째, 인구규모가 반영되고 있다고 하지만 여전히 등가성(等價性)이 잘 확보되지 않는다는 문제가 있다. 예컨대 시·도의회의 경우 경상북도 김천시와 성주군은 다 같이 두 명의 경상북도의원을 선출한다. 그런데 성주군의 인구는 4만3천 명 정도인데 비해 김천시의 인구는 14만 6천 명이다. 무려 4배가 차이가 난다. 울릉군의 경우는 더욱 극단적이다. 인구가 1만 명이 채 되지 않아 도의원을 1명만 선출한다. 그러나 그렇다고 해도 14만6천 명이 두 명의 도의원을 선출하는 김천시와는 표의 무게가 무려 7배 차이가 난다. 표의 등가성(等價性)이 중요하다는 관점에서 볼 때 문제가 없지 않다.

둘째, 지방정부의 재정력과 문화적 전통, 그리고 자연조건과 산업구조 등의 지역사회 특성이 제대로 반영되지 않고 있다. 지방정부가 처해 있는 독특한 상황이나 환경에 따라 당해 지방의회의 의원정수는 얼마든지 달라질 수 있다. 예컨대 문화적 동질성이 강하고 산업·경제적 특성이 단순한 지역의 지방정부는 지방의회를 구성함에 있어 정수를 다소 줄일 수 있다. 반영해야 할 이해관계나 신념이 비교적 단순하고 동질적이기 때문이다. 반대로 문화적 동질성이 낮고, 산업적 이해관계가 복잡한 지역의 지방정부는 지방의원의 정수를 늘리는 것이 유리할 수 있다. 지방행정이나 정책에 반영해야 할 신념이나 이해관계가 그만큼 다양할 수 있기 때문이다. 지리적 특성도 그렇다. 인구가 같다고 하더라도 인구밀도가 낮은 넓은 지역을 관장하는 지방정부와 인구밀도가 높은 좁은 지역을 관장하는 지방정부는 지방의회 구성에 있어 의원 정수를 달리할 수 있을 것이다. 그러나 우리나라의 경우 이러한 차이들이 잘 반영되지 않고 있다.

셋째, 같은 맥락의 문제라고도 할 수 있겠는데, 정수책정에 있어 해당지역 지방정부의 의견이 제대로 반영되지 않고 있다. 다시 말해 지나치게 통일적이고 획일적이라는 뜻이다. 지방의원 정수는 전국적 획일성을 가질 이유가 없다. 이를테면 시·군·자치구의회 정수를 책정하는데 있어 읍·면·동의 수나 인구규모가 비슷한 지방정부라 하더라도 지방의원 정수는 지역사정과 지역주민의 의지에 따라 5배 10개 차이가 날 수 있다. 일면 그렇게 하는 것이 지방자치이다. 미국과 같은 경우 많은 주(州)가 자치헌장(home-rule) 체제 아래 의원정수를 지방정부 스스로 정하도록 하고 있다. 일본만 하더라도 지방정부의 조례로 의원정수를 감할 수 있도록 하는 등 지방정부의 입장을 반영할 수 있는 길을 열어 놓고 있다.[7] 우리나라의 경우에도 시·군·자치구의회의 선거구와 의원정수는 당해 시·도의 선거구획정위원회가 정하도록 되어 있다. 그러나 이것 역시 중앙정부가 법률로

---

7) 일본 지방자치법 제91조. 예컨대 인구 2천명 미만은 12인 인구 2천5백명 미만은 14인, …… 인구 50만 이상 90만 미만은 56인 …… 등이다.

정해 놓은 숫자를 나누는 것일 뿐 올바른 의미의 자치권과 자율성을 행사하는 것이라 볼 수 없다.

그리고 넷째, 정수책정에 있어 정치적 이해관계가 지나치게 반영되는 경우가 있다. 하나의 예가 되겠지만 서울시의회의 경우 정원이 110명이다(지역구 100명, 비례대표 10명). 지역구 의원은 기본적으로 국회의원 선거구당 2명씩을 선출하도록 되어 있다. 이 숫자는 합리적인 도시정치와 도시행정을 위해 정해졌다기보다는 시의원의 선거구와 국회의원 선거구와 일치시킬지 않으려는 국회의원들의 이해관계와, 국회의원과 시의원의 무게가 같을 수 없다는 관념적이고 편의주의 생각에 의해 정해졌음을 부정하기 어렵다. 시·군·자치의회 의원정수도 마찬가지이다. 곳곳에 정치적 이해관계와 편의주의가 개재되어 있다. 이러한 비합리적인 요소들이 합리적 의원정수책정을 방해하거나 막고 있다.

② 지방의원의 지위

1) 법적 지위와 보수

지방의원은 선출직 지방공무원이다. 국가에 따라, 또 지방정부에 따라 무보수 명예직으로 운영되기도 하고 유보수직으로 운영되기도 한다. 기관구성의 형태에 따라, 또 도시와 농촌지역 등 지역사회의 특성에 따라 다양한 모습을 보인다. 특히 미국과 같은 국가의 경우 지방의원의 지위와 보수에 관한 문제가 대체로 지방정부의 자율에 맡겨져 있는 만큼 매우 다양한 형태가 나타난다. 로스앤젤레스(Los Angeles)와 같이 2020년 현재 연봉이 17만 불이 넘는 경우가 있는가 하면 같은 주(州)에 속한 산타 아나(Santa Ana)는 연봉이 1천5백불 정도에 지나지 않는다.[8]

---

8) California 지역 지방의원들의 보수를 보기 위해서는 CalHR(California Department of Human Resources, "Salary Comparison of City Council Members," accessed July 5, 2020. https://www.calhr.ca.gov/Documents/cccc-salary-comparison-of-city-council-and-county-supervisors.pdf/"Santa Ana, California, Council Compensation Increase, Measure PP (November 2016)," Ballotpedia, accessed July 5, 2020. https://ballotpedia.org/Santa_Ana,_California,_Council_Compensation_Increase,_Measure_PP_(November_2016).

　　무보수 명예직의 전통이 강한 영국에서도 지방정부에 따라 상당한 차이가 나고 있다. 주로 의장이나 상임위원장 등을 중심으로 보수가 지급되는 경향이 있는데, 그 액수 또한 지방정부에 따라 상당한 차이가 난다.[9] 대도시의 경우는 일반 의원들에게도 연간 1만 파운드 이상을 지불하는 경우가 많은데, 드문 경우이긴 하지만 의장 등 주요 보직자에게 연간 6만 파운드에 가까운 액수가 지급되기도 한다.[10] 정해진 보수 외에 의정활동에 필요한 경비가 지급되는데 이 또한 지방정부에 따라 상당한 차이가 난다. 도시의 크기와 직무의 양 등을 고려하기 때문이다.

　　일본의 경우도 지방의원에게 보수를 지급하고 있는데 이 역시 지방정부에 따라 큰 차이를 보인다. 우선 광역지방정부인 도·도·부·현의 경우 2020년 현재 지역의 특성에 따라 72만 엔에서부터(山形県, 야마가타현) 102만 엔까지의(東京都, 도쿄도) 보수가 지급된다.[11] 기초지방정부인 시·정·촌의회 의원들에게도 보수가 지급되는데 이 또한 지역의 성격에 따르 다르다. 예를 들어 동경도 내에 있는 지방의회를 보면 도시성이 높은 구(區)와 시(市)의 의원은 월 50만 엔에서 60만 엔 정도의 보수를 받고, 농촌지역 자치단체인 정(町)과 촌(村)의 의원들은 작게는 14만 엔 정도에서 많게는 40만 엔 조금 넘는 금액까지를 받는다.[12]

　　이와 같은 다양한 접근 속에서도 몇 가지 일관된 움직임이 관찰된다. 하나는 도시화가 심화되고 지방행정의 수요가 변화되면서 대도시 지방의회를 중심으로 지방의원의 보수를 상향조정하는 경향이 있다는 점이다. 언론

---

9) 예컨대 2001년 당시 대부분의 지방의회 의장들이 연간 평균 1만2~3천 파운드를 수령한데 비해 Kent County의 의장은 4만5천 파운드를 수령해 지역사회와 언론의 비판을 받았다. "Councillors' Pay Soars," Guardian.co.uk, Oct. 19, 2001. accessed July 5, 2020. https://www.theguardian.com/society/2001/oct/19/modlocal-gov. localgovernment

10) Greater London Authority의 의회(Assembly) 의장의 연봉은 5만5천 파운드 정도이고 여기에 다시 1만 파운드 조금 넘는 수당이 더해진다. 참고로 시장의 연봉은 15만 파운드 정도이고, 일반 시의원은 5만 파운드 정도이다. Review Body on Senior Salaries, Greater London Authority, "Review of pay, pensions and allowances for the Mayor of London and London Assembly Members 2009," Report No. 69. 2009.

11) 東京23区議会を考える, "47都道府県議会 議員報酬·政務活動費·議員1人当たり人口 (一覧表). 2019. 5. 2020. 7. 5. 접속. https://23kugikai.net/?p=1283

12) 日本地域番付, "東京都の議員報酬例規ランキング," 2020. 7. 5. 접속. http://area-info.jpn.org/index.html

이나 지역사회의 부정적인 의견에도 불구하고 보수를 인상하는 모습들이 나타난다. 둘째, 대도시 지방의회의 이러한 변화는 지방의회간의 격차를 키우고 있다는 점이다. 농촌형 소규모 지방의회는 여전히 무보수 명예직을 고수하거나 아주 작은 액수의 보수 내지는 수당을 지급하는 제도를 그대로 유지하는 경향이 있기 때문이다.

2) 우리나라 지방의원의 법적 지위와 보수

(1) 법적 지위: 권한과 의무

우리나라에 있어 지방의원은 4년 임기의 선출직 공무원으로 규정되어 있다. 2003년 7월의 지방자치법 개정이 있기 전까지는 '명예직'으로 규정을 하고 있었으니 법 개정 이후 '명예직' 부분을 삭제하였다. 보수 혹은 보수로서의 성격을 지닌 금전적 보상을 받을 수 있게 되었다는 의미이다.

지방의원은 면책특권과 불체포특권 등의 특권이 부여되는 국회의원과 달리 직무수행과 직접적으로 관련된 권한만이 부여된다. 이러한 권한에는 '임시회의 소집요구권(조례가 정하는 수 이상의 지방의원의 요구 필요, 지방자치법 제54조)'와 '의사참여 및 결정권(제72조, 제73조)', '의안제출권(조례가 정하는 수 의상의 지방의원의 찬성 필요, 제76조)', '청원소개권(제85조)', '모욕에 대한 징계요구권(제95조)' 등이 포함된다.

이러한 권한이 주어지는 반면 지방의원은 '회의에 출석하고,' '공공의 이익을 우선하여 양심에 따라 그 직무를 성실히 수행해야 할 의무'와 '청렴성과 품위를 유지할 의무'를 지니고 있다(지방자치법 제44조). 아울러 그 지위를 남용하여 지방정부와 공공단체, 또는 기업체와의 계약이나 그 처분에 의하여 재산상의 권리, 이익 또는 지위를 취득하거나 타인을 위하여 그 취득을 알선하지 못하도록 되어 있으며(제44조), 농업협동조합이나 정부투자기관 등의 임원이나 직원 등을 겸하지 못하도록 되어 있다(제43조).[13] 또

---

[13] 지방의원이 겸할 수 없는 직(지방자치법 제35조): 1. 국회의원, 다른 지방의회의 의원. 2. 헌법재판소재판관, 각급 선거관리위원회 위원. 3. 「국가공무원법」 제2조에 규정된 국가공무원과 「지방공무원법」 제2조에 규정된 지방공무원(「정당법」 제22조에 따라 정당의 당원이 될 수 있는 공무원은 제외한다). 4. 「정부투자기관 관리기본법」 제2조에 규정된 정부투자기관(한국방송공사와 한국은행을 포함한다)의 임직원. 5. 「지방공기업법」 제2조에 규정된 지방공사와 지방공단의 임직원. 6. 농업협동조합·수산업협동조합·축산업협동조합·임업협동조합·엽연초생산협동조합·인삼협동조합(이들 조합의 중앙회와 연합회를 포함한다)의 상

해당 지방정부 및 그 지방정부가 출연·출자하고 있거나 지원하고 있는 기관이나 단체 등과 영리를 목적으로 하는 거래를 할 수 없도록 되어 있으며(제44조), 소관 상임위위원회의 직무와 관련된 영리행위도 할 수 없도록 되어 있다(제44조). 아울러 재산등록의 의무를 지니기도 한다(공직자윤리법 제3조).

(2) 보 수

우리나라의 지방자치법은 지방의원에 대한 보수규정이 없다. 그러나 지방자치법 제40조를 통해 실질적으로 보수로 볼 수 있는 금전적 지원과 실비보상을 규정하고 있다. 먼저 지방의원에게는 '의정자료의 수집·연구와 이를 위한 보조활동에 소요되는 비용을 보전하기 위해' 매월 의정활동비를 지급한다. 또 '본회의 또는 위원회의 의결이나 의장의 명에 의하여 공무로 여행할 때' 필요한 여비가 지급된다. 아울러 가장 중요한 부분이라 할 수 있는 월정수당이 지급된다. 월정수당은 과거의 일비와 회기수당 등을 없애는 대신 매월 지급하는 것으로 지방의원의 직무활동에 대한 수당이다.

■ 보조활동에 소요되는 비용이라 함은 자료·수집과 연구를 위해 다른 사람의 도움이나 보조를 받을 때 소요될 수 있는 경비를 말한다.

지방자치법은 이러한 지원금들을 일정한 기준을 정해 지급하되, 지급기준은 대통령령이 정하는 기준을 고려하여 해당 지방정부의 의정비심의위원회에서 결정하는 금액 이내에서 조례로 정하게 하고 있다(제40조). 중앙정부가 대통령령을 통해 상한선을 정하는 등 개입할 있도록 하고 있는 것이다. 2020년 현재 지방자치법 시행령이 정하고 있는 의정활동비 상한은 시·도의원의 경우 보조활동비 30만 원을 합쳐 150만 원이고, 시·군·자치구의원의 경우는 보조활동비 20만 원을 합쳐 110만 원이다. 모든 지방의회가 예외 없이 상한선까지의 의정활동비를 지급하고 있다.

가장 중요한 부분이라 할 수 있는 월정수당은 지방정부의 재정력 등을 감안하여 각 지방정부의 의정비심의위원회가 정하도록 하고 있다. 참고로 서울시의회와 서울시 자치구의회의 경우를 보면, 서울시의원은 월 380만 원 정도를 받는 것으로 되어 있다. 의정활동비 150만 원을 더하면 전체 월 수령액이 530만 원 정도가 된다. 서울시 내의 자치구의회 의원의 경우 자치구에 따라 그 금액이 조금씩 다른데 많은 경우는 3백만 원 이상을(강남

근 임직원과 이들 조합의 중앙회장이나 연합회장. 7. 「정당법」 제22조에 따라 정당의 당원이 될 수 없는 교원.

구, 서초구), 적은 경우는(관악구, 중랑구, 금천구 등) 230만 원을 정도를 받는다. 의정활동비 110만 원이 더해지면 월 340만 원에서 410만 원 정도를 받는 셈이 된다.

농촌지역과 중소도시의 경우 서울과 큰 차이가 날 것 같지만 꼭 그렇지는 않다. 일례로 강원도의원의 경우도 월정수당이 3백만 원을 넘는다. 또 강원도내의 시·군의회 의원도 대부분 2백만 원 이상의 월정수당을 받는다. 도시지역과 큰 차이가 나지 않는다고 하겠는데 그 결과 <표 6-6>에서 보는 것처럼 시·도의원의 경우 의정활동비와 월정수당을 합쳐 연 평균 5천7백만 원 정도, 그리고 시·군·자치구의원은 평균 연 3천8백여만 원을 받고 있다.

지방의원에 지급되는 이러한 금전적 지원은 점차 늘어가고, 또 정례화되는 양상을 보여 왔다. 1991년 지방자치가 재출범할 당시에는 일비와 여비 등만을 지급하였으나, 1994년 3월의 지방자치법 개정을 통해 의정활동비가 신설되었고, 그 후 다시 2000년 1월 1일부터 회기수당을 지불할 수 있게 되었고, 2005년 8월의 지방자치법 개정을 통해 회기수당을 월정수당으로 바뀌었다. 각 지급항목의 금액도 점차 늘어나는 양상을 보여 왔다.[14]

이러한 금전적 지원의 증가는 곧 지방의원직을 사실상의 유급직으로 만들고 있다. 월정수당이 사실상 매월 지급되는 급여의 성격을 지니는 것은 물론, 매월 지급되는 의정활동비도 지방의원의 활동상황과 관계없이 정례적으로 일정액이 지급된다는 점에서 사실상 보수로서의 성격을 지니고 있다.

지방의원에 대한 각종 금전적 지원의 증가, 혹은 지방의원직의 사실상의 유급직화는 지방재정에 부담을 준다는 점에서, 또 공동체 정신과 봉사정신

표 6-6   의정활동비 평균금액의 추이: 의정활동비 + 월정수당

단위: 만 원

구분	2006~2007	2008	2012	2016	2018
시·도의회	4,684	5,308	5,346	5,672	5,743
시·군·자치구의회	2,788	3,435	3,479	3,767	3,858

출처: 행정안전부, 『지방의회 백서: 2014. 7.~2018. 6.』, pp.44-46.

14) 예컨대 1994년 신설 당시 광역의원 60만원, 기초의원 35만원이던 의정활동비는 2008 시·도의원에게는 150만원까지, 시·군·자치구의원에게는 110만원까지 지급할 수 있게 되었다.

을 바탕으로 하는 지방의회 제도의 가치를 훼손할 수 있다는 점에서, 그리고 직업정치인들의 과도한 참여와 선거과정에서의 과도한 경쟁을 유발할 가능성이 있다는 점 등에서 문제로 지적된다. 우리나라와 같이 정당제도가 제대로 정착되지 못한 상황에 있어서는 공천을 받는 과정에서의 부조리를 더욱 부추길 수 있다는 우려가 제기되기도 한다.

그러나 부정적인 면만 있는 것은 아니다. 금전적 지원의 증가는 첫째, 자영상공인이 과다 대표되고 있는 지방의회의 구조를 교정하여 지방의회의 대표성을 높이는 데 기여할 수 있다. 무보수 명예직이나 지나치게 낮은 금전적 보상은 의정활동에 소요되는 비용과 생계를 걱정해야 하는 일반 직장인들과, 의정활동에 따른 기회비용을 염려하는 전문인들의 진출을 막는 결정적 원인이 되어 왔다. 그리고 둘째, 같은 맥락에서 지방의회의 전문성을 높이는 계기가 될 수도 있다. 앞서 언급한 바와 같이 지방의회로의 진출에 따른 기회비용을 염려하는 전문인들의 참여를 고무할 수 있을 뿐만 아니라 지방의원 스스로 나아진 재정적 기반을 바탕으로 전문적 조언을 얻기 위한 개별 활동을 해 나갈 수 있기 때문이다.

제2절 지방의회의 조직과 운영: 우리나라

1 조 직

지방의회는 그 기능을 수행하기 위해 의회 내에 필요한 기구를 둔다. 아래에서는 우리나라를 중심으로 이러한 기구의 구성을 알아보기로 한다. 먼저 본회의와 위원회 구조를 살펴보고, 이어 사무기구를 설명하기로 한다.

1) 본회의와 의장단

본회의는 지방의회의 최종 의사결정기구로서 재적의원 전원이 그 구성원이 된다. 상임위원회와 특별위원회 등이 있는 경우는 주로 이들 위원회에서 심사 보고한 안건을 심의·의결하게 되나 이러한 위원회가 없는 경우 바로 심의·의결하게 된다. 또 위원회가 있다 하더라도 행정사무 처리

상황보고 및 질문, 의회 운영에 관한 사항, 출석요구, 선거, 의장·부의장 불신임, 의원사직, 조례안 재의 등은 바로 본 회의에서 처리하게 된다.[15]

본회의에는 '의회를 대표하고 의사(議事)를 정리하며 회의장내의 질서를 유지하고 의회의 사무를 감독'하는 의장 1인과, 이러한 의장이 '사고가 있을 때' 그 직무를 대리하는 부의장을 둔다. 부의장은 시·도의회에는 2명, 시·군·자치구의회에는 1명이 된다(제57조). 이들 모두 임기는 2년이며 무기명투표에 의해 선출된다(제57조). 이들은 '법령을 위반하거나 정당한 이유 없이 직무를 수행하지 아니한 때에는 재적의원 4분의 1 이상의 발의와 재적의원 과반수의 찬성'으로 불신임될 수 있다(제62조). 실제로 기초의회를 중심으로 매년 한두 건의 의장·부의장 불신임안이 상정되고 있다.

2) 위원회

(1) 위원회제도의 의미와 전개

지방의회가 주민의 대표로 구성된 이상 모든 안건이 지방의원 전원의 참여하에 처리되는 것이 바람직하다. 즉 본회의 중심으로 운영될 수 있으면 좋다는 뜻이다. 그러나 의회규모가 크고 심의해야 할 안건이 많고 복잡한 때에는 이러한 이상적 상황을 기대하기 힘들게 된다. 다 같이 둘러 앉아 심의를 하기보다는 몇 개의 집단으로 나누어져 각기 한 분야의 문제들을 심의하고, 나중에 다 같이 모여 심의를 담당한 집단의 의견을 존중하여 처리하는 것이 훨씬 효율적이다. 보다 많은 수의 안건을 처리할 수 있을 뿐 아니라 심의 또한 보다 전문적인 지식과 경험을 바탕으로 행해질 수 있기 때문이다.[16] 의회의 규모가 커지고 정책문제가 많아지고 복잡해질수록 이러한 분업화와 전문화의 요구가 커진다 하겠는데, 이렇게 해서 발전하게 되는 것이 위원회제도이다.

우리나라 지방의회는 1950년대에 이미 위원회제도를 운영한 바 있다. 내무위원회를 비롯한 각종의 위원회가 서울특별시의회에서부터 면의회에 이르기까지 설치되어 있었다.[17] 그러나 이 때의 위원회 운영은 필요에 비해

---

15) 서우선, 『지방의회 운영방법론』(서울: 법문사, 1992), p.67.

16) 상임위원회의 기능에 관해서는 이은호·이경은·김인, "상임위원회의 전문성," 박동서 편, 『의회와 입법과정』(서울: 법문사, 1985), pp.352-355 참조.

17) 내무부, 『지방행정치적사』(1958), pp.144-145 참조.

위원회가 너무 많고 그 운영이 방만한 문제를 지녔던 것으로 알려지고 있다. 건전한 지방의회 운영에 방해가 되었다는 지적이 있기도 하다.[18]

이러한 부정적 경험으로 인해 지방자치법은 1991년 12월의 개정이 있기 전까지 위원회 설치를 제한적으로 허용했었다. 위원회는 통상사안(通常事案)을 심사·처리하기 위해 설치되는 **상임위원회**와 특정사안(特定事案)을 처리하기 위해 일시적으로 설치되는 **특별위원회**로 나눌 수 있는데, 광역지방정부인 시·도에 한하여 이 두 형태의 위원회를 모두 설치할 수 있도록 하였다. 기초지방정부인 시·군·자치구에는 상임위원회 설치를 허용하지 않고 특정사안 처리를 위한 특별위원회만 한시적으로 설치할 수 있도록 하였다. 그러다가 시·군·자치구의원들의 요구가 높아지고, 상임위원회 대신 특별위원회를 설치한 후 이를 사실상 상설화해 나가자 1991년 12월 부득이 이들 시·군·구의회도 지방의원이 13인 이상이 되면 대통령령이 정하는 설치기준에 따라 3개에서 5개 이내의 상임위원회를 설치할 수 있도록 하였다.[19]

그러다가 2006년 4월의 정부의 지방분권화 작업에 따라 지방자치법 개정을 통해 위원회 설치에 관한 사항을 완전히 지방정부의 조례로 정하게 함으로써 그 권한을 지방정부에 이양하였다. 이 조치로 소규모 지방의회도 상임위원회를 설치할 수 있게 됨에 따라 상임위원회를 설치하는 시·군·구의회의 비율이 늘어나게 되었으며, 시·군·구의회가 설치하는 상임위원회의 수도 늘어나게 되었다.

(2) 현 황

아래의 <표 6-7>은 제7기 지방의회(2014. 7.~2018. 6.)의 상임위원회 설치 현황을 보여주고 있다. 표에서 보는 바와 같이 시·도의회는 적게는 4개에서 많게는 11개의 상임위원회를 설치·운영하고 있다. 표에 나와 있지는 않지만 경기도의회가 11개로 가장 많으며, 서울특별시의회가 10개로 그 다음이다. 세종특별자치시가 4개로 가장 적으며, 그 다음으로 광주광역시와 대전광역시 그리고 울산광역시가 각각 5개씩을 운영하고 있다.[20]

---

18) 손봉숙, 『한국지방자치연구』(서울: 삼영사, 1985), p.176.
19) 의원정수가 13인 이상 30인 이하인 시·군·구의회는 3개 이내의 위원회를, 의원정수가 31인 이상 40인 이하인 시·군·구의회는 4개 이내의 위원회를, 그리고 41인 이상인 시·군·구의회는 5개 이내의 위원회를 설치할 수 있게 하였다.

| 표 6-7 | 상임위원회 설치수별 지방의회수: 2014. 7.~2018. 6. |

구분	상임위원회 설치수별 의회수											
	계(의회수)	0	1	2	3	4	5	6	7	8	9	10	11
계	243	57	2	16	121	24	9	7	5	–	–	1	1
시·도의회	17	–	–	–	–	1	3	6	5	–	–	1	1
시·군·자치구의회	226	57	2	16	121	23	6	1	–	–	–	–	–

출처: 행정안전부,『지방의회 백서: 2014. 7.~2018. 6.』, p.11.

기초지방정부의 경우는 상임위원회 설치가 자율화되었지만 모두 상임위원회를 설치하고 있지는 않다. 인구규모가 작고 지방의원의 수가 적은 농촌형 지방정부의 지방의회는 굳이 상임위원회를 설치해서 운영할 이유가 없기 때문이다. 모두 57개가 이러한 이유로 상임위원회를 설치하지 않고 있다. 대신 필요에 따라 특별위원회를 설치해서 운영하는 경향이 있다. 그러나 인구규모가 크고 지방의원의 수가 많은 지방정부 의회의 사정은 다르다. 상임위원회를 설치하여 운영할 필요가 크고, 이에 따라 많게는 6개까지 설치해서 운영하고 있다.

상임위원회의 위원 수에 있어서는 시·도의회의 경우 주로 6명에서 11명 사이로 구성하는 경향을 보인다. 그리고 시·군·구의회는 4명에서 11명으로 구성하는 경향을 보인다. 시·도의회는 7명에서 9명 정도로 구성하는 경우가 많은 편이며, 시·군·구의회는 5명에서 7명 정도로 구성하는 경우가 많다.

특별한 안건을 심의하기 위해 특별위원회를 설치하여 운영하는 경우가 많은데, 아래의 <표 6-8>은 제7기 지방의회에서의 설치현황을 보여주고 있다. 표에서 보는 것처럼 예산과 결산을 심의하기 위해 설치되는 특별위원회가 압도적으로 많다. 그 다음으로 도시 건설 주택 재해 지역경제 환경 복지 등의 사안을 다루는 특별위원회들이 따르고 있다. 또 법령정비 문제나 조직운영 등 일반 행정과 관련된 문제를 다루는 특별위원회도 적지 않음을 볼 수 있다. 시·도의회와 시·군·구의회 모두 특별위원회를 적극적으로 활용하는 모습을 보이고 있다.

---

20) 행정자치부,『지방의회 백서: 2014. 7.~2018. 6.』, p.93.

| 표 6-8 | 특별위원회의 설치 및 활용 |

구분	계	특별위원회 유형							
		예산결산	윤리	세무회계	사회환경복지	지역경제농수산	도시건설주택재해	행정조직운영	기타
합계	6,686	4,240	174	26	170	157	288	167	1,464
시·도의회	819	308	61	0	99	102	109	59	81
시·군·자치구의회	5,867	3,932	113	26	71	55	179	108	1,383

출처: 행정안전부, 『지방의회 백서: 2014. 7.~2018. 6.』, p.94.

3) 사무기구 및 전문인력

1950년대의 경우 우리의 지방의회는 그 자체 내에 별도의 사무기구를 두지 못했다. 도의회만 해도 집행기관 내의 지방과(地方課) 행정계나 예산계 등에서 담당하고 있었다. 의회계라는 전담계가 생기기도 하였으나 이 역시 집행기관의 한 부분으로 지방의회 내에 설치된 별도의 기구는 아니었다. 도의회가 이러한 상황이었으니 시의회나 읍·면의회라 하여 더 나을 수가 없었다.

그러나 1991년 이후의 지방의회는 1950년대와 달리 별도의 사무기구를 갖추고 있다. 1991년 지방의회가 재출범할 당시의 지방자치법은 시·도의회에는 '사무국'을, 시·군·구의회에는 사무를 보는 '약간의 간사'를 둘 수 있도록 규정하고 있었으나, 그해 12월 이를 개정하여 시·도의회의 경우에는 사무처를, 시·군·구의회에는 사무국 또는 사무과를 두도록 하였다. 기본적으로 지방의원의 정수가 10인 이상인 시(市)와 군(郡) 그리고 자치구에는 사무국을 두고, 의원정수가 10인 미만인 경우에는 사무과를 두도록 하였다. 그러나 2021년 지방자치법 개정을 통하여 사무기구 설치에 관한 이러한 권한을 지방자치단체의 조례로 정하게 하였다. 이에 관한 권한이 지방의회의 자치권으로 이양된 것이다(지방자치법 제102조).

사무기구에는 **사무처장·사무국장·사무과장** 외에 여려 형태의 직원을 둔다. 이 또한 2021년 지방자치법이 개정되기 전까지 사무처장·사무국장·사무과장은 지방공무원으로 지방의회 의장의 추천에 의하여 집행기관장인 지방자치단체장이 임명하게 되어 있었다. 지방의회 의장이 아닌 자치단체장이 임명하는 지방공무원이라는 점과 관련하여 적지 않은 문제가 지적되었다. 즉 언젠가는 다시 집행기관으로 돌아갈 집행기관 소속의 공무원인데다 의장에 의한 임명이 아닌 만큼 의회 직원으로서의 역할을 다하지 않을 수 있다는 것이었다. 기관구성에 있어 기관분리형의 구도를 취하고 있는 터라 더욱 그러하다는 지적이 있었다.[21] 그러나 이 부분도 2020년 지방자치법 개정(2022년 1월 시행)을 통해 지방공무원으로 보한다는 규정만 두고, 나머지 사항은 지방자치단체의 조례로 정하게 하였다. 즉 지방의회의 자율권을 인정한 것이다.

사무기구에는 **사무처장·사무국장·사무과장** 외에 여러 형태의 직원을 둔다. 사무직원은 모두 지방공무원이며, 이들 역시 2020년의 법 개정(2022년 1월 시행) 이전에는 지방의회 의장의 추천으로 집행기관장인 자치단체장이 임명하게 되어 있었다. 그러나 법 개정 이후에는 이 모든 권한을 지방의회 의장의 권한으로 전환하였다. 즉 지방자치법 제103조 2항은 '지방의회의 의장은 지방의회 사무직원을 지휘·감독하고 법령과 조례·의회규칙으로 정하는 바에 따라 그 임면·교육·훈련·복무·징계 등에 관한 사항을 처리한다'고 규정하고 있다(2022년 1월 시행).

2018년 현재 시·도의회는 17명의 사무처장 아래 모두 1,094명의 공무원 정원을 두고 있다. 의회 당 평균 64명 정도가 되는 셈이다. 이 중 177명이 입법활동 등을 보좌하는 전문위원이며, 나머지는 기록·공보·비서업무 등을 담당하는 사무직원들과 계약직 직원 등이다. 시·군·구의회는 모두 1,639명의 정원을 두고 있다. 의회 당 평균 7.2명에 해당한다. 사무국장과 사무과장이 의회 당 1명으로 226명이 되고, 전문위원이 592명이 된다. 그 외는 기록과 비서업무 등을 담당하는 사무직원과 계약직 등이다.[22] 전문위원을 비롯한 전문인력은 조례가 정하는 바에 따라 의원정수의 2분의 1까지 둘 수 있게 되어 있다(지방자치법 제41조. 2022년 1월 시행).

---

21) 이 또한 1994년 3월의 지방자치법 개정으로 지방의회 의장의 권한을 강화한 결과이다. 1994년 3월 이전의 지방자치법은 사무직원의 임명과 관련하여 "지방의회 의장의 추천에 의하여"가 아니라 "지방의회 의장과 협의하여"로 되어 있었다. 협의는 찬반과 관계없이 '협의'의 절차만 거치면 되는 것이지만 '추천'은 실제의 추천행위가 없으면 임명할 수 없다.

22) 행정자치부, 『지방의회 백서: 2014. 7.~2018. 6.』, pp.111-112.

② 운 영

1) 집회와 회기

(1) 집 회

1999년 8월 이전의 지방자치법은 지방의회의 집회와 관련하여 국회처럼 **정기회**와 **임시회**를 규정하고 있었다. 그리고 정기회는 시·도의회인 시·도의회의 경우 매년 11월 20일 소집되도록 규정하고 있었으며, 시·군·구의회인 시·군·자치구의회는 매년 11월 25일 소집되도록 규정하고 있었다. 임시회는 말 그대로 임시적 성격을 지닌 집회이므로 필요에 따라 자치단체장이나 재적의원 3분의 1 이상의 요구가 있을 때 의장이 소집할 수 있도록 하였다.

그러나 이러한 제도는 1999년 8월의 지방자치법 개정으로 상당부분 달라졌다. 임시회에 대한 변화는 없으나, 매년 한 차례 소집되던 정기회 대신 매년 두 차례 '정례회'를 소집하도록 관련규정을 개정하였다.[23] 이러한 개정은 매년 한 차례 소집되는 정기회로서는 행정사무감사와 예산심의 등을 효과적으로 처리할 수 없다는 판단에서였다. 즉, 지방의회로서 가장 중요한 일이라 할 수 있는 행정사무감사와 예산심의를 같은 시기에 처리해야 하는 부담을 덜어주는 한편, 행정사무감사의 경우 12월로 회계연도가 끝나버리기 때문에 적절한 후속조치를 취할 수 없었던 상황을 바로잡아 주기 위해서였다. 정례회의 시기와 운영에 관해서는 지방정부의 조례로 정하게 하고 있다.

(2) 회 기

1949년에 제정된 지방자치법의 경우에는 정기회와 임시회의 구별도 없었고 **회기**에 있어서도 별도의 제한을 두지 않았다. 회기에 제한 없이 1회에 30일 이내로 연 2회 이상의 개회만 규정해 놓고 있었다. 그 결과 제1대 지방의회의 경우 특별시의회와 도의회는 연평균 회의일수가 103일이었고,

---

23) 지방자치법 제53조.

시의회는 79일, 그리고 읍·면의회는 21.5일이었다.[24]

그러다 1956년 제2차 지방자치법 개정시 '무제한의 회기가 의회운영의 효율성을 떨어뜨릴 뿐 아니라 재정 부담을 가중시킨다'는 지적에 따라 읍·면의회는 50일, 그리고 그 외의 의회는 90일로 회기를 제한하기 시작하였다.[25]

1991년 지방의회가 재출범하면서도 이러한 제한은 계속되었다. 즉 시·도의회인 시·도의회는 회의일수를 100일을 넘지 못하도록 하였으며, 시·군·구의회인 시·군·자치구의회는 60일을 넘지 못하도록 했다. 정기회의 회기는 30일, 임시회의 회기는 10일을 넘기지 못하도록 하기도 했다. 이후 이러한 규정은 여러 차례 개정이 되었다. 1994년에는 시·도의회의 회의일수는 120일, 시·군·구의회의 회의일수는 80일로 늘어났다. 또 정기회와 임시회의 회의일수도 1991년 12월 개정에 이어 다시 한 번 늘어났다. 즉 정기회 회의일수는 시·도의회가 40일, 시·군·구의회가 35일로 늘어났고, 임시회도 각각 15일로 늘어났다.

이 회기의 문제도 2006년 4월의 지방자치법 개정을 통해 큰 전환을 맞았다. 이러한 모든 제한을 철폐하여 회기 운영에 관한 일체의 사안을 지방의회의 조례로 정하게 한 것이다. 중앙정부의 법률로 제한 할 것이 아니라 지역사회와 지역주민들에 의해 통제되는 것이 마땅하다는 논리, 즉 자기책임성의 논리를 바탕으로 한 조치였다.

제7기 지방의회의 경우 2014년 7월에서 2018년 6월에 이르는 기간 동안 17개의 시·도의회의 회의일수는 연 평균 100.1일이었고, 226개의 시·군·자치구의회의 연 평균 회의일수는 68.8일이었다.

2) 안건처리의 일반적 절차

지방의회 내에 위원회가 설치되어 있는 경우의 안건처리와 그렇지 않은 경우의 안건처리가 서로 다른 것은 물론이다. 그러나 실상은 위원회를 거치느냐, 아니면 본회의로 바로 넘어 가느냐 하는 것만 다르기 때문에 이 자리에서는 위원회가 설치되어 있는 경우만을 대상으로 설명하기로 한다.

위원회가 설치되어 있는 경우, 안건의 처리는 의안이 제출되는 것에서부

---

24) 내무부 및 한국지방행정연구원, 『한국지방행정사: 1948~1986』, 하권 (1988), pp. 2346-2347.
25) 위의 책, p.2346.

터 시작된다. 의안은 지방자치단체장과 조례로 정하는 수 이상의 지방의원의 찬성으로 발의할 수 있다. 의안이 지방의회의 사무기구에 접수되면 의사담당 책임자는 의안으로서의 성립요건 등을 확인하여 어느 위원회 소관인지를 결정한 후 이를 의장에게 보고한다. 소관위원회가 명백하지 않은 경우 의장은 이를 운영위원회와 협의하여 소관위원회를 결정하고, 협의가 이루어지지 않는 경우는 의장이 소관위원회를 결정한다.

위원회가 확정된 의안은 그 발의 사실이 본회의에 보고된다. 즉 의장의 책임 아래 유인되어 전 의원들에게 배부되며 소관 위원회가 어디인지도 동시에 보고된다. 지방의회가 휴·폐회 중인 때에는 이를 생략할 수 있다. 위원회에 회부된 의안은 질의, 토론, 표결 등의 절차를 거쳐 심사된다. 심사결과는 표결 없이 합의에 의해서 도출될 수도 있고, 찬·반 토론과 표결에 의해 결정될 수도 있다. 심사결과는 의장과 본회의에 보고된다.

위원회의 심사가 예비심사의 형식이긴 하나 위원회에서 부결 또는 폐기된 안건은 본회의에 보고는 하되 부의(附議)는 하지 않는 것이 원칙이 된다.[26] 따라서 본회의에서의 심의는 위원회를 통과한 안건에 대해서 행해진다. 이 경우에 있어서도 본회의에서의 심사와 의결은 특별한 사정변경이 없는 한 위원회의 결정을 존중하는 선에서 이루어진다. 본회의의 의결사항은 5일 이내에 자치단체장에게 이송 또는 통지되고,[27] 이송 또는 통지를 받은 자치단체장은 이러한 의결사항에 대해 나름대로의 적절한 행위를 취하게 된다. 이러한 행위에는 상급지방정부 또는 행정안전부 장관에 대한 보고의무의 수행, 조례의 공표, 재의 요구, 청원사항의 처리 등 의결사항의 내용과 이에 대한 자치단체장의 입장에 따라 다양한 내용들이 포함될 수 있다.

자치단체장은 조례에 대해서는 20일 이내에 재의요구를 할 수 있고, 재의요구가 있는 경우 지방의회는 다시 본회의를 통하여 이를 재의결하게 된다. 재의결은 재적의원 과반수의 출석과 출석의원 3분의 2의 찬성으로 확정되며, 이에 미달하는 경우는 폐기된다. 확정된 의결사항은 다시 자치단체장에게 이송 또는 통지되며, 이에 대해 자치단체장은 공포, 처리, 제소(提訴) 등의 행위를 취하게 된다.

---

26) 지방자치법 제81조.
27) 지방자치법 제32조.

3) 회의원칙

지방의회는 본회의와 상임위원회 등을 운영함에 있어 일련의 회의원칙을 적용한다. 여러 가지를 들 수 있겠으나 이 자리에서는 지방자치법상의 내용을 중심으로 일곱 가지를 소개하기로 한다.

(1) 의사 및 의결정족수의 원칙

의사(議事) 및 의결정족수의 원칙이란 회의를 개최함에 있어서의 의안을 심의·의결함에 있어서는 일정한 수 또는 일정 비율의 출석자가 있어야 한다는 원칙이다. 회의를 할 수 있는 정족수를 **의사정족수**라 하고, 표결을 할 수 있는 정족수를 **의결정족수**라 한다. 의사정족수는 각급 의회의 특성을 감안하여 정하게 되겠는데 우리나라 지방의회는 재적의원의 3분의 1 이상으로 하고 있다(지방자치법 제72조).

의결정족수에는 일반적으로 적용되는 일반정족수와 대상 사안의 성격을 감안하여 특별히 정하는 특별정족수가 있다. 지방의회의 경우 일반 정족수가 적용되는 사안은 재적의원 과반수의 출석과 출석의원 과반수의 찬성으로 가결된다. 특별정족수가 적용되는 사안은 법률에 의해 정해지게 되겠는데 지방자치법상에 나타난 특별정족수 사안은 아래의 <표 6-9>와 같다.

표 6-9	특별정족수가 필요한 사안	
의결정족수	사안	관계조항
재적의원 과반수의 찬성	• 의장단의 불신임결의 • 사무소 소재지의 변경·신설에 관한 조례	법 제62조 법 제9조
출석의원 2/3이상의 찬성	• 조례안의 재의결 • 예산상 집행 불가능한 결의의 재의결 • 회의의 비공개 결의	법 제32조 법 제121조, 제32조 법 제75조
재적의원 2/3의 찬성	• 의원의 자격상실 결정 • 의원의 제명 결의	법 제92조 법 제100조

기타, 임시회의 소집요구, 위원회의 개최, 위원회 부결안건의 본회의 부의, 행정조사권의 발동 등에는 재적의원 1/3 이상의 요구 또는 연서 필요.

출처: 현대사회연구소, 『지방의회 실무가이드』, p.54의 표를 새로운 내용을 담아 수정.

(2) 회의공개의 원칙

지방의회의 회의는 원칙적으로 공개하게 되어 있다. 즉 원칙적으로 방청이 허가 되어야 함은 물론 회의록도 공표되어야 한다. 우리나라 지방자치법도 '의원 3인 이상이 발의로 출석의원 3분의 2 이상의 찬성이 있거나 의장이 사회(社會)의 안녕 질서를 위하여 필요하다고 인정하는 경우에는 공개하지 않을 수 있다'라는 단서가 있긴 하지만 회의의 공개를 하나의 원칙으로 천명하고 있다(지방자치법 제75조).

(3) 회기계속의 원칙

지방의회에 제출된 의안은 회기 중에 의결되지 못한 이유로 폐기되지 않는다는 원칙이다. 통상 의원의 임기가 만료되는 경우는 예외로 하고 있는데, 현행 지방자치법도 '의원의 임기가 만료되는 경우'에는 예외로 하고 있다(지방자치법 제79조).

(4) 일사부재의의 원칙

일단 부결된 의안은 그 회기 중에는 다시 발의 또는 제출하지 못한다는 원칙이다. 동일회기에 한하여 적용되는 것으로 회기가 다를 때에는 적용되지 않는다. 통상적인 회의원칙이라 별도의 설명이 필요하지 않을 것으로 판단된다(지방자치법 제80조).

(5) 제척(除斥)의 원칙

심의·의결 대상의 안건이 의원 또는 의장, 그리고 그 배우자, 형제자매 또는 직계존비속의 이해관계가 걸려 있는 경우 이들을 의사에 참가시키지 않는다는 원칙이다(지방자치법 제82조).

(6) 기록유지의 원칙

지방의회는 회의에 관한 증거를 보존하기 위해 회의록을 작성하고 이를 첨부하여 회의의 결과를 자치단체장에게 통보하여야 한다. 비밀을 요한다고 의장이 인정하거나 지방의회에서 별도의 의결이 있는 경우를 제외하고는 의원들에게도 배부하여야 한다. 지방자치법 제84조는 이러한 회의록의

■ 직계존비속: 직계존속은 조상으로부터 직계로 내려와 자기에 이르는 사이의 혈족으로 부모, 조부모 등을 이른다. 그리고 직계비속은 자기로부터 직계로 이어져 내려가는 혈족, 즉 아들, 딸, 손자, 증손 등을 이른다. '다음' 국어사전.

작성을 규정하고 있고, 이어 그 시행령도 회의내용을 속기 또는 녹음으로 기록·보존할 것과 자치단체장에게의 통보가 20일 이내에 이루어져야 할 것을 규정하고 있다.

(7) 폭력 또는 폭언 부정의 원칙

지방의회는 회의의 원만한 진행을 위하여 폭력과 폭언의 사용을 금지하고 있다. 지방자치법 제94조에서 제97조까지의 규정이 이에 해당한다. 규제 또는 금지 대상의 행위에는 지방자치법과 회의규칙에 위배되는 발언 또는 행위를 하여 회의장의 질서를 문란하게 하는 행위, 타인을 모욕하는 행위, 타인의 사생활에 대한 발언, 회의 중에 폭력을 행사하거나 소란한 행위를 하여 타인의 발언을 방해하는 행위, 의장 또는 위원장의 허가 없이 연단이나 단상에 등단하는 행위 등이 포함되고 있다. 또 방청인 역시 소란한 행위를 하여서는 안 되며 이러한 행위가 일어나는 경우 의장은 방청인의 일부 또는 전부를 퇴장시킬 수 있다.

제3장

자치단체장과 자치행정조직: 우리나라

자치단체장

1 **기관구성 형태와 자치단체장의 지위와 역할**

　지방정부의 수장, 즉 자치단체장은 기관구성 형태에 따라 그 지위와 역할을 달리한다. 기관통합형 지방정부, 특히 미국의 **위원회형**(commission plan)과 같은 경우에 있어 지방정부의 수장은 지방정부의 대표로 의례적인 역할과 함께 집행기능의 일부를 수행하다. 즉 5내지 7인의 지방의원 중의 한 사람으로 집행기능의 한 부분을 책임지면서, 지방정부 대표로서의 의례적인 기능도 수행하게 되는 것이다.

　기관통합형 중에서 **내각제**(cabinet system)나 **집행위원회**(executive committee) 형태를 취하는 경우, 지방정부의 수장은 지방정부의 대표로서의 지위와 함께 실질적인 집행기관의 장으로서의 기능을 함께 수행한다. 지방의회 내의 다른 정치세력으로부터 상당한 수준의 견제를 받기도 하겠지만, 경우에 따라서는 다수 정치세력의 지도자로서 다소 강한 기능을 수행할 수도 있다.

기관분리형 지방정부에서의 지방정부 수장은 기본적으로 지방정부의 대표로서의 지위와 집행기관장으로서의 지위를 갖는다. 기능 또한 그에 상응하는 기능을 수행한다. 그러나 이 또한 **강시장-의회형**(strong mayor-council) 체제를 취하느냐, 아니면 **약시장-의회형**(weak mayor-council) 체제를 취하느냐에 따라 그 내용이 크게 달라진다. 또 같은 강시장-의회제라 하더라도 수석행정관을 별도로 두느냐 여부에 따라 그 기능과 역할이 달라질 수 있다. 수석행정관을 두는 경우 지방정부의 수장으로서의 자치단체장은 정무기능 쪽에 더 무게를 둘 수 있고, 수석행정관이 없는 경우에는 행정기능에 보다 많은 시간과 노력을 할애할 가능성이 크다.

절충형의 대표적인 형태라 할 수 있는 **시정관리관**(city-manager) 체제 아래에서의 지방정부의 수장은 대개의 경우 의례적인 기능을 주로 수행한다. 지방정부를 대표하고, 때로는 지역사회 정치지도자로서의 다양한 정치사회적 기능을 수행하기도 하지만 기본적으로 집행기능을 수행하지는 않는다. 집행기능은 지방정부의 수장이 대표하는 지방의회에 의해 임명된 시정관리관에 의해 이루어진다.

② **자치단체장의 지위와 역할: 우리나라**

앞서 여러 차례 설명한 바와 같이 우리나라의 지방정부는 **중앙통제형 강시장-의회제**를 형성하고 있다. 기본적으로 강시장-의회제형을 이루면서도, 지방정부가 중앙정부의 일선기관으로서의 지위도 함께 지니고 있는 가운데 중앙정부의 지방정부에 대한 통제가 비교적 강한 상태를 유지하고 있다.

이러한 체제 아래 자치단체장은 임기 4년의 선출직 공무원으로서의 신분을 지닌다. **3기에 한하여 계속 재임**할 수 있으며,[1] 기본적으로 지방정부 수장, 즉 자치단체장의 지위와 집행기관장으로서의 지위가 부여된다. 아래에서는 자치단체장의 이러한 지위와 역할을 정리해 본다(사잇글 6-2).

---

1) 지방자치법 제108조.

사잇글 6-2: 미국 지방정부 수장의 연임 제한

미국 Texas 주(州S)의 San Antonio 시(市)는 보기 드문 임기제한(term limit) 제도를 가지고 있다. 2년 임기의 시장이나 지방의원을 두 번하고 나면 평생 다시 시장이나 지방의원을 할 수 없도록 하고 있다. 최소한 3번은 할 수 있게 하거나, 임기를 4년으로라도 해 주어야 하지 않느냐는 주장이 대두되기도 했고, 또 실제로 이를 완화하기 위한 주민투표가 있기도 했다. 그러나 결과는 번번이 '부결'이었다.

이렇게 제한을 하는 이유는 여러 가지이다. 임기제한을 하지 않으면 직업적인 지방정치인에 나오고 이들을 상대로 한 로비스트가 판을 치게 된다는 것이 그 하나이고, 오래할수록 매너리즘에 빠져 일을 제대로 하지 않게 된다는 것도 중요한 이유 중의 하나이다. 반면 적지 않은 사람들이 임기를 제한하면 보다 많은 시민들이 공직에 진출할 기회를 얻게 되고, 이들을 통해 지방정부에 신선한 아이디어가 공급될 것이라 믿고 있다.

San Antonio 뿐만 아니라 상당수의 미국 지방정부들이 이와 같이 시장과 지방의원의 연임을 제한하고 있다. New York을 비롯한 5대 도시 중에 연임제한을 하지 않는 곳은 뒤의 <사잇글 6-3>에서 소개할 Chicago밖에 없다.

그러나 최근 이 연임제한에 문제제기를 하는 사람들이 늘고 있다. 연임 제한이 결국은 지역사회의 지도자 육성을 방해하고, 지방정부를 아마추어 정부로 만들면서 재정난 등 지방정부가 당면하고 있는 문제를 풀지 못하게 하는 원인이 되고 있다는 지적이 설득력을 얻고 있기 때문이다. New York을 비롯한 많은 도시들이 이 문제를 두고 고민을 하고 있다. 미국 지방정부와 관련하여 또 하나 지켜볼만한 관심거리이다.

1) 지방정부의 대표로서의 지위

우리나라 지방정부의 자치단체장은 먼저 대내외적으로 지방의회와 집행기관을 포함한 지방정부 전체를 대표하는 대표로서의 지위를 가진다. 지방정부를 대표하여 조례를 공포하고 외부 기관 내지는 기구와 계약을 하며, 의식을 행한다. 대통령이 국가의 원수로서 국가를 대표하게 되는 것과 같은 맥락이다. 상당히 상징적인 지위라 할 수 있으나 이러한 상징적 지위가 실제의 영향력 또는 정치력의 기반이 되는 경우도 많다.[2] 즉 실제 행사하는 권한이 어떠한 것이냐에 관계없이 지방정부의 대표라는 지위 그 자체가

---

2) Marcus D. Pohlmann, *Governing the Postindustrial City* (N.Y.: Longman, 1992), pp.235-236. Longman과 같은 학자는, 의례적 행사의 장(長), 행정수반, 수석 입법자, 외부에 대한 지역이익의 수석 대변자, 비상시의 수습책임자, 여론지도자, 그리고 정당의 지도자 등이 시장, 즉 지방정부의 수장이 수행하게 되는 역할이라고 이야기 한다. 위의 책, pp.235-240.

대내외 관계에 있어 설득력을 더해 주는 등 권력기반의 일부분이 될 수 있다. 권위주의적 정치문화와 상하 계층관념이 강한 유교문화권 내에서는 더욱 그러하다.

2) 집행기관장으로서의 지위

대통령이 국가의 원수임과 동시에 행정부 수반이듯이 우리나라의 자치단체장 또한 대내외적으로 지방정부를 대표하는 지위를 지님과 동시에 지방정부의 내부기관인 집행기관의 장으로서의 지위를 지닌다. 집행기관장으로서 집행기관과 대칭적 위치에 놓여 있는 지방의회와 적절한 관계를 유지하며 '지방정부의 사무,' 즉 자치사무와 단체위임사무를 통할(統轄)·관리·집행하게 된다.

3) 국가의 일선 지방행정기관장으로서의 지위

자치단체장은 지방정부의 대표와 지방정부 집행기관장의 지위를 지님과 동시에 국가의 일선 지방행정기관장으로서의 지위 또한 지닌다. 이 부분과 관련하여서는 우리나라 지방자치의 본질적 특성에 관한 이해가 필요한 바, 간략한 설명을 덧붙이기로 한다.

미국과 같이 지방정부가 지역단위 자치정부로서의 성격만을 지니는 경우가 있는가 하면, 우리나라와 같이 지방정부가 지역단위 자치정부임과 동시에 국가의 지역단위 일선 종합지방행정기관의 성격을 지니는 경우가 있다.[3] 후자의 형태는 대체로 우리나라나 일본과 같이 국가의 지방행정기관이 잘 정비된 다음, 이들 지방행정기관에 자치정부로서의 격을 부여하는 방식으로 지방자치를 실시할 때 잘 나타난다. 이 경우 지방정부는 원래 국가의 일선 지방행정기관이었던 만큼 자치정부로서의 지위와 국가의 일선 지방행정기관으로서의 지위를 함께 지니게 된다. 국가 또는 중앙정부 또한 그 사무를 처리함에 있어 별도의 지방행정기관을 다시 설치하기보다는 이러한 지방정부를 통하여 그 사무를 처리한다. 즉 위임하여 처리하는 형식을 취하게 된다.

지방정부에 대한 국가의 사무위임은 크게 두 가지 형태로 이루어진다. 기관위임, 즉 집행기관장인 자치단체장에게 위임하는 형태가 있고, 단체위

---

3) 제1편 제3장 제3절 참조.

임, 즉 지방정부 그 자체에 위임하는 형태가 있다. 제5편 제3장에서 설명한 바와 같이 우리나라의 경우 여전히 기관위임의 형태가 강하게 존재하고 있는데, 이러한 기관위임 사무를 처리함에 있어 자치단체장은 중앙정부의 일선 종합지방행정기관장으로서의 지위를 지니게 된다.

4) 정치지도자로서의 지위

자치단체장은 또한 정치지도자로서의 지위를 지닌다. 정당의 추천이 행해지는 경우 자치단체장은 특정 정당의 중앙조직과 지역조직의 보직자가 될 수 있다. 지방정부의 선거와 운영에 정당이 관여하지 않는 경우에 있어서도 자치단체장은 어쩔 수 없이 지방정치 지도자로서의 역할을 하게 된다. 그 법적 지위와 권한으로 인해 지방정치의 한 축을 이룰 수밖에 없는 상황에 있기 때문이다.

자치단체장이 지니는 정치지도자로서의 지위와 그 영향력은 지방정부의 크기나 소속 정당 등에 의해 크게 달라질 수 있다. 서울과 같이 규모가 큰 지방정부의 경우 그 정치적 지위와 영향력은 지역사회 차원을 넘어 국가 전체와 국제사회에까지 미치기도 한다. 프랑스의 쉬락(Jacques Chirac) 전 대통령이나 호소카와(細川) 전 일본수상과 같이 자치단체장 출신의 국가 최고 지도자를 보는 것이 드물지 않다. 미국의 주(州)를 지방정부로 볼 수는 없지만 굳이 말하자면 레이건(Ronald Reagan) 전대통령과 클린턴(Bill Clinton) 전대통령과 같이 주지사(governor)를 지낸 대통령을 어렵지 않게 볼 수 있다.

③ 자치단체장의 권한: 우리나라

1) 의회운영에 대한 권한

(1) 임시회의 소집요구

기관분리형의 강시장-의회제 구도 아래 우리나라의 자치단체장은 당연히 지방의회에 대해 상대적으로 강한 권한을 행사하는 위치에 있다. 먼저 회의와 관련하여 자치단체장은 지방의회 의장에게 **임시회의 소집**을 요구할 수 있다. 지방자치법은 지방의회 의장은 자치단체장이나 조례로 정하는 수 이상의 지방의원의 요구가 있을 때 15일 이내에 임시회를 소집하여야 함을 규정하고 있다(지방자치법 제54조).

(2) 지방의회 의결에의 관여

자치단체장은 지방의회의 의결과 관련하여 여러 가지의 권한을 행사할 수 있다. **발의권**과 **재의요구권**, 그리고 재의결된 사안을 대법원에 제소할 수 있는 권한은 그 대표적인 예이다. 먼저 자치단체장은 지방의회에서 의결할 의안을 발의할 수 있다(지방자치법 제76조). 실제로 자치단체장은 지방의회에 상정되는 의안의 상당수를 발의하고 있다. 제6편 제2장에서 본 바와 같이, 조례안의 경우 시·도의회는 발의의 42.3%가, 시·군·자치구의회는 발의의 78.5%가 지방의원이 아닌 당해 지방정부의 자치단체장에 의해서 이루어지고 있다.

아울러 자치단체장은 지방의회의 의결이 월권 또는 법령에 위반된다고 인정되는 때, 지방의회의 의결이 예산상 집행할 수 없는 경비가 포함되어 있다고 인정되는 때, 법령에 의하여 지방정부가 부담해야 하는 의무비(義務費)를 삭감한 때, 그리고 비상재해로 인한 시설의 응급복구를 위해 필요한 경비를 삭감한 경우는 재의를 요구할 수 있도록 하고 있다(지방자치법 제120조, 제121조). 재의를 요구하는 경우 의결 정족수가 '재적의원 과반수의 출석과 출석의원 3분의 2 이상의 찬성'으로 높아지는 바, 지방의회로서는 상당한 부담이 된다. 지방의회의 의결이 위의 네 가지 경우에 해당하는 지의 여부를 자치단체장 스스로 판단하게 되어 있다는 점에서 이러한 재의요구권은 상당히 강한 권한이라 할 수 있다.

재의결된 사안이 여전히 '법령에 위반된다고 판단되는 때'에는 시·도지사와 시장·군수 및 자치구청장은 의결된 날로부터 20일 이내에 대법원에 소(訴)를 제기할 수 있다(지방자치법 제120조). 아울러 이러한 소제기와 함께 자치단체장은 '필요하다고 인정되는 때'에는 그 의결의 집행을 정지하게 하는 집행정지결정을 신청할 수 있다. 즉 판결이 날 때까지 그 효력을 정지시킬 것을 법원에 요청할 수 있게 되어 있다(제192조).

(3) 선결처분권

자치단체장은 지방의회의 의결을 거쳐야 하는 사안 중에서도 주민의 생명과 재산보호를 위하여 긴급하게 필요한 사항으로서, 지방의회가 성립하지 않은 때(의원의 구속 등으로 의결 정족수에 미달하게 된 때), 주민의 생명과 재산보호를 위하여 긴급하게 필요한 사항으로서 지방의회를 소집할 시간적 여유가 없거나 지방의회에서 의결이 지체되어 의결되지 아니할 때에는 **선결처분**, 즉 지방의회 의 의결을 거치지 않고 처분부터 먼저 하는 권한을 부여받고 있다. 선결처분된 사항은 다음 회기 때 지방의회에 보고되어 승인을 얻도록 하고 있다(지방자치법 제122조).

2) 행정권

(1) 규칙제정권

자치단체장은 행정의 원활한 수행을 위하여 '법령 또는 조례의 범위에서' 그 권한에 속하는 사무에 관하여 규칙을 정할 수 있는 권한, 즉 **규칙제정권**을 가지고 있다(지방자치법 제29조). '조례의 범위에서'라는 제한이 있는 만큼 지방의회의 조례제정권에 대한 제한, 즉 '법령의 범위에서' 보다 제약이 크다고 할 수 있다. 그러나 우리나라의 경우 지방의회의 조례제정권이 '지방정부의 사무,' 즉 단체위임사무와 자치사무만을 대상으로 하고 있는데 반해, 자치단체장의 규칙제정권은 기관위임된 국가사무까지 그 대상으로 할 수 있어 대상사무의 범위는 때로 조례제정권 보다 넓어지기도 한다.

(2) 관리·집행권

자치단체장은 지방정부의 사무, 즉 자치사무 및 단체위임사무와 '법령에 의하여 그 지방자치단체의 장에게 위임된 사무,' 즉 기관위임사무를 관리하고 집행할 **관리·집행권**을 부여받고 있다(지방자치법 제116조). 지방의회의 권한이 자치사무 및 단체위임사무만을 그 대상으로 하는데 반해 자치단체장의 이러한 관리·집행권은 지방정부의 집행기관이 관할하는 모든 사무를 대상으로 행사된다. 이들 사무의 영역에 대해서는 제5편 제3장에서 설명하였으므로 여기서는 더 이상 설명을 하지 않기로 한다.

(3) 임면권(任免權) 및 지휘·감독권

집행기관이 관할하는 사무의 원활한 관리와 집행을 위하여 집행기관장

■ 임면권은 임명을 할 수 있는 권한과 해임을 할 수 있는 권한이 모두 말한다. 임명할 수 있는 권한을 뜻하는 임명권과 차이가 있다.

으로서의 단체장은 '법령과 조례, 그리고 규칙이 정하는 바에 의하여' 보조기관과 소속행정기관, 그리고 하부행정기관 및 그 직원을 임면하는 권한을 갖는다(지방자치법 제118조). 시·도에 있어서의 부시장·부지사를 한 명만 두게 되는 경우, 그 자리는 일반직 또는 정무직 국가공무원으로 보한다. 국가공무원으로 보하는 만큼 그 임명은 당해 시·도지사의 제청으로 행정안전부 장관을 거쳐 대통령이 임명한다. 당해 시·도시자의 권한은 그만큼 제약되는 것이다. 그러나 이 경우에도 자치단체장의 실질적인 권한을 보장하기 위해, 제청된 자에게 법적 결격사유가 없는 한 30일 이내에 임명절차가 종료되어야 한다고 규정하고 있다(지방자치법 제123조).

규모가 큰 시·도는 부시장·부지사를 두 명 이상 두게 되는데, 이 경우 한 명은 정무직이나 일반직, 또는 별정직 지방공무원으로 보하게 되어 있다. 지방공무원으로 보하는 만큼 이 부분에 있어서는 시·도지사 임명권을 갖는다. 행정안전부장관을 거칠 필요도 없고 대통령의 임명을 기다려야 할 이유도 없다. 당해 자치단체장인 시·도지사가 당해 지방의회가 조례로 정한 자격기준에 따라 바로 임명권을 행사할 수 있다.

시·도와 달리 시·군·자치구의 부시장·부군수·부구청장 임명은 전적으로 당해 시·군·자치구의 시장·군수·구청장의 권한이다. 중앙정부를 승인이나 허가를 받을 이유도 없고 임명 요청을 할 이유도 없다는 말이다.

자치단체장은 또한 이들 보조기관과 그 직원들을 **지휘·감독**하게 된다. 이러한 지휘·감독권은 지방정부 직할기관의 범위를 넘어서까지 인정되기도 한다. 시·군 및 자치구에 대한 시·도지사의 권한이 이에 해당하겠는데, 시·도지사는 국가와 시·도가 시장·군수·구청장에게 위임한 사무의 처리와 관련하여 그 관할 구역 내의 시·군·자치구를 지도·감독하는 권한을 가지게 된다. 시·도지사는 또한 이들 시·군·자치구청장이 '현저히 부당하여 공익을 해한다고 인정되는' 결정 또는 처분을 한 경우, 이에 대해 기간을 정하여 서면으로 **시정명령**을 내릴 수 있고, 그 기간 내에 시정을 하지 않을 경우에는 이를 취소하거나 정지할 수 있는 권한을 부여받고 있다(지방자치법 제188조). **계층적 지도·감독**의 논리에 의해 주무부장관, 즉 해당 업무를 관장하는 중앙부처의 장관이 시·도지사에 대해 가지는 지도감독권을, 시·군·자치구에 대해서는 시·도지사가 행사하도록

■ 계층적 지도·감독이란 제일 상층부의 조직이 그 아래에 있는 여러 계층을 모두 지도·감독하는 것이 아니라 바로 아래의 계층만

하고 있는 것이다.

이러한 지도·감독권은 자치사무의 경우에는 '법령에 위반한 것에 한한다'라는 단서가 달려 있고, 자치단체장에게는 이러한 조치에 대해 15일 이내에 대법원에 소를 제기할 수 있도록 하고 있기는 하다. 그러나 위임사무에 한해서이기는 하지만 '법령위반'을 지나 '공익을 해한다고 인정되는 경우'까지 취소·정지할 수 있는 것은 매우 강한 권한이라고 할 수 있다.

지방의회의 의결에 대해서도 마찬가지이다. 계층적 지도감독의 논리 아래 시·도지사는 시·군·자치구의회의 의결이 '법령에 위반되거나 공익을 현저히 해한다고 판단될 때' 시장·군수 및 자치구청장에게 재의를 요구하게 할 수 있도록 하고 있다. 시·도지사로부터 재의를 요구할 것을 요구받은 시장·군수 및 자치구청장은 지방의회에 그 이유를 붙여 재의를 요구하여야 한다(지방자치법 제192조).

아울러 지방자치법 제189조는 시·도지사에게 국가 및 시·도의 위임사무와 관련하여 시·군 및 자치구에 **직무이행명령**, 즉 그 일을 수행할 것을 명령할 수 있도록 규정하고 있다. 이 역시 계층적 지도·감독의 논리의 의해 주무부장관이 시·도에 대해 가지는 권한을 시·군·자치구에 대해서는 시·도지자에게 부여하고 있는 것이다.

직무이행명령의 대상으로는 '법령의 규정에 따라 시·군·자치구가 수행하도록 되어 있는 사무와 국가나 시·도의 위임사무로 하고 있으며, 명령을 내릴 수 있는 경우를 이러한 사무의 관리와 집행을 명백히 게을리 하고 있을 때'로 하고 있으며, 주어진 기간 내에도 이를 이행하지 않는 경우에는 대집행을 할 수 있도록 하고 있다. 자치단체장에게 이에 대한 이의가 있는 경우 15일 이내에 대법원에 소를 제기할 수 있게 하고, 또 소를 제기하면서 이행명령의 집행을 정지하게 하는 집행정지결정을 신청할 수 있게는 하고 있지만 여전히 강한 권한이라 할 수 있다.

3) 권한행사에 있어서의 제약요인: 중앙정부 및 중앙정치권과의 관계

자치단체장의 권한에 대해 설명을 하였는데 이러한 자치단체장의 권한이 아무런 제약 없이 행사될 수 있는 것은 아니다. 실제 그 행사에 있어서는 여러 가지 제약이 따르게 되며 그러한 제약 중 일부는 자치단체장의 권

지도·감독하고, 그 바로 아래의 계층으로 하여금 또 그 아래의 계층을 지도·감독하게 하는 체제를 말한다.

한을 크게 약화시킨다.

제약과 제한은 여러 곳으로부터 온다. 지방의회로부터 오기도 하고, 지역사회와 지역정치권으로부터 오기도 한다. 그러나 가장 큰 제약은 역시 중앙정부와 중앙정치권으로부터 온다. 지방의회 등으로부터 오는 통제는 지방의회 문제를 다루면서 이미 설명하였으므로 이 자리에서는 중앙정부와 정치권으로부터 오는 제약을 중심으로 간단하게 정리해 보기로 한다.

(1) 법률적 제약

앞서 자치단체장이 지니는 관리·집행권과 임면권, 그리고 지휘·감독권 등을 살펴보았는데, 보기에 따라서는 상당히 강한 권한으로 이해될 수 있다. 그러나 실제에 있어서는 적지 않은 법률적 제약이 따른다.

첫째, 이러한 권한의 행사와 관련하여 중앙정부 또는 상급지방정부의 강력한 통제가 뒤따른다. 기초자치단체장의 경우 시·도지사로부터 비교적 강한 통제를 받게 됨은 이미 설명하였다. 통상적인 지도·감독을 받는 것은 물론, 경우에 따라서는 시·도지사에 의해 그 명령과 처분이 취소될 수도 있으며, 직무이행명령을 받을 수도 있다. 시·도지사의 이행명령을 수행하지 않는 시·군·자치구에 대해서는 시·도지사가 대집행을 하게 되어 있으며, 시·도지사가 대집행을 하지 않는 경우는 주무부장관이 직접 대집행을 할 수 있게 되어 있다(지방자치법 제189조 제5항).

시·도지사라고 하여 이러한 통제나 제약이 없는 것은 물론 아니다. **계층적 지도·감독** 체제 아래 시·도지사 역시 그가 기초지방정부에 대해 행사하는 것과 같은 통제와 제약을 중앙정부로부터 받는다. 즉 국가사무의 수행과 관련하여서는 주무부장관의 지도·감독을 받게 되며, 그 명령이나 처분이 '법령에 위반되거나 현저히 부당하여 공익을 해한다고 인정될 때'에는 주무부장관이 시정명령을 내리고, 그러고도 이를 행하지 않으면 이를 취소 또는 정지시킬 수 있도록 하고 있다. 이 경우 역시 시·도지사에게는 이러한 조치에 대해 15일 이내에 대법원에 소를 제기할 수 있도록 하고 있으며 자치사무에 대해서는 '법령에 위반하는 것'에 한한다고 규정하고 있기는 하다. 그러나 이 역시 공익을 해하는 지의 여부와 법령위반 여부를 주무부장관이 판단하게 되어 있는 바, 적지 않은 제약이라 할 수 있다.

둘째, 행사될 수 있는 권한의 폭이 제한되어 있다. 기본적으로 자치사무의 폭이 좁은 데다, 위에서 이야기한 권한에 있어서도 간과할 수 없는 제약이 따르기 때문이다. 하나의 예가 되겠지만 공무원에 대한 인사권의 행사도 그 주요 내용은 법령에 의해 정해지게 되어 있다. 예컨대 부단체장의 신분은 법률로 정해지고, 그 직급 또한 대통령령으로 정해진다. 지방공무원의 임용 또한 마찬가지이다. 임용은 물론 시험·자격·보수·신분보장·복무·징계·교육훈련 등에 관한 사항까지 모두 지방공무원법 등의 법률로 따로 정하게 되어 있다.

지방의회의 의결에 대한 재의요구권의 행사 역시 자치단체장의 독자적인 권한은 아니다. 지방자치법은 행정안전부 장관에게 시·도지사에 재의를 요구하도록 할 수 있는 권한을 부여하고 있으며, 시·도지사에게는 시장·군수·구청장에게 재의를 요구하도록 할 수 있는 권한을 부여하고 있다. 또 재의결된 사항에 대해서도 행정안전부 장관과 상급자치단체장은 당해 자치단체장에게 제소를 지시하거나 직접제소 및 집행정지결정을 신청할 수 있도록 하고 있다.

(2) 재정적 제약

자치단체장의 권한 행사는 지방정부의 재정상황에 의하여 다시 제약을 받는다. 재정규모가 작고 재정력이 약한 경우에는 결정할 수 있는 사업의 폭이 줄어들 수밖에 없고, 중앙정부 지원에 의존하는 경향이 크면 클수록 중앙정부의 의사나 정책방향을 존중할 수밖에 없는 상황에 놓이게 된다. 중앙정부의 지원 중 일정한 공식에 의해 배분되는 지방교부세와 같은 자금은 그나마 지방정부의 자율성을 덜 제약한다. 그러나 배분 자체가 중앙정부의 일시적 기준이나 선호에 의해 이루어질 가능성이 적기 때문이다. 그러나 국고보조금의 경우는 다르다. 중앙정부의 의사나 선호가 배분에 있어 상당한 영향을 미친다.

(3) 정치적 제약

자치단체장은 한사람의 정치인 내지는 정당인으로서 중앙정치권의 통제를 받게 된다. 정당이 분권화 되지 못하고 중앙당과 지역 국회의원과 같은 지역조직의 책임자가 공천에 있어 결정적인 역할을 하는 상황에서는 더욱 그러하다. 중앙당과 지역조직 책임자의 지지를 확보하기 위해 중앙당과 중앙정치 지도자의 정치적 의지와 정책방향을 지속적으로 살펴야 하는 상황에 놓이게 된다.

국회의원으로 국회에 진출하고자 하는 등 중앙정치권으로의 진입을 시도하는 경우 자치단체장에 대한 정치적 제약은 더 커진다. 현역 국회의원이나 정당의 지역조직 책임자 등과 정치적 마찰이 일어날 수밖에 없고, 이러한 마찰은 때로 지방정치권 내의 반대세력을 확대시키면서 크고 작은 갈등을 몰고 오기도 한다. 그 결과 주어진 권한을 합리적으로 행사할 수 없는 상황을 맞기도 한다.

④ 자치단체장의 역할

지방의회와 지방의원에 대해서와 마찬가지로 자치단체장에 대해서도 여러 가지 기대되는 역할이 있다. 일곱 가지 정도로 정리할 수 있겠는데, 먼저 정책문제의 발견·제안자로서의 역할부터 살펴보기로 한다.

1) 기대되는 역할

(1) 정책문제의 발견·제안자로서의 역할

자치단체장은 단순히 주어진 문제를 해결하는 것을 넘어 지역사회와 주민을 위한 새로운 정책문제를 찾아내어 이를 성공적으로 제안하는 **정책문제의 발견·제안자**로서의 역할의 수행이 요구된다. 우리사회에는 중앙정부와 지방의회 모두에 의해 간과되고 있는 문제들이 무수히 있을 수 있다. 즉 중앙정부는 중앙정부 나름의 시각과 그 운영역학에 의해, 또 지방의회는 좁은 선거구를 대표하는 의원들로 구성된다는 그 나름대로의 역학구조에 의해 지역사회 전체를 위한 중요한 문제들이 간과될 수 있는 것이다.[4] 이와 같이 중앙정부와 지방의회 모두에 의해 간과되고 있는 문제를 찾아내어 '성공적으로' 제안하는 것이 자치단체장의 역할 중 하나가 된다. 여기서 성공적이란 말을 강조하는 이유는 지역사회 또는 국가 전체의 정치경제적

---

4) 지역사회 정책과정의 이러한 경향에 대해서는, Anthony James Catanese, *Planners and Local Politics: Impossible Dreams* (Beverly Hills, California, 1974), pp. 24-26 참조.

구조 또는 역학관계로 인해 이러한 제안이 쉽지 않은 경우가 많기 때문이다.

이러한 문제를 찾아내어 제대로 제안하기 위해 자치단체장은 지역사회가 자체에 대한 이해는 물론 지역사회를 둘러싸고 있는 사회경제적 환경에 대한 명확한 판단과 **비전**, 그리고 **전략**을 가지고 있어야 한다. 문제는 볼수 있는 눈을 가진 사람에게만 보이기 때문이다.

정책문제의 제안은 일차적으로 지방정부 내에서 이루어질 수 있다. 그러나 이러한 제안이 꼭 지방정부 내에 국한될 이유는 없다. 오히려 이러한 문제를 중앙정부의 정책의제로 상정시키는 데 더 큰 의미가 있을 수 있다. 특히 우리나라와 같이 중앙정부의 기능이 강해 중앙정부의 협력과 지원 또는 승인·허가 등이 없이는 지역사회를 위한 의미 있는 사업을 제대로 할 수 없는 상황에서는 더욱 그러하다.

(2) 정책 추진자로서의 역할

자치단체장이 제안한 문제 중에 자치단체장의 독자적 권한으로 처리할 수 있는 것은 자치단체장 스스로 정책으로 채택하여 처리하면 된다. 그러나 조례와 법률의 제정, 그리고 재정투자 등 지방의회와 중앙정부 또는 민간부문의 관여가 필요한 경우는 이들을 설득하여 이들로 하여금 일련의 정책적 행위 및 협력행위를 취해줄 것을 요청하게 된다. 이와 같은 **정책추진자**로서의 역할을 수행하기 위해 자치단체장은 자신이 가지고 있는 모든 형태의 자원을 동원하게 되며, 때로는 여론과 자신의 정치적 영향력을 동원하기도 한다(사잇글 6-3).

민주적 질서가 자리 잡은 사회에 있어 자치단체장이나 그가 이끄는 지방정부가 홀로 할 수 있는 매우 제한되어 있다. 지방정부가 지닌 인적·물적 자원과 지식정보 자원은 그 한계가 뚜렷하기 때문이다. 심지어 행정조직조차도 하향식의 일방적인 명령으로는 효과적으로 움직이게 할 수 없다. 명확하고 설득력 있는 비전의 제시와 이를 통해 행정조직 내부는 물론 지역사회 전체를 설득해 낼 수 있는 능력이 정책추진 능력의 핵심이다.[5]

---

5) Sue Goss, *Making Local Governance Work: Networks, Relationships, and the Management of Change* (Hampshire, UK: Palgrave, 2001), pp.161-162.

(3) 지방의회에 대한 견제자로서의 역할

자치단체장은 **지방의회에 대한 견제자**로서의 역할을 수행한다. 부분의 합이 항상 전체와 같은 것이 아닌 것처럼, 부분의 이해관계가 크게 반영될 수 있는 지방의회의 결정이 지역사회 전체의 이익을 항상 보장하지 않는다. 또 기관분리형 아래의 지방의회는 직접적인 집행기관이 아닌 만큼 지방정부의 행정적·재정적 상태 등을 제대로 감안하지 않고 의결을 할 수도 있다. 따라서 자치단체장은 지역사회 전체의 이익을 옹호하는 입장에서 지방의회에 대해 적절한 견제역할을 수행해 주여야 한다. 재의요구권과 같은 권한은 바로 이와 같은 일을 하기 위해 주어져 있다.

(4) 관리·집행자로서의 역할

자치단체장은 주어진 소관 사무를 효과적으로, 또 효율적으로 **관리·집행**하는 역할을 수행한다. 이러한 역할의 수행을 위해 사무에 대한 관리·집행권과 보조기관 및 행정기관 등과 그 직원에 대한 지휘·감독권이 부여되고 있다. 이러한 관리·집행자로서의 역할은 자치단체장의 역할 중 가장 전통적이며, 또 중요한 부분이라 할 수 있다. 그러나 그렇다고 하여 지금과 같은 집행·관리의 패턴을 그대로 유지해도 좋다는 뜻은 아니다. 오히려 앞으로의 자치단체장은 민주화와 분권화, 그리고 정보화와 세계화 등의 시대적 조류를 흡수하여 현 체제를 지속적으로 혁신해 나가야 하는 책임과 역할이 주어져 있다. 새로운 관리기법을 도입하고 공직과 업무에 대한 공무원의 관념을 변화시키는 등의 역할이 요구된다.

(5) 자치경영자로서의 역할

자치단체장은 또한 지역의 경제를 활성화시키고 지방정부의 재정기반을 강화시킬 수 있는 각종의 사업을 기획하고 집행할 **자치경영자**로서의 역할을 수행한다. 일종의 **공공기업가**(civic entrepreneur)로서의 역할이라고도 하겠는데 이러한 역할은 지방자치의 발전과 함께 계속적으로 확대되어 갈 것으로 예측된다. 지역주민의 지역경제 활성화에 대한 욕구가 크기 때문이다. 변화를 오히려 새로운 도전을 위한 기회로 삼고, 주어진 인적·물적, 또는 정치사회적 자원을 부가가치를 극대화 할 수 있도록 활용하고, 지방정부 뿐만 아니라 지역사회 전체를 지속적인 혁신이 일어날 수 있는 구조로 만들어가는 역할 등이 모두 이에 해당한다.[6]

제4편 제1장의 지역사회 권력구조에서 설명하기도 했지만 지방정치에 있어 **성장기구론**과 같은 이론, 즉 지방정부를 성장을 지향하는 이해관계 세력의 도구이자 수단으로 해석하는 이론이 등장하고, 또 그러한 이론이 설득력을 얻어가는 데에는 그만한 이유가 있다. 작게는 지방행정에 지속적인 혁신을 불러오고 지방재정을 확충하는 일에서부터, 크게는 기업을 유치하고 지역 내 토지의 교환가치(exchange value)를 높이기 위한 노력을 해 줄 것을 지역주민들은 기대하고 있다. 이러한 기대가 크면 클수록 자치단체장은 이러한 일에 보다 큰 관심을 기울이게 된다.

(6) 이해관계 조정자로서의 역할

지역사회에는 이해관계와 신념을 달리하는 다양한 세력이 존재한다. 기업가가 있는가하면 노동자가 있을 수 있고, 토지의 사용가치를 높이고자 하는 사람들이 있는가 하면 사용가치 보다는 교환가치를 올리는데 더 집중하는 사람들도 있다. 개발의 문제와 환경의 문제가 부딪칠 수 있고, 혐오시설과 선호시설의 입지를 둘러싼 각종의 지역이기주의 사안이 발생할 수 있다.

자치단체장은 지역사회 내에서 일어나는 이러한 각종의 분쟁과 이해관계를 조정하는 **조정자**로서의 역할을 수행한다. 지역사회의 정치지도자로서 당연히 수행해야 할 역할이기도 하지만 지역사회에서 일어나는 각종의 분쟁이 지역사회와 지방정부의 부담으로 전가된다는 점에서 맡지 않으면 안되는 역할이기도 하다. 예컨대 지역사회에서 일어나는 노사분규는 지역경제와 지역사회에 치명적인 부담을 줄 수 있다. 지역주민과 이해관계의 당사자들은 각종의 행정적 권한과 정치적 자원을 가진 자치단체장에게 이러한 일에 대해 적절한 관심과 함께 적절한 수준의 중재행위를 해 줄 것을 기대하게 된다.[7]

---

6) Sue Goss, 앞의 책, p.161.

7) 이러한 중재행위의 예를 보기 위해서는 DongA.com, "민선 4기 새 단체장에게 듣는다: 강석구 울산 북구청장," 2006. 7. 4. http://www.donga.com/fbin/output?f = aS_&n = 200607040188. 참조. 외국의 좋은 예를 위해서는 California주(州) Los Angeles시(市)의 시장, Antonio Villaraigosa의 활동에 관한 Rob Gurwitt의 글 참

(7) 합리적 분권운동가로서의 역할

앞서 설명한 바와 같이 자치단체장은 지방정부의 대표이기도 하지만 국가의 일선행정기관으로서의 지위를 지닌다. 따라서 지방정부의 입장을 중앙정부에 전달하고 중앙정부의 입장을 지방정부에 전달하는 중요한 위치에 서게 된다. 이러한 중요한 위치에서 전국적 이해관계와 지역적 이해관계를 적절히 조화시킬 수 있도록 노력할 필요가 있다.

이와 같이 조화를 위한 노력을 기울이는 한편 자치단체장은 **합리적 분권운동**의 구심점이 되어야 한다. 즉 중앙집권적 체제아래 불합리하게 굳어져버린 중앙과 지방과의 관계를 고쳐가기 위해 노력해야 한다는 것이다. 이러한 분권운동이야말로 앞서의 어떠한 역할보다도 중요한 소명이 될 수 있다. 지방자치가 초기단계에 있고, 합리적인 분권화가 제대로 이루어지지 않은 상태이기 때문에 더욱 그러하다.

2) 역할 수행에 대한 평가

이와 같이 일곱 가지 기대되는 역할에 대해 설명을 하였는데, 자치단체장이 이러한 역할을 얼마나 잘 수행하고 있는지는 의문이다. 체계적인 전수조사나 이를 근거로 한 분석이 없는 상황이라 쉽게 결론을 내릴 수는 없다. 그러나 학계와 언론의 일반적인 평가는 긍정적이지만은 않다. 오히려 적지 않은 비판이 있어 왔다고 할 수 있다.

특히 자치단체장의 법률 위반 등에 대해서는 매우 강한 비판이 있어 왔다. 실제로 1995년 민선단체장 체제가 들어선 이후 민선 제6기인 2018년에 이르기까지 백여 명의 광역·기초자치단체장이 형사처벌로 물러났다. 가장 심했던 제4기의 경우(2006. 7.~2010. 6.) 전체 기초자치단체장 230명 중 83명이 기소되었고, 전체의 12.6%에 해당하는 31명이 그 직을 상실당하며 중도하차했다.[8] 뛰어난 능력으로 지역사회에 큰 공헌을 하고 있는 자치단체장이 적지 않게 있다고 하더라고 이러한 부정적 사실로 인해 자치단체장 전체에 대한 평가가 부정적인 방향으로 흐르고 있다.

조, "Mayor in the Middle," *Governing* (Feb. 2007). accessed. July 13, 2020. https://www.governing.com/topics/politics/Mayor-in-the-Middle.html.

8) 기소된 내용은 선거법 위반 70건, 특정범죄가중처벌법 위반(뇌물수수) 8건, 정치자금법 위반 2건, 기타 2건. 행정자치부(현 행정안전부), 내부자료.

그러나 이러한 부정적 사실은 자치단체장 개인의 문제나 자질의 문제만
은 아니다. 기초자치단체장의 경우 국회의원과 광역자치단체장과 달리 2010
년 정치자금법 개정이전까지는 선거를 위한 후원회 결성 자체를 금지되어
있었다. 선거에 상당한 비용이 소요되는 것을 생각하면 법을 위반하기 쉬
운 제도적 환경이 만들어져 있었다고도 할 수 있다. 아울러 투명하지 못한
지방행정과정과 명확하지 못한 법규 등도 그 원인이 되었다고 할 수 있다.
지방자치의 발전을 위해, 또 보다 높은 자질의 자치단체장의 출현을 위해
서는 이러한 다양한 문제에 대한 올바른 인식과 판단, 그리고 개선의 노력
이 필요하다는 뜻이다.

사잇글 6-3: Chicago의 데일리(Daley) 시장과 그의 아들: 시장 40년

1976년 작고한 Richard J. Daley는 미국 지방정치사의 전설적 인물이다. 1902년 아일랜드
출신의 가난한 카톨릭 노동자의 아들로 태어나 법률을 공부한 뒤 1936년 34세의 나이로 일리
노이(Illinois) 주(州) 주의원이 되면서 정치일선에 나섰다.

한 때는 그의 출신구역인 Cook County의 보안관(sheriff)으로 출마하여 낙선하기도 했다. 그
러나 1955년 노동자들의 강력한 지지를 업고 Chicago의 시장이 되었고 그 후 1976년 작고할
때가지 6번에 걸쳐 연임되면서 21년간 Chicago의 시장을 지냈다. 단순히 21년이 아니라 심각
한 도전을 거의 받지 않은 '무적의 21년'이었다.

그의 이러한 정치적 성공은 '조직'에 있었다. 작은 구역마다 구역책(precinct leader)을 두었
고, 이들 구역책들은 여러 가지 특혜와 자리(patronage)를 배분해 주면서 정치조직을 관리하였
다. 말하자면 강력한 '머쉰(machine),' 즉 특혜를 바탕으로 정치적 충성을 다 하는 조직원들로
구성된 정치조직을 가지고 있었던 셈이고, 그는 그 머쉰의 '보스(boss)'였다. 일부 구역지도자
들은 마피아와 연계되어 형을 살기도 하고 여러 형태의 부정에 연루되기도 했다. 그러나
Daley 자신은 한 번도 그러한 일에 연루되지 않았다.

'머쉰'을 기반으로 그는 Chicago 시의회를 완벽하게 지배했다. 일부 공화당 시의원 등의 반
대가 있기는 했지만 소수에 불과했다. 거의 '황제'와 같은 권한을 행사했고, 이를 기반으로 개
발사업 등 힘이 없으면 할 수 없는 사업을 펼치기도 했다. 그가 죽자 일부 정치평론가들은 그
를 '부패하고(corrupt) 야비하고(mean) 인종주의적(racist)'인 지도자로 평가를 했다. 하지만
New York와 같은 대도시가 재정난에 빠지자, 건전 재정을 운영하며 도시를 발전시킨 Daley에
대한 평가가 달라졌다. 논란은 있지만 그는 오늘도 Chicago를 발전시킨 역량 있는 시장의 한
사람으로 남아 있다.

그가 죽은 뒤 13년 후, 이번에는 그의 아들 Richard M. Daley가 시장이 되었다. 아버지의
후광이었다. 1989년 이래 아들 Daley 역시 6번을 연임하며 거의 20년 가까이 시장에 재직하고
있다. 평상시 지지율이 70%가 넘는 등 그 또한 '무적의 지도자'가 되어 있다. 아버지가 J. F.

Kennedy를 공개적으로 지지하고 다녔듯이, 아들 Daley 역시 Obama가 대통령 출마를 선언하자마자 그에 '올-인' 했고, 그로 인해 전국적인 정치지도자가 되어 있다.

아들 Daley는 아버지와는 다른 리더십을 보여주고 있다. 아버지와 달리 노동자뿐만 아니라 보잉(Boeing)을 비롯한 기업들과 좋은 관계를 유지하면서 기업유치에 성공하고 있고, 녹지공간의 조성 등 도시개발에 필요한 재정을 이들 기업의 기부금으로 충당하고 있다. 시 정부를 지속적으로 혁신하면서 행정적 효율을 높여왔고, 강력한 리더십으로 도시의 범죄율을 크게 떨어뜨려 놓기도 했다.

시사 잡지 타임(Time)은 2005년 그를 가장 뛰어난 미국 대도시 시장 다섯 명 중의 한 사람으로 선정하였다. 어딘가 모르게 '음침한(graying) 구석'이 있었던 도시를 '활기 넘치는 지역(vibrant boomtown)'으로 바꾸어 놓았다는 것이 Time의 평이다.

아버지의 후광과 그로 인한 노동자 계층의 지지, 법률 전문가로서의 식견과 경험, 기업과의 원만한 관계, 민주당 조직의 열렬한 지지, Obama 대통령과 같은 인물과의 끊을 수 없는 관계, 등이 그를 '머쉰'이 존재하지 않는 상태에서도 또 한 번 전국적 영향력을 가진 '무적의 지방정치인'으로 만들었다. 아버지와 함께 시장 43년! 거의 반세기에 가까운 기간이었다.[9]

제2절 자치행정조직과 인력

① 자치행정조직

1) 보조기관

(1) 부단체장

지방자치법은 지방정부에 부단체장을 두도록 하고 있다(제123조). 광역지방정부 중 서울특별시는 3명을 넘지 않는 범위 내에서, 그리고 다른 시·도는 2명을 넘지 않는 범위 내에서 부시장·부지사를 두되, 인구가 8백만을 넘는 경우(경기도)에는 3명까지 둘 수 있도록 하고 있다. 서울특별시는 정무직(차관급) 국가공무원으로 행정1부시장과 행정2부시장을 두고 있으며 정무직 지방공무원으로 정무부시장 1인을 두고 있다. 경기도는 고위공무원단에 속하는 일반직 국가공무원으로 행정1부지사와 행정2부지사를 두고 있으며, 별정직 1급의 지방공무원으로 정무부지사 1인을 두고 있다. 그 외

---

9) *Time* magazine, "The 5 Best Big-City Mayors," 2004년 4월 17일 참조.

시·도는 고위공무원단에 속하는 일반직 국가공무원으로 행정부지사·부시장 1인과 별정직 1급의 지방공무원인 정무부지사 1인을 두고 있다.

시·군 및 자치구에는 일반직 지방공무원으로 보하는 1인의 부시장·부군수 및 부구청장을 두도록 되어 있다(제123조). 인구 규모에 따라 지방 이사관, 지방 부이사관, 지방 서기관을 임명하고 있다.[10]

이들 부단체장은 지방정부의 장을 보좌하여 사무를 총괄하고, 소속 직원을 지휘·감독하며, 자치단체장이 사고가 있는 경우 그 직무를 대리하게 된다. 부단체장의 임명은 지방정부의 종류에 따라 다르게 규정되어 있다. 광역지방정부인 시·도의 경우, 국가공무원과 정무직 공무원으로 임명되는 자리는 당해 시·도지사의 제청으로 행정안전부 장관을 거쳐 대통령이 임명하도록 하고 있다. 시·도지사의 실질적 임명권을 보장하기 위해 제청한 자에게 법적 결격사유가 없는 한 30일 이내에 그 임명절차를 종료하도록 하고 있다. 별정직 1급의 지방공무원으로 임명되는 서울특별시 등의 정무부시장·부지사는 해당 지방정부의 조례가 정한 자격기준의 의거 시·도지사가 임명한다. 그리고 시·군 및 자치구의 부단체장은 해당 시·군·자치구청장, 즉 기초자치단체장이 임명하되 일반직 지방공무원으로 보하도록 되어 있다.

(2) 행정기구

지방정부는 그 행정사무를 분장하기 위하여 필요한 행정기구를 두게 되는데, 이러한 행정기구는 대통령령이 정하는 범위 안에서 당해 지방정부의 조례로 정하도록 하고 있다(지방자치법 제125조). 지방정부의 행정기구는 정부수립 이후 지속적인 변화를 보여 왔다. 행정수요가 증대하면서, 또 관료기구의 속성인 팽창경향에 따라 그 규모가 커지기도 했고, 때로는 과다하게 커지거나 행정수요와 대응하지 못하는 조직에 대해 인위적인 축소가 이루어지기도 한다.

민선지방자치가 실시되기 이전에는 지방정부의 행정기구에 대한 중앙정부의 규제가 매우 강했다. 국·실·과의 조직 하나하나를 개별 심사하여

■ 지방공무원 행정직 직급: 지방관리관(1급), 지방이사관(2급), 지방부이사관(3급), 지방서기관(4급), 지방사무관(5급), 지방주사(6급), 지방주사보(7급), 지방서기(8급), 지방서기보(9급)

---

10) 2020년 현재 인구 50만 이상의 지방정부는 지방 이사관, 인구 10만 미만은 지방 서기관, 그리고 그 사이에 있는 지방정부와 인구 50만이 안 되는 특별시의 자치구에는 지방 부이사관을 임명하도록 되어 있다. 지방자치법 시행령 제73조 제6항 및 제7항.

승인하는 **개별승인제**를 운영하기도 했었다.[11] 그러나 1995년 민선지방자치 시대가 열리면서 행정조직에 과한 권한이 점차 지방정부로 이양되기 시작했다. 1996년에는 공통필수기구를 제외하고는 지방정부가 자율적으로 행정조직을 개편할 수 있는 권한을 부여했고, 1997년에는 **표정정원제**를 실시하여 행정자치부(현 행정안전부)가 정한 표준정원을 초과하거나 일정 직급 이상의 정원 확대에 대해서만 행정자치부(현 행정안전부) 장관의 승인을 받도록 하기도 했다.

그러다가 참여정부(2002. 2.~2008. 2.)에 들어 **총액인건비제**가 도입되면서 지방정부의 조직편성권은 한층 더 강화되었다. 2007년 도입된 총액인건비 제도는 행정안전부가 산정한 '총액인건비 기준액'을 가이드라인으로 지방정부가 자율적으로 기구와 정원을 관리하는 제도이다. 이 제도의 도입과 함께 법령상의 기구설치 및 정원책정 기준과 행정안전부의 기구 및 정원승인권 등의 중앙통제가 대부분 폐지되었다.[12] 그 대신 지방정부의 자기책임성 확보를 위해 이전에는 지방정부의 규칙으로 정하던 지방공무원의 직급별 정원을 지방의회의 조례로 정하게 하는 등 지방의회의 관여를 확대하고, 조직평가와 진단과 관련된 활동을 강화하도록 하였다.

2018년 12월 현재 광역지방정부인 시·도에는 41개의 실(室)과 130개의 국(局), 그리고 35본부(本部), 52개의 국장(관), 그리고 1,173개의 과(담당관)가 있다. 평균 2.4개의 실(室)과 7.6개의 국(局), 69개의 과(담당관)가 있는 셈이다(표 6-10).

| 표 6-10 | 시·도의 행정기구: 2018년 12월 현재 |

구분 기관별	보조·보좌기관					직속기관	사업소
	실	국	본부	국장급·관	담당관·과		
특별시	1	0	8	14	144	32	34
광역시	16	45	14	16	410	64	104
특별자치시	1	6	1	1	40	4	3
도	21	67	11	20	521	176	84
특별자치도	2	12	1	1	58	9	12

출처: 행정자치부, 『2018 행정안전 통계연보』, p.150.

---

11) 정부혁신지방분권위원회, 『참여정부의 지방분권』(2008), pp.229-234.
12) 정부혁신지방분권위원회, 위의 책, pp.229-230.

기초지방정부인 시·군·자치구에는 2018년 12월 현재 모두 670실·국과 5,160개 과·담당관이 있다. 실·국은 대부분 시(市)와 자치구에 설치되어 있는데 시와 자치구 평균 3개가 있는 셈이고, 과·담당관은 22.8개가 있는 셈이다(표 6-11).

| 표 6-11 | 시·군·자치구의 행정기구: 2018년 12월 현재 |

기관별 \ 구분	보조·보좌기관		직속기관	사업소	출장소
	실·국	과·담당관			
시(75)	318	2,206	162	321	11
군(82)	84	1,180	163	193	–
자치구(69)	268	1,774	69	34	2

출처: 행정자치부, 『2018 행정안전 통계연보』, p.150.

2) 소속행정기관

(1) 직속기관

지방정부는 그 소관사무의 범위 안에서 소방기관·교육훈련기관·보건진료기관·시험연구기관 및 중소기업지도기관 등을 **직속기관**으로 설치할수 있다. 2007년 특별자치도 출범과 함께 자치경찰이 실시되었던 제주특별자치도에 한해 자치경찰기관(자치경찰단)의 설치를 허용하고 있기도 하다(지방자치법 126조).

이러한 직속기관은 대통령령에 의해서도 설치할 수 있고, 대통령령이 정하는 범위에서 당해 지방자치단체의 조례로 설치할 수 있다. 대통령령에의해서도 설치할 수 있게 한 것은 필요한 경우 중앙정부의 의사에 의해서도 설치할 수 있게 하기 위한 것이라고 볼 수 있다.

(2) 사업소, 출장소, 합의제 행정기관

지방정부는 또한 상수도와 같이 별도의 기관에서 업무를 수행하는 것이효율적이라 판단되는 특정업무의 수행을 위해 **사업소**를 설치할 수 있다. 또 원격지 주민의 편의를 위해 소관 사무를 분장 수행할 필요가 있거나 특정지역의 개발을 촉진할 필요가 있을 때는 **출장소**를 설치 운영할 수도 있

다. 두 경우 모두 대통령령으로 정하는 범위에서 그 지방자치단체의 조례
로 설치할 수 있다(지방자치법 제127조, 제128조). <표 6-12>에서 보는 것처
럼 2018년 12월 현재 78개가 있는데, 이 중 시·도의 출장소가 7개, 시·
군·자치구의 출장소가 13개, 그리고 읍·면의 출장소가 58개이다.

소관 사무를 일부 독립하여 수행할 필요가 있는 때에는 법령 또는 그 지
방자치단체의 조례가 정하는 바에 의하여 **합의제행정기관**도 설치할 수 있
도록 하고 있다(지방자치법 129조).

(3) 하부행정기관

지방정부는 **하부행정기관**으로 자치구가 아닌 구와 읍, 면, 그리고 동을
둘 수 있다(제3조, 제131조). 이들 읍·면·동의 장은 자치단체장의 지휘를
받아 소관 국가사무와 지방정부의 사무를 처리한다. 1995년 민선단체장 체
제가 들어서기 전에는 이들 모두 '특정직 지방공무원'으로 자치단체장에 의
해서 임명되도록 되어 있었다. 그러나 민선체제 출범에 앞서 개정된 지방
자치법은 이들 모두를 자치단체장이 일반직 지방공무원 중에서 임명하도
록 하고 있다. 2018년 12월 현재 전국에 걸쳐 228개의 읍과 1,184개의 면,
그리고 2,098개의 동이 있다(표 6-12).

표 6-12	하부행정기관 현황: 읍·면·동 현황: 2018년 12월 현재								
읍	면	동					출장소		
		특별시	광역시	특별자치도	도	특별자치도	시/도	시/군/자치구	읍/면
228	1,184	424	681	9	953	31	7	13	58

출처: 행정자치부, 『2018 행정안전 통계연보』, p.150.

② 인력: 지방정부의 공무원

1) 지방정부 공무원의 구분

지방정부에 근무하는 공무원은 크게 경력직 공무원과 특수경력직 공무
원으로 구별된다. 이 중 경력직은 다시 일반직과 특정직으로 나누어지며,

특수경력직 공무원은 정무직과 별정직으로 나누어진다. 지방공무원법이 규정하는 이들에 대한 정의는 아래와 같다(지방공무원법 제2조).

○ 경력직공무원: 실적과 자격에 따라 임용되고 그 신분이 보장되며 평생(근무기간을 정하여 임용하는 공무원의 경우에는 그 기간) 동안 공무원으로 근무할 것이 예정되는 공무원
  1. 일반직공무원: 기술·연구 또는 행정 일반에 대한 업무를 담당하는 공무원
  2. 특정직공무원: 공립대학 및 전문대학에 근무하는 교육공무원, 교육감 소속의 교육전문직원 및 자치경찰공무원과 그 밖에 특수 분야의 업무를 담당하는 공무원

○ 특수경력직공무원: 경력직공무원 외의 공무원을 말한다.
  1. 정무직공무원: 선거로 취임하거나 임명할 때 지방의회의 동의가 필요한 공무원/고도의 정책결정업무를 담당하거나 이러한 업무를 보조하는 공무원
  2. 별정직공무원: 비서관·비서 등 보좌업무 등을 수행하거나 특정한 업무 수행을 위하여 법령에서 별정직으로 지정하는 공무원

2) 지방정부 공무원 현황

지방정부에도 국가공무원이 근무한다. 이를테면 서울특별시에서 근무하는 제1행정부시장과 제2행정부시장은 국가공무원이다. 다른 시·도의 행정부지사·행정부시장도 마찬가지로 국가공무원이다. 그러나 이들 국가공무원은 그야말로 소수이다. 2018년 12월 현재 79명에 지나지 않는다. 나머지는 모두 지방공무원이다.

2018년 12월 현재 우리나라 지방공무원 정수는 약 33만1천 명이다. 10년 전인 2009년 12월 기준으로 27만5천 명이었으니까 10년 만에 무려 20%가 늘어났다. 증가 속도가 매우 빠르다고 하겠다. 경제가 성장하고 시민의 권리의식이 커지면서 복지행정 수요 등 상대적으로 많은 인력을 필요로 하는 행정서비스 영역이 확대되고 있는 등 행정환경에 적지 않은 변화가 생겼기 때문으로 보인다. 또 지방분권이 조금씩 이루어지면서 지방정부의 업무영역이 확대된 것 또한 적지 않은 영향을 미쳤을 것으로 보인다. 과거에는 중앙정부가 하던 일을 지방정부가 하게 되면서 지방공무원 수도 늘어날 수밖에 없었다는 말이다.

이들 지방공무원은 대부분이 일반직, 즉 '기술·연구 또는 행정 일반에 대한 업무를 담당하는 공무원'이다. <표 6-13>에서 보는 것처럼 전체 지방공무원의 81.5%에 달한다. 특정직 공무원으로서의 소방직 공무원으로 전체 지방공무원의 15.5%를 차지하고 있는데, 이 소방직 공무원은 2021년 국가직 공무원 신분으로 전환되었다. 향후 지방공무원 통계에서는 제외된다는 뜻이다.

표 6-13 직역별 지방공무원 정원: 2018년 12월 말 현재

단위: 명

구분	계	정무직	일반직	연구직	지도직	별정직	소방직	경찰직 (제주도 자치경찰단)	교육직
계 Total	330,631 (100.)	5 (0.0)	269,378 (81.5)	3,743 (1.1)	4,548 (1.4)	858 (0.3)	51,142 (15.5)	151 (0.0)	818 (0.2)

주: 소방직은 2021년 국가직으로 전환.
출처: 행정자치부, 『2018 행정안전 통계연보』, p.136.

이들 공무원 중 약 30%에 해당하는 9만8천여 명은 광역지방정부인 시·도 소속이다. 나머지 70%, 즉 22만7천여 명은 기초지방정부인 시·군·자치구 소속으로 이들 지방정부의 본청 또는 그 하부행정기관인 읍·면·동에서 일한다.

표 6-14 지방정부 종류별 공무원 정원: 2018년 12월 현재

( ): %

계(정원)	특별시	광역시	특별 자치시	도	특별 자치도	시	군	자치구	읍	면	동
330,641	18,238	30,243	1,563	48,201	4,804	79,983	39,463	51,727	6,293	18,101	32,031
	98,245(29.7)					227,481(70.3)					

출처: 행정안전부, 『2019 행정안전 통계연보』, p.138.

제4장

지방행정의 혁신: 그 전개

산업혁명과 도시개혁운동, 그리고 행정관리혁신

① 행정혁신의 일반적 양태

행정혁신은 그 배경과 내용, 그리고 그 폭과 속도에 따라 다양한 모습을 보이게 된다. 특정한 목표를 수행하기 위해 이루어지기도 하고, 현재와 미래의 행정수요 변화와 정치·경제·사회적 변화를 감당하기 위해 이루어지기도 한다. 폭과 속도에 있어서도 크고 빠를 수도 있고, 작고 점진적일 수도 있다.

경제협력개발기구(OECD)가 회원국과 비회원국의 공공부문혁신을 촉진하기 위해 만든 기구인 OPSI(Observatory for Public Sector Innovation)도 행정혁신의 양태를 목표지향형(mission oriented innovation), 미래대응형(anticipatory innovation), 개선형(enhancement innovation), 그리고 적응형(adoptive innovation) 네 가지로 정리하고 있는데, 결국은 같은 맥락의 설명이라 할 수 있다.[1]

---

1) OECD and Observatory of Public Sector Innovation, Embracing Innovation in

그만큼 다양한 모습을 보인다는 뜻이 되겠는데, 실제에 있어서는 이런 형태들이 고르게 나타나지는 않는다. 특히 미래에 일어날 변화를 예측하여 혁신을 단행하는 경우는 많지 않다. 대개의 경우 정치·경제·사회적 변화와 그에 따른 행정수요를 감당하기 위해 일어나거나, 새로운 기술과 기법 등을 활용하기 위한 맥락에서 이루어진다. 따라서 행정혁신을 이해하기 위해서는 정치·경제·사회적 상황의 변화와 기술변화 등을 먼저 이해하는 것이 매우 중요하다.

② 산업혁명과 행정수요의 변화: 전문성에 대한 인식의 대두

산업혁명과 이로 인해 초래된 도시화는 중앙행정뿐만 아니라 지방행정에 있어서도 큰 변화를 초래했다. 산업혁명 이전의 농경사회에 있어서의 행정은 일반적 지식이나 교양만 가지고도 처리할 수 있는, 굳이 말하자면 특별한 전문성이 필요하지 않는 '쉬운 일(easy task)'이었다. 그러나 산업혁명이 진행되면서 상황은 크게 달라졌다. 특히 도시화가 심화되는 도시지역은 더욱 그러했다. 주택문제, 상·하수도 문제, 보건·위생의 문제, 교통문제 등 과거에는 생각하지도 않았던 행정수요가 지속적으로 발생하게 되었다.

이러한 현상을 두고 후일 미국의 제28대 대통령을 지낸 **윌슨**(Woodrow Wilson)은 1886년 행정학의 효시로 일컬어지는 논문, 즉 *The Study of Administration*에서 '헌법을 만드는 것보다 그것을 운영하는 것이 더 어려워지고 있다(*It is getting to be harder to run a constitution than to frame one*)' 명언과 함께 행정을 체계적으로 연구할 것을 제안했다. 과거에는 삶 자체가 단순했고, 그만큼 정부의 기능도 단순할 수밖에 없었지만, 이제 더 이상 그러하지 않기 때문이라고 했다.[2]

윌슨만이 아니었다. 당시 많은 지식인과 실무자들이 이러한 환경변화를 같이 느꼈다. 그 결과 연방정부에서는 직업공무원제도를 내용으로 하는 펜들톤법(Pendleton Civil Service Reform Act, 1883)이 통과되는 등 변화가 일어

■ Woodrow Wilson은 1902년 Princeton 대학 총장이 되었고, 1910년 New Jersey 주지사. 그리고 1912년 미국 대통령이 되었다. The Study of Administration을 발표할 당시 그의 나이는 31세로 박사학위를 막 받은 시점이었다.

Government: Global Trends 2019. a report, accessed Nov. 1, 2021. https://trends.oecd-opsi.org/embracing-innovation-in-government-global-trends-2019.pdf.

2) Woodrow Wilson, "The Study of Administration," *Political Science Quartery*, 2 (June, 1887), pp.197-222.

나고 있었다. 정치적 고려를 우선하여 공무원을 임명하는 엽관제(spoils system)를 줄이고 직업공무원제도를 확립함으로써 행정의 전문성과 안정성을 강화하고자 했던 것이다.

③ 20세기 초·중반의 도시개혁운동과 행정관리혁신

19세기 말, 지방행정에 있어서도 이러한 변화가 나타나기 시작했다. 특히 도시지역 지방정부가 새로운 행정환경과 행정수요에 제대로 대응하지 못하자, 제2편 제3장 등에서 설명한 바와 같이 **도시개혁운동**(urban reform movement)이 일어나게 되었다.

중산층과 지식인 등을 중심으로 일어나 20세기 초까지 지속된 이 운동은 주로 도시정부의 구조와 형태, 그리고 정치제도를 개혁하는 데 주안점을 두었다. 즉 도시정부의 기관구성 형태에 있어 전문행정가에게 행정을 맡기는 시정관리관(city-manager) 제도를 도입하고, 행정을 혼탁하게 만드는 정당의 지방선거 참여를 금지 내지는 배제시키고, 선거과열을 불러오는 중·대선거구제를 도입하는 것 등이었다. 지방정부 운영에 있어 정치의 영역을 최소화함으로써 행정의 효율성을 제고하고자 한 것이다.

이러한 도시개혁운동과 함께 민간부문에서 활용되는 경영기법을 도입하는 움직임도 함께 전개되었다. 마침 테일러(Frederick Taylor)와 페이욜(Henri Fayol)과 같은 기업인 출신의 경영이론가들이 기업의 생산성을 높이기 위한 여러 가지 기법들을 제시하고 있었다. '미국 행정학의 거두(Dean of Public Administration)'로 불렸던 귤릭(Luther Gulick) 역시 'POSDCoRB'로 대표되는 관리이론을 내어놓았으며, 메이요(Mayo)와 같은 인간관계론 학자들 역시 호오손(Hawthorne) 공장 실험 등을 통하여 실무와 이론 모두에 큰 영향을 미치고 있었다. 행정관리혁신 내지는 기업경영의 기법들을 공공행정에서 활용하는 경영화의 바람이 일었던 것이다.

도시개혁운동은 이후로도 계속되었다. 이를테면 기관구성 형태에 있어 시정관리관 체제로의 전환이 지속적으로 일어났으며, 지방정부 운영에 있어 정치의 영역을 축소하기 위한 정당배제도 계속 확산되었다.

행정관리혁신 마찬가지였다. 각종의 기법 등이 소개되고 도입되었는데,

■ 'POSDCoRB'는 관리자가 행해야 할 7가지 기능으로, Planning(계획), Organizing(조직), Staffing(인사), Directing(지휘), Coordinating(조정), Reporting(보고), 그리고 Budgeting(예산)을 제시하고 이를 정리한 이론이었다.

특히 1950년대 이후에는 새로운 예산제도 등이 또 한 번의 큰 물결을 만들었다. 1950년대의 성과주의예산제도(performance budgeting system)와 1960년대의 기획예산제도(planning/programming budgeting system, PPBS), 1970년대의 영기준예산제도(zero-based budgeting, ZBB) 등의 예산제도들이 지방행정에 영향을 미쳤는가 하면, 오늘날에 있어서까지 크게 활용되고 있는 목표관리(management by objective, MBO) 등 많은 기법들이 소개되었다.

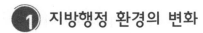

제2절 1990년대의 신경영화 혁신운동

① 지방행정 환경의 변화

1) 세계화

1990년대 이후 지방행정은 그 환경에 있어 큰 변화를 겪었다. 가장 큰 변화 중의 하나가 **세계화**(globalization), 즉 국가와 국경의 의미가 옅어지는 현상인데, 이 속에서 지역과 지방정부의 지위와 역할은 크게 달라진다. 이를테면 동북아의 금융허브가 되느냐 마느냐를 놓고 한국과 중국 그리고 일본이 경쟁을 하는 것이 아니라, 부산과 인천 그리고 상해와 오사카가 경쟁을 하게 되는 것이다. 국가 간의 경쟁이 지역 내지는 지방정부 간의 경쟁으로 바뀌게 되는 것이다. 지방정부가 이러한 변화를 어떻게 수용하고, 어떻게 대응하느냐에 따라 지역사회의 경쟁력은 물론 국가 전체의 경쟁력이 결정되게 되었다.

2) 정보화

정보통신의 급속한 발달 또한 지방행정의 새로운 환경을 조성했다. 인터넷을 통한 지역주민과의 접촉이 크게 늘어나게 되었으며, 행정의 투명성 또한 크게 높아지게 되었다. 심지어 기존의 선거제도와 관행, 그리고 대의기관의 역할이 그대로 유지될 수 있을까에 대한 의문까지 제기되기 시작했었다.

지방정부는 변화를 적극적으로 수용하여 의사결정과 행정관리의 생산성과 합리성을 높여야 하는 과제를 안게 되었으며, 이를 위해 행정조직과 행정관행을 전체적으로 재조정해야 하는 상황을 맞았다. 아울러 행정의 투명성 제고에 대한 요구 등 정보화가 불러오는 지역사회와 지역주민의 새로운 요구를 적극적으로 대응하는 한편, 지역사회 전체의 정보화 역량을 제고시켜야 하는 과제도 안게 되었다.

3) 지방화

세계화의 결과이기도 하지만 지방정부의 역할강화도 요청되고 있었다. 국가가 과거와 같은 역할을 할 수 없게 되었기 때문이기도 했지만, 그보다 먼저 중앙집권체제 아래 국가의 자원이 획일적으로 동원되고 관리되던 방식으로는 무한경쟁의 새로운 환경을 이겨 나갈 수 없게 되었기 때문이었다. 자원의 집합적 동원을 통한 하향적 발전보다 지방정부와 지역사회 간의 경쟁에 의한 창의력 신장과 행정수요에 대한 신속하고도 정확한 대응이 사회전반의 경쟁력을 좌우하는 시대에 이르고 있었다. 이러한 상황은 당연히 지방정부의 기능 및 역량의 강화와 이를 위한 개혁과 혁신을 요구하게 되었다.

4) 시민사회의 권리의식 및 능력의 향상

지역주민의 권리의식이 강화되었고, 그 결과 지방정부는 보다 적은 비용으로 더 많은 서비스를 제공해야 하는 상황을 맞게 되었다. 재산세를 비롯한 조세부담에 대해서는 부정적인 태도를 취하면서도 더 좋은 서비스와 더 많은 서비스에 대한 기대와 요구는 커지고 있었다.[3] 이러한 요구는 자연히 지방정부로 하여금 혁신에 관심을 기울일 수밖에 없는 상황을 만들고 있다.

또 한편으로 지방정부는 지역주민의 협력을 받지 않으면 안 되는 상황을 맞고 있었다. 지역주민이 지역사회 발전에 필요한 공공재의 생산에 큰 도움을 줄 수 있는 지식정보 자원과 물질적 자원을 점점 더 많이 보유하게 되었기 때문이었다.

---

[3] Department of Economic and Social Affairs, United Nations, "Innovations in Governance and Public Administration: Replicating what works," A Report by United Nations (2006), pp.2-3.

결과적으로 지방정부는 지역주민의 기대와 요구를 만족시키면서, 또 다른 한편으로는 지역주민과 지역사회가 지닌 생산적 자원을 이끌어 내어야 하는 과제를 안게 되었다고 하겠는데, 이러한 과제는 당연히 행정관행의 개혁과 혁신을 통한 신뢰기반 강화를 요구하게 되었다.

② 신경영화 혁신의 기본방향과 내용

1) 혁신의 기본방향: 리엔지니어링과 신경영화

이러한 변화 속에서 미국뿐만 아니라 대부분 국가의 지방정부는 그 나름대로 변화에 적응하기 위한 행정혁신을 해 나갔다. 일시적이고 부분적인 변화가 아니라 대부분 지속적이고 구조적인 내용의 혁신이었다. 흔히 말하는 전면적인 변화로서의 **리엔지니어링**(re-engineering)이었다.[4]

지방행정과 같은 공공부문에서의 리엔지니어링은 기업과 같은 민간부문에서의 그것보다 더 중요한 의미를 갖는다. 민간부문은 시장경쟁이 존재하는 **교역부문**(trade sector)에 놓여 있으므로 시장(市場)으로부터 오는 개혁과 개선의 압력을 상시적으로 받는다. 소비자가 자사 상품을 구매하느냐의 여부가 바로 기업에 대한 평가가 되고, 개혁과 개선의 압력이 된다. 자연히 변화와 개혁 또한 상시적으로 이루어지게 된다.

그러나 상당부분 **비교역부문**(non trade sector), 즉 시장경쟁이 존재하지 않는 영역에 있는 공공부문은 이러한 시장압력을 받지 않는다. 기능을 수행함에 있어 경쟁이 존재하지 않는 경우가 많고, 경쟁이 없으니 자기혁신도 게을리한다. 그만큼 전면적이고 의도적인 개혁과 개선으로서의 리엔지

---

4) 리엔지니어링의 권위자 해머와 챔피(Michael Hammer and James Champy)는 리엔지니어링을 다음과 같이 정의하고 있다: 리엔지니어링은 …… 새로 시작하는 것이라 할 수 있다. 이미 존재하는 것을 어설프게 수선하거나 기본적인 구조는 건드리지 않은 채 점진적인 변화를 이루어 나가는 것을 의미하지 않는다. 필요한 부분을 땜질하는 것, 즉 기존의 시스템이 더 잘 적용하도록 임시변통 하는 것이 아니다. 오랜 시간에 걸쳐 확립되어 온 절차를 단념하고 기업의 제품이나 서비스를 다시 만들고 가치를 고객에게 전달하기 위해 필요한 일을 새로운 시각에서 보는 것을 의미한다. Michael Hammer and James Champy, *Reengineering the Corporation* (N.Y.: Harper Collins Publishers, Inc., 1993). 안종호·박찬구 역, 『리엔지니어링 기업혁명』 (서울: 김영사, 1993), pp.50-54.

니어링이 중요한 의미를 지니게 된다는 뜻이다.

1990년대 이후 미국과 영국을 포함한 세계 각국은 실제 이러한 전면적인 혁신과 개혁을 강력히 추진해 왔다. 특히 영국의 경우, 내각 차원에서 지방행정의 생산성을 높이기 연구를 계속했으며, 이를 위한 방안을 지속적으로 내어놓았다.5) 혁신의 내용도 매우 다양했다. 행정기능의 재조정에서부터 조직의 정비, 참여기제의 개선, 회계제도의 변화 등 하나하나 열거하기가 힘이 들 정도였다. 그러나 이 모두를 관통하는 하나의 큰 흐름이 있었는데, 이는 다름 아닌 기업적 사고와 기업 운영방식의 활용이었다.

바로 이러한 이유로 1990년대 이후 전개된 이러한 혁신과 개혁의 흐름을 '**신경영화**(new managerialism)' 또는 '**신공공경영**(New Public Management, NPM)'으로 부른다. 과학적 관리론(scientific management) 등 20세기 초반에 있었던 행정관리혁신 내지는 경영화 혁신에 이은 또 한 번의 큰 경영화 물결로 보는 것이다. 이 신경영화 혁신은 2020년대 현재에 있어서도 행정과 행정혁신의 중요한 내용과 흐름이 되고 있다.

2) 신경영화 혁신의 특징

1990년대 이후의 신경영화는 20세기 초 미국 등지에서 있었던 행정관리혁신 내지는 경영화 혁신과 몇 가지 점에서 뚜렷한 차이를 보인다. 첫째, 20세기 초반의 혁신이 지방정부의 정치적 운영에 대한 반작용으로 나온 것인데 비해, 이 1990년대 이후의 신경영화 혁신은 효율성과 생산성이 떨어지는 관료조직과 행정관행에 대한 반작용이었다고 할 수 있다.

둘째, 행정과 경영을 관리라는 측면에서 동일시하였던 과거의 그것에 비해 신경영화 혁신은 공공조직과 민간부문의 조직이 기본적으로 다른 성격을 가지고 있음을 분명히 했다. 『정부혁신론(*Reinventing Government*)』이라는 저서로 1990년대의 행정혁신을 주도했던 오스본(David Osborne)과 개블러(Ted Gaebler)는 공공조직은 이윤을 추구하지 않는다는 점과 많은 서비스를 독점적으로 공급한다는 점, 또 밀실에서의 결정이 불가능하다는 점 등에서 기업과는 확실히 구별된다고 설명했다.

셋째, 공공조직의 특성을 인정하는 선에서의 혁신을 강조하는 만큼 그

---

5) Cabinet Office, Excellence and Fairness: Achieving World Class Public Services (2008), pp.9-43 참조.

내용에 있어서도 차이가 날 수밖에 없었다. 기본적으로 과거의 그것이 관리기술 내지는 기법의 도입을 강조한 반면, 신경형화 혁신은 기업가 정신의 고양과 내부경쟁(internal competition)을 통한 생산성 향상 등을 강조한다. 즉 과거의 그것이 관리기법 그 자체에 무게를 둔 반면 신경영화는 관리자의 기업가적 창의성과 조직 내 분권 등 혁신이 지속적으로 일어날 수 있는 구조의 형성을 강조했다.

넷째, 관리기법 자체와 생산성을 강조했던 과거의 그것과 달리 신경영화는 고객으로서의 지역주민과 이들의 만족을 최고의 가치로 강조한다. 이들이 제시한 지방행정에 대한 평가 척도들도 모두 고객만족을 지향하는 방향으로 설정되었다.

그리고 다섯째, 같은 맥락에서 효율성과 생산성을 넘어 민주성의 고양 등 보다 완전한 민주주의를 추구하는 경향을 보였다. 자연히 지역주민을 지역사회와 지방정부 운영의중심 축으로 인식하고, 이들에게 권한을 부여하고(empower) 이들의 참여와 관여를 이끌어내는데 많은 관심을 두었다. 민주성이 생산성과 효율성과 또 다른 기반임을 강조한 것이다.

요약컨대 신경영화 혁신은 고객중심의 기본구도 위에 산출과 성과를 중시하며, 이를 위한 전략개념으로 분권화와 기업가 정신의 도입, 그리고 민주성의 고양 등을 강조해 왔다고 할 수 있다.

3) 신경영화 혁신의 주요 내용: 예

(1) 조직내부의 분권화: 내부규제의 완화

미국 캘리포니아 주(州) 페어필드시(Fairfield)와 비살리아시(Visalia)의 **지출통제예산**(expenditure control budget) 제도는 조직내부의 분권화를 통해 지방재정의 수요대응성을 높인 예에 속한다. 흔히 예산이라 하면 각 항목별 재정지출을 명확히 하여 예산을 집행하는 담당공무원이 자의적(恣意的)으로 지출하지 못하게 하는 데 의의가 있는 것으로 생각한다. 말하자면 계획과 통제의 의미가 강하게 부여되어 있다.[6]

6) 지출통제예산제도는 장·관·항·목으로 나누어 편성한 후 그에 따라 이용과 전용이 억제된 상황에서 집행하게 되어 있는 기존의 예산제도와 달리 부서별로 총액을 배분한 후 이를 부서가 자율적으로 집행하게 하는 제도이다. David Osborne, and Ted Gaebler, *Reinventing Government: How the Entrepreneurial Spirit Is Transforming the Public Sector* (Reading, MA: Addison-Wesley, 1992),

페어필드와 비살리아의 지출통제예산은 이러한 기본인식 내지는 상식을 부정하는 데서부터 출발하였다. 이들이 도입한 예산제도는 우선 지출항목을 미리 정하여 두는 것과는 반대로 세부 지출항목을 없애 버렸다. 전용(轉用)을 금하는 것이 아니라 오히려 부서의 책임자가 필요에 따라 예산을 적절히 전용할 수 있게 해 준 것이다. 과거의 예산이 '계획'과 '통제'의 의미였다면 이들 시(市)의 새로운 예산제도는 '유연성'과 '자율'을 의미하는 것이었다.

이어 이 예산제도는 회계연도 독립의 원칙, 즉 그 해에 사용하지 않았던 예산은 원칙적으로 다음해로 넘겨 사용하지 못하게 하는 원칙을 탈피하였다. 각 부서로 하여금 쓰지 않은 예산은 다음 해로 이월하여 그 자금을 새로운 주요 사업에 사용할 수 있도록 한 것이다. 회계연도 말에 예산을 모두 쓰기 위해 필요 없이 지출하는 경향을 막고, 예산에 대한 각 부서 책임자의 '주인의식'과 '기업가 정신'을 일깨우기 위한 조치였다. 결과적으로 이들 시(市)는 캘리포니아의 다른 지방정부들이 재산세 수입의 격감을 가져온 '프로포지션 13'의 발효로 재정적 고통을 겪고 있던 때에 비교적 쉽게 그 어려움을 벗어날 수 있었다. 2020년대인 현재에도 미국의 적지 않은 지방정부들이 이러한 내용의 예산제도를 운영하고 있다.

(2) 시장(市場)과 경쟁의 논리 강조

시장중심 논리는 신경영화 혁신의 가장 핵심적인 내용으로 미국과 영국 등 지방정부 개혁을 추진해 온 거의 모든 국가에서 크게 강조해 왔다. 가장 대표적인 형태로는 민영화(privatization)와 민간위탁(contracting-out) 등이 있다. 민영화는 지방정부가 관리·경영하던 서비스 공급을 민간사업자가 경영하게 그 소유권과 경영권을 넘기는 것을 말한다. 그리고 민간 위탁은 서비스 공급에 대한 궁극적인 책임과 소유권은 지방정부가 가진 채 민간부문으로 하여금 서비스의 생산과 공급을 용역형태로 행하게 하는 방식이다.

영국의 경우 대처(Thatcher)수상 정부 아래에서는 지방정부 기관이 민간부문 사업자와 서비스 생산과 공급 업무를 놓고 경쟁하게 하는 **의무경쟁입찰제도**(Compulsory Competitive Tendering, CCT)를 실시하기도 했다. 공무원의 사기가 저하되고 비용감소만을 목표로 한 가운데 서비스의 품질이 저하

■ Proposition 13은 과도하게 부과되던 재산세를 줄이기 위해 캘리포니아 주민들이 주민발의로 통과시킨 재산세 개혁안이다. 재산세 세율을 재산가격의 1%를 넘지 못하도록 하였으며, 주택가격이 오르더라도 계속 동일 주택에 거주하는 사람에게는 매년 기존 납세액의 2% 이상을 올리지 못하도록 했다. 정식명칭은 '재산세 제한을 위한 주민발의(People's Initiative to Limit Property Taxation)'이다.

되는 등의 부작용이 지적되자 1997년 들어선 노동당 정부는 이를 '**최고 가치**(Best Value)'라는 새로운 이름의 제도로 바뀌었다.[7] 단순히 효율성과 경제성만을 따지는 것이 아니라 성과평과를 강화함으로써 지방정부의 정책적 의도와 서비스의 질이 같이 살아날 수 있도록 제도를 변경한 것이다. 그러나 서비스의 생산과 공급에 있어 민간부문과 경쟁을 해야 하는 경쟁입찰제도는 그대로 유지되었고, 또 유지되고 있다.[8] 시장과 경쟁의 동력을 이용하는 흐름이 그대로 이어지고 있는 것이다.

(3) 소비자 중심주의의 강조

소비자로서의 지역주민의 만족을 강조하는 것 또한 1990년대 이후 일어나고 있는 지방행정 혁신의 큰 흐름 중 하나이다. 행정의 품질을 지역주민 또는 시민의 만족으로 정의하고 이를 위해 전사적 품질관리(Total Quality Management, TQM), 즉 전 조직의 구성원이 전략적이고 통합적인 관리체제 아래 행정전반에 걸쳐 지속적인 혁신을 수행해 나가는 제도가 도입·활용되기도 하고,[9] 정례적인 시민만족도 조사(citizen survey) 등이 행해지기도 한다.

특히 영국과 영연방 국가를 비롯한 많은 나라에서는 **시민헌장**(citizen's charter)제도를 광범위하게 운영하고 있다. 시민헌장제도는 소비자 중심주의가 강조된 가장 대표적인 개혁이라 할 수 있다. 기본적인 내용은 지방정부를 포함한 공공기관이 일정한 수준의 서비스를 제공할 것과 투명성을 확보할 것 등을 시민들에게 약속하고 이러한 약속이 지켜지지 않았을 경우 그에 상응하는 조치를 취할 것을 약속한 문서이다. 비유를 하자면 대학에서 교수가 학생들에게 중간고사 이후 1주일 내에는 반드시 채점을 해서 잘못된 부분에 대한 메모와 함께 학생에게 돌려주기로 약속을 하고, 또 이를

---

7) George Boyne, "Competitive Tendering in Local Government: A Review of Theory and Evidence," *Public Administration*, 76 (1998), pp.695-712.

8) 경쟁 입찰의 주요 특성을 이해하기 위해서는, Alan Tawse, "Introduction to competitive tendering," XAIT blog, posted Dec. 1, 2020. accessed Aug. 8. 2021. https://www.xait.com/resources/blog/introduction-to-competitive-tendering.

9) Jim Seroka, "Trends in Municipal Administration and Impact on Democratization in the United States," A paper prepared for International Round Table on Local Government; Administration and self-Government, Nis, Yugoslavia Nov. 14-16, 1997, p.227.

반드시 지키는 것과 같은 형식이라 할 수 있다. 지키지 못했을 경우에 교수는 그에 따른 나름의 벌칙을 받아야 한다. 대신 교수는 이러한 약속을 지킬 수 있도록 학교 측에 조교를 요청하거나 강의시간 수를 줄여줄 것을 요구하는 등의 행위를 해야 하는데, 이러한 과정에서 학내의 인적 자원의 재배치가 일어나게 된다. 그리고 이러한 재배치는 수요자인 학생의 이익을 향한 일이 되고, 이러한 일들을 통해 대학은 보다 교육소비자 중심의 기관이 된다.

시민헌장이 담고 있는 이러한 약속은 공공서비스의 품질 향상과 관련하여 중요한 의미를 지닌다. 시장에서 공급되는 사적 서비스의 경우 시장경쟁이 존재하는 관계로 공급자는 언제나 소비자를 중요시하게 되며, 서비스의 품질향상에 힘쓰게 된다. 그러나 독점적 성격이 강한 공공기관의 서비스는 시장경쟁이 존재하지 않는 바, **소비자만족**(customer satisfaction)과 서비스의 품질향상에 그다지 큰 관심을 두지 않게 된다. 시민헌장은 이와 같이 시장경쟁이 존재하지 않은 공공서비스 영역에 '시민과의 약속'이라는 개념을 도입하고 이러한 약속을 '보상'과 '징벌'과 연계시킴으로써 서비스의 품질향상을 도모하고 있다. 시민헌장은 '승객헌장,' '환자헌장,' '학부모 헌장' 등 서비스의 영역에 따라 다양하게 만들어지는데 실제 공공서비스의 품질향상에 크게 기여한 것으로 평가된다.

(4) 목표관리와 전략기획

신경영화 혁신은 목표의 달성을 중요시 한다. 전략적 목표를 명확히 정의하고 이러한 목표에 의거하여 성과를 측정한다. 아울러 이러한 목표를 달성하기 수단들을 어떻게 확보하고 어떻게 활용할 것인가에 대한 **전략적 기획**(strategic planning)을 강조한다. 이러한 일들은 특정 사업을 하나하나에 대해 이루어질 수도 있고, 지방정부라는 조직 전체를 대상으로 이루어질 수도 있다.

1990년대 말 이후 지방정부에 의해 크게 활용되고 있는 **균형성과표**(balanced scorecard)는 이러한 활동의 대표적인 예이다. BSC는 조직의 비전과 경영목표의 달성을 위한 장단기 전략을 가시적인 성과목표와 측정지표로 전환시킴으로써 각각의 목표에 대한 성과뿐만 아니라 과정까지 평가하여, 전략을 집행하는 과정에서의 시행착오를 최소화하고자 하는 관리시스템이다. 지방정부라는 조직의 비전과 전략적 목표를 명확히 한 후 그 달성 정도를 측정할 수 있는 세부목표를 다시 구성하는 식의 작업을 통해 조직 목표와 팀의 목표, 그리고 개인의 목표가 체계적으로 연관될 수 있도록 하는 작업이다.

목표와 세부목표, 그리고 그 달성여부를 측정하는 지표를 설정함에 있어서는 재무적인 관점(financial perspective)은 물론, 고객의 관점(customer per-spective)과 내부 프로세스 관점(internal process perspective), 그리고 학습 및 성장 관점(learning and growth perspective)을 모두 포괄한다. 말하자면 조직 활동에 있어 중요한 부분을 망라하되 목표와 전략, 그리고 전체 조직과 단위조직 및 개별 조직구성원의 활동과 그러한 활동의 목표지향성이 한눈에 파악될 수 있도록 해 주는 관리체계라 하겠다. 2000년 들면서부터 지방정부에서의 활용도가 높아져 가고 있는 상황이다.

(5) 지역주민에의 권한부여(empowerment)

지방행정 혁신에 있어 또 하나의 중요한 흐름은 지역주민에게 권한을 부여하는 **시티즌 임파워먼트**(citizen empowerment)'이다. 앞서 지역주민을 고객으로 보고 고객만족을 추구하는 것이 중요한 흐름의 하나라 하였다. 그러나 이는 지역주민의 만족도를 높이는 것을 중요한 목표로 삼는다는 뜻이지 지역주민을 수동적이기만 한 고객으로 본다는 뜻은 아니다. 오히려 지역주민에게 지방정부와 지역사회 운영에 대한 권한을 부여하고(empower), 이를 통해 지방정부 운영과 지역사회 발전에 지역주민의 생산적 관여를 이끌어내는 것이 지방행정 혁신의 또 하나의 흐름을 이루고 있다. 보다 완전한 민주주의를 지향하는 것이 지방행정의 효율성과 생산성을 높을 수 있는 가장 좋은 길이 된다는 믿음에 근거한 접근이다.

지방행정 혁신과 관련하여 영국의 내각(cabinet)이 작성한 한 보고서는 지방정부의 역량과 생산성은 지역주민과 지방정부가 강한 연대를 형성할 수 있을 때 커진다고 정리하고 있다.[10] 아울러 이러한 연대는 지방정부가 지역주민을 '파트너'로 인식할 때 가능해 지며, 지역주민의 선호와 이해관계가 제대로 표현되고 지방정부의 목표에 제대로 반영될 때 지역주민도 자

---

10) Cabinet Office, Excellence and Fairness: Achieving World Class Public Services (2008), pp.17-18 참조.

신들이 소유한 지식정보 자원과 물질적 자원을 지방정부와 지역사회를 위해 내어 놓게 된다고 지적하고 있다.

이러한 관점에서 많은 지방정부들이 기존의 주민참여 관행을 뛰어 넘는 시도를 하고 있다. 주민참여예산제도와 같이 예산편성과정에 주민이 직접 참여하게 하고, 전자원탁회의 등을 열어 지방정부의 중요한 정책과제를 주민이 실질적으로 결정하게 하는 것 등은 그 작은 일부에 불과하다.

4) 신경영화 혁신을 둘러싼 논란

'신경영화'로 요약되는 1990년 이후의 지방행정 혁신은 그 내용이 다소 다르기는 하겠지만 세계 전역에 걸쳐 하나의 큰 흐름을 만들어 왔다. 혁신의 배경이 되는 세계화와 정보화와 같은 환경변화가 어느 한 국가에 한정되어 일어나는 것이 아니었기 때문이다. 많은 국가가 자국의 특성과 입장을 반영한 다양한 형태와 내용의 혁신을 시도해 왔다.

혁신은 언제나 성공적이지 않다. 또 언제나 합리적인 것도, 정치적으로 중립적인 것도 아니다. 혁신이라는 이름 아래 자신들의 정치경제적 이념이나 이해관계를 반영하고자 하는 시도들이 있는가 하면 이를 막고자 하는 시도도 있다. 그러다보니 이를 둘러싼 논쟁도 끊이지 않고 일어난다.

신경영화 혁신이 강조하고 있는 내부규제의 완화와 **번문욕례**(繁文縟禮, red tape)의 축소를 포함하는 조직 내의 분권화는 그 좋은 예이다. 상당한 성과를 거둔 것으로 보고가 되는가 하면, 자칫하면 공공행정의 가장 중요한 가치의 하나인 공정성(fairness)을 해칠 가능성이 있다는 경고가 따른다. 행정에 있어 조직구성원의 행위를 규제하는 각종의 제약은 행정행위에 영향을 받는 사람들을 보호하고 공공자원의 남용을 방지하기 위한 나름대로의 목적을 지닌 것이 많은데, 이러한 제약을 '기업가 정신의 고양'을 앞세워 함부로 축소하는 경우 공정성을 크게 해칠 수 있다는 주장이다.[11]

민영화와 민간위탁과 같은 시장논리의 강조를 둘러싼 논쟁도 좀처럼 끝나지 않는다. 같은 사업결과를 두고도 성공이라는 평가가 있는가 하면 실패했다는 비판도 있다.[12] 영국의 대처(Thatcher) 정부가 강력히 추진했던

■ 번문욕례는 공공기관의 까다로운 절차와 규칙을 의미한다. 절차와 규칙이 지나치게 까다로우면 제대로 된 결과를 생산하지 못함은 물론 일 처리의 속도도 떨어지고 부패도 발생하게 된다. 영어로 'red tape'이라 부르는 것은 영국이 과거 붉은 띠로 문서를 묶어 보관했던 데서 유래한다. 부정적 의미를 지니고 있다.

---

11) George Frederickson, "Public Ethics and the New Managerialism," in H George Frederickson, Richard K Ghere, eds. Ethics in *Public Management* (Tayor and Francis Group, 2000), pp.8-19.

12) John Donahue, "How Far Can Privatization Go?," Robin A. Johnson and Norman

의무경쟁입찰제도(CCT)만 해도 행정효율을 높였다는 평가가 있는가 하면, 서비스의 질과 고용의 질을 떨어뜨리면서 결국 긍정적인 면보다는 부정적인 면이 더 많이 보여주었다는 주장이 있기도 하다.[13]

지역주민의 만족을 강조하는 시민헌장도 마찬가지이다. 서비스의 질을 높이는데 크게 기여했다는 평가가 있는가 하면 너무 많은 헌장이 행정상의 난맥을 초래하고 있다거나, 실제 기능은 하지 못한 채 형식적인 문건으로만 남아 있다는 평가도 있다. 또 앞서 소개하지는 않았지만 '신경영화'의 중요한 부분을 이루고 있는 조직축소, 즉 **다운사이징**(down-sizing)'에 대해서도 평가는 엇갈린다. 뉴질랜드를 비롯한 일부 국가의 성공적인 사례가 소개되는가 하면, 그 실질적인 효과는 그리 크지 않다는 분석이 소개되기도 한다. 공무원 수의 감소 등 가시적인 효과는 있지만 민간위탁 등을 통한 준공공부분의 증가가 오히려 공공조직의 외연을 더욱 확대하기도 하고 숨어 있는 더 큰 정부(hiding government)를 만드는 경우도 있다는 것이다.

제 3 절 2000년대의 행정혁신: 정보통신 기술의 발달과 그 활용

① 정보통신 기반 및 기술의 발달

2000년대에 들면서 정보통신 기반 및 기술의 발전과 그 대중적 활용이 비약적으로 이루어졌다. 특히 스마트 폰 등 모바일 기기의 발전과 클라우드 서비스의 확산 등은 사용자 간의 자유로운 연결과 의사소통, 그리고 정보교환과 거래를 가능케 해주는 플랫폼(platform) 서비스 발전의 큰 전기가 되었다. 일례로 1990년대 말에 창립되기 시작한 구글(google) 등의 검색엔진들은 2021년 현재 매초 5만 건 가까운 검색이 이루어질 정도로 발전했다.[14] 2004년 1백만 명 정도에 불과했던 페이스북(facebook) 사용자는 2021

Walzer, *Local Government Innovation: Issues and Trends in Privatization and Managed Competition* (Westport, CT: Quorum Books, 2000), pp.253-266.

13) "Best Value Should Avoid Mistakes of CCT," *United Kingdom Environment News*, June 1 1998.

14) 구글 하나만 해도 2021년 현재 매 초당 4만 건, 매 시간 당 1억4천5백만 건, 매

년 현재 약 30억 명으로 무려 3천 배 가까이 늘어났다. 또 유튜브(You Tube) 사용자 역시 20억 명 이상이 되고 있다. 15년 전인 2006년에 2천만 명 정도에 그쳤던 것을 생각하면 엄청난 증가이다.

정보통신 기반과 기술의 이러한 발달과 확산은 개인의 사회적 관계에서 부터 상거래 질서, 심지어 사회적 가치의 문제에 이르기까지 큰 변화를 일으키고 있다. 이를테면 개인은 점점 더 통신망에의 '접속'을 통해 세상과 '연결'되고 있으며, 그 결과 면대면 관계에 기반 한 전통적 관계가 약화되고 있다. 대신, 보다 가변적이고 역동적인 '**연결된 개인**(connected indi-viduals)'의 관계가 강화되고 있다. 상거래 또한 전자상거래와 '택배' 등의 새로운 유통구조로 전환되고 있으며, 영향력이 커진 '연결된 개인들'은 사회의 모든 영역에서 '공정'과 '정의' 등 공동선의 가치들을 중시하게 만들고 있기도 하다.[15]

2019년 말 확산되기 시작한 **코로나19**로 인해 이러한 경향은 더욱 심화되었다. 비접촉 상호작용이 증가될 수밖에 없는 상황이었기 때문이다. 1990년대 이후의 신경영화 혁신이 이어지고 있던 세계 각국의 지방정부들은 이러한 변화, 즉 정보통신 기반 및 기술의 이러한 발달과 코로나19로 인한 상황을 지방행정 혁신과 연결하지 않으면 안 되게 되었다. 정보통신 기반 및 기술의 이러한 발전과 확산을 활용하는 것은 물론, 이에 따른 사회변화에도 적극적으로 적응하고 대응해 나가야 했다는 뜻이다. 또 더 나아가서는 더 큰 발전과 더 좋은 방향으로의 발전을 위한 행정적 기반을 조성하는 노력까지 해야 했다.[16]

일 35억 건 가까운 검색이 이루어진다. Google Search Statistics, accessed Nov. 7, 2021. https://www.internetlivestats.com/google-search-statistics/.

[15] 김병준, 『국가, 있어야 할 곳에는 없고, 없어야 할 곳에는 있다: 자유주의와 사회안전망을 위한 혁명』 (서울: 도서출판 선, 2021), pp.181-190.

[16] 코로나19가 불러 온 변화에 대해서는 Deloitte, "2021 Government Trends: Global Transformative Trends in the Public Sector," a report. pp.8-19.

② 정보통신 기반 및 기술의 활용

1) 전자정부의 고도화: 인공지능 기술 등의 활용

행정관리와 행정서비스의 전자화는 '**전자정부**'라는 이름 아래 2000년대 이전부터 활발하게 진행되어 왔다. 정보통신 기술의 발전에 발맞추어 정부의 문서가 전자화되기 시작하였으며, 각종의 민원처리 등이 온-라인으로 처리되기 시작했다. 우리나라와 미국 등이 선도하는 가운데, 중앙정부와 지방정부 할 것 없이 세계의 거의 모든 정부가 이 일에 매진해 왔다.[17]

2000년대에 들어 이러한 현상은 더욱 심화되고 고도화되고 있다. 인공지능(artificial intelligence, AI)기술과 블록체인(block chain) 기술 그리고 가상현실(visual reality) 및 증강현실(augmented reality) 기술과 메타버스(metaverse) 기술이 크게 발달하게 되었고, 세계 각국의 지방정부들이 이러한 기술을 적극적으로 활용하기 시작했기 때문이다.

하나의 예가 되겠지만 인공지능 기술의 챗봇(chatbot)을 활용하는 정부기관의 수가 늘고 있다. 아직은 의료와 보건상담 영역 등에 주로 사용되고 있지만,[18] 민원분야 등에서 그 활용이 크게 확대될 것으로 예상된다. 상담공무원의 시간을 줄여줄 뿐만 아니라, 상담을 위해 긴 시간을 대기해야 하는 민원인의 불편도 덜어줄 수 있기 때문이다.

가상현실 기술 또한 다방면에서 활용되고 있다. 이를테면 2018년 뉴욕시 외곽에 있는 뉴로셸시(New Rochelle)는 도시공간을 설계함에 있어 이 기술을 크게 활용했다. 시민들로 하여금 스마트폰 등을 통해 쉽게 가상현실 속으로 들어가 새롭게 설계될 건물과 거리의 모습 등을 생생하게 볼 수 있게 하였으며, 제시된 여러 안에 대한 선호를 표명할 수 있게 하였다.[19] 계획서

---

17) 우리나라는 2010년 이래 줄곧 UN 전자정부평가에서 1~3위를 차지해 왔다. 2020년 평가에서는 온라인서비스 지수와 온라인 참여지수에서 1위, 정보통신 인프라 지수에서 4위, 인적자본 지수에서 23위를 기록했으며, 종합지수에서는 2위를 차지했다. e-나라지표. 'UN 전자정부 지수,' 2021년 11월 1일 접속. https://www.index.go.kr/potal/main/EachDtlPageDetail.do?idx_cd=1027.

18) 일례로 영국의 국가기관인 보건서비스(National Health Service)는 인공지능 기술의 챗봇(chatbot)을 이용한 건강 상담을 제공하고 있는데, 매우 성공적이라는 평가를 받고 있다. Deloitte Insight, "Government Trends 2020," Report (2020).

와 설계도 정도로는 상상하기 어려운 새로운 도시의 모습을 쉽게 이해할 수 있게 함으로써 시민들로 하여금 보다 적극적으로 의견을 개진할 수 있게 한 것이다.

세계 각국의 다른 많은 지방정부들이 이와 유사한 노력을 하고 있음은 말할 필요도 없다. 우리나라에서도 각종의 행정서비스에 확장가상현실을 의미하는 메타버스(metaverse) 기술을 활용하는 지방정부들이 빠르게 늘고 있다.[20] 주요 시설물과 명소에 대한 소개에서부터 교육과 훈련, 그리고 위성기술과 연계된 토지이용 계획의 안내에 이르기까지 그 활용은 끝없이 확장되고 있다.

블록체인 기술 또한 그 특성과 유용성에 대한 논란이 끝나지 않은 기술이지만 그 활용사례는 빠르게 증가하고 있다. 일례로 미국 텍사스주 오스틴시(Austin)는 텍사스대학(Univ. of Texas) 등의 협력을 얻어 블록체인 기반의 노숙자 신분확인제도를 마련했다. 이들 노숙자들의 자신들을 증명할 신분증이나 자신들의 생활 상태를 증명하는 서류 등을 분실하거나 도난당하는 경우가 많고, 그로 인해 의료서비스와 복지혜택을 신청할 때마다 곤란을 겪는 경우가 많았다. 오스틴 시정부는 이들의 신분과 이들과 관계된 증명서류, 그리고 이들이 받은 서비스 등 모든 것을 블록체인의 새로운 블록에 저장하여, 신분증명서와 관련 서류를 다시 준비할 필요 없이 필요한 서비스를 받을 수 있도록 하였다.[21]

전 세계에 걸쳐 많은 중앙정부와 지방정부들이 블록체인 기술의 이러한 활용을 준비하고 있는데, OECD는 2020년 현재 50개 가까운 국가들이 블록체인 기술을 공공부문에서 활용하기 위한 200건 이상의 작업을 진행하고 있다고 보고했다.[22]

---

19) OECD and Observatory of Public Sector Innovation, 앞의 보고서, pp.34-35.

20) 서울경제, "가상회의서 통합신공항 체험까지… 메타버스에 빠진 지자체," 2021. 10. 14. 2021. 11. 1. 접속. https://www.sedaily.com/NewsVIew/22SQLUNDAS.

21) Government Technology, "UT Austin Developing Blockchain ID for Homeless Health Care," May 11, 2021. accessed Nov. 11, 2021. https://www.govtech.com/education/higher-ed/ut-austin-developing-blockchain-id-for-homeless-health-care.

22) OECD and Observatory of Public Sector Innovation, 앞의 보고서, pp.101-102.

2) 정보통신 기반의 시민참여 확대

정보통신 기술의 발전은 지식과 정보의 흐름을 강화하면서 시민의 권리의식과 시민사회의 영향력을 강화한다. 더 많은 정보는 더 큰 권리의식을 가지게 되고, 더 많은 지식은 평범한 시민을 전문가 이상의 역량을 가지게 만들기도 하기 때문이다. 지방정부는 당연히 이러한 환경변화에 적응하고, 때 대응하게 된다.

이 부분은 제7편 제3장과 제4장에서 다루고 있는 만큼 긴 설명을 하지 않기로 한다. 다만 타운미팅을 비롯한 숙의민주주의(deliberative democracy) 방식의 시민참여 내지는 주민참여가 다양한 정보통신기술과 접목되며 활성화되고 있다는 사실과 시민의 공동생산(co-production) 내지는 프로슈밍(*prosunimg*)을 이끌어내기 위한 노력이 강화되고 있다는 사실만 지적해 둔다.

다만 한 가지, 정보통신의 발달이 시민의 역량을 어떻게 강화하고, 또 정부는 이러한 역량을 어떻게 활용하고 있는지에 대한 이해를 돕기 위해 예를 하나 소개하였으면 한다. 호주 퀸즐랜드(Queensland)는 뎅기(denque) 바이러스를 전파시키는 지카모기(zika mosquito) 또는 이집트 숲모기(aedes aegypti mosquito) 문제가 심각했다. 감염되는 경우 발열, 발진, 출혈, 복통 등이 계속되다 목숨을 잃기도 하고, 임산부가 감염되는 경우 비정상아를 출산하게 되기도 했다.

퀸즐랜드 정부는 이 문제에 정통한 곤충학자들과 정보통신을 통한 교육 등을 통해 상당한 전문지식과 정보를 가지게 된 시민과학자들(citizen scientist)과의 협력을 통해 이 문제를 크게 완화시켰다. 볼바키아(wolbachia)라는 박테리아에 감염된 수컷 모기와 짝짓기를 한 암컷 모기는 부화가 되지 않는 알을 낳게 되었는데, 곤충학자들은 이렇게 감염된 수컷 모기를 수백 만 마리 길러 날려 보내 야생 암컷과 짝짓기 하게 하였다. 이 과정에서 시민과학자 수천 명은 감염된 수컷 모기 알을 부화하게 하고, 먹이를 먹고 자라 날아가게 하는 일을 하였다.[23]

이들 시민과학자들은 또한 집 안팎에 지카모기가 알을 낳을 수 있는 박스 등을 설치해, 알을 낳게 되면 이를 보건당국과 연구진들에게 보내 그

---

23) KBS 뉴스, "호주, 번식 능력 없앤 모기로 개체 수 감소 시도," 2018. 7. 23. 2021. 11. 1. 접속. https://news.kbs.co.kr/news/view.do?ncd=4013137/

DNA를 분석할 수 있게 하고 있다.[24] 지카모기 퇴치와 지카 바이러스에 대한 조기경보에 큰 도움이 되는 것은 말할 필요도 없다. 정보통신 기술에 의한 시민 내지 주민의 역량강화와 그 활용이 지방정부 운영의 새로운 길을 열고 있는 좋은 예라 할 수 있다.

3) 데이터의 집적과 활용: 행태과학의 활용 및 '넛지(nudge)'

정보통신의 발달, 특히 데이터 스토리지 및 컴퓨팅 비용의 감소는 이전보다 더 많은 데이터를 보다 쉽고 저렴하게 저장하고 활용할 수 있게 한다. 이를테면 커피판매와 관련하여 집적된 데이터는 사회구성원들이 어떤 커피를 많이 마시고 있고, 또 그 경향이 어떻게 바뀌고 있는지를 말해주고, 집적된 의료기록 데이터는 국민들의 건강상태를 보다 정확하게 분석할 수 있게 해 줌은 물론 향후 국민건강을 위해 어떠한 노력들이 필요한가를 알게 한다. 소위 '**빅 데이터**' 등의 활용이다.

데이터의 집적과 그 활용기술의 발전은 지방정부를 포함한 공공부문의 의사결정 패턴과 시민사회와의 관계 등을 크게 바꾸고 있다. 우선 사회변화의 내용과 양상과 그에 대한 시민 또는 주민들의 반응, 그리고 이들이 필요로 하는 서비스 등을 보다 정확하게 파악하여 의사결정에 반영할 수 있게 되었다. 이는 곧 정부가 가진 인적·물적 자원과 역량의 목표지향성을 높일 수 있게 되었다는 것을 의미한다.

데이터의 집적과 그 활용은 시민과 주민의 정책적 협력과 순응을 이끌어내는데 있어서도 중요한 기반이 된다. 데이터가 제공하는 정보를 기반으로 시민과 주민의 행위패턴을 분석하고 이를 보다 바람직한 방향으로 유도할 수도 있기 때문이다. 예컨대 의사들의 항생제 처방에 관한 자료를 시각적으로 잘 정리하여 지역사회 의사들에게 제공하는 경우, 항생제를 비교적 많이 처방하던 의사는 그만큼 더 주의를 하게 된다. 또 주민들의 운동량이 다른 지역 주민들에 비해 부족하다는 정보를 가진 지방정부는 즐겁게 걸을 수 있는 길을 더 많이 만들고 정비하는 등의 노력을 기울일 수 있다. 일례로 계단에 피아노 건반 모양을 그려놓고 발이 닿는 순간 그에 따른 음계의 음이 나오도록 하는 것만으로도 보다 많은 사람을 에스컬레이터 대신 계단

■ 빅 데이터는 전통적인 데이터 프로세싱 방법으로 처리할 수 없을 정도로 대규모이거나 복잡한 데이터 또는 데이터 세트를 말한다. 흔히 '3V'의 특성을 가진다고 말한다. 즉 규모가 크며(Volume), 정형·비정형 등 그 범위가 넓어 종류가 다양하며(Variety), 그 수신과 처리가 빠르게 일어난다. 고객의 조직구성원의 행위패턴에서부터 재화와 용역의 흐름과 각종 기기의 동작에 대한 분석과 예측을 가능하게 함으로써, 또 인공지능(AI)과 머신 러닝 등과 연계되면서 그 가치가 날로 높아지고 있다.

---

24) Queensland Government, "Zika Mozzie Seeker," 동영상. accessed Nov. 10, 2021. https://metrosouth.health.qld.gov.au/zika-mozzie-seeker.

을 이용하게 할 수 있다.

개인 또는 집단의 행태를 유도하기 위해 정보를 제공하거나 작은 자극을 주는 것을 '**넛지**(nudge)'라 하는데, 중앙정부와 지방정부의 이러한 활동도 바로 이 '넛지'의 일종이라 할 수 있다.[25] 데이터 기반 및 그 활용기술의 발달과 이를 기반으로 하는 행태과학(behavioral science)의 발전에 그 활용도가 커지고 있는데, 최근에는 기업 등 민간부문을 넘어 중앙정부와 지방정부를 포함한 공공부문으로도 크게 확산되고 있다.

'넛지'와 관련된 우려와 비판이 없는 것은 아니다. 무엇보다도 시민과 주민의 행위를 유도해 내는 기술이라는 점에서 논란의 여지가 있다. 하지만 그 활용을 위한 노력은 멈추지 않고 있다. 영국과 같은 경우 2010년 이래 정부 안에 '넛지팀(nudge unit)'으로 불리기도 하는 '행태과학팀(Behavioural Insights Team, BIT)'을 공식적으로 운영하고 있다. 또 경제협력개발기구(OECD)에 따르면 2020년 현재 전 세계에 걸쳐 행태과학을 발전시키고, 또 이를 활용하기 위한 공공프로젝트들이 진행되고 있는데, 이들 프로젝트의 거의 대부분이 '넛지'와 관련되어 있다.

제 4 절 혁신을 위한 과제: 우리나라

우리나라 지방정부도 적지 않은 혁신을 해 왔다. 특히 민선체제 이후 경쟁적으로 일어나고 있는 혁신들은 그 속도나 범위에 있어, 또 방향에 있어 긍정적인 모습을 보여주고 있다. 달라진 민원실의 모습과 그 서비스 수준에서부터 전자정부 기술을 이용한 행정투명성의 증대를 거쳐, 주민이 보다 적극적으로 참여하는 의사결정과정에 이르기까지 적지 않은 변화가 일어나고 있다.

이렇게 일어난 변화와 혁신이 때로는 세계적인 벤치마킹의 사례가 되기

---

25) '넛지(nudge)'는 시카고대학 경제학교수인 리처드 탈러(Richard Thaler)와 하버드대학 로스쿨교수인 카스 선스타인(Cass Sunstein)이 2009년 출간한 책 *Nudge: Improving Decisions about Health, Wealth, and Happiness* (Yale Univ. Press)에서 유래되었다. 공동저자인 선스타인 교수는 2009년 이후 3년간 오바마정부 백악관의 '정보 및 규제업무 사무처(White House Office of Information and Regulatory Affairs)'의 책임자로 있으면서 '넛지' 바람을 일으켰다.

도 한다. 특히 전자정부의 경우 연간 수출 건수가 수백 건에 이르기도 한
다.[26] 하나의 예가 되겠지만 1999년 시작된 서울특별시의 민원처리 온라인
공개시스템(OPEN System - Online Procedures Enhancement for Civil Applica-
tion System)은 UN 부패방지회의에서 우수사례로 선정되었을 뿐만 아니라,
다양한 국제회의를 통해 세계 곳곳에 소개되었다. 또 UN이 이를 전 세계
에 보급하기 위해 적극적으로 나서기도 했다.

그러나 이러한 혁신이 지속되어야 한다는 점에서 여러 가지 우려가 있
다. 혁신을 위한 환경이 그리 좋은 편이 아니기 때문이다. 적지 않은 국민
들과 전문가들이 지방행정이 오히려 후퇴하는 모습을 보일까 걱정하기도
한다. 혁신을 방해하는 요소가 너무 많고, 또 강하기 때문이다.

행정혁신과 관련한 UN의 한 보고서는 행정혁신을 방해(hinder)하는 요소
와 촉진(facilitate)하는 요소를 아래의 <표 6-15>와 같이 정리하고 있다. 표
에서 보는 바와 같이 혁신을 추진하는 주체의 변화와 혁신에 대한 태도와
혁신에 필요한 인적·재정적 자원, 그리고 지역사회와 지역주민의 지지,
그리고 혁신을 추진하는 주체로서의 지방정부의 자율성과 감독기구의 경
직성, 위험부담과 관련된 인센티브 또는 역(逆)인센티브 등이 혁신과 관련

표 6-15 혁신 방해 요소와 혁신 촉진 요소	
혁신 방해 요소(hindrances)	**혁신 촉진 요소(facilitators)**
위험부담과 실수를 하지 말라는 요구	혁신을 할 수 있는 자율성
혁신에 대한 부정적인 태도	혁신 추진을 위한 리더십의 존재
혁신을 가로막는 법률적 구조	혁신에 대한 조직내외의 참여
정보에 대한 접근상의 어려움	지방정부의 정당성/정통성
언론의 부정적 태도와 부정적 보도	정보에 대한 높은 접근성과 정보망
권위에 대한 맹종	지역사회로부터의 지지
자율성의 결여	인적·물적 자원
전문성의 결여	학술적 문헌
인적, 물적 자원의 한계	혁신관련 교육과 훈련/ 대학 및 연수원
감독기구와 감사기구의 경직성	사례연구 결과
변화에 대한 저항	위험부담을 할 수 있게 하는 인센티브 제도
행정에 대한 관심 결여	언론의 긍정적 보도

출처: Department of Economic and Social Affairs, United Nations, "Innovations in Governance and Public Administration:
Replicating what works." a report (2006), p.14.

---

26) 전자정부 수출실적은 2017년 180건, 2018년 201건, 2019년 268건이었다. 행정안
전부, 『2019년도 전자정부 수출실적 결과보고서』(2020. 12), p.3.

하여 중요한 의미를 지닌다.

<표 6-15>에 있는 요소들을 고려할 때 우리나라에서의 혁신이 얼마나 어려운 일인가를 알 수 있다. 가장 먼저 '위험부담과 실수를 하지 말라는 요구'가 지적되어 있는데, 우리나라에서의 법과 제도, 그리고 관행이 바로 그러하다. 공무원들로 하여금 위험부담과 실수를 겁내게 만들고 있는 것이다. 수많은 법령과 규칙 그리고 지침들이 공무원들 입장에서는 일종의 '지뢰'가 되고 있다. 새로운 것을 시도하는 순간 바로 그 '지뢰'를 밟을 가능성이 크다. 새로운 시도를 하기보다는 권위에 맹종하며 그로부터 보호를 받는 것이 훨씬 더 유리한 상황이 되어 있는 것이다.

혁신을 주도해야 할 지방자치단체장도 마찬가지이다. 정당의 공천을 받아야 하는 상황에서, 또 일부지역에서는 공천만 받으면 당선이 거의 확정되는 상황에서, 실패의 위험이 따르는 혁신을 감행할 이유가 없다. 당의 지도자 등 공천권자의 권위에 맹종하는 편이 공천에 더 유리할 수 있기 때문이다.

언론 또한 성공한 부분들을 확산시키는데 초점을 맞추기 보다는 잘못된 부분에 초점을 맞추는 부정적 보도(negative journalism)의 경향을 지니고 있다. 잘 해서 보도되기를 바라는 쪽보다 잘못된 일로 보도되는 쪽을 피하는 것이 훨씬 더 유리하다. 애써 혁신의 길로 들어설 이유가 없다는 뜻이다. 또 지방정부에 따라 다르기는 하지만 혁신에 필요한 인적·물적 자원의 한계도 분명하다. 특히 영세한 지방정부로서는 더욱 그렇다.

감사원을 비롯한 감독기관의 태도도 매우 경직되어 있다. 일을 벌려 실수를 하는 것보다는 아예 하지 않는 것이 훨씬 더 유리한 구도를 만들고 있다. 여기에 더해 지방정부 내부의 변화에 대한 저항도 만만치 않다. 혁신 과제 하나하나에 쉽게 해체하거나 넘기 힘든 이해관계가 연계되어 있기 때문이다.

더욱이 자율성의 문제도 매우 심각하다. 지방정부의 자율성이 조직과 재정, 그리고 인력의 운영에 있어 여러 형태의 혁신을 촉진할 수 있는 정도에 미치지 못하고 있기 때문이다. 반드시 고쳐야 하는 많은 부분들에 대한 결정권이 여전히 중앙정부에 있다는 뜻이다. 지방정부는 이를 넘을 수 없을 뿐만 아니라, 이를 존중하고 따라가야 한다. 지방정부 단위에서 다양한 실험이 이루어지고 이를 통해 혁신이 일어나고, 또 그러면서 확산이 되는 길을 원천적으로 차단하고 있는 것이다(사잇글 6-4).

더 큰 문제는 이러한 상황 속에서, 즉 올바른 방향으로의 혁신이 쉽지 않은 상황 속에서 자치단체장을 비롯한 지방정치인들이 쉽게 대중영합주의로 흐른다는 점이다. 어렵고 시간이 걸리는 혁신관련 일에 매달리기 보다는 대중의 일시적인 선호를 따라가며 정치적 지지를 유지하는 편이 훨씬 더 용이하기 때문이다. 대중의 지지를 받기 위한 선심성 정책과 파격적인 행보가 오히려 '혁신'이라는 이름으로 행해지기도 한다.

혁신이 지속적으로 일어나기 위해서는 이러한 부정적인 요소와 환경에 대한 변화가 있어야 한다. 지방정부의 자율성이 확대하고, 그래서 지방정부나 지방공무원이 실험과 도전을 할 수 있는 법적·제도적 환경이 정비되어야 한다. 실수와 실패를 응징하기보다 무사안일을 용납하지 않는 환경이 만들어져야 한다. 그리고 그 위에 지방정부가 필요로 하는 인적·물적 자원을 확보하는 문제와 정보자원을 확보하는 문제, 그리고 교육과 훈련기회 확대 등의 문제가 논의되어야 한다.

사잇글 6-4: 사라진 꿈

A급 민간기업의 직원이 아침에 출근해서 퇴근할 때까지 100이라는 에너지는 쓴다고 생각해 보자. 이 중 얼마가 이 기업의 목표, 즉 이윤창출을 향해 날아가고 있을까? 가설적인 이야기로 70이라고 해두자. 즉 70은 회사의 목표를 향해 날아가고, 나머지 30은 친구에게 전화하고 불필요한 서류작업 하느라 날아가 버렸다고 하자.

지방정부의 공무원은 어떨까? 많은 공무원들에게 물어 보았다. 100 중에서 얼마가 지방정부의 목표를 향해 날아가고 있을까? 가장 많은 답이 '반'이었다. '10' 또는 '20'이라고 대답한 공무원도 상당수 있었다.

에너지는 그렇다 치고 돈은 어떨까? 지방정부와 공무원이 쓰는 돈의 과연 몇 %가 목표를 향해 제대로 날아가고 있을까? 이 역시 A급 기업이 70% 정도라 하면 지방정부는 과연 얼마나 될까? 대답이 필요할 것 같지 않다.

조직을 운영하는데 있어 가장 중요한 문제가 바로 이러한 '타기팅(targeting)'의 문제이다. 즉 인적·물적 자원이 목표를 향해 정확하게 날아가 주어야 하는 것이다. 그러나 우리의 지방행정은 그렇지가 못하다. 사냥꾼에 비유한다면 일격에 토끼를 잡아야 하는데, 왠지 수백 발 또는 수천 발을 쏘고 있는 기분이다.

…… 이 점과 관련하여 앞서 설명한 페어필드시와 비살리아시의 지출통제예산은 매우 의미가 크다. 즉 돈을 쪼개어 주고 전용도 금지하고 하는 것이 아니라 뭉치 돈을 주어서 알아서 쓰게 하고, 회계연도 독립의 원칙 등을 폐지하여 연말에 예산을 다 쓰느라 쓸데없는 곳에 돈

을 뿌리는 일을 안 해도 되도록 하고 있기 때문이다. 그래서 공무원들에게 이러한 제도도 있다는 식의 설명을 가볍게 했다.

…… 그런데 어느 날, 그 이야기를 들은 공무원으로부터 전화가 왔다. 관련 자료를 좀 얻었으면 한다는 것이었다. 그래서 물었다. '어디다 쓰시게요?' '보건소에 근무하고 있는데, 한번 잘 연구해서 적용해 보면 좋겠다는 생각이 들어서입니다.' '네…… 자료는 드릴게요. 그러나 적용은 안 됩니다.' '…… 왜 그렇습니까?' '예산회계 관련 법령을 살펴보세요. 못하게 되어 있습니다. 하면 법에 저촉됩니다. 우리 지방정부는 그런 실험을 할 권한이 없습니다. 그야말로 남의 나라 이야기입니다.'

자료를 챙기는데 흥이 날 리가 없었다. 전화를 한 공무원에게는 그야말로 '사라진 꿈'이 되었다. 전화를 하면서 얼마나 벅찬 생각을 했을까? 그리고 우리의 현실을 알았을 때는 또 얼마나 답답한 마음이었을까? 이루어질 수 없는 일을 이야기한 것이 공연히 큰 죄를 지은 기분이었다.[27]

---

27) 김병준, 『김병준 교수의 지방자치 살리기』 (서울: 한울, 2002), pp.159-167에서 발췌.

제5장

지방정부의 공공서비스 공급

제1절 지방정부의 서비스 공급유형

1 서비스의 종류와 지방정부의 수비범위

1) 서비스의 종류: 공공서비스와 사적 서비스

지역주민 또는 소비자에게 제공되는 서비스는 **경쟁성**(rival consumption), 즉 수요자간의 경쟁 또는 잠재적 경쟁이 존재하느냐 여부와 **배제성**(ex-cludability), 즉 특정의 소비자를 서비스 수혜 대상에서 제외시킬 수 있느냐 여부에 따라 공공서비스와 사적 서비스로 나눈다.

먼저 경쟁성과 관련하여 소비자간의 경쟁 또는 잠재적 경쟁이 존재하는 서비스를 사적 서비스라 할 수 있다. 경쟁이 존재한다는 것은 한 사람이 소비를 하게 되면 다른 사람이 소비할 수 있는 부분이 그만큼 줄어든다는 뜻을 담고 있는 것으로 시장을 통하여 판매되는 서비스 대부분이 이에 해당 된다. 물론 많은 사람이 흥미를 가지지 않는 서비스의 경우에는 경쟁이 존재하지 않을 수 있다. 재미없는 스포츠 경기나 인기 없는 가수의 콘서트에 관중석이 텅 비는 것 등이 그 좋은 예이다. 그러나 이 경우에 있어서도 한 사람이라도 표를 사서 입장을 하게 되면 다른 사람이 입장할 수 있는 자리가 줄어든다는 점에서 잠재적 경쟁이 존재한다고 할 수 있다.

순수한 의미에서의 공공서비스는 이러한 사적 서비스와 달리 경쟁이나 잠재적 경쟁이 존재하지 않는 것으로 **비경쟁성**(non-rival consumption)을 특징으로 한다. 방송이 그 좋은 예가 되겠는데, 한 사람이 방송을 들었다고 해서 다른 사람이 방송을 들을 수 있는 기회가 그만큼 줄어들지 않는다. 방송뿐만 아니라 국방이나 국가나 지방정부가 행하는 전염병 방지노력 등도 마찬가지이다. 한 두 사람이 안전을 느꼈다고 해서 다른 사람이 안전을 덜 느끼는 것은 아니다. 이러한 서비스는 개별적인 소비와 관계없이 전체 집단을 상대로 집합적으로 공급되고 집합적으로 소비되는 경향이 있다.

둘째, 배제성의 문제인데 사적 서비스는 대부분 당해 서비스의 생산과 유통에 소요되는 비용을 지불하는 사람에게 선택적으로 제공된다. 당연히 시장에서 제공되는 서비스의 대부분이 이에 해당한다. 스포츠 경기에 입장료를 낸 사람만 입장시킨다거나 생수를 적절한 가격에 지불한 사람에게만 판매하는 것 등이 그 예이다.

그러나 공공서비스는 이러한 배제성을 지니지 않는다. 공기정화를 한 경우, 그 비용을 지불하지 않은 사람이라 하여 숨을 쉬지 못하게 할 수는 없다. 돈을 낸 사람이나 내지 않은 사람이나 같은 서비스를 받게 된다. 이러한 비배제성은 많은 경우 무임승차(free riding)의 문제, 즉 개인 차원에서는 모두들 돈을 내지 않고 서비스만 받겠다는 입장을 지니게 되는 현상을 야기한다. 자연히 정부와 같은 공적 기구가 집합적으로 공급하지 않으면 공급 자체가 이루어지지 않거나 과소 공급이 이루어짐으로써 생활의 질이 떨어지게 된다. 즉 시장에 맡겨 놓으면 공급 자체가 되지 않는 현상이 생기되 된다는 뜻이다.

2) 지방정부의 수비범위

앞서 공공서비스의 특징으로 비경쟁성과 비배재성을 설명하였는데, 실제에 있어 이러한 두 가지 특성을 지니는 순수 공공서비스는 거의 존재하지 않는다. 대부분의 서비스의 경우 부분적인 비경쟁성과 부분적인 비배제성을 지니고 있다. 앞서 예로 든 방송만 하더라도 출력의 한계를 인정하는 경우 한 쪽 지역에 대한 공급은 다른 지역에로의 공급을 어렵게 하는 경쟁성의 문제를 안을 수 있으며, 공기정화의 문제도 예산상의 한계로 한 쪽 지역에 재정을 투입하는 경우 다른 지역에는 정화작업을 하지 못하는 경우가 발생할 수 있다. 사적 서비스 또한 마찬가지이다. 대부분의 경우 어느 정도의 비경쟁성과 비배제성을 지니고 있으며, 완전한 경쟁성과 배제성을 지닌 순순한 의미의 사적 서비스는 그다지 많지 않다.

따라서 일상적으로 제공되는 서비스는 대개의 경우 순수 사적서비스와 순수 공공서비스의 중간에 위치하고 있다고 볼 수 있다. 즉 순수 공공서비스에 가까운 준(準) 공공서비스가 있을 수 있는가 하면, 순수 사적 서비스에 가까운 준(準) 사적(私的) 서비스가 있을 수 있다.

이렇게 다양한 형태의 서비스와 관련하여 우리는 중요한 질문을 하나를 던지게 된다. 다름 아니라 이러한 여러 가지 서비스 중에서 어떠한 서비스를 어느 정도까지 지방정부가 제공하느냐 하는 '**수비범위**(守備範圍)'의 문제이다.

이러한 수비범위의 문제는 시장주의를 주장하는 보수주의 학자들과 공공부문의 적극적인 역할을 주장하는 진보(liberal) 학자들 사이에 끊임없는 논쟁이 되어 왔다. 보수주의 학자들이 지방정부의 역할은 시장이 실패할 수밖에 없는 순순 공공서비스 내지는 준공공서비스 영역에 제한되어야 한다는 입장을 취함에 비해, 지방정부의 적극적인 역할을 강조하는 진보 학자들은 복지와 형평 등의 문제를 들어 지방정부가 사적(私的) 서비스 영역에 있어서까지 그 역할을 확대하지 않으면 안 된다는 점을 역설해 왔다.

이러한 논쟁은 정부의 역할에 대한 논쟁이 치열한 미국을 비롯한 구미 각국에서는 물론, 이웃나라 일본에 있어서도 큰 논쟁이 되어 왔다. 일본의 경우 임시행정조사위원회를 비롯한 개혁 추진 세력들이 지방정부가 제공하는 서비스 영역을 축소해야 한다는 주장을 해온데 비해, 진보적 성격의 학자들은 이를 반대하는 논리를 강하게 제시해 왔다. 특히 1960년대 말에는 **시빌 미니멈**(civil minimum) 논의, 즉 국민생활의 풍요함은 경제성장과 개인소득의 증대만으로 달성되는 것이 아니라 사회보장, 사회간접자본, 사회보건 등에 있어 시민적 최저수준이 보장될 때 달성된다는 적극적인 행정사상이 진보학자들 사이에 대두되어 일본 지방행정에 큰 영향을 주었다.[1]

■ Liberal을 굳이 자유주의자로 번역하는 사람도 있다. 그러나 우리말로는 '진보'가 그 본래의 의미에 가깝다. 2008년 노벨경제학상을 받은 진보학자 Paul Krugman의 저서 *The Conscience of a Liberal*은 liberal의 뜻이 무엇인지를 보다 명확히 해준다.

---

1) 시빌 미니멈 사상은 1960년대 말 일본의 정치학자 마쯔시다(松下圭一)에 의해

동경도(東京都)를 비롯하여 당시의 혁신 지방정부들이 이러한 시빌 미니멈 논의를 따라 지방행정의 역할을 크게 확대해 나가기도 했다.[2]

지방정부 내지는 지방행정의 역할에 대한 이러한 논의는 쉽게 종결될 수 없는 것으로 앞으로도 계속될 것으로 보인다. 그러나 이러한 논의의 결과와 관계없이, 또 어느 쪽이 옳고 그른가에 관계없이 대부분의 국가에 있어 지방정부는 순수 공공서비스 또는 준(準) 공공서비스만을 제공하고 있지는 않다. 선진 산업사회나 개발도상국가 모두에 있어 오히려 사적 속성이 강한 서비스 중 많은 부분이 지방정부에 의해서 공급되고 있다.[3] 우리나라의 경우도 예외가 아님은 물론이다. 지방정부가 주민을 위해 낮은 입장료의 콘서트를 열기고 하고, 시장기제에 맡겨야 할 농산물 판매를 하는 일 등을 쉽게 볼 수 있다. 옳고 그름의 문제를 떠나 실제에 있어서는 사적 서비스의 성격을 지닌 서비스를 상당부분 제공하고 있는 것이다.

② 공공서비스 공급의 유형: 사바스(E. Savas)의 유형

앞서 지방행정의 수비범위가 중요한 문제가 된다고 하였는데, 이와 함께 서비스를 어떠한 방식으로 공급하느냐 하는 것도 지방정부의 서비스 공급과 관련하여 중요한 문제가 된다. 아래에서는 이와 관련하여 비교적 잘 알려진 이론인 사바스(E. Savas)의 유형론을 중심으로 이 문제를 정리해 보기로 한다.[4]

1) 공공서비스 공급의 유형화

사바스는 먼저 공공서비스와 재화의 공급형태를 두 개의 큰 축으로 나누고 있다. 공급의 결정 내지는 기획(planning)을 정부가 하느냐 아니면 민

■ Savas는 매우 흥미로운 인물이다. 학부에서부터 화학을 전공했고 박사학위까지 화학으로 받았다(Columbia Univ.). 그 후 IBM에서 관리 업무를 담당했고, 이어 New York 시의 부수석행정관 (First Deputy City Administrator)을 지냈다. 이 경험으로 그는 1972년 Columbia

---

주창되었다. 김구현, 「지방정부의 제3섹터에 관한 연구: 한·일 비교분석을 중심으로」, 국민대학교 대학원 박사학위논문, 1997, p.23.

2) 宮本憲一, 『現代地方 自治公私混合體』 (東京: 自治體硏究社, 1992), p.52.

3) 박종화, 『도시경영론』 (서울: 박영사, 1996), p.227.

4) 이에 대해서는 E. S. Savas, *Privatization and Public-Private Partnerships* (New York: Chatham House Publishers, 2000), pp.88-90; E. S. Savas, *Privatization: The Key to Better Government* (N.Y.: Chatham House Publishers, 1987), pp. 62-82 참조.

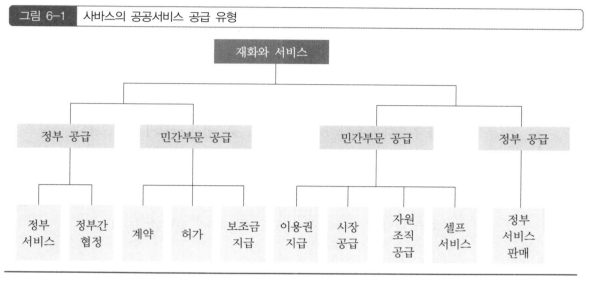

그림 6-1   사바스의 공공서비스 공급 유형

출처: Savas, *Privatization*, 1987, p.63. Figure 4-2를 재구성.

간이 하느냐가 그 하나이고, 공급이 결정된 공공서비스와 재화를 실제 생산하여 공급(delivery)하는 주체가 정부냐 민간이냐가 또 다른 하나이다.

결정의 주체와 공급의 주체라는 두 축을 교차시켜 사바스는 네 개의 기본유형을 얻는다. 즉 정부가 결정하고 정부가 공급하는 유형, 정부가 결정하고 민간이 공급하는 유형, 민간이 결정하고 민간이 공급하는 유형, 그리고 민간이 결정하고 정부가 공급하는 유형이 그것이다. 사바스는 여러 가지 방식의 공공서비스 공급을 이 네 가지 형태로 유형화시켰는데 그 구체적인 내용은 [그림 6-1]과 같다.

대학의 공공관리 분야 교수가 되었고, 이후 이 분야의 최고 권위자가 되었다.

2) 유형별 내용

(1) 정부가 결정하고 정부가 공급하는 유형

정부가 결정하고 민간이 공급하는 유형으로 사바스는 정부서비스(government service)와 정부간 협정에 의한 방식(government agreement) 등을 들고 있다. 정부가 직접 공급하는 방식으로서의 **정부서비스 방식**은 말 그대로 정부가 정부자체의 인적·물적 자원을 이용하여 서비스의 공급을 결정·생산하여 공급하는 방식을 말한다. 쉽게 말해 공무원이 지방정부가 운영할 수 있는 예산과 시설을 이용하여 서비스를 생산하여 공급하는 형태이다. 우리나라의 경우로 말하자면 주민등록등본을 떼어 준다거나, 구청 소속의 청소부가 거리를 청소하고 눈을 치우고 하는 일 등이 이에 해당한다.

정부간 협정에 의한 방식은 한 지방정부가 다른 지방정부에 서비스의 생산과 공급을 위탁을 하거나 상호협력 하게 공동으로 생산·공급하는 방식이다. 위탁의 경우, 위탁을 하는 정부는 수탁을 하는 정부에 필요한 비용을 지불하게 된다. 자체 소방서를 갖출만한 규모가 되지 못하는 소규모 지방정부가 소방서를 설치하고 있는 인근 지방정부와 협정을 맺어 지역주민에게 소방서비스를 제공하는 것은 그 좋은 예가 된다. 두 지방정부가 공공서비스를 공동으로 생산·공급하는 경우(shared service)에는 협정의 내용에 따라 다양한 형태의 생산 및 공급 체계가 나타날 수 있다.[5]

(2) 정부가 결정하고 민간이 공급하는 유형

이 유형으로 사바스는 세 가지 방식을 들고 있다. 민간부문과 계약을 하는 계약방식(contracting-out)과 민간부문에 허가를 내어 주는 허가방식(franchises), 그리고 민간부문에 대해 보조금을 지급하는 보조금 방식(granting)이 그것이다.

계약방식은 흔히 '민간위탁'으로 불리는 방식으로 지방정부가 특정 업무와 서비스를 스스로 처리·공급하지 않고 전문성과 설비를 갖춘 민간부문의 개인이나 단체, 혹은 기업과 계약을 맺어 그들로 하여금 그러한 업무와 서비스를 처리·공급하게 하는 방식이다. 변호사와 계약을 맺어 소송업무를 전담하게 한다거나 청소회사와 계약을 맺어 쓰레기를 수거하게 하는 일들이 이에 포함된다. 지방정부의 서비스 공급에 있어 중요한 부분을 차지하는 방식이다.

허가방식은 민간부문의 개인이나 단체 또는 기업에 대하여 공공성을 띤 특정의 업무나 서비스를 제공할 수 있게 하는 방식이다. 예컨대 교통의 원활한 소통을 위해 불법으로 주차한 차량을 견인할 수 있도록 허가해 준다거나, 공원 내에 위락시설을 설치·운영할 수 있도록 해주는 일 등이 이에 속한다. 허가는 독점적 운영을 보장하는 전매허가일 수도 있고, 차량 견인 허가처럼 일반 경쟁허가일 수도 있다.

---

5) Ray Tomkinson, *Shared Services in Local Government: Improving Service Delivery* (Surrey, UK: Gower, 2007), pp.4-17.

보조금방식은 공공성을 띤 서비스를 제공하는 민간부문의 개인이나 단체 또는 기업에 대하여 그러한 서비스를 계속할 수 있도록 보조금을 지급하는 방식이다. 민간이 설립한 노인복지 시설이나 직업훈련원 등에 대한 보조금 지급이나, 지역사회에 대한 봉사를 목적으로 하는 각종 시민사회단체들에 대한 보조금 지급 등이 이에 포함된다.

(3) 민간이 결정하고 민간이 공급하는 유형

민간이 결정하고 민간이 공급하는 유형으로서 사바스는 이용권(vouchers) 지급과 시장공급방식(markets) 그리고 자원봉사방식(voluntary service)과 셀프 서비스(self service) 등을 들고 있다.

이용권 지급은 식권이나 숙박권과 같은 이용권을 나누어주고 이들로 하여금 민간부문에서 관리·운영하는 서비스나 시설을 이용할 수 있도록 하는 방식이다. 영세민에 대한 식품구입권(food stamps)이나 숙박권의 발행과 같은 것을 예로 들 수 있다. 앞서 설명한 보조금 방식이 공급자에 보조하는 방식이라면, 이 이용권 지급 방식은 공급자가 아닌 소비자에게 직접 보조하는 방식이다. 소비자에게 직접 보조하는 방식이므로 소비자가 보다 폭넓은 선택권을 행사할 수 있다. 상당히 시장지향적인 접근 방식이라 할 수 있다.

시장공급방식은 말 그대로 정부개입이 없거나 최소화된 상태에서 자유로운 경제논리에 의해서 서비스나 재화가 공급되는 형태를 의미한다. 전문적인 보안 회사들이 지역주민과의 계약을 통해 지역사회 치안의 일부를 담당한다거나, 기업광고를 수입원으로 하는 무가지(無價紙)가 시정(市政) 소식과 공적인 정보를 담아 무료로 배포되는 것 등을 들 수 있다.

자원봉사방식과 **셀프서비스**는 지역주민 단체나 주민 개개인 스스로가 공공성을 띤 재화나 서비스를 생산하여 공급하거나 자급하는 경우를 말한다. 자율방범대를 조직하여 운영하는 일이나 부랑인에게 음식물을 제공하는 일, 집 앞의 눈을 치우는 일 등이 대표적인 예이다.

(4) 민간이 결정하고 정부가 공급하는 유형

끝으로 사바스는 민간이 결정하고 정부가 공급하는 유형으로서 **정부서비스 판매**(government vending)를 소개하고 있다. 정부서비스 판매의 대표적인 예는 미국 지방정부에서 일어나고 있는 경찰서비스의 판매이다. 민간 기획사로부터 일정한 금액을 받고 특정 음악회 등의 경비를 기획사가 원하는 대로 해 준다거나, 특정인에 대한 특별 경호를 해주고 그 대가로 수수료를 받는 일 등이 이에 해당한다.[6] 지방정부가 운영하는 연수원이 지역 내 기업의 직원들을 교육하고 수수료를 받는 행위 등도 이에 포함된다.

③ 우리나라 지방정부의 공공 서비스 공급 유형: 사바스 모형의 응용

앞서 소개한 사바스의 유형론은 여러 가지의 공공서비스 공급방식을 알기 쉽게 정리한 데 큰 의의가 있다. 그러나 우리나라 지방정부의 서비스 공급에 적용하는데 있어서는 몇 가지 아쉬운 점이 있다. 우리나라의 경우 사바스의 유형에 포함되지 않는 또 다른 형태의 서비스 공급 방식이 있기 때문이다.

사바스의 유형에 포함되지 않은 부분은 크게 두 가지이다. 하나는 정부와 민간부문이 합동으로 결정하고 공급하는 부분, 즉 '**민관합동**(民官合同)'이나 또는 '**제3섹터**'로 불리는 부분이다. 그리고 또 하나는 공기업, 즉 지방정부가 운영하는 공사와 공단 등의 기업에 의한 서비스 공급이다. 민간합동 방식으로서의 '제3섹터'는 미국과 같은 국가에서는 크게 활용되지 않는 방식이라 사바스의 모형에서는 빠진 것으로 이해된다. 그러나 일본과 우리나라와 같은 경우 이 부분 빼 놓을 수 없을 정도의 큰 부분을 차지하고 있다.

따라서 우리나라 지방정부의 공공서비스 형태를 이해하기 위해 사바스의 그림을 응용해 그려 보았다(그림 6-2). 그림에서는 가시적 효과를 높이기 위해 사바스의 10개 유형에 포함되어 있는 '정부간 협정방식'과 '셀프 서비스'는 별도로 그리지 않았다. '정부간 협정방식'은 지방정부의 의한 직접공급에 포함되는 것으로, 또 '셀프 서비스'는 '자원봉사'에 포함되는 것으로 이해하였다. 그 대신 '민관합동의 공급결정'을 추가함과 동시에 그에 따

---

6) Hua Xu, "The Determinants of Municipal Policing Expenditures in the U.S.: An Exploratory Analysis," A paper prepared for The 2007 Annual Conference of Association for Budgeting & Financial Management (ABFM), Washington, D.C. October 25-27, 2007, p.10.

른 '민관합동생산'으로서 '협의의 제3섹터' 방식과 '광의의 제3섹터' 방식을 추가하였다.

제3섹터란 민관합동의 법인설립을 통한 서비스의 생산과 공급을 의미한다. 제3섹터라는 개념자체가 상당히 다의적(多義的)인 개념이라 때로는 지방정부의 출자가 전체 출자금액의 '25% 이상 50% 미만'에 속하는 경우만을 지칭하기도 하고, 때로는 그 이상의 의미를 지니는 것으로 이해되기도 한다. 여기서는 일단 협의의 제3섹터와 광의의 제3섹터로 구분하여 그렸다.

'민관합동' 부분을 추가함과 동시에 '지방정부 공급'과 '민관합동 공급' 모두에 포함되는 방식으로서 '공기업'을 추가하였다. 곧이어 설명이 되겠지만 공기업의 경우는 지방정부가 전액출자 하는 것이 보통이나, 지방공기업법 제53조 제2항은 출자액의 50% 이내에서 민간 출자를 허용하고 있다. 공기업부문에 있어서도 민관합동 공급의 길이 열려 있는 것이다.

그림 6-2 우리나라 지방정부의 공공서비스 공급 유형

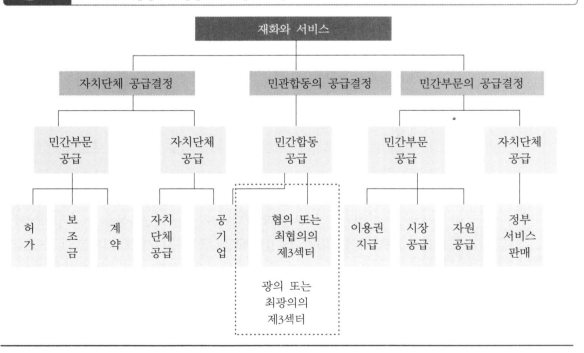

④ 공공서비스 공급의 경향

국가에 따라 공공서비스를 생산·공급하는 유형은 크게 다를 수 있다. 정부의 정책적 방향에 따라 달라질 수도 있고, 민간부문의 생산 및 공급 능력이나 지방정부의 관리능력 등에 따라 달라질 수 있기 때문이다. 그러나 넓은 시각에서 볼 때, 특히 미국과 유럽의 지방정부를 살펴볼 때 1990년대 이후 하나의 큰 흐름이 있어 왔다고 할 수 있다. 소위 **대안적 서비스 공급방식**(alternative service delivery, ASD)으로서 당해 정부가 직접 공급하는 방식 이외의 방식들이 크게 활용되어 왔다는 점이다.

그 중에서도 특히 넓은 개념의 민영화(privatization), 즉 민간위탁과 허가 방식, 보조금 지급방식, 이용권 지급방식 등 민간부문을 활용하는 방식과, 특정 서비스에 있어 전문성과 역량 그리고 시설 등이 이미 갖추어진 다른 상급 및 동급 지방정부를 활용하는 방식 크게 활용되어 왔다. 2017년 행해진 국제시정관리연합(International City Managers/Management Association, ICMA)의 설문조사결과에 의하면,[7] 지방정부들이 제공하는 모든 서비스의 30%를 민간부문을 활용해서(영리업체 20%, 비영리 단체 및 기구 10%), 또 28%를 다른 지방정부를 활용해 공급하는 것으로 나타나고 있다.[8] 심지어 급여 인사 관리 등에 있어서도 민간부문과 다른 지방정부를 활용하는 비율이 각각 10.9%와 15.9%가 되는 것으로 나타났다. 일부 서비스를 예로 들면 <표 6-16>과 같다.

표에서 나타나는 것처럼 쓰레기 수거, 법률서비스 제공, 탁아소 운영, 자동차 견인, 전기·가스시설의 운영 등에서는 민간부문을 적극적으로 활용하는 것을 볼 수 있다. 또 버스교통의 운영, 감옥운영, 그리고 노숙자 쉼터 운영 등에 있어서는 이미 관련 시설을 운영하고 있거나 전문성을 가진 다른 지방정부를 많이 활용하는 것으로 나타나고 있다.

ASD, 즉 대안적 서비스 공급방식에 대한 관심은 지방정부의 경영혁신에

---

7) 설문은 2017년 인구 2천5백 명 이상의 지방정부 13,777개를 대상으로 이루어졌다. 응답률은 17%로 2,343개의 지방정부가 응답하였다. ICMA, *2017 Alternative Service Delivery Survey: Summary of Survey Results* (2019), accessed July 8, 2020, https://icma.org/sites/default/files/2017%20ASD%20Summary%20Report %20Final_2.pdf.

8) 지방정부가 직접 처리하는 서비스는 41%로 나타났다. 위의 보고서.

표 6-16 미국 지방정부의 일부 서비스에 대한 대안적 서비스 공급방식 비율

단위: %

서비스/기능	직접운영	합동 (지방정부, 타 정부, 민간)	타 정부 위탁	민간기구 (영리)	민간기구 (비영리)	자원봉사 등 기타
급여	86.5	8.2	0.8	0.9	0.2	0.1
인사관리	81.7	13.6	3.1	11.6	1.2	0.2
주거 쓰레기 수거	27.2	5.1	6.4	56.7	0.5	20.0
자동차 견인/보관	10.6	7.4	9.0	75.5	0.9	2.4
탁아소 운영	8.9	4.4	25.4	61.0	22.2	1.2
위험물질 처리	17.0	18.8	42.5	32.4	2.7	2.6
노숙자 쉼터 운영	1.8	6.3	48.7	15.4	50.0	11.2
법률 서비스	26.5	16.0	5.9	62.2	2.6	0.8
감옥 운영	34.9	8.2	59.9	3.7	0.9	0.2
버스교통 운영	16.9	10.2	56.4	14.9	9.6	2.9
전기/가스 시설 운영	25.5	4.5	19.9	50.9	1.5	6.7
나무 전지(trimming)	44.6	39.6	6.6	34.7	0.9	2.7
앰뷸런스 서비스	33.1	8.3	31.5	22.2	8.7	7.6
도로 보수	40.4	46.8	10.1	33.3	0.2	0.6
도서관 운영	41.8	7.5	43.3	2.5	10.4	7.1
평균	41	28	20	10		

출처: ICMA, *2017 Alternative Service Delivery Survey: Summary of Survey Results.*

대한 관심이 높았던 1990년대와 2000년대 초에 비해 다소 떨어지는 것으로 알려지고 있다.[9] 조직과 업무의 축소를 우려하는 지방공무원 등 공공부문의 반발과 효율을 앞세운 민간부문 업체들에 대한 불만 등이 문제가 되면서 지방정부 스스로 이에 대한 관심의 정도를 조금 낮추고 있는 것이다. 그러나 지방정부가 효율성과 생산성을 생각할 수밖에 없다는 점에서, 또 시민들 역시 보다 높은 서비스를 보다 낮은 비용에 공급받고 싶어 한다는 점에서 이에 대한 관심은 지속될 수밖에 없다.

영국에 있어서도 대처(Thatcher) 정부 때 **의무경쟁입찰**(Compulsory Competitive Tendering, CCT) 제도가 도입되면서 공공서비스 공급에 있어 일대 혁신이 가해졌다. 공공부문과 민간부문이 경쟁입찰에 참여하여 가장 낮은

---

9) 위의 보고서.

가격으로 서비스를 공급하는 주체에게 서비스의 생산과 공급을 맡기도록 한 것이다. 메이저(Major) 정부가 들어선 이후에도 이 제도는 '최고가치(Best Value)' 정책으로 전환되어 운영되었다. 또 이후에도 제도의 문제점을 보완하기 위해 많은 부분이 수정되었으나 서비스공급의 주체를 다양화하나는 내용은 그대로 유지되고 있다.[10]

우리나라의 경우도 민선체제가 들어서면서, 또 IMF관리체제 이후의 구조조정이 이루어지면서 생활쓰레기 수거와 건물의 관리, 사회복지 사업의 운영, 시설관리 분야 등에 대안적 서비스 공급체제가 자리를 잡아 가고 있다. 그러나 전체적인 면에서 볼 때 미국이나 영국과 같은 국가에 비해서는 아직 그 활용비율이 상대적으로 낮은 것으로 알려지고 있다.

제2절 서비스 공급의 주요 방식: 계약, 지방공기업, 제3섹터

1 계 약

1) 계약방식의 의의와 논리적 근거

(1) 의 의

계약방식(contracting-out)은 지방정부가 특정 업무와 서비스를 스스로 처리·공급하지 않고 전문성과 설비를 갖춘 민간부문의 개인이나 단체, 혹은 기업과 계약을 맺어 그들로 하여금 그러한 업무와 서비스를 처리·공급하게 하는 방식이다. 지방정부는 해당 서비스에 관한 권한을 민간에게 이양하거나 포기하는 것이 아니라 그러한 권한을 그대로 보유하면서 민간업체에게 그 생산과 공급만을 담당하게 한다. 사바스(Savas)의 유형을 따르는 경우 '정부가 결정하고 민간이 생산하는 형태'의 하나가 된다.

---

10) 자세한 내용을 위해서는 House of Commons, *Local Government: Alternative Models of Service Delivery*, Briefing Paper No. 05950 (Sep. 2019) 참조.

(2) 계약방식의 논리적 근거

① 공공부문의 비효율

계약방식은 기본적으로 지방정부 내지는 공공부문에 의한 서비스의 생산과 공급이 비효율적일 수 있다는 점을 논리적 근거로 삼는다. 공공부문의 비효율에 대해서는 여러 가지 지적이 있을 수 있으나 대체로 다음과 같은 네 가지 문제로 요약된다.[11]

첫째 과잉생산(overproduction)의 문제이다. 지방정부를 포함한 공공부문은 본질적으로 조직과 기능을 팽창시키는 경향이 있으며, 이로 인해 공공서비스를 필요이상으로 생산하고자 하는 경향을 지니고 있다. 특히 이들 공공부문의 공공서비스 생산으로 직접적인 이익을 보는 고객집단이 강하게 존재하고 있는 경우나 공공부문의 역할을 축소하고자 하는 주민들의 압력이 약한 상황에 있어서는 더욱 그러하다. 따라서 공공부문에 서비스 공급에 관한 결정권과 생산과 공급 모두를 맡기는 경우 과잉생산의 가능성이 커지게 된다.

둘째, 정치적 배려 또는 정치적 관리(political management)의 문제이다. 공공부문은 선거에 의해 당선되는 선출직 공직자를 중심으로 운영되므로 서비스 공급에 있어서도 선거 또는 지역사회의 정치적 정서를 의식하는 경우가 많다. 서비스의 공급과 관련된 정책을 결정하고 공급체계를 관리할 관리를 임명하는 데 있어서도 능력보다는 정치적 배려가 우선하는 경우가 있을 수 있으며, 사업의 우선순위 선정에 있어서도 지역사회 전체를 배려하기보다는 특정의 유권자 계층 또는 집단을 배려하는 예가 있을 수 있다.

셋째, 독점(monopoly)의 문제이다. 공공부문에 의한 서비스 공급은 독점적 성격을 띠게 되므로 소비자의 기호와 요구에 부응하고자 하는 노력을 게을리 하게 된다. 사바스는 이러한 경향의 한 예로 경찰의 경찰인력 남용을 들고 있다. 업무성격상 경쟁자가 존재하지 않는 경찰은 스스로 비용을 줄이고 효율성을 높이고자 하는 노력을 게을리 하게 된다는 것이다.

넷째, 운영상의 경직성이다. 공공부문을 대체로 조직구성원의 창의성과 업무능력 향상을 고무할 수 있는 유인체계를 지니지 못하는 경우가 많다. 오히려 위험을 피하는 입장에서 기존의 관행을 고수하도록 하는 경향이 있

---

11) Kevin Lavery, *Smart Contracting for Local Government Services: Processes and Experience* (Westport, Connecticut: Praeger, 1999), pp.7-8.

으며, 규칙과 지침 등 지나친 과정상의 통제로 인해 운영상의 효율이 떨어지는 경우가 많다.

② 민간부문 활용의 효율성

지방정부를 포함한 공공부분의 비효율에 대한 인식과 함께 민간부문과 공공부문의 전문사업자, 특히 민간부문의 전문 사업자를 활용하는 데 따른 효율성에 대한 긍정적 판단이 계약을 활성화시키는 중요한 이유가 되고 있다.

첫째, 경제적 규모의 문제이다. 자동차에 경제속도가 있듯이 모든 조직에도 경제적 규모가 있다. 즉 일정한 규모가 될 때까지는 일인당 서비스비용이 계속 내려가다가 일정한 규모 이상이 되면 다시 올라가는 U형 커브 현상이 있을 수 있다. 지방정부의 크기가 각종 서비스의 경제적 규모와 항상 일치한다면 지방정부의 서비스 공급은 언제나 효율적일 수 있다. 그러나 지방정부의 크기와 지방정부가 공급하는 모든 서비스의 경제적 규모와 같다는 것은 현실적으로 불가능하다. 예컨대 청소서비스는 인구가 20만 정도가 될 때 가장 효율적이라면, 종합운동장의 운영·관리는 인구가 100만 정도일 때 가장 효율적일 수 있다.

지방정부의 크기가 지방정부가 공급하는 서비스의 경제적 규모에 미치지 못해 서비스 관련 비용이 높아지는 경우 지방정부는 당연히 그러한 서비스의 위탁 공급을 생각하게 된다. 직접 생산·공급하는 것보다 이를 보다 경제적인 가격에 생산하여 공급할 수 있는 인근 지방정부나 민간기관에 위탁하는 것이 훨씬 더 경제적일 수 있기 때문이다.

둘째, 경쟁에 따른 비용의 절감이다. 지방정부가 서비스를 독점적으로 공급하는 경우 앞서 언급한 바와 같이 이들 지방정부는 시장(市場)으로부터 오는 압력을 받지 않으므로 효율성이나 효과성에 대해 그만큼 낮은 관심을 기울이게 된다.[12] 질 낮은 서비스를 보다 높은 가격에 공급할 가능성은 그만큼 더 커지게 된다. 계약을 통한 서비스의 공급은 지방정부에 의한 이러한 독점적 공급을 경쟁적 공급형태로 전환시킴으로써 서비스의 질과 경제성을 모두 높일 수 있다. 지방정부와 계약을 체결하고자 하는 전문 사

---

12) Office of Information and Communication Technology, Department of Commerce, Australia, Contracting Out Guideline. July 2002 Edition, p.8; Ruth Dehoog, *Contracting Out for Human Services: Economic, Political and Organizational Perspectives* (Albany, N.Y.: State Univ. of New York Press, 1984), pp. 227-259.

업자들간의 경쟁이 그들로 하여금 서비스의 생산비용을 최소화 하도록 유도할 것이고, 그로 인해 보다 양질의 서비스를 보다 낮은 가격으로 공급할 수 있게 된다.

셋째, 탄력적 운영에 따른 효과성 증대 문제이다. 민간부문의 실적위주의 인사 관행과 탄력인 인력수급, 그리고 전문성 등이 서비스의 생산단가를 낮추게 될 것이란 주장도 있다. 지방정부의 경직된 인사제도를 생각할 때 쉽게 이해가 가는 부분이다. 특히 전문인력을 영입할 기반을 갖추지 못한 소규모 지방정부를 생각할 때 더욱 그러하다.

계약방식은 또한 지방정부의 부담을 들어준다는 측면에서도 그 기능을 인정받고 있다. 지방정부의 시설이나 인력을 늘리지 않고도 보다 값싼 양질의 서비스를 공급할 수 있을 뿐 아니라 별도의 시설이나 인력, 그리고 조직 편성이 없으니 환경변화에 따른 새로운 행정수요에 보다 빠르게 대응할 수 있다.

2) 계약방식에 대한 비판

(1) 비 판

계약방식을 통한 위탁이 여러 가지 장점을 지니고 있음에도 불구하고 이에 대한 비판은 끊이지 않는다. 적지 않은 실무자와 학자들에 의해서 다양한 문제점이 지적되어 왔으며, 또 실제로 이들의 주장을 증명하는 사례들도 빈번히 제시되고 있다. 특히 1990년대 이후 계약방식이 여러 나라에서 폭넓게 채용되면서 이러한 비판은 더욱 강하게 제기되고 있다. 일반적으로 제시되고 있는 비판과 문제점을 정리해 보면 다음과 같다.

첫째, 비용절감에 대한 의문이 있다. 계약을 추진하고 종결짓는 과정에 적지 않은 비용 및 기회비용이 소요되며, 이러한 비용은 종종 축소지향적으로 계산되는 경향이 있다. 또 지방정부 또는 지방정부가 직접 서비스를 제공하는 경우, 당해 서비스에 부수하는 다양한 서비스를 같이 제공하지만 계약자들에 의한 서비스는 계약된 서비스에 철저히 한정되는 경향이 있다. 따라서 지역사회 전체에 제공되는 서비스의 수준이 낮아질 가능성이 있으며, 장기적으로 볼 때 이는 결국 지방정부의 추가 재정 부담으로 돌아오게 된다.

둘째, 서비스의 질에 문제가 생길 수 있다. 정치적 책임성이 없는 계약자가 서비스를 공급하는 경우 서비스의 질이 낮아질 수 있다.[13] 비용절감에만 신경을 쓰는 상황에서 인력과 재정투입 등을 최소화하는 경향이 있기 때문이다. 이 부분은 영국의 의무경쟁입찰제도(CCT)와 관련하여 강력하게 제기되었던 문제이다. 비용절감에만 관심을 가진 민간 사업자들이 질 낮은 서비스를 제공하는 경향이 있었으며, 고용의 질도 떨어뜨리는 경향도 발생했다.

셋째, 계약관리능력 유무에 관한 문제와 부패의 가능성이 문제될 수 있다. 모든 계약은 계약의 한 쪽 당사자인 지방정부의 전문적 지식과 관리능력이 있을 때 정상적으로 운용될 수 있다. 그러나 지방정부가 항상 그러한 능력을 갖추고 있다는 보장이 없다. 따라서 계약이 잘못 관리될 가능성이 있다. 뿐만 아니라 계약은 항상 부패의 가능성을 안고 있다. 실제로 부패로 인해 지방재정에 막대한 해를 끼친 사례가 적지 않게 보고되고 있다.

넷째, 적정 경쟁과 시장가격의 존재에 대한 의문이 있다. 계약을 통한 서비스 공급이 효율적일 수 있는 것은 다수의 잠재적 계약자가 있어 이들 간의 경쟁이 성립한다는 전제가 있어야 한다. 그러나 적지 않은 경우 이러한 경쟁이 존재하지 않을 수가 있다. 또 경쟁이 있다고 하더라고 불완전한 경쟁에 그치는 경우가 있다.

경쟁이 존재하지 않거나 불완전한 경쟁이 존재하는 이유에는 여러 가지가 있을 수 있다. 시장구조의 모순에 따른 독과점 문제가 있을 수도 있고, 민간부분 등이 공공부분에서의 계약 수요를 미처 예상하지 못해 일시적으로 준비가 부족한 경우도 있을 수 있다. 더 나아가서는 일부 지역 업자간의 담합도 있을 수 있다. 이러한 상황이 발생하는 경우 계약은 기대된 효과를 얻기가 힘이 든다.

다섯째, 공급의 안정성에 문제가 생길 수 있다. 노사분규에 의한 서비스의 중단과 계약자의 도산, 안정적인 원료 확보의 실패 등 민간부분에서 일어날 수 있는 각종의 변수들이 이러한 안정성의 문제를 제기하게 한다.

(2) 경 향

앞서 지적한 문제점과 의문에도 불구하고 계약방식에 대한 관심은 줄어

---

13) Office of Information and Communication Technology, Department of Commerce, Australia, 앞의 보고서, p.9.

들지 않고 있다. 문제가 지적되는 것 이상으로 실질적 효과를 증명하는 객관적 자료들이 지속적으로 생산되고 또 보고되고 있기 때문이다. 따라서 계약은 대안적 서비스 공급방식(ASD)의 가장 핵심적인 방식으로 남아 있고, 또 활용되고 있다.

오히려 최근에는 계약의 문제점을 인식하고 이를 최소화할 수 있는 서비스 영역과 관리기술들을 연구하는 경향이 강해지고 있다. 즉 모든 서비스 영역에 적용하는 것이 아니라 가능한 영역과 가능한 조건, 그리고 가능한 범위를 찾아 계약방식의 효과성을 극대화하고자 하는 노력이 이루어지고 있는 것이다.[14) 더 효과적인 방식이 떠오르지 않는 한, 그리고 정부에 의한 직접 공급 방식에 문제가 존재하는 한 계약에 대한 관심은 계속 될 것으로 보인다.

② 지방공기업: 우리나라의 경우

1) 지방공기업의 특성과 설립이유

(1) 지방공기업의 특성

지방공기업은 지방정부가 직접 설립·운영하거나 법인을 설립하여 경영하는 기업을 말한다. 지방정부가 투자와 경영의 주체가 되는 기업이라 할 수 있다. 그 주체가 국가나 민간이 아닌 지방정부라는 점에서 국가공기업이나 일반기업과 구별되며, 지방정부가 경영주체가 되지 않는 지방정부의 일반 투자기업과도 구별된다.

지방공기업은 기업적 운영을 전제로 하는, 대체로 **배제성**(excludability)이 어느 정도 적용되는 서비스나 재화의 생산과 공급을 위해 운영된다. 즉 비용을 지불하거나 지불하지 않거나 같은 혜택을 누릴 수 있는 환경과 같은 재화가 아니라, 지하철이나 주차장 같이 지불하는 사람과 지불하지 않는

---

14) 대표적인 예로 Dan Finn, The Brisish Welfare Market:: Lessons from Contraction Out Welfare to Work Programs in Australia and Netherlands, A report to the Joseph Rowntree Foundation (Nov. 2008), pp.1-52; Public Management Service, OECD, Best Practice Guidelines for Contraction Out Government Services, PUMA Policy Brief No. 2 (1997), pp.1-6 참조.

사람을 구별하여 취급할 수 있는 서비스를 대상으로 하게 된다. 이러한 서비스 중에서도 특히 투자규모가 크거나 수익성이 낮아 민간부문의 관심이 높지 않거나, 공익성이나 독점적 성격이 커 민간부문에 쉽게 맡길 수 없는 것 등이 주 대상이 된다.

(2) 지방공기업의 설립 이유와 운영원칙

중앙정부가 운영하는 공기업과 마찬가지로 지방공기업 역시 공공성과 기업성을 조화시켜 보자는 목적에서 설립된다. 즉 민간부문에게만 맡겨둘 수 없는 성격의 서비스와 재화를 지방정부가 개입하여 생산·공급하되, 기존의 관료조직보다는 기업적 성격을 띤 기구를 별도로 설립하여 이를 행하게 한다는 취지이다. 실적 지향적일 뿐만 아니라 인사(人事)나 조직운영에 있어서의 탄력성을 지니는 기업의 장점을 최대한 활용하면서도, 그 관리주체를 여전히 공적인 기관으로 해 둠으로써 공공성과 경제성을 동시에 추구하고자 하는 것이다.

공공성과 기업성을 동시에 살리기 위해서는 독자적인 기업활동을 보장할 필요가 있는데, 이를 위해 **독립채산제도**의 운영과 간접적인 통제방식의 활용 등이 운영상의 대원칙으로 강조된다.[15] 즉 일반 행정조직의 재정으로부터 독립된 별도의 재정을 운영하게 되며, 지방정부에 의한 감독과 지도 또한 운영 전반에 걸쳐 일일이 간섭하는 직접적인 방식보다는 예산을 승인하고 사후에 경영평가를 하는 등의 보다 간접적인 방식을 취하게 된다.

2) 우리나라의 지방공기업

(1) 대상사업

우리나라의 지방공기업법은 지방정부가 실시하는 특정사업이 일정규모 이상일 경우에는 '지방직영기업'으로 지방공기업법의 적용을 받도록 되어 있다. 지방공기업법의 적용을 받는 만큼 이들 사업은 당연히 공기업의 형태를 취하게 된다. 이를 **'당연적용사업'**이라 하는데, 2020년 현재의 지방공기업법은 상수도사업, 공업용수도 사업, 자동차운송사업 등 모두 9개의 사

---

15) 이와 관련하여서는 심정근, "도시공기업의 독립채산제와 회계예산," 심정근 편저, 『도시공기업의 재무관리: 도시공기업의 재정운영방향』 (서울: 법문사, 1994), pp. 1-54 참조.

표 6-17	지방공기업법상의 당연적용 사업
사업명	적용기준
① 수도사업	1일 생산능력 1만 5천톤 이상
② 공업용수사업	1일 생산능력 1만톤 이상
③ 궤도사업	보유차량 50량 이상
④ 자동차운송사업	보유차량 30대 이상
⑤ 지방도로사업	도로관리연장 50km 이상 또는 유로터널·교량 3개소 이상
⑥ 하수도사업	1일 처리능력 1만5천톤 이상
⑦ 주택사업	주택관리 연면적 또는 주택건설 면적 100,000m^2 이상
⑧ 토지개발 사업	조성면적 10만m^2 이상
⑨ 주택·토지/ 공용·공공용건축물의 관리 등의 수탁	

출처: 지방공기업법 제2조 제1항 및 동 시행령 제2조 제1항.

업을 이 '당연적용사업'으로 명시하고 있다. 법률상 명시되고 있는 당연적용사업과 그 적용기준은 <표 6-17>과 같다.

이러한 당연적용사업 이외에 지방공기업법은 다시 지방정부의 조례에 의해 지방공사와 지방공단을 설립할 수 있도록 하고 있다. 1999년 1월의 지방공기업법 개정이 있기 전까지는 지방공사와 지방공단의 설립은 중앙정부(내무부, 현 행정안전부)의 승인사항이었다. 그러나 민선체제 출범이후 지방정부들의 강력한 요구와 경영화의 필요성 등에 의해 1999년 이러한 승인권이 폐지되어 설립 자체가 지방정부의 자율에 맡겨졌다. 그 대신 설립에 앞서 시·도의 경우는 행정안전부 장관과, 시·군·자치구의 경우는 시·도지사와 협의하도록 되어 있다.[16] 아울러 주민복리 및 지역경제에 미치는 효과·사업성 등 지방공기업으로서의 타당성 여부를 사전에 검토하고 이를 공개하도록 하고 있다.[17]

(2) 지방공기업의 형태와 현황

① 지방공기업의 형태

지방공기업은 크게 두 가지 형태로 나눌 수 있다. 지방정부가 그 소속의 행정기관으로 설치하여 직접 운영하는 형태가 그 하나이고, 별도의 독립법

---

16) 지방공기업법 제49조 제1항 및 제76조 제2항.
17) 지방공기업법 제49조 제3항 및 제76조 제2항.

인을 설립하여 운영하는 것이 또 다른 하나이다. 앞의 것은 일반적으로 **지방직영사업** 또는 지방직영기업으로 부르며 행정기관으로서의 성격을 지니고 있다. 행정기관으로서의 성격을 지닌 만큼 별도의 법인격이 부여되지 않으며, 최고관리자와 일반 직원 모두 당해 지방정부의 공무원으로 임명된다. 특별회계를 통해 별도의 재정운영이 이루어지기는 하나 조직 자체의 법률적 지위나 구성원의 신분 등에 있어 다른 행정기관과 별 차이가 없다. 수도사업소와 같은 것이 그 대표적인 예가 된다.

법인형의 지방공기업은 서울의 지하철공사나 도시철도공사와 같이 지방정부가 별도의 법인을 설립하여 간접적으로 운영하는 방식이다. 지방공사와 지방공단이 이에 해당한다. 양자간의 구별이 그다지 뚜렷하지 않은 상황이라 통상 합쳐서 광의의 지방공사로 부르기도 한다.

그러나 지방공사와 지방공단은 원칙적으로 몇 가지 점에서 차이가 있다. 우선 **지방공단**은 원칙적으로 지방정부가 위탁한 기능만을 처리하는 반면, **지방공사**는 지방정부의 위탁과 관계없이 업무영역을 확장해 나갈 수 있다. 또 지방공사는 공사의 운영을 위해 필요한 경우 자본금의 2분의 1을 초과하지 않는 범위 내에서 민간부문을 포함하여 당해 지방정부 외의 자(者)로 하여금 출자를 할 수 있도록 하고 있는 반면, 지방공단은 지방정부가 100% 출자해야 한다.[18]

민선체제가 출범하기 이전에는 지방공사와 지방공단은 원칙적으로 광역지방정부와 인구가 50만이 넘는 기초지방정부에 한하여 설립할 수 있도록 하였다. 특별한 사유가 있을 경우 예외를 인정하기는 하였으나 그러한 경우는 극히 이례적이었다. 그러나 민선체제가 출범하면서 이러한 제한이 풀어졌다. 앞서 언급한 바와 같이 자본금은 원칙적으로 설립 지방정부가 전액 출자하게 되어 있으나 지방공사의 경우에는 50% 이내의 범위에서 타지방정부나 민간이 출자할 수 있도록 해 놓고 있다.[19] 지방공사에 한해 민관합동(民官合同)의 여지를 남겨 놓고 있다.

■ 특별회계는 일반회계와 분리하여 별도로 설치한 회계를 말한다. 특정한 사업을 하는 경우나 특정한 자금을 보유하여 운영을 하는 경우, 또는 기타 특정한 세입을 가지고 특정한 세출에 충당하는 경우에 인정된다. '다음' 국어사전.

---

18) 지방공기업법 제53조 1항 및 제76조.
19) 지방공기업법 제53조 2항: 공사의 운영을 위하여 필요한 경우에는 자본금의 2분의 1을 초과하지 아니하는 범위안에서 지방정부외의 자로 하여금 출자하게 할 수 있다. 증자의 경우에도 또한 같다.

| 표 6-18 | 지방공기업: 2020년 12월 31일 기준 |

계	직영기업					공사/공단 등				
	소계	상수도	하수도	공영개발	운송	소계	도시철도	도시개발	시설/환경/경륜 등	기타
408	254	122	103	28	1	154	6	16	87	45

출처: 행정안전부, 『2021 행정안전 통계연보』, p.222.

② 지방공기업 현황

2020년 12월 현재 우리나라에는 모두 254개의 지방직영기업과 154개의 지방공사(地方公社) 및 지방공단(地方公團)이 있다. 이 둘을 합쳐 408개가 되는데, 이는 2000년에 265개에 비해 143개(53.9%)가 늘어난 숫자이다.[20]

지방공기업의 내용을 보다 구체적으로 살펴 본 것이 <표 6-18>이다. 표에서 보는 바와 같이 지방직영기업 중에는 상수도가 122개, 하수도가 103개, 그리고 공영개발 28개 등으로 되어있다. 지방공사와 지방공단은 도시철도가 6개, 도시개발이 16개, 시설 환경 경륜 등이 87개로 되어있다. 45개가 기타로 분류되어 있는데 이에는 유통, 관광, 시설물 관리 등의 다양한 내용의 공기업이 포함되어 있다.

③ 지방공기업의 문제점

지방공기업은 기업성과 공공성을 함께 살릴 수 있다는 장점이 있다. 그러나 바로 이 점에 문제가 있다. 이 두 가지 가치를 같이 가져가기가 쉽지 않게 때문이다. 공공성을 강조하다보면 이윤추구와 경영효율성 등을 포함한 기업성을 잃는 경우가 생길 수 있고, 기업성을 강조하다보면 민주적 가치의 존중과 형평성 등을 포함하는 공공성을 잃는 수가 생긴다. 또 이 두 가지 가치를 오가는 사이 이 두 가지 가치를 모두 놓칠 수도 있다.

이에 더해 지방공기업은 민간기업이나 지방정부조직에 비해 통제기제가 약하다는 문제를 안고 있다. 민간기업은 늘 시장으로부터 통제를 받는다. 좋은 물건을 좋은 가격에 내어 놓지 못하면 바로 퇴출이 된다. 주주의 통제도 강하다. 경영상의 비합리와 비효율을 주주들은 놓치지 않는다. 지방

---

20) 2000년 3월 현재 지방직영기업의 수는 173개, 지방공사는 15개, 그리고 지방공단은 27개였다. 행정자치부(현 행정안전부) 공기업과 내부자료.

정부조직 역시 민간기업 만큼 강하지는 않지만 민주적 통제가 작동한다. 지방자치단체장과 지방의원은 시민의 눈에 노출되어 있으며, 이들이 관장하는 정부조직 역시 시민들과 상시적 접촉을 한다. 정치적 통제의 메커니즘이 작동할 수 있다는 뜻이다. 그러나 지방공기업은 다르다. 공공성의 우산 속에서 시장의 통제나 주주의 통제를 벗어나는 경향이 있고, 기업성의 우선 속에서 시민적 통제를 벗어나는 경향이 있다.

결과적으로 여러 가지 문제가 나타날 수 있다. 목표관리 인사관리 그리고 조직관리 등이 느슨해 질 수 있고, 투자를 결정하고 재무구조를 관리하는데 있어서도 책임성이 떨어질 수 있다. 통제가 약한 가운데 경영관리가 전반적으로 방만해질 수 있다는 뜻이다. 실제로 이러한 일은 빈번히 일어난다. 지방공기업에 대한 감사원의 감사는 수시로 부적적한 투자와 인사관리의 부실, 예산낭비와 방만한 조직운영, 경영실적 부풀리기와 허위작성 등을 적발해 왔다.[21] 2018년 10월 정치적 쟁점이 된 서울시 산한 서울교통공사의 채용비리 사건은 지방공기업들이 안고 있는 문제를 잘 보여준 사례였다.[22]

더 큰 문제는 이를 관리하고 감독해야 할 자치단체장들이나 지방의원들이 오히려 이들 공기업을 정치적 자산으로 활용하기도 한다는 점이다. 일반 행정조직에 비해 시민들의 눈에 잘 보이지 않는다는 점을 이용해, 또 채용 등 인사관리에 있어 일반 행정조직 보다 느슨할 수밖에 없다는 점을 이용해 자신들의 측근들이나 퇴직공무원들의 일자리를 마련해 주기도 하는 것이다. 또 그 과정에서 이를 반대하는 노동자들과 타협을 하고, 그러난 과정에서 경영의 합리성은 더욱 떨어지는 일도 발생하곤 한다.

④ 과 제

위와 같은 문제점에도 불구하고 지방공기업의 의미와 가치를 부정하기는 어렵다. 첫째, 지방정부가 행하는 사무 중에는 일반 관료조직보다는 독립적인 경영조직에서 담당하는 것이, 또 민영화보다는 지방정부가 직·간접으로 운영할 수밖에 없는 것이 있다. 지하철 업무는 그 좋은 예가 된다.

---

21) 서울 PN, "내 돈 아닌데… 바뀌지 않는 지방공기업 혈세 낭비," 2017. 10. 12. http://go.seoul.co.kr/news/newsView.php?id=20171013011015#csidx47557d0aa41372f8ee0c2c9814bc967.

22) 시사인, "서울교통공사 채용 논란 들여다보니," 업로드 2018. 11. 5. 접속 2020. 7, 19. https://www.sisain.co.kr/news/articleView.html?idxno=33119.

운영에 있어 기업방식이 도입되는 것이 필수적이나 민간에게 그 운영을 위탁했을 경우 요금인상 등 지역주민에 부담을 줄 가능성이 높다. 상·하수도의 문제 등도 마찬가지이다. 기업적 경영이 필요하나 민간에 그 운영권을 넘기기에는 요금 문제 등과 관련하여 여러 가지 부담이 생길 수 있다.

둘째, **민간위탁**을 활용하게 되면 지방공기업이 필요 없다는 주장이 제기되기도 한다. 그러나 일반 행정조직으로부터 분리·운영할 수 있는 기업적 성격을 띤 사업이라 할지라도 곧바로 민간위탁을 하기가 곤란한 경우가 있다. 예컨대 민간위탁의 전제가 되는 시장경쟁구조가 존재하지 않는 경우, 또 공적 규제의 성격을 포함하고 있거나 공적 권위를 지닌 기구에 의한 조정행위가 필요한 경우, 그리고 환경시설의 관리 등 규제기준의 준수에 따른 비용이 높아 수탁기관이 이를 준수하지 않을 가능성이 높은 경우 등이 있을 수 있기 때문이다. 아울러 앞서 설명한 바와 같이 지하철이나 상하수도와 같이 공익적 성격이 큰 사업이기는 하나 낮은 수익성으로 인해 민간부문의 참여가 저조한 부문도 있을 수 있다. 이러한 경우 지방공기업은 유용한 대안이 된다.

따라서 지방공기업의 설립에 대해 지나치게 보수적인 입장을 취하기보다는 운영상의 문제를 바로 잡아주는 것이 중요한 과제가 된다. 설립에 있어서는 그 타당성을 전문가뿐만 아니라 시민사회로부터 검증을 받도록 하고, 목표관리제의 정착과 임직원에 대한 철저한 계약제의 운영 등 책임운영체제를 강화하고 지방의회와 시민사회의 통제를 강화하는 방안 등을 생각해 볼 수 있다.

③ 제3섹터 기업

1) 제3섹터 기업의 의미와 범위

(1) 일반적 의미

미국을 비롯한 서구사회에서 '제3섹터(the third sector)'라 함은 주로 공익적 성격의 시민단체 등을 의미한다(사잇글 6-5). 그러나 우리나라와 일본의 지방행정에 있어 '제3섹터' 혹은 '**제3섹터 기업**'이라 함은 정부와 같은 순수 공공부문도 아니고, 기업과 같은 순수 민간부문도 아닌 제3의 부문을 의미한다. 통상 지방정부와 민간부문이 공동으로 출자하는 **민관공동출자기업**(民官共同出資企業)을 의미한다. 기본적으로 공공부문과 민간부문의 운영상의 장점을 채택하여 서비스 공급을 보다 원활히 하자는 생각으로부터 출발한다. 즉 공공서비스와 공공재 중에는 순수한 의미의 공공부문이나 순수한 의미의 민간부문이 생산·공급하는 것보다, 이들이 혼합된 제3의 형태의 조직에 의해서 생산·공급될 때 더욱 경제적일 수 있는 것이 있다는 생각이 바탕을 이룬다.

우리사회에서의 제3섹터 기업에 대한 논의는 일본의 영향이 크다. 한 때 일본에서 크게 활성화되면서 우리사회에도 큰 영향을 준 것으로 이해된다. 특히 1990년대 이후 논의가 활발해지기 시작하였는데, 학계는 학계 나름대로 그 기본적인 개념에서부터 우리사회에서의 적응가능성에 이르기까지의 다양한 논의를 진행해 왔고, 행정안전부를 주축으로 한 중앙정부는 시범사업을 실시하게 하는 등의 노력을 하는 한편 잘못 운영될 가능성에 대한 우려도 함께 표명해 왔다.

사잇글 6-5: 제3섹터와 사각지대

자동차를 운전하는 사람은 '블라인드 스팟(blind spot)' 즉 백미러로도 사이드 미러로도 커버되지 않는 사각지대(死角地帶)에 유의해야 한다. 이 사각지대에 차가 있는지를 직접 고개를 돌려 확인하지 않고 차선을 바꾸었다가는 아차 순간에 대형사고가 난다.

우리사회에도 사각지대가 있다. 시장(市場)과 정부 모두 큰 관심을 기울이지 않는 부분이 있다. 고아나 소년소녀가장의 문제는 그 대표적인 예이다. 시장은 돈이 되지 않으니 관심을 기울이지 않고, 국회의원을 비롯한 정치권은 표가 되지 않으니 관심을 기울이지 않는다. 관료조직 또한 마찬가지이다. 수많은 요구에 시달리고 있는 판에 목소리 작은 아이들에게 큰 신경을 쓸 리 없다.

이러한 사각지대와 관련하여 중요한 역할을 하는 집단 또는 사람들이 있다. 바로 공익적 시민사회단체들이다. 이들은 개별적으로, 또는 집합적으로 시장과 정부가 미처 신경을 쓰지 못하는 곳을 찾는다. 직접 보호활동을 펴기도 하고, 사각지대가 더 이상 사각지대가 되지 않도록 이를 사회에 알리는 역할을 한다. 그래서 기업이 이들을 위해 뭔가 큰일을 하는 것처럼 광고라도 하게 만들고, 국회의원들이 사진을 찍으러 이들을 찾게 만들기도 한다.

미국을 비롯한 서구사회에서는 이러한 공익적 성격의 시민사회단체를 제3섹터(the third sector)로 부른다. 시장이 제1섹터, 정부는 제2섹터, 그리고 이들이 제3섹터가 되는 것이다. 그런데 언제부터인가 우리사회에 이 '제3섹터'라는 말에 혼란이 생기기 시작했다. 일본의 영향을 받아 민관합작기업을 제3섹터로 부르게 된 것이다. 지금도 이러한 개념상의 혼란은 그대로 이다. 따라서 들을 때 맥락을 가려 잘 듣고, 잘 해석해야 한다.

(2) 우리나라에 있어서의 제3섹터 기업의 범위

① 지방정부 투자기업

우리나라에 있어 지방정부가 출자자할 수 있는 기업에는 우선 지방공기업법의 적용을 받는 지방직영기업과 지방공사, 그리고 지방공단이 있다. 지방직영기업은 지방정부의 행정기관인 만큼 그 출자는 당연히 100% 지방정부에 의해서 이루어진다. 지방공단 역시 지방공기업법 제76조 제2항에 의해 100% 지방정부에 의해 출자된다. 그러나 지방공사의 경우는 다르다. 이 역시 이를 설립하는 지방정부가 100% 출자할 것을 원칙으로 하고 있으나 지방공기업법은 '공사의 운영을 위하여 필요한 경우'에는 '자본금의 2분의 1을 초과하지 않는 범위 안에서' 설립 지방정부 이외의 투자자가 출자할 수 있게끔 하고 있다.[23] 따라서 앞의 두 경우, 즉 지방직영기업과 지방공단과 달리 지방공사는 지방정부의 투자비율이 50%에서 100%까지가 된다. 민관합동 내지는 민관합작의 여지가 열려있다.

1992년까지만 하더라도 우리의 지방재정법은 지방정부가 위에 소개한 세 가지 형태 이외의 기업에 출자하는 것을 엄격히 제한하고 있었다. '법령의 규정에 의하여 출자할 수 있는 단체'에도 출자할 수 있음을 규정하고 있기는 하였으나 실제에 있어서는 그다지 큰 의미를 지니지 못했다. 따라서 지방정부의 출자는 대체로 직영기업과 지방공사, 그리고 지방공단에 한정되어 있었다고 할 수 있다.

그러나 1992년 12월 지방공기업법이 개정되면서 상황이 달라졌다. 개정된 지방공기업법은 지방정부의 투자비율이 50% 미만이 되는 **상법상의 주식회사**와 **민법상의 재단법인**을 설립·운영할 수 있도록 하였다.[24] 지방공기업법의 이러한 개정은 민관합작기업을 허용하기 위한 조치라 할 수 있

---

23) 지방공기업법 제53조 제2항.
24) 지방공기업법 제79조 제2항. 이 조항은 2002년 3월 삭제되었다. 이 내용은 2021년 현재 2014년 3월 제정된 지방자치단체 출자·출연 기관의 운영에 관한 법률(약칭 지방출자출연법) 제4조 제1항에 규정되어 있다.

는데, 이로써 지방정부가 출자할 수 있는 기업이나 단체는 다섯 가지로 정리되게 되었다. 즉 지방직영기업, 지방공단, 지방공사, 그리고 상법상의 주식회사와 민법상의 재단법인이 그것이다. 공공부문의 출자비율로 이야기하자면 직영기업과 지방공단은 100%, 지방공사는 50%에서 100%, 그리고 주식회사와 재단법인은 50% 미만도 가능한 것으로 되었다.

이 내용은 2014년 지방정부의 출자기관과 출연기관의 설립과 관리를 규정하기 위해 제정된 지방자치단체 출자·출연 기관의 운영에 관한 법률(약칭 지방출자출연법) 제4조 1항에 그대로 규정되어 있다. 이 법은 지방자치단체로 하여금 ① 문화, 예술, 장학, 체육, 의료 등의 분야에서 주민의 복리증진에 이바지할 수 있는 사업과 ② 지역주민의 소득을 증대시키고 지역경제를 발전시키며 지역개발을 활성화하고 촉진하는 데에 이바지할 수 있다고 인정되는 사업에 자본금 또는 재산의 전액을 출자 또는 출연하거나, 지방자치단체 외의 자(외국인 및 외국법인을 포함한다)와 공동으로 출자하거나 출연하여 「상법」에 따른 주식회사나 「민법」 또는 「공익법인의 설립·운영에 관한 법률」에 따른 재단법인을 설립할 수 있게 하고 있다.[25]

② 제3섹터의 범위

지방정부의 출자가 가능한 위의 여러 기업과 단체 중 어디에서 어디까지를 제3섹터로 볼 것이냐에 대해서는 여러 가지 견해가 존재한다.[26] 첫째, 가장 넓은 의미를 지닌 최광위의 개념이 있을 수 있다. 이것은 출자의 정도와 형태에 관계없이 공공부문과 민간부문이 함께 출자하여 운영하는 단체 또는 기업을 모두 제3섹터로 보는 견해이다. 제3섹터 논의에서 가장 강조되고 있는 공공부문과 민관부문의 혼합 그 자체에 초점을 맞추는 입장이다. 이 경우 제3섹터는 공공부문의 출자가 100% 미만인 지방공사와, 공공부문과 민간부문이 합작하고 있는 상법상의 주식회사와 민법상의 재단법인을 포함하게 된다.

둘째, 이어 다시 **광의의 개념**이 있을 수 있다. 이것은 민관공동출자기업 중 공공부문이 25% 이상을 차지하는 것만을 제3섹터로 보자는 견해이다. 이 경우 제3섹터는 최광의의 개념에서 25% 미만이 출자된 부분을 뺀 부분

---

25) 지방자치단체 출자·출연 기관의 운영에 관한 법률 제4조 1항.

26) 이와 관련하여서는 오희환, 「제3섹터의 활성화방안」, 한국지방행정연구원 연구보고서 92-15 (1993. 2), pp.4-11 참조.

을 가리키게 된다. 25%를 강조하는 이유는 두 가지로 요약된다. 먼저 그 하나는 25%정도는 되어야 공동출자 내지는 합작의 의미를 살릴 수 있다는 생각에서 이다. 공공부문의 입장을 어느 정도 반영할 수 있는 최저 지분을 25% 정도로 보는 것이다. 그리고 또 다른 이유는 공적인 통제를 가할 수 있는 법률상의 최저선이 25%이므로 이를 존중해 준다는 뜻에서이다. 우리 나라의 경우 지방정부가 주식회사나 재단법인에 25% 이상 출자하는 경우 지방의회의 감사를 받도록 되어있다.

셋째, **협의의 개념**이다. 이는 주로 공공부문의 출자가 25% 이상과 50% 미만 사이에서 이루어지는 것을 지칭한다.[27) 민간부문의 적극적인 활용을 강조하고 있는 개념이라 하겠는데 50% 이상의 출자로 이루어지는 지방공 사와 차별성을 부각시킴으로써 개념상의 혼란을 피하게 해 준다는 이점이 있다. 즉 이미 이루어져 온 지방공기업이나 지방공사에 관한 논의와 제3섹 터 논의의 범위를 명확히 구별지어준다.

그리고 넷째, 협의의 개념에 이어 최협의의 개념이 또한 있을 수 있다. 이것은 위의 협의의 개념에서 다시 공익법인 부분을 뺀 것이다. 즉 상법상 의 주식회사만을 지칭하는 것이라 하겠는데 무엇보다도 기업성의 도입이 란 측면에서 제3섹터를 이해하려고 하는 것이다.

우리나라의 경우 제3섹터가 어떠한 의미로 사용되고 있느냐를 설명하기 가 쉽지 않다. 아직 그 논의가 초보적 단계에 머물고 있기 때문이다. 그러 나 대체로 광의의 개념과 협의의 개념이 제3섹터의 개념으로 통용되고 있 다고 보면 큰 무리가 없을 것 같다. 즉 민관공동출자 기업 중 지방정부의 출자가 25% 이상을 차지하는 것만을 제3섹터로 보거나, 아니면 지방정부 의 출자가 25% 이상과 50% 미만 사이에서 이루어지는 경우를 제3섹터로 보는 경향이 강하다.

2) 제3섹터 기업의 유형

(1) 지역개발형

제3섹터 기업은 크게 먼저 지역개발형과 기업경영형, 그리고 시설운영형 으로 나눌 수 있다. 먼저 **지역개발형**은 공단이나 주택단지, 그리고 관광단

---

27) 이에 대해서는 高寄昇三, 『外郭團體 經營』 (동경: 學陽書房, 1991), pp.114-116 참 조.

지의 개발 등 토지의 부가가치를 높이는 사업이나 시설물의 건설을 주로 하는 형이다. 지방정부는 개발사업에 필요한 자금을 끌어들이기 위해서 민간자본과의 합작을 시도하고, 민간자본은 개발과 관련된 까다로운 규제를 피하고 투자의 안정성을 꾀한다는 입장에서 합작에 응하게 된다. 통상 공공부문이 주도하는 경향이 있다. 일본의 경우 1960년대와 1970년대 초에 이러한 형태의 제3섹터가 크게 발달했다.

1960년대 당시의 일본에서는 경제가 급성장함에 따라 개발행정 수요 또한 급격히 늘어나고 있었다. 즉 도로와 주택단지, 그리고 공업단지 등을 정비·설립하여 경제성장을 지속적으로 지원해 주고 시민생활의 불편을 덜어주는 일이 시급한 일로 대두되고 있었다. 그러나 지방정부를 비롯한 공공부문은 이러한 개발수요를 감당할만한 재정력을 지니지 못하고 있었다. 따라서 공공부문으로서는 민간자금의 유치를 위해 문을 열어둘 수밖에 없었다.

한편 민간부문은 민간부문대로 사회적 수요가 큰 개발사업에 뛰어들고는 싶으나 정부의 각종 규제가 강할 뿐 아니라 사업의 성공여부와 수익에 대한 보장이 없어 실제 쉽게 뛰어들지는 못하고 있는 형편이었다. 따라서 정부의 규제에 대한 걱정이나 성공여부에 대한 불안을 덜 수 있는 지방정부 등과 합작은 관심을 가지기에 충분한 대안이었다.

1980년대에 와서는 일본의 중앙정부도 민활법(民活法)으로 알려진 '민간사업자의능력활용에의한특정시설의정비·촉진법(1986년)'과 리조트법으로 알려진 '종합보양지역정비법(1987년)' 등을 통해 제3섹터 사업을 체계적으로 지원하였다. 이들 법률은 제3섹터 사업에 대한 세제혜택과 규제완화 등을 포함하고 있었다.

(2) 기업경영형

제3섹터 기업의 두 번째 형태는 **기업경영형**이다. 특산물 판매회사나 정보서비스 회사 등을 설립하여 운영하는 일 등이 이에 속한다. 우리나라의 최초의 제3섹터 사업으로 알려져 있는 장흥표고유통공사와 같은 경우가 대표적인 예이다. 지역개발형보다 민간부문의 역할이 더 강조되는 경향이 있으며, 이로 인해 주식회사의 형태를 띠는 경우가 많다. 공공부문의 입장에서는 민간자금의 활용도 중요하지만 기업이 지니는 경영기술과 전문성을 이용하자는 취지에서 합작을 추구하게 된다.

(3) 시설운영형

마지막으로 **시설운영형**이 있다. 이것은 말 그대로 건물이나 레포츠 시설 등을 민간부문에 위탁하여 관리·운영하게 하는 형이다. 자금이 필요해서 라기보다는 관리상의 전문성을 살림으로써 관리와 운영의 효율을 기하자는 목적에서 이루어지는 경우가 많다. 즉 민간부문이 지닌 노하우(know-how)를 활용하자는 것이라 하겠다.

3) 우리나라에서의 제3섹터

(1) 현 황

우리나라에 있어 민관합작 개념의 제3섹터가 본격적으로 설립되기 시작한 것은 1993년부터이다. 1960년대와 1970년대에 부산위생주식회사를 비롯하여 여러 제3섹터 기업이 설립된 적이 있었으나 이들 기업들은 대통령의 개인적 관심에 의해 설립된 것으로 법률적 뒷받침을 받지 못한 것들이었다. 결국 1991년 12월 31일의 지방공기업법 개정과 함께 법률적 뒷받침이 마련되게 되었는데, 이러한 법률적 뒷받침을 바탕으로 1992년에 전라남도 장흥군이 장흥표고유통공사를 설립하였고, 1993년에는 지방공사 인천터미널을 비롯하여 5개의 제3섹터 기업이 설립되었다. 또 1994년에는 경남무역을 비롯한 3개의 기업이 설립되었으며, 1995년에는 안성축산과 대구종합무역 등 4개의 기업이, 1996년과 1997년에는 전남무역과 부산관광을 비롯하여 각각 5개와 3개의 기업이 설립되었다.

이렇게 설립되기 시작한 제3섹터 기업은 2020년 12월 현재 약 100개가 있는데,[28] 지방정부가 25% 이상 50% 미만을 투자한 경우가 25% 미만을 투자한 경우보다 많다. 자산규모를 보면 김해대동첨단산업단지 주식회사(5천7백억 원)와 인천종합에너지 주식회사(4천6백억 원) 그리고 안산도시개발 주식회사(3천억 원)와 같이 규모가 큰 경우가 있는가 하면 임실고추앤농산물가공판매(15.5억 원)과 같이 작은 경우도 있다. 또 안산도시개발 주식회사와 남춘천산업단지개발 주식회사와 같은 지역개발형 기업들이 있는가

---

28) 기업리스트를 보기 위해서는 클린아이(지방공공기관 통합공시)를 접속할 것. http://www.cleaneye.go.kr/user/iptItemGongsi.do.

하면 울릉샘물 주식회사와 완도전복 주식회사와 같은 기업경영형 기업도 있다. 주식회사 킨텍스와 주식회가 벡스코와 같은 시설관리형 기업도 있음을 물론이다.

(2) 과 제

우리나라에 있어 제3섹터 사업은 초기단계를 넘어서고 있는 상황이다. 민선체제 출범이전에는 적절한 참여기구의 부재로 지역주민의 개발욕구 등이 정책과정에 제대로 수렴되지 못하는 상태였고, 중앙정부는 또 그 나름대로 전국을 단위로 한 계획경제의 틀 속에서 지방정부의 자체적 개발계획을 장려하고 고무하는 것이 아니라 오히려 통제하는 입장이었다. 지방정부의 기업경영에 대한 생각이 있을 수 없었고, 지원과 대책에 대해서는 더욱 그러했다.

그러나 민선체제 출범 이후 많은 것이 변해왔다. 지역주민의 개발욕구가 표면화 되고 있고, 지방정부 또한 적극적인 의지를 보이는 경우가 많다. 중앙정부의 입장도 많이 달라졌다. 지방정부에 의한 자치경영을 고무하고 지역개발 수요에 대응한다는 측면에서, 또 민간부문의 자금과 활력을 보다 적극적으로 활용한다는 측면에서 제3섹터를 부정적으로만 보고 있지 않다. 부실한 운영에 대한 우려와 함께 건전한 사업에 대해서는 지원의지를 표명하고 있다.

그러나 이 정도의 변화나 의지만으로 제3섹터가 제대로 운영되지는 않는다. 자칫 경영능력이나 시장상황에 대한 올바른 분석보다 의욕이 앞설 수도 있고, 지방정부가 과도하게 관여하는 경우 제3섹터 기업의 기업성이 떨어질 수도 있다. 제3섹터가 활성화된 일본만 하더라도 부동산 가격이 하락하고 경기가 위축되면서 지역개발형 제3섹터와 기업경영형 제3섹터가 큰 타격을 입은 적이 있다. 아울러 지방정부 관료조직의 과도한 관여나 이로 인한 비전문적이고 비효율적인 경영 등으로 많은 문제를 안기도 했다.

제3섹터가 바르게 설립되고 또 운영되기 위해서는 설립단계에서부터 운영에 이르기까지 전문적인 진단과 판단, 그리고 높은 수준의 경영능력이 요구된다. 기업경영을 위한 조직이 아닌 지방정부가 스스로 이러한 능력을 갖춘다는 것은 불가능하다. 시장상황을 이해하고 전망하는 것 자체가 어려운 경우가 많다. 따라서 지방정부는 이 문제에 관한 한 되도록 보수적으로 접근할 필요가 있다. 꼭 필요한 경우가 아니면 하지 않는 것이 좋다는 뜻이다.

꼭 필요한 경우라면 그에 상응하는 의지와 노력이 필요하다. 시장상황에 대한 전문적 진단과 올바른 전문경영인에 의한 전문경영, 그리고 경영상의 자율성 보장 등 많은 부분에 있어 새로운 시각과 노력이 필요하다. 지방의회의 통제 강화 등 통제기제를 강화하는 방안을 제시하는 경우도 있으나 지방의회의 낮은 전문성 등을 고려할 때 이는 오히려 해가 될 수도 있다. 투명성과 자율성, 그리고 전문성이 오히려 더 중요한 성공요소가 될 수 있다. 기업은 기업답게 운영될 때 성공할 수 있다.

제 **7** 편　정부간관계와　주민참여

제 7 편

제 **1** 장

정부간관계와 중앙통제

지방자치가 실시되고 지방정부가 독립된 행정주체로 등장하면서 미국을 비롯하여 지방자치가 발달한 나라에서 논의되어 온 정부간관계(intergovernmental relations, IGR)가 관심영역으로 떠오르고 있다. 이번 장(章)에서는 이러한 정부간관계의 의미와 의의, 그리고 우리나라에서의 변화양상을 살펴보기로 한다. 아울러 정부간관계의 한 부분을 이루는 중앙통제의 문제도 소개하기로 한다.

제 **1** 절 정부간관계의 의미와 연구경향

① 정부간관계의 의미

1) 정부간관계 개념의 등장

중앙정부와 지방정부가 완전히 독립되어 기능적 상하관계나 의존관계 없이 작동하는 경우 **정부간관계**(intergovernmental relations, IGR)는 성립되지 않는다. 서로 아무런 관계가 없기 때문이다. 또 다른 극단으로 중앙정부가 지방정부를 완전히 통제하여 지방정부의 기능적 자율성이 전혀 없는 경우에도 정부간관계는 성립되지 않는다. 지방정부가 독립된 개체가 아니고, 따라서 중앙정부와 지방정부는 둘이 아니라 하나가 되기 때문이다.

정부간관계는 한 국가 내에서 중앙정부와 일정 수준의 자율성을 지닌 여러 계층의 지방정부들간에 형성되어 있는 관계를 의미한다. 그 관계 속에는 정치적 관계와 권력적 관계, 그리고 기능적 관계와 재정적 관계 등이 포함될 수 있다.

정부간관계는 1930년대 미국에서부터 관심의 대상이 된 것으로 알려지고 있다. 정부간관계의 권위자인 **라이트**(Deil S. Wright)교수도 정부간관계라는 말이 인쇄매체에 등장하고 상용화되기 시작한 때를 1930년대로 추정하고 있다.[1] 1930년대라면 경제공황이후 연방정부의 기능이 확대되고 이로 인해 그동안 상호 독립적으로 존재해 왔던 연방정부와 주정부 그리고 지방정부가 기능적으로 깊은 연관을 맺기 시작하던 시점이다. 따라서 이들 여러 계층의 정부들이 기능적으로 보다 깊은 관련을 맺기 시작하면서 이들 정부간의 관계에 대한 학술적·실무적 관심도 높아지기 시작한 것이라 할 수 있다.

1930년대를 지나 1940년대에 들면서 정부간관계는 미국에 있어 일상적인 용어가 되었다. 1940년 1월에는 정기간행물 *The Annals*가 '미국에 있어서의 정부간관계(Intergovernmental Relations in the United States: A Broad Survey of Recent Developments in the Fields of American Government at All Levels)'라는 특집을 내놓았고,[2] 이를 기화로 학자들 사이에서도 정부간관계(IGR)라는 이름 아래 연방정부와 주정부, 그리고 지방정부간의 상호작용에 대한 연구가 확대되어 갔다.

이러한 경향은 1950년대에 들어 미국 의회가 정부간관계라는 용어를 법

■ *The Annals*의 정식명칭은 *The ANNALS of the American Academy of Political and Social Science*이다. 1889년부터 발행된 전문지이다.

---

1) Wright 교수는 "정부간관계"라는 말을 인쇄매체에 가장 먼저 사용한 경우의 하나로 Clyde F. Snider 교수가 1937년의 미국정치학회보(*American Political Science Review*) 10월호에 발표한 논문, "County and Township Government in 1935-36"을 들고 있다. Deil S. Wright, *Understanding Intergovernmental Relations* (North Scituate, Massachusetts: Duxbury Press, 1978), p.6.

2) 특집에는 Hormer Durham이 "Politics and Administration in Intergovernmental Relations,"를 V.O. Key가 "State Legislation Facilitative of Federal Action"을, George C.S. Benson이 "Federal-State Personnel Relations"를 기고하는 등 정부간의 행정적·재정적 관계가 다양한 측면에서 다루어졌다.

률의 이름이나 의회에 의해 만들어진 위원회의 명칭에 사용하면서 더욱 강
화되었다. 1953년 의회에 의해 구성된 '정부간관계 임시위원회(the Tem-
porary Commission On Intergovernmental Relations)'와 1959년 만들어진 **정부
간관계 자문위원회**(the Advisory Commission on Intergovernmental Relations,
ACIR)'가 그 대표적인 예인데, 의회에 의한 이러한 공식적인 사용, 특히 '정
부간관계 자문위원회'의 구성은 정부간관계가 일상적인 용어가 되는데 크
게 기여하였다.[3]

　　정부간관계에 대한 이러한 관심은 1980년대에 들면서 다소 낮아지는 모
습을 보였다. 특히 1981년 레이건행정부가 들어선 이후 그러했다. 연방정
부가 주정부와 지방정부에 대한 리더십 역할을 줄여나가는 가운데, 주정부
와 지방정부 또한 연방정부와의 관계보다는 주정부와 지방정부 자체의 경
쟁력 강화 등에 더 큰 관심을 보이게 되었기 때문이다. 이러한 기조는 이
후 20년 가까이 지속되었고, 그 과정에서 정부간관계의 상징이라 할 수도
있는 정부간관계 자문위원회(ACIR)도 1996년, 미국의회의 예산감축 무드
속에 폐지되고 말았다. 학자와 연구자들의 관심 또한 그만큼 줄어들게 되
었다.[4]

　　그러나 2000년대 이후 상황을 다시 바뀌고 있다. 부시행정부와 오바마행
정부 등이 금융위기와 경기침체 그리고 그에 따른 사회적 문제 등에 대응
하는 과정에서 주정부와 지방정부에 대한 연방정부의 리더십을 강화해 왔
기 때문이다. 아동낙오방지법(No Child Left Behind) 경제회복 및 재투자법
(American Recovery and Reinvestment Act) 등을 통해 연방정부의 역할을 키
우고 있는 것은 그 좋은 예이다. 이러한 프로그램을 통해 막대한 규모의
재정이 주정부와 지방정부로 흘러 들어갔고, 그 과정에서 연방정부와 주정
부 그리고 지방정부의 역동적 관계가 다시 강화되고 있다. 이러한 변화에
따라 정부간관계에 대한 학자와 연구자들의 관심 또한 조금씩 높아지고 있
다.[5]

■ ACIR은 1959년 설치되
어 1996년 문을 닫았다. 26
명의 위원으로 구성되어 있
었으며, 위원은 연방정부 장
관 3명, 상원의원 3명, 하원
의원 3명, 주지사 4명, 주의
회 의원 3명, 카운티 커미셔
너 3명, 시장 4명, 민간인 3
명으로 구성되었었다. 37년
간 정부간관계 논의와 관련
하여 많을 일을 했으나 1996
년 의회의 결정에 의해 해
산되었다. Clinton 행정부는
처음에는 그 존속을 위해
노력을 했으나 나중에는 지
지를 철회하다시피 했다.

---

3) 미국의회는 1960년대와 1970년대에 들면서 "정부간관계"의 의미가 포함된 법률
　　안을 계속 내어 놓았다. 1968년의 "정부간 협력법(The Intergovernmental Co-
　　operation Act)"과 "정부간 인사협력법(The Intergovernmental Personnel Act of
　　1970)" 등은 그 대표적인 예이다.

4) David Hamilton and Carl Stenberg, "Introduction: Intergovernmental Relations
　　in Transition," Carl Stenberg and David Hamilton, eds, *Intergovernmental Re-
　　lations in Transition* (Routledge, 2018), p.2.

우리나라에 있어서도 민선체제의 출범과 함께 정부간관계에 대한 관심이 커지고 있다. 미국과 같은 나라와는 또 다른 맥락에서이다. 미국의 경우 정부간관계에 대한 관심은 연방정부와 주정부, 그리고 지방정부의 관계가 상호협력하고 지원을 주고받는 사이로 발전하면서 커졌다. 특히 재정적 지원을 매개로 연방정부가 주정부를 넘어 지방정부와 직접 관계를 맺기 시작하고, 또 그러한 관계가 강화되면서 관심이 커졌다. 그 전의 상황, 즉 소위 **이원적 연방제**(dual federalism)라 불릴 정도로 연방정부와 주정부가 서로 떨어진 채 독립적으로 기능하고, 지방정부는 오로지 주정부하고만 관계를 맺고 있던 시절에는 이에 대해 큰 관심이 없었다.

말하자면 미국의 경우는 상호 독립적으로 존재하던 정부들이 기능적·재정적으로 의존관계가 되면서 정부간관계에 대한 관심이 커진 것이라 할 수 있다. 그러나 우리나라는 이와 반대로 지방정부가 중앙정부의 일부로 독립성이 전혀 없던 상태에서 어느 정도의 독립성과 자율성을 가지게 되면서 정부간관계라는 말이 성립되고 있고 그에 대한 관심도 커지고 있다.

2) 정부간관계의 의미: 개념정의

미국과 우리나라만이 아니라 다른 많은 국가에서도 그 나름대로의 이유에서 정부간관계에 대한 관심이 높아지고 있다. 정부간관계는 국가전체의 정치·행정을 이해하는데 있어 빼 놓을 수 없는 중요한 개념이 되고 있다. 그러나 이러한 높은 관심에도 불구하고 정부간관계는 그 개념에 대한 합의가 명확하게 이루어져 있지 않다. 앞서 설명한 바와 같이 '한 국가 내에서 중앙정부와 일정 수준의 자율성을 가진 여러 계층의 지방정부들간에 형성되어 있는 관계'를 의미한다는 일반적 합의는 있다. 하지만 그 안에 포함되는 상호관계의 성격과 내용 등에 있어 적지 않은 이견이 있다. 정부간의 동태적 상호작용에 초점을 맞추어, 정부간의 법률적 관계 등 정태적인 부분은 정부간관계의 범위에서 제외하는 경우가 있는가 하면, 동태적인 부분과 정태적인 부분 모두를 포함하여 정부간관계로 이해하기도 한다. 또 중앙정부와 지방정부간의 종적 관계를 중심으로 접근하는 경향이 있는가 하면, 종적 관계와 횡적 관계 모두를 포함해야 한다는 의견도 있다.[6]

---

5) *Ibid*, p.3.

6) 다양한 개념을 소개하는 있는 국내문헌으로는 박정민, "정부간관계 모형에 관한 고찰," 『NGO연구』, 제6권 제1호 (2008), pp.165-190 참조.

이견이 있는 만큼 쉽게 정의할 수는 없다. 그러나 횡적 관계보다는 종적 관계를 중심으로, 또 정태적인 측면보다는 동태적인 측면을 중심으로 이해 하는 것이 일반적 경향이다. 참고로 1930년대부터 미국 정부간관계에 관심을 기울여 온 앤더슨(William Anderson)의 견해와 샤프리츠(Jay M. Shafritz)가 펴낸 행정학사전(*The Dictionary of Public Administration*)에 소개된 정의를 소개하면 다음과 같다. 포괄적인 내용을 담고 있으면서도 종적관계와 동태적 측면을 중시하고 있음에 주목할 필요가 있다.

> Anderson: 정부간관계는 (미국 연방체제 내에서) 모든 계층과 모든 형태의 정부간에 일어나는 상호작용과 행위의 총체이다(an important body of activities or interactions occurring between governmental units of all types and levels (within the US federal system).[7]

> Shafrits의 행정학사전: 정부간관계는 상급정부가 하급정부와 재정을 포함한 여러 가지 자원을 나누어 쓰는 재정 및 행정과정이다(fiscal and administrative processes by which higher units of government share revenues and other resources with lower units of government).[8]

② 정부간관계의 연구경향

정부간관계에 대한 관심이 커지면서 다양한 형태의 연구가 이루어져 왔다. 정책결정과정에 대한 미시적이고 행태적인 연구가 있는가 하면 국가 전체의 정치경제적 구조를 살펴보는 거시적이고 구조적인 분석도 있다.[9] 또 기본적인 시각에 있어서도 다원론적(pluralistic)인 시각과 네오 마르크스주의적(neo-Marxist)인 시각을 포함하여 다양한 시각이 있다.[10]

---

7) Willam Anderson, *Intergovernmental Relations in Review* (Minneapolis: University of Minnesota Press, 1960), p.3.

8) Jay M. Shafritz, *The Facts On File: Dictionary of Public Polity and Public Administration* (Westview Press, 2004), pp.278-280.

9) 다양한 연구방법과 관련하여서는 R. A. W. Rhodes, *Central and Power in Central Local Government Relations* (London: Gower, 1983), pp.40-70; S. S. Duncan and M. Goodwin, *The Local State and Uneven Development: Behind the Local Government Crisis* (Cambridge: Polity Press, 1988), pp.1-44 참조.

10) 이와 관련하여서는 P. Dunleavy, "Social and Political Theory and the Issues in

1) 권한 및 자원의 배분과 상호의존관계에 관한 연구

중앙정부와 지방정부간의 사무 및 권한 배분문제나 중앙정부와 지방정부의 재정적 관계 등에 관한 연구가 정부간관계 연구의 상당부분을 차지하고 있다. 앞서 소개한 1940년의 *The Annals*의 특집에서도 계층이 다른 정부간의 행정적 관계와 재정적 관계, 그리고 조세문제 등이 전체 논문의 대부분을 차지했다.

특히 연방정부와 주정부 그리고 지방정부간의 재정적 관계는 정부간관계에 있어 중요한 의미를 차지해 왔다. 사실, 정부간관계의 시작 그 자체가 재정적 관계로부터 시작된다고 해도 과언이 아니다. 20세기 초 연방 소득세 제도가 도입되고, 1930년대부터 소득세 세율이 급격히 올라가면서 연방정부의 재력력이 크게 강화되었다. 자연히 연방정부는 주정부와 지방정부에 재정을 지원할 수 있었고, 주정부와 지방정부는 연방정부에 재정적으로 의존하게 되었다. 소위 **이원적 연방제**(dual federalism)로 불렸던 연방정부와 주정부의 상호 독립적이고 대등한 관계는 더 이상 존재할 수 없게 된 것이다. 실제로 정부간관계에 대한 관심이 급격히 커진 시기라 할 수 있는 1960년대 초부터 1970까지 연방정부의 주정부와 지방정부에 대한 보조금(grant-in-aid)는 세 배가 늘어났다.

바로 이러한 이유에서 정부간의 재정적 관계는 예나 지금이나 학계와 실무계의 큰 관심이 되고 있다. 정부간관계의 고전이라 할 수 있는 라이트 교수의 『정부간관계의 이해(*Understanding Intergovernmental Relations*)』를 비롯한 이 분야의 많은 저술들이 한동안 이 부분을 집중적으로 다루었다. 라이트 교수도 전체 12개 장(章) 중에서 4개의 장(章)을 재정적 관계에 할애했다.

재정적 관계에 관한 연구와 함께 권한배분이나 사무배분에 관한 연구도 상당한 부분을 차지한다. 사무배분에 관한 연구는 미국보다는 한국과 일본 등 한 때 중앙정부의 일부였던 지역단위 일선종합행정기관이 자치정부로서의 격을 가지게 된 국가에서 많이 나타난다. 처음부터 독립적인 지방정부가 중앙정부와 분리하여 설치되고, 또 독자적인 기능을 해 온 미국이다

Central Local Relations," in G. Jones, eds., *New Approaches to the Study of Central Local Government Relationships* (London: SSRC, 1980), pp.116-136; Rhodes, 앞의 책, pp.14-39 참조.

영국과 같은 국가보다 사무배분 구조가 복잡한 양상을 띠고 있기 때문이다.

미국의 경우는 사무배분 보다는 오히려 연방정부와 주정부간의 권한배분 문제가 큰 관심의 대상이기도 했다. 특히 연방정부와 주정부간의 권한분쟁에 관한 연방 대법원의 위헌판결 등은 학계와 실무계 모두의 비상한 관심을 끌어 왔다. 주정부와 지방정부의 관계에 있어서도 지방정부의 권한을 좁게 해선한 '**딜론의 원칙**(Dillon's rule)'과 그에 대한 반작용으로서의 **자치헌장**(home rule)의 확산 등에 대한 연구가 많이 진행되어 왔다.[11]

2) 정부간 상호작용 및 갈등에 관한 연구

권한 및 자원배분에 관한 연구와 함께 정부간의 실질적 상호작용 및 갈등에 관한 연구도 상당한 부분을 이룬다. 미국과 같은 나라의 경우 공직자들의 정부간관계와 관련된 활동이 매우 활발하다. 'Big 7'이라 불리는 주(州)정부 및 지방정부 연합조직이 연방정부를 상대로 활발히 움직이고 있는가 하면,[12] 주(州)정부와 규모가 큰 지방정부는 수도인 워싱턴, D.C.에 개별 사무소를 개설해 놓고 움직이고 있다. 직업적인 로비스트 고용하여 연방정부로부터의 재정적 지원이나 정책적 지원을 이끌어내기 위해 노력하기도 하는데, 그 비용이 매년 7천만 불 이상이 되는 것으로 알려지고 있다.[13] 막대한 비용을 써가며 연방정부를 향해 움직이는 이들 지방정부들에 대한 연구가 진행됨은 당연한 일이다(사잇글 7-1).[14]

환경과 같은 특정의 정책문제를 둘러싼 정부간 갈등에 관한 연구도 크게 늘어나고 있다. 이러한 현상은 미국뿐 아니라 지방자치를 실시하고 있는 대부분의 국가에서 나타나는 보편적인 현상이다. '님비(NIMBY, Not In My Back Yard)' 또는 '핌피(PIMFY, Please In My Front Yard) 등으로 불리는 지역이기주의 분쟁과 갈등에 대한 관심이 그 좋은 예이다. 이들은 이러한

---

11) 'Dillon's rule'과 자치헌장에 관해서는 제2편 제3장 및 제5편 제1장 참조.

12) 'Big 7': National Governor's Association, National Conference of State Legislatures, Council of State Governments, National Association of Counties, National League of Cities, US Conference of Mayors, International City/County Management Association.

13) Youlnag Zhang, "Essays on Intergovernmental Lobbying in America," a Ph.D. dissertation, Texas A&M University (May 2019), p.3.

14) 헤일(George Hale)과 팔리(Marian Palley)의 연방정부 지원금을 둘러싼 정치과정에 대한 연구는 그 대표적인 예이다. George E. Hale and Marian Lief Palley, *The Politics of Federal Grants* (Washington, D.C.: Congressional Quarterly Press, 1981).

갈등의 전개과정과 결과뿐만 아니라 그 원인과 배경, 더 나아가서는 큰 맥락에서의 정치경제적 해석을 시도하기도 한다.

사잇글 7-1: 워싱턴의 지방정부 로비스트

퍼거슨 그룹(the Ferguson Group)은 지방정부를 위한 로비스트 회사의 한 예이다. 약 40년 전 설립이 되었는데, 설립자 Ferguson은 지방정부도 로비가 필요하고, 그래서 잘 하면 이 분야에서 성공할 수 있을 것이라는 생각을 했다. 회사를 차린 첫 몇 해는 일이 많지 않았다. 지방정부 몇 개가 문을 두드리는 정도였다. 그러나 20여년이 지난 지금 상황은 달라졌다. 2020년 현재 65개의 지방정부와 그 소속기관을 위한 로비를 하고 있다. 주로 중규모 지방정부의 경제개발 문제와 교통문제 등을 전문으로 취급하는데, 이 분야에서는 큰 명성을 얻었다. 한 때는 한 해 로비활동 경비가 1,300만 불에 달했으니 2019년 현재는 5백만 불 정도이다.[15]

회사의 임직원 중에는 워싱턴의 의회와 행정부를 손바닥 들여다보듯 훤하게 꿰뚫고 있는 사람들이 있다. 이들이 뛰어 다니는 만큼 이 회사와 계약한 지방정부들은 덕을 본다. 대신 이런 로비회사를 고용하지 않은 지방정부는 그만큼 연방정부 자금을 얻어 쓰기 힘들어진다. 자연히 유능한 로비회사를 잡으려는 경쟁이 있을 수밖에 없고, 이에 자금을 쓸 수밖에 없다.

---

3) 정부간관계의 성격에 관한 연구

정부간관계의 성격을 규명하고자 하는 연구 또한 상당수 진행되어 왔다. 오래 전부터 지방정부를 중앙정부의 동반자(partner)로 이해할 것인지, 아니면 대리인(agent)으로 이해할 것인지에 대한 논의가 심도 있게 논의되어 왔으며, 이러한 관계를 보다 체계적으로 유형화 하고자 하는 시도 또한 깊이 있게 진행되어 왔다.

1980년대 이후에는 콕번(Cynthia Cockburn), 손더스(Peter Saunders), 그리고 던칸(Simon Duncan)과 구드윈(Mark Goodwin) 등 정치경제학적 접근을 하는 학자들이 이에 가세함으로써 이러한 연구는 더욱 활기를 띠고 있다. 이들은 그동안 중앙정부와 지방정부의 관계와 관련하여 주도적인 흐름을 형성하고 있던 **다원주의적 시각**(pluralistic perspective)에 대한 대안을 제시해 왔다. 즉 지방정부는 그 정치사회적 환경과 역량에 따라 중앙정부와의 관계에 있어 독자성을 가질 수 있으며 지방정부 그 자체의 운영에 있어서

---

15) Ferguson Group, "Lobbying Fime Profile: Ferguson Group," accessed July 12, 2020. https://www.opensecrets.org/federal-lobbying/firms/summary?cycle=2019&id=D00002.

도 지역사회의 다양한 이해관계를 반영하게 된다는 입장에 대해 유보적이거나, 아니면 그 반대의 입장을 피력해 온 것이다.

이들 중 **네오 마르크스주의자**(neo-Marxist)로서 도구주의(instrumentalism) 입장을 취하는 콕번(Cynthia Cockburn)은 지방정부를 국가체계의 일부인 '**지방국가**(local state)'로 보고 접근하며, 지방단위의 국가는 말 그대로 국가의 일부일 뿐, 이를 국가와 대립되거나 다른 정치경제적 성격을 지닌 독립 개체로 생각할 필요가 없다고 주장한다.[16] 계급적 특성을 비롯한 자본주의 체제의 속성을 그대로 반영하며, 자본주의 전체와 그 수단인 국가의 정당성을 유지·강화시키는 역할에 충실한 통치기제의 지방부분으로서의 '지방국가'일 뿐이라는 주장이다.

콕번의 이러한 주장은 1960대와 1970년대의 영국의 지방정부 상황에 대한 진보적 지식인의 실망을 대변하고 있다. 1960년대 말 지방선거에서 노동당이 참패하면서 보수당이 전국의 지방정부를 장악하게 되었다. 보수당 지방정부는 곧 시장주의와 기업주의의 기치를 걸고 전문가 중심의 운영체계를 구축하고 긴축재정을 실시하는 등 기존의 지방행정 관행을 크게 바꾸어 놓았다. 그 과정에서 의사결정과정에서 지역주민이 배제되고 지역사회의 복지가 축소되는 등의 변화가 있었다. 민주성과 형평성과 같은 가치가 무너지기 시작한 것이다.

보수당이 인기를 잃으면서 1970년대 초 다시 노동당이 지방정부를 크게 장악했다. 당연히 진보진영에서는 효율성만을 강조하는 시장주의와 기업주의에 대한 교정이 있을 것으로 기대했다. 그러나 이러한 기대는 곧 무산되고 말았다. 변화는 일어나지 않았고 이들은 곧 실망했다. 이들은 왜 이러한 현상이 일어나는지에 대해 고민을 했고, 콕번의 이론은 이런 가운데 주목을 받게 되었다.[17] 즉 지방정부는 국가의 일부로 자본주의 자체의 틀을 벗어날 수 없는, 일종의 도구적 성격을 갖는 기구의 일부일 뿐이라는 결론이었다. 지방정부가 누구의 손에 장악되어 있든 그 결과는 크게 다를 수 없다고 본 것이다.

지방정부를 자본주의 틀 속에서 운영되는 국가의 부속품 내지는 예속된

■ Neo-Marxist: Marx는 원래 물질중심의 사고만을 하거나 경제가 모든 것을 결정짓는다고 생각하는 경제결정론자가 아니었다. 오히려 인간의 주관적 의식의 문제 등에 대해 많은 생각을 했다. 물질중심론과 경제결정론은 Engels 등의 영향이었다. Neo-Marxist는 Engels 이전의 Marx로 돌아가 의식의 문제와 주관성의 문제 등을 새로이 생각하는 부류의 학자들이다. Hegel과 Weber와 Marx의 접목시켜 이론을 발전시키고 있으며 Global Capitalism에도 큰 관심을 가지고 있다. Frankfurt 학파가 대표적인 그룹이다.

---

16) Cynthia Cockburn, *The Local State: Management of Cities and People* (London: Pluto Press, 1977).

17) Ståle Holgersen, "On Spatial Planning and Marxism: Looking Back, Going Forward," *Political Journal of Geography*, Vol. 52 No. 3 (2020), pp.801-803.

한 부분으로 이해하는 콕번의 이러한 이론에 비해, 손더스(Peter Saunders)는 지방정부가 그 나름대로의 독자성 내지는 독특한 구조를 가지고 있음을 강조한다. 기본적으로 자본주의 메커니즘에 의해 영향을 받기는 하지만 중앙정부와 지방정부는 그 나름대로의 독특한 기능을 가지고 있다는 것이 그의 '**이중국가**(dual state)' 이론이다. 그는 중앙정부와 광역지방정부는 주로 사회적 투자기능(social investment)을 담당하고, 지방정부는 주로 사회적 소비기능(social consumption)을 담당하는 것으로 인식한다. 자본주의 사회에서는 당연히 사회적 투자가 생산을 주도하므로 이를 담당하는 중앙정부는 소비기능을 주로 담당하는 지방정부를 압도하게 된다고 본다.

그러나 콕번과 달리 손더스는 지방정부가 중앙정부에 의해 압도되기는 하지만, 그렇다고 하여 그 독자성이나 그 나름의 운동성이 없는 것은 아니라고 주장한다. 즉, 중앙정부나 광역지방정부가 담당하는 사회적 투자기능은 주로 기업집단과 노동조합 그리고 정부가 상호작용하는 조합주의적인 틀(corporate policy making) 속에서 이루어지지만, 지방정부가 담당하는 사회적 소비기능은 다양한 내용의 집단들이 경쟁적으로 참여하는(competitive political struggle) 다원주의적 상호작용에 의해서 이루어지는 것으로 인식한다.[18] 중앙정부에 의해 상당한 영향을 받지만, 다른 한편으로 지역사회 나름의 정치경제적 구조에 의해서도 영향을 받는다는 것이다.

네오 마르크스주의자로 분류되는 이들 사회학자들의 연구는 그 주장의 타당성 여부를 떠나 중앙정부와 지방정부의 관계 및 지방정부의 정치경제적 성격과 관련하여 중요한 역할을 하고 있다. 중앙정부와 지방정부와의 관계를 서로 떨어질 수 없는 정치경제적(political economy) 관계 내지는 구조의 관점에서 조망하고, 또 그러한 맥락에서 지방정부의 정치경제적 기능을 규명하고 있기 때문이다. 다원주의적 관점, 즉 지방정부를 이러한 정치경제적 구도와 관계 없이 존재하는 정치적 단위정도로 보고, 이를 바탕으로 중앙-지방 관계에 대해 비교적 긍정적인 입장을 지니는 관점에 대한 대안이 되고 있는 것이다.

■ 조합주의는 기업집단과 노동조합 등 그 분야에 있어 확실한 대표성을 가진 소수가 정책결정에 참여하는 것을 가정한다. 정부는 이들 사이에서 중립을 지키는 것이 아니라 그 스스로 의지를 가진 또 하나의 주체로 참여하여 결정을 주도하게 된다. 다원주의 아래에서는 다수의 다양한 집단이 서로 상호작용하는 가운데 정책이 결정된다. 정부는 조합주의 체제에서의 정부와 달리 중립적이며, 정책은 상호작용하는 다양한 집단의 힘의 균형을 반영하게 된다.

---

18) Peter Saunders, *Social Theory and the Urban Question* (Hutchinson, London: 1981), p.276.

제 **2** 절 정부간관계의 유형

1 전통이론

　중앙정부와 지방정부간의 관계는 서로간의 권력관계를 기준으로 **동반자형**(partnership model)과 **대리인형**(agent model)으로 나눌 수 있다. 대리인형은 중앙정부가 지방정부를 권력적으로 완전히 지배·통제하는 형태이다. 권력의 원천은 중앙정부의 정치력일 수도 있고 재정력일 수도 있다. 그러나 그 원천이 무엇이건 간에 중앙정부와 지방정부 사이에는 매우 강한 수직적 권력관계가 성립되어 있으며, 지방정부는 중앙정부의 대리인 혹은 일선기관으로서의 지위를 지니게 된다.

　이에 반해 동반자형은 중앙정부와 지방정부가 상호 대등한 입장에 놓이게 되는 형태이다. 지방정부는 그 고유의 자치권과 사무를 가지며, 이러한 자치권의 행사와 사무의 수행에 대해 중앙정부의 간섭은 최소화된다. 중앙정부는 오히려 중앙사무를 처리함에 있어 지방정부의 기능적 협력을 필요로 하기도 한다. 그리피스(J. A Griffth)와 같은 학자는 영국 지방정부는 법률적 제한이 있기만 하지만 대체로 중앙정부와 대등한 입장에서 지방정책을 자율적으로 결정한다고 주장한다. 말하자면 동반자형에 가깝다는 뜻이다.[19]

　중앙정부와 지방정부를 이와 같이 대리인형과 동반자형으로 나누는 것은 가장 전통적인 분류방법의 하나이다. 누가 먼저라 할 것 없이 여러 학자들이 이러한 분류를 해 왔다. 그러나 막상 실제로 중앙정부와 지방정부의 관계를 이렇게 단순한 두 개의 범주로 구분하기는 힘이 든다. 중앙정부와 지방정부의 실제 관계가 그렇게 단순하지만은 않기 때문이다. 이와 관련하여 적지 않은 학자들이 고민을 해 왔고 일부 학자들은 아래에서 소개하듯 이를 일부 수정하거나 중간적 성격의 형태를 추가하는 등의 노력을 해 왔다.

---

19) J. A. Griffith, *Central Departments and Local Authorities* (London: Allen & Unwin, 1966), pp.17-18.

② 보완이론: 권력-의존 모형과 지주-마름모형

로데스(R. A. W. Rhodes)는 중앙정부와 지방정부의 관계를 동반자형과 대리인형으로 구분하는 것을 지나치게 단순하다고 지적하면서 정부간관계는 이들 정부가 필요로 하는, 또 소유하고 있거나 동원할 수 있는 자원(resources)을 중심으로 파악해야 한다고 주장하였다. 그리고 이러한 주장과 함께 **권력-의존 모형**(power-dependency model)을 내어 놓았다.

로데스는 우선 이들 정부는 다섯 가지 형태의 자원, 즉 헌법적 지위 및 법적 지위(constitutional and legal position), 정치적 정당성(political legitimacy)과 여론을 동원할 수 있는 능력, 조직적 역량(organizational capacity, command of people, property and service), 재정력(money and finance), 그리고 지식정보 자원(information, knowledge, access to data) 등을 필요로 한다고 정리한다.[20] 그리고 이러한 자원을 얼마나 가지고 있으며, 또 원하는 대로 동원하여 사용할 수 있는가를 살펴본다. 이 자원과 자원동원력이 곧 권력이고 힘이기 때문이다. 필요한 자원을 가지고 있지 못하거나 원하는 대로 동원하지 못하게 되면 다른 계층의 정부 등에 의존을 해야 하고 이 의존의 정도가 커지는 만큼 상대적 지위와 위상은 떨어지게 된다.[21]

로데스는 이러한 자원문제와 관련하여 중앙정부의 우월적 입장을 인정한다. 가장 중요한 자원이라 할 수 있는 재정적 자원을 더 많이 보유하고 있으며, 궁극적으로는 게임의 룰(법률)을 바꿀 수 있는 법적 권한을 가지고 있기 때문이다. 그러나 그렇다고 하여 지방정부가 대리인형이 가정하듯 중앙정부에 완전히 예속되는 것은 아니다. 지방정부는 지방정부 나름대로 중앙정부에 영향을 줄 수 있는 자원을 가지고 있기 때문이다. 지역사회의 여론을 동원하여 중앙정부의 부당한 압박에 대해 저항을 할 수도 있고, 중앙정부의 정책에 협조를 하지 않거나 필요한 부분에 대해 사법적 판단을 구할 수도 있다. 중앙정부 차원에서도 지방정부의 협력이나 협조를 받지 않

---

20) R. A. W. Rhodes, *Control and Power in Central-Local Government Relations* (Gower, UK: 1983), pp.1-33.

21) R. A. W. Rhodes, "Power Dependence Theories of Central-Local Relations: a Critical Assessment," in M. J. Goldsmith, ed., *New Research in Central-Local Relations* (Aldershot: Gower, 1986), pp.1-36.

고는 제대로 기능을 할 수 없는 부분도 많다.

따라서 로데스는 중앙정부와 지방정부의 관계는 완전히 동등하거나 완전히 예속되는 관계가 아니라 상호의존적인 관계가 되며, 그 의존의 정도는 다양한 수준으로 나타날 수도 있다고 본다.[22] 이들 간에 일어나는 상호작용(interaction), 특히 교섭(bargaining) 행위나 그 과정을 제대로 관찰할 때 중앙정부와 지방정부의 관계를 바르게 이해할 수 있다고 보는 것이다.[23]

로데스에 이어 챈들러(J. A. Chandler)도 대리인형과 동반자형으로는 중앙정부와 지방정부의 관계를 설명할 수 없다고 주장한다. 실제 이 두 정부의 관계는 대리인 모형에 가깝기는 하나 그렇다고 하여 대리인형이 상정하듯 모든 지방정부가 모든 일에 중앙정부의 의지를 받아 움직이지는 않는다는 설명이다.[24] 챈들러는 오히려 중앙정부와 지방정부의 관계는 중세 귀족사회에 있어서의 토지귀족인 지주와 그 지주의 명을 받아 토지와 소작권을 관리하는 **마름**(steward)의 관계에 가깝다고 본다. 지주는 마름에게 큰 기본 원칙을 정해 준 후 자신은 농지로부터 떨어져 지내며 정치나 외교에 종사하고 사회적 교제를 하며 지낸다.

마름은 지주가 정해준 큰 원칙하에 비교적 강한 현장 권한을 행사한다. 특히 소작인에 대해서는 상당한 권력가로서의 역할을 하기도 한다. 때로는 마치 지주의 분신인 것처럼 행동하기도 한다. 그러나 마름은 마름일 뿐이

■ Steward는 '시종' '지배인' 등 여러 가지로 해석이 된다. 그러나 여기서는 토지 또는 장원관리인으로 보는 것이 타당하다고 판단된다. 꼭 같지는 않지만 우리말의 '마름,' 즉 '지주의 명을 받아 소작권과 소작인을 관리하는 사람'에 유사하다고 보아 '마름'으로 번역하였다.

---

22) Rhodes는 이러한 권력-의존의 문제를 중앙정부와 지방정부만의 관계에서만 보지 않고 이들이 형성하는 정책 네트워크(policy network) 문제와 접복시키기도 했다. 정책 네트워크는 자원의존성을 지닌 조직들의 집합(policy a set of resource-dependent organizations)이라 할 수 있는데 Rhodes는 이에는 다섯 가지 형태가 있다고 정리한다. 즉 통합성과 안정성 그리고 지속성과 상호의존성이 매우 높은 정책공동체(policy community)에서부터 통합성과 안정성 그리고 지속성과 상호의존성 등이 가장 떨어지는 이슈 네트워크(issue network)에 이르는 다섯 가지 형태를 소개한다. 그리고 이러한 유형들 속에서 이러한 네트워크에 참여하고 있는 조직들 간의 권력관계를 자원의존의 관계로 파악한다. 이러한 모형은 중앙-지방관계를 넘어 EU 국가간의 권력관계와 일반 정책을 둘러싼 정책 네트워크의 역동성을 이해하는 데에도 응용되고 있다. J. Peterson의 EU 관련 연구는 그 대표적인 예이다. J. Peterson, 'Decision-making in the European Union: Towards a Framework for Analysis,' *Journal of European Public Policy*, Vol. 2, No. 1 (1995), pp.69-93; Ian Bache, "Europeanization: A Governance Approach," a paper presented at the EUSA 8th International Biennial Conference, Nashville, March 27-29, 2003, pp.9-10 참조.

23) R. A. W. Rhodes, 앞의 책(1981), pp.10-18.

24) J. A. Chandler, *Local Government Today*, 3rd ed. (Manchester University Press, 2001), pp.87-90.

다. 어떠한 이유에서이건 마름이 마음에 들지 않으면 토지귀족인 지주는 언제든지 마름이 가진 권한을 빼앗을 수 있고, 또 해고할 수도 있다. 마름의 권한은 오로지 토지귀족인 지주가 인정하는 한에서 존재하고, 또 행사될 수 있다.[25]

챈들러는 지방정부가 가진 지위와 권한이 바로 이 마름의 것과 같다고 본다. 대리인형이 가정하듯 권한을 제대로 행사하지 못하는 것이 아니라 실제로 상당한 권한을 행사한다고 본다. 그러나 지방정부가 행사하는 이러한 권한은 중앙정부가 허용하는 한도 내에서 존재할 뿐이다. 중앙정부가 회수하고자 하면 언제든 쉽게 회수해 버릴 수 있는 권한이다.

챈들러의 이러한 설명, 즉 중앙정부와 지방정부의 관계를 **지주-마름 모형**으로 보는 설명은 대처(Thatcher)수상 정부의 중앙집권적 입법이 이어지면서 영국 지방정부의 지위와 권한이 너무 쉽게 무너져버린 상황에 대한 해석이다. 지방정부의 고유권한이라 생각했던 권한들이 한 순간에 중앙정부에 의해 회수되고, 오랜 전통의 런던광역시를 비롯한 대도시 정부들이 힘없이 해체되어 버리던 상황, 그리고 대처수상 정부의 보수적 사회정책에 끝까지 저항하던 람베스(Lambeth)와 버밍햄(Birmingham)의 중심적인 진보세력이 끝내 축출되어 버리던 상황에 대한 설명이라 할 수 있다.

③ 동등권위형, 내포권위형, 중첩권위형: 라이트(D. Wright)

1) 동등권위형

라이트(Deil Wright)는 중앙정부와 지방정부의 권력관계 및 기능적 상호의존관계를 기준으로 미국 연방정부와 주정부 그리고 지방정부의 관계를 동등권위형(coordinate-authority model)과 내포권위형(inclusive-authority model), 그리고 중첩권위형(overlapping-authority model)으로 나눈다. 라이트의 이러한 이론은 기본적으로 미국에 있어서의 정부간관계를 반영하고 있다. 하지만 연방의 형태를 취하고 있는 다른 국가의 정부간관계를 설명하는데 있어서도 상당한 기여를 하고 있다.

---

25) J. A. Chandler, 위의 책, pp.87-98.

그림 7-1 라이트(Wright)의 정부간관계 모형

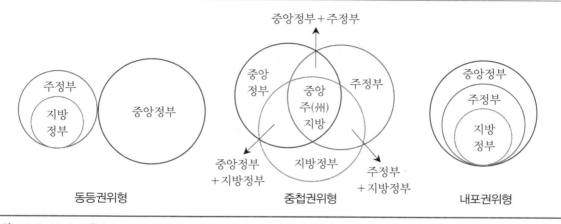

출처: Deil Wright, "Models of National, State, and Local Relationships," in Laurence O'Toole Jr. ed., *American Intergovernmental Relations: Foundations, Perspectives, and Issues*, 4th ed. (2007), p.73.

[그림 7-1]에서 보듯 **동등권위형**은 연방정부와 주정부가 동등한 권한을 가지고 있고, 지방정부는 주정부에 귀속되어 있는 형이다. 주정부의 자치 권은 고유의 권리로서 중앙정부의 의지에 의해 함부로 축소되거나 침해될 수 없으며, 기능적으로도 중앙정부와 주정부는 상호 독립적이다.[26] 독자적 인 사무영역과 처리권능을 지니고 있으며, 상호협력을 할 필요도, 상호의 존을 할 이유도 없다. 엄격한 의미에서는 정부간관계라는 개념 자체가 성 립하기 힘든 형이다. 건국이후 오랫동안 지속되었던 소위 '이원적 연방제 (dual federalism)'의 상황을 잘 대변하고 있는 모형이라 할 수 있다.

2) 내포권위형

내포권위형은 그림에서 보듯 연방정부와 주정부, 그리고 지방정부가 큰 원과 작은 원의 동심원을 그리고 있는 상태이다. 연방이 사실상 하나의 국 가가 되어 있고, 주정부가 연방정부와 동등한 지위를 가지는 것이 아니라 연방정부 아래 놓인 정부가 되어 있다. 그리고 각 정부가 그리고 있는 원 의 크기는 이들 정부가 행사하는 권한의 크기를 의미한다고 볼 수 있는데, 이 부분에 있어서도 연방정부가 가장 큰 권한을 행사하고, 그 다음이 주정

---

26) Deil Wright, "Models of National, State, and Local Relationships," in Laurence O'Toole Jr. ed., *American Intergovernmental Relations: Foundations, Perspectives, and Issues*, 4th ed. (Washington, D.C.: CQ Press, 2007), pp.72-76.

부, 그리고 지방정부가 가장 작은 권한을 행사하는 모습이다.[27]

미국의 정부간관계가 실제로 이러한 상태에 있느냐에 대해서는 논란이 있을 수 있다. 그러나 연방정부의 권한강화를 우려하는 많은 보수주의자들이 미국 연방제의 모습을 이러한 내포권위형으로 묘사하며 비판을 해왔다.[28] 특히 연방정부의 재정지원이 크게 확대되기 시작한 1960년대의 존슨(Lyndon Johnson) 대통령 정부 이후 이러한 비판은 더욱 강해졌다. 이들 보수주의자들은 연방정부가 국고보조금(federal grants)을 매개로 주정부와 지방정부를 통제해 왔으며, 그 결과 미국은 연방국가가 아닌 사실상의 단일국가(unitary nation)로 변해왔다고 지적한다.[29]

3) 중첩권위형

마지막으로 소개되고 있는 모형이 **중첩권위형**인데, 이 모델은 우선 연방정부와 주정부 그리고 지방정부가 모두 제한된 권한을 가지고 있다고 생각한다. 아울러 어느 한 정부가 배타적인 권한을 행사하는 영역은 그리 많지 않다고 판단한다(full discretions are comparatively small). 자연히 공적기능과 권한은 분산되어 있으며, 많은 부분에 있어 세 정부가 동시에 관여하는 일이 벌어진다. 그리고 이러한 체제 아래 세 정부, 즉 연방정부와 주정부 그리고 지방정부는 때로 경쟁하고 때로 협력하는 관계를 맺으며(simultaneous competition and cooperation), 그 과정에서 합의를 이루고 협력 체제를 구축하기 위한 협상(bargaining)과 협의(negotiation)가 계속된다.

라이트는 이 모델이 오늘날의 미국 연방제를 가장 잘 표현하고 있다고 설명한다. 그러나 현재의 정부간관계에 대해 비판적 입장을 취하고 있는

---

27) Deil Wright, 위의 책, pp.77-81.

28) 미국의 대표적인 보수주의 정치인인 레이건 대통령(Ronald Reagan)은 집권 2년차를 맞는 1982년 1월 미국 의회에서 일반교서, 즉 The State of Union Massage를 발표했다. 이 교서에서 미국 연방제의 문제와 보조금 문제를 상세히 지적하며, 연방권한의 축소와 주정부 권한의 강화를 이야기하였다. 그가 비판한 당시 미국 연방제의 모습도 바로 이러한 내포권위형에 가까운 것이었다. Ronald Reagan, *State of the Union Address*, Jan. 26, 1982 참조.

29) Wright는 그의 저서에서 미국의 대표적인 정치학자의 한 사람인 James Sundquist의 말을 인용하고 있다. Sundquist는 보조금 확대의 계기가 된 Johnson 행정부의 '위대한 사회(Great Society)' 계획의 위대함이란 미국을 단일국가로 만드는데 있었고, 권력이 분산된 다원주의 체제를 연방정부에 권력이 집중된 획일적인 사회로 만드는데 있었다고 비판을 한다. Wright, 앞의 책, pp.78-79.

보수주의자들을 포함하여 얼마나 많은 사람들이 라이트와 같은 생각을 할지는 의문이다. 우월적인 재정력을 바탕으로 연방정부의 권한이 상대적으로 커지고 있고, 이러한 불균형 속에서 연방정부가 주정부와 지방정부에 가하고 있는 의무사무의 수가 지속적으로 늘어가는 등 정부간관계에 있어서의 불균형이 계속되고 있기 때문이다.

제 3 절 | 우리나라의 정부간관계와 중앙통제

앞서 미국과 영국을 중심으로 정부간관계관련 논의와 이론을 정리해 보았다. 실제 이들 국가에서의 정부간관계가 어떻게 변화되었는지를 같이 살펴보면 좋을 것으로 판단되나 아래에서는 우리나라에서의 정부간관계 변화를 중심적으로 살펴보기로 한다. 미국과 영국의 정부간관계 변화는 제2편의 제1절, 제2절, 그리고 제3절에서 다루고 있기 때문이다. 이들 국가와 관련하여서는 이 부분을 참고하기 바란다.

① 정부간관계의 변화

1) 민선체제 이전의 정부간관계

우리나라에 있어 민선체제가 출범하기 이전의 중앙정부와 지방정부 관계는 완전한 상하관계로서 지방정부는 그 독자성을 전혀 부여받지 못하고 있었다. 형식상 지방정부로서의 법인격을 부여받고 있었으나 이는 그야말로 형식에 지나지 않았다. 일정수준의 자율성을 지닌 지방정부의 존재를 전제로 하는 정부간관계라는 말이 성립될 수 있는 상황이 아니었다. 지방정부의 수장은 중앙정부에 의해 국가공무원으로 임명되었으며 지방정부 간부 공무원의 상당수도 중앙정부나 상급 지방정부에서 파견된 공무원으로 채워졌다. 지방의회의 기능은 상급지방정부와 중앙정부의 지방정부 관리부처인 내무부(현 행정안전부)가 대신하였다. 중앙정부와 지방정부는 하나의 정부로 일체화되어 있었으며, 지방정부는 이러한 정부의 지역단위 일선종합행정기관에 지나지 않았다.

이러한 구도아래 중앙정부의 지방정부에 대한 영향력 행사는 다각적으로 이루어졌다. 지방정부 예산의 편성과 집행에 직·간접으로 관여하기도 했고, 지방정부의 정책방향을 지시하거나 지도했다. 또 국고보조금이나 특별교부세 등의 교부를 통해 영향력을 행사하기도 했다. 그러나 가장 강력한 통제 메커니즘은 지방정부 수장과 주요 공무원에 대한 인사권이었다. 특히 지방정부 수장으로서의 자치단체장에 대한 인사권은 중앙정부가 그 영향력을 무한대로 행사할 수 있는 수단이었다.

1991년 지방의원 선거 이후 이러한 상황은 다소 변화되었다. 상급지방정부와 중앙정부가 지방의회의 기능을 대신하는 일은 없어졌기 때문이다. 그러나 지방의회의 출범 또한 전체적인 상황을 크게 변화시키지 못했다. 자치단체장의 권한이 상대적으로 강할 뿐만 아니라, 지방의회의 관여가 배제된 상태에서 중앙정부가 지도·감독권을 행사하는 기관위임사무가 지방정부 사무의 큰 부분을 차지하고 있는 **중앙통제형 강시장-의회제** 구도 아래 지방의회의 출범은 큰 의미를 지닐 수 없는 일이었다.

2) 민선체제 이후의 정부간관계

그러나 1995년 민선체제, 즉 자치단체장이 지역주민에 의해 선출되는 체제가 자리 잡게 됨에 따라 상황은 크게 변하게 되었다. 지방정부가 더 이상 중앙정부의 일선기관으로만 존재하지 않게 되었기 때문이다. 민선체제가 들어 선 그 다음해인 1996년에 바로 전남 영광군이 중앙정부의 주요사업인 원자력 발전소 건설허가를 취소하는 등 지방정부가 중앙정부의 국책사업을 거부하는 일이 발생하기 시작했다. 민선체제 이전에는 생각조차 할 수 없는 일이 일어나기 시작한 것이다.[30]

또 이와는 반대로 지방정부가 중앙정부나 상급지방정부의 행정적·재정적 지원을 얻어내기 위해 민선체제 이전보다 더 노력하는 모습이 보이기도 한다. 자치단체장이 직접 중앙부처 정책담당자들을 찾아다니며 지역사회가 당면하고 있는 어려움이나 발전가능성 등을 설명하기도 하고, 중앙정부의 지원을 얻기 위해 지역사회가 지닌 정치적 자원과 네트워크를 동원하기도 한다.

---

30) "반부패 지수 논란 지속," 헤럴드경제, 2002. 4. 1. 02면.

요약컨대 민선체제 출범이후 중앙정부와 지방정부간의 관계는 그 이전과 비교가 되지 않을 만큼 역동적인 모습을 보이고 있다. 중앙정부부터 지방정부를 중앙정부의 일선기관으로서만 보던 시각에서 벗어나, 보다 대등한 관계에서 인식하고자 하는 노력이 관찰되기도 하고, 불필요한 규제와 관여를 줄여나가는 모습이 보이기도 한다. 운영과정에 직접 개입하는 관행 대신 경영성과를 평가하여 인센티브를 제공하는 형태의 간접적인 통제방식을 운영하기도 한다.

이와 같이 중앙정부와 지방정부의 정부간관계가 크게 변하고 있는데 비해 이러한 정부간관계에 대한 전문적 관심은 아직 그 변화를 따라가지 못하고 있다. 앞서 소개한 것처럼 미국과 영국 등에 있어서는 오랫동안 상당한 수준의 연구와 문헌들이 축적되어 왔다. 그러나 우리나라의 경우에는 이제 막 시작단계라 할 수 있다. 일부 연구들이 있기는 하나 대부분 사무배분이나 재정배분, 그리고 법률적 제도의 변화를 설명하는 수준에 머물고 있다. 구조적인 측면에서 정부간관계의 정치경제적 본질을 이해하거나 정치사회학적 구조를 분석하는 일 등은 여전히 눈에 잘 띄지 않는다. 이러한 현상은 지방자치와 정부간관계의 문제를 행정학적 문제로 축소시키기 있는 학계일반의 분위기와도 무관하지 않다.

② 중앙통제의 변화와 국가행정체계

1) 우리나라에 있어 국가사무의 수행체계

지방정부가 처리할 수 있는 일은, 또 지방정부가 처리하는 것이 더 효과적인 일은 지방정부로 하여금 처리하게 하는 것이 옳다. 그러나 어떤 경우에도 중앙정부가 처리할 수밖에 없는 일이나 중앙정부가 처리하는 것이 국가전체의 이익을 위해 좋은 일은 있게 마련이다.

이러한 일 또는 사무 중에는 중앙정부 차원에서 완결될 수 있는 사무가 있다. 이를테면 외교나 국방 등의 영역에 있어 적지 않은 사무들이 그러하다. 즉 중앙정부가 중앙 정치공간과 행정공간에서 단독으로 결정하고 집행해도 되는 일들이 있다는 말이다. 지역단위에서 처리하지 않으면 안 되는 일도 마찬가지이다. 중앙정부가 특별지방행정기관으로 불리는 지방환경청, 지방노동청, 지방국토관리청, 지방국세청과 세무서, 지방경찰청과 경철서 등의 지역단위의 일선지방행정기관을 설치하여 지방정부 협조 없이 단독으로 처리할 수도 있다.

그러나 많은 경우 중앙정부는 그 일이나 사무를 처리함에 있어 지방정부의 협조를 필요로 한다. 중앙정부가 직접 처리할 수가 없거나, 또 직접 처리하는 것이 비효율적이고 비합리적일 때 지방정부에 그 처리를 위임하는 사무들, 즉 위임사무들이 대표적인 경우이다. 우리나라의 경우 이러한 위임사무가 많게는 지방정부 사무의 반 또는 그 가까이를 차지하고 있는 것으로 알려져 있다. 숫자 자체로는 그렇게 되지 않는다 하더라도 사무의 중요성을 볼 때 그러하다는 뜻이다.

이러한 위임사무 이외에도 지방정부의 동의와 순응을 확보하지 않으면 안 되는 사무들도 수없이 많다. 국가공업단지를 건설하고 국도나 철도를 건설하는 일 등은 물론, 환경오염을 방지하고 출산율을 높이고 정책수립에 필요한 각종 정보를 수집하는 문제 등에 이르기까지 지방정부의 순응과 협조 없이는 긍정적 결과를 얻기 어려운 국가사무 내지는 중앙정부 사무들이 수없이 많다.

이와 같이 중앙정부가 그 사무를 처리함에 있어 지방정부에 크게 의존하고 있다는 사실은 지방자치와 지방분권의 심화가 국가행정의 수행에 적지 않은 영향을 줄 수 있음을 의미한다. 지방정부의 독자성이 커지고 중앙정부의 지방정부에 대한 통제력이 약화되면서 지방정부의 순응과 협조를 얻기가 과거처럼 쉽지 않기 때문이다.

2) 중앙통제의 형태와 변화

(1) 중앙통제의 형태

중앙정부가 지방정부의 협조와 순응(compliance)을 확보하는 방법에는 크게 네 가지가 있다. 운영상의 통제, 인사통제, 재정적 통제, 그리고 정치사회적 통제가 그것이다.

먼저 **운영상의 통제**(operational control)라 부를 수 있는 영역이 있는데, 이는 주로 중앙정부가 지방정부의 행정과정에 개입하여 행하는 통제를 말한다. 보고를 요청하고, 조언과 정보를 제공하고, 인·허가·승인 등을 해

주고, 조사와 감사를 행하는 행위 등이 모두 이에 포함된다. 주로 법령이나 인사권에 기반을 두고 행해지게 된다. 지방자치가 실시되기 전의 우리나라 중앙정부는 한편으로는 지방의회의 기능을 대행하면서, 또 한편으로는 자치단체장에 대한 인사권을 활용하면서 강력한 운영상의 통제를 행해 왔다.

둘째, **인사통제**(人事統制, personnel control)이다. 중앙정부가 지방정부의 수장 및 공무원에 대한 인사권을 행사함으로서 지방정부의 행정 및 정책과정에 영향을 미치는 것이다. 매우 강력한 통제로서 운영상의 통제와 같이 직접적이며 권력적인 성격을 지닌다.

셋째, **재정적 통제**(財政統制, fiscal control)이다. 재정통제는 국고보조금과 같은 재정지원이나 지역발전에 큰 도움이 되는 국책사업 지원 등을 통해 지방정부의 행위를 통제하고 유도하는 방식이다. 중앙정부의 지시에 순응하는 경우에 많은 재정적·경제적 지원을 받을 수 있도록 배려하고, 그렇지 않은 경우는 지원을 받을 수 없도록 하는 보상체계를 확립·운영함으로써 지방정부가 중앙정부의 정책의지와 의도에 순응하도록 하는 방식이다. 인사통제나 운영상의 통제에 비해 비권력적이고, 간접적이며 유인적인 성격을 지닌다.

끝으로 **정치사회적 통제**(political and social control)를 들 수 있다. 폭넓은 내용을 포함한다고 하겠는데, 중앙정부가 지닌 정치사회적 영향력과 여론형성 기능 등을 통하여 행하는 통제를 말한다. 지방선거에 있어 중앙당이 행사하는 공천권을 통해 자치단체장과 지방의원의 정책행위에 영향을 미친다거나, 지방정부의 비합리적인 정책행위에 대해 시민사회로 하여금 관심을 갖도록 하는 일 등은 그 좋은 예가 된다.

(2) 중앙통제의 변화

지방자치가 실시되기 이전, 중앙정부는 주로 권력적 통제라 할 수 있는 인사통제와 운영상의 통제를 행했다. 여론 형성을 통한 통제와 국고보조금이나 국책사업 등을 이용한 재정적 통제 등 비권력적 통제를 하지 않았던 것은 아니지만 크게 의존한 것은 역시 인사통제와 운영상의 통제였다.

그러나 지방자치의 실시, 특히 민선체제의 출범은 이러한 통제구도에 큰 문제를 불러오게 되었다. 자치단체장이 지역주민에 의해 직접 선출됨으로써 중앙정부는 이들에 대한 인사권을 행사할 수 없게 되었다. 부단체장 역시 자치단체장이 임명하도록 되어 있다. 광역지방정부의 경우 정무직과 일반행정직으로 임명되는 부시장·부지사의 경우는 그 임명권이 아직 대통령에 있기는 하다. 그러나 이 또한 시·도지사가 제청하게 되어 있고, 법적 결격사유가 없는 한 30일 이내에 임명절차를 종료하도록 되어 있다. 인사통제의 기반이 크게 무너지게 된 것이다.

인사통제가 불가능해지면서 운영상의 통제도 약화되고 있다. 법률적 권한이 없어진 것은 아니다. 지방자치법을 포함한 각종의 법령은 지방정부 운영에 대한 중앙정부의 관여를 인정하고 있다. 지방자치법만 하더라도 중앙행정기관의 장이 지방정부의 사무에 조언 또는 권고할 수 있음을 규정하고 있고(제184조), 위임사무에 대한 지도·감독권을(제185조), 그리고 자치단체장이 내린 처분과 명령이 '법령을 위반하거나 현저히 부당하여 공익을 해친다고 인정되면' 그에 대해 시정을 요구하고 더 나아가서는 취소시키거나 정지시킬 수 있는 권한을 가지고 있다(제188조). 제189조에 규정된 **직무이행명령제**는 자치단체장이 법령의 규정에 의하여 그 의무에 속하는 국가위임사무 또는 시·도 위임사무의 관리 및 집행을 명백히 해태하고 있다고 인정되는 때에는 시·도에 대하여는 주무부장관이, 시·군 및 자치구에 대하여는 시·도지사가 기간을 정하여 서면으로 그 이행할 사항을 명령할 수 있도록 규정하고 있다.

그러나 이러한 법률상의 규정과 관계없이 중앙정부에 의한 운영상의 통제는 크게 약화될 수밖에 없는 상황에 있다. 지방정부가 독자적인 입장을 내세울 수 있는 정치력을 지니게 되었기 때문이다. 법령에 규정을 두지 않은 채 관행적으로 행해 오던 개입이 어려워지게 됨은 물론, 법령상 규정된 것이라 하더라도 독자적인 정치력을 지닌 자치단체장의 의지에 의해 중앙정부가 곤란을 겪는 경우가 적지 않게 발생하고 있다.

민선체제아래 중앙정부는 결국 재정적 통제와 정치사회적 통제 등 비권력적인 통제에 의존할 수밖에 없는 상황에 놓이게 되었다. 그런데 문제는 이러한 비권력적 통제기제가 과거의 권력적 통제기제를 대신할 수 있을 정도로 강하게 자리 잡지 못하고 있다는 점이다. 정치사회적 통제의 예가 되겠지만 지역분할의 정치구도 속에 중앙정부의 여론형성기능은 일부 지역에서만 그 영향력이 발휘된다. 영남지역에 기반을 둔 중앙정부는 호남지역에서의 여론형성 기능이 매우 낮고, 호남지역에 기반을 둔 중앙정부는 영남지역에서의 여론형성 기능이 매우 낮다. 정당이 가진 공천권 등을 통해 강한 통제가 이루어질 수 있지만 이 또한 야당인 경우 통제력을 확보하기 어렵다.

재정적 통제 또한 마찬가지이다. 국가사무 수행에 있어 지방정부의 순응을 충분히 확보할 수 있을 만큼의 재원이 확보되어 있지 않을 뿐만 아니라, 합리적으로 잘 정비되어 있지도 않다. 재정적 통제의 가장 핵심적인 수단이라 할 수 있는 국고보조금인 균형발전 특별회계가 재정보전의 성격, 즉 재정이 궁핍한 지방정부의 재정을 보충해 주는 성격이 강하다. 재정적 통제를 위해서는 지방정부의 행위를 유인해 낼 수 있는 장려적 성격의 보조금이 많아야 하는데 실상은 그렇지가 못하다. 아울러 서울특별시를 비롯하여 중앙정부로부터 재정지원을 크게 받지 않는 지방정부는 이러한 재정적 통제의 대상에서 벗어나 있다.

요약컨대, 지방자치의 재실시와 함께 중앙정부의 지방정부에 대한 통제력은 크게 약화되었다고 할 수 있다. 전통적으로 크게 의존해 온 권력적 통제방식이 급속히 약화되고 있는 반면, 재정적 통제와 정치사회적 통제 등 지방화 시대가 요구하는 비권력적 통제방식은 아직 자리를 잡지 못하고 있기 때문이다.

중앙정부의 통제력 약화는 여러 가지 점에서 바람직한 현상이다. 불합리한 통제와 관여로 지방정부의 창의성 고양과 능력향상을 원천적으로 막고 있는 상황이었기 때문이다. 그러나 문제는 이러한 약화가 자칫 국가적으로 꼭 필요한 사무와 사업의 집행력 약화로 이어질 수도 있다는 사실이다. 일례로 원자력발전소에서 나오는 방사성폐기물이 위험수준으로 쌓여 가는데도 이를 처리할 폐기물처리장을 구하지 못하고 있다. 그나마 중·저준위 폐기물처리장은 '부안사태'와 같은 어려움을 겪은 후 경주에 건설할 수 있었다.[31] 그러나 **고준위 폐기물**을 처리하기 위한 처리장 문제는 지역사회와 지방정부들의 반발로 한 발자국도 나가지 못하고 있다. 노숙자보호 등과

■ 고준위 폐기물은 주로 핵연료의 재처리 공장에서 나오는 고방사능 폐기물을 말

---

31) 2003년 7월 중·저준위 방사능 폐기장 유치문제를 놓고 부안에서 벌어진 대규모 유혈사태이다. 군수가 지역 발전을 위해 위도에 방사능폐기물처리장 유치를 결정했는데, 이에 반발한 주민들이 거센 시위를 벌였다. 주민들이 군수를 감금하는 등의 격렬한 시위가 이어졌고 이를 막기 위해 경찰이 1만 명 이상 배치되는 상황이 벌어졌다. 이와 관련해서는 김경동·심익섭, "공공갈등과 방폐장 입지사례연구: IAD를 통한 경주와 부안의 비교사례분석," 『한국지방자치학회보』, 제28권 제4호 (2016), pp.103-127.

하며, 저준위 폐기물은 원자력 발전소나 방사성 물질을 다루는 공장이나 연구실 등에서 나오는 저방사능 폐기물이다. 2020년 현재에도 폐기물 처리장을 찾지 못한 채 원자력발전소에 임시 보관하고 있다.

같은 기피시설의 설치나 지방정부의 재정부담을 따를 수밖에 없는 정책 등 다른 영역에 있어서도 마찬가지이다. 지방정부의 반발로 인해 국가적으로 꼭 해야 사업을 제대로 수행하지 못하는 예가 늘고 있다.

(3) 과제: 중앙집권적 처방과 지방분권적 처방

권력적 통제구도의 약화에 따른 문제가 나타나자 우리사회 일각에서는 분권화에 중앙정부의 집행력 약화에 대한 우려와 함께 새로운 집권적 성향의 처방이 나오고 있다. 한때 자치단체장에 대한 징계 제도의 도입과 국책사업특별법 제정이 논의된 것은 그 좋은 예이다.[32] 자치단체장 징계제도의 도입은 자치단체장에 대한 인사상의 통제를 강화하여 권력적 통제의 약화에 따른 문제를 막아보자는 것이었고, 국책사업특별법 발상은 자치단체장이 지닌 인·허가권을 회수하여 중앙정부가 추진하는 사업의 집행력을 높여 보자는 의도를 담고 있었다.

이러한 **중앙집권적 처방**은 자치권 확대에 따른 문제를 자치권의 축소로 해결하자는 단순한 논리를 담고 있는 것으로서 지방정부의 지역이기주의 성향에 제동을 건다는 점에서 사회 일각으로부터 적지 않은 지지를 얻었다. 국가 전체의 이익이 일부 지방정부의 반대와 불순응(不順應)으로 차질이 빚어져서는 안 된다는 국익 우선주의의 시각이 내포되어 있기도 했다. 그러나 이러한 집권적 처방은 곧 사회 각계로부터 적지 않은 비판을 받게 되었고, 이로 인해 성사되지 못한 채 수면 아래로 잠복하고 말았다. 그러나 언제든 이와 유사한 중앙집권적 처방이 다시 수면위로 올라올 수 있다. 자치단체장과 지방의원에 대한 비판이 높고, 이로 인해 지방자치 자체에 대한 회의적(懷疑的) 시각이 만만치 않게 존재하고 있기 때문이다.

이러한 중앙집권적 처방에 대립되는 개념으로 **지방분권적 처방**, 즉 지방분권을 전제로 하거나, 아니면 지방분권을 더욱 촉진하는 방향으로의 처방이 있을 수 있다. 가장 먼저 생각해 볼 수 있는 것은 중앙정부와 지방정부 간의 올바른 대화체계를 정립하는 일이다. 우리나라는 그동안 강력한 중앙집권체제 아래 중앙정부와 지방정부간의 관계가 일방적이며 하향적이었다. 민선체제 이후 많은 변화를 보이고 있으나 중앙정부 의사결정에 있어 지방정부의 참여는 여전히 제한적이다. 지방정부와 그 지역사회에 큰 영향을

---

32) 김병준, 『김병준 교수의 지방자치 살리기』(서울: 한울, 2002), pp.169-222.

미치는 사안에 있어서도 그러한 경우가 많다.

이러한 구도 아래 지방정부는 결국 중앙정부의 의사결정에 있어 스스로의 이해관계를 다 반영시키지 못하게 된다. 하지만 그렇다고 하여 이를 쉽게 포기하지도 않는다. 어떻게 해서든 지역사회의 이해관계를 반영하려 노력하게 되는데, 그 과정에서 중앙정부와의 대립과 갈등이 발생하게 된다.

올바른 대화체계의 정립이라 함은 중앙정부 의사결정과정에 있어 지방정부의 참여를 확대하고, 또 이를 통해 지방정부로 하여금 중앙정부의 입장을 이해할 수 있는 기회와 스스로의 이해관계를 반영할 수 있는 기회를 확대시켜 준다는 것이다. 또 그럼으로써 중앙정부와 지방정부간의 대립과 갈등을 줄여나간다는 뜻이다.

또 하나 생각해 볼 수 있는 방안은 비권력적 통제기제의 정비이다. 재정지원과 기술지원, 그리고 중앙정부가 가진 정치사회적 자원을 활용하여 지방정부로 하여금 중앙정부의 의사를 존중하도록 할 필요가 있다는 말이다. 일종의 유인체제를 마련하는 것이라 하겠는데, 민선체제 출범이후 나타나고 있는 중앙정부와 지방정부간의 갈등도 상당부분 이 부분이 잘 정비되지 않아 발생하고 있다. 즉 특정지역에 지나친 희생을 강요하는 잘못된 보상체계가 자리 잡고 있거나, 국고보조금 등이 유인적 기능이나 장려적 기능을 수행할 만큼 합리적이지 못해 일어나는 일이다. 비권력적 통제기제의 정비라 함은 이러한 부분을 바로잡아 지방정부 스스로 중앙정부의 의사를 존중하게 만든다는 것이다.

제2장

지방정부의 갈등과 협력: 지역이기주의와 정부간 협력체제

제1절 지방정부의 갈등: 지역이기주의

① 죄수의 딜레마와 지역이기주의

1) 죄수의 딜레마와 '배반의 값'

'**죄수의 딜레마**(prisoner's dilemma)'는 '겁쟁이 게임(chicken game)'과 함께 게임 이론 중 가장 잘 알려진 게임 중의 하나이다. 짧은 설명을 위해 일부 각색을 해서 이야기하면 그 기본 내용은 아래와 같다.[1]

물증이 부족한 상태에서 경찰은 공범이라 여겨지는 두 명의 용의자를 체포한다. 자백을 받아내기 위해 경찰은 이 두 용의자를 서로 떼어 놓은 상태에서 별도 심문을 한다. 그리고 각각의 용의자에게 일종의 선택을 하게 한다. 한 쪽이 자백을 하고 다른 한 쪽이 자백을 하지 않으면, 자백한 쪽은 풀어주되 자백하지 않은 쪽은 10년 형으로 끌고 가겠다는 것이었다.

■ Chicken game은 도로의 중앙선 위를 두 명의 운전자가 전 속력으로 마주보고 달리는 상황을 가정하면 된다. 중앙선을 먼저 벗어나는 쪽이 chicken, 즉 겁쟁이가 된다. 두 운전자는 게임이 시작되기 전부터 자신은 절대로 핸들을 꺾는 일이 없을 것이라는 등의 위협을 가하게 된다. 일명 상호위협(mutual threat) 게임이라 한다.

---

1) 보다 정확한 내용과 자세한 설명을 위해서는 Morton Davis and Steven Brams, "Prisoner's Dilemma," Encyclopedia Britanica, accessed July 14, 2020. https://www.britannica.com/science/game-theory/The-prisoners-dilemma 참조.

그러자 용의자들이 물었다. '둘 다 자백을 하거나 둘 다 자백을 하지 않으면 어떻게 됩니까? 경찰은 이에 둘 다 자백을 하지 않으면 물증이 없으니 풀어주는 도리밖에 없고, 둘 다 자백을 하면 6개월 정도의 형으로 끌고 갈 것이라 했다.

두 용의자는 경찰이 내어 놓은 조건과, 상대 용의자가 어떠한 태도를 취할 것인가에 대해 고민을 하며 답을 내어 놓게 된다. '**협력**(cooperation),' 즉 자백을 하지 않는 쪽과, '**배반**(betrayal),' 즉 자백을 하는 쪽 중 어느 쪽을 선택하게 될까? 이것이 죄수의 딜레마 게임이 내어 놓는 질문이다.

게임 이론가들에 따르면 이 두 사람의 용의자는 자백, 즉 상호 배반을 선택하게 된다. 양쪽 모두 자백을 하지 않으면 그대로 풀려날 수 있음에도 불구하고, 이 둘은 모두 자백을 하고 '6개월의 형'을 받게 된다. 이 '6개월 형'은 '**배반의 값**'이다. 즉 협력을 하지 않고 배반을 함으로써 치르게 되는 값이다.

물론 현실은 이와 같이 단순하지 않다. 게임의 상대가 한 사람이 아닌 여러 사람인 경우가 있는가하면, 게임의 주체가 개인이 아닌 다중으로 이루어진 조직이거나 집단인 경우도 많다. 게임의 회수 또한 한번으로 끝나는 것이 아니라 무한대로 반복되는 경우가 많고, 보상체계(payoff matrix)도 위에서 설명한 것보다 훨씬 더 다양하고 복잡하다. 따라서 두 사람간의 일회성 게임의 결과를 협력과 배반이 일어날 수 있는 사회현상에 일반화하여 적용하기는 힘이 든다. 실제로 죄수의 딜레마 게임을 연구하는 게임 이론가들도 이러한 게임이 무제한 반복하여 일어나는 형태를 가정하는 등 현실성이 높은 형태로 변형하여 실험하는 노력을 계속하고 있다.

그러나 그럼에도 불구하고 이 단순한 게임은 지역이기주의를 비롯해 협력과 배반으로 설명될 수 있는 사회적 상호작용을 이해하고 설명하는데 있어 중요한 틀을 제공한다. 따라서 아래에서는 이를 활용하여 왜 지역이기주의가 일어나게 되는지에 대한 추론을 해 보기로 한다. 현실성을 높인 좀 더 복잡한 죄수의 딜레마 게임의 결과는 이 장(章)의 마지막 부분에서 설명하기로 한다(필독).

2) 배반의 이유

지역이기주의와 관련하여서는 두 용의자가 왜 협력보다는 배반을 선택하고, 그리하여 배반의 값을 치르게 되는지를 이해할 필요가 있다. 몇 가지 그 이유를 정리하면 아래와 같다.

첫째, 경찰이 제시한 보상체계(payoff matrix)의 문제이다. 보상체계 자체가 배반을 유도하고 있다. 협력을 하여 잘되는 경우에는 풀려날 수 있지만 잘못될 경우에는 10년 형을 살아야 한다. 하지만 배반을 하는 경우에는 6개월 형만 살게 되거나 풀려날 수 있다.

둘째, 두 용의자 사이에는 커뮤니케이션이 단절되어 있었다. 즉 상호 의사전달이 되지 않아 상대의 입장과 태도를 읽을 수 있는 방법이 없었다. 이러한 상태에서 두 용의자는 상대의 입장과 태도를 고려하지 않는 상태에서 각자 개인의 이익을 극대화할 수 있는 방안을 선책하게 된다.

셋째, 두 용의자 사이의 신뢰문제이다. 두 용의자 모두 범죄를 저지른 사람으로 상대에 대해 높은 신뢰를 가지지 못한 상태에 있다. 상대가 절대로 자백하지 않을 것이라는 신뢰가 있었다면 그 결과는 달라질 수 있다. 두 용의자 모두 자백할 이유가 없어지는 것이다.

만일 이 두 용의자가 떨어져 있고 자유로이 의사를 교환할 수 있고 서로의 입장을 지속적으로 확인할 수 있는 상황에 있었더라면, 또 경찰이 제시한 보상체계가 자백을 하던 하지 않던 별 차이가 없는 정도였다면, 그리고 두 사람이 형제와 같은 사이로 결코 배신을 하지 않으리라는 확신이 있었다면 그 결과는 어떻게 되었을까? 또 여기에, 이 두 용의자 사이를 오가면 이들의 흔들리는 입장을 잡아줄 수 있는, 이 두 용의자가 다 같이 신뢰하는 중재자가 있기도 했더라면 어떻게 되었을까?

지역이기주의는 많은 부분, 죄수의 딜레마와 같은 협력과 배반의 게임이다. 게임에 참가하고 있는 어느 한 쪽이 얻으면 다른 한 쪽은 반드시 그만큼 잃게 되는 제로섬(zero-sum) 게임이 아니라 모두가 다 같이 얻을 수도 있고(win-win) 다 같이 잃을 수도 있는(lose-lose) 게임이다. 협력에는 협력의 이유가 있고, 배반에는 배반의 이유가 있다. 이를 잘 가려 제도와 관행을 바로 잡은 일이 매우 중요하다.

3) 보편적 현상으로서의 지역이기주의

지역이기주의는 특정지역의 지역주민들이나 지방정부가 자기 지역의 이익을 내세워 국가전체의 이익이나 다른 지역의 이익에 반하는 행동을 하거나 태도를 취하는 현상을 말한다. 흔히 **NIMBY**(Not In My Back Yard) 혹은 PIMFY(Please In My Front Yard) 등으로 불린다. 말 그대로 혐오시설 등 지역의 이익에 반하는 시설물이 들어서거나 정책이 집행되는 것은 반대하고, 지역의 이익에 도움이 되는 시설이 들어서거나 정책이 추진되는 것은 적극적으로 환영하고, 또 유치하기 위해 힘을 쓰는 현상이라 할 수 있다.

지역이기주의는 어느 사회에서나 대체로 부정적으로 받아들여진다. 한번 발생하게 되면 사회적으로 큰 파장을 일으킴은 물론 큰 사회경제적 비용을 치르게 되기 때문이다. 일부에서는 이러한 현상은 일종의 후진적 현상으로 민주적 제도와 타협의 문화가 제대로 자리 잡지 못한 국가에서 많이 일어나는 일로 인식하는 경향도 있다.

그러나 이는 그렇지가 않다. 지역이기주의는 어느 국가 없이 보편적으로 일어나는 현상이다. 민주적 질서가 잘 자리 잡고 있는 미국만 하더라도 지역이기주의의 문제는 정부와 지역사회에 큰 부담을 주고 있는 사회문제의 하나이다. 미국의 적지 않은 지방정부들과 지역주민들이 부랑인(homeless)이 관할 구역이나 자신들의 거주지역으로 들어오는 것을 막기 위해 온갖 방법을 동원하고 있고,[2] '스납 조닝(Snob-zoning)'이라 불리는 배타적 지역지구제를 통해 주택을 지을 수 있는 대지면적의 하한선을 올려 자신들의 지역에는 영세민들이 사는 작은 집들이 아예 들어서지 못하도록 해 버리는 경우도 있다.[3] 1987년 쓰레기 내릴 곳을 찾지 못해 미국 동부 해안을 200일간이나 떠돌아 다녔던 쓰레기 바지(barge)선 사건은 미국과 같은 나라에서도 지역이기주의가 얼마나 극심한지를 단적으로 보여 주었다(사잇글 7-2).

유럽국가도 마찬가지이다. 영국만 해도 런던의 포플라 바러(Poplar Borough)의 지방의원들이 지방세 삭감을 요구하며 중앙정부와 대치하며 스스로 감옥행까지 자청한 '포플라사건(Poplar Rates Rebellion)'이 있었던 국가이

■ Snob은 '속물'이나 '잘난 체하는 사람'이라는 뜻을 가지고 있다. 잘난 사람들만 살게 하는 제도라는 뉘앙스를 가지고 있다.

---

2) 노숙자들을 향한 바람직하지 못한 조치들에 대해서는 The Blaze, "Top 10 Anti-Homeless Measures Used in the United States," June 18, 2014. accessed July 15, 2020. https://www.theblaze.com/contributions/top-10-anti-homeless-measures-used-in-the-united-states.

3) 그 예를 보기 위해서는 아래 기사 참조, Washington Post, "'Snob zoning' is racial housing segregation by another name," Sep. 25, 2017. accessed July 15, 2020. https://www.washingtonpost.com/news/wonk/wp/2017/09/25/snob-zoning-is-racial-housing-segregation-by-another-name/.

다.[4] 대처(Thatcher) 수상 아래에서만 해도 중앙정부는 런던광역시(Greater London Council)나 버밍행(Birmingham)과 같은 대도시 정부들과 재정지출 문제를 놓고 극단적인 대립구도를 이루었다. 정도의 차이가 있을 뿐 지역 이기주의라 부를 수 있는 갈등은 국가와 지역사회 모두에 있어 큰 부담을 주고 있다. 특히 사회경제적 변화가 빠른 국가와 제도와 관행이 이러한 변화를 제대로 따라가지 못하고 있는 국가에서는 더욱 그러하다.

사잇글 7-2: 'Mobro 4000'의 쓰레기 오디세이(Garbage Odyssey)

환경문제에 관심을 둔 사람들에게는 널리 알려져 있는 이야기 한 토막! 1987년 3월 22일. 'Mobro 4000'이라는 이름은 바지(barge)선은 3천 톤이 넘는 쓰레기를 싣고 예인선에 이끌려 New York 시(市) 근처의 아이스립 타운(Town of Islip)을 떠났다. 목적지는 North Carolina 주(州)의 모어헤드(Morehead)시(市). Islip 타운의 매립지에 여유가 없어 이를 그곳으로 옮기는 것이었다. Morehead 시(市)는 이를 받아 메탄가스를 만들기로 되어 있었다.

그런데 가는 도중에 이상한 헛소문이 돌았다. 쓰레기 중에 병원에서 나온 가운과 기저귀 등이 많은데, 이게 병원균에 오염이 되어 있고, 그래서 쓰레기 전체가 오염되고 있는 상태라는 이야기였다. 배가 Morehead 시에 도착하자 야단이 났다. 지역 TV방송이 헬기를 타고 촬영을 하고 하더니 저녁 뉴스에 이를 보도했다. 결국 주정부의 관리가 나와 검사까지 하더니 쓰레기를 실은 채로 그대로 떠나라는 출항 명령을 내렸다.

할 수 없이 Morehead 시를 떠난 배는 원래 그 배가 등록되어 있던 Louisiana 주(州)로 갔다. 그러나 여기서도 쓰레기는 내리지도 못한 채 출항명령을 받았다. 이어 Alabama 주(州)을 비롯해 여러 주(州)를 돌았지만 결과는 마찬가지였다. 할 수 없이 남의 나라인 Mexico와 중미에 있는 Belize라는 나라까지 가봤지만 헛일이었다. Mexico는 해군 경비정이 나와 진입자체를 막았다.

도리 없이 New York으로 다시 돌아오는 수밖에 없었다. 그런데 다시 돌아오니 이번에는 New York 시(市) Queens 구(區, borough)의 구청장이 쓰레기를 육지로 가지고 들어오지 못하게 하는 법원명령을 받아 내 밀었다. 결국 또 쓰레기를 내리지 못한 채 바다에 떠 있게 되었다. 배는 이미 쓰레기 썩은 냄새가 진동을 하는 상태였다. 법원의 재판과 이해관계자들의 협상 등을 거쳐 New York 시(市) Brooklyn 구(區)의 소각장에서 소각을 할 수 있게 된 것이 10월! 장장 200일 이상이 걸렸다. 소각을 하고 남은 450톤의 재는 200일전 떠났던 Islip 타운의 매립장에 묻었다.

---

4) Poplar Borough는 현재 Borough of Tower Hamlets으로 바뀌었다. 이 사건에 관해서는 East London Advertiser, "Councilors Jailed Over Rates," Dec. 6, 2016. accessed July 15, 2020. https://www.eastlondonadvertiser.co.uk/news/heritage/advertiser-150-we-report-poplar-rates-strike-of-1921-as-28-councillors-go-to-jail-to-save-the-poor-1-4807347.

200일간의 오디세이를 거치면서 쓰레기 운반을 맡았던 쓰레기의 주인 Lowell Harrelson씨와 그의 회사는 1백만불 이상의 피해를 입었다. Mobro 4000은 세계에서 가장 유명한 바지선이 되었고, 미국인들은 200일 동안 도를 넘은 지역이기주의에 스스로 쓴 웃음을 지어야 했다.

② 우리나라에서의 지역이기주의

1) 지역이기주의의 발생

우리나라에서 발생하고 있는 지역이기주의 사건에 대한 정확한 통계는 없다. 상황을 짐작할 수 있는 통계가 일부 있기는 하나 신뢰성이 매우 떨어진다. 어디서 어디까지를 지역이기주의로 볼 것인지를 판단하는 객관적 기준이 없는데다, 집계되지 않고 넘어가는 사안들도 많기 때문이다. 하나의 예가 되겠지만 행정안전부는 민선체제가 들어선 이후 10년 동안 발생한 지역이기주의 사례가 1년에 몇 건 정도에 지나지 않는 것으로 적고 있다.[5] 그러나 언론과 전문가의 시각은 다르다. 똑같은 시기에 그와는 비교가 되지 않을 정도로 많은 갈등과 마찰이 일어나고 있는 것으로 파악하고 있다. 한 예로 한국지방행정연구원의 한 보고서는 민선체제 출범직후 10개월 간 일어난 것만 해도 40건 가까운 것으로 보고하고 있다. 어느 쪽이 더 정확한가의 문제가 아니라 분쟁과 갈등을 어떻게 규정하느냐에 따라 그 범위와 수가 달라지고 있다는 뜻이다.

그러나 분명한 사실은 중앙정부와 지방정부간의 분쟁을 포함해 지역이기주의로 볼 수 있는 분쟁과 갈등이 일어나고 있다는 사실이다. 아울러 이러한 분쟁과 갈등은 큰 사회경제적 비용, 즉 '배반의 값'을 지불하게 만들고 있다는 점이다.[6]

---

5) 행정자치부(행정안전부), 『민선자치 10년 평가보고서 Ⅰ』(2006), p.498.
6) 흔히 대형 지역이기주의 사례가 발생할 때마다 다양한 주체들이 그 직접적인 손실과 사회경제적 기회비용 등을 계산해 낸다. 이를테면 영광군이 원자력발전소 허가를 취소함으로써 초래된 직·간접 손실이 40억 달러에 달하고, 경부고속철도 천성산 터널공사를 반대가 초래한 비용이 2조5천억 원, 그리고 사패산 터널공사가 지연됨으로써 발생한 손실이 5천5백억 원이라는 식이다. 그러나 이러한 추산은 정확하지도 않을 뿐만 아니라 시위참여자들의 정신적 피해 등 추청하기 어려운 요소들을 다 감안하지 않는다는데 문제가 있다.

2) 지역이기주의의 유형: 주체에 따른 분류

지역이기주의는 분쟁의 주체가 누구이냐에 따라 여러 가지로 나누어 볼 수 있다. 즉 <표 7-1>에서 보는 것처럼 중앙정부와 지방정부 사이에 일어나는 분쟁과 지방정부와 지방정부 사이에 일어나는 분쟁, 그리고 중앙정부와 지역주민이나 시민사회 사이에 일어나는 분쟁과 지방정부와 지역주민이나 시민사회 사이에 일어나는 분쟁 등으로 나누어 살펴 볼 수 있다. 아울러 지역주민과 지역주민 사이에 일어나는 분쟁도 그 한 부분이 될 수 있다.

중앙정부와 지방정부, 그 중에서도 광역지방정부 사이에 있었던 지역이기주의 분쟁의 가장 좋은 예는 2005년과 2006년에 있었던 LG-필립스 LCD 파주공장 건설문제를 둘러싸고 벌어졌던 중앙정부와 경기도 사이의 갈등을 들 수 있다. 2006년 초에 이르기까지 이를 허가하겠다는 경기도와 인구의 수도권 집중문제 등을 이유로 이에 유보적인 태도를 가졌던 중앙정부 사이에 상당한 긴장이 존재했던 사건이다. 결국 중앙정부가 경기도의 입장

표 7-1	지역이기주의 분쟁/갈등의 주체별 양태
기본유형	**지역이기주의의 갈등유형**
지역주민과 정부간의 갈등	• 지역주민과 중앙정부 (예: 부안 방폐장 건설을 둘러싼 갈등) • 지역주민과 광역지방정부 (예: 서울 종로구 평창동 가스충전소 설치를 둘러싼 갈등) • 지역주민과 기초지방정부 (예: 화장장 설치 문제를 둘러싼 원주시와 해당 지역주민 대립)
중앙정부와 지방자치단체간의 갈등	• 중앙정부와 광역지방정부 (예: LG-필립스 공장 건설 문제를 둘러싼 중앙정부와 경기도 갈등) • 중앙정부와 기초지방정부 (예: 장흥산업단제 문제를 둘러싼 중앙정부와 서천군의 갈등)
지방자치단체간의 갈등	• 광역지방정부와 기초지방정부 (예: 서울 강남구 한전부지 공공기여금 사용을 둘러싼 서울시와 강남구 갈등) • 광역지방정부와 광역지방정부 (예: 동남권 신공항 문제를 둘러 싼 부산시 등과 대구시 등의 갈등 • 기초지방정부와 기초지방정부 (예: 방폐장 유치활동을 하던 군산시와 이를 반대한 서천군의 갈등)
주민간의 갈등	• 지역주민간의 갈등 (예: 대구광역시 취수원 이전을 둘러싼 대구지역 주민과 구미지역 주민의 갈등)

을 이해하는 쪽으로 선회를 하게 되었는데, 이로 인해 중앙정부는 기존 LCD 공장이 입지하고 있던 구미시와 구미시 주민 등으로부터 거센 항의를 받아야 했다.

중앙정부와 기초지방정부 사이에 있었던 대표적 지역이기주의 분쟁으로는 2006년 말 장항산업단지 문제를 둘러싸고 벌어졌던 중앙정부와 서천군의 갈등을 들 수 있다. 서천군은 충청북도와 함께 공업단지의 빠른 추진을 요구했고, 환경단체의 반발 등을 감안한 중앙정부는 대상지역의 갯벌을 보존할 수 있는 대안개발을 고려하고 있었다. 결국 군수가 광화문 정부종합청사 앞에서 단식을 하는 일이 벌어지기도 했다.[7]

광역지방정부와 광역지방정부 사이에 일어난 지역이기주의 갈등의 대표적인 예로서는 영남권 신공항 입지문제를 들 수 있다. 부산 가덕도를 주장하는 부산광역시와 밀양을 주장하는 대구광역시와 경상북도 등이 이상 첨예하게 대립해 왔다. 2016년에는 가덕도도 밀양도 아닌 기존의 김해국제공항 확장으로 결정을 지웠지만 소음을 우려하는 김해지역 주민의 반대와 문재인정부의 가덕도안(案) 지지입장이 변수가 되면서 다시 갈등이 일게 되었다. 기존 공항의 수용역량이 한계를 보이는 상황에서 10년 이상 결론을 내리지 못하고 있다.

광역지방정부와 기초지방정부의 갈등은 그 심각성에 있어 앞의 유형들에 비해 덜한 경우가 대부분이다. 광역지방정부와 기초지방정부간에 소통이 비교적 잘 이루어지는데다 지역적 이해관계 또한 같은 경우가 많기 때문이다. 크게 심각하지 않은 사안들, 예를 들면 기초지방정부 부단체장 임명과 같은 행정권 행사나 지역주민이 노숙자 시설이나 가스충전소 설치와 같은 기피시설물의 설치 등을 둘러싸고 일어나는 경우가 많다.

2015년 서울특별시와 강남구가 현대그룹이 낼 공공기여금의 사용용도를 대립한 것은 이 유형, 즉 광역지방정부와 기초지방정부 갈등의 좋은 예라 할 수 있다. 강남구에 있은 한전 부지를 매입한 현대차 그룹은 용적률 상한을 높이는 대신 그에 따른 이익 중 상당부분을 공공기여금으로 내어 놓게 되어 있었다. 강남구는 1조 원을 훨씬 넘는 이 돈을 강남구를 위해 써야 한다고 주장하는 반면 서울특별시는 그 일부분을 인근 자치구인 송파구

---

7) 연합뉴스, "서천군수, 장항산단 착공 촉구 단식," 2006. 11. 28. 접속 2020. 7. 15. https://news.v.daum.net/v/20061128163015488?f=o.

지역에 까지 쓸 계획을 세우고 있었다. 결국 이 일은 강남구가 서울시를 상대로 소송을 제기하는 데까지 갔다.

각급 정부간에 일어나는 지역이기주의 분쟁과 함께 이들 정부와 지역주민들이 부딪치는 일도 일상적인 일이 되고 있다. 방폐장, 즉 방사선 폐기물 처리장 설치 문제를 두고 벌어졌던 부안 방폐장 사태는 중앙정부와 지역주민이 부딪친 대표적인 지역이기주의 사건이었다. 한동안 전국을 뒤 흔든 사건이었는데, 이 과정에서 한때 군수가 지역주민에게 감금되고 구타당하는 일이 벌어지기도 했다. 결국 방폐장은 없던 일로 되었고, 정부는 이 일을 처음부터 다시 추진해야 했었다.[8]

방폐장을 다시 추진하게 되자 이번에는 경주와 군산을 비롯한 여러 지방정부들간에 과도한 경쟁이 붙었다. 이들은 방폐장 설치시 보장되는 경제적 인센티브를 생각하며 적극적인 유치활동을 폈다. 그런데 이번에는 이 과정에서 기초지방정부간 갈등이 일어났다. 유치를 추진하는 지방정부 인근의 지방정부 일부가 유치반대 운동을 전개하고 나선 것이다. 경제적 인센티브 없이 방폐장이 가져오는 피해만 보게 된다는 생각에서였다. 군산시의 유치운동에 대한 서천군의 반대운동은 그 대표적인 예였다. 서천군은 청정지역 보존을 내걸고 유치를 반대했으며, 이로 인해 군산시와의 관계가 크게 악화되었다.[9]

심지어는 지역주민과 지역주민이 분열되어 대립과 갈등을 빚기도 한다. 가장 대표적인 경우가 물 문제를 놓고 벌어지는 갈등이다. 댐의 건설과 확장, 그리고 취수원의 이전 등에 대해 상류 쪽 주민들과 하류 쪽 주민들의 이해관계가 워낙 다르기 때문에 정책적 변화가 있을 때 마다 일어나곤 한다. 2005년과 2006년 큰 문제가 되었던 한탄강 댐 문제와 2020년 현재까지 합의를 보지 못한 진주 남강댐 문제, 그리고 대구시민과 구미시민 간의 갈등을 일으키고 있는 대구취수원 이전문제 등이 다 그러하다.[10]

---

8) 자세한 내용은 정책기획위원회, 『공공관리 시스템구축』, 보고서 (2008), pp.158-160.

9) 뉴시스, "방폐장 놓고 서천·군산 갈등악화: 투쟁선포식 대 지원책 마련," 2005. 9. 13. 접속 2020. 7. 15, https://news.v.daum.net/v/20050913184218319?f=o.

10) 한탄강댐은 임진강 하류 지역 수해 방지 종합 대책의 일환으로 추진되었으나 기획단계에서부터 철원 등 상류지역 주민들의 극심한 반대에 부딪쳤다. 주민들은 극렬한 투쟁을 하다가 이를 소송으로 가져갔으나 패소했다. 주민들의 저항으로 댐은 다목적댐에서 홍수조절용 댐으로 축소되었고 2016년 완공되었다. 진주 남강댐은 이를 취수원으로 이용하려는 부산시민들과, 그렇게 될 경우 추가 여수

3) 지역이기주의의 원인

(1) 행정환경의 변화

① 민주화의 심화에 따른 주민의 권리의식 신장

지역이기주의는 지역주민의 권리의식 신장과 깊은 관련이 있다. 특히 우리나라와 같은 경우에 더욱 그러하다. 권위주의 체제 아래에서는 스스로의 이해관계와 신념을 표출시킬 수 없었으나 민주화가 진행된 상황에서는 자신들의 정치·경제적 권리를 강하게 표출하고 있다. 재산권과 관련된 사안에 있어서는 더욱 강한 입장을 보이는 경향도 있다.

지역주민이 재산권 보호 등에 있어 강한 입장을 보이게 되면 지방정부 또한 이러한 입장을 존중할 수밖에 없게 된다. 지방정부가 지역주민의 선택에 의해 결정되는 상황에 있어 지방정부가 이들의 입장에 반하는 행동을 할 수 없기 때문이다. 정책결정과정에서의 주민참여 메커니즘과 주민의 재산권 보호제도 등이 잘 정비되어 있지 않은 경우에는 더욱 그러하다. 즉 재산권 행사를 제약할 수 있는 정책이 지방정부나 중앙정부에 의해 일방적으로 결정되거나 피해에 대한 보상이 기대에 미치지 못하는 경우 주민은 집단행동을 통해 자신들의 이익을 보호·추구하게 된다.

② 중앙정부와 지방정부간의 관계변화

앞 장(章)에서 설명한 바와 같이 중앙정부가 지방정부에 대해 행하는 통제에는 크게 네 가지가 있다. 지방정부의 행위를 승인하고 허가하고 조사하고 감사하는 등의 운영상의 통제와 지방정부 소속의 공무원에 대한 인사권을 바탕으로 통제하는 인사통제, 그리고 국고보조금과 특별교부세 등을 통한 재정적 통제와 중앙정부가 지닌 정치적 영향력과 여론형성 기능 등을 바탕으로 하는 정치사회적 통제가 그것이다.

지방자치가 실시되기 전에 우리나라의 중앙정부는 인사통제와 운영상의 통제에 크게 의존해 왔다. 즉 권력적이고 직접적인 통제방법을 주로 사용해 왔다. 국고보조금제도나 특별교부세제도와 같은 재정적 통제가 없었던 것은 아니나, 그것은 어디까지나 보조적인 의미를 지닐 뿐이었고 실질적

로 공사 등으로 피해를 입게 되는 사천지역 주민들의 이해관계가 부딪친 건이다. 대구취수원 이전 문제는 구미공단에서 배출되는 오염을 우려하는 취수원을 구미 위의 상류로 옮기고자 하는 대구지역 주민들과 이를 반대하는 구미지역 주민들의 이해관계가 부딪치고 있는 건이다.

통제는 역시 인사권을 행사를 통해서, 또 행정운영에 직접 개입함으로써 행하였다.

그러나 지방자치의 실시와 함께 지방자치단체장이 주민에 의해서 직접 선출되면서 이러한 통제체제는 그 근본부터 흔들리게 되었다. 가장 강력한 수단이었던 인사통제를 행할 수 없게 되었기 때문이다. 자연히 지역주민과 지방정부의 이해관계 표출을 조정하고 완화하기가 쉽지 않게 되었다. 잠재되어 있던 갈등이 드러나고, 새로운 갈등이 발생할 수 있는 환경이 조성된 것이다.

(2) 새로운 제도와 관행의 미비

주민의 권리의식이 신장되고 지방정부의 자율성이 커지는 데 따라 국가와 지방정부의 정책과정과 행정제도 및 관행이 변화되었다면 지역이기주의의 문제는 그다지 심각하지 않을 수 있다. 즉 지방정부의 의사가 국정에 바르게 반영되고 주민의 의사와 이해관계가 중앙정부와 지방정부의 정책과정에 바르게 반영되는 경우, 또 주민의 재산권에 대한 올바른 인식과 함께 우리사회 내에 권위 있는 중재자가 다수 존재하는 경우 지역이기주의로 인한 갈등의 가능성은 그만큼 줄어들게 된다.

그러나 우리나라의 경우 그렇지가 못하다. 민주화와 분권화 경향 속에 주민과 지방정부의 입장이 강화되고 있는 반면, 정책과정과 행정제도와 관행은 여전히 권위주의 시대의 모습을 하고 있는 부분이 많다. 민선체제 출범 이래 많은 부분에서 개선이 있었지만 아직도 부족한 부분들이 있다. 몇 가지 중요한 사항을 지적해 보면 아래와 같다.

① 주민참여 메커니즘의 미비

지역주민의 권리의식이 신장된 상황에서는 지역주민의 신념과 이해관계를 정책결정과정에 충분히 반영시키는 일이 매우 중요하다. 그렇지 못한 경우 지역주민은 결정과정인 아닌 집행과정에서 그 나름의 이해관계를 추구하게 된다. 이것은 곧 중앙정부 및 지방정부의 정책에 대한 불순응(non-compliance)과 갈등으로 연결된다.

우리나라의 경우 그동안 많은 개선이 있었지만 중앙정부와 지방정부의 의사결정과정이 여전히 지역사회의 의견을 제대로 수렴하지 않은 채 이루어지는 경우가 있다. 지역주민의 의사를 반영할 수 있는 제도와 관행이 잘 정착되어 있지 않은데다 지방의회가 제 기능을 다 하지 못하고 있기 때문이다. 전 국민적 관심사가 되었던 부안 방사선 폐기물 처리장 사건 역시 다른 많은 원인이 있었겠지만, 자치단체장이 지역주민의 의견을 제대로 수렴하지 않은 상태에서 결정을 내린 것이 초기단계에 있어 가장 큰 문제가 되었다.[11]

② 지방정부 참여 메커니즘의 미비

국가정책과정이나 상급지방정부의 결정과정에 시·도나 시·군·구가 참여할 수 있는 기회가 크지 않은 것도 문제가 된다. 과거와 달리 지방정부가 독자적인 목소리를 낼 수 있는 상황인 바, 이들의 입장이 정책결정과정에 충분히 반영되도록 해 주어야 한다. 그렇지 않으면 정책과정 전반에 걸쳐 결정주체인 중앙정부 또는 광역지방정부와 해당 지방정부와의 마찰이 끊이지 않게 된다.

우리나라의 경우 앞서 제기한 주민참여 문제와 마찬가지로 지방정부의 이해관계가 크게 걸린 정책을 중앙정부나 상급지방정부가 일방적으로 결정하는 경우가 적지 않다. 공식적인 참여 메커니즘이 잘 정비되어 있지 않기 때문이다. 지역을 대표하는 국회의원이 있지만 정당의 중앙집권적 구도와 지역주의 구도로 인한 도덕적 해이 속에 출신지역의 입장을 제대로 전달하지 못하고 있다. 자치단체장이나 지방의원의 참여 또한 제한적이다. 때로 참여시키기도 하고, 의견을 묻기도 하지만 이것이 제도화되어 있지는 않다. 중앙정부의 입장에 따라 할 수도 있고 안 할 수도 있다. 전국시·도지사협의회를 비롯한 지방 4단체가 있지만 이 또한 그 활동이 개별 정책분야에까지 미치지 못하고 있다. 그나마 2000년대에 들어서야 중앙정부의 각종 위원회 등에 이들 4단체가 지정한 대표가 참여하는 등 참여의 폭이 늘고 있다.

③ 조정 및 협의제도의 미비와 조정자의 부족

민주화되고 분권화 된 체제에 있어서는 법률적·정치적 영향력을 가진 주요 결정주체들 간의 서로 다른 의견과 이해관계를 조정하고 상호 협의할

■ 지방4단체는 전국시·도지사협의회, 전국시·도의회의장협의회, 전국시장·군수·구청장협의회, 전국시·군·자치구의원협의회 등이다. 이들은 법률로 그 지위를 보장받고 있다. 그래서 지방 법정4단체로 부르기도 한다. 참고로 미국에는 지방7단체가 있다: National Governor's Association, National Conference of State

---

11) "(전북)방폐장 반대 부안군민 궐기대회-평화시위로 막 내려," 뉴시스, 2003. 7. 25.

Legislatures, Council of State Governments, National Association of Counties, National League of Cities, US Conference of Mayors, International City/County Management Association. 그리고 일본에는 지방6단체가 있다: 도·도·부·현지사협의회, 도·도·부·현의회의장협의회, 시장협의회, 시의회의장협의회, 정·촌장협의회, 정·촌의회의장협의회.

수 있는 제도의 확립이 중요하다. 그러나 우리나라에는 아직 이러한 조정과 협의제도가 잘 마련되어 있지 않다. 이 장(章)의 제2절에서 다시 설명을 하겠지만 제도 자체가 없는 것은 아니다. 중앙정부의 여러 부처장관들과 시·도지사 등으로 구성이 되는 행정협의조정위원회도 설치하도록 되어 있고,[12] 분쟁조정위원회도 있다. 아울러 지방정부간에 형성되는 행정협의회도 있다. 그러나 이들 기구들의 활동 역시 매우 제한적이다. 행정협의조정위원회에 분쟁조정을 위해 상정되는 사안이 한 해 평균 1~2건에 불과하다는 사실이 이들 기구의 위상과 기능을 말해주고 있다. 게다가 지역주민이 주체가 되어 일어나는 갈등은 이들 조정기구의 조정대상도 아니다.

아울러 사회지도자 등 복잡한 이해관계를 조정할 수 있을 정도의 권위를 가진 조정자도 부족하다. 권위주의 아래 대부분의 사회지도자는 둘 중의 하나를 선택해야 했다. 관변인사가 되거나 재야인사가 되는 것이었다. 관변인사는 스스로 권위를 버렸고, 재야인사는 권위주의적 정부와 보수운동 단체 등에 의해 '좌익인사' 등으로 매도되며 그 권위를 상실했다. 민주화가 진행되는 과정에서도 정치권은 이들 인사들을 당리당략의 희생물로 삼았다. 한두 번 활용하다 효용성이 다하면 다시 정치권 밖으로 내 보내는 식이었다. 조정역할을 할 수 있는 인사의 수가 적을 수밖에 없는 현실이다.

④ 보상체계의 미비

주민의 권리의식이 신장된 만큼 주민의 재산권에 영향을 주는 정책은 반드시 그에 대한 적절한 보상이 따라야 한다. 그러나 우리나라의 경우 합리적인 보상이 잘 이루어지지 않는 경우가 많다. 서울 주변 상수도원의 관리를 위해 수변지역을 정해 개발을 제한하면서 그에 대한 적절한 보상을 하지 않는다거나 화장장을 설치하면서 그로 인한 지가와 주택 가격을 하락을 제대로 반영해 주지 않는 예를 어렵지 않게 찾아볼 수 있다.

그런가 하면 보상가격의 시점을 잘못 잡아 지역주민에게 피해를 주는 일도 허다하게 발생한다. 개발을 한다는 정보가 흐르게 되면 지가는 하루가 다르게 올라간다. 이에 비해 보상절차는 느려 시간이 많이 흐른 뒤에 보상을 하게 된다. 시가와 보상가격에 큰 차이가 날 수밖에 없고, 차이의

---

12) 지방자치법 제187조 제1항: 중앙행정기관의 장과 지방자치단체의 장이 사무를 처리할 때 의견을 달리하는 경우 이를 협의·조정하기 위하여 국무총리 소속으로 행정협의조정위원회를 둔다.

크기만큼 분쟁의 가능성도 커진다.

아울러 지역이기주의 활동과 관련된 잘못된 보상체계도 존재한다. 분쟁을 일으키고 끝까지 투쟁을 하는 사람들이 더 많은 보상을 받는 구도가 강하게 자리 잡고 있다. 정부의 정책을 그대로 받아들이는 사람은 제일 작은 보상을 받거나 손해를 보게 되는 경우가 적지 않다. 자연히 분쟁은 더욱 격렬해 진다. 보상체계 그 자체가 신뢰를 잃고 있는 경우이다.

⑤ 비합리적인 사무배분과 불명확한 사무구분

민주화와 분권화를 반영하지 못하는 잘못된 권한배분 구조나 관행도 갈등의 원인이 된다. 지방의회가 구성되고 민선체제가 출범하였으면 그에 걸맞는 책임과 권한이 주어져야 하는데 그렇지가 못한 경우가 있다. 2008년 충북지사와 청주시장 사이에 벌어진 청주시 부시장 임명을 둘러싼 논쟁은 그 대표적인 예이다. 분권체제 아래에서는 그 권한은 당연히 청주시장에게 속한다. 과거의 관행이 어떠했건 도지사가 관여할 일이 아니다. 과거의 잘못된 관행이 분쟁이 되지 않을 사안을 분쟁으로 만들고 있는 예이다.

불명확한 사무구분 또한 문제가 된다. 위임사무와 자치사무를 함께 수행하는 구도 속에서 위임사무와 자치사무의 구분이 명확하지 않다보니 자치단체장과 지방의회 사이에, 또 중앙정부와 지방정부 사이에 마찰과 갈등이 일어나게 된다.

4) 지역이기주의 완화를 위한 과제

(1) 일반적 과제

앞서 죄수의 딜레마를 통해 협력과 배반의 게임이라 할 수 있는 지역이기주의와 관련하여 무엇이 필요한지를 이미 설명하였다. 배반이 아니라 협력을 유도할 수 있는 적절한 보상체계, 서로의 입장을 명확히 알 수 있는 대화체계, 그리고 서로를 믿을 수 있는 신뢰와 조정체계와 조정자의 존재 등이 지역이기주의를 완화할 수 있는 방안이 된다. 앞서 설명한 지역이기주의의 원인에 관한 설명 또한 이를 다시 한 번 확인하는 의미 이상을 지니지 않는다.

보상체계와 관련하여서는 2006년 방폐장 문제의 해결에 적용되었던 **경매방식**(auction)의 확대 적용을 먼저 생각해 볼 수 있다. 특히 혐오시설의 설치 등에 있어서는 반드시 고려해야 할 문제이다. 경매방식은 20년 가까이 끌어오던 방폐장 문제 해결하는 결정적 계기가 되었다. 지역발전에 큰 영향을 미칠 양성자가속기와 3조원이 넘는 특별지원금은 여러 지방정부로 하여금 유치전에 경쟁적으로 뛰어들도록 만들었다.

경매방식이 도입될 수 없는 사업에 대해서는 그 나름대로 적절한 보상을 하기 위한 노력이 있어야 한다. 피해권역과 예상되는 피해의 정도 등이 면밀히 측정되어야 하며, 지방정부와 지역주민이 입을 손실과 기회비용 상실 등에 대한 정확한 조사가 있어야 한다. 무엇보다도 이러한 조사와 측정, 그리고 보상액의 책정 등을 위한 합리적 과정이 정비될 필요가 있다.

대화체계의 정비와 조정제도의 정비에 대해서는 별도의 설명이 필요하지 않다. 이해당사자가 결정의 한 축을 이룰 수 있도록 정책결정과정과 행정절차가 정비되어야 한다. 지금과 같이 의견을 제시하게 하는 정도로는 집행과정에서의 불순응과 문제제기를 막을 수 없다.

조정체계 또한 마찬가지이다. 지금과 같은 형식적인 운영으로는 지방정부의 신뢰를 확보할 수 없다. 법적 권한이 결여되어 있고, 조정기구의 구성원들조차 적극적인 의지가 없는 상태이기 때문이다. 따라서 결국은 모두 법원을 향해 갈 수밖에 없는 구도가 되고 있다. 새만금 사업과 한탄강 댐 문제 등이 모두 법원의 결정에 의해 해결의 실마리를 얻고 있다. 법원에 의해 문제를 해결하는 것이 잘못되었다는 것이 아니라 법원보다 빠르고 효과적인 조정기구가 정비되어야 한다는 뜻이다.

신뢰의 문제는 제도만으로 되는 것은 아니다. 정부부터 국민의 지지를 얻을 수 있는 합리적인이고 일관된 자세를 보여주어야 한다. 집행 가능한 정책을 만들고, 만든 정책은 반드시 집행하고, 잘못된 일에 대해서는 반드시 보상이 따르게 해야 한다. 그동안 목소리가 큰 집단에 더 많은 이익을 주고, 정부의 정책에 쉽게 순응하는 집단에게는 적게 주거나 손실을 입히는 일이 적지 않게 있었다. 국민들 사이에는 가만히 있으면 손해를 보게 된다는 '믿음'이 있다. 이러한 믿음이 믿음으로 있는 한 지역이기주의는 쉽게 완화되지 않는다.

(2) 인식의 전환

앞서 설명한 일반적 과제보다 더욱 중요한 과제는 지역이기주의에 대한 인식을 전환시키는 일이다. 많은 사람들이 지역이기주의의 원인을 인간의 이기심으로 돌린다. 즉 사람들이 자기 이익 혹은 자기지역의 이익에 집착한 결과 지역이기주의와 같은 좋지 않은 현상이 생겨난다고 보는 것이다.

지역이기주의를 이러한 시각에서 보면 이에 대한 처방도 다분히 도덕적인 것이 된다. 사람 또는 사람의 이기심에 문제가 있다고 보았으니 그에 대한 처방도 사람을 향한 것이 된다. 그래서 '화합', '양보' 등의 도덕적 덕목이 처방으로 제시된다. 즉 이기심을 버리라고 제언한다. 그러다 좀처럼 해결이 되지 않으면 곧 공권력의 행사를 통한 해결방안을 찾게 된다. 비도덕적인 이기주의에 대한 공권력의 행사인 만큼 때로는 국민들로부터 지지를 받기도 한다.

인식의 전환이 필요하다고 했는데, 그 전환은 바로 이러한 도덕적 처방을 다시 생각해 보자는 뜻이다. 이기심은 인간의 본성이다. 누구나 다 가지고 있다. 갈등이 일어난 지역 사람들에게 나타나는 특수한 현상이 아니다. 따라서 버리라고 할 수도, 버릴 수도 없다. 이기심을 버리라고 하는 것은 천사가 되라고 하는 말에 다름 아니다. 인간은 천사가 아니고, 또 천사가 될 수도 없다.

이에 더해 한 가지 더 분명히 해야 될 사안이 있다. 사람이 이기심을 가지고 경제적인 이익을 추구한다고 해서 반드시 갈등과 마찰을 만들지는 않는다는 점이다. 오히려 그 반대로 안정적인 시장구조와 가격질서, 나아가서는 상호신뢰를 바탕으로 한 신용사회의 성립도 모두 개인과 기업의 끝없는 이익 추구로 성립되고 있다. 큰 이익을 얻기 위해서는 먼저 양보하는 편이 유리하고, 말썽을 피우지 말아야 하며, 남으로부터 존경을 받아야 한다는 사실을 다른 것이 아닌 이기심이 가르쳐주고 있는 것이다. 갈등과 분쟁은 서로 양보를 하지 않아서가 아니라 양보가 이익이 되는 질서와 환경이 자리 잡혀 있지 않기 때문에 일어나는 현상이다. 그러한 질서와 환경을 어떻게 만들 것인가에 더 큰 관심을 가질 필요가 없다.

제 2 절 지방정부의 협력체제: 광역행정

1 협력의 필요성과 형태

1) 협력의 필요성

광역단위 지역에서의 지방정부간의 협력이 필요한 이유는 여러 가지 이다. 첫째, **생활권 및 경제권의 행정권**(行政圈)**과의 불일치** 문제이다. 도시화가 촉진되면서 생활권과 경제권이 지방정부의 행정구역을 넘어서는 경우가 많이 발생하고 있다. 이러한 불일치 현상은 곧 이어 설명할 외부효과의 문제는 물론 지역주민의 생활에 적지 않은 불편을 초래하게 된다. 지역주민의 입장에서는 같은 생활권인데도 지방정부가 분리되어 있어 서비스나 시설을 효율적으로 이용할 수 없는 문제 등이 발생한다.

둘째, 위와 같은 맥락에서의 문제가 되겠는데, **외부효과**(externality)의 문제와 그에 따를 서비스의 과소공급과 지방정부간의 갈등 등의 문제 등이 발생한다. 한 지방정부에서 생산된 서비스는 인근 지방정부의 주민들에게도 혜택을 줄 수 있다. 즉 긍정적 외부효과(positive externality)의 문제가 발생하게 된다. 서비스를 공급하는 지방정부로서는 이러한 외부효과가 큰 서비스의 공급은 되도록 자제하게 된다. 다른 지방정부가 부담해야 할 비용까지 부담하고 있다는 생각이 들기 때문이다. 지방정부마다 이러한 입장을 취하게 되면 필요한 서비스가 충분히 공급되지 못하는 **과소공급**의 문제가 발생한다. 부랑인에 대한 보호는 그 대표적인 예가 될 수 있다. 한 지방정부에서 부랑인에 대한 보호를 잘 하게 되면 인근의 부랑인이 모두 그 지역으로 몰려드는 일이 발생하게 된다.

반대로 혐오시설과 위험시설 등 부정적 외부효과(negative externality)가 발생하는 사업에 대해서는 인근 지방정부는 이를 반대하고 나서게 된다. 서천군이 군산시의 방폐장 유치를 반대하고 나섰던 이유와 같다. 이러한 반대는 자연히 지방정부간의 갈등으로 이어지게 된다.

아울러 외부효과가 큰 서비스와 사업을 지방정부마다 공급하거나 시행하게 되면 **과잉공급**의 문제가 발생하게 된다. 지방정부마다 규모가 큰 문화시설이나 스포츠 시설을 설치하여 광역차원에서의 과잉공급 사태가 일어나게 한다거나, 지방정부마다 쓰레기 소각장을 설치하여 사회전체의 소각 능력이 지나치게 커지는 경우 등이 그러하다.

셋째, 상수도와 하수도 문제 등 지방정부의 행정구역을 넘는 광역단위에서 시행되지 않으면 안 되는 **광역행정수요의 지속적 발생**이다. 교통과 환경문제도 그 예가 된다. 이러한 행정수요로서 가장 중요한 것은 광역단위의 지역계획이다. 세계화와 정보화가 진행되면서 세계 전체에 지역(region)과 지역이 경쟁하는 문제가 발생하고 있다. 광역지역단위에서 어떠한 비전이 제시되고 어떠한 발전전략을 가지느냐에 따라 지방정부의 경쟁력이 좌우되는 환경이 조성되고 있다.

넷째, 지방정부의 **서비스**를 **균등화**한다는 점에서도 지방정부간의 협력은 중요한 의미를 갖는다. 재정력이 강한 지방정부가 있는가 하면 재정력이 약한 지방정부가 있기 때문이다. 재정력이 강한 지방정부의 입장에서는 재정력이 약한 지방정부를 지원할 이유가 없다고 볼 수도 있다. 그러나 세계공간에서의 경쟁은 지방정부를 단위로 일어나기보다는 여러 지방정부를 포함하는 지역(region)을 단위로 일어나는 경우가 많다. 인근 지방정부가 취약한 구조를 가지고 있으면 당해 지방정부의 경쟁력 또한 높아질 수가 없다. 인근 지방정부나 지역사회와 **공진화**(共進化, co-evolution)해야 하는 상황을 맞고 있는 것이다. 따라서 지역(region) 단위에서 최소한의 서비스가 균등하게 공급되고, 최소한의 개발능력을 공유하는 일이 지역 내 모든 지방정부를 위해 중요한 과제로 등장한다.

■ co-evolution은 경쟁이 아닌 협력과 상생이 생존과 경쟁력 강화의 조건이 된다는 이론이다. James Moore가 『경쟁의 종언(*The End of Competition*)』을 통해 이론화했다.

2) 협력의 형태: 광역행정의 방식

협력의 방식 또한 여러 가지 형태가 있다. 몇 가지 중요한 내용을 정리하면 아래와 같다.

첫째, 계약에 의한 **사무의 위탁**이다. 지방정부가 처리해야 할 사무를 인근 지방정부로 하여금 처리하게 하고 그에 대한 대가를 지불하는 방식이다. 예컨대 소방업무를 독자적으로 처리하기에는 너무 많은 비용이 드는 경우 이미 제대로 된 시설과 인력을 갖추고 있는 인근 지방정부에 그 업무를 위탁할 수 있다. 수탁하는 정부 또한 일정한 경제적 규모를 갖출 수 있게 되는 바, 서로에게 이익이 되는 계약이 될 수 있다. 소방 이외에 쓰레기 처리와 시설관리 등 여러 형태의 서비스와 공공기능이 포함될 수 있다.

둘째, **사무의 공동처리**이다. 독자적으로 처리하게 되면 처리비용이 더 든다거나 전문성을 확보하기 힘든 사무 등은 지방정부들이 공동으로 처리 하는 경향이 있다. 외부효과가 크게 발생해 과소공급이나 과다공급의 문 제, 또는 지역정부간 갈등이 일어날 수 있는 문제들도 공동처리의 필요성 이 높다. 공동처리 기구로는 조합을 결성하거나 협의회를 설치하는 등의 방식이 있을 수 있다. 일본에 많이 설치되어 있는 사무조합은 그 좋은 예 이다.

셋째, **연합방식**(federation)이다. 지방정부가 자치정부로서의 격을 유지하 면서 광역지역을 관할하는 새로운 단체 내지는 정부를 하나 더 만드는 방 식이다. 주(州)가 연방(federation)이나 국가연합(con-federation)을 만드는 것 과 같은 형태이다. 이러한 연합은 지방정부 스스로 만들기도 하지만, 중앙 정부 주도로 만들어지기도 하고, 중앙정부와 지방정부들의 협력에 의해서 만들어지기도 한다. 한 때 지역발전을 위한 전략적 계획(strategic planning) 을 담당했던 영국의 광역지역정부(region)와 미국 남캘리포니아 정부연합 (Southern California Association of Governments)은 그 좋은 예이다.[13]

넷째, **통합**(consolidation) 또는 **합병**(annexation)의 방식이다. 이는 하나의 생활권과 경제권 내에 위치하면서 협력의 필요성이 높아지는 지방정부들 을 아예 합쳐버리는 방식이다. 최근 일본에서 있었던 시·정·촌 통폐합이 나 우리나라에서 있었던 시·군통합 등이 그 예가 된다. 유럽 국가들에 있 어서도 이러한 통합, 특히 소규모 기초지방정부의 통합이 지속적으로 일어 나고 있다.[14]

다섯째, **특별지방정부의 설치**이다. 소방이나 상·하수도, 학교 등의 업 무를 효율적으로 집행하기 위해 여러 지방정부가 이러한 문제를 처리하는

---

13) 미국 남캘리포니아 정부연합(Southern California Association of Governments, SCAG)은 1985년 설립되었다. 이 연합은 2020년 현재 Los Angeles를 비롯해 남 캘리포니아 지역의 6개 카운티와 191개 기초지방정부의 연합체로서 이 지역의 광 역단위 개발계획을 수립한다. 지방의원을 포함한 각 지방정부의 대표로 구성되 며, 예산의 상당부분이 연방에 의해서 지원된다. 자세한 내용은 SCAG Homepage, accessed July 15, 2020. https://www.scag.ca.gov/about/Pages/Home.aspx.
14) 박해욱, "독일의 행정구역 개편과 현황,"『지방자치정보』, 제166호 (2008. 12), pp. 35-44 참조.

특별지방정부를 만들어 지방정부의 경계를 넘는 독자적인 행정구역을 설정하여 그 업무를 설치하게 하는 방식이다. 특별지방정부는 지방정부로서의 격을 가지며, 이를 만든 지방정부들이 공동으로 운영하게 된다. 한 가지 지적해 둘 것은 이 특별지방정부는 단일 지방정부에 의해 설치되기도 한다는 점이다. 즉 모든 특별지방정부가 광역행정을 위한 것은 아니다.

그리고 여섯째, 중앙정부와 상급 지방정부에 의한 **권한과 지위의 흡수**이다. 지방정부간의 갈등이 계속되는 경우 그 갈등의 원인이 되는 기능과 권한을 상급지방정부나 중앙정부가 흡수해 버리기도 한다. 앞서 설명한 배타적 지역지구제(snob-zoning)에 대한 조치는 그 대표적인 예이다. 일부 지방정부는 영세민이나 저소득자들을 몰아내기 위해 이들이 입주할만한 소규모 주택을 짓지 못하도록 하고 있는데, 인근 지방정부들이 이를 반길 리 없다. 자연히 이들 지방정부간에는 마찰이 일어나게 되어 있는데, 일부 주는 이러한 행위를 원천적으로 막기 위해 지역지구제에 관한 권한 자체를 제한해 버린다.[15] 즉 권한과 지위를 제한하거나 박탈해 버리는 것이다. 이 외에도 지방정부간의 협력이 제대로 이루어지지 않아 서비스가 제대로 공급되지 않는 경우에도 이러한 권한과 지위의 흡수가 일어난다.

지방정부간의 갈등이 계속되고 협력이 제대로 되지 않게 되면 중앙정부는 자치권에 대해 제약을 가하거나 이를 흡수할 수밖에 없다. 따라서 지방정부들 간의 협력기제를 잘 만들고, 이를 토대로 광역단위에서의 지방행정이 잘 수행될 수 있도록 하는 것이 지방정부와 지방자치의 발전을 위해 매우 중요하다. 지역주민에게 보다 나은 서비스를 제공하기 위해서도 그렇지만, 자치권을 보호하고 방어하기 위해서도 그렇다.

---

15) 대표적인 예로 Massachusetts 주(州)의 'Anti-Snob Zoning Act,' 즉 The Comprehensive Permit Law를 들 수 있다. Mass.Gov., "Massachusetts law about zoning," July 9, 2020. accessed July 13, 2020. https://www.mass.gov/info-details/massachusetts-law-about-zoning.

② 우리나라에서의 지방정부의 협력: 광역행정

1) 현 황

우리나라에서도 다양한 형태의 협력기제 내지는 광역행정 기제가 작동하고 있다. 그러나 분권적 체제가 아직 제대로 자리 잡지 못한 상황이라 다른 나라에 비해 매우 취약한 상황에 있다. 중요한 부분 몇 가지를 살펴보기로 한다.

(1) 사무의 공동처리

지방자치가 발달한 국가에 있어서는 복수의 지방정부들이 사무를 공동으로 처리하는 모습을 어렵지 않게 볼 수 있다. 제6편 5장 1절의 <표 6-16>에서 보는 것처럼 미국의 경우 적지 않은 지방정부들이 여러 가지 내용의 사무를 다른 지방정부들과 공동으로 처리하고 있다. 아울러 자치정부로서의 지위와 권한을 가지는 특별지방정부도 활성화되어 있다. 심지어 지방자치의 수준이 높지 않은 일본도 제3편 1장 1절에서 보는 것처럼 사무를 공동으로 처리하기 위한 사무조합이 1천3백여 개, 그리고 광역연합이 90개 정도가 운영되고 있다.

그러나 우리의 경우는 전혀 다르다. 사무를 공동으로 처리하는 수준이 매우 낮다. 사무의 공동처리를 위해 조합을 설립·운영할 수 있도록 법에 규정되어 있기도 하지만 실제로 그렇게 하는 경우가 많지 않다. 부산·진해 경제자유구역청과 광양만권 경제자유구역청, 대구·경북 경제자유구역청, 지리산권 관광개발조합 등의 조합 내지는 유사조합이 운영되고 있으나 이 또한 자치권과 자율권의 정도가 높지 않다. 중앙정부의 통제를 많이 받는 상황이라 지방정부 조합으로서의 순수성이 떨어진다는 뜻이다. 특별지방정부 설립을 위한 법적 근거 역시 2020년 말의 지방자치법 개정(2022년 1월 시행)으로 이제 막 마련된 상황이다.

그나마 설립되어 운영되고 있던 조합이 중앙정부 기구로 전환되는 경우도 있다. 1991년 서울특별시와 인천광역시 그리고 경기도가 공동으로 설립하여 운영하던 수도권매립지운영관리조합이 2000년 환경부 산하 수도권매

립지관리공사로 전환되었고, 역시 이들 세 광역지방정부가 수도권교통문제
를 공동처리하기 위해 설립한 수도권교통본부도 2019년 국토교통부의 대
도시권 광역교통위원회로 대체되었다. 지방정부들이 공동으로 설립하여 운
영하던 자치정보화조합 역시 설립 6년 만인 2009년 중앙정부의 영향력이
크게 작용하는 한국지역지역정보개발원이란 독립 연구개발기관으로 전환
되었다. 자치와 분권에 대한 철학이 약한 가운데, 지방정부들의 자율적 협
조기제가 잘 작동하도록 가꾸어 나가야 할 영역이 중앙정부의 기능으로 흡
수되고 있다는 우려가 나올 수 있는 부분이다.

조합과 같은 기구를 설립하지 않고도 화장장이나 소각장 등의 시설을
공동으로 운영하는 경우들도 있다. 경기도 내의 이천시, 광주시, 하남시,
여주시, 양평군 등의 다섯 개 시·군이 이천시에 소각장을 건설하여 운영
하는 것은 그 좋은 예이다.[16] 하지만 이러한 사례가 일반화되어 있는 것은
아니다. 오히려 특별한 경우로 보는 것이 맞다.

(2) 합병 또는 통합

시·군통합으로 대표되는 합병 또는 통합은 비교적 활발하게 이루어져
왔다. 1994년에서 1997년에 이르는 동안 큰 규모의 개편이 있었는데, 이를
통해 40개 가까운 시·군이 통합되었다. 그리고 그 이후로도 주민투표 등
을 통한 통합작업이 이루어져 왔다. 그 결과 통합 전 260개에 달하던 기초
지방정부의 수가 2020년 현재 226개로 줄어들었다. 시·군통합은 같은 생
활권인 시와 군을 통합함으로써 생활권 중심의 통합행정을 가능하게 하자
는 취지에서 추진된 것이었다. 이에 대한 자세한 논의는 제3편 제4장의
시·군통합 부문을 참조할 필요가 있다.

2006년 있었던 제주특별자치도의 출범은 기초지방정부를 아예 폐지하는
내용이기도 했다. 제주도 전체를 하나의 자치정부가 관할하게 함으로써 지
방행정을 통합적으로 수행할 수 있게 한 것이다. 제주시와 서귀포시를 그
안에 두고 있지만 이들은 자치정부가 아닌 행정시로서의 지위를 갖고 있으
며 시장은 도지사에 의해 임명된다.

---

16) 연합뉴스, "님비 극복 이천시의 새로운 도전," 2012. 1. 6. 접속 2020. 7. 15.
https://www.hankyung.com/society/article/201005074302i

(3) 사무위탁, 연합, 협의 및 조정기구

사무의 공동처리와 마찬가지로 **사무위탁**도 활성화되어 있지 않다. 거의 일어나지 않고 있다고 할 정도로 그 활용빈도가 낮다. 행정안전부 자료에 따르면 민선체제 출범이후 15년 동안 일어난 것이 60건 정도인 것으로 나타나고 있다. 한 해 평균 몇 건 정도씩이 일어나고 있다는 뜻이다. 그나마 긍정적인 것은 최근 쓰레기 소각 문제 등에 있어 사무를 위탁처리 하는 경우들이 늘고 있다는 사실이다.

연합방식은 지방정부들이 공동의 연합체를 형성하여 다수의 사무를 공동으로 처리하는 방식인데, 우리나라의 경우 강력한 지위를 가진 중앙정부와 광역정부가 존재하고 있는 상황이라 이를 실현하기가 어렵다. 중앙정부와 광역정부 스스로 그 연합의 기능을 대신하겠다고 나서고 있기 때문이다. 특히 광역지방정부는 스스로가 광역행정을 위한 존재인 만큼 별도의 기초지방정부연합의 필요성을 인정하지 않을 것이다.

갈등을 줄이고 협력을 제고하기 위한 **협의회** 등이 운영되고 있지만 이 또한 능동적인 모습을 보여주지 못하고 있다. 예컨대 중앙정부와 지방정부 간의 갈등을 조정하기 위해 국무총리 소속으로 **행정협의조정위원회**가 설치·운영되고 있다. 위원은 13인 이내이며, 이에는 중앙관계 부처의 장관과 시·도시자, 그리고 민간 전문가 등이 포함된다. 협의조정신청은 당사자 쌍방 또는 일방이 하게 되어 있다(지방자치법 제187조). 그런데 문제는 신청 자체가 한 해에 한두 건 정도에 그치고 있다는 사실이다. 분쟁이 없어서가 아니라 분쟁당사자들이 이를 이용할 필요를 거의 느끼지 않는다는 뜻이다.

지방정부간 분쟁을 주로 조정하는 기구로서 행정안전부 소속의 **지방자치단체 중앙분쟁조정위원회**(중앙분쟁조정위원회)도 운영되고 있다(지방자치법 제166조). 이러한 전국 단위의 분쟁조정위원회와 함께 시·도별로도 시·도지사 소속의 지방자치단체 지방분쟁조정위원회가 설치되어 있다(지방자치법 제166조). 그러나 이 또한 그 실적은 미미하다. 그 정치·행정적 위상 자체가 분쟁을 조정할 수 있을 정도로 강하지 못하기 때문이다. 분쟁조정의 결과를 해당 지방정부가 받아들이지 않을 때는 행정대집행 등의 권한을 행사할 수 있도록 되어 있으나 이러한 결정이 경우에 따라서는 오히려 더 큰 분쟁을 불러올 수도 있다. 지역주민의 이해관계가 걸려 있는 상황에서는 더욱 그러하다.

지방정부간의 협력을 도모하기 위한 **행정협의회**도 지방자치법에 근거하여 설치·운영되고 있다(지방자치법 제169조). 하지만 그 기능이 미약한 상태이다. 한 해 개최되는 회의가 협의회 평균 1~2회 정도이다. 그나마 최근 그 기능이 다소 활성화되는 경향이 있다. 지방정부 스스로 인근 지방정부와의 협의와 협력의 필요성을 느끼고 있기 때문이다.

2) 과   제

이와 같이 우리나라는 지방정부간의 갈등이나 분쟁을 자율적으로 조정하고 협력을 강화하기 위한 기제가 매우 약한 상태에 있다. 이러한 약한 기제를 중앙정부나 상급지방정부의 지휘·감독권이나 조정권이 메우고 있는 상황이다. 즉 중앙정부가 지방정부에 대한 재의요구권이나 직무이행명령권, 그리고 주무부장관의 지도·감독권 등을 가지고 지방정부의 이해관계를 억누르고 있으며, 특별교부세와 국고보조금 등의 재정적 자원을 이용하여 지방정부의 행위를 유도하고 있는 상황이다. 가족과 가정에 비유하자면 자녀들끼리 스스로 서로 싸우지 않고 잘 지내는 문화나 습관 그리고 규칙을 만들어 가게 하는 것이 아니라 부모가 매를 들고 아이들을 다스려 가는 형국이라 하겠다.

중앙정부의 입장에서는 재의요구권이나 직무이행명령권, 그리고 주무부장관의 지도·감독권 등이 약해지면 지방정부간에 일어나는 분쟁을 막을 길이 없고, 지방정부간의 협력을 제고하기도 힘이 들 것이라 주장할 수 있다. 일면 설득력이 있는 주장이다. 그러나 문제는 이러한 체제가 항구적으로 유지될 수 없다는 사실이다. 부안 방폐장 사건에서 보듯 지방정부와 지역주민은 이미 중앙정부를 심각히 위협할 정도로 성장해 왔다. 중앙정부가 권력적 수단이나 재정적 수단을 가지고 누르고 회유하면 되는 상황이 아니라는 말이다. 다시 가족과 가정에 비유하자면 자녀들이 벌써 부모의 매로 다스리기에는 너무 커버린 것이다.

자녀들이 크면 스스로 다스리도록 하는 것이 우선이듯이 분권적 질서가 강화되고 있는 상황에서는 지방정부 스스로 분쟁을 조정하고, 또 협력할 수 있는 역량을 키우게 하고, 또 그렇게 할 수 있는 바탕을 만들어 주는 것이 우선이다. 예컨대 특별지방정부를 보다 쉽고 편하게 설립하여 운영할 수 있는 환경을 만들어주는 것과 동시에 이에 대한 통제를 중앙정부가 아닌 지역주민이 할 수 있게 한다거나, 시·도시자 협의회를 포함한 지방 4단체가 보다 강한 기능을 수행할 수 있도록 해 주는 일 등을 생각할 수 있다.

지방정부의 사무와 권한을 강화하면 더욱 혼란스러워질 것이라 생각할 수도 있겠지만 오히려 그 반대일 수도 있다. 책임이 커진 아이들일수록 어른스러운 모습을 보이듯, 권한과 사무의 폭이 넓어진 만큼 강한 조정기제와 협력기제를 만들어 갈 가능성이 크기 때문이다. 일정기간 혼란스러워 보일 수도 있지만 그러면서 올바른 자율과 분권의 시대가 열리게 된다. 다 큰 자식들에게 권한과 책임은 부여하지 않고 여전히 매를 들고 다스리겠다는 부모가 온전한 부모라 할 수 없듯, 권한과 사무를 움켜쥐고 지방정부를 권력적 통제 속에 가두어두겠다는 중앙정부가 올바른 정부일 수 없다. 이런 관점에서 볼 때 지방정부에 폭 넓은 사무를 이양하고, 보다 강한 자치권을 부여하여 스스로 배워가도록 하는 것 또한 더 없이 중요하다.

이와 관련하여 이 장(章)의 앞머리에 소개한 죄수의 딜레마의 뒷부분을 소개할 필요가 있다. 협력과 배반의 게임에 있어 그 끝은 두 용의자가 선택한 것과 같은 '배반'이 아니기 때문이다.

앞서, 머리 부분에서 소개한 죄수의 딜레마는 매우 단순한 내용으로, 한 번 하고 마는 일회성 게임처럼 설명하였다. 그러나 현실세계에서 사람들은 이와 유사한 게임을 수없이 되풀이 하며 살아간다. 부모형제나 친구들과, 또 직장동료나 거래관계에 있는 사람 등 수없이 많은 사람들과 셀 수 없을 정도의 '배반'과 '협력'을 오가는 게임을 하며 살아간다.

이러한 현실처럼 죄수의 딜레마를 수없이 반복적으로 하게 되면 어떻게 될까? 앞서 두 용의자는 배반을 하고, 그래서 배반의 값을 치른다고 했는데, 이렇게 게임을 수없이 되풀이하는 경우에도 같은 결과가 나올까?

많은 학자들이 이 문제를 놓고 실험을 했다. 그리고 결국에는 '협력'을 선택하는 경우가 더 많아진다는 결론을 내리고 있다.[17] '협력'이 '배반'보다 나은 선택임을 알게 되기도 하고, 서로 간에 믿음이 생기기도 하고, 심지어는 한번 쯤 손해를 보는 것이 오히려 상대방에 신뢰를 주게 된다는 것을

---

17) Robert Axelrod, "The Evolution of Strategies in the Iterated Prisoner's Dilemma," in Lawrence Davis, ed., *Genetic Algorithms and Simulated Annealing* (London: Pitman, and Los Altos, CA: Morgan Kaufman, 1987), pp.32-41.

알고 협력의 게임을 만들어 가게 된다는 말이다.

　지방정부의 지역이기주의와 지방정부와 관계된 갈등과 대립에 대해서도 생각의 전환이 필요하다. 인간이나 지방정부의 이기심을 문제 삼을 것이 아니라, 또 자기 이익을 추구하는 것을 문제 삼을 것이 아니라 이러한 이기심이 협력의 게임이 아닌 배반의 게임으로 나타나게 하는 제도와 환경을 문제 삼아야 한다. 그리고 이에 대한 개선의 노력이 경주되어야 한다.

제3장

지방자치와 주민참여: 불확실성의 시대의 지방정부

제1절 주민참여의 개념과 형태

① 주민참여의 개념

주민참여는 통상 '정책과정에 영향을 미치기 위해서 행해지는 지역주민 또는 시민의 행위'로 이해된다. 쉽게 이해할 수 있는 개념이다.[1] 그러나 쉽게 모두의 동의를 구할 수 있는 개념은 아니다. '정책과정'과 '지역주민'의 범위를 어떻게 이해하느냐에 따라 그 내용이 달라질 수 있고, '행위'의 범주를 어떻게 설정하느냐에 따라 그 내용이 크게 달라질 수 있기 때문이다.[2]

크게 보아서 이러한 부분들을 넓게 해석하는 입장과 좁게 해석하는 입장 등이 있을 수 있겠는데, 아래에서는 이를 먼저 살펴보기로 한다.

---

1) 주민참여를 시민참여로 부를 수도 있다. 어느 쪽이나 의미는 같다. 이 책에서는 지속적으로 주민이라는 개념을 사용하고 있으므로 이 부분에 있어서도 주민참여로 부르기로 한다.

2) 주민참여의 여러 개념에 대해서는 이승종, 『민주정치와 주민참여』(서울 : 삼영사, 1993), pp.73-81 참조.

1) 좁은 의미의 개념

잘 알려진 정치학자인 버바(Sidney Verba)와 나이(Norman Nie)는 주민참여를 '공직을 맡을 사람을 선택하는데 영향을 미치거나, 공직을 맡은 사람들의 결정에 영향을 미침으로써 정부에 영향력을 행사하는 행위(acts that aim at influencing the government, either by affecting the choice of government personnel or by affecting the choices made by government personnel)'로 정의하고 있다.[3] 그리고 그 대표적인 예로 투표에 참여하는 행위, 선출직 공직자(elected representative)를 접촉하는 일, 그리고 선거운동에 참여하는 일 등을 들고 있다. 일반 상식과 크게 어긋나지 않는 개념이다.

그러나 이들은 구체적으로 기념 시가행진(marching in parade) 등과 같이 정책결정자에 대한 영향력 행사를 일차적인 목적으로 하지 않는 참여와, 학교와 이익집단에의 참여와 같이 '정치적'이라 볼 수 없는 참여, 정부를 '지지할 목적'의 참여, 합법성이나 정당성이 부여되지 않은 비제도적 참여 등은 주민참여가 아닌 것으로 정의하고 있다. 구체적인 설명에 있어 주민참여를 비교적 좁게 규정하고 있다.

2) 넓은 의미의 개념

넓은 의미의 개념은 공직자를 선출하는 선거에서부터 구체적인 정책의 집행에 이르기까지 정치 및 정책 전 과정에 걸쳐 일어나는 지역주민의 모든 정치적 행위를 포함하는 개념이 된다. 모든 정치적 행위라 함은 제도적인 것과 비제도적인 것, 반대와 지지, 의도적인 행위와 관습적으로 일어나는 행위 등 공식적 정책결정자가 아닌 일반 주민에 의해서 일어나는 모든 행위를 말한다.[4]

심지어는 정부와 관련된 행위뿐만 아니라 노동조합 활동이나 시민단체 활동까지 포함하는 것으로 정의하기도 한다. 예컨대 영국 에섹스 대학(University of Essex) 인권센터(Human Right Center) 소속의 민권기구(Democratic Audit)는 주민참여를 아예 '공공부문(public)' 전반에 대한 참여로 확대하여

3) Sidney Verba and Norman Nie, *Participation in America : Political Democracy and Social Equality* (N.Y. : Haper and Row, 1972), pp.2-3.
4) Pedro Prieto Martin, "Virtual Environments for Citizen Participation: Principal Bases for Design," Paper Presented at the 6th European Conference on e-Government, Marburg, Germany, on April 27th, 2006, p.1.

규정하면서 '투표와 정당 활동, 그리고 선출직 공직자 접촉과 같은 전통적인 참여는 물론, 지역사회단체 활동이나 노동조합 활동 등까지 포함하는 것'으로 정의하고 있다. 참여의 개념을 이렇게 넓게 잡는 이유를 이 단체는 이렇게 설명하고 있다.[5]

> 참여의 개념을 넓게 잡는 이유는 한 국가의 민주주의의 유지·발전은 정부와 시민의 관계에만 달려 있는 것이 아니라, 시민사회라 불리는 영역에 있어 시민들의 자율적인 조직활동이 얼마나 활성화되어 있느냐 여부에도 크게 달려있기 때문이다. ─ The reason for broadening the concept is that a 'country's democracy lies as much in the vitality of its citizens' self-organization in all aspects of their collective life─what has come to be called civil society─as well as their formal relation to government.

3) 중간 범위의 개념

대부분의 학자들은 주민참여를 위에 소개한 두 개념 사이의 활동 또는 행위로 해석한다. 즉 버바(Verba)나 나이(Nie)와 같이 지나치게 좁게 규정하지도 않고, 그렇다고 하여 노동조합 활동 등 민간부문이나 시민사회 영역에의 참여까지를 주민참여의 해석할 정도로 넓게 규정하지도 않는다. 대부분 그 사이 어디쯤에서 주민참여를 정의한다. 이 책에서도 주민참여를 되도록 넓게 파악은 하되 그 개념적 정체성(identity)을 확보하기 위해 지나치게 넓게 해석하지는 않기로 한다. 그 내용을 정리해 보면 아래와 같다.

- 주민참여는 기본적으로 입법부와 행정부, 그리고 사법부를 포괄하는 정부기관과 그 구성원인 공직자의 의사결정에 영향력을 행사할 것을 목적으로 하는 일반 주민의 행위로 이해한다.
- 주민참여는 정책의 결정 및 집행과정을 모두 포괄하는 개념으로 이해할 수 있다.
- '주민'은 국회의원이나 지방의원 등과 같은 선출직 공직자나 관료가 아닌 일반 지역주민을 지칭한다. 정치권이나 정부에 대한 접근성이 높은 경제·사회 엘리트 집단보다는 우리 사회의 보통의 주민들을 일컫는 개념이다. 자연히 경제엘리트의 로비활동이나 전문 언론인의 기사 작성과 같은 행위는 주민참여의 범주에 들어가지 않는다.

---

5) Democratic Audit (Human Right Center, Univ. of Essex) Homepage, accessed Jan. 3.

 • 주민참여를 구성하는 주민의 '행위'는 명시적인 것이며, 정부기관과 그 구성원인 공직자에 대한 영향력 행사를 궁극적인 목적으로 하는 행위이다.
 • 제도적인 행위와 비제도적인 행위, 그리고 지지적인 행위와 저항적인 행위를 모두 포함한다. 그러나 혁명과 같이 정치체제 자체의 근본적 변화를 추구하는 행위나 사회를 불안하게 하는 폭력적 행위는 포함되지 않는다.
 • 뇌물공여와 같이 물질적 보상을 이용한 비합법적인 행위와, 민원서류 발급요청 등의 통상적 서비스 청구행위도 주민참여의 범위에서 제외한다.

요약컨대 주민참여는 입법부·행정부·사법부를 포함하는 정부기관 및 그 구성원인 공직자와, 지방정부의 선출직 공직자와 공무원 등의 의사결정에 영향을 미치고자 행하는 일반 주민의 행위로, 제도적 행위와 비제도적 행위를 모두 포함하는 것이라고 말할 수 있다.

② 주민참여의 형태

1) 참여의 영향력을 기준으로 한 분류: Arnstein의 8단계론

주민참여의 개념이 서로 다른 것처럼 주민참여의 형태나 구체적 내용에 대해서도 다양한 의견이 존재한다. 이 점과 관련하여 **아른스타인**(Sherry R. Arnstein)의 **주민참여 8단계론**을 소개한다. 오래된 분류체계이지만 참여의 형태뿐만 아니라 비참여의 형태까지 포함하는 포괄성으로 인해 오늘날에 있어서까지 널리 소개되고 있는 분류체계이다. [그림 7-2]에서 보듯 아른스타인은 참여의 실질적 의미 내지는 영향력 정도를 기준으로 계도(manipulation)에서 시민통제(citizen control)에 이르기까지의 여덟 가지 형태의 참여를 주민참여의 8단계(ladder)로 정리하고 있다.[6]

먼저, 가장 낮은 단계는 '**계도단계**(manipulation)'이다. 이 단계는 사실상 참여라 말하기가 어렵다. 주민이 지방정부의 활동에 대해 관심을 두지 않는 상태에서 공공부문이 주도적으로 주민을 접촉하는 단계이다. 아른스타인은 대표적인 예로 존슨(Lyndon Johnson) 행정부 아래 이루어진 도시개발(urban renewal) 사업을 위해 지방정부 단위에서 만들어졌던 주민자문위원

---

6) Sherry R. Arnstein, "A Ladder of Citizen Participation," in *Journal of the American Institute of Planners*, Vol. 35, No. 4 (July 1969), pp.216-224.

그림 7-2   아른스타인의 주민참여 8단계

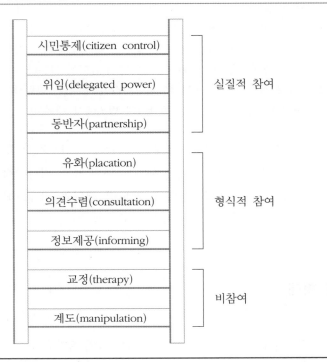

시민통제(citizen control)

위임(delegated power)

동반자(partnership)

실질적 참여

유화(placation)

의견수렴(consultation)

정보제공(informing)

형식적 참여

교정(therapy)

계도(manipulation)

비참여

출처: Sherry R. Arnstein, "A Ladder of Citizen Participation," in *Journal of the American Institute of Planners*, Vol. 35, No. 4 (July 1969), p.217.

회(Citizen Advisory Committee)를 들고 있다. 이 위원회는 주민이 참여하는 것이 아니라 관료들이 위원회에 참여한 주민대표들을 '가르치고(educate),' '설득하는(persuade)' 기구였고, 관료들이 내어놓은 계획에 대해 생각 없이 도장이나 찍는(rubber stamp) 역할밖에 못했다.[7] 그 결과 *Urban renewal*, 즉 도시재개발은 *Negro removal*, 즉 흑인이나 쫓아내고 마는 사업으로 끝났다.

아래에서의 두 번째 단계는 '**교정단계**(therapy)'이다. 이 단계는 참여라는 이름아래 주민들의 태도나 행태 등을 교정해나가는 일이 벌어진다. 특히 참여에 소극적이고 패배주의에 젖은 주민들을 대상으로 이루어지는 경우가 많다. 아른스타인은 보기에 따라 앞의 '계도단계'보다 더 낮은 위치에 놓을 수 있는 형태라 말한다.

7) 위의 논문, pp.220-221.

앞의 두 단계는 참여라 볼 수 없는 비참여의 단계이다. 참여는 세 번째 단계인 '**정보제공단계**(informing)'에서부터 시작한다. 아른스타인은 정보제공과 그 위의 두 단계를 합쳐 형식적 참여(tokenism)로 묶고 있다. 먼저 정보제공은 지방정부가 지역주민에게 정보를 일방적으로 제공하는 단계이다. 주민이 이를 받아 다시 반응하는 양방향의 커뮤니케이션이나 협상 등의 기회는 주어지지 않는다.

일방적으로 정보만 전달하는 '정보제공'에 비해 그 다음의 '**의견수렴단계**(consultation)'에서는 정부가 보다 적극적인 모습을 보인다. 정보만 제공하고 끝나는 것이 아니라 주민의 의견을 구하기 때문이다. 공청회를 열고 설문지를 돌리는 등의 행위에 이에 속한다. 그러나 이 단계에 있어서는 의견은 의견으로 끝이 난다. 의견조회 또는 수렴의 목적은 애초부터 의견을 물어보는 그 자체에 있기 때문이다.

형식적 참여의 제일 위의 단계는 '**유화단계**(placation),' 즉 상대방을 위해하고 용서하고, 또 서로 사이좋게 지내는 단계이다. 제대로 된 참여가 일어나는 것 같지만 실질적으로는 의사결정에 영향을 미치지 못하는 단계라 할 수 있다. 예컨대 흑인들의 불만을 잠재우기 위해 지역사회개발관련 위원회나 지역경찰위원회 등에 흑인 대표들을 일부 참여시키지만 그 수가 소수에 그쳐 실질적으로는 정책에 아무런 영향을 미치지 못하고 되는 경우이다. 또 위원회를 만들어 결정하게 하나, 이를 받아들이는 궁극적인 권한은 지방정부가 여전히 쥐고 있는 그러한 형태의 참여이다.

실질적 참여(citizen power)가 일어나는 제일 위의 세 단계를 아른스타인은 '동반자단계(partnership),' '권한위임 단계(delegated power),' '주민통제 단계(citizen control)'로 나누어 설명하고 있다. 먼저 '**동반자 단계**'는 정부와 주민사이에 결정권의 소재에 대한 새로운 합의가 이루어지고, 이를 기반으로 정책결정을 공동으로 하기 위한 공동위원회(joint board) 등의 제도적인 틀이 마련되는 단계이다. 그리고 이러한 제도적인 틀과 결정권의 공유구조를 어느 한 쪽이 일방적으로 파기할 수 없는 상태에 있는 단계이다.

'**권한위임 단계**'는 이러한 동반자 관계를 넘어 주민이 오히려 결정을 주도하는 단계이다. 아른스타인은 이와 관련하여 존슨 행정부 아래 추진된 '모델 시티(Model Cities)' 건설을 위한 지역단위의 위원회 일부를 소개하고 있다. 예컨대 코네티컷(Connecticut) 주(州)의 뉴 해븐(New Heaven) 시(市)는

■ 모델 시티 사업은 저소득 지역의 위생문제와 에너지 및 환경 문제 완화, 교육·훈련 등을 통한 저소득 주민의 노동능력 향상 등을 목표로 했다. 지방정부와 지역 상공회의소 그리고 지역 주민 등이 참여하는 협력사업이었다.

모델 시티 건설을 위한 대부분의 권한을 주민들 위주로 만들어진 법인체(corporation)에 위임했다.[8] 아른스타인은 매사추세츠(Massachusetts)의 케임브리지(Cambridge)을 비롯한 다른 지역에서도 이와 유사한 사례들이 있었다고 적고 있다.

끝으로 주민참여의 가장 높은 단계인 **'주민통제 단계'**는 말 그대로 주민이 정부의 진정한 주인으로 모든 결정을 주도하는 단계이다. 아른스타인은 이러한 단계는 대체로 '수사(rhetoric)'로 존재하는 것이지 실제의 예를 찾기는 쉽지 않다고 정리한다. 지방의회부터가 주민을 제대로 대표하지 못하고 있는 상태에서 주민에 의한 완전한 통제는 사실상 어렵다는 뜻이다.[9]

2) 참여의 적극성을 기준으로 한 분류: 적극적 참여와 소극적 참여

참여가 얼마나 적극적으로 이루어지느냐를 기준으로 주민참여의 형태를 구분하기도 한다. 저명한 정치학자 짐머멘(Zimmerman)이 대표적인데 그는 참여자의 자발성을 기준으로 하여 주민참여를 수동적 참여(passive form)와 능동적 참여(active form)로 분류하고 있다.[10]

수동적 참여는 관료나 공직자들이 전해 주는 정보를 얻고, 그러한 정보를 통해 공직자와 정책을 판단하는 소극적 행위 또는 태도를 취하는 것을 말한다. 주로 관료나 공직자들이 자신들에 의해서 만들어진 정책 또는 사업들에 대해서 주민들의 지지를 얻으려 할 때, 지역사회나 지방정부에 대해 관심이 낮은 주민들이 보이는 반응이다. 정부가 주도하는 정책홍보를 위한 모임에 참가한다든가 정부가 작성한 설문지에 대답을 하는 것 등이 대표적인 예가 된다.

반면 능동적인 참여는 주민 스스로 능동적으로 참여하는 경우이다. 이에는 주민총회(town meeting), 공청회(public hearings), 주민자문위원회(citizen advisory committee) 등에 적극적으로 참여하고, 헌장 재·개정(charter drafting and amendment)이나 주민투표(referendum), 주민발의(initiative), 주민소환(recall) 등을 주도하거나 적극적으로 참여하는 행위 등이 이에 속한다. 자원봉사(voluntary activity) 활동을 능동적으로 해 나가는 것 또한 이러한

---

8) 위의 논문, pp.219-220.
9) 위의 논문, p.221.
10) Joseph Zimmerman, *Participatory Democracy: Populism Revisited* (N.Y.: Praeger, 1986), pp.6-13.

참여의 중요한 부분을 이룬다.

3) 제도화 여부를 기준으로 한 분류: 제도적 참여와 비제도적 참여

제도적 참여라 함은 국가의 법령 또는 지방정부의 자치법규에 의해 공식적으로 인정되거나 용인되는 참여행위를 의미한다. 주민회의에의 참석, 공청회 등을 통한 정책이나 행정에 대한 의견의 개진, 주민제안, 각종의 자문위원회에의 참석, 주민발의와 청원, 합법적으로 이루어지는 주민소환과 주민투표, 합법적인 시위 및 집회에의 참여, 자원봉사 활동 등이 여기에 속한다. 이러한 참여는 주민 개인에 의해 개별적으로 이루어질 수도 있고, 주민단체나 자원봉사단체 등에의 가입을 통해 간접적으로 이루어질 수도 있다.

비제도적 참여는 국가 또는 지방정부가 인정하지 않거나 용인하지 않는 참여행위를 말한다. 법에 의해 금지하고 있는 형태의 시위나 고의적인 법위반, 주민불복종 운동 등이 이에 해당한다.

제2절 주민참여의 기능과 한계

1 주민참여의 기능

1) 불확실성의 시대에서의 대의정치: 대의정치의 한계보완

(1) 불확실성의 시대에서의 권리위탁

세계화와 지식정보사회가 진행되면서, 또 기술혁신의 속도가 빨라지면서 미래를 예측하는 일이 점점 힘들어지고 있다. 누구도 쉽게 예측하지 못했던 금융위기가 터지기도 하고, 그에 따라 부동산 가격이 내려앉고 수많은 개발계획이 무산되기도 한다.

한 때 대의주의와 선거는 민주주의의 기반을 이루었다. 주민은 선거를 통해 대표자를 선출하고 그 대표자들은 주민들의 권리를 위탁받아 정부를 구성하여 운영하였다. 이들에게는 일정한 임기가 있으며, 이 임기를 통해 자신의 판단과 주변의 여론을 들어가며 정부를 운영하고 임기가 끝이 나면 소속된 정당과 주민의 심판을 다시 받게 된다.

문제는 이러한 대의정치의 발전하기 시작하던 시점이나 이를 기반으로 민주주의가 심화되던 시대에는 사회변화가 오늘과 같이 심하지 않았다는 점이다. 사회변화가 심하지 않은 만큼 주민은 막연하게나마 이들이 임기동 안 무엇을 어떻게 해 줄 것이라는 기대와 판단을 가지고 이들에게 투표하 였다. 말하자면 권리를 위탁 또는 위임한 것이다.

그러나 오늘의 사회는 더 이상 그러하지 않다. 이들의 임기동안 무슨 일 이 일어날지, 그리고 이러한 문제에 대해 그들이 어떻게 대응할 지에 대한 판단을 할 수 없는 상태에서 이들에게 투표를 하고 권리를 위탁 또는 위임 하게 된다. 2007년에 있었던 우리나라의 대통령 선거만 해도 곧 세계를 뒤 흔들 금융위기가 올 것을 예측하고 그러한 문제에 대해 임기동안 국가를 어떻게 관리해 줄 것을 생각하며 투표를 한 사람은 없을 것이다. 일부 후 보는 고성장의 청사진을 내어 놓았고, 유권자들도 몇 달 뒤면 올 '위기'를 예측하지 못했다.

변화의 시대, 불확실성의 시대에 있어 유권자들은 선출직 공직에 입후보 하는 이들에게 자신들의 권리를 거의 '**백지위탁** 또는 백지위임' 하고 있다. 그리고 얼마의 기간이 지나 이들이 변화에 대해 제대로 대응을 하지 못하 면 곧 지지를 철회한다. 정부를 운영하는 주체들은 지지기반을 잃은 채 '임 기기간 동안 지속적인 지지를 보여주는 것이 선거의 정신이자 대의민주주 의의 정신'이라고 외치기만 한다. 그러나 유권자는 이러한 주장을 용납하 지 않는다. 모든 것이 불안한 가운데 이를 용납할 수도 없다. 정부가 지지 기반을 잃으면서 사회는 불안해지기 시작한다.

불확실성의 시대, 그리고 그 안에서 이루어지는 '백지위임 또는 백지위 탁'의 문제는 사회변화가 빨라지면서 점점 더 심각한 문제가 되고 있다. 정 권 협애화(regime narrowing) 현상, 즉 선출직 공직자들과 그들과 구성되는 정권 혹은 정부의 지지기반이 점점 좁아져가는 현상은 세계를 또 하나의 모순으로 몰아가고 있다.

(2) 대안으로서의 Good Governance: 직접 민주정치

무엇으로 이러한 문제를 풀거나 완화할 것인가? 어떻게 하여 정부와 국 민 또는 주민 사의의 거리를 줄여 갈 것인가? '백지위탁과 백지위임'의 문제를 어떻게 풀 것인가? 많은 사람들이 이에 대한 고민을 해 왔다. 그리고 그 답은 직접민주주의의 강화와 이를 바탕으로 한 거버넌스 구도의 정착, 즉 정부와 주민이 협치(協治)를 해 나가게 하는 일이라는 결론을 내리고 있다. 즉 선출직 공직자의 임기동안 국민이나 주민이 뒤에 물러서 있는 것이 아니라 이들의 임기와 관계없이 같이 정부를 같이 운영해 나가는 것이 가장 효율적인 방안으로 제시되고 있다.

협치라 하여 완전한 것은 아니다. 뒤에 다시 설명을 하겠지만 주민참여와 같은 직접민주정치의 강화는 자칫 정부를 잘못된 방향으로 이끌어 갈 수 있다. 변화에 대한 올바른 판단이 필요한 오늘의 사회에 있어서는 더욱 그러하다. 일반 국민이나 주민이 그러한 변화에 대한 충분한 지식과 판단을 가졌다고 볼 수 없기 때문이다. 따라서 협치는 좋은 협치가 되어야 하며, 이를 위한 과제에 대해서도 많은 논의가 있어야 한다. 참고로 UNDP (United Nations Development Programme)가 정의하고 있는 'good governance,' 즉 '좋은 협치'의 정의를 소개한다.

> 'Good Governance'는 다른 무엇보다도 참여적이며(participatory), 투명하며(transparent), 책임을 묻고 또 질 수 있는(accountable) 체제를 말한다. Good Governance는 정치·경제·사회적 우선순위가 사회내의 (올바르고 합리적인 절차를 통한) 합의에 의해서 결정되는 것이 보장되는 체제이며, 개발자원의 배분에 있어서도 그 사회의 가장 가난하고 또 약한(vulnerable) 사람들의 목소리가 반영될 수 있도록 보장하는 체제이다.[11] ( )는 저자 추가.

2) 시장우위 상황에서의 특수이익 견제

(1) 기업과 시장우위의 상황

글로벌화가 진행되면서 국가권력은 점차 약화되는 양상을 보이고 있다. 세계무역기구(WTO)를 중심으로 한 다자간 협약과 자유무역협정(FTA)와 같은 양자협정 등은 전통적으로 국가가 행사하던 권한에 대해 제약을 가하고 있다. 관세를 마음대로 부과할 수도 없고, 기업에 대한 규제를 과거와 강하게 할 수 없으며, 심지어는 서로 간에 맺어진 환경기준과 노동기준을 준수해야 한다.

■ UNDP는 개발도상국가에서의 빈곤퇴치와 인권신장 에이즈와 같은 질병퇴치 등을 주목적으로 하는 UN 기구이다. 이들 국가에서의 인권문제와 민주주의의 정착 등에 관해서도 중요한 역할을 한다. 1965년 설립되었다.

---

11) UNDP, *Good Governance and Sustainable Human Development*, a UNDP Policy Document (Jan. 1997), p.3.

국가간의 경계가 무너지고 국가권력이 약화되는 것과 반대로 다국적 기업을 포함한 기업과 시장의 힘은 날로 증가하고 있다. 다국적 기업은 강력한 자본의 힘을 배경으로 정부의 각종 정책에 영향을 미친다. 조세정책은 물론 환경정책을 포함한 각종의 규제정책에 대해서도 강한 영향을 미친다.

지역단위 역시 마찬가지이다. 글로벌 기업을 포함한 크고 작은 기업들이 강한 영향력을 행사한다. 제3편의 지역사회 권력구조에서 설명한 바와 같이 행정권이 강한 우리사회에서는 아직 이러한 현상은 잘 목격되지 않는다. 그러나 행정권이 약한 많은 국가에서는 이미 이러한 현상들이 목격되고 있다. 우리사회 역시 행정권이 점차 약화될 수밖에 없는 상황이라 지금과 같은 통제력이 얼마나 유지될지는 의문이다. 길게 설명을 하지는 않겠지만 통제력의 유지가 바람직하지도 않다는 점에서 더욱 그러하다.

아무튼 기업 혹은 시장우위의 상황은 결국 국가권력과 지방정부 권력의 자율성의 떨어뜨리게 된다.[12] 즉 중앙정부와 지방정부가 그 나름대로의 독자성을 유지하지 못한 채 이들 기업과 시장의 영향력 아래 놓이는 구도가 된다. 물론 이러한 구도가 반드시 나쁜 것만은 아니다. 그러나 이러한 구도는 자칫 이들 기업이나 시장이 대변하는 특수이익과 국가전체나 지역사회 전체의 일반이익 간의 균형을 깰 수 있다는데 문제가 있다. 기업은 막대한 자본과 자원동원력을 바탕으로 정부와 지방정부를 접촉하며 자신들의 특수이익을 추구한다. 이에 비해 일반주민은 그러한 영향력을 행사할 수 있는 상황에 있지 않다. 조직화 되어 있지도 않으며, 지속적인 활동을 할 수 있는 상황도 아니다. 게다가 기업은 광고 등을 통해 언론이나 학계 등 여론 지도자들에 강한 영향력을 행사할 수 있는 힘까지 있다. 기업의 특수이익이 국가전체의 일반이익이나 지역사회 전체의 일반이익이 되는 것처럼 믿게 하는 힘이다.

(2) 특수이익 견제: 일반이익과의 균형추구

기업과 시장우위의 상황이 계속되는 환경에 있어 국가전체 혹은 지역사회 전체의 일반이익을 보호하는 것은 대단히 중요한 과제가 된다. 이러한 일반이익이 보호되지 못하면 결국은 사회시스템 자체가 붕괴되면서 일반

---

12) 김병준, 『높이 나는 연: 성공하는 국민, 성공하는 국가』 (서울: 한울, 2006), pp. 21-25.

이익은 물론 특수이익까지 피해를 보는 일이 발생할 수 있기 때문이다.

바로 이러한 점에서 주민참여는 중요한 의미를 지닌다. 주민참여를 통해 특수이익과 일반이익의 균형을 이룰 수 있기 때문이다. 주민참여가 활성화 될수록 정부나 지방정부 또한 특수이익을 제어할 수 있는 힘이 생기게 된다. 즉 일반주민의 요구와 기대가 이들로 하여금 특수이익으로부터 벗어나 보다 자율적으로 그 권한을 행사할 수 있는 공간을 만들어주게 된다.

3) 지방정부의 정책능력 고양: 상호 정보교환

주민참여는 지방정부와 일반 주민간의 정보교환을 원활히 한다는 점에 서도 중요한 의미를 갖는다. 지방정부의 정책이 관료제의 계층구조를 따라 말단 관료조직에 의해서 주민에게 전달되고, 주민 역시 말단 관료조직을 통해서만 자신들의 신념과 이해관계를 표명하게 되는 경우 관료제가 지닌 경직성으로 인해 중요한 정책정보가 왜곡될 가능성이 높아진다.

주민회의와 공청회 등을 통해 주민참여가 활성화되는 경우 이러한 왜곡 현상은 당연히 크게 완화된다. 관료조직의 중개역할이 줄어들고 정책결정 자와 주민이 직접 접촉하는 기회가 늘어나게 되기 때문이다. 이 경우 지방 정부의 정책의도가 주민들에게 보다 정확히 전달되고 행정수요 또한 보다 정확하게 파악될 수 있다.

아울러 이러한 참여구도의 정착은 지방정부와 지역주민의 정보교환뿐만 아니라 주민의 창의적인 생각들을 동원하여 활용한다는 맥락에서도 중요 한 의미를 갖는다. 비교적 적은 수의 의원으로 구성되는 지방의회와 경직 된 관료제 조직은 정책능력에 있어 분명한 한계를 지니고 있다. 주민들로 부터 나오는 다양한 제안들은 이들이 지닌 정책역량의 한계를 보완해 주는 수단이 될 수 있다. 특히 오늘날과 같이 주민사회의 지식수준 및 전문화 수준이 높아진 상황에 있어서는 더욱 그러하다.

4) 정책순응의 확보 및 주민이 가진 자원의 활용

주민참여는 주민의 **정책순응**(policy compliance)을 확보한다는 점에서도 중요한 의미를 지닌다. 환경문제와 교통질서의 문제 등에서 보는 것처럼 정책이 성공적으로 집행되기 위해서는 주민들이 이러한 정책에 대해 순응 을 해 주어야 한다. 즉 그 정책을 존중하고 따라와 주어야 한다.

아울러, 다음 장(章)에서 설명이 되겠지만 지역사회에 필요한 공공재와 공공서비스가 제대로 공급되기 위해서는 자원봉사 등 주민들의 적극적인 행동이 필요하다. 한계가 분명한 지방정부의 예산으로는 만족할만한 수준의 서비스를 제공하기가 쉽지 않기 때문이다. 지방세를 쉽게 올리기가 힘든 정치사회적 상황에서는 더욱 그러하다.

주민의 정책순응을 확보하고, 더 나아가서는 이들이 지닌 생산적 자원을 활용하는데 있어 주민의 참여는 필수적인 조건이 된다. 주민에게 정책결정에 참여할 수 있는 권한을 부여하는 '**임파워먼트**(empowerment)'가 있을 때 주민은 그 정책을 지지하고, 또 지역사회에 필요한 생산적 자원을 내어 놓게 된다. 스스로가 결정의 주체이고 지역사회의 주인이라는 효능감(efficacy)이 없는 상황에서는 생산적 관여가 일어나기 힘이 든다.

② 주민참여의 역기능

앞서 설명한 바와 같이 주민참여는 여러 가지로 중요한 기능을 수행한다. 그러나 모든 면에 있어 긍정적이기만 한 것은 아니다. 그 나름대로의 내재적인 한계를 지닐 수 있음은 물론, 잘못 운영되는 경우에는 적지 않은 문제점과 역기능이 발생할 수 있다.

1) 대표성 또는 공정성의 문제

지역사회나 주민전체의 전반적인 이익보다는 특수이익을 대변하는 소수 참여자나 특정 계층의 역할이 두드러질 수 있다. 이러한 현상이 나타날 수 있는 가능성은 크게 세 가지이다.

첫째, 참여에 따른 비용의 문제이다. 주민참여는 참여에 따른 비용을 수반한다. 시민단체를 통해 참여하는 경우에는 회비를 납입해야 하고, 시위에 참가하더라도 여러 형태의 물질적·정신적 부담을 져야함과 동시에 기회비용을 지불해야 한다. 자연히 주민의 입장에서는 비용과 희생을 수반하는 참여보다는 보상이 더 큰 형태의 참여를 선호하게 된다. 예컨대 시위에의 참여는 자제하는 대신 일종의 명예가 되기도 하는 형식적 권한만 가진 자문위원회 등에의 참여에는 적극성을 띨 수 있다. 이러한 구도는 자칫 주민참여를 보수적으로 이끌어갈 가능성을 안게 된다.

둘째, 지역사회와 주민 전체를 위한 일반이익의 추구는 그것이 지니는 비배제성으로 인해 무임승차(free riding)의 문제가 발생할 소지가 크다. 즉 직접 참여하는 '비용'을 지불함이 없이 그 혜택은 같이 누리겠다는 경향이 나타날 수 있다. 반면 청원이나 집단민원으로 대표되는 개별적 이익이나 특수이익의 추구는 그 혜택이 직접적이라는 점에서 빈번이 일어날 수 있는 소지가 있다.

그리고 셋째, 아른스타인의 낮은 단계의 참여에서 보듯 각종 위원회의 위원 선임이 불공정하게 이루어질 수 있으며, 이를 통해 정부의 결정에 정당성을 부여해주는 역할을 할 수가 있다. 아울러 관변단체의 대표나 소수의 적극적인 시민운동가가 주민의 이름으로 참여해 지역주민의 신념과 이해관계를 왜곡 대표할 가능성이 있다.

2) 정책과정과 행정과정상의 비효율과 혼란

주민참여는 때로 정책과정과 행정과정상의 비효율과 혼란을 초래한다. 전문적 지식을 소유하지 못한 주민들이 중요한 정책이나 사업의 흐름을 방해할 수도 있다. 주민들간의 이해관계가 제대로 조정되지 않는 경우에는 더욱 그러하다.

우리나라의 경우에도 이러한 예는 많다. 2003년과 2004년 전국을 흔들었던 부안 방사선폐기물 처리장 사태는 그 좋은 예이다. 지역주민의 의견수렴을 제대로 거치지 않았던 지방정부에 문제가 있었지만, 문제 자체에 대한 올바른 이해가 있었다면 국가 전체를 흔드는 사태까지는 가지 않을 수 있었다. 그 후 다른 지방정부들이 부안군 주민들과는 정반대로 앞 다퉈 유치경쟁에 뛰어 든 것이 이를 증명하고 있다.

3) 조작적 참여의 가능성

조작적 참여의 가능성은 국가와 지방정부, 그리고 정당 등의 정치조직이 지닌 힘으로부터 나온다. 여론을 조작하고 대중을 동원할 수 있는 정치·행정적 권한과 인적·물적 자원을 소유하고 있기 때문이다. 주민사회의 정치의식이 크게 향상되었다고 하나 주민사회 내부의 복잡한 이해관계는 언제나 이러한 조작의 기회를 제공하고 있다.

국가와 지방정부 등에 의한 조작과 함께 매스 미디어의 영향 또한 중요한 문제가 된다. 주민 모두가 한사람의 주민이기에 앞서 매스 미디어가 주는 현시적(顯示的) 또는 암시적 메시지에 따라 행동하고 사고하는 대중의 한 부분이기 때문이다. 매스 미디어의 지역주민에 대한 영향은 이미 매스 미디어의 강력한 영향권 아래 놓여 있는 지방정부를 더욱 무력화시키는 결과를 초래할 수도 있다. 또 매스 미디어의 지원을 받는 정치적 또는 상업적 이해관계가 주민참여의 메커니즘을 통해 지방정부에 침투할 수도 있다.

건전한 비판과 책임정치의 확립이라는 차원에서 매스 미디어의 역할은 아무리 강조하여도 지나침이 없다. 그러나 광고를 매개로 한 상업적 이익과 매스 미디어의 결합, 정치권력을 매개로 한 중앙정치 지도자와 매스 미디어의 결합 등은 우려하지 않을 수 없는 일이다. 매스 미디어에 대해 최소한 대등한 관계를 유지할 수 있는 중앙정부와 달리, 지방정부들은 대체로 일방적으로 영향을 받는 관계에 놓여있다. 이 점에 있어 이 문제는 그 심각성을 더한다.

제3절 우리나라에서의 주민참여

우리나라는 국가부문이 시장과 시민사회를 압도했던 역사를 가지고 있다. 조선왕조 5백년의 역사가 그러했고, 일제강점기가 그러했다. 또 제1공화국에서 제5공화국에 이르는 시기가 그러했다. 이 기간 동안 국민은 참여의 권한을 보장받는 시민이 아니라 국가와 정부가 지배하고 가르치고 규제하고 감독하고 보호해야 하는 통치의 대상으로 존재했다. 그리고 이러한 체제는 한때 '안정'과 '성장'이라는 이름 아래 당연한 것으로 인식되었다.[13]

대통령직선제 부활과 함께 들어선 제6공화국 아래에서도 이러한 경험과 인식은 법과 제도 그리고 정치행정 문화와 관행 곳곳에 살아 있다. 지방자

---

13) '내 무덤에 침을 뱉어라.' 박정희대통령이 제4공화국 유신체제 말기 청와대 출입기자들에게 했다는 말이다. 자신의 뜻대로 강압적 통치를 하고, 그 결과가 좋지 않으면 자신의 사후에 얼마든지 비난하라는 태도를 읽을 수 있다. 이런 생각을 가진 정치지도자가 권위주의적 통치를 하는 체제 아래에서 국민주권이나 시민이나 주민의 참여와 같은 개념이 살아있을 수 없었다. 조갑제, 『내 무덤에 침을 뱉어라』 (서울: 조선일보사, 1998) 참조.

치의 발전에 대한 부정적인 인식과 그 발전을 가로막는 법과 제도 그리고 관행들도 다 그러한 것이라 할 수 있다.

그러나 경제가 성장하고 사회가 발전하는 가운데 이러한 인식과 문화, 그리고 법과 제도가 언제까지 그대로 갈 수는 없다. 국민의 참여욕구는 날로 커져가고 있고, 이를 막는 경우 국가와 사회는 불안해질 수밖에 없다는 사실 또한 경험해 왔기 때문이다. 자연히 지방자치와 관련하여서도 시민과 주민의 참여를 보장하고 이를 국가발전과 지역사회 발전의 동력으로 삼고자 하는 노력들이 전개되고 있다. 아래에 소개되는 직접민주주의 3제도의 확립 등은 그 좋은 예이다. 2020년 말에는 지방자치법 개정을 통해 이 법의 목적 중 하나가 주민의 지방자치행정 참여에 관한 것이라는 점을 명시하기도 했고, 법령이 정하는 바에 따라 주민생활에 영향을 미치는 지방정부의 정책의 결정 및 집행 과정에 참여할 권리를 가진다는 점을 분명히 했다. 상징적인 내용이기는 하지만 나름 의미가 있는 변화라 할 수 있다.[14]

① 자치기구와 회의체를 통한 참여

1) 주민자치위원회와 주민자치회

주민자치위원회는 기초지방정부인 시·군 및 자치구가 자치적으로 읍·면·동 단위로 운영하는 주민회의체이다. 시·군 및 자치구의 주민센터를 자치적으로 운영하는 일 등을 하며, 시·군 및 자치구의 운영과 관련된 자문을 하기도 한다. 주민센터가 행정중심에서 벗어나 생활복지와 문화센터로서의 기능을 하게 되면서 그 기능이 활성화되었다. 통상 시·군 및 자치구 조례에 그 설치의 근거를 두고 있으며, 시·군 및 자치구의 자치권에 속한 사안인 만큼 그 기능과 역할, 그리고 형태와 내용에 있어 차이가 있

---

14) 지방자치법 제1조(목적) 이 법은 지방자치단체의 종류와 조직 및 운영, **주민의 지방자치행정 참여에 관한 사항**과 국가와 지방자치단체 사이의 기본적인 관계를 정함으로써 지방자치행정을 민주적이고 능률적으로 수행하고, 지방을 균형 있게 발전시키며, 대한민국을 민주적으로 발전시키려는 것을 목적으로 한다(2022년 1월 시행). 지방자치법 제17조 1항: ① 주민은 법령으로 정하는 바에 따라 주민생활에 영향을 미치는 지방자치단체의 정책의 결정 및 집행 과정에 참여할 권리를 가진다(2022년 1월 시행).

다. 아래에 설명할 주민자치회가 실시되는 경우 기구 자체가 주민자치회에 흡수되거나 주민자치회로 전환되는 모습을 보이기도 한다.

주민자치회는 지방자치분권 및 지방행정체제개편에 관한 특별법(약칭: 지방분권법)에 근거를 둔 자치기구이자[15] 민·관 협치기구이다. 주민자치위원회와 달리 지방정부의 사무 일부를 위임 또는 위탁받아 처리할 수 있는 등 그 기능이 적극적인 것으로 규정되어 있다. 그 결과 앞서 말한 주민자치위원회와 주민참여예산위원회, 그리고 새마을지도자협의회와 자율방범대 등 지역에서 활동하는 다양한 단체와 조직을 포괄하는 주민대표 기구의 모습을 갖추고 활동하는 경향이 있다.

주민자치회도 주민자치위원회와 같이 읍·면·동 단위로 설치되는데, 다수의 시·군 및 자치구에서 읍·면·동 단위로 '시범운영' 하고 있다. 아직 전면적으로 시행되고 있지는 않다는 뜻이다. 2021년 2월 현재 주민자치회 조례를 제정하여 운영하고 있는 137개로 전체 대상 지방정부(기초지방정부와 단일 계층의 광역지방정부인 제주특별자치도와 세종특별자치시 포함) 228개의 약 60%이다.[16]

2020년 말 지방자치법을 개정할 당시, 주민자치회 관련 조항을 신설하여 그 위상을 키움과 동시에 그 기능과 역할을 강화하려는 시도가 있었다. 그러나 상당한 논란 끝에 실현되지 못했다. 주민자치위원회 등과 중복되는 부분이 많은데다, 정치적 편향이 있을 수 있다는 우려가 되었기 때문이다. 아울러 사무의 위탁과 위임 등 그 기능과 역할이 커지는 과정에서 지방의회와 자치단체장 및 주민센터 등의 기능과 권한을 침해할 수 있다는 지적이 있기도 했다. 그러나 주민자치 실현을 위해 반드시 필요하다는 주장도 여전히 강한 상황이다.[17]

---

15) 지방자치분권 및 지방행정체제개편에 관한 특별법 제27조(주민자치회의 설치) 풀뿌리자치의 활성화와 민주적 참여의식 고양을 위하여 읍·면·동에 해당 행정구역의 주민으로 구성되는 주민자치회를 둘 수 있다.

16) 하태영·손정혁·오지은, "전국 지방자치단체의 주민자치회 조례 현황 분석에 관한 연구,"『지방행정연구』, 제35권 제2호 (2021. 6), p.23.

17) 이와 관련된 찬반논의를 위해서는, 오지은, [주민자치/기획①] '진짜' 주민자치로 가는 길, 2021. 2. 8. 희망제작소 홈페이지.

2) 반상회

직접민주주의 3제도 외에도 많은 주민참여 메커니즘이 있다. 먼저 개별적으로 참여하는 제도로서는 반상회에서부터 지방정부의 각종 위원회에 참여하는 일 등을 들 수 있다. 그리고 때로는 집합적이기도 하지만 민원과 청원을 제기하는 일 등도 이에 포함된다.

반상회는 행정조직의 최하위 단위인 반(班)에서 이루어지는 월례 주민모임이다. 아무런 제약 없이 쉽게 참여할 수 있어 가장 많이 이용되는 주민참여 제도이다. 그러나 토의되는 안이 생활환경에 따른 고충을 논의하는 차원에 머문다는 것과 참여기피 현상이 높다는 점에서 뚜렷한 한계를 지니고 있다.

3) 위원회

지방정부에 있어 **위원회**는 도시계획위원회와 같이 법률에 의해 의무적으로 설치해야 되는 것에서부터 조례의 의해 설치되는 것, 그리고 자치단체장의 의지에 의해 설치되는 것 등 다양한 형태가 있다. 그 기능에 있어서도 심의·의결하는 것에서부터 단순 자문하는 것에 이르기까지 다양하다. 민선체제가 들어서면서 그 수가 늘고 있다.

위원회에의 참여는 여러 가지 점에서 한계가 있을 수 있다. 일반주민이라기보다는 지역유지나 명망가가 참여하는 경우가 많은가, 전문적 성격의 위원회는 교수와 언론인 그리고 공무원 등의 전문가들이 주로 참여하고 있다. 자문적 성격의 위원회의 경우는 실제 활동 없이 형식만 갖추고 있는 경우가 많다. 심의와 의결을 하는 경우에 있어서도 지방정부 밖의 외부위원들은 정책안의 작성에서부터 참여하는 것이 아니라 최종 심의단계에서 형식적으로 참가하는 경우가 많다. 또 회의안건, 즉 의제의 선정이 집행기관의 주도로 이루어지는 것도 문제가 된다.

그러나 민선체제 출범이후 내실 있는 위원회를 운영하는 예가 많이 나타나고 있다. 위원회를 통해 지방정부가 지역사회의 전문가와 시민사회 대표들과의 접촉을 늘려나가고 있는 모습도 관찰이 된다. 특히 대도시지역의 경우 전문성을 필요로 하는 업무에 있어서는 위원회가 지방정부 운영에 큰 도움을 주고 있는 경우들을 볼 수 있다. 그러나 이 경우 역시 소수 전문가들의 참여나 일부 시민사회단체 대표들이 주로 참여한다는 점에서 분명한 한계를 지니고 있다.

2 직접참여

1) 주민투표

흔히 주민투표(referendum)와 주민발의(initiative), 그리고 주민소환(recall)을 직접민주주의의 '트리오(trio)'라 부른다. 우리나라에서는 이 3제도가 모두 시행되고 있다. 또 이와 함께 주민참여 예산제도와 주민감사청구제도, 그리고 주민소송제도 등이 마련되어 있다. 먼저 주민투표 문제를 살펴보자.

1994년 3월 이전의 지방자치법은 **주민투표**를 인정하지 않고 있었다. 주민의 권리·의무에 관한 조항이 없지는 않으나 '공공재산과 시설을 이용할 수 있는 권리', '지방선거에 참여할 수 있는 권리', 그리고 '자치단체의 비용을 분담할 의무'를 규정하는 데 그치고 있었다.[18] 그러나 1994년 3월 개정의 지방자치법은 제13조의2를 신설하여 '지방자치단체장으로 하여금 지방자치단체의 폐치(廢置)·분합(分合), 또는 주민에게 과도한 부담을 주거나 중대한 영향을 미치는 사항 등'을 주민투표에 붙일 수 있도록 하고 있다. 법 개정 당시 논의가 일고 있었던 행정구역 개편을 겨냥한 것으로 해석되는데, 그 동기가 어디에 있건 일단 주민참여의 새로운 메커니즘이 갖추어졌다는데 그 의의가 작지 않았다.

그러나 주민투표 제도는 2004년 7월까지 실행되지 못했다. 주민투표 대상과 발의자, 그리고 발의요건과 기타 투표절차 등에 관해서는 다른 법률로 따로 정하도록 되어 있으나 여·야의 의견대립 등으로 법률이 제정되지 못하고 있었기 때문이었다. 그러다가 결국 2004년 1월에 가서야 주민투표법이 제정되게 되었고, 법 제정 후 6개월이 지난 7월에 가서 발효되었다.

주민투표법은 '주민에게 과도한 부담을 주거나 중대한 영향을 미치는 주요결정사항으로 그 지방자치단체의 조례로 정하는 사항'을 주민투표에 부칠 수 있도록 하고 있다. 그리고 주민투표를 실시할 수 있는 권한을 자치

---

18) 당시의 지방자치법 제13조, 제14조.

단체장으로 하고 부여하고 있는데, 자치단체장은 지방의회 재적의원 과반
수의 출석과 출석의원 과반수의 동의를 얻어 직권으로 실시할 수 있도록
하고 있다(주민투표법 제9조). 중앙행정기관이 장과 지방의회 그리고 지역주
민도 자치단체장에게 주민투표 실시를 요구(중앙행정기관의 장)하거나 청구
(지방의회, 주민)할 수 있도록 하고 있다. 주민투표 실시를 하거나 하도록
요구 또는 청구할 수 있는 주체를 자치단체장, 중앙행정기관의 장, 지방의
회, 그리고 주민으로 하고 있는 것이다(주민투표법 제8조, 제9조).

중앙행정기관의 장은 지방정부의 폐치(廢置)·분합(分合) 또는 구역변경,
주요시설의 설치 등 국가정책의 수립에 관하여 주민의 의견을 듣기 위하여
필요하다고 인정하는 때에는 행정안전부장관과의 협의를 거쳐 지방자치단
체장에게 요구하도록 하고 있다(주민투표법 제8조). 그리고 지방의회는 재적
의원 과반수의 출석과 출석의원 3분의 2 이상의 찬성으로 실시를 요구하게
되어 있고, 주민은 지방의회가 조례로 정한 일정 수 이상의 만 19세 이상
의 주민(외국이 주민 포함)의 서명을 받아 주민투표를 청구할 수 있도록 하
고 있다. 지방의회는 지역주민(주민투표청구권자, 외국인 포함) 총수의 20분
의 1 이상 5분의 1 이하의 범위 안에서 주민투표 청구에 필요한 주민의 수
를 정하게 되어 있다(주민투표법 제9조). 한 가지 특기할 점은 주민서명을
받는데 있어 '5분의 1 이하'로 최대인원을 제한하고 있는데, 이는 서명과정
에서의 과열을 방지함과 동시에 그로 인한 주민불편을 줄이기 위해서이다.

투표결과의 확정을 위해서는 전체 투표권자 중 최소한 3분의 1 이상이
투표를 해야 한다. 3분의 1에 미달하면 투표는 무효가 된다(주민투표법 제24
조). 지방선거에의 낮은 투표율을 고려할 때 쉽지 않은 숫자이다. 특히 통
과를 원하지 않는 쪽이 투표불참을 전략적으로 선택하는 경우 3분의 1 투
표는 도달하기 어려운 숫자가 된다. 실제로 2007년 12월 광역화장장 문제
를 둘러싸고 벌어졌던 하남시장에 대한 주민소환을 위한 주민투표에서는
투표율이 31%로 3분의 1에 채 못 미쳐 투표가 무효가 되었다. 서울시가
2011년 실시한 **무상급식 주민투표**에서도 무상급식을 찬성하는 시민들이
투표불참을 전략적으로 선택함으로써 개표 자체를 하지도 못한 채 부결되
었다. 투표율은 25.7%에 거쳤고, 이로써 부결되었을 경우 서울시장직 사퇴
를 약속한 오세훈시장이 사퇴를 하였다. 그러나 매번 이런 일이 일어나는
것은 아니다. 2005년 있었던 제주도의 시·군자치 폐지안은 투표율이 3분

의 1을 가까스로 넘겨 **시·군자치 폐지**가 확정되었다.

법이 제정된 후 이렇게 제주도의 시·군자치를 폐지를 위한 주민투표와 서울시의 무상급식 주민투표를 포함 해 여러 건의 주민투표가 실시되어 왔다. 특히 행정구역 개편문제나 혐오시설 설치 등과 관련하여 실시되는 경우가 많은데, 앞으로도 이러한 문제들과 관련하여 큰 기능을 할 것으로 보인다. 2012년 있었던 청주시와 청원구 통합을 위한 주민투표와 2005년 경북 경주시와 전북 군산시 등에서 있었던 중·저준위 방사능폐기물 처분시설 유치관련 주민투표는 주민투표가 지닌 분쟁조정기능과 지역통합기능을 보여준 대표적인 사례였다.

2) 주민발의

주민이 직접 조례의 제정 및 개폐를 청구할 수 있는 **주민발의제도**는 1998년 8월의 지방자치법 개정으로 1999년부터 시행되었다. 그 이전에는 시기 상조라는 이유로 도입되지 않았다.

2020년 현재 주민발의제도는 지방의회에 바로 발의를 하는 것이 아니라 지방자치단체장에게 청구하는 것을 되어 있으며, 지방자치단체장은 청구를 수리한 날로부터 60일 이내에 조례의 제정 또는 개폐안을 작성하여 지방의회에 부의(附議)하도록 되어 있다. 자치단체장에게 청구를 하기 위해서는 선거권이 있는 19세 이상 주민 일정 수 이상의 서명을 받도록 하고 있다. 청구에 필요한 주민의 수는 지방정부의 조례로 정하되, 인구가 50만 이상 대도시에서는 19세 이상 주민 총수의 100분의 1 이상 70분의 1 이하의 범위 내에서, 그리고 시·군 및 자치구에서는 19세 이상 주민 총수의 50분의 1 이상 20분의 1 이하의 범위 내에서 정하도록 되어 있다(지방자치법 제15조 제1항). 주민투표에서와 같이 서명 받을 수 있는 최대인원을 제한하고 있는데 이 역시 서명과정에서의 과열을 방지함과 동시에 주민불편을 줄이기 위해서이다.

한 가지 특기할 사항은 조례의 제정과 개폐를 청구할 수 있는 대상영역에 제한을 두고 있다는 점이다. 즉 법령을 위반하는 사항이나 지방세·사용료·수수료·부담금의 부과·징수 또는 감면에 관한 사항, 그리고 행정기구를 설치하거나 변경하는 것에 관한 사항이나 공공시설의 설치를 반대하는 사항은 주민발의의 대상에서 제외되어 있다(제15조 제2항).

실시된 지 얼마 되지 않은 제도라 쉽게 평가를 할 수는 없지만 청구의 대상영역을 지나치게 좁혀 놓지 않았느냐는 지적이 있을 수 있다. 사무배분의 불균형으로 지방정부의 조례제정권 범위가 넓지 않은 상황에 이에 다시 제한을 두고 있기 때문이다. 미국 캘리포니아 주(州)의 주민들이 '프로포지션 13'을 통해 재산세의 상한선을 정하고 했던 것과는 큰 괴리가 있다.

아울러 주민발의의 요건이 너무 높다는 지적이 있다. 청구에 필요한 주민의 수를 정하는데 있어서부터 지방의회가 높은 쪽의 기준을 선택하여 조례를 제정한 경우가 많기 때문이다. 남발과 특정 이해관계 세력에 의한 활용 등을 우려해서 이겠지만 이 부분에 있어서는 객관적 분석과 새로운 제안이 필요하다는 지적이 있어왔다.[19] 아울러 지방의회가 주민발의로 제안된 의안에 대해 처리를 미루는 경향도 있었다. 그 결과 1999년 시행된 이래 2020년에 이르기까지 주민이 발의한 조례안이 지방의회를 통과한 것이 13건에 지나지 않았다.

이와 같은 지적과 문제제기를 감안하여 2020년 12월 지방자치법상의 관련조항이 개정되었고, 이에 근거하여 **주민조례발안에 관한 법률**이 제정되었다(2022년 1월 시행). 이 법은 우선 청구권자의 연령요건을 공직선거법에 맞추어 19세에서 18세로 인하하였다. 그리고 지방정부를 인구규모별로 6단계로 세분화한 후, 그 단계별로 청구에 필요한 주민수의 상한선만을 정했다. 이전의 지방자치법은 지방정부를 광역지방자치단체(인구 50만 이상 포함)와 기초지방자치단체 두 단계로만 나누었다. 그리고 이 두 단계별로 청구에 필요한 주민수의 상한선과 하한선을 두었다. 그런데 이것을 6단계로 세분화하여 상한선을 현실에 맞게 조정하는 한편, 하한선은 없애버린 것이다. 청구를 보다 활성화하기 위한 조치라 하겠다.

청구 또한 자치단체장을 거쳐 지방의회로 보내던 것을 지방의회로 바로 보낼 수 있게 했다. 또 지방의회가 청구된 조례안에 대해 소극적인 태도를 보여 온 것을 감안하여 수리된 조례안의 1년 이내에 심의·의결할 것을 규정하고 있다.

---

19) 특히 특정 이해관계 세력에 의한 남용의 우려는 이 제도를 채택하고 있는 국가에서의 공통된 우려이다. Jennifer Drage, "Initiative, Referendum, and Recall: the Process," *Journal of the American Society of Legislative Clerks and Secretaries*, Vol. 5, No. 2 (Winter, 2000), p.3.

3) 주민소환

우리나라에 있어 **주민소환제**는 2006년 5월 주민소환에 관한 법률이 제정되면서 도입되었다. 그리고 실제 실시는 1년 뒤인 2007년 5월부터 실시되었다. 도입을 놓고 상당히 많은 논란이 있었다. 선출직 공직자의 직무환경을 불안하게 할 수 있다는 우려가 제기 되었고, 일부 정치세력이 이를 정치적으로 활용할 가능성도 크다는 등의 우려도 제기 되었다.[20]

논의 자체가 복잡할 수밖에 없었던 이유는 직접민주주의 제도와 관행이 발달한 국가에 있어서도 주민소환의 문제에 대해서는 비교적 신중한 접근이 있기 때문이었다. 미국과 같은 경우 실제로 주민소환이 실시되곤 한다. 2003년 캘리포니아 주(州) 데이비스(Gary Davis) 주지사가 주민소환에 의해 해임되고, 그 자리에 영화배우였던 슈왈제네거(Arnold Schwarzenegger)가 당선되었던 것은 잘 알려진 사실이다. 그러나 이러한 국가에서 조차 주민소환제도를 채택하고 있는 경우는 전체 50개 주(州) 중 19개 주(州)이다. 또 실제로 주민소환이 이루어지는 경우도 매우 드물다. 캘리포니아만 해도 1911년 이래 32번의 시도가 있었지만 실제 소환이 이루어진 것은 위의 경우, 단 한 번뿐이었다. 미국의 다른 주(州)나 다른 국가들도 마찬가지이다. 소환이 실제 이루어지는 경우는 매우 드물다.[21]

그러나 우리나라의 경우 논의를 거듭한 끝에 이를 도입하는 쪽으로 결론을 내렸다. 발의요건을 다소 엄격하게 하더라도 도입을 하는 편이 지방정부와 지역사회의 자기책임성을 높이는데 기여하게 될 것이란 판단과, 실제 소환이 이루어지느냐를 떠나 제도 자체가 소환대상이 될 수 있는 자치단체장과 지방의원에게 보다 공평하고 합리적인 행정을 위한 압박이 될 것이란 판단에서였다.

아무튼 이러한 이유에서 우리나라에 있어 주민소환의 발의요건은 비교적 까다롭게 규정되어 있다. 우선 임기개시일부터 1년이 경과하지 아니한 때와 임기만료일부터 1년 미만일 때는 발의를 할 수 없도록 하고 있다. 지방선거 등과 관련된 정략적 이용을 방지하자는 뜻에서이다. 아울러 주민소환 투표를 한번 실시한 날부터 1년 이내에 다시 동일인을 상대로 발의하지

---

20) 정책기획위원회, 『주민 직접참여제도』, 보고서 (2008), pp.34-52.

21) "Recall of State Official," National Conference of State Legislatures. July 8, 2019. accessed July 13, 2020. https://www.ncsl.org/research/elections-and-campaigns/recall-of-state-officials.aspx.

못하도록 하고 있다.[22]

발의를 위한 주민의 수도 비교적 높게 잡고 있다. 광역자치단체장을 소환하고자 할 때는 전체 19세 이상 투표권을 가진 주민(주민소환투표권자)의 100분의 10, 즉 10% 이상의 서명을 받아야 발의가 된다. 그리고 기초자치단체장에 대해서는 100분의 15, 즉 15%의 서명을 받아야 하며, 지방의원(지역구)에 대해서도 100분의 20, 즉 20%의 서명을 받아야 소환을 위한 주민투표를 청구할 수 있다. 뿐만 아니라 어느 한 지역에서 표를 모아 발의를 하는 것을 막기 위해 광역자치단체장에 대해서는 3분의 1 이상의 시·군·자치구에서 일정한 수의 서명을 받아야 하고, 기초자치단체장이나 지방의원에 대해서도 3분의 1 이상의 읍·면·동에서 일정한 수의 서명을 받도록 하고 있다(주민소환에 관한 법률 제7조).

주민소환 제도는 2007년 12월 하남시장과 일부 시의원을 대상으로 처음 발의되었다. 광역화장장을 유치하고자 하는 시장과 시의원 4명에 대해 주민들이 주민소환을 발의한 것이다. 그 결과 시장에 대해서는 투표율이 3분의 1에 채 못 미쳐 투표가 무효화 되었다. 그러나 2명의 시의원은 투표율이 37% 정도가 되어 주민소환이 확정되었다.[23] 2020년 현재 여러 지방정부에서 자치단체장과 지방의원에 대한 주민소환 운동이 벌어지고 있다. 그러나 실제 성사여부는 별개의 문제이다.

4) 주민감사청구와 주민소송

주민감사청구제도는 지방정부의 사무처리가 법령에 위반되거나 공익을 현저히 해한다고 판단될 때 주민이 상급정부에 감사를 청구할 수 있게 한 제도이다. 청구에 필요한 주민 수는 지방정부의 조례로 정하되 시·도는 19세 이상의 주민 300명 이상, 인구 50만 이상의 도시는 200명 이상, 그 밖의 시·군 및 자치구는 150명 이내이어야 한다(2022년 1월 시행).[24] 이렇게 상한선을 규정하는 것은 감사청구가 일종의 정치운동으로 번지는 등 과열

---

22) 주민소환에 관한 법률 제8조.

23) "하남광역화장장 설치 여부 7월 결론: 김황식 하남시장, 주민 과반수 찬성시 입지변경," 에코저널, 2008. 4. 3.

24) 법개정 이전에는 청구에 필요한 주민수를 조례로 정하되, 시·도는 500명, 인구 50만 이상의 도시는 300명, 그 밖의 시·군 및 자치구는 200명을 넘지 못하게 규정하고 있었다.

화되는 것을 막기 위해서이다. 하한선은 없다.

시·군·자치구와 관련하여서는 시·도지사에게, 그리고 시·도와 관련하여서는 주무부 장관에게 청구하게 되어 있는데.[25] 청구를 받은 시·도지사나 주무부 장관은 60일 이내에 감사를 끝내야 한다.

주민소송제도는 지방정부의 위법한 재무회계행위에 대해 지역주민이 그 시정을 법원에 청구할 수 있는 제도이다. 소송은 1인 이상 누구라도 할 수 있으며, 자신의 개인적 권리나 이익에 관계없이 청구할 수 있다. 다만 소송에 앞서 반드시 앞서 설명한 주민감사청구를 먼저 해야 하는 조건이 붙어 있다(지방자치법 제22조).

주민소송제도는 민선자치제 실시 이후 지방재정운영과정에서 나타난 자치단체장의 예산 낭비 등에 대해 주민의 직접 통제를 가할 수 있도록 한 제도이다. 즉 예산의 편성과 집행에 대해 집행기관 내부의 자율적 통제에 한계가 있다고 보고, 또 지방의회조차 이를 제대로 통제하지 못한다고 보고, 주민의 직접 참여에 의한 통제제도를 도입한 것이다. 2006년 1월부터 시행되고 있다.

5) 주민참여 예산제도

주민참여 예산제도는 주민이나 그 대표, 또는 주민의 이익을 대변할 수 있는 전문가 등이 지방정부의 예산편성과정에 참여하는 제도이다. 주민은 이러한 제도를 통하여 자신들이 선호하는 정책이나 사업을 예산에 반영할 수 있고, 예산의 전 과정을 지켜보고 통제할 수 있는 기회를 가지게 된다. 지방정부 역시 이러한 과정을 통하여 예산의 투명성을 높이고 예산에 대한 시민사회의 지지를 획득할 수 있다. 예산에 주민의 선호를 반영함으로써 예산의 수요대응성도 높일 수 있다. 그러나 다른 한편에서는 지역이기주의적인 성격의 사업이 예산에 반영될 수 있다는 점과 자원배분이 지나치게 정치적 논리를 따라갈 가능성이 있다는 우려가 제기되기도 한다.

주민참여 예산제도는 기본적으로 지방재정법 제39조와 그 시행령 제46조를 근거로 하고 있다. 지방재정법 제39조는 '지방자치단체의 장은 대통령령이 정하는 바에 따라 지방예산편성과정에 주민이 참여할 수 있는 절차

---

25) 다만, 수사나 재판에 관여하게 되는 사항, 개인의 사생활을 침해할 우려가 있는 사항, 다른 기관에서 감사했거나 감사 중인 사항, 소송중인 사항 등에 대해서는 청구를 하지 못하도록 되어 있다. 지방자치법 제21조.

를 마련하여 시행할 수 있다'라고 규정하고 있다. 또 지방재정법 시행령은 이를 근거로 지방예산 편성과정에 주민이 참여할 수 있는 방법을 규정하고 있다. 규정하고 있는 방법은 주요사업에 대한 공청회 또는 간담회, 주요사업에 대한 서면 또는 인터넷 설문조사, 사업공무 등이다. 그리고 '그 밖에 주민의견 수렴에 적합하다고 인정하여 조례로 정하는 방법'이라고 규정함으로써 사실상 어떠한 방법을 선택할 것인가의 문제를 지방정부의 자율에 맡기고 있다.

6) 공청회

공청회는 정책 사안에 따라 개최되는 것으로 이해관계자 및 전문가들의 의견수렴을 목적으로 하는 모임이다. 공청회는 정책담당자와 자치단체장, 그리고 지방의회의 의지에 의해서 개최될 수도 있겠으나 특정 사안에 대해서는 그 개최가 법으로 의무화 되어 있기도 하다. 예컨대 경관법 제10조는 '시·도지사 또는 시장·군수가 경관계획을 수립 또는 변경하려는 때에는 미리 공청회를 개최하여 주민 및 관계 전문가 등의 의견을 들어야 한다'고 규정하고 있다.

공청회는 최근 주민의 권리의식이 높아지면서 개최 빈도가 늘고 있다. 지방정부가 정당성을 확보하는 차원에서, 아니면 실제로 주민과 전문가의 의견을 듣기 위해 공청회를 개최하는 일이 많아지고 있는 것이다. 그러나 공청회 역시 그동안 적지 않은 문제점이 지적되어 왔다. 쓰레기 매립장문제와 같이 주민의 이해관계가 직결되어 있지 않은 사안은 주민의 관심이 높지 않아 형식화되어 버리는 경향이 있으며, 주민이나 이해관계 집단의 관심이 높은 경우는 공청회를 올바르게 진행할 수 없을 정도의 소란이 일어나기도 한다.[26] 그리고 발표자의 선정과 참석범위까지 때로는 집행기관에 의해 이루어져 의견을 수렴하기보다는 집행기관의 정책안을 정당화시키는 기회로 활용되기도 하며, 정책안이 거의 확정되어가는 단계에서 최종안의 선택을 놓고 이루어지는 경우가 많아 기능상의 한계가 드러난다. 크게 나아지고는 있지만 아직 온전한 모습을 갖추지 못하고 있다는 뜻이다.

---

26) 인터넷에서 '공청회 무산'을 검색해 보면 지방정부가 개최하는 수많은 공청회가 주민들의 시위와 항의 등에 의해 무산되고 있는 상황을 쉽게 볼 수 있다.

7) 민원 및 청원

지역주민은 지방정부의 집행기관에 **민원**(民願)을 제기하거나 지방의회에 청원을 제기함으로써 지방정부의 운영에 관여하기도 한다. 민원은 공식적으로 접수되는 민원에서부터 자치단체장과 지방의원, 또는 지방공무원들에게 비공식적으로 전달되는 민원까지 다양한 형태가 있을 수 있다. 개별적인 민원도 있고, 또 집단적인 민원도 있다. 비공식적인 것까지를 합치는 경우 그 수는 정확하게 셀 수 없을 정도로 많다.

청원은 지방의회에 접수되어 처리된다. 제7기 지방의회 기간 동안(2014. 7.~2018. 6.) 시·도의회는 313건을 접수해 273건을 처리했고, 시·군·자치구의회는 322건을 접수해 296건을 처리했다. 시·도의회가 17개가 되고 시·군·자치구의회가 226개나 된다는 점에서, 또 그 임기가 4년이라는 점에서 볼 때, 비교적 소극적으로 이루어지고 있는 활동이라 할 수 있다. 제도 자체에 대한 인식이 낮아서도 그러하겠지만, 지방의회의 권한과 능력에 대한 회의(懷疑) 등에서 오는 제도불신이 상당한 영향을 미치는 것으로 보인다.

민원과 청원은 지역주민이 지방정부에 영향을 미치는 참여의 한 통로임에는 틀림이 없다. 이를 통해 지역주민은 자신들의 이해관계를 지방정부에 전달하고 그 처리나 잘못된 행정에 대한 교정을 요청하게 된다. 그러나 민원과 청원은 대부분 개인적 이해관계를 반영하는 사안이 대부분이라는 점에서 한계를 가진다. 더욱이 청원은 제대로 활성화되고 있지 않다는 점에서 또 다른 문제를 안고 있다.

8) 주민들의 감시활동

주민들은 지방의회와 집행기관에 대한 보다 직접적인 감시와 감독을 한다. 지방자치법은 일반주민에게 지방의회 방청권을 부여하고 있고, 지방의회에 대하여서는 회의를 기록으로 남길 것을 의무화시키고 있다. 지역주민은 방청을 통하여, 또 지방의회 회의록의 분석을 통하여 잘잘못을 지적하는 등의 감시와 독려활동을 편다.

실제로 전국의 많은 지역에서 **의정지기단**과 의정모니터단 등이 결성되어 활동하고 있다. 1990년대 초 YMCA와 YWCA, 그리고 여성민우회와 한

국여성유권자연맹 등을 중심으로 한 조직들이 만들어졌고, 그것이 뿌리가 되어 도시지역 대부분의 지방정부에서 이와 같은 활동이 일어나고 있다.

집행기관에 대해서도 마찬가지이다. 각 지역경실련과 환경운동연합, 그리고 자치연대 등의 조직을 중심으로 예·결산서를 분석하고 주요 사업의 처리과정과 결과를 분석하는 등의 활동을 전개한다. 대학이 소재한 도시의 경우 대학교수들을 중심으로 한 전문가 집단의 지원을 받아가며 활동을 하기도 한다. 최근에는 이러한 전국조직과 관계없이 지역단위에서 자발적으로 생성된 조직들이 활발한 활동을 하는 경우들이 많다. 이들의 활동은 지역 커뮤니티 포털 등 인터넷 기반의 정보활동과 소셜 네트워크 서비스(SNS)와 연계되면서 그 효과를 키우고 있다.

주민감사청구 제도와 주민소송제도, 그리고 주민참여 예산제도 등은 이들 조직에게 더 없이 좋은 수단이 된다. 앞서 설명한 직접민주주의 3제도, 즉 주민투표 주민발의 주민소환도 마찬가지이다. 이들이 활동에 동력을 가할 수 있는 좋은 수단이 되고 있다.

9) 집단행위: 시위와 집단민원

헌법이 보장하고 있는 집회의 자유와 시위와 집회에 관한 법률에 의해 일반주민은 평화적인 집회 또는 시위를 할 수 있는 권리가 보장되어 있다. 이러한 권리를 이용하여 주민들은 자신들의 이해관계와 신념을 지방정부의 운영에 반영하기 위해 집단행동을 한다. 여러 형태의 참여제도가 마련되고 있음에도 좀처럼 줄지 않고 있다. 제도적인 틀을 이용하는데 따른 여러 가지 한계와 함께 이러한 집단행위의 효용성에 대한 믿음이 존재하고 있기 때문이다.

제4절 주민참여의 활성화와 기능화

1 문제의 제기

앞서 주민참여가 대의정치의 모순과 내재적 한계를 보완하고 지방정부의 정책능력을 고양하는 등의 기능을 지니고 있음을 살펴보았다. 그러나 또 한편으로는 이러한 참여가 자칫 정책상의 공정성을 해치고 비효율을 초래하는 등의 문제를 야기할 수 있음도 보았다. 주민참여가 지니는 이러한 양면성을 생각할 때 주민참여와 관련하여 부과되는 과제가 무엇인지는 명확해진다. 활성화시키되 그러한 참여가 주민 모두를 위해서, 또 효율적으로 기능할 수 있도록 하는 것이 과제가 된다. 이러한 과제와 관련하여 어떠한 방안 내지는 조건을 생각해 볼 수 있는지 중요한 사안 몇 가지만을 짧게 살펴보기로 한다.

② 주민참여의 활성화

1) 적절한 자치권의 배분

지방정부 차원의 주민참여 활성화를 위해서는 지방정부에 적절한 권한이 부여하는 것이 매우 중요하다. 중요한 사안들이 모두 중앙정부에 의해서 이루어지는 상황이라면 주민의 관심 또한 당연히 중앙정부 쪽으로 쏠리게 될 것이다. 지방정부의 운영에 관련하여서는 관심을 두지 않게 된다. 참여에 따른 효능감을 느낄 수 없게 되기 때문이다.

2) 정보의 공개 및 전달

지방정치권과 지방행정에서 일어나는 일이 주민에게 제대로 공개되지 않거나 전달되지 않는다면 주민의 참여의식 또한 그만큼 낮아질 수밖에 없다. 무엇이 일어나고 있는지를 알지 못하는 상태에서 관심과 열정이 생겨날 수 없기 때문이다. 그만큼 지방정부 운영에 관한 정보의 적절한 공개와 전달은 참여활성화의 중요한 조건이 된다.

3) 참여비용의 절감

참여에 따른 기회비용과 실질적 경비, 그리고 시간과 불편 등 참여에 따른 비용을 절감시켜 주는 것 역시 참여 활성화를 위한 매우 중요한 과제가 된다. 공공부문에서 이루어지는 일의 대부분이 무임승차의 문제를 내재하고 있다는 점을 생각할 때 더욱 그러하다. 비용이 크면 클수록 무임승차의 가능성, 즉 비참여의 가능성이 커지게 된다.

이러한 비용의 절감과 관련하여 최근 급격히 발전하고 있는 정보통신의 발달, 특히 인터넷 환경의 발달은 대단히 큰 의미를 지닌다. 컴퓨터 통신 등의 발전이 대화공간의 개념은 물론 참여에 따른 비용을 현격히 줄여 나가고 있기 때문이다. 이를 얼마나 잘 활용하느냐가 보다 구체적인 과제가 되고 있다.

4) 매개집단의 활성화

주민과 지방정부를 연결시켜주는 **매개집단**(媒介集團)의 존재도 매우 중요하다. 특히 공익적 시민사회단체의 존재는 더욱 그러하다. 지방정치와 지방행정에 관한 정보를 주민에게 지속적으로 제공하는 한편 개개인의 흩어진 관심들을 모아서 이를 집합적으로 반영할 수 있는 시민사회단체가 있다면 주민은 비교적 적은 참여비용으로 보다 높은 효능감을 느낄 수 있게 되고, 주민참여의 정책적 효과 또한 훨씬 커질 수 있다. 건전한 매개집단으로서의 시민사회단체의 활성화가 또 하나의 과제가 된다.

③ 주민참여의 기능화

1) 참여제도의 합리화

주민참여가 기능적으로 작동하기 위해서는 참여제도가 합리적으로 정비될 필요가 있다. 이를 위해서는 개별적 이익이 부각되는 참여제도와 공동의 이익이 부각되는 참여제도의 균형을 생각해 보아야 한다. 민원과 청원 등과 같이 개별적이고 부분적인 이익이 추구될 수 있는 제도만이 운영된다면, 참여 그 자체는 결국 개별적 이익을 추구하는 방향으로 편향될 수밖에 없다. 매개집단의 기능 활성화 등 지역 전체의 이익이 보다 크게 부각될 수 있는 방안과 제도가 균형적으로 운영되어야 한다.

같은 맥락에서 주민참여가 특수계층의 이익이나 개별적 이익을 위해 기능하는 것을 막기 위해 노력해야 한다. 이를 위해서는 지역사회에 올바른 공론의 장(場)이 열리도록 하고, 이러한 장(場)에서 다듬어진 의견들이 지방정부의 정책과정에 반영될 수 있는 구도를 갖추는 것이 매우 중요하다. 우리사회는 한동안 여론만 있고 이를 이끄는 수준 높은 담론이 사회가 되어 있다. 제대로 된 담론이 생성될 수 있는 장을 만들어 가는 것이 매우 중요하다. 이와 관련하여 지역단위에 산재해 있는 '맘카페'와 지역단위의 커뮤니티 포털사이트,[27] 그리고 인터넷 포털 'Daum'의 토론방 등이 어떻게 또 어느 정도로 발전하느냐를 관심 있게 지켜 볼 필요가 있다.

2) 참여의 체계화와 집약화

주민참여가 비조직적으로 이루어지는 경우 정책과정과 행정과정상의 부담은 그만큼 더 늘어나게 된다. 예컨대 대표자를 정할 수도 없는 많은 사람들이 유사한 문제를 가지고 제각기 문제를 제기하는 경우와 시민사회단체나 포럼 등이 집약하여 제기하는 경우에는 큰 차이가 있을 수 있다. 이 점과 관련하여 대표성과 공신력을 갖춘 시민사회단체와 지역주민의 신념과 이해관계를 집약하기 위해 노력하는 포럼 형태의 조직의 성장이 매우 중요하다.

3) 담론 수준의 고양: 숙의민주주의

참여를 기능화 시키는데 있어 가장 중요한 문제는 참여자의 정책적 역량을 어떻게 고양시키느냐의 문제이다. 직접민주주의에 대해 유보적인 태도를 취하는 많은 사람들이 우려하는 것이 바로 이 문제이다. 대의민주주의에 문제가 있지만 그렇다고 하여 정책문제에 대해 깊은 고민을 하지 않는 일반 주민들로 하여금 그러한 문제에 대한 결정을 하도록 해서도 안 된다는 주장이다. 주민들의 의견이나 여론은 반드시 존중되어야 하지만 그렇다고 하여 전문성이 개재된 정책문제에 대한 결정권을 부여하는 것은 문제가 있다는 지적이다. 정책문제를 제기하고 이에 대해 국민이나 주민의 의견을 묻는 형식의 전자투표(tele-vote) 등에 문제가 제기되는 이유도 이러한 배경에서이다.

일종의 딜레마와 같은 상황이다. 즉 불확실성의 시대에 있어 선거를 통

---

27) 커뮤니티 포털의 예로서는 '세종시 닷컴' https://cafe.naver.com/1sejongcity/, '젊프' http://www.dgjump.com/open_content/comp/comp 등 참조.

해 주민의 권한을 선출직 공직자에게 백지위탁 또는 백지위임하는 것도 곤란하고, 그렇다고 하여 주민의 직접적인 참여와 결정권 행사 또한 문제가 있을 수 있는 상황이다. 이와 관련하여 최근 시도되고 있는 '**숙의민주주의** (deliberative democracy 혹은 discursive democracy)'는 관심을 기울일 만한 실험이다.

숙의민주주의는 정치사상가인 하버마스(Jürgen Habermas)와 롤스(John Rawls) 등의 논리를 바탕으로 한 것으로 기본적으로 민주주의의 정당성은 모든 사람이 단순히 투표를 하는데서 나오는 것이 아니라 문제와 상황에 대한 올바른 토론과 이해를 바탕으로 자신의 의견과 피력하고 투표와 같은 선택행위를 하는데서 나온다고 믿는다.[28] 따라서 의견을 피력하고 선택행위를 하기 전에 충분한 토론과 이해가 있을 강조한다.[29] 이를 통해서 직접민주주의 가지고 있는 여러 가지 문제와 한계를 극복할 수 있고, 또 극복해 나가야 한다고 믿는 것이다.

이러한 생각은 실제로 '아메리카 스픽스(AmericaSpeaks)'와 같은 단체가 실천에 옮긴 바 있다.[30] 2014년 문을 닫은 단체이지만 이 단체가 실시한 '21세기 마을회의(the 21th Century Town Meetings)'는 많은 관심을 끌었다 (사잇글 7-3). 이 회의는 많은 사람이 한 자리에 모여 특정 정책문제를 토론한 뒤 그 의견을 집합하여 정책결정자에게 전달하는 형태였다.[31] 그 이념적 기반, 즉 대의정치와 특수이익에 대한 불신과 일반 국민의 합리적 사고의 가능성에 대한 신뢰 등에 문제가 제기되고 있고, 이를 주도하는 지도부와 토론을 관리하는 도우미(facilitator)의 중립성에 문제가 제기되는 등의 기술적인 문제가 있기도 하지만 그 고민의 배경, 즉 직접민주주의의 질을 높여 대의민주주의의 결함을 보완하겠다는 생각에 대해서는 많은 사람들이 공감을 했고, 또 하고 있다.

---

28) Scott London, "Teledemocracy vs. Deliberative Democracy," Journal of Interpersonal Computing and Technology (April 1995), pp.1-6.

29) J. Cohen, "Deliberative Democracy and Democratic Legitimacy," from Hamlin, A. and Pettit, P. (eds.), *The Good Polity* (Oxford: Blackwell, 1988), pp.17-34.

30) America Speaks, http://www.americaspeaks.org/

31) 자세한 운영절차에 대해서는 박재창, "담론민주주의와 시민참여: 21세기 마을회의를 중심으로," 시민사회포럼 제41회 세미나 발제문, 2008. 8. 20. 삼성경제연구소 510호, pp.13-19 참조.

사잇글 7-3: 21세기 마을회의(the 21th Century Town Meetings)

1995년 설립된 '아메리카 스픽스(AmericaSpeaks)'는 2014년 그 문을 닫을 때까지 숙의민주주의 실험이라 할 수 있는 '21세기 마을회의(the 21st Century Town Meetings)'를 운영했다. 미국 50개 주(州)에 걸쳐 수십 회의 마을회의를 열었고 18만명에 달하는 사람들이 이 회의에 참여했다. 회의의 주제는 다양했다. 사회보장제도, 지방정부 예산, 9·11 사태로 무너진 New York 세계무역센터가 있던 자리인 'Ground Zero'의 개발계획, 각 지역의 지역개발 계획 등이었다.

마을회의는 각계각층의 주민들이 참여한 가운데 열렸다. 인구구성의 대표성을 살리기 위해 최대한 노력했으며 그 과정에서 회의 때마다 참가하는 사람들의 나이와 소득 등을 공개했다. 참가자들은 10명에서 12명 정도씩 테이블에 나뉘어 앉아 주제에 대한 토론을 했다. 도우미(facilitator)는 중립을 지키며 회의의 흐름만 관리했다. 즉 어느 한 사람이 지나치게 토론을 주도하는 것을 제지하고 모든 사람이 토론에 참여할 수 있도록 도움을 주었다.

토론은 여러 단계로 나누어졌으며 각 단계별로 각 테이블의 의견이 집합되고, 집합된 의견은 중앙관리체제로 전달되었다. 이곳에서는 주제별 전문가 등으로 구성된 팀이 모든 테이블의 의견을 취합하여 5개 내지는 10개 정도의 대안 혹은 의견을 정리하여 발표하였다. 그리고 이러한 대안 또는 의견에 대해 다시 테이블 회의가 진행되었다. 필요한 경우 전문가와 정책결정기관의 정보제공을 받기도 했다.

21세기 마을회의는 이러한 회의를 통해 정부의 정책을 변화시켰다. 예를 들면 New York시로 하여금 9·11 사태에 의해 무너진 세계무역센터 자리에 새로운 건물을 세우는 Ground Zero 계획의 내용을 바꾸게 했고, Washington D. C.로 하여금 예산편성에 있어 정책의 우선순위를 바꾸게 했다.

작게는 수백 명에서 많게는 수만 명이 모여서 하는 회의는 회의 자체로서도 큰 의미를 지녔다. 주민이 토론을 위해, 서로의 인식수준과 문제에 대한 해석능력을 공유하고 또 고양하기 위해 그렇게 모일 수 있다는 것만 해도 여러 가지의 가능성을 보여주었기 때문이다. 여론조사에 대해 큰 생각 없이 반응하는 것이나 주민투표를 비롯한 통상의 참여기제와는 분명히 다른 무엇이 있었다.

모든 것이 빠르게 변화하는 불확실성의 시대, 이런 시대에 있어 아메리카 스픽스의 실험은 새로운 민주주의를 위한 대안을 제시해 주었다. 실제로 우리는 내일 무슨 일이 일어날지 모르는 시대에 살고 있다. 특정 후보자에 투표를 하기는 하지만 누구도 알 수 없는 미래에 그가 어떻게 행동하고 결정할지를 알고 하지는 않는다. 임기를 보장하지만 마음대로 하게 둘 수도 없고, 또 그렇게 해서도 안 된다는 말이다. 무슨 문제가 우리에게 닥칠 것을 모른 채 투표하고 있기 때문이다.

끊임없이 발생하고 있는 새로운 문제와 새로운 환경에 대해서는 정부와 주민사이에 끊임없는 대화가 있어야 한다. 그리고 그 대화는 높은 담론에 기반 한 것이어야 하며 체계적이고 조직적이어야 한다. 이 점에 있어 아메리카 스픽스의 실험은 중요한 의미를 지녔다. 비판이 없는 것도 아니었고,[32] 결국은 문을 닫고 말았지만 그 정신과 뜻은, 또 응용된 대화와 토론의 기술과 경험은 각양각색의 타운미팅 등 전 세계에 걸쳐 수많은 조직과 단체들이 이어가고 있다.[33]

---

32) AmericaSpeaks의 활동에는 늘 비판이 따랐다. 가장 큰 문제는 중립성이었다. 토론대상 의제에 대한 설명을 중립적으로 했느냐, 참가자의 구성이 균형적이냐 등의 문제였다. 이에 관해서는 Matt Leighninger, "The Audacity of AmericaSpeaks to Improve Democracy Holds Lessons for Us All," The Chronicle of Philanthropy, Fed. 27, 2014. accessed July 15, 2020, https://www.philanthropy.com/article/The-Audacity-of-AmericaSpeaks/153503 참조.

33) Joe Goldman, "A Farewell to Americaspeaks," Democracy Fund homepage, Jan. 2. 2014, accessed July 15, 2020. https://democracyfund.org/idea/a-farewell-to-americaspeaks/

제4장

프로슈밍과 시민공동생산

제1절　프로슈밍과 시민공동생산의 의의

① 프로슈밍 혁신

1) 프로슈밍

과학기술과 정보통신이 발달하면서 생산자와 소비자의 경계가 불분명해지고 있다. 과거에는 당연히 생산자가 하던 일을 소비자가 해 버리는 현상이 일어난다. 하나의 예가 되겠지만 과거에는 은행의 업무는 거의 모두가 은행직원에 의해 이루어졌다. 그러나 이제 많은 업무를 소비자가 직접 처리한다. 현금인출기를 통해 출금도 하고 예금도 한다. 심지어 자동대출시스템을 이용해 대출도 금융소비자가 직접 처리하는 시대가 열려가고 있다. 금융소비자가 금융서비스의 생산과정에 깊숙이 관여함으로써 어디까지가 생산이고 어디부터가 소비인지 구분하기 힘든 시대가 열리고 있는 것이다.

새로운 형태의 생산이자 소비라 할 수 있겠는데, 미래학자 토플러(Alvin

Toffler)는 이러한 활동을 '**프로슈밍**(prosuming)', 즉 생산소비활동이라 불렀다. 그의 오랜 된 저서 『제3의 물결(*The Third Wave*)』에서 이미 이를 우리 사회에서 일어나는 중요한 변화의 하나로 설명을 했다.[1] 그리고 2007년 출판된 『부의 미래(*The Revolutionary Wealth*)』에서 다시 이 부분을 더욱 강조했다. 화폐개념으로는 측정하기 어려울 정도의 프로슈밍, 즉 소비자에 의한 생산소비활동이 우리사회의 새롭고도 큰 흐름이 될 것이라 확신한 것이라.[2]

■ Prosuming은 생산의 pro-duction과 소비의 consump-tion을 융합한 조어이다.

2) 프로슈밍을 통한 혁신

프로슈밍 행위는 소비자를 의미 있는 공동생산자로 만든다. 전통적 생산자라 할 수 있는 정규생산자(regular producer)의 입장에서는 이러한 공동생산자로서의 생산소비활동을 어떻게 끌어들이느냐가 사업이나 프로젝트 성공의 관건이 된다. 리눅스(Linux) 시스템의 업그레이드에 참여하고 수백만 명의 자발적 프로그래머들이나, 위키피디아(Wikipedia)에 글을 올리는 수많은 사용자들을 생각해 보면 쉽게 이해할 수 있는 부분이다. 이들 생산소비자가 없으면 리눅스도 위키피디아도 없다.

우린사회에서도 프로슈밍을 이용한 혁신이 곳곳에서 일어나고 있다. 소비자의 힘을 오히려 생산의 중요한 요소로 인식하고 이를 활용하는 노력이 적지 않게 일어나고 있는 것이다. 인터넷 신문 '오마이 뉴스'는 그 대표적인 예이다. 오마이 뉴스는 모든 독자 또는 시민은 기자라는 모토를 가지고 시작했다. 최근 들어 전문기자를 강화하기도 하지만 독자를 생산자인 기자로 간주하는 기본정신에는 큰 변화가 없다. 뉴스의 생산과 유통, 그리고 소비에서 일종의 혁신을 일으킨 것이다.

이 뿐만이 아니다. 인터넷 사용자들이 만든 컨텐츠, 즉 UCC(user created contents)로 크게 성공한 정보통신업체도 있고, 네티즌들이 검색하는 단어들을 수집·활용함으로써 수익을 창출하는 인터넷 포털업체도 있다. 커피숍의 셀프서비스에서부터 자원봉사자들에 의한 '사랑의 집짓기' 운동에 이르기까지 프로슈밍, 즉 소비자에 의한 생산소비활동은 매우 다양한 모습으로 우리사회를 바꾸어가고 있다.

■ '사랑의 집짓기'는 영세민에게 거주공간을 마련해주기 위한 하비타트(Habitat for Humanity) 운동의 일환으로 세계적으로 추진되고

---

1) Alvin Toffler, *The Third Wave* (Bantam Books, 1980), pp.265~288.
2) Alvin Toffler, *The Revolutionary Wealth* (Broadway Books, 2007), pp.151~166.

있는 사업. 전 미국 대통령
이었던 Jimmy Carter가 실
제 집짓기에 나서면서 세계
의 이목을 끌기도 했다.

② 시민공동생산 논의의 배경과 개념

1) 시민공동생산의 논의의 배경: 공공부문에서의 프로슈밍

시장(市場)과 일반사회에서 프로슈밍이 중요한 의미를 지니듯이 공공행
정에서도 프로슈밍은 중요한 의미를 지닌다. 전통적으로 소비자로 간주되
어 왔던 시민 또는 지역주민의 생산적 활동 내지는 프로슈밍이 정부와 행
정의 경쟁력을 좌우할 수 있기 때문이다. 공공재와 공공서비스의 생산에
있어 정부 혹은 지방정부만이 생산에 참여하는 경우와 시민 또는 지역주민
이 같이 생산에 참여하는 경우는 그 결과가 판이하게 다를 수 있다. 특히
오늘날과 같이 시민 또는 주민이 정부보다 더 많은 지식정보 자원과 물적
동원능력을 가지고 있을 때는 더욱 그러하다.

공공행정 분야에서의 프로슈밍의 문제는 1970년대 후반부터 **시민공동생**
산(citizen co-production)이라는 이름으로 논의되어 왔다. 시작은 미국 인디아
나 대학(Univ. of Indiana)에서 열렸던 '정치이론과 정책분석 워크숍(Workshop
in Political Theory and Policy Analysis)'에서부터였다. 워크숍에 참여한 학자
들은 당시의 공공행정, 특히 도시행정의 주도적인 패러다임이었던 전문행
정가와 효율적인 관료제에 의한 서비스 공급에 의문을 품었다. 당시로서는
대부분의 학자들이 공공재와 서비스 생산과 관련하여서 공급자와 소비자
를 이원화시켜 생각하고 있었고, 공급자인 정부는 소비자인 시민 또는 주
민들에게 가장 효율적인 방법으로 공공재와 서비스를 공급해야 한다고 믿
고 있었다. 그리고 어떻게 하면 관료조직으로 하여금 공공재와 서비스의
생산과 공급에 있어 최대의 효율을 올리게 할 것인가에 관심을 집중하고
있었다.[3]

그러나 워크숍에 참여한 학자들은 이러한 공급자-소비자 이원론에 의문
을 품었다. 그리고 공공재와 공공서비스의 많은 부분을 이미 시민 또는 주

■ Workshop in Political
Theory and Policy Analy-
sis는 훗날 노벨경제학을 수
상했던 Elinor Ostrom과 그
의 남편이자 세계적 학자였
던 Vincent Ostrom에 의해
서 창립되었다. 연구방법과
기법은 모두가 폭넓게 모여
토론하고 논의하는 가운데
서 가장 잘 발전될 수 있다
는 의미에서 workshop이라
는 이름이 붙었다.

---

3) Victor Pestoff, "Co-Production, Citizens and the Third Sector in the Provision
and Governance of Social Services in Sweden," Paper resented at a meeting of
the CINEFOGO Network of Excellence on Between States and Citizens – The
Role of Civil Elements in the Governance and Production of Social Services,
Berlin, Germany, Mar. 30-31, 2007, p.2.

민이 생산해내고 있다는 사실에 주목하였다. 그리고 공공재와 공공서비스의 생산은 관료제의 효율로서만 얻어지는 것이 아니라 통상적으로 소비자로 알고 있는 시민 또는 주민의 생산적 활동을 얼마나 잘 이끌어낼 수 있느냐에 달렸다는 생각을 하게 되었다. 말하자면 프로슈밍의 중요성을 인식한 것인데, 이들은 이를 시민공동생산이라는 이름하에 논의하기 시작했다.

이들의 이러한 논의는 도시정부가 당면하고 재정적 어려움으로 인해 쉽게 확산되었다. 당시 미국 도시정부들은 도시화에 따른 인구증가와 늘어나는 행정수요로 큰 고민을 하고 있었다. 행정수요는 늘어나는데 필요한 재정을 확보하기는 점점 더 어려운 상황이 되어 갔다. 관료조직에 대한 비판과 주민들의 조세저항이 만만치 않은데다 조세를 크게 부담해 왔던 도시지역 중산층들이 대거 교외지역으로 이동하는 현상이 가속화되고 있었기 때문이다. 게다가 전반적인 경기침체로 실업률 또한 높은 상태였다.[4]

이러한 상황에 시민공동생산은 좋은 대안의 하나가 되었다. 도시정부의 역할을 키우거나 재정을 확대하지 않고도 공공재와 공공서비스의 질과 양을 확보할 수 있는 방안이었기 때문이다. 게다가 미국의 전통적인 자원봉사 정신과도 잘 맞는 내용이기도 했다. 학계와 실무계의 관심을 얻기에 충분했다.

2) 시민공동생산의 개념

시민공동생산은 1980년대 초, 많은 논의가 이루어졌다. 특히 지역주민의 생산소비적 활동이 비교적 쉽게 일어날 수 있는 교육·치안·환경·위생 등의 분야에서 집중적으로 이루어져 왔다. 공공선택이론의 최고 권위자라 할 수 있는 오스트롬(Vincent Ostrom)을 비롯한 많은 학자들이 연이어 의미 있는 논문과 저술을 내어 놓았다.[5]

---

4) Godern Whitaker의 1980년 논문은 이를 잘 설명하고 있고 Gordon Whitaker, 앞의 논문, pp.240-246.

5) 이와 관련된 논의를 이끈 1980년대의 대표적 저술은 다음과 같다. Gordon Whitaker, "Co-production: Citizen Participation in Service Delivery," *Public Administration Review* 40 (May/June, 1980), pp.240-246; Jeffrey Brudney and Robert England, "Toward a Definition of the Co-production Concept," *Public Administration Review* 43 (Jan/Feb, 1983), pp.59-65; Roger B. Parks, et al., "Consumers as Co-producers of Public Service: Some Economic Considerations," *Policy Studies Journal* 9 (Summer, 1981), pp.1001-1011; Robert Warren, et al., "Citizen Participation in the Production of Services, Methodological and Policy

하지만 시민공동생산을 활성화시키기 위한 특별한 방안들을 내어 놓는 데 크게 성공하지 못하면서 1990년대에 와서 이에 관한 열기는 다소 식기 시작했다. 그러나 이들의 기본적인 인식, 즉 공공재와 공공서비스의 공급은 공문부문과 민간부문이 함께하는 것이며, 시민 또는 주민의 생산소비 활동이 공공재와 공공서비스 공급에 있어 가장 핵심적인 부분을 이룬다는 생각은 오늘에 있어서도 강력한 논리로 유지되고 있다.

긴 논의의 역사가 있었음에도 불구하고 시민공동생산의 의미와 내용에 대해서는 다양한 견해가 존재한다. 학자들에 따라 조금씩 다른 내용의 개념을 소개하고 있다. 그러나 그러한 상황 속에서도 한 가지 공통된 인식이 있다. 공공재와 공공서비스의 생산에 있어 **정규생산자**(regular producer)와 **생산소비자**(prosumer) 내지는 소비생산자(consumer producer)를 구별하는 것이다.[6] 정규생산자라 함은 다른 재화와 서비스와의 교환을 목적으로 특정 재화 또는 서비스를 생산하는 개인과 단체를 말한다. 쉽게 말해 직업적으로 생산하여 공급하는 사람이나 단체이다. 공공서비스에 있어서는 당연히 정부와 같은 공공기관이 된다. 그리고 생산소비자라 함은 자신과 가족 또는 공동체에 필요한 재화나 서비스를 스스로 생산하여 소비하는 사람이다. 자급자족 경제에 있어 모든 사람들은 생산소비자였다고 말할 수 있다.[7]

Issues in Coproduction Research," *Southwestern Review of Management and Ecomonics* (Summer, 1982); Stephen L. Percy, "Citizen Coproduction: Prospects for Improving Service Delivery," *Journal of Urban Affairs* 5 (Summer, 1983), pp.203-210; Roger S. Ahlbrandt and Howard J. Sumka, "Neighborhood Organizations and the Co-production of Public Services," *Journal of Urban Affairs* 5 (Summer, 1983).

6) Regular producer와 consumer producer의 구별은 1980년 Indiana대학에서 열렸던 The Workshop in Political Theory and Policy Analysis에서 발표된 Roger Parks, Paul Baker, Larry Kieser, Ronald Oakerson, Elinor Ostrom, Stephen Percy, Martha Vandivort, Gordon Whitaker, 그리고 Rick Wilson의 논문, "Consumers As Coproducers of Public Service," *Policy Studies Review* 9 (1981)로부터 나온 것이며 생산소비자의 개념은 Alvin Toffler, *The Third Wave*로부터 나온 것이다.

7) 엄격한 의미에서 자급자족자와 생산소비자는 구별된다. 자급자족자가 생산과 소비가 분리되지 않은 교환경제 이전의 상태에서 스스로 생산하여 소비하는 사람을 이야기한다면, 생산소비자는 생산과 소비가 분리된 상태에서 기술진보 또는 의도적 노력에 의해 이 두 기능을 다시 합쳐 행사되는 경우의 자급자족자를 말한다. 외딴 섬에서 혼자 살아가던 로빈슨 크루소를 자급자족자라 한다면 현대사회에 있어 과학기술의 발달로 병원을 가지 않고 간단한 테스트 용지로 자신의 당뇨병을 진단하는 사람을 당뇨병진단이라는 의료서비스에 있어 생산소비자라

시민공동생산 논의는 시민과 지역주민을 바로 이 생산소비자로서 인식하는 데서부터 출발한다. 즉 주민을 공공기관에 의해서 생산된 서비스를 소비하기만 하는 단순한 소비자로서가 아니라, 자신과 공동체를 위해 공공재와 공공서비스를 생산하기도 하는 생산주체로 간주하는 데 그 인식적 기초를 두고 있다. 공동생산 논의의 대표적인 학자들이라고 할 수 있는 위테이커(Gordon Whitaker), 퍼시(Stephen Percy), 엘리노 오스트롬(Elinor Ostrom) 등이 함께 쓴 다음의 글에 잘 나타나고 있다.

> 소비자에 의한 생산(consumer production)은 농부가 자신이 소비할 양식을 재배할 때처럼 정규생산활동(regular production)과 같이 일어날 수도 있으며…… 뜨개질과 같이 취미활동으로 일어날 수도 있다.…… 그것은 또한 정규생산자의 노력에 의해 생산되는 재화와 서비스의 양을 부가하기 위해서 일어나기도 한다. 많은 경우 정규생산자와 소비자 중 어느 한쪽의 노력이 일어나지 않으면 아무 것도 이루어질 수 없게 되는 바, 소비자에 의한 생산은 전체생산에 필수불가결한 요소가 된다. 그리고 이러한 현상은 많은 공공서비스의 생산에서도 특징적으로 나타난다.[8]

이와 같이 시민 또는 주민의 생산적 역할을 이해하는 경우 시민공동생산은 곧 '정규생산자인 정부 또는 공공부문과 생산소비자인 시민 또는 주민이 공적 성격을 띤 재화와 서비스를 같이 생산하는 활동'으로 정의될 수 있다.

3) 시민공동생산 논의의 의의

시민공동생산 논의는 실무영역과 행정학의 전반적인 발전과 관련하여 여러 가지 의미를 지니고 있다. 그 일부를 정리하면 다음과 같다.

(1) 주민참여의 지평 확대

시민공동생산논의는 공공재화와 서비스의 생산에 대한 지역주민의 역할을 인정하고, 또 강조함으로써 주민참여의 지평을 넓혀 왔다. 전통적인 주민참여 논의는 정책의 결정과정에 있어서의 참여에 관심을 집중시켜 온 반면, 서비스의 생산이나 집행과정에서의 주민들의 활동에 대해서는 비교적

부를 수 있다.
8) Roger B. Parks 등 앞의 논문, p.186.

낮은 관심을 보여 왔다. 시민공동생산 논의를 제기한 학자 중의 한사람인 샤프(Sharp)의 설명은 이를 잘 대변해 주고 있다.

> 주민참여에 대한 현재의 제 접근들은 …… 정책형성 부분에 있어 강화되고 있는 주민의 투입(citizen input)을 주로 다루고 있다. 정책집행 부분에는 비교적 관심을 기울이지 않는다고 하겠는데, 이것은 (기존 주민참여 논의의) 주도적 모형이 주민을 단순한 소비자 또는 평가자로 인식하고 있기 때문이다. (이와는 달리) 여기서 이야기하는 주민참여의 대안적 개념(시민공동생산)은 우리의 관심을 집행과정으로 옮겨 놓은 것이다.( ) 안은 저자.

물론 시민공동생산 논의 이전에 정책집행과정에 있어서의 주민의 역할과 행태에 관한 연구와 관심이 없었던 것은 아니다. 정책에 대한 순응(compliance)과 불순응(non compliance), 그리고 정책수용(policy acceptance)에 관한 연구 등 집행과정에 대한 연구가 적지 않게 있었다. 그러나 이러한 연구 또한 대부분 시민 또는 주민의 소극적 행위, 즉 정책에의 순응과 정책의 수용 등에 관심을 둔 것이었다. 생산적 행위와 같은 적극적인 행위를 대상으로 한 것은 아니었다.

(2) '작은 정부(small government), 큰 서비스' 실현을 위한 방법론 제시

시민공동생산 논의는 주민의 생산적 활동을 인정하고 이를 고무하기 위한 메커니즘을 연구함으로써 작은 정부(small government)로 더 많은 공공서비스를 제공할 수 있는 방안을 찾는데 일익을 담당해 왔다. 아울러 주민의 생산적 활동에 대한 강조는 공공재와 공공서비스의 생산과 관련된 주민의 도덕적 책임을 강조하는 역할도 했다. 즉 주민들로 하여금 스스로 소비자일 뿐만 아니라 생산자이기도 함을 강조하고, 공공재와 공공서비스의 생산에 보다 적극적인 관심을 가질 것을 강조하는 역할도 해 왔다.

(3) 공공부문의 역할에 대한 인식전환

시민공동생산 논의는 정부의 역할에 대한 기본적인 인식을 전환시키는데 기여를 해 왔다. 공공재와 공공서비스를 효율적으로 많이 생산해서 많이 공급하는 것을 '좋은 정부'로 인식하는 고전적 관념을 벗어나, 시민 또는 주민 스스로 많이 생산하도록 하는 정부가 '좋은 정부'라는 생각을 하게 하고 있다. 예컨대 시민공동생산의 시각에서는 도둑을 많이 잡아들이는 경찰이 좋은 경찰이 아니라 주민 스스로 자율방범대 등을 운영하며 범죄를 예방하고 대처할 수 있게 하는 경찰이 '좋은 경찰'이 된다.

(4) 행정학 연구의 지평 확대

시민공동생산 논의는 행정학과 지방행정학의 지평을 넓히고 바로 잡는 데에도 적지 않은 기여를 하고 있다. 공공부문과 시민사회의 협력과 융합을 강조하는 거버넌스(협치) 논의에도 불구하고 행정학, 특히 우리나라의 행정학은 정부조직의 운영과 정부의 정책이 그 중심을 이루어 왔다. 시민사회의 역할과 생산적 활동에 대해서는 부분적인 관심만 주어져 왔다. 공공재와 공공서비스 생산의 중요한 축 하나, 즉 시민사회와 지역사회의 생산적 활동에 대해 적절한 관심을 두지 않고 있는 것이다. 시민공동생산 논의는 이를 바로 잡는데 상당한 기여를 할 것으로 판단된다.

제 2 절 시민공동생산의 형태와 현황

1 시민공동생산의 범위와 형태

1) 범 위

시민공동생산을 '정규생산자인 정부와 소비생산자인 시민 또는 주민이 공공재와 공공서비스를 같이 생산하는 것'으로 정의한다 하더라도 구체적으로 어떠한 행위들이 시민공동생산 활동에 포함되느냐를 가리기는 쉽지 않다. 실제, 시민 또는 주민의 생산적 활동은 쓰레기를 줍는 일에서부터 민관공동출자사업, 즉 제3섹터사업을 운영하는데 이르기까지 매우 다양한 형태로 나타난다. 이러한 활동 중 어디까지를 시민공동생산으로 봐야 할 것인가가 문제가 된다.

시민공동생산의 내용 및 범위와 관련하여 학자들은 상당한 차이를 보이고 있다. 우선 정규생산자인 정부와 공공기관과의 관계와 관련하여, 이들 정규생산자와의 협조관계 속에서 이루어지는 생산활동만을 시민공동생산이라 할 것이냐, 아니면 생산소비자인 시민 또는 주민의 독자적 생산활동까지 포함시키느냐가 문제가 된다. 산에 버려진 쓰레기를 줍는 행위를 예로 들면 민관합동으로 실시하는 쓰레기 줍기만을 시민공동생산으로 볼 것이냐, 아니면 혼자 산행을 하며 주워서 내려오는 것까지를 포함하느냐의 문제이다.

이와 관련하여 로젠트라우브(Mark Rosentraub)와 그의 동료들은 그들의 1982년 저서에서 시민공동생산을 공공기관과 일반시민이 직접적인 협력관계 속에서 행하는 생산활동에만 한정시키고 있다.[9] 그러나 파크(Roger Parks)와 빈센트 오스트롬(Vincent Ostrom) 등은 직접적인 협력여부와는 관계없이 공공재와 공공서비스의 총량을 늘리는 시민 또는 주민의 행위 모두를 포괄하고 있다.

또 시민 또는 주민의 활동 중 어디까지를 생산 또는 공동생산 활동으로 봐야 하는가도 문제가 된다. 리치(Richard Rich)와 같은 학자는 시민공동생산 활동을 긍정적인(positive) 것과 부정적인(negative) 것으로 분류하여, 공공재와 공공서비스의 생산을 저해·방해하는 행위도 시민공동생산 논의의 대상이 될 수 있음을 시사하고 있다.[10] 그는 또 시민공동생산을 적극적인(active) 것과 소극적인(passive) 것으로 분류하기도 하는데, 이 모두를 시민공동생산의 영역으로 보고 있다. 소극적인 행위의 한 예로 길에 쓰레기를 버리지 않는 행위를 들고 있기도 하다. 시민공동생산을 비교적 넓은 시각에서 파악하고 있는 것이다.

위테이커(Gordon Whitaker)도 시민공동생산 논의에 있어 고전적 위치를 점하는 그의 1980년 논문에서 시민공동생산을 직접적인 생산행위뿐만 아니라 시민 또는 주민이 공공기관에 서비스를 요청하는 행위, 공공기관에 의한 서비스를 평가하는 행위 등에까지 확대시켜 이해했다.[11] 그리고 샤프

---

9) Mark Rosentraub, Karen Harlowe, Robert Warren, and Betty Card, *Citizen Involvement in the Production of Personal Safety: What Citizens Do and What Police Officers Want Them to Do* (Arlington, Texas: The Univ. of Texas at Arlington, 1982) 참조.

10) Richard Rich, "Interaction of Voluntary and Government Sectors: Toward an Understanding of the Coproduction of Administrative Service," *Administration and Society*, No. 13 (May, 1981), pp.59-76.

(Elaine Sharp)는 여기에 더해 공공기관의 요구나 기대에 대한 시민의 순응 (compliance)까지 포함시키고 있다.[12]

그러나 이들과 반대로 로젠트로브(Rosentraub) 등은 시민공동생산을 시민 또는 주민으로서 당연히 해야 하는 문제, 즉 범죄행위를 고발하거나 쓰레기를 버리지 않는 행위 등과는 다른 것이라 하여 좁은 시각에서 파악하고 있다.

이렇듯 무엇을 공동생산으로 볼 것인가에 대한 입장은 학자에 따라 다르게 나타나고 있다. 그러나 일반적 경향은 시민공동생산을 되도록 넓은 시각에서 파악하는 것이다. 즉 정부 및 공공기관과의 관계에 있어서는 직접적 협력여부와 관계없이 이들과 함께 동일한 재화나 서비스를 생산하는 행위와 활동 모두를 시민공동생산으로 보는 경향이 있으며, 적극적인 행위뿐만 아니라 소극적인 행위까지도 모두 포함하여 시민공동생산으로 보는 경향이 있다. 그러나 민관공동출자기업의 운영이나 계약에 의한 공공사무의 처리 등 영리를 목적으로 하는 행위는 포함하지 않는다.

2) 형 태

앞에서 우리는 시민공동생산을 시민 또는 주민이 정부 및 공공기관과의 관계 아래, 아니면 관계없이 공공재와 공공서비스를 생산하는 행위로 이해하였다. 그리고 적극적인 행위뿐만 아리나 소극적인 행위까지 포함하는 것으로 이해하였다.

범위를 비교적 넓게 설정한 만큼 다양한 내용의 활동이 포함될 수 있겠는데 퍼시(Stephen Percy)는 이를 [그림 7-3]과 같이 정리하고 있다. 시민공동생산 활동이 가장 활발하게 이루어지는 경찰서비스 분야를 대상으로 한 것인데, 다소 오래 전에 발표된(1983년) 내용이기는 하나 여전히 시민공동생산의 내용을 보다 확실히 해주고 있는 것으로 판단하여 소개한다.

퍼시는 시민공동생산 활동을 우선 '시민들간의 협력(cooperation with citizens)여부'와 '정규생산자(치안기관)와의 협력(cooperation with police agencies) 여부'라는 두 차원으로 나눈다. 그리고 이 두 차원을 교차시켜 치안과 관련된 시민공동생산 활동을 아래와 같은 네 가지로 유형화한다. 그리고 각 유

---

11) Godern Whitaker, 앞의 논문, pp.240-245.
12) Elaine Sharp, 앞의 논문, p.112.

그림 7-3 시민공동생산 활동의 예: 치안분야

시민들과의 협력여부

	개별적/가구별 활동	집합적 활동
비협력 (소극적 참여)	• 집에 보조 자물쇠를 담. • 지역내의 위험지역을 되도록 피함. • 자위수단을 몸에 지님. • 경보기를 설치. • 소유물에 스스로 식별할 수 있는 표식을 함. • 집 밖에 보조등을 담. • 이웃에서 일어나는 활동들에 주의를 기울임. • 밤에 집을 비우지 않음.	• 시민자율의 순찰대를 조직하여 지역을 순찰함. • 로비그룹(lobbing group)을 형성함. • 범죄예방을 위한 지역내 그룹을 형성함. • 차내 무선전화를 이용하여 다른 운전자에게 교통문제 및 교통사고에 관하여 알림.
협력 (적극적 참여)	• 자원경찰로 근무함. • 경찰관과 함께 순찰. • 경찰 서비스를 요청. • 법정에서 검찰을 위해 증언함. • 집이 비었다는 사실을 알리고 순찰을 부탁함. • 경찰관으로 하여금 집의 안전도를 점검하게 함. • 의심스러운 상황을 경찰에게 알림. • 경찰에 의해 제공된 도구로 소유물에 소유표식을 함.	• 경찰에 의해서 조직된 시민순찰대에 봉사함. • 경찰과의 협조로 범죄예방정보를 제공하는 집단을 조직하고 봉사함. • 경찰과 지역사회를 잇는 집단을 형성하고 봉사함. • 치안기관내의 의사결정을 돕는 경찰/시민 위원회를 운영함. • 경찰의 주도로 지역내 범죄 예방단체를 형성하여 운영함.

치안기관과의 협력여부(적극성여부)

출처: Stephen Percy, 앞의 논문, p.488.

형별로 구체적인 활동을 예시하고 있다.

- **개인·협력 유형**: 시민 개개인이 공공기관과의 협력 아래 행하는 공공서비스 생산활동
- **개인·비협력 유형**: 시민 개개인이 공공기관과 관계없이 행하는 공공서비스 생산활동
- **집단·협력유형**: 시민이 집합적으로, 공공기관과 협력하며 행하는 공공서비스 생산활동
- **집단·비협력 유형**: 시민이 집합적으로, 공공기관과 관계없이 행하는 공공서비스 생산활동

위에서 보는 것처럼 퍼시는 밤에 집을 비우지 않는 행위나 위험지역을 피해 다니는 행위에서부터 경찰과 함께 방범순찰대를 조직하여 운영하는 것까지 모두 시민공동생산 활동에 포함시키고 있다. 한 연구자 나름의 정리이고, 또 치안분야에 한정된 내용이기는 하지만 시민공동생산 논의가 대

상으로 삼는 시민활동이 얼마나 다양한가를 알 수 있는 자료이다.

② 현   황

1) 시민공동생산이 활발한 국가: 미국

미국과 같은 나라의 경우 시민사회의 공동생산 활동이 비교적 활발하다. 적십자(Red Cross)와 구세군(Salvation Army) 등을 비롯한 규모가 큰 사회단체들이 크고 작은 의료지원 서비스를 하는 데서부터, 지역사회의 작은 교회 등이 갓 정착한 외국인 노동자들을 돌보는 일에 이르기까지 많은 민간 기구와 개인들이 공적 서비스를 제공하고 있다. 공익적 목적을 가진 비영리단체가 1백5십만 개 이상 존재하고 있는데, 그 고용인원이 2018년 현재 1천2백만 명이 넘는다. 또 이들에게 지급되는 급여 또한 연간 6천억 달러가 넘는다. 전체 경제와 사회에 미치는 영향은 물론 공공재와 공공서비스의 생산과 유통에 미치는 이들의 영향을 짐작할 만하다.

시민들의 공동생산 활동도 비교적 높은 편이다. 비영리 단체의 활동 등을 위해 물적 기부를 하고 있는데, 2018년의 경우 개인으로서의 시민들이 낸 기부금이 약 3천억 달러가 되었다. 원화로는 약 350조 원이 되는 셈이다.

아울러 비물질적 활동이라 할 수 있는 자원봉사도 비교적 활발하다. 미국 노동부 통계에 따르면 2014년 9월부터 2015년 9월까지의 1년 동안 미국 전체 인구의 24.9%에 해당하는 6천2백6십만 명이 참여하였으며, 참여시간 중위수(median)는 52시간이 된다. 봉사자 중에는 500시간 이상의 봉사활동을 한 사람이 5.9%가 되며, 100시간에서 499시간의 봉사활동을 한 사람이 27.4%가 된다.[13]

자원봉사자들의 활동영역은 동네 아이들 야구경기 심판을 보는 일에서부터 의료기관 봉사에 이르기까지 매우 다양하다. 자율방범대와 자율소방대에 같이 전통적으로 정부나 지방정부가 제공하는 서비스 영역에서의 활동도 당연히 포함되어 있다. 규모가 작은 지방정부의 소방대는 자원봉사자들이 오히려 중심을 이루는 경우가 많고, 지역 경찰도 시민경찰학교(citizen

---

13) US Bureau of Labor Statistics, Volunteering in the United States, 2015, Press Release 자료 (Feb. 25, 2016).

police academy) 등을 열어 자원봉사자들이 제대로 된 치안기능을 수행할 수 있도록 지원하기도 한다(사잇글 7-4).

이러한 시민들의 이러한 활동과 함께 크게 눈에 띄는 것이 하나 있다. 기업들의 동향인데, 기업도 시민으로서의 사회적 책임을 다 해야 한다는 **기업시민**(corporate citizenship)이 확산되고 있다. CSR(corporate social responsibility), 즉 **기업의 사회적 책임** 또는 **사회적 기여**를 앞세우는 기업들이 늘고 있으며, CSV(creating shared value), 즉 기업과 사회의 **공유가치창출**도 그 중요성이 점점 더해지고 있다. 공공재와 공공서비스 생산에 있어 기업들의 공동생산 행위가 활발해지고 있는 것이다.

2) 우리나라에서의 시민공동생산

우리나라에 있어서도 시민공동생산이 활성화될 수 있는 환경적 변화가 일어나고 있다. 우선 노동시간이 줄어들고 있다. 그동안 우리나라는 연간 노동시간이 2천 시간이 넘었다. OECD(Organization for Economic Cooperation and Development), 즉 경제협력개발기구 국가 중 가장 길게 일하는 국가 중의 하나였다. 자연히 지역사회에 관심을 가지거나 지역사회를 위해 봉사할 수 있는 여유를 가지지 힘들었다. 그러나 주 52시간 노동시간 제도는 이러한 구조를 근본적으로 변화시키고 있다. 노동시간이 짧아진 만큼 자신과 가족, 그리고 지역사회에 대해 좀 더 큰 관심을 가질 수 있게 된 것이다.

여기에다 권력이동이 일어나고 있다. 민주화와 함께 정치인과 관료들의 힘이 절대적인 시대에서 시민과 지역주민의 힘이 오히려 더 큰 시대로 이동하고 있다. 개인 입장에서는 지역사회에 대한 주인의식을 좀 더 느낄 수 있게 되었고, 그런 만큼 더 큰 관심을 가지게 되었다. 기업 입장에서도 힘이 커진 지역주민과 이들이 사는 지역사회에 더 큰 관심을 기울일 수밖에 없게 되었다. 싫건 좋건 좋은 '평판'이 곧 기업의 경쟁력이 되는 시대가 되었고, '평판'은 곧 사회적 관계에 기반을 두고 있는 바, '기업시민'으로서의 역할을 하지 않으면 안 되는 상황이 되었다는 말이다.

그러나 이러한 상황임에도 불구하고 우리나라에서의 시민공동생산 활동은 크게 활성화되지 못하고 있다. 자율방범대와 자율소방대 등을 비롯한 조직들이 만들어져 있고, 크고 작은 사회단체들이 나름 활동을 하고 있지만 개인과 기업을 포함한 시민사회의 시민공동생산 역량은 경제수준과 국

■ CSR(corporate social responsibility)은 기업의 사회적 기여 혹은 공헌을 말한다. 이윤을 추구하는 기업이 환경경영, 윤리경영, 사회공헌, 노동자와 지역사회와의 상생 등을 통해 기업의 이윤과 사회 전체의 이익을 동시에 추구하는 것을 의미한다./CSV(creating shared value)는 사회 전체의 번영과 기업의 경쟁력을 동시에 강화할 수 있는 혁신 방안을 찾아 적용하는 기업정책 및 경영활동을 말한다. 예컨대 개발도상국으로부터 농산물을 수입·판매하는 기업이 그곳 농민들에게 글을 배우게 하면, 새로운 농법을 전달하여 기업의 이익이 증가함과 동시에 문맹퇴치라는 사회적 이익도 도모하게 된다.

민소득 수준에 비해 떨어진다.

먼저 자원봉사 문제와 관련하여 <1365 자원봉사포털>이 집계한 자료를 보면 2019년의 경우 자원봉사 활동인원이 4백2십만 명 정도 되는 것으로 나타나고 있다. 적지 않은 숫자이다. 하지만 그 내용을 보면 어떤 문제가 있는지를 쉽게 알 수 있다. 미국과 같은 경우 참가자들이 모든 연령대에 고르게 분포되어 있는 반면 우리나라의 경우 활동인구가 10대, 즉 반의무적으로 봉사활동을 하게 되어 있는 중·고등학생이 활동인원의 약 49%를 차지한다. 연령대별 인구와 비교해도 10대의 경우 전체인구 약 496만 명 중에 자원봉사 활동인구가 먁 204만 명, 즉 41%가 된다. 그러나 이 비율이 20대는 8.7%, 30대는 3.3%, 40대는 6.2%, 50대는 4.8%, 60대는 4.0% 등으로 떨어진다. 대단히 취약한 구조임을 알 수 있다.

또 봉사활동의 영역에 있어서도 미국과 같은 경우 의료 교육 환경 복지 문화 안전 등에 골고루 분포되어 있는 경향이 있는 반면 우리나라의 경우는 생활편의 문화행사 안전 등에 집중되어 있다. 이 역시 구조적으로 불안정한 모습을 보이는 것이라 할 수 있다.

기업의 지역사회에 대한 기여는 추정하기가 어렵다. 그러나 이 또한 크게 활성화되어 있는 상황은 아닌 것으로 보인다. 미국을 비롯한 많은 국가에서 적지 않은 기업들이 독자적인 사회공헌보고서를 내고 있는데 비해 우리나라 기업의 경우 일부 대기업을 제외하면 그러한 보고서를 내는 기업이 거의 없다는 그 한 징표이다. 독자적인 보고서를 낼만큼의 기여활동이 일어나지 않고 있다는 뜻이다.

그러나 큰 흐름에 있어 변화가 일어나고 있는 것은 분명하다. 앞서 말한 것처럼 노동시간이 줄어들고 있고, 기업 역시 평판을 중요시 하지 않으면 안 되는 상황을 맞고 있다. 아직은 이러한 환경적 변화가 미치는 영향이 크지 않지만 시간이 흐르면서 점점 더 큰 영향을 미칠 것으로 보이고, 그에 따라 공공재와 공공서비스 생산에 대한 개인과 기업의 공동생산 활동도 늘어날 것으로 보인다.

사잇글 7-4: Adopt a Highway?

미국을 여행하면서 차를 몰고 다니다 보면 'Adopt Highway'라고 쓰고 그 아래에는 '○○대학 교수 □□□' 혹은 '○○ 단체' 등의 실명이 적혀 있는 팻말을 자주 본다. 특히 중소도시에 이러한 팻말이 자주 눈에 띤다. 유학시절, 도무지 이 팻말이 무엇을 하는지 알 수가 없었다. 사전을 찾아봐야 'adopt'는 '채택하다', '양자로 삼다' 따위의 설명뿐이었다. '도로를 양자로 삼는다?' 아니면 '도로를 채택한다?' 도무지 뜻이 통하지 않았다. 1980년대 초의 일이라 인터넷을 두들겨 볼 수도 없었다.

할 수 없이 미국인 동료에게 물어보았다. 아하! 그런 것이었구나. 행정학을 공부하는 사람으로서 한 순간에 눈의 번쩍 뜨였다. 'Adopt Highway'라는 팻말은 그 팻말이 박혀 있는 지점에서 1마일 혹은 2마일을 일정기간 동안(대부분 2년 정도) 자신이 관리하겠다는 선언을 하는 것이었다. 담배꽁초나 쓰레기가 있으면 줍고, 필요하면 나무도 가꾸겠다는 약속을 하는 것이었다. 개인이든 단체든 모두 자신의 이름을 걸고 하는 약속이라 지킬 수밖에 없고, 지나가는 사람들은 깨끗한 도로와 그 주변을 관리하는 이들에게 고마운 마음을 가지게 된다.

만일 'Adopt a Highway' 프로그램을 통해 주민들이 스스로 가꾸는 길을 지방정부가 관리하게 된다면 얼마나 많은 예산이 더 들어갈까? 적지 않은 돈이 들어갈 것이고, 이를 관리하기 위한 관료조직 또한 커질 수밖에 없을 것이다.[14]

제3절 | 시민공동생산의 과제

① 과 제

시민공동생산이 중요하다는 데에는 이견이 있을 수 없다. 관료조직 중심의 공급체제를 강조해 왔던 우리나라의 경우도 최근에서 자원봉사를 통한 지역주민의 생산적 활동을 이끌어내는 데 큰 관심을 보이고 있다. 특히 지방정부는 자원봉사센터 등 이를 전담하는 조직을 정비하고, 지역사회의 대학 등과 상시적 협력을 강화하기 위한 협정을 체결하는 등의 다양한 노력을 전개하고 있다.

그러나 문제는 이러한 시민공동생산이 과연 어디까지 가능하며, 또 어떻

---

14) 김병준, 『김병준 교수의 지방자치 살리기』 (서울: 한울, 2002), pp.37-38.

게 해야 효율적으로 활용할 수 있는가 하는 점이다. 앞서 시민공동생산 논의가 1990년대에 들어 다소 침체 되었다고 했는데, 그 가장 큰 이유는 실질적으로 이를 활성화시킬 수 있는 방안을 쉽게 찾을 수 없었기 때문이다. 무엇이 문제가 될 수 있는지를 살펴보기로 한다.

1) 무임승차의 문제

먼저 공공재와 공공서비스는 대부분 그 공급에 있어 대상을 한정하지 못한다는 문제를 안고 있다. 즉 **비배제성**(non-excludability)의 문제이다. 한번 공급되고 나면 누구에게나 동일한 사용기회가 주어진다. 이러한 비배제성은 자연히 시민 또는 주민에게 다른 사람보다 적게 투자하고 혜택은 동일하게 누리겠다는 욕구를 가지게 한다. 바로 무임승차(free riding)의 문제이다. 알브란디트(Roger Ahlbrandit)와 섬카(Howard Sumka)는 이를 다음과 같이 이야기하고 있다.[15]

> ……공공서비스의 공급에 있어 주민 개개인의 공헌이 그렇게 크지는 못할 것 같다. 지방정부에 의해서 공급되는 공공서비스의 대부분이 공공재화와 같은 특성을 지니고 있는데, 이로 인해 그 서비스의 생산에 참여하여 공헌했던 사람이나 그렇지 않았던 사람이나 똑같은 혜택을 받게 된다. 그 결과 모두들 서비스의 생산에 최소한의 공헌을 하거나 아예 무임승차(free riding)하겠다는 생각을 하게 된다. 함께 협동하면 서비스의 질을 높일 수 있다는 것은 분명하나 이들을 함께 참여시킬 수 있는 제도적 장치가 마련되기 전에는 이러한 협동적 행위가 쉽게 일어나지 않을 것이다.

무임승차의 문제는 개인의 생산활동을 쉽게 추적할 수 없는 경우에 더욱 심각하게 나타난다. 정치사회에 대한 불신과 냉소가 심하고 공동체 의식이 약한 경우도 마찬가지이다. 자신이 지닌 생산적 자원을 내어놓기 보다는 무임승차 행위에 더 큰 관심을 가지게 된다. 따라서 이러한 무임승차 행위를 넘어 공공재와 공공서비스의 생산에 기여하게 되는 배경과 동기에 대한 연구가 필요하다. 그리고 이를 위해서는 행정학과 사회학, 그리고 사회심리학이 참여하는 다양한 학제간(inter-disciplinary) 연구가 필요하다.

미국과 영국 등의 국가에서 사실상 적지 않은 연구들이 시민공동생산의 대부분을 이루는 자원봉사활동의 기제에 대한 연구를 해 왔다. 인구통계학

---

15) Roger S. Ahlbrandt and Howard J. Sumka, 앞의 논문, p.212.

적인 차이를 확인하고 그 원인에 대해서도 주목하고 있다. 예컨대 남성보다는 여성이, 학력이 낮은 사람보다는 높은 사람이, 또 유색인종 보다는 백인이 참여의 정도가 높고 깊은 것을 확인하고 그 이유에 대해 여러 형태의 연구가 진행되고 있다. 아울러 종교 활동이나 종교조직에 참여하고 있을수록, 또 나이가 들수록 참여의 정도가 높다는 사실 등에 대해서도 유의하고 있으며, 꼭 경제적 인센티브가 이들을 자원봉사나 공동생산의 장(場)으로 이끌지 않는다는 사실 등을 확인하고 있기도 하다.[16]

최근 미국과 같은 국가에서도 자원봉사 활동이 조금씩 줄어드는 양상이 목격되고 있다. 앞서 인구대비 자원봉사 참가자의 비율이 2015년 현재 24.9%라고 하였는데, 이는 4년 전인 2011년의 26.8%와 10년 전인 2005년의 28.3%에서 계속 떨어져 온 결과이다. 시민공동생간의 열기가 조금씩 식고 있다는 말인데, 그런 만큼 이에 관한 연구의 필요성이 더 높아지고 있다.[17]

2) 효율성의 문제

공공기관에 의한 생산활동이 언제나 효율적인 것이 아니듯이 시민공동생산 활동 또한 항상 효율적인 것만은 아니다. 가설적인 예가 되겠지만 경찰이 직접 치안서비스를 모두 감당하는 것보다 시민경찰학교를 운영하는 비용이 더 들거나, 자율방범대가 기대된 성과를 내지 못하는 경우가 있을 수 있다. '환경정화 사업' 등 시민공동생산 활성화라는 이름으로 행해지는 지방정부 또는 관주도의 형식적인 행사 중에는 이와 같이 비용은 높고 생산성이 낮은 사례들이 쉽게 발견될 수 있다. 지방정부나 공공기관의 입장에서는 적은 비용이 들지만, 이에 참여하는 민간부문 참여자들의 기회비용을 계산하면 비효율성이 발견되는 경우는 더욱 많아진다.

또 시민공동생산 행위가 주로 생활과 시간에 여유가 있는 계층을 중심으로 이루어지는 경향이 있다는 점도 문제가 될 수 있다. 환경과 문화 등

---

16) 예컨대 John Alford와 같은 학자는 호주에서의 시민공동생산 연구를 통해 참여자들이 보다 유대감과 일체감의 필요성이나 사회적 활동욕구 등 보다 본질적인 유인에 의해서 움직이며, 상황과 환경에 따라 이러한 참여의 동기는 달라진다는 사실을 확인하였다. John Alford, "Why do Public Sector Clients Co-Produce? Towards a Contingency Theory" *Administration & Society*, Vol. 34, No.1 (2002), pp.32-56.

17) Bureau of Labor Statistics, 앞의 자료.

주로 중산층 이상이 관심을 둔 서비스 생산에 역점이 두어질 가능성이 있기 때문이다. 자칫 공공재와 공공서비스 공급에 있어 형평성의 문제가 제기될 수 있는 부분이다.[18] 지방정부로서는 이러한 문제에 적지 않은 관심을 기울일 필요가 있다. 즉 시민공동생산 활동이 어느 한쪽으로 기울어지는 경향이 있는 지를 확인하고 예산을 소외 부분에 더 사용하는 등 그 형평과 균형을 맞추는 노력을 할 필요가 있다.

시민공동생산 활동이 때로는 정치적으로 활용되고 악용되는 것도 문제가 된다. 즉 정치적 신념이나 이념이 강한 집단이 자신들의 정치적 신념과 이념을 확산하는 장(場)으로 활용한다거나, 선거 때 특정 정당이나 후보를 지지하는 활동을 하는 경우들이 없지 않다. 정치문화가 선진화 되지 못한 곳에서는 시민공동생산 그 자체보다는 오히려 이러한 사회적·영향력을 행사하기 위해 조직을 만들고, 그 조직의 정당성을 유지하기 위해 형식적인 시민공동생산 활동을 벌이기도 한다. 이러한 부분에 대한 주의가 필요하다.

3) 기술적 문제

시민공동생산의 활성화는 시민이 지닌 지식과 정보 그리고 기술의 수준과 밀접한 관련이 있다. 모든 것이 기계화·자동화되고, 또 연결되는 사회에 있어서는 올바른 지식과 정보 그리고 기술이 효과적인 생산활동의 기본이 되기 때문이다. 따라서 정규생산자인 공공기관의 시민 또는 주민을 상대로 한 지식과 정보 및 기술의 이전·전수는 중요한 의미를 지닌다. 경찰이 시민에게 도난방지를 위한 교육을 실시하거나 자기방어 훈련을 실시하는 것 등은 그 좋은 예이다.

그러나 많은 경우 공공기관이나 전문집단은 자신들이 지닌 정보와 지식 그리고 기술을 이전·전수하는데 소극적이다. 시민공동생산의 활성화가 관료조직의 축소로 이어질 가능성이 있는 경우 오히려 저항적인 태도를 보이기도 한다. 또한 시민 또는 주민 스스로도 어려운 전문적 지식이나 기술의 습득에 소극적인 경향을 띠기도 한다.

따라서 향후 시민공동생산 논의는 정규생산자와 생산소비자 모두에게

---

18) 이에 대한 자세한 설명을 위해서는 Roger B. Parks et al., "Coproduction of Public Service," in Richard Rich, ed., *Analyzing Urban Service Distribution* (Lexington: Heath and Co., 1981), pp.189-190 참조.

나타날 수 있는 이러한 소극적인 태도를 어떻게 보다 적극적인 형태로 전환시킬 것인가에 대해 관심을 가질 필요가 있다. 이 역시 시민공동생산의 활성화를 위해 풀지 않으면 안 될 과제 중의 하나이다.

② 전　망

시민공동생산은 쉽지 않은 과제를 안고 있다. 어떻게 보면 가장 어렵고 원천적인 과제라 할 수 있다. 공동체를 다시 살리는 문제이기도 하기 때문이다. 1980년대 한 때 행정학과 지방행정에 큰 희망을 주었던 시민공동생산 연구가 1990년대 이후 주춤했던 이유도 바로 여기에 있었다. 논의는 계속되지만 실제 시민공동생산을 활성화시키는 방안에 대해서는 특별한 제안들은 내어 놓지 못했기 때문이었다.

그러나 최근 민간부문에서 일어나고 있는 프로슈밍은 새로운 이와 관련하여 새로운 문제를 제기하고 있다. 생산자와 소비자의 결합이, 또 소비자의 생산적 활동이 자연스럽게 일어나고 있는 것을 보여주고 있기 때문이다. 종업원이 가져다주는 커피에 익숙했던 사람들은 셀프 서비스 커피숍이 제대로 영업이 될 수 있을까 생각했던 적이 있다. 그러나 셀프 서비스는 매우 자연스럽게 정착을 했고 오히려 더 비싼 가격에 팔리고 있다. 성공의 이유는 셀프 서비스만 도입한 것이 아니라 내부 장식과 커피의 맛을 포함한 모든 것을 개방된 문화와 높아진 기호에 맞추어 바꾸었기 때문이다.

시민공동생산 또한 마찬가지이다. 어떠한 생각으로 어떻게 하느냐에 따라 많은 것이 달라질 수 있다. 특히 우리나라의 상황은 더욱 그러하다. 고령화 사회로 진입하면서 여유시간을 가진 많은 인적 자원이 존재하고 있고, 여성의 사회활동이 활성화되지 않은 상태에서 지역사회에 공헌할 수 있는 많은 여성인력이 존재하고 있다. 앞서 말한 바와 같이 노동시간 단축과 시민사회로의 권력이동이라는 변화가 있기도 하다. 많은 가능성이 존재하고 있다는 뜻이다.

무엇보다 생각이 변해야 한다. 지방정부의 입장에서는 이들의 공동생산 활동을 이끌어 내는 것이 공공재와 공공서비스를 직접 생산하여 공급하는 것 이상으로 중요한 의미를 지니게 되었음을 알아야 한다. 어떻게 보면 지방자치와 지방행정의 패러다임 자체가 변하는 상황을 맞고 있다고 할 수 있다. 행정학을 연구하는 학계 등을 포함한 전문가 집단 역시 마찬가지이다. 머지않아 개인과 기업의 공공재와 공공서비스 공동생산 활동을 연구하는 것이 기존 관료조직의 생산활동을 연구하는 것보다 더 큰 의미를 지닐 수 있는 상황이 될 수 있다. 시민공동생산에 보다 큰 관심을 기울일 필요가 있다는 말이다.

참고문헌

참고문헌은 아래의 URL 또는 QR코드를 통해 볼 수 있습니다.

1. URL

    https://url.kr/1ozc8m

2. QR코드

국문색인

ㄹ

ㅁ

ㅂ

ㅅ

○

ㅈ

영문색인

community charge 425
community power structure 230
company city 34, 233
company town 34, 233
Compulsory Competitive Tendering, CCT 567, 593
Confederate States of America 71
confederation 64
connected individuals 573
consolidated city-county 183
consolidation 660
Constitutional Convention 66
consultation 673
consumer producer 706
Continental Congress 64
contracting-out 594
Cooley doctrine 351
Cooperative Federalism 77
corporate citizenship 714
council manager 487
council manager plan 104
Council of Europe, CoE 350, 352, 386
council tax 425
county 46, 90, 181
county borough 53, 57
County of London 57
Creative Federalism 80
CSR(corporate social responsibility) 714
CSV(creating shared value) 714
customer satisfaction 569
Cynthia Cockburn 23, 245, 624, 625

David Harvey 245
David Osborne 565
Decentralization Law 391
Deil S. Wright 618
Deil Wright 630
delegated power 673

deliberative democracy 341, 699
département 165, 189
development regime 249
Dillon's rule 16, 102, 347, 351, 354, 623
direct popular vote/election 267
direct vote/election 266, 267
directly elected mayor with a cabinet 164
discursive democracy 699
dispersed inequality 242
district 53, 54, 186
down-sizing 572
Du Pont 233
dual federalism 75, 620, 622, 631
dual state 626

economic size 155, 212
efficacy 28
elite theory 235
Elizabeth I 45
empowerment 680
enumerated power 68
equal vote 266
European Charter of Local Self-Government 4, 350, 352, 386
European Citizenship 276
exchange value 549
excludability 583, 599
executive committee system 511
Expenditure Control Budgeting, ECB 29, 112, 566
externality 388, 658
externality effect 31, 34

Federal Trade Act 74
Federalist Papers 66
federation 660

지방자치론[제4판]

2009년 2월 25일 초판 발행
2011년 8월 25일 수정판 발행
2015년 8월 10일 제2수정판 발행
2022년 1월 10일 제4판 1쇄발행

저 자 김   병   준
발행인 배   효   선

발행처   도서
         출판   法 文 社

주 소   10881 경기도 파주시 회동길 37-29
등 록   1957년 12월 12일 제2-76호(윤)
전 화   031-955-6500~6, 팩 스 031-955-6525
e-mail(영업) : bms@bobmunsa.co.kr
        (편집) : edit66@bobmunsa.co.kr
홈페이지 http://www.bobmunsa.co.kr
조 판 광   진   사

정가 39,000원   ISBN 978-89-18-91265-3